D1750450

SCHÄFFER
POESCHEL

Führung von Mitarbeitern

Handbuch für erfolgreiches Personalmanagement

herausgegeben von
Lutz von Rosenstiel, Erika Regnet
und Michel E. Domsch

5., überarbeitete Auflage

2003
Schäffer-Poeschel Verlag Stuttgart

Herausgeber:

Prof. Dr. Dr. h.c. Lutz von Rosenstiel, Institut für Psychologie der Ludwig-Maximilians-Universität, Organisations- und Wirtschaftspsychologie, München;
Prof. Dr. Erika Regnet, Fachhochschule Würzburg-Schweinfurt-Aschaffenburg;
Prof. Dr. Michel Domsch, Institut für Personalwesen und Internationales Management, Universität der Bundeswehr, Hamburg.

Bibliografische Information Der Deutschen Bibliothek
Die Deutsche Bibliothek verzeichnet diese Publikation in der Deutschen Nationalbibliografie; detaillierte bibliografische Daten sind im Internet über <http.//dnb.ddb.de> abrufbar

Gedruckt auf chlorfrei gebleichtem, säurefreiem und alterungsbeständigem Papier

ISBN 3-7910-2060-9

Dieses Werk einschließlich aller seiner Teile ist urheberrechtlich geschützt. Jede Verwertung außerhalb der engen Grenzen des Urheberrechtsgesetzes ist ohne Zustimmung des Verlages unzulässig und strafbar. Das gilt insbesondere für Vervielfältigungen, Übersetzungen, Mikroverfilmungen und die Einspeicherung und Verarbeitung in elektronischen Systemen.

© 2003 Schäffer-Poeschel Verlag für Wirtschaft · Steuern · Recht GmbH & Co. KG
www.schaeffer-poeschel.de
info@schaeffer-poeschel.de

Einbandgestaltung: Willy Löffelhardt
Satz: Dörr+Schiller GmbH, Stuttgart
Druck und Bindung: Kösel GmbH & Co. KG, Kempten

Printed in Germany
Mai/2003

Schäffer-Poeschel Verlag Stuttgart
Ein Tochterunternehmen der Verlagsgruppe Handelsblatt

Vorwort

Effiziente Personalführung und Zusammenarbeit werden seit langem als wichtige strategische Erfolgsfaktoren der Unternehmensführung herausgestellt. Das Führen von Mitarbeitern ist jedoch schwieriger geworden. Die zu erledigenden Aufgaben zeichnen sich durch ansteigende Komplexität aus, was zur Folge hat, dass viele Vorgesetzte nicht mehr in der Lage sind, jede Tätigkeit im Detail zu kennen, die von ihren Mitarbeitern bearbeitet wird.

Führung durch Befehl – selbst wenn dieser höflich vorgebracht wird – und durch Verfahrens- und Ergebniskontrolle wird somit zu einem Relikt aus der Vergangenheit. Dies gilt umso mehr, als qualifizierte Fachleute sich ihres Wertes bewusst und entsprechend wenig geneigt sind, sich von einem Vorgesetzten in die eigenen Aufgabenstellungen „hineinreden" zu lassen, wenn dieser davon weniger versteht als sie selbst.

Auf die Führungsorganisation allein kann die Führungskraft sich auch nicht verlassen. Strukturierung und Standardisierung der Aufgaben, schriftliche Fixierung im Rahmen von Stellenbeschreibungen – all dies mag in mehr oder minder großem Umfang erforderlich sein, es macht jedoch personale Führung nicht überflüssig. Der Vorgesetzte als Mensch ist mehr als „der Lückenbüßer der Organisation", der nur im Ausnahmefall einzugreifen hat. Er ist stets in seiner fachlichen und menschlichen Kompetenz gefordert – als Vorbild, als Berater bei fachlichen und zwischenmenschlichen Fragestellungen, als derjenige, der Aufgaben für die Entwicklung eines jeden Einzelnen in seiner Gruppe erfüllt und der sich für die zwischenmenschlichen Beziehungen verantwortlich weiß.

Die Qualität des dabei erforderlichen Führungshandelns aber schwankt von Vorgesetztem zu Vorgesetztem, von Unternehmen zu Unternehmen. Dies hat nicht nur kurzfristige Auswirkungen auf die täglichen Arbeitsergebnisse, sondern auch langfristige auf die Motivation und Qualifikation der Mitarbeiter. Entsprechend gilt, dass in größerer zeitlicher Perspektive ein jedes Unternehmen und ein jeder Vorgesetzter schließlich die Mitarbeiter hat, die es bzw. er verdient. Motivation und Qualifikation der Mitarbeiter aber werden immer mehr zu einem von der Führung zu verantwortenden strategischen Wettbewerbfaktor. Hier Vorteile zu erzielen ist schwer, denn man muss jederzeit auf wirtschaftliche und gesellschaftliche Änderungen flexibel eingehen können, beispielsweise auf eine sich verkürzende Halbwertzeit des Wissens, auf rasch sich entwickelnde neue Informationstechniken, auf komplexe und funktionsübergreifende Aufgaben, auf neue Organisationsformen in Unternehmen, auf nachhaltige Tendenzen der Internationalisierung und der interkulturellen Zusammenarbeit, steigende Akademisierung unter den qualifizierten Mitarbeitern sowie Wandel der Wertorientierungen und der Lebensstile in der Gesellschaft. Qualifizierte Führungskräfte müssen all dies in Rechnung stellen und darauf nicht bloß reagieren, sondern vorausschauend agieren. Gesucht wird also in Zukunft kaum noch der Vorgesetzte, der ausschließlich befiehlt und kontrolliert, sondern vielmehr derjenige, der durch vorbildliches Verhalten, authentischen Umgang mit anderen und kommunikative Kompetenz selbstbewusste Spezialisten zu koordinieren weiß, der sie gleichzeitig fördert, ihnen Perspektiven aufzeigt und sie dadurch motiviert und qualifiziert.

Dieses „Führungsgeschäft" im engeren Sinn, der zielbezogene Umgang mit den direkt Unterstellten fordert bereits viel. Und doch muss noch Zeit bleiben für andere wesentliche Aufgaben. Es gilt, im eigenen Fachgebiet das aktuelle Wissen zu kennen; dabei – was das Verhalten betrifft – sich selbst zu führen, mit den Kollegen auf gleicher

Ebene sachgerecht und menschlich adäquat zu kooperieren und in loyaler Weise den Vorgesetzten zu unterstützen und somit auch „Führung nach oben" zu betreiben.

In dem hier vorliegenden Handbuch, das aus der Fort- und Weiterbildung qualifizierter Führungskräfte erwachsen ist, werden die wichtigsten Führungsaufgaben anschaulich dargestellt und mit Anregungen für die Praxis verbunden. Man erfährt zum einen manches über gesellschaftliche und psychologische Grundlagen jener Verhaltensweisen, die man an Vorgesetzten und Mitarbeitern beobachten kann und wird zugleich über konkrete Techniken und Hilfen informiert, die in der Hand des Vorgesetzten, der verantwortungsbewusst damit umgeht, zum nützlichen Werkzeug werden können. Dabei spannt sich der Bogen inhaltlich weit und reicht von der Auswahl der für die Aufgaben geeigneten Mitarbeiter über ihre Einarbeitung, Qualifizierung, Motivierung, Beurteilung hin zur Personalentwicklung und gesellschaftlichen Rahmenbedingungen.

Dieses Konzept ist offensichtlich auf Resonanz gestoßen. So freuen wir uns, wenige Jahre nach dem Erscheinen der ersten Auflage bereits die fünfte vorlegen zu können. Wir wollten es dabei nicht bei einer bloßen Durchsicht bewenden lassen, sondern haben aktuelle Entwicklungen sowie konstruktive Kritik, die uns schriftlich oder mündlich zuging und für die wir danken, berücksichtigt.

Dies hat zum einen dazu geführt, dass die bestehenden Artikel aktualisiert und viele auch grundlegend überarbeitet wurden. Zum anderen wurden insbesondere die Teile „Führung und Arbeit in Gruppen" sowie „Organisationsstrukturen und ihre Veränderungen" stark verändert, um neuen Entwicklungen und geänderten Rahmenbedingungen gerecht zu werden.

Ergänzt wurde ein Beitrag zu „Personalarbeit bei Mergers & Acquisitions", da bekannt ist, dass Fusionen aufgrund des „menschlichen Faktors" häufig nicht zu den gewünschten Synergien führen. Der gleichfalls neue Beitrag „Führung und Zusammenarbeit in virtuellen Strukturen" thematisiert Veränderungen in der Zusammenarbeit, da viele sich inzwischen mit dem Phänomen konfrontiert sehen, Führung über Distanz auszuüben bzw. mit Kollegen in anderen Niederlassungen oder auch Ländern mit Hilfe elektronischer Medien eng zusammenzuarbeiten. Ebenso neu aufgenommen wurde ein Beitrag zu „E-learning im Managementbereich", der an einem praktischen Beispiel darstellt, wie eigenverantwortliches Lernen über Distanz sinnvoll mit Präsenzphasen verbunden werden kann, um die Effizienz der Maßnahme zu steigern und gleichzeitig Kosten zu sparen.

Bereits früher integrierte Themen wurden zum Teil von anderen Autoren bearbeitet, um so neue Sichtweisen und eine besondere Aktualität sicherzustellen.

Inhaltlich gliedert sich auch die fünfte Auflage in sieben zentrale Themenbereiche:

- Basiswissen und Perspektiven
- Führung der eigenen Person
- Der Vorgesetzte und sein Mitarbeiter
- Führung und Arbeit in Gruppen
- Personalentwicklung und Personalpolitik
- Organisationsstrukturen und ihre Veränderung
- Das gesellschaftliche Umfeld.

In jedem dieser Abschnitte finden sich nach einer knappen Einführung mehrere in sich abgeschlossene Beiträge zu klassischen oder innovativen Fragen des Führungshandelns. Man erfährt – von angesehenen Hochschullehrern oder erfahrenen Praktikern anschaulich dargestellt – einerseits etwas über „Mitarbeiterbeurteilung" und „Mitarbeitergespräch", „Arbeitsrecht für Vorgesetzte", „Konflikte in und zwischen Gruppen", „Projektmanagement", „Personalplanung und -entwicklung", aber auch – um die Weite der Themen exemplarisch aufzuzeigen – etwas über „Tiefenpsychologische Grundlagen der Führung", „Coaching für Manager", „Frauen und Führung: Mythen und Fakten", „Mikropolitik" oder „Ethik".

Es wurde in den einzelnen Beiträgen jeweils darauf geachtet, dass zum einen bewährtes Wissen nicht zu kurz kommt und dass andererseits aktuelle Tendenzen, die sich in der Wissenschaft und in der Praxis zeigen, adäquat und kompetent dargestellt werden. Entsprechend bietet dieses Handbuch für Führungskräfte Hilfestellungen für viele Situationen im Berufsleben eines Vorgesetzten, wobei die Wissenschaftler primär Hintergrundinformation und Einblick in Zusammenhänge bieten, während Praktiker Erfahrungen und neue Entwicklungstendenzen konkret aufzeigen. Im Wesen eines differenzierten Nachdenkens über Führung liegt es, dass hier weder von Wissenschaftlern noch von Praktikern „Rezepte" angeboten werden, stattdessen Anregungen, neue Sichtweisen oder innovative Perspektiven.

Damit diese Informationen noch näher an die Praxis herangeführt werden, steht zugleich eine Fallsammlung (Hrsg. DOMSCH, REGNET, v. ROSENSTIEL, überarbeitete Neuauflage 2001), in der Problemfälle aus der Praxis dargestellt werden, zur Verfügung. Diese können anhand des mit diesem Buch erarbeiteten Wissens diskutiert und Lösungsalternativen nahegebracht werden.

Wir bedanken uns bei den Autoren, die überwiegend zeitlich stark belastet sind, dass sie trotz relativ enger Terminsetzungen in ihrer überwiegenden Mehrzahl die Manuskripte zeitgerecht bereitstellten. In besonderer Dankbarkeit gedenken wir Burkhard Strümpels, der, bereits von schwerer Krankheit gezeichnet, einen umfangreichen und differenzierten Beitrag ausarbeitete, den wir mit Stolz und Trauer posthum veröffentlichen und der von Kollegen weiterbearbeitet und aktualisiert wird.

Wir danken den Teilnehmern und Teilnehmerinnen verschiedener Führungsseminare des USW Universitätsseminars der Wirtschaft in Schloss Gracht, dass sie durch ihre kritischen Diskussionen die Qualität der Beiträge mitbestimmten.

Als Herausgeber dieses Buches hoffen wir, dass das vorliegende Handbuch im Rahmen der Fort- und Weiterbildung von Führungskräften Anregung bietet und Vorgesetzten ein Ratgeber bei der täglichen Führungsarbeit sein kann.

In Ergänzung zu diesem Buch erschien 2001 (überarbeitete Neuauflage) als Band 21 der USW-Schriften für Führungskräfte eine Sammlung von Fallstudien zu den Themen der Personalführung (Führung von Mitarbeitern – Fallstudien zum Personalmanagement). Gerade die zusätzliche Konkretisierung in praktischen Fällen vertieft die Auseinandersetzungen mit den hier angesprochenen Inhalten.

Schloss Gracht, im Herbst 2002
MICHEL E. DOMSCH
ERIKA REGNET
LUTZ VON ROSENSTIEL

Inhaltsverzeichnis

Vorwort V
Inhaltsverzeichnis IX

Teil I
Führung: Basiswissen und Perspektiven

Lutz von Rosenstiel
Grundlagen der Führung 3

1. Führung: Was ist das? 4
2. Kriterien des Führungserfolgs 6
3. Die Person des Führenden 7
4. Dimensionen des Führungsverhaltens 12
5. Die Berücksichtigung der Situation 15
6. Symbolische Führung und Unternehmenskultur 20
7. Transaktionale und transformationale Führung 23
8. Abschluss 24

Lutz von Rosenstiel
Tiefenpsychologische Grundlagen der Führung von Mitarbeitern ... 27

1. Das Lebewesen und seine Umgebung 28
2. Die Hypothese vom Unbewussten 33
3. Wirkungen des Unbewussten im Alltag 37
4. Tiefenpsychologische Erklärungsansätze für Führung
   und für unterschiedliche Führungsverhaltensweisen 38
5. Abschluss 40

Oswald Neuberger
Mikropolitik 41

Vorbemerkung 42
1. Führung ist kein wohldefiniertes Problem, rein rationale Führung scheitert .. 42
2. Führung als politisches Problem 43
3. Was tut jemand, der Mikropolitik betreibt? 44
4. Spezifische Diagnose- und Interventionsinhalte bzw. -techniken als
   Konsequenz der politischen Perspektive 47
5. Politisches Führen ist situativ, aber keine „situative Führung" 48

Erika Regnet
Der Weg in die Zukunft – Anforderungen an die Führungskraft 51

1. Wichtige Führungseigenschaften aus heutiger Sicht 52
2. Veränderungen und deren Implikationen 53
3. Zukünftiges Anforderungsprofil 58
4. Personalsuche und Personalentwicklung 65

Lutz von Rosenstiel
Entwicklung und Training von Führungskräften 67

1. Bedeutung von Führung 68
2. Wo kann man Defizite vermuten? 69
3. Wie lassen sich die Trainingsmaßnahmen ordnen? 70
4. Was soll gelehrt und gelernt werden? 71
5. Konkretisierung der Lernziele 74
6. Bestimmung des Lernumfeldes 75
7. Methoden während des Trainings 77
8. Wie sichert man die Übertragung des Gelernten in die Praxis? 78
9. Überprüfung der gewählten Maßnahmen 81

Peter Glas und Axel Riegert
E-Learning in der Managemententwicklung 85

1. Stellenwert von E-Learning in der betrieblichen Weiterbildung 86
2. Lernen und E-Learning 87
3. Ein Fallbeispiel: Das Siemens Management Development Programm S4 92
4. Erfahrungen beim Einsatz von E-Learning 94
5. Zusammenfassung und Ausblick 95

Teil II
Führung der eigenen Person

Klaus Linneweh und Laila Maija Hofmann
Persönlichkeitsmanagement 99

1. Führung der eigenen Person – die wichtigste Voraussetzung erfolgreichen Führungsverhaltens 100
2. Management der Persönlichkeit – was ist das? 101
3. Die Ziele des Persönlichkeitsmanagements 102
4. Anregungen zur Umsetzung 104
5. Das ganzheitliche Konzept: Körper, Psyche, Geist 105
6. Persönlichkeitsmanagement als Aufgabe der Personalentwicklung 107

Richard K. Streich
Work-Life-Balance – Rollenprobleme von Führungskräften in der Berufs- und Privatsphäre 111

1. Vorbemerkungen 112
2. Rollenspektrum 112
3. Rolleneinschätzungen 113
4. Rollencharakteristika 115
5. Rollenkonflikte 116
6. Wünsche zur Reduzierung von Rollenkonflikten 117
7. Fazit 117

Erika Regnet
Stress und Möglichkeiten der Stresshandhabung 119

1. Begriffsklärung 120
2. Auswirkungen von Stress 120
3. Typische Belastungsfaktoren 122
4. Stresshandhabung 125
5. Ziel: Harmonisches Verhältnis von Anspannung und Entspannung 129

Hermann Rühle
Zeitmanagement 131

1. Die wesentlichsten Probleme im Umgang mit Arbeit und Zeit 132
2. Zwischenbilanz: Sind Sie ein Q3- oder ein Q1-Manager? 136
3. Anregungen für ein besseres Zeitmanagement 138

Teil III
Der Vorgesetzte und sein Mitarbeiter

Heinz Schuler
Auswahl von Mitarbeitern 151

1. Grundlagen berufsbezogener Entscheidungen 152
2. Zusammenhang zwischen Anforderungen, Auswahl und Förderung 154
3. Personalmarketing 155
4. Auswahl als Erfolgsprognose 158
5. Die wichtigsten Auswahlverfahren 160
6. Verfahrensevaluation 176

Alfred Kieser
Einarbeitung neuer Mitarbeiter 183

1. Die Bedeutung der Eingliederung 184
2. Probleme der Einarbeitung 184
3. Bausteine eines Einarbeitungsprogramms 186
4. Zusammenfassung 192

Lutz von Rosenstiel
Motivation von Mitarbeitern 195

1. Was beeinflusst unser Verhalten? 196
2. Was ist Motivation? 196
3. Wie erlebt man Motive? 197
4. Darstellung am betrieblichen Beispiel 198
5. Das Motivziel 199
6. Der Weg zum Ziel 204
7. Die Volition 208
8. Was ist zu tun? 208
9. Was sollte man bei der Gestaltung der motivierenden Situation bedenken? . 211

Lutz von Rosenstiel
Arbeitszufriedenheit 217

1. Das Kriterium: Zufriedenheit als ein Maßstab humaner Arbeit 218
2. Der Begriff: Arbeitszufriedenheit als Einstellung zu verschiedenen Facetten von Arbeit 218
3. Die Komplexität: Arbeitszufriedenheit als vielschichtiges Konzept 219
4. Die Bedingungen: Arbeitszufriedenheit als abhängige Variable 222
5. Die Folgen: Arbeitszufriedenheit als unabhängige Variable 223
6. Die Messung: Wege zur Erfassung von Arbeitszufriedenheit 224
7. Die Praxis: Ermittlung und Verbesserung von Arbeitszufriedenheit 225

Friedemann W. Nerdinger
Formen der Beurteilung 229

1. Grundlagen der Beurteilung im Unternehmen 230
2. Beurteilung von Mitarbeitern: Das Mitarbeitergespräch 231
3. Kollegenbeurteilung 232
4. Selbstbeurteilung 236
5. 360°-Beurteilung 238
6. Ausblick 241

Erika Regnet
Kommunikation als Führungsaufgabe 243

1. Die Führungskraft als Kommunikationsmanager 244
2. Grundsätzliche Anmerkungen 245
3. Kommunikationsstörungen 246
4. Möglichkeiten zur Verbesserung der Kommunikation 248
5. Kennzeichen gelungener Kommunikation 250

Peter Neumann
Gespräche mit Mitarbeitern effizient führen 253

1. Verschiedene Gesprächsstile 254
2. Das nondirektive Mitarbeitergespräch 258
3. Einsatzbereiche und Wirkungen nondirektiver Gespräche 263
4. Abschluss 266

Lutz von Rosenstiel
Anerkennung und Kritik als Führungsmittel 269

1. Ausgangspunkt 270
2. Was bewirken Anerkennung und Kritik? 270
3. Wie geht man bei der Anerkennung vor? 273
4. Wie geht man bei der Kritik vor? 276

Uwe Böning
Coaching für Manager 281

1. Als Erstes 282
2. Typische Einstiege 283

3. Wie sieht der konkrete Nutzen in der Praxis wirklich aus? 285
4. Die Coaching-Grundvarianten und ihre Angemessenheit bei verschiedenen Anlässen 286
5. Qualitätskriterien für ein erfolgreiches Coaching 289
6. Entwicklung des Coaching 289

Rolf Wunderer
Führung des Chefs 293

1. Persönlichkeiten und Mikropolitiker – Charisma und Macht als zwei populäre Denkmuster 294
2. Von der „Exotenforschung" zum Alltag der Führungsrollen 296
3. Strategien für eine erfolgreiche „Führung von unten" – Empirische Analysen 307
4. Ein situationaler Strategieansatz zu einer „Führung nach oben" 308
5. Fazit 312

Jürgen Weibler
Führung der Mitarbeiter durch den nächsthöheren Vorgesetzten 315

1. Ausgangspunkt 316
2. Einbindung des nächsthöheren Vorgesetzten in den Führungsprozess 316
3. Bisherige empirische Befunde zur Führung durch den nächsthöheren Vorgesetzten 319
4. Neue empirische Befunde zur Führung durch den nächsthöheren Vorgesetzten 321
5. Führung von Führungskräften 325
6. Resümee 327

Erika Regnet
Alkoholabhängige Mitarbeiter 329

1. Einleitung 330
2. Alkoholmissbrauch 331
3. Alkoholabhängigkeit 333
4. Umgang mit Alkoholikern 337
5. Rahmenbedingungen im Unternehmen 340
6. Abhängigkeit im Managementbereich 341

Wolfgang Böhm
Arbeitsrecht für Vorgesetzte 343

1. Arbeitsrecht als Führungswissen? 344
2. Rechtskenntnisse als Vorrats- und Katastrophenwissen 345
3. Systematik des Kündigungsschutzrechtes 346
4. Verhaltensbedingte Kündigung und Abmahnung 348
5. Krankheit als Kündigungsgrund 357
6. Kündigung wegen Leistungsschwäche 362

Teil IV
Führung und Arbeit in Gruppen

Lutz von Rosenstiel
Die Arbeitsgruppe 367

1. Organisation: Arbeitsteilung und Führung 368
2. Plan und soziale Wirklichkeit 368
3. Was fördert die Gruppenbildung in Organisationen? 369
4. Aufgabenstellung und zwischenmenschlicher Kontakt 372
5. Besonderheiten einer Gruppe 376
6. Teamarbeit 384
7. Abschluss 385

Conny Antoni
Gruppenarbeitskonzepte 387

1. Konzepte der Gruppen- und Teamarbeit 388
2. Erfahrungen mit Gruppenarbeit 390
3. Konsequenzen für die Gestaltung 392
4. Ausblick 394

Karl Berkel
Konflikte in und zwischen Gruppen 397

1. Konfliktbewältigung als Führungsaufgabe 398
2. Was ist ein Konflikt? 398
3. Die Auswirkungen von Konflikten 401
4. Das Konfliktpotenzial 403
5. Die Konfliktdynamik 406
6. Konfliktbewältigung 410
7. Fazit 413

Gerhard Comelli
Qualifikation für Gruppenarbeit: Teamentwicklungstraining 415

1. Teamarbeit muss man können 416
2. Was ist Teamentwicklung? 417
3. Teamentwicklung als Prozess 419
4. Anlässe und Ziele von Teamentwicklungstrainings 420
5. Die Vorbereitung 423
6. Diagnosephase/Datensammlung 427
7. Die Durchführung des Teamentwicklungstrainings 434
8. „Nachfassen" 443
9. Bedingungen für den Erfolg von Teamentwicklungsmaßnahmen 444

Désirée H. Ladwig
Team-Diversity – Die Führung gemischter Teams 447

   1. Einleitung 448
   2. Diversity-Management 448
   3. Ausblick 458

Annette Voss und Klaus Eckrich
Projektmanagement – Aktionsfelder und grundlegende Anforderungen 461

   1. Ausgangssituation 462
   2. Grundlagen und Aktionsfelder des Projektmanagements 462
   3. Die organisatorische Einbindung in das Unternehmen 463
   4. Ganzheitliches Denken und Handeln als grundlegende Disziplin des Projektmanagements 466

Teil V
Personalentwicklung und Personalpolitik

Michel E. Domsch
Personalplanung und Personalentwicklung für Fach- und Führungskräfte 475

   1. Grundlagen 476
   2. Instrumente der Personalplanung und -entwicklung 478
   3. Alternative Laufbahnstrukturen 481
   4. Ausblick 487

Heinz Evers
Vergütungsmanagement 489

   1. Vom Kostenfaktor zum Führungsinstrument 490
   2. Marktwerte als Orientierungsrahmen 491
   3. Aktuelle vergütungspolitische Gestaltungsfelder 492
   4. Vergütungsmanagement als Chefsache 498

Désirée H. Ladwig und Michel E. Domsch
Vorgesetztenbeurteilung 501

   1. Grundlagen 502
   2. Formen 505
   3. Prozessmanagement 509
   4. Ausblick 510

Michel E. Domsch und Bianka Lichtenberger
Der internationale Personaleinsatz 513

   1. Einleitung 514
   2. Ziele des internationalen Personaleinsatzes 515
   3. Auswahl der Führungskräfte 516

4. Vorbereitung	519
5. Aufenthaltsdauer und Wiedereingliederung	520
6. Innovative Entwicklungen im internationalen Personaleinsatz	522

Alexander Thomas
Mitarbeiterführung in interkulturellen Arbeitsgruppen 525

1. Das Problemfeld	526
2. Erscheinungsformen interkultureller Gruppen	527
3. Psychologische Probleme der Mitarbeiterführung in interkulturellen Gruppen	530
4. Die Praxis der Führung interkultureller Gruppen	539
5. Zusammenfassung und Schlussbetrachtung	543

Heidrun Friedel-Howe
Frauen und Führung: Mythen und Fakten 547

1. Das Problem	548
2. Mythen im Vorfeld des Aufstiegs	548
3. Mythen um die Frau im Management	556
4. Resümee	558

Michel E. Domsch und Maria Krüger-Basener
Personalplanung und -entwicklung für Dual Career Couples (DCCs) 561

1. DCCs als spezielle Arbeitsmarkt- und Mitarbeitergruppe in der Personalplanung	562
2. Betrieblich wichtige Besonderheiten von DCCs	563
3. Personalentwicklung von DCCs	565
4. Auswirkungen der DCC-Besonderheiten und DCC-Karrierestrategien	568
5. Flankierende personalwirtschaftliche Maßnahmen für DCCs	570
6. Ausblick	571

Volker Heyse
Selbstorganisiertes Lernen 573

1. Ausgangspunkt	574
2. Kompetenzentwicklung und selbstorganisiertes Lernen	576
3. Selbstorganisiertes Lernen	578
4. Schlussfolgerungen	589

Friedrich Haeberlin
Ältere Mitarbeiter im Betrieb 593

1. Einleitung	594
2. Die demographische Entwicklung	594
3. Determinanten des Alterns	597
4. Maßnahmen zur Vorbereitung auf künftige Entwicklungen	600

Wolfgang Böhm
Die (un-)heimliche Überlagerung der Arbeitsbeziehungen
durch europäisches Recht 607

1. Koordinierung der Sozialversicherungssysteme 608
2. Arbeitsrechtsstatut und Entsende-Richtlinie 610
3. Artikel 119 EGV: Verbot der Geschlechtsdiskriminierung 612
4. EuGH: „Mittelbare Frauendiskriminierung" 614
5. EuGH-Entscheidung „Christel Schmidt": Outsourcing out? 617
6. Europäischer Arbeits- und Umweltschutz 619
7. Europäische Betriebsräte 621
8. Fazit 622

Teil VI
Organisationsstrukturen und ihre Veränderung

Gerd Wiendieck
Führung und Organisationsstruktur 627

1. Alte und neue Konzepte 628
2. Organisationen sind Regelsysteme 628
3. Mangel an Motivation oder an Möglichkeiten 630
4. Schlanke Organisationsstrukturen 632
5. Führung selbstständiger Mitarbeiter 634
6. Organisationsentwicklung als Führungsaufgabe 637

Harald Jäckel
Organisationsentwicklung für Führungskräfte 639

1. Organisationsentwicklung aus Sicht einer Führungskraft (OE) .. 640
2. Organisationsverständnis und OE 641
3. Basisprozesse der Organisationsentwicklung 643
4. Phasen in einem Veränderungsprojekt 647
5. Fallen im OE Prozess aus Sicht einer initiativen Führungskraft . 648

Michel E. Domsch
Mitarbeiterbefragungen 651

1. Begriff und Funktionen 652
2. Form 653
3. Inhalt 653
4. Ablauf 658
5. Auswahl besonderer Probleme 658
6. Ausblick 663

Ulrich Graf von Wedel und Christine Abel
Personalarbeit und Führung bei Mergers und Acquisitions 665

1. Einleitung und Hintergrund 666
2. Integriertes Personalmanagement 666
3. Merger Management 669
4. Zusammenfassung 674

Laila Maija Hofmann und Erika Regnet
Führung und Zusammenarbeit in virtuellen Strukturen 677

1. Formen virtueller Zusammenarbeit 678
2. Neue Anforderungen 679
3. Besonderheiten der „e-Kommunikation" 681
4. Erfolgreiche Führung in virtuellen Strukturen 682
5. Ausblick 686

Ralf Reichwald und Kathrin Möslein
Management und Technologie 689

1. Management als Kommunikationsprozess 690
2. Potenziale neuer Technologien 691
3. Managementkommunikation und Aufgabenbezug 692
4. Die Wahl des Medieneinsatzes in der Managementkommunikation:
   Ergebnisse der Media-Choice-Forschung 696
5. Die Wirkung des Medieneinsatzes in der Managementkommunikation:
   Ergebnisse der Media-Impact-Forschung 702

Rudolf Bögel
Organisationsklima und Unternehmenskultur 707

1. „Klima" im Betrieb 708
2. Unternehmen als „Kultur" 712
3. Organisationskultur & Organisationsklima 716

Wolfgang Böhm
Zusammenarbeit mit dem Betriebsrat 721

1. Strukturen des Betriebsverfassungsrechts 722
2. Leitende Angestellte (Status) 725
3. Gremien, insbesondere Betriebsrat, Gesamtbetriebsrat,
   Wirtschaftsausschuss 727
4. Kompetenzen 728
5. Mitbestimmung 740

Teil VII
Das gesellschaftliche Umfeld

Diether Gebert
Die offene Gesellschaft – wie verführerisch ist die geschlossene Gesellschaft? .. 761

1. Problemstellung 762
2. Kennzeichen der offenen und der geschlossenen Gesellschaft 762
3. Der Preis der offenen bzw. der geschlossenen Gesellschaft 765
4. Wie kann eine Balance zwischen offener und geschlossener Gesellschaft aussehen? 769
5. Wie lässt sich durch Führung die offene bzw. geschlossene Gesellschaft innerbetrieblich stützen? 770
6. Ausblick 773

Fred G. Becker und Hilke Ganslmeier
Personalstrategien in den neuen Bundesländern 777

1. Problemstellung 778
2. Situative Rahmenbedingungen und theoretische Grundlagen 778
3. Empirische Befunde 781
4. Fazit 785

Bruno J. Weidl
Personalpolitische Konzepte in Krisenzeiten 787

1. Einleitung 788
2. Krisenmanagement 789
3. Krise und Personalmanagement 790
4. Innovative Ansätze: IN-Placement und EX-Placement 792
5. Fazit 797

Meinolf Dierkes und Sophie Mützel
Unternehmensethik jenseits von Rhetorik 799

1. Unternehmensethik: Strategische Bedeutung in einer sich wandelnden Umwelt 800
2. Unternehmensethik: Wechselnde Schwerpunkte 801
3. Ein Spannungsfeld: Ethik von Personen und Organisationen 802
4. Ein praktischer Ansatz: Unternehmenskultur und Leitbild-Gestaltung 804
5. Ausblick 807

Uta Wilkens, Peter Pawlowsky und Burkhard Strümpel
Arbeitszeit, Arbeitszeitpräferenzen und Beschäftigung 809

1. Einleitung 810
2. Arbeitszeit und Beschäftigung am deutschen Arbeitsmarkt 810
3. Zwanzig Jahre Diskussion von Teilzeit und Beschäftigung – ein Positionswechsel 816

4. Arbeitsmarkt, Arbeitszeit und Arbeitszeitpräferenzen unter Segmentationsgesichtspunkten	821
5. Ausblick – geregelte Vielfalt	830

Michael Weidinger
Strategien zur Arbeitszeitflexibilisierung 833

1. Ziel: Entlastung plus Effizienz	834
2. Servicezeit statt Kernzeit	836
3. Anwesenheitszeit ≠ Arbeitszeit	840
4. Vom flexiblen Zeitkonto zur Vertrauensarbeitszeit	842
5. Zusammenfassung und Ausblick	847

Désirée H. Ladwig
Mobiles Arbeiten – Möglichkeiten der Arbeits(zeit)flexibilisierung für Führungskräfte 849

1. Einleitung	850
2. Ansätze zur Arbeits(zeit)flexibilisierung von Führungskräften	852
3. Implementation von Arbeitszeitflexibilisierung	859
4. Ausblick: Strategisches Arbeitszeitmanagement	861

Autorenhinweise	865
Stichwortverzeichnis	875
Verzeichnis der zitierten Literatur	883

Die Verweise auf den Fallstudienband am Ende der einzelnen Beiträge beziehen sich auf die Publikation DOMSCH, M., REGNET, E., v. ROSENSTIEL, L. (Hrsg.). (2001). Führung von Mitarbeitern. Fallstudien zum Personalmanagement. 2. Auflage. Stuttgart 2001.

Teil I
Führung: Basiswissen und Perspektiven

Einführung

Die Thematik der Führung gewinnt an Gewicht. Selbstverständliches wird kaum bedacht und besprochen, dort jedoch, wo Selbstverständliches zur Problemlösung nicht mehr taugt, wo Schwierigkeiten dann entstehen, wenn man alte Wege geht, wird nachgedacht und um Rat gebeten.

Führung ist ein solches Gebiet. Tradierte und „bewährte" Konzepte und Verhaltensweisen tragen nicht mehr. Vorgesetztenverhalten, das Mitarbeiter vor zwanzig oder dreißig Jahren klaglos akzeptierten, stößt heute bei den Geführten auf Widerstand. Rahmenkonzepte und konkrete Verhaltensweisen müssen neu durchdacht und sodann konkret eingeübt werden, damit den aktuellen und den zukünftigen Anforderungen begegnet werden kann.

Im einführenden Beitrag klärt v. ROSENSTIEL den Begriff der Führung und zeigt, was sich zielbezogen beeinflussen lässt. Dies kann zum einen durch organisationale und technische Strukturen erfolgen, aber auch und wesentlich durch das Verhalten -insbesondere die Kommunikation durch die Führungskräfte. Es sind nun aber nicht die Eigenschaften oder Verhaltensweisen der Vorgesetzten allein, die den Führungserfolg – wie immer er bestimmt sein mag – determinieren, sondern es ist stets das Zusammenspiel zwischen der Person des Führenden und den Besonderheiten der Führungssituation. Hier gilt es für den Führenden, sein Verhalten flexibel an die Anforderungen der Situation anzupassen, damit der Erfolg gesichert werden kann.

Dieses Geschehen, das auf den ersten Blick so rational erscheint – der Vorgesetzte wählt jene Verhaltensweisen, die nach vernünftiger Überlegung am besten zum Erfolg beizutragen versprechen –, ist allerdings in einem wesentlichen Bereich der rationalen Kontrolle nicht voll zugänglich. VON ROSENSTIEL vermittelt Aufklärung über die tiefenpsychologischen Grundlagen und sensibilisiert für die Wirkungen des Unbewussten im Alltag.

Das Verhalten jedes einzelnen Unternehmensmitglieds ist nicht immer nur von der Sorge um den Gesamtunternehmenserfolg getragen, sondern – manchmal oder regelmäßig? – von subjektiven Interessen. Unter dem Stichwort „Mikropolitik" geht NEUBERGER auf die alltäglichen Einflussversuche einzelner Personen ein, die so ihren eigenen Handlungsspielraum erweitern und sich fremder Kontrolle entziehen wollen. Pointiert bezeichnet der Autor situative Führung als Rationalisierungsversuch, die politische Führung und entsprechendes Verhalten dagegen als Alltagsrealität.

Wenn man heute junge Führungskräfte für ein Unternehmen gewinnen will oder sie im Zuge der Personalentwicklung „aufzubauen" sucht, so sollte man sich fragen, welche Anforderungen an die Führungskräfte in der Zukunft vermutlich gestellt werden. Hier häufen sich – nicht nur auf Grund eines Blicks nach Japan – die Hinweise, dass es gerade die „weichen", die „soft facts" sind, die in Zukunft für die Wettbewerbsfähigkeit des Unternehmens und für den Erfolg der einzelnen Führungskraft in ihrem Verantwortungsbereich wesentlich sind. Führung wird zunehmend zu einer

Koordination von Spezialisten, die im Bereich ihres Detailwissens dem Vorgesetzten häufig deutlich überlegen sind. Wer hier erfolgreich führen will, wer koordinieren will, muss zur Teamarbeit befähigt sein, muss Mitarbeiter motivieren, sich flexibel und sensibel auf sie einstellen können etc. Dies zeigt REGNET in ihrem Beitrag.

Hat man erkannt, welche Anforderungen an künftige Führungskräfte gestellt werden, oder hat man diagnostiziert, wo schon angesichts heutiger Anforderungen Defizite liegen, so gilt es, gezielt Führungskräfte zu entwickeln, zu trainieren, um ihre relevante Verhaltenskompetenz zu verbessern. Entsprechend gehört Führungstraining heute zu den Aufgaben eines jeden Unternehmens, das den Faktor Führung respektiert. VON ROSENSTIEL zeigt, was dabei zu bedenken ist, und weist spezifisch auf das Transferproblem hin, d.h. auf die Problematik, dass jene im Training erworbenen Verhaltensweisen nicht oder nur unzureichend in die Praxis übertragen werden. Beispiele verdeutlichen, dass diese Übertragung doch ermöglicht werden kann, wenn man die Entwicklungsmaßnahmen und Rahmenbedingungen entsprechend konzipiert.

Die technische Weiterentwicklung findet seinen Niederschlag auch in der Weiterbildung, e-Learning verspricht Kosten- und Zeitvorteile. GLAS und RIEGERT erläutern, worauf beim Einsatz von e-Learning zu achten ist und welche Strategien erfolgsversprechend sind. Anhand eines praktischen Beispiels zeigen sie die sinnvolle Vernetzung von distance learning mit Präsenzphasen auf und beschreiben gemachte Erfahrungen.

Lutz von Rosenstiel

Grundlagen der Führung

1. Führung: Was ist das?
2. Kriterien des Führungserfolgs
3. Die Person des Führenden
4. Dimensionen des Führungsverhaltens
5. Die Berücksichtigung der Situation
6. Symbolische Führung und Unternehmenskultur
7. Transaktionale und transformationale Führung
8. Abschluss

Jede Organisation, jedes Unternehmen bedarf der Führung, um Ziele zu erreichen. Wir wollen daher zunächst danach fragen, wie Führung umschrieben werden kann und was darunter zu verstehen ist.

1. Führung: Was ist das?

Jeder, der Mitarbeiter führt, weiß, was Führung ist. Allerdings wird das Selbstverständliche häufig wenig reflektiert, da Selbstverständliches meist wenig Bedachtes ist. Es erscheint daher lohnend und nützlich, den Begriff der Führung zu klären und knapp zu durchleuchten.

Führung ist zielbezogene Einflussnahme (v. ROSENSTIEL, MOLT & RÜTTINGER, 1995; NEUBERGER, 2002). Die Geführten sollen dazu bewegt werden, bestimmte Ziele, die sich meist aus den Zielen des Unternehmens ableiten, zu erreichen (COMELLI & v. ROSENSTIEL, 2001). Konkret kann ein derartiges Ziel beispielsweise in der Erhöhung des Umsatzes, in der Verbesserung des Betriebsklimas oder in der Unterstreichung bestimmter Qualitätsstandards bestehen. Die Wege dieser Einflussnahme sind jedoch höchst unterschiedlich. Gliedert man grob, so ist auf zwei Arten besonders hinzuweisen, die in sich wiederum vielfach ausdifferenziert werden können. Es handelt sich dabei einerseits um die Führung durch Strukturen, andererseits um die Führung durch Personen.

1.1 Führung durch Strukturen

Das Verhalten vieler Stelleninhaber in Organisationen wird zielbezogen beeinflusst, ohne dass unmittelbar irgendeine Person diesen Einfluss ausübt. Es sind Strukturen, die Aktivitäten steuern und koordinieren. Solche Strukturen können ganz unterschiedliche Qualität haben: Man denke an Organigramme, Stellenbeschreibungen, Verfahrensvorschriften; man denke aber auch an unterschiedliche Anreizsysteme wie z. B. ein Prämien- oder Leistungslohnsystem, an Personalentwicklungsprogramme oder ein ausgeklügeltes System von Statussymbolen; man denke aber ebenfalls an die konkrete Gestaltung eines Arbeitsplatzes oder vieles andere mehr. Das letztgenannte Beispiel macht sogar besonders deutlich, um was es geht. Ein Fließband etwa bestimmt in sehr strenger Weise, was ein Arbeiter zu tun hat. Durch die Struktur dieser Technik wird minutiös festgelegt, wie jeder Handgriff wann ausgeführt werden soll. Der Meister muss nur im Ausnahmefall eingreifen; er wird zum „Lückenbüßer der Organisation".

In welchem Maße in manchen Organisationen Führung durch Strukturen erfolgt, wird erkennbar, wenn man z. B. Filialen oder Zweigstellen zentral gesteuerter Warenhaus-, Restaurant- oder Hotelketten besucht. Ob man in München oder Hamburg einkauft, man wird auf sehr ähnliche Angebote und Angebotspräsentationen stoßen. Ob man in Zürich oder London zum Essen geht, der Hamburger wird identisch gewürzt sein. Ob man in Paris oder New York übernachtet, dem Hotelzimmer ist dies nicht anzusehen. Alles – bis ins Detail hinein – ist geregelt, festgeschrieben, geordnet. Raum für die Kreativität einzelner Mitarbeiter besteht kaum; die Führenden greifen nur dann ein, wenn im zentral geordneten und vorgeplanten Ablauf Störungen entstehen. Wir nähern uns hier dem „Ideal" der bürokratischen Organisation (WEBER, 1921): Führung durch Strukturen, nicht durch Menschen.

1.2 Führung durch Menschen

Jeder, der die Praxis kennt, weiß es: Auch wenn die Vorschriften noch so eng erscheinen, Ausnahmefälle bis ins Detail durch Sondervorschriften geregelt sind, die Menschen – und hier insbesondere die Vorgesetzten – machen es aus, wie die Vorschrift in gelebte Realität umgesetzt wird. Am Führenden wird es meist liegen, ob trotz der bzw. mit den Vorschriften flexibel und kreativ gearbeitet oder „Dienst nach Vorschrift" ausgeübt wird. Das Verhalten des Vorgesetzten, seine Art, Ziele zu verdeutlichen, Aufgaben zu koordinieren, Mitarbeiter durch Gespräche zu motivieren, Ergebnisse zu kontrollieren, wird zum zentralen Bestandteil der Führung, die sich dann als zielbezogene Beeinflussung von Unterstellten durch Vorgesetzte mit Hilfe der Kommunikationsmittel definieren lässt (NEUBERGER, 1976; v. ROSENSTIEL, MOLT & RÜTTINGER, 1995). Dabei lässt sich die Frage, wie man eine so verstandene Führung aus der Sicht der Praxis verbessern, d. h. erfolgreicher machen kann, zweifach stellen:

– Wer führt erfolgreich, d. h. wen sollen wir einstellen, befördern etc. *(Selektionsfrage)*?
– Wie führt man erfolgreich, d. h. auf welches Verhalten hin sollen wir schulen, trainieren, weiterbilden *(Personalentwicklungsfrage)*?

Gewiss mag es von Fall zu Fall unterschiedlich sein, ob der größere Einfluss von den Strukturen oder von den Personen ausgeht. Zu vernachlässigen ist jedoch der Stil, die Art und Weise des Umgangs mit Menschen beim zuständigen Führenden niemals. Es kommt (auch) auf den Menschen an.

Empirische Analysen belegen dies. Untersucht man, wie viel Prozent der Arbeitszeit Vorgesetzte mit Kommunikation verbringen, so erstaunt das Ergebnis. Meist sind dies 80 % bis 95 %, falls man Kommunikation weit versteht, d. h. nicht nur als Vier-Augen-Gespräche, sondern auch Aktivitäten als Teilnehmer von Gruppengesprächen, als Vortragender oder Teilnehmer bei Tagungen und Konferenzen, beim Telefonieren, beim Erstellen oder Lesen von Schriftgut etc. mit einbezieht. Die Kommunikationszeit, die jedoch den Mitarbeitern gewidmet wird, ist angesichts der vielfältigen Aufgaben des Führenden knapp, die Qualität der Kommunikation angesichts fehlender Ausbildung der meisten Fachvorgesetzten auf dem Felde kommunikativer Kompetenz unzureichend.

Eines ist offenkundig: Für den Inhalt der Kommunikation, die Botschaft, ist man in der Ausbildungszeit qualifiziert worden. Man hat Ingenieurwissenschaften, Betriebswirtschaftslehre, Jura etc. studiert. Unausgesprochen aber wird vorausgesetzt, dass man das „Wie" beherrscht, dass man mit den jeweiligen Partnern angemessen darüber sprechen kann, dass man die inhaltlichen Gedanken den Mitarbeitern überzeugend darlegt (vgl. den Artikel von NEUMANN, in diesem Band). Nicht selten liegt hier ein Irrtum. Untersuchungen, die festzustellen suchen, wo die Mitarbeiter „der Schuh drückt", kommen häufig zum Ergebnis, dass die Verhaltensweisen der Vorgesetzten Grund für Enttäuschungen, Frustrationen oder Ärger sind. Führen als Einflussnahme mit Hilfe der Kommunikationsmittel wurde nicht gelernt.

Dies wiederum wird im besonderen Maße dann zum Problem, wenn Führung durch Menschen im Unternehmen wichtiger wird als Führung durch Strukturen. Und dies gilt besonders dann, wenn die Umwelt des Unternehmens – z. B. die Technikentwicklung, der Personalmarkt, der Beschaffungsmarkt, der Absatzmarkt in Zeiten der Globalisierung und des Wandels – so dynamisch ist, dass flexible Antworten des Unternehmens sofort nötig sind und Strukturen viel zu starr wären. Es gilt aber auch dann, wenn selbstbewusste und fachkompetente Spezialisten von einem Vorgesetzten koordiniert werden müssen, der im Detail weniger versteht als seine Mitarbeiter.

Es gibt nun ohne Frage Vorgesetzte, die den daraus erwachsenden Anforderungen besser entsprechen als andere, die also erfolgreicher führen. Was aber heißt Führungserfolg?

2. Kriterien des Führungserfolgs

Wird die Organisationspsychologie aus dem Anwendungsfeld heraus dazu aufgefordert, Bedingungen des Führungserfolgs zu erforschen, so muss sie zunächst zurückfragen, was denn unter Führungserfolg zu verstehen ist. Tatsächlich lassen sich in Wissenschaft und Praxis weit über 1000 verwendete Kriterien aufzeigen (NEUBERGER, 2002). Während bei Validierungen des Assessment-Centers (vgl. den Beitrag von SCHULER, in diesem Band) meist Kriterien verwendet werden, die an der Person des Führenden festgemacht und direkt oder indirekt aus der Fremdbeurteilung abgeleitet werden, wie z. B. Ergebnisse der Personalbeurteilung, erreichte hierarchische Positionen in der Zeit oder Gehaltshöhe, verwenden Forscher, die die Wirkungen spezifischen Führungsverhaltens untersuchen, meist Kriterien, die sich auf die geführte Gruppe beziehen. Diese lassen sich zum Teil einer Effizienzdimension wie z. B. Quantität oder Qualität der erbrachten Leistung, operationalisiert über Produktions- oder Absatzzahlen, Reklamationszahlen, Patentanmeldungen etc. zurechnen, zum anderen eher einer Humandimension, wie Arbeitszufriedenheit, Betriebsklima, Konflikthäufigkeit in der geführten Gruppe, Identifikation der Mitarbeiter mit dem Unternehmen etc. Einige der häufig verwendeten Kriterien liegen zwischen diesen beiden Dimensionen, wie z. B. Fluktuations- und Fehlzeitenrate, Qualifizierung der Mitglieder der Gruppe, Zahl der Verbesserungsvorschläge etc. Es ist letztlich eine unternehmenspolitische Entscheidung, an welchen Kriterien Vorgesetzte gemessen und beurteilt werden. Derartige unternehmenspolitische Entscheidungen fallen explizit in der Praxis jedoch selten. Zwar nennen geschriebene Führungsgrundsätze derartige Kriterien häufig, doch erfolgt die Beurteilung, geht es um Gehalts- oder Karrierechancen, meist an anderen Maßstäben. Häufig muss man, wenn man dieses Feld analysiert, zwischen manifesten und latenten Kriterien unterscheiden. So fanden z. B. LUTHANS et al. (1988), dass Führungskräfte, die rasch Karriere machten, besonders viel Kommunikationszeit in die „Mikropolitik" und die Netzwerkbildung investierten, jedoch sehr wenig in die Förderung und Entwicklung ihrer Mitarbeiter. Jene Führungskräfte dagegen, deren Mitarbeiter engagiert, loyal und zufrieden waren, investierten ihre Kommunikationszeit vor allem in die zu erledigende Aufgabe und die Förderung ihrer Mitarbeiter. Um Mikropolitik kümmerten sie sich kaum. Das aber wurde vom Unternehmen nicht durch Karrierechancen belohnt.

Die Orientierung an der Nützlichkeitsperspektive hat die organisationspsychologische Führungsforschung über Jahrzehnte in einen atheoretischen Pragmatismus und damit in ein Dilemma geführt. Sie neigte in ihren „Hypothesen" zu einer monokausalen, auf die Person des Führenden fixierten Betrachtungsweise: Es sind Merkmale der

Person des Führenden oder ihre Führungsverhaltensweisen, die die Ursache des Führungserfolgs – wie auch immer er operationalisiert ist – sind. Diese monokausale Betrachtungsweise widerspricht entschieden dem, was heute als Konsens in der Führungsforschung gelten darf (WEINERT, 1989, S. 555):

„1) Führung ist ein Gruppenphänomen (das die Interaktion zwischen zwei oder mehreren Personen einschließt);
2) Führung ist intentionale soziale Einflußnahme (wobei es wiederum Differenzen darüber gibt, wer in einer Gruppe auf wen Einfluß ausübt und wie dieser ausgeübt wird, u. a. m.);
3) Führung zielt darauf ab, durch Kommunikationsprozesse Ziele zu erreichen".

Dennoch – die Person des Führenden ist als eine Bedingung des Führungserfolgs nicht wegzudenken und soll daher nachfolgend analysiert werden.

3. Die Person des Führenden

Erkennt man, dass der Führung durch Personen besonderes Gewicht zukommt, so ist es erforderlich, sich mit der Person des Führenden auseinander zu setzen. Dabei wollen wir uns zunächst mit den so genannten „Führungseigenschaften" beschäftigen.

3.1 Die Eigenschaftstheorie der Führung

Der diese Theorie leitende Grundgedanke ist auf den ersten Blick höchst plausibel und entspricht zudem den „Führungstheorien" vieler Laien („Bismarck schuf das Deutsche Reich", „Führungseigenschaften bestimmen den Erfolg", „Eine starke Persönlichkeit setzt sich überall durch").

Ausgehend von der Annahme, dass es bestimmte Eigenschaften der Person sind (z.B. „Extraversion"), die den Führungserfolg bedingen, verglich man derartige als bedeutsam vermutete Eigenschaften in ihrer Ausprägung entweder bei Personen, die eine Führungsposition erreicht hatten, mit entsprechenden Merkmalen von Personen, die das nicht geschafft hatten, oder aber bei Personen, die mit der von ihr geführten Gruppe erfolgreich waren, mit solchen, die keinen Erfolg hatten. Die dahinter stehende praxisbezogene Programmatik ist offensichtlich:

(1) Es soll zunächst analysiert werden, welche Eigenschaften kennzeichnend für Personen in Führungspositionen bzw. für erfolgreich Führende sind.
(2) Testverfahren sollen entwickelt werden, die sich zur Messung der genannten Eigenschaften eignen.
(3) Bewerber für Führungspositionen werden mit den genannten Testverfahren untersucht; diejenigen, die die besten Testwerte erreichen, haben künftig mit der größten Wahrscheinlichkeit Führungserfolg.

Die Vielzahl der empirischen Analysen zum Auffinden von Führungseigenschaften wurde in verschiedenen Überblicksartikeln zusammengefasst (NEUBERGER, 1976; GEBERT & V. ROSENSTIEL, 2002). Tatsächlich fand man bei einer Vielzahl von Persönlichkeitsmerkmalen einen korrelativen Bezug zum Führungserfolg bzw. zum Erreichen einer Führungsposition. Man hat versucht, die wichtigsten Befunde zu gruppieren:

(1) Befähigung (Intelligenz, Wachsamkeit, verbale Gewandtheit, Originalität, Urteilskraft);
(2) Leistung (Schulleistung, Wissen, sportliche Leistung);
(3) Verantwortlichkeit (Zuverlässigkeit, Initiative, Ausdauer, Aggressivität, Selbstvertrauen, Wunsch sich auszuzeichnen);
(4) Teilnahme (Aktivität, Soziabilität, Kooperationsbereitschaft, Anpassungsfähigkeit, Humor);
(5) Status (sozioökonomische Position, Popularität).

Das klingt plausibel. Die Probleme werden jedoch dann deutlich, wenn man ins Detail geht. Das sei am Beispiel einer „Führungseigenschaft", der Intelligenz, gezeigt.

Persönlichkeitsmerkmal	Anzahl der Studien	durchschnittliche Korrelation	höchste Korrelation	niedrigste Korrelation	Quelle
Intelligenz	15	.26	.90	–.14	Stogdill (1948)

Tab. 1: Zusammenhang zwischen Intelligenz und Führungserfolg

Hier zeigt die Forschung, dass zwar Indikatoren der Intelligenz meist deutlich positiv mit dem Führungserfolg verbunden sind, jedoch ist die Streuung groß. Manche Studien weisen eine sehr enge Beziehung nach, in anderen besteht überhaupt keine. Die Ursachen dürfen nicht allein darin gesucht werden, dass zur Operationalisierung von Führung bzw. Führungserfolg einerseits und von Intelligenz andererseits unterschiedliche Verfahren oder Messvorschriften herangezogen wurden, sondern primär darin, dass in den meisten dieser Untersuchungen Führung in höchst unterschiedlichem Kontext analysiert wurde, d. h. keineswegs allein in Betrieben, sondern auch in Schulen, Freizeitorganisationen etc., und dass zudem auch nicht danach differenziert wurde, wer zu welchen Zielen geführt werden sollte.

Es ist offensichtlich, dass man die Führungssituation mitbedenken muss. Abbildung 1 visualisiert dies. Die Führungseigenschaften bestimmen zwar das Verhalten, aber nur im Zusammenspiel mit der konkreten Führungssituation bedingen sie das Führungsverhalten. Dieses Führungsverhalten hat in bestimmten Situationen Erfolg, in anderen Misserfolg zur Konsequenz.

Unter spezifischen Bedingungen dürften bestimmte Eigenschaften der Person sich realisieren und verhaltenswirksam werden, und zwar in einer solchen Weise, dass dadurch der Führungserfolg gefördert wird, in anderen dagegen haben sie kaum Einfluss auf das Verhalten. Oder das durch die Situation mitprovozierte Verhalten steht dem Führungserfolg eher im Wege. Dem versucht man heute im Rahmen des Assessment Center mit sogenannten „situativen Verfahren" oder mit dem „multimodalen Interview" (SCHULER, 2001) gerecht zu werden, indem man zum einen die konkrete künftige Führungssituation durch situative Übungen spezifisch zu simulieren trachtet und indem man die Eigenschaften der zu Beurteilenden eher verhaltens- als eigenschaftsbezogen erfasst. Also: Wie geht der Bewerber mit einer konkreten komplexen Organisationsaufgabe um, statt der Beantwortung von Fragen wie: „Baum verhält sich zu Wald, wie Gras zu X."

Auf ein weiteres Problem empirischer Untersuchungen zur Fundierung der Eigenschaftentheorie sei verwiesen. Positive Korrelationen werden fast stets in dem Sinne

Führungssituation

- Kultur und politisches System des Landes
- Branchenzugehörigkeit der Organisation
- Unternehmensverfassung und rechtlicher Rahmen
- Organisationsstruktur und -kultur
- Funktion (Produktion, Finanzierung, Marketing, F&E, Personal, etc.)
- Größe, Struktur und Klima der Gruppe
- Persönlichkeitsmerkmale der Gruppenmitglieder
- Machtbasis und Legitimierung des Führenden

Person des Führenden

- Intelligenz
- deklaratives und prozedurales Wissen
- ‚big five'
- soziale Kompetenz

Führungsverhalten

- autoritärer vs. kooperativer Führungsstil
- Dimensionen des Führungsverhaltens
- Interpretation der Führungsrolle
- Verstärkung des erwünschten Geführtenverhaltens
- transaktionale und transformationale Führung
- Vorbildverhalten
- symbolische Führung

Führungserfolg

Geführtenverhalten

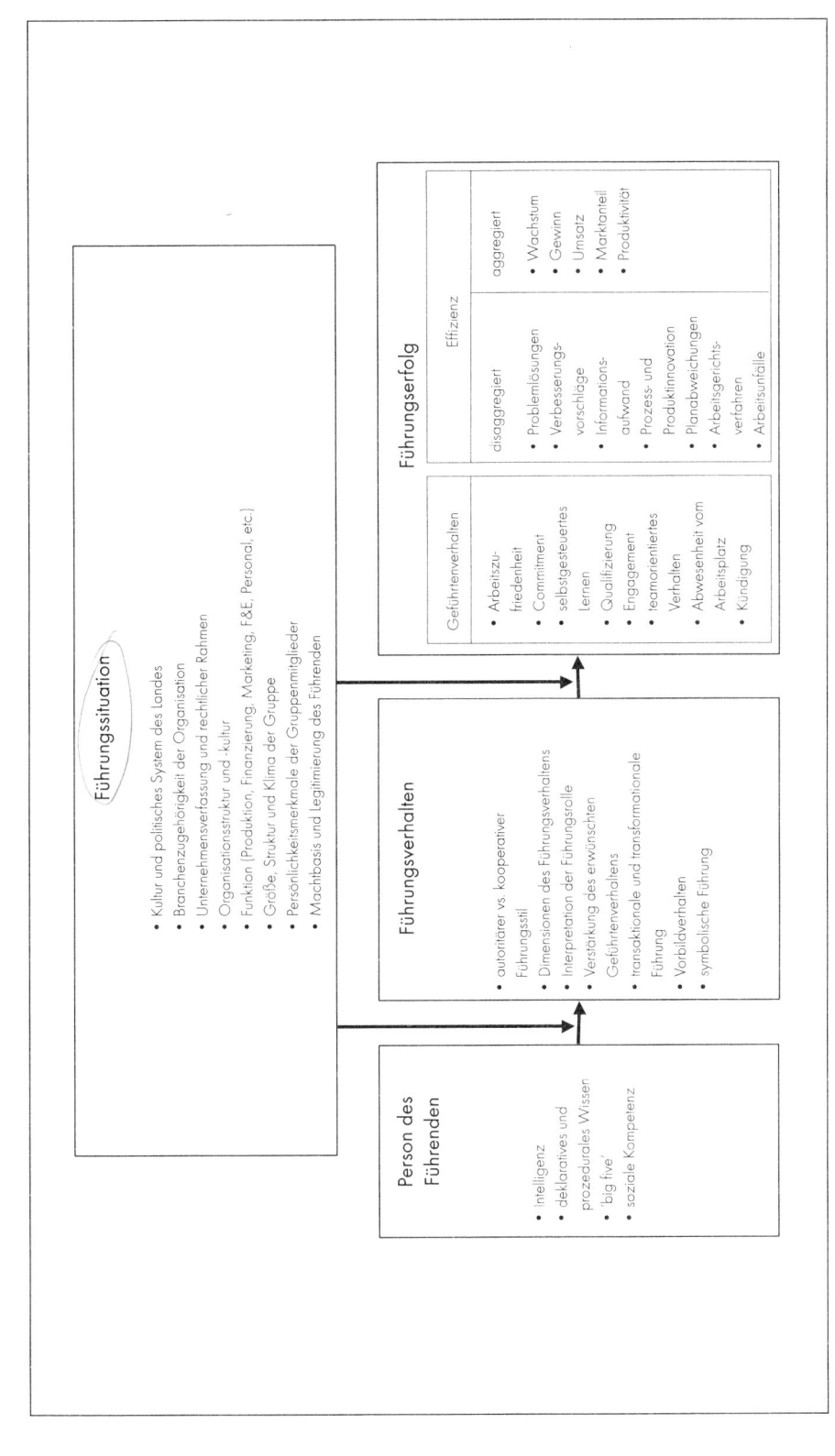

- Arbeitszufriedenheit
- Commitment
- selbstgesteuertes Lernen
- Qualifizierung
- Engagement
- teamorientiertes Verhalten
- Abwesenheit vom Arbeitsplatz
- Kündigung

Effizienz

disaggregiert	aggregiert
• Problemlösungen	• Wachstum
• Verbesserungsvorschläge	• Gewinn
• Informationsaufwand	• Umsatz
• Prozess- und Produktinnovation	• Marktanteil
• Planabweichungen	• Produktivität
• Arbeitsgerichtsverfahren	
• Arbeitsunfälle	

Abb. 1: Verknüpfung von Führungspersönlichkeit, Führungsverhalten, Führungssituation und Führungserfolg im theoretischen Modell

interpretiert, dass die Eigenschaft die Ursache des Führungserfolgs sei. Daraus ergibt sich auch die Legitimation, eigenschaftsbezogene Tests zur Führungsauslese zu verwenden. Es ist aber durchaus denkbar, dass andere Kausalitäten wirken, z. B. nach dem Konzept: „Wem Gott ein Amt gibt, dem gibt er auch Verstand". In diesem Sinne ist es sehr wohl vorstellbar, dass Selbstsicherheit nicht nur Ursache von Führungserfolg, sondern Führungserfolg zumindest auch Ursache von Selbstsicherheit sein kann. Die Analysen machen zumindest plausibel, dass beide Wirkrichtungen anzunehmen und zudem gelegentlich möglicherweise Drittvariablen (z. B. Sozialschicht) für Persönlichkeitsmerkmale einerseits und Führungserfolg andererseits verantwortlich sind.

Die Kritik der Eigenschaftentheorie der Führung hatte allerdings gelegentlich die Überinterpretation zur Folge, dass Persönlichkeitseigenschaften gänzlich irrelevant für den Führungserfolg seien. Dies allerdings lässt sich aus den vorliegenden Daten keinesfalls ableiten. Es muss lediglich vor Generalisierungen gewarnt werden, d. h. die Eigenschaften müssen vor dem Hintergrund der Führungssituation und vor dem Hintergrund anderer Persönlichkeitsmerkmale der Person interpretiert werden, mit denen sie in Interaktion stehen. Dem suchen die heute wohl besten Methoden der Führungskräfteauswahl – Assessment Center-Technik, biographische Inventare, situative Tests, strukturierte Interviews – gerecht zu werden. Über das konkrete Vorgehen sowie über die Stärken und Schwächen dieser Methoden berichtet SCHULER in diesem Band.

Bei aller situativen Relativierung scheinen aber für Führungspositionen in Wirtschaft und Verwaltung innerhalb moderner, von starken Veränderungsprozessen geprägten Gesellschaften einige Persönlichkeitsmerkmale unabdingbar:

- eine überdurchschnittliche intellektuelle Befähigung,
- eine hohe Motivation im Sinne einer Bindung an Ziele und der Bereitschaft, Pläne auch umzusetzen,
- soziale Kompetenz als Fähigkeit, mit unterschiedlichen Personen rasch in Kontakt zu treten,
- Lernfähigkeit und -bereitschaft als Kompetenz, sich selbstorganisiert auf neue Situationen einzustellen und sich von alten – bisher erfolgreichen – Handlungsroutinen zu verabschieden (SCHULER, 2001).

3.2 Der Führungsstil

Nicht nur die Eigenschaftentheorie, auch die experimentelle Führungsstilforschung geht davon aus, dass stabile Persönlichkeitszüge den Führungserfolg bestimmen.

Ausgangspunkt dieser Forschung waren politisch motivierte Experimente (LEWIN, LIPPITT & WHITE, 1939). Durch experimentelle Bedingungsvariation wurden drei Führungsstile „hergestellt". Es handelte sich um den „autoritären", den „demokratischen" und den „laisser-faire" Stil. In diesen Untersuchungen fand man bei Jugendlichen in den USA der späten 30er-Jahre, dass

- die Mehrzahl der Schüler mit dem demokratischen Führungsstil zufriedener war,
- sich in den autoritär geführten Gruppen ein aggressives Klima entwickelte,
- bei Anwesenheit des Führers die Leistung in den autoritär geführten Gruppen höher lag, dagegen in demokratisch geführten Gruppen bei Abwesenheit des Führers.

Ähnliche Untersuchungen experimenteller Art wurden in der Folge vielfach durchgeführt, wobei meist zwischen autoritärem und kooperativem Führungsstil unterschieden wurde. Dabei zeigte es sich, dass die von LEWIN gefundenen Ergebnisse – zumindest hinsichtlich des Leistungskriteriums – nicht generalisiert werden können. Ein Vergleich 30 experimenteller Führungsstiluntersuchungen durch NEUBERGER (1972), den Tabelle 1 wiedergibt, verdeutlicht dies.

	Überlegenheit des		Keine eindeutige
	autoritären Führungsstils	kooperativen Führungsstils	Überlegenheit eines Führungsstils
Leistung	9	8	6
Einstellungen	6	17	5

Tab. 2: Beeinflusst der Führungsstil die Leistung und die Zufriedenheit?

SEIDEL (1978), der auch Felduntersuchungen in seine Führungsstilanalysen einbezog, kam zu ähnlichen Befunden. Ganz offensichtlich kommt es auch hier auf die Situation entscheidend an: Bei bestimmten Aufgabenstellungen, Arbeitsgruppenstrukturen, Persönlichkeitsmerkmalen der Geführten, gesellschaftlichen Normsystemen etc. führt eher der autoritäre, in anderen Bedingungen eher der kooperative Führungsstil zu besseren Leistungen, bzw. erfüllt die Erwartungen der Geführten und löst dort positive Einstellungen im Sinne der Zufriedenheit aus.

Auf ein grundlegendes Problem der experimentellen Führungsstilforschung sei hingewiesen. Sie geht letztlich mit anderen Begriffen und anderen Operationalisierungen von gleichen Grundannahmen wie die Eigenschaftstheorie aus, da sie den Führungsstil implizit als Persönlichkeitskonstante versteht: Durch entsprechende Manipulation der Versuchsbedingungen hatten die Führenden in den Experimenten sich kooperativ, d.h. Partizipation zulassend, oder autoritär, d.h. keine Partizipation zulassend, zu verhalten und zwar ohne Rücksicht auf die Situation. Reales Führungsverhalten aber ergibt sich stets aus der Interaktion zwischen Person und Situation. Diese wurde in den Führungsstilexperimenten durch den Versuchsaufbau explizit ausgeschlossen.

Vor einer Generalisierung der experimentellen Befunde auf Führungssituationen in Organisationen muss also gewarnt werden. Es dürfte kaum Führungskräfte geben, die immer – ohne Rücksicht auf die Situation – autoritär oder kooperativ sind. Ähnlich vorschnell wäre es, in Trainingsprogrammen alle Führungskräfte ausschließlich auf den kooperativen Führungsstil „einzuschwören", wie es in vielen Unternehmen geschieht. Es gibt nicht „den besten Führungsstil".

3.3 Dennoch: Die Person ist wichtig

Wo immer Menschen gemeinsam zielbezogen handeln, finden wir bestimmte Formen von Hierarchie. In ihrer Art und Ausprägung allerdings können sie sich unterscheiden. Personen in Führungspositionen können einerseits beispielsweise als reine Funktionsträger erlebt werden, die auf Grund ihrer fachlichen Kompetenz und/oder sie begünstigender Personalentscheidungen führen, aber grundsätzlich austauschbar erscheinen.

Die Art ihrer Führung – richtig verstanden – wird von der Kompetenz der ihnen Unterstellten abhängen. Sind diese in fachlichen Belangen auch im Detail weniger qualifiziert als der Führende, so wird dieser vor allem durch Befehl (Ziele und Wege werden vorgegeben) oder präzisen Auftrag (das Ziel wird definiert, der Weg freigestellt) zu führen suchen. Ist dagegen, wie bei hochrangigen Spezialisten häufig, die Kompetenz der Geführten in den Detailfragen höher als die des Vorgesetzten, so wird die Führung durch Delegation erfolgen, d. h. es werden Aufgaben mit den dazugehörigen Rechten und Verantwortlichkeiten übertragen, innerhalb derer der Stelleninhaber selbst aktiv werden, Ziele setzen und Wege finden muss. Führung wird in diesem Fall zur Koordination der Spezialisten.

All dieses stellt sich nicht selten ganz anders dar, wenn die Person des Führenden kraft ihres Charismas oder auf Grund historischer oder struktureller Gründe erlebnismäßig „allgegenwärtig" und „nicht austauschbar" erscheint. Derartige Strukturen finden wir – um ein anschauliches Beispiel zu bringen – auf Schiffen vor, auf denen der Kapitän zum dominierenden Bestandteil der erlebten Organisationswirklichkeit erstarkt. Er ist allgegenwärtig; man kann sich ihm nicht entziehen, sich nicht nach Dienstschluss in eine von ihm nicht bestimmte Welt zurückziehen, sondern ist stets und immer im Umfeld seiner Gegenwart und lebt in der von ihm geformten und bestimmten Umgebung.

Nun ist Hierarchie etwas, was vermutlich auch im genetischen Code des Menschen verankert ist. So finden wir bei höheren Säugetieren und Menschen gleichermaßen, dass der Mächtige, der hierarchisch hoch Stehende, häufiger angesehen und beobachtet wird als andere Mitglieder der Sippe, des Verbandes oder der Gruppe. Man orientiert sich an seinen zustimmenden oder ablehnenden Reaktionen, steuert dadurch eigenes Verhalten und richtet sich nicht selten nach seinem Vorbild. Zeigen kleine Gesten, zustimmende Bemerkungen, anerkennende Kommentare etc., dass der Führende bestimmte erwünschte Verhaltensweisen oder Verhaltensergebnisse der Geführten wahrnimmt und positiv wertet, so wird die Aufmerksamkeit der Geführten spezifisch auf diese Verhaltensweisen oder Verhaltensergebnisse gelenkt. Es erfolgt ganz unausgesprochen zielbezogene Führung.

Ist ein bestimmter Stil des Umgangs miteinander, der das Unternehmen kennzeichnet, aus einer langen Tradition erwachsen und der Führende mit dieser Tradition identifiziert, so wird die daraus ableitbare Zielsetzung zur persönlichen Botschaft, die – über die Vorbildfunktion – von der Mannschaft übernommen wird. Über die Person kommt es zur Identifikation vieler mit dem Ziel.

4. Dimensionen des Führungsverhaltens

Den realen Gegebenheiten in Organisationen näher als die Führungsstilforschung steht der Versuch, beobachtbares Führungsverhalten von Vorgesetzten zu beschreiben, zu messen und in seiner Wirkung in Bezug auf bestimmte Kriterien des Erfolges zu analysieren. Besonders intensiv wurde dies im Rahmen der so genannten Ohio-Studien gemacht (FLEISHMAN, 1973).

Zutreffend ausgegangen wurde von der Überlegung, dass Geführte das Verhalten der Führenden unmittelbar erleben und damit gültiger beschreiben können als Vorgesetzte, Kollegen oder Experten. Entsprechend wurden mit erheblichem empirischen Aufwand (vgl. FLEISHMAN, 1973; NEUBERGER, 2002) verschiedene Fragebögen entwi-

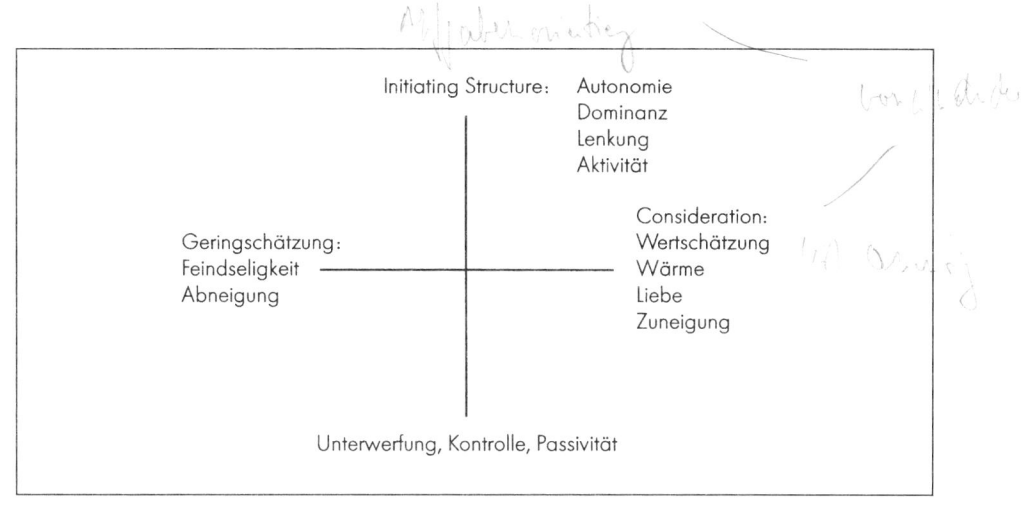

```
                    Initiating Structure:   Autonomie
                                            Dominanz
                                            Lenkung
                                            Aktivität

                                            Consideration:
         Geringschätzung:                   Wertschätzung
         Feindseligkeit   ─────────┼─────── Wärme
         Abneigung                          Liebe
                                            Zuneigung


                    Unterwerfung, Kontrolle, Passivität
```

Abb. 2: Die Führungsverhaltensdimensionen der Ohio-Schule

ckelt, mit deren Hilfe Geführte das Führungsverhalten ihrer Vorgesetzten anonym beschreiben sollten. Faktorenanalysen dieser und ähnlicher Untersuchungen erbrachten eine Vielzahl voneinander abhebbarer Führungsverhaltensdimensionen. Nahezu alle Untersuchungen bestätigten allerdings die beiden mit den höchsten Ladungen ausgestatteten, orthogonal zueinander stehenden Faktoren der Ohio-Untersuchungen:

- „Consideration" (= praktische Besorgtheit, Mitarbeiterorientierung);
- „Initiating structure" (Aufgabeninitiierung und -strukturierung, Aufgaben- oder Leistungsorientierung).

Die Feststellung, dass diese Verhaltensdimensionen statistisch voneinander unabhängig sind, darf als Erkenntnisfortschritt gelten (vgl. Abbildung 2). Denn die bislang dominierenden Vorstellungen der Michigan-Schule (LIKERT, 1961) waren von zwei Polen auf einer Dimension ausgegangen, d. h. es wurde angenommen, dass ein Vorgesetzter entweder an den Sachzielen und Aufgaben oder aber an den Mitarbeitern und ihren Bedürfnissen orientiert ist.

Das Aufzeigen der Unabhängigkeit dieser beiden Dimensionen erscheint nicht nur empirisch bedeutsam, sondern ist auch theoretisch begründbar: Bei der Führung von Gruppen gilt es ja (wie im Artikel über die Arbeitsgruppe gezeigt wird) den Gruppenzusammenhalt im Sinne der Kohäsion und die Zielerreichung im Sinne der Lokomotion zu sichern, was – wie die Ohio-Forscher zu zeigen geglaubt haben – durch die Person des Vorgesetzten geschehen sollte.

Führungsverhalten in Organisationen ist nun kein Selbstzweck, sondern es soll dazu beitragen, dass Ziele, die sich aus den übergeordneten Organisationszielen ableiten, im Sinne des Führungserfolgs realisiert werden. So lässt sich aus der Empirie folgern, dass „consideration" des Vorgesetzten möglicherweise häufig zur Zufriedenheit der Geführten beiträgt, denn es zeigen sich hier in vorliegenden empirischen Studien überwiegend signifikant positive Korrelationen, die allerdings keine eindrucksvolle Höhe erreichen, während die Korrelationen zwischen consideration und Leistung meist unsignifikant bleiben. Weniger eindeutig sind die Korrelationen dieser Kriterien mit „initiating structure". Zwar ist erwartungsgemäß „initiating structure" relativ häufig mit der Leistung positiv korreliert, doch gelangen viele Studien hier zu unsignifikanten Ergebnissen, während sich hinsichtlich der Korrelation zwischen initiating structure und Zufriedenheit positive und negative Korrelationen die Waage halten.

Untersuchungen im deutschsprachigen Raum (FITTKAU-GARTHE, 1971) zeigten, dass neben der Mitarbeiter- und der Aufgabenorientierung noch eine dritte Dimension bedeutsam ist, nämlich die *Mitwirkungs-* oder *Partizipationsdimension*.

Partizipationsorientierung bedeutet, dass Mitarbeiter in die Entscheidungsprozesse einbezogen werden, die ihren Arbeitsplatz, ihr Aufgabengebiet, aber auch die Rahmenbedingungen bis hin zur Unternehmensstrategie betreffen, wobei das Ausmaß der Partizipation die gegebene Qualifikation der Mitarbeiter berücksichtigen muss. Partizipationsorientierung begünstigt die Identifikation mit dem Unternehmen und seinen Zielen. Es fördert die Qualifikation der Mitarbeiter, erhöht ihre Bereitschaft zum Einsatz auch bei Widerstand, womit insgesamt Partizipationsorientierung beim Führen indirekt der Arbeitszufriedenheit und der Arbeitsleistung zugute kommt. Dies gilt konkret z.B. für Forschungs- oder Qualitätsziele. Gerade in anspruchsvollen und komplexen Aufgabenbereichen ist der Mitarbeiter im Detail häufig qualifizierter als der Vorgesetzte. Befehl und Fremdkontrolle können wegen mangelnder Detailkenntnis des Vorgesetzten nicht eingesetzt werden; es kommt auf Eigenmotivation und Selbstkontrolle an. Dies ist am ehesten durch partizipative Führung zu erreichen: Der Mitarbeiter identifiziert sich dann mit dem Ziel, erlebt die daran geknüpften Erfolge als eigene, die ihm Befriedigung verschaffen.

Sucht man grafisch darzustellen, dass die drei genannten Dimensionen Mitarbeiterorientierung, Aufgabenorientierung und Partizipation voneinander unabhängig sind und dass sie zu jeweils andersartigen Kriterien des Führungserfolgs beitragen, so ergibt sich – wenn man grob vereinfacht – ein Bild, das Abbildung 3 zeigt.

All diese Kriterien erscheinen positiv. Man könnte daraus ableiten, dass es wünschenswert erscheint, Vorgesetzte zu einer Optimierung ihres Verhaltens in all diesen Dimensionen durch Trainingsmaßnahmen zu bewegen. Dies ist sicherlich auch

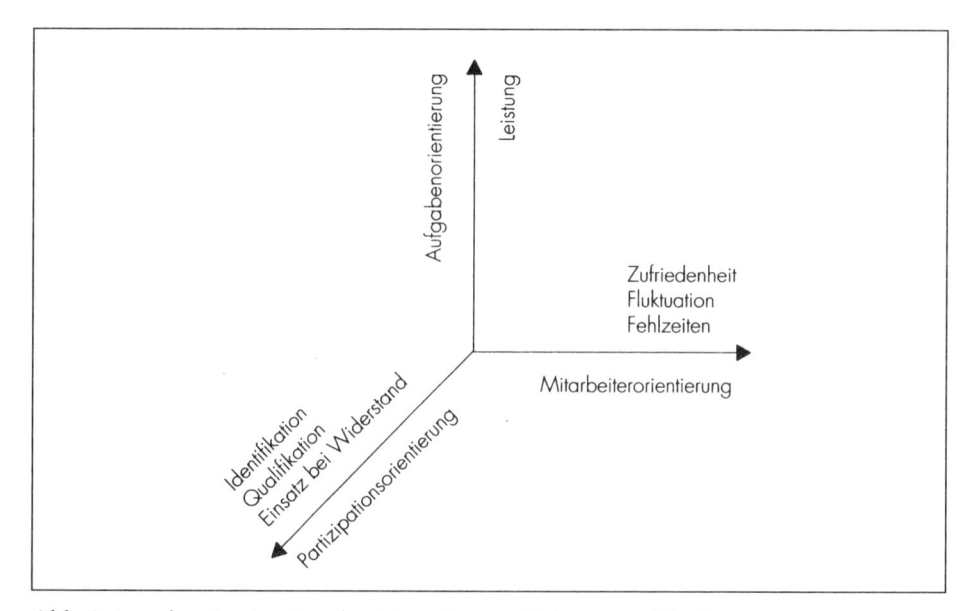

Abb. 3: Was begünstigt einzelne Kriterien des Führungserfolgs?

nicht ganz falsch, vernachlässigt aber dennoch die schon zuvor angesprochene Bedeutung der Situation. Es gibt Situationen, in denen sehr hohe Aufgabenorientierung für die Leistung gut ist, in anderen verstellt sie dieses Ziel; es gibt Situationen, in denen die Mitarbeiterorientierung sehr stark zur Zufriedenheit der Mitarbeiter beiträgt, in anderen tut sie das kaum; die Partizipationsorientierung erweist sich bei hoch qualifizierten und hochmotivierten Mitarbeitern als sehr wichtig, während wenig motivierte und wenig qualifizierte Personen dadurch eher irritiert werden. Verschiedene Situationstheorien der Führung versuchen, diesem Gedanken Rechnung zu tragen.

5. Die Berücksichtigung der Situation

Die Kritik an der personalistischen Führungsforschung, der Führungsstil- und der Führungsverhaltensforschung hat neben vielerlei Unterschieden im Detail einen gemeinsamen Nenner: Es gibt nicht „die" optimalen Führungseigenschaften, nicht „den" besten Führungsstil, nicht „das" ideale Führungsverhalten. Je nach Situation müssen die Anforderungen in jeweils anderer Weise präzisiert werden. Es „kommt also darauf an". Die psychologisch orientierte Führungsforschung der 60er und 70er-Jahre war nun darauf konzentriert, herauszufinden, auf „was es ankommt". All diesen Ansätzen, die die Person mit der Situation kombinieren (Kontingenzansätze), ist gemeinsam, dass sie für bestimmte Situationen jeweils unterschiedliche Persönlichkeitsmerkmale bzw. unterschiedliches Führungsverhalten fordern, damit in spezifischer Weise präzisierte Ziele erreicht werden, wobei die Konzepte den Anspruch erheben, die wichtigsten Parameter der jeweiligen Führungssituation messbar gemacht zu haben. Dies sei an drei Beispielen knapp aufgezeigt:

Einem historisch bedeutsamen (FIEDLER, 1967), einem in der Praxis sehr beliebten (HERSEY & BLANCHARD, 1977) und einem nachgewiesenermaßen recht nützlichen (VROOM & YETTON, 1973).

5.1 Die Situationstheorie von Fiedler

Am meisten zitiert und kritisiert wird das erste ausformulierte und empirisch begründete dieser Kontingenzmodelle, das von FIEDLER (1967) vorgestellt wurde. FIEDLER geht von einer bipolar konzipierten, für die Führung zentralen motivationalen Orientierung des Vorgesetzten aus, die für den Führungserfolg, der als Leistung der geführten Gruppe verstanden wird, bedeutsam sein soll. Diese stabil und kaum veränderbar in der Person des Führenden angenommene motivationale Orientierung hat die Pole Mitarbeiterorientiertheit und Aufgabenorientiertheit, die also hier – im Gegensatz zu den Ohio-Studien – nicht unabhängig voneinander gesehen werden dürfen.

Gemessen werden Richtung und Ausmaß der motivationalen Orientierung dadurch, dass der Vorgesetzte seinen am wenigsten geschätzten Mitarbeiter (least preferred coworker = LPC-Maß) auf einem werthaltigen Polaritätenprofil einstuft. Wird der am wenigsten geschätzte Mitarbeiter vom Vorgesetzten noch relativ positiv gesehen, so gilt dieser als mitarbeiterorientiert; wird der wenig geschätzte Mitarbeiter ausgesprochen kritisch gesehen, so gilt der Vorgesetzte als aufgabenorientiert. Überspitzt formuliert: Der eine sieht die Aufgabe als Mittel zu dem Zweck, Kontakt mit seinen

Mitarbeitern zu haben, der andere sieht die Mitarbeiter als Mittel zu dem Zweck, die Aufgabenziele zu erfüllen. Nach FIEDLER sind nun je nach Führungssituation Vorgesetzte der einen oder anderen Ausprägung erfolgreicher. Die Situation wird dabei durch drei Parameter bestimmt, von denen FIEDLER annimmt, dass sie statistisch voneinander unabhängig sind. Es sind dies

- die Beziehungen zwischen Führer und Geführten
- die Aufgabenstruktur
- die Positionsmacht des Vorgesetzten.

In einer großen Zahl empirischer Untersuchungen ermittelte FIEDLER nun getrennt nach Führungssituationen die Korrelation zwischen der motivationalen Orientierung der Vorgesetzten und dem Leistungserfolg der geführten Gruppe durch Errechnung von Rangkorrelationskoeffizienten bei jeweils relativ kleinen Anzahlen untersuchter Gruppen. Die Ergebnisse visualisiert Abbildung 4.

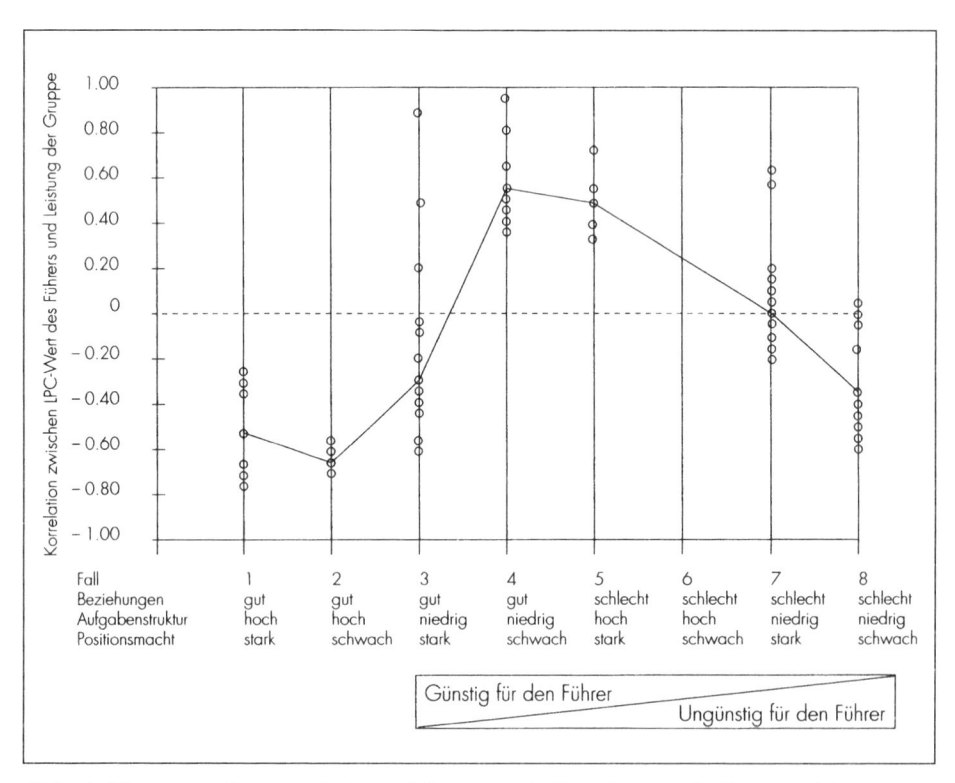

Abb. 4: Zusammenhang zwischen Führungsstil, Situation und Gruppenleistung im Modell von Fiedler

Man erkennt, dass die Korrelation zwischen dem LPC-Wert und der Leistung mehrheitlich negativ ausfällt, wenn die Beziehungen zwischen Vorgesetzten und Mitarbeitern gut, die Aufgabenstruktur klar und die Positionsmacht hoch ist (eine Konstellation, die FIEDLER als „günstig" bezeichnet) oder wenn diese Situationsparameter negativ ausgeprägt sind (was FIEDLER als „ungünstig" charakterisiert). Vereinfachend lässt sich folgern: In günstigen und ungünstigen Führungssituationen ist ein aufgabenorientierter Vorgesetzter erfolgreicher, während in „mittleren" Führungssituationen ein mitarbeiterorientierter Vorgesetzter eher erfolgreich sein wird.

Die Konsequenz, die FIEDLER für die Praxis zieht, ist überraschend. Er fordert nicht, dass Vorgesetzte sich in ihren Orientierungen flexibel auf die Führungssituation einstellen sollen, da er davon ausgeht, dass dies nicht trainierbar ist. Stattdessen schlägt er entweder Selektionsverfahren vor, d.h. Vorgesetzte, die zur Situation „passen", auszuwählen, oder aber „Situationsmanagement" zu betreiben, d.h. die Situation so zu gestalten, daß sie zum Vorgesetzten „passt".

Die *Kritik* an FIEDLER ist vielfältig und berührt gleichermaßen theoretische, methodische und normative Aspekte. Einige wichtige Einwände seien exemplarisch genannt:

- Das LPC-Maß ist theoretisch unzureichend begründet, über die Zeit nicht stabil und weder mit anderen Persönlichkeitsindikatoren noch mit messbaren Führungsverhaltensweisen korreliert.
- Die Auswahl der Situationsparameter erscheint willkürlich und wenig begründet.
- Die drei Situationsparameter, die als unabhängig voneinander angenommen werden, sind nicht unabhängig.
- Die gefundenen Korrelationskoeffizienten beruhen meist auf einem kleinen N (= kleine Stichproben) und sind überwiegend nicht signifikant.
- Folgeuntersuchungen konnten zum Teil die von FIEDLER gefundenen Korrelationen nicht bestätigen.
- Die Einengung des Erfolgskriteriums allein auf die Leistung erscheint einseitig.
- Die Optimierung des Führungserfolgs durch „Situationsmanagement" ist vielfach unrealistisch und zudem inhuman, wenn z.B. zur Optimierung des Leistungsergebnisses die Führer-Geführten-Beziehungen „schlechter" gemacht werden sollen.

Trotz dieser Kritik bleibt es FIEDLERS Verdienst, als Erster das unverbindliche „Es kommt darauf an" in ein nachprüfbares „Auf dies und jenes kommt es an" präzisiert zu haben. Dadurch machte er begründete Kritik an seinem Ansatz möglich und regte zu weiteren Arbeiten an situativen Führungsmodellen an.

5.2 Führungsverhalten und die aufgabenbezogene Reife der Geführten

Das Kontingenzmodell von HERSEY und BLANCHARD (1977) geht letztlich von den Ohio-Studien aus. Es werden also die beiden Führungsverhaltensdimensionen Mitarbeiterorientierung und Aufgabenorientierung als unabhängig voneinander vorgestellt, aber situativ relativiert.

Diese Relativierung suchen HERSEY und BLANCHARD (1977) zu leisten, indem sie zum zentralen aber auch einzigen Situationsparameter den „Reifegrad" der Mitarbeiter erklären, wie dies Abbildung 5 zeigt.

Es wird erkennbar, dass das Modell bei geringer Reife der Geführten hohe Aufgabenorientierung und geringe Mitarbeiterorientierung vorschlägt („unterweisen"), bei geringer bis mäßiger Reife hohe Mitarbeiter- und Aufgabenorientierung („verkaufen"), bei mäßiger bis hoher Reife starke Mitarbeiter- und geringe Aufgabenorientierung („partizipieren") und bei sehr hoher Reife schließlich geringe Mitarbeiter- und geringe Aufgabenorientierung („delegieren").

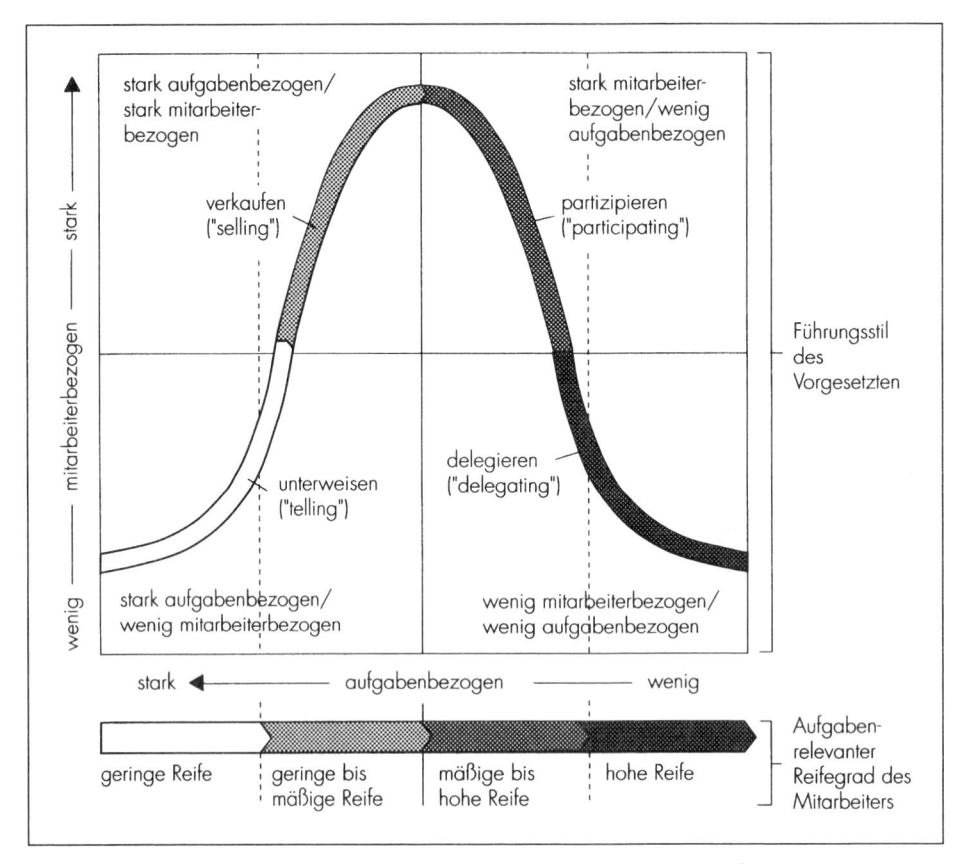

Abb. 5: Führung bei unterschiedlichen Personen, nach HERSEY und BLANCHARD

Dieses Konzept wurde nachhaltig kritisiert, da die theoretischen Annahmen dubios und einseitig sowie die empirischen Belege gänzlich unzureichend seien. Dennoch erfreut sich der Ansatz angesichts seiner Plausibilität in der Praxis des Führungstrainings hoher Beliebtheit.

5.3 Ein normativer Ansatz für Führungsentscheidungen

Eine positive Resonanz fand der „normative" Ansatz von VROOM und YETTON (1973). Die Autoren gehen von der subjektiven Rationalität des Vorgesetzten aus und sehen in der Art des Entscheidungsverhaltens einen besonders wichtigen Aspekt der Führung. Entschieden werden kann auf unterschiedliche Weise:

- A I: Autoritäre Entscheidung durch den Vorgesetzten ohne Rücksprache mit den Mitarbeitern.
- A II: Autoritäre Entscheidung durch den Vorgesetzten nach Einholung von Informationen bei den Mitarbeitern, ohne dass diesen mitgeteilt wird, um welche Entscheidung es geht.
- C I: Consultative Entscheidung nach Beratung durch einzelne Mitarbeiter.

- C II: Consultative Entscheidung nach Beratung des Entscheidungsproblems durch die ganze Gruppe.
- G: Gruppenentscheidung.

Je nach Situation führt nun das eine oder andere Entscheidungsverhalten zu besseren Führungsergebnissen, wobei dieses „besser" an drei hierarchisch geordneten Kriterien festgemacht wird:

- Qualität der Entscheidung
- Akzeptanz der Entscheidung
- Ökonomie des Entscheidungsverhaltens.

Andere durchaus vorstellbare Kriterien werden (abgesehen von „Qualifikation der Mitarbeiter" in einem Alternativmodell) nicht berücksichtigt. Der Führende soll erkennen, in welcher Situation welche Art des Entscheidungsverhaltens adäquat ist. Er soll dafür sensibilisiert werden, seine eigene Führungssituation unter bestimmten Aspekten diagnostizieren zu können. Konkret heißt dies, dass das Modell ihm umso wertvollere Hilfe geben kann, je adäquater er seine eigene Führungssituation erkennt. Der Vorgesetzte wird dazu aufgefordert, an sieben situationsdiagnostischen Fragen orientiert einen „Entscheidungsbaum" zu durchlaufen, den Abbildung 6 zeigt.

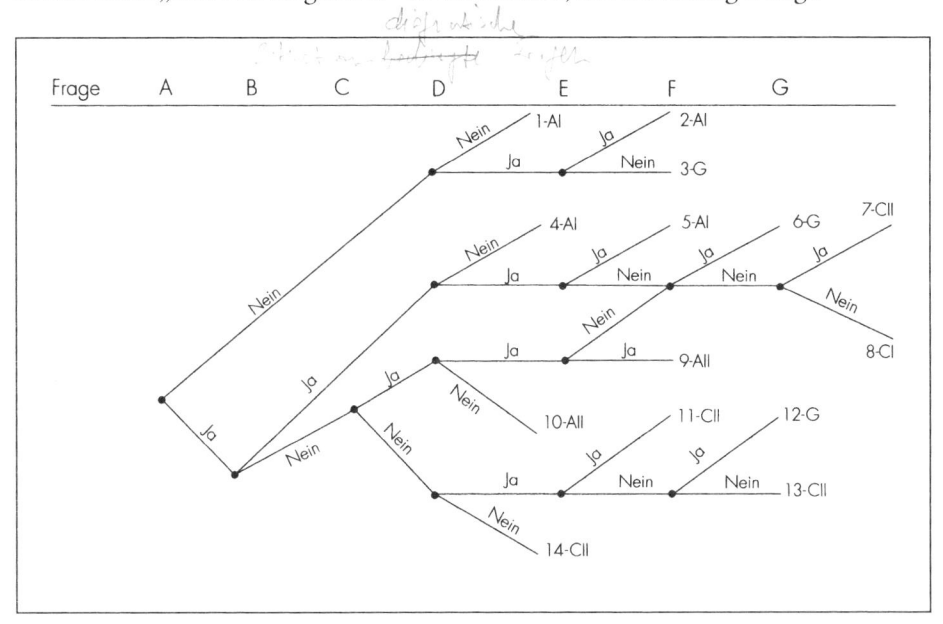

Abb. 6: Der Entscheidungsbaum von VROOM und YETTON

Diese situationsdiagnostischen Fragen lauten:

(A) Gibt es ein Qualitätserfordernis: ist vermutlich eine Lösung rationaler als eine andere?
(B) Habe ich als Vorgesetzter genügend Information, um eine qualitativ hochwertige Entscheidung zu treffen?
(C) Ist das Problem strukturiert?

(D) Ist die Akzeptierung der Entscheidung durch die Mitarbeiter bedeutsam für die effektive Ausführung der Entscheidung und für das, was der Entscheidung folgt?
(E) Wenn ich als Vorgesetzter die Entscheidung allein treffen würde, würde sie dann von den Mitarbeitern akzeptiert werden?
(F) Teilen die Mitarbeiter die Organisationsziele, die durch eine Lösung dieses Problems erreicht werden sollen?
(G) Werden die bevorzugten Lösungen vermutlich zu Konflikten zwischen den Mitarbeitern führen?

Beantwortet man jede dieser Fragen mit ja oder nein, so gelangt man schließlich an den „Spitzen der Äste" des Entscheidungsbaumes zu dem Ratschlag, wie man in dieser Situation entscheiden sollte.

Obwohl das Modell rationalistisch und mechanistisch erscheint, gibt es doch Belege für seine Nützlichkeit (SCHOLZ, 2000). Entscheidungsprozesse, die nach Sicht der Entscheidenden zu unbefriedigenden Ergebnissen führten, waren häufiger modellwidersprechend, während solche Entscheidungen, die als positiv eingestuft wurden, häufiger modellkonform waren. Bewährt hat sich der Ansatz auch für Trainingszwecke. Lernziel ist hier, die eigene Führungssituation sensibel wahrzunehmen, um dann flexibel – was das Führungsverhalten betrifft – darauf reagieren zu können.

6. Symbolische Führung und Unternehmenskultur

Alle bisher dargestellten Führungsansätze – ob sie nun allein von der Person oder dem Zusammenspiel zwischen Person und Situation ausgehen – haben eines gemeinsam: Sie suchen in einfachen oder komplexen Kausalmodellen Führungserfolg zu erklären, zu prognostizieren und in rational begründeter Weise zu gestalten. Dieser Ansatz ist zunehmend kritisiert worden (NEUBERGER & KOMPA, 1987; NEUBERGER, 2002).

Dem Paradigma „Ursachen erzeugen Wirkungen" wird ein anderes gegenübergestellt, das sich formulieren lässt als „wahrgenommene/gedeutete Situationen sind (als soziale und damit veränderbare Tatsachen) Chancen, individuelle oder gemeinsame Pläne zu verwirklichen" (NEUBERGER, 1985, S. 3). Dies erfolgt innerhalb einer spezifischen Unternehmenskultur durch symbolisches Handeln von Seiten des Vorgesetzten. Dieses Konzept betont nicht die funktionale Seite der Führung. Funktionale Führung präzisiert Ziele, koordiniert arbeitsteiliges Tun, kontrolliert Ergebnisse.

Führung wirkt darüber hinaus aber auch durch Symbolisierung. Es kommt also nicht allein darauf an, was im Führungsprozess geschieht, sondern auch darauf, wer es wie tut und wie dieses Tun von den Geführten gedeutet wird. In diesem Sinne macht es einen großen Unterschied, ob eine Unternehmensentscheidung in einem Routinerundschreiben oder einem Aushang allen Mitarbeitern bekannt gemacht wird oder ob die wortwörtlich gleiche Entscheidung vom Führenden selbst im Rahmen eines Festaktes allen Mitarbeitern mitgeteilt wird. Da ja schließlich beinahe zu allen Entscheidungen alternative Wege oder Varianten denkbar erscheinen, wird die Festlegung auf einen Weg auch zur politischen Option mit nicht-rationalen Anteilen. Damit trotz eines möglicherweise objektiv gegebenen Dissens die Geführten bereit sind, den Aktivitäten der Führenden Konsens und Rationalität zuzuschreiben, werden – häufig ohne bewusste Absicht – Visonen, Symbole, Zeremonien und Rituale eingesetzt, die besonders stark wirken, wenn sie in den Mythen und Traditionen des Unternehmens wurzeln. Geht es um bestimmte Führungsziele, so sollte man nach Anknüpfungspunkten in der Vergangenheit, nach Traditionen und Vorbildern in der Unternehmensgeschichte suchen. Führungsakzeptanz wird dadurch erleichtert.

Der Grundgedanke symbolischer Führung sei am Beispiel eines viel diskutierten Ansatzes von PFEFFER (1981) knapp skizziert. Folgen wir diesem Autor, so muss Führung, um zu wirken, den Glauben an die Bedeutung der Führung stabilisieren. Dadurch wird erreicht, dass das Vertrauen der Geführten in die Führung erhalten, das Gefühl der Verantwortlichkeit der Führungskräfte stabilisiert wird. Durch symbolische Handlungen und Rituale wird nun diese funktionale Ideologie aufrechterhalten. Entscheidungsakzeptanz wird auf diese Weise sichergestellt; Gewissheit und Orientierung werden in einer mehrdeutigen und komplexen Welt bewahrt, obwohl es sich dabei nicht selten um Pseudogewissheiten und Pseudoorientierungen handelt. Führungshandlungen und Führungsentscheidungen sind also in diesem Sinne nicht sachlogisch, rational oder funktional, sondern (mikro)politisch (vgl. den Artikel von NEUBERGER: Mikropolitik, in diesem Band) zu deuten. Führung hat demnach den Zweck zu verfolgen, trotz objektiver Widersprüche Akzeptanz für Führungsentscheidungen bei den Geführten zu sichern, und zwar in einer Weise, dass diese den Führenden Rationalität zuschreiben.

An welche im Gespräch übermittelte (verbale), im gemeinsamen Tun liegende (interaktionale) oder objektivierte (artifizielle) Symbole dabei zu denken ist, zeigt ausschnitthaft und exemplarisch Abbildung 7 nach NEUBERGER.

verbale	interaktionale	artifizielle (Objektivierte)
Geschichten	Riten, Zeremonien, Traditionen	Statussymbole
Mythen		Abzeichen, Embleme, Geschenke, Fahnen
Anekdoten	Feiern, Festessen, Jubiläen	
Parabeln		Logos
Legenden, Sagen Märchen	Conventions	Preise, Urkunden, Incentive-Reisen
	Konferenzen Tagungen	
Slogans, Mottos, Maximen, Grundsätze	Vorstandsbesuche Revisorbesuche	Idole, Totems, Fetische
Sprachregelungen		Kleidung, äußere Erscheinung
Jargon, Argot, Tabus	Organisationsentwicklung	Architektur Arbeitsbedingungen
	Auswahl u. Einführung neuer Mitarbeiter; Beförderung	
Lieder, Hymnen		Plakate, Broschüren, Werkszeitung
	Degradierung, Entlassung, freiwillige Kündigung, Pensionierung, Tod	schriftlich fixierte Systeme (der Lohnfindung, Einstufung, Beförderung)
	Beschwerden	
	Magische Handlungen (Mitarbeiterauswahl, Strategische Planung usw.)	
	Tabus	

Abb. 7: Symbole der Unternehmenskultur

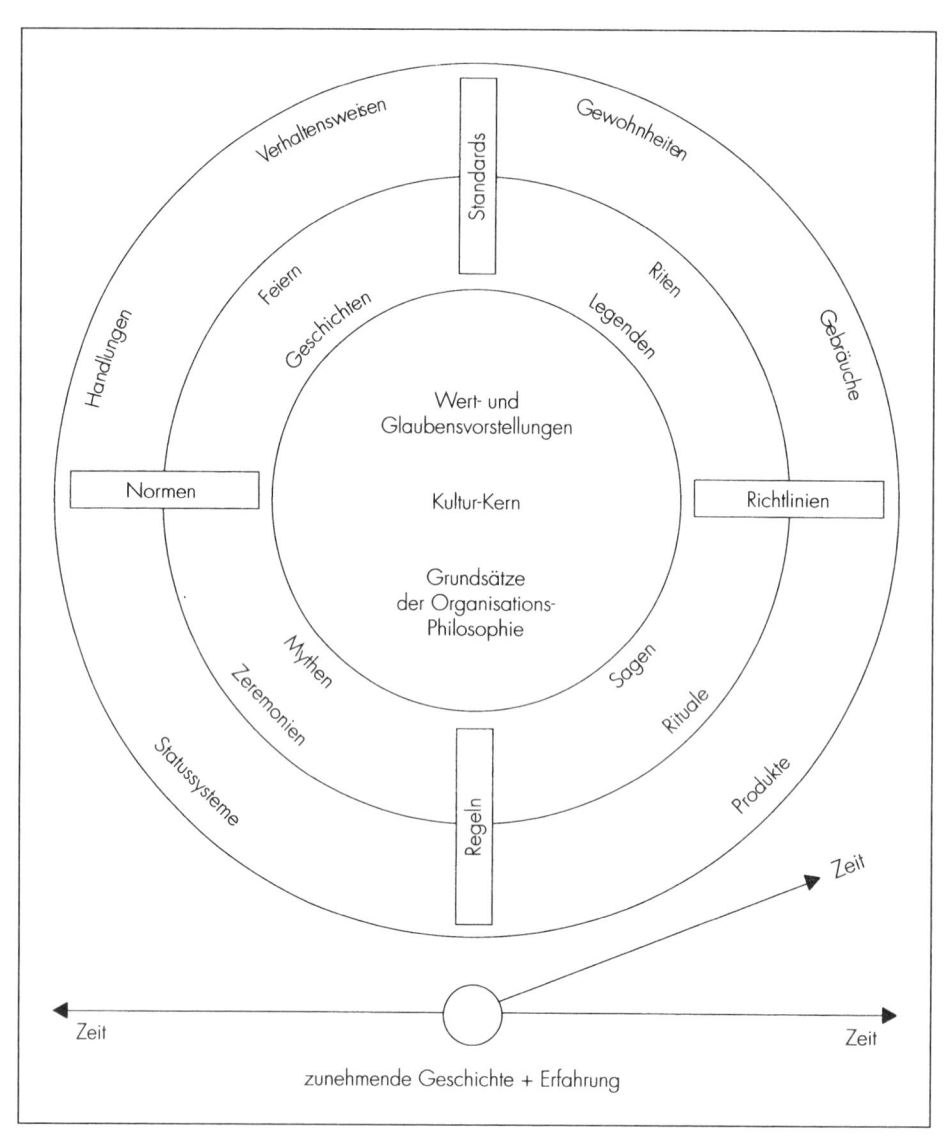

Abb. 8: Der unsichtbare Kern und der sichtbare Ausdruck der Unternehmenskultur

Es gilt, kritisch zu prüfen, ob diese im Unternehmen auffindbaren Symbole auch auf die zentralen Werte des Unternehmens hinweisen oder ob diese durch andere Zielsetzungen gänzlich überdeckt werden.

All diese Symbole mit ihrem Bedeutungsgehalt, mit ihrem Versuch der Sinngebung und der Deutung des sonst schwer verständlichen Zusammenhaltes machen einen wesentlichen Kern dessen aus, was heute als Unternehmenskultur beschrieben wird. Im Kern einer jeden Unternehmenskultur (vgl. den Artikel von BÖGEL: Organisationsklima und Unternehmenskultur, in diesem Band) liegen ja Wert- und Glaubensvorstellungen, Unternehmensgrundsätze und -philosophien, wie dies Abbildung 8 verdeutlicht.

Der Kulturkern, der dabei erkennbar ist, kann nicht einfach geschaffen und auch nicht willkürlich rasch modifiziert werden. Er erwächst aus Traditionen, wandelt sich aber mit veränderten Werthaltungen der Mitarbeiter und der Einsicht in neue Anforderungen des Marktes und der Gesellschaft.

7. Transaktionale und transformationale Führung

Eine Integration der stärker rational-funktionalen und der deutend-sinngebundenen Interpretationen personaler Führung haben in jüngerer Zeit Bass und Avolio (1990) in ihrem Konzept von Führung angestrebt, innerhalb dessen „transaktionale" und „transformationale" Führung einander ergänzen. Was ist darunter zu verstehen?

Transaktionale Führung beruht letztlich auf dem Marktprinzip, dem rational begründeten Tausch: Gibst Du, Vorgesetzter, mir das, was ich wünsche (z. B. Handlungsspielraum), dann gebe ich Dir, was Du wünschst (z. B. gesteigerte Leistung). Zwei Komponenten dieser transaktionalen Führung werden voneinander unterschieden:

– bedingte Belohnung (Beispielitem: „Weist mich darauf hin, was ich erhalten werde, wenn ich die Anforderungen erfülle").
– management by exception (Beispielitem: „Vermeidet Eingriffe, außer wenn ich gestellte Ziele nicht erreiche").

Ganz anders ist die transformationale Führung zu verstehen. Durch transformationale Führung soll der Geführte transformiert, verwandelt werden. Er tritt nicht in einen rational begründeten Tausch mit dem Vorgesetzten ein, denkt nicht nur an seinen Vorteil, sondern ist auch bereit, altruistisch zu handeln. Vier Komponenten dieser transformationalen Führung werden voneinander abgehoben:

– Charisma (Beispielitem: „Ich bin stolz darauf, mit ihm/ihr zusammen zu arbeiten")
– Inspirierende Motivierung (Beispielitem: „Verwendet Symbole und Bilder, um unsere Zielvorstellungen zu verdeutlichen.")
– Intellektuelle Stimulierung (Beispielitem: „Ermöglicht es mir, alte Probleme in einem neuen Licht zu sehen.")
– Individuelle Wertschätzung (Beispielitem: „Berät, fördert und unterstützt mich, wenn es notwendig ist.").

Gemessen werden transaktionale und transformationale Führung mit einem von Bass und Avolio (1990) entwickelten Fragebogen, dem „multifactor leadership questionnaire" (MLQ), von dem auch eine deutsche Übersetzung vorliegt (Geyer & Steyrer, 1998). Die Mitarbeiter beurteilen mit Hilfe dieses Verfahrens ihren Vorgesetzten. Die zuvor genannten sechs Beispielitems stammen aus diesem Fragebogen.

Empirische Analysen zur Wirkung der transaktionalen und der transformationalen Führung zeigen, dass beide für den Erfolg – gemessen z. T. an subjektiven, z. T. an objektiven Kriterien – förderlich sind (Gebert & v. Rosenstiel, 2002), wobei jedoch von der transformationalen Führung die intensivere Wirkung ausgeht. Transformationale Führung dürfte besonders dort wirken, wo Vorgesetzte im Detail die Arbeit ihrer Mitarbeiter gar nicht beurteilen können oder wo sie – etwa im Dienstleistungsbereich oder im virtuellen Unternehmen – nur noch sporadisch räumlich mit diesen zusammen sind.

8. Abschluss

Fassen wir zusammen: Führung ist Einflussnahme. Im Unternehmen kann dies – unabhängig von Personen – durch Strukturen, Vorschriften, Regeln etc. erfolgen. Stützt man sich allein darauf, dann erstarrt die Organisation. Führung durch Menschen ist also – zumindest auch – erforderlich.

Die Wissenschaft hat nach Wegen gesucht, durch die Auswahl möglichst befähigter Führungsnachwuchskräfte und durch das Training möglichst guter Führungsverhaltensweisen den Führungserfolg wahrscheinlich zu machen. Sie musste allerdings erkennen, dass es „die optimale Führungspersönlichkeit" oder „das optimale Führungsverhalten" nicht gibt. Die jeweilige Führungssituation muss mitbedacht werden, was in modernen Führungstheorien, die sich zum Teil in der Praxis bewährt haben, auch berücksichtigt wird.

All diese Ansätze gehen von einem klaren Konzept der Rationalität aus. Durch die Optimierung bestimmter Bedingungen kommt es zum erwünschten Ergebnis: dem Führungserfolg. Zunehmend erkennt man allerdings, dass auch vielfältige, irrationale, Komponenten im Führungsverhalten liegen. Damit beschäftigen sich in diesem Band die Beiträge von v. Rosenstiel („Tiefenpsychologische Grundlagen") und Neuberger („Mikropolitik").

Literatur

Bass, B. M. & Avolio, B. (1990). Transformational Leadership Development. Manual for the Multifacto Leadership Questionnaire. Palo Alto 1990.
Comelli, G. & v. Rosenstiel, L. (2001). Führung durch Motivation. München 2001.
Fiedler, F. E. (1967). A theory of leadership effectiveness. New York 1967.
Fittkau-Garthe, H. (1971). Fragebogen zur Vorgesetzten-Verhaltens-Beschreibung (FVVB). Göttingen 1971.
Fleishman, E. A. (1973). Twenty years of consideration and structure. In E. A. Fleishman & J. G. Hunt (Hrsg.), Current developments in the study of leadership. S. 1–37. Carbondeale 1973.
Gebert, D. & Rosenstiel, L. v. (2002). Organisationspsychologie. Stuttgart 2002.
Geyer, A. & Steyerer, J. (1998). Messung und Erfolgswirksamkeit transformationaler Führung. In: Zeitschrift für Personalforschung, 12, 1998, S. 377–401.
Hersey, P. & Blanchard, K. H. (1977). Management of organizational behavior: utilizing human resources. New York 1977 (deutsch 1979).
House, R. J. (1971). A path goal theory of leader effectiveness. In: Adminis. Science Quarterly, 16, 1971, S. 321–338.
Lewin, K., Lippitt, R. & White, R. K. (1939). Patterns of aggressive behavior in experimentally created social climates. In: Journal of Social Psychology, 10, 1939, S. 271–299.
Luthans, F., Hodgetts, R. M. & Rosenkrantz, S. A. (1988). Real managers. Cambridge 1988.
Likert, R. (1961). New Patterns of Management. New York 1961.
Neuberger, O. (1972). Experimentelle Untersuchung von Führungsstilen. In: Gruppendynamik, 3, 1972, S. 191–219.
Neuberger, O. (1976). Führungsverhalten und Führungserfolg. Berlin 1976.
Neuberger, O. (1985). Unternehmenskultur und Führung. Augsburg 1985.
Neuberger, O. (2002). Führen und führen lassen. Stuttgart 2002.
Neuberger, O. & Kompa, A. (1987). Wir, die Firma. Weinheim 1987.
Pfeffer, J. (1981). Power in Organizations. Massachusetts 1981.
Rosenstiel, L. v. (2000). Grundlagen der Organisationspsychologie. Stuttgart 2000.
Rosenstiel, L. v., Molt, W. & Rüttinger, B. (1995). Organisationspsychologie. Stuttgart 1995.
Scholz, C. (2000). Personalmanagement. München 2000.

SCHULER, H. (2001). Psychologische Personalauswahl. Göttingen 2001.
SEIDEL, E. (1978). Betriebliche Führungsformen. Stuttgart 1978.
STOGDILL, R. M. (1948). Personal factors associated with leadership. In: Journal of Psychology, 25, 1948, S. 35–71.
VROOM, V. H. & YETTON, P. W. (1973). Leadership and decision-making. London 1973.
WEBER, M. (1964). Wirtschaft und Gesellschaft. Grundriß der verstehenden Soziologie. Köln 1921/ neue Auflage 1964.
WEINERT, A. B. (1989). Führung und soziale Steuerung. In E. ROTH (Hrsg.), Organisationspsychologie, Enzyklopädie der Psychologie. Bd. 3, S. 552–577. Göttingen 1989.

Zur Konkretisierung und weiteren Vertiefung wird empfohlen, im Fallstudienband die Fälle zu „Grundlagen der Führung" zu bearbeiten.

Lutz von Rosenstiel

Tiefenpsychologische Grundlagen der Führung von Mitarbeitern

1. Das Lebewesen und seine Umgebung
2. Die Hypothese vom Unbewussten
3. Wirkungen des Unbewussten im Alltag
4. Tiefenpsychologische Erklärungsansätze für Führung und für unterschiedliche Führungsverhaltensweisen
5. Abschluss

Die zentrale Thematik aller Lebewesen ist ihre Beziehung zur Umwelt. Dies gilt für Menschen, Tiere und Pflanzen in gleicher Weise. Was zum Leben des Einzelnen und für das Überleben der Art benötigt wird, findet sich – zumindest langfristig – in der Umwelt. Das Lebewesen muss über Mechanismen verfügen, die den Kontakt mit der Umgebung sichern. Diese Mechanismen können im Erbgut des Lebewesens liegen und relativ starr ablaufen; sie können im Anhäufen von Erfahrung, im Lernen und im Gedächtnis bestehen, oder sie können auf Grund kreativer kognitiver Prozesse – auf Grund des Denkens eben – zu Stande kommen. Ein spezifisch beim Menschen gefundener Weg beruht auf unbewussten Mechanismen. Diese wurden in zum Teil spekulativer Weise von der Tiefenpsychologie beschrieben.

Das Ziel dieser Darstellung besteht nicht darin, in die Details der zum Teil differenzierten Theorie und Praxis der verschiedenen tiefenpsychologischen Schulen hineinzuleuchten (ELHARDT, 1972; MERTENS, 1981) oder die verschiedenen Ansätze der tiefenpsychologischen Erklärungen von Phänomenen der Führung und Gefolgschaft auszubreiten. Es soll vielmehr über das in der Regel recht rationale Konzept der Führung, wie es zum Beispiel in der Betriebswirtschaftslehre, der Organisationssoziologie und -psychologie verbreitet wird, etwas hinaus gegangen werden. Wer Führungsaufgaben hat, sollte dafür sensibilisiert werden, dass die von ihm oder ihr Geführten nicht ausschließlich rational und bewusst handelnde Menschen sind, sondern dass sich in ihnen „irrationale" Prozesse abspielen, die sie häufig selbst kaum begründen können und die sie sprachlos lassen. Führende sollten aber auch selbstkritisch und etwas reflektierter ihre eigene Rolle verstehen. Motive, die sie an die Spitze geführt haben und dort halten, sind weder ausschließlich auf rationale Kalkulationen zu reduzieren, noch in allen ihren Facetten bewusst. Sie reichen auch über die eigene Person hinaus und sind vielfach aus vielschichtigen Beziehungen zwischen den Führenden und ihrer Gefolgschaft heraus interpretierbar, über die jedoch beide Seiten nur teilweise und in Ansätzen Auskunft geben können.

Es soll also – wenn über tiefenpsychologische Ansätze und ihre Bedeutung für die Führung gesprochen wird – nicht Handlungsanweisung geboten, sondern Aufklärung vermittelt und Sensibilisierung entwickelt werden.

1. Das Lebewesen und seine Umgebung

Lebewesen sind im Jahrhunderttausende währenden Prozess von Mutation und Selektion auf die Umgebung hin, in der sie leben, so ausgebildet worden, dass es zu einer optimalen „Passung" zwischen dem Lebewesen und seiner Umgebung kommt, die, soweit sie im Erleben repräsentiert wird, zur Umwelt wird (v. UEXKÜLL, 1909). Die Passung – es wird auch häufig von „fit" gesprochen (BISCHOF, 2001) – zeigt sich in der Zahl der erfolgreich überlebenden und sich wiederum vermehrenden Nachkommenschaft. Für den Menschen hat ROHRACHER (1988) eine zunächst grobe Trennung zwischen „Kräften" und „Funktionen" vorgenommen. Die Kräfte, gespeist durch angeborene Triebregungen, lenken uns auf jene Ziele, die wir für das individuelle Überleben und die Fortführung der Art benötigen, wie zum Beispiel Nahrung und Getränk, Wohnstätte und Wärme, Partner und Freunde etc. Man könnte hier von Trieben, Antrieben, Wünschen, Motiven, etc. sprechen. Die Funktionen dagegen helfen uns, den Weg zum Ziel zu erkennen. Mit Hilfe der Wahrnehmung finden wir uns in der von uns erlebten Umwelt zurecht und sehen bei Hunger die Nahrung, finden bei Durst das Getränk, erkennen bei Bedrohung den Schutz und entdecken die uns anziehenden Partner. Das Gedächtnis erinnert uns daran, dass im Eisschrank noch einige Flaschen Bier stehen, wenn uns bei Durst kein Getränk vor die Augen kommt; das Denken hilft uns dabei, Wege und zum Ziel führende Umwege zu finden oder zu schaffen, wenn sich Hindernisse und Barrieren auf dem Weg zum Ziel in den Weg stellen. Vieles von dem, was die für den Menschen wichtigen Ziele setzt und die Wege zu diesen Zielen bahnt, wurde von unseren tierischen Vorfahren über das Erbe vermittelt und ist in diesem Sinne genetisch fixiert und angeboren. Anderes müssen wir mit der Überlieferung – als Teil der Tradition und Kultur – übernehmen oder gar jeweils neu individuell durch Lernprozesse erwerben oder es uns auf Grund unserer Fähigkeit zum Denken und zur Kreativität erschließen, wobei wiederum die Möglichkeiten dafür im menschlichen Erbgut zu finden sind. Exemplarisch sei auf einige dieser Mechanismen knapp eingegangen.

1.1 Reflex und Instinkt

Vieles, was unser individuelles Leben sichert oder zur Arterhaltung beiträgt, bedarf keiner bewussten Handlung. Wir reagieren auf wahrgenommene Reize, die unter Ausschaltung des Bewusstseins automatenhaft zu einer in der Regel nützlichen Reaktion führen oder als angeborene Auslösemechanismen (LORENZ, 1965) einen komplexen Verhaltensablauf auslösen, der im Dienste der Selbst- und Arterhaltung steht. Die Rede ist hier vom Reflex und vom Instinkt.

Reflexe lassen sich dabei als Reaktionsweisen unseres Organismus erklären, die durch spezifische Reize ausgelöst werden und unmittelbar über das Rückenmark – ohne das Zentralnervensystem, das Gehirn also, zu aktivieren – gesteuert werden. Man denke zum Beispiel an den Lidschlagreflex, der darin besteht, dass wir das Augenlid schützend über dem Augapfel schließen, wenn sich irgendein Gegenstand dem Auge rasch nähert. Dies ist ein automatisch ablaufender Vorgang, der – dies lässt sich gut im Selbstversuch erproben – nur äußerst schwer unterdrückt werden kann. Die Nützlichkeit derartiger Reflexe lässt sich meist nach kurzer Überlegung erkennen.

Instinkte sind demgegenüber meist komplexe, vom Zentralnervensystem gesteuerte, angeborene Mechanismen (TINBERGEN, 1969). Der außenstehende Beobachter, der etwa bei einem Tier instinktives Verhalten beobachtet, könnte vorschnell auf einen hohen Grad individueller Intelligenz schließen. Was jedoch hier steuernd wirkt, ist eine „Intelligenz" ganz anderer Art, nämlich der durch den langandauernden Wechsel von Mutation und Selektion herausgebildete und in den Genen verankerte Mechanismus, der das Überleben der Art gesichert hat und zwar in einer weitgehend stabilen und kaum veränderten Umgebung. Wird diese – zum Beispiel durch den Eingriff des Menschen – nachhaltig geändert, so wirkt dieses Verhalten plötzlich nicht mehr intelligent, sondern in einer bedenklichen Weise „starr" und für das Lebewesen schädlich. Dafür ein Beispiel: Bestimmte Schlupfwespen lähmen mit einem gezielten Stich Raupen, legen in diesen ihre Eier ab, graben dann ein Loch in die Erde, in das sie die Raupe schleppen, um das Loch dann wieder mit dem Aushub zu verschließen. Die Larven schlüpfen nun in der Raupe und ernähren sich zunächst von deren Fettgewebe und den nicht lebenswichtigen Teilen, um erst kurz vor dem Schlüpfen auch die lebenswichtigen Organe der Raupe zu verzehren. Es soll nun hier nicht detailliert gezeigt werden, welche differenzierten Instinkte bei diesen Larven wirken, die – ohne jedes Studium der Anatomie der Insekten – bei der Raupe zwischen lebenswichtigen und weniger wichtigen Bestandteilen zu unterscheiden wissen, sondern exemplarisch auf das scheinbar so intelligente Instinktverhalten der Schlupfwespe hingewiesen werden, das sich auf Grund der instinktgegebenen Starrheit irreführen lässt. Für die Schlupfwespe wirkt der Anblick der gelähmten Raupe als angeborener Auslösemechanismus, ein Loch in die Erde zu graben. Hat dieses eine ausreichende Tiefe, so wird die Raupe in das Loch gezogen. Die Raupe im Loch wirkt nun als angeborener Auslöser, der dazu führt, dass Erdreich über die Raupe gescharrt und das Loch geschlossen wird. Greift der Forscher in diesen Prozess willkürlich ein, indem er zum Beispiel eine zweite Raupe in das Loch schiebt, kurz bevor die Schlupfwespe ihre Aushubarbeiten beendet hat, so wird die Wespe, die ein letztes Mal Erde ausheben wollte, von der im Loch liegenden Raupe dazu aktiviert, nach oben zu klettern, um das Loch mit Erde zu verschließen. Oben aber liegt die andere Raupe, die nun dazu aktiviert, nochmals in das Loch zu steigen und Erde auszuheben. Die Schlupfwespe wird nun – ohne Lernchance – bis zur Erschöpfung zwischen den beiden Raupen hin und her klettern und nicht in der Lage sein, diese Kette zu durchbrechen. Instinkte wirken also nur solange nützlich im Sinne der Selbst- und Arterhaltung, wie die Umgebung stabil bleibt. Ändert sich diese, so kann die Instinktgebundenheit zur Falle werden. Dies ist ein Grund dafür, dass viele Lebewesen – die höheren unter ihnen, unter Einschluss des Menschen, in stark ausgeprägtem Maße – die Fähigkeit entwickelt haben, aus der Erfahrung zu lernen.

1.2 Lernen

Lernen lässt sich als Veränderung von Erleben, Verhalten und Verhaltenspotenzialen auf Grund von Erfahrung definieren. Der Zusatz „durch Erfahrung" erscheint wichtig, weil es auch Veränderung auf Grund biologischer Reifung, Krankheit, Vergiftung oder Verletzung gibt. Ein einfaches Konzept des Lernens besteht darin, dass erfolgreiche Verhaltensweisen in Zukunft häufiger gezeigt werden, während solche, die nicht zum Erfolg führten, in ihrer Auftretenswahrscheinlichkeit zurückgehen (FOPPA, 1965). Wie das zu erklären ist, verdeutlicht Abbildung 2 im Beitrag „Anerkennung und Kritik", die das viel zitierte S-O-R-K- Paradigma (SKINNER, 1938) wiedergibt. In einer bestimmten Situation (S) nimmt ein Organismus (O) bestimmte Reize wahr, die zu einer Reaktion (R) führen, der nun wiederum eine positive oder eine negative Konsequenz (K) folgen kann. Ist die Konsequenz in einer relativ kontingenten, zuverlässigen Weise positiv, so wird die vorausgehende Reaktion bei diesem Organismus in dieser Situation künftig mit erhöhter Wahrscheinlichkeit auftreten. Lernen also hat zur Folge, dass ein Organismus – Mensch oder Tier – sich relativ flexibel an verschiedene Umgebungsbedingungen anpassen kann. Allerdings birgt das Lernen durch Versuch und Irrtum auch Risiken. Der Versuch kann fraglos im wörtlichen oder übertragenen Sinne tödlich sein. Es wäre für die Menschen hoch bedenklich, wenn sie jeweils individuell erproben müssten, ob zum Beispiel die wohlduftenden Knollenblätterpilze verträglich oder giftig sind.

Da der Mensch nun als instinktarmes Wesen nicht angeborenerweise bei allen Lebensmitteln weiß, ob diese ihm nutzen oder schaden, kann er auch aus der Tradition, aus der Erfahrung anderer lernen, zum Beispiel von der Großmutter beigebracht bekommen, was ihm gut tut und wovon er eher die Finger lassen sollte. Daraus ergibt sich – im soziobiologischen Sinne – der Wert der Alten, die ja in vielen tradierten Kulturen die Herrscher oder doch die Ratgeber in den Dörfern sind. Dieser für alle hohe Wert des Rates und der Erfahrung der Alten ist allerdings nur dann anzunehmen, wenn die Umgebung stabil ist. Für den Menschen in den Industrieländern gilt dies zunehmend nicht mehr, da er wie kaum ein anderes Lebewesen in der Lage ist, seine Umgebung aktiv zu gestalten und damit in ständiger Beschleunigung zu verändern. Das Erfahrungswissen der Älteren wird somit im wahrsten Sinne des Wortes zum „Wissen von gestern", es ist vielfach nichts mehr nütze, wodurch auch das Ansehen der Alten und die Achtung vor ihnen sinken. In westlichen Industrienationen sind sie nicht mehr die Hochverehrten, deren Rat man sucht, sondern man gliedert sie aus den aktiven Lebensprozessen aus und verbannt sie ins Altersheim und damit nicht selten in den sozialen Tod.

Das Lernen und die Bewältigung der Beziehung zur Umgebung auf Grund der Ergebnisse derartiger Lernprozesse sind für den Menschen besonders wichtig. Nietzsche hat ihn als das „nicht festgestellte Tier" bezeichnet. Damit ist ausgedrückt, dass wir in nur geringem Maße programmiert, d.h. instinktgebunden sind (vgl. jedoch EIBL-EIBESFELDT, 1973). Generell und zugleich vereinfachend kann man sagen, dass der relative Anteil instinktgebundenen Verhaltens mit der Entwicklungshöhe zurückgeht, wie Abbildung 1 zeigt.

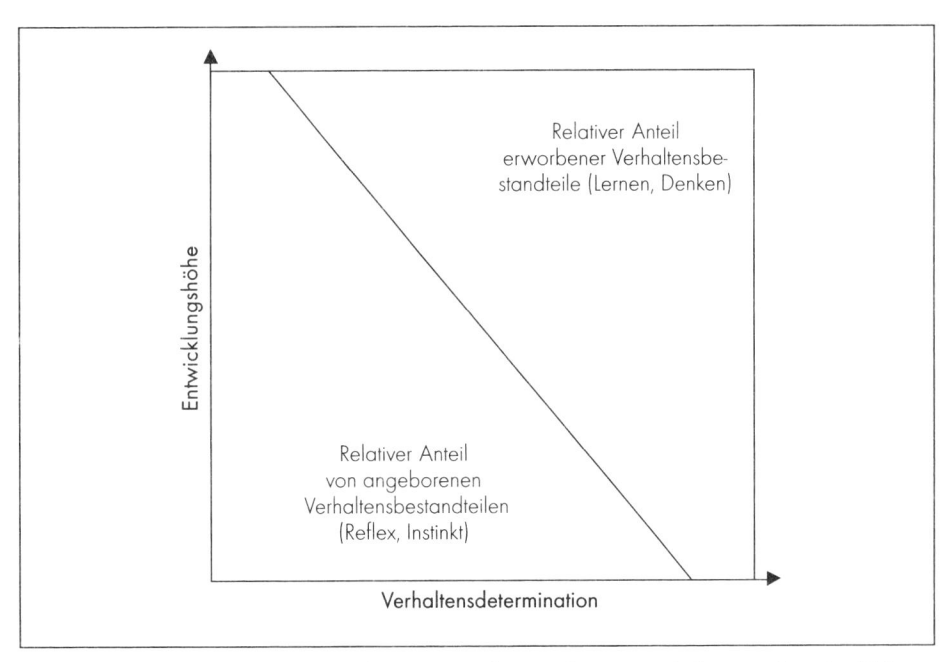

Abb. 1: Der relative Anteil angeborener und erworbener Verhaltensweisen in Abhängigkeit von der Entwicklungshöhe des Lebewesens

Dies sei am Beispiel erläutert (MARAIS, 1962). Ein in der Entwicklungsreihe hoch stehendes Tier – ein Pavian – wurde als Jungtier in der Familie des Forschers aufgezogen und unter Lebensbedingungen gehalten, die von den natürlichen deutlich abwichen. Statt zum Beispiel die Nahrung – Larven, Käfer und Asseln – unter Steinen und umgestürzten Bäumen zu suchen, wurde das Jungtier mit den Kindern des Forschers gemeinsam ernährt. Mit einem in der Entwicklungsreihe niedriger stehendem Tier, einem Fischotter, verfuhr man entsprechend. Ihm wurde die Möglichkeit genommen, im Wasser zu schwimmen, Fische zu jagen und sachgerecht zu zerlegen, wie es den typischen Verhaltensweisen dieser Art entspricht. Nachdem die beiden Tiere mit eingetretener Geschlechtsreife erwachsen waren, wurde zunächst der Fischotter an einen See gebracht. Er schwamm sofort, obwohl er dies nie gelernt hatte und begann nach einiger Zeit Fische, die er nie gesehen hatte, zu jagen und artgerecht zu zerlegen, obwohl er auch dieses niemals beobachten oder erproben konnte. Offensichtlich waren all dies instinktgebundene Verhaltensweisen für ihn. Als der Pavian in eine natürliche Umgebung platziert und dort allein gelassen wurde, erwies er sich als hilflos und konnte sich ohne Unterstützung des Forschers nicht helfen und nicht ernähren. Er war – ähnlich anderen Primaten unter Einschluss des Menschen – darauf angewiesen, diese Verhaltensweisen zu lernen.

1.3 Denken

Freud (1911) hat das Denken als Probehandeln mit vermindertem Risiko beschrieben. Dies ist eine weiterführende Definition, deren Nützlichkeit zum einen gleich aufgewiesen werden soll und die nun zum anderen den Einstieg in tiefenpsychologische Überlegungen eröffnet.

Zur Nützlichkeit: Lernen nach Versuch und Irrtum – das wurde bereits gezeigt – kann tödlich sein. Außerdem lassen sich neue Verhaltensprogramme nur dort erarbeiten, wo man auf entsprechender Erfahrung unmittelbar aufbaut. Spielt man jedoch in konzentrierter Vorstellung Situationen durch und prüft die wahrscheinlichen Konsequenzen, so lassen sich Verhaltensweisen mit vermutlich ungünstigem Ausgang ausschließen und Erfolg versprechende in konkretes Verhalten umsetzen. Man handelt in der Vorstellung im Sinne eines Probehandelns und senkt dabei das Risiko erheblich. Es lassen sich neue Wege gehen, die weder an der eigenen Erfahrung, noch an der anderer unmittelbar anknüpfen. Kreativität, neues Tun, wird damit zu einer Folge der Fähigkeit zu denken. Ähnlich wie das Denken dem einzelnen Innovation ermöglicht, ist für das Unternehmen zum Beispiel Planung oder Marktforschung ein Probehandeln mit vermindertem Risiko. Es ermöglicht den Unternehmensmitgliedern unter verschiedenen Optionen und Alternativen diejenige auszuwählen, die vermutlich zum Erfolg führt, ohne den riskanten Versuch in der Realität, im Markt, antreten zu müssen.

1.4 Zu einem Persönlichkeitmodell der Tiefenpsychologie

Der freudsche Ansatz der Tiefenpsychologie, die Psychoanalyse, ist gleichermaßen eine theoretische Konzeption der menschlichen Psyche als auch ein anwendungsbezogenes Therapiemodell. Sehr stark vereinfacht lässt sich das Persönlichkeitsmodell wie folgt schildern: Der Mensch kommt als ein triebgesteuertes Wesen, als „Es", zur Welt. Dieses Es ist vom so genannten „Lustprinzip" beherrscht, d.h. lustvolle Zustände werden angestrebt und unlustvolle vermieden. Konkret steuert dies das Neugeborene durch nichtsprachliche Kommunikation, d.h. durch Lust- oder Unlustäußerungen. Mutter, Vater oder andere hilfreiche Personen sorgen nun dafür, dass unlustspendende Situationen verändert und die lustvollen für das Kind gesichert werden (es wird an die Brust gelegt, in den Armen gewiegt, trockengelegt oder unterhalten).

Dies gilt für die ersten Wochen, dann aber begegnet die Realität und mit ihr das Realitätsprinzip dem Kind mit harten Forderungen. Zum Beispiel war das Kind gewohnt, nachts, wenn es schrie, von der Mutter aufgenommen und in den Armen gewiegt zu werden. Eines Tages sagt der Vater: „Andere Kinder schlafen auch durch, das unsere muss das auch lernen!" Von diesem Tag an hilft das nächtliche Schreien nicht mehr. Die Mutter tritt nicht ans Bett, und das Kind lernt, dass nächtliches Weinen nicht zum Erfolg führt. In der „Rindenschicht" des Es lagert sich die Erfahrung ab; Gedächtnis, Erinnerungen werden in diesem Sinne zu einer „Ich-Funktion". Dieses Ich gewinnt mehr und mehr die Aufgabe, zwischen dem Lustprinzip des Es und dem Realitätsprinzip der umgebenden Welt zu vermitteln. Das gelingt insbesondere dadurch, dass mit den Gedächtnisinhalten „gespielt" werden kann, dass man sie im Zuge des Denkens, des so genannten Probehandelns mit vermindertem Risiko, neu kombinieren kann. Dafür ein Beispiel: Das Kind hat gelernt, dass Marmelade köstlich schmeckt. Das Lustprinzip fordert Süßes. Das Kind hat aber auch gelernt, dass Naschen bestraft wird, dass es also – in Abwandlung eines Wortes von Thomas Mann – höchst köstlich ist, Marmelade zu naschen, aber höchst grässlich, Marmelade genascht zu haben. Liebesentzug oder Strafe durch die Eltern folgen auf dem Fuße. In dieser Konfliktsituation kann das Ich mit seiner Funktion, kreativ zu denken, als Konfliktlöser auftreten. Das Kind ist allein und sieht den Marmeladetopf. Es spielt in Gedanken durch, was geschieht, wenn es nascht. Der Geschmack ist köstlich, die Strafe bitter. Das Kind sinnt über Alternativen nach: Wie wäre es, wenn ich nur ein wenig essen würde? Die Eltern würden es dennoch merken. Wie wäre es, wenn ich nach dem Essen einiger Löffel das Glas mit Wasser auffüllen und wieder umrühren würde? So könnte es gehen, falls ich daran denke, hinterher den Löffel und mein Gesicht zu reinigen. Probehandeln mit vermindertem Risiko! Das Kind handelt seinem Plan entsprechend und kommt in den Genuss des Süßen, ohne dafür bestraft zu werden.

Später in der Entwicklung des Kindes werden die Forderungen der Eltern und anderer Bezugspersonen zum „Über-Ich", zur Gewissensinstanz. Das erschwert die Aufgabe des Ichs. Es muss nun Konflikte lösen zwischen dem Es, seinem Lustprinzip, der Realität mit dem Realitätsprinzip und dem Über-Ich als einer Gewissensinstanz, wie Abbildung 2 visualisiert.

Häufig werden also derartige Konflikte bewusst – durch gezielte Denkakte – gelöst, womit die Anpassung des Einzelnen an die Umwelt besser gelingt. Es werden „vernünftige" Kompromisse zwischen den verschiedenen Instanzen gefunden. Dies aber gelingt nicht immer. Und dann treten nicht bewusste Mechanismen in Kraft, die faktisch oder scheinbar zu einem Kompromiss werden. Hier nähern wir uns nun einem bedeutsamen Konstrukt, einer wichtigen theoretischen Annahme der Tiefenpsychologie, dem „Unbewussten".

2. Die Hypothese vom Unbewussten

Für nahezu alle tiefenpsychologischen Schulen (ELHARDT, 1972) ist die Annahme eines unbewusst Psychischen kennzeichnend. Dabei ist der Begriff in sich auf den ersten Blick widersprüchlich. Psychisch heißt ja, dass etwas für uns bewusst wird. Erleben muss ja stets bewusstes Erleben sein, da wir sonst davon nicht wissen könnten (ROHRACHER, 1988). Die These vom unbewusst Psychischen wäre somit – eine Paradoxie –

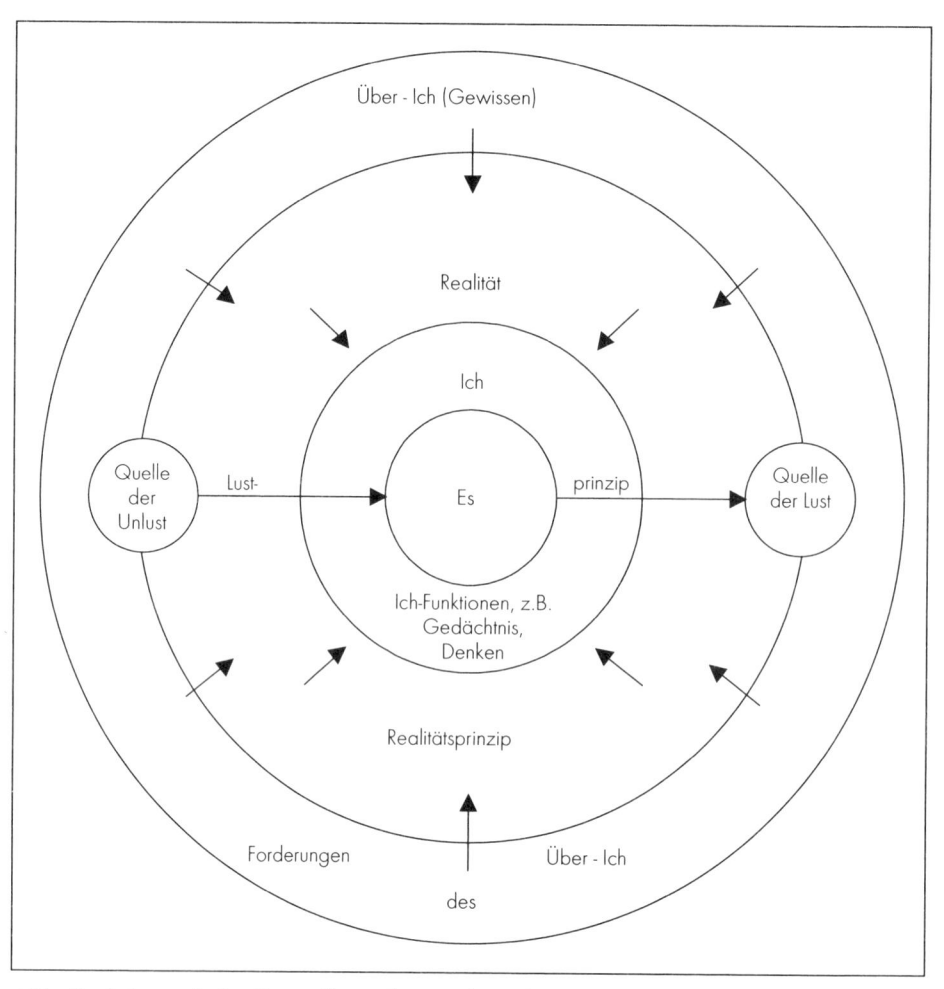

Abb. 2: Schematische Darstellung des psychonalytischen Persönlichkeitskonzeptes

mit einem unbewussten Bewusstsein gleichzusetzen. So etwas kann natürlich nicht Gegenstand empirischer Forschung sein. Die Annahme vom Unbewussten macht allerdings dann Sinn, wenn man sie als eine theoretische Hilfskonstruktion betrachtet. Durch die Annahme des Unbewussten werden bestimmte, sonst nur schwer erklärbare Phänomene schlüssig deutbar. Beispiele dafür sind die so genannten „Fehlleistungen", der „Traum", „Neurosen" sowie der „posthypnotische Befehl". Zu allen vier Phänomenen sei kurz etwas gesagt.

2.1 Fehlleistungen

Freud hat in seinem amüsanten Werk „Zur Psychopathologie des Alltagslebens" (1904) jene häufig irritierenden, lächerlichen oder peinlichen Phänomene beschrieben, die unsere Sprache häufig mit der Vorsilbe „ver" kennzeichnet, wie zum Beispiel ‚vergessen', ‚sich versprechen', ‚etwas verlegen', ‚sich vergreifen' etc. Scheinbar ist dies alles zufällig, doch zeigt eine differenzierte Analyse, dass hier häufig zielgerichtet etwas inszeniert wurde, was dem Handelnden aber gar nicht bewusst war.

Ein Beispiel: Jemand ist zu einem unangenehmen Gespräch am Bahnhof verabredet. Der Gesprächspartner muss umsteigen und hat zwischen 13 und 14 Uhr Zeit für das Konfliktgespräch. Man hat zugesagt zu kommen, dann jedoch den Termin völlig „vergessen". Punkt 14 Uhr fällt einem ein, dass man zugesagt hatte. Der Gesprächspartner jedoch ist eben weitergereist, es ist zu spät. Der Einzelne hat also den Konflikt zwischen den Forderungen des Es, Unlustvolles zu vermeiden, und der Realitätsforderung, das Konfliktgespräch auszutragen, unbewusst im Sinne des Es gelöst.

Dieses Vergessen und das „pünktliche" Wiedererinnern um 14 Uhr erscheinen auf den ersten Blick zufällig, werden aber, wenn man eine unbewusste Strategie zur Erklärung heranzieht, schlüssig deutbar.

2.2 Der Traum

Für Freud sind auch Träume psychische Mechanismen, die der Konfliktbewältigung dienen. Der Traum selbst, sein manifester Inhalt, ist bewusst. Dahinter aber liegt ein latenter Traumgedanke, den es auf psychoanalytische Weise zu deuten gilt. Ein Beispiel soll das illustrieren:

Ein junger Mann träumt, dass er freudig bei schönem, warmen Wetter über eine Wiese geht. Eine hübsche fremde Frau, die ein Kleid trägt, wie es früher die Mutter oft anhatte, überreicht ihm einen Apfel. Er greift nach diesem prallen Apfel und beißt mit gutem Appetit hinein. Hier endet der Traum. Er scheint harmlos. Warum soll sich der junge Mann nicht einen Apfel schenken lassen und diesen mit Wohlbehagen verzehren?

Der latente Traumgedanke aber weicht vom manifesten deutlich ab. In der freudschen Lehre spielt der Gedanke eine große Rolle, dass das männliche Kind schon in frühen Jahren die Mutter als Liebesobjekt begehrt, jedoch vom Vater in die Schranken verwiesen wird. Der Wunsch, sich mit der Mutter sexuell zu vereinigen und den Vater zu töten („Ödipuskomplex") wird daraufhin verdrängt, wirkt aber im Unbewussten weiter. Das Über-Ich, das Gewissen, verbietet den Gedanken daran und in noch stärkerem Maße entsprechendes Handeln. Im Traum nun wird die Spannung gelöst. Die fremde Frau im Kleid der Mutter steht in verfremdeter Weise für die Mutter. Der Apfel ist das alte Symbol der Verführung und der lustvolle Biss in den Apfel der vollzogene Geschlechtsakt. Das Es versteht diese verschlüsselte Sprache und kommt so zu einer stellvertretenden Befriedigung, während das Über-Ich, das sich als streng, aber ein wenig dumm deuten lässt, nicht einzugreifen braucht. Warum soll man keinen Apfel essen? Derartige Traumdeutungen (FREUD, 1900) sind anregend, zeigen aber zugleich den stark spekulativen Charakter der Psychoanalyse.

2.3 Neurose

Eine zentrale, für die spätere Krankenbehandlung wichtige These der freudschen Psychologie geht dahin, dass ungelöste seelische Konflikte, die häufig bereits in der frühen Kindheit entstanden, schließlich zu Erlebens- und Verhaltensstörungen führen. Es gilt, den Konflikt bewusst zu machen und die damit verbundenen Affekte abzureagieren. Durch diese „Katharsis" kann die Störung beseitigt werden. Dafür ein Beispiel, ein knapp geschilderter Ausschnitt aus einer bekannten Fallstudie (FREUD, 1895):

Eine junge Frau, die streng und mit Respekt vor den Erwachsenen erzogen worden war, kommt mit einer körperlichen Störung zum Arzt. Sie kann nicht trinken. Wenn sie ein Glas an den Mund setzt, ist ihr Hals wie zugeschnürt, obwohl sie organisch gesund ist. Vom psychoanalytisch qualifizierten Arzt wird die Frau in einem hypnoseähnlichen Zustand weit in ihre Kindheit zurückgeführt. Sie schildert, dass ihre frühere englische Gouvernante einen sehr unappetitlich aussehenden Schoßhund hatte. Als sie eines Tages in das Zimmer der Gouvernante kam, sah sie, dass diese dem Hund aus einem Glas, wie es die Familie sonst zum Trinken bei den Mahlzeiten verwendete, ein Getränk gab. Das junge Mädchen erlebte hohen Ekel, wagte diesen aber aus Respekt vor der älteren Dame nicht zu äußern. So kam es zum Konflikt, zum „eingeklemmten Affekt", der unbewusst blieb, aber dazu führte, dass das Trinken aus Gläsern erschwert und schließlich ganz unmöglich wurde. Nun, bei der inzwischen erwachsenen Frau, führte die Bewusstmachung dazu, dass sie ihre Wut auf die Gouvernante lebhaft äußerte und nun erstmals seit Jahren wieder unbeschwert trinken konnte. Auch hier ist die unbewusste Ursache der Trinkstörung natürlich nicht bewiesen; die Annahme des Unbewussten macht allerdings die Entstehung der Störung und die Geschichte der Heilung relativ schlüssig und damit die Hypothese vom Unbewussten plausibel.

2.4 Der posthypnotische Befehl

Versetzt ein Hypnotiseur eine Person in Hypnose, so kann er dieser einen Befehl geben, dessen Ausführung erst nach Beendigung der Hypnose erfolgen soll. Man nennt dies einen posthypnotischen Befehl (HEISS, 1956). Die Gründe für die Ausführung des Befehls sind der handelnden Person meist nicht bewusst. Auch dafür ein harmloses Beispiel:

Im hypnotischen Zustand wird der Person der Auftrag erteilt, das Fenster zu öffnen, wenn die Kirchturmuhr zwölf Mal schlägt. Dann wird eine halbe Stunde vor 12 Uhr der hypnotische Zustand beendet. Die Person erwacht wie aus einem traumlosen Schlaf. Eine halbe Stunde später schlägt die Kirchturmuhr zwölf Mal. Die Person erhebt sich und öffnet das Fenster. Nach den Gründen gefragt, gibt sie im Bewusstsein, die Wahrheit zu sagen, Scheingründe an, wie zum Beispiel „Es war hier im Raum so stickig geworden" oder „Ich wollte einmal sehen, ob Wolken aufziehen". Der außenstehende Beobachter kennt den Grund des Verhaltens – den einschlägigen in Hypnose gegebenen Befehl. Der Person selbst ist der Grund nicht bewusst, und sie handelt dennoch im Sinne dieses Auftrags. Derartige Experimente, die freilich nur unter ganz spezifischen Bedingungen erfolgreich sind, haben – wie die Psychoanalyse insgesamt – das Menschenbild des 20. Jahrhunderts stark beeinflusst. Für viele wurde bewusst, dass der Mensch keineswegs stets „Herr im eigenen Hause" ist und nicht einmal stets die Gründe kennt, aus denen heraus er handelt. Auch für die Juristen sind derartige Experimente beunruhigend, da sie die Möglichkeit eines Verbrechens unter Hypnoseeinfluss nahe legen.

Halten wir also fest: Das Unbewusste kann nicht unmittelbar bewiesen werden. Die Annahme des Unbewussten macht allerdings Phänomene leichter erklärbar, die man sonst nur schwer erklären könnte.

3. Wirkungen des Unbewussten im Alltag

Unbewusste Mechanismen wirken – lässt man sich auf die tiefenpsychologischen Annahmen ein – nicht nur im Falle von Fehlleistungen, Träumen, Neurosen oder posthypnotischen Befehlen, sondern auch vielfach im Alltag. Häufig kommen sie dann zum Tragen, wenn das Ich als Konfliktlöser überfordert ist. Unbewusste Abwehrmechanismen, die Freuds Tochter Anna Freud (1936) beschrieben hat, entlasten dann das überforderte Ich. Die wichtigsten dieser Abwehrmechanismen seien nachfolgend knapp skizziert:

1. Verdrängung: Etwas, was uns unangenehm, peinlich ist, wird aus dem Bewusstsein „verdrängt"; wir vergessen etwa, einem Kollegen eine für uns unangenehme, für ihn aber wichtige Sache zu berichten, und haben dabei – es ist ja vergessen – ein gutes Gewissen.
2. Kompensation: Schwächen auf einem Gebiet werden durch besondere Anstrengungen auf diesem Gebiet oder auf einem andern ausgeglichen, wobei dieser Ausgleich gelegentlich nur „scheinbar" erfolgt, z. B. durch Angeberei.
3. Verschiebung: Ein Affekt, den wir z. B. am Vorgesetzten nicht ausleben können, weil wir uns dies nicht zutrauen, wird an der Sekretärin ausgelassen.
4. Identifikation: Wir identifizieren uns mit einem anderen, der sehr viel erfolgreicher ist als wir und erleben in seinen Erfolgen die Befriedigung unseres sonst nicht zu erfüllenden Ehrgeizes.
5. Flucht in die Fantasie: Was wir wünschen und ersehnen, aber nicht erzielen, wird in Tagträumen oder Fantasievorstellungen realisiert.
6. Konversion: Dies ist die Flucht in die Krankheit; z. B. wird an einem Tag, an dem eine wichtige, aber sehr unangenehme Aufgabe erfüllt werden muss, ein Mitarbeiter krank. Er ist wirklich „krank" und macht nicht einfach „blau".
7. Regression: Wir fallen auf eine frühere Entwicklungsstufe zurück, brüllen plötzlich unkontrolliert, zeigen kindliche „Trotzreaktionen" etc.
8. Rationalisierung: Wir geben für das, was wir faktisch vielleicht aus Gehässigkeit, Machthunger oder Geiz getan haben, andere „sozial erwünschtere" Gründe an und glauben schließlich selbst an diese „edleren" Motive. Die wahren Beweggründe sind verdrängt.
9. Projektion: Die Triebgefahr wird zur Wahrnehmungsgefahr; das, was uns antreibt, was wir aber ablehnen, glauben wir als wesentliche Beweggründe bei anderen zu erkennen. Der Geizige, der sich selbst für großzügig, andere aber für geizig hält, ist ein Beispiel dafür.
10. Reaktionsbildung: Demjenigen, auf den wir eine besondere „Wut" haben, begegnen wir mit einer ganz ungewöhnlichen, ausgesuchten Freundlichkeit.
11. Resignation: als eine Anpassung an Zustände, die wir schlecht finden, aber nicht ändern können. Unseren eigentlichen Anspruch vergessen wir.
12. Aggression: die häufig als eine Folge von Frustration auftaucht. Wir fühlen die Befriedigung unserer Bedürfnisse beschnitten und rächen uns in vielfältiger Form dafür.
13. Verleugnung der Wirklichkeit: Wir machen uns ein Bild nach unseren Wünschen, leugnen die harte Realität und verschaffen uns auf diese Weise Wunscherfüllung.
14. Selbstbeschuldigung: Wir bezichtigen uns selbst, entweder um uns im Sinne unbewusster Selbstbestrafungstendenzen für ein „Vergehen" im Sinne der Über-

Ich-Tendenzen zu bestrafen oder um auf diese Weise den „Lustgewinn" des Widerspruchs und des Trostes anderer zu erhalten.
15. Fixierung: ständige Wiederholung einer bestimmten Verhaltensweise, selbst dann, wenn diese erfahrungsgemäß nicht zum Ziele führt.

Hat man derartige Mechanismen im Kopf, so wird man in der Führungsrolle leichter verstehen, weshalb z. B. ein Mitarbeiter die für ihn besonders lästigen Aufgaben häufig vergisst (Verdrängung), warum jener, der bei schwierigen Aufgaben vielfach scheitert, besonders mit Erfolgen prahlt (Kompensation), weshalb der häufig feindselige und aggressive Mitarbeiter seine Kollegen des aggressiven Verhaltens bezichtigt (Projektion) oder warum jemand beim Beurteilungsgespräch bestimmte, wenig schmeichelhafte Dinge schlicht bestreitet (Verleugnung der Wirklichkeit). Hier hilft es wenig, an die Einsicht und die Rationalität zu appellieren, weil die entsprechenden Mechanismen den betroffenen Personen meist selbst nicht bewusst sind.

4. Tiefenpsychologische Erklärungsansätze für Führung und für unterschiedliche Führungsverhaltensweisen

Wie kommt es, dass – in der Politik, bei Freizeitaktivitäten, im Beruf – manche Personen in Führungspositionen kommen und von den Geführten akzeptiert und gelegentlich sogar verehrt werden? Selbstverständlich lässt sich Führung häufig sehr rational erklären. Da wird jemand durch eine demokratische Wahl legitimiert oder innerhalb der bürokratischen Organisation ernannt. Hier sind tiefenpsychologische Zusatzerklärungen kaum notwendig. Wie aber kommt es, dass manche Personen in Führungsrollen geradezu gedrängt werden und sodann bei ihren Anhängern wahren Opfermut auslösen und begeisterte Zustimmung finden? Freud hat auch dafür eine Erklärung gesucht, die ganz knapp skizziert werden soll (FREUD, 1915). Menschen haben häufig Wünsche, von denen sie wissen, dass sie kaum von ihnen befriedigt werden können. Dies ist eine frustrierende Konfliktsituation. Um den Konflikt zu lösen, kommen Abwehrmechanismen des Ich ins Spiel. Wer selbst wenig Chancen hat, Ruhm und Anerkennung zu finden, projiziert die entsprechenden Wünsche auf einen talentierten Sportler oder einen potenziellen Führer und identifiziert sich dann mit diesem. Dessen Siege und Erfolge werden dann die eigenen, die man genießt, auf die man stolz ist, die man feiern kann, und wodurch die Bindung des Geführten an den Führenden gefestigt wird. Hat allerdings der Führer keinen Erfolg, versagt er, so werden die Projektionen zurückgenommen, die Identifikationen aufgelöst und der Führer zur lächerlichen Person oder gar zum Opfer einer aus der Frustration geborenen Aggression: Der gescheiterte Führer wird vertrieben, verlacht oder gar getötet.

Führende unterscheiden sich in ihren Werten und ihrem Verhalten. Man kann dies auf unterschiedliche Weise erklären, und auch die Tiefenpsychologie hat sich um Erklärungsansätze bemüht. Einer sei nachfolgend knapp beschrieben (NEUBERGER & KOMPA, 1987). Es war zuvor über die Entwicklung der Persönlichkeitsstruktur im Rahmen der psychoanalytischen Theorie gesprochen worden. Selbstverständlich war diese Skizze grob vereinfachend. So wurde zum Beispiel nichts darüber gesagt, aus welchen Quellen das Es, die häufig nicht bewusste Triebschicht, ihre Lust, ihre

Befriedigung bezieht (FREUD, 1915). Nach der psychoanalytischen Lehre befindet sich das Kind zunächst in einer symbiotischen Einheit mit der Mutter; eine Unterscheidung zwischen „Ich" und „Du" ist nicht gegeben. Daraus kann nun eine Ich-Du-Beziehung erwachsen, die durch hohes Vertrauen oder durch Misstrauen gekennzeichnet ist. Eine wichtige Quelle der Lust wird für das Kind in einer bestimmten Phase der Mund (orale Phase), der keineswegs nur der Nahrungsaufnahme dient, sondern („Wonnesaugen", „Daumen lutschen") Quelle des Vergnügens ist. Dies verschiebt sich später auf die Ausscheidungsfunktionen (anale Phase). Wenn das Kind aufs Töpfchen gesetzt wird, kann es die Mutter „beschenken" und damit erfreuen oder aber durch Zurückhaltung zum Bitten und Betteln bewegen. In der nachfolgenden phallischen Phase, in der das kleine Mädchen den Bruder neidvoll betrachtet („Penisneid"), wird der Phallus, mit dem lebhaft gespielt wird, zur Quelle der Lust (phallische Phase). An all diesen Phasen hängen bestimmte Gefühle und Erlebensformen. Kommt es zu Störungen in einer dieser Phasen, so wird die entsprechende Thematik fixiert. Eine spezifische Persönlichkeitsstruktur wird damit verfestigt, die das eigene Umfeld entsprechend gestaltet und das Ausleben der störungsbedingten Lebensthematik ermöglicht. Wie dies bei Störungen in den genannten Phasen der Symbiose, des Urvertrauens, der Oralität, der Analität und der phallischen Thematik aussehen kann, zeigt in vereinfachter Form Abbildung 3.

Benennung	Störung in Phase	Lebensthematik	Umfeld
Narzisstische Struktur	Symbiose	Grandiosität und Bewunderung	Pomp und Personenkult
Schizoide Struktur	Urvertrauen	Angst vor Intimität	Steuerung durch Zahlen, Führungssubstitute
Depressive Struktur	Oralität	Wärme und Akzeptanz	Kooperative Entscheidungsfindung Klimapflege
Zwangsstruktur	Analität	Ordnung und Kontrolle	Detaillierte Vorschriften und Kontrollsysteme
Hysterische Struktur	Phallisch	Selbstinszenierung, Abwechslung	Improvisation Form + Stil wichtiger als Inhalt

Abb. 3: Eine Führungstypologie auf der Basis psychoanalytischer Konzepte

Es lässt sich zum Beispiel erkennen, dass jener, der eine Störung seiner Triebentwicklung in der analen Phase erfuhr, eine Persönlichkeit im Sinne einer Zwangsstruktur ausbildet, für die Ordnung und Kontrolle zur zentralen Lebensthematik wird. Steigt ein solcher Mensch in eine Führungsrolle auf, so wird er seine Macht vor allem durch detaillierte Vorschriften und ausgeklügelte Kontrollsysteme ausleben. Er vertraut anderen nicht und reagiert ängstlich, wenn er diese Hilfsmittel nicht zur Verfügung hat.

5. Abschluss

Die verschiedenen tiefenpsychologischen Richtungen, deren bedeutsamste die freudsche Psychoanalyse ist, sind gleichermaßen spekulativ und anregend. Auch wenn viele der tiefenpsychologischen Annahmen durch nachfolgende Forschung nicht bestätigt werden konnten, hat diese Richtung der Psychologie doch erhebliche Verdienste. Sie hat uns gezeigt, wie komplex die Ursachen unseres Verhaltens sind, wie vermessen die Behauptung ist, dass schon jeder wisse, warum er etwas tut, dass es keineswegs stets möglich ist, bewusst und willentlich unsere Entscheidungen zu treffen, und dass wir häufig nicht „Herr im eigenen Hause" sind. Wer die Dramen Shakespeare's gesehen, sich mit den Romanen Dostojewskis beschäftigt oder die philosophischen Schriften Schopenhauers oder Nietzsches studiert hat, wird erkennen, dass Dichter und Philosophen davon wussten, bevor Sigmund Freud sein ideenreiches Konzept erarbeitete. Für Menschen, die viel mit anderen Menschen umgehen und für diese Verantwortung tragen, ist es nützlich, auch einiges darüber zu wissen.

Literatur

BISCHOF, N. (2001). Das Rätsel Ödipus. Die biologischen Wurzeln des Urkonflikts von Intimität und Autonomie. München 2001.
EIBL-EIBESFELDT, I. (1973). Der vorprogrammierte Mensch. Wien 1973.
ELHARDT, S. (1972). Tiefenpsychologie. Eine Einführung. Stuttgart 1972.
FOPPA, K. (1965). Lernen, Gedächtnis, Verhalten. Köln 1965.
FREUD, A. (1936). Das Ich und die Abwehrmechanismen. London 1936.
FREUD, S. (1895). Studien für Hysterie. London 1895.
FREUD, S. (1900). Die Traumdeutung. Gesammelte Werke Bd. 2/3. London 1900.
FREUD, S. (1904). Zur Psychopathologie des Alltagslebens. London 1904.
FREUD, S. (1911). Formulierungen über zwei Prinzipien des psychischen Geschehens. In: Gesammelte Werke, Bd. 8, Werke aus den Jahren 1909–1913, 230–238. London 1911.
FREUD, S. (1915). Triebe und Triebschicksale. London 1915.
HEISS, R. (1956). Allgemeine Tiefenpsychologie. Bern 1956.
LORENZ, K. (1965). Über tierisches und menschliches Verhalten. Aus dem Werdegang der Verhaltenslehre. München 1965.
MARAIS, J. (1962). Die Seele der weißen Ameise. München 1962.
MERTENS, W. (1981). Neue Perspektiven der Psychoanalyse. Stuttgart 1981.
NEUBERGER, O. & KOMPA, A. (1987). Wir, die Firma. Weinheim 1987.
ROHRACHER, H. (1988). Einführung in die Psychologie. Wien 1988.
SKINNER, B. F. (1938). The behavior of organisms: An experimental analysis. New York 1938.
TINBERGEN, N. (1969). Instinktlehre. Berlin 1969.
UEXKÜLL, J. v. (1909). Umwelt und Innenleben der Tiere. Berlin 1909.

Zur Konkretisierung und weiteren Vertiefung wird empfohlen, im Fallstudienband den Fall zu „Tiefenpsychologische Aspekte" zu bearbeiten.

Oswald Neuberger

Mikropolitik

1. Führung ist kein wohldefiniertes Problem, rein rationale Führung scheitert
2. Führung als politisches Problem
3. Was tut jemand, der Mikropolitik betreibt?
4. Spezifische Diagnose- und Interventionsinhalte bzw. -techniken als Konsequenz der politischen Perspektive
5. Politisches Führen ist situativ, aber keine „situative Führung"

Vorbemerkung

Nehmen wir an, ein Praktiker möchte sich über den Stand des Führungswissens informieren, um sein eigenes Handeln zu optimieren. Er wird in eine fatale Situation kommen: Von jedem Experten, den er befragt, wird er eine andere Antwort erhalten. Manche werden ihm kooperative oder situative Führung empfehlen, andere ihm raten, der Auswahl von Führungskräften besondere Aufmerksamkeit zu schenken (am besten: ein Assessment Center zu machen), Dritte werden für Motivations-, Kreativitäts-, Konfliktlösungstechniken oder umfassende Organisationsentwicklungsprogramme plädieren, wieder andere werden ihn auf den Unterschied zwischen Managern und Führern hinweisen und transformative Führung und Unternehmenskultur anpreisen, und Trendsetter werden zur Selbst GmbH, zu brand alignment, zu Intrapreneurship und dergleichen raten – kurz: er wird so viele Ratschläge erhalten, wie er Personen befragt (s. NEUBERGER, 2002).

Ich werde diesem Bauchladen (oder Supermarkt) von Empfehlungen im Folgenden ein weiteres Angebot hinzufügen: Mikropolitik. Allerdings führe ich das Produkt nicht mit der Behauptung ein, es sei besser als alle anderen und könne sie ersetzen. Ich behaupte nur, dass es das Sortiment erweitert. Schon immer ist es – ähnlich wie Pornos – unter der Theke gehandelt worden; nun wird es Zeit, es hervorzuholen und auf den Tisch zu legen. Meine Verkaufsstrategie ist altmodisch: Ich will nicht durch Praxis gesättigte Bilder erfolgreicher ManagerInnen und nicht durch todsichere How-to-do-it-Rezepte Interesse und Nachfrage wecken, sondern argumentativ werben. Ich werde zu zeigen versuchen, dass man um das Produkt Mikropolitik nicht herumkommt, ja es gar nicht zu erwerben braucht, weil man es schon besitzt. Man hat sich seiner zwar bedient, aber mit schlechtem Gewissen. Diese generelle Verdammung von Mikropolitik als ‚mies & fies' will ich in Frage stellen.

1. Führung ist kein wohldefiniertes Problem, rein rationale Führung scheitert

Die Frage nach dem optimalen Führen behandelt das Führungsproblem als ein technisches: Es wird unterstellt, dass es ein in sich stimmiges und allen bekanntes *Zielsystem* gibt, dass die einzelnen Zielkomponenten operationalisiert und gemessen werden können, dass man über alle möglichen *Handlungsalternativen* informiert ist und weiß, welche *Handlungssituationen* zu erwarten sind und welche *Ergebnisse* jeweils gewählte Alternativen in bestimmten Situationen erzeugen werden, und dass der *Wert* der realisierbaren Ergebnisse eindeutig bestimmbar ist, so dass dann eine präzise *Entscheidungsregel* angewandt werden kann, die es erlaubt, zumindest mit angebbarer Wahrscheinlichkeit aus der Alternativenmenge jene Vorgehensweise auszuwählen, die die höchste Wertverwirklichung verspricht.

Abgesehen von Routinefällen dürfte im Allgemeinen für Führungshandeln typisch sein, dass viele, häufig sogar alle diese Bedingungen nicht erfüllt sind: Man kennt und berücksichtigt nicht alle Handlungsmöglichkeiten (bzw. erzeugt fortwährend neue), man hat keine abschließenden Informationen über die Ereignisse der Zukunft (und die Wahrscheinlichkeit ihres Eintretens), es liegt normalerweise kein stabiles, konsistentes (widerspruchsfreies), klar definiertes Zielsystem vor, die Zurechnung von Werten zu Ergebnissen ist mehrdeutig, und es sind keine eindeutigen Entscheidungsregeln vorgeschrieben, vielmehr stehen mehrere widersprüchliche und interpretationsfähige zur Auswahl. In allen Fällen, in denen diese Voraussetzungen zutreffen, kann es deshalb prinzipiell (und nicht etwa wegen Unfähigkeit einzelner Führungspersonen) kein technisch rationales Handeln geben. Führung ist im Wesentlichen irrational.

Hinzu kommt, dass Führungs-*Erfolg* regelmäßig aus der Perspektive *mehrerer* Interessenten beurteilt wird. Solche Interessenten sind beispielsweise die Fremd- und Eigenkapitalgeber, das Management, die Belegschaft und/oder ihre Repräsentanten, die Öffentliche Hand, Kunden und Lieferanten, Gewerkschaften und Verbände etc. Zwischen diesen Stakeholders und oft sogar innerhalb der einzelnen Gruppen gibt es Bewertungs- und Zuschreibungsdifferenzen, die im Regelfall durch Verhandlungsprozesse und/oder Machteinsatz bewältigt werden. Vielfach ist es nicht (allein) der exakte Erfolgsnachweis, der die Ressourcenströme im Unternehmen lenkt, sondern der Erfolgsglaube oder das Erfolgsimage.

2. Führung als politisches Problem

Es kann also über weite Strecken nicht mit vorgegebenen *Daten* operiert werden, deren beste Kombination zu ermitteln ist; vielmehr werden durch eigenes Handeln erzeugte *Fakten* (Tat-Sachen!) bestritten oder anerkannt, jedenfalls interessegebunden interpretiert. Soziales Handeln zielt darauf ab, Machtpotenziale aufzubauen und einzusetzen, um eigene Interessen durchzusetzen. Formeln wie Gemeinwohl oder gemeinsames Unternehmensziel haben eine – durchaus wichtige – konfliktverschleiernde oder -regulierende Funktion, sind aber zu vage und unoperational, als dass sie konkretes Handeln konditionieren könnten.
Politisches Handeln zeichnet sich durch eine Reihe von Bestimmungen aus. Im vorliegenden Zusammenhang sollen folgende Merkmale hervorgehoben werden:

– Handlungsorientierung. Statt der Determination durch „das System" wird den Initiativen und Widerständen eigensinniger Akteure Aufmerksamkeit geschenkt.
– Es geht – angesichts notorisch knapper Ressourcen – um die Durchsetzung eigener Interessen.
– Dabei ist der einzelne Akteur immer mit *mehreren* Opponenten und/oder Partnern konfrontiert. Er ist, ob er es will oder nicht, in soziale Netze und Relationen integriert, die sein Handeln ermöglichen und beschränken. Dabei besteht *wechselseitige* Abhängigkeit: Die Beteiligten rivalisieren miteinander, aber keiner dominiert den anderen völlig.
– Zentrale Variable ist Macht, gesehen als die Fähigkeit, Verhältnisse im eigenen Sinn zu gestalten. *Jeder* Handelnde hat Spielräume; diese sucht er zu verteidigen und auszuweiten – und stößt damit auf die gleichgerichtete Intention der anderen. Wer bessere Trümpfe hat, wird in diesem Kräftemessen günstiger abschneiden.
– Es werden Prozesse, nicht Zustände in den Mittelpunkt gerückt. Die Dinge ändern sich fortwährend; Strukturen und Privilegien werden durch Handeln erzeugt und konditionieren dieses rekursiv. Deshalb kommt es sehr auf ‚timing' an.
– Niemand besitzt alle und schon gar nicht objektive Informationen. Handeln in Organisationen ist durch Intransparenz, Mehrdeutigkeit und Interpretationsbedürftigkeit gekennzeichnet. Das ist kein Mangel, sondern eine Chance.

- Legitime Ordnungen sind Grundlage und Ergebnis politischen Handelns. Reife Politik ist nicht regelloser Kampf aller gegen alle in der kurzsichtigen Verfolgung partikulärer Ziele, sondern auf die Etablierung einer Ordnung gerichtet, die erkämpfte Vorrechte auf Dauer stellt und ‚normalisiert'.

Im Unterschied zum Verständnis von Politik als strategischer Ausrichtung des kollektiven Handelns (siehe etwa die Begriffe Unternehmenspolitik, Personalpolitik, Forschungspolitik usw.) ist die organisationale *Mikro-Politik* das Insgesamt jener alltäglichen Einflussversuche einzelner Akteure, durch die sie ihren eigenen Handlungsspielraum erweitern und sich fremder Kontrolle entziehen wollen (andere Definitionsvorschläge finden sich in KÜPPER & ORTMANN, 1988; SANDNER, 1988; NEUBERGER, 1995; ELSIK, 1998; KÜPPER & FELSCH 2000).

3. Was tut jemand, der Mikropolitik betreibt?

Betrachtet man die Unternehmung als politisches System, in dem sich Koalitionen bilden und so lange erhalten, wie sie von- und durch einander profitieren, dann wird man sein Augenmerk richten auf das Arsenal der Taktiken zum Stärken oder Verteidigen von (Verhandlungs-)Positionen. Im Folgenden nenne ich zur Illustration einige Techniken (s. dazu ausführliche Aufstellungen in NEUBERGER, 2002, S. 696–709; NEUBERGER, 1995, S. 160–167; ELSIK, 1998, S. 332–342) und die Fragebogen von KIPNIS ET AL. (1980), BLICKLE (1995), YUKL & FALBE (1990), WUNDERER & WEIBLER (1992), FREUDENBERG (1999) und BURCHARD (2000) (in all diesen Fragebogenstudien finden sich auch interessante Ergebnisse zur Auftretenshäufigkeit der verschiedenen Taktiken):

1) *Informationskontrolle*
   z.B. Schönfärberei, Informationsfilterung und -zurückhaltung, Informationen durchsickern lassen, Gerüchte verbreiten, Informationsmonopole erwerben usw.
2) *Kontrolle von Verfahren, Regeln, Normen*
   z.B. Entscheidungsprozeduren kontrollieren/ändern, Präzedenzfälle schaffen, passende Kriterien etablieren usw.
3) *‚Beziehungen' nutzen oder stören*
   z.B. Netzwerke und Bündnisse bilden („Seilschaften"), unbequeme Gegner isolieren, Loyalität belohnen, Nepotismus; intrigieren, herabsetzen, diskreditieren, schlecht aussehen lassen usw.
4) *Selbstdarstellung*
   z.B. vorteilhafte Selbstdarstellung (impression management), die eigene Sichtbarkeit erhöhen, demonstratives Imponiergehabe usw.
5) *Situationskontrolle, Sachzwang*
   z.B. Dienst nach Vorschrift, Sabotage, vollendete Tatsachen schaffen, Fakten vertuschen/verschleiern usw.
6) *Handlungsdruck erzeugen*
   z.B. emotionalisieren, einschüchtern, schikanieren, pokern, Termine setzen/kontrollieren, „Kuhhandel" usw.
7) *Timing*
   z.B. verfügbar sein, den richtigen Zeitpunkt/Gelegenheiten/Überraschungsef-

fekte nutzen, abwarten (können); Entscheidungen verzögern, Zeitdruck machen usw.

Aufzählungen wie diese werden oft als extreme und praxisferne Schwarzmalerei abgetan. Praktiker können jedoch aus eigener Erfahrung eine Vielzahl von Situationen erinnern, in denen sie selbst solche Techniken eingesetzt haben oder mit deren Einsatz konfrontiert wurden.

Der obigen Negativliste, die geeignet ist, das Vorurteil zu verstärken, Mikropolitik sei etwas Pathologisches, Illegitimes, Schädliches und Verderbtes, lässt sich eine Positivliste zur Seite stellen, die scheinbar völlig neutrale Techniken skizziert:

1) *Rationales Vorgehen*
   z. B. Expertise aufbauen, systematisch, differenziert und belegt argumentieren, fundierte Ausarbeitungen vorlegen usw.
2) *Begeistern*
   z. B. charismatisch auftreten, durch Visionen und Inspirationen mitreißen, an höhere Werte appellieren, Bedenkenträger zurückweisen usw.
3) *Koalition und Partizipation*
   z. B. sich mit Gleichgesinnten zusammentun, Mitspracherechte einräumen, eine förderliche Gruppenatmosphäre herstellen und pflegen, eine hochmotivierte Mannschaft formen usw.
4) *Personalisieren*
   z. B. Vorbilder und Identifikationsfiguren präsentieren, an Ehre, Treue, Verantwortung etc. jedes Einzelnen appellieren, Selbstverpflichtung fordern und ermöglichen usw.
5) *Bestimmtheit*
   z. B. mit Nachdruck und Selbstsicherheit auftreten, klare Forderungen stellen, die Führungsrolle beanspruchen, der Konfrontation mit Opponenten nicht aus dem Weg gehen usw.
6) *Belohnen*
   z. B. Loben, Vorteile verschaffen, mit Statussymbolen auszeichnen, öffentlich positiv hervorheben, lohnende Tauschgeschäfte anbieten usw.
7) *Beraten*
   z. B. bereitwillig Ratschläge geben/annehmen, hilfreiche Tipps geben, von eigener Erfahrung profitieren lassen, als Mentor fungieren usw.

Man stößt normalerweise auf Verwunderung, wenn man die ‚Positivliste' als Zusammenstellung *mikropolitischer* Taktiken bezeichnet, obgleich in allen vorliegenden Arsenalen zur Erfassung mikropolitischer Taktiken (s. die obigen Literaturangaben) die nahezu gleichgewichtige Mischung positiver und negativer Items zu finden ist. Wenn einige Autoren dafür plädieren, Mikropolitik negativ zu konnotieren, stehen sie vor dem Problem, das Eine in zwei Hälften zu spalten: die üble Mikropolitik wird mit der guten ‚Politik in Organisationen' kontrastiert (so BLICKLE, 1997) oder der schlechten ‚politisierten' Organisation wird als das Gute die Vertrauensorganisation gegenüber gestellt (GEBERT, 1996).

Dabei wird übersehen, dass politisches Agieren – überspitzt gesagt – nicht zu beobachten, sondern nur zu erschließen ist. Nicht ein bestimmter Verhaltensakt ist entscheidend, sondern seine Einbettung in einen zielgerichteten Prozess. Ein politischer Akteur wird vorsichtig sein, die eigene Absicht offen zu verkünden, weil er damit, wenn er mit Gegenwehr rechnen muss, den eigenen Spielraum einschränken bzw. sich selbst mit höheren Transaktionskosten belasten würde. Diese Tatsache hat Mikropolitik Definitionsmerkmale wie Tarnen, Täuschen, Verheimlichen, Untergrund, Latenz etc. eingebracht. Unterschwellig wird damit suggeriert, sachorientiertes Verhalten sei dadurch charakterisiert, dass alle Motive und Ziele, alle Informationen, alle erwarteten Folgen und Nebenfolgen, alle orientierenden Werte und Normen offen präsentiert werden. Selbst wenn jemand das wollte, er könnte es nicht und zwar aus ganz profanen Gründen, die nichts mit Camouflage zu tun haben: Man kennt die eigenen Motive und Ziele nicht vollständig, man hat keine Zeit und Gelegenheit, alle notwendigen Informationen zu beschaffen und offenzulegen, die Verarbeitungskapazität der Adressaten oder Beobachtenden ist beschränkt und ihre Interessen sind vielfältig, divergent und instabil.

Die paranoide Befürchtung, stets und überall von MikropolitikerInnen umstellt zu sein, ist real genauso unangebracht wie die Überzeugung, von lauter Sach- und Fachmenschen, Hochmotivierten und Menschenfreunden umgeben zu sein. Der rhetorische Trick eine Sache durch Extremisierung abzuwerten („Wenn das alle täten, wenn es nur noch dieses gäbe, wenn man es so sehr auf die Spitze treibt" etc.) isoliert ein missliebiges Phänomen und macht es dem Protagonisten leicht, weil er es sich damit erspart, sich mit einer facettenreichen Wirklichkeit auseinander zu setzen, in der Gegensätzliches gleichzeitig existiert und einen Wettbewerb stimuliert, der Monokulturen nicht bestehen lässt. Mikropolitik ist allgegenwärtig und sie ist unvermeidlich, aber das heißt nicht, dass es nur noch Mikropolitik gibt.

Aus einer solchen Perspektive muss man nicht nur darauf sinnen, wie man Mikropolitik zurückdrängen kann (eliminieren kann man sie ohnehin nicht!), sondern auch, wie man sie fördern oder besser: kultivieren kann. Wenn Mikropolitik das listenreiche Unterfangen ist (s. v. SENGER, 1999), die eigenen Interessen zu wahren und sich fremden Interessen nicht wehrlos auszuliefern, dann spricht nichts dagegen, diese Kunst zu lernen und zu lehren. Man darf nur nicht dem viel zitierten ‚Gesetz des Hammers' verfallen: Wer glaubt, alles müsse behämmert werden, nur weil er einen Hammer hat, ist selbst behämmert.

Systematische Bestandsaufnahmen über die Verbreitung mikropolitischer Techniken in Organisationen sind selten, nicht zuletzt deshalb, weil sie mit speziellen methodischen Schwierigkeiten belastet sind: Vorherrschende Organisationsmythen („Es geht rational zu", „Wir sind eine große Familie", „Es gilt das Leistungsprinzip", „Es gibt für alles einen besten Weg", „Erfolg ist eindeutig messbar" usw.) tragen zur Tabuisierung politischer Praktiken bei, sodass bei Befragungen Tendenzen zur Beschönigung und Verleugnung zu berücksichtigen sind. Man wird deshalb auch andere Zugänge nutzen müssen, z. B. Analysen von Manager-Biografien, Fallstudien über Missmanagement, Ratschläge der Management-Folklore-Literatur, journalistische Recherchen in Management-Zeitschriften, Rekonstruktionen und Begründungen eigener (Miss-)Erfolge usw. Vor allem aber darf man sich nicht – wie oben schon ausgeführt – dem Irrglauben hingeben, Mikropolitik sei grundsätzlich und immer eindeutig und objektiv beobachtbar. Beobachtbar sind bestenfalls Verhaltensweisen; Haltungen, Absichten und Strategien muss man erfragen oder erschließen und geht dabei ein doppeltes Risiko ein: dass sich die Akteure selbst täuschen und dass sie den Aufklärer täuschen.

Für jemanden, der dem technizistischen Rationalitätsmythos anhängt, sind mikropolitische Vorgehensweisen irrational und unmoralisch. Es geht jedoch weder um Schuldzuweisungen und Personalisierungen (wer mikropolitisch handelt, hat einen verdorbenen Charakter, ist Machiavellist usw., s. dazu auch GEBERT, 1996), noch sollen zynische Empfehlungen zum Training solcher Fertigkeiten gegeben werden, damit sie besonders wirksam und unbemerkt eingesetzt werden können. These ist vielmehr, dass das Funktionieren von Organisationen besser verstanden werden kann, wenn sie als politische Einrichtungen gesehen werden, die durch ein System von „Checks and Balances" charakterisiert sind. In Abbildung 1 sind (in den Spalten) in Form von Maximen Methoden der Handlungssteuerung in Organisationen abgedruckt. Dabei wird unterstellt, dass in einer funktionierenden Unternehmung alle diese Methoden praktiziert werden, dass keine fehlen und keine dominieren darf, sondern dass sie jeweils so stark (ausgeprägt) sein müssen, dass sie einander in Schach halten können, um durch ihr Wechselspiel jene Dynamik zu erzeugen, die einer Unternehmung ihre Vitalität sichert. Die Zeilen der Matrix verweisen noch einmal auf die oben schon angemerkte Tatsache, dass ein Unternehmen kein monolithisches Gebilde ist, sondern dass verschiedene Stakeholders in das Geschehen eingreifen, um ihren jeweiligen Interessen Geltung und Durchsetzung zu verschaffen, wobei sie alle ein gemeinsames Interesse haben: am Unternehmen beteiligt zu sein und von ihm zu profitieren bzw. mehr zu profitieren als von alternativen Engagements.

Politisch taktieren, täuschen und verbergen, unter Druck setzen und mit Vorteilen ködern, Bündnisse schließen und Informationen lenken, an höhere Werte appellieren und Sachverstand taktisch einsetzen etc. sind nicht durchwegs Störfälle und Abweichungen vom klaren Pfad der Rationalität, sondern Alltagsrealität. Diese Techniken sind – wie gesagt – zu kultivieren, nicht *nur* zu leugnen, *nur* zu unterbinden oder *nur* zu fördern. Die in der Abbildung 1 genannten alternativen Steuerungstechniken sind sowohl Begrenzungen des Politischen wie ihr Produkt (denn Vorschriften oder Techniken entstehen nicht aus der Logik der Situation, sondern aus den Interessenwidersprüchen der Beteiligten). Die bestehenden Verhältnisse sind vorübergehende Kompromissbildungen im anhaltenden Vielfrontenkampf um Durchsetzung eigener Ziele.

4. Spezifische Diagnose- und Interventionsinhalte bzw. -techniken als Konsequenz der politischen Perspektive

Interpretiert man das Führungsgeschehen aus einer politischen Perspektive, dann hat das Folgen für die Diagnose und Intervention.

Zur Diagnose: Es werden zur Beschreibung von Führungsbeziehungen und -handlungen andere Themen relevant. Nicht mehr überdauernde Führungsstile oder Indizes für Gruppenzusammenhalt oder -klima werden gesucht; es geht vielmehr um die Identifikation der vielen verteilten Machtzentren, die Artikulation von Interessengegensätzen, die Rekonstruktion der eingesetzten (wenngleich verschleierten) Taktiken und Strategien.

Zur Intervention: Dass nach wie vor authentisches und offenes Kommunizieren, gemeinsames Problemlösen, identitätsstiftende Integrationsmaßnahmen etc. angeregt und trainiert werden müssen, soll nicht in Frage gestellt werden. Aber das Repertoire muss erweitert werden, z. B. durch die Entwicklung einer lebendigen Streitkultur, die Fähigkeit, Interessen zu anzumelden und Konflikte auszutragen, das Beziehen und Verteidigen von egoistischen Positionen, die Vereinbarung und Kontrolle von Spielre-

Akteure \ Imperativ	Organisiere! Standards Regeln Normen Ordnungen	Technisiere! Software Hardware	Politisiere! Netzwerke Machteinsatz Absprachen	Kontrolliere Ressourcen! Budgets Informationen Personal	Kultiviere! Werte Leitbilder Rituale	Personalisiere! Visionen Charisma Vorbilder	Integriere! Teamarbeit Kooperation Partizipation
Top-Management							
Unteres/Mittleres Management							
ArbeitnehmerInnen							
Betriebsrat, Sprecherausschuss							
Gewerkschaften							
PolitikerInnen							
Kapitalgeber							
Gemeinde							
Bürgerbewegungen							
WissenschaftlerInnen							
BeraterInnen							
Kirchen							

Abb. 1: Akteure und Methoden der Handlungssteuerung im Unternehmen

geln usw. Nicht zuletzt geht es um die Entfaltung der Korrektive, die in Abbildung 1 dargestellt sind, um zu verhindern, dass Mikropolitik einseitig wuchert und allein nur noch ihr negativer Pol dominiert.

5. Politisches Führen ist situativ, aber keine „situative Führung"

Varianten der Führungstheorie, wie z.B. „situative Führung" sind aus der Sicht eines politischen Ansatzes im doppelten Sinn Rationalisierungsversuche: Sie rationalisieren (technisieren, logisieren, „verkopfen") Prozesse der Macht und Interessendurchsetzung und nehmen ihnen durch den Anschein der Transparenz und Kalkulierbarkeit ihren dynamischen, unberechenbaren, „triebhaften" Charakter. Sie halten fest an der Macher- und Kontroll-Illusion, die glaubt, das Führungsgeschehen als technischen Prozess optimieren zu können, indem in buchhalterischer Pedanterie für typisierte

Situationen Erfolg versprechende Stile empfohlen werden. Insofern sind sie eine Schrumpf- und Kümmerform des politischen Ansatzes, denn das Arsenal der Techniken (z. B. Telling, Selling, Participating und Delegating) ist eine kaum begründete, statische und standardisierte Auswahl aus dem Repertoire politischer Taktiken. Zum Zweiten wird mit dieser Logifizierung des Politischen Angst abgewehrt. Man fürchtet, unter scheinbar chaotischen, anarchischen und unprogrammierbaren Bedingungen jene Sicherheit und Orientierung zu verlieren, die Voraussetzung ist für den Glauben an die Beherrschbarkeit der Geschehnisse.

Literatur

BLICKLE, G. (1995). Wie beeinflussen Personen erfolgreich Vorgesetzte, KollegInnen und Untergebene. Skalenentwicklung und -validierung. In: Diagnostica, 41, 3, S. 245–260.
BLICKLE, G. (1997). Der Aufklärer als Diabolos. Anmerkungen zur Mikropolitik-Debatte. In: Organisationsentwicklung, 16, 1, S. 63–66.
BURCHARD, U. (2000). Managerkarrieren. Frankfurt 2000.
ELSIK, W. (1998). Personalmanagement als Spiel. Handeln und Struktur in der Personalwirtschaft. Stuttgart 1998.
FREUDENBERG, H. (1999). Strategisches Verhalten bei Reorganisationen. Wiesbaden 1999.
GEBERT, D. (1996). Sprachspiele der Mikropolitik – Zwischen Aufklärung und Verwirrung. In: Organisationsentwicklung, 15, 3, S. 71–73.
KIPNIS, D., SCHMIDT, S. WILKINSON, I. (1980). Intraorganizational influence tactics: Explorations in getting one's way. In: Journal of Applied Psychology, 65, S. 440–452.
KÜPPER, W. & FELSCH, A. (2000). Organisation, Macht und Ökonomie. Mikropolitik und die Konstitution organisationaler Handlungssysteme. Wiesbaden 2000.
KÜPPER, W. & ORTMANN, G. (1988). Mikropolitik. Opladen 1988.
NEUBERGER, O. (2002). Führen und führen lassen. Stuttgart 2002.
NEUBERGER, O. (1995). Mikropolitik. Stuttgart 1995.
SANDNER, K. (1988). Unternehmenspolitik – Politik im Unternehmen. Zum Begriff des Politischen in der Betriebswirtschaftslehre. In K. SANDNER (Hrsg.), Politische Prozesse in Unternehmen. Heidelberg u. a. 1988.
V. SENGER, H. (1999). Die List im chinesischen und im abendländischen Denken: Zur allgemeinen Einführung. In H. v. SENGER (Hrsg.), Die List. S. 9–49. Frankfurt 1999.
WUNDERER, R. & WEIBLER, J. (1992). Vertikale und laterale Einflußstrategien. In: Zeitschrift für Personalforschung, 6, S. 515–536.
YUKL, G. & FALBE, C. (1990). Influence tactics and objectives in upward, downward, and lateral influence attempts. In: Journal of Applied Psychology, 75, 2, S. 132–140.

Erika Regnet

Der Weg in die Zukunft –
Anforderungen an die Führungskraft

1. Wichtige Führungseigenschaften aus heutiger Sicht
2. Veränderungen und deren Implikationen
3. Zukünftiges Anforderungsprofil
4. Personalsuche und Personalentwicklung

1. Wichtige Führungseigenschaften aus heutiger Sicht

Gedanken über zukünftige Anforderungen an Führungskräfte müssen ihren Ursprung in der Gegenwart nehmen, die sich beschreiben lässt. In einer dynamischen Welt verändern sich die Anforderungen, denn die Bedeutung einzelner Führungsaspekte hängt von der real existierenden Umwelt ab und ist somit Wandlungen unterworfen. Bevor die möglichen Auswirkungen diskutiert werden können, sind die bereits absehbaren Änderungen zu analysieren.

Bereits heute werden hohe Anforderungen an Führungskräfte gestellt: Fundiertes Fachwissen ist eine notwendige, aber längst nicht hinreichende Voraussetzung für den beruflichen Erfolg. Zu den Fachtätigkeiten treten Personalmanagementaufgaben und unternehmensinternes wie -externes Kommunikationsmanagement. Die erfolgreiche Erfüllung dieser Tätigkeiten erfordert eine hohe Selbstmanagementkompetenz der Führungskraft. Auch eine sog. emotionale Intelligenz wird in populärwissenschaftlichen Veröffentlichungen gefordert.

Aus vielen Untersuchungen wissen wir, dass der Manageralltag insbesondere gekennzeichnet ist durch:

– hohe verbale Kommunikationsanteile, wenig Zeit für konzeptionelle Arbeiten im Büro
– sehr kurze Arbeitszyklen mit verschiedenartigen Tätigkeiten, Aktivitäten wechseln sich in „bunter Reihenfolge" ab, rund die Hälfte dauert weniger als neun Minuten
– starke Arbeitsverdichtung
– konstanten Zeitdruck
– lange Arbeitszeiten (10-Stundentag und Wochenendarbeit als Regel)
– häufige Dienstreisen und Abwesenheiten
– häufige Arbeitsunterbrechungen, daher ein oft ungeplanter Tagesablauf
– starke Handlungsorientierung
– kaum Zeit für reflexive Tätigkeiten.

Diese Arbeitssituation wird von vielen als Stress erlebt (vgl. LINNEWEH, 2002). Hinzu kommen in den letzten Jahren eine deutlich gestiegene Ergebnisverantwortung und ein damit verbundener Erfolgsdruck – ein Indiz dafür sind die vielen Veröffentlichungen und Kongresse zur leistungsorientierten Bezahlung. Gleichzeitig steigt die Führungsspanne – ein Ergebnis der Verflachung der Hierarchien. Während bisher im mittleren Management vor allem koordinierende Funktionen wahrgenommen wurden, bleibt nun ein hoher Anteil an Fachaufgaben zu erledigen. Darunter leiden häufig die Führungsfunktion sowie strategisch orientierte Aufgaben.

Betrachten wir, welche Veränderungen und daraus resultierend Anforderungen in den nächsten Jahren speziell auf Führungskräfte zukommen. Die Diskussion wird dabei auf heute bereits absehbare Trends bezogen, die sich durch Untersuchungen fundieren lassen.

Von Interesse sind diese Überlegungen in zweierlei Hinsicht: Welche Anforderungen werden an die Führungskräfte herangetragen und welches Führungskräftepotenzial sollte ein Unternehmen besitzen bzw. entwickeln, um auch mittelfristig wettbewerbsfähig und erfolgreich zu sein?

2. Veränderungen und deren Implikationen

Die Arbeitswelt der Zukunft wird an alle Beschäftigten neue Anforderungen stellen. Insbesondere Führungskräfte müssen sich mit den daraus ableitbaren Implikationen auseinander setzen, weil sie die sich ergebenden Prozesse zu initiieren und aktiv zu steuern haben.

2.1 Veränderungen

Für die Zukunft sind folgende Änderungen zu erwarten bzw. bereits absehbar:

Zunehmende Komplexität der Arbeitsabläufe/technologische Veränderungen
Die Produktentwicklung vollzieht sich immer schneller, und die Produktlebenszyklen werden immer kürzer. Neue Prozesstechnologien erfordern motivierte und mehrfach qualifizierte Mitarbeiter sowie interdisziplinär und eng kooperierende Arbeitsgruppen mit einem mobilen, innovationsfreudigen Management (vgl. ANTONI, 2000). Neue Kommunikationssysteme ermöglichen Zeit sparende Informationswege und lassen erhöhten Infomationsaustausch realisierbar werden (vgl. auch den Beitrag von REICHWALD & MÖSLEIN, in diesem Band).

Konkurrenz- und Kundenorientierung
Leistungsprogramme verschiedener Konkurrenten werden homogener und die Differenzierung von der Konkurrenz wird dadurch schwieriger. Gleichzeitig verlangen anspruchsvollere Nachfrager in zunehmendem Maße speziell zugeschnittene Lösungen für ihre Probleme. Daraus ergibt sich eine Herausforderung für Führungskräfte, die nur durch Kreativität und Mut zu Unkonventionellem gemeistert werden kann.

Rationalisierungen
Flexiblere Organisationsformen mit kundennahen und dezentralen Entscheidungswegen wurden flächendeckend eingeführt. Die geforderte flexible Führung findet ihren Niederschlag in flacheren Hierarchien und in einer Aufsplittung in kleinere Einheiten, einzelne Profitcenters bzw. Business Units. Die operativen Entscheidungen werden nach unten verlagert, das Mittelmanagement droht nicht nur Status und Einfluss zu verlieren, sondern arbeitslos zu werden. Gefragt ist der „Intrapreneur", der Unternehmer im Unternehmen (WUNDERER & DICK, 2001). Flachere Hierarchien führen naturgemäß auch zu einer Verringerung der Statusdifferenzen. Gleichzeitig gewinnen neue Formen der Arbeitsorganisation, insbesondere das Projektmanagement (vgl. den Beitrag von VOSS & ECKRICH, in diesem Band) an Bedeutung.

Doch Rationalisierungen und die angestrebten Produktivitätsverbesserungen führen auch zu einer Verdichtung der Arbeit, mit weniger Personal soll dasselbe Pensum oder noch mehr erledigt werden. Die Mitarbeiter dafür zu motivieren und von der Richtigkeit des strategischen Kurses zu überzeugen, fällt schwer. Zum anderen bewirken Entlassungswellen auf Grund wirtschaftlicher Probleme, strategischer Entscheidungen oder Standortverlagerungen auch bei den „glücklichen" Mitarbeitern, die ihren Arbeitsplatz behalten konnten, zu tiefen Verunsicherungen. Statt froh zu sein, ist das Vertrauensverhältnis, der psychologische Kontrakt zum Arbeitgeber gestört, man befürchtet weitere Einschnitte. In den USA spricht man von „Survivor" und ihren psychischen Problemen.

Nach Prognosen ist für die Zukunft eine starke Segmentierung des Arbeitsmarktes und damit der Beschäftigungsstruktur im Unternehmen zu erwarten (z. B. LOMBRISER & UEPPING, 2001):

a) Es gibt eine Gruppe von hoch qualifizierten und gut bezahlten Mitarbeitern mit festen Arbeitsverhältnissen im Unternehmen.
b) Daneben treten hoch qualifizierte Spezialisten, die selbstständig als „Freelancer" für mehrere Unternehmen arbeiten und hohe Tagessätze realisieren können.
c) Die Gruppe der „Tagelöhner" weist keine besondere Qualifikation auf und muss sich mit befristeten und schlecht bezahlten Jobs zufrieden geben.
d) Eine hohe Anzahl von Arbeitslosen, die in der Wirtschaft nicht benötigt werden und sich kaum mehr integrieren können.

Für Führungskräfte bedeutet dies, dass *Personen mit ganz unterschiedlichen Interessen und Loyalitäten zu führen sind*, denn das traditionelle Beschäftigungsverhältnis verliert an Bedeutung. Diskutiert wird nicht mehr über das ob, sondern über das wie schnell und welche Prozentmengen sich in welchen Gruppen wiederfinden werden. Der Aufbau einer Unternehmenskultur, Wissensmanagement und ein einheitliches Auftreten gegenüber dem Kunden sind damit besonders schwierig.

Internationalisierung und Globalisierung
Um bei der zunehmenden Globalisierung im Wettbewerb mithalten zu können, benötigen die Unternehmen international erfahrene Manager. Sprachkenntnisse und Mobilitätsbereitschaft allein reichen nicht aus. Wichtiger sind geistige Flexibilität und Sensibilität für fremde Kulturen, Verhaltens- und Denkweisen. International operierende Unternehmen sehen sich zudem vor die Aufgabe gestellt, Arbeitsweisen und Werthaltungen bei allen Mitarbeitern auf einen gemeinsamen Nenner zu bringen (vgl. REGNET & HOFMANN, 2000).

Man nimmt an, dass Umweltturbulenzen zukünftig häufiger und mit höherer Intensität auftreten sowie stärkere Auswirkungen auf die hoch technisierte und arbeitsteilige Gesellschaft haben. Wirtschaftliche Probleme in einzelnen Regionen lassen sich nicht länger begrenzen, auf Grund der Globalisierung haben sie umgehend Auswirkungen auf die Weltwirtschaft (z. B. Asienkrise, 11. September, Bilanzfälschungen in den USA). Deshalb reichen isolierte Betrachtungen, die Systemzusammenhänge vernachlässigen, nicht länger aus. Gleichzeitig haben Fehlentscheidungen schlimmere Folgen – dies haben verschiedene Unternehmenskrisen der letzten Zeit drastisch vor Augen geführt.

Arbeitsmarktentwicklung
Bedingt durch wirtschaftliche Rezessionen und den drastischen Personalabbau besteht – in den meisten Ländern – eine hohe Arbeitslosigkeit. Dies bedeutet jedoch nicht, dass für jeden Arbeitsplatz ein geeigneter Bewerber leicht zu finden ist.

Inzwischen haben wir in der BRD mehr Studenten als Lehrlinge; rund ein Drittel eines Jahrgangs nimmt ein Studium an einer Hochschule auf. Im internationalen Vergleich liegt der Wert für die BRD dabei noch relativ gering, allerdings ist das bisherige Diplomstudium nicht mit einem Bachelorabschluss im angloamerikanischen Raum gleichzusetzen. Prognosen der Kultusministerkonferenz gehen davon aus, dass der *Anteil der Studenten* pro Jahrgang weiter steigen wird (SZ, 15.10.02, S. 52). Dies bedeutet für die Unternehmen, es gibt viele Bewerber um eine freie Stelle, insbesondere bei den Hochschulabsolventen ohne Berufserfahrung. Doch diese Entwicklung hat auch ihre Tücken: Bereits auf Grund der quantitativen Zahlen ist nicht davon auszugehen, dass jeder Hochschulabsolvent eine Karriere mit Aufstieg und gutem Einkommen realisieren kann. Klar ist, dass Qualität und Motivation der Mitarbeiter zu einem immer wichtigeren Wettbewerbsfaktor werden. Deshalb wird eine Hauptaufgabe des Personalmanagements für die nächsten Jahre darin bestehen, qualifizierte und engagierte Mitarbeiter für das Unternehmen zu gewinnen und trotz geringerer Aufstiegschancen an sich zu binden. D.h. Unternehmen steht auf der einen Seite ein höheres Potenzial an gut ausgebildeten Mitarbeitern/-innen zur Verfügung, die auch selbstständig arbeiten wollen und können. Doch deren berufliche Erwartungen werden sich nur partiell erfüllen lassen. Damit stellt sich die Frage, wie Leistung und Motivation aufrechterhalten werden können.

Zudem bedeuten hohe Studentenzahlen nicht, dass für jede Qualifikation zum notwendigen Zeitpunkt der Bedarf zu decken ist, wie das Fehlen an IT-Fachleuten in den letzten Jahren verdeutlichte. Und im „war for talents" haben insbesondere kleine und mittelständische Unternehmen Schwierigkeiten, ihren Bedarf zu decken und geeignete Mitarbeiter zu gewinnen. Trotz hoher Arbeitslosenzahlen ist nicht zu übersehen, dass der „Pillenknick" inzwischen zum Tragen kommt: allein zwischen 1986 bis 1993 verringerte sich die Zahl der jährlichen Schulabgänger um 30% (Quelle: Institut der deutschen Wirtschaft, 1/1994). Auf Grund der zunehmenden Entscheidung der jungen Leute für ein Studium und in Folge des Geburtenrückgangs gibt es z.T. bereits große Probleme, für handwerkliche Berufe geeignete Auszubildende zu finden.

Weibliche Berufstätigkeit wird in der BRD – ebenso wie in allen anderen EU-Staaten – zur Norm. Die Frauenerwerbsquote lag Ende der 90er-Jahre mit knapp 60% in Westdeutschland noch deutlich unter der der Männer (81%), in Ostdeutschland nähern sich die Werte trotz höherer Arbeitslosigkeit an (74% im Vergleich zu 80%). Frauen stellen rund 42% der Berufstätigen. Allerdings haben sie es trotz inzwischen sehr guter Qualifikation bisher kaum geschafft, in nennenswertem Umfang in der Hierarchie aufzusteigen, selbst die gleiche Bezahlung im Vergleich zu männlichen Kollegen und Tätigkeiten lässt noch auf sich warten (vgl. BISCHOFF, 1999). Da kaum zu erwarten ist, dass Frauen sich als „berufliche Reserve" wieder in den Haushalt verdrängen lassen, sind Führungskräfte verstärkt mit selbstbewussten Mitarbeiterinnen konfrontiert, die berufliche Chancengleichheit einfordern.

Gleichzeitig wünschen immer mehr Mitarbeiter – nicht nur Frauen, die Kinder zu versorgen haben – eine Reduzierung der Arbeitszeit. Hier werden zukünftig mehr Flexibilisierungsstrategien vonnöten sein, die – fantasievoll eingesetzt – nicht nur den Bedürfnissen der Mitarbeiter entgegenkommen, sondern darüber hinaus die Unternehmenseffizienz steigern können (vgl. den Beitrag von WEIDINGER, in diesem Band).

Demografische Entwicklung
Der Geburtenrückgang hält in der BRD seit 1964 an, auch innerhalb der EU hat die BRD mit lediglich 1,3 Kindern pro Frau (und einer „Nettoreproduktionsrate" von 70%) besonders krasse Werte. Die Konsequenzen liegen offen:

– die Belegschaften in den Unternehmen werden altern, d.h. in einem dynamischen Umfeld muss dem zunehmenden Wettbewerbsdruck mit einer älter werdenden Belegschaft begegnet werden;
– die Bevölkerung der BRD wird – bei gleich bleibender Zuwanderung – bis zum Jahre 2050 auf ca. 60 Millionen schrumpfen, was natürlich auch Auswirkungen auf

das Marktvolumen der Unternehmen und das zur Verfügung stehende Arbeitskräftepotenzial haben wird;
– die z.Zt. in großem Umfang stattfindenden Frühpensionierungen werden in absehbarer Zeit weder finanzierbar sein noch unternehmerisch sinnvoll, da mit den älter werdenden und erfahrenen Mitarbeitern das Geschäft zu bewältigen ist.

Wertewandel
Früher hoch geschätzte Tugenden wie Disziplin, Ordnung, Gehorsam, Pünktlichkeit haben in den letzten zwanzig Jahren an Bedeutung verloren. Heute sieht ein Großteil der Bevölkerung den Beruf nicht länger als Pflicht – der Absolutheitsanspruch der Arbeitsethik hat sich überlebt. Im Gegenzug dehnt sich der Wunsch nach sinnvoller Beschäftigung und Selbstverwirklichung von der Freizeit auf die Arbeit aus. Dies führt zu höheren Ansprüchen der Mitarbeiter an die Qualität ihres Arbeitslebens; die als sinnlos erlebte Arbeit wird in Frage gestellt, nicht die Arbeit an sich. Dies ist nicht gleichzusetzen mit einer Leistungsverweigerung. Im Gegenteil: Leistung und „viel Geld verdienen" haben weiterhin Bedeutung, sie reichen allerdings nicht mehr an die hedonistische Grundeinstellung heran, die dominiert und wohl noch weiter zunehmen wird (vgl. z.B. WUNDERER & DICK, 2001, S. 31 ff.). Auch wenn es in Zeiten hoher Arbeitslosigkeit zunächst darum geht, überhaupt einen Arbeitsplatz zu haben, so gilt doch die Aussage: „Die heutige Generation der Berufstätigen will offensichtlich alles haben: Spaß und Geld, Ideen und Leistung" (OPASCHOWSKI, 1989, S. 11). Und Unternehmen sind gut beraten, Mitarbeiterbindung nicht nur auf Grund fehlender Optionen am Arbeitsmarkt zu erreichen, sondern durch Identifikation mit der Aufgabe und Motivation.

Überdies ist zu bedenken, dass gewandelte Werte der heutigen Jugend im Jahre 2010 die Normalkultur darstellen werden – erwartete „Korrektur durch Vernunft" ist nichts anderes als das Wunschbild älterer Generationen.

Anforderungen der Mitarbeiter
Nicht zuletzt dieser Wertewandel bewirkt verstärkte Partizipationswünsche der Mitarbeiter. Es wird nicht länger nur gehorcht, man will auch wissen, warum. Gleichzeitig ist die Einbeziehung der Mitarbeiter, insbesondere hoch qualifizierter Spezialisten, in Planungs- und Entscheidungsprozesse eine Notwendigkeit. Denn das Fachwissen wird spezieller, die Führungskraft kann immer weniger „bester Fachmann/-frau der Gruppe" sein. Außerdem erhöht ein partizipatives Vorgehen in der Planungsphase die Akzeptanz bei der Realisierung. Voraussetzung sind allerdings Loyalität und eine hohe (Eigen-)Motivation der Mitarbeiter (vgl. den einführenden Artikel von v. ROSENSTIEL; „Grundlagen der Führung", in diesem Band).

Abbildung 1 zeigt bei einer Befragung von Studenten aus technischen Fachrichtungen verschiedener Hochschulen (Projektarbeit an der FH Würzburg, 2001) deren Erwartungen: Neben der reinen Fachaufgabe sind für die potenziellen Mitarbeiter Betriebsklima, Freiräume wichtig – und damit der Führungsstil in einem Unternehmen, einem Bereich. Hoch sind auch die Anforderungen, was Weiterbildung, Qualifikation, Karriere etc. angeht. Neben dem eigenen Investment in die Fortbildung erwartet man einen Arbeitgeber, eine Führungskraft, die beim Bemühen, das Wissen aktuell zu halten und zu erweitern, stark unterstützt. Und die Forderung nach einer gelungenen Work-Life-Balance, arbeiten um zu leben und nicht umgekehrt, wird zentrales Entscheidungskriterium für oder gegen einen Arbeitgeber (vgl. LINNEWEH, 2002).

Ergebnisse der Studentenbefragung „Was ist Dir in Deinem Unternehmen am wichtigsten?" (Skala von 1 = sehr wichtig bis 4 = unwichtig)	Rang
Betriebsklima	1,3
Abwechslung	1,5
Fort- und Weiterbildung	1,6
Krisensicherer Arbeitsplatz	1,6
Karrieremöglichkeiten	1,7
Innovatives Unternehmen	1,7
Flexible Arbeitsbedingungen	1,8
Eigenverantwortliche Tätigkeit	1,8
Attraktiver Unternehmensstandort	2,0
Identifikation mit dem Produkt	2,0
Sozialleistungsangebot	2,1
Auslandsaufenthalt	2,2
Gute Forschungsmöglichkeiten	2,2
Hohes Anfangsgehalt	2,3
Image in der Öffentlichkeit	2,4
Größe des Unternehmens	3,0

Abb. 1: Erwartungen von Nachwuchskräften an ihren Arbeitgeber

Halbwertzeit des Wissens
Die Halbwertzeit des Wissens, d.h. die Zeit, in der die Hälfte des einmal Gelernten veraltet ist, wird immer kürzer. Dies gilt weniger für Schulwissen und die Berufsqualifikation – was allerdings weniger auf deren Qualität als vielmehr auf die Vermittlung von theoretischem Wissen sowie von grundlegenden Gesetzmäßigkeiten zurückzuführen ist. Je spezieller dagegen das Fachwissen ist, umso schneller veraltet es auch wieder. In besonderem Maße trifft dies für Technologie- und IT-Wissen zu. Dies erfordert eine kontinuierliche Lernfähigkeit und -bereitschaft sowie hohe Investitionen in den Faktor Wissen, in das Humankapital des Unternehmens (vgl. HOFMANN & REGNET, 2003).

2.2 Implikationen

Es zeichnet sich ab, dass sich im Tätigkeitsfeld einer Führungskraft Schwergewichtsverlagerungen ergeben werden:
– Anstelle des „besten Fachmanns" wird ein Koordinator gesucht, der Vorgesetzte wird zum Moderator, Berater und Coach seiner Gruppe. Die fachliche Führung der einzelnen Mitarbeiter ist weniger möglich und z.T. weniger nötig. Um Neuerun-

gen zu finden und durchzusetzen wird eher ein Generalist, der es gewohnt ist, interdisziplinär zu denken, benötigt. Dies muss natürlich einen Niederschlag in der Personalentwicklung finden, „Schornsteinkarrieren" (vgl. POSTH, 1989) in einem Fachbereich und an einem Standort sind für die Entwicklung eines breiten Horizonts nicht ausreichend.

- Zudem muss er/sie über starke kommunikative Fähigkeiten und Sensibilität verfügen, um Mitarbeiter in die Entscheidungsfindung auch einbeziehen zu können (vgl. die entsprechenden Beiträge zur Kommunikation von REGNET und NEUMANN, in diesem Band). Informationsmanagement wird zu einer besonders wichtigen Führungsaufgabe.
- Mehr Zeit und Energie wird für die menschliche Führung der Mitarbeiter benötigt. Fragen der Zusammenarbeit und der Kommunikation mit anderen, internen und/ oder externen Abteilungen erfordern einen steigenden Führungsaufwand; mehr Menschenkenntnis ist erforderlich.

Bedingt durch die Automatisierung entfallen vor allem unqualifizierte Arbeiten und Routinetätigkeiten. Es stehen also mehr Zeit und Informationen zur Verfügung, um verantwortungsvolle Tätigkeiten zu übernehmen. Dadurch steigt die Chance, eigenverantwortlich Entscheidungen am Arbeitsplatz zu treffen.

3. Zukünftiges Anforderungsprofil

Um in einer sich ändernden Welt mit einer sich ändernden (Führungs-)Rolle zurechtzukommen, sind zusätzliche Anforderungen an den Manager, die Managerin zu stellen. HOFMANN (2000) befragte 335 Führungskräfte (primär aus West- und Ostdeutschland, aber auch aus Frankreich und Finnland), welche Kriterien ihnen für die Auswahl zukünftiger Führungskräfte als besonders wichtig erscheinen. Abbildung 2 zeigt die Ergebnisse im Überblick.

Im Folgenden sollen einige zentrale Aspekte näher erläutert und z. T. ergänzt werden.

Motivation in Krisenzeiten

Qualifizierte und selbstbewusste Mitarbeiter lassen sich langfristig nicht mit Druck motivieren. Wichtiger ist die Überzeugungskraft der Führenden, ihr Vorbild, der Übereinstimmungsgrad zwischen Reden und Handeln. Motivation ist bei den neuen Ansprüchen der Basis vor allem durch Mitwirkung, durch Einbezug in Entscheidungsprozesse und Veränderungsmaßnahmen zu erzielen. Nur mitwissende Mitarbeiter können mitdenkende und mitentscheidende Mitarbeiter sein (BERKEL & LOCHNER, 2001). Nicht mehr die vorschriftsgemäße Aufgabenerledigung steht im Vordergrund, sondern das kreative Problemlösen. Kreatives Handeln bedeutet auch, Freiräume zuzulassen, um Neues auszuprobieren, Fehler zu machen und aus ihnen zu lernen, Risiken einzugehen.

Allerdings steht einer hohen Anspruchserwartung auf Seiten der Mitarbeiter/ -innen, was beruflichen Aufstieg, Gehalt, Arbeitsinhalte, Freiräume etc. betrifft, nicht zwangsläufig ein entsprechendes Leistungs- und Arbeitsverhalten gegenüber. Dies

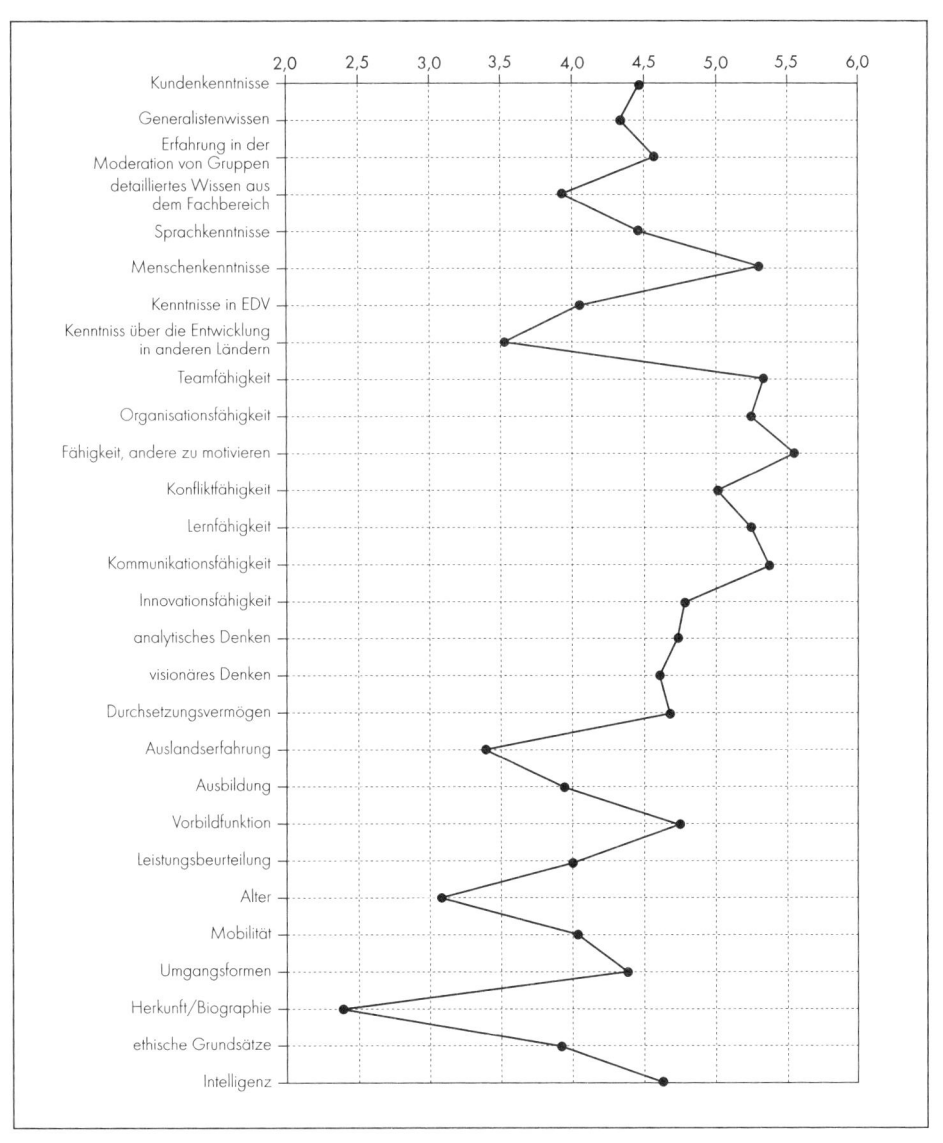

Abb. 2: Auswahlkriterien für zukünftige Führungskräfte (HOFMANN, 2000, S. 275)
(1 = völlig unwichtig, 6 = überaus wichtig)

erfordert hohe Sensibilität von den Führungskräften, die bei großer Erwartungshaltung, aber geringeren Belohnungsmöglichkeiten dauerhaft eine hohe Motivation und Leistungsniveau erreichen sollen.

In flacheren Strukturen stehen weniger Positionen für einen vertikalen Aufstieg zur Verfügung. Wie kann eine Karriere in einer schlanken Organisation aussehen? Statt eines schnellen Aufstiegs in die institutionelle Führungsmacht stehen anspruchsvolle Positionen zur Verfügung, in denen zwar Führungsfunktionen wahrgenommen werden müssen, ohne jedoch die bisherige Statusmacht dauerhaft verliehen zu bekommen. In diesem Zusammenhang sind insbesondere zu nennen:

- Projektmanagement – hier erhält der einzelne Projektverantwortung, muss dazu Projektmitarbeiter/-innen aus verschiedenen Funktionsbereichen und Hierarchieebenen koordinieren, ohne jedoch disziplinarische Befugnisse zu erhalten; dies findet zunehmend im internationalen Kontext und in virtuellen Strukturen statt;
- Teamleitung (s. u.);
- Führungspositionen auf Zeit – entweder zur Entwicklung des Führungsnachwuchses oder auf Grund der schnellen Veränderungen werden einzelne Führungsaufgaben nur befristet besetzt, danach erfolgt eine Rotation auf eine weitere Führungsaufgabe oder aber zurück in die Linie.

Eine weitere Möglichkeit, Mitarbeitern/-innen auch in flachen Organisationen Perspektiven aufzuzeigen, sind alternative Laufbahnstrukturen. Hierbei erhalten Spezialisten und Fachkräfte in besonders wichtigen Positionen zunehmend mehr Verantwortungs- und Entscheidungsspielraum und häufig auch einen entsprechenden Status/Titel, nicht dagegen eine eigene Abteilung oder Gruppe. Weiteres Personal wird deshalb nicht aufgebaut. Fachwissen kann aber so im Haus gehalten und als Center of Competence ausgebaut werden (vgl. den Beitrag von DOMSCH, „Personalplanung und Personalentwicklung", in diesem Band).

Gefordert wird immer wieder der Intrapreneur im Unternehmen (PINCHOT, 1988), also derjenige, der eigenverantwortlich und aktiv wie ein selbstständiger Unternehmer handelt, gleichzeitig aber dem Unternehmen gegenüber loyal ist. Was nicht funktioniert ist, in bürokratischen Organisationen über Jahre hinweg diejenigen zu befördern, die am wenigsten Fehler machen und am besten zur Organisation passen und schließlich von diesen so sozialisierten Organisationsmitgliedern Unternehmertum zu erwarten, wenn sie eine bestimmte hierarchische Position erreicht haben. Auch selbstständiges Agieren muss frühzeitig gelernt und zugelassen werden. Eine Fehler tolerierende und innovationsfreudige Unternehmenskultur ist deshalb eine unverzichtbare Voraussetzung, will man Unternehmertum im Unternehmen fördern.

Genauso wichtig ist die *Selbstmotivation*, da gerade von der Führungskraft visionäres Management und Innovationen gefordert werden.

Lebenslanges Lernen, Employability

Kontinuierliche Weiterqualifikation ist eine Anforderung an alle Organisationsmitglieder. Dies betrifft die Führungskräfte selbst, da sie sonst zwar aktuelle Macht, jedoch nur veraltetes Wissen besitzen. Gleichzeitig findet bei dieser Gruppe erst ein langsamer Umdenkungsprozess statt, nämlich dahin, dass auch das Top-Management weiterhin dazu lernen muss. Fortbildung ist kein einmaliger und dann abgeschlossener Vorgang. Aus der Gerontologie wissen wir, dass Menschen bis ins hohe Alter leistungs- und lernfähig bleiben können (schwer wiegende Erkrankungen ausgeschlossen), soweit sie ihr Gehirn kontinuierlich trainiert haben. Auch Lernen will gelernt sein.

Die gesamte Unternehmung muss sich zur *lernenden Organisation*, die schnell auf Veränderungen reagieren kann, wandeln.

Eigenverantwortliches Lernen (s. HOFMANN & REGNET, 2003), d. h. die Weiterbildung in der Freizeit und/oder auf eigene Kosten und eigene Initiative, wird zunehmend eingefordert, da Unternehmen nicht zuletzt auf Grund hoher Weiterbildungskosten ihr Engagement beschränken. Im wohl verstandenen Eigeninteresse sollte jeder Einzelne selbst dafür sorgen, dass seine Marktfähigkeit, seine Attraktivität am Arbeitsmarkt, die Employability erhalten bleibt, denn eine lebenslange Beschäftigungsgarantie werden immer weniger Unternehmen machen können.

Interkulturelle Managementfähigkeiten

Um in einem globalen Markt international erfolgreich zu sein, reicht es nicht aus, mehrsprachige Mitarbeiter/-innen zu beschäftigen. Interkulturelle Kompetenz bedeutet vielmehr eine Sensibilität für fremde Kulturen und die Flexibilität, sich im Verhalten und der Kommunikation auf andere Personen einstellen zu können. Trotz eines Angebots an guten Vorbereitungskursen geht aber noch immer mancher Manager mit notdürftigen Sprachkenntnissen ins Ausland; auf interkulturelle Schulungen verzichten viele Unternehmen aus Zeit- und Kostengründen ganz. Oft muss dann später Lehrgeld bezahlt werden (vgl. den Beitrag von DOMSCH und LICHTENBERGER, in diesem Band).

Da Auslandseinsätze für Unternehmen teuer und risikoreich sind – viele werden vorzeitig abgebrochen – und zudem immer weniger Fach- und Führungskräfte zur Mobilität bereit sind, empfiehlt es sich, diese zeitlich nach vorne zu verlagern. Hochschulen bieten z.B. die Möglichkeit, Auslandssemester bzw. Auslandspraktika im Rahmen des Studiums zu absolvieren. Eine weitere Möglichkeit besteht für Unternehmen darin, relativ junge Organisationsmitglieder ins Ausland zu entsenden – hier sind die Transferkosten geringer und die Bereitschaft der Einzelnen (da meist noch keine familiären Verpflichtungen bestehen) höher.

Teamarbeit

Die zunehmende Interdependenz sowie die Komplexität der Aufgaben bringen interdisziplinäres Denken und Arbeiten, z.B. in (Projekt-)Gruppen, mit sich. Die Grenzen zwischen Abteilungen, Funktionen, auch Kompetenzen im Unternehmen verschwimmen – nicht zuletzt durch neue Informationstechniken. Auch neue Prozesstechnologien erfordern eng zusammenarbeitende Teams. Mit (teil-)autonomen Arbeitsgruppen werden in der Produktion schon seit Jahren gute Erfahrungen gemacht (s. ANTONI, 2000).

Vermehrte Teamarbeit bietet verschiedene Chancen: Bei einem engen Gruppenzusammenhalt identifizieren sich die einzelnen Gruppenmitglieder stärker mit den Ergebnissen, was sich u.a. in reduzierten Fehlzeiten und geringeren Fluktuationsraten niederschlägt. Gleichzeitig hofft man, Synergien zu erreichen, denn bei guter Kooperation sind Informationsfluss und Fehlerdiagnose besser, die Motivation ist erhöht. Verschiedene Führungsaufgaben können der Gruppe übertragen werden (z.B. Planung der An- und Abwesenheiten, der Prozessabläufe, Job-Rotationen). Jedoch müssen Mitarbeiter für diese Arbeitsformen oft erst ‚fit' gemacht werden.

Management of Diversity

Die Mitarbeiter eines Unternehmens werden „bunter" – zunehmend arbeiten international zusammengesetzte Teams, Gruppenarbeit zwingt zur Kooperation verschiedener Professionen, mehr Frauen und Ältere werden die Etagen beleben. Das Konzept Diversity geht davon aus, dass diese Verschiedenartigkeit nicht Hemmnis, sondern bei entsprechendem Management Chance ist: für mehr Kreativität und bessere Motivation. Aus Untersuchungen weiß man, dass homogen zusammengesetzte Gruppen konfliktfreier arbeiten und schneller zu einem Ergebnis kommen, dass heterogen zusammengesetzte Teams aber kreativere Lösungen entwickeln und mehr Akzeptanz bei der Umsetzung finden. Die Einzelnen bringen sich mit ihren Besonderheiten und Stärken ein, finden Anerkennung, die Motivation und Leistungsbereitschaft erhöht sich. Zudem tragen sie ihre Erfahrungen in den Entscheidungsprozess mit hinein, was dessen Güte deutlich verbessern kann: so werden beispielsweise Mütter mit kleinen Kindern bei einem Auto oder einer Wohnanlage auf anderes Wert legen als Ältere oder ein junger Single. Verschiedenartigkeit der Erfahrungen, Lebensstile und Meinungen der Mitarbeiter kann so für das Unternehmen zu einer besonders guten Investition führen, da die Bedürfnisse der Zielgruppen bereits im Planungsprozess aufgegriffen werden. Diversity kann sich auf vielerlei beziehen – auf Geschlecht, Alter, Nationalität, ethnische Zugehörigkeit, geschlechtliche Orientierung, Ausbildung, sozialen Hintergrund etc. Doch das Zusammensetzen heterogener Teams nach Diversity-Gesichtspunkten allein reicht nicht aus, die Mitarbeiter/-innen müssen darin unterstützt werden, trotz unterschiedlicher Herangehens-, Arbeits- und Sichtweisen gemeinsam zum Ergebnis zu kommen. Führungskräfte sind gefordert, diesen Prozess zu begleiten, Akzeptanz und Toleranz zu fördern und gleichzeitig eigene Beurteilungskriterien zu erweitern, um den Stärken der verschiedenen Mitarbeitergruppen gerecht zu werden (vgl. THOMAS, 2001, und den Beitrag von LADWIG, in diesem Band).

Veränderungsmanagement

Kontinuierliche Veränderungen sind notwendig, um dynamischen Märkten und neuen Anforderungen schnell begegnen zu können. Nicht ist so beständig wie der Wandel, heißt es. Innovation wird zur Führungsaufgabe. Doch nicht jeder steht Veränderungen positiv gegenüber. Zum einen scheint es nicht der menschlichen Natur zu entsprechen, ständig Veränderungen durchzuführen. Menschen benötigen eine gewisse Kontinuität, die Sicherheit gibt. Veränderungen fordern, stellen Anforderungen, benötigen neue Anpassungsleistungen, beanspruchen den Einzelnen damit mehr als gewohnte Routinetätigkeiten. Zum anderen lässt sich gerade bei Veränderungen eine besondere operative Hektik feststellen, so wünscht z. B. eine neue Führungskraft ganz andere Schwerpunktsetzungen, die Unternehmensberatung empfiehlt eine Umstrukturierung, das Management fordert parallele Maßnahmen wie bei der erfolgreichen Konkurrenz. Doch nicht Veränderung um der Veränderung willen macht Sinn. Im Gegenteil erlahmt damit der Glaube der Mitarbeiter an die Notwendigkeit und damit auch die Bereitschaft, sich aktiv einzubringen, Neuerungen und Zusatzarbeit zu akzeptieren.

Nicht zuletzt der in der Gesellschaft stattgefundene Wertewandel bedingt Partizipationswünsche der Mitarbeiter/-innen. Dies gilt in besonderem Maße für Change-Prozesse, gibt es dabei doch meist Gewinner und Verlierer. Verstärkt wird dies durch das generell gestiegene Bildungsniveau. Gleichzeitig ist gerade der Einbezug von Spezialisten zur Aufgabenoptimierung unerlässlich. Außerdem reduziert eine frühzeitige Information in der Planungsphase Widerstände bei der späteren Umsetzung, da die Einzelnen ihre Vorstellungen miteinbringen konnten. Motivation ist vor allem durch Mitwirkung, durch Einbezug in Entscheidungs- und Veränderungsprozesse zu erreichen.

Kommunikative Kompetenz

Die Führungskraft der Zukunft befiehlt nicht mehr, sondern ist eine Persönlichkeit, die die Mitarbeiter durch kommunikative Kompetenz sowie eigenes Vorbild motivieren und begeistern kann. Die Führungskraft ist nicht nur fachlicher Ansprechpartner, sondern auch für das Betriebsklima und die Arbeitsfreude der Mitarbeiter verantwortlich. Außerdem darf Kommunikation keine Einbahnstraße von „oben nach unten" in der Hierarchie sein. Kritikfähigkeit wird auch von Managern erwartet. Immer mehr Unternehmen gehen deshalb dazu über, in mehr oder weniger institutionalisierter Form Feed-back der Mitarbeiter für ihre Vorgesetzten zu provozieren – sei es im Rahmen des Mitarbeitergesprächs, einer Vorgesetztenbeurteilung oder eines sog. 360-Grad-Feedback (vgl. den Beitrag von NERDINGER, in diesem Band).

Die kommunikative Kompetenz wird auch für die „Ent-"„Störung schwieriger Situationen benötigt. Man spricht vom „Konfliktmanager", dessen Hauptaufgabe darin besteht, Spannungen auszugleichen und ein „Konfliktoptimum" für Innovation und Wandel auszunützen. Voraussetzung dafür ist eine Stabilität der eigenen Persönlichkeit mit hoher Belastungsfähigkeit (REGNET, 2001).

Ein Großteil der Führungsaufgaben besteht in Kommunikation – im Zweiergespräch, in Sitzungen, bei der Teamleitung, der Führung über Distanz (vgl. den Beitrag von REGNET, „Kommunikation als Führungsaufgabe", in diesem Band).

Systemisches, ganzheitliches Denken und Flexibilität

Möchte man schlecht determinierte Probleme strukturieren und auch unbeabsichtigte bzw. unerwünschte Folgen und Nebenwirkungen abschätzen, dann ist ein ganzheitlicher Denkansatz notwendig.

Und gerade hier haben viele, wenn nicht die meisten Menschen, ein Manko. DÖRNER (1995) stellte bei seinen Untersuchungen über die Schwierigkeit menschlichen Umgangs mit Unbestimmtheit und Komplexität (untersucht mit Hilfe verschiedener Computersimulationen) folgende Hauptfehler fest:

- Mangelhafte Berücksichtigung von zeitlichen Abläufen; Entwicklungstendenzen interessieren nicht, beachtet wird nur der Status quo, man hat Schwierigkeiten, die Zukunft anders zu sehen als die Gegenwart;
- Schwierigkeiten im Umgang mit exponenziellen Entwicklungen, die häufig falsch eingeschätzt werden;
- Denken in Kausalketten statt in -netzen, beachtet werden gewöhnlich nur die Haupteffekte, nicht aber (unbeabsichtigt) auftretende Nebenfolgen, die Zusammenhänge zwischen einzelnen Aspekten werden nicht genügend berücksichtigt;
- Realitätsverweigerung – sei es, indem man sich inhaltlich in wenig relevante Detailfragen verkapselt, von einem Thema zum Nächsten springt oder schlicht die negativen Folgen des eigenen Handelns nicht zur Kenntnis nimmt.

Da komplexe Systeme immer unbestimmt sind, ist flexibles Reagieren vonnöten. Ziel muss es sein, mit der Komplexität umzugehen, sich in unklaren Situationen geschickt verhalten zu können. Wie kann dies aussehen? DÖRNER (1995, S. 17 f.) stellt dazu folgenden Unterschied zwischen im Versuch erfolgreichen und weniger erfolgreichen Personen fest:

– Weniger erfolgreiche verhalten sich „ordentlich" wie gewohnt – sie bearbeiten eine Fragestellung nach der anderen. D.h. sie beschäftigen sich zunächst mit einem Thema, sammeln Informationen, entscheiden und wenden sich dann dem nächsten Problem zu. Sie bilden sehr schnell Hypothesen und Analogien, die damit aber häufig reduziert und nicht ausreichend angemessen sind.
– Erfolgreiche Personen dagegen sammeln zunächst Informationen über möglichst alle anstehenden Probleme und fällen die Entscheidungen am Ende der jeweiligen Entscheidungsphase in der Computersimulation en bloc. Damit können die Entscheidungen und deren Auswirkungen besser aufeinander bezogen werden. Unbestimmte und komplexe Situationen erfordern damit ein verändertes Informationssuch-, Bewertungs- und Entscheidungsverhalten.

„Klassische" Anforderungen

Darüber hinaus bleiben klassische Anforderungen wie Intelligenz, analytisches Denkvermögen, überdurchschnittliche Einsatzbereitschaft, Loyalität und Begeisterungsfähigkeit erhalten. Examens- und Schulnoten werden dagegen weiterhin an Bedeutung verlieren, genauso wie die Wahl der Studienrichtung oder das fachliche Spezialwissen (auf Grund der schnellen Veralterung). Auch Tugenden wie Ordnungsliebe und Pünktlichkeit haben etwas an Gewicht eingebüßt, die Familienherkunft ist inzwischen fast bedeutungslos.

Grundsätzlich lässt sich sagen, dass neben die Fach- und Managementkompetenz immer mehr die Forderung nach sozialen Fähigkeiten (Kommunikations- und Teamfähigkeit etc.) und nach Selbstkontroll-Kompetenz (vgl. den Beitrag von COMELLI, in diesem Band) als Basisqualifikation für Fach- und Führungskräfte tritt. Natürlich werden die oben genannten, in Zukunft wohl verstärkt geforderten Fähigkeiten nicht alle gleichzeitig und immer benötigt – der situative Aspekt ist zu berücksichtigen (vgl. den Artikel von v. ROSENSTIEL: „Grundlagen der Führung"). Es gibt wohl nur wenige Super-Männer und -Frauen, die das gesamte Stärken-Profil für sich verbuchen dürfen. Doch die Zukunft wird sicherlich hohe Anforderungen an die Persönlichkeit und Menschenführung stellen.

Umso bedenklicher ist, dass nach einer Umfrage des Instituts der deutschen Wirtschaft bei 200 westdeutschen Unternehmen beim Führungsnachwuchs (hier untersucht BWL-Studenten) z.T. drastische Defizite konstatiert werden (KONEGEN-GRENIER & SCHLAFFKE, 1994). So beklagen

– 42% fehlende soziale, kommunikative Fähigkeiten
– 42% den zu geringen Praxisbezug des Studiums
– 32% einzelne Kompetenzdefizite
– 28% überzogene Karriereerwartungen der jungen Leute
– 13% fehlende Leistungsmotivation und gleichfalls
– 13% theoretisch-analytische Mängel.

Anforderungen und Leistungsangebot drohen auseinanderzuklaffen. Hochschulen sind von daher gefordert, neben der Verzahnung von Theorie und Praxis auch die Vermittlung von Sozial- und Methodenkompetenz zu erreichen.

4. Personalsuche und Personalentwicklung

Es stellt sich nun die Frage, wie man die ideale Führungskraft für die Zukunft findet bzw. wie man die benötigten Anforderungen ausbilden kann. Wie erkennt man Personen mit einer „Mischqualifikation aus Intelligenz und Emotionalität" (SARGES, 1989, 2000)?

Management-Audit, Assessment-Center und Orientierungsseminare oder die seit einiger Zeit eingesetzte sog. 360-Grad-Beurteilung (im Einzelnen s. den Beitrag von NERDINGER, in diesem Band) vermitteln dem Betreffenden wie den Entscheidern wichtige Informationen darüber,

— wer welches Stärken- und Schwächen-Profil hat,
— welche Personalentwicklungsmaßnahmen angezeigt sind
— wer für welche Position geeignet ist.

Generell ist es sinnvoll, die Suchperspektive zu erweitern: Eine Chance besteht darin, bei Personalengpässen auf die bisher nur wenig genutzten Ressourcen der Geistes- und Sozialwissenschaftler zurückzugreifen. Häufig wird behauptet, Frauen besäßen auf Grund ihrer Sozialisation die neu geforderten Kriterien in besonders ausgeprägtem Maße und hätten von daher einen Wettbewerbsvorteil. Inwieweit Frauen tatsächlich kommunikativer, sensibler, flexibler und kreativer sind, bleibt allerdings im Spekulativen. Vergleichsstudien an weiblichen und männlichen Managern zeigen kein geschlechtsabhängiges Führungsverhalten (vgl. WUNDERER & DICK, 1997). Ältere Mitarbeiter (z.B. als Interimsmanager) oder Rekrutierung im internationalen Umfeld erweitern das zur Verfügung stehende Arbeitskräftepotenzial.

Insgesamt bleibt festzuhalten, dass die Aus- und Weiterbildung stark verhaltensorientiert sein muss, d.h. aktivierende, interaktive Verfahren, problemorientierte Trainingsmethoden, Plan- und Rollenspiele umfassen sollte (vgl. HOFMANN & REGNET, 2003). Es geht dabei nicht nur um Wissensvermittlung, sondern stärker um die Entwicklung der Lernfähigkeit, der Lernmotivation und von Problemhandhabungsmöglichkeiten. Bei der Persönlichkeitsbildung sind die Veränderungsmöglichkeiten allerdings viel enger gesteckt als bei einer rein kognitiven Wissensvermittlung. Neue Perspektiven eröffnen Formen individualisierter Personalentwicklung, Coaching und verstärktes On-the-job-Training, um das Wissen gezielt zu erweitern. Gerade in Krisenzeiten ist die Qualifikation erfolgsentscheidend. Und gerade hier werden Fortbildungsveranstaltungen, die über die rein fachliche Wissensvermittlung hinausgehen, z.T. drastisch gekürzt. Dabei sollte der *Persönlichkeitsentwicklung* (vgl. den Artikel von LINNEWEH & HOFMANN, in diesem Band) besondere Aufmerksamkeit gewidmet werden.

Wird Personalentwicklung als ureigenste Führungsaufgabe wirklich ernst genommen, so ist jede Führungskraft gefordert, die Weiterbildungsbemühungen der Mitarbeiter zu initiieren und zu unterstützen. Die Führungskraft selbst muss zum Coach des Mitarbeiters werden.

Literatur

ANTONI, C. A. (2000). Teamarbeit gestalten. Weinheim und Basel 2000.
BERKEL, K, & LOCHNER, D. (2001). Führung: Ziele vereinbaren und coachen. Vom Mit-Arbeiter zum Mit-Unternehmer. Weinheim und Basel 2001.
BISCHOFF, S. (1999). Männer und Frauen in Führungspositionen der Wirtschaft in Deutschland. Neuer Blick auf alten Streit. Köln 1999.
DÖRNER, D. (1995). Der Umgang mit Unbestimmtheit und Komplexität – und der Gebrauch von Computersimulationen. Lehrstuhl Psychologie II, Memorandum Nr. 16. Bamberg 1995.
HOFMANN, L.M. (2000). Führungskräfte in Europa. Empirische Analyse zukünftiger Anforderungen. Wiesbaden 2000.
HOFMANN, L.M. & REGNET, E. (2003). (Hrsg.). Innovative Weiterbildungskonzepte. 3. überarbeitete Auflage. Göttingen u. a. 2003.
KONEGEN-GRENIER, C. & SCHLAFFKE, W. (1994). (Hrsg.). Praxisbezug und soziale Kompetenz. Hochschule und Wirtschaft im Dialog. Kölner Texte & Thesen Nr. 20, Deutscher Institutsverlag. Köln 1994.
LINNEWEH, K. (2002). Stresskompetenz. Weinheim und Basel 2002.
LOMBRISER, R. & UEPPING, H. (2001). Employability statt Job-Sicherheit: Personalmanagement für eine neue Partnerschaft zwischen Unternehmen und Mitarbeitern. Neuwied 2001.
OPASCHOWSKI, H.W. (1989). Wie arbeiten wir nach dem Jahr 2000? Hamburg 1989. BAT Freizeit – Forschungsinstitut.
PINCHOT, G. (1988). Intrapreneuring. Der Mitarbeiter als Unternehmer. Wiesbaden 1988.
POSTH, N. (1989). Prognose „Personal" für das kommende Jahrzehnt. Darstellung aus Sicht der Wirtschaft. In: Personal, 4, 1989, S. 134–136.
REGNET, E. & HOFMANN, L.M. (2000). (Hrsg.). Personalmanagement in Europa. Göttingen u. a. 2000.
REGNET, E. (2001). Konflikte in Organisationen. 2. Auflage. Göttingen u. a. 2001.
SARGES, W. (1989). Managementdiagnostik. In: Personalführung, 7, 1989, S. 708–711.
SARGES, W. (2000). (Hrsg.). Management-Diagnostik. 3. Auflage. Göttingen u. a. 2000.
THOMAS, R.R. (2001). Management of Diversity. Wiesbaden 2001.
WUNDERER, R. & DICK, P. (1997). (Hrsg.). Frauen im Management. Neuwied 1997.
WUNDERER, R. & DICK, P. (2001). Personalmanagement – Quo vadis? Analysen und Prognosen zu Entwicklungstrends bis 2010. Neuwied 2001.

Lutz von Rosenstiel

Entwicklung und Training von Führungskräften

1. Bedeutung von Führung
2. Wo kann man Defizite vermuten?
3. Wie lassen sich die Trainingsmaßnahmen ordnen?
4. Was soll gelehrt und gelernt werden?
5. Konkretisierung der Lernziele
6. Bestimmung des Lernumfeldes
7. Methoden während des Trainings
8. Wie sichert man die Übertragung des Gelernten in die Praxis?
9. Überprüfung der gewählten Maßnahmen

Nahezu alle Unternehmen in den westlichen Industrienationen suchen die Qualifikation ihrer Führungskräfte zielgerecht zu verbessern. Dabei werden allerdings sehr unterschiedliche Wege beschritten. In manchen Organisationen ist es die Regel, dass Führungskräfte spätestens nach drei Jahren neue Aufgaben übernehmen, um auf diese Weise ihren Horizont zu erweitern; andere fordern von ihrem Führungsnachwuchs, aber auch von „gestandenen" Führungskräften, gezieltes Selbststudium; wieder andere entsenden ihre gesamte Führungsmannschaft zu internen und externen Seminaren; einige wenige gehen dazu über, den nächsthöheren Vorgesetzten zu verpflichten, unterstellte Führungskräfte zu entwickeln und zu fördern („coaching" – vgl. den entsprechenden Artikel von BÖNING, in diesem Band).

Auch Intensität und Systematik der Entwicklungsmaßnahmen streuen von Unternehmen zu Unternehmen stark. In einigen z.B. besuchen die Führungskräfte zwei Mal im Jahr ein Seminar, in anderen nur eines innerhalb von fünf Jahren. In manchen ist die Folge der besuchten Seminare systematisch auf künftige Aufgaben hin strukturiert, in anderen erfolgt die Entsendung weitgehend nach dem Zufallsprinzip.

Fort- und Weiterbildungsmaßnahmen sind ein Teil der Personalentwicklungsmaßnahmen für Führungskräfte. Sie sind wichtig, doch sollte man ihre Wirkung nicht überschätzen (STAUDT & KRIEGESMANN, 1999). Die genannten Bildungsmaßnahmen erfolgen meist explizit und gezielt in formalisierter Form. Von noch größerer Bedeutung sind jedoch implizite, informell erfolgende Lernprozesse, zu denen es einerseits im Prozeß der Arbeit und andererseits im sozialen Umfeld kommt. Günstig ist es, wenn Fort- und Weiterbildungsmaßnahmen von Unternehmen gezielt mit informellen Lernprozessen – z.B. Job-Rotation, Auslandsentsendungen, Hospitieren in anderen Branchen oder „sabbaticals" – kombiniert werden.

Wie immer man aber die Führungskräfteentwicklung betreibt, sie ist teuer. Warum wird hier investiert? Dies sei in den nächsten Abschnitten begründet.

1. Bedeutung von Führung

In einer arbeitsteiligen Gesellschaft, innerhalb derer in den Organisationen die Aufgaben zunehmend komplexer werden, kommt der Führung eine hohe Bedeutung zu. Führung hat dabei zwei grundsätzlich unterschiedliche Komponenten. Innerhalb einer Organisation – sei es ein Industriebetrieb oder eine Behörde – erfolgt Führung zum einen weitgehend unabhängig von Personen durch strukturale Gegebenheiten. In diesem Sinne lässt sich das Fließband in der Produktion eines Automobilherstellers als Führungsmaßnahme interpretieren, die einem jeden Arbeiter exakt vorschreibt, was er wann auf welche Weise zu tun hat. Das Bemühen, derartige Formen der Steuerung des Verhaltens aller Organisationsmitglieder über Formalisierung und Standardisierung der Abläufe zu perfektionieren, also für jeden Arbeitsschritt schriftliche detaillierte Vorgaben zu haben, läuft – zu Ende gedacht – auf das Ziel hinaus, die Person des Vorgesetzten überflüssig zu machen.

Jeder, der die Praxis kennt, weiß, dass dieses Ziel nicht erreichbar ist. Der Vorgesetzte als Person ist weit mehr als der „Lückenbüßer der Organisation". Er hat im Rahmen der durch die Organisation vorgegebenen strukturalen Begrenzungen und verwaltungsmäßigen Vorschriften die wichtige Aufgabe, das Verhalten anderer Personen, meist der hierarchisch unterstellten, zielbezogen zu beeinflussen (vgl. v. ROSENSTIEL, MOLT & RÜTTINGER, 1995). Je höher ein Vorgesetzter in der Hierarchie gelangt, desto häufiger stößt man auf den Umstand, dass er die Aufgaben der ihm unterstellten qualifizierten Mitarbeiter im Detail kaum noch kennt und zu beurteilen weiß. Hier wird die Vorgesetztentätigkeit mehr und mehr zur Koordination der Spezialisten (ausführlich im einführenden Artikel dieses Bandes „Grundlagen der Führung").

2. Wo kann man Defizite vermuten?

Werden nun künftige Vorgesetzte im Zuge ihrer Ausbildung, in der Lehre, in der Fachschule, Fachhochschule oder Universität systematisch auf ihre Führungsaufgaben vorbereitet? Lernen sie, andere Menschen erfolgreich zielbezogen zu beeinflussen? Sind sie darauf vorbereitet worden, selbstbewusste Spezialisten, qualifizierte Fachleute auf ihrem Gebiet, zielgerecht zu koordinieren, ohne selbst den Anspruch erheben zu können, im Detail mehr zu wissen als die ihnen Unterstellten?

Wohl kaum. Künftige Führungskräfte erlernen ein Fachgebiet, sie sind Techniker, Verwaltungsfachleute oder Betriebswirte, sie haben Ingenieur-, Natur-, Wirtschafts-, Sozial-, Verwaltungs- oder Rechtswissenschaften studiert. Dadurch mögen sie auf diesen Fachgebieten gute Kenntnisse erworben haben. Wie man jedoch mit anderen Menschen umgeht, wie man fachübergreifend denkt, koordiniert, strategisch Entwürfe hin auf die Zukunft entwickelt, all dies kam in der Regel zu kurz. Es war nicht Gegenstand der Ausbildung, muss also zum Zentrum der Fort- und Weiterbildung werden. Hieraus ergibt sich die Einsicht, dass Training von Führungskräften wichtig ist.

Dies wird in den meisten großen Organisationen moderner Industriegesellschaften auch gesehen. Fast alle großen Unternehmen der Wirtschaft suchen – wie einleitend gesagt –, ihre Führungskräfte zu entwickeln, entsenden sie zu Trainingsveranstaltungen oder führen selbst in eigener Verantwortung solche durch. Ergänzend nehmen die Führungs- und Führungsnachwuchskräfte im Rahmen geplanter Jobrotation sytematisch unterschiedliche Aufgaben wahr, um auf diese Weise im Prozess der Arbeit zu lernen. Sie werden für Monate oder Jahre in fremden Kulturen tätig oder hospitieren in Ausnahmefällen in anderen Branchen – so vollzieht sich Lernen im sozialen Umfeld. Sie werden dazu angeregt, selbstbestimmt und selbstverantwortlich zu lernen und nutzen dabei das Inter- oder Intranet bzw. multimediale Technologien. Große Unternehmen sind hier Vorreiter. Mittelständische Unternehmen beginnen zunehmend, ihnen zu folgen.

Trotz er großen Bedeutung des informellen Lernens – insbesondere im Prozess der Arbeit, aber auch im sozialen Umfeld – soll hier vor allem das Lernen im Rahmen institutionalisierter Fort- und Weiterbildung behandelt werden. Was ist nun dabei zu beachten? Nachfolgend sei knapp skizziert, wie man derartige Maßnahmen ordnen kann, wie sich der Trainingsbedarf ermitteln lässt, wie sich Lernziele formulieren lassen, wie man vorgeht, um sachgerecht das Lernumfeld und die Lehrmethoden zu bestimmen, wie man sicherstellt, dass das Gelernte auch in der Praxis genutzt wird, und wie man schließlich prüft, ob das, was man erreichen wollte, auch erreicht wurde.

3. Wie lassen sich die Trainingsmaßnahmen ordnen?

Wenn man sich auf einem komplexen Feld zurechtfinden möchte, gezielt über Detailprobleme sprechen will, dann braucht man ein Ordnungsschema, ein Raster.

Dies gilt auch für Trainingsmaßnahmen für Führungskräfte. Es gibt hier verschiedene Gesichtspunkte, die bei der Klassifikation berücksichtigt werden können und dann in der Konsequenz zu einem mehrdimensionalen Schema hinführen (STOCKER-KREICHGAUER, 1978; V. ROSENSTIEL, 2000). An welche Aspekte sollte man denken?

3.1 Ziel der Maßnahmen

Hier ist vor allem zu beachten die Verbesserung:

(1) der *motorischen Fertigkeiten,* beispielsweise dann, wenn Vorgesetzte die Handhabung moderner Bürotechnologie erlernen, etwa den Umgang mit einem PC oder mit der Electronic-Mail.

(2) der *kognitiven Kompetenzen,* wodurch es dem Führenden möglich werden soll, den gegenwärtigen und künftigen Anforderungen seiner Aufgabe durch intellektuelle Bewältigung gerecht zu werden. Wenn z.B. das Arbeitsrecht oder Verwaltungsvorschriften modifiziert werden, dann müssen Vorgesetzte auf den konkreten Umgang damit vorbereitet werden. Allerdings geht es hier nicht nur um das Wissen, sondern auch um Einstellungen und Überzeugungen.

(3) der *motivationalen und volitionalen Kompetenzen,* wobei die Stärkung der Motivation z.B. zu einer verstärkten Freude an der Leistung oder zu einer intensiveren Bindung an das Ziel führt, während die Entwicklung der Volition, des Willens, dabei hilft, mit inneren Barrieren fertig zu werden, ablenkende Gedanken abzuwehren und eine notwendige Tätigkeit auch dann auszuführen, wenn sie keinen Spaß macht.

(4) des Umgang mit *Emotionen* – dies wird zunehmend im wachsenden Dienstleistungsbereich bedeutsam und beinhaltet das zielgerichtete Steuern eigener und fremder Gefühle. So gilt es häufig im Umgang mit Mitarbeitern und mit Kunden, unerwünschte Gefühle – etwa Ärger – nicht aufkommen zu lassen und bewusst positive Gefühle an deren Stelle zu setzen und auf diese Weise die Gefühle des anderen zu managen.

(5) der *interpersonalen Fähigkeiten,* was sich unmittelbar aus den Tätigkeitsanforderungen an Führungskräfte ableiten lässt, deren Arbeitszeit ja durch den Umgang mit anderen Menschen, d.h. durch Gespräche mit Mitarbeitern, Kollegen und Vorgesetzten, durch Teilnahme an Besprechungen und Konferenzen, durch Verhandlungen mit Lieferanten und Kunden oder Bürgern bestimmt ist.

3.2 Ort der Maßnahmen

Hier ist vor allem danach zu differenzieren, ob in der Organisation selbst – im Extremfall in den üblichen Arbeitsräumen – oder außerhalb, z.B. in einem Seminarhotel, trainiert wird. Je nach dem Ziel der Veranstaltungen gilt es zu überlegen, welche Argumente für und welche gegen „Training on the Job", internes oder externes Seminar sprechen.

3.3 Merkmale der zu Trainierenden

Hier ist vor allem danach zu unterscheiden, welcher hierarchischen Ebene die Führungskräfte entstammen, aber auch danach, ob es sich um technische oder naturwissenschaftliche, um kaufmännische oder Verwaltungsführungskräfte handelt, oder auch danach, ob einschlägige Vorkenntnisse vorhanden sind oder nicht.

3.4 Methoden des Trainings

Hier lässt sich beispielsweise danach differenzieren, ob Vortrag, Lehrgespräch, Fallstudie, Rollenspiel, Diskussion eigener Problemfälle oder individuelle Beratung (Coaching) im Vordergrund stehen.

4. Was soll gelehrt und gelernt werden?

Es ist unmittelbar einleuchtend, dass nicht trainiert werden sollte, was nicht notwendig erscheint. Die Trainingsinhalte sollten sich aus dem ergeben, was aus der Interessenlage der Organisation oder des Einzelnen erforderlich ist, wobei im günstigsten Falle beides zugleich gilt.

Ein konkretes abschreckendes Beispiel: Auf Initiative eines aktiven Bildungsbeauftragten wurden alle Führungskräfte einer größeren Organisation zu einem einwöchigen, extern durchgeführten Entscheidungstraining entsandt. Diese Organisation war allerdings von den Strukturen und der Unternehmenskultur her sehr zentralistisch, d.h., alle Entscheidungen zog die oberste Führungsebene an sich und entschied fast ohne Mitwirkung der nachgeordneten Ebenen. Nachdem nun alle Führungskräfte im Rahmen der Trainingsveranstaltung Verhaltenssicherheit in verschiedenen Formen des Entscheidens – Einzelentscheidung, Entscheidung nach Beratung, Gruppenentscheidung – erworben sowie die verschiedenen Phasen des Entscheidungsprozesses kennen gelernt und geübt hatten, wie z.B. Entscheidungsvorbereitung, Abwägen von Alternativen, Entscheiden, Entscheidungsdurchsetzung, kamen sie in die Organisation zurück und wollten anwenden, was sie erlernt hatten. Sie hatten aber dazu nach wie vor keine Chance und waren entsprechend verärgert und frustriert. Das Erlernte sollte also für die Praxis wichtig sein und dort benötigt werden.

Will man ganz generell – abgesehen vom konkreten Einzelfall – erste Vermutungen darüber anstellen, was wohl benötigt wird, so sind zwei Überlegungen hilfreich:

(1) Im Allgemeinen sind die Anforderungen an Führungskräfte je nach hierarchischer Ebene unterschiedlich. Zum einen steigen sie mit dem Aufstieg, zum anderen ändert sich aber auch der relative Anteil der wichtigsten Aufgaben (Abbildung 1).

Man erkennt, dass bei Führungskräften der untersten Ebene die Realisation das höchste relative Gewicht hat. Dazu kommen aber bereits wesentlich die Anordnungen, die interpersonale Anforderungen einschließen, d.h. die Tätigkeiten der unterstellten Mitarbeiter müssen koordiniert und die Fachkontakte zu den Kollegen auf gleicher Ebene im Sinne der gemeinsamen Zielerreichung aufrechterhalten werden. Die Anforderungen an die Dispositionskompetenz und das strategische Denken sind demgegenüber relativ gering.

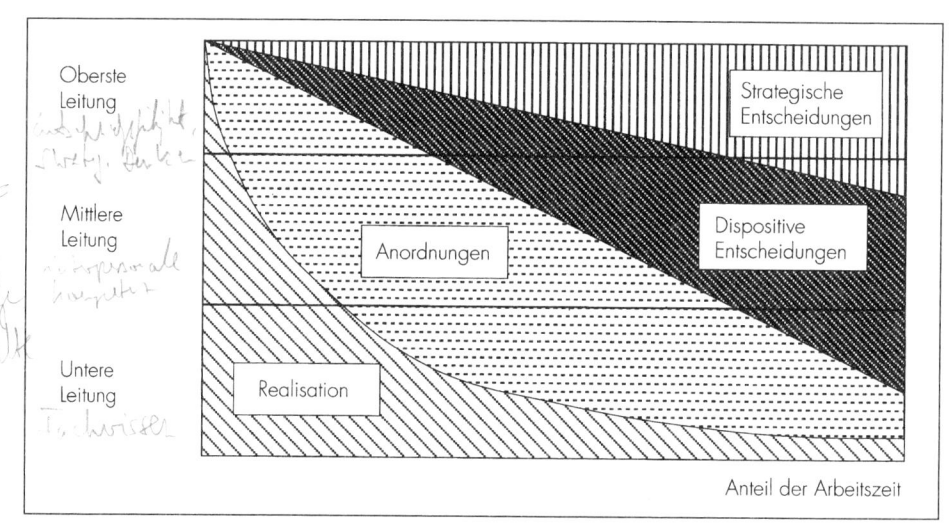

Abb. 1: Das Verhältnis zwischen Entscheidungs- und Realisationstätigkeit in Abhängigkeit von der hierarchischen Ebene (GROCHLA, 1980, S. 66)

Steigt man nun in der Hierarchie, so sieht man, dass zunächst der relative Anteil der Anforderungen an die interpersonale Kompetenz – die an die Anordnungen gebunden ist – im Vordergrund steht, um schließlich der großen Bedeutung der Disposition und des strategischen Denkens zu weichen. Vereinfacht ausgedrückt folgt daraus: Führungskräfte der unteren Ebene müssen vor allem den aktuellen Stand ihres Fachgebietes beherrschen und entsprechend geschult werden; darüber hinaus sollte ihre interpersonelle Kompetenz, ihre Fähigkeit zum Umgang mit anderen Menschen entwickelt werden. Dieser letztgenannte Aspekt steht im Zentrum von Trainingsmaßnahmen für Führungskräfte der mittleren Ebene. Die Bedeutung derartiger Trainingsformen geht für Führungskräfte der höchsten Ebene zurück. Hier sollte es um die Entwicklung dispositiver Entscheidungsfähigkeit und der Kompetenz zum langfristigen strategischen Denken gehen.

(2) Führt man so genannte „Time Budget"-Studien an Führungskräften durch, d. h. analysiert man, womit sie ihre Zeit verbringen, so sind 60 bis 95 % der Kommunikation gewidmet, wenn man diese weit versteht, d. h. als Gespräch mit anderen Menschen in der Zwei- oder Mehrpersonensituation, als Teilnahme an Konferenzen, als Telefonieren oder Nutzen moderner Kommunikationssysteme, als Lesen oder Erstellen von Schriftgut. Selbstverständlich ist diese Kommunikation nicht leer, es geht um Inhalte, die auf unteren Ebenen häufig in Fachlichem, auf höheren Ebenen häufig in Strategischem bestehen. Die Inhalte in Kommunikation umzusetzen, das allerdings muss spezifisch gelernt werden und dürfte entsprechend einen Schwerpunkt für Trainingsmaßnahmen darstellen.

Derartige Überlegungen bilden jedoch nur einen allgemeinen Orientierungshinweis. Im Einzelfall muss der Trainingsbedarf konkreter analysiert werden. Dafür sind drei wichtige Wege zu unterscheiden: die Organisationsanalyse, die Arbeitsanalyse und die Personenanalyse.

4.1 Analyse der Organisation

Aus den kurz-, mittel- und langfristigen Zielen der Organisation, aus den Analysen der organisationstypischen Abläufe, wie sie standardisiert oder formalisiert sind oder sich aus aktuellen Beobachtungen ergeben, lässt sich ableiten, welche Kompetenzen und Fertigkeiten die Führungskräfte in einer solchen Organisation benötigen. Aber auch allgemeine Entwicklungstrends, die auf die Organisation zukommen, geben hier wesentliche Aufschlüsse. Man denke beispielsweise an die Fusion zweier Betriebe, woraus sich ergibt, dass die Führungskräfte Inhalte auf dem jeweils neuen Gebiet erwerben müssen. Man denke daran, dass Mitarbeiter in die Organisation eintreten, die es künftig zu führen gilt und mit denen man bislang keine Erfahrungen sammeln konnte, z.B. Ausländer aus anderen Staaten der Europäischen Gemeinschaft oder junge Menschen mit veränderten Werthaltungen. Man kann auch daran denken, dass sich durch modifizierte gesetzliche Rahmenbedingungen die Arbeitsschwerpunkte der Organisation ändern oder neue Akzente erhalten, wie dies z.B. für viele Unternehmungen auf Grund neuer Bestimmungen des Arbeitsschutzes, des Arbeitsrechts oder des Umweltrechts zu beobachten ist.

4.2 Analyse der Arbeit

Konkret am Arbeitsplatz von Führungskräften einer bestimmten Ebene oder am Arbeitsplatz eines Vorgesetzten, der mit spezifischen Aufgaben betraut ist, lässt sich durch geeignete Beobachtungs- oder Befragungsmethoden feststellen, was gefordert wird. Sind häufig Gespräche mit dem Betriebs- oder Personalrat erforderlich? Müssen Verträge mit Lieferanten abgeschlossen werden? Müssen oft reklamierenden Kunden für sie nachteilige Entscheidungen mitgeteilt und erläutert werden? Ist der Umgang mit modernen Kommunikationsmitteln zunehmend erforderlich?

Derartige Analysen können die Basis für spezifische Trainingsprogramme einer ganz bestimmten Führungsebene der Organisationen oder auch für individualisierte Maßnahmen sein.

4.3 Analyse der Person

Der Aspekt lässt sich allerdings auch modifizieren. Man betrachtet nicht den Arbeitsplatz in seinen von der jeweiligen Person abstrahierenden Anforderungen, sondern man setzt sich damit auseinander, wie die Person die Anforderungen bewältigt. Hilfreich ist hier die Methode der kritischen Ereignisse (FLANAGAN, 1954); d.h. man analysiert, was der Einzelne besonders gut und was er besonders schlecht macht. Eine derartige Analyse der Stärken und Schwächen bis hin zu einer detaillierten Fehleranalyse gibt Aufschluss darüber, wo im individuellen Fall Schwächen durch gezieltes Training ausgeglichen werden sollten. Darartige Analysen, die die Grundlage für die Abschätzung des Trainingsbedarfs abgeben, können „objektiv", d.h. von Experten auf der Grundlage von Befragungen und Beobachtungen vorgenommen werden, sie können aber auch – und das ist der in der Praxis vorherrschende Fall – auf „subjektiver" Basis erfolgen, d.h. die Führungskräfte werden danach gefragt, welche Trainingsinhalte ihnen für ihre Aufgabenerfüllung wichtig erscheinen und welche sie persönlich besonders interessieren.

Bei der *Erhebung des Bildungsbedarfs* sollte man Organisations-, Arbeits- und Personenanalysen in sinnvoller Weise kombinieren und neben den objektiven auch die subjektiven Wege nutzen, und sei es, um die Akzeptanz des Bildungsangebotes zu erhöhen. Leider sieht die Praxis häufig ganz anders aus. Der für die Bildungsmaßnahmen Verantwortliche, dessen Ansehen und Karriere vom Erfolg und Image der von ihm verantworteten Maßnahmen abhängen, denkt nicht selten nur in zweiter Linie an die von der Aufgabe her zu verstehenden Ziele der Organisation und die des Einzelnen. Er fällt seine Entscheidungen daher oft in dem Sinne, dass er einen Referenten einlädt, der nur deshalb bei den Teilnehmern so gut ankommt, weil er „spannend" zu erzählen weiß, nette Anekdoten kennt und so hübsch Witze zum Besten geben kann. Er sucht Themen aus, die gerade Mode sind. Er entscheidet sich für Trainingsmethoden, die innovativ und aufregend erscheinen, obwohl sie zur Vermittlung der wichtigen Ziele ungeeignet sind. Möglicherweise sind die Teilnehmer auch begeistert. Man spricht über die Trainingsveranstaltung, aber kaum über das, was dort an Wesentlichem vermittelt wurde. Der Bildungsbeauftragte hat seiner Karriere gedient, aber nicht der Organisation und nicht den weiterzubildenden Führungskräften.

5. Konkretisierung der Lernziele

Nach der Erhebung des Trainingsbedarfs sollten die Lernziele präzisiert werden. Dabei gilt, dass

- diese konkret und prägnant formuliert werden,
- eine Formulierung gewählt wird, die eine Kontrolle des Erfolgs nach Ablauf der Trainingsmaßnahmen ermöglicht und
- sie von Lehrenden und Lernenden in gleicher Weise verstanden wird.

Dafür ein Beispiel: „Ein Kritikgespräch mit einem direkt unterstellten Mitarbeiter so führen können, dass der zu kritisierende Tatbestand dem Mitarbeiter unzweifelhaft klar wird und zugleich seine Motivation gestärkt wird, es künftig besser zu machen."
   Klar formulierte Lernziele haben mehrere Vorteile:

- *Orientierung:* Lehrende und Lernende wissen, worum es geht, was auf sie zukommt.
- *Motivation:* Wer ein klares Ziel vor Augen hat, ist motivierter, es zu erreichen, als wenn er nicht weiß, „wohin die Reise geht".
- *Erfolgserlebnis:* Wer das Ziel kennt, kann dies erreichen und ein Erfolgserlebnis daraus ableiten. Wer das Ziel nicht kennt, weiß ja nicht, ob er angekommen ist.

Bedenkt man jedoch, dass Fort- und Weiterbildung „heute" durchgeführt wird, um die Anforderungen von „morgen" zu erfüllen, so ergibt sich aus der stets gegebenen Unsicherheit der Zukunft ein Problem bei der Zielpräzisierung. Nun kann man zwar versuchen, mit Hilfe geeigneter Verfahren (Strategische Workshops, Szenariotechnik, Delphi-Methode) eine wahrscheinliche Zukunft zu skizzieren, doch bleibt immer ein Rest von Ungewissheit. Darum gilt es, bei Führungskräften Kompetenz zu stärken, verstanden als eine Disposition, selbstbestimmt und selbstorganisiert mit komplexen und unerwarteten Situationen umzugehen (ERPENBECK & SAUER, 2000; ERPENBECK & v. ROSENSTIEL, 2003).

6. Bestimmung des Lernumfeldes

Wer Führungskräfte trainiert oder für die Gestaltung von Trainingsmaßnahmen verantwortlich ist, sollte sich nicht nur darüber Gedanken machen, was gelernt wird, sondern auch, unter welchen Bedingungen dies geschehen soll. Die äußeren Rahmenbedingungen tragen nicht selten in erheblichem Maße zum Erfolg bei. Hier soll das unter zwei Aspekten und damit keineswegs mit dem Ziel der Vollständigkeit skizziert werden.

6.1 Wo sollte man das Training durchführen?

Wer Trainingsmaßnahmen für Führungskräfte plant, steht u. a. vor der Überlegung, ob dies unmittelbar am Arbeitsplatz, in spezifisch dafür vorgesehenen Räumen der Herkunftsorganisation oder an einem externen Ort, z. B. in einem abgelegenen Seminarhotel, erfolgen soll. Diese Frage ist nicht generell zu beantworten, sondern es hängt – wie meist – auch hier von spezifischen Rahmenbedingungen ab. Selbstverständlich ist jeweils zu prüfen, ob am vorgesehenen Ort die methodischen und didaktischen Hilfsmittel vorhanden und einsetzbar sind, die man benötigt. Ein noch so schönes und ruhiges Hotel mit hervorragender Küche und freundlicher Bedienung scheidet aus, wenn nur ein Vortragssaal vorhanden ist, aber keine Gruppenräume zur Verfügung stehen, falls als Methode an die Bearbeitung konkreter Fälle gedacht wird. Sieht man von derartigen Überlegungen ab, so lässt sich grundsätzlich folgende Empfehlung geben:

Training unmittelbar am Arbeitsplatz des Führenden ist dann anzuraten, wenn individuelle Beratung letztlich der Kernpunkt der Maßnahme ist. Klagt der Führende z. B. darüber, dass er sich bei der Arbeit nicht konzentrieren kann, dass er häufig abgelenkt wird, dass er nicht systematisch arbeiten kann oder mit der ihm zur Verfügung stehenden Zeit nicht auskommt, so ist es durchaus wünschenswert, wenn der Trainer – nun in der Rolle eines Beraters – an den Arbeitsplatz des Führenden kommt. Viele Fragen wird er nämlich nur dann beantworten können, wenn er konkret sieht, unter welchen Bedingungen der Ratsuchende seinen Aufgaben nachgeht.

Seminarräume in der Organisation selbst, nahe am Arbeitsplatz, sind fast stets ein wenig befriedigender Kompromiss. Es lässt sich nur schwer verhindern, dass wegen „wichtiger" Angelegenheiten einzelne Seminarteilnehmer die Veranstaltung kurzfristig verlassen, die Sekretärin „wichtige" Schreiben zur Unterschrift hineinbringt etc. Zudem sollte man bedenken, dass bei mehrtägigen Veranstaltungen ein wichtiger Teil der Nacharbeit „informell" während der Mahlzeiten und abends an der Bar oder am Kamin erfolgt. Bei Seminarräumen in der Nähe des Arbeitsplatzes aber gehen die Teilnehmer in aller Regel nach Hause oder „kurz" in ihr Büro, so dass die eben erwähnte positive Nebenwirkung entfällt. Akzeptieren sollte man arbeitsplatznahe Seminarräume nur dann, wenn durch erhebliche Disziplin der Teilnehmer und ihres sozialen Umfeldes die Störungen auf ein Minimum reduziert sind und wenn wegen der Thematik des Seminars die informelle Nacharbeit am Abend kein konstituierender und gewichtiger Bestandteil der Veranstaltung ist. Das sei am Beispiel gezeigt: Geht es um die Vermittlung aktuellen arbeitsrechtlichen Wissens, so ist eine Veranstaltung in Räumen durchaus akzeptabel, die dem Arbeitsplatz und damit auch der heimatlichen Wohnung nahe sind. Geht es allerdings in einem verhaltensorientierten Seminar darum, dass sich die Teilnehmer untereinander Feedback geben, um Selbstbild und Fremdbild einander anzugleichen, so kommt eigentlich nur ein externer Ort in Frage.

Als *externer Seminarort* soll hier ein solcher verstanden werden, der möglichst fern vom Arbeitsplatz und der heimatlichen Wohnung liegt – ganz gleich, ob er nun im Besitz der entsendenden Organisation ist oder nicht. Kennt man den vorgeschlagenen Ort nicht genau, so ist er vom verantwortlichen Gestalter der Trainingsmaßnahme sorgfältig zu prüfen. Entsprechen die Räumlichkeiten dem Seminarziel? Ist die „Küche" flexibel, d. h. ist man bereit, sich in Bezug auf die Mahlzeiten nach den Bedürfnissen der Seminardynamik zu richten, oder muss man die Seminarzeiten den Vorgaben der Küche anpassen? Stehen geeignete didaktische Hilfsmittel zur Verfügung; besteht die Möglichkeit, Ergebnisse von Diskussionsrunden oder spontanen Arbeitsgruppen zu kopieren, etc.? Ist all dieses positiv beantwortbar, so ist ein externer Seminarort umso empfehlenswerter, je länger die Trainingsmaßnahme dauert und je stärker sie in das Persönliche eines jeden Führenden geht. Auch für Maßnahmen, durch die die Kommunikation in bestehenden Gruppen oder Einstellungen und Verhaltensweisen einzelner Führungskräfte verändert werden sollen, sollte man einen externen Ort vorsehen. Es kann dabei zusätzlich vor Störungen schützen, wenn jedes Telefongespräch von zu Hause oder aus dem Büro ein Fern- oder gar Auslandsgespräch wird.

6.2 Wer sollte die Entwicklungsmaßnahmen gestalten?

Auch das soziale Umfeld bestimmt den Lernerfolg wesentlich mit. Wie man sich hier entscheidet, hängt auch zentral von den Lernzielen ab. Dies gilt zum einen für die Person des zu Trainierenden als auch für die Zusammensetzung der Seminarrunde. Sollte man – falls überhaupt vorhanden – mit einem internen oder einem externen Trainer arbeiten? In aller Regel gilt, dass externe erfahrene Trainer, die ja auch Besonderheiten aus anderen Organisationen kennen, von den Teilnehmern eher akzeptiert werden als interne. Je höher also der zu trainierende Kreis hierarchisch angesiedelt ist, desto eher ist an einen „Externen" zu denken. Allerdings wird er häufig dadurch in seinen Aussagen relativiert, dass die zu trainierende Runde ihm „im Prinzip" Recht gibt, jedoch darauf verweist, dass seine Forderung wegen der speziellen hier gegebenen Bedingungen nicht umsetzbar sei. Um dieses auf ein vernünftiges Maß zu reduzieren, ist es ratsam, wenn ein Seminarbegleiter des Unternehmens, der nicht nur Trainer ist, sondern zugleich erfahrener Linienvorgesetzter, als Co-Moderator dabei ist. Das „Gespann" interner plus externer Moderator ist also dann besonders günstig, wenn der externe durch vielfältige Erfahrungen qualifiziert ist und der interne durch seine Position, die nicht hierarchisch unter der der Seminarteilnehmer liegt, mit Akzeptanz rechnen darf.

6.3 Wer sollte mit wem am Seminar teilnehmen?

Vier sinnvolle und erwägenswerte Alternativen seien angesprochen:

(1) Ein Vorgesetzter und die ihm direkt unterstellten Mitarbeiter; diese Form, das Training der „Organisationsfamilie", ist dann anzuraten, wenn das Ziel der Maßnahmen „Problemlösung vor Ort" ist. Die Arbeitsweise ist dann zu empfehlen, wenn alle Beteiligten seminarerfahren sind, wenn Offenheit und Vertrauen herr-

schen und relativ angstfrei über konkrete Probleme der Zusammenarbeit gesprochen werden kann. Der große Vorteil liegt darin, Beschlüsse – weil sie ja vor „Zeugen" getroffen worden sind – einen hohen Grad von Verbindlichkeit haben und unmittelbar kontrolliert werden können.

(2) Veranstaltungen mit Vertretern verschiedener hierarchischer Ebenen aus einer Organisation, wobei allerdings darauf geachtet wird, dass keine direkten Unterstellungsverhältnisse im Seminar repräsentiert sind. Der Nachteil dieser Trainingsform besteht häufig darin, dass – je nach Ebene – unterschiedliche Interessen und Probleme bestehen. Allerdings ist der Vorteil darin zu sehen, dass ein gleiches Problem – aus der Perspektive einer bestimmten Ebene betrachtet – jeweils unterschiedlich aussieht und die andere Personengruppe dies dann erfahren kann. Da direkte Unterstellungsverhältnisse nicht gegeben sind, kann relativ offen und angstfrei darüber diskutiert werden.

(3) Führungskräfte einer Ebene, die alle aus einer Organisation stammen; bei dieser Besetzung kann ein sehr offenes und partnerschaftliches Gespräch geführt werden. Man fühlt sich weder „von oben" kontrolliert, noch „von unten" beobachtet. Abhängigkeiten sind relativ schwach ausgeprägt. Der Nachteil ist dagegen darin zu sehen, dass die einzelne Führungskraft – z.B. bei der Darstellung eigenen Führungsverhaltens – sehr selektiv positive Dinge in den Vordergrund rücken kann, ohne durch direkt Unterstellte, die es besser wissen, kontrolliert zu sein, und dass zukunftsgerichtete Willenserklärungen – wiederum wegen der genannten Unkontrolliertheit – meist unverbindlich bleiben.

(4) Externe Seminare mit Vorgesetzten aus ganz verschiedenen Organisationen; diese Seminarform ist dann empfehlenswert, wenn man vor allem auch von den anderen Seminarteilnehmern Anregungen erhalten soll. Dabei können sich bei dem einen oder anderen „Scheuklappen" lösen; er erfährt, wie andere ein ähnliches Problem bearbeiten und damit erfolgreich sind. Besonders positiv sind unter dieser Perspektive Seminare zu sehen, bei denen Führungskräfte der Wirtschaft und der öffentlichen Verwaltung gemeinsam geschult werden und dadurch miteinander ins Gespräch kommen.

7. Methoden während des Trainings

Geht es um die Vermittlung von Wissen, soll beispielsweise die aktuelle Interpretation des Betriebsverfassungsgesetzes den zu schulenden Führungskräften nahe gebracht werden, so empfehlen sich inhaltsorientierte Techniken, wie z.B. der Vortrag mit Diskussion oder die Lektüre, wobei das Gelesene nachträglich gemeinsam diskutiert werden sollte.

Geht es dagegen darum, eigene Einstellungen oder Verhaltensweisen zu modifizieren, so sind prozessorientierte Techniken vorzuziehen. Gedacht werden kann hier an Gruppenübungen bis hin zum gruppendynamischen Training, das jedem Teilnehmer die Chance gibt, von anderen unmittelbar „Feedback" zu erhalten, weiterhin an Unternehmensplanspiele, an die gemeinsame Bearbeitung von Problemfällen, die der eigenen Führungssituation ähnlich sind, an Rollenspiele oder Diskussionen darüber, wie das Gelernte auf die eigene Situation übertragen werden kann. Besonders hilfreich ist es, wenn die Teilnehmer selbst – Offenheit unter den Seminarteilnehmern vorausgesetzt – eigene Probleme zur Diskussion stellen, über die entweder in der Gruppe gesprochen wird oder die von jeweils anderen im Rollenspiel simuliert werden. Nicht selten ist es für den, der das Problem einbrachte, dann von hohem Informationswert, wie andere in relativ unbefangener Weise mit dem Problem umgehen. Eine noch größere Annäherung an die Realität bietet das „action learning", bei dem die Teilnehmer gemeinsam ein konkretes aktuelles Projekt aus dem Unternehmen bearbeiten, das von einem „Sponsor" eingebracht wurde.

Innerhalb eines mehrtägigen Seminars werden in aller Regel inhalts- und prozessorientierte Techniken einander abwechseln.

8. Wie sichert man die Übertragung des Gelernten in die Praxis?

Ein viel diskutiertes Problem des Führungstrainings besteht darin, dass zwar einerseits in der Trainingsveranstaltung relevantes Wissen erworben und Verhaltenskompetenzen ausgebildet werden, dass jedoch diese in der Praxis dann kaum angewandt werden. Transfer, die Übertragung von der Trainings- in die Praxissituation, fand nicht statt. Was sind die Gründe?

8.1 Grundvoraussetzungen des Lerntransfers von Führungstraining

Um die Gründe für die Übertragung des Gelernten in die Praxis verständlich zu machen, sollte man bedenken, dass menschliches Verhalten – auch Führungsverhalten – nicht nur von der Person, sondern auch von der Situation abhängt. Differenziert man dies weiter, so ergibt sich ein Bild, wie es Abbildung 2 zeigt.

Man erkennt, dass das Verhalten auf der Seite der Person geprägt wird durch

– persönliches Wollen und
– individuelles Können.

Bedeutsame Situationsgrößen sind dagegen

– das soziale Dürfen und Sollen und
– die situative Ermöglichung.

Wer in der Trainingssituation etwas erlernt hat und auch von dessen Nutzen überzeugt ist, kann möglicherweise beim Versuch, dies in die Praxis umzusetzen daran scheitern, dass das trainierte Verhalten den formellen oder informellen Normen der Organisation widerspricht oder dass Zeit- oder Raumbegrenzungen ihm die Umsetzung verbieten.

Soll Transfer des Gelernten stattfinden, so muss der für die Trainingsmaßnahme Verantwortliche sich auch überlegen, ob das Trainingsziel mit den geschriebenen und ungeschriebenen Zielen der Organisation übereinstimmt und ob die harten, äußeren Rahmenbedingungen der Organisation die Umsetzung überhaupt zulassen (s. Punkt 4). Man kann den Misserfolg eines Trainings kooperativen Führungsverhaltens leicht prognostizieren, wenn man weiß, dass es stets die autoritären Vorgesetzten sind,

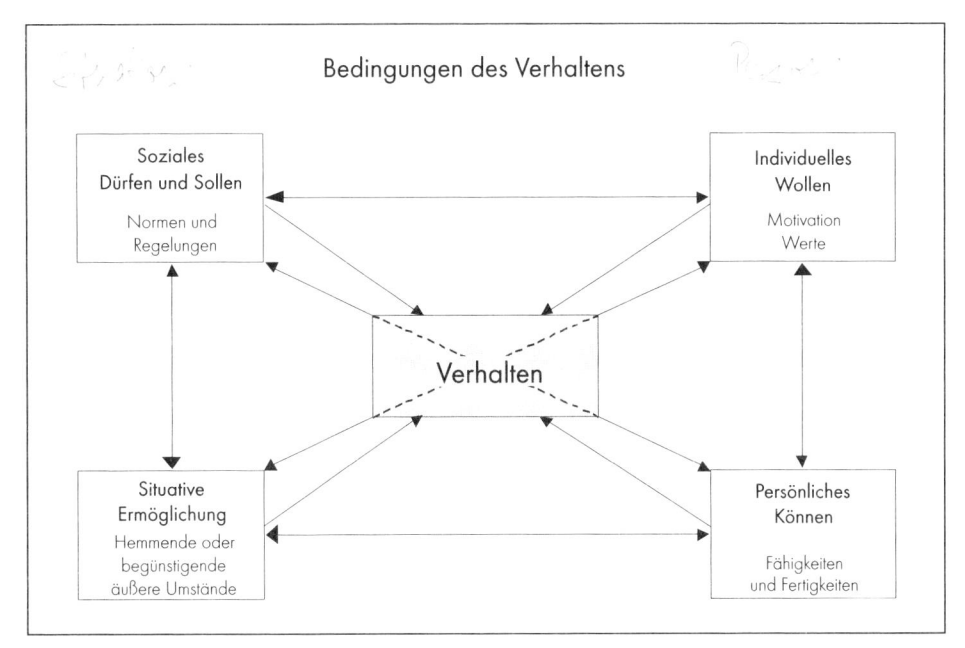

Abb. 2: Bedingungen des Verhaltens

Bedingungen des Verhaltens:
- Soziales Dürfen und Sollen — Normen und Regelungen
- Individuelles Wollen — Motivation, Werte
- Situative Ermöglichung — Hemmende oder begünstigende äußere Umstände
- Persönliches Können — Fähigkeiten und Fertigkeiten
- Verhalten (zentral)

die von der nächsthöheren hierarchischen Ebene geschätzt werden und die dann auch in der Organisation Karriere machen.

8.2 Prinzipien der Transfersicherung

Will man Lerntransfer ermöglichen, so sollte man darüber hinaus an Folgendes denken (vgl. WEINERT, 1998):

— Zwischen den Trainingsinhalten und den Motiven der Teilnehmer, die sie zur Mitarbeit bewegen, sollte eine sinnvolle Beziehung erstellt werden.
— Die neu gelernten Verhaltensweisen sollten aktiv praktiziert werden.
— Über die Resultate der Trainingsübung sollte sofort Feed-back im Sinne der Information und der Verstärkung gegeben werden.
— Die Lerninhalte sollten über kürzere oder längere Zeitspannen als verteiltes oder konzentriertes Lernen geboten werden.
— Es sollten Gelegenheiten geschaffen werden, in denen Konflikte bearbeitet und beseitigt werden können, die sich aus dem Widerspruch zwischen neu erlernten Verhaltensweisen und bestehenden Einstellungen und Gewohnheiten ergeben.
— Individuelle Unterschiede zwischen den Trainingsteilnehmern sollten berücksichtigt werden und zwar im Hinblick auf Trainingsinhalte und Trainingsmethodik.
— Die Übertragung des Gelernten auf die Arbeitssituation sollte Gewähr leistet sein und darüber nach einem kurzen Erfahrungszeitraum diskutiert werden.

8.3 Beispiele für Transfersicherung

Drei Beispiele für Trainingskonzeptionen, mit deren Hilfe – wie empirisch gezeigt – Lerntransfer gesichert wurde, seien knapp vorgestellt. In Anlehnung an LEUPOLD (1984) kann man – freiwillige Kooperation des Führenden und der Geführten vorausgesetzt – wie folgt vorgehen (Kasten 1).

---
1. Beschreibung des Verhaltens des Vorgesetzten durch Geführte (anonym) mit dem Führungsverhaltensbeschreibungsbogen (vgl. dazu den einführenden Artikel des Autors: Grundlagen der Führung).
2. Auswertung der Items und Skalen auf Mittelwert und Streuung. Vergleich der Ergebnisse der außerbetrieblichen und innerbetrieblichen Normwerte. Visualisierung.
3. Workshop von Vorgesetzten und Mitarbeitern unter Leitung eines Moderators. Präsentation der visualisierten Ergebnisse. Gemeinsame Analyse und Diagnose.
4. Gemeinsame Erarbeitung eines Aktionsplanes für die nahe Zukunft für Vorgesetzte und Geführte.
5. Nach 6 bis 12 Monaten erneute Beschreibung des Vorgesetztenverhaltens mit Hilfe des zuvor eingesetzten Beschreibungsbogens.
6. Workshop II: Vorher-Nachher-Vergleich der Befragungsergebnisse. Gemeinsame Analyse.

Kasten 1: Darstellung einer Trainingskonzeption

THORNTON (1980) hat ein Trainingskonzept vorgeschlagen, dessen Weiterentwicklung zu einem Bausteinsystem führt, bei dem in ökonomischer Weise bei geringen Trainerstunden viele Teilnehmer zu konkreten Übungen kommen, die auch das Verhalten am Arbeitsplatz modifizieren. Einen solchen Baustein (z. B. zum Thema Kritikgespräch) zeigt Kasten 2.

---
1. Vortrag über richtiges und falsches Verhalten beim Kritikgespräch und mögliche erwünschte und unerwünschte Folgen (ca. 20 Minuten);
2. Modell-Lernen: Videofilm: „gutes" Kritikgespräch – „schlechtes" Gespräch (ca. 20 Minuten);
3. Übung im Plenum: Rollenspiel; Kritikgespräch mit gemeinsamer Videoanalyse (ca. 40 Minuten);
4. Übungen in Kleingruppen à drei Personen: drei Rollenspiele zum Kritikgespräch, gemeinsame Analyse in der Kleingruppe (ca. 120 Minuten);
5. Erfahrungsaustausch im Plenum (ca. 45 Minuten);
6. Übungen in Kleingruppen à drei Personen: drei Rollenspiele zum Kritikgespräch mit gemeinsamer Analyse (ca. 120 Minuten);
7. Erfolgsabschätzung durch Vergleich Rollenspiel I – Rollenspiel II (ca. 30 Minuten);
8. Abschlussplenum (ca. 30 Minuten).

Kasten 2: Trainingsbaustein zum Thema Kritikgespräch

BERTHOLD et al. (1980) entwickelten ein Trainingskonzept, bei dem jeweils zu einem begrenzten Lernziel ein halbtägiges Training erfolgte, dessen Transfer in der Folgewoche gesichert werden sollte (Kasten 3).

1. Subjektive Bedarfsanalyse – gemeinsame Zielbestimmung des Trainings;
2. Bearbeitung von Lernziel I (ein halber Tag);
3. Anwendung des Gelernten in der Praxis (Folgerung);
4. Erfahrungsaustausch über die Anwendung in der Praxis und Bearbeitung von Lernziel II (ein halber Tag);
5. Anwendung des Gelernten in der Praxis.

Kasten 3: Trainingskonzept mit integrierter Transfersicherung

Die Ergebnisse dieses Trainings und die Dauerhaftigkeit der Verhaltensänderungen zeigt – gemessen mit einem Kontrollgruppendesign – Abbildung 3.

Die Ergebnisse zeigen, dass Transfer gegeben war; sie zeigen aber auch, dass trotz des Trainingserfolgs die „Vergessenskurve" wirkt, so dass kontinuierliche Wiederauffrischung ratsam erscheint.

Verhaltensänderung	nach 4 Monaten	nach 8 Monaten
– sie unterbrechen weniger	–	–
– sie hören besser zu	+	–
– sie stellen mehr Rückfragen	+	+
– sie erfragen die Meinung anderer	+	+
– sie zeigen mehr Eigeninitiative in Konferenzen und Besprechungen	+	+
– sie sprechen häufiger Konflikte an	+	+
– sie äußern mehr Anerkennung	+	–
– sie äußern mehr Kritik	+	+
– sie vertragen mehr Kritik	+	+
– sie beziehen Mitarbeiter in ihre Entscheidungen mit ein	+	–
– sie suchen das Gespräch	–	–
– sie geben mehr Informationen weiter	+	–
– sie urteilen behutsamer	+	–
– sie zeigen mehr Ruhe und Gelassenheit	+	–

+ bedeutet signifikante Veränderung im Vergleich zur Kontrollgruppe
– bedeutet keine signifikante Veränderung im Vergleich zur Kontrollgruppe

Abb. 3: Follow-up Erfragung zur Verhaltensänderung

9. Überprüfung der gewählten Maßnahmen

In kleineren und größeren Organisationen der Wirtschaft und der öffentlichen Verwaltung wird viel Geld in das Training von Führungskräften investiert. Man schätzt, dass pro Jahr in Deutschland ca. 40 Milliarden Euro in Fort- und Weiterbildungsmaßnahmen investiert werden (PAWLOWSKY & BÄUMER, 1994) und dieses Geld Personen vor allem dann zugute kommt, wenn sie bereits gut qualifiziert, jung, männlich und deutsche Staatsbürger sind: Dies aber sind in erster Linie junge Führungs- sowie Führungsnachwuchskräfte. Grundsätzlich ist es ja auch begrüßenswert, dass man zunehmend erkennt, dass die Qualifikation der Mitarbeiter zugleich ein wesentlicher Beitrag dafür ist, dass die künftigen Aufgaben bewältigt werden können. Auf der anderen Seite überrascht es sehr, dass selten adäquat überprüft wird, ob die Maßnahmen erfolgreich waren. Und falls derartige Kontrollen doch erfolgen, so meist in einer inadäquaten Form (FISCH & FIALA, 1984; NEUBERGER, 1994).

An welchen Kriterien könnte man die Prüfung in adäquater Weise vornehmen? An fünf Kriterien wäre in Anlehnung an CATALANELLO und KIRKPATRICK (1968) zu denken:

(1) Subjektive Reaktionen: z. B. Zufriedenheit mit dem Seminar;
(2) Wissen: z. B. Kenntnisverbesserung gemessen mit Wissenstests;
(3) Verhalten in der Trainingssituation: z. B. Beurteilung des Verhaltens in mehreren Rollenspielen im Vorher-Nachher-Vergleich;
(4) Verhalten am Arbeitsplatz: z. B. Beurteilung durch Vorgesetzte, Kollegen, Unterstellte, wobei methodisch ein Kontrollgruppendesign zu wünschen wäre;
(5) Harte Daten: z. B. der Vergleich von Umsatzzahlen, Fehlzeiten, Verbesserungsvorschlägen vor und nach dem Seminar bzw. im Vergleich von Gruppen mit trainierten und untrainierten Führungskräften.

Falls überhaupt Evaluationen stattfinden, so handelt es sich in der Praxis meist um die Messung subjektiver Reaktionen, d. h. man fragt die Seminarteilnehmer, ob sie mit dem Seminar zufrieden waren, ob sie glauben, das Gelernte anwenden zu können. Tatsächlich können derartige Aussagen in manchen Fällen für die künftige Trainingsgestaltung auch interessant und hilfreich sein. Wichtiger sind allerdings in der Regel die anderen Kriterien. Geht es um die Aktualisierung von Fachwissen, so ist der Einsatz von Wissenstests durchaus ratsam. Soll Verhalten modifiziert werden, so gilt es zu prüfen, ob sich das Verhalten am Arbeitsplatz geändert hat und zwar nicht nur unmittelbar nach dem Seminar, sondern auch Monate später (vgl. BERTHOLD et al., 1980). Unter bestimmten Bedingungen kann es auch wünschenswert sein zu prüfen, ob sich als Folge der Trainingsmaßnahmen die Fehlzeiten- und Fluktuationsrate gesenkt haben, ob Beschwerden durch Kunden oder Bürger zurückgegangen sind, ob die Arbeitsleistung stieg. Allerdings ist hier sehr sorgfältig jeweils zu untersuchen, ob diese Effekte wirklich auf das Training oder auf andere Ereignisse zurückzuführen sind (THIERAU-BRUNNER, STANGEL-MESEKE, WOTTAWA, 1999).

Sogenannte Metaanalysen von zahlreichen Evaluierungsstudien zeigen (HOLLING & LIEPMANN, 1995), dass Trainingsmaßnahmen, die gut konzipiert und durchgeführt wurden, ähnlich effektiv sind wie „harte" Strukturierungsmaßnahmen. Dies gilt vor allem für das Modellernen, Zielsetzungsverfahren sowie Beurteilungen mit Feedback.

Das Training von Führungskräften kann für eine Organisation eine wichtige und zukunftsweisende Maßnahme sein. Dann allerdings sollte es bedarfsadäquat, zielbezogen und handwerklich solide erfolgen. Leider ist dies in der Praxis keineswegs immer der Fall.

Literatur

BERTHOLD, H.-J., GEBERT, D., REHMANN, B. & ROSENSTIEL, L. v. (1980). Schulung von Führungskräften – eine empirische Untersuchung über Bedingungen und Effizienz. In: Zeitschrift für Organisation, 49, 1980, S. 221–229.

CATALANELLO, R. F. & KIRKPATRICK, D. L. (1968). Evaluating training programs – the state of the art. In: Training and Development Journal, 22, 1968, S. 2–9.

ERPENBECK, J. & SAUER, J. (2000). Das Forschungs- und Entwicklungsprogramm „Lernkultur und Kompetenzentwicklung". In: Arbeitsgemeinschaft Qualifikations-Entwicklungs-Management (Hrsg.), Kompetenzentwicklung 2000. Lernen im Wandel – Wandel durch Lernen. S. 289–335. Münster 2000.

ERPENBECK, J. & ROSENSTIEL, L. v. (2003). Handbuch der Kompetenzmessung. Stuttgart 2003.

FISCH, R. & FIALA, S. (1984). Wie erfolgreich ist Führungstraining? In: Die Betriebswirtschaft, 44, 1984, S. 193–203.

FLANAGAN, J. G. (1954). The critical incident technique. In: Psychological Bulletin, 51, 1954, S. 327–358.

GROCHLA, E. (1980). Unternehmensorganisation. Reinbek 1980.

HOLLING, H. & LIEPMANN, D. (1995). Personalentwicklung. In H. SCHULER (Hrsg.), Lehrbuch Organisationspsychologie. Bern 1995.

LEUPOLD, M. (1984). Beeinflussung der Führungssituation durch Mitarbeiterbefragungen. Personalreferat Messerschmitt-Bölkow-Blohm. Ottobrunn 1984.

NEUBERGER, O. (1994). Personalentwicklung. Stuttgart 1994.

PAWLOWSKY, P. & BÄUMER, J. (1994). Betriebliche Weiterbildung. München 1994.

ROSENSTIEL, L. v. (2000). Grundlagen der Organisationspsychologie. Stuttgart 1992.

ROSENSTIEL, L. v., MOLT, W. & RÜTTINGER, B. (1995). Organisationspsychologie. Stuttgart 1995.

STAUDT, E. & KRIEGESMANN, B. (1999). Weiterbildung: Ein Mythos zerbricht. Der Widerspruch zwischen überzogenen Erwartungen und Mißerfolgen der Weiterbildung. In: Arbeitsgemeinschaft Qualifikations-Entwicklungs-Management (Hrsg.), Kompetenzentwicklung'99. S. 17–59. München/Berlin 1999.

STOCKER-KREICHGAUER, G. (1978). Ausbildung und Training in der Unternehmung. In A. MAYER (Hrsg.), Organisationspsychologie. S. 170–200. Stuttgart 1978.

THIERAU-BRUNNER, H., STANGEL-MESEKE, M. & WOTTAWA, H. (1999). Evaluation von Personalentwicklungsmaßnahmen. In K. Sonntag (Hrsg.), Personalentwicklung in Organisationen (S. 261–286). Göttingen 1999.

THORNTON, G. (1980). Personal selection and personal development. (Vortrag) Institut für Psychologie. München 1980.

WEINERT, A. (1998). Lehrbuch der Organisationspsychologie. München 1998.

Zur Konkretisierung und weiteren Vertiefung wird empfohlen, im Fallstudienband die Fälle zu „Entwicklung und Training von Führungskräften" zu bearbeiten.

Peter Glas und Axel Riegert

E-Learning in der Managemententwicklung

1. Stellenwert von E-Learning in der betrieblichen Weiterbildung
2. Lernen und E-Learning
3. Ein Fallbeispiel: Das Siemens Management Development Programm S4
4. Erfahrungen beim Einsatz von E-Learning
5. Zusammenfassung und Ausblick

Ermöglichte man Anfang der 90er-Jahre seinen Mitarbeitern den Internetzugang am Arbeitsplatz, zählte man noch zu den progressiven Führungskräften. Mittlerweile hat die Nutzung des *World Wide Web* (WWW) und unternehmensinterner Kommunikationsnetzwerke (Intranet) an vielen Arbeitsplätzen – zuweilen sogar in Produktionsbereichen – Einzug gehalten. Der E-Business-Euphorie vieler Unternehmen folgte jedoch eine Phase der Ernüchterung und moderaten Neueinschätzung der Möglichkeiten und Märkte für E-Business-Applikationen. Gleiches gilt für den hier zu behandelnden Anwendungskontext des E-Business, das E-Learning in der betrieblichen Weiterbildung. Die Erfahrungskurve, die viele Unternehmen durchlaufen mussten, erlaubt nun eine realistischere Einschätzung der Anwendungsmöglichkeiten und Grenzen computergestützter Lernmedien in Abhängigkeit von den Lerninhalten, der Zielgruppe und den zur Verfügung stehenden Mitteln. Im Folgenden werden diese Aspekte diskutiert und am Beispiel des *Management Development Programms S4* veranschaulicht, das im Rahmen der Führungskräfteentwicklung der Siemens AG eingesetzt wird.

1. Stellenwert von E-Learning in der betrieblichen Weiterbildung

E-Learning ist heute ein wichtiger Bestandteil der betrieblichen Weiterbildung. Vor allem in größeren Unternehmen ist diese Lernform mittlerweile fest implementiert. Die bundesweit durchgeführte Studie *Wissen und Lernen 2010* (SIEMENS BUSINESS SERVICES, 2001) auf Basis von rund 300 Interviews mit Weiterbildungsverantwortlichen ergab, dass 74% der Großunternehmen und 50% der Klein- und Mittelständischen Unternehmen (KMU) E-Learning nutzen. Bei den eingesetzten Medien dominiert das Lernen via *Computer Based Training* (95% der Großunternehmen verwenden CBT, 80% der KMU) gegenüber der Darstellung von Lerninhalten im Intranet (67% Großunternehmen, 65% KMU). Das Internet wird dagegen zur Weiterbildung der Mitarbeiter bisher kaum eingesetzt.

Den größten Anwendungsbereich findet E-Learning bisher in der Vermittlung von Fachwissen und Fachkompetenzen, z.B. im Bereich der Computerapplikationen. Für strategische Inhalte oder so genannte *soft skills* wird E-Learning bisher kaum eingesetzt (RIECKHOF & SCHÜLE, 2002). Neue Lernkonzepte eröffnen jedoch – wie in diesem Beitrag gezeigt wird – gerade auch im Bereich der Managementwicklung immer größere Möglichkeiten zum Einsatz computergestützter Lernmedien.

Der Erfolg des E-Learnings resultiert in erster Linie aus den *Kostenvorteilen* gegenüber Präsenzseminaren: Computervermitteltes Lernen spart Reisekosten und Spesen sowie die Kosten, die durch trainingsbedingte Fehlzeiten am Arbeitsplatz entstehen. Ab größeren Teilnehmerzahlen sind auch die Kosten für die Entwicklung der Lernmedien, gegebenenfalls für Lizenzgebühren und Hardware, geringer zu bewerten. Um diese Kostenvorteile nutzen zu können, muss der Weiterbildungsverantwortliche nicht nur die Kostenstruktur eingehend prüfen, sondern auch kritisch reflektieren, welche Funktionen computergestützte Lernmedien erfüllen und welche Inhalte vermittelt werden sollen.

Durch die rasche Aufbereitung und schnelle Verbreitungsmöglichkeit der Inhalte haben Unternehmen die Chance, das wertvolle Gut *Information* schneller als je zuvor in ihre Organisation zu tragen. Der technische Fortschritt vor allem im Bereich der

Hardwareausstattung aber auch in Bezug auf die Rechnerkapazitäten begünstigt eine weite Verbreitung des E-Learnings.

Auf der Seite des *Lernenden* erwächst durch die Loslösung von Präsenzveranstaltungen ein hohes Maß an Flexibilität und damit Selbstverantwortung für den Lernfortschritt. Unabhängig von Raum und Zeit kann der Mitarbeiter sein Lerntempo selbst bestimmen. Dennoch sind der didaktisch und pädagogisch sinnvollen Anwendung elektronischer Lernmedien Grenzen gesetzt. Die aktuelle Praxis (vgl. RIECKHOF & SCHÜLE, 2002) und die Erfahrungen von *Siemens Qualification and Training* im Bereich der Managemententwicklung zeigen, dass vor allem eine Kombination aus E-Learning und klassischem Präsenztraining deutliche Vorteile gegenüber rein virtuellen Lernangeboten bietet. Die theoretischen Grundlagen und Anwendungsmöglichkeiten des so genannten *hybrid learnings* werden in diesem Beitrag detailliert behandelt.

Um E-Learning in der betrieblichen Weiterbildung erfolgreich zu implementieren, müssen wichtige Fragen beantwortet werden, die aus dem *Spannungsfeld* zwischen Merkmalen des Lernenden, Lerninhalten, methodisch-didaktischem Vorgehen, technischer Umsetzung und der Lernkultur des Unternehmens resultieren: Für welche Lerninhalte ist E-Learning geeignet? Welche Vor- und Nachteile bieten die verschiedenen Lernmedien? Sollen reguläre Weiterbildungsmaßnahmen ersetzt oder ergänzt werden? Sind die technischen Voraussetzungen erfüllt? Wie können Mitarbeiter dazu „motiviert" werden, trotz hoher Arbeitsbelastung ihre berufliche Weiterbildung selbst gesteuert voranzutreiben?

Um die Einsatzmöglichkeiten von E-Learning zu konkretisieren, werden im Folgenden die wichtigsten computergestützten Lernformen vorgestellt und ihre Eignung für die Vermittlung unterschiedlicher Lerninhalte diskutiert.

2. Lernen und E-Learning

Der technische Fortschritt offenbart den Weiterbildungsverantwortlichen neue Möglichkeiten zur Vermittlung von Lerninhalten und konfrontiert den Mitarbeiter mit Lernformen, die er aus seiner schulischen und betrieblichen Sozialisation nicht gewohnt ist. E-Learning – und damit sind alle Formen des computergestützten Lernens gemeint – ist jedoch kein „Selbstläufer"! Die eher negativen Erfahrungen mit den frühen *Computer Based Trainings (CBT)* haben deutlich gemacht, dass sich E-Learning-Konzepte nicht ausschließlich am „technisch Machbaren" orientieren dürfen.

Computergestützte Lernmedien erfordern ein Überdenken des klassischen Weiterbildungsparadigmas, das darauf abzielt, dem Lernenden vor allem die kognitive Verarbeitung der Lerninhalte zu erleichtern. Aktuelle Ansätze aus der Lernpsychologie und Pädagogik setzen verstärkt auf die tatsächliche Anwendbarkeit der Lerninhalte in der Berufspraxis und bilden daher eine wichtige Grundlage erfolgreicher E-Learning-Konzepte (vgl. REINMANN-ROTHMEIER & MANDL, 1999).

2.1 Computergestützte Lernformen

Folgende computergestützte Lernformen können nach DITTLER (1999) unterschieden werden (für eine ausführliche Darstellung sowie aktuelle Anwendungsbeispiele siehe a.a.O.):

- Unter *Computer Based Training (CBT)* versteht man Lern-Software auf festen Datenträgern wie CD-ROM oder DVD. Eine Anbindung an Internet oder Intranet ist nicht erforderlich, da das Programm bereits alle Lerninhalte sowie die zur Darstellung und Vermittlung erforderlichen Medien (z. B. Videosequenzen) und auch die Lernkontroll-Module enthält. Der Lernende interagiert ausschließlich mit dem Programm und bestimmt Lernzeit und -ort selbst. Diese Lernform erlaubt es, Lernaufgaben und Übungen beliebig oft zu wiederholen. Ihr entscheidender Nachteil liegt darin, dass sie keine computergestützte Interaktion mit anderen Lernenden oder mit Betreuern (Teletutoren) zulässt. Dennoch eignet sich diese Lernform vor allem für die Vermittlung von Faktenwissen, wie z. B. betriebswirtschaftliche Grundkenntnisse.
- *Web Based Trainings (WBT)* sind Lernprogramme, die über das Intra- bzw. Internet zugänglich sind. In der Regel bearbeitet der Lernende die vorgegebenen Inhalte allein und selbst gesteuert, die Möglichkeit zum Austausch mit anderen Lernenden ist aber gegeben. Wenn der Anbieter Teletutoren bereit stellt, beantworten diese die Fragen der Lernenden und geben Rückmeldungen zu den bearbeiteten Übungsaufgaben. Ein wesentlicher Vorteil gegenüber einem CBT ist, dass der Anbieter die Lerninhalte eines WBT ohne größeren technischen Aufwand kurzfristig aktualisieren kann. Dem Einsatz bestimmter Lernmethoden sind vor allem auf der Anwenderseite technische Grenzen gesetzt, wie z. B. durch zu geringe Übertragungsraten bei Videokonferenzen.
- *E-Learning-Portale* sind computergestützte Lernplattformen im Inter- bzw. Intranet, die einen Schwerpunkt auf kooperatives Lernen setzen. Die integrierten technischen Hilfsmittel und Funktionalitäten ermöglichen dem Anwender, mit anderen Lernenden zusammenzuarbeiten. Der Lernprozess wird von Teletutoren betreut. Die virtuelle Kommunikation erfolgt entweder *asynchron*, also zeitlich versetzt, über Email oder Newsgroups (virtuelle Diskussionsforen) oder *synchron* (zeitgleich) über Chat oder Videokonferenz. Je nach Zielsetzung und Gestaltung eignen sich E-Learning-Portale z. B. für die Bearbeitung konkreter Problemstellungen in virtuellen Teams oder für den Erfahrungsaustausch zwischen den Teilnehmern einer Weiterbildungsmaßnahme.
- *Virtuelle Seminare (virtual class room)* übertragen ein aus Präsenzveranstaltungen gewohntes Setting auf den PC. Eine mögliche Anwendung besteht in der Übertragung einer Vorlesung per Video, bei der dem „Zuhörer" am heimischen PC die Möglichkeit eingeräumt sein kann, Fragen an den Dozenten zu richten. In rein internetbasierten Seminaren ermöglicht das so genannte *application sharing* den Teilnehmern, gemeinsam Aufgaben zu bearbeiten oder die Vorgehensweise des Dozenten oder Trainers auf dem eigenen PC direkt mitzuverfolgen, was z. B. bei Softwareschulungen zum Einsatz kommt.

Abgesehen von den bisher genannten ausschließlich virtuell eingesetzten Lernformen geht vor allem in der betrieblichen Weiterbildung der Trend zum *hybrid learning* bzw. zu so genannten *blended solutions*. Hybride Weiterbildungsmaßnahmen setzen sich sowohl aus Präsenzteilen zusammen, die die persönliche Anwesenheit des Teilnehmers erfordern (wie im klassischen Seminar), als auch aus E-Learning-Anteilen, in denen die Nutzung einer der bereits genannten E-Learning-Formen im Vordergrund steht.

2.2 Funktionen und Einsatzmöglichkeiten

Im Rahmen betrieblicher Weiterbildungskonzepte können computergestützte Lernmedien grundsätzlich zur *Vermittlung von Wissen* und zur *Unterstützung bzw. Sicherung des Lerntransfers* eingesetzt werden. Da sich der Einsatz von E-Learning vor allem für die Wissensvermittlung als unterschiedlich gut geeignet erweist, ist eine grobe Unterscheidung der Lerninhalte in *Faktenwissen* und *Fachkompetenzen* zum einen und *soziale* und *personale Kompetenzen (soft skills)* zum anderen hilfreich:

– E-Learning wird, wie der aktuelle Markt zeigt, überwiegend zur *Vermittlung von Faktenwissen und Fachkompetenzen* eingesetzt: z. B. Fachwissen, Softwarekenntnisse, Veranschaulichung von Produktionsabläufen, Sprachenlernen, Produktinformationen etc. E-Learning eignet sich hier besonders, einer großen Zahl von Mitarbeitern am Arbeitsplatz aktuelle Wissensinhalte zu vermitteln, und spart dem Unternehmen durch Präsenzveranstaltungen entstehende Kosten.
Darüber hinaus leisten computergestützte Medien, die im Rahmen hybrider Trainingskonzepte *ergänzend zu Präsenzveranstaltungen* eingesetzt werden, einen wichtigen Beitrag zur *Sicherung des Lerntransfers:*
  • Zum einen können sie die *Vorbereitung* von Präsenztrainings unterstützen: Die Teilnehmer erhalten wichtige Vorinformationen, Anregungen zum Definieren persönlicher Lernziele, oder sie erwerben grundlegende Lerninhalte, sodass sie den Präsenzteil auf einem vergleichbaren Wissensstand beginnen.
  • Auch zur *Nachbereitung* von Präsenztrainings kann E-Learning genutzt werden, indem die vermittelten Wissensinhalte wiederholt und durch Übungen vertieft werden. Der Lernprozess beschränkt sich nicht mehr nur auf die Präsenzveranstaltung, sondern erstreckt sich über einen längeren Zeitraum, in dem *selbst gesteuertes Lernen* gefördert und der *Wissenstransfer* gezielt unterstützt wird.
– Die bislang geltende Meinung, E-Learning eigne sich wenig zur *Vermittlung von sozialen* und *personalen Kompetenzen (soft skills),* wie z. B. Führungsverhalten und Kommunikationsfähigkeit, ist wohl vor allem auf den Einsatz ungeeigneter Lernformen in der Vergangenheit zurückzuführen. Ein CBT mag zwar dazu beitragen, grundlegendes Wissen über psychologische Modelle der Kommunikation zu vermitteln, die Kommunikationsfähigkeit, die eine wichtige Voraussetzung für den Berufsalltag einer Führungskraft ist, kann so jedoch sicher nicht erworben werden.
Um soziale Fähigkeiten zu erweitern oder Verhalten zu ändern, ist der Lernende auf die direkte Interaktion mit seinem sozialen Umfeld angewiesen. Ein Verhaltenstraining bietet dem Teilnehmer einen sicheren Rahmen, ein soziales Lernfeld, in dem er neues Verhalten testen und seine Lernerfahrungen auf der Basis persönlicher Rückmeldungen (Feedback) der anderen Teilnehmer reflektieren kann. Dabei spielt vor allem die *Face-to-face-Kommunikation* eine entscheidende Rolle, da sie die unmittelbare Wahrnehmung der Stimmungslage des Gegenüber sowie unmittelbares Verhalten (Feedback geben etc.) erlaubt. Dafür bietet E-Learning bislang keinen adäquaten Ersatz.
Dennoch gewinnt E-Learning im Bereich der *soft skills* zunehmend an Bedeutung. Auch wenn hier der Grundsatz gilt, dass E-Learning Präsenztrainings nicht *ersetzen* kann, so bietet der *ergänzende Einsatz* computergestützter Medien im Rahmen hybrider Lernkonzepte ein großes Potenzial. Für die Sicherung des Lerntransfers kann E-Learning selbst in Verhaltenstrainings (z. B. im Bereich Führungsverhalten)

sinnvoll genutzt werden: Während die Teilnehmer in den Präsenzteilen im Rahmen von Rollen- oder Planspielen Lernerfahrungen sammeln und reflektieren, haben sie in den „Online-Phasen" die Möglichkeit, mit anderen Teilnehmern Erfahrungen über die praktische Anwendung des Gelernten auszutauschen.

2.3 Kooperatives Lernen

Bisher findet E-Learning vor allem in der Unterstützung *individuellen Lernens* ein breites Anwendungsfeld. Der Lernende erwirbt selbst gesteuert z. B. über ein CBT Wissen zu einem Sachthema. Zunehmende Bedeutung gewinnen jedoch Weiterbildungsmaßnahmen, die auf *kooperatives Lernen* setzen. Damit wird ein entscheidender Vorteil von E-Learning gegenüber Präsenzveranstaltungen genutzt: Der Austausch zwischen den Lernenden ist nicht auf die gleichzeitige Anwesenheit der Teilnehmer an einem bestimmten Ort und – bei asynchroner Kommunikation – zu einer bestimmten Zeit angewiesen. Die *ort- und zeitunabhängige Vernetzung* von Lernenden im Rahmen rein virtuell ablaufender Seminare oder in den „Online-Phasen" hybrider Trainings ermöglicht das gemeinsame Bearbeiten konkreter Problemstellungen, das Erarbeiten gemeinsamen Wissens oder gegenseitige Beratung und Erfahrungsaustausch.

Wird Lernen als *sozialer* Prozess mit einem gemeinsamen Ziel verstanden, profitiert jedes Mitglied einer Lerngruppe davon, wenn es sein Wissen und seine Erfahrungen mit der Gruppe teilt und auf diese Weise eine erweiterte Wissensbasis geschaffen wird. Das Wissen der Gruppe ist mehr als die Summe des Wissens der einzelnen Gruppenmitglieder (Baltes, 2001). Die Zusammenarbeit in virtuellen Gruppen führt nicht nur zu Synergieeffekten im Wissenserwerb, sie steigert darüber hinaus auch die Lernmotivation der Teilnehmer, optimiert die Lernzeit und fördert soziale Kontakte sowie die Bildung von im Berufsleben immer wichtiger werdenden Netzwerken.

Um diese Vorteile auch im Rahmen betrieblicher Weiterbildung effizient ausschöpfen zu können, müssen computergestützte Lernmedien so gestaltet werden, dass sie den sozialen Lernprozess gezielt unterstützen. Hier leisten aktuelle pädagogische Konzepte und psychologische Lerntheorien einen wichtigen Beitrag für den erfolgreichen Einsatz von E-Learning, wie im Folgenden dargelegt wird.

2.4 Lerntheoretische Grundlagen

Die Frage, wie Lehr-Lern-Bedingungen beschaffen sein müssen, um optimales Lernen zu ermöglichen, wird im Rahmen der pädagogisch-psychologischen Lerntheorien unterschiedlich beantwortet. Grundsätzlich bilden hier die kognitivistisch gefärbte Auffassung und der konstruktivistische Ansatz zwei Gegenpole, in denen bestimmte Facetten des Lehrens und Lernens betont bzw. vernachlässigt werden. Daher weisen auch E-Learning-Konzepte in Abhängigkeit vom theoretischen Standpunkt deutliche Unterschiede in der Gestaltung von Lehr-Lern-Umgebungen auf (REINMANN-ROTHMEIER & MANDL, 1999).

In kognitivistisch geprägten Lehr-Lernumgebungen steht das *Lehren* im Vordergrund: Wie im „klassischen" Schulunterricht sind Lerninhalte fest vorgegeben und werden systematisch präsentiert, der Lernende wird stark von außen angeleitet und kontrolliert, z. B. erhält er bei Übungsaufgaben automatisierte Rückmeldungen. Lernen ist oft nur ein rein rezeptiver Vorgang, da der Lernende passiv bleibt, keine Eigenverantwortung übernimmt und nur extrinsisch motiviert ist. Nach diesem Lernprinzip sind viele frühe CBT sowie Tutor- und Übungsprogramme (z. B. für Softwareanwendungen) gestaltet. Derartige Lernmedien sind dafür geeignet, sich erste Kenntnisse in einem neuen Themengebiet anzueignen oder bestehendes Wissen zu vertiefen. Auch große Stoffmengen können vermittelt werden. Die Gefahr ist jedoch groß, dass der Lernende „träges Wissen" erwirbt, also Wissen, welches er im Anwendungsfeld (der Berufspraxis) nicht anwenden kann.

Zur Wissensvermittlung erweisen sich dagegen vor allem Lehr-Lernumgebungen als geeignet, die nach dem Paradigma des „neuen" *Konstruktivismus* gestaltet sind (GERSTENMAIER & MANDL, 1995; GRÄSEL et al., 1997). Lernen ist nach dieser Auffassung ein *aktiver, konstruktiver* und *sozialer Prozess* innerhalb eines bestimmten Handlungskontextes. Im Rahmen vorgegebener Situationen erwirbt das Individuum *selbst gesteuert* Wissen, indem es Lerninhalte anhand seines Vorwissens interpretiert und damit neues Wissen konstruiert.

Konstruktivistische Lehr-Lernumgebungen unterstützen den Lernenden dabei, seine Kenntnisse auch auf hohem Wissensniveau anzuwenden und zu vertiefen sowie seine Problemlösekompetenzen zu erweitern. Die Einbettung der Lerninhalte in authentische, praxisnahe Aufgaben unterstützt die Anwendbarkeit des Wissens. Die Aufgabenstellung in multiplen Kontexten fördert die flexible Einnahme verschiedener Perspektiven sowie die Problemlösefähigkeit und steigert damit den Lerntransfer. Andere Lernende und Teletutoren bilden den sozialen Kontext. Auf diese Weise soll der Lernende in die Lage versetzt werden, wie ein Experte Wissen anzuwenden und zu handeln.

Die Gestaltung der Lernumgebung ist jedoch nicht unproblematisch: Setzt die Lernumgebung nämlich *selbst gesteuertes Lernen* voraus, bei dem Lernziele eigenverantwortlich zu setzen und der Lernfortschritt selbst zu kontrollieren ist, so zeigt sich der Lernende oft überfordert, vor allem dann, wenn er aus seiner schulischen Ausbildung eher fremdbestimmtes Lernen gewohnt ist. Erfolgversprechender sind daher „gemäßigte" konstruktivistische Ansätze, die *problemorientiertes* und *kooperatives Lernen* unterstützen.

Problemorientierte Lehr-Lernumgebungen zielen darauf ab, den selbst gesteuerten Wissenserwerb des Lernenden gezielt zu unterstützen (REINMANN-ROTHMEIER & MANDL, 1999). Ausgangspunkt der Lernaktivitäten ist eine konkrete Problemstellung. Authentische Aufgaben, die die Berufspraxis widerspiegeln, erleichtern den Erwerb anwendbaren Wissens und fördern den Lerntransfer. Der Lernende ist Teil eines Lernteams oder einer *community of practice* und kommuniziert mit den anderen Lernenden oder mit den Betreuern über verschiedene virtuelle Medien (z. B. Newsgroups, Chat, Email). Die Strukturierung der Lernphase durch Aufgaben und die aktive Betreuung durch Teletutoren sind wichtige Elemente, um die virtuelle Kooperation und die Konstruktion gemeinsamen Wissens *(shared knowledge)* zu fördern. Die Herausforderung dabei ist, den Lernenden weder durch zu wenig Struktur zu überfordern noch durch zu viel Struktur fremdzubestimmen.

Das *Management Development Programm S4* der Siemens AG stellt eine Kombination dieses Ansatzes mit den Prinzipien des *Action Learning* (vgl. DONNENBERG, 1999) dar.

3. Ein Fallbeispiel: Das Siemens Management Development Programm S4

Die Siemens AG bietet ausgewählten Potenzialträgern eine hocheffiziente Führungskräftequalifizierungsmaßnahme. Die oberste Zielsetzung dieses Management Development Programms ist die proaktive Vorbereitung der Siemens-Mitarbeiter auf die Herausforderungen einer lernenden Organisation im Rahmen der Wissensgesellschaft. Da umfassende Managementkompetenzen für Entrepreneure im Unternehmen die Basis für den langfristigen Erfolg des gesamten Konzerns bilden, legen sie auch Ablauf und Inhalte dieser Maßnahme fest. Ebenfalls zu den Zielsetzungen zählen die Netzwerkbildung als Basis für Synergien in einem Weltkonzern wie Siemens und die fundierte persönliche Weiterentwicklung zum Nutzen des Teilnehmers.

Das *Management Development Programm S4* ist eine einjährige, berufsbegleitende Weiterbildungsmaßnahme, die von *Siemens Qualification and Training* angeboten wird. Ein Alleinstellungsmerkmal gegenüber gängigen Management-Trainingsprogrammen ist die geschäftsbereichs- und regionalübergreifende Zusammenarbeit der Teilnehmer in realen Geschäftsprojekten.

Das hybride Programm wird durch vier Workshops mit insgesamt 13 Präsenztagen gegliedert. In den dazwischen liegenden virtuellen Lern- und Arbeitsphasen bearbeiten die Führungskräfte ein geschäftsrelevantes Projekt und erweitern gleichzeitig mittels E-Learning-Modulen ihre Managementkompetenzen. Arbeiten und Lernen sind somit eng miteinander verzahnt.

Wichtige Erfolgsfaktoren sind die intelligente und effiziente Kombination der Lernmethoden *klassisches Präsenzseminar, E-Learning* und *Action Learning*:

– *E-Learning* im Rahmen der Qualifizierungsmaßnahme bedeutet zeitlich und örtlich unabhängiges Lernen mittels CBT, WBT und E-Learning-Portal. Bereits am Arbeitsplatz erwerben die Teilnehmer selbst gesteuert Fach- und Methodenwissen. Gruppenaufgaben und Diskussionsforen im Intranet unterstützen das Lernen auch auf Verhaltensebene. E-Learning ist aber weit mehr als der bloße Einsatz elektronischer Lernmedien. Eine intranetbasierte Lern- und Kommunikationsplattform ermöglicht die Zusammenarbeit zwischen den Teilnehmern in den virtuellen Phasen. Methodisch und didaktisch geschulte Teletutoren stehen den Lernern über diese Plattform zur Verfügung und gestalten virtuelle Arbeitseinheiten. Auf diese Weise erhalten Mitarbeiter mit höchster zeitlicher Belastung ein hohes Maß an Lernflexibilität und gleichzeitig ein tiefes Verständnis für die Lerninhalte. Der deutliche Unternehmensbezug bei den Aufgabenstellungen und Fallstudien garantiert den Transfer in das Funktionsfeld am Arbeitsplatz.
– In den *Präsenzseminaren* runden renommierte Experten die Lernerfahrungen der Teilnehmer aus den E-Learning-Phasen ab und vertiefen die Inhalte vor allem zu betriebswirtschaftlichen und General-Management-Themen. Der weiterführende Wissens- und Erfahrungsaustausch zwischen den Teilnehmern sichert den nachhaltigen Lernerfolg. Zusätzlich initialisieren die Experten auch die computergestützte Reflexion der verhaltensorientierten Disziplinen wie Leadership und Teamentwicklung.
– Das implementierte *Action Learning-Konzept* ermöglicht einen echten Beitrag zum Geschäftsergebnis: Im Rahmen des Programms arbeiten kleine, bereichsübergreifende Teams an Projekten aus dem operativen Geschäft. Jedes Team konzentriert sich auf ein dringendes, notwendig zu lösendes Geschäftsproblem und soll inner-

```
┌─────────────────────────────────────────────────────────────┐
│              Hybrid Learning bei der Siemens AG             │
│                                                             │
│           Modul „Strategie und Organisation" aus dem        │
│         Management Development Programm der Siemens AG      │
│                                                             │
│  Präsenzveranstaltung │ Virtuelle Lernphase │ Präsenzveranstaltung │
│                                                             │
│  - Einführung in das    - Bearbeitung der       - Vertiefung des  │
│    Thema und das          Lernmedien und         Wissens mit Experten │
│    Lernmedium             Erstellung von Strategie-                   │
│                           papieren zu strategischen   - Auswertung und │
│  - Bildung von            Geschäftsfeldern der        Diskussion der   │
│    Lerngruppen            Siemens AG                  Strategiepapiere │
│                                                       (Best-Practice-Sharing) │
│                         - Zusammenarbeit mittels                       │
│                           E-Learning-Portal         - Transfer in das  │
│                                                       Arbeitsumfeld    │
│                         - Betreuung durch Fachteletutor                │
└─────────────────────────────────────────────────────────────┘
```

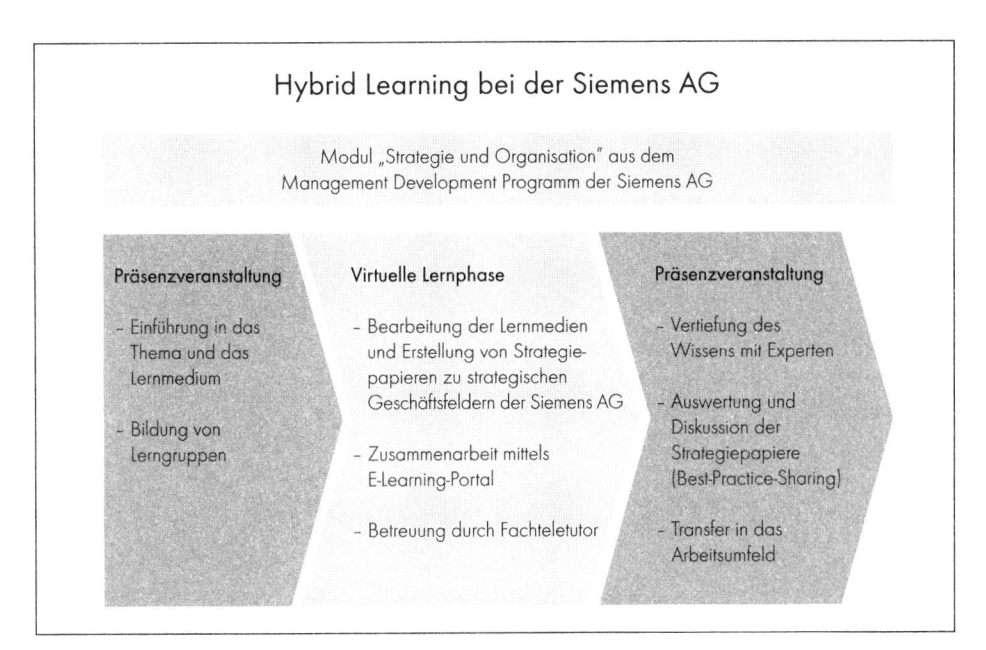

Abb. 1: Lernmodul „Strategie und Organisation"

halb eines kurzen Zeitraums Geschäftsziele erreichen. Die Ergebnisse der Projektarbeit kommen damit dem gesamten Unternehmen zugute. Da die Projekte von den Teilnehmern selbst definiert und initiiert werden, ist das Engagement bei der Projektbearbeitung sehr hoch. Um die selbst gesetzten Ziele in der knappen Projektbearbeitungszeit von wenigen Monaten parallel zum Tagesgeschäft erreichen zu können, ist höchste Effizienz in der Zusammenarbeit über Zeitzonen und Ländergrenzen hinweg notwendig. Dafür bietet die eingesetzte Kommunikationsplattform den geeigneten Rahmen.

Abbildung 1 skizziert exemplarisch den Prozessablauf zum Modul „Strategie und Organisation" des *Management Development Programms S4*. In diesem Ablauf wird deutlich, wie CBT, Teletutoring, E-Learning-Portal und klassische Präsenzseminare effizient miteinander kombiniert werden können.

In diesem Lernprozess wird der praxis- und anwendungsorientierte Wissenserwerb sichergestellt. Es liegt in der Selbstverantwortung des Teilnehmers, inwieweit das CBT zum Thema „Strategie und Organisation" bearbeitet wird. Bis zu sechs Teilnehmer bilden ein virtuelles Team und bearbeiten gemeinsam ein Strategiepapier aus der Siemens AG. Eine Lernzielkontrolle findet in Form der Aufgabenlösung zu den Strategiepapieren statt. Der renommierte Strategie-Experte bewertet die Arbeitsergebnisse und kann so anhand des Wissensniveaus der Teilnehmer seinen Beitrag im zweiten Präsenzteil ausrichten.

Das Lernen erfolgt also kooperativ und problemorientiert gemäß dem konstruktivistischen Paradigma, was den Lernerfolg der Potenzialträger sicherstellt.

4. Erfahrungen beim Einsatz von E-Learning

Die Erfahrungen von *Siemens Qualification and Training* mit E-Learning im Bereich der Managemententwicklung zeigen, dass sowohl die Besonderheiten *kooperativen Lernens* als auch die *Führungskraft* eine entscheidende Rolle spielen. Im Folgenden werden einige der wichtigsten Aspekte herausgestellt.

4.1 Herausforderungen bei E-Learning am Arbeitsplatz

Kooperatives, computergestütztes Lernen konfrontiert den Mitarbeiter mit einer ungewohnten Lernsituation, aus der folgende Empfehlungen zum effizienten Lernen und zum Umgang mit möglichen Stolpersteinen abgeleitet werden können:

- Der Lernende sollte gezielt mit den besonderen Merkmalen *computervermittelter Kommunikation* vertraut gemacht werden, da der virtuelle Austausch mit anderen Lernenden oft ungewohnt ist und die erforderliche Medienkompetenz nicht von vornherein vorausgesetzt werden kann. Computervermittelte Kommunikation schränkt – im Gegensatz zur Face-to-face-Kommunikation – die Übermittlung sowohl nonverbaler Hinweisreize (Mimik, Gestik, Körperhaltung, Blickkontakt) als auch paraverbaler Hinweisreize (Sprachmelodie, Betonung) deutlich ein (vgl. DÖRING, 1999). So erfolgt z. B. das Lesen einer E-Mail oder eines Newsgroups-Beitrags ausschließlich auf dem visuellen Kanal. Da sich der Leser nicht sofort durch Blickkontakt „rückversichern" kann, wie der Verfasser etwas gemeint hat, läuft er Gefahr, den reduzierten Informationsgehalt falsch zu interpretieren. Dieser „Stolperstein" kann jedoch auch durch hohe soziale und kommunikative Kompetenzen des Lernenden kompensiert werden.
- Virtuelle Zusammenarbeit erfordert einen sensiblen Umgang mit *gruppendynamischen Prozessen* (vgl. WALTHER, 2000). Da der Austausch nicht unmittelbar, sondern über den Computer erfolgt, ist der Erfolg der Gruppe umso mehr auf das häufige und regelmäßige Engagement der einzelnen Mitglieder angewiesen. Die Attraktivität der Gruppe bzw. des gemeinsamen Ziels muss dabei für den Einzelnen so hoch sein, dass er motiviert ist, aktiv zum Gesamtergebnis beizutragen. Halten sich dagegen einzelne Mitglieder zurück, so ist schnell der Erfolg des gemeinsamen Projekts gefährdet. Kooperatives Lernen setzt daher „*Spielregeln*" voraus, in denen der Umgang miteinander festgelegt wird. Darüber hinaus ist *gegenseitiges Vertrauen* eine wichtige Voraussetzung für eine konstruktive Zusammenarbeit. Vor allem bei persönlichen Themen, wie z. B. Führungsverhalten, kann E-Learning vor allem dann den Erfahrungsaustausch unterstützen, wenn eine solide Vertrauensbasis vorhanden ist. Für das Schaffen gegenseitigen Vertrauens bieten sich Präsenzveranstaltungen an, in denen sich die Teilnehmer persönlich kennen lernen und gemeinsam Ziele ihrer virtuellen Zusammenarbeit definieren.
- Dem Lernen am Arbeitsplatz steht oft eine *hohe Arbeitsbelastung* entgegen. Dies stellt hohe Anforderungen an das *Zeit- und Selbstmanagement* des lernenden Mitarbeiters, da er sich bewusst zeitliche Freiräume schaffen muss, in denen er ungestört sein Lernvorhaben verfolgen kann. Die Möglichkeit zur „Abgrenzung" ist eine wichtige Voraussetzung dafür, E-Learning am Arbeitsplatz erfolgreich einsetzen zu können.

4.2 Die Führungskraft im E-Learning

Der exponierten Mitarbeitergruppe der Führungskräfte kommt im E-Learning-Prozess genauso wie im klassischen Trainingsprozess eine besondere Bedeutung zu. Zum einen entscheiden sie über Weiterbildungsmaßnahmen und zum anderen fungieren sie als Vorbild für die eigenen Mitarbeiter.

Wie die Transferforschung zeigt, hat das *berufliche Umfeld* einen entscheidenden Einfluss darauf, ob der Mitarbeiter seine Erkenntnisse und Lernerfahrungen tatsächlich auch in der Berufspraxis einsetzen kann (RANK & WAKENHUT, 1998). Je größer die Unterstützung ist, die dem Mitarbeiter seitens seiner Führungskraft gewährt wird, desto leichter wird ihm die Integration neuen Wissens oder neuer Verhaltensweisen in seinen Berufsalltag fallen. Die Nutzung computergestützter Lernmedien *während* der Arbeitszeit darf daher nicht nur „geduldet" werden, sondern sollte gezielte Unterstützung finden. Eine Lernzielvereinbarung vor der Maßnahme, Monitoring nach der Maßnahme sowie regelmäßiges Feedback zu Anwendungserfolgen unterstützen den Transfer.

Darüber hinaus sollte die Führungskraft den Mitarbeiter bei der Auswahl der passenden E-Learning-Maßnahme auch coachen können. Gemäß den hier skizzierten Ausführungen sollten Führungskraft und Mitarbeiter Folgendes berücksichtigen:

- Besteht der Weiterbildungsbedarf in Faktenwissen bzw. Fachkompetenzen oder *soft skills*?
- Unterstützt das Trainingsdesign den Lerntransfer?
- Sind bei Maßnahmen im Bereich *soft skills* hybride und kooperative Lernelemente enthalten?
- Sind anwendungsnahe Problemstellungen und Beispiele gewählt?
- Ist die Führungskraft bereit, den Transfer durch Lernzielvereinbarung und Feedback zu unterstützen?

5. Zusammenfassung und Ausblick

Der erfolgreiche Einsatz von E-Learning setzt eine Feinabstimmung der Wirkfaktoren *Merkmale des Lernenden, Lerninhalte, technische Möglichkeiten, methodisch-didaktisches Vorgehen* und *Lernkultur* im Rahmen ganzheitlicher Weiterbildungskonzepte voraus. Dies verdeutlicht, dass Einsatz und Entwicklung von computergestützten Lernformen eine interdisziplinäre Zusammenarbeit von Weiterbildungsverantwortlichen, Trainern, Lernpsychologen und Computerexperten erfordern.

E-Learning eröffnet gerade im Bereich der Führungskräfteentwicklung neue Möglichkeiten zur Kompetenzerweiterung. Wird E-Learning ergänzend zu Präsenzveranstaltungen eingesetzt, lässt sich der viel diskutierte Kostenvorteil nicht vollständig nutzen. Wenn es aber darum geht, hoch qualifizierten Mitarbeitern im Rahmen einer lernenden Organisation wirklich langfristig anwendbare Inhalte und Kompetenzen zu vermitteln, so ist *hybrid learning* das Mittel der Wahl und wird daher – so ist zu hoffen – den Weiterbildungsmarkt zukünftig vermehrt bereichern.

Literatur

Baltes, B. (2001). Online-Lernen. Schwangau 2001.

Dittler, U. (Hrsg.), (1999). E-Learning – Erfolgsfaktoren und Einsatzkonzepte mit interaktiven Medien. München 1999.

Donnenberg, O. (1999). Action Learning: Ein Handbuch. Stuttgart 1999.

Döring, N. (1999). Sozialpsychologie des Internet – die Bedeutung des Internet für Kommunikationsprozesse, Identitäten, soziale Beziehungen und Gruppen. Göttingen 1999.

Gerstenmaier, J. & Mandl, H. (1995). Wissenserwerb unter konstruktivistischer Perspektive. In: Zeitschrift für Pädagogik, 41, 6, S. 867–888.

Gräsel, C., Bruhn, J., Mandl, H. & Fischer, F. (1997). Lernen mit Computernetzen aus konstruktivistischer Perspektive. In: Unterrichtswissenschaft, 25, S. 19–33.

Rank, B. & Wakenhut, R. (Hrsg.). (1998). Sicherung des Praxistransfers im Führungskräftetraining. München 1998.

Reinmann-Rothmeier, G. & Mandl, H. (1999). Unterrichten und Lernumgebungen gestalten. Forschungsbericht Nr. 60. München: Ludwig-Maximilians-Universität, Lehrstuhl für Empirische Pädagogik und Pädagogische Psychologie, 1999.

Rieckhof, H.-C. & Schüle, H. (2002). E-Learning und Wissensmanagement in deutschen Großunternehmen. Ergebnisse einer Befragung der Top-350-Unternehmen der deutschen Wirtschaft. In H.-C. Rieckhof (Hrsg.), Strategien der Personalentwicklung. Wiesbaden 2002.

Siemens Business Services (2001). Wissen und Lernen 2010. München: Siemens Business Services, 2001.

Walther, J.B. (2000). Die Beziehungsdynamik in virtuellen Teams. In M. Boos, K.J. Jonas & K. Sassenberg (Hrsg.), Computervermittelte Kommunikation in Organisationen. Göttingen 2000.

Teil II
Führung der eigenen Person

Einführung

Führung bedeutet nicht nur Führung von anderen Personen, sondern zunächst und als notwendige Voraussetzung Führung der eigenen Person. Nur der Vorgesetzte, der in kritischen Situationen ruhig und überlegt handelt, kann zum einen vorbildhaft für seine Mitarbeiter sein und zum anderen den Berufsalltag ohne „Managerkrankheiten" meistern. Persönlichkeitsmanagement tauchte in den letzten Jahren verstärkt in Veröffentlichungen und als Seminarthema auf. In dem einführenden Beitrag zu diesem Teil beschreiben LINNEWEH und HOFMANN zunächst die Ist-Situation vieler Führungskräfte, die durch Stress, mangelnde Freizeit und häufig Überforderung gekennzeichnet ist. Sie empfehlen einen realistischen Zielkatalog von Veränderungen und ein ganzheitliches Konzept von Körper, Psyche und Geist.

Führungskräfte sind – wie verschiedene empirische Untersuchungen zeigen – insbesondere starken zeitlichen Anforderungen ausgesetzt. Das daraus resultierende Spannungsfeld zwischen Beruf, Familie und Freizeit zeigt STREICH auf. Weiterhin erläutert er die Rollenkonflikte von Führungskräften, die sich aus den an sie gestellten, verschiedenen Erwartungen in Berufs- und Privatsphäre ergeben, und verweist auf Möglichkeiten zu ihrer Reduzierung.

Belastungs- und Stressresistenz sind oft genannte Anforderungscharakteristika für Führungskräfte. In der Tat fühlt sich diese Gruppe besonders „gestresst". ERIKA REGNET macht Funktion und Ablauf von Stressreaktionen deutlich. Nach der Darstellung typischer Belastungsfaktoren im Berufs- und Privatleben – beide Bereiche sind gerade hier nicht zu trennen – gibt sie konkrete Hinweise zur Vermeidung und Handhabung von Stress.

Besonders häufig auftretende Stressfaktoren im beruflichen Kontext sind ständige Unterbrechungen und das subjektive Erleben von Zeitmangel im Arbeitsablauf. RÜHLE verweist in seinem sehr anschaulichen Artikel darauf, wie effektives Zeitmanagement durch eine Verbesserung der persönlichen Arbeitsorganisation erreicht werden kann. Hier ist der Einzelne gefordert, individuelle Arbeitstechniken und -methoden zur effizienten Gestaltung des Arbeitstages einzusetzen, um von einem „Gearbeitet werden" und reinem Reagieren zu einem zielbezogenen, geplanten Vorgehen zu kommen.

Klaus Linneweh und Laila Maija Hofmann

Persönlichkeitsmanagement

1. Führung der eigenen Person – die wichtigste Voraussetzung erfolgreichen Führungsverhaltens
2. Management der Persönlichkeit – Was ist das?
3. Die Ziele des Persönlichkeitsmanagements
4. Anregungen zur Umsetzung
5. Das ganzheitliche Konzept: Körper, Psyche, Geist
6. Persönlichkeitsmanagement als Aufgabe der Personalentwicklung

1. Führung der eigenen Person – die wichtigste Voraussetzung erfolgreichen Führungsverhaltens

Im Zuge der Globalisierung sowie des Share-holder-value-Denkens und Handelns haben sich unter dem ständig steigenden Kosten-, Zeit- und Qualitätsdruck Organisations- und Arbeitsformen entwickelt, deren negative Folgen für die körperliche Gesundheit mit Neben- und Langzeitwirkungen auch im Privatleben bereits heute deutlich zu erkennen sind. Vor allem für Führungskräfte haben beruflicher Erfolg und Karriere unter diesen Bedingungen einen extrem hohen Preis. Nahezu zwangsläufig scheinen diese einen Lebensstil zu fordern, der über kurz oder lang die eigenen Kraftreserven angreift. Arbeitstage von 12–14 Stunden und eine Wochenarbeitszeit von 60 Stunden sind für sie eher die Regel als die Ausnahme. Die persönliche Freizeit im mittleren und höheren Management beträgt, das Wochenende eingeschlossen, oft nicht mehr als 2–4 Stunden pro Tag. Wenn der Arbeitsalltag für immer mehr Manager zu einem ständigen Rasen auf der Überholspur (GLOGER, 2001) wird, kann es kaum verwundern, dass bei ca. 85 % der Führungskräfte im mittleren Lebensalter eindeutig psychovegetative Störungen diagnostiziert wurden (HUBER, 1995).

Wer als Führungskraft Karriere machen will, dem bleibt häufig kaum noch Zeit zum Atemholen, zum Auftanken, zur persönlichen Weiterentwicklung. Auf diese Weise werden aber gerade diejenigen Ressourcen vorzeitig verbraucht, die für einen dauerhaften beruflichen Erfolg unverzichtbar sind. Hinzu kommt noch, dass er/sie beinahe täglich erleben muss, wie die eigentlich wichtigen Führungsaufgaben durch eine Fülle dringlich zu bewältigender Sachaufgaben immer wieder in den Hintergrund gedrängt werden oder quasi ‚nebenbei' erledigt werden müssen – ein Tatbestand, der auf Dauer bei vielen ein Gefühl des Unzufriedenseins mit dem eigenen Leistungsverhalten hinterlässt.

Man beklagt diese Situation der ständigen Hetze und der Fremdbestimmtheit, der man sich ausgesetzt fühlt und die einem immer weniger Zeit für Lebensbereiche außerhalb des Berufes lässt, hält sie aber für unabänderlich oder nimmt sie als vorübergehende Begleiterscheinung von beruflichem Erfolg in Kauf. Im Grunde weiß man auch, dass die Hoffnung, die Belastungen würden sich auf einer höheren Stufe der Karriereleiter verringern, ein Trugschluss ist. Allmählich gerät man so in einen Zustand, bei dem das Leben außerhalb des Berufes – Familie, Freizeit, Erholung, Muße, soziale Kontakte, persönliche Interessen, Hobbies – zu einer ‚Restgröße' zusammenschrumpft. Die tägliche Arbeit ist zum einzigen sinn- und identitätsstiftenden Ereignis geworden.

Spätestens hier wird deutlich, dass nicht nur die Führungskraft selbst, sondern auch ihr soziales Umfeld – die Kollegen, die Mitarbeiter, die Familie, Freunde und Bekannte – die Kosten einer solchen Lebensweise mittragen müssen. Aus all dem resultiert bei vielen ein allgemeines Unbehagen, ein Gefühl, das eigene Leben nicht mehr unter Kontrolle zu haben, von Ereignissen bestimmt zu werden, statt diese selbst zu bestimmen. Man spürt, dass das eigene Leben mehr und mehr aus dem Gleichgewicht gerät. Man hat vor allem gegenüber der Familie und den Freunden ständig ein schlechtes Gewissen und wünscht sich mehr Zeit für die Gesundheit, den Partner, die Familie oder die eigenen privaten Interessen. Häufig sind aber gerade diejenigen, die erfolgreich verantwortungsvolle berufliche Leitungsfunktionen ausüben, erstaunlich hilflos, wenn es darum geht, sich selbst und die eigene Lebenssituation genau so effektiv zu managen wie die beruflichen Aufgaben. Sie haben zwar gelernt, Mitarbeiter motivierend zu führen, sind aber nicht in der Lage, diese Techniken auf die eigene Lebensweise zu übertragen.

Führungskräfte reagieren häufig nicht viel anders als der von stundenlangem Sägen erschöpfte Waldarbeiter, der auf die Frage eines Spaziergängers, warum er denn nicht einmal eine kurze Pause einlege, um seine Säge neu zu schärfen, zur Antwort gibt, dazu habe er jetzt keine Zeit, er müsse schließlich sägen. Auch sie merken vielfach nicht, dass sie, gefangen in ihren Alltagsroutinen, versäumt haben, sich ausreichend um die notwendigen Voraussetzungen für eine ausgewogene Wechselwirkung zwischen beruflicher Anspannung und privatem Ausgleich zu kümmern.

Wichtigstes „Werkzeug" einer Führungskraft ist diese selbst, ihre eigenen körperlichen und geistig-emotionalen Ressourcen. Diese Kräfte sind nicht unerschöpflich, sondern müssen, wie die Säge des Waldarbeiters sozusagen immer wieder neu geschärft werden. Das erfolgreiche Management der eigenen Person, des eigenen Erlebens, Denkens und Handelns, ist eine unverzichtbare Voraussetzung für alle übrigen Führungsfunktionen. Denn nur wer sich selbst führen kann, wird auch andere selbstbewusst führen (LINNEWEH, 1994).

2. Management der Persönlichkeit – was ist das?

Persönlichkeitsmanagement (PM) bedeutet im Grunde nicht mehr aber auch nicht weniger als das selbstbestimmte Ausüben von Leitungsfunktionen in Bezug auf die eigene Person und das eigene Lebensumfeld mit der Zielsetzung, die eigene Persönlichkeit zu stärken und von unnötigen Fremdbestimmtheiten frei zu halten und eine tragfähige Balance zwischen Beruf und Privatleben zu finden.

Zu diesem Zweck werden die Grundregeln der ökonomischen Management- und Führungslehren auf das Aufgabenfeld „effektives Management der eigenen Person" übertragen.

Diesem Ansatz liegt ein Persönlichkeitsmodell zugrunde, das in Anlehnung an psychologische Persönlichkeitstheorien – beispielsweise von ALLPORT (1949) und THOMAE (1955) – entwickelt wurde. Es geht von der Annahme aus, dass die menschliche Persönlichkeit in ihrer individuellen Besonderheit weniger ein abgeschlossenes Produkt als vielmehr ein ständig fortschreitender Prozess ist. Persönlichkeitsentwicklung findet während der gesamten Lebensspanne statt. Auch die erwachsene Person befindet sich in einem Prozess stetigen Lernens, Entwickelns und Veränderns. Persönlichkeitsmanagement ist der Versuch, diesen Prozess durch bewusste Reflexion und selbstbestimmte Planung und Steuerung aktiv zu gestalten.

Zentrale Aktionsfelder eines Persönlichkeitsmanagements für Führungskräfte sind

– der Beruf,
– die Familie
– und die Freizeit,

die als integrative, sich wechselseitig beeinflussende Lebensfelder gesehen werden müssen. Um zu einer Balance zwischen Arbeit und Privatleben zu finden, ist es unabdingbar, dass keiner dieser Bereiche auf Kosten eines anderen vernachlässigt wird.

Der Managementprozess (STREICH & HOFMANN, 1994) umfasst dabei die gleichen Schritte wie in ökonomischen Abläufen: Er beginnt mit einer Situationsanalyse, führt über die Zielsetzung zum Treffen von Grundsatzentscheidungen, an die sich dann die

Umsetzung dieser Entscheidungen anschließt und mündet schließlich in die Ergebniskontrolle, den Soll-Ist-Vergleich.

3. Die Ziele des Persönlichkeitsmanagements

Hauptaufgabe des Persönlichkeitsmanagements ist es, sich selbst kennen zu lernen und mit sich selbst so umgehen zu lernen, dass nicht nur die Karriere, sondern auch alle anderen Lebensbereiche zu ihrem Recht kommen. Dazu gehört die Auseinandersetzung mit den eigenen Stärken und Schwächen, den eigenen Möglichkeiten und Grenzen, mit den persönlichen Ressourcen und den Gefährdungspotentialen des gegenwärtigen Lebensstils. Ziel aller auf dieser Analyse aufbauenden Managementaktivitäten ist es, die eigene Person bewusst und selbstbestimmt zu führen, sich selbst und die eigenen Lebensumstände so zu organisieren, dass man den Anforderungen des beruflichen wie des privaten Alltags wieder mit größerer Gelassenheit begegnen und die eigene Lebenskraft sinnvoll mit Zufriedenheit und auch mit Freude einsetzen kann.

Persönlichkeitsmanagement ist also eine auf das eigene Ich gewendete Form des Veränderungsmanagements. Wie bei allen Veränderungsprozessen durchläuft der Betroffene auch hierbei verschiedene Phasen:

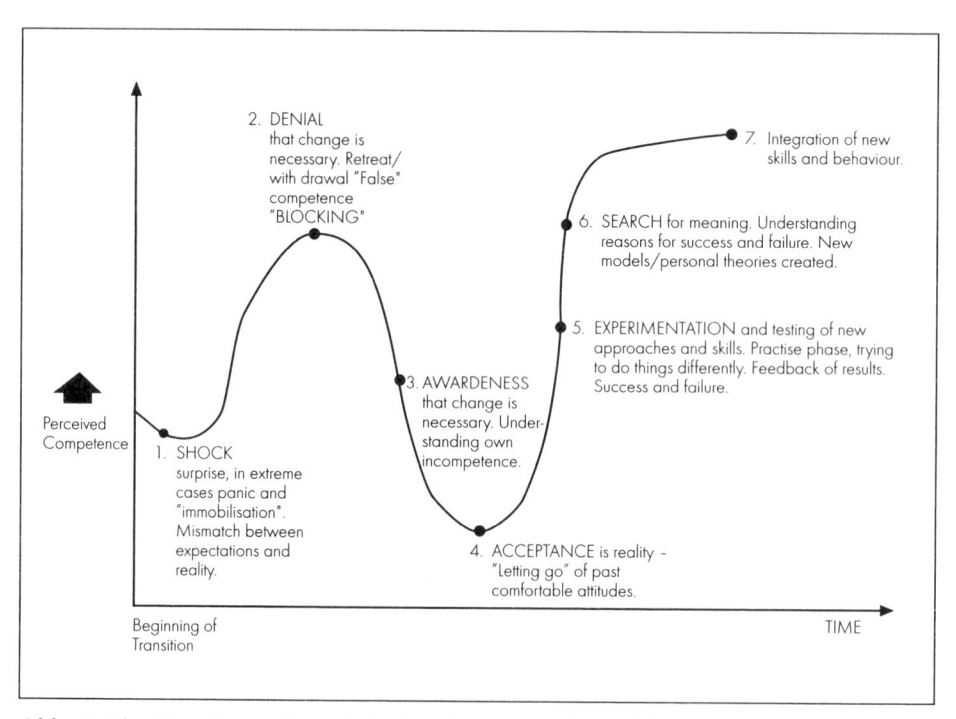

Abb. 1: The Transition Curve (Quelle: CHAPMANN/JUPP, 1987)

Nach Erkennen eines Veränderungsbedarfs und dem Eindruck, dass man selbst für diese Veränderung im eigenen Leben nicht optimal gerüstet ist, tritt so etwas wie ein Schock über die eigene, nicht vermutete Unzulänglichkeit ein. Die zweite Phase wird als Phase der Auflehnung gegen die Notwendigkeit von Veränderungen bezeichnet. Sie geht häufig mit einem überzogenen Sicherheitsgefühl („Ich kriege das schon alles in den Griff") einher. Danach folgt eine Phase der Unsicherheit („Schaffe ich das wirklich allein?") und der Einsicht, dass gewisse Veränderungen notwendig sind. In der vierten Phase wird schließlich die Notwendigkeit akzeptiert, alte Verhaltensweisen – zunächst probeweise – loszulassen. Es beginnt die Zeit des Ausprobierens neuer Verhaltensformen. Langsam erkennen die Betroffenen, welches neue Verhalten warum für sie erfolgreich ist, ihnen gut tut. In der letzten Phase werden dann diejenigen Verhaltensweisen, die sich als erfolgreich erwiesen haben, ins tägliche Leben integriert.

Dieses Modell dient als Orientierungshilfe für persönliche Veränderungsversuche.

An der eingangs skizzierten Belastungssituation zahlreicher Manager wird sich nur dann dauerhaft etwas ändern, wenn die Führungskraft selbst die Initiative zu Veränderungen ergreift. Bezugspersonen in Berufs- und Privatleben können sie auf diesem Weg zwar wirksam unterstützen und bekräftigen, die Wegrichtung und das Ziel müssen aber von ihr selbst festgelegt werden. Anderenfalls bestünde die Gefahr, wiederum in neue Fremdbestimmtheiten zu geraten. Wichtigste und unabdingbare Voraussetzung für ein erfolgreiches Persönlichkeitsmanagement ist deshalb der persönliche Entschluss, in Zukunft selbst die Verantwortung für das eigene Leben in allen seinen Bereichen zu übernehmen. Leiden an einem Übermaß an Fremdbestimmtheiten lässt nur zwei Lösungsmöglichkeiten zu: Entweder ich verändere die Umwelt oder mich selbst.

Das Persönlichkeitsmanagement wird damit zu einem Prozess der Selbstverwirklichung, der Individuation. Durch bewusste Auseinandersetzung mit dem eigenen Ich, d.h. den eigenen Fähigkeiten, Bedürfnissen, Interessen, Wünschen, Hoffnungen, Ängsten und den von außen herangetragenen Erwartungen und Forderungen lernt die Führungskraft zunächst einmal sich selbst in den für sie relevanten beruflichen und privaten Lebensbezügen besser kennen. Auf dieser Grundlage lassen sich dann mittel- und langfristige Lebensstrategien entwickeln, die zu einer höheren Lebenszufriedenheit zurückführen, indem sie der Führungskraft helfen,

– ihre Identität zu entwickeln und zu leben, d.h. sich selbst als eigenständige Persönlichkeit zu erkennen und zu akzeptieren,
– die Selbstkontrolle über das eigene Leben zurückzugewinnen und selbstbestimmte Verhaltensmuster zu entwickeln, die nicht unbedingt mit den tatsächlichen oder vermuteten Erwartungen, die andere an sie herantragen, übereinstimmen müssen,
– ihre Handlungspotenziale in den unterschiedlichen Lebensbereichen voll auszuschöpfen,
– Konfliktpotenziale zu reduzieren und Lösungen für festgefahrene Konfliktsituationen zu entwickeln,
– Ansprüche ihres sozialen und beruflichen Umfeldes und eigene Bedürfnisse miteinander zu vereinbaren,
– ein stabiles Gleichgewicht in der Balance zwischen Beruf, Freizeit und Familienleben aufzubauen (vgl. auch den folgenden Beitrag von STREICH).

Persönlichkeitsmanagement heißt, das eigene Ich so in den vorgegebenen sozialen Rahmen einzubringen, dass man trotz der unvermeidbaren hohen Anforderungen und Belastungen, die zum Leben einer Führungskraft gehören, Sinn, Spaß und Zufriedenheit erleben kann.

4. Anregungen zur Umsetzung

Das individuelle Persönlichkeitsmanagement gliedert sich in folgende Schritte:

Die Standortbestimmung:
Hierbei geht es vor allem darum, sich die eigene Situation bewusst zu machen, Antworten zu finden auf die Frage: „Wer bin ich, und wo stehe ich jetzt?"

Wie auch alle weiteren Schritte sollte bereits die Situationsanalyse möglichst alle für die Person relevanten Lebensbereiche umschließen:

– den beruflichen Wirkungskreis,
– den Bereich der Freizeit und der außerberuflichen Aktivitäten und Interessen,
– das familiäre Umfeld (Partner, Kinder, Eltern),
– das weitere soziale Umfeld (Freundes- und Bekanntenkreis).

Jeder Bereich sollte sowohl für sich selbst als auch in seiner Verflochtenheit mit den übrigen Lebensfeldern betrachtet werden. Nur so lässt sich herausfinden, ob das Gleichgewicht zwischen Beruf und Privatleben noch intakt oder bereits empfindlich gestört ist.

Die Standortbestimmung ist sozusagen eine Art Bilanzierung der momentanen Befindlichkeit, eine Art Spiegel des bisher Erreichten. Sie konfrontiert die Person mit ihren Erfolgen und Misserfolgen, ihren Interessen, Bedürfnissen, Hoffnungen, Wünschen und Ängsten: „Was habe ich erreicht? Womit bin ich zufrieden? Welche für mich wichtigen Bedürfnisse werden durch die Art, wie mein Leben zur Zeit verläuft, befriedigt, welche kommen zu kurz? Was bleibt auf der Strecke bzw. wird auf spätere Jahre verschoben?"

Die Formulierung eines realistischen Zielkatalogs:
Auf dieser Grundlage werden nun Entscheidungen über mögliche und realisierbare Veränderungen in den einzelnen Lebensbereichen getroffen:

„Wie möchte ich in nächster Zukunft leben? Wo will ich selbst von jetzt an in meinem Leben die Prioritäten setzen? Was kann und was will ich an meinem Leben verändern? Welche Umstellungen möchte ich bei der Erledigung meiner beruflichen Aufgaben, in der Zusammenarbeit mit Mitarbeitern und Kollegen vornehmen? Was will ich (für mich allein und/oder gemeinsam mit meinem Partner, meinen Kindern) im familiären Alltag anders gestalten? Welche Bedürfnisse, Interessen, Aktivitäten etc. möchte ich künftig in meiner Freizeit stärker als bisher zum Tragen kommen lassen?"

Die Entwicklung von Strategien zur Erreichung der persönlichen Zielsetzung:
„Welche Schritte sind notwendig, damit meine Vorstellungen von einem befriedigenden und sinnerfüllten Berufs- und Privatleben Realität werden können? Womit fange ich an, wie gehe ich dann weiter vor? Wie lassen sich diese Schritte in meinen Alltagsablauf integrieren? Welche Personen, Institutionen etc. können mir bei der Verwirklichung meiner Vorstellungen und Vorsätze helfen? Wie kann ich sie dazu bringen, mich zu unterstützen?"

Die Realisierung der geplanten Veränderungen:
Hier wird es vor allem darauf ankommen, realistisch zu bleiben und sich selbst nicht zu überfordern. Gewohnheiten, Verhaltens- und Reaktionsmuster, die sich über Jahre hinaus eingeschliffen und verfestigt haben, lassen sich nicht von einem Tag zum ande-

ren abändern. Erfolgreiches Persönlichkeitsmanagement besteht aus einer Vielzahl kleiner Schritte. Gelegentliche Rückschritte und Misserfolge werden sich nicht immer vermeiden lassen. Wichtig ist allein, dass die für notwendig erkannte Richtung beibehalten wird.

Die erneute Standortbestimmung bzw. die Kontrolle:
„Was habe ich erreicht? Welche Auswirkungen haben die Veränderungen auf mich selbst und auf meine Beziehungen zu meinen Mitmenschen in Beruf und Privatleben? Was könnte ich in Zukunft noch verändern bzw. verbessern?"

5. Das ganzheitliche Konzept: Körper, Psyche, Geist

Für den Weg zu einem gelungenen Persönlichkeitsmanagement gibt es keine Patentrezepte, wohl aber eine Fülle von Anregungen, Techniken und Methoden:

Grundsätzlich sollte ein Konzept zur aktiven, selbstbestimmten Lebensführung immer ganzheitlich angelegt sein (LINNEWEH, 1991). Menschliches Denken, Handeln und Empfinden resultieren immer aus einem Zusammenwirken von körperlichen, geistigen und psychischen Faktoren. Die menschliche Persönlichkeit, das was wir selbst als „Ich" erleben, ist eine ganzheitliche Gestalt aus Körper, Geist und Seele. Veränderungen in einem der drei Bereiche bewirken immer auch Veränderungen in den beiden anderen. Die ganzheitliche Betrachtung berücksichtigt diese Wechselbeziehungen und macht sie sich gleichzeitig zunutze.

Im körperlichen Bereich geht es dabei um das bewusste Umgehen mit dem eigenen Körper, um die Fähigkeit, Körpersignale bewusst wahrzunehmen, sie zu verstehen und in angemessener Weise darauf zu reagieren. Oberstes Ziel aller Maßnahmen in diesem Bereich sollte es sein, sich in einer nicht optimalen Umwelt ein möglichst hohes Ausmaß an körperlicher Gesundheit zu bewahren, die eigenen körperlichen Ressourcen zu schonen und den eigenen Körper gegenüber den negativen Auswir-

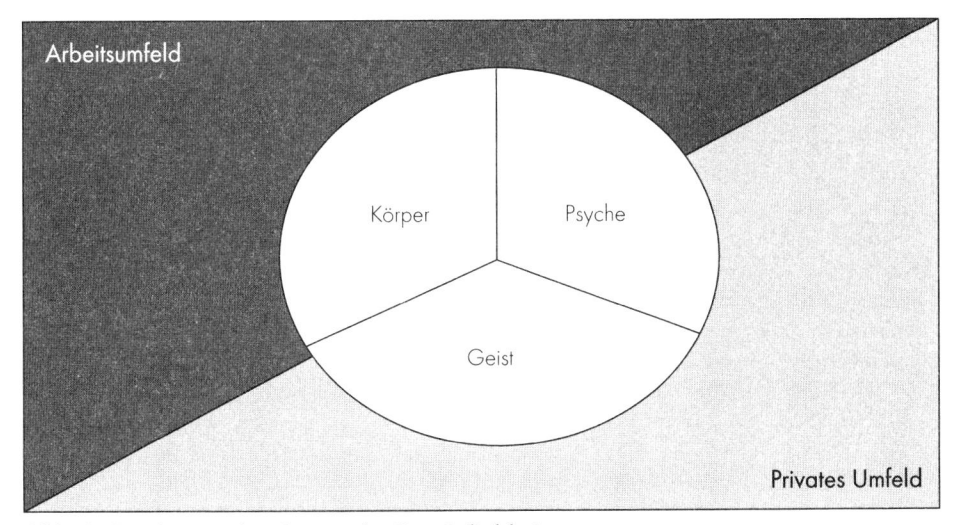

Abb. 2: Der integrative Ansatz des Persönlichkeitsmanagements

kungen von Stress, Verantwortungsdruck, Hektik und permanenter Anspannung so widerstandsfähig wie irgend möglich zu machen. Mit Sicherheit gehört hierzu das Bemühen,

- gesundheitliche Risikofaktoren zu minimieren, wie sie beispielsweise durch mangelnde Bewegung, Übergewicht, falsche Ess- und Schlafgewohnheiten, zu hohen Alkohol- oder Nikotinkonsum, Abhängigkeit von Medikamenten oder Drogen ausgelöst werden;
- gesundheitlichen Schäden bzw. vorzeitigem Verschleiß durch bewusste Ernährung und regelmäßiges körperliches Training vorzubeugen und die durch eine eher bewegungsarme Lebensweise verlorengegangene Fitness wiederzugewinnen und zu erhalten (vgl. LAWS & TREIXLER, 1997);
- durch gezielte Entspannung etwa im autogenen Training oder bei Muskelentspannungs- und Meditationsübungen sowie durch ausreichend lange, regelmäßige Erholungspausen (Feierabend, arbeitsfreie Wochenenden, stressfreier Urlaub, ausreichender Schlaf) und Muße (Nichtstun, Lesen, Musik hören u. dgl.) körperliche und psychische Verspannungen zu lösen, das allgemeine Erregungsniveau zu senken und wieder innerlich und äußerlich zur Ruhe zu kommen (vgl. HOFMANN, 1997, S. 23 ff.).

Auf der psychischen Ebene stehen das eigene Anspruchsdenken, Wünsche, Hoffnungen, Träume, Befürchtungen und Ängste sowie das Umgehen mit den eigenen Bedürfnissen im Mittelpunkt. Es geht um eine aktive Auseinandersetzung mit dem Spannungsfeld zwischen Ich und Umwelt, zwischen den eigenen und fremden Ansprüchen und den für den Betreffenden in Frage kommenden Realisierungsmöglichkeiten. Es geht um die Überprüfung der eigenen Ziele – auch um das Enttarnen von falschem Ehrgeiz. Und es geht darum, wieder zu entdecken, dass es auch selbstbestimmte Zielsetzungen und Wünsche gibt, die außerhalb des fremdbestimmten Umfeldes Freude, Erfolg und eine höhere Lebenszufriedenheit ermöglichen.

Ziele der Standortbestimmung und der Veränderungsstrategien *im geistigen Bereich* sind das Erkennen und Reduzieren von Belastungsfaktoren und Stressursachen in den einzelnen Lebensbereichen und die Suche nach Möglichkeiten, die eigenen Konfliktpotentiale bewusst zu verarbeiten. Dabei geht es auch darum, den persönlichen Umgang mit den Anforderungen aus Beruf, Familie und Freizeit zu überprüfen, eigene Zielsetzungen und eventuelle Blockaden und Barrieren zu überdenken, Gewohnheiten, wie z. B. die Arbeitsmethodik und Zeitplanung, das Verhalten gegenüber Vorgesetzten, Mitarbeitern, Kollegen, Ehepartner, Familie, Freunden und dgl. einer kritischen Prüfung zu unterziehen und nach realisierbaren Alternativen zu suchen.

Ist der Entschluss gefasst, das eigene Leben in bestimmten Bereichen zu verändern, sollte man auch versuchen, möglichst kompetente Hilfe und Unterstützung von außen zu bekommen. Manches wird sich gemeinsam mit anderen leichter verwirklichen lassen als allein. Anregungen und erste Erfahrungen im Umgang mit neuen Verhaltensformen bieten z. B.

- Seminare zur Stressbewältigung,
- Seminare, in denen effektive Techniken der Arbeitsorganisation oder des Zeitmanagements trainiert werden,
- Kurse, in denen Entspannungstechniken (Autogenes Training, Progressive Muskelentspannung u. dgl.) erlernt werden können,

- Fitnesscenter und Sportvereine, in denen man vielleicht erst einmal ausprobiert, welche sportliche Betätigung den eigenen Fähigkeiten und Neigungen am ehesten entspricht und außerdem u. U. gleichgesinnte „Mitstreiter" findet,
- Coaching als individuelle Hilfestellung – Unterstützung und Hilfe findet man nicht nur bei professionellen Beratern sondern u. U. auch schon im eigenen Familien-, Freundes-, Kollegen- und Bekanntenkreis. Wichtig ist ein solches Coaching vor allem in der Anfangsphase der Realisierung geplanter Veränderungen und immer dann, wenn Rückschläge Zweifel an der Richtigkeit der getroffenen Entscheidungen oder an der eigenen Durchhaltefähigkeit aufkommen lassen.

Gerade wenn es dann darum geht, den Entschluss zur Veränderung in die Tat umzusetzen, sind Unterstützung und Bekräftigung von Seiten des Ehepartners, der Familie, der Freunde, der Kollegen und Mitarbeiter eigentlich unverzichtbar.

Vor allem dann, wenn man bereits älter als 40 Jahre ist und/oder den eigenen Gesundheitszustand nicht genau kennt, empfiehlt es sich, vor größeren Umstellungen etwa im Bereich der Ernährung oder der sportlichen Betätigung, den Rat eines Arztes einzuholen und die Auswirkungen der veränderten Lebensweise regelmäßig kontrollieren zu lassen.

Wer sich entschließt, seine Lebensführung im Sinne des Persönlichkeitsmanagements zu verändern, sollte sich darüber im Klaren sein, dass dieser Weg ein gewisses Maß an Beharrlichkeit und Gelassenheit erfordert. Dieser Aufwand macht nur dann einen Sinn,

- wenn aus der Analyse verbindliche Konsequenzen gezogen werden, die dann auch zu tatsächlichen Verhaltensänderungen führen,
- wenn künftig regelmäßig Standortbestimmungen vorgenommen werden, bei denen man die Auswirkungen der Veränderungen anhand des Zielkatalogs überprüft und ggf. modifiziert.

Persönlichkeitsmanagement ist kein Job auf Zeit, sondern ein Prozess lebenslangen Lernens und lebenslanger Veränderungsbereitschaft.

6. Persönlichkeitsmanagement als Aufgabe der Personalentwicklung

Die Steigerung der persönlichen Kompetenzen im Umgang mit sich selbst erleichtert zwar in erster Linie dem Einzelnen die Einordnung und Handhabung privater und beruflicher Belastungssituationen. Doch gilt die effektive Führung der eigenen Person schon heute in vielen Unternehmen als unverzichtbarer Bestandteil ihrer Personalentwicklungsprogramme. Während Personalentwicklungsmaßnahmen in der Vergangenheit vor allem auf die Weiterentwicklung beruflicher Kompetenzen abzielten, beginnt man nun zu erkennen, dass für jedes Unternehmen dauerhafte Motivation und Leistungsbereitschaft seiner führenden Mitarbeiter entscheidende Erfolgsfaktoren sind und dass man riskiert, seine besten Führungskräfte vorzeitig zu verlieren, wenn man zulässt, dass diese „arbeitslebenslang auf der Überholspur rasen" (GLOGER, 2001).

Damit aus den herausfordernden Aufgaben, denen sich erfolgreiche Führungskräfte gegenüber sehen, keine Überforderung wird, ist es notwendig, auch von Seiten des Unternehmens

- ein effektives Persönlichkeitsmanagement nicht nur zu fordern, sondern aktiv zu fördern,
- die einzelne Führungskraft zur Eigeninitiative zu ermutigen
- und geeignete Förder- und Trainingsmaßnahmen zu Erhalt und Ausbau ihrer persönlichen Kompetenzen anzubieten.

Unternehmen können sich heute kaum noch der Einsicht verschließen, dass berufliche Leistung und Engagement auch und gerade im Management eng mit einem erfüllten „Leben neben der Arbeit" verbunden sind. Vor allem in Großunternehmen ist die sog. „Work-Life-Balance" z.Zt. eines der zentralen Themen innerbetrieblicher Personalentwicklungs-Diskussionen (ASGODOM, 2001; TITZE, 2001). Balancing-Programme finden Eingang in die ersten Unternehmenskulturen. Gemeinsam sucht man hier nach Möglichkeiten, die Rollenkonflikte zwischen Beruf und Privatleben, die die Lebens- und Arbeitszufriedenheit so vieler Mitarbeiter belasten, zu minimieren. Das angestrebte Ziel, möglichst jeder Führungskraft eine individuell ausgewogene Balance zwischen Karriere und privatem Bereich zu ermöglichen, erfordert allerdings vor allem von der Unternehmensführung die Bereitschaft zu innovativem Denken und Handeln und den Mut, auch einmal unerprobte Wege in der Personalentwicklung zu wagen. Erfolgversprechende Schritte in diese Richtung sind beispielsweise

- Seminar- und Coachingangebote zu Stress- und Konfliktbewältigung, aktiver Gesundheitsvorsorge etc., an denen Führungskräfte gemeinsam mit ihren Lebenspartnern teilnehmen können,
- sowie die in den Vereinigten Staaten schon relativ weit verbreiteten „Sabbaticals", bei denen der Mitarbeiter einen Teil seines Urlaubs anspart, um einmal mehrere Monate hintereinander nicht arbeiten zu müssen, Distanz zu gewinnen und neue Kräfte „auftanken" zu können. In diesem Zusammenhang werden auch in deutschen Unternehmen unterschiedliche Formen flexibler Arbeitszeitmodelle erprobt, etwa mit Arbeitszeitkonten, auf denen Überstunden angesammelt und innerhalb eines Monates, eines Jahres oder sogar eines Lebens ausgeglichen werden können.

Führungskräfte, die gelernt haben, sich selbstbestimmt zu führen, und die in ihren Bemühungen um eine effektive Work-Life-Balance von ihrem Unternehmen unterstützt werden, werden in der Regel ihre beruflichen Führungsaufgaben effektiver bewältigen als andere. Sie sind nicht nur selbst motivierter, leistungsbereiter, leistungsfähiger und konfliktfähiger und weniger stressanfällig, sondern wirken auch motivierend und leistungsfördernd auf Mitarbeiter und Kollegen. Die selbstbestimmte und reflektierte Führung der eigenen Person trägt damit in erheblichem Umfang dazu bei, dass sich innerbetriebliche Konflikte und zwischenmenschliche Belastungen reduzieren und das berufliche Umfeld für alle Beteiligten entspannter und stressfreier wird. Persönlichkeitsmanagement kann also direkt und indirekt die Leistungskraft des gesamten Unternehmens stärken.

Eine der zentralen Aufgaben einer auf die Herausforderungen der Zukunft ausgerichteten Personalentwicklung wird demzufolge darin bestehen – möglichst in Zusammenarbeit mit den Betroffenen – ganzheitliche Personalentwicklungsstrategien zu entwickeln, die neben der kontinuierlichen Weiterentwicklung fachlicher Kompetenzen die selbstbestimmte Führung der eigenen Person fördern und aktivieren. Parallel zu entsprechenden Weiterbildungsangeboten müssen Freiräume und organisatorische Rahmenbedingungen geschaffen werden, die es dem Einzelnen ermöglichen, die für ihn optimale ausgewogene Work-Life-Balance zu realisieren und so die Weiterentwicklung seiner Karriere dauerhaft mit einem erfüllten Privatleben zu verbinden.

Es sollte nicht länger eine Frage des persönlichen Mutes sein, sich beispielsweise im beruflichen Alltag kurze Zeitspannen für Entspannungsübungen frei zu halten, sich gelegentlich für einige Zeit den Anforderungen aus Beruf oder Familie zu entziehen, um an Seminaren, Kursen oder kulturellen Angeboten teilzunehmen, die man für die persönliche Entwicklung für wichtig hält, oder als Vater ein Jahr Erziehungsurlaub nehmen zu können, ohne seine Karrierechancen zu gefährden.

Literatur

ALLPORT, G.W. (1949). Persönlichkeit – Struktur, Entwicklung und Erfassung der menschlichen Eigenart. Stuttgart 1949.
ASGODOM, S. (2001). Balancing – das ideale Gleichgewicht zwischen Beruf und Privatleben. München 2001.
GLOGER, A. (2001). Mit einer Spur Leichtigkeit lebt es sich besser. In: Die Welt, 19.3.2001
HOFMANN, L.M. (1997). Entspannungsmethoden. In L.M. HOFMANN, K. LINNEWEH & R.K. STREICH (Hrsg.), Erfolgsfaktor Persönlichkeit, S. 23–38. München 1997.
HUBER, A. (1995). Streßmanagement, In: Psychologie Heute, 10, 1995, S. 20–25
LAWS, J. & TREIXLER, M. (1997). Fitneß – ein Baustein zum persönlichen Wohlbefinden und zum beruflichen Erfolg. In L.M. HOFMANN, K. LINNEWEH & R.K. STREICH (Hrsg.), Erfolgsfaktor Persönlichkeit, S. 39–49. München 1997.
LINNEWEH, K. (1991). Bevor es mich zerreißt. Düsseldorf 1991.
LINNEWEH, K. (1994). Führen kann nur, wer sich selbst führen kann. Führungskräfte im Spannungsfeld zwischen Arbeit, Freizeit und Familie. Süddeutsche Zeitung, München 1994.
STREICH, R.K. & HOFMANN, L.M. (1994). Persönlichkeitsmanagement – Managerpersönlichkeit? In L.M. HOFMANN & E. REGNET (Hrsg.), Innovative Weiterbildungskonzepte, S. 139–147. Göttingen 1994.
TITZE, M. (2001). Fitness für die Chefetage. In: management & training, 10. S. 18–21, 0/2001.
THOMAE, H. (1955). Persönlichkeit. Eine dynamische Interpretation. Bonn 1955.

Richard K. Streich

Work-Life-Balance – Rollenprobleme von Führungskräften in der Berufs- und Privatsphäre

1. Vorbemerkungen
2. Rollenspektrum
3. Rolleneinschätzungen
4. Rollencharakteristika
5. Rollenkonflikte
6. Wünsche zur Reduzierung von Rollenkonflikten
7. Fazit

1. Vorbemerkungen

Hauptziel der nachfolgenden Ausführungen ist es, einige Determinanten von individuellen Rollenkonflikten, die sich aus der gleichzeitigen Wahrnehmung verschiedener Funktionen (z. B. Vorgesetzter, Mitarbeiter, Kollege, Ehepartner, Freund, Vater etc.) in der beruflichen und privaten Sphäre von Führungskräften ergeben, vorzustellen. Mögliche Handlungsalternativen werden in den folgenden Beiträgen dieses Bandes eingehender besprochen (vgl. die Beiträge von REGNET und RÜHLE)

Als Führungskräfte im Rahmen unserer Betrachtung werden abhängige Beschäftigte von Unternehmen verstanden, die außertariflich eingruppiert sind und in der Regel Leitungsfunktionen ausüben (Bereichsleiter, Abteilungsleiter). Nahezu 90 % dieser Bezugsgruppe sind Männer. Demgemäß steht, falls nicht ausdrücklich anders erwähnt, die Lebenssituation von männlichen Führungskräften im Vordergrund. In weiten Teilen sind die Ausführungen über die gleich gelagerten Arbeits- und Privatbedingungen auch für Selbstständige relevant.

Diese Abhandlung stellt eine Kurzfassung von verschiedenen Publikationen und Untersuchungen – quantitativer und qualitativer Art – des Verfassers dar (vgl. u. a. STREICH, 1994, 1997, 2001).

2. Rollenspektrum

Manager befinden sich in einem spezifischen Problemdruck, sowohl in ihrem beruflichen als auch in ihrem privaten Bereich. Hierin unterscheiden sie sich, wie noch aufzuzeigen sein wird, sowohl unter qualitativen als auch unter quantitativen Gesichtspunkten in bedeutendem Maße von den sonstigen Arbeitnehmern.

Betrachten wir die Einflussfelder des Managers im Berufsleben, so müssen wir ihn zunächst als Mittelpunkt in folgendem Bezugssystem sehen:

Der Führungskraft unterstellt sind verschiedene Mitarbeiter; gleichgestellt sind einzelne Kollegen. Die Führungskraft selbst hat wiederum einen Vorgesetzten, der wiederum in aller Regel auch in die Hierarchie fest eingebunden ist. Weitere Bezugspunkte ergeben sich z. B. aus den unternehmerischen und gesellschaftlichen Anforderungen an eine Führungskraft. Nicht selten hat der Manager auch unmittelbaren Kontakt zu Vertretern der Arbeitnehmerseite. Schon dieser kurze Überblick zeigt, dass der Einzelne im Unternehmen einem breiten Spektrum von Rollenerwartungen ausgesetzt ist. Zu beachten ist, dass er, im Wechselspiel von Reagieren und Agieren, permanent in seiner Person *gleichzeitig* die Rollen des Mitarbeiters, des Kollegen und des Vorgesetzten auszuüben hat.

Lenken wir unseren Blick auf die Privatsituation des Managers, so ergibt sich ebenfalls eine große Rollenvielfalt. Der Einzelne ist in seinem Privatbereich oftmals nicht nur Lebenspartner, sondern beispielsweise gleichzeitig auch Freund, Vater oder Funktionär innerhalb einer Vereinigung.

Aus diesem Rollenspektrum im Berufs- und Privatleben und den daraus möglichen Differenzen von beruflichen und persönlichen Rollen*erwartungen* und individuellen Rollen*erfahrungen* können sich interindividuelle bzw. intraindividuelle Rollenkonflikte ergeben. Betrachten wir im weiteren zunächst einmal die Selbsteinschätzung der Betroffenen bezüglich des in Abbildung 1 dargestellten Rollenspektrums.

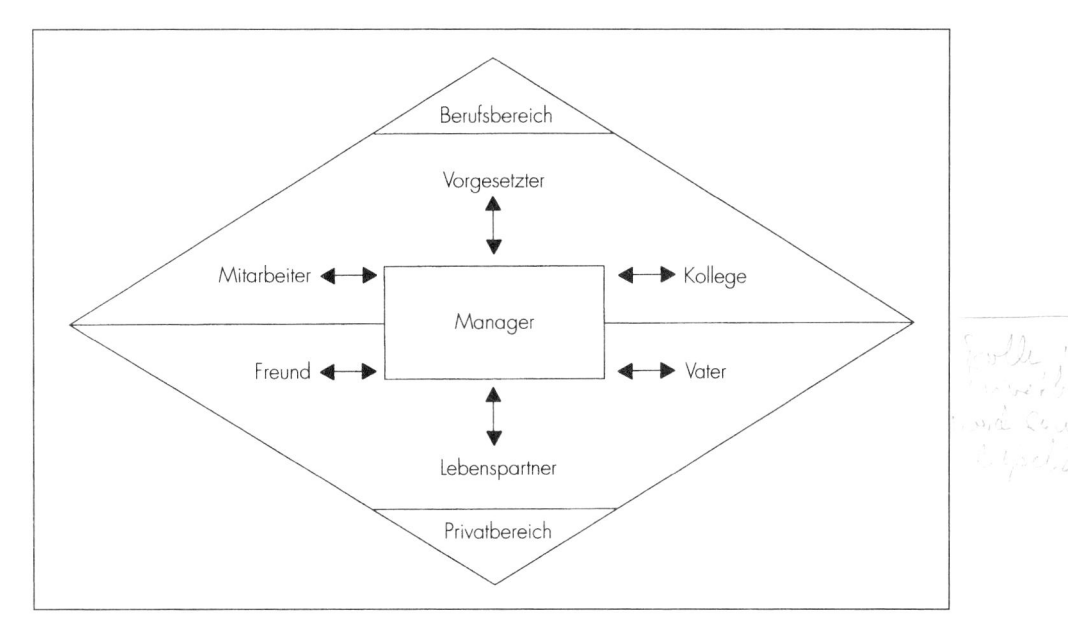

Abb. 1: Rollenspektrum eines Managers

3. Rolleneinschätzungen

Das INPUT-Institut in Paderborn kam in einer Repräsentativbefragung zur Rollensympathie zu einigen bemerkenswerten Ergebnissen (vgl. STREICH, 1994). Unter der Fragestellung, wie sympathisch ihnen die in Abbildung 1 angeführten Rollen sind, kann generell gesagt werden, dass die privaten Rollen Vater (Mutter), Ehemann (-frau) und Freund(-in) von allen betroffenen Befragten signifikant sympathischer eingestuft wurden als die Berufsrollen Kollege(-in), Mitarbeiter(-in) und Vorgesetzte(r). Diese Diskrepanzen können einen Hinweis darauf geben, dass – trotz weit gehender Humanisierung der Arbeitswelt und der Einflüsse des Wertewandels sowie der zunehmenden Qualifikation – im Berufsalltag noch bedeutende „Sympathiedefizite" gegenüber der Privatsphäre vorhanden sind.

Einige Detailaussagen verdeutlichen dieses Bild. Die *Vorgesetztenrolle* ist die unsympathischste Berufsrolle. Augenscheinlich bedeutet die Ausübung einer Führungsaufgabe auch eine Übernahme von persönlicher Meinungspositionierung, die für den Einzelnen manchmal als unangenehm klassifiziert wird. Im Berufsalltag lässt sich dies oftmals besonders dann beobachten, wenn Führungskräfte unangenehme Entscheidungen vor ihren Mitarbeitern zu vertreten haben. Notwendige Gespräche werden nicht selten bewusst gemieden, die Führungsrolle nicht aktiv wahrgenommen. Oftmals rechnet sich in solchen Situationen die Führungskraft eher der Arbeitnehmerseite zu als der Unternehmerseite. Für die unterstellten Mitarbeiter fällt in einer solchen Konstellation eine Bewertung der Rolle der Führungskraft schwer. Der betreffende Manager definiert seine Vorgesetztenrolle zur Umgehung anstehender Konflikte in eine Mitarbeiterrolle um.

Die angeführte Untersuchung zeigte weiterhin auf, dass weibliche Vorgesetzte ihre Sympathie mit der Vorgesetztenrolle im Berufsleben signifikant noch schlechter einschätzten als ihre männlichen Kollegen. Augenscheinlich haben Frauen in Führungspositionen intensiver mit Gegebenheiten zu kämpfen, die ihnen ihre Führungsrolle unsympathisch erscheinen lässt. Frauen in Vorgesetztenfunktionen sind – neben der oftmals gegebenen Doppelbelastung Haushalt/Beruf – einem stärkeren gesellschaftlichen, privaten und beruflichen Legitimationsdruck bei der Rollenausübung ausgesetzt als ihre männlichen Kollegen. Untersuchungen zeigen, dass rd. zwei Drittel der weiblichen Führungskräfte folgende Hindernisse für ihren Aufstieg lokalisierten:

- Stereotype und Vorurteile bezüglich der Rolle und der Fähigkeiten von Frauen
- Mangel an älteren oder sichtbar erfolgreichen weiblichen Vorbildern für weibliche Führungskräfte (vgl. CATALYST and THE CONFERENCE BOARD, zitiert nach FALK & FINK, 2002).

Ein geschlechtsspezifisches Korrektiv und mögliches Anpassungsverhalten ist somit selten vorzufinden. Weitere Erhebungen weisen bei Top-Managerinnen als Hemmnis für ihre eigene Karriere die männerdominierte Kultur am Arbeitsplatz neben dem Problem der Vereinbarkeit von Beruf und Partnerschaft auf (vgl. FALK & FINK, 2002). Hierunter kann allgemein die Rollensympathie für die Vorgesetztenfunktion leiden.

Mit steigender Hierarchiestufe und zunehmendem Alter wird die Vorgesetztenrolle von den Betreffenden sympathischer eingestuft. Hier spielen die mehrjährige Erfahrung und kontinuierlich steigende Verantwortungszunahme eine entscheidende Rolle. Gleichzeitig wird hierbei ein Defizit bei jüngeren Führungskräften sichtbar, die augenscheinlich von ihrer subjektiven Empfindung heraus nicht ausreichend in ihre ersten Führungsaufgaben eingewiesen wurden. Angst vor den ersten Führungserfahrungen scheint sich negativ auf die persönliche und unternehmerische Ausübung dieser Rolle auszuwirken. Das Training von Führungsverhalten (in Seminaren und am Arbeitsplatz) sollte deshalb intensiver vor allem für jene Mitarbeiter, die *vor* der Übernahme einer ersten Führungsaufgabe stehen, durchgeführt werden.

Die *Kollegenrolle* ist im Berufsleben die sympathischste. Unterstellungs- (Mitarbeiterrolle) und Überstellungsverhältnisse (Vorgesetztenrolle) werden als konfliktreicher und nicht so sympathisch eingeschätzt. In der Kollegenrolle scheint für die Betreffenden der Verantwortungsrahmen zum Beispiel geringer als in der Vorgesetztenrolle, die Mitsprachegelegenheit jedoch größer als in der Mitarbeiterrolle zu sein. Be- und Entlastungsfaktoren treten somit in einen fördernden Austauschprozess im Rahmen der Rollenausübung als Kollege. Die „laterale Ebene" des Gleichen unter Gleichen lässt u. U. ein Mehr an positionsunabhängiger Kommunikation zu, die im Berufsleben ebenfalls entlastend wirken kann.

Bemerkenswert ist, dass bei allen Führungskräften die *private Rolle* Ehemann(-frau), Vater (Mutter) im Vergleich zu *beruflichen Rollen* die höchsten Sympathiewerte aufweist. Vergleicht man diese Einschätzungen mit der Realität – und eigene Untersuchungen bestätigen dies –, so ist hierbei eine große Diskrepanz zwischen Wunsch und Wirklichkeit beobachtbar. Gerade diese Personenkreise bringen die wenigste Zeit für die Familie auf und verspüren die größten Defizite in der Wahrnehmung dieser Rollen im Alltag. Wird diese Situation von den Betreffenden entsprechend wahrgenommen und der individuelle Veränderungsrahmen als sehr gering eingeschätzt, so führt dies oftmals zu einem bedrohlichen intraindividuellen Rollenkonflikt.

4. Rollencharakteristika

Schauen wir uns zunächst die berufliche Situation von Führungskräften an, so kann schlagwortartig Folgendes zusammengefasst werden (vgl. STREICH, 1994; AKADEMIE FÜR FÜHRUNGSKRÄFTE, 2000):

4.1 Beruflicher Bereich

Unter quantitativen Gesichtspunkten ergibt sich, dass Manager im Durchschnitt 55 Stunden in der Woche für den Beruf aufwenden, wobei rd. 10 % sogar mehr als 60 Stunden erwerbsmäßig arbeiten. Die Wochenarbeitszeit liegt dabei mehr als 15 Stunden über dem durchschnittlichen Arbeitsaufwand der ihnen unterstellten Mitarbeiter. Die typische Führungskraft nimmt weiterhin nur rund vier Wochen ihres sechswöchigen Urlaubs. Die Mitarbeiter hingegen lassen in der Regel keinen Urlaubstag aus.

Qualitatives Kennzeichen der Arbeitssituation von Führungskräften ist der zu beobachtende permanente Zeit- und Arbeitsdruck im Arbeitsvollzug (vgl. den Artikel von RÜHLE: Zeitmanagement, in diesem Band). Nahezu zwei Drittel der Manager und Managerinnen fühlen sich „stark ausgelastet". Die Führungskraft der mittleren Ebene empfindet sich nicht selten als eine „Knautschzone" im Interessenausgleich zwischen Arbeitnehmerwünschen und Unternehmensanforderungen von Seiten der Geschäftsleitung. Eine eindeutige Positionierung der Führungsrolle fällt dabei oftmals schwer. In der Analyse befragter Manager konnte festgestellt werden, dass die zu bewältigenden Sachaufgaben notwendige Führungsaufgaben in den Hintergrund drängen. Obwohl die Führungskraft die Mitarbeiterführung als wichtig anerkennt, wird diese vielfach von ihr quasi „nebenbei" erledigt. Dies ist besonders dann verstärkt zu beobachten, wenn die Stellenbeschreibung und der weitere Karriereweg des Managers sich ausschließlich aus dem Erledigungspotenzial seiner Sachaufgaben ergeben. Überspitzt kann gesagt werden, dass teilweise Manager in Top-Positionen sitzen, die im Führungsbereich mit den Kenntnissen, ein Mofa zu fahren, einen Tanklastzug steuern müssen. Dementsprechend werden diese Manager von ihren Mitarbeitern eher als „Interventionskraft" denn als „Motivationskraft" wahrgenommen.

4.2 Privater Bereich

Unter quantitativen Gesichtspunkten ist festzustellen, dass sich der durchschnittliche Freizeitumfang von Mittelmanagern auf rd. 30 Stunden in der Woche (inklusive Wochenende) beläuft. Im Unterschied zu den unterstellten Mitarbeitern (rund 60 Stunden), die in den letzten 25 Jahren eine Verdopplung ihres Freizeitumfangs zu verzeichnen hatten, hat die Führungskraft in dieser Zeitspanne keine Freizeitzuwächse mehr gewinnen können. Arbeitszeitverkürzungen im Tarifbereich wirken sich dementsprechend nicht auf eine Freizeiterweiterung im Leitungskreis von Unternehmen aus.

Unter qualitativen Aspekten konnte festgestellt werden, dass den befragten Managern die individuelle Freizeit nicht annähernd so wichtig ist wie den ihnen unterstellten Mitarbeitern. Oftmals wird die Freizeit lediglich als eine „Restgröße" im Lebenszusammenhang angesehen. Für die Mehrheit der Befragten ist ihre Freizeit lediglich eine Ausgleichsfunktion zur Arbeit.

Oftmals wird die knappe Freizeit zudem noch durch berufsähnliche Aktivitäten verplant. Führungskräfte sind in überdurchschnittlichem Maße in Funktionärstätigkeiten eingebunden, obwohl ihnen solche Arbeiten – wie die vorhin zitierte Sympathiestudie zeigt – in extremem Maße unsympathisch sind. Vielfach ist Hausbesitz oder eine Eigentumswohnung vorzufinden, obwohl – wie empirisch festgestellt – die damit einhergehenden Belastungen (z. B. Finanzierung, Arbeiten am Haus) als unangenehm empfunden werden. Diese kurzen Schlaglichter zeigen, dass nicht selten ein selbst induzierter Stress in der Freizeit zu konstatieren ist.

5. Rollenkonflikte

Grundsätzlich wird die Führungskraft mit konträren Rollenerwartungen im Berufs- und im Privatleben konfrontiert.

Konfliktär erleben die Manager vielfach die Forderungen und Einstellungen ihres Lebenspartners bzw. der Familie im Spiegel ihrer beruflichen und privaten Interessen. Der gesellschaftliche Wertewandel als ein – überspitzt formuliert – Alt-Jung-Gegensatz macht auch vor der Familie der Führungskraft nicht Halt (vgl. v. ROSENSTIEL, EINSIEDLER & STREICH, 1993). Auch beruflich relevante Fragen, wie beispielsweise die Mobilitätsbereitschaft, werden oftmals durch entgegengesetzte Interessen der Familie problematisiert. Im Freundeskreis wird die Führungskraft oftmals mit der Frage konfrontiert, inwieweit ihr Handeln im Beruf auf soziale Akzeptanz stößt. Aus Gruppendiskussionen mit Unternehmensvertretern, besonders aus dem Pharma- und Chemiebereich, ist zu erfahren, dass es für die einzelne Führungskraft oftmals schwer ist, die Unternehmensstrategien auch im Privatleben zu vertreten. Die Rolle Führungskraft ist augenscheinlich nicht nur im Berufsleben problematisch, sondern verlängert sich in den Freizeitbereich der Betreffenden.

Eigene Untersuchungen zeigen, dass Begriffe wie Effizienz, Leistung und Rationalität im Empfinden der Führungskraft sehr stark in die berufliche Sphäre eingebunden sind. Im Privatbereich haben solche Begriffe eher eine geringere Bedeutung. Auch ordneten die Befragten die Begriffe Komplexität, Macht, Autorität wesentlich stärker in ihre Arbeitswelt als in ihren Privatbereich ein. Letzterem wurde der Begriff „Gefühl" zugeordnet. Im häuslichen Bereich scheint die Führungskraft eher als in der Arbeitswelt die Möglichkeit zu haben, Gefühle zu zeigen.

Nicht selten resultiert hieraus ein Dilemma. Eine Führungskraft konkretisierte dies in einem Einzelinterview mit der Feststellung: „Meine Arbeitswelt ist so stark nach den Kriterien Effizienz, Leistung, Rationalität usw. strukturiert, dass ich kaum in der Lage bin, Gefühle zu äußern und zu empfangen. Es ist mir daher nicht verwunderlich, wenn ich auch im Familienleben Gefühle negiere, da mein Arbeitserleben doch in starkem Maße auch mein privates Erleben bestimmt." Mag eine solche Aussage auch nur für einen geringen Teil der Führungskräfte zutreffen, so zeigt sie doch in eindrucksvoller Weise ein subjektives Konfliktmoment auf.

Was wünschen sich Führungskräfte nun zur Reduzierung der hier kurz dargelegten Rollenkonflikte?

6. Wünsche zur Reduzierung von Rollenkonflikten

Allgemein wünschen sich die Manager einen Abbau von Routine, sowohl in der Arbeitswelt, als auch im Rahmen ihres Privatlebens. Sie möchten eine Angleichung von Selbst- und Fremdbild in beiden Lebensbereichen erreichen. Als Ideal wird ein homogenes Verhalten in der Berufswelt und im privaten Bereich angestrebt, in der Hoffnung, dass sich hierdurch die inter- und intraindividuellen Rollenkonflikte reduzieren. Vielfach wird jedoch verkannt, dass zum Erreichen dieses Ziels die Führungskraft schon im Hier und Jetzt ein verändertes Verhalten an den Tag zu legen hat.

Fragt man nach detaillierten Wünschen sowohl für den Berufs- als auch für den Privatbereich, so wurden die folgenden Bedürfnisse genannt. Im Berufsbereich stehen im Vordergrund der Wünsche:

– Gleichlauf von Sach- und Führungsaufgaben im Arbeitsvollzug,
– Steigerung der Kommunikation mit den Mitarbeitern und dadurch Stabilisierung des zwischenmenschlichen Bereiches,
– verbessertes eigenes Arbeitsverhalten, besonders im Bereich des Umgangs mit der Zeit und dem Setzen von Prioritäten,
– eine Unterstützung von Unternehmensseite im Hinblick auf eine verbesserte Rollenhandhabung von Berufs- und Privatleben. Fortschrittliche Unternehmen (z. B. Lufthansa, Hertie, BMW) verfügen über spezielle „Work-Life-Balance-Programme" und steigern damit u. a. ihre Attraktivität bei schwer zu akquirierenden Fach- und Führungskräften.

Im Privatbereich präferieren die Manager eine intensivere Familienhinwendung. Hierbei steht das Ziel einer partnerschaftlichen Gemeinschaft im Vordergrund. Werden einzelne Freizeitaktivitäten betrachtet, so wünscht sich die Führungskraft neben einem Mehr an intellektuellen Aktivitäten eine intensivere sportliche Betätigung. Die letztgenannte Art der Freizeitverbringung spricht wieder die Ausgleichsfunktion der Freizeit für das Arbeitsleben an, vornehmlich mit seinem regenerativen Charakter.

7. Fazit

Manager sind sowohl im Berufs- als auch in ihrem Privatleben vielfältigen Konfliktherden ausgesetzt. Charakteristisch für die Rolle der Führungskraft im Arbeitsfeld sind ein hoher Arbeitszeitumfang, Zeitdruck und ein Übermaß an Sachaufgaben, welche notwendige Führungsaufgaben in den Hintergrund treten lassen. Die bleibende Freizeit des Leitenden wird oftmals als Restgröße eingeschätzt. Freizeit dient lediglich zur Regeneration für die Arbeit. Konträre Forderungen, Einstellungen und Lebenserwartungen des Lebenspartners, der Familie bzw. im Freundeskreis tragen zudem dazu bei, dass die Führungskraft auch in ihrem Privatbereich Rollenkonflikten ausgesetzt ist. Der lange Arm der Arbeit wirkt auch in der Freizeit.

Das Unternehmen stellt weitere Anforderungen an den Manager. Mobilität, Flexibilität, aber auch das Einhalten der Unternehmenskultur bilden für den Einzelnen nicht selten Zwänge, denen er mit steigender Hierarchiestufe kaum entrinnen kann. Sie verlangen eine eindeutige Rollendefinition. Die gesellschaftlichen Rahmenbedingungen der Führungskraft engen speziell im Arbeitsbereich den Handlungsspielraum weiter ein. Gesetzliche Regelungen (z. B. Betriebsverfassungsgesetz) reduzieren die

Entscheidungsfreiheit und damit das zentrale Zufriedenheitsmoment der Führungskraft. Ein verstärktes gesellschaftliches Bewusstsein für Ökologie und Umweltfragen lässt den Manager stärker als bisher nach der sozialen Akzeptanz seines Handelns fragen.

Aus dem vorher Gesagten können sich in einzelnen Fällen sogar pathologische Zustände ergeben, die ein Überdenken des bisherigen Lebensstils fordern. Der zentrale Wunsch der Führungskräfte nach einem harmonischen Miteinander von Beruf und Privatleben ist oftmals in weite Ferne gerückt. Hier setzt der Aspekt „Führung der eigenen Person" an, der in den weiter folgenden Abhandlungen im Mittelpunkt stehen wird.

Literatur

Akademie für Führungskräfte der Wirtschaft (2000). Ergebnisse der Akademie Suche 2000 „Fitness im Unternehmen". Nicht veröffentlichte Studie. 2000.

Falk, S. & Fink, S. (2002). Accenture-Broschüre: Frauen und Macht, Anspruch oder Widerspruch? Zu beziehen über Accenture, Sulzbach/Taunus 2002.

Hofmann, L., Linneweh, K., & Streich, R.K. (Hrsg.). (1997). Erfolgsfaktor Persönlichkeit. München 1997.

Rosenstiel, L. v., Einsiedler, H. E. & Streich, R.K. (Hrsg.). (1993). Wertewandel. 2. Auflage. Stuttgart 1993.

Streich, R.K. (1994). Managerleben. München 1994.

Streich, R.K. (2001). Führungsalltag zwischen Qual und Qualität. In: Personalführung, 11/99, S. 16–17.

The Catalyst and the Conference Board (2002). Women in Leadership: A European Business Imperative. 2002.

Zur Konkretisierung und weiteren Vertiefung wird empfohlen, im Fallstudienband die Fälle zu „Rollenprobleme von Führungskräften" zu bearbeiten.

Erika Regnet

Stress und Möglichkeiten der Stresshandhabung

1. Begriffsklärung
2. Auswirkungen von Stress
3. Typische Belastungsfaktoren
4. Stresshandhabung
5. Ziel: Harmonisches Verhältnis von Anspannung und Entspannung

1. Begriffsklärung

Von Hans SELYE, dem „Vater der Stressforschung", wurde der Begriff Stress aus der Physik in die Medizin übernommen. Damit werden Zustände der Belastung und der Prozesse ihrer Bewältigung bezeichnet. SELYE (1977; 1991) beschreibt Stress als durch Reize ausgelöste, unspezifische Veränderungen des biologischen Organismus, wobei das innere Gleichgewicht des Systems beeinträchtigt wird. Stress ist dann der Anpassungsprozess des Organismus an innere oder äußere Anforderungen, die körperlicher, emotionaler oder geistiger Natur sein können (s. Kapitel 3).

Reize, die zu Stress führen, werden üblicherweise „Stressoren" genannt. Sie sind jedoch nicht mit Stress gleichzusetzen: Was für den einen Menschen positiv besetzt eine Herausforderung ist, kann für einen anderen bereits eine erhebliche Belastung sein. Die im Folgenden behandelten schädlichen Auswirkungen von Stress beziehen sich auf die negativ getönte Seite, auch Disstress genannt. Herausforderungen und positive Erregungen – dies wird mit Eustress bezeichnet – sind lebensnotwendig und sollten natürlich nicht vermieden, sondern im Gegenteil gesucht werden. Doch Eustress bereitet in der Regel auch keine Probleme.

Wichtig ist also die Beachtung der subjektiven Seite, d. h. die Bewertung und das Erleben eines Belastungsfaktors durch das Individuum. Denn einzelne Stressoren sind nie grundsätzlich Stressauslöser, sondern immer nur für eine bestimmte Person in einem bestimmten Kontext. Dabei scheint es starke interindividuelle Unterschiede in der Resistenz zu geben, selbst bei äußeren, eindeutig messbaren Faktoren: z. B. ist für den einen laute Musik stimulierend, für den anderen ein Ärgernis. Abhängig von der subjektiven Bedeutungszumessung können zudem sonst „neutrale" Dinge wie das Telefon zum Stress werden, wenn man davon ständig in der Arbeit unterbrochen wird oder bestimmte Anrufe (z. B. Kundenreklamationen, Anrufe des Vorgesetzten) negative Gefühle auslösen. Stress scheint allgegenwärtig zu sein (SELYE, 1991) und alle Bevölkerungsschichten wie Lebensbereiche zu betreffen.

2. Auswirkungen von Stress

2.1 Kurzfristige Auswirkungen

Die kurzfristigen Reaktionen auf Stress sind als „Alarmreaktion" (SELYE, 1977) des Körpers zu beschreiben. Veränderungen treten dabei sowohl im motorischen, physiologischen als auch im kognitiven Bereich auf.

Motorische Ebene, z. B.:

- Anspannung der Muskulatur
- Verspannungen
- Verkrampfung der Körperhaltung

Physiologische Ebene, z. B.:

- Steigerung der Atmung und Herztätigkeit
- Erhöhung des Blutdrucks

- Verstärkte Durchblutung der Muskulatur
- Geringere Durchblutung der Haut (Erlebnis der kalten Hände und Füße!), geringere Durchblutung des Magens, der Schleimhaut und der Geschlechtsorgane
- Adrenalinausschüttung, Veränderung von Hormonkonzentrationen
- Schweißsekretion
- Erhöhung von Blutzucker und der Blutfettwerte

Kognitive Ebene, z. B.:

- Gefühle der Angst oder Wut (siehe Kapitel 4)
- Erregung
- Gereiztheit

Diese Reaktionen lassen sich nur bei der Betrachtung der Menschheitsgeschichte verstehen, da sie früher – bei existenzieller Bedrohung – lebenssichernd waren: Bei einer Gefahr werden im Körper Prioritäten gesetzt, d. h. die Muskeln müssen gut durchblutet sein, um schnell reagieren zu können, die Versorgung der Haut, des Magens etc. ist dagegen zweitrangig; auch erhöhte Atmung, Herztätigkeit und Blutdruck sind Voraussetzungen zur schnellen Handlung. Die Schweißsekretion, die uns heute so unangenehm ist, diente dazu, die Bodenhaftung zu erhöhen. Obwohl sich unsere Lebenssituation grundlegend geändert hat, laufen diese autonomen, d. h. bewusst nicht regulierbaren Reaktionen, wie beim Steinzeitmenschen ab.

In der Reaktion gibt es personenabhängige Muster: Manche Menschen reagieren eher auf der motorischen Ebene (z. B. mit Verspannung der Schulter-Nacken-Muskulatur), andere verstärkt auf der physiologischen (z. B. mit Schlafstörungen, Appetitlosigkeit), wieder andere eher im kognitiven Bereich (z. B. mit Konzentrationsstörungen, innerer Unruhe) auf Stress.

Problematisch wird es, wenn die Aktivierung des Körpers langfristig nicht genutzt bzw. abgebaut wird (siehe Kapitel 5) oder wenn sich so viele Stresssituationen aneinander reihen, dass ein Wechsel von Stress und Entspannung, d. h. ein harmonisches Verhältnis von Anspannung und Erholung nicht mehr gewährleistet ist.

Diese Gefahr ist insbesondere in den industrialisierten Ländern sehr groß, da die früher durch die Lebensumstände gegebenen Ausgleichsphasen (z. B. durch lange Fußwege, körperlich anstrengende Haus- und Gartenarbeit) erfolgreich „wegrationalisiert" wurden. Die gewonnene Zeit wird jedoch nicht für eine erhöhte Entspannungs- und Ausgleichszeit genutzt, sondern für zusätzliche Aktivitäten. Hierunter fallen auch falsch verstandene Arbeitstechniken, denn Arbeitsvorgänge sind nicht endlos aneinander zu reihen, sondern durch Pausen zu ergänzen, die nicht „Zeitfresser", sondern wichtiges Entspannungselement sind.

2.2 Langfristige Auswirkungen von Stress

Wird der Organismus über längere Zeit zu hohen Anforderungen ausgesetzt, so zeigt sich das „allgemeine Anpassungssyndrom" (SELYE). Nach der oben geschilderten ersten *Alarmreaktion* folgt zunächst eine gewisse *Gewöhnungsphase*. Es ist durchaus möglich, über Monate, manchmal auch Jahre hinweg, z. B. nur wenige Stunden pro Tag zu schlafen, den Urlaub zu verkürzen oder ganz ausfallen zu lassen und am Wochenende den Arbeitsplatz nur nach Hause zu verlagern. Dies geht jedoch zu Lasten eines enormen Energiebedarfs, die Abwehrkraft gegen neu einsetzende Reize ist dann reduziert.

Schließlich folgt die dritte Phase, das so genannte *Erschöpfungsstadium,* das mit einem Zusammenbruch endet.

Bei langer Überforderung kann es zu Krankheiten, z. B. Herz- und Kreislauferkrankungen (die mit an oberster Stelle bei den Todesursachen stehen), Verdauungsbeschwerden, Magengeschwüren, Muskelverspannungen, Schlaf- und Konzentrationsstörungen kommen. Damit ist nicht gemeint, dass Stress die alleinige Ursache dieser Krankheiten ist, jedoch kann man ihn als einen wichtigen Risikofaktor bezeichnen. 43 % aller Erwachsenen haben nach einer amerikanischen Untersuchung gesundheitliche Probleme aufgrund von Stress (zitiert nach LINNEWEH, 2002, S. 13).

3. Typische Belastungsfaktoren

3.1 Stressfaktoren genereller Art

Jede Veränderung der Lebensumstände erfordert Anpassungsleistungen des Individuums. Deshalb hat grundsätzlich jede Neuorientierung einen Belastungscharakter, selbst wenn es sich um gewünschte Ereignisse wie eine Hochzeit oder Beförderung handelt. HOLMES und RAHE (zitiert nach DAVISON et al., 2002) entwickelten eine Skala zur Einschätzung belastender Lebensereignisse (Abbildung 1).

Der so genannte „Life Change Unit-Wert" ergibt sich aus der aufsummierten Anzahl der Werte der in einem Jahr eingetretenen Ereignisse. Als kritische Grenze gilt

Rang-platz	Geschehnis	mittlerer Wert	Rang-platz	Geschehnis	mittlerer Wert
1	Tod des Ehegatten	100	24	Schwierigkeiten mit Verwandten des Ehemanns bzw. der Ehefrau	29
2	Scheidung	73			
3	Trennung ohne Scheidung	65	25	Außergewöhnliche persönliche Leistung	28
4	Gefängnisstrafe	63			
5	Tod eines nahen Familienmitgliedes	63	26	Ehefrau fängt mit einer Arbeit an oder hört mit ihr auf	26
6	Verletzung oder Krankheit	53			
7	Hochzeit	50*	27	Schulbeginn oder -schluss	26
8	Entlassenwerden	47	28	Veränderung in den Lebensumständen	25
9	Wiederversöhnung nach Streit mit Ehegatten	45	29	Aufgabe persönlicher Gewohnheiten	24
			30	Schwierigkeiten mit dem Chef	23
10	Pensionierung	45	31	Veränderungen in den Arbeitszeiten oder -bedingungen	20
11	Erkrankung eines Familienmitglieds	44			
12	Schwangerschaft	40	32	Umzug	20
13	Sexuelle Schwierigkeiten	39	33	Schulwechsel	20
14	Vergrößerung der Familie	39	34	Veränderungen im Freizeitbereich	19
15	Berufliche Veränderungen	39	35	Veränderungen in den kirchlichen Aktivitäten	19
16	Veränderungen im finanziellen Bereich	38			
17	Tod eines nahen Freundes	37	36	Veränderungen in den sozialen Aktivitäten	18
18	Wechsel an einen Arbeitsplatz mit ungewohnter Tätigkeit	36	37	Aufnahme einer Hypothek oder eines Darlehens unter 10 000 Dollar	17
19	Veränderung in der Anzahl der Auseinandersetzungen mit dem Ehegatten	35	38	Veränderung in den Schlafgewohnheiten	16
20	Aufnahme einer Hypothek über 10 000 Dollar	31	39	Veränderung in der Anzahl der Familienzusammenkünfte	15
21	Verfallen einer Hypothek oder eines Darlehens	30	40	Veränderungen in den Essgewohnheiten	15
22	Veränderungen in den beruflichen Aufgaben	29	41	Ferien	13
			42	Weihnachten	12
23	Sohn oder Tochter verlässt Familie	29	43	Kleinere Gesetzesverstöße	11

*Der Hochzeit wurde willkürlich ein Stresswert von 500 zugeordnet; kein Ereignis wurde mehr als zweimal so belastend eingestuft. Die hier angegebenen Werte sind proportional verringert und reichen bis zu 100.

Abb. 1: Rangreihe belastender Lebensereignisse (nach HOLMES und RAHE)

der Wert von 300, d. h. bei mehr belastenden Ereignissen ist die Wahrscheinlichkeit für Gesundheitsprobleme, Herzattacken, Knochenbrüche etc. deutlich erhöht (DAVISON et al., 2002). Dabei scheinen weniger einzelne Ereignisse als vielmehr die absolute Menge stressinduzierender Vorfälle prognostisch bedeutsam zu sein. Wie spätere Untersuchungen zeigten, variieren zwar die Einschätzungen pro Ereignis interindividuell, die Rangreihe über alle belastenden Situationen ist dagegen weitgehend stichprobenunabhängig.

Konkret bedeutet dies, dass man versuchen sollte, die Anzahl der Ereignisse, die eine Umorientierung erfordern, zu begrenzen. Natürlich lassen sich nicht alle der in Abbildung 1 angeführten Erlebnisse steuern. Doch sollte man beispielsweise nach einem Arbeitsplatzwechsel nicht auch die Freizeitaktivitäten grundlegend verändern und eine Hypothek aufnehmen, oder man sollte z. B. bei einer Trennung vom Partner nicht gleichzeitig eine neue Arbeitsstelle suchen und aus der gewohnten Umgebung wegziehen, um eine zeitliche Häufung von belastenden Vorkommnissen zu vermeiden.

3.2 Stressfaktoren im Unternehmen

Aufgrund der zunehmenden Technisierung wurden viele früher manuelle Tätigkeiten automatisiert. Schwere körperliche Arbeit wird seltener. Dadurch gehen sensumotorische Belastungen und damit zusammenhängende Krankheitsbilder zurück. Auch Belastungen durch Umweltfaktoren (Staub, Lärm etc.) nehmen in den Betrieben aufgrund von Schutzmaßnahmen ab. Dafür erhöht sich die Beanspruchung kognitiver Funktionen und der Konzentration, mit der Folge, dass viele Mitarbeiter sich diesen Ansprüchen nicht mehr gewachsen fühlen. Zudem führt die Automatisierung in manchen Bereichen zu einer größeren Monotonie (und damit Unterforderung) am Arbeitsplatz. Und statt körperlicher Beanspruchungen leiden wir unter Bewegungsmangel.

Worüber klagen Arbeitende in den Deutschland in besonderem Maße? Verschiedene Untersuchungen und Befragungen stellen heraus (s. LINNEWEH, 2002, S. 13 ff., 54 f.), dass zunehmend mehr Menschen sich durch Stress in Beruf und Alltag überfordert fühlen. In Bezug auf berufliche Aspekte werden dabei genannt

– gewachsenes Arbeitstempo
– ständige Hektik und Terminnot
– gestiegener Leistungsdruck.

Dies kann schließlich zum *Burnout* oder einem *Chronischen Erschöpfungssymptom* führen, das gekennzeichnet ist durch vielfältige körperliche Probleme, Leistungs- und Antriebsschwäche, Lustlosigkeit, ständige Müdigkeit.

Weitere Stressfaktoren im Beruf sind:
– Monotonie und qualitative Unterforderung
– umgekehrt ebenso permanenter Verantwortungs- und Entscheidungsdruck
– hohe und vielfältige Aufgaben, z. T. widersprüchliche Anweisungen
– wenig Erfolgserlebnisse und Anerkennung
– Informationsüberlastung
– Störungen des Betriebsklimas und der Zusammenarbeit, Konflikte (vgl. LEYMANN, 1995)

- starke Konkurrenz unter den Kollegen, fehlende Unterstützung
- Angst um den Arbeitsplatz
- das Gefühl, keinen Einfluss und Kontrolle auf Dinge, die mir zustoßen, zu haben
- ständige Veränderungen, die mit Unsicherheiten verbunden sind
- starke psychische Belastungen bei der Einführung neuer Technologien.

Man kann nicht davon ausgehen, dass Manager mehr gestresst sind als ihre Mitarbeiter, die Belastungen sind anderer Art.

Als besonderer Belastungsfaktor bei Führungskräften ist die fortwährende Unterbrechung von Tätigkeiten zu sehen, z. B. durch Anrufe oder Nachfragen von Mitarbeitern, ein Nachteil der Strategie der „offenen Tür". Nach amerikanischen Untersuchungen werden Manager durchschnittlich alle acht Minuten in ihrer Arbeitstätigkeit unterbrochen. Von daher wird als persönliche Arbeitstechnik (vgl. den folgenden Artikel von RÜHLE) auch eine „stille Stunde" empfohlen, die für wichtige Arbeiten zu nutzen ist. In dieser Zeit werden z. B. eingehende Anrufe von der Sekretärin gesammelt, aber nicht durchgestellt.

Der häufig beklagte Zeitdruck ist nicht nur Stressfaktor, sondern erhöht auch die Fehlerrate, insbesondere wenn versucht wird, ihn durch schnelleres, aber weniger sorgfältiges Arbeiten zu kompensieren (vgl. SCHULZ & HÖFERT, 1981).

Ärger im Büro ist nur eine Seite der Medaille, das Managerleben ist durch weitere stressbegünstigende Faktoren gekennzeichnet: Die durchschnittliche Arbeitszeit von Führungskräften beträgt ca. 56 Stunden pro Woche, in der Konsequenz muss der (körperliche) Ausgleich zu kurz kommen. Neben Bewegungsmangel sind ungesunde Ernährung und der Versuch, Stresserleben mittels unsystematischer Maßnahmen zu verringern, z. B. durch Alkohol, Tabletten oder Rauchen, weitere Belastungsfaktoren, deren Auswirkungen nicht unterschätzt werden sollten. Sinnvolle Stresshandhabung kann daher nicht partiell ansetzen, sie betrifft immer die gesamte Lebensgestaltung (s. Kapitel 4).

LINNEWEH (2002, S. 15) kommt zu dem deprimierenden Fazit: „Jede dritte Führungskraft kommt mit dem Stress in ihrem Leben nicht zurecht, ein weiteres Drittel hat damit mehr oder minder deutliche Schwierigkeiten und nur knapp 30 Prozent führten ‚ein gesundes und kontrolliertes Leben'".

Damit wird verständlich, warum sich im Augenblick ein systematisches *Gesundheitsmanagement* besonderer Aufmerksamkeit in Unternehmen erfreut.

3.3 Der Einfluss von Persönlichkeitsfaktoren

Es wurde bereits herausgestellt, dass Stresserleben immer subjektiv ist. Worüber wir uns ärgern und wie stark, das hängt von jedem Einzelnen ab. Auch ob wir unsere Umgebung mehr oder weniger aktiv gestalten, uns Muße gönnen oder selbst im Freizeitbereich immer leistungsorientiert sind, ohne dabei zu entspannen, ist das individuelle Verhalten.

Bekannt geworden ist die Unterscheidung in sog. *Typ-A und Typ-B-Verhalten* (von FRIEDMAN & ROSENMAN). Danach sind Menschen des Typ A hektisch, ruhelos, ungeduldig, setzen sich selbst ständig unter (Zeit-)Druck, erledigen mehrere Aufgaben gleichzeitig und haben Schwierigkeiten „abzuschalten". Sie gelten als ehrgeizig, resolut, „auf vollen Touren arbeitend". Die Grenze zum zuviel, zum „Workaholic" ist fließend.

Typ-B-Menschen setzen sich selbst weniger unter Druck, arbeiten langsamer und gründlich, machen sich weniger Sorgen um ihren beruflichen Erfolg, wirken ausgeglichener und ruhiger. Doch der postulierte Zusammenhang zum Infarktrisiko ließ sich in späteren Untersuchungen nicht eindeutig belegen. Eine Wechselwirkung zwischen Persönlichkeit und Infarktrisiko ist vorhanden, doch sie ist weit komplexer als zunächst angenommen.

Einfluss zu haben scheint eine Tendenz zur *Ärgermentalität* (LINNEWEH, 2002, S. 78 f.). Ärger lässt den Puls und das LDL-Cholesterin im Organismus hochschnellen. Dies führt langfristig – insbesondere bei entsprechenden Vorbelastungen – zu Schädigung der Herzfunktion. Dabei scheint es keinen Unterschied zu machen, ob man den Ärger lautstark äußert oder in sich hineinfrisst (ebenda).

4. Stresshandhabung

Da jeder Mensch mit Stressfaktoren konfrontiert ist und Beanspruchungen unterschiedlicher Art erlebt, entwickelt jeder mehr oder weniger systematische Methoden der Stresshandhabung.

4.1 Stressmodell von Lazarus

Situationen, die als belastend, d. h. als bedeutsam und unangenehm erlebt werden, lösen Handlungstendenzen zu ihrer Bewältigung aus. In Abhängigkeit von der Relation der eigenen Kräfte zur Bedrohung empfehlen sich grundsätzlich zwei Verhaltensalternativen, nämlich Angriff oder Flucht. Die körperlichen Veränderungen bei Stress (s. Kapitel 2) sind für genau diese Handlungen gedacht.

In unserer heutigen Lebenssituation sind beide Reaktionsweisen häufig eingeschränkt. Flucht hieße im betrieblichen Kontext ein Ausweichen, z. B. vor einer unangenehmen Aufgabe oder einem unangenehmen Gespräch – dies ist meist nur bedingt möglich. „Flucht in die Krankheit" (nicht Simulation!) wäre in diesem Sinne eine fehlangepasste Problemlösestrategie. Im äußersten Fall bedeutet Flucht eine Kündigung mit der ungewissen Hoffnung, in einer anderen Arbeitsumgebung bessere Bedingungen vorzufinden. Angriff ist gleichfalls nur eingeschränkt möglich, in Organisationen zumeist lediglich zulässig als verbales „Zurückschlagen", Zynismus, Beschwerden beim Vorgesetzten etc. Körperliche Angriffe, selbst das Brüllen, werden weitgehend negativ sanktioniert.

Sind beide Handlungsalternativen versperrt bzw. nicht genügend eigene Möglichkeiten zum Handeln vorhanden, so wird wegen dieser Handlungsblockade Einflusslosigkeit erlebt, verbunden mit Angst (s. Abbildung 2). Fehlende Situationskontrolle scheint ein starker Belastungsfaktor zu sein. In verschiedenen Versuchen wurde gezeigt, dass sich Hilflosigkeit induzieren lässt, man spricht auch von „erlernter Hilflosigkeit"; die Folge davon sind Passivität und Apathie bei ähnlichen Situationen in der Zukunft, unabhängig von der dann tatsächlich vorhandenen Handlungsmöglichkeit. Im betrieblichen Kontext wäre an Resignation und Anpassung zu denken. Im Gegenzug trägt das „Prinzip Hoffnung" dazu bei, dass Menschen Belastungen länger und mit geringerer Erlebnisintensität ertragen.

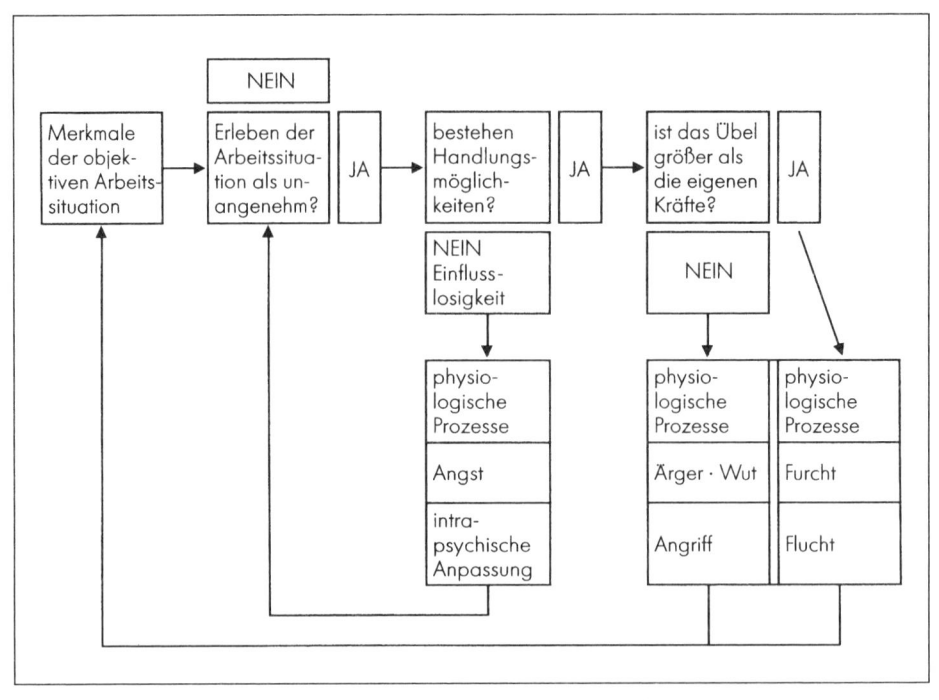

Abb. 2: Modell der Stressauslösung und -verarbeitung (nach LAZARUS, 1966)

Die sehr unangenehme Empfindung der Handlungsblockade führt zu einer „intrapsychischen Anpassung" (LAZARUS, 1966), die als Notlösung zu bezeichnen ist. Darunter ist Folgendes zu verstehen:

- verstärkte Zuwendung zum Problem mit dem Ziel der Unsicherheitsreduktion und der Suche nach neuen Lösungen;
- Entstellung der Realität durch Verdrängung, Umbewertung der Situation, Überschätzung der eigenen Fähigkeiten oder Senkung des Anspruchsniveaus. Bei letzterem findet man sich damit ab, dass gewisse (Arbeits-)Bedingungen nicht besonders gut sind. Dies kann zu einer „resignativen Arbeitszufriedenheit" (BRUGGEMANN et al., 1975) führen, was erklären mag, warum ca. zwei Drittel aller Berufstätigen bei Befragungen hohe Arbeitszufriedenheit angeben und ältere Arbeitnehmer tendenziell zufriedener sind.

Ausschließlich intrapsychische Anpassungsmechanismen sind im Vergleich zum Angriffs- und Fluchtverhalten weniger effektiv, da die Bedrohungsauslöser objektiv nicht beseitigt werden. Weit verbreitet ist auch die Leugnung der Stresssituation – eine Sonderform der intrapsychischen Anpassung –, die allerdings eine äußerst inadäquate Problemlösestrategie darstellt, da sie zu keinerlei Bewältigungsmaßnahmen führt, dagegen Wahrnehmungsverzerrungen zur Folge hat.

4.2 Möglichkeiten zur Vorbeugung und Therapie

Da Stress ein sehr komplexes Phänomen ist, kann auch seine Bekämpfung nicht einseitig sein. Insbesondere unsystematische Stressbewältigungsmethoden wie passive Freizeitaktivitäten, Fernsehen, aber auch Essen, Alkohol, Tabletten bringen nur kurzfristige Erleichterung und sind z. T. weiter gesundheitsschädigend.

All dies spricht für ein *ganzheitliches Stressmanagement*, das sich auf
- Einstellungen, Mentalität
- körperliche Fitness, Ernährung
- Entspannung, Erholung, Ausgleich und Muße
- soziale Beziehungen, Netzwerk

ebenso bezieht wie auf

- Gestaltung/Veränderung der Arbeitssituation (Abbildung 3).

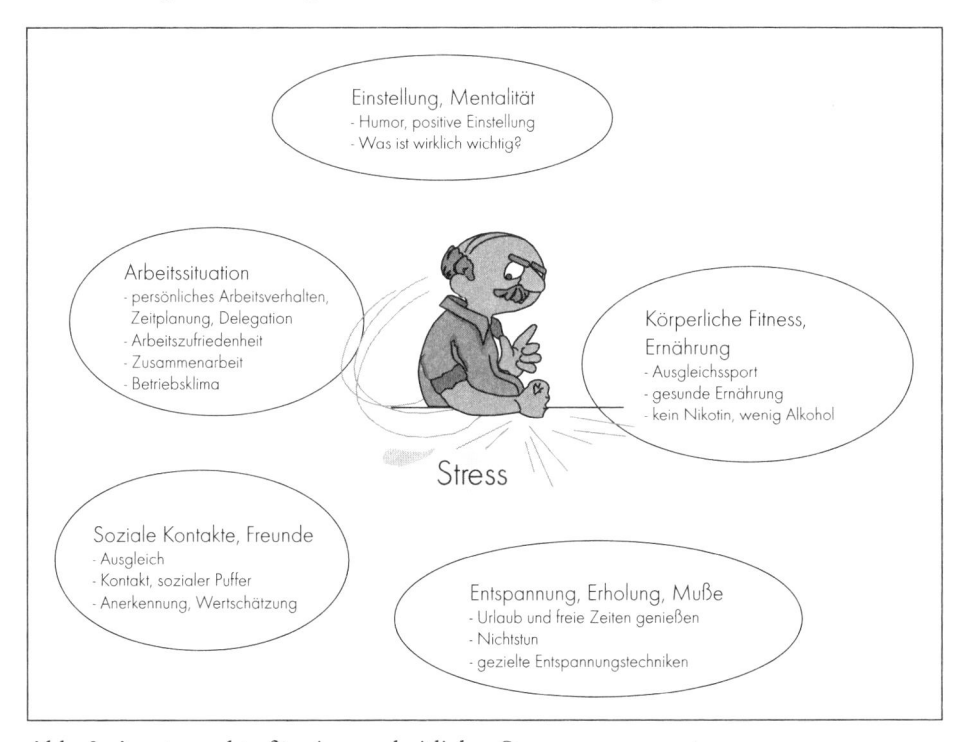

Abb. 3: Ansatzpunkte für ein ganzheitliches Stressmanagement

LINNEWEH (2002) spricht davon, *Stresskompetenz* zu entwickeln, d. h. für sich selbst geeignete Formen zu finden, um beruflichen wie Alltagsstress zu reduzieren und sich gezielt entspannen zu können.

Konstruktive Stressbewältigung setzt auf verschiedenen Ebenen an; die wichtigsten sind:

(1) Stärkung der Widerstandskraft
Hierunter fallen gesunde Ernährung, ausreichend Schlaf, Einhaltung von kurzen Ruhepausen während des Tages, die Inanspruchnahme des freien Wochenendes bzw. des Urlaubs. Zur gesunden Lebensweise gehört auch die Meidung von Alkohol, Nikotin, Medikamenten (soweit nicht medizinisch indiziert).

(2) Gestaltung der Arbeitssituation
In einer lauten Umgebung, mit häufigen Arbeitsunterbrechungen, mit intriganten Kollegen und verständnislosen Vorgesetzten kann niemand ohne Stress arbeiten, heute verwendet man dafür den Begriff „mobbing" (LEYMANN, 1995). Hier ist zu prüfen, inwieweit die Situation gestaltbar, bzw. wann „Flucht" angezeigt ist.

Häufige Reaktion auf Zeitdruck ist schnelleres Arbeiten mit höherer Konzentration, weniger Pausen und einem Verzicht auf Ergebniskontrolle (SCHULZ & HÖFERT, 1981). Der Teufelskreis ist offensichtlich: Als Konsequenz können schnellere Ermüdung und Fehlerhäufung vorausgesagt werden. Hier ist nach langfristig effizienteren Lösungswegen zu suchen, z.B. besserer Arbeitseinteilung, Delegation von Arbeit etc.

In Kapitel 3.2 wurde gezeigt, dass viele Belastungsfaktoren in der Organisationsstruktur begründet sind. Bewältigung von individuellem Leiden muss deshalb auch organisatorische Prozesse und Strukturen umfassen.

Ständige Rationalisierungen, Erhöhung der Leistungsanforderungen bei immer weniger Personal führen langfristig zur Überforderung, zu Krankheiten und Burnout. Dass den Unternehmen durch stressbedingte Krankheiten hohe Kosten entstehen, ist bekannt. Mit einem ganzheitlichen *Gesundheitsmanagement* (z.B. BRANDENBURG, 2000) wird versucht, dem von Unternehmensseite zu begegnen. Dieses umfasst neben dem Arbeits- und Gesundheitsschutz am Arbeitsplatz sportliche Angebote, aber auch Fragen der Motivation und der Zusammenarbeit.

Bei Konflikten werden in Unternehmen zunehmend *Mediatoren* eingesetzt (vgl. DULABAUM, 1998; REGNET, 2001), die nicht als Schiedsrichter agieren, sondern zusammen mit den Betroffenen eine für beide Seiten tragfähige Lösung erreichen wollen. Sie sind für den Prozess, nicht für das Ergebnis verantwortlich.

Zu klären ist auch, ob bei (persönlichen) Problemen Hilfestellungen des Unternehmens angeboten werden sollen, wie z.B. Vermittlung und Bezahlung eines Therapeuten.

(3) Einstellungsänderung und emotionale Unterstützung
Die oben angesprochene Anspruchsniveausenkung ist eine durchaus effektive Strategie – denn nicht jeder Missstand ist modifizierbar. Eine wichtige Pufferfunktion scheint auch die emotionale Unterstützung durch Arbeitskollegen oder Freunde im privaten Umfeld zu haben. Bei objektiv gleicher Belastung reduziert sich die subjektive Beanspruchung dann deutlich (vgl. REGNET, 2001). Bei einer durch Vertrauen geprägten Kooperation im Betrieb ist die Korrelation zwischen Belastung und wahrgenommener Beanspruchung vergleichsweise niedrig, d.h. die objektiv gleiche Situation wird als weniger unangenehm erlebt. Praktisch heißt das, dass einer Person ohne Veränderung der objektiven Belastungssituation bereits dadurch geholfen werden kann, dass man ihr soziale Unterstützung zusichert.

(4) Sport
Körperliches Ausgleichstraining hält den Organismus „fit" und dient dazu, die oben angesprochene Aktivierung bei Stress wieder abzubauen. Hier sollten Ausdauersport-

arten wie Laufen, Schwimmen, Skilanglauf, Bergwandern, Radfahren bevorzugt werden. Holzhacken mag zwar die Aggressivität reduzieren, belastet aber den Körper einseitig. Gerade hier geht es auch um die richtige „Dosierung". Übertriebenes Leistungsverhalten schadet mehr als es nützt.

(5) Gezielte Entspannungsmethoden
Zur schnellen Herbeiführung eines Entspannungszustandes empfehlen sich gezielte Übungen, z.B. das autogene Training, die progressive Muskelentspannung, ein von JACOBSON in den 20er-Jahren entwickeltes Verfahren, Yoga oder Meditation (dargestellt in REVENSTORF, 1993). Ihnen allen gemeinsam ist, dass sie die körperlich-motorisch-geistigen Auswirkungen von Stress in einen angenehmen Entspannungszustand (ohne Müdigkeit) überführen können. Dazu bedarf es allerdings gewisser Übung, und die sollte zumindest anfangs unter Anleitung stattfinden.

5. Ziel: Harmonisches Verhältnis von Anspannung und Entspannung

Zum Abschluss sei noch einmal das Ziel vergegenwärtigt: Nicht Stress soll vermieden, sondern ein harmonischer Ausgleich von Spannung und Entspannung angestrebt werden (Abbildung 4).

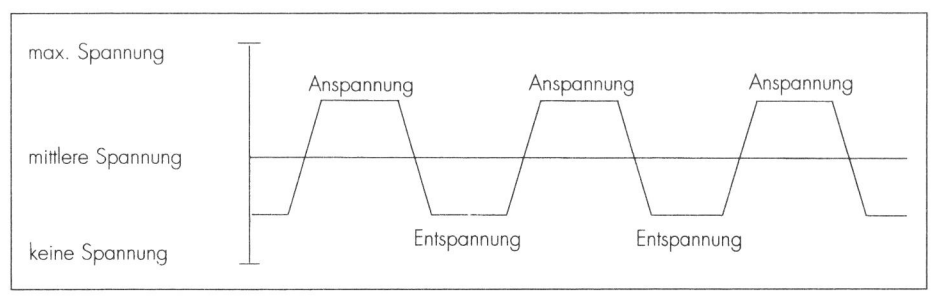

Abb. 4: Harmonischer Wechsel von Anspannung und Entspannung

Dazu gehört,
– vor und nach jeder neuen Aufgabe oder Herausforderung eine Ruhepause einzulegen;
– extreme Belastungen zu vermeiden, um Kraftreserven zu schonen;
– jeden Tag mit einer Entspannungsphase zu beenden, damit der Schlaf neu aufbauen und stärken kann und die Gedanken nicht in der Nacht weiter um unerledigte Aufgaben kreisen.

Literatur

BRANDENBURG, U. (2000). Gesundheitsmanagement im Unternehmen. Weinheim 2000.
BRUGGEMANN, A., GROSKURTH, P. & ULICH, E. (1975). Arbeitszufriedenheit. Bern 1975.
DAVISON, G. C., NEALE, J.M. & HAUTZINGER, M. (2002). Klinische Psychologie. 6. Auflage. Weinheim 2002.
DULABAUM, N. (1998). Mediation: das ABC. Weinheim 1998.
LAZARUS, R. S. (1966). Psychological stress and the coping process. New York, London 1966.
LEYMANN, H. (1995). Der neue Mobbing-Bericht. Reinbeck 1995.
LINNEWEH, K. (2002). Stesskompetenz. Der erfolgreiche Umgang mit Belastungssituationen in Beruf und Alltag. Weinheim 2002.
REGNET, E. (2001). Konflikte in Organisationen. Göttingen 2001.
REVENSTORF, D. (1993). Psychotherapeutische Verfahren, Humanistische Therapien. 2. Auflage. Stuttgart 1993.
SCHULZ, P. & HÖFERT, W. (1981). Wirkungsmechanismen und Effekte von Zeitdruck: Feld- und Laborstudien. In M. FRESE (Hrsg.), Streß im Büro. Bern 1981.
SELYE, H. (1977). Streß. Reinbeck 1991.
SELYE, H. (1991). Streß beherrscht unser Leben. München 1991.

Zur Konkretisierung und weiteren Vertiefung wird empfohlen, im Fallstudienband den Fall zu „Stress und Stresshandhabung" zu bearbeiten.

Hermann Rühle

Zeitmanagement

1. Die wesentlichsten Probleme im Umgang mit Arbeit und Zeit
2. Zwischenbilanz: Sind Sie ein Q3- oder ein Q1-Manager?
3. Anregungen für ein besseres Zeitmanagement

1. Die wesentlichsten Probleme im Umgang mit Arbeit und Zeit

Zu dem Wenigen, was auf dieser Welt gerecht verteilt ist, gehört die Zeit: Jeder von uns hat jede Woche 168 Stunden zu leben. Keine Sekunde mehr. Keine Sekunde weniger. Aber mit den 168 Stunden kommen nur wenige Menschen gut zurecht. Viele haben Probleme mit der Zeit. Manche haben zu viel Zeit und zu wenig zu tun. Sie erleben Langeweile und wissen nicht, wie sie die Zeit „totschlagen" sollen. Andere haben zu wenig Zeit und zu viel zu tun. Die Zeit läuft ihnen davon. Auf ihrem Schreibtisch liegen Berge unerledigter Arbeit. Sie haben das Gefühl, nicht zu den eigentlichen Aufgaben zu kommen, leiden unter Hektik, Stress und Überstunden. Führungskräfte gehören eher zur zweiten Gruppe. Sie stehen unter Zeitdruck, erleben Zeitnot (vergleiche auch den vorausgehenden Artikel von REGNET zum Thema Stress).

Die Führung von Mitarbeitern beginnt mit dem Nachdenken über die Führung der eigenen Person: Ein Chef muss Zeit für seine Mitarbeiter haben. Einer, der in der Tageshektik untergeht, hat weder Zeit, um „über den Tag hinaus" zu denken, noch wird er seinen eigentlichen Führungsaufgaben gerecht werden. Not macht zwar erfinderisch und mancher erreicht nur unter massivem Termindruck seine persönliche Hochform, aber selbstverschuldete End-Termin-Hektik und hausgemachter Stress als Dauerzustand sind eher kreativitätsfeindlich und wirken sich negativ auf die Zusammenarbeit aus.

1.1 Fremdsteuerung durch externe Störfaktoren

Das Verfügungsrecht über die Zeit soll angeblich den Herrn vom Knecht unterscheiden. Viele Führungskräfte sehen sich weniger als Frau oder Herr ihrer Zeit, fühlen sich eher als Zeit-Sklaven, leiden unter einer massiven Fremdsteuerung.

Was behindert Ihre Arbeitseffizienz?
Wer stört Sie bei Ihrer Arbeit?
Von wem wird Ihnen Zeit gestohlen?

Stellt man Führungskräften (zu Beginn von Zeitmanagement-Seminaren) solche Fragen, dann reduzieren sich die Antworten auf fünf wesentliche Störfaktoren, die zu einem zerstückelten Arbeitstag führen, eine reaktive Arbeitsweise aufdrängen und die zusammenhängende, konzentrierte Beschäftigung mit selbstgewählten Problemstellungen während der normalen Arbeitszeit kaum zulassen:

Das *Telefon* ist Störfaktor Nummer eins. Es platzt in die laufende Arbeit oder in ein Gespräch. Nach dem Auflegen muss der rote Faden wieder gesucht werden. Viele Anrufe bringen Folgewirkungen, erfordern ein unmittelbares Tätigwerden in einer neuen Sache. Für die unterbrochenen Aufgaben kostet dies neue Rüstzeiten. Auch die selbstinitiierten Anrufe sind gestört, wenn der dringend benötigte Gesprächspartner nicht erreicht wird.

Zu den Aufgaben einer Führungskraft gehören Gespräche mit internen und externen *Besuchern*. Besucher stören, wenn sie unangemeldet hereinplatzen oder wenn Gespräche zu lang dauern, weil der Gesprächspartner nicht vorbereitet ist oder zu viel Zeit hat.

Die *Mitarbeiter* können für den Chef zur Belastung werden, wenn sie unselbstständig arbeiten, wegen jeder Kleinigkeit zurückfragen, sich bei ihm rückversichern oder an ihn zurückdelegieren wollen.

Auch der Kontakt mit dem eigenen *Vorgesetzten* enthält Störpotenzial. Der Chef hat Rückfragen, bringt neue Aufgabenstellungen, ändert Prioritäten, setzt kurzfristig Besprechungen an.

Besprechungen müssen sein. Sie werden problematisch, wenn sie überhand nehmen, schlecht organisiert und vorbereitet sind, ineffizient ablaufen und zu lange dauern. Oder wenn Ergebnisse nicht umgesetzt werden und zur gleichen Sache neue Besprechungen stattfinden.

1.2 Ergebnisse von Selbstbeobachtungen

Zur Einstimmung auf *Zeitmanagement-Seminare* protokollieren die Teilnehmer vor dem Seminar den Ablauf einiger Arbeitstage und werten die Tätigkeits- und Störprotokolle im Seminar aus. Hier sind typische Haupterkenntnisse (von Führungskräften unterschiedlicher Hierarchiestufen):

Wie ist der Gesamteindruck?
– Tätigkeiten häufig unterbrochen
– Störungen bedeuten Themenwechsel
– ständig wechselnde, ungeplante Tätigkeiten
– immer wieder neue Rüstzeiten erforderlich
– systemloses Arbeiten
– bessere Tageseinteilung wäre erforderlich

Was läuft nicht so gut?
– Tagesziel oft nicht erreicht
– keine Freiräume eingeplant
– keine Berücksichtigung der persönlichen Leistungskurve
– Störungen durch das Telefon während Besprechungen

Was dauert zu lange?
– Besprechungen
– Verfassen von Protokollen
– Postbearbeitung
– Telefonate
– Suche von Unterlagen
– der Arbeitstag (Überstunden)

Was kommt zu kurz?
– Planung
– Vorbereitung
– Vorbereitung von Gesprächen und Besprechungen
– wichtige Dinge
– Fachliteratur
– Weiterbildung
– das Gespräch mit den Mitarbeitern

- die Weitergabe von Informationen an Mitarbeiter
- Kontrolle
- Pausen

1.3 Untersuchungsergebnisse

Arbeitsbelastung und Arbeitsmethoden von Führungskräften sind immer wieder Gegenstand von Untersuchungen (eine Zusammenfassung findet sich bei RÜHLE, 1982). So hat CARLSON (1951) in einer ersten systematischen Studie das Arbeitsverhalten schwedischer Manager analysiert und folgende Hauptergebnisse herausgestellt:

- Eine exzessive Arbeitsbelastung mit hoher durchschnittlicher Arbeitszeit, die – auch nach Ansicht der untersuchten Führungskräfte – auf Dauer nicht durchzuhalten ist. CARLSON sieht unerfreuliche Effekte für die familiären Beziehungen (vgl. dazu den Artikel von STREICH, Rollenprobleme von Führungskräften, in diesem Band) und die Gefahr einer „intellektuellen Isolation" (keine Zeit für außerfachliche Literatur, für Konzert- und Theaterbesuche) mit ungünstigen Auswirkungen auch auf den betrieblichen Bereich; der Arbeitsstil des Chefs kann zum Standard für die Mitarbeiter werden, die sich dann ebenfalls nicht mehr breit weiterbilden und bei denen die Überlastung ebenfalls Regel statt Ausnahme ist.
- Für bedenklich hält CARLSON die verbreitet festgestellte, irrationale „I hope we shall soon return to normal times"-Haltung.
- Nur ein geringer zeitlicher Umfang bleibt für die ungestörte individuelle Arbeit am Schreibtisch. In einem näher untersuchten exemplarischen Fall ergaben sich für die alleine im Büro verbrachten Zeiten „ungestörte" Intervalle von acht Minuten, d. h. im Schnitt wurde die Führungskraft alle acht Minuten per Telefon oder Besucher gestört. Bei einer anderen Führungskraft gab es während der 35 Beobachtungstage nur 12 Zeitblöcke von 23 und mehr Minuten ungestörter Arbeit im eigenen Büro.
- Beobachtet wurde ein so genannter „Kalenderkomplex": Nur Aktivitäten, die im Kalender mit exakten Terminen vorgemerkt sind, werden erledigt und seien sie noch so unwichtig. Nach CARLSONS Meinung sind viele Manager Sklaven ihres Terminkalenders. Wichtige Aktivitäten, die nicht terminiert sind, werden vernachlässigt (Vorbereiten, Planen, Über-den-Tag-hinaus-Denken).
- Führungskräfte nutzen die vorhandenen Möglichkeiten zur Abschirmung gegenüber Telefongesprächen und Besuchern zu wenig.
- Führungskräfte sind auf Besucher schlecht vorbereitet, Gespräche und Besprechungen dauern deshalb länger als erforderlich.

Probleme im Umgang mit der Zeit scheinen sehr zeitlos zu sein. Die Ergebnisse dieser historischen Studie lesen sich sehr modern und treffen den Arbeitsstil mancher Führungskraft von 1998 sehr genau. Ähnlich verhält es sich mit den Ergebnissen einer Untersuchung von LUIJK (1963):

- Führungskräfte erledigen zu viele einfache Tätigkeiten selbst, statt sie zu delegieren.
- Sie delegieren zu wenig Verantwortung, müssen deshalb bei zu vielen Entscheidungen gefragt und einbezogen werden.
- Sie geben unklare Anweisungen, werden deshalb zu oft für Rücksprachen in Anspruch genommen und erhalten unvollständige Ergebnisse.

- Sie informieren ihre Mitarbeiter zu wenig, behindern dadurch deren Arbeitseffizienz und Arbeitszufriedenheit und werden selbst wiederum mehr belastet.
- Sie agieren zu impulsiv, rufen Mitarbeiter unüberlegt zu unnötigen oder aufschiebbaren Rücksprachen und reißen diese aus ihrer Arbeit.
- Es gibt keine vereinbarten Rücksprachezeiten, die es der Führungskraft und den Mitarbeitern ermöglichen würden, sich auf die zu behandelnden Punkte vorzubereiten.

1.4 Eigene Störungen

Zunächst sind immer die anderen Schuld: Telefon, Besucher, Mitarbeiter, Chef und langatmige Besprechungen halten mich von meiner eigentlichen Arbeit ab (1.1).

Die Ergebnisse von selbsterstellten Tätigkeits- und Störprotokollen (1.2) bestätigen dies, bringen aber auch Hinweise auf eigene Schwachstellen.

Ganz deutlich zeigen die durch Fremdbeobachtung gewonnenen Untersuchungsergebnisse (1.3) selbstverschuldete Probleme im Umgang mit Aufgaben und Zeit.

Werden deshalb Seminarteilnehmer mit der Aussage provoziert, dass die beklagten externen Störfaktoren doch wohl nur die halbe Wahrheit sein können und es auch eigene, innere Störungen geben muss, kommen folgende Ergebnisse:

Konzeptionsloser Arbeitsstil
Fehlende Ziele und Prioritäten, keine Konsequenz bei der Durchsetzung gesetzter Prioritäten, blinder Aktionismus, fehlende Planung, zu wenig Zeit für Vorbereitung, fehlende Pufferzeiten, ungenügende Planung des Tagesablaufs.

Mangelhafte Schreibtischorganisation
„Volltischler-Syndrom", Suchen von Unterlagen, Ablage funktioniert nicht, Vergessen von Terminen und Zusagen.

Fehlende Motivation
Aufschieben unangenehmer Arbeiten, Vorziehen unwichtiger Lieblingsaufgaben, Lustlosigkeit, Demotivation durch beruflichen oder privaten Ärger.

Probleme mit der persönlichen Leistungskurve
Müdigkeit, Leistungsloch nach dem Mittagessen, Nachwirkungen einer Feier vom Vorabend, Anlaufprobleme am Morgen, Anlaufprobleme am Montag, Konzentrationsstörungen.

Mangelnde und mangelhafte Delegation
Ungenaue Aufgabenstellung an Mitarbeiter, Widerstände gegen Delegation, alles selbst machen wollen, „Nur ich kann's richtig"-Haltung, zu späte Delegation, kein Unterbinden von Rückdelegations-Versuchen.

Inkonsequentes Verhalten
Eigenes Mitteilungsbedürfnis, Ablenkungsbereitschaft, inkonsequente Gesprächsführung, zu großzügiges Zeitangebot an Besucher, mangelnde eigene Gesprächsvorbereitung, Flucht in Sozialkontakte, sich um Dinge kümmern, die einen nichts angehen.

Persönliche Eigenheiten
Übertriebene Hilfsbereitschaft, nicht „Nein" sagen können, zu pedantisches Arbeiten, Überperfektionismus.

2. Zwischenbilanz: Sind Sie ein Q3- oder ein Q1-Manager?

Die referierten Ergebnisse zeigen: Führungskräfte sollen und wollen rationale, über den Tag hinausdenkende, wichtigkeitsgesteuerte Manager sein. Tatsächlich sind sie eher dringlichkeitsgesteuerte Reagierer, mit menschlichen Schwächen behaftete Spezialisten für das Tagesgeschäft.

Die *Wichtigkeits-Dringlichkeits-Matrix* (modifiziert nach COVEY, 1992 und 1997) soll dies verdeutlichen (s. Abbildung 1).

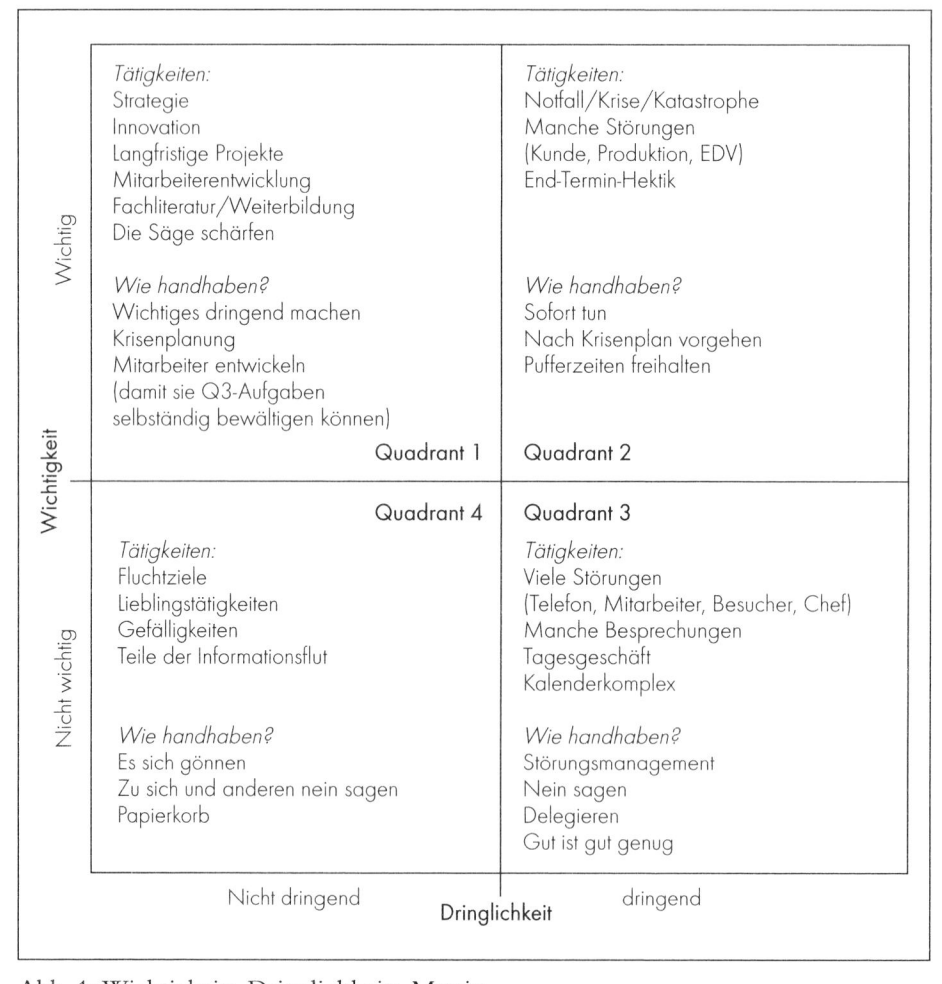

	Nicht dringend	dringend
Wichtig	*Tätigkeiten:* Strategie Innovation Langfristige Projekte Mitarbeiterentwicklung Fachliteratur/Weiterbildung Die Säge schärfen *Wie handhaben?* Wichtiges dringend machen Krisenplanung Mitarbeiter entwickeln (damit sie Q3-Aufgaben selbständig bewältigen können) Quadrant 1	*Tätigkeiten:* Notfall/Krise/Katastrophe Manche Störungen (Kunde, Produktion, EDV) End-Termin-Hektik *Wie handhaben?* Sofort tun Nach Krisenplan vorgehen Pufferzeiten freihalten Quadrant 2
Nicht wichtig	*Tätigkeiten:* Fluchtziele Lieblingstätigkeiten Gefälligkeiten Teile der Informationsflut *Wie handhaben?* Es sich gönnen Zu sich und anderen nein sagen Papierkorb Quadrant 4	*Tätigkeiten:* Viele Störungen (Telefon, Mitarbeiter, Besucher, Chef) Manche Besprechungen Tagesgeschäft Kalenderkomplex *Wie handhaben?* Störungsmanagement Nein sagen Delegieren Gut ist gut genug Quadrant 3

Abb. 1: Wichtigkeits-Dringlichkeits-Matrix

Die von Führungskräften zu bewältigenden Tätigkeiten lassen sich vier Quadranten zuordnen:

Quadrant 1 umfasst den zentralen Bereich der eigentlichen Führungsaufgaben, zusätzlich Aktivitäten zur Erhaltung der persönlichen Leistungsfähigkeit, der persönlichen und fachlichen Weiterentwicklung und der eigenen Lebens- und Karriereplanung.

Die Perspektive ist langfristig-strategisch, Q1-Aktivitäten haben keine Tagesaktualität und unterliegen keiner Fremdsteuerung. Und hier liegt das Problem: Weil Q1-Aktivitäten wichtig, aber nicht dringend sind, und ihre Inangriffnahme eines eigenen Anstoßes bedarf, kommen sie zu kurz, werden sie vernachlässigt. Ein Beleg findet sich in den Ergebnissen von Selbstbeobachtungen (1.2): Die Frage „Was kommt zu kurz?" beantworten Führungskräfte mit einer Aufzählung von Q1-Aktivitäten.

Quadrant 2 fordert den Krisenmanager. Plötzliche wichtige Ereignisse und unvorhergesehene Notfälle zwingen zum sofortigen Reagieren. Alles andere wird zweitrangig und bleibt liegen.

Nicht alle Q2-Ereignisse sind schicksalhaft-unvorhersehbar. Manches wichtige Problem wird – weil wichtig aber noch nicht dringend – auf Sparflamme oder überhaupt nicht bearbeitet. Bis das Wichtige dringend wird, von Q1 nach Q2 „rutscht" und in einer selbstverschuldeten End-Termin-Hektik gerettet werden muss. Der selbst ernannte Krisenmanager kann zur persönlichen Hochform auflaufen. Allerdings wäre das krisenhafte Reagieren durch rechtzeitiges Agieren vermeidbar gewesen.

Quadrant 3: Hier findet der „Spezialist für das Dringende" sein Betätigungsfeld. Er wird vom Tagesgeschäft vereinnahmt, empfängt gleichzeitig dringende Anrufe und unangemeldete Besucher, beantwortet nebenbei Fragen von Mitarbeitern, reagiert auf Wünsche des Chefs und hetzt zu spontan einberufenen Besprechungen.

Der Q3-Manager lässt sich von der Dringlichkeit überrollen und realisiert nicht, dass Störungen und Unterbrechungen immer dringend, aber nicht immer wichtig sind. Ab und zu verlässt er notgedrungen seine Q3-Arena und bewältigt Q2-Krisen, von denen er einige selbst verursacht, andere nicht verhindert oder durch Vorbeuge- und Alternativmaßnahmen abgemildert hat. Dazu wären rechtzeitige Q1-Aktivitäten erforderlich gewesen, für die der Q3-Manager keine Zeit gehabt hat.

Quadrant 4 ist unproblematisch, wenn die dafür eingesetzten Zeitanteile im Rahmen bleiben. Manchmal ist der Quadrant 4 das Fluchtziel für den gestressten Krisenmanager (Q2) bzw. Pseudo-Krisenmanager (Q3), man gönnt sich zur eigenen Regeneration angenehme Q4-Aktivitäten.

Aus der *Wichtigkeits-Dringlichkeits-Matrix* leiten sich zwingende Konsequenzen für ein verbessertes Zeitmanagement ab:

1. Das Zeitbudget einer Führungskraft muss hohe Q1-Anteile enthalten.
2. Die dafür fehlende Zeit kann zunächst nur aus dem Quadranten 3 kommen, da die Bewältigung von Q2-Problemen mit zu den Aufgaben eines Managers gehört und nicht ignoriert werden kann.
3. Längerfristig werden bei intensiverer Wahrnehmung von Q1-Aufgaben auch die Zeitanteile für Q2 geringer, zumindest um den Anteil selbstverschuldeter Krisen: Verhütete Brände muss man nicht löschen.

3. Anregungen für ein besseres Zeitmanagement

3.1 Sich behaupten

Die Zielrichtung ist klar: Mit der Führungsfunktion verträgt sich eine massive Fremdsteuerung durch das dringende Tagesgeschäft nicht. Nur von Notärzten und Feuerwehrkommandanten wird ständige Präsenz und sofortiges Reagieren gefordert. Eine Führungskraft empfängt zwar auch Hilferufe und muss Brände löschen, ihre Tätigkeit sollte aber nicht permanenten Notfallcharakter haben. Sie muss durch Störungsmanagement und konsequente Selbstbehauptung unnötige Anteile der Fremdsteuerung abbauen, vermeidbare Störungen vermeiden, unvermeidliche Unterbrechungen abkürzen, sich gegen Zeitdiebstahl und Zeitverschwendung wehren, kurz: Q3 verkleinern.

3.1.1 Vorbemerkung

Es kann nicht darum gehen, alle Störungen zu eliminieren. In externen Störungen können Chancen liegen (ein störender Anruf, der mich aus meiner gerade angefangenen Arbeit herausreißt, bringt mir einen neuen Kunden; ein Mitarbeiter, der mich zum unpassenden Zeitpunkt mit einer Rückfrage nervt, macht mich auf einen Missstand aufmerksam, ich kann korrigierend eingreifen und Probleme vermeiden). Einige der eigenen Störungen machen uns menschlich, andere dienen einem höheren Zweck (Ablenkungsbereitschaft kann dem Knüpfen zwischenmenschlicher Beziehungsnetze dienen, und diese können in anderen Situationen die Arbeit erleichtern).

Nach KOTTER (1982) sehen erfolgreiche Manager in Unterbrechungen nicht nur Probleme (die durch ein besseres Störungsmanagement zu beseitigen sind), sondern Gelegenheiten, die es zu nutzen gilt, um an „weiche" Informationen heranzukommen und um Beziehungen zu klären und zu festigen. STIEFEL (1983) und NEUBERGER (1990) geben zu bedenken, dass solche Erkenntnisse den Ansätzen klassischer Zeitmanagement-Seminare diametral entgegenstehen. Diese Bedenken können nicht dazu führen, auf Anregungen für ein besseres Zeitmanagement zu verzichten, sondern sie sind dabei zu berücksichtigen.

3.1.2 Abschirmen

Eine Führungskraft sollte sich für die konzentrierte Beschäftigung mit Q1-Themen, die permanente Störungen nur schwer vertragen, sowie für Gespräche und Besprechungen durch Einsatz des Sekretariats und/oder entsprechender Kommunikationstechnik (Sprachspeicher, elektronische Post) einen ungestörten Zeitblock schaffen. In einer ungestörten Stunde lässt sich das Doppelte von dem erledigen, was man in einer gestörten Stunde zu Wege bringt. Ungestörte Stunden sollten in günstige Zeiträume der normalen Arbeitszeit eingebaut und nicht in der routinemäßigen Überstunde oder in der vollen Aktentasche, die am Wochenende mit nach Hause genommen wird, realisiert werden. Beim Festlegen von Sperrzeiten sind auch die Schwankungen der persönlichen Leistungskurve zu berücksichtigen. In einer ungestörten Stunde im Leistungshoch bringen Sie wesentlich mehr vom Tisch als in einer gestörten Stunde im Leistungstief!

3.1.3 Bündeln

Nicht alle, aber viele Kontaktwünsche lassen sich ohne negative Auswirkungen aufschieben und gebündelt erledigen. Manchmal ist es sogar besser, wenn auf Grund einer qualifizierten Telefonnotiz ein vorbereiteter Rückruf möglich ist (als wenn Sie direkt erreicht worden wären und unüberlegte Aufkünfte gegeben hätten). Ein vereinbartes Gespräch mit vorbereiteten Teilnehmern bringt meist mehr als eine ad-hoc-Besprechung. Der Vorwurf „Sie kann man ja nie erreichen" kann Sie dann nicht treffen, wenn bei Ihrer Abwesenheit (Besprechung, Reisen, ungestörter Zeitblock) Zeiten bekannt gegeben werden können, zu denen Sie wieder erreichbar sind. Solche Telefon-Fenster stellen das notwendige Gegenstück zum ungestörten Zeitblock dar.

3.1.4 Gesprächsverhalten

Störungen durch Telefon und Besucher lassen sich durch das eigene Gesprächsverhalten steuern und abkürzen. Durch Techniken der Gesprächseröffnung (muss es immer „Wie geht's" sein?) und des Gesprächsabschlusses („Darf ich zusammenfassen") können Sie die Dauer mancher Unterbrechung beeinflussen. Vielleicht sollten Sie sich auch in der Kunst des Neinsagens üben, eine übertriebene Hilfsbereitschaft abbauen und einsehen, dass Sie es nicht allen Leuten recht machen können.

3.1.5 Führungsverhalten

Einige Ursachen übermäßiger Störungen durch Mitarbeiter können beim Vorgesetzten selbst liegen. Vielleicht haben Mitarbeiter zu wenig Entscheidungsfreiraum und Verantwortung übertragen bekommen oder Kompetenzen sind nicht klar abgesteckt (vgl. den Artikel von v. ROSENSTIEL, Grundlagen der Führung, in diesem Band). Möglicherweise ist die Delegationsfähigkeit des Chefs verbesserungswürdig. Wenn er unklare Aufgabenstellungen weitergibt und es versäumt, mit den Mitarbeitern Ziele, Rahmenbedingungen und Erledigungs-Endtermine abzusprechen, sind Rückfragen, Probleme und nicht eingehaltene Termine vorprogrammiert. „Bringen Sie mir bitte keine Fragen sondern Antworten, keine Probleme sondern Lösungen!" wäre eine Haltung, die ein Chef gegenüber Rückdelegations-Versuchen von Mitarbeitern einnehmen sollte. Auch das „Prinzip der offenen Tür" kann problematisch werden. Für die Mitarbeiter ist es positiv, wenn der Chef jederzeit ansprechbar ist. Nur er selbst wird dabei zu kurz kommen. Es sollte Ausnahmen vom löblichen Prinzip geben: Die Tür eines Vorgesetzten sollte zu sein (ungestörter Zeitblock), wenn er ein Gespräch führt oder konzentriert arbeiten will. Vielleicht ist der Chef aber auch zu selten gesprächsbereit, zu oft unterwegs. Wenn er einmal da ist, will jeder seine Probleme loswerden. Hier könnten routinemäßige Rücksprachezeiten helfen. Übrigens: Auch Ihre Mitarbeiter ziehen es vor, wenn sie sich auf Besprechungen vorbereiten können und nicht nach dem Motto „Bitte kommen Sie mal schnell zu mir" aus der Arbeit herausgerissen werden.

3.1.6 Führung nach oben

Ihrem überspontanen Chef sollten Sie Ihren eigenen Arbeitsplan, Ihre eigene Konzeption entgegenhalten, ihm Auswahlfragen stellen und Konsequenzen geänderter Prioritäten aufzeigen (vgl. auch den Beitrag von WUNDERER, Führung des Chefs, in diesem Band).

3.1.7 Besprechungen

Sie können sich über die weit verbreitete Zeitverschwendung in Besprechungen aufregen oder zumindest die von Ihnen angesetzten und moderierten Besprechungen sinnvoll vorbereiten, durchführen und umsetzen. Bei Besprechungen, an denen Sie teilnehmen müssen (müssen Sie überhaupt?), können Sie zu Beginn auch einmal die Zeitfrage stellen (wenn in der Einladung nur der Beginn, nicht aber das geplante Besprechungsende angegeben war). Oder Sie können darum bitten, den Sie betreffenden Tagesordnungspunkt vorzuziehen, damit Sie nicht die gesamte Zeit dabei sitzen müssen. Oder Sie warten in „Rufbereitschaft" den Sie angehenden Besprechungspunkt ab und erledigen in der Zwischenzeit andere Arbeiten, falls Besprechungsort und Ihr Schreibtisch nicht zu weit auseinander liegen. Auch Zweiergespräche lassen sich abkürzen, wenn Sie mit dem Gesprächspartner zu Beginn eine Art Tagesordnung und eine Zeitvorgabe absprechen.

3.2 Sich organisieren

Konsequentes Störungsmanagement (s. Kapitel 3.1) kann eine übermäßige Belastung durch Q3-Aktivitäten abbauen und Freiräume für Q1-Aufgaben schaffen. Ein funktionierendes Selbstmanagement zielt darauf, die richtigen Dinge richtig zu tun, die erweiterten Freiräume sinnvoll zu nutzen.

3.2.1 Das Diktat der Termine minimieren

Managen heißt: Ziele definieren und realisieren. In der Praxis sieht das oft anders aus. Mancher Manager ist nicht ziel- sondern termingesteuert. Er nimmt Termine wahr, bezieht seine Selbstbestätigung aus dem vollen Terminkalender, hetzt von einer Besprechung zur Nächsten, geht auf Dienstreise, empfängt Besucher, arbeitet den Kalender ab und verliert darüber das Ziel aus den Augen. Der volle Terminkalender wird ergänzt durch eine Liste wichtiger Aufgaben. Diese Liste wird immer länger, weil der volle Terminkalender keine Zeit zum Abarbeiten lässt. „Ich habe keine Zeit mehr, ich habe nur noch Termine!" ist eine typische Aussage des unter dem Termin-Diktat leidenden Managers.

Was ist zu tun?

1. Das Wahrnehmen von Terminen gehört mit zu meinen Aufgaben, aber nicht jeden Terminwunsch muss ich unreflektiert akzeptieren und manche Termine kann ich an Mitarbeiter delegieren.

2. Damit meine wichtigen Q1-Aufgaben nicht „untergehen", muss ich sie dringend machen, als Eigentermine in meinen Kalender schreiben und sie genauso ernst nehmen wie Fremdtermine.

3.2.2 Mit der End-Termin-Hektik umgehen

Neben dem „Kalenderkomplex" lassen sich manche Manager durch die zweite Pseudo-Priorität „End-Termin-Hektik" steuern: Eine langfristige, wichtige Aufgabe bleibt aus Zeitgründen liegen, weil sie ja nur wichtig, aber noch nicht dringend ist. Irgendwann wird sie dringend, lassen drohende negative Rückstellwirkungen ein weiteres Schieben nicht mehr zu. Die End-Termin-Hektik ist da. Die Aufgabe ist von Q1 nach Q2 „gerutscht" und muss unter Druck erledigt werden.

Wie damit umgehen?

1. Liegen lassen muss nicht zwangsläufig zur End-Termin-Hektik führen. Manches erledigt sich von selbst, wenn man nur lange genug wartet. Manchmal ändern sich Rahmenbedingungen, Wichtiges wird gegenstandslos, und ich habe mir Arbeit gespart, weil ich noch gar nicht angefangen hatte.
2. Manche laufen in der End-Termin-Hektik zur persönlichen Hochform auf und bringen in kurzer Zeit Ergebnisse zu Stande, die sich sehen lassen können. End-Termin-Hektik als Selbstmotivations-Ersatz.
3. Aber nur selten erledigt sich Wichtiges von selbst, meist wird Liegenlassen durch gravierende negative Rückstellwirkungen bestraft. Und manchmal führt massiver Termindruck zur persönlichen Denkblockade. Deshalb muss auch hier die Strategie lauten: Das Wichtige rechtzeitig dringend machen, die große Aufgabe in Teilschritte herunterbrechen und Zwischentermine definieren und abarbeiten.

3.2.3 Das Wichtige bestimmen und dringend machen

Der Q1-Manager reagiert nicht nur auf Tagesaktivitäten, lässt sich nicht von Pseudo-Prioritäten leiten, sondern von Zielen, aus denen er Handlungsschritte ableitet. Ist er vom Ziel überzeugt, von der dahinter liegenden Vision begeistert, kann er auf Selbstmotivations-Tricks verzichten. Konkurrierende Aktivitäten erhalten automatisch nachrangige Priorität.

Den Kalenderkomplex setzt er bewusst ein und bildet für Q1-Aufgaben Termine („10–12 Uhr Nachdenken über Problem X"). Er weiß auch, dass aus vage vorgenommenen Kontaktwünschen („Wir sollten uns auch wieder einmal zusammensetzen") nie etwas wird, es sei denn, man vereinbart sofort einen konkreten Termin. Auch der Vorsatz, endlich mehr für die eigene Fitness zu tun, lässt sich per Termin im dienstlichen Kalender („18 Uhr Waldlauf") leichter in die Tat umsetzen.

Sogar die End-Termin-Hektik kann man zur Steigerung der eigenen Konsequenz positiv nutzen: Dazu müssen Zwischentermine für die Fertigstellung von Teilergebnissen vereinbart und mit Verpflichtungscharakter versehen werden (konkreter Präsentationstermin für ein definiertes Teilergebnis). Besser ein kleiner Zwischen-Termin-Druck als die große End-Termin-Hektik!

3.2.4 Termin- und Merksystem optimieren

Das persönliche Termin- und Merksystem ist die Basis für ein funktionierendes Selbstmanagement. Vergessene Termine, Kollisionen zwischen beruflichen und privaten Terminen oder Ärger wegen gegebener, aber nicht gehaltener Zusagen müssen nicht sein. Jeder sollte sich ein für das Aufgabengebiet geeignetes und zum persönlichen Arbeitsstil passendes System maßschneidern. Eines der gängigen Ringbuchsysteme unterschiedlicher Größe und Inhalte kann eine Grundlage sein, die der Benutzer auf seine Bedürfnisse einrichten und abwandeln sollte.

Im Terminteil ist entscheidend, dass abends nicht nur (dringende) Termine sondern auch (wichtige) Aufgaben abgehakt sind. Der Merkteil sollte Zettel für längerfristige Themen und Aufgaben enthalten, die als Ideenspeicher dienen und die man regelmäßig durchblättert, um am Thema dran zu bleiben und der End-Termin-Hektik zu entgehen. Auch für in naher Zukunft stattfindende Ereignisse (Dienstreise, Besprechung, Verhandlung, Vortrag, Präsentation) kann jeweils ein Zettel angelegt werden, auf dem man Stichworte, mitzunehmende Unterlagen, abzuklärende Punkte notiert. Auch für wichtige Gesprächspartner, mit denen man öfter telefonisch oder persönlich zu tun hat, kann man auf einem Zettel Punkte sammeln und beim nächsten Kontakt gebündelt abhandeln.

Wenn Sie mit einem Sekretariat zusammenarbeiten, muss die Frage der „Terminhoheit" geregelt werden. Wenn Chef und Sekretariat unkoordiniert Termine absprechen sind Doppelbuchungen und Terminkollisionen programmiert. Terminabstimmungen sind oft mühsam und zeitaufwändig. Ein Chef sollte deshalb die Terminhoheit grundsätzlich dem Sekretariat übertragen, ergänzt durch Absprachen, welche Termine zu seinem Aufgabenbereich gehören (d. h. selbstständig zugesagt werden können), welche Pufferzeiten und terminfreie Räume reserviert bleiben sollen und bei welchen sensiblen Terminen eine vorherige Rückkopplung erforderlich ist.

3.2.5 Den Tag vernünftig planen

Das Motto „Mal sehen, was der Tag Schönes für mich bringt" wird auf Dauer nicht sehr erfolgreich sein. Besser sind einige Grundsätze zur Tagesplanung.

Den Tag planen
Hier gilt: In den letzten 15 Minuten der Arbeitszeit den absolvierten Tag bilanzieren. Sich über abgehakte, erledigte Aufgaben freuen. Unerledigtes auf den Folgetag übertragen, an dem man die Aufgabe mit hoher Wahrscheinlichkeit erledigen kann. Den nächsten Tag vorbereiten. Aufgaben und Termine auflisten und nach Wichtigkeit und Dringlichkeit reflektieren. Den zeitlichen Umfang abschätzen (Vorsicht: Es dauert meist länger als Sie gedacht haben!). Bei zu großem Arbeitsumfang für den nächsten Tag überlegen:

- Was kann ich streichen?
- Was kann ich auf später verschieben?
- Was kann ich ganz oder teilweise an wen delegieren?
- Was kann ich in kürzerer Zeit (Motto: „Gut ist gut genug") erledigen?

Oft wird nichts anderes übrig bleiben, als Aufgaben zu verschieben. Sie sollten aber bedenken, dass verschobene Aufgaben Sie später umso härter treffen können, dass also alle anderen Versionen der Reduzierung eines zu großen Arbeitspensums besser sind.

Pufferzeiten freihalten
Hier gelten die Regeln: Nur den halben Tag verplanen, höchstens zwei Drittel, den Rest freihalten für Unvorhergesehenes aus Q2 und Q3. Pufferzeiten zwischen Terminen haben Anti-Hektik-Wirkung. Und an Pausen sollten Sie denken.

Wenn das Unvorhergesehene nicht eintritt, können Sie sich Q1-Aufgaben vornehmen oder Folgetage entlasten mit den Fragen:

- Was kann ich vorbereiten?
- Was kann ich einleiten?
- Was kann ich vorarbeiten?
- Was kann ich vorziehen?

Ungestörte Zeitblöcke schaffen
Die persönliche Effizienz lässt sich dadurch steigern, dass Sie sich für eine Stunde aus dem Tagesgeschäft ausblenden und zusammenhängend und konzentriert an wichtigen Aufgaben arbeiten. Auch Besucher und Mitarbeiter danken es Ihnen, wenn Gespräche nicht durch Telefon oder weitere Besucher gestört werden.

Kommunikations-Fenster öffnen
Im Laufe des Tages sollten Sie routinemäßige Zeiten der „Offenen Tür" für kurze spontane Mitarbeiterkontakte definieren, Rücksprachezeiten für längere Gespräche vereinbaren und bei Abwesenheit eine Zeit hinterlassen, zu der Sie telefonisch wieder erreichbar sind.

Leistungskurve berücksichtigen
Sie sind nicht den ganzen Tag gleich leistungsfähig (s. Abbildung 2).

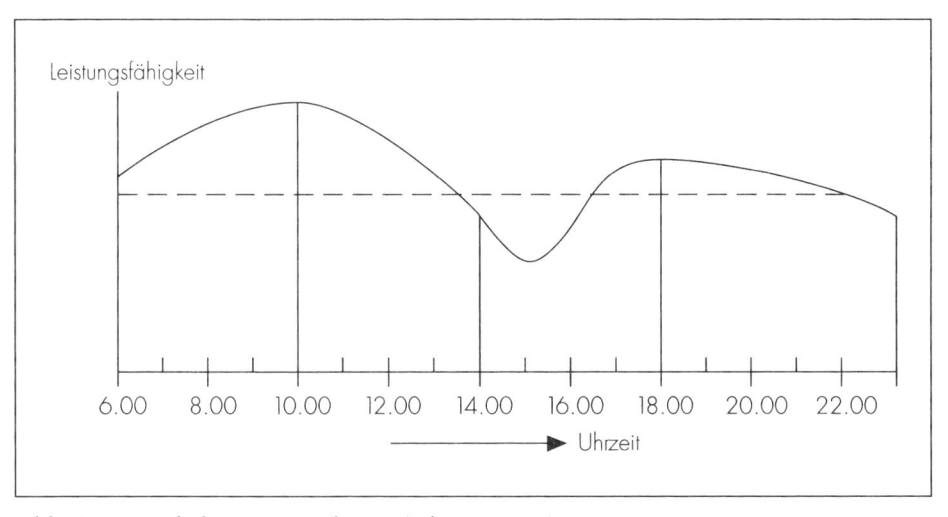

Abb. 2: Persönliche Leistungskurve (schematisiert)

Legen Sie wichtige, schwierige oder unangenehme Aufgaben und Gespräche in Ihre leistungsstarken Zeiten. Erledigen Sie weniger wichtige Aktivitäten (Routine, Rückrufe, offene Tür, Betriebsrundgang) im Leistungstief.

3.3 Sich führen

3.3.1 Die wahren Ursachen für Zeitprobleme erkennen

Wenn Sie unter Zeitdruck und Zeitnot leiden, sollten Sie auf drei Ebenen nach Ursachen und Lösungen suchen:

1. Sie lassen sich zu viel Zeit stehlen und wehren sich nicht dagegen (s. Kapitel 3.1).
2. Sie selbst verschwenden durch schlechte Eigenorganisation zu viel Zeit und tun nichts dagegen (s. Kapitel 3.2).
3. Möglicherweise liegen die wahren Ursachen (und Lösungen) für Zeitprobleme in Ihrer eigenen Person:
   – Sie nehmen sich immer zu viel vor und setzen sich selbst unter Druck.
   – Sie wollen als Überperfektionist alles selbst machen.
   – Sie können (zu sich und anderen) nicht „Nein" sagen.
   – Sie brauchen permanente Überlastung als Beweis der eigenen Unersetzlichkeit.

Ohne die dritte und vielleicht wichtigste Ebene der „Führung der eigenen Person" bleiben Ratschläge für ein konsequenteres Störungsmanagement Stückwerk und bewirken Anregungen für ein optimiertes Selbstmanagement bestenfalls eine Art Symptomkosmetik oder sind gar kontraproduktiv (wenn der Arbeitssüchtige gewonnene Freiräume mit Zusatzaufgaben ausfüllt und sich noch mehr überlastet, wenn der äußerst gewissenhafte Typ durch die penible Pflege eines neuen Zeitplansystems vollends ins Zwanghafte abrutscht).

Bei der Führung der eigenen Person geht es um *Selbsterkenntnis* (Analyse von Stärken und Schwächen des persönlichkeitsbedingten Arbeitsstils) und *Persönlichkeitsentwicklung* (welche Stärken muss ich aus- und welche Schwächen abbauen). Zusätzlich muss die belastete Führungskraft Zeit investieren in die Bereiche *Selbsterneuerung* (wie erhalte ich meine Leistungsfähigkeit) und *Selbstrealisation* (wo stehe ich und wie geht es weiter).

Die Aspekte der dritten Ebene leben von Verhaltensdiagnose und Verhaltensrückmeldung. Sie können deshalb hier nur ansatzweise skizziert werden, müssen sinnvollerweise zentrale Inhalte von Coaching-Prozessen und Zeitmanagement-Seminaren sein. Leider decken bisher manche Seminare diesen Bereich überhaupt nicht ab, sondern erschöpfen sich in der Vorstellung und Erklärung von Zeitplanbuch-Formularen.

3.3.2 Den eigenen Arbeitsstil analysieren

Einige Persönlichkeitseigenschaften wirken sich positiv oder negativ auf das Zeitmanagement aus (siehe auch OLDHAM & MORRIS, 1992):

Der *gewissenhafte Typ* arbeitet methodisch, zielstrebig und effektiv, er ist ordentlich und perfekt, liebt den Plan, die Routine und ist vorsichtig. Übersteigerungen können zu nicht mehr realitätsangepasstem Verhalten führen, wie Überperfektionismus (nicht delegieren können, alles selbst machen wollen), Zwanghaftigkeit (nichts aus der Hand geben, alles nachbessern müssen) und Arbeitssucht (sich permanent überlasten).

Der *lässige Typ* ist gelassen, lässt sich nicht ausnützen, kann Nein sagen, hat keine Angst vor Autoritäten, handelt nach dem Motto „Gut ist gut genug". Der überlässige nervt andere, weil er zu locker, zu bequem, zu widerspenstig ist und manches vergisst, was er zugesagt hat.

Der *aufopfernde Typ* ist geschätzt als hilfsbereiter, rücksichtsvoller, bescheidener, geduldiger, toleranter Mitmensch. Wenn er nicht aufpasst, wird seine übertriebene Hilfsbereitschaft ausgenutzt, wird ihm Arbeit „angedreht", fällt er als Chef auf Rückdelegationsversuche herein, weil er nicht Nein sagen kann.

Der gewissenhafte Typ hat eine gewisse Nähe zur *Typ-A-Persönlichkeit* aus der Stressforschung. Der A-Typ ist im Extremfall ständig in Hetze, leidet unter der „keine-Zeit-Krankheit", will immer mehr in der gleichen Zeit schaffen, kann nicht warten, nicht ausruhen und faulenzen, steht unter dem Druck von Zeit und Verantwortung und zeigt ein ausgeprägtes Konkurrenzverhalten.

Der *Typ-B-Persönlichkeit* (ähnlich dem lässigen Typ) fehlen diese pathologische Hektik und Kampfbereitschaft, er findet eher einen Ausgleich zwischen eigenen Bedürfnissen und Anforderungen aus der Umwelt.

Bei COOPER (1987) finden sich Diagnose-Instrumente, Anregungen zur Regulierung eines überzogenen Typ-A-Verhaltens und Übungen zur Bekämpfung der krankhaften Hast (vgl. dazu auch den vorausgehenden Artikel von REGNET zum Thema Stress).

3.3.3 Die Säge schärfen

Sie kennen das Bild vom Waldarbeiter, der sich mit seiner stumpfen Säge abmüht und auf die Anregung, er solle sie doch schärfen, antwortet: Dazu habe ich keine Zeit!

Wenn die Arbeit alles andere erdrückt und keine Zeit bleibt für Regeneration, Familie, Hobby, Sport, Spaß und Faulenzen, werden längerfristig Gefühle des Überdrusses und die Gefahr des Ausbrennens resultieren und sich negativ auf Arbeitskraft und Arbeitslust auswirken.

Auch die fachliche (Literatur, Weiterbildung) und persönliche (Lesen, Kultur) Weiterentwicklung kommen oft zu kurz. Nachlassende Kreativität und Innovationskraft sowie intellektuelle Isolation sind beruflich und persönlich die negativen Folgen.

Manche Führungskräfte leiden unter einem ungelösten Konfliktpotenzial zwischen Beruf und Privatleben und erleben negative emotionale Überläufe zwischen beiden Bereichen. Beruflicher Stress und Ärger wirken sich negativ auf die privaten Beziehungen aus und private Probleme (oft durch berufliche Überläufe provoziert) beeinträchtigen Arbeitsfreude und Motivation.

Die durch ein konsequentes Störungs- und Zeitmanagement eingesparten Zeitanteile sollten über reduzierte Überstunden auch in die privaten Beziehungen und die persönliche Weiterentwicklung investiert werden. Nebeneffekte wären positive stimmungsmäßige Überläufe aus einem befriedigenden Privatleben für die berufliche Arbeit (vgl. auch den Beitrag von STREICH, Rollenprobleme von Führungskräften, in diesem Band).

3.3.4 Sich realisieren

Ein letzter aber nicht unwichtiger Aspekt des persönlichen Zeitmanagements ist die Auseinandersetzung mit dem eigenen Lebensweg. Man sollte sich periodisch Zeit für Life-Styling-Überlegungen nehmen (vgl. HIRTH, SATTELBERGER & STIEFEL, 1985):

1. Situationsanalyse:	Wo stehe ich? Wie geht es mir? Welche Chancen und Risiken gibt es für mich?
2. Zielsetzung:	Wo will ich hin? Welche Visionen, Hoffnungen, Wünsche, Ziele möchte ich realisieren?
3. Zielumsetzung:	Wie komme ich dort hin, wo ich hin will? Was muss ich dafür tun? Wer kann mir helfen?
4. Alternativen:	Habe ich einen Plan B? Was wäre, wenn meine jetzige Karriere (Plan A) blockiert würde? Welchen potenziellen Problemen muss ich vorbeugen?

Literatur

CARLSON, S. (1951). Executive behavior: A study of the working methods of managing directors. Stockholm, 1951.
COOPER, C.L. (1987). Stressbewältigung. Person. Familie. Beruf. München, 1987.
COVEY, S.R. (1992). Die sieben Wege zur Effektivität. Frankfurt, 1992.
COVEY, S.R. u.a. (1997). Der Weg zum Wesentlichen. Frankfurt, 1997.
HIRTH, R., SATTELBERGER, T. & STIEFEL, R.T. (1985). Dein Weg zur Selbstverwirklichung. Life-Styling. Landsberg, 1985.
KOTTER, J.P. (1982). The general managers. New York, 1982.
LUIJK, H. (1963). How dutch executives spend their day. London, 1963.
NEUBERGER, O. (1990). Führen und geführt werden. 3. Auflage. Stuttgart, 1990.
OLDHAM, J.M. & MORRIS, C.B. (1992). Ihr Persönlichkeitsportrait. Hamburg, 1992.
RÜHLE, H. (1982). Persönliche Arbeitstechniken. Goch, 1982.
STIEFEL, R.T. (1983). Zur Validität einiger Prämissen in der Weiterbildung. MAO-Informationsbrief, Nr. 4, 1983.

Zur Konkretisierung und weiteren Vertiefung wird empfohlen, im Fallstudienband die Fälle zu „Persönliche Arbeitstechniken" zu bearbeiten.

Teil III
Der Vorgesetzte und sein Mitarbeiter

Einführung

Denkt man an Führung, ohne weitere die Fantasie lenkende Information zu bekommen, so wird spontan meist das Bild eines Vorgesetzten mit den ihm unterstellten Mitarbeitern vor dem geistigen Auge entstehen. Die Beziehung des Vorgesetzten zu diesen Mitarbeitern von deren erstem Schritt ins Unternehmen bis zum möglicherweise „bitteren" Ende ist Gegenstand des nun folgenden Teils.

SCHULER zeigt in einem überaus differenzierten Beitrag, wie bei der Auswahl von Mitarbeitern auf das Ziel der Bewährung hin optimiert werden kann und welche Methoden hier gewinnen und welche nur Zeitverlust versprechen. Gerade dieser Beitrag macht die Distanz zur häufig traurigen Praxis im Unternehmen deutlich und weist darauf hin, dass man mit der richtigen Auswahl der Mitarbeiter nicht nur viel Geld durch die Vermeidung von personellen Fehlentscheidungen sparen, sondern auch zur Zufriedenheit von Mitarbeitern, die sich adäquat platziert wissen, beitragen kann.

Wenn die Auswahl mit Sorgfalt erfolgt, dann sollte man nicht minder reflektiert bei der Einarbeitung neuer Mitarbeiter vorgehen. Es ist ja gelegentlich erschreckend und zugleich bezeichnend zu sehen, dass beispielsweise für die Aufstellung eines teuren technischen Gerätes eingehende Vorbereitungsmaßnahmen eingeleitet werden und der Anlauf der Maschinen geradezu zum Fest wird, während auf der anderen Seite der neu im Betrieb beginnende Mitarbeiter unbeachtet „in der Ecke steht", und man sich kaum die Zeit nimmt, ihn vorzustellen, geschweige denn sachgerecht einzuarbeiten. Wo hier Erfolg versprechende Möglichkeiten liegen, zeigt KIESER in konkreter und handlungsnaher Weise.

Ob der Mitarbeiter die Leistung erbringt, die man von ihm erwartet, hängt sicherlich stark von den äußeren Bedingungen seines Arbeitsplatzes, von den Kollegen, von der Führung durch den Vorgesetzten ab, aber auch wesentlich von der eigenen Kompetenz und Motivation, die allerdings vom Vorgesetzten zu erhalten und zu entwickeln sind. VON ROSENSTIEL zeigt in seinen Beiträgen die Grundlagen der Motivation des Mitarbeiterverhaltens sowie die der Arbeitszufriedenheit auf. Die Forschung hat hier insbesondere auf zweierlei hingewiesen, nämlich auf die Ziele, die der Mitarbeiter anstrebt, und die Wege, auf denen er die Ziele erreichen will. Konkretes Führungshandeln, das die Motivation der Mitarbeiter erhalten und verstärken möchte, sollte immer vor Augen haben, dass zur Motivation eine zu motivierende Person und eine motivierende Situation gehören. Entsprechend gilt es für die Führung, Motive der Mitarbeiter durch adäquate Maßnahmen zu erkennen und dann situationsgerecht durch die Gestaltung der Aufgaben der Arbeitssituation so darauf einzugehen, dass langfristig Arbeitsbereitschaft und Arbeitszufriedenheit garantiert werden.

Ob nun die schließlich erbrachten Leistungen und das Verhalten im Kollegenkreis dem Sollbild entsprechen, sollte in regelmäßigen Abständen an den Mitarbeiter zurückgemeldet werden, was im Rahmen der Mitarbeiterbeurteilung erfolgen kann.

NERDINGER zeigt die Ziele derartiger Beurteilungen auf, kennzeichnet Fehler, die dabei entstehen können, und verweist auf Vorgehensweisen, die zu einer Akzeptanz der Verfahren beitragen und Grundlagen für die Mitarbeiterförderung sein können. Beschrieben werden dabei auch neue Verfahren wie z. B. die 360° Beurteilung.

Mitarbeiterbeurteilungen nur auf dem Papier sind wenig nützlich, sie müssen im Gespräch übermittelt werden. Hier, aber auch auf allen anderen Feldern der Kooperation zwischen Vorgesetztem und Mitarbeiter spielt das Gespräch eine zentrale Rolle. Die Führungskraft wird zum Kommunikationsmanager. ERIKA REGNET zeigt auf, was dabei zu beachten ist und wo „Fallstricke" liegen.

NEUMANN weist in seinem Beitrag darauf hin und unterstreicht – was häufig dem Führungsselbstverständnis vieler widerspricht – die Bedeutung nondirektiver Gespräche. Denn der, der den Gesprächsgang nicht immer direktiv steuert, erfährt vielfach mehr und kann als besser Informierter zielbezogener führen und zugleich die Bindung des Mitarbeiters an den Vorgesetzten stärken.

Eine spezifische Form der Beurteilung und des Gesprächs sind Anerkennung und Kritik als Führungsmittel. Hier gilt es, in der alltäglichen Zusammenarbeit dem Mitarbeiter Rückmeldung und Hilfe, bezogen auf sein Verhalten und seine Leistungen zu geben. VON ROSENSTIEL zeigt in seinem Beitrag grundsätzliche Funktionen der Anerkennung und der Kritik und führt sodann konkret aus, was man einerseits bei der Anerkennung und andererseits bei der Kritik beachten sollte.

Anerkennung und Kritik sollen den Mitarbeiter fördern, voranbringen. Dieser Anspruch reicht beim „Coaching" sehr viel weiter. BÖNING erklärt in seinem Beitrag dieses neue und aktuelle Feld von Trainingsmaßnahmen, die durch ihren konkreten Arbeitsbezug Verhaltensänderungen ermöglichen sollen. Häufig wird hier zunächst ein Externer gerufen, der kritische Situationen meistern soll. Doch Coaching wird auch eine Führungsaufgabe, die letztlich den Vorgesetzten zum beständigen „Trainer" seiner Mitarbeiter macht, wodurch deren Kompetenz erhalten und entwickelt werden soll.

Wenden wir jetzt die Blickperspektive in eine andere Richtung: Wer Führung hört, denkt an Einflüsse von „oben nach unten". Innerhalb des Führungsgeschehens kann sich jedoch der Pfeil dieses Einflusses wenden. Auch Mitarbeiter können – bei voller Loyalität – ihre Vorgesetzten „führen", d.h. so auf diese Einfluss nehmen, dass die Interessen der Abteilung, des Bereichs und aller Beteiligten dabei gewahrt bleiben. WUNDERER diskutiert Legitimationsgrundlagen und Formen dieser „Führung des Chefs". Beim Thema „Führung" denken wir meist an die Interaktion Vorgesetzter und Mitarbeiter, evtl. auch an eine Arbeitsgruppe. Obwohl jeder Praktiker weiß, dass Führung niemals im luftleeren Raum stattfindet und welchen Einfluss insbesondere der nächsthöhere Vorgesetzte hat, wird dieser Aspekt zumeist vernachlässigt. Gestützt auf empirische Analysen diskutiert deshalb WEIBLER die Führungstriade aus nächsthöherem Vorgesetzten, direktem Vorgesetzten und Mitarbeiter und leitet verschiedene Empfehlungen ab.

Die Beziehung zwischen Vorgesetzten und Mitarbeitern kann in bestimmten Phasen krisenhaft werden. Dies gilt – ERIKA REGNET zeigt das exemplarisch – insbesondere dann, wenn das Verhalten der Mitarbeiter durch exzessiven Alkoholkonsum beeinträchtigt wird. Dieser Beitrag verdeutlicht, wie man als Vorgesetzter mit diesem gleichermaßen heiklen und für alle Beteiligten belastenden Problem umgehen sollte.

Mit schweren Krisen der Zusammenarbeit zwischen Vorgesetzten und Mitarbeitern setzt sich auch der Beitrag von BÖHM auseinander. Hier wird die juristische Perspektive angesprochen, d.h. der Jurist kommt dann zu Wort, wenn der Psychologe resignieren muss. Wenn Gespräche nicht mehr nützen, Versuche zu erneuter Motivation scheitern, die Arbeitsleistung dauerhaft nicht erbracht wird, muss man vielfach an die Trennung vom Mitarbeiter denken. Eine derartige Kündigung allerdings muss entsprechend vorbereitet sein, damit der Versuch nicht vor dem Arbeitsgericht scheitert. Böhm legt Gründe dar, die zu einer Kündigung führen können, und belegt die Schritte, die man wählen soll, um diesen sicherlich schwierigen Weg erfolgreich zu Ende zu gehen.

Heinz Schuler

Auswahl von Mitarbeitern

1. Grundlagen berufsbezogener Entscheidungen
2. Zusammenhang zwischen Anforderungen, Auswahl und Förderung
3. Personalmarketing
4. Auswahl als Erfolgsprognose
5. Die wichtigsten Auswahlverfahren
6. Verfahrensevaluation

Jährlich werden viele Millionen von Auswahlentscheidungen getroffen. Ihre Qualität ist so unterschiedlich wie die hierzu verwendeten Methoden. In diesem Beitrag wird ein Überblick gegeben, in welchem Zusammenhang Auswahlentscheidungen stehen, welche Methoden dafür verfügbar sind und welcher Nutzen sich aus der Anwendung verbesserter Verfahren erwarten lässt.

1. Grundlagen berufsbezogener Entscheidungen

Beruflicher Erfolg hängt von vielem ab. Der familiäre und soziale Hintergrund eines Menschen prägt seine Einstellungen und Erwartungen; seine Ausbildung schafft die Grundlage für die weiteren Entwicklungsmöglichkeiten; gesellschaftlicher Bedarf und Arbeitsmarktbedingungen beeinflussen die Chancen, in bestimmten Berufsfeldern tätig sein zu können; Fähigkeiten und andere Eigenschaften einer Person erleichtern oder erschweren den Erwerb von Kenntnissen und Fertigkeiten, die in berufliche Leistung umgesetzt werden können. Was als beruflicher Erfolg angesehen wird, kann vielfältig sein: Leistung, Sinnerleben, gesellschaftlicher Status, Zufriedenheit, psychische und physische Gesundheit, das Gefühl, gefordert zu sein oder sein ruhiges Auskommen zu haben, die Überzeugung, das zu tun, was den eigenen Fähigkeiten und Interessen entspricht.

Beruflicher Erfolg in seinen vielen Facetten ist also auf vielfältige und nicht immer durchschaubare Weise bedingt. Zum Zeitpunkt der konkreten Wahl eines Berufs, einer Organisation oder einer Tätigkeit wird sich ein Mensch von mehreren Gesichtspunkten leiten lassen. Die eigenen Interessen und Wünsche, aber auch Abneigungen und Befürchtungen sind ihm dabei vielleicht besonders deutlich vor Augen. Auch die Aussichten, einen Studienplatz im angestrebten Fach zu bekommen, dürften zu den bewusst ins Kalkül einbezogenen Entscheidungsparametern gehören. Weniger deutlich ist dem Betreffenden wahrscheinlich, in welchem Ausmaß seine Interessen von seinen Fähigkeiten abhängen oder welchen Einfluss frühere Erfahrungen und Werthaltungen in der Familie auf seine jetzigen Präferenzen haben.

Die Berufsberatung, wie sie vom Arbeitsamt angeboten wird – und im Prinzip auch von jedem auf berufspsychologische Fragen spezialisierten Psychologen geleistet werden kann –, hat den Zweck, den Ratsuchenden bei der Klärung dieser Fragen zu helfen und ihnen eine fundierte berufsbezogene Entscheidung zu ermöglichen.

Sucht ein Unternehmen Mitarbeiter oder Auszubildende, so stellen sich ganz ähnliche Fragen. Das Personalmarketing wird dann am erfolgreichsten sein, wenn es gelingt, das Arbeitsplatzangebot so darzustellen und den Kreis potentieller Mitarbeiter so anzusprechen, dass diejenigen gewonnen – und später gehalten – werden können, die möglichst viel zum Erfolg der Organisation beitragen. Die Auswahlentscheidung seitens des Unternehmens wird sich primär an der zu erwartenden Leistung orientieren. Aber jedes Unternehmen wäre schlecht beraten, nicht auch die Zufriedenheit und Gesundheit der Mitarbeiter als Zielkriterien in die Auswahlentscheidung einzubeziehen. In beider Interesse liegt es, Über- wie Unterforderung zu vermeiden und Möglichkeiten zur Entwicklung berufsbezogener Kompetenzen zu sichern. Für beide Seiten ergibt sich damit als gemeinsames Interesse, Person und Tätigkeit (inklusive Umfeld) so zu vergleichen, dass eine zufriedenstellende Lösung im Hinblick auf möglichst viele Zielkriterien gefunden wird. Abbildung 1 zeigt auf, dass es zumindest drei Aspekte sind, hinsichtlich deren der Vergleich zwischen Person und Tätigkeit zu erfolgen hat.

Tätigkeit		Person
Anforderungen	◄──────►	Fähigkeiten, Fertigkeiten und Kenntnisse
Befriedungspotenzial	◄──────►	Interessen, Bedürfnisse und Werthaltungen
Veränderung	◄──────►	Entwicklungspotenzial und allgemein erfolgsrelevante Eigenschaften

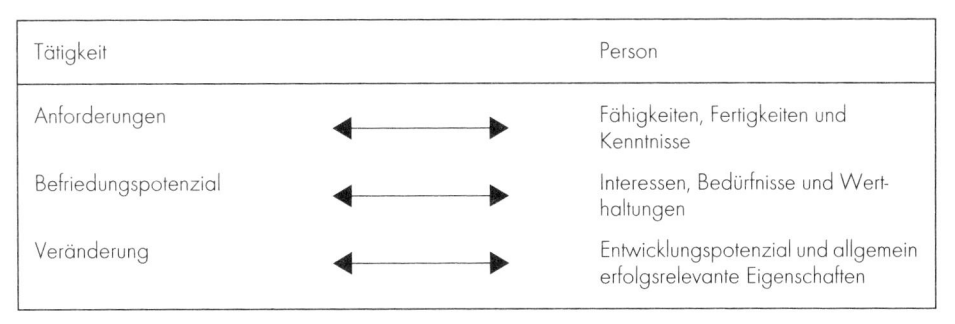

Abb. 1: Vergleich zwischen Tätigkeit und Person bei berufsbezogenen Entscheidungen

Die zum gegebenen Zeitpunkt bekannten Anforderungen der vorgesehenen Tätigkeit sind den erforderlichen Fähigkeiten, Fertigkeiten und Kenntnissen der Bewerber oder Ratsuchenden gegenüberzustellen, um die künftige Leistung zu gewährleisten. Methoden der Arbeits- und Anforderungsanalyse auf der einen Seite, Verfahren der psychologischen Eignungsdiagnostik auf der anderen sind Hilfsmittel, diesen Vergleich durchzuführen. Das Befriedungspotenzial der fraglichen Tätigkeit ist mit den Interessen und Bedürfnissen der Personen zu vergleichen, um Zufriedenheit und andere Aspekte des Wohlbefindens sowie das Verbleiben in der Organisation sicherzustellen. Befriedungspotenziale können u. a. durch Organisationsanalysen festgestellt werden, Interessen und Bedürfnisse mittels eines Berufsinteressentests.

Nicht alle eignungsrelevanten Merkmale einer Tätigkeit sind allerdings zum Zeitpunkt der Entscheidung bestimmbar – Arbeitsanforderungen verändern sich in einer teilweise nicht vorhersehbaren Weise. Deshalb ist es von Nutzen, zusätzlich zur Bestimmung der derzeitigen Anforderungen abzuschätzen, in welche Richtung Veränderungen zu erwarten sind, und zusätzlich mit einem nicht bestimmbaren Anteil an Änderungen zu rechnen. Das erwünschte Entwicklungspotenzial einer Person sollte sowohl den absehbaren Veränderungen entsprechen als auch darüber hinaus hinreichende Wahrscheinlichkeit bieten, dass sie auch künftigen Entwicklungen ungewisser Art gewachsen sein wird. Die Prognose ist in diesem Bereich natürlich besonders schwierig, aber es haben sich doch einige Eigenschaften als erfolgsrelevant in unterschiedlichstem Berufskontext herausgestellt, an die in diesem Zusammenhang zu denken ist. Zu ihnen gehören vornehmlich Intelligenz (Lernfähigkeit), Leistungsmotivation, soziale Kompetenz, psychische Stabilität und Veränderungsbereitschaft. Ebenso wird motorisches Geschick in einigen Berufsfeldern auch künftig zu den erforderlichen Erfolgsvoraussetzungen gehören. Diese Merkmale gelten als relativ stabil und lassen sich zumindest partiell mit psychologischen Instrumenten, wie sie in späteren Abschnitten dargestellt werden, relativ zuverlässig erfassen. Defizite hinsichtlich dieser Merkmale sind teilweise durch Training (vgl. den entsprechenden Beitrag von v. ROSENSTIEL, in diesem Band) und Führung ausgleichbar. Aber auch Maßnahmen zur Gestaltung der Arbeitsbedingungen können dazu beitragen, eine fähigkeits- und bedürfnisentsprechende – also menschengerechte – Arbeitswelt zu gewährleisten.

2. Zusammenhang zwischen Anforderungen, Auswahl und Förderung

Die Kenntnis der Tätigkeitsanforderungen ist eine wesentliche Voraussetzung, die erforderlichen Fähigkeiten, Fertigkeiten und Kenntnisse zu bestimmen. Hierzu steht eine Vielfalt an Methoden zur Verfügung, die von der einfachen Positionsbeschreibung bis zum hochdifferenzierten Analyseinstrument reicht (SCHULER, 2001a). Der Einsatz quantitativer Analysemethoden ermöglicht die Festlegung unterscheidbarer Anforderungsdimensionen und deren Gewichtung gemäß ihrer Bedeutsamkeit. Die wichtigsten Informationsquellen zur *Tätigkeitsanalyse* sind:

– Beobachtung der Beschäftigen (unmittelbar, Film),
– Interview (einzeln, in der Gruppe; Stelleninhaber, Vorgesetzte, Arbeitswissenschaftler, Ausbilder u. a.),
– Fragebogen (zumeist standardisierte Verfahren),
– Beschäftigung mit Arbeitsmaterial (z. B. Computer zur Analyse kognitiver Prozesse),
– Sichtung schriftlichen Materials (z. B. Stellenbeschreibungen, Informationen der Bundesanstalt für Arbeit),
– eigene Ausführung der Tätigkeit.

Arbeitsanalysen auf der Ebene der reinen Tätigkeitsbeschreibung reichen nicht aus, um die erforderlichen Fähigkeiten, Fertigkeiten und Kenntnisse zuzuordnen. Hierzu müssen die Anforderungen in Termini der erforderlichen Verhaltensweisen bestimmt werden. Diesen lassen sich Fähigkeiten zuordnen wie auch Fördermaßnahmen. Fähigkeiten und Fördermaßnahmen bedingen gemeinsam den beruflichen Erfolg, der mit verschiedenen Methoden beurteilt werden kann. Die Beurteilungsdaten wiederum können Ausgangsbasis sein sowohl für Fördermaßnahmen als auch für die (Neu-)Bestimmung der angemessenen Auswahl künftiger Mitarbeiter. Abbildung 2 verdeutlicht diesen Zusammenhang.

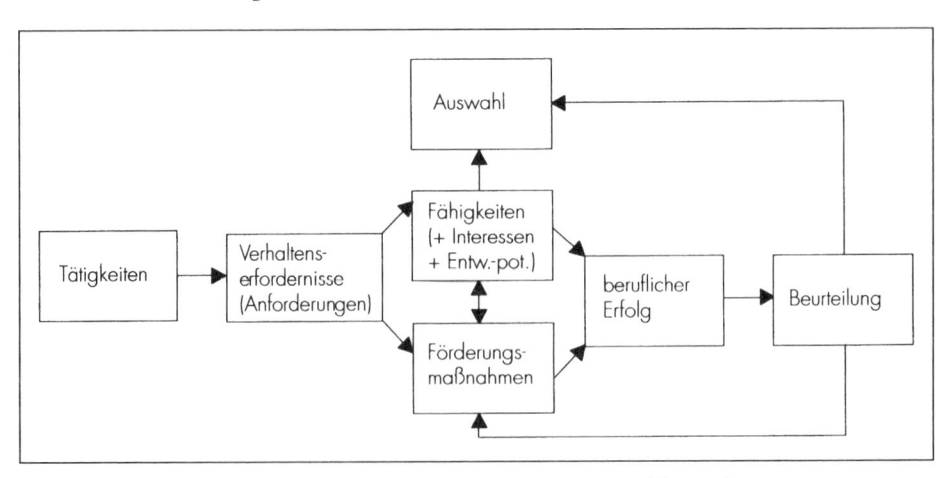

Abb. 2: Zusammenhang zwischen Anforderungen, Auswahl, Förderung und Beurteilung

Was in diesem Kontext „Auswahl" genannt wird, soll sowohl Auswahlentscheidungen im engeren Sinn als auch Zuordnungsentscheidungen umfassen. Die Fragestellung ist im Fall der Auswahl: Welcher von mehreren Bewerbern ist für einen gegebenen Arbeitsplatz der geeignetste? Im anderen Fall lautet die Frage: Welcher von mehreren Arbeitsplätzen ist der geeignetste für eine bestimmte Person? „Auswahl" im engeren Sinn gilt als die klassische Personalentscheidung. Tatsächlich sind aber nicht nur bei der Berufsberatung Zuordnungsentscheidungen zu treffen, sondern sehr häufig auch im Unternehmen, vor allem bei interner Auswahl und bei der Nutzung eignungsdiagnostischer Instrumente zum Zwecke der Personalentwicklung. Ein Beispiel hierfür wird am Schluss dieses Beitrags vorgestellt (vgl. auch den Artikel von DOMSCH: „Personalplanung und -entwicklung", in diesem Band).

Die Entscheidung selbst wird häufig in intuitiver Zusammenschau der relevanten Größen und unter Berücksichtigung weiterer, etwa unternehmenspolitischer Aspekte getroffen. Es stehen aber durchaus verschiedene formale Methoden zur Verfügung, Anforderungen und Merkmalsausprägungen zu vergleichen. Im Prinzip behandeln alle diese Methoden der Entscheidungsfindung die Zuordnung als Optimierungsproblem (vgl. SCHULER, 2000a).

3. Personalmarketing

Erfolgreiche Personalauswahl wird selbst mit den besten eignungsdiagnostischen Methoden nur dann gelingen, wenn sich eine ausreichende Zahl qualifizierter Personen unter den Bewerbern befindet. Das Interesse potentieller Arbeitnehmer an einem Unternehmen zu wecken, ist Aufgabe des Personalmarketing, wobei sich heute vielfach die Bemühungen des Personalmarketings nicht auf Ansprache und Gewinnen neuer Mitarbeiter beschränken, sondern auch auf den Prozess der Integration dieser Personen in das Unternehmen ausgedehnt werden. MOSER und ZEMPEL (2001) beschreiben den Gesamtprozess des Personalmarketings als Abfolge von fünf Stufen, wie in Abbildung 3 ersichtlich.

Für die Ansprache potentieller Bewerber steht eine Vielzahl an Möglichkeiten zur Verfügung, darunter Stellenanzeigen, Firmenbroschüren und andere Arten der Firmenpräsentation, Kontakte zu Schulen, Hochschulen und studentischen Organisationen sowie Direktansprache durch Unternehmensberater. Besonders interessant unter Auswahlgesichtspunkten sind Bewerberkontakte mittels Praktika und Ferienjobs, da

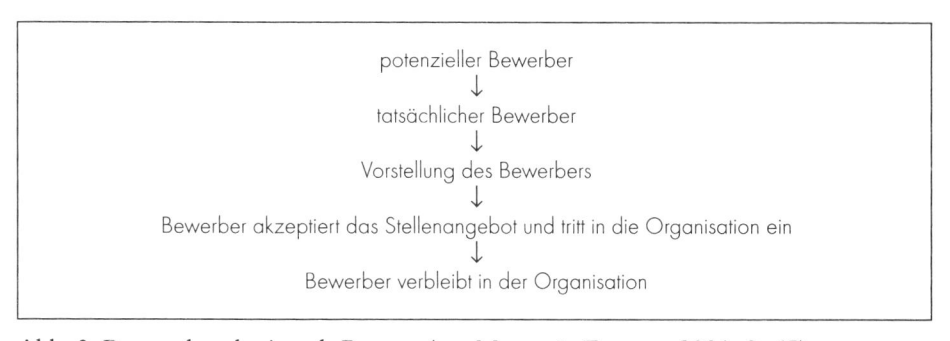

```
                    potenzieller Bewerber
                            ↓
                    tatsächlicher Bewerber
                            ↓
                   Vorstellung des Bewerbers
                            ↓
      Bewerber akzeptiert das Stellenangebot und tritt in die Organisation ein
                            ↓
               Bewerber verbleibt in der Organisation
```

Abb. 3: Personalmarketing als Prozess (aus MOSER & ZEMPEL, 2001, S. 65)

sie Gelegenheit zu gründlicher Beobachtung bieten, gewissermaßen also ausgedehnte Arbeitsproben darstellen.

Ein rapider Anstieg ist derzeit für die Nutzung des Internets zu Zwecken des Personalmarketings zu verzeichnen. In Anknüpfung an den Internetauftritt eines Unternehmens werden zunehmend „Online-Bewerbungs-Tools" zur Verfügung gestellt, die standardisierte Bewerbungen ermöglichen. Der vorgegebene Fragebogen kann Items zum Abgleich erforderlicher Vorqualifikationen bis hin zum biographischen Fragebogen enthalten, der zu diagnostischen Prüfungen und damit zur Vorselektion der Kandidaten verwendbar ist (s. Abschnitt 5.8). Vom Personalmarketing via Internet versprechen sich Unternehmen eine zielgruppengerechte Ansprache der Kandidaten, die gleichzeitig mit einer Vorselektion verbunden ist, einen Imagegewinn durch das Medium und nicht zuletzt den ökonomischen Vorteil verringerter Bewerbungs- und Auswahlkosten.

Nicht vergessen werden dürfen auch die Möglichkeiten der unternehmensinternen Bewerberansprache (z.B. interne Stellenausschreibung, Direktansprache, Befragung von Vorgesetzten, Rückkehrangebot an ehemalige Mitarbeiter), zumal sich die interne Personalgewinnung den Vorteil der gründlicheren Kenntnis dieses Personenkreises zunutze machen kann. Eine interessante Möglichkeit, ehemalige Auszubildende, die ein Studium aufgenommen haben, an das Unternehmen zu binden, besteht darin, ihnen weiterhin einen Teil ihres Aufgabenbereichs – z.B. einen Kundenstamm – zu überlassen, für den sie in Teilzeitarbeit verantwortlich bleiben.

Gezieltere Möglichkeiten der Ansprache, aber auch bessere Chancen, qualifizierte Mitarbeiter langfristig zu behalten, ergeben sich dadurch, dass man über die Motive ihrer Berufs- und Organisationswahl informiert ist. Von SCHWAAB und SCHULER (1991) wurden Examenskandidaten der Wirtschaftswissenschaften mit Studienschwerpunkt Bankbetriebslehre nach den für sie attraktivitätsbegründenden Merkmalen eines künftigen Arbeitgebers befragt. Den Ergebnissen wurden die Befragungsdaten von Rekrutierungsexperten aus dem Bankensektor gegenübergestellt, woraus sich für alle größeren Kreditinstitute Übereinstimmungen wie Diskrepanzen ermitteln lassen. Ein durchschnittlicher Profilvergleich zwischen „idealem" Arbeitgeber und dem Selbstbild der Kreditinstitute ist aus Abbildung 4 ersichtlich.

Im gegebenen Fall ist die Übereinstimmung für die meisten Imagedimensionen hoch; lediglich hinsichtlich des guten Betriebsklimas und der Möglichkeit, berufliches Engagement gut mit einem harmonischen Privatleben verbinden zu können, ist eine negative Diskrepanz festzustellen. Sie kann für die betroffenen Unternehmen Anlass sein, sich anders darzustellen, die Gruppe ihrer Bewerberkandidaten gezielter anzusprechen oder auch im Unternehmen Veränderungen anzustreben. Insbesondere für Commitment sind die Charakteristika von Arbeitsplatz und Organisation von Bedeutung (MOSER, 1996).

Eine Frage, die unmittelbar mit der Auswahl von Mitarbeitern zusammenhängt, ist die der Reaktion von Bewerbern auf Auswahlsituationen und Auswahlverfahren. Im Ansatz der „sozialen Validität" von Auswahlprozessen (SCHULER & STEHLE, 1983) wurden als entscheidende Parameter eignungsdiagnostischer Situationen die Information über wesentliche Organisationsmerkmale, die Möglichkeiten der Partizipation und der Situationskontrolle, die Transparenz des Auswahlprozesses sowie Ergebnis und Feedback für den Kandidaten herausgearbeitet. In Übereinstimmung mit diesen Annahmen wurde empirisch mehrfach bestätigt, dass solche Auswahlverfahren präferiert werden, die gegenwärtiges, eigenständiges und interaktiv erbrachtes Leistungsverhalten ermöglichen, das in erkennbarem Bezug zu den Tätigkeitsanforderungen

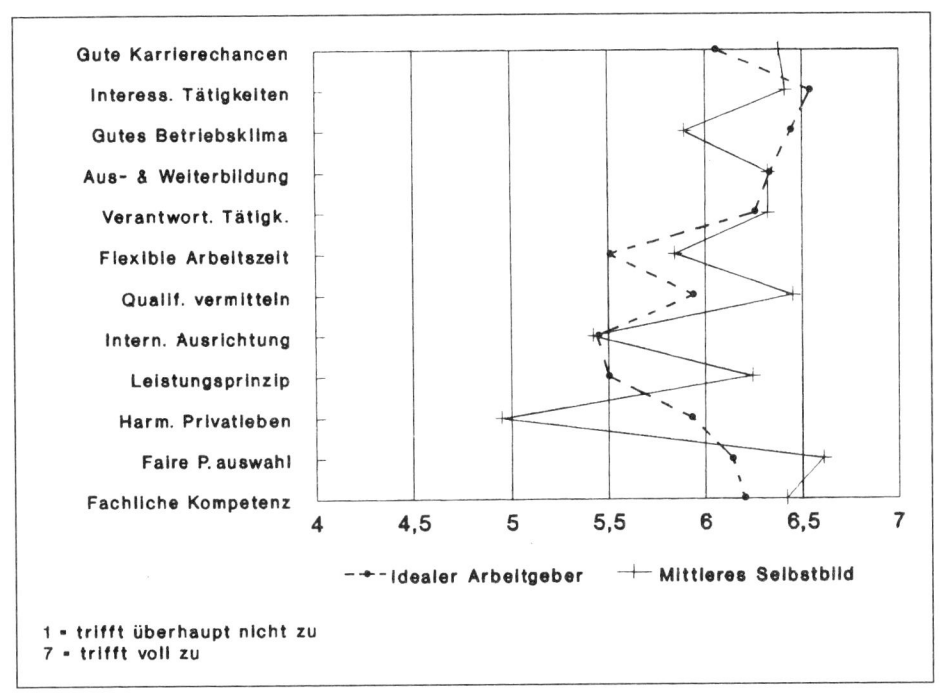

Abb. 4: Der „ideale" Arbeitgeber der befragten Studenten im Vergleich zum mittleren Selbstbild der Kreditinstitute (aus SCHWAAB & SCHULER, 1991, S. 110)

steht – vor allem Interviews, Arbeitsproben und Praktikumsleistungen. Die Person des Interviewers hat sich als wichtige Determinante der Entscheidung qualifizierter Bewerber erwiesen, ein Einstellungsangebot anzunehmen.

Mit dem Stellenangebot an einen qualifizierten Bewerber ist die Aufgabe des Personalmarketings noch nicht abgeschlossen, denn für qualifizierte Bewerber ist kennzeichnend, dass sie zwischen verschiedenen Angeboten wählen können. Maßnahmen, die Bindung des Bewerbers an die Organisation schon vor seinem Arbeitsantritt aufzubauen – beispielsweise durch telefonischen Kontakt – können helfen, die Wunschkandidaten am Abspringen zu hindern.

Nicht weniger wichtig sind Maßnahmen, die schließliche Eingliederung neuer Mitarbeiter zu unterstützen. Offene Vorinformation, befriedigende Sozialkontakte, klare Zielsetzungen und konstruktives Feedback bezüglich der eigene Leistungen gehören hierbei zu den wirksamsten Maßnahmen, die Orientierung zu fördern und die dauerhafte Identifikation des neuen Mitarbeiters mit dem Unternehmen aufzubauen. REHN (1993) stellt diesbezüglich als empfehlenswerte Maßnahmen zusammen:

– Realistische Tätigkeitsvorausschau;
– Schulung der Interviewer, die Einstellungsgespräche führen;
– Kennenlernen des Arbeitsplatzes und der Kollegen;
– Informationsbroschüre für neue Mitarbeiter;
– Einführung eines Patensystems;
– Schulung und Unterstützung der Vorgesetzten;
– Aufstellen eines individuellen Einarbeitungsprogramms;

- Betreuung durch die Personalabteilung;
- Einführungsveranstaltungen;
- Unterstützungsseminare für Neulinge.

Leider lässt sich für die meisten dieser Maßnahmen beim Stand des Wissens nicht behaupten, dass ihre Effektstärken, also das Ausmaß ihrer Wirksamkeit, schlüssig belegt wären – in einigen Fällen, wie bei der realistischen Vorinformation, sind die Effektstärken gering, in anderen muss zunächst die Plausibilität den empirischen Wirksamkeitsnachweis ersetzen. In dritten Fällen schließlich, wie beim Patensystem, sind Selektions- und Sozialisationseffekte kaum zu trennen. Insgesamt spricht aber vieles dafür, dass gerade dann, wenn es gelingt, diese Maßnahmen in ein der Unternehmenskultur entsprechendes Eingliederungskonzept zu integrieren, damit wirksame Schritte getan sind, das Zusammenpassen von Mitarbeiter und Organisation zu fördern.

4. Auswahl als Erfolgsprognose

Den Prognosen künftiger beruflicher Leistung sind, wie Vorhersagen menschlichen Verhaltens generell, enge Grenzen gesetzt. Methoden der Eignungsbestimmung erlauben zwar, den künftigen Berufserfolg weit besser vorherzusagen, als es aufgrund zufälliger Auswahl oder unkontrollierter Methoden möglich wäre. Perfekte, also fehlerfreie Entscheidungen sind in größerer Zahl gleichwohl nicht zu erreichen. Die Gründe hierfür liegen:

- im Stichprobencharakter des Auswahlverfahrens;
- in der unzulänglichen Erfassung und diagnostischen Verwertung der Tätigkeitsanforderungen;
- in der Unzulänglichkeit der verwendeten Auswahlverfahren;
- in der Veränderung beruflicher Anforderungen über die Zeit;
- in der Veränderung menschlichen Verhaltens über die Zeit (erfolgreiche Personalentwicklung trägt dazu bei, Erfolgsprognosen zu falsifizieren!);
- in der Unzulänglichkeit der Kriterien, an denen beruflicher Erfolg bestimmt werden kann.

Die Fehler, die bei Auswahlentscheidungen gemacht werden, sind zum großen Teil nicht erkennbar, wenn nicht sehr gründliche Analysen – sogenannte Validierungsstudien – durchgeführt werden. Dies liegt vor allem daran, dass diejenigen, die die Einstellungsempfehlung geben, keine Erfolgsmeldungen bekommen, die sie systematisch mit ihrer Auswahlprozedur vergleichen. Im Fall des Einstellungsgesprächs würden ihnen selbst Erfolgsmeldungen nicht helfen zu erkennen, welche ihrer Fragen brauchbar und welche unbrauchbar sind. Ein großer Teil der Fehler, die bei Einstellungsentscheidungen gemacht werden, ist sogar prinzipiell nicht erkennbar, nämlich die *Ablehnung qualifizierter Bewerber*. Ein Beispiel mag verdeutlichen, dass man selbst bei sehr fehlerhafter Entscheidung mit seiner Auswahl zufrieden sein kann:

Angenommen, zwei gleichartige Arbeitsplätze sollen besetzt werden. Aufgrund der Selbst- und Vorselektion der Bewerber (z.B. durch geforderte Schulbildung) soll die Wahrscheinlichkeit, dass jemand in der unausgelesenen Bewerbergruppe zumindest einigermaßen zufriedenstellend arbeitet, 80% betragen; d.h. nur zwei von zehn

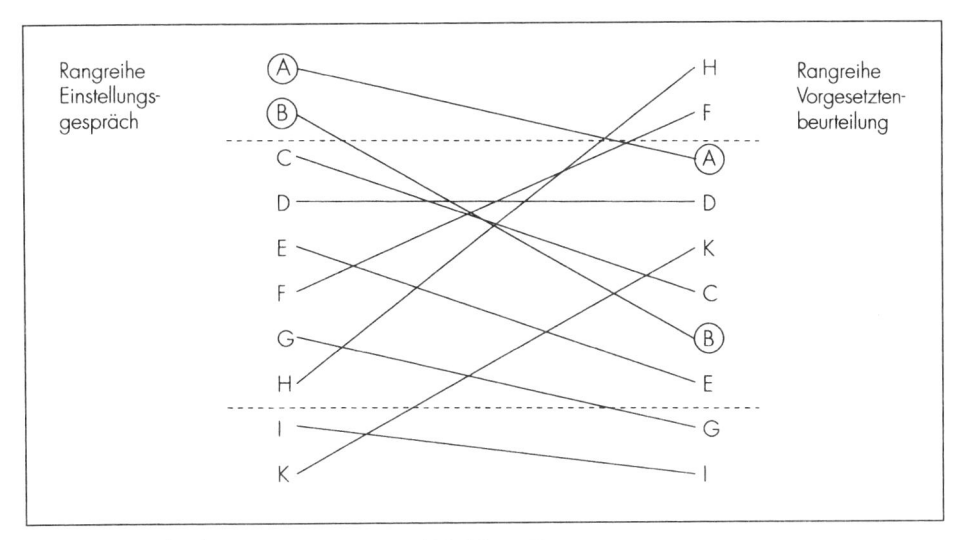

Abb. 5: Vergleich von Prognose- und Erfolgsreihen

Bewerbern würden eindeutig an den Anforderungen scheitern. Nun unterziehen wir unsere zehn Bewerber einem Auswahlverfahren – z.B. einem Einstellungsgespräch – und bringen sie nach unserem Eindruck in eine Rangreihe von A bis K. Nach drei Jahren „messen" wir ihren Berufserfolg mittels der Vorgesetztenbeurteilung und stellen auch hierfür wieder eine Rangreihe auf (für die abgelehnten Kandidaten handelt es sich natürlich um fiktive Rangplätze). Es könnte sich hierbei das in Abbildung 5 dargestellte Bild ergeben.

Die Kandidaten A und B machten im Einstellungsgespräch den besten Eindruck und wurden daraufhin eingestellt. Der Vergleich der beiden Rangreihen bietet ein recht konfuses Bild: Nur für Person D wurde ihr späterer Rangplatz richtig vorhergesagt, in allen anderen Fällen kam es zu Differenzen zwischen einem und sieben Rangplätzen. Die ausgewählten, weil vermeintlich besten Kandidaten A und B kommen nach der Leistungsbeurteilung nur auf die Plätze drei und sieben. Die beiden besten Bewerber H und F wurden nicht als solche erkannt und deshalb abgelehnt. Die Prognose war also denkbar schlecht.

Dass man mit der Entscheidung – und damit mit dem Auswahlverfahren – trotzdem zufrieden sein wird, hat folgende Gründe: die Unterschätzung der beiden besten Bewerber wird nie aufgedeckt, ebenso wenig wie die übrigen Rangplatzdifferenzen. Dagegen wird nach der Leistungsfeststellung konstatiert, dass tatsächlich – wie erwartet – A vor B liegt und dass beide – A gut, B noch – im Bereich der zufriedenstellenden Leistung liegen. A leistet mehr als B, so dass man das Auswahlverfahren für gut differenzierungsfähig halten kann. Eventuell kommt man zum – falschen – Schluss, dass man künftig strenger (nur die besten 10% statt 20% der Bewerber) auswählen muss, wenn man Mitarbeiter B als nur knapp über der Grenze zur akzeptablen Leistung wahrnimmt. Den richtigen Schluss, dass es sich um ein wenig valides Auswahlverfahren handelt, wird man aufgrund dieser Sachlage kaum ziehen.

Genau beziffert beträgt die Validität dieses Einstellungsgesprächs r =.14, berechnet als Korrelation zwischen den beiden Rangreihen. (Üblicherweise wird eine sogenannte Produkt-Moment-Korrelation berechnet, auf die hier aus Anschaulichkeitsgründen verzichtet wurde.) Die Validität eines Auswahlverfahrens – genauer gesagt die

Validität der Schlüsse, die aus vorliegenden Daten gezogen werden – wird üblicherweise in Form eines Korrelationskoeffizienten angegeben, der Werte zwischen 0 und 1 annehmen kann. Mit einem Wert von .14 liegt unser Einstellungsgespräch zwar über der Zufallswahrscheinlichkeit von 0, aber doch deutlich unter dem, was mit besser kontrollierten Verfahren zu leisten ist. Die Konfiguration im Beispiel wurde nicht zufällig so gewählt, dass sie den Wert .14 ergibt, denn eben dieser Wert wurde von HUNTER und HUNTER (1984) als durchschnittlicher Validitätskoeffizient für herkömmlich geführte Einstellungsgespräche angegeben. Das Beispiel entspricht also genau der durchschnittlichen Qualität realer Einstellungsentscheidungen aufgrund von Gesprächen (wobei zu vermerken ist, dass neuere Analysen zu höheren Schätzungen gelangen, vgl. Abschnitt 5.2).

Validitätskoeffizienten dürfen nicht als Prozentsatz richtiger Entscheidungen interpretiert werden. Um diesen zu ermitteln, müssen neben der Validität noch die *Selektionsquote* (Prozentsatz eingestellter Personen) und die *Quote der Geeigneten* unter den Bewerbern bekannt sein bzw. geschätzt werden. Kennt man diese drei Parameter, so lässt sich der zu erwartende Anteil Erfolgreicher unter den Eingestellten errechnen. In Abbildung 6 sind diese Zusammenhänge anhand von vier Beispielen dargestellt (Abbildung aus SCHULER, 1990).

Die Beispiele in Abbildung 6 lassen erkennen, dass der Einsatz eines validen Verfahrens um so wichtiger ist, je geringer der Anteil Geeigneter unter den unausgelesenen Bewerbern und je geringer die Selektionsquote ist. Es wird daraus auch deutlich, dass allein die Angabe von Erfolgsquoten – „80% richtige Entscheidungen getroffen!" – keine Aussagekraft hat, wenn nicht die zusätzlichen Parameter bekannt sind. Beträgt im gegebenen Fall die „Eignungsquote" 90%, so hätte bereits eine Zufallsauswahl in 9 von 10 Fällen eine „richtige Entscheidung" ergeben. Demgegenüber wäre bei einem Eignungsprozentsatz von nur 20% eine Trefferquote von 80% ein ausgezeichneter Wert.

5. Die wichtigsten Auswahlverfahren

5.1 Auswertung der Bewerbungsunterlagen

Den ersten Schritt bei der Auswahl neuer Mitarbeiter stellt gewöhnlich die Auswertung der Bewerbungsunterlagen dar. Bewerbungsunterlagen treffen heute oft in stark vereinheitlichter Form ein, was ihre Aussagekraft einschränkt. Vor Überinterpretation der Unterlagen muss deshalb gewarnt erden, die Validität ist gering. Anderseits kann man zu Negativabweichungen von der erwarteten Form und Korrektheit durchaus die Frage stellen: „Wenn sich jemand bei einer Bewerbung so wenig Mühe gibt, wann wird er sich dann Mühe geben?"

Von „Profis" in den Personalabteilungen großer Unternehmen und in Unternehmensberatungen werden bei der Auswertung von Bewerbungsunterlagen hauptsächlich folgende Punkte beachtet:

(1) Formale Aspekte
- Ist die Bewerbung ordentlich und übersichtlich angelegt?
- Ist sie fehlerfrei?
- Sind Art und Umfang der Bewerbung der zu besetzenden Position angemessen?

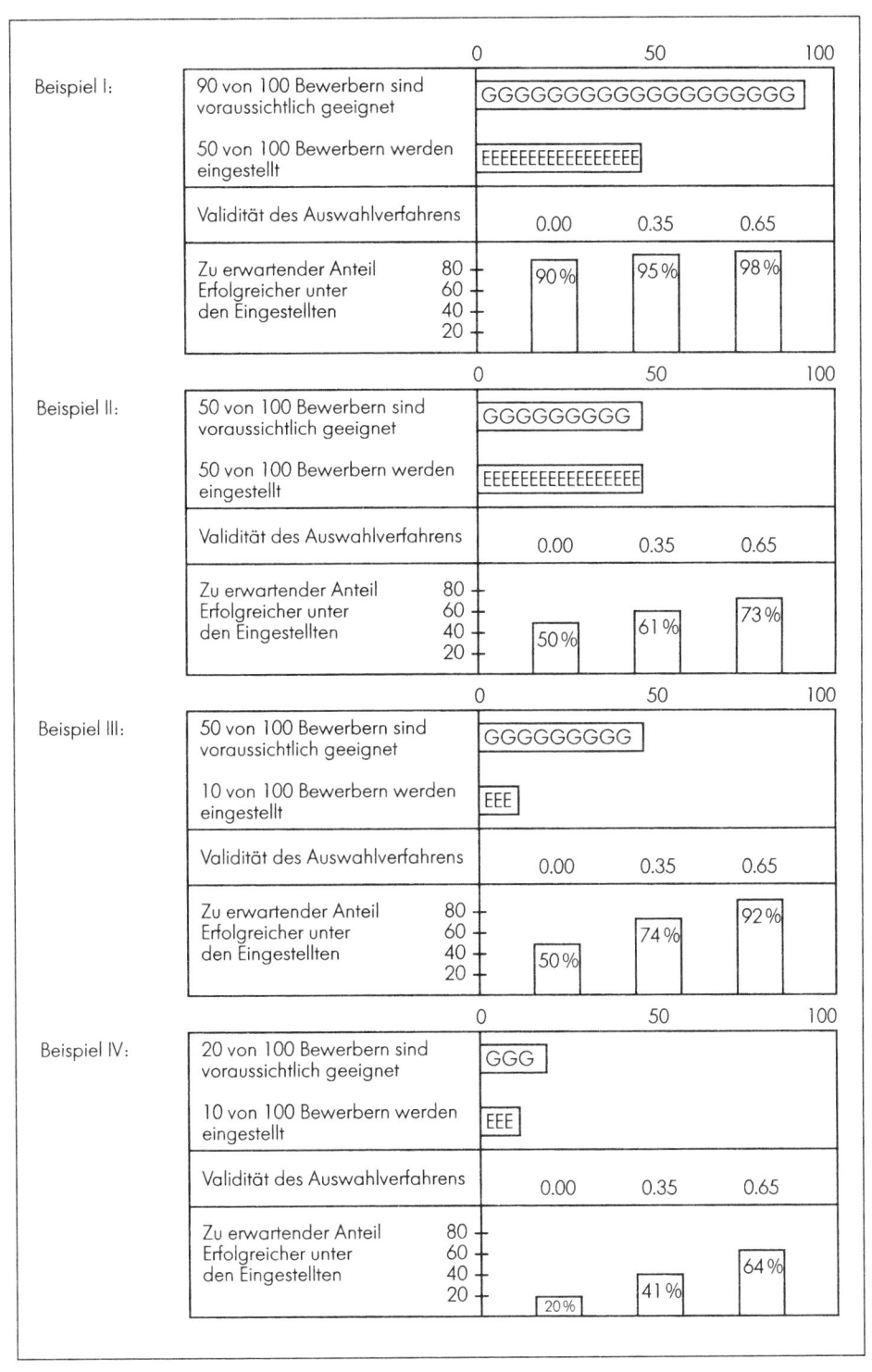

Abb. 6: Zu erwartender Anteil Erfolgreicher unter den Eingestellten in Abhängigkeit von Eignung, Selektionsquote und Validität des Auswahlverfahrens

(2) Vollständigkeit
– Ist ein Anschreiben enthalten?
– Ist ein ausführlicher oder tabellarischer Lebenslauf enthalten (je nach Aufforderung)?
– Sind qualifikationsbezogene Unterlagen enthalten?

(3) Erforderliche Ausbildung
– Zeugnisse
– Praktikumsnachweise
– sonstige Bescheinigungen
– ausbildungsbedingter Auslandsaufenthalt

(4) Erforderliche Spezialkenntnisse
– Sprachen
– EDV-Kenntnisse
– sonstige Zusatzausbildungen, Lehrgänge etc.

(5) Übereinstimmung Lebenslauf/Belege
– Lückenlosigkeit
– Zeitfolgeanalyse

(6) Plausibilität des Stellenwechsels
– Abfolge der Positionen
– Nachvollziehbarkeit der Arbeitgeberwechsel

(7) Schulnoten
– gut geeignet zur Prognose weiterer Ausbildungsleistungen
– weniger geeignet zur Prognose des Berufserfolgs

(8) Studienleistungen
– falls bekannt, Notenniveau von Hochschule und Studienfach berücksichtigen
– Qualität der Diplomarbeit ist wichtiger als das Thema

(9) Arbeitszeugnisse und Referenzen
– meist nur verlässlich, wenn von Fachleuten ausgestellt
– persönliche Referenzen meist aussagekräftiger als schriftliche

(10) Ergänzende anforderungsspezifische Aspekte
– Berufserfahrung
– Mobilität usw.

(11) Offen gebliebene Fragen für das Gespräch vormerken
Als valideste Einzelkomponente der Bewerbungsunterlagen dürfen die Schul- und Studienleistungen gelten (SCHULER, 2001b). Zwar sind die Ergebnisse der vielfältigen Einzelstudien widersprüchlich, diese Differenzen gehen aber nur zum Teil auf „wahre" Unterschiede zurück, zu einem größeren Teil sind sie durch Stichprobenfehler und andere Artefakte verursacht. Die psychometrische Metaanalyse erweist sich als nützliches Instrument, Einzelstudien zusammenzufassen, Artefaktkorrekturen vorzunehmen und Aufschluss über die Generalisierbarkeit der errechneten Validitäten zu

erhalten. Auch wenn dadurch nicht alle Ungewissheiten zu beseitigen sind (weil in verschiedenen Untersuchungen teilweise verschiedene Prädiktoren, Kriterien, Zeiträume und sonstige Bedingungsgrößen Eingang finden), lässt sich doch folgendes Bild erkennen:

- Aus Abiturnoten, die an deutschen und österreichischen Schulen vergeben wurden, lassen sich Studienleistungen mit einer mittleren Validität von r =.46 (BARON-BOLDT, FUNKE & SCHULER, 1989) vorhersagen. Dieser Wert liegt in einer Höhe, die von einzelnen eignungsdiagnostischen Verfahren nur schwerlich erreicht wird. Der Zusammenhang findet sich mit geringen Variationen für alle Studienfächer. Abiturgesamt- oder Durchschnittsnoten sind wesentlich valider als Fachnoten, unter denen die Mathematiknote die beste Vorhersage ermöglicht. Die Validität der Abiturnoten hat zwischen Mitte der 60er und Mitte der 80er Jahre nicht abgenommen.

- Haupt- und Realschulnoten waren in früheren Jahrzehnten ähnlich gute Grundlagen der Vorhersage des Erfolgs in der beruflichen Ausbildung, wie es die Abiturnoten für die Prognose der Studienleistung heute noch sind. Ihre prognostische Validität hat allerdings deutlich abgenommen und liegt für die 80er Jahre nur noch bei r =.26. Dieser Kennwert liegt unter dem guter eignungsdiagnostischer Instrumente, indiziert aber keineswegs eine vollständige Entwertung der Schulnoten. Auch für Haupt- und Realschulnoten gilt, dass die Gesamtnote ein besserer Prädiktor ist als jede der Einzelnoten. Der theoretische Teil der Prüfung zum Abschluss der Berufsausbildung ist durch Schulnoten besser vorherzusagen als der praktische.

- Die Prognose des Berufserfolgs aufgrund von Schul- und Examensnoten scheint, wie amerikanische Studien zeigen, besser möglich zu sein, als es bei Orientierung allein an der bescheidenen deutschen Datenlage den Anschein hat (um r =.30, Schulnoten eher darunter; ROTH, BEVIER, SWITZER & SCHIPPMANN, 1996). Auch für diese Vorhersagen gilt, dass die Validität geringer ist als vor mehreren Jahrzehnten (COHEN, 1984). Mit der Länge des Zeitraums zwischen Prädiktor- und Kriteriumserhebung vermindert sich die Möglichkeit der Vorhersage; dies dürfte der Grund dafür sein, dass die Validität von Schulnoten unter der von Examensnoten liegt. Die Kombination von Schul- und Examensnoten müsste die Prognose verbessern.

Schulnoten stellen gute Prädiktoren weiterer Bildung, also Lernleistung, dar, während sie sich zur Vorhersage praktischer Ausbildungs- und Berufsleistungen in geringerem Maße eignen. Auch diese Prognoseleistung ist allerdings nicht gering zu schätzen und kann für praktische Anwendungszwecke genutzt werden. Als Indikator der Lernfähigkeit hingegen sind Noten vermutlich brauchbarer als das meiste, was an psychologischen Diagnostica zu diesem Zweck konstruiert wird – insbesondere wenn man berücksichtigt, wie viel Information über die Lernfähigkeit bereits durch die *Art der Schulbildung* geliefert wird. Das Niveau der Schulbildung wiederum hängt bei Auszubildenden negativ mit der Betriebstreue zusammen (Studienwunsch).

5.2 Einstellungsgespräche

Vorstellungsinterviews bzw. Einstellungsgespräche sind nach der Auswertung der Bewerbungsunterlagen die verbreitetste Methode der Personalauswahl in deutschen Unternehmen (SCHULER, FRIER & KAUFFMANN, 1993). Ihr Durchführungsmodus reicht von der völlig freien Gesprächsform über teilstrukturierte bis zu vollstrukturierten Varianten mit standardisierten Abläufen und Fragestellungen. Die gestellten Fragen beziehen sich insbesondere auf Berufserfahrung und Berufsausbildung, auf Aspekte des Lebenslaufs und deren subjektive Verarbeitung, gelegentlich auch auf persönliche Bereiche wie den des familiären Hintergrunds. Die Antworten des Bewerbers wie auch weitere Eindrücke aus dem Gesprächsverlauf, beispielsweise nonverbales Verhalten betreffend, werden gewöhnlich zu einem „klinischen" Urteil – in intuitiver Kombination und Gewichtung – zusammengefasst.

Wie im Abschnitt über Personalmarketing bereits erwähnt, ist im Urteil sowohl der Auswählenden als auch der Bewerber das Interview die am meisten geschätzte Form der Personalauswahl. Stellt man allerdings die Validität in den Vordergrund und vergleicht das Interview mit anderen Auswahlverfahren, so stößt man auf eine bemerkenswerte Diskrepanz zwischen subjektiver Wertschätzung und empirischer Bewährung: Schon in frühen Studien ergab sich die geringe prognostische Validität dieser Methode, in einer Vielzahl von Sammelreferaten wurde sie, bei großer Streuung, auf etwa $r=.05$ bis $r=.25$ beziffert. Erst neueste metaanalytische Berechnungen resultieren in höheren Validitätswerten, die allerdings aufgrund von statistischen Korrekturmaßnahmen schwer vergleichbar sind.

Als die wichtigsten Ursachen für die geringe Validität des konventionell geführten Einstellungsgesprächs haben sich herausgestellt:

– mangelnder Anforderungsbezug der Fragen,
– unzulängliche Verarbeitung der aufgenommenen Information,
– geringe Beurteiler-Übereinstimmung,
– dominierendes Gewicht früher Gesprächseindrücke,
– Überbewertung negativer Information,
– emotionale Einflüsse auf die Urteilsbildung,
– Beanspruchung des größten Teils der Gesprächszeit durch den Interviewer.

Angesichts dieser Ergebnisse könnte man zu dem Schluss kommen, das Gespräch als Mittel der Personalauswahl sei entbehrlich – zumal sich überdies gezeigt hat, dass die meisten Versuche des Interviewertrainings erfolglos verliefen. Dabei würde man allerdings übersehen, dass mit der Auswahl neuer Auszubildender und Mitarbeiter mehrere wichtige Funktionen eng verknüpft sind. Als Hauptfunktionen des Einstellungsinterviews können genannt werden: Vorhersage beruflichen Erfolgs; Information des Bewerbers über Unternehmen, Arbeitstätigkeit, Arbeitsplatz und Arbeitsanforderungen; Kennenlernen der Erwartungen des Bewerbers; Information über den Arbeitsmarkt; persönliches Kennenlernen (Aufbau von Kontakt, Sympathie, Identifikation, Verpflichtung); „Verkaufen" des Unternehmens; Vereinbaren von Bedingungen.

Die Vielfalt dieser Funktionen, von denen ein Teil nicht durch andere Verfahren in gleichem Maße erfüllbar ist, zeigt, dass das Gespräch selbst dann einen unentbehrlichen Bestandteil der Vorstellungs- und Einstellungsprozedur darstellt, wenn seine prognostische Validität zu wünschen übrig lässt. So gibt es beispielsweise Hinweise darauf, dass der Interviewer die im Durchschnitt wichtigste Einflussgröße auf die Annahme eines Einstellungsangebots durch qualifizierte Bewerber ist.

Erfreulicherweise hat die Forschung der letzten Jahre gezeigt, dass es eine Reihe von Möglichkeiten gibt, Interviews methodisch so zu verbessern, dass sie zu einem verlässlichen Auswahlinstrument werden. Dies ist nicht ohne methodischen Aufwand zu erreichen, ermöglicht aber Validitätswerte um etwa .40 (metaanalytisch korrigiert bis über .50), die damit in der Höhe der besten sonstigen Auswahlverfahren liegen.

Als Zusammenfassung teils erprobter, teils zunächst nur plausibel erscheinender, weil aus den Defiziten des herkömmlichen Einstellungsgesprächs ableitbarer Erfordernisse, kann folgende Liste der Möglichkeiten methodischer Verbesserungen angeboten werden (Schuler, 1992):

(1) Anforderungsbezogene Gestaltung des Interviews; dies kommt sowohl seiner Validität als auch dem Informationsgehalt für die Bewerber zugute.
(2) Beschränkung auf das Registrieren von Aspekten/Anforderungen/Merkmalen, die nicht anderweitig zuverlässiger gesammelt werden können (z. B. durch Zeugnisse und kognitive Fähigkeitstests).
(3) Durchführung des Interviews in strukturierter bzw. (teil-)standardisierter Form (wobei zu beachten ist, dass die Bewerber freie Gesprächsführung bevorzugen).
(4) Verwendung geprüfter und verankerter (vorzugsweise verhaltensverankerter) Skalen während des Interviews.
(5) Zumindest Ergänzung des Auswahlprinzips von Interviewfragen nach subjektiver Evidenz durch das der empirischen Prüfung von Einzelfragen; validierte Fragen können beispielsweise aus Testverfahren und biographischen Fragebogen übernommen werden.
(6) Je geringer die Standardisierung des Interviews, desto größer ist der Nutzen des Einsatzes zusätzlicher Beurteiler, vorzugsweise in Form der Durchführung weiterer, unabhängig geführter Gespräche. Auch bei (teil-)standardisierten Interviews lässt die gemeinsame oder getrennte Gesprächsführung durch Mitarbeiter der Personalabteilung und ergänzend der jeweiligen Fachabteilung Verbesserungen erwarten.
(7) Formen von Gruppengesprächen, insbesondere von Gruppendiskussionen, wie sie sich in ähnlicher Form in Assessment Centers bewährt haben, könnten ergänzende Beiträge zur Prognose leisten.
(8) Trennung von Informationssammlung und Entscheidung, beispielsweise in Form von Notizen oder Skalierungen während des Gesprächs, die erst im Anschluss daran zu einer Gesamtbewertung aggregiert werden.
(9) Gestaltung und standardisierte Durchführung der Gewichtungs- und Entscheidungsprozedur nach psychometrischen Prinzipien.
(10) Vorbereitung der Interviewer durch ein sorgfältig konzipiertes und kompetent durchgeführtes Training.

Im Rahmen eines Interviews, das nach diesen Prinzipien aufgebaut ist, sollten zweckmäßigerweise mehrere Frageformen verwendet werden. Eine dieser Formen ist die sogenannte situative Frage (Latham, Saari, Pursell & Campion, 1980). Hierbei wird jeweils eine „kritische" Situation geschildert, wie sie im Arbeitsablauf auftreten kann. Die Antworten der Bewerber werden mit vorgegebenen Skalenverankerungen verglichen und sofort eingestuft. Aus den Ergebnissen mehrerer solcher Fragen wird erst nach Abschluss des Interviews ein Gesamtwert gebildet. Ein Beispiel für eine situative Frage an einen Bewerber für den Außendienst wird in Abbildung 7 vorgestellt.

Mit dem vom Verfasser entwickelten *Multimodalen Interview*, das neben situativen Fragen auch biographiebezogene und andere geprüfte Frageformen enthält (Schuler, 1992) und das durch ein spezielles Interviewtraining unterstützt wird, wird bereits in einer größeren Zahl von Unternehmen und öffentlichen Organisationen erfolgreich gearbeitet. Als zweckmäßiges Vorgehen beim Aufbau eines strukturierten Interviews hat sich erwiesen, einen Grundbestand an psychometrisch geprüften Fragen einzusetzen, die den relativ allgemeinen Anforderungen entsprechen, und sie durch spezifisch

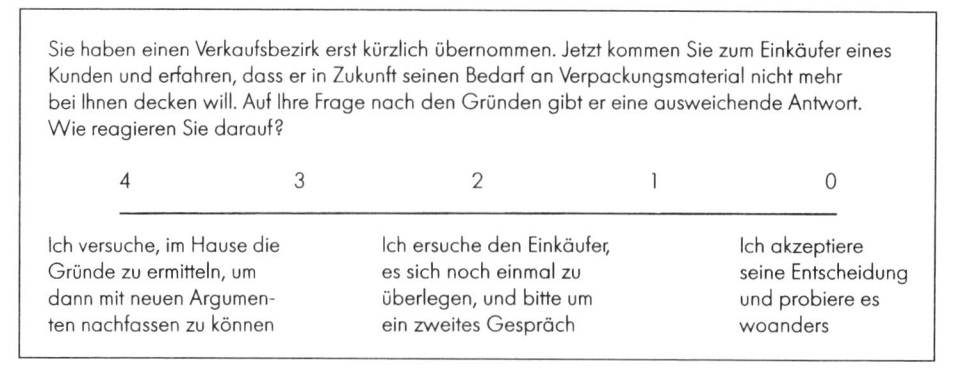

> Sie haben einen Verkaufsbezirk erst kürzlich übernommen. Jetzt kommen Sie zum Einkäufer eines
> Kunden und erfahren, dass er in Zukunft seinen Bedarf an Verpackungsmaterial nicht mehr
> bei Ihnen decken will. Auf Ihre Frage nach den Gründen gibt er eine ausweichende Antwort.
> Wie reagieren Sie darauf?
>
> | 4 | 3 | 2 | 1 | 0 |
> |---|---|---|---|---|
> | Ich versuche, im Hause die Gründe zu ermitteln, um dann mit neuen Argumenten nachfassen zu können | | Ich ersuche den Einkäufer, es sich noch einmal zu überlegen, und bitte um ein zweites Gespräch | | Ich akzeptiere seine Entscheidung und probiere es woanders |

Abb. 7: Beispiel für eine situative Frage

anforderungsbezogene Fragen zu ergänzen. Auf diese Weise konnte das Multimodale Interview nicht nur für verbreitete Zielgruppen wie Führungskräfte, Trainees und Außendienstmitarbeiter eingesetzt werden, sondern auch für spezifischere Gruppen wie Polizeibeamte, Pastoralreferenten und Gründungsunternehmer (SCHULER, 2002).

5.3 Psychologische Tests

„Ein Test ist ein standardisiertes, routinemäßig anwendbares Verfahren zur Messung individueller Verhaltensmerkmale, aus denen Schlüsse auf Eigenschaften der betreffenden Person oder auf ihr Verhalten in anderen Situationen gezogen werden können" (BRANDSTÄTTER, 1979, S. 82). In der wissenschaftlich kontrollierten Eignungsdiagnostik sind psychologische Testverfahren die am häufigsten verwendeten Instrumente. Ursache dafür ist nicht nur die lange Tradition des Testens, speziell zur Messung der Intelligenz, sondern vor allem die hochentwickelte Methodologie der Testkonstruktion (z.B. ROST, 1996). Wenn psychologische Tests heute im Begriff sind, durch eine Vielfalt anderer Verfahren ergänzt, in manchen Bereichen sogar abgelöst zu werden, darf nicht übersehen werden, dass die Theorie und Technik des Testens methodische Standards auch für alle anderen diagnostischen Verfahren setzt. Der Begriff „Test" wird deshalb oft auch als Sammelbezeichnung für alle Prüfverfahren verwendet, die nach testtheoretischen Prinzipien konstruiert sind. Tests im engeren Sinn repräsentieren allerdings üblicherweise das eigenschafts- oder konstruktbezogene Diagnostikprinzip, das nur einen der drei wichtigen diagnostischen Ansätze darstellt (SCHULER, 2000b).

Die Standardisierung psychologischer Testverfahren bezieht sich auf ihren Inhalt, auf die Durchführung und auf die Auswertung. Im Vergleich zu anderen Verfahrenstypen ist damit die Grundlage hoher Objektivität, also geringeren Einflusses subjektiver Beobachtungs- und Urteilsfehler, gegeben.

Zahl und Vielfalt von Tests, die zu Eignungsdiagnosen verwendet werden, sind groß. Eine aktuelle Zusammenstellung von Tests, die in der Berufseignungsdiagnostik eingesetzt werden, findet sich bei SARGES und WOTTAWA (2001).

In der Berufseignungsdiagnostik finden vor allem Tests der allgemeinen Intelligenz und ihrer Komponenten Verwendung, Tests zur Prüfung allgemeiner Fähigkeiten wie Aufmerksamkeit und Konzentrationsleistung, Tests sensorischer und motorischer

Funktionen sowie Tests, die spezielle Leistungen wie technisches Verständnis erfassen. Dazu kommen Persönlichkeitstests, zu denen auch Interessen- und Motivationstests gerechnet werden, in der Mehrzahl in der Form von Fragebogenverfahren, seltener als projektive Methoden. Einen Überblick über die Anwendungshäufigkeit psychologischer Testverfahren in Privatunternehmen und in Behörden gibt SCHORR (1991).

Ein internationaler Vergleich zeigt, dass in deutschen Unternehmen psychologische Tests wesentlich seltener eingesetzt werden, als dies in anderen europäischen Ländern der Fall ist (Abbildung 8). Während in Deutschland der Testeinsatz im Wesentlichen auf die Gruppe der Auszubildenden beschränkt bleibt, werden Tests in den anderen Ländern auch bei Trainees und Führungskräften in großer Zahl angewandt. Speziell Persönlichkeitstests finden europaweit häufigere Anwendung als in deutschen Unternehmen.

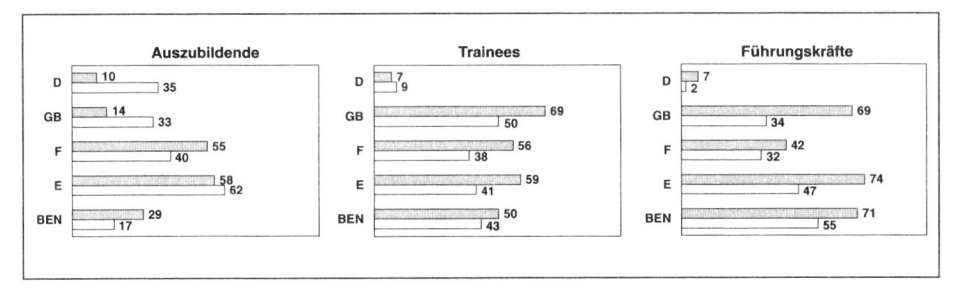

Abb. 8: Psychologische Tests im europäischen Vergleich, unterschieden nach Persönlichkeitstests ▨ sowie Leistungs- und Intelligenztests ☐ (in Prozent der Unternehmen)

Es liegt eine sehr große Zahl von Untersuchungen der Validität psychologischer Tests vor, insbesondere solcher, die der Sammelkategorie „kognitive Fähigkeitstests" zugerechnet werden. Ihr Hauptergebnis ist, dass es praktisch keinen Beruf gibt, für den Maße intellektueller Fähigkeiten nicht zur Leistungsprognose beitragen können. Dabei lassen sich Ausbildungsleistungen besser vorhersagen als andere Kriterien der Berufsleistung. Beispielsweise wurde in einem großen deutschen Finanzdienstleistungsunternehmen für die dort eingesetzte Intelligenztestbatterie zur Auswahl von Auszubildenden ein Validitätskoeffizient von $r = .48$ errechnet, bezogen auf die Ergebnisse der IHK-Prüfung (BACKHAUS & WAGNER, 2002).

Niedriger ist die Validität *allgemeiner* Persönlichkeitstests. SCHMITT, GOODING, NOE und KIRSCH (1984) beziffern die durchschnittliche Validität auf $r = 0.15$. Unter den allgemeinen Persönlichkeitsmerkmalen wurden lediglich mit der Eigenschaft „Gewissenhaftigkeit" Validitäten um $r = .30$ erzielt (SCHMIDT & HUNTER 1998). Eine Reihe stärker *berufsbezogener* und *spezifischerer* Persönlichkeitstests, von denen bessere Ergebnisse erwartet werden, wurde in den letzten Jahren ausgearbeitet (z.B. HOSSIEP & PASCHEN, 2000; SCHULER & PROCHASKA, 2001). Als bereits belegt kann die bessere Vorhersagequalität spezifischer Persönlichkeitstests zumindest in einigen Anwendungsfeldern (wie dem F & E-Bereich) gelten (SCHULER, FUNKE, MOSER & DONAT, 1995).

5.4 Computergestützte Diagnostik

In vielen Fällen werden Testverfahren heute computergestützt durchgeführt. Dies ermöglicht einen Gewinn an Verfahrensqualität (hoher Standardisierungsgrad, adaptives Testen, bessere Bedingungskontrolle, objektivere Auswertung) sowie ökonomische Vorteile (Zeit, Kosten und Verfahrensschutz). Überdies erlaubt die Auswertung auch die Nutzung von Zusatzdaten wie Latenzzeiten und Korrekturen. Bei verschiedenen Zielgruppen ist allerdings auch heute noch das Problem unterschiedlicher Vertrautheit mit dem PC zu berücksichtigen.

Mit der Nutzung des Computers für komplexe dynamische Problemlöseaufgaben oder „Szenarios" wurde eine Vorgehensweise ermöglicht, die durch andere Medien nicht ersetzt werden kann. Diese aus der kognitionspsychologischen Forschung stammenden Aufgabentypen verlangen von Probanden, ein System so zu steuern, dass bestimmte Zielgrößen erreicht werden; hierbei können sowohl Ergebnisvariablen (z.B. Umsatz) wie Prozessvariablen (z.B. Entscheidungen) erfasst werden, die das Arbeitsverhalten einer Person charakterisieren. WEGENER und WITTMANN (2002) zeigen für diesen Verfahrenstyp inkrementelle Validität gegenüber der allgemeinen Intelligenz auf.

5.5 Biographische Fragebogen

Unter der Annahme, dass vergangene Erfahrungen und deren subjektive Verarbeitung brauchbare Prädiktoren künftigen Verhaltens sein müssten, wurden biographische Fragebogen in verschiedenen Berufsfeldern erprobt und erfolgreich eingesetzt (SCHULER & STEHLE, 1990). Nach dem eigenschafts- oder konstruktbezogenen und dem simulationsbezogenen Diagnoseprinzip kann deshalb das biographiebezogene Diagnoseprinzip als dritter grundlegender Ansatz in der Diagnostik gelten (SCHULER, 2000b). Insbesondere für den Versicherungsaußendienst liegt eine Vielzahl von Daten vor. Bei Wissenschaftlern haben sich biographische Fragebogen mit einem Validitätskoeffizienten von r =.47 als das valideste Einzelverfahren herausgestellt (FUNKE, KRAUSS, SCHULER & STAPF, 1987). Auch zur Führungskräfteauswahl sowie im militärischen Bereich hat sich diese Methode bewährt. Für einige andere Gruppen dagegen, speziell für Jugendliche, finden sich niedrigere Prognosewerte. Dies könnte an der noch geringen Verhaltensstabilität in jüngeren Jahren, aber auch an der geringen Datenbasis, also der kürzeren Biographie, liegen, da besonders relevante Bereiche wie bisherige Berufserfahrung und Berufsleistung noch gänzlich fehlen.

Inhaltlich handelt es sich bei biographischen Fragebogen um standardisierte Selbstbeschreibungen, die im wesentlichen eine systematische Zusammenfassung dessen darstellen, was Bewerbungsunterlagen und Einstellungsinterview an prognostisch relevanter Information enthalten. Von konventionellen Personalfragebogen unterscheiden sie sich gewöhnlich durch ihren Umfang, gelegentlich auch durch die angesprochenen Erfahrungsbereiche, vor allem aber durch ihre empirische Validierung.

Biographische Fragebogen werden gelegentlich als eine Form von Persönlichkeitstests angesprochen, unterscheiden sich aber von diesen sowohl durch konkretere, meist erfahrungsbezogene Frageformulierungen als auch dadurch, dass biographische Items den Befragten persönlich als bedeutsamer und transparenter erscheinen als Fragen in Persönlichkeitstests. Darüber hinaus erfolgt die Validierung biographischer Fragebogen meist auf Einzelfragenbasis, was zu einer guten Anpassung an die jeweilige

Stichprobe, aber zu verminderter Generalisierbarkeit führt. Hieraus ergibt sich das Erfordernis organisationsspezifischer Validierung und relativ häufiger Überprüfung während längerer Verwendungsdauer.

Die Validierung erfolgt gewöhnlich so, dass für jede aus einer zunächst großen Zahl von Fragen geprüft wird, ob sie zwischen erfolgreichen und weniger erfolgreichen Personen im gleichen Tätigkeitsbereich differenzieren kann. Nur Fragen mit ausreichender Differenzierungsstärke werden in den endgültigen Fragebogen aufgenommen. Eine Beispielfrage aus einem Fragebogen für den Versicherungsaußendienst zeigt Tabelle 1.

Alter, in dem zum ersten Mal der gesamte Lebensunterhalt verdient wurde						
	bis 16 Jahre	16–20 Jahre	20–25 Jahre	25–30 Jahre	über 30 Jahre	
erfolgreiche Mitarbeiter	6,9	47	37,7	6,5	1,9	= 100% (N = 410)
weniger erfolgreiche Mitarbeiter	3,5	38,4	50,4	6,3	1,4	= 100% (N = 370)

Tab. 1: Beispielfrage aus einem biographischen Fragebogen

Die Antworthäufigkeiten unterscheiden sich dahingehend, dass erfolgreiche Mitarbeiter im Versicherungsaußendienst im Durchschnitt früher ihren Lebensunterhalt verdienen als weniger erfolgreiche Personen. Der Unterschied ist zwar deutlich und statistisch signifikant, aber nicht so groß, dass aufgrund dieser Frage bereits eine Entscheidung getroffen werden könnte. Dies gilt für jede Einzelfrage und bedeutet, dass erst durch die Summation einer größeren Fragenzahl eine ausreichend zuverlässige Zuordnung von Personen zu Tätigkeiten erfolgen kann.

Tests und Fragebogen, die nach dem Validierungsprinzip der biographischen Fragebogen konstruiert sind, arbeiten zum Teil auch in Merkmalsbereichen, die mit Persönlichkeitstests in Auswahlsituationen nur unzulänglich erfasst werden können. Der hohe Aufwand für Konstruktion und laufende Überprüfung hat allerdings die Verbreitung biographischer Fragebogen gehemmt. Eine Alternative hierzu, die sich nach den bisherigen Versuchen gut bewährt hat, ist die Aufnahme biographiebezogener Fragen in das Auswahlinterview, wie dies im Multimodalen Interview (SCHULER, 2002) praktiziert wird.

5.6 Arbeitsproben

Unter Arbeitsproben werden standardisierte Aufgaben verstanden, die inhaltlich valide und erkennbar äquivalente Stichproben des erfolgsrelevanten beruflichen Verhaltens darstellen. Ihre Entwicklung geht auf die deutsche Eignungsdiagnostik der zwanziger Jahre zurück. Die Abgrenzung von Arbeitsproben gegenüber Tests ist schwierig und wird uneinheitlich gehandhabt: Gelegentlich wird von Arbeitsprobe nur dann gesprochen, wenn es sich um motorische Aufgaben handelt, häufig werden Arbeitsproben als Tests bezeichnet, sobald sie in standardisierter und normierter Form vorliegen. Dementsprechend findet sich in der englischsprachigen Literatur häufig die Bezeichnung „work sample test".

Die Konstruktion von Arbeitsproben erfolgt weitgehend nach den gleichen Prinzipien wie die der psychologischen Tests. Der wesentliche Unterschied ist, dass man, soweit möglich, darauf verzichtet, die Arbeitstätigkeiten in für deren erfolgreiche Ausführung erforderliche Personmerkmale zu übersetzen. Statt dessen wird der Inhalt von Tätigkeitssituationen möglichst direkt simuliert. Deshalb stellt das Simulationsprinzip einen eigenständigen diagnostischen Ansatz dar (SCHULER, 2000b).

Für gut gestaltete Arbeitsproben werden relativ hohe Validitätswerte berichtet. Gemessen an beruflicher Leistung (Vorgesetzten-Beurteilung) wurden für „motorische Arbeitsproben" höhere Validitäten errechnet als für „verbale Arbeitsproben". Allerdings ermöglichen verbale Arbeitsproben bessere Prognosen, wenn als Kriterium die Ausbildungsleistung gewählt wird.

Die Augenscheingültigkeit von Arbeitsproben fördert die Akzeptanz seitens der Verwender wie der Probanden und kommt der Selbstselektion zugute. Dies konnte durch ein Experiment von DOWNS, FARR und COLBECK (1978) eindrucksvoll demonstriert werden: Im Anschluss an eine handwerkliche Arbeitsprobe, bei der zusätzlich die Möglichkeit zur Selbstbeurteilung gegeben war, wurde allen Bewerbern eine Anstellung zur Probe angeboten. Von den in der Arbeitsprobe Leistungsstärksten nahmen 91 % das Angebot an, von den Leistungsschwächsten nur 23 %.

Ein besonders deutlicher Ausdruck des Trends zu arbeitsprobenartigen Verfahren sind auch die Simulationen im Assessment Center. Ein weiteres Beispiel für eine Entwicklung, die auf dem Simulationsgedanken basiert, sind die im Abschnitt über das Einstellungsgespräch vorgestellten situativen Fragen (LATHAM et al., 1980). Einen Überblick über computergestützte Arbeitsproben in der Personalarbeit geben STRAUSS und KLEINMANN (1995). Eine neue Entwicklung besteht in der Integration von Tests und Arbeitsproben. Ein Beispiel hierfür ist das Verfahren AZUBI (SCHULER & KLINGNER, 2003), das aus einem Satz von Arbeitsproben besteht, mit denen diejenigen Intelligenzfaktoren gemessen werden, die in Büroberufen erfolgswirksam sind. Gleichzeitig wird dieses Verfahren aufgrund seines Arbeitsprobencharakters besser akzeptiert als abstrakte Fähigkeitstests.

5.7 Assessment Center und Potenzialanalyse

Assessment Center ist der Name einer multiplen Verfahrenstechnik, zu der mehrere eignungsdiagnostische Instrumente oder leistungsrelevante Aufgaben zusammengestellt werden. Ihr Einsatzbereich ist die Einschätzung aktueller Kompetenzen oder die Prognose künftiger beruflicher Entwicklung und Bewährung. Sie wird deshalb sowohl zur Auswahl künftiger Mitarbeiter wie auch als Beurteilungs- und Förderinstrument eingesetzt. Charakteristisch für Assessment Center ist, dass mehrere Personen (etwa 6 bis 12) gleichzeitig als Beurteilte daran teilnehmen und dass auch die Einschätzungen von mehreren unabhängigen Beurteilern („Assessoren", ihre Zahl beträgt etwa 1:2 zur Zahl der Beurteilten) vorgenommen werden. Die Beurteilergruppe besteht vor allem aus Linienvorgesetzten (typischerweise zwei Hierarchieebenen über der Zielebene der zu Beurteilenden) sowie aus Psychologen und Mitarbeitern des Personalwesens.

Die Verbreitung des Assessment Centers hat in den letzten Jahren gerade angesichts des stärker betonten Teamgedankens beständig zugenommen. Im Jahre 1990 wurde es von etwa 20% der größeren deutschen Unternehmen zur Auswahl von Führungskräften eingesetzt (1983: 10%) sowie bei 40% aller Traineeeinstellungen (SCHULER, FRIER & KAUFFMANN, 1993). Zielpersonen der Assessment Center-Anwendung sind also vor allem Führungskräfte und Hochschulabsolventen. Speziell für die Gruppe der Führungskräfte ist die Verbreitung dieses Verfahrens in Banken relativ hoch.

Assessment Center werden sowohl zur Auswahl externer Bewerber als auch zur internen Personalauswahl eingesetzt. Neben dem Auswahlgesichtspunkt stehen Förderungsgesichtspunkte im Vordergrund, die von der Ermittlung des unmittelbaren Trainingsbedarfs bis zur langfristigen Karriereplanung reichen (für weitere Funktionen s. SCHULER & STEHLE, 1992). Als generelles Kennzeichen kann die Zielsetzung angesehen werden, mit dem Assessment Center eher die allgemeine Leistungsfähigkeit als spezifische Kompetenzen zu ermitteln. In dem Maße, in dem es gelingt, die Gesamtheit der zur Verfügung stehenden Möglichkeiten einer Person zu erfassen, kann von *Potenzialanalyse* gesprochen werden.

Für das Assessment Center besteht kein Kanon der Einzelverfahren (KLEINMANN, 2003). Welche Verfahrenstypen zu berücksichtigen sind, hat sich nach den Zielsetzungen zu bemessen. Wenn bei nichtpsychologischen Verwendern heute die Tendenz erkennbar ist, ausschließlich mit simulationsartigen Aufgaben wie Rollenspielen, Gruppendiskussion oder Postkorbaufgabe zu arbeiten, so kommt dies dem Interesse der Assessoren entgegen, ihre Urteilsbildung auf beobachtbares Verhalten zu stützen. Dem Gedanken der Potenzialanalyse wird demgegenüber eher entsprochen, wenn diejenigen Einzelverfahren ausgewählt werden, die am besten die Anforderungen der in Frage stehenden Tätigkeiten repräsentieren, also inhaltlich valide sind. In Abbildung 9 werden beide Arten von Aufgabentypen aufgeführt.

- Individuell auszuführende Arbeitsproben und Aufgabensimulationen (v.a. Organisations-, Planungs-, Entscheidungs-, Controlling- und Analyseaufgaben
- Gruppendiskussionen mit und ohne Rollenvorgabe
- Sonstige Gruppenaufgaben mit Wettbewerbs- und/oder Kooperationscharakteristik
- Vorträge und Präsentationen
- Rollenspiele (z.B. Einstellungsinterview, Verkaufsgespräch
- Interviews
- Selbstvorstellung
- Wirtschaftsspiele, Simulation komplexer Entscheidungen
- Fähigkeits- und Leistungstests
- Persönlichkeits- und Interessentests
- Biographische Fragebogen

Abb. 9: Die wichtigsten im Assessment Center gebräuchlichen Einzelverfahren

Die Leistungen der Teilnehmer im Assessment Center werden – soweit sie in beobachtbarem Verhalten bestehen – von den Beurteilern üblicherweise anhand vorgegebener Skalen eingeschätzt. Diese Skalierungen haben gewöhnlich die Form der Einstufung, gelegentlich auch die der Rangreihenbildung, und ähneln damit jenen Verfahren, mittels deren in vielen Organisationen regelmäßig oder zu speziellen Anlässen Beurteilungen der Mitarbeiter vorgenommen werden. Wie generell bei Leistungsbeurteilungen sind die Registrierungen der Beurteiler Beschreibungen oder

Interpretationen des Verhaltens, Nennungen von Verhaltensergebnissen oder Zuschreibungen von Fähigkeiten und anderen Eigenschaften.

Die strikte Beschränkung auf beobachtbares Verhalten wird von manchen Durchführenden ebenso betont wie die Trennung von Beobachtung und Bewertung. Dies mag von didaktischem Nutzen besonders in der Phase des Trainings der Beurteiler sein, entspricht aber nicht den Prinzipien der sozialen Urteilsbildung (vgl. SCHULER, 2000a) und hat auch keinen nachweisbaren Nutzen für die prognostische Qualität der Ergebnisdaten; von Nutzen ist die Verhaltensorientierung gegebenenfalls für das Feedback an die Teilnehmer.

Die für einzelne Beurteiler nur mäßige Reliabilität der Einzelwerte wird erhöht durch die Mehrzahl der Aufgaben und durch die Mehrzahl der Beurteiler. Die *Aggregation* der Werte hängt vom Zweck der Veranstaltung ab: Möchte man spezifische Hinweise auf Trainingsbedarf gewinnen, wird die Auswertung aufgabenspezifisch erfolgen – aggregiert werden in diesem Falle nur die Meinungen der verschiedenen Beobachter. Hat man Potenzialanalysen im Auge, werden eher die groben Anforderungsdimensionen die angezielte Einheit darstellen. Ist gar nur eine Auswahlentscheidung zu treffen, so kann – evtl. korrigiert durch Gewichtungsfaktoren und nach der Bildung von Standardwerten – sogar über alle Dimensionen aufsummiert werden.

Die Aggregation der Werte erfolgt entweder rechnerisch oder auf dem Wege der Diskussion im Rahmen einer sogenannten *Assessorenkonferenz*. Entgegen einer verbreiteten Annahme erhöht die Diskussion der Einzelwerte durchschnittlich nicht die prognostische Validität der Gesamtaussage im Vergleich zum einfachen Rechenverfahren – im Hinblick auf dieses Ziel ist sie also wertlos. Nicht ohne Wert ist sie dagegen für das Selbstverständnis der Assessoren und für ihre Versorgung mit ergänzenden Sichtweisen und Argumenten für die anschließenden Gespräche mit den Kandidaten. Auch lässt sich eine gründliche Diskussion der Beobachtungen und deren Transformation in Bewertungen als Teil eines *Beurteilertrainings* auffassen, das für unerfahrene Beurteiler obligatorisch ist und auch für erfahrene zur gelegentlichen Auffrischung von Nutzen ist.

Nach der Durchführung und Auswertung aller Aufgaben wird mit jedem Teilnehmer ein Gespräch – genannt *Feedback* – über sein Abschneiden und eventuell auch bereits über künftige Entwicklungsmöglichkeiten oder Aufgaben geführt. Ein solches Feedback wird von allen Assessment Center-Autoren empfohlen, nach THORNTON, GAUGLER, ROSENTHAL & BENTSON (1992) allerdings nur in etwas mehr als der Hälfte der Fälle auch durchgeführt. Dieses Gespräch sollte gleichzeitig so informativ und rücksichtsvoll sein, dass die Teilnehmer die Möglichkeit haben, ihr Selbstbild mit den Eindrücken kompetenter anderer Personen zu vergleichen und in offener partnerschaftlicher Haltung mit ihnen mögliche Konsequenzen für die künftige Arbeitsgestaltung zu erörtern.

Inwieweit ist das Assessment Center nun tauglich, die berufliche Bewährung vorherzusagen? THORNTON et al. (1992) prüften alle veröffentlichten und zugänglichen unveröffentlichten Validierungsuntersuchungen, inwieweit sie den Richtlinien der *Task Force on Assessment Center Standards* entsprachen und ob in den Daten ein als Korrelation angegebener Validitätskoeffizient genannt oder aus ihnen errechenbar war. Es fanden sich 50 Studien mit insgesamt 107 verwertbaren Validitätskoeffizienten. Diese Koeffizienten wiesen eine Streubreite von $r = -.25$ bis $r = .74$ auf. Als Mittelwert wurde nach metaanalytischer Korrektur bezüglich statistischer Artefakte ein Validitätskoeffizient von $r = .37$ errechnet.

In ihrer Metaanalyse haben THORNTON et al. (1992) nach solchen *Moderatorvariablen* – also Größen, die Einfluss auf die Validität haben – gesucht. Nicht alle diesbezüglichen Ergebnisse sind klar interpretierbar, aber es ließen sich doch einige plausible Aspekte finden, deren Beachtung eine Validitätsverbesserung erwarten lässt. Hierzu gehört die Verwendung einer möglichst großen Zahl unterschiedlicher Einzelaufgaben sowie die Beteiligung von Psychologen als Beurteiler. Auch die Einbeziehung gegenseitiger Beurteilungen der Teilnehmer hat sich als validitätsfördernd erwiesen. Diese Maßnahme ist allerdings sorgfältig gegen mögliche Nachteile wie die Erhöhung von Stress und Konkurrenzdruck abzuwägen; falls man ihr überhaupt zuneigt, sollten allenfalls Positivnennungen Verwendung finden.

Was der Qualität eines Assessment Centers überdies zu Gute kommen kann, ist eine auf das Verfahren abgestimmte Vorselektion, des Weiteren ein erhöhter Standardisierungsgrad. Zur Zeit wird verschiedentlich an einer *Flexibilisierung* oder *Dynamisierung* von Assessment Center-Durchführungen gearbeitet, womit den Teilnehmern Gelegenheit gegeben werden soll, ihre Arbeitszeit nach eigenem Gutdünken auf die Einzelaufgaben zu verteilen. Obwohl dies den Eindruck macht, dem Arbeitsalltag der meisten Menschen und speziell der Führungskräfte besser zu entsprechen als detaillierte Vorgaben, läuft es dem in der Diagnostik nötigen Bemühen um Standardisierung – also um das Konstanthalten der Bedingungen – entgegen. Tatsächlich konnten bisher keine Belege erbracht werden, dass Dynamisierung den Wert des Verfahrens erhöht (SCHOLZ, 1994). Dies bedeutet natürlich nicht, dass es nicht interessant sein kann, einen inneren Zusammenhang zwischen den einzelnen Aufgaben herzustellen. Es sollte aber das Abschneiden in den Einzelaufgaben separat bewertbar sein.

Ein wichtiger Entwicklungsschritt in der Personalarbeit eines Unternehmens kann darin bestehen, ein spezifisch konzipiertes Assessment Center in die qualitative Personalplanung zu integrieren. Dies kann vor allem dadurch geschehen, dass zum einen Projektionswerte aus einer zukunftsgerichteten Personalentwicklungsplanung der Gestaltung des Potenzialanalyseverfahrens zugrunde gelegt werden und zum anderen dessen Ergebnis nicht nur zur Selektion, sondern als Grundlage der Einsatz- und Entwicklungsplanung für jeden beteiligten Mitarbeiter genutzt wird. Auf diese Weise kann den Mitarbeitern zu einem frühen Zeitpunkt ihrer beruflichen Entwicklung ein Vergleich ihrer persönlichen Interessen- und Fähigkeitspotenziale mit den Entwicklungsmöglichkeiten in der Organisation angeboten werden. Dabei kann es angemessen sein, die Diagnose auf verschiedene Zeitpunkte aufzuteilen, die mit den beruflichen Weichenstellungen und den dann jeweils aktuellen Anforderungen eng korrespondieren. Steht der Entwicklungsaspekt im Vordergrund oder zumindest gleichrangig neben dem Auswahlgesichtspunkt, so kann das Verfahren sehr partizipativ gestaltet sein und die Interessen und Lebensplanungen der Mitarbeiter als wesentliche Entscheidungsparameter einbeziehen.

Ein Potenzialanalyseverfahren nach diesen Prinzipien wurde vom Verfasser für den Landesverband einer großen Finanzdienstleistungsorganisation entwickelt (berichtet bei BECKER, DIEMAND & ROSS, 1993, sowie DIEMAND, BECKER & SCHULER, 1997). Die Kernfragestellung lautete, für welchen Funktionsbereich (z. B. Stabsbereich oder Beratung von Firmenkunden) die individuelle Erfolgswahrscheinlichkeit junger Mitarbeiter am höchsten ist. Mit Hilfe mehrerer – darunter speziell für diesen Zweck entwickelter – Methoden der Anforderungsanalyse wurden zunächst die Tätigkeitsanforderungen und damit auch die Möglichkeiten bestimmt, zwischen den Funktionsbereichen zu diskriminieren. Die ermittelten Anforderungsmerkmale wurden zu folgenden zentralen Anforderungsdimensionen aggregiert:

- Kundenorientierung, verkäuferische Fähigkeiten,
- Teamorientierung/Teamfähigkeit,
- Planung und Organisation,
- Kognition und Informationsverarbeitung,
- Konzentrationsfähigkeit,
- Leistungs- und Weiterbildungsmotivation.

Zur Messung dieser Anforderungsmerkmale (Fähigkeiten und Verhaltensorientierungen) wurden neun eignungsdiagnostische Verfahren ausgearbeitet und in einer Reihe von Vorversuchen den erforderlichen psychometrischen Überprüfungen unterzogen. Hierbei handelt es sich um die Verfahren

- Interview (Teilkomponenten aus dem Multimodalen Interview),
- Dyadisches Rollenspiel,
- Gruppendiskussion,
- Filmszenen,
- Arbeitsprobe Trendanalyse,
- Kognitionsaufgaben,
- Konzentrationsarbeitsprobe,
- Postkorb,
- Interessenfragebogen.

Zur Erfassung der zentralen Anforderungsdimensionen werden mehrere Verfahren eingesetzt, um dem Prinzip der Multimodalität (SCHULER & SCHMITT, 1987) gerecht zu werden. Beispielsweise wird die „Kundenorientierung" durch vier Messverfahren ermittelt. Durch diese Mehrfachabdeckung ist sichergestellt, dass alle relevanten Facetten eines Verhaltensbereichs erfasst und auf ausreichend reliable Weise gemessen werden.

Das beschriebene Verfahren hat nicht nur hinsichtlich seiner psychometrischen Qualität – insbesondere der Vorhersage beruflicher Leistung – die Erwartungen erfüllt (DIEMAND & SCHULER, 1998), sondern hat sich auch als praktikabel erwiesen (die Durchführung erfolgt eintägig mit geschulten Assessoren und Auswertungsprogramm) und wird von den Teilnehmern gut akzeptiert. Der Anwendungsbereich wurde deshalb ausgeweitet, und es werden heute zwei ähnliche Verfahren mit fünfjährigem Zeitabstand in der Gesamtorganisation angewandt, um die berufliche Entwicklung aller Mitarbeiter diagnostisch zu stützen und zu begleiten. Überdies wurde die Auswahl der Auszubildenden diesem System angeglichen (vgl. BACKHAUS & WAGNER, 2002), um schon zum Eintritt in die Organisation eine Orientierung an den später ausschlaggebenden Berufsanforderungen zu gewährleisten.

5.8 Internetgestützte Eignungsdiagnostik

Eine zunehmende Anzahl von Eignungsdiagnosen findet via Internet statt. Diese Technologie verbindet die Vorteile der computergestützten Testdurchführung mit der räumlichen Auslagerung der Diagnose. Die Möglichkeiten von Online-Bewerbungsverfahren werden in sehr unterschiedlichem Maße genutzt, sie reichen vom Hinweis auf die Möglichkeit, eine Bewerbung per E-Mail einzureichen, über HTML-Fragebögen, die vom Personalsachbearbeiter wieder ausgedruckt und konventionell weiterverarbeitet werden, bis zu ausgeklügelten sequentiellen Systemen, mittels deren die

Daten elektronisch weiterverarbeitet werden und die zur automatischen Vorauswahl oder gar vollständigen Personalwahl genutzt werden.

Der Nutzen internetgestützter Diagnostik liegt insbesondere in folgenden Vorteilen (vgl. HERTEL, NAUMANN, KONRADT & BATINIC, 2002):

- Flexibilität: Simultanes Testen einer nahezu unbegrenzten Personenzahl; adaptives Testen; Nutzung durch mehrere Stellen im Unternehmen.
- Ökonomie: Abnehmende Grenzkosten bei hohen Bewerberzahlen; Auslagerung der Bewerbungskosten; Einsparung von Reise-, Raum- und Personalkosten; hohe Zeitersparnis.
- Standardisierung: Wegfall subjektiver Einflüsse des Testleiters und Auswerters; computergestützte Auswertung; Kontrolle der Zeitvorgabe; Dokumentierbarkeit der Abläufe.
- Erweiterung des Diagnoseumfangs: Zusätzliche Ermittlung von Fehlerreaktionen, Korrekturen und Latenzzeiten.
- Asynchronität: Zeitliche Unabhängigkeit, Möglichkeit der Teilnahme zu verschiedenen, selbstgewählten Zeitpunkten; gleichzeitig Kenntnis des Standes jeder Bewerbung im Auswahlprozess.
- Alokalität: Örtliche Unabhängigkeit, dadurch weltweite Teilnahmemöglichkeit, globale Präsenz auf den Arbeitsmärkten; einzige Voraussetzung ist der Anschluss an das Internet.
- Akzeptanz: Bei jüngeren, computergewohnten Personen durchschnittlich höhere Akzeptanz gegenüber schriftlich durchgeführten Auswahlverfahren; Imagevorteil durch modernes Medium; gezielte Ansprache bestimmter Bevölkerungsgruppen.

Neben der direkten Personalsuche und -auswahl durch – vorwiegend große – Unternehmen kommt sogenannten Jobbörsen die Funktion eines virtuellen „Marktplatzes" als Vermittler zwischen Arbeitgeber und Bewerber zu. Manche Systeme geben dem Stellungssuchenden die Möglichkeit, Daten in ein Online-Bewerbungssystem einzugeben, die durch einen erweiterten Algorithmus zu einem Profil zusammengestellt werden. Dieses Kandidatenprofil wird mit Anforderungsprofilen abgeglichen, woraufhin dem Stellungssuchenden Unternehmen oder Positionen genannt werden, bei denen bzw. auf die er sich unmittelbar – per Mausklick – bewerben kann. Im einfacheren Fall stehen die Bewerberdaten Personalsuchenden zur Verfügung, von denen eine Kontaktaufnahme erfolgen kann.

Den Möglichkeiten und Vorteilen von Online-Bewerbungsverfahren stehen allerdings auch Einschränkungen und Nachteile gegenüber:

- Mangelhafte Kontrolle der Verfahrensdurchführung: Ob der Bewerber persönlich und ohne fremde Hilfe das Auswahlverfahren absolviert, ist nicht vollständig überprüfbar. Daneben sind auch Einflüsse von Tageszeit, Störungen und technischen Gegebenheiten nicht ausschließbar.
- Hard- und Softwareprobleme auf Bewerberseite bedingen Störungen und ungleiche Bedingungen für die Kandidaten.
- Mangelnder Schutz für Tests, die im Internet zur Anwendung kommen: Tests können kopiert werden, Lösungshilfen können die Durchführungsbedingungen verzerren.
- Ungleiche Bedingungen für Kandidaten in all jenen Berufen, in denen hohe Computer- und Internetgeübtheit nicht zu den selbstverständlichen Voraussetzungen gehört.

- Der Schutz persönlicher Daten ist noch nicht vollständig gewährleistet.
- Die Anwendungsmöglichkeiten beschränken sich bisher weitgehend auf Testverfahren; Assessment Center-artige Verfahren, viele Arten von Arbeitsproben und Interviews können nicht in verfahrenstypischer Weise durchgeführt werden.

Verschiedene Maßnahmen stehen zur Verfügung, um diesen Problemen zu begegnen (vgl. FRINTRUP & RENNER, 2002; WOTTAWA & WOIKE, 2002).

- Der internetbasierte Test erfüllt lediglich die Funktion der Vorauswahl, deren Logik in der Annahme beruht, dass negative Werte eindeutig geringe Qualifikation indizieren, während hohe Werte mehrdeutig sind und der weiteren Überprüfung bedürfen.
- Überprüfung der in der Vorauswahl erzielten Werte – im positiven Fall – in der Präsenzsituation durch den Einsatz von Paralleltests. Diese Vorgehensweise setzt hohe Reliabilität voraus.
- Überprüfung der Identität der Bewerber durch geeignete Maßnahmen; z. B. postalischer Versand einer Zugangsnummer, Vergabe eines nur einmalig funktionierenden Passworts, zeitliche Limitierung der Zugriffsmöglichkeit.
- Verfahrensschutz durch Zufallsauswahl äquivalenter Items; dabei wird für jeden Bewerber ein eigenes Testverfahren zusammengestellt.
- Testdurchführung in der geschützten Umgebung eines *Intranets* (z. B. in Bankfilialen oder am Arbeitsamt).

Weiterentwicklungen der Internetdiagnostik lassen erwarten, dass die diagnostischen Möglichkeiten auch über Tests hinaus auf andere Verfahren ausgeweitet werden und dass Probleme der Nutzeridentifikation und der Datensicherheit verlässlichen Lösungen zugeführt werden.

6. Verfahrensevaluation

Die Evaluation eignungsdiagnostischer Verfahren hat sich an den allgemeinen testtheoretischen Gütekriterien Objektivität, Reliabilität und Validität zu orientieren, daneben an der organisationalen Effizienz oder Beratungseffizienz, an der sozialen Qualität sowie an weiteren ethischen und rechtlichen Gesichtspunkten. Unter den Kriterien der psychometrischen Qualität ist die Validität das Wichtigste, die übrigen stehen in ihrem Dienste. Gelingt die eignungsgerechte Personalauswahl, ist mit Auswirkungen auf die Produktivität zu rechnen, die mit anderen betrieblichen Investitionen schwerlich zu übertreffen sein dürfte.

6.1 Selektionsquote

In Abbildung 10 wird die zu erwartende Produktivitätssteigerung in Abhängigkeit von zwei Größen dargestellt, der Selektionsquote und der Validität der eingesetzten Auswahlinstrumente. Die Selektionsquote ist als Prozentsatz der eingestellten Personen aus der Menge der Bewerber definiert. Wie erkennbar, führt eine Selektionsquote von etwa 5 zu 1 bis 10 zu 1 zu hohen Nutzensteigerungen im Vergleich zu geringer Selektivität, während für noch geringere Annahmequoten der Grenznutzen abnimmt.

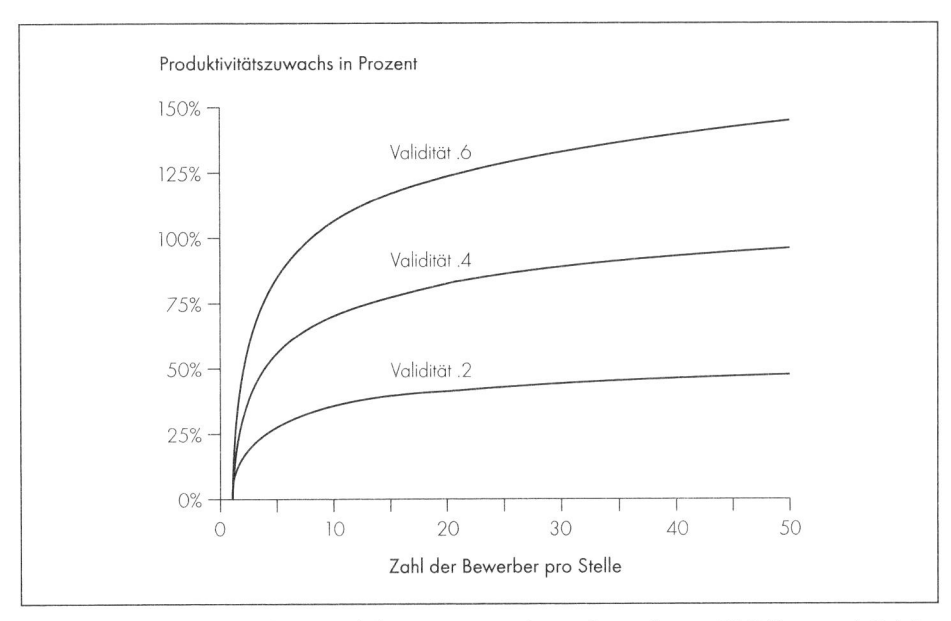

Abb. 10: Zu erwartender Produktivitätszuwachs aufgrund von Validität und Selektionsquote (HERRNSTEIN & MURRAY, 1994, S. 84)

Günstige Selektionsquoten setzen eine ausreichende Anzahl geeigneter Bewerber voraus – die sog. *Basisrate* als Anteil geeigneter unter den Bewerbern ist ein zusätzlicher, in Abbildung 4 nicht berücksichtigter Einflussfaktor –, die vor allem mittels *Personalmarketing* gesteuert werden kann.

6.2 Validität

Die zweite aus der Abbildung ersichtliche Einflussgröße ist die Validität der eingesetzten Auswahlinstrumente. Validität bezeichnet sinngemäß die Tauglichkeit der diagnostischen Methoden, verwertbare Schlüsse aus den resultierenden Daten zu ziehen; operational ist sie definiert als Korrelation zwischen Prädiktor (also dem Eignungsmaß) und Kriterium (dem Erfolgsmaß).

Validitätskoeffizienten, wie sie mittels eignungsdiagnostischer Methoden erreichbar sind, werden oft gering geschätzt – mitunter unter Hinweis auf den sog. Determinationskoeffizienten, der als Quadrat des Korrelationskoeffizienten den Anteil der durch den Prädiktor aufgeklärten Varianz im Kriterium angibt (also beispielsweise 25 % für r =.50). 25 % Varianzaufklärung im Kriterium für gering zu halten, beruht allerdings auf einer immensen Fehleinschätzung komplexer Zusammenhänge. Vergegenwärtigt man sich die Vielfalt an Einflussgrößen, die zum Berufserfolg eines Menschen beitragen – ergänzt um die Unzulänglichkeit der verfügbaren Kriteriumsmaße –, so bedeutet es ungemein viel, etwa mit einem Test der allgemeinen Intelligenz von zwei Stunden Dauer bereits ein Viertel des Gesamteinflusses auf den Berufserfolg zu identifizieren. Im Vergleich zu medizinischen Diagnosen und Interventionen liegen psychologische Prognosen beruflichen Erfolgs im Bereich zumindest gleichwertiger Effektstärken (MEYER et al., 2001).

Tabelle 2 stellt eine neuere Auflistung metaanalytisch ermittelter Validitätskoeffizienten dar. (nach SCHMIDT & HUNTER, 1998). Demnach können Intelligenztests, Arbeitsproben, strukturierte Interviews, Fachkenntnistests und Integritätstests als die derzeit validesten eignungsdiagnostischen Verfahren gelten.

Prädiktor	Validität	inkr. Val.	% Zuwachs
allgemeine kognitive Fähigkeitstests	.51		
Arbeitsproben	.54	.12	24%
Integritätstests	.41	.14	27%
Gewissenhaftigkeitstests	.31	.09	18%
strukturiertes Einstellungsgespräch	.51	.12	24%
unstrukturiertes Einstellungsgespräch	.38	.04	8%
Fachkenntnistests	.48	.07	14%
Probezeit	.44	.07	14%
Biographische Daten	.35	.01	2%
Assessment Center	.37	.02	4%
Interessen	.10	.01	2%
Graphologie	.02	.00	0%

Tab. 2: Metaanalytisch errechnete Validität und inkrementelle Validität (gegenüber Intelligenztests) eignungsdiagnostischer Verfahren (verkürzt nach SCHMIDT & HUNTER, 1998, S. 22).

Tabelle 2 gibt aber auch Aufschluss über einen anderen für die Personalauswahl bedeutsamen Aspekt: In den meisten Fällen wird zur Auswahl von Mitarbeitern nicht ein Verfahren allein eingesetzt, sondern mehrere Verfahren in Kombination. Nachdem mit verschiedenen Verfahren teilweise die gleichen Merkmale ermittelt werden, steigt die Prognoseleistung bei manchen Kombinationen nur geringfügig an. Tabelle 2 gibt die inkrementelle – zusätzliche – Validität an, die durch Hinzunahme eines zweiten Verfahrens zu erwarten ist. Erstes Verfahren ist in dieser Zusammenstellung in allen Fällen ein Test der allgemeinen geistigen Fähigkeiten, also der Intelligenz. Wie ersichtlich, steigt die Ausgangsvalidität von r =.51 durch Hinzunahme einer Arbeitsprobe um r =.12. Demgegenüber erhöht sich die Validität durch Ergänzung des Intelligenztests um ein Assessment Center nur um r =.02 auf r =.53, und die Hinzunahme eines graphologischen Gutachtens bringt überhaupt keinen Prognosegewinn.

Sowohl die „primären" Validitätskoeffizienten als auch ihre inkrementellen Varianten sind allerdings unter der Einschränkung zu sehen, dass ihre Ausprägung im Einzelfall u. a. von den Selektionsbedingungen abhängig sind. Beispielsweise beträgt die prognostische Validität von Intelligenztests zur Auswahl von Wissenschaftlern nur r =.16 (FUNKE, KRAUSS, SCHULER & STAPF, 1987), nachdem die Vorauswahl in mehreren Stufen größtenteils nach kognitiven Fähigkeiten stattgefunden hat. Auch hat sich gezeigt, dass Auswahlverfahren teilweise in ihrer Validität abhängig von Berufs- und Altersgruppen sind. Beispielsweise erbringen biographische Fragebogen bei Jugendlichen nur geringe, bei Außendienstmitarbeitern, Führungskräften und insbesondere bei Wissenschaftlern dagegen hohe Prognoseleistungen. Strukturierte Interviews dagegen scheinen von solchen Einschränkungen nicht betroffen zu sein (SCHULER, 2000a).

Zu beachten ist, dass sich für verschiedene Erfolgsmaße – z.B. Leistungsbeurteilung, Positionsniveau, Gehaltshöhe, Potenzialeinschätzung – unterschiedliche Koeffizienten errechnen. Der Aspekt der inhaltlichen Validität ist insbesondere in Form des Anforderungsbezugs in der Phase der Verfahrenskonstruktion von Bedeutung, jener der Konstruktvalidität bei der Untersuchung der psychologischen Bedeutung der Messwerte.

6.3 Organisationale Effizienz

Die organisationale Effizienz bemisst sich nach Aspekten der Praktikabilität, dies sind vor allem *Durchführungsaufwand*, die zur Anwendung erforderliche *Kompetenz* sowie die *Verfügbarkeit*. Vor allem aber gehört hierzu der zu erwartende *Nutzen* eines Verfahrenseinsatzes. Er hängt von mehreren Parametern ab, darunter Validität, Selektionsquote und Basisrate sowie die Varianz im Leistungskriterium (das heißt, der Auswahlnutzen wächst mit der Größe der späteren Leistungsdifferenzen). Ergänzt um verschiedene betriebswirtschaftliche Größen, lässt sich daraus der zu erwartende Nutzen errechnen. Entsprechende Kalkulationen führen vielfach zu hohen Nutzenschätzungen für den Einsatz eignungsdiagnostischer Instrumente. *Beratungseffizienz* kann als Tauglichkeit eignungsdiagnostischer Verfahrensweisen verstanden werden, unterstützend bei individuellen Berufs- und Organisationswahlprozessen zu wirken. Aufgrund des relativ geringen generellen Zusammenhangs zwischen Interessen und Fähigkeiten wird gewöhnlich auch für jene ein solcher Nutzen unterstellt. Beratungseffizienz ist vor allem für die Berufsberatung am Arbeitsamt von Bedeutung, aber auch im Kontext betrieblicher Personalentwicklung.

6.4 Akzeptabilität

Als eigenständiges Qualitätskriterium wird heute die Akzeptabilität des Auswahlprozesses für die Bewerber und ihre Reaktion auf eignungsdiagnostische Methoden angesehen. Besser akzeptierte Verfahren zeichnen sich durch Information über berufliche Anforderungen aus sowie durch Transparenz, Feedback und die Möglichkeit zur Situationskontrolle; diese Aspekte, zusammengefasst auch als *soziale Validität* bezeichnet (SCHULER & STEHLE, 1983), werden von Stellenbewerbern zumeist eher in interaktiven Verfahren (z.B. Interview) realisiert gesehen als in schriftlich durchgeführten (z.B. Tests) oder in biographisch dokumentierten (z.B. Zensuren).

6.5 Ethische und rechtliche Aspekte

Ethische, berufsständische wie auch rechtliche Fragen der Berufseignungsdiagnostik unterliegen derzeit einer Entwicklung, die in Zusammenhang mit verstärktem Bemühen um Qualitätssicherung steht. Konkrete ethische Probleme sind beispielsweise: Verwendung unzulänglicher Diagnosemethoden, Vernachlässigung des Anforderungsbezugs, Anwendung belastender Verfahren, unbilliges Eindringen in die Privatsphäre, mangelnde Vertraulichkeit der erhobenen Daten, konfligierende Verpflichtungen gegenüber Auftraggebern und Klienten. Einschlägige Rechtsgrundlagen sind das allgemeine Persönlichkeitsrecht sowie das Arbeitsrecht. Ein Mitspracherecht des Betriebsrats an Auswahlverfahren besteht nur dann, wenn diese die Einstellungsentscheidung unmittelbar determinieren (SCHULER, 2000a).

6.6 Gesamtbewertung

Die Angemessenheit des Einsatzes eignungsdiagnostischer Instrumente in einem bestimmten Anwendungsfall richtet sich nach einer Reihe spezifischer Gegebenheiten. Sieht man von allen gegebenenfalls erforderlichen Differenzierungen ab, so kann die Nutzung diagnostischer Information für die wichtigsten Berufsgruppen vergleichend beurteilt werden wie in Tabelle 3 zusammengestellt.

Auswahlverfahren	Auszubildende	Gewerbl. Mitarb.	Angestellte o. Führung	Trainees	Führungskräfte		
					untere	mittlere	obere
Bewerbungsunterlagen	+	+/-	+	+	+	+	+
Zusätzliche Referenzen	-	+/-	+/-	+/-	+/-	+	+
Schul- und Examensnoten	+	+/-	+/-	+	+/-	-	-
Biographische Fragebogen	-	-	+/-	+/-	+	+	-
Spezielle, berufsbezogene Persönlichkeitstests	+	+/-	+	+	+	+	+/-
Leistungs- und Kenntnistests	+	+	+	+	+	+/-	+/-
Allgemeine und spezielle Intelligenztests	+	+/-	+/-	+/-	+/-	-	-
Arbeitsproben	+	+	+	+	+	+	+
Struktur., anforderungs- bez. Interview	+	+/-	+	+	+	+	+
Assessment Center/ Potenzialanalyse	+/-	-	+/-	+	+	+	+/-

Anmerkungen: + angemessen, +/- bedingt angemessen, - unangemessen oder nicht erforderlich

Tab. 3: Gesamtbewertung des Einsatzes eignungsdiagnostischer Instrumente

Künftige Verfahrensentwicklungen sollten sich darum bemühen, die Vorzüge verschiedenartiger Vorgehensweisen zu multimodalen Instrumenten dergestalt zu kombinieren, dass sich die psychometrischen Vorzüge konstruktorientierter Verfahren mit den Akzeptanzvorteilen der simulationsbezogenen sowie dem Praktikabilitätsgewinn der biographieorientierten Verfahren verbinden lassen.

Literatur

BACKHAUS, J. & WAGNER, R. (2002). Taschenbuch für Aus- und Weiterbildung. Stuttgart 2002.

BARON-BOLDT, J., FUNKE, U. & SCHULER, H. (1989). Prognostische Validität von Schulnoten. Eine Metaanalyse der Prognose des Studien- und Ausbildungserfolgs. In R. S. JÄGER, R. HORN & K. INGENKAMP (Hrsg.), Tests und Trends 7 (S. 11-39). Weinheim 1989.

BECKER, K., DIEMAND, A. & ROSS, W. (1993). Förderinstrument „Eignungsbeurteilung Funktionsfelder". In: Sparkasse, S. 137–140.

BATINIC, B. (Hrsg.). (2000). Internet für Psychologen. 2. Auflage. Göttingen 2000.

BRANDSTÄTTER, H. (1979). Die Ermittlung personaler Eigenschaften kognitiver Art. In G. REBER (Hrsg.), Personalinformationssysteme (S. 74–95). Stuttgart 1979.

COHEN, P. A. (1984). College grades and adult achievement: A research synthesis. In: Research in Higher Education, S. 281–293.

DIEMAND, A., BECKER, K. & SCHULER, H. (1997). Zur Validität standardisierter Potentialanalyseverfahren am Beispiel „EFF". In: Sparkasse, S. 545–548.

DIEMAND, A. & SCHULER, H. (1998). Wirksamkeit von Selbstdarstellungsvariablen im Rahmen der prognostischen Validierung eines Potenzialanalyseverfahrens. In: Zeitschrift für Arbeits- und Organisationspsychologie, 42, S. 134–146.

DOWNS, S., FARR, R. M. & COLBECK, L. (1978). Self appraisal: A convergence of selection and guidance. In: Journal of Occupational Psychology, 51, S. 271-278.

FRINTRUP, A. & RENNER, T. (2002). Online-Personalauswahl bei Credit Suisse Financial Services. In: Personal, 5, S. 28–31.

FUNKE, U., KRAUSS, J., SCHULER, H. & STAPF, K. H. (1987). Zur Prognostizierbarkeit wissenschaftlich-technischer Leistungen mittels Personvariablen: Eine Metaanalyse der Validität diagnostischer Verfahren im Bereich Forschung und Entwicklung. In: Gruppendynamik, 18, S. 407-428.

HERRNSTEIN, R. J. & MURRAY, C. (1994). The bell curve. Intelligence and class structure in American life. New York 1994.

HERTEL, G., NAUMANN, S., KONRADT, U. & BATINIC, B. (2002). Person assessment via internet: Comparing online and paper-and-pencil questionnaires. In B. BATINIC, U. REIPS & M. BOSUJAK (Hrsg.), Online and social sciences (S. 115–133). Göttingen 2002.

HOSSIEP, R. & PASCHEN, M. (2000). Bochumer Inventar zur berufsbezogenen Persönlichkeitsbeschreibung (BIP). Göttingen 2000.

HUNTER, J. E. & HUNTER, R. F. (1984). Validity and utility of alternative predictors of job performance. In: Psychological Bulletin, 96, S. 72-98.

KLEINMANN, M. (2003). Assessment Center. Göttingen 2003.

LATHAM, G. P., SAARI, L. M., PURSELL, E. D. & CAMPION, M. A. (1980). The situational interview. In: Journal of Applied Psychology, 65, S. 422-427.

MEYER, G. J. et al. (2001). Psychological testing and psychological assessment. In: American Psychologist, 56, S. 128–165.

MOSER, K. (1996). Commitment in Organisationen. Bern 1996.

MOSER, K. & ZEMPEL, J. (2001). Personalmarketing. In H. SCHULER (Hrsg.) Lehrbuch der Personalpsychologie (S. 63–87). Göttingen 2001.

REHN, M.-L. (1993). Die Eingliederung neuer Mitarbeiter. In K. MOSER, W. STEHLE & H. SCHULER (Hrsg.), Personalmarketing (S. 77-95). Göttingen 1993.

ROST, J. (1996). Testtheorie Testkonstruktion. Bern 1996.

ROTH, P. L., BEVIER, C. A., SWITZER, F. S. III & SCHIPPMANN, J. S. (1996). Meta-analyzing the relationship between grades and job performance. In: Journal of Applied Psychology, 81, S. 548–556.

SARGES, W. & WOTTAWA, H. (2001). Handbuch wirtschaftspsychologischer Testverfahren. Lengerich 2001.

SCHMIDT, F. L. & HUNTER, J. E. (1998). The validity and utility of selection methods in personnel psychology: Practical and theoretical implications of 85 years of research findings. In: Psychological Bulletin, 124, S. 262–274. Deutsche Version: Messbare Personenmerkmale: Stabilität, Variabilität, Validität zur Vorhersage zukünftiger Berufsleistung und berufsbezogenen Lernens. In M. KLEINMANN & B. STRAUSS (Hrsg.), Potentialfeststellung und -entwicklung (S. 16–43). Göttingen 1998.

SCHMITT, N., GOODING, R. Z., NOE, R. D. & KIRSCH, M. (1984). Metaanalysis of validity studies published between 1964 and 1982 and the investigation of study characteristics. In: Personnel Psychology, 37, S. 407-422.

SCHOLZ, G. (1994). Das Assessment Center: Konstruktvalidität und Dynamisierung. Göttingen 1994.

SCHORR, A. (1991). Diagnostische Praxis in der Arbeits- und Organisationspsychologie. Teilergebnisse aus einer repräsentativen Umfrage zur diagnostischen Praxis. In H. SCHULER & U. FUNKE (Hrsg.), Eignungsdiagnostik in Forschung und Praxis (S. 6-15). Göttingen 1991.

SCHULER, H. (1990). Der Einsatz biographischer Fragebogen zur Prognose des Berufserfolgs. In H. SCHULER & W. STEHLE (Hrsg.), Biographische Fragebogen als Methode der Personalauswahl (2. Aufl., S. 1-16). Göttingen 1990.

SCHULER, H. (1992). Das Multimodale Einstellungsinterview. In: Diagnostica, 38, S. 281-300.

SCHULER, H. (2000a). Psychologische Personalauswahl. 3. Auflage. Göttingen 2000.

SCHULER, H. (2000b). Das Rätsel der Merkmals-Methoden-Effekte: Was ist „Potential" und wie lässt es sich messen? In L. von ROSENSTIEL & Th. LANG-VON WINS (Hrsg.), Perspektiven der Potentialbeurteilung (S. 53–71). Göttingen 2000.

SCHULER, H. (2001a). Arbeits- und Anforderungsanalyse. In H. SCHULER (Hrsg.), Lehrbuch der Personalpsychologie (S. 43–61). Göttingen 2001.

SCHULER, H. (2001b). Noten und Studien- und Berufserfolg. In D. H. ROST (Hrsg.), Handwörterbuch Pädagogische Psychologie. 2. Auflage. Weinheim 2001. S. 501–507

SCHULER, H. (2002). Das Einstellungsinterview. Göttingen 2002.

SCHULER, H., FRIER, D. & KAUFFMANN, M. (1993). Personalauswahl im europäischen Vergleich. Göttingen 1993.

SCHULER, H., FUNKE, U., MOSER, K. & DONAT, M. (1995). Personalauswahl in Forschung und Entwicklung. Göttingen 1995.

SCHULER, H. & KLINGNER, Y. (2003). Arbeitsprobe zur berufsbezogenen Intelligenz. Büro- und kaufmännische Tätigkeiten (AZUBI-BK). Göttingen 2003.

SCHULER, H. & PROCHASKA, M. (2001). Leistungsmotivationsinventar (LMI). Göttingen 2001.

SCHULER, H. & SCHMITT, N. (1987). Multimodale Messung in der Personalpsychologie. In: Diagnostica, 33, S. 259–271

SCHULER, H. & STEHLE, W. (1983). Neuere Entwicklungen des Assessment-Center-Ansatzes – beurteilt unter dem Aspekt der sozialen Validität. Psychologie und Praxis. In: Zeitschrift für Arbeits- und Organisationspsychologie, 27, S. 33-44.

SCHULER, H. & STEHLE, W. (Hrsg.). (1990). Biographische Fragebogen als Methode der Personalauswahl. 2. Auflage. Göttingen 1990.

SCHULER, H. & STEHLE, W. (Hrsg.). (1992). Assessment Center als Methode der Personalentwicklung. 2. Auflage. Göttingen 1992.

SCHWAAB, M.-O. & SCHULER, H. (1991). Die Attraktivität der deutschen Kreditinstitute bei Hochschulabsolventen. In: Zeitschrift für Arbeits- und Organisationspsychologie, 35, S. 105-114.

STRAUSS, B. & KLEINMANN, M. (Hrsg.). (1995). Computersimulierte Szenarien in der Personalarbeit. Göttingen 1995.

THORNTON, G.C.III, GAUGLER, B. B., ROSENTHAL, D.B. & BENTSON, C. (1992). Die prädiktive Validität des Assessment Centers – Eine Metaanalyse. In H. SCHULER & W. STEHLE (Hrsg.), Assessment Center als Methode der Personalentwicklung. 2. Auflage. Göttingen 1992, S. 36-60.

WAGENER, D. & WITTMANN, W. W. (2002). Personalarbeit mit dem komplexen Szenario FSYS: Validität und Potential von Verhaltensskalen. In: Zeitschrift für Personalpsychologie, 1, S. 80–93.

Wottawa, H. & WOIKE, J. K. (2002). Internet-Recruiting und -Assessment. In: Wirtschaftspsychologie ABO, 1, S. 33–38.

Alfred Kieser

Einarbeitung neuer Mitarbeiter

1. Die Bedeutung der Eingliederung
2. Probleme der Einarbeitung
3. Bausteine eines Einarbeitungsprogramms
4. Zusammenfassung

1. Die Bedeutung der Eingliederung

Die Auswahl von Mitarbeitern wird in den Unternehmen in der Regel sehr sorgfältig durchgeführt. Kosten für Personalberater, für aufwändiges Personalmarketing und für ausführliche Tests werden nicht gescheut. Personalauswahlentscheidungen zählen unbestritten zu den zentralen Entscheidungen eines Unternehmens (vgl. den vorausgehenden Artikel von Schuler). Der Einarbeitung neuer Mitarbeiter wird meist weit weniger Beachtung geschenkt. In vielen Unternehmen werden kaum geplante Maßnahmen ergriffen, um diesen Prozess erfolgreich zu gestalten. Oft gewinnt der Neue (wenn in diesem Beitrag von dem Neuen oder dem neuen Mitarbeiter die Rede ist, sind immer auch Mitarbeiterinnen gemeint) den Eindruck, dass Aufmerksamkeit und Interesse, die ihm als Bewerber entgegengebracht wurden, in dem Augenblick erlöschen, in dem er seine Arbeit beginnt. Dabei handelt es sich um einen sehr bedeutsamen Prozess: Empirische Untersuchungen zeigen, dass die Wahrscheinlichkeit einer Trennung in den ersten 12 Monaten der Beschäftigung signifikant höher ist als später (Wanous, 1980). Und bei einer Kündigung entstehen nicht unbeträchtliche Kosten – je nach Qualifikation 50 bis 200 Prozent eines Jahresgehalts. Die frühe Kündigung bildet aber nur die Spitze des Eisbergs. Oft bleiben neue Mitarbeiter aus den verschiedensten Gründen im Unternehmen, sind aber in der Eingliederungsphase „sauergefahren" worden – sie sind unzufrieden, demotiviert und desinteressiert.

Die Einarbeitung – so lässt sich allgemein festhalten – kann als erfolgreich angesehen werden, wenn der neue Mitarbeiter am Ende dieses Prozesses die mit seiner Stelle verbundenen Aufgaben genau kennt, wenn er Wissens- und Fähigkeitsdefizite ausgeglichen, Loyalität sowie eine hohe Bindung („Commitment") an das Unternehmen entwickelt hat und mit der Unternehmenskultur vertraut ist. Unter diesen Voraussetzungen wird er in der Lage und motiviert sein, auch in nicht klar definierten Situationen flexibel und „richtig" agieren zu können.

Denn in immer stärkerem Maße sind Unternehmen heute darauf angewiesen, dass Mitarbeiter Probleme selbstständig und kreativ lösen. Folglich sollten Einarbeitungsprozesse seltener auf den „Konformisten" abzielen, der Vorgaben unkritisch ausführt, sondern auf den „kreativen Individualisten", der sich an das Unternehmen gebunden fühlt, der aber gleichzeitig auch eine kritische Haltung gegenüber der Stelle und der Arbeitsumgebung entwickelt und aus dieser Einstellung heraus innovative Vorschläge produziert.

2. Probleme der Einarbeitung

Die folgende Darstellung grundlegender Probleme der Einarbeitung stützt sich nicht nur auf die einschlägige Literatur (Jablin, 1987; Schein, 1978; van Mannen & Schein, 1979), sondern vor allem auch auf eine empirische Untersuchung, in der 50 neue Mitarbeiter über ein Jahr hinweg in ihrem Einarbeitungsprozess wissenschaftlich begleitet wurden (Kieser et al., 1985).

2.1 Zu hochgespannte Erwartungen

Wer sich schon einmal um eine Stelle beworben hat, der weiß, worauf es ankommt: auf eine möglichst positive Selbstdarstellung. Da wird die eigene Biografie – je nach

Anforderungen der Stelle – geschönt. Aber nicht nur die Bewerber verzerren Informationen im Rekrutierungsprozess. Die Stelle, die in Anzeigen und im Bewerbergespräch von Seiten des Unternehmens geschildert wird, weicht oft erheblich von der tatsächlich zu besetzenden Stelle ab. Vor allem bei einem Überangebot an Arbeitskräften mit den entsprechenden Qualifikationen werden die Anforderungen in die Höhe geschraubt: möglichst jung, möglichst viel Berufserfahrung, möglichst sehr gute Zeugnisse. Wer diese Kriterien erfüllt, kann mit einer Einladung zum Bewerbergespräch rechnen. Dort werden dann die Schokoladenseiten der Stelle und des Unternehmens präsentiert. Ausführlich wird meist auf die interessante und vielseitige Tätigkeit und auf die exzellenten Aufstiegschancen hingewiesen. Natürlich wird auch herausgestellt, dass viel und hart gearbeitet werden muss, aber auf die negativen Aspekte der Tätigkeit und auf ihre typischen Frustrationen wird kaum eingegangen.

Ein Mitarbeiter, der neu in ein Unternehmen eintritt, kann mit einem Reisenden, der eine fremde Kultur besucht, verglichen werden. Der „Neue" betritt eine ihm zunächst in vielem fremde Welt, eine neue Kultur. Er trifft auf fest gefügte soziale Strukturen, muss sich in Kollegen- und Vorgesetztenbeziehungen einfinden, was für sich genommen schon schwierig genug ist. Hinzu kommen Unsicherheiten über die eigene Qualifikation. Er ist unsicher, ob er die gestellten Aufgaben bewältigen kann. Für diese Phase ist es besonders wichtig, dass die Informationen im Vorstellungsgespräch realistisch waren. Wurden hier von beiden Seiten zu hohe Erwartungen erzeugt, sind Enttäuschungen unabwendbar. Untersuchungen, auch unsere eigene, zeigen, dass solche Enttäuschungen die Hauptursache früher Kündigungen und innerer Emigration sind (WANOUS, 1980).

2.2 Versäumnisse der Vorgesetzten und Rollenkonflikte

Wichtige Weichenstellungen erfolgen in den ersten Tagen der Beschäftigung auch durch das Verhalten der Vorgesetzten, die zentralen Bezugspersonen für die neuen Mitarbeiter. Ihr Feedback ist die wichtigste Informationsquelle für die neuen Mitarbeiter in ihrem Bemühen, ihre Aufgaben kennen zu lernen und herauszufinden, ob ihre Anstrengungen in die richtige Richtung gehen. Die meisten Vorgesetzten geben zu selten Feedback, und wenn sie es geben, dann nicht selten in der falschen Form (FELDMAN & BRETT, 1983; GRAEN, 1976). Eine bei Vorgesetzten beliebte Vorgehensweise gegenüber neuen Mitarbeitern ist die *„Wirf-ins-kalte-Wasser-Strategie"*. Ihr liegt das Motto zu Grunde: „Die Guten beißen sich durch, und um die anderen ist es eh' nicht schade." Diese Grundeinstellung gegenüber neuen Mitarbeitern ist zwar sehr bequem – der Vorgesetzte hat ohnehin wenig Zeit, sich um neue Mitarbeiter besonders intensiv zu kümmern –, aber auch außerordentlich gefährlich. Vorgesetzte, die u. U. seit Jahrzehnten in einem bestimmten Bereich tätig sind, können sich gar nicht vorstellen, welchen Informationsbedarf neue Mitarbeiter – auch noch nach gründlicher Schulung – haben. Frühe Misserfolge sind häufig nicht das Ergebnis mangelnder Qualifikation und Motivation, sondern mangelnder Information. Häufen sie sich, bilden sich bei den Vorgesetzten oft Vorurteile der folgenden Art heraus: „Da habe ich wohl eine Niete gezogen." Vorurteile – nicht nur die negativen – wirken jedoch als „self-fulfilling-prophecies": Sie lösen – meist unbewusst – ein Vorgesetztenverhalten aus, das darauf abzielt, die Vorurteile zu bestätigen: Den auf Grund früher Misserfolge negativ eingeschätzten Mitarbeitern stellen Vorgesetzte so unbewusst Fallen, die positiv eingeschätzten fördern sie. Mangelndes Feedback von Vorgesetzten führt zu *Rollenunklarheit*.

Die *„Schon-Strategie"*, die ebenfalls oft eingesetzt wird – d. h. die Vorgesetzten geben dem neuen Mitarbeiter erst mal keine konkrete Aufgabe, sondern empfehlen ihm, sich gründlich umzusehen und sich nützlich zu machen, wo immer er kann –, führt obendrein noch zu einer *Unterforderung*, die die Motivation langfristig beeinträchtigen kann. Die meisten Mitarbeiter brennen nämlich darauf, sich zu bewähren. Überlastung in der Einarbeitungsphase hat weit weniger negative Effekte als Unterlastung, besonders qualitative Unterlastung, die auftritt, wenn der Neue mit Aufgaben betraut wird, für die er weit überqualifiziert ist (KIESER et al., 1985).

3. Bausteine eines Einarbeitungsprogramms

Die im Folgenden geschilderten Bausteine eines Einarbeitungsprogramms stellen nur Anregungen dar. Sie müssen nicht unbedingt alle in jedem Unternehmen realisiert werden. Auch wird die Form, in der sie eingesetzt werden, von Unternehmen zu Unternehmen, mitunter auch von Beschäftigungsgruppe zu Beschäftigungsgruppe variieren. Auf der Basis einer sorgfälfigen Analyse der Bedingungen sollte das Unternehmen Pilotprojekte zu den einzelnen Bausteinen durchführen und nach Auswertung der mit ihnen gemachten Erfahrungen ein Einarbeitungsprogramm festlegen.

3.1 Realistische Rekrutierung

Das beste Mittel gegen das Auftreten zu hochgespannter Erwartungen ist eine realistische Rekrutierung – eine Darstellung der *positiven und negativen* Aspekte der Tätigkeit bei der Rekrutierung. Dass eine solche Darstellung den Verlauf des Eingliederungsprozesses günstig beeinflussen kann, zeigt in beeindruckender Weise ein bei einer amerikanischen Versicherungsgesellschaft durchgeführtes Experiment (WANOUS, 1980). Üblicherweise erhielten Bewerber für den Außendienst eine Broschüre, die die angestrebte Tätigkeit, die Aufstiegschancen, die Sozialleistungen und das Betriebsklima in den rosigsten Farben schilderte. Ziel dieser Personalmarketing-Maßnahme war es, möglichst viele qualifizierte Bewerber anzulocken. Auf Anraten eines Psychologen wurde zu einem Einstellungstermin einem Teil der Bewerber eine „realistische Broschüre" zugeschickt – eine Broschüre, in der neben den Vorzügen der Außendiensttätigkeit in diesem Unternehmen auch plastisch die Widrigkeiten geschildert wurden, denen sich Außendienstmitarbeiter oft ausgesetzt sehen. Auszüge aus dieser Broschüre sind im Kasten 1 wiedergegeben.

Dieses Experiment zeigte zwei überraschende Resultate:

(1) Nur wenige derjenigen Bewerber, die die realistische Broschüre erhalten hatten, zogen ihre Bewerbung zurück.
(2) Bei der Gruppe, die die realistische Broschüre erhalten hatte, waren auch signifikant weniger frühe Kündigungen zu registrieren als bei der Bewerbergruppe, die mit der üblichen „schönfärberischen" Broschüre ausgestattet worden war.

> Die Situationen, die auf diesen Seiten wiedergegeben sind, stellen typische Probleme dar, auf die jeder Außendienstmitarbeiter unweigerlich trifft. Wenn Sie über Ihre möglichen Reaktionen auf solche Situationen nachdenken, so kann das Ihre Entscheidung, ob Sie diese Laufbahn verfolgen sollen, erleichtern.
>
> 1. Ein Außendienstmitarbeiter verbringt mehrere Stunden damit, ein gutes Versicherungsprogramm für eine Familie auszuarbeiten … Im zweiten Gespräch kassiert er dann eine Absage.
> 2. Ein Außendienstmitarbeiter stellt nach Abschluss einer größeren Versicherung fest, dass der Kunde seine Prämien nicht bezahlt. Damit geht auch die Verkaufsprovision, die schon fest einkalkuliert war, wieder verloren.
> 3. Ein Außendienstmitarbeiter fährt durch ein Unwetter zu einem Treffen mit einem Interessenten, nur um festzustellen, dass dieser die Verabredung vergessen hat und nicht zu Hause ist.
> 4. Ein Außendienstmitarbeiter hat sich seit langem auf ein Konzert gefreut, kann es dann aber nicht besuchen, weil dies der einzige Abend ist, an dem er einen wichtigen Interessenten treffen kann.
> 5. Ein Außendienstmitarbeiter ruft einen Interessenten an und wird dann am Telefon mit sehr unfreundlichen Bemerkungen über Versicherungsvertreter abgefertigt.
> 6. Ein Außendienstmitarbeiter verbringt viel Zeit mit Kunden, um deren Policen an Neuentwicklungen anzupassen oder um ein Erlöschen der Versicherung wegen rückständiger Zahlungen zu verhindern. Dabei ist ihm klar, dass neue Kunden auch sehr wichtig sind.
> 7. Ein Außendienstmitarbeiter ist sich zwar bewusst, dass die Zentrale bemüht ist, ihm zu helfen, aber es kommt mitunter vor, dass ein wichtiger Fall verlorengeht, weil die Zentrale eine Anfrage zu spät beantwortete, der Kunde inzwischen das Interesse verlor oder die Konkurrenz dazwischenkam.

Kasten 1: Auszug aus einer Broschüre, die von einer amerikanischen Versicherungsgesellschaft Bewerbern für eine Außendiensttätigkeit zugestellt wurde

Wie sind diese Ergebnisse zu erklären? Drei Effekte sind wesentlich:

(1) Eine realistische Darstellung verbessert die *Selbstselektion:* Bewerber, die auf Grund der realistischen Schilderung ihre Bewerbung zurückzogen, wären sicherlich auch durch die Realität selbst abgeschreckt worden.
(2) Der *„Schutzimpfungs-Effekt":* Bewerber, die bereits im Rahmen der Rekrutierung mit unabänderlichen negativen Begleiterscheinungen einer Tätigkeit vertraut gemacht werden, können sich darauf einstellen; sie entwickeln „innere Widerstandskräfte" und werden von dem Auftreten dieser negativen Ereignisse weniger leicht aus der Bahn geworfen.
(3) So paradox das klingt: Bewerber, die auch negative Informationen über eine neue Tätigkeit erhalten, entwickeln *eher eine stärkere anfängliche Bindung* als solche, die sich nur auf Grund von positiven Aspekten entschließen, eine bestimmte Tätigkeit anzunehmen. Die Erklärung für diesen letzten Effekt liefert die Theorie der kognitiven Dissonanz: Wer über Alternativen, unter denen er eine Auswahl zu treffen hat, widersprüchliche Informationen erhält, versucht, die entstehende Dissonanz zu beseitigen. Man kann dies erreichen, indem man die positiven Aspekte stärker gewichtet oder die negativen positiv interpretiert – z.B. als Herausforderungen, bei deren Bewältigung man sich in besonderer Weise bewähren kann. Wer sich also trotz negativer Informationen für eine Stelle bewirbt, fühlt sich stärker verpflichtet als ein Bewerber, der sich nur auf Grund positiver Informationen für diese Stelle entschieden hat. Er macht sich das Motto zu Eigen: Es wird nicht

einfach sein, aber das wäre doch gelacht, wenn ich mich nicht durchbeißen würde. Der nur sehr schwache Rückgang an Bewerbungen nach einer realistischen Rekrutierung ist wohl auch darauf zurückzuführen, dass diese ehrlicher erscheint als eine schönfärberische Darstellung, der man ohnehin nicht recht traut.

Neben dem Versand einer realistischen Broschüre gibt es noch einige andere Methoden zur Erhöhung des Realismus in der Personalrekrutierung. Sie sind im Kasten 2 dargestellt.

Der Realismus in der Rekrutierung lässt sich erhöhen durch:

- Broschüren, in denen die Vorzüge einer Tätigkeit, aber auch deren Probleme realistisch dargestellt sind;
- ausführliche mündliche Information über die positiven und negativen Aspekte der angestrebten Tätigkeit im Vorstellungsgespräch;
- Ermutigung des Bewerbers – schon im Einladungsschreiben –, von sich aus Fragen zur Tätigkeit zu stellen;
- Einräumen der Möglichkeit, mit erfahrenen Mitarbeitern – den potenziellen Kollegen – ohne Beteiligung der Vorgesetzten Gespräche zu führen; die Teilnehmer an diesem Gespräch werden aufgefordert, so offen wie möglich zu den Fragen des Bewerbers Stellung zu nehmen;
- Einräumen der Möglichkeit, die Tätigkeit „vor Ort" kennenzulernen; einem ausgewählten Kreis von Bewerbern für eine Außendiensttätigkeit wird bspw. das Angebot gemacht, für einen oder zwei Tage mit einem erfahrenen Mitarbeiter „auf Strecke" zu gehen;
- Vorführen von Filmen oder Videos, in denen typische Aktivitäten der angestrebten Stelle dargestellt werden;
- Postkorb-Tests: Soweit die im Postkorb enthaltenen Aufgaben realistisch sind, ermöglichen sie nicht nur eine Beurteilung der Arbeitsweisen der Bewerber, sondern bieten diesen gleichzeitig auch eine realistische Darstellung der Tätigkeit.

Kasten 2: Maßnahmen zur Erhöhung des Realismus in der Rekrutierung

3.2 Die Aufgaben der Vorgesetzten

Den Vorgesetzten kommen im Einarbeitungsprozess vor allem die folgenden Aufgaben zu (KATZ, 1985):

(1) Dem Neuen klar machen, dass es auf seine Initiative ankommt:
Die folgenden Regeln sollen einige Anregungen geben, wie ein erstes Orientierungsgespräch aussehen könnte (die vielleicht in eine unternehmensindividuelle Checkliste münden):

- Begrüßen Sie den neuen Mitarbeitern herzlich, und bringen Sie ihm Interesse entgegen.
- Ermutigen Sie ihn, Fragen zu stellen, wann immer er Probleme in der Einarbeitung hat.
- Vermitteln Sie ihm einen Überblick über das Unternehmen, seine Geschichte, seine Strategie und vor allem über die Grundprinzipien der Führung.
- Zeigen Sie ihm auf, welche Bedeutung seine Stelle für die Abteilung und welche Bedeutung die Abteilung für das Unternehmen hat.
- Erklären Sie ihm seine Aufgabe in groben Zügen.

- Stellen Sie ihm seine Kollegen und eventuell auch Ihren Vorgesetzten vor. Dabei sollten Sie den neuen Mitarbeiter ermutigen, den Kollegen jederzeit Fragen zu stellen, und die Kollegen verpflichten, diese Fragen auch zu beantworten. (In einem Unternehmen werden die neuen Mitarbeiter angehalten, jeden beliebigen Kollegen aus der Abteilung in einem längeren Interview über alle Aspekte seiner Arbeit zu befragen. Alle Mitarbeiter sind verpflichtet, sich zu solchen Interviews zur Verfügung zu stellen.)
- Übertragen Sie ihm zum Abschluss des Gesprächs eine erste sinnvolle Aufgabe, die den neuen Mitarbeiter nicht unterfordert.

(2) Ein Einarbeitungsprogramm erstellen:
In ihm sollte festgelegt sein, in welcher Reihenfolge Teilaufgaben zu übernehmen sind und in welchen Zeitabschnitten die Beherrschung der jeweiligen Aufgaben angestrebt werden sollte. Für jede Teilaufgabe sind klare Kriterien auszuarbeiten, die ihre Beherrschung anzeigen. Es ist auch festzulegen, welche zusätzlichen Qualifikationen der neue Mitarbeiter eventuell benötigt und wie er sie erhalten kann. Am Ende der jeweiligen Einarbeitungsschritte sollten *ausführliche Feedback-Gespräche* vorgesehen werden. Daneben sollte der Vorgesetzte auch häufig „en passant" Feedback geben.

Für den Inhalt der Feedback-Gespräche gibt es eine grundlegende Regel: Wenn immer möglich, gib positives Feedback; verstärke richtiges Handeln des neuen Mitarbeiters!" Nun wird es sich nicht immer vermeiden lassen, dass in solchen Feedback-Gesprächen auch Kritik an bestimmten Verhaltensweisen des neuen Mitarbeiters zu üben ist. Um den neuen Mitarbeiter dabei nicht in eine Abwehrposition zu drängen, ist der Wert „Toleranz gegenüber Fehlern, besonders gegenüber frühen Fehlern" in solchen Gesprächen einführend immer wieder zu unterstreichen (vgl. den Beitrag von v. ROSENSTIEL: Anerkennung und Kritik, in diesem Band). Es ist deutlich zu machen, dass Fehler, vor allem die frühen, positiv gesehen werden sollten: als Chance, etwas zu lernen. Außerdem ist klar zu machen, dass Fehler in der Einarbeitung in keiner Weise die Beurteilung des neuen Mitarbeiters prägen. Feedback-Gespräche in der Einarbeitung sind keine Personalbeurteilungsgespräche. Und noch etwas ist in solchen Feedback-Gesprächen zu beachten: Der neue Mitarbeiter sollte aufgefordert werden, eigene Vorschläge zur Gestaltung seiner Arbeit zu machen. Ziel der Eingliederung ist doch schließlich der Mitarbeiter, der Eigeninitiative entwickelt. Wenn Eigeninitiative jedoch nicht frühzeitig gefördert wird, ist es sehr unwahrscheinlich, dass sie sich entwickelt.

Wie aber kann man die Vorgesetzten dahin bringen, neuen Mitarbeitern Feedback in richtigem Umfang und in der richtigen Art zu geben? Viele letzten Endes wohl nur durch Training. Richtiges Timing und die richtige Art, Feedback zu geben, können nur in einem interaktiven Training vermittelt werden, in dem Vorgesetzte Orientierungs- und Feedback-Gespräche in Rollenspielen üben. In die Rolle eines neuen Mitarbeiters zu schlüpfen und Feedback zu erhalten, kann für Vorgesetzte eine ebenso wertvolle Erfahrung sein, wie selbst übungsweise Feedback-Gespräche zu führen, die anschließend – eventuell auf der Basis von Video-Aufzeichnungen – vom Trainer und von den anderen Seminarteilnehmern kritisiert werden. Vorgesetzte erleben so die Wirkung von bestimmten Verhaltensweisen, was ihre Sensitivität für die Wirkung des eigenen Verhaltens erhöht.

In vielen Unternehmen absolvieren Führungskräfte in regelmäßigen Abständen Trainings oder Seminare. Was spricht dagegen, das Thema „Eingliederung" zum Gegenstand eines solchen Trainings zu machen?

3.3 Seminare

An die Rekrutierung schließt sich bei vielen neuen Mitarbeitern eine Trainingsphase an: Die neuen Mitarbeiter werden mit den Produkten, mit den Verfahren des Unternehmens, mit Kommunikationstechniken usw. vertraut gemacht. Es versteht sich von selbst, dass auch diese Schulung für den Verlauf des Eingliederungsprozesses von großer Bedeutung ist: Je besser neue Mitarbeiter für ihre Aufgaben qualifiziert werden, desto geringer werden die Enttäuschungen sein, die sie „im Ernstfall" erleben. Diese Einführungsseminare sollten die Mitarbeiter so stark wie möglich aktivieren, d. h. sie dazu anhalten, in Rollenspielen, Gruppendiskussionen, Fallübungen usw. das erworbene Wissen praxisnah umzusetzen. Auch erscheint es wichtig, dass die Vorgesetzten, die zentralen Bezugspersonen, soweit möglich in dieses Training einbezogen werden.

Eines wird in diesen Schulungen oft vernachlässigt: die Unternehmenskultur. Um die Bedeutung dieses Elements in der Trainingsphase und in der Eingliederung generell aufzeigen zu können, müssen wir etwas weiter ausholen. Kern einer Unternehmenskultur ist das Wertsystem des Unternehmens – die Unternehmensphilosophie oder das Unternehmensleitbild –, d. h. die grundlegenden Werte und Normen des Unternehmens gegenüber seinen Produkten, Kunden und Mitarbeitern. Zur Unternehmenskultur gehören aber auch die Mechanismen, mit denen diese grundlegenden Werte übermittelt und am Leben gehalten werden, z. B. der Führungsstil: Es macht einen Unterschied, ob ein Vorgesetzter bloß Anweisungen gibt oder Kritik übt, ohne diese zu interpretieren, oder ob er zur Begründung seiner Maßnahmen auf die grundlegenden Werte des Unternehmens Bezug nimmt. Je öfter er dies tut, umso stärker internalisieren die Mitarbeiter diese Werte. „Symbole" und „Rituale" sind weitere Übermittlungsmechanismen der Unternehmenskultur: Bei Hewlett-Packard bspw. sitzen alle Vorgesetzten, selbst die Mitglieder der obersten Unternehmensleitung, in Großraumbüros an Einheits-Schreibtischen. Die Ausstattung der Werkshallen unterscheidet sich nicht von der Ausstattung der Büroräume. Dadurch symbolisiert das Unternehmen, dass es Statusunterschieden keine große Bedeutung beimisst. Das „Ritual" des Morgenkaffees, zu dem Hewlett-Packard Kaffee und Brötchen spendiert, soll zum Ausdruck bringen, dass abteilungsübergreifende Kommunikation als sehr wichtig angesehen wird. Bei einem anderen amerikanischen Unternehmen gibt es ein Ritual, in dem der Misserfolg des Monats prämiert wird. Zweck dieses Rituals ist es nicht, den Tollpatsch des Monats vorzuführen, sondern den Mitarbeitern deutlich zu machen, dass der Wert „Toleranz gegenüber Misserfolgen" ernst genommen wird, dass unternehmerisches Handeln von Mitarbeitern zwangsläufig auch Misserfolge produziert, dass man aber aus solchen Misserfolgen viel lernen kann.

Weshalb ist aber nun die Unternehmenskultur in der Eingliederung von besonderer Bedeutung? Aus der oben schon einmal bemühten Theorie der kognitiven Dissonanz kennen wir das Phänomen des Bedauerns nach einer wichtigen Entscheidung: Eine Entscheidung bedeutet in den meisten Fällen, dass attraktive Alternativen nicht mehr zur Verfügung stehen, und dies löst bei vielen Personen Bedauern aus. Auch nach der Entscheidung für eine Stelle kann dieses Bedauern auftreten. Die neuen Mitarbeiter fragen sich: „Weshalb bin ich gerade in diesem Unternehmen gelandet? Vielleicht hätte ich doch zu XY gehen sollen." Die Qualität einer Unternehmenskultur bemisst sich auch daran, ob sie den Mitarbeitern auf diese Frage gute Antworten bietet: „Das Unternehmen, für das ich mich entschieden habe, ist ja ganz anders als andere Unternehmen, weil…" Auf diese Weise kann eine Unternehmenskultur die Bindung an ein Unternehmen entscheidend fördern.

Was hat nun die Unternehmenskultur mit Einführungsseminaren für neue Mitarbeiter zu tun? Ganz einfach: Es ist außerordentlich wichtig, nicht nur sachlich-informative Elemente in solche Seminare einzubauen – etwa Information über die Produkte und das Unternehmen –, sondern auch „kulturbezogene" Elemente: Darstellungen der Unternehmensphilosophie und der Führungsleitlinien durch Mitglieder der Unternehmensleitung sowie Praktizierung des bevorzugten Führungsstils bereits im Seminar. Auch sollten „Rituale" in das Training eingebaut werden, die das Selbstverständnis des Unternehmens unterstreichen. Voraussetzung dafür ist freilich, dass das Unternehmen sich über seine Kultur klar geworden ist, d.h. Konsens über die grundlegenden Werte hergestellt wurde, und die Unternehmenskultur auch im Unternehmensalltag in konsistenter Weise praktiziert, gelebt wird.

3.4 Einführungsbroschüren

Broschüren für neue Mitarbeiter (HABERKORN, 1972) sind ein anderes Instrument, um die Unternehmenskultur zu vermitteln. Oft genug sind solche Broschüren mit – pardon – langweiligen Sachinformationen voll gestopft. Es spricht einiges dafür, eine solche Broschüre relativ kurz zu halten, das Unternehmensleitbild und den Führungsstil des Hauses in den Vordergrund zu stellen und die wichtigen Sachinformationen in einen Zusammenhang mit der Unternehmensphilosophie zu bringen (COWAN, 1975).

3.5 Orientierungsveranstaltungen

Auch Orientierungsveranstaltungen sollten vor allem die Funktion haben, die neuen Mitarbeiter mit der Kultur des Unternehmens – mit der Unternehmensphilosophie und den ihr zu Grunde liegenden Werten – vertraut zu machen. Die Mitwirkung von Mitgliedern der Unternehmensleitung kann den verbindlichen und verpflichtenden Charakter einer solchen Veranstaltung entscheidend verstärken. Voraussetzung für Einführungsveranstaltungen ist allerdings, dass eine genügend große Zahl von neuen Mitarbeitern zu einem Einstellungstermin zusammenkommt.

3.6 Paten und Mentoren

Viele Unternehmen ordnen neuen Mitarbeitern Paten zu: einen Kollegen, der die Aufgabe hat, sich um den neuen Mitarbeiter zu kümmern (BRETTSCHNEIDER, 1979). Nach unseren Erfahrungen sind Paten ziemlich überflüssig: In den meisten Fällen haben neue Mitarbeiter keine Schwierigkeiten, aus eigener Kraft besonders gute Beziehungen zu einem oder mehreren Kollegen herzustellen. Die Institutionalisierung eines Paten birgt auch eine Gefahr in sich: Die Vorgesetzten fühlen sich „entpflichtet", sie kümmern sich nicht mehr so intensiv um die neuen Mitarbeiter. Der Pate fühlt sich dagegen u. U. veranlasst, sich als „Ersatzvorgesetzter" aufzuspielen. Der neue Mitarbeiter ist jedoch in erster Linie auf Feedback durch den Vorgesetzten angewiesen.

Eine überlegenswerte Alternative zum Paten ist die Zuordnung eines Mentors. Der Mentor ist im Gegensatz zum Paten auf einer höheren hierarchischen Ebene als der neue Mitarbeiter angesiedelt. Seine Aufgabe ist es, den neuen Mitarbeiter zu beobachten, eine zusätzliche, unabhängige Beurteilung seines Potenzials beizusteuern, bei Problemen zwischen Vorgesetztem und neuem Mitarbeiter zu vermitteln und dem neuen Mitarbeiter als neutraler Ansprechpartner zur Verfügung zu stehen (HUNT & CAROL, 1985; FARREN et al., 1984; ZEY, 1985).

4. Zusammenfassung

In der Eingliederung kommt es vor allem darauf an, die anfängliche Motivation und Bindung eines neuen Mitarbeiters zu verstärken und in eine dauerhafte Motivation und Bindung zu überführen. Mitarbeiter mit einer anfänglichen Bindung sind motiviert, gehen engagiert an ihre Aufgaben heran. Werden sie einigermaßen richtig geführt, stellen sich Erfolge ein, die man in Feedback-Gesprächen verstärken kann, was wiederum zu einer Erhöhung der Motivation und der Bindung führt. Diesen Prozess gilt es in Gang zu setzen (s. Abbildung 1).

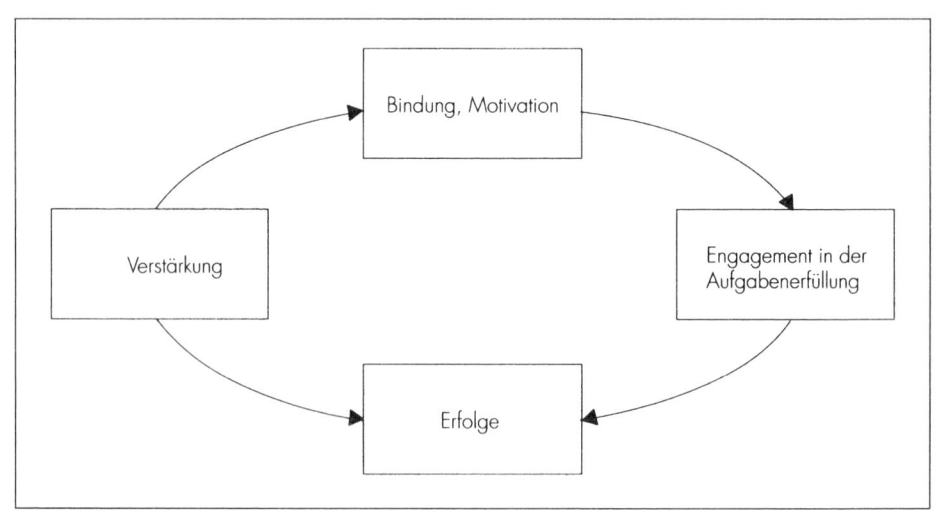

Abb. 1: Eingliederung als sich selbst verstärkender Prozess

Zusammenfassend gesagt, sind es vor allem die folgenden Faktoren, mit denen das Unternehmen Einfluss auf den Verlauf des Eingliederungsprozesses nehmen kann: das Vorgesetztenverhalten, die Klarheit der Aufgabenstellung – zu ihr tragen neben dem Vorgesetztenverhalten auch noch organisatorische Vorgaben bei – und die Arbeitsgruppe. Die Einstellungen und Normen der Arbeitsgruppe sind wiederum in einem hohen Maße von der Unternehmenskultur geprägt. Nur selten gelingt es, aus neuen Mitarbeitern, die keine anfängliche Bindung aufweisen, die von vornherein mit einer relativ geringen Motivation ihre Stellung antreten, motivierte Mitarbeiter zu machen, die sich stark an das Unternehmen gebunden fühlen. Wie wir gesehen haben, hat das

Unternehmen jedoch auch auf die anfängliche Bindung einen gewissen Einfluss (s. Abbildung 2).

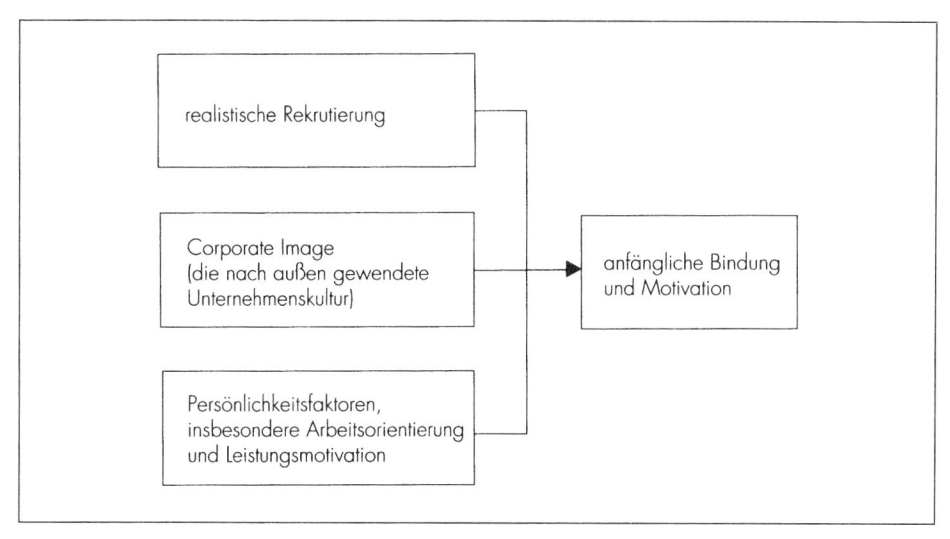

Abb. 2: Einflussfaktoren anfänglicher Bindung und Motivation

Literatur

BRETTSCHNEIDER, D. (1979). Patensystem als Führungsersatz? Kritische Bemerkungen zur Einführung eines Patensystems. In: Personal, 31, 1979, S. 324–327.
COWAN, P. (1975). Establishing a communication chain: The development and distribution of an employee handbook. In: Personnel Journal, 54, 1975, S. 342–344.
FARREN, C., GRAY, J. D. & KAYE, B. (1984). Mentoring: A boon to career development. In: Personnel, 61, Heft 6, 1984, S. 20–24.
FELDMAN, D. C. & BRETT, J. M. (1983). Coping with new jobs: A comparative study of new job hires and job changers. In: Academy of Management Journal, 26, 1983, S. 258–272.
GRAEN, G. (1976). Role-making processes within complex organizations. In M. D. DUNNETTE (Hrsg.), Handbook of Industrial and Organizational Psychology. S. 1201–1245. Chicago 1976: Rand McNally.
HABERKORN, K. (1972). Die Einführungsschrift für neue Mitarbeiter. Neuwied 1972.
HUNT, D. M. & CAROL, M. (1983). Mentorship: A career training and development tool. In: Academy of Management Review, 8, 1983, S. 475–485.
JABLIN, F. M. (1987). Organizational entry, assimilation, and exit. In F. M. JABLIN, L. L. PUTNAM, K. H. ROBERTS & L. W. PORTER (Hrsg.), Handbook of Organizational Communication. S. 679–740. Newbury Park 1987: Sage.
KATZ, R. (1985). Organizational stress and early socialization experiences. In T. BEEHR & R. BHAGAT (Hrsg.), Human Stress and Cognition in Organization: An Integrative Perspective. S. 117–139. New York 1985: Wiley.
KIESER, A., NAGEL, R., KRÜGER, K.-H. & HIPPLER, G. (1985). Die Einführung neuer Mitarbeiter in das Unternehmen. Frankfurt/M. 1985.
SCHEIN, E. H. (1978). Career Dynamics. Matching Individuals and Organizational Needs. Reading, MA 1978: Addison-Wesley.
VAN MAANEN, J. & SCHEIN, E. H. (1979). Toward a Theory of Organizational Socialization. In P. M. STAW & L. L. CUMMINGS (Hrsg.), Research in Organizational Behavior. Vol. 1, S. 209–264. Greenwich, CT 1979: JAI Press.

WANOUS, J.P. (1980). Organizational Entry: Recruitment, Selection and Socialization of Newcomers. Reading, MA 1980: Addison-Wesley.

ZEY, M.G. (1985). Mentor programs: Making the right moves. In: Personnel Journal, 64, Heft 2, 1985, S. 53–57.

Zur Konkretisierung und weiteren Vertiefung wird empfohlen, im Fallstudienband den Fall zu „Einarbeitung neuer Mitarbeiter" zu bearbeiten.

Lutz von Rosenstiel

Motivation von Mitarbeitern

1. Was beeinflusst unser Verhalten?
2. Was ist Motivation?
3. Wie erlebt man Motive?
4. Darstellung am betrieblichen Beispiel
5. Das Motivziel
6. Der Weg zum Ziel
7. Die Volition
8. Was ist zu tun?
9. Was sollte man bei der Gestaltung der motivierenden Situation bedenken?

1. Was beeinflusst unser Verhalten?

Wo immer darüber gesprochen wird, was Gründe oder Ursachen menschlichen Handelns seien, wird stets, wenn auch mit unterschiedlichen Worten – wie Wunsch, Wille, Beweggrund, Bedürfnis, Trieb oder Strebung – auf in der Person vermutete Antriebskräfte verwiesen, die in der modernen Psychologie im Konzept der Motivation zusammengefasst erscheinen (HECKHAUSEN, 1989; WEINER, 1996). Dabei wird angesichts der Breite dieses Konzeptes häufig in beinahe naiver Weise davon ausgegangen, es ließe sich beobachtbares Verhalten eines Menschen allein durch Motivation zureichend erklären.

Bei vereinfachender Betrachtungsweise lässt sich jedoch bei der Erklärung unseres Handelns auf Bedingungen verweisen, die in der Situation begründet sind, und auf solche, die in der Person des Handelnden selbst liegen. Dabei zählen zu den situativen Komponenten die objektiven *Ermöglichungsbedingungen*, die handlungsfördernd oder handlungsbehindernd sein können, sowie jene Gesetze, Normen und Regelungen, die als *soziales Dürfen und Sollen* unser Verhalten in vielen Bereichen steuern. Zu jenen Ursachen, die innerhalb der Person liegen, lassen sich überdauernde Fähigkeiten – wie z.B. die sprachliche Intelligenz – und jene relativ rasch erlernbaren Fertigkeiten – wie z.B. fließend englisch sprechen – zählen, die in der Umgangssprache als *Können* bezeichnet werden, und schließlich jene in ihrer Antriebsdynamik als Kräfte erlebbaren Verhaltensanstöße, für die in der Alltagssprache häufig der Begriff des *Wollens* Verwendung findet (vgl. Abbildung 2 im Beitrag „Entwicklung und Training von Führungskräften" in diesem Band). Dies ist die Motivation.

2. Was ist Motivation?

Die Frage nach der Motivation ist die Frage nach dem „Warum" des menschlichen Verhaltens und Erlebens. Dabei wird allerdings vorausgesetzt, dass dieses Verhalten aktiv vom Menschen ausgeht – die Verhaltensgründe also im Menschen liegen und nicht unmittelbar von außen kommen.

Motivation ist ein doppelgesichtiger Begriff:

1) Er dient zur Erklärung von Verhalten. Das Verhalten anderer Menschen kann man beobachten, ihre Motive kann man unmittelbar nicht sehen. Man erklärt jedoch das beobachtbare Verhalten, indem man bestimmte Motive dafür angibt. Auch eigenes Verhalten sucht man gelegentlich dadurch zu erklären, dass man unbewusste Motive als Grund anführt, die – da unbewusst – nicht unmittelbar beobachtet werden können.

2) Er dient auch als Begriff für direkt Erlebtes. Eigenen Hunger kann man selbst unmittelbar erleben und benennen. Bezeichnet man das Erlebte allerdings, so abstrahiert man meist gleichzeitig. Hunger gibt es in nahezu unendlich vielen Formen: je nach Person und Situation verschieden. Dennoch wird man meist ein gleiches Wort – Hunger – dafür verwenden. Das sprachlich gefasste Motiv ist somit eine Abstraktion aus dem jeweils konkreten und individuellen Erlebens- und Verhaltenskontinuum.

Verwendet man Motivation als Erklärungsbegriff, so wird man sich meist an dem orientieren, was man aus dem eigenen Erleben kennt. Man wird etwa anderen Menschen und in unkritischer Weise vielleicht sogar Tieren jene Motive als Ursache des bei ihnen beobachtbaren Verhaltens zuschreiben, die bei einem selbst in einer vergleichbaren Situation ein entsprechendes Verhalten bewirkt hätten. Der Beschreibungsbegriff für Erlebtes ist also der primäre.

3. Wie erlebt man Motive?

Zuvor war gesagt worden, dass der Begriff des Motivs vor allem für Erlebnistatbestände angewandt werden kann. Da also Motive als Beweggründe des Verhaltens, die im Menschen liegen, angesehen werden können, ist der beste Weg, etwas über die Psychologie der Motive zu erfahren, in sich zu schauen, sich selbst zu beobachten, so genannte Introspektion zu betreiben. Dabei stellt sich für motiviertes Verhalten häufig folgender Ablauf heraus:

(1) Erfahrung eines Mangels
(2) Erwartung, dass durch ein spezifisches Verhalten der Mangel beseitigt wird
(3) Verhalten, von dem angenommen wird, dass es im Sinne der Erwartung zur Befriedigung führt
(4) Endhandlung, d.h. Akt der Befriedigung
(5) Zustand der Befriedigung oder der Sättigung

Beispiel:

(1) Jemand erlebt seine trockene Zunge, einen trockenen Gaumen: Er hat Durst.
(2) Er erwartet, dass durch einen Gang zum Eisschrank, die Herausnahme einer Flasche Bier und durch Trinken des Inhalts das Mangelerlebnis beseitigt wird.
(3) Er geht zum Eisschrank und nimmt die Bierflasche – falls wirklich eine dort ist – heraus.
(4) Er trinkt das Bier.
(5) Der Durst ist beseitigt: Er ist befriedigt.

Zwei Punkte verdienen hier nun Erwähnung: Zum einen ist die Erwartung wichtig. Wer eine falsche Erwartung hat, kann, selbst wenn alles erwartungsgemäß abläuft, enttäuscht werden. Wer also erwartet, dass Himbeersaft den Durst löscht, und den Saft dann trinkt, wird nur noch stärkeren Durst bekommen, also unbefriedigt bleiben. Die Erwartung ist zudem nicht stets so geartet, dass man glaubt, das Ziel entweder gar nicht oder sicher zu erreichen. Es gibt hier alle denkbaren Stufen subjektiver Wahrscheinlichkeit, zum Ziel zu gelangen. Manche Menschen bevorzugen es, der Erwartung ein zielgerichtetes Verhalten folgen zu lassen, wenn die subjektive Wahrscheinlichkeit hoch ist, sie also praktisch sicher sind, das Ziel zu erreichen. Andere werden gerade durch eine geringe subjektive Wahrscheinlichkeit, ein hohes Risiko also, zum nachfolgenden Handeln angeregt.

Zum Zweiten ist zu beachten, dass nach der Befriedigung meist – nach kürzerer oder längerer Zeit – der Mangelzustand erneut eintritt. Bei körpernahen Motiven, wie Bedürfnis nach Sauerstoff, Sexualität, Hunger, Durst ist das deutlich feststellbar, bei anderen Motiven – wie etwa dem Bedürfnis, ins Kino zu gehen – ist es weniger deutlich, aber auch beobachtbar.

Motive schwanken also zwischen Mangelzustand und Sättigung periodisch hin und her. Sie werden dabei in der Regel nur dann bewusst und für uns bemerkbar, wenn der Mangelzustand eine bestimmte Intensität erreicht hat. In der zeitlich vorausgehenden Phase, in der das Bedürfnis nicht bewusst ist, könnte man von einem latenten Motiv sprechen. Das bewusste Motiv ist aktiviert und wird sich bei phänomenaler Analyse als Bestandteil der Motivation des nachfolgenden Verhaltens erweisen (grafisch dargestellt in Abbildung 1).

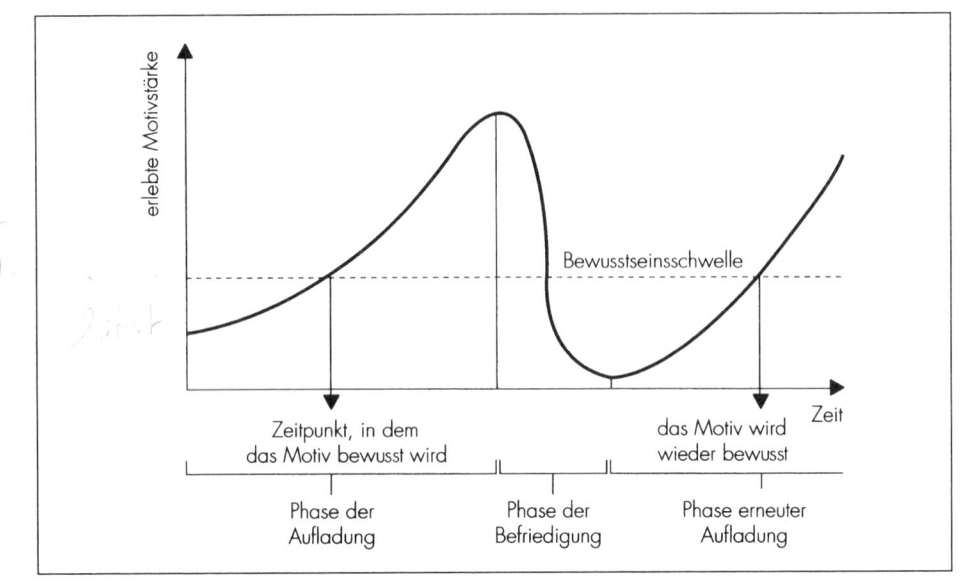

Abb. 1: Erlebte Intensität eines Motivs zwischen Mangelzustand und Befriedigung (nach GRAUMANN, 1969)

4. Darstellung am betrieblichen Beispiel

Stellen wir uns einen komplexen betrieblichen Fall (v. ROSENSTIEL, 1975) zur Veranschaulichung vor: Ein Mann, durch Anlage und Prägung besonders ehrgeizig (1), gerät in eine Situation (2), in der sich die Möglichkeit zu beruflichem Aufstieg eröffnet. Er nimmt diese Chance als Anreiz (3) wahr, wodurch sein bisher latenter Ehrgeiz aktiviert wird (4). Dies allerdings führt bei ihm nicht unmittelbar zum Handeln, sondern zunächst einmal zu unterschiedlichsten Erwartungen und Überlegungen, die sich zum einen auf denkbare Wege beziehen, die zum angestrebten Ziel führen könnten, und sodann auf die vermuteten Wahrscheinlichkeiten, das Ziel auf den in Betracht gezogenen Wegen auch erreichen zu können (5). Erscheint ein Weg zielführend und zugleich die Wahrscheinlichkeit, das Ziel auch erreichen zu können, nicht zu gering, so kommt es zur Bildung von Verhaltensintentionen, Handlungsabsichten (6), und nun zum Verhalten (7), das allerdings noch keineswegs die Erfüllung oder Befriedigung des Ehrgeizes ist, sondern eine Folge von Schritten auf dem Weg dahin, wobei dieser Weg unter bestimmten Umständen sehr lange gegangen werden muss oder sich als umwegreiche Straße darstellt, wobei fraglich bleibt, ob das Ziel, die Befriedigung des aktivierten

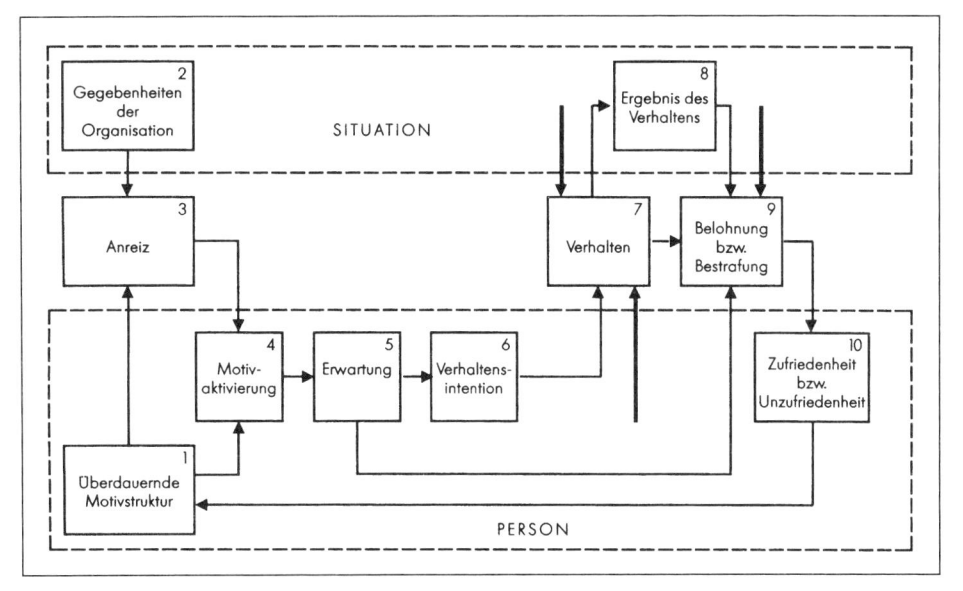

Abb. 2: Ein Modell des motivierten Verhaltens in der Organisation

Motivs, am Ende steht (8). Die erreichten Endzustände (9) können somit als befriedigend oder unbefriedigend erlebt werden (10), was wiederum nicht ohne Einfluss auf die künftige Ausgestaltung des Motivs bleibt, das durch Erfolgs- bzw. Misserfolgserlebnisse kontinuierlich weiter geprägt wird (vgl. Abbildung 2). Wichtig erscheint für unsere Überlegungen, dass wir beim motivierten Handeln das Erreichen des Zieles, den „konsummatorischen Akt", vom Weg zum Ziel abheben müssen. Gerade unter der Perspektive des Managements erscheint diese Trennung wesentlich, da motivierende Maßnahmen sich z. T. auf das Ziel, z. T. aber auch auf die Wege zum Ziel beziehen.

5. Das Motivziel

Motiviertes Handeln ist dadurch gekennzeichnet, dass es zu einem „natürlichen Abschluss" (HECKHAUSEN, 1963) drängt. Dieser natürliche Abschluss wird in den Verhaltenswissenschaften häufig auch als „Endhandlung" oder als „konsummatorischer Akt" bezeichnet (vgl. BISCHOF, 2001). Ein konsummatorischer Akt läge beispielsweise vor, wenn der Durstige, der lange nach etwas Trinkbarem gesucht hat, ein großes Glas leer trinkt, wenn der Leistungsmotivierte nach erheblichen Mühen eine schwierige Aufgabe zu Ende führt oder wenn der Verängstigte soziale Unterstützung und Geborgenheit im Kreise Gleichgesinnter findet.

Das Verhalten auf dem Wege zum Ziel, zur Endhandlung, wird als „Appetenz" gekennzeichnet, wobei für derartiges Appetenzverhalten charakteristisch ist, dass es zum einen von einer ständig ansteigenden Spannung des psycho-physischen Systems begleitet wird, die erst innerhalb der motivbefriedigenden Endhandlung in den Zustand der Entspannung überführt, und dass es zugleich nach anfänglich meist gegebenem Unlusterleben von steigenden Lustgefühlen begleitet ist. FREUD hat dafür den Ausdruck Vorlust verwendet. Was damit gemeint ist, wird nachvollziehbar, wenn man an die Gefühle des Durstigen denkt, dem das Bier gebracht wird, an die Freude des Leistungsmotivierten angesichts der Hoffnung, das Werk könne gelingen, oder an die Erleichterung des Verängstigten oder Vereinsamten, der aus der Ferne die Stimmen seiner Freunde hört. Was nun allerdings inhaltlich gesucht wird, welche Endhandlungen es sind, nach denen der Mensch strebt, ob sie angeboren oder erlernt wurden, danach fragen die Inhaltstheorien der Motivation.

5.1 Inhaltstheorien der Motivation

Wesentlich erscheint an den Inhaltstheorien, dass eine Taxonomie der angestrebten Endhandlungen angeboten wird. Inhaltstheorien der Motivation suchen also die Frage zu beantworten, wonach der Mensch strebt, was auf dem Gebiete der Motivation des Arbeitsverhaltens zu den klassischen Ansätzen von MASLOW (1954) oder von HERZBERG, MAUSNER und SNYDERMAN (1959) geführt hat, auf die noch eingegangen werden soll. Vernachlässigt wird in den meisten Inhaltstheorien dagegen die Frage, auf welchem Wege das Individuum sich darum bemüht. Gerade mit diesen Prozessen setzen sich nun die „Prozesstheorien" auseinander (vgl. Abschnitt 6), die danach fragen, was sich in der Person abspielt, die ein bestimmtes Ziel erreichen möchte, wobei nicht weiter interessiert, welches Ziel es denn nun ist, das angestrebt wird.

(1) Defizit und Wachstum

Ein bedeutsamer Versuch, systematisch und theoretisch fundiert die Vielzahl inhaltlich bestimmbarer Motive zu ordnen, stellt das Bemühen dar, so genannte Defizit- von Wachstumsmotiven abzuheben. Defizitmotive sind dadurch gekennzeichnet, dass sie im Sinne von Regelkreismechanismen bei Sollwertabweichungen Aktivitäten auslösen, die der Wiederherstellung des zuvor gegebenen Zustands dienen. Hunger und Durst lassen sich unschwer in diesem Sinne interpretieren, und es hat nicht an Versuchen gefehlt, auch andere Motivarten in vergleichbarer Weise zu sehen.

Den Defizitmotiven gegenübergestellt werden vielfach so genannte Wachstumsmotive, deren Ziel nicht ein stabiler oder gar organismisch festgelegter Sollwert ist, sondern die ihre Dynamik letztlich dadurch gewinnen, dass Ziele ständig neu entworfen, Anspruchsniveaus erhöht werden und der sich entwickelnde Mensch nach ständig neuen Horizonten strebt. Dadurch wird der Weg zum Ziel; aktive, der Selbstverwirklichung dienende Schritte werden als befriedigend erlebt, was wiederum die Hypothese stützen könnte, dass im Arbeitsvollzug Leistung und Zufriedenheit positiv miteinander korreliert sind.

In einigen der bekannt gewordenen Motivationstheorien werden gleichermaßen Defizit- und Wachstumsmotive berücksichtigt (vgl. MASLOW, 1954; HERZBERG et al., 1959), so dass sich motiviertes Handeln aus ihrer Spannung und ihrem Zusammenspiel ergibt.

(2) Inhalt und Umfeld

Innerhalb der Pädagogik wird schon lange danach differenziert, ob ein Lernstoff seinen Anreiz in sich trägt, d.h. die Auseinandersetzung des Lernenden mit dem Stoff befriedigend wirkt, oder ob gewissermaßen von außen wirkende Kräfte den Schüler zur Beschäftigung mit dem Stoffgebiet bewegen, wie es z. B. das Versprechen von Belohnung bei Erfolg oder die Androhung von Strafe bei Misserfolg sein können. Dieser Grundgedanke hat auch in jenen Wissenschaften, die sich mit dem arbeitenden Menschen auseinander setzen, zunehmend Beachtung gefunden und zur Differenzierung zwischen intrinsischen und extrinsischen Motiven geführt. Von *intrinsischen Motiven* wird dann gesprochen, wenn die Motivation ihre Befriedigung in der Arbeitstätigkeit selbst findet, wie es beispielsweise für einen enthusiastischen Forscher im Zuge eines Entwicklungsvorhabens der Fall sein kann. *Extrinsische Arbeitsmotivation* liegt dann vor, wenn die Befriedigung nicht aus der Tätigkeit selbst, sondern aus deren Folgen oder Begleitumständen erwächst, wie es beispielsweise bei einem gewerblichen Arbeitnehmer der Fall sein kann, den seine Tätigkeit langweilt, der jedoch in ihr ein Mittel zum Zweck eines befriedigenden finanziellen Verdienstes sieht.

Vielfach wird es – geht es um die Förderung der Leistungsbereitschaft von Mitarbeitern – empfehlenswert sein, zugleich die intrinsische und die extrinsische Motivation zu stärken, d.h. die Tätigkeit so zu gestalten, dass sie dem Handelnden Freude macht und zugleich dafür zu sorgen, dass sie zu befriedigenden Ergebnissen führt. Gelegentlich ist hier jedoch Vorsicht geboten: manchmal wird intrinsische Motivation durch extrinsische Anreize zerstört (FREY & OSTERLOH, 2000). Ein Beispiel: Wenn Kinder voller Begeisterung – intrinsisch motiviert – Türme und Burgen aus Bauklötzchen bauen, man dann dieses Tun mit finanziellen Prämien belohnt und diese extrinsischen Anreize nach einigen Tagen wieder streicht, dann bauen die Kinder nicht mehr. Der Spaß ist ihnen vergangen. Es kann also in manchen Fällen kontraproduktiv sein, ein Verhalten zu belohnen, das ohnehin mit Freude ausgeführt wird

Die Unterscheidung zwischen extrinsischen und intrinsischen Arbeitsmotiven gewann zusätzliches Interesse durch Arbeiten von HERZBERG et al. (1959). Die Autoren befragten in einer ersten Studie Arbeitnehmer nach konkreten Arbeitssituationen, in denen sie besonders zufrieden bzw. besonders unzufrieden waren. Die Inhaltsanalyse der Schilderungen zeigte, dass andere Bedingungen zur Zufriedenheit als zur Unzufriedenheit führen. Diesen Unterschied sieht HERZBERG (1966) gleichermaßen unter der Dichotomie Defizit und Expansion als auch unter der einer extrinsischen versus intrinsischen Motivation. Defizitmotivation findet Befriedigung durch Vermeidung von umweltbedingtem Leid. Im Betrieb geschieht dies durch die so genannten „Hygiene-Faktoren", die im positiven Fall bestehende Unzufriedenheit abbauen, dagegen keine bewusst erlebte Zufriedenheit aufbauen können. Damit wirken sie ähnlich asymmetrisch wie hygienische Maßnahmen auf dem Felde des Gesundheitsverhaltens, die – man denke an das Händewaschen – einer Infektion vorbeugen, sie jedoch nicht heilen können. Die wichtigsten von HERZBERG et al. (1959) genannten Hygiene-Faktoren sind der Führungsstil, die Unternehmenspolitik und -verwaltung, die äußeren Arbeitsbedingungen, die Beziehungen zu Gleichgestellten, Unterstellten, Vorgesetzten, der Status, die Arbeitssicherheit, das Gehalt sowie persönliche berufsbezogene Lebensbedingungen. Man sieht, dass all diese Punkte den eigentlichen Arbeitsinhalt nicht zentral berühren, sondern sich auf Rand- und Folgebedingungen der Arbeit beziehen. Sie werden deshalb auch gelegentlich als „Kontext-Variablen" bezeichnet, die mit der extrinsischen Arbeitsmotivation korrespondieren. Da – wie das empirische Material zeigt – ihr Einfluss auf das Entstehen von Unzufriedenheit groß, ihr Einfluss auf den Aufbau von Zufriedenheit aber klein ist, werden sie auch „Dissatisfaktoren" genannt.

Ihnen stehen „Satisfaktoren" gegenüber, die – wie die Inhaltsanalysen zeigten – besonders häufig als Ursachen längerfristiger Arbeitszufriedenheit genannt wurden. Zu ihnen zählen erbrachte Leistung, Anerkennung für die Leistung, die Arbeit selbst, Verantwortung, Aufstieg sowie Möglichkeiten zum geistigen Wachstum z. B. durch Zugewinn von Erfahrung. Hier wird also der Arbeitsinhalt ins Zentrum des Erlebens gerückt, weshalb die genannten Punkte auch häufig als „Content-Variablen" bezeichnet werden, die mit der intrinsischen Arbeitsmotivation korrespondieren.

Da die durch die Content-Variablen ausgelöste Motivation – wie Befragungen zeigten – zugleich längerfristig die Leistungsbereitschaft positiv beeinflusst, werden sie auch als „Motivatoren" bezeichnet. Diese Motivatoren sind, werden sie spezifisch in das betriebliche Anreizsystem integriert, ein Mittel zu dem Zweck, gleichermaßen die Zufriedenheit mit der Arbeit und die Leistungsbereitschaft zu steigern (vgl. Abschnitt 8).

(3) „Erst kommt das Fressen, dann kommt die Moral"

Der Ansatz von HERZBERG et al. (1959) lässt es durchaus zu und sogar plausibel erscheinen, dass ein Mensch gleichermaßen durch die extrinsisch orientierten Defizitmotive und die intrinsisch orientierten Wachstumsmotive in seiner Befindlichkeit bestimmt wird. Dies sieht innerhalb der so genannten hierarchischen Motivationsmodelle (vgl. MASLOW, 1954) anders aus. Zentral ist bei diesen Konzepten die Annahme, dass menschliche Motive nicht nebeneinander stehen, sondern hierarchisch geordnet sind, was die Hypothese ermöglicht, dass die langfristige Befriedigung eines jeweils niedrigeren Motivs die Voraussetzung dafür darstellt, dass das nächsthöhere verhaltenswirksam werden kann (Befriedigungs-Progressions-Hypothese). MASLOW unterscheidet – gestützt vor allem auf unsystematische klinische Erfahrung – fünf inhaltlich voneinander abhebbare Motivklassen, die Abbildung 3 zeigt.

Die vier unteren Motivgruppen stellen Defizitmotive dar. Langfristige Frustration dieser Motive führt – folgen wir MASLOW – zu Krankheit, ihre Befriedigung zu

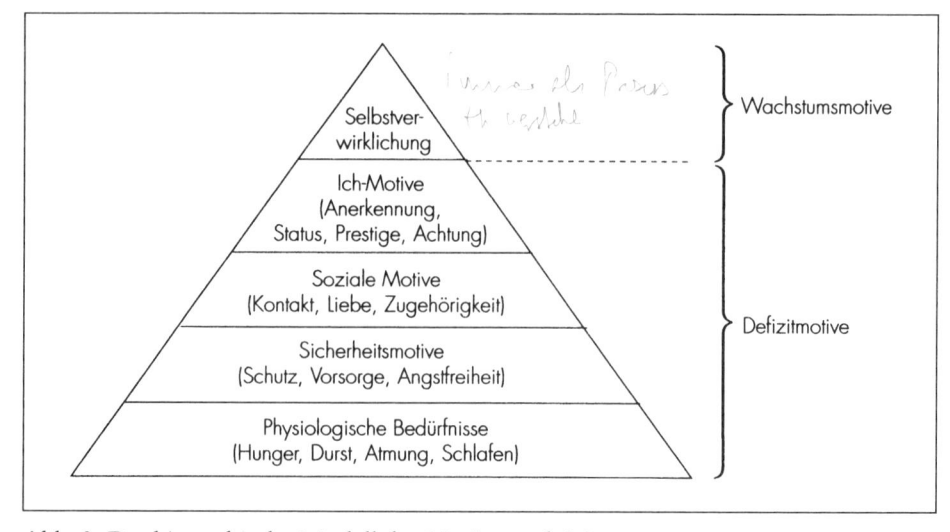

Abb. 3: Das hierarchische Modell der Motive nach MASLOW

Gesundheit. Die Erfüllung der Wachstumsmotivation ist nur auf dieser Grundlage denkbar, sie ermöglicht Selbstverwirklichung, die niemals als Ergebnis, sondern nur als Prozess zu verstehen ist.

(4) Eros und Tanatos

Sehr viel differenzierter und vielschichtiger erscheinen zur Erklärung des dynamischen Motivationsgeschehens die Ansätze der Tiefenpsychologie (vgl. den entsprechenden Beitrag von v. ROSENSTIEL, in diesem Band), als deren markantester Vertreter FREUD gelten darf. Sein psychoanalytischer Ansatz – gleichermaßen Persönlichkeitstheorie und Interventionsansatz zur Therapie von Neurosen – enthält eine inhaltlich zentrierte Motivationstheorie, deren Grundgedanken hier knapp dargelegt werden sollen.

FREUD war ursprünglich von einem dualistischen Ansatz ausgegangen, innerhalb dessen „Ich-Triebe" und „Objekt-Triebe" unterschieden wurden, die – in hergebrachter Weise – zwischen den Thematiken der Selbsterhaltung und der Fortpflanzung trennen. Dabei war der Drang zur sexuellen Vereinigung, die Libido, ursprünglich eindeutig und auch ausschließlich ein Objekt-Trieb, d.h. auf das „Objekt" des Partners gerichtet. Dieser Trieb wurde geradezu als eine konstante psychische Kraft gesehen, die sich demnach nicht vermehrt oder vermindert, sondern im Zuge der Auseinandersetzung des Subjekts und seiner Umwelt vielfältige Gestalten annehmen kann und beispielsweise angesichts der Widerstände, die menschliches Zusammenleben (vgl. FREUD, 1939) der unmittelbaren Befriedigung entgegenstellt, sublimiert werden und zu Kulturleistungen führen kann, so dass z.B. unerfülltes individuelles Liebesverlangen zum Gedicht, die partielle Unterdrückung der Sexualität in der Gesellschaft zwar einerseits zu „Unbehagen", andererseits aber zu kulturellen Spitzenleistungen führen kann.

In einer späteren Phase seines Schaffens glaubte FREUD erkennen zu können, dass sich die Libido als Objekt auch das eigene Ich auswählen kann, ähnlich wie beim Knaben NARKISSOS, der sich in sein Spiegelbild verliebte. Die Ich-Triebe wurden somit den Objekt-Trieben subsummiert, und der freudsche Ansatz schrumpfte zu einem monothematischen Konzept, das den „Lebenstrieb" oder „Eros" zur alles menschliche Handeln bestimmenden Kraft erhebt. Diesem aber stellte FREUD schließlich – vermutlich beeindruckt durch das Erleben des Weltkrieges und das Manifestwerden eigener Krebserkrankung – den „Todestrieb" oder „Tanatos" gegenüber. Während die Libido auf Erhaltung und Vereinigung gerichtet ist, liegt die Thematik des Todestriebes in der Zerstörung, dem Abbau und dem Zerfall (FREUD, 1920).

Der homöostatische Ansatz FREUDS führte dazu, dem Todestrieb schließlich implizit ein gewisses Primat zu geben; während die Libido darauf gerichtet ist, durch Energieabfuhr – z.B. in der sexuellen Vereinigung – einen früheren Zustand wiederherzustellen, wobei Unbehagen und Spannungserleben die Abweichung vom Ausgangszustand, Entspannung und Lösung die Rückkehr zu diesem signalisieren, ist der Todestrieb – gewissermaßen mit längerem Atem ausgestattet – darauf gerichtet, den Zustand wiederherzustellen, aus dem die Organwelt erwachsen ist, den der toten Materie. Die Wandlungen und Maskierungen der Triebe, die sich innerhalb der Freudschen Lehre ergeben, wenn diese beim Versuch der Befriedigung auf Widerstände stoßen, ermöglichen es dem Autor, die Vielfalt motivierten menschlichen Handelns auf das Wirken des Lebenstriebes, des Todestriebes oder des Konfliktes zwischen ihnen zurückzuführen und somit – wenn auch in höchst spekulativer Weise – einen zentralen und einheitlichen Erklärungsansatz für die Mannigfaltigkeit der Erscheinungen menschlichen Tuns zu gewinnen.

5.2 Wertung der Inhaltstheorien

Menschliche Motive lassen sich nach vielerlei Aspekten klassifizieren, beispielsweise unter denen der Genese, der Orientierung, des Bewusstseinsgrades, der Extensität, der Intensität, der Verlaufsform, der Tiefe und Zentralität (vgl. THOMAE, 1965). Für Inhaltstheorien entscheidend ist der Aspekt der Orientierung, denn hier geht es um die verschiedenen zu bestimmenden Ziele, auf die Motive gerichtet sind. „Es scheint auf den ersten Blick das Nächstliegende zu sein, die Mannigfaltigkeit der Antriebe nach der Verschiedenheit ihrer konkreten Ziele zu gliedern. Doch kommt man sehr bald in Verlegenheit angesichts der Mannigfaltigkeit, mit der solche Ziele „in den wechselnden Augenblicken erlebten Lebens wirksam sind" (LERSCH, 1956, S. 96). Was aber z.B. berechtigt MASLOW, angesichts der Vielzahl ganz unterschiedlich erlebter Strebungen und Bedürfnisse von den fünf von ihm postulierten und besprochenen Bedürfnissen zu reden? Derartige Klassifikationsansätze, mögen sie auch noch so sorgfältig durchdacht sein, setzen sich meist dem Vorwurf aus, willkürlich und selektiv zu sein. Dies wiederum hat häufig dazu geführt, athematische Ansätze zu präferieren, d.h. auf jede inhaltliche Motivdifferenzierung in ihrer Festschreibung zu verzichten und den Inhaltstheorien insgesamt den Rücken zu kehren. Was der Mensch anstrebt – so wird hier argumentiert –, ergebe sich aus dem Anreizwert der jeweils wechselnden Situation und der beständig wirkenden Lerngeschichte des Menschen, die ihn einmal auf diese und einmal auf jene Ziele ausrichten kann. Dagegen lässt sich nun einwenden, dass das Handeln des lebendigen Organismus „nicht verstanden werden (kann) ohne Rückgriff auf ein Sinnprinzip, das in ihm liegt" (BISCHOF, 2001). Die Bewegung ist eben nicht – wie bei einem unbelebten Gegenstand – Resultat der von außen einwirkenden Kräfte, sondern es geht um das Erreichen eines Zieles, das im Dienste der Selbst- und Arterhaltung – präziser im Dienste der Ausbreitung des Genoms – steht.

Beim Menschen allerdings ergeben sich diese Ziele wohl kaum allein durch von der Selektion gefilterte vererbte Muster, sondern – angesichts einer vom Menschen gestalteten und stets umgestalteten Umwelt – auch aus Lernprozessen, die den Erfolg des Individuums innerhalb dieser von ihm geschaffenen Welt sichern oder doch zu sichern scheinen. Inhaltstheorien der Motivation gewinnen daraus ihre Bedeutung. Die Motivziele dürfen freilich nicht willkürlich postuliert werden, sondern sind aus dem Sinn heraus zu begründen, der sich für den Handelnden aus der Evolutions- oder aus der Lerngeschichte ergibt.

6. Der Weg zum Ziel

Die Ziele, die im motivierten Handeln angestrebt werden, wie beispielsweise Autonomie, Geborgenheit, Sättigung etc., dürften in ihrer Grundthematik genetisch angelegt und in der differenzierten Thematik sodann durch Lernprozesse überformt sein. Wie allerdings dieses zielbezogene Verhalten erfolgt, ist von Lernerfahrungen abhängig, hochgradig flexibel und somit an kurzfristige Umweltänderungen angepasst. Mit dieser flexiblen Anpassung an die jeweiligen Gegebenheiten hat sich die Motivationspsychologie nach der so genannten „kognitiven Wende" besonders auseinander gesetzt, dabei fast ausschließlich die hier ablaufenden kognitiven Prozesse ins Zentrum der Betrachtung gestellt und die Ziele, die dabei angestrebt werden, weitgehend vernachlässigt, so dass heute vielfach von Prozesstheorien der Motivation gesprochen wird.

6.1 Prozesstheorien der Motivation

Der Grundgedanke der Prozesstheorien lässt sich auf das Bernoulli-Prinzip zurückführen, das besagt, dass jenes Ergebnis erstrebenswert erscheint, bei dem das Produkt aus Nutzen × Wahrscheinlichkeit besonders hoch ist. Die Orientierung an derartigen Konzepten begann innerhalb der Psychologie in den 30er-Jahren und führte letztlich zu der Annahme, dass der Mensch subjektiv rational kalkuliert, was ihm bei der Wahrnehmung verschiedener Alternativen die günstigste Option zu sein scheint.

Hier seien nur die wichtigsten Basiskonzeptionen knapp skizziert (vgl. NERDINGER, 1995). Ihnen allen ist gemeinsam, dass der Inhalt dessen, was angestrebt wird, nicht interessiert, sondern gewissermaßen beliebig eingesetzt werden kann. Lediglich der Prozess, der dazu führt, dass die eine Alternative angestrebt, die andere aber verworfen wird, steht im Zentrum der Aufmerksamkeit, sodass der Ausdruck Prozesstheorie durchaus gerechtfertigt erscheint.

(1) Welches Ziel ist mir wichtig, mit welcher Wahrscheinlichkeit erreiche ich es?

Man stelle sich vor, eine Führungskraft sähe die Möglichkeit, zwei hierarchisch höhere Positionen erreichen zu können. In beiden Fällen wäre ein Ortswechsel mit dem Aufstieg verknüpft. Allerdings in einem Fall nach München, im anderen Fall nach Recklinghausen. Die Position in München hat – das mögen Gespräche gezeigt haben – für den Betroffenen eine höhere Attraktivität als die in Recklinghausen. Allein daraus zu schließen, dass sich die Person stärker um die Position in München bemühen werde, wäre kurzschlüssig. Es kommt ebenfalls darauf an, wie sie die Chancen einschätzt, die Position auch erreichen zu können. Bezeichnet man die Attraktivität als Wertigkeit oder Valenz (V) und bildet man deren subjektive Einschätzung auf einer Skala zwischen +1 und −1 ab, und misst man die subjektive Wahrscheinlichkeit (expectancy = E) auf einer Skala zwischen Null und eins, so wird jene Alternative präferiert werden, bei der das Produkt aus V × E größer ist. Am Beispiel illustriert könnte dies heißen:

- Alternative München: V = +0.8; E = 0.2; = 0.16
- Alternative Recklinghausen: V = +0.4; E = 0.6; = 0.24

Unsere Beispielperson wird also stärker motiviert sein, sich um die Position in Recklinghausen zu bemühen, nicht weil die Position dort attraktiver ist, sondern – umgangssprachlich ausgedrückt – weil es sich lohnt, hier Kräfte zu investieren.

(2) Was ist erstrebenswert, welcher Weg führt dorthin?

Ähnlich konzipiert, aber etwas komplexer im Grundgedanken sind die Wert × Instrumentalitäts-Ansätze. Sie gehen von dem Gedanken aus, dass es verschiedene Wege gibt, die zum Ziel bzw. zu Zielen führen.

Auch dies soll am Beispiel verdeutlicht werden: Man stelle sich einen Arbeiter vor, der sich überlegt, ob er Überstunden machen soll oder nicht. Für ihn hat die Beliebtheit durch die Kollegen eine besonders hohe Valenz (+0.8), das Geschätztwerden durch den Vorgesetzten eine mäßig hohe positive Valenz (+0.2), Mehrverdienst eine mittlere positive Valenz (+0.4), Freizeit eine hohe positive Valenz (+0.6). Er überlegt sich jetzt, welche Instrumentalität (Mittel-zum-Zweck-Bedeutung) die Übernahme der Überstunden für ihn hätte. Nach seiner Auffassung wäre die Instrumentalität für das Beliebtsein bei den Kollegen leicht negativ (-0.2), für das Geschätztwerden durch den Vorgesetzten positiv (+0.5), für Mehrverdienst deutlich positiv (+0.8) und für die Freizeit eindeutig negativ (−1.0).

Verzicht auf Überstunden würde die Beliebtheit bei den Kollegen nicht berühren (0.0), das Geschätztwerden durch den Vorgesetzten allerdings reduzieren (−0.3), Mehrverdienst klar unwahrscheinlicher machen (−0.8), Freizeit aber sichern (+1.0). Die Produktsumme für die Handlungsalternative „Überstunden übernehmen" wäre entsprechend −.36, während die entsprechende Produktsumme für den Verzicht auf Überstunden bei −.22 läge, so dass sich ableiten ließe, dass der Arbeiter im Beispielsfall keine Bereitschaft zeigen würde, Überstunden zu übernehmen.

Komplexe Ansätze – so genannte Wert × Instrumentalität × Wahrscheinlichkeitstheorien – verknüpfen die Vorstellung, dass es auf (1) das Ziel, (2) die Wahrscheinlichkeit, das Ziel zu erreichen, und (3) den Weg ankommt.

(3) Gibst Du mir, gebe ich Dir!

Kognitiv orientierte Prozesstheorien ganz anderer Art stellen die Gleichheits-, Gerechtigkeits- oder Gleichgewichtsansätze dar, die ähnlich wie die zuvor besprochenen Konzepte stark von ökonomischen Überlegungen geprägt wurden. Im Hintergrund steht der Gedanke des Tauschens und die aus dem klassischen Marktmodell ableitbare Forderung, dass dabei Gleichgewicht oder gar Gerechtigkeit erreicht werden soll. Fundamentalannahme ist, dass der Mensch danach strebt, die diversen kognitiven Inhalte innerhalb der eigenen Person im Gleichgewicht zu wissen.

ADAMS (1963) geht in seiner – am Austauschprinzip orientierten Theorie – von sozialen Beziehungen aus, die in der Form des direkten oder indirekten Tausches auftreten können. Die Person (P) strebt an, dass ihre Nettobelohnungen (N) für den Einsatz (I) jenen entsprechen, die sie bei anderen Personen (A) wahrnimmt. Eine Störung des Gleichgewichts ist dann gegeben, wenn gilt:

$$\frac{N_P}{I_P} > \frac{N_A}{I_A} \quad \text{oder} \quad \frac{N_P}{I_P} < \frac{N_A}{I_A}$$

D. h. sowohl das Gefühl, zu viele Belohnungen für die Leistungen zu erhalten („Überbezahlung"), als auch das Gefühl, zu wenig zu bekommen („Unterbezahlung"), erwächst dem sozialen Vergleich und stört das kognitive Gleichgewicht. Dies hat die Aktivierung von Motivation zur Folge, die auf Wiederherstellung des Gleichgewichtes gerichtet ist. Es ist also innerhalb dieser Theorie festzuhalten, dass – akzentuierend gesehen – Kognitives motivationale Prozesse auslöst und nicht aktivierte Motivation zu kognitiven Prozessen führt.

Beim direkten Tausch gilt:

$$\frac{\text{Ich gebe ihm}}{\text{Ich bekomme von ihm}} = \frac{\text{Er gibt mir}}{\text{Er bekommt von mir}}$$

Dabei ist inhaltlich offen, was als Geben (z. B. Ausbildung, Erfahrung, Einsatzfreude, sozialer Status, körperliche Schönheit, Lebensalter, Kinderzahl etc.) und was als Bekommen reflektiert wird (z. B. Geld, Sicherheit, Anerkennung, Status, Wissen, Kontakte, Heiratschancen etc). Es kommt innerhalb der Theorie darauf an, was der Handelnde selbst als Geben und Nehmen interpretiert, d. h. es geht um die subjektiv wahrgenommenen Beiträge.

Bei indirekten Tauschbeziehungen sieht die P-A-Beziehung prinzipiell gleich aus, jedoch erhalten P und A Belohnungen von einem Dritten (z. B. dem Unternehmen), an den sie auch ihre Leistungen abgeben.

Aus der Wahrnehmung des Ungleichgewichts, das aus direkten oder indirekten Tauschbeziehungen entstehen kann, ergibt sich nun ein Gefühl der „Überbelohnung" oder „Unterbelohnung", das Motivation zum Handeln auslöst und sich u. a. auch auf die Leistung beziehen kann. So zeigten beispielsweise Untersuchungen im Rahmen von Feldexperimenten, dass bei Stücklohn „Überbezahlung" im Vergleich zur „Unterbezahlung" höhere Qualität bei geminderter Quantität zur Folge hat, während bei Zeitlohn „Überbezahlung" meist höhere Quantität, gelegentlich aber auch höhere Qualität nach sich ziehen kann.

(4) Wann lockt das Ziel?

Für Menschen – insbesondere solche mit einer hohen Leistungsmotivation – sind Ziele intensive Anregungsbedingungen, ganz gleich auf welche inhaltlichen Gebiete sich diese beziehen.

Zur Verhaltenswirkung von Zielen gibt es eine umfangreiche Forschung (LOCKE & LATHAM, 1990). Dabei erweist sich diese leistungsförderliche Wirkung insbesondere dann, wenn die Ziele

- als schwierig und herausfordernd erlebt werden;
- präzise formuliert und spezifisch anspruchsvoll sind;
- widerspruchs- und konfliktfrei sind, falls mehrere Ziele erreicht werden sollen;
- die zu erledigende Aufgabe gut repräsentieren;
- glaubhaft und akzeptabel erscheinen, was leichter durch Zielvereinbarungen als mit Zielvorgaben zu erreichen ist;
- mit raschem Feedback über den Grad der Zielerreichung verbunden sind.

6.2 Wertung der Prozesstheorien

Das Bemühen der Psychologie, den Prozess oder Weg zu analysieren, den das Individuum wählt, um ein Ziel zu erreichen, dessen emotionaler Appell es zum Handeln aufrief, ist fraglos verdienstvoll. Innerhalb moderner Richtungen der Psychologie ist allerdings ein Bemühen unverkennbar, dies ausschließlich kognitiv zu sehen, d.h. – überspitzt ausgedrückt – den Menschen als programmierten Computer zu interpretieren, der seinen subjektiven Nutzen zu maximieren oder – bei anderer Zielgröße – ein optimiertes kognitives Gleichgewicht zu sichern sucht. Damit erscheint dieses Menschenbild „reichlich kopflastig".

7. Die Volition

Ist das Handeln motiviert, so macht es uns – im Fall intrinsischer Motivation – Spaß oder befriedigt – bei extrinsischer Motivation – durch das Erhalten der Belohnung von außen.

Vielfach aber sind im Privatleben, häufiger aber noch im Beruf, Dinge zu tun, die keine Freude bereiten, die aber durch Pflicht oder Einsicht von uns verlangt werden. Dann ist der Wille gefordert, der in der Wissenschaft als Volition bezeichnet wird. Wenn sich unserem Handeln Widerstände entgegenstellen, so müssen wir im Falle äußerer Widerstände nachdenken, Problemlösung betreiben, bei inneren Widerständen die Volition aktivieren. Diese hilft uns dabei, uns fester an das Ziel zu binden, ablenkende Gedanken abzuwehren, den Verlockungen einer Situation zu widerstehen, die unmittelbare Befriedigung verspricht etc.

Die volitionale Stärke lässt sich durch Training oder geeignete Maßnahmen des Selbstmanagements entwickeln (KEHR, 2002).

8. Was ist zu tun?

Innerhalb eines Motivationsmanagements interessiert stärker die Perspektive der Nützlichkeit als die der Wahrheit. Die Motivationspsychologie als Konzept der anwendungsorientierten Forschung soll Wege aufweisen, die Hilfe beim Führungshandeln bieten, insbesondere wenn es darum geht, Geführte „zu motivieren".

Für ein derartiges Handeln lassen sich in sinnvoller Weise zeitlich aufeinander folgende Stufen benennen:

– Beschreibung und Erklärung des Ist-Zustandes: Diagnose;
– Festlegung des Soll- oder Zielzustandes bei Reflexion der dabei auftretenden Wertprobleme;
– Bereitstellung von Veränderungswissen, das Informationen darüber enthält, wie man wissenschaftlich begründet vom vorgefundenen Ist- zum angestrebten Sollzustand gelangt;
– Interventionshandeln im Sinne des Veränderungswissens;
– Evaluation bzw. Kontrolle der eingeleiteten Maßnahmen.

Geht es um Motivationsmanagement, so sollte der soeben beschriebene Prozess stets berücksichtigen, dass sich Motivation aus dem Zusammenspiel einer motivierten Person mit einer motivierenden Situation ergibt (vgl. GRAUMANN, 1969), d.h. man muss sich bei der Beschreibung des Ist-Zustandes, bei der Zielfestlegung, der wissenschaftlich begründeten Intervention jeweils auf die Person und die umgebende Situation beziehen.

Dies alles wird ausführlich und detailliert bei v. ROSENSTIEL (1975, 1988, 2001) sowie NERDINGER (1995) dargestellt. Hier soll daher exemplarisch eine Beschränkung auf zwei wichtige Fragen erfolgen:

– Was sollte man bedenken, wenn man ohne wissenschaftliche Diagnoseverfahren in der Praxis erfahren möchte, welche Motive ein Mitarbeiter hat, und
– was sollte man bei der Gestaltung einer motivierenden Arbeitssituation bedenken, wenn man das Ziel hat, gleichermaßen die Arbeitszufriedenheit und die Leistungsbereitschaft des Mitarbeiters zu steigern?

8.1 Wie erkennt man die Motive eines Menschen?

Schon mehrfach war zuvor auf Schwierigkeiten verwiesen worden, die entstehen, wenn man etwas über die Motive in Erfahrung bringen möchte. Damit wurden methodische Probleme angesprochen. Methodische Fragen der Analyse von Motiven sollen jetzt etwas systematischer dargestellt werden (vgl. v. ROSENSTIEL, 2001). Vier Wege, etwas über Motive zu ermitteln, sollen hier unterschieden werden:

– die Introspektion oder Innenschau,
– das Gespräch und hier insbesondere die Frage,
– die Fremdbeobachtung,
– die Analyse der Verhaltensergebnisse.

Bei der *Introspektion* ist die Motivation als im Menschen liegende Ursache des Verhaltens dem Handelnden unmittelbar in der Selbstbeobachtung zugänglich. In dieser Innenschau erlebt er direkt, warum er ins Theater geht, warum er eine Freundin verlässt, warum er sich bei der Arbeit in letzter Zeit besonders anstrengt. Ihm selbst sind dabei die Beweggründe direkt zugänglich, jedoch nur ihm allein. Die im Menschen liegenden Beweggründe sind stets nur von diesem Menschen selbst unmittelbar beobachtbar, weshalb die Objektivität – dadurch bestimmt, dass mehrere unabhängige Beobachter zum gleichen Ergebnis kommen – der Introspektion nicht ermittelt werden kann. Introspektiv gewonnene Ergebnisse sind für andere stets nur indirekt zugänglich – etwa dadurch, dass der motiviert Handelnde die von ihm beobachteten Motive im Gespräch, in schriftlicher Form, etwa in einem Fragebogen, oder mit Hilfe anderer Zeichen und Symbole mitteilt.

Die Introspektion ist häufig der einzige Weg, um Motive zu erkennen, so dass man in Kauf nehmen muss, dass die Objektivität nicht überprüfbar ist. Der Untersuchungsgegenstand ist dem Beobachter, der selbst motiviert Handelnder ist, unmittelbar gegeben. Man könnte nun daraus folgern, dass damit der Gegenstand jeweils wenigstens von diesem einen Beobachter angemessen erfasst sei. Hier aber sind nun Zweifel angebracht. Obwohl man im Regelfall annehmen darf, dass der Einzelne die Beweggründe seines Handelns kennt, sind Fälle nicht selten, in denen er Selbsttäuschungen unterliegt. Der Grund dieser Selbsttäuschungen ist oft darin zu suchen, dass man sich über solche Motive nicht ehrlich Rechenschaft ablegt, die nicht zu dem positiv gefärbten Bild passen, das man von sich selbst hat. Hier wirken also die so genannten Ich-Abwehrmechanismen, wie etwa Verdrängung oder Rationalisierung. Weitere Probleme der Introspektion liegen darin, dass man bei starken Motiven, etwa heftig aktivierter Wut, ganz im Erleben gefangen ist, also gar keine Innenschau betreiben kann, so dass das Motiv schließlich aus der Erinnerung erhellt werden muss.

Die Probleme der Introspektion werden natürlich noch größer, wenn ihre Ergebnisse vermittelt werden, wenn also der Beobachter sich schriftlich oder mündlich über seine Beobachtungen äußert. Es ist hier denkbar, dass er in bewusster Absicht oder fahrlässig das von ihm Beobachtete entstellt oder dass er es einfach nicht angemessen in Worte fassen kann.

Die *Frage*, die innerhalb eines *Gesprächs* an den Mitarbeiter gestellt wird, muss nicht explizit sein. Nicht selten führt nonverbale Kommunikation – ein fragender Gesichtsausdruck, eine bewusste Pause, ein interessiertes „Hmhm", aktives Zuhören etc. – zum gleichen Effekt. Durch die Frage – z. B. „Was möchten Sie in fünf Jahren erreicht haben?" oder „Warum haben Ihre Leistungen in jüngster Zeit nachgelassen?" – wird die Introspektion des Befragten angeregt. Er sucht sich selbst die Antwort zu geben und kommuniziert diese dann. Der Fragende sollte die Antwort ernst nehmen, jedoch mit Vorsicht interpretieren. Nicht selten ist die Antwort „falsch" oder enthält nur einen Teil der „Wahrheit". Die Gründe dafür liegen meist darin, dass der Befragte eine zutreffende Antwort nicht geben kann – weil er z. B. in der Introspektion nicht geübt ist oder die angemessenen Worte nicht findet – oder diese nicht geben will, weil er z. B. fürchtet, sich mit der wahrheitsgetreuen Antwort zu schaden.

Die *Fremdbeobachtung* bringt den Vorteil mit sich, dass äußeres Verhalten beobachtet wird. Mehrere Beobachter können sich also dem gleichen Gegenstand zuwenden, womit die Methode auf ihre Objektivität hin überprüfbar ist. Bei manchen menschlichen Verhaltensweisen glaubt man, die dahinter stehende Motivation unmittelbar zu sehen, während bei anderem Verhalten das bewusste Fragen nach der dahinter stehenden Motivation erforderlich ist. Fremdbeobachtung wird häufig in alltäglicher Beobachtung möglich sein, gelegentlich aber wird man das Auge „bewaffnen" müssen, wenn aus schwer festzustellenden Verhaltensweisen (oder gar physiologischen Reaktionen) auf die Motive geschlossen werden soll.

Verwendet man die Fremdbeobachtung im Dienst der Erforschung der Motive, so ist die Gefahr groß, dass man als Beobachter projiziert, also von der vermutlich eigenen Motivation in der entsprechenden Situation auf die des anderen schließt. Diese Gefahr wird vermindert, wenn mehrere unabhängige Beobachter eingesetzt werden. Aber auch diese können sich in jeweils gleicher Weise irren, was gar nicht so unwahrscheinlich ist, wenn die Beobachter der gleichen sozialen Schicht entstammen oder die gleiche Ausbildung hinter sich haben. Es ist daher ratsam, den Beobachteten wenn möglich selbst zu befragen, d. h. seine introspektiv gewonnenen Ergebnisse zur Kontrolle der Fremdbeobachtung mit heranzuziehen.

Bei der *Analyse der Verhaltensergebnisse* geht es praktisch um die Anwendung des Bibelspruches: „An ihren Früchten sollt ihr sie erkennen". Man sucht aus den Ergebnissen eines Verhaltens, das man selbst nicht beobachtet hat oder nicht mehr beobachten kann, darauf zu schließen, wie das Verhalten motiviert war. Viele psychologische Techniken der Motivationsmessung beruhen auf der Analyse von Verhaltensergebnissen. Man denke etwa an die Graphologie, die Deutung von Zeichnungen oder an viele der standardisierten Testverfahren.

Ergebnisse bei der Erforschung der Motive, die durch Introspektion, Fremdbeobachtung oder Analyse der Verhaltensergebnisse gewonnen wurden, sprechen nicht für sich selbst, sondern bedürfen der Interpretation. Dabei gilt es besonders darauf zu achten, in welcher Situation die Hinweise auf die Motivation erhoben wurden. Introspektiv beobachtbare aggressive Tendenzen, beobachtbare Angriffe auf einen anderen oder

Verwundungen beim Opfer einer Aggression sind anders zu werten, wenn man erfährt, dass der motiviert Handelnde gereizt worden war, als wenn man weiß, dass niemand ihn störte oder irritierte.

Aber auch nach möglichen methodischen Fehlern sollte man bei der Interpretation fragen. Wurden etwa die introspektiv gewonnenen Ergebnisse durch Selbsttäuschung verzerrt, deutete man bei der Fremdbeobachtung das Verhalten des anderen unkritisch nach dem eigenen Bilde, schaute man bei der Analyse der Verhaltensergebnisse selektiv auf Unwesentliches, übersah man Wichtigeres?

9. Was sollte man bei der Gestaltung der motivierenden Situation bedenken?

Ein Betrieb ist einerseits eine Leistungsorganisation, zum anderen – ob er sich nun als solche verstehen will oder nicht – eine soziale Organisation. Er sollte entsprechend zwei Ziele anstreben:

– *Leistung* im Sinne der Aufgabenstellung
– *Zufriedenheit* der Betriebsangehörigen.

Wenn hier Leistung und Zufriedenheit als gleichberechtigte Ziele genannt werden, so muss gesehen werden, dass die Beziehung zwischen diesen Zielen komplex ist. Der Leistung, die in unserem Wirtschaftssystem im Regelfall das Überleben einer Organisation sichert, wird man so lange ein gewisses Primat zugestehen müssen, wie die Organisation unmittelbar gezwungen ist, um ihr Überleben zu kämpfen. Leistung ist aber auch in diesem Falle nicht Selbstzweck, sondern dient menschlichen Bedürfnissen: denen der Betriebsangehörigen, deren Arbeitsplätze gesichert werden müssen, denen der Eigner, die das Überleben und den langfristigen Gewinn ihres Betriebes wünschen und denen der Gesellschaft, der mit der Erstellung von Produkten und Dienstleistungen durch die Organisation gedient wird.

Je gesicherter die Position eines Unternehmens ist, desto legitimer wird die Forderung, dass es sich unmittelbar bemüht, die Zufriedenheit der Betriebsangehörigen zu erhöhen, auch wenn dies weder mittelbar (etwa durch Gewinn qualifizierten Personals in der Zukunft) noch unmittelbar (etwa durch Senkung der Fehlzeiten) zu erhöhter Leistung führen sollte.

An welche Gestaltungsmaßnahmen sollte man nun bei einem solchen Blickwinkel konkret denken? Wichtige Gesichtspunkte sollen – im Sinne einer knappen Checkliste – nachfolgend aufgeführt werden.

Kollegen:
Die Kollegen sind für die Arbeitszufriedenheit besonders wichtig; insbesondere das Gefühl, von diesen nicht akzeptiert zu werden, führt zur Unzufriedenheit. Das Schaffen kleiner Gruppen mit einer hohen Kohäsion (vgl. den Artikel zur Arbeitsgruppe, in diesem Band) ist daher einer der Wege zur Verbesserung der Arbeitszufriedenheit.

Vorgesetzter:
In einer großen Zahl von Studien ist nachgewiesen worden, dass das Führungsverhalten die Arbeitszufriedenheit beeinflusst, wobei je nach Situation, Größe der Gruppe,

Aufgabe und Eigenart der Geführten andere Ergebnisse erzielt worden sind. Versucht man dennoch zu generalisieren, so lässt sich sagen, dass ein mitarbeiterorientiertes Führungsverhalten im Sinne von „consideration" (vgl. den Beitrag: Grundlagen der Führung, in diesem Band) besonders wichtig für die Arbeitszufriedenheit ist.

Tätigkeit:
Der Arbeitsinhalt scheint – zumindest in einigen Bereichen – die wichtigste Einflussvariable für die Arbeitszufriedenheit zu sein. Insbesondere ist ein großer, aber nicht überfordernder Handlungsspielraum zu nennen, bei dem vor allem sichergestellt sein sollte, dass der Arbeitende das Gefühl gewinnt, bei der Ausübung seiner Tätigkeit solche Persönlichkeitsmerkmale aktivieren zu können, die er zu besitzen glaubt und zugleich positiv bewertet. Entsprechen die Herausforderungen durch die Tätigkeit den Fähigkeiten und Neigungen der handelnden Person voll, so kommt es gelegentlich zum „Flow-Erleben" (CSIKSZENTMIHALY, 1992), das als völliges Aufgehen in der Arbeit, als Gefühl von tiefem Glück ins Bewusstsein gelangt.

Arbeitsbedingungen:
Die äußeren Arbeitsbedingungen waren es vor allem, die zu Beginn einschlägiger Forschungsarbeit als Hauptursache der Arbeitszufriedenheit angesehen wurden. Unter diesem Aspekt wäre zu fordern, dass ausreichend Hilfsmittel zur Verfügung stehen, um die Arbeit zu erleichtern, dass die Maschinen adäquat zu bedienen sind, der Arbeitsraum freundlich und zweckdienlich gestaltet ist, Belästigung durch Lärm, Staub, Temperatur, falsche Beleuchtung etc. ausgeschlossen ist, und somit – von Seiten dieser äußeren Bedingungen – die Belastung des Einzelnen nicht zu einer Überbeanspruchung und zu negativen Stresssymptomen (vgl. den entsprechenden Artikel von REGNET, in diesem Band) führt. Insgesamt ist die Untersuchung der äußeren Arbeitsbedingungen durch die Organisationspsychologen vernachlässigt worden; hier hat sich ein Feld für andere arbeitswissenschaftliche Disziplinen eröffnet. In jüngster Zeit scheinen allerdings auch Psychologen sich dieser Fragen wieder verstärkt anzunehmen.

Organisation und Leitung:
Die Art und Weise, wie die Firma als Ganzes gesehen wird, ist nicht nur unter dem Aspekt interessant, ob das Image befriedigend oder nicht befriedigend wirkt. Auch die Art und Weise, wie die einzelnen Bereiche zusammenarbeiten, wie der Informationsfluss gestaltet ist und insgesamt die Politik in der Organisation erlebt wird, ist bedeutsam für die Arbeitszufriedenheit – allerdings wohl vor allem in negativer Hinsicht; Mängel auf diesem Gebiet bedingen Unzufriedenheit.

Entwicklung:
Das persönliche Vorwärtskommen und damit der Aufstieg sind – wie empirisch vielfach nachgewiesen wurde – Gründe erhöhter Zufriedenheit. Eine Spezifikation dieses Effekts ist schwer abzuklären, da mit dem Aufstieg meist vielfältige andere positiv erlebte Konsequenzen verbunden sind, wie etwa mehr Handlungsspielraum, bessere Bezahlung, höheres Ansehen, mehr Einfluss etc. (vgl. v. ROSENSTIEL, 1975). Ob Aufstieg als Instrument zu höherer Kompetenz tatsächlich angestrebt und nach Erreichen des Ziels befriedigend erlebt wird, hängt davon ab, ob der Einzelne den so verstandenen Aufstieg attraktiv findet. Dies ist keineswegs selbstverständlich, da Aufstieg meist ein Abschiednehmen von gewohnten Tätigkeiten, Personen und Räumlichkeiten bedeutet. Wesentlich erscheint beim Aufstieg, zwischen der *Aufstiegserwartung* und dem

erreichten Aufstieg zu unterscheiden. Sind die wahrgenommenen Aufstiegschancen hoch, so ist dies meist mit gesteigerter Zufriedenheit verbunden, kommt es dann allerdings in absehbarer Zeit nicht zum Aufstieg, ist besondere Unzufriedenheit die Folge. Bei nur gering eingeschätzten Aufstiegschancen und dann doch erreichtem Aufstieg liegen die Verhältnisse umgekehrt.

Bezahlung:
Dass die Höhe der Bezahlung in aller Regel mit der Zufriedenheit korreliert, ist oft berichtet worden, wenn dies auch nicht eindeutig interpretierbar ist. Die Bezahlungshöhe korreliert vielfältig mit anderen Belohnungsformen (z.B. Ansehen, Handlungsspielraum etc.), dennoch ist gerade bei der Bezahlung und bei Gehaltserhöhungen im Sinne der besprochenen Theorie von ADAMS (1963) insbesondere darauf zu achten, dass sich die Zufriedenheit mit der Bezahlung nicht aus der absoluten Höhe, sondern aus der relativen ergibt: Der *soziale Vergleich* ist hier entscheidend.

Arbeitszeit:
Einen nicht unwesentlichen Einfluss auf die Arbeitszufriedenheit hat auch die Arbeitszeit. Insbesondere die gleitende Arbeitszeit, über die in jüngster Zeit viel diskutiert wird, erhöht in der Regel die Zufriedenheit. Dort, wo eine feste Arbeitszeit vorgegeben ist, dürfte die Zufriedenheit umso größer sein, je weniger sie mit zeitgebundenen attraktiven Freizeitmöglichkeiten (z.B. Kino, Theater, Sport etc.) konkurriert. Schließlich ist nicht zu übersehen, dass – aus sozialpsychologischen und physiologischen Gründen – Schicht- und Nachtarbeit sich negativ auf die Arbeitszufriedenheit auswirken.

Arbeitsplatzsicherheit:
Die Sicherheit des Arbeitsplatzes dürfte für die Arbeitszufriedenheit besonders bedeutsam sein, wenn sie als gefährdet wahrgenommen wird. Insgesamt kommt der Sicherheit bei einer Vielzahl von Untersuchungen eine große Bedeutung zu.

Sucht man unter anderer Perspektive aus den genannten Gründen nun jene heraus, die ganz besonders die *Leistungsbereitschaft* fördern, so kann man sich an der zuvor dargestellten Theorie von HERZBERG orientieren. Die Motivatoren sind es ja, die gleichermaßen zu Leistungsbereitschaft und zu Zufriedenheit führen.

Leistung:
Klare Ziele der Aufgabe sollten vorgegeben sein und *Rückmeldungen* über den Grad der Zielerreichung raschest erfolgen, was durch entsprechende Aufgabenkonzeption möglich erscheint und im übergeordneten organisatorischen Konzept durch ein „management by objectives" zu realisieren ist. „Management by objectives" sollte in diesem Zusammenhang nicht als Führung durch Zielvorgabe, sondern als Führung durch *Zielvereinbarung* definiert sein.

Anerkennung der eigenen Leistung:
Hier ist zu betonen, dass nicht nur Information über das Ergebnis eigenen Tuns Gewähr leistet wird, sondern auch *bewertende Stellungnahmen* von außen – insbesondere durch den Vorgesetzten. Damit ist auf Anerkennung und Kritik als Führungsmittel hingewiesen, die dabei zu berücksichtigenden Aspekte sind vielfach beschrieben worden (vgl. den Beitrag: Anerkennung und Kritik, in diesem Band). Im übergeordneten organisatorischen Kontext kann das Prinzip durch institutionalisierte Personalbeurtei-

lung mit anschließenden Beurteilungsgesprächen angestrebt werden (vgl. den Beitrag von NERDINGER, in diesem Band). Anerkennung kann vom Vorgesetzten verbal oder nonverbal gegeben werden, aber auch in Form von Objektivationen wie z.B. finanziellen Leistungsprämien, Beförderung, Delegation von Verantwortung, Weiterbildungsangeboten etc.

Arbeit selbst:
Der Arbeitsinhalt sollte so strukturiert sein, dass der Einzelne – ohne über- oder unterfordert zu werden, und zwar in qualitativer und quantitativer Hinsicht – das Gefühl gewinnt, dass die Arbeit von ihm jene Fähigkeiten fordert, die er zu besitzen glaubt und zugleich hoch bewertet. Dies kann insbesondere durch eine *Erweiterung des Handlungsspielraums* erreicht werden.

Verantwortung:
Dies wird häufig durch das Prinzip der *Delegation* angestrebt, die so gestaltet ist, dass die Rechte und Verantwortungen des Einzelnen dem Umfang der Aufgaben entsprechen.

Aufstieg:
Hierunter ist in erster Linie die Möglichkeit des Erreichens von Positionen zu verstehen, die einen weiteren Arbeitsinhalt sowie mehr Verantwortung mit sich bringen, und nicht allein das Erreichen höherer finanzieller Bezüge, eindrucksvoller Statussymbole etc. im Sinne des Pseudo-Aufstiegs.

Möglichkeiten zum Wachstum:
Hier ist wiederum in erster Linie an einen größeren Handlungsspielraum zu denken, der jedem Arbeitenden die Chance lässt, sein Arbeitsgebiet als *„Lernfeld"* zu interpretieren, dort neue Erfahrungen zu sammeln und seinen Horizont zu erweitern. Ergänzend ist aber auch an innerbetriebliche und außerbetriebliche Fort- und Weiterbildung zu denken, die den (künftigen) Anforderungen und gleichermaßen persönlichen Interessen entspricht.

Konzentrieren wir die Aussagen noch weiter, so lassen sich die wichtigsten Aspekte einer guten und motivierenden Arbeitssituation so zusammenfassen, wie es Abbildung 4 zeigt.

---

1. Autonomie (Selbst- und Mitbestimmung, Entscheidungsfreiheit)

2. Komplexität und Lernchancen (Qualifizierungsangebote)

3. Variabilität und Aktivität (Reichhaltigkeit der Tätigkeit)

4. Kooperationserfordernisse und soziale Unterstützung

5. Kommunikationsmöglichkeiten (informelle Beziehungen)

6. „Ganzheitlichkeit" und „Sinnhaftigkeit" (Transparenz)

Abb. 4: Dimensionen der Qualität der Arbeit

Literatur

ADAMS, J. S. (1963). Toward an understanding of inequity. In: Journal of Abnormal and Social Psychology, 68, 1963, S. 422–436.
BISCHOF, N. (2001). Das Rätsel Ödipus. München/Zürich 2001.
CSIKSZENTMIHALY, M. (1992). Flow. Das Geheimnis des Glücks. Stuttgart 1992.
FREY, B. & OSTERLOH, M. (2000). Pay for performance – immer empfehlenswert? In: zfo, 69, S. 64–69.
FREUD, S. (1920). Jenseits des Lustprinzips. Gesammelte Werke, Band 13. Frankfurt 1920.
FREUD, S. (1939). Das Unbehagen in der Kultur. Gesammelte Werke, Band 14. Frankfurt 1939.
GRAUMANN, C. F. (1969). Einführung in die Psychologie, Band 1: Motivation. Bern/Stuttgart 1969.
HECKHAUSEN, H. (1963). Hoffnung und Furcht in der Leistungsmotivation. Meisenheim/Gl. 1963.
HECKHAUSEN, H. (1989). Motivation und Handeln (2. Aufl.). Berlin 1989.
HERZBERG, F. (1966). Work and the nature of man. Cleveland, N. Y. 1966.
HERZBERG, F., MAUSNER, B. & SNYDERMAN, B. (1959). The motivation to work. N. Y./London 1959.
KEHR, H. M. (2002). Souveränes Selbstmanagement. Weinheim und Basel 2002.
LERSCH, PH. (1956). Aufbau der Person. München 1956.
LOCKE, E. A. & LATHAM, G. M. (1990). A theory of goal setting and task performance. Englewood Cliffs, NJ 1990.
MASLOW, A. H. (1954). Motivation and Personality. N. Y. 1954.
NERDINGER, F. W. (1995). Motivation und Handeln in Organisationen. Stuttgart 1995.
ROSENSTIEL, L. v. (1975). Die motivationalen Grundlagen des Verhaltens in Organisationen – Leistung und Zufriedenheit. Berlin 1975.
ROSENSTIEL, L. v. (1988). Motivationsmanagement. In M. HOFMANN & L. v. ROSENSTIEL (Hrsg.), Funktionale Managementlehre. Berlin 1988.
ROSENSTIEL, L. v. (2001). Motivation im Betrieb. Leonberg 2001.
THOMAE, H. (Hrsg.). (1965). Handbuch der Psychologie in 12 Bänden. Band 2: Allgemeine Psychologie II, Motivation. Göttingen 1965.
WEINER, B. (1996). Motivationspsychologie. Weinheim 1996.

Zur Konkretisierung und weiteren Vertiefung wird empfohlen, im Fallstudienband die Fälle zu „Motivation von Mitarbeitern" zu bearbeiten.

Lutz von Rosenstiel

Arbeitszufriedenheit

1. Das Kriterium: Zufriedenheit als ein Maßstab humaner Arbeit
2. Der Begriff: Arbeitszufriedenheit als Einstellung zu verschiedenen Facetten von Arbeit
3. Die Komplexität: Arbeitszufriedenheit als vielschichtiges Konzept
4. Die Bedingungen: Arbeitszufriedenheit als abhängige Variable
5. Die Folgen: Arbeitszufriedenheit als unabhängige Variable
6. Die Messung: Wege zur Erfassung von Arbeitszufriedenheit
7. Die Praxis: Ermittlung und Verbesserung von Arbeitszufriedenheit

1. Das Kriterium: Zufriedenheit als ein Maßstab humaner Arbeit

Wenn man Arbeit in Organisationen innerhalb einer Marktwirtschaft bewertet, dann wird man stets auf das Kriterium der Leistung stoßen. Menschliche Arbeitsleistung hängt zum einen von Merkmalen der Person – der Leistungsbereitschaft (Motivation) und der Leistungsfähigkeit (Kompetenz) ab, aber auch von situativen Größen, wie dem sozialen Dürfen (Normen und Regeln) und der situativen Ermöglichung (Merkmalen der Arbeitsumgebung) (vgl. Abbildung 2 im Beitrag Entwicklung und Training von Führungskräften).

Die Leistung kann und sollte dabei nicht als Selbstzweck gesehen werden. In der Marktwirtschaft ist die vom Unternehmen bereitgestellte Leistung ein Beitrag zur Bedürfnisbefriedigung derer, die die Produkte, Dienstleistungen oder Ideen des Unternehmens benötigen. Leistung ist so betrachtet Bedürfnisbefriedigung durch die Organisation.

Wie aber steht es um die Bedürfnisbefriedigung in der Organisation, die Befriedigung der Bedürfnisse jener Menschen, die die Leistung erstellen? Hier wird allgemein akzeptiert, dass auch dies – die Arbeitszufriedenheit – ein wesentliches Kriterium humaner Arbeit sei. Innerhalb der Organisation sollte also beides geleistet werden: Bedürfnisbefriedigung durch und Bedürfnisbefriedigung in der Organisation, also gleichermaßen Leistung und Zufriedenheit (v. ROSENSTIEL, 1975). Es steht außer Frage, dass es noch andere wesentliche Kriterien humaner Arbeit gibt (VOLPERT, 1990). Doch soll hier der Fokus der Aufmerksamkeit auf die Arbeitszufriedenheit gelenkt werden.

Heftig diskutiert ist die Frage, wie die Arbeitszufriedenheit mit der Leistung verbunden ist, und zwar bewegt sich diese Diskussion sowohl um die Frage der Korrelation als auch um die der Kausalität. Im Allgemeinen wird eine Beziehung angenommen, die über die Motivation, die Leistungsbereitschaft, zu denken ist. Die vorwissenschaftlichen Hypothesen gehen hier in ganz unterschiedliche Richtungen. Mit der Aussage „glückliche Kühe geben mehr Milch" wird zum einen eine positive Korrelation der beiden Kriterien angenommen, zugleich wird in der Zufriedenheit eine Ursache höherer Leistung vermutet. Bei der gelegentlich zu hörenden Aussage „wer zufrieden ist, wird satt und faul und tut nichts mehr" wird das Entgegengesetzte angenommen. Die empirische Forschung ist dieser Frage vielfach nachgegangen. Sie konnte für den Regelfall eine zwar positive aber nur geringe Korrelation zwischen den beiden Größen ermitteln ($r=0.15$). Die Streuung der Korrelationskoeffizienten allerdings ist groß, was bedeutet, dass es sowohl hohe positive Beziehungen als auch deutlich negative gibt. Stellt man dies als Vierfeldertafel dar, wie sie Abbildung 1 wiedergibt, so lässt sich sagen, dass alle vier Felder ähnlich häufig besetzt sind, wobei es das Ziel einer kompetenten Führung sein sollte, möglichst jene Bedingungen zu realisieren, die zum Feld eins führen (vgl. den Beitrag „Motivation von Mitarbeitern", in diesem Band).

2. Der Begriff: Arbeitszufriedenheit als Einstellung zu verschiedenen Facetten von Arbeit

Hört man im Alltag das Wort Zufriedenheit, so denkt man meist an die Befriedigung eines Bedürfnisses. Da mag zunächst Hunger sein; nach dessen Sättigung ist man

	Leistung	
	hoch	niedrig
Zufriedenheit hoch	1	2
niedrig	3	4

Abb. 1: Zusammenhang von Leistung und Zufriedenheit

befriedigt bzw. zufrieden. Ein ständiges Schwanken zwischen unerfüllten und erfüllten Bedürfnissen, zwischen Unzufriedenheit und Zufriedenheit, ließe sich daraus ableiten. Arbeitszufriedenheit dagegen wird meist anders verstanden, nicht als eine stets schwankende, sondern als eine recht stabile Variable. Es handelt sich dabei um eine für die Person kennzeichnende Einstellung der Arbeitssituation gegenüber, um eine aus der Erfahrung kommende Wertung. Zwar hat auch diese mit den Bedürfnissen, der Motivation zu tun, aber in einer eher indirekten Weise. Positive Einstellungen bestehen jenen Dingen gegenüber, von denen man erfahrungsbedingt annimmt, dass sie in einem förderlichen Sinn im Dienste der Bedürfnisbefriedigung stehen. Wer z.B. zu der Auffassung gelangt, dass der Vorgesetzte ihn in vielerlei Weise unterstützt, fördert, auf seine Bedürfnisse eingeht, der wird eine langfristig positive und stabile Einstellung diesem gegenüber entwickeln; er ist mit seinem Vorgesetzten zufrieden. Wer dagegen annimmt, dass bürokratische Regeln und Verwaltungsvorschriften seine Initiative bremsen und hemmen, wird eine negative Einstellung zur Unternehmensorganisation und Verwaltung entwickeln, also damit – im hier verstandenen Sinne – unzufrieden sein.

Die Beispiele zeigen bereits, dass die Arbeitssituation durch vielerlei Facetten gekennzeichnet ist, wie z.B. den Arbeitsinhalt, die Arbeitsumgebung, den Vorgesetzten, die Kollegen etc., so dass es angemessen erscheint, Arbeitszufriedenheit als Einstellung zu verschiedenen Facetten der Arbeitssituation zu definieren (NEUBERGER & ALLERBECK, 1978)

3. Die Komplexität: Arbeitszufriedenheit als vielschichtiges Konzept

Umgangssprachlich wird recht unreflektiert über Zufriedenheit, aber auch über Arbeitszufriedenheit gesprochen. Bei einer näheren Analyse sollte man nicht vergessen, dass das Erleben von Zufriedenheit recht unterschiedlich zu Stande kommen kann und dass es sich auf verschiedene Inhalte bezieht. Das soll nachfolgend knapp gezeigt werden.

3.1 Verschiedene Qualitäten von Arbeitszufriedenheit

Ein kleines Beispiel vorweg: Stellt man die einfache Frage: „Sind Sie im Großen und Ganzen mit Ihrer Arbeit zufrieden?" innerhalb einer anonym vorgenommenen Mitarbeiterbefragung, so äußern sich meistens circa 80 % der Belegschaft als zufrieden, ganz gleich, ob die Arbeitssituation aus der Sicht von Experten positiv oder negativ zu werten ist. Dieses zunächst verwirrende Ergebnis findet eine Erklärung, wenn man sich überlegt, auf welch unterschiedliche Weise Arbeitszufriedenheit zustandekommen kann. BRUGGEMANN, GROSKURTH & ULICH (1975) haben besonders differenziert darauf hingewiesen, wie Abbildung 2 zeigt.

Es wird gut sichtbar, dass das Konzept des Anspruchsniveaus hier zentral ist. Man kann mit durchaus unbefriedigenden Arbeitsverhältnissen zufrieden sein, wenn man seine Ansprüche senkt. Typisch wäre dafür die Aussage: „Im Großen und Ganzen bin ich zufrieden, es könnte ja noch viel schlimmer sein". Die Differenzierung der verschiedenen Formen von Arbeitszufriedenheit zeigt aber auch, dass je nach biografischer Situation und nach Persönlichkeitsmerkmalen bei aufrechterhalten hohen Ansprüchen der eine in seiner Unzufriedenheit beharrt und keine Versuche unternimmt die Zustände zu verbessern (fixierte Arbeitsunzufriedenheit), während ein

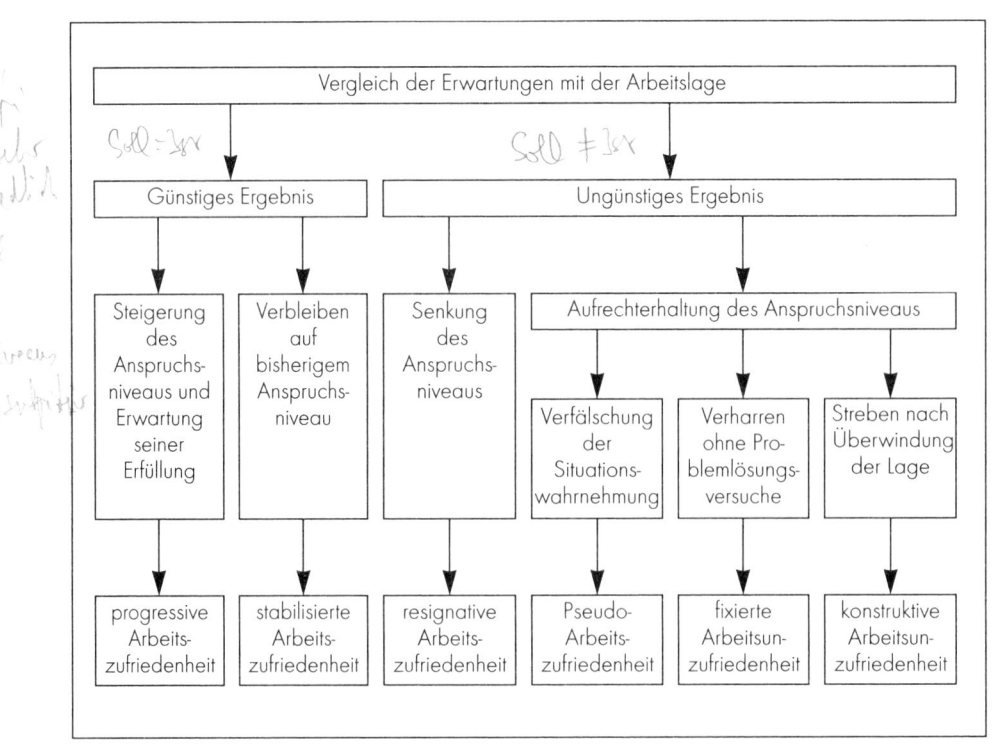

Abb. 2: Formen der Arbeitszufriedenheit und -unzufriedenheit nach AGNES BRUGGEMANN

anderer sich darum bemüht, die Situation positiv zu gestalten (konstruktive Arbeitsunzufriedenheit), was jeweils zur Beziehung zwischen Arbeitsleistung und Arbeitszufriedenheit andere Annahmen rechtfertigt. Bei der Analyse von Arbeitszufriedenheit in der Praxis geht es also auch darum zu ermitteln, um welche Form von Arbeitszufriedenheit es sich handelt.

3.2 Arbeitszufriedenheit oder Arbeitszufriedenheiten?

Unabhängig davon, wie die jeweils ermittelte Arbeitszufriedenheit bzw. Arbeitsunzufriedenheit als Prozess zustandekommt, stellt sich die Frage, auf welchen Inhalt sie sich bezieht. Dies ist leicht erläutert: Es ist ja sehr wohl denkbar, dass jemand mit seinem Vorgesetzten zufrieden, seinem Gehalt dagegen unzufrieden, dem Arbeitsinhalt sehr zufrieden, den Entwicklungschancen aber unzufrieden ist, usw. In diesem Sinne differenzieren auch NEUBERGER und ALLERBECK (1978) in Zufriedenheit mit

– Kollegen,
– Vorgesetzten,
– beruflicher Weiterbildung,
– Bezahlung,
– Arbeitszeit,
– Arbeitsplatzsicherheit,
– Tätigkeit,
– äußeren Arbeitsbedingungen,
– Organisation und Leitung,

wobei weitere Gesichtspunkte wie z. B. Interessenvertretung, Bild des Unternehmens in der Öffentlichkeit etc. denkbar wären.

Es ist für differenzierte Arbeitszufriedenheitsanalysen empfehlenswert, derartige unterschiedliche Facetten getrennt zu erkunden, doch sollte man sich dabei des Problems bewusst sein, dass derzeit bestehende Messverfahren zwischen den verschiedenen Facetten nicht so stark differenzieren, wie man es spontan annehmen könnte. Anders ausgedrückt: Zwischen diesen verschiedenen Arbeitszufriedenheiten bestehen in der Regel relativ hohe positive Korrelationen (circa um r=0.50). Meist wird ja Arbeitszufriedenheit mit Hilfe standardisierter Fragebögen erfasst. Der Grund dafür, dass sich bei derartigen Analysen häufig die genannten positiven Korrelationen zwischen den verschiedenen Arbeitszufriedenheiten ergeben, kann unterschiedlich sein, wobei die verschiedenen Aspekte sich zum Teil ergänzen:

– Personen reagieren auf Grund bestimmter Persönlichkeitsmerkmale spezifisch auf unterschiedliche Situationen. Beispielsweise bewerten Personen mit hohem Anspruchsniveau die Arbeitsbedingungen und Inhalte eher kritisch und somit negativer, Personen mit geringerem Anspruchsniveau dagegen eher positiv.
– Personen unterscheiden sich hinsichtlich ihrer Beantwortungstendenzen. Einige neigen zu eher positiven, ihnen wünschenswert erscheinenden Antworten, andere neigen eher zu kritischen Aussagen.
– Die verschiedenen objektiven Arbeitsbedingungen hängen tatsächlich stark von einander ab, z. B. in dem Sinne, dass ein „guter" Vorgesetzter sich auch für die Förderung und auch für die gute Bezahlung seiner Mitarbeiter stärker einsetzt.

- Die verschiedenen Bedingungen der Arbeit hängen wahrnehmungsmäßig von einander ab, z. B. in dem Sinne, dass derjenige, der mit seinen Kollegen zufrieden ist, auch den Chef, den Arbeitsinhalt und die Bezahlung in einem günstigen Lichte sieht.

Vor diesem Hintergrund ist es zwar einerseits gerechtfertigt von einer Gesamtarbeitszufriedenheit zu sprechen; dennoch ist es anzuraten, die verschiedenen inhaltlichen Unterformen der Arbeitszufriedenheit getrennt zu analysieren, wenn man dort Verbesserungen vornehmen will, wo sie spezifisch erforderlich sind.

4. Die Bedingungen: Arbeitszufriedenheit als abhängige Variable

Arbeitszufriedenheit als Einstellung setzt Bewertungen der wahrgenommenen Umwelt voraus. Wahrnehmung und Bewertung von Umwelt aber sind stets doppelt determiniert: Sie hängen von Merkmalen der wahrnehmenden Person aber auch von den Besonderheiten der wahrgenommenen Situation ab. In diesem Sinne ist es zum einen plausibel, dass ein Mensch mit einem sehr hohen Anspruchsniveau und sehr ausgeprägten Erwartungen an sein Umfeld sich eher unzufrieden äußert, während ein anderer, dessen Ansprüche deutlich abgesenkt sind, sich auch mit ungünstigen Umgebungsbedingungen zufrieden gibt. Auf der anderen Seite ist es offensichtlich, dass auch die Qualität der Bedingungen in einem objektiven Sinn die Wahrnehmung und Bewertung prägt.

Man könnte nun die nahe liegende Vermutung haben, dass sich die Anspruchshaltungen und Erwartungen von befragten Personen normal verteilen, „Fehler" sich ausgleichen, sodass Durchschnittswerte auf die realen Arbeitsbedingungen hinweisen. Diese Annahme kann nicht gestützt werden, da unter bestimmten Bedingungen viele Menschen gleichzeitig ihre Ansprüche absenken (z. B. in Phasen hoher Arbeitslosigkeit) während sie sie in anderen Situationen gemeinsam steigern. In diesem Sinne bedarf es stets der differenzierten Interpretation und der qualitativ oientierten Nachanalyse, um festzustellen, ob die jeweils aufgefundenen Werte stärker von den Merkmalen, z. B. den Ansprüchen der befragten Arbeitnehmer, oder stärker von deren Arbeitssituation bestimmt sind. Welche Merkmale der Arbeitssituation nun im Einzelnen Einfluss auf die Arbeitszufriedenheit haben, hängt davon ab, wie eng oder weit man das Konzept definiert. Enge Auffassungen von Arbeitszufriedenheit beschränken sich ausschließlich auf den Arbeitsinhalt und die Arbeitsumgebung, d. h. auf den Arbeitsplatz im engeren Sinne. Weitere Konzepte schließen auch die sozialen Beziehungen bei der Arbeit, z. B. Beziehungen zu Vorgesetzten, Gleichgestellten und Unterstellten sowie Information und Mitsprache, Unternehmensorganisation, Förderung und Weiterbildung, Bezahlung, Arbeitszeit, Arbeitsplatzsicherheit, Image des Gesamtunternehmens und vieles andere mehr mit ein. All diese Punkte können die Arbeitszufriedenheit nachhaltig beeinflussen, wobei es auf die jeweiligen Umstände ankommt, welche dieser Variablen einen zentralen Einfluß gewinnt. In diesem Sinne ist es nahe liegend, dass z. B. in einer Zeit erhöhter Arbeitsplatzunsicherheit die Arbeitszufriedenheit in starkem Maße von der Sicherheit des Arbeitsplatzes bestimmt wird.

5. Die Folgen: Arbeitszufriedenheit als unabhängige Variable

Arbeitszufriedenheit ist ein Wert an sich. So betrachtet ist es lohnend, jene Bedingungen zu analysieren, die sie absenken oder stören, damit man gezielt eingreifen und die Arbeitszufriedenheit erhöhen und erneut stabilisieren kann. Man kann aber auch in der Arbeitszufriedenheit ein Mittel zum Zweck sehen und sie mit der Absicht zu steigern suchen, dass andere wünschenswert erscheinende Wirkungen eintreten. Tatsächlich hat die Forschung gezeigt, dass Arbeitszufriedenheit generell oder aber doch unter ganz spezifischen Bedingungen günstige Konsequenzen nach sich zieht. Auf einige wichtige dieser Folgen (SIX & KLEINBECK, 1989) sei mit Hinweis auf exemplarische Differenzierungen hingewiesen:

- *Je höher die Arbeitszufriedenheit, desto geringer die Fehlzeiten:* Tatsächlich ist eine nennenswerte Korrelation zwischen Arbeitszufriedenheit und Fehlzeitenrate im negativen Sinne immer wieder nachgewiesen worden. Allerdings sollte man auch hier differenzieren. Das sei an einem Beispiel gezeigt: Der unzufriedene Arbeiter in der Produktion kann sich einer unbefriedigenden Arbeitssituationen nur dadurch entziehen, dass er nicht zur Arbeit kommt. Entsprechend sind hier auch häufig deutliche negative Korrelationen gefunden worden. Die unzufriedene Führungskraft kann bei körperlicher Anwesenheit bei der Arbeit gedanklich abschweifen, Zeitung lesen oder sich in anderer Form psychisch vom Arbeitsplatz entfernen. Entsprechend sind hier die Korrelationen zwischen der Arbeitszufriedenheit und der Fehlzeitenrate weniger stark ausgeprägt.
- *Je höher die Arbeitszufriedenheit, desto geringer die Fluktuation:* Es ist nahe liegend und bedarf keiner weiteren Begründung, dass der mit seiner Arbeit Unzufriedene eher an Kündigung denkt und entsprechend auch leichter geneigt ist, die Organisation zu verlassen. Differenzieren muss man auch hier: Wer Beamter ist, dürfte auch nur in Ausnahmefällen bereit sein, trotz erheblicher Unzufriedenheit seine Lebenszeitstellung aufzugeben; wenn die Arbeitsmarktlage die Chancen auf einen anderen Arbeitsplatz drastisch reduziert, wird man eher geneigt sein, trotz bestehender Unzufriedenheit auf seinem bisherigen Arbeitsplatz zu verbleiben.
- *Je höher die Arbeitszufriedenheit, desto geringer die Unfallhäufigkeit:* Gerade bei der hier angesprochenen Beziehung stellt sich besonders vehement die Frage nach Ursache und Wirkung. Wie ist die genannte, ohnehin recht niedrige Korrelation zu erklären? Ist der Unzufriedene mit seinen Gedanken so abgelenkt, dass ihm eher ein Unfall unterläuft? Oder geht es sogar so weit, dass er – wie es eine psychoanalytische Deutung nahe liegen könnte – die Flucht in den Unfall, die Krankheit sucht? Oder ist es nicht mit höherer Wahrscheinlichkeit so, dass eine Situation, die als unfallträchtig wahrgenommen wird, die Unzufriedenheit steigert? Die Wissenschaft kann bislang darauf keine eindeutigen Antworten geben. Diese sind wohl auch nicht möglich, weil je nach den Umständen das eine oder das andere gelten kann.
- *Je höher die Arbeitszufriedenheit, desto höher die Leistung:* Es wurde bereits angesprochen, dass diese Beziehung nur durch Nachweis von schwachen Korrelationen belegt ist. Dennoch gibt es Fälle oder Rahmenbedingungen unter denen der Effekt deutlich ausgeprägt ist. Diese gilt es herbeizuführen, und entsprechend kann man zeigen, dass z. B. Arbeitszufriedenheit und Arbeitsleistung merklich steigen, wenn für den Arbeitnehmer klare Ziele bestehen und er Rückmeldung darüber erhält, ob er die Ziele erreicht hat oder nicht. Positive Beziehungen sind aber auch dann anzuneh-

men, wenn der Arbeitsinhalt der Eignung und Neigung des Arbeitenden entspricht oder wenn er – auch im sozialen Vergleich – in Abhängigkeit von der erbrachten Leistung fair und angemessen entlohnt wird etc.

Fassen wir also zusammen, eine hohe Arbeitszufriedenheit im Unternehmen ist allein aus ethischen Gründen durchaus erstrebenswert und ein Ziel eigenen Rechtes. Darüber hinaus kann aber gesteigerte Arbeitszufriedenheit auch andere günstige Folgen haben, wie Senkung von Fehlzeiten, Fluktuation und Unfallhäufigkeit sowie Steigerung der Leistungsbereitschaft. Dass Arbeitszufriedenheit auch im gesamtgesellschaftlichen Zusammenhang positiv zu bewerten ist, weil sie eher bereit macht, sich mit dem bestehenden Unternehmens- und Wirtschaftssystem zu identifizieren und damit deren Strukturen zu stabilisieren, ist eine weitere bedenkenswerte Perspektive.

6. Die Messung: Wege zur Erfassung von Arbeitszufriedenheit

Grundsätzlich lässt sich wohl alles, was Menschen in Bezug auf ihre Arbeitssituation sagen, tun oder geschaffen haben, sowie ihre physiologischen Reaktionen bei der Arbeit als Zeichen der Zufriedenheit interpretieren. Konkret bedeutet dies, dass sowohl Aussagen (z. B. im Rahmen von Interviews oder schriftlichen Befragungen), Verhaltensweisen (z. B. Fehlzeiten) oder Objektivationen (z. B. Qualität der Arbeit) oder physiologische Reaktionen (z. B. Hautfeuchtigkeit bei der Arbeit) als Maße für die Arbeitszufriedenheit herangezogen werden können. In der Praxis spielen von all diesen Möglichkeiten eigentlich nur anonyme schriftliche Befragungen mit geschlossenen Fragen eine erhebliche Rolle. Die Gründe dafür sind einleuchtend: Im Rahmen schriftlicher Befragungen ist es relativ leicht, die Anonymität des Antwortenden zu wahren. Diese aber ist angesichts der Abhängigkeitsverhältnisse im Betrieb eine zentrale Voraussetzung dafür, wahrheitsgemäße Antworten zu bekommen. Durch die Standardisierung des Verfahrens ist der Vergleich – z. B. zwischen verschiedenen Werken oder Abteilungen – möglich. Durch die Verwendung geschlossener Fragen wird es in ökonomischer Weise bewältigbar, die Vielzahl der anfallenden Daten auszuwerten, was in der Regel mit Hilfe von EDV geschieht. Gelegentlich können persönliche Interviews durch Personen, denen gegenüber Vertrauen besteht, ein qualitativ reichhaltigeres Material liefern und auf diese Weise auch auf Gründe bestehender Unzufriedenheit detailliert hinweisen. Doch werden solche Vorgehensweisen wegen der Aufgabe von Anonymität und des großen damit verbundenen Aufwandes die Ausnahme bleiben, allerdings gelegentlich in Ergänzung und als Vertiefung bzw. Interpretationshilfe einer schriftlichen Umfrage herangezogen werden.

Es kann unter bestimmten Umständen ratsam sein, für eine umfangreiche Arbeitszufriedenheitsanalyse in einem Unternehmen ein spezifisches Erhebungsinstrument zu entwickeln, das dann allerdings nicht „handgestrickt" sein sollte, sondern nach den Regeln der empirischen Sozialforschung professionell erarbeitet werden muss (NEUBERGER, 1974). Häufig ist es empfehlenswert, eines der auf den Markt befindlichen standardisierten Befragungsinstrumente zu verwenden, da es dann auch möglich ist, die im eigenen Unternehmen gewonnenen Daten mit jenen anderer zu vergleichen. Das wohl wichtigste im deutschsprachigen Raum verbreitete Verfahren ist der

Arbeitsbeschreibungsbogen (ABB), der von NEUBERGER und ALLERBECK (1978) entwickelt wurde und der nicht nur in deutscher Sprache, sondern auch in den Sprachen der meisten in Deutschland vertretenen ausländischen Arbeitnehmergruppen vorliegt. Innerhalb dieses Verfahrens wird die genannte Definition der Arbeitszufriedenheit als Einstellung zu verschiedenen Facetten der Arbeitssituation in optimaler Weise realisiert. Sehr einfach gehaltene Fragen, die auf vierpunktigen Skalen beantwortet werden, beziehen sich auf die inhaltlichen Bereiche Kollegen, Vorgesetzter, Tätigkeit, äußere Bedingungen, Organisation und Leitung, berufliche Weiterbildung, Bezahlung, Arbeitszeit, Arbeitsplatzsicherheit, Arbeit insgesamt, Leben insgesamt. Man erhält also innerhalb der Befragungen ein relativ differenziertes Profil der Arbeitszufriedenheit. Das Vorliegen von Normwerten ermöglicht den Vergleich mit anderen Unternehmen.

Nicht so weit reicht der Anspruch der Skala zur Messung von Arbeitszufriedenheit (SAZ), die von FISCHER (1991) entwickelt wurde. In einer Langform des Verfahrens beziehen sich 36 Fragen fast ausschließlich auf die Arbeitstätigkeit selbst. Diese lässt sich ähnlich gut mit einer Kurzform des Verfahrens, die acht Fragen enthält, erfassen, so dass sich die SAZ vor allem dann empfiehlt, wenn man knapp – und hier ist die Kurzform zu empfehlen – Zufriedenheit mit der Arbeitstätigkeit selbst innerhalb einer umfangreichen Mitarbeiterbefragung erheben möchte (vgl. den entsprechenden Beitrag von DOMSCH in diesem Band).

Ein von BRUGGEMANN (1976) vorgestelltes Verfahren zur Messung der zuvor beschriebenen unterschiedlichen qualitativen Formen von Arbeitszufriedenheit erscheint beim derzeitigen Stand für breit angelegte Betriebsuntersuchungen nicht geeignet, da die Fragen in ihrer komplexen Formulierung sprachungeschulte Mitglieder der Belegschaft häufig überfordern. Es ist aus diesen Gründen – obwohl von der Aussagekraft von hohem Interesse – nur bei ausgewählten höher qualifizierten Mitarbeitergruppen einsetzbar.

7. Die Praxis: Ermittlung und Verbesserung von Arbeitszufriedenheit

Plant man in der Praxis – im Gesamtunternehmen, in einem Zweigwerk, in einer Abteilung oder bei einer bestimmten Gruppe von Betriebsangehörigen (z. B. Sekretärinnen) – die Erfassung des Betriebsklimas, so wird in aller Regel an eine schriftliche Umfrage zu denken sein, bei der die Anonymität der antwortenden Personen gewahrt bleiben muss (vgl. den Beitrag von BÖGEL: Organisationsklima und Unternehmenskultur, in diesem Band). Wichtiger allerdings als die Frage, ob man hier auf eines der bewährten standardisierten Messverfahren zurückgreift oder für betriebsspezifische Zwecke ein eigenes entwickelt, sind die Klärung der Untersuchungsziele, die Strategie der Vorinformation der Belegschaft, die Entwicklung von festen Regeln der Untersuchungsdurchführung, bei der – das sei noch einmal betont – Anonymität gesichert sein muss, die Bereitschaft, im Unternehmen aus den Untersuchungsergebnissen Konsequenzen abzuleiten, und schließlich die Implementierungsstrategie für die Umsetzung der ableitbaren Verbesserungsvorschläge. Darauf soll im Folgenden etwas näher eingegangen werden (v. ROSENSTIEL & BÖGEL, 1992).

Anlässe für Arbeitszufriedenheitsuntersuchungen sind höchst unterschiedlich; sie können z.B. im Bewusstwerden der deutlich ansteigenden Fehlzeitenrate liegen, in der Annahme, dass eine Reorganisation keine Akzeptanz hat, im personellen Wechsel der Geschäftsleitung, in einer Unternehmensfusion oder aber – das sind allerdings seltenere Fälle – in der routinemäßig alle ein, zwei oder drei Jahre durchgeführten Ermittlung der Arbeitszufriedenheit im Sinne einer kontinuierlich fortgeschriebenen Sozialbilanz. Vielfache weitere Anlässe sind vorstellbar.

In eine konkrete Untersuchung sollten von Anfang an Mitglieder des Vorstands oder der Geschäftsleitung, aber auch des Betriebsrats eingeschaltet sein. Wenn hier Einigkeit darüber besteht, eine derartige Untersuchung durchführen zu lassen und Konsequenzen konkreter Art in der Folge aus den Untersuchungsergebnissen abzuleiten, empfiehlt sich nach der Entscheidung die Installation einer für den Verlauf verantwortlichen Projektgruppe. Dieser sollten im Regelfall angehören:

- Ein Mitglied der Unternehmensführung (möglichst aus dem Personalbereich),
- ein Mitglied des Personal- bzw. Betriebsrats,
- ein interner oder externer Sozialwissenschaftler mit besonderer Kompetenz auf dem Gebiet der Mitarbeiterbefragung,
- ein Spezialist für Datenverarbeitung (falls der Sozialwissenschaftler entsprechende Fertigkeiten nicht hat),
- ein oder zwei Führungskräfte aus jenen Bereichen, die untersucht werden sollen.

Innerhalb der Projektgruppe gilt es dann, Fragen wie die nachfolgenden zu beantworten (v. ROSENSTIEL, 1986):

Wer ist für die Information der Mitarbeiter, die befragt werden sollen, zuständig? Wie sollen die Mitarbeiter informiert werden? Mit welchen Zielsetzungen werden sie zur Teilnahme motiviert? Wie erfolgt konkret die Ausgabe der Bögen? Soll ein standardisiertes Verfahren unverändert übernommen werden, soll es um spezifische Fragen bereichert werden oder soll ein unternehmensspezifisches Verfahren neu entwickelt werden? Sollen von den Mitarbeitern die Fragebögen im Betrieb oder zu Hause ausgefüllt werden? Soll die Rückgabe in vorfrankierten Rückumschlägen erfolgen oder mit Hilfe von im Betrieb aufgestellten Urnen oder auf eine andere Weise? Wie soll die EDV-Auswertung vorgenommen werden – im Unternehmen oder durch ein außenstehendes Institut? Wie weit sollen die Ergebnisse „heruntergebrochen" werden, auf Bereichsebene, Abteilungsebene, Gruppenebene und wo liegt dabei die Untergrenze? Bis zu welchem Zeitpunkt sollen die Ergebnisse vorgelegt werden? Wem? Nur der Unternehmensleitung? Doch wohl auch dem Betriebsrat und besser noch allen Mitarbeitern, die an der Befragung teilgenommen haben! Aber auf welche Weise? In einer Betriebsversammlung? Oder dezentral und detailliert innerhalb der einzelnen Abteilungen? In der Werks- oder Betriebszeitung?

Nach der internen Diskussion und Beantwortung all dieser Fragen gilt es im Vorfeld die Mitarbeiter für die Untersuchung zu gewinnen und angemessen zu informieren. Zu den Inhalten dieser Vorinformation gehört es, dass konkret hingewiesen wird auf

- den Grund der Untersuchung,
- das Ziel der Untersuchung,
- die Umgrenzung der zu befragenden Zielgruppe im Unternehmen,
- die Wege zur Sicherung der Anonymität,
- die Bitte um eine unabhängige Beantwortung der Bögen,

- die Nennung einer Kontaktperson, bei der man unter vier Augen Hilfe und Zusatzinformationen erhalten kann.
- die zeitliche Regelung, die beinhaltet, bis wann die Bögen wie abgegeben werden sollen.

Sind alle Fragebögen eingesammelt und ausgewertet worden, so ist es ratsam, zunächst – in einer getrennten oder einer gemeinsamen Veranstaltung – Geschäftsleitung und Betriebsrat über die Ergebnisse insgesamt zu informieren, wobei man im Regelfall Detailergebnisse aus einzelnen Werken oder Abteilungen nicht offen legt, sondern nur auf deutliche Differenzen zwischen verschiedenen Abteilungen oder Werken – falls diese bestehen – hinweist. Innerhalb dieser Abteilungen oder Werke sollen dann die entsprechend „heruntergebrochenen" Ergebnisse durch kompetente Moderatoren den Vorgesetzten und Mitarbeitern präsentiert werden, woran sich eine inhaltliche Diskussion über die Gründe und Ursachen besonderer Stärken und Schwächen anschließen sollte. Wenn sich hier in der Diskussion im großen Kreis ein relativer Konsens andeutet, sollte eine angemessen ausgewählte kleine Projektgruppe beauftragt werden, Verbesserungsvorschläge auf der Basis der erhobenen Daten zu entwickeln, die dann, falls sie die Abteilung oder das Teilwerk allein betreffen, möglichst rasch mit Unterstützung des jeweiligen Vorgesetzten implementiert werden sollten. Falls die Vorschläge andere Abteilungen oder Bereiche des Unternehmens mitbetreffen, sollten sie in einem Koordinierungsausschuss geprüft und dann unternehmensweit implementiert werden.

Wird für die Mitarbeiter erkennbar, dass die Erfragung ihrer Arbeitszufriedenheit nicht mit dem Ziel des bloßen „Dampfablassens" durchgeführt wird, sondern dass sie Datenbasis intensiver Gespräche im Kollegenkreis sowie mit dem Vorgesetzten sind und dass sich schließlich aus diesen Gesprächen konkrete Verbesserungen ergeben, so sind sowohl der Prozess dieses Vorgehens als auch die dabei erarbeiteten Inhalte wesentlicher Bestandteil einer partizipativen Personal- und Organisationsentwicklung. Die Mitarbeiter lernen ihre Arbeitssituation kritisch und konstruktiv zu reflektieren und gewinnen dadurch an Qualifikation; Rahmenbedingungen im Unternehmen – mögen sie nun die Aufbau- oder die Ablauforganisation betreffen – können auf diese Weise so verbessert werden, dass sie zum einen auf Akzeptanz der Betroffenen stoßen und zum anderen konkret Schwachstellen da reduzieren, wo sie von den Betroffenen als störend erlebt wurden.

Literatur

BRUGGEMANN, A. (1976). Zur empirischen Untersuchung verschiedener Formen der Arbeitszufriedenheit. In: Zeitschrift für Arbeitswissenschaft, 30, S. 71–74.
BRUGGEMANN, A., GROSKURTH, P. & ULICH, E. (1975). Arbeitszufriedenheit. Bern 1975.
FISCHER, L. (1991). Arbeitszufriedenheit. Stuttgart 1991.
NEUBERGER, O. (1974). Messung der Arbeitszufriedenheit. Stuttgart 1974.
NEUBERGER, O. & ALLERBECK, M. (1978). Messung und Analyse der Arbeitszufriedenheit. Bern 1978.
ROSENSTIEL, L. V. (1975). Die motivationalen Grundlagen des Verhaltens in Organisationen – Leistung und Zufriedenheit. Berlin 1975.
ROSENSTIEL, L. V. (1986). Das Betriebsklima. Zur Praxis der Diagnose und Intervention in Organisationen. In: Wirtschaftswissenschaftliches Studium, 15, S. 83–91.

Rosenstiel, L. v. & Bögel, R. (1992). Betriebsklima geht jeden an. München: Bayerisches Staatsministerium für Arbeit, Familie und Sozialordnung, 1992.

Six, B. & Kleinbeck, U. (1989). Arbeitsmotivation und Arbeitszufriedenheit. In E. Roth (Hrsg.), Enzyklopädie der Psychologie. S. 348–398. Göttingen 1989.

Volpert, W. (1990). Welche Arbeit ist gut für den Menschen? Notizen zum Thema Menschenbild und Arbeitsgestaltung. In F. Frei & I. Udris (Hrsg.), Das Bild der Arbeit. S. 23–40. Bern 1990.

Zur Konkretisierung und weiteren Vertiefung wird empfohlen, im Fallstudienband den Fall zu „Arbeitszufriedenheit" zu bearbeiten.

Friedemann W. Nerdinger

Formen der Beurteilung

1. Grundlagen der Beurteilung im Unternehmen
2. Beurteilung von Mitarbeitern: Das Mitarbeitergespräch
3. Kollegenbeurteilung
4. Selbstbeurteilung
5. 360°-Beurteilung
6. Ausblick

1. Grundlagen der Beurteilung im Unternehmen

Urteilen über andere gehört zur psychologischen Grundausstattung des Menschen: Um sich in der Welt sicher bewegen und handeln zu können, muss man die Umwelt rasch einschätzen – und am wichtigsten sind dabei andere Menschen (NERDINGER, 2001). Das gilt auch in den Unternehmen, wobei dort die Folgen der Urteile besonders gravierend sind. Urteile von Führungskräften über ihre Mitarbeiter stellen die Weichen der beruflichen Zukunft und beeinflussen die weitere Entwicklung des Unternehmens: Beurteilungen entscheiden häufig darüber, wer in Führungspositionen gelangt und damit die Geschicke des Unternehmens künftig wesentlich beeinflusst.

Urteile über andere Menschen sind immer subjektiv und fehlerhaft. Unternehmen haben deshalb ein großes Interesse daran, die Beurteilung möglichst durchschaubar und nachvollziehbar zu gestalten, damit sich die darauf beruhenden Entscheidungen auch begründen und vertreten lassen. In allen größeren Unternehmen werden daher systematische Verfahren für die Beurteilung von Mitarbeitern eingesetzt, die verschiedene Ziele verfolgen (vgl. Abbildung 1).

1. Leistungsverbesserung durch Rückmeldung von Urteilen
2. Maßnahmen der Personalentwicklung
3. Personelle Entscheidungen: Zuweisung eines Arbeitsplatzes, Beförderung, Versetzung, Übernahme, Kündigung
4. Personalplanung
5. Gestaltung von Arbeitsbedingungen
6. Gehalts- und Lohnabstimmung
7. Verbesserung der Führungskompetenz von Vorgesetzten
8. Überprüfung von personellen Maßnahmen
9. Verdeutlichung der Anforderungen

Abb. 1: Ziele von Personalbeurteilungsverfahren (nach SCHULER, 1991, S. 14)

Jedes Beurteilungsziel erfordert ein darauf abgestimmtes Vorgehen (SCHULER, 1991). Je nach Ziel kommen dabei unterschiedliche Formen der Beurteilung in Betracht. Bei der wichtigsten und in den Unternehmen mit Abstand am häufigsten praktizierten Form beurteilen Vorgesetzte ihre Mitarbeiter, z.B. im Rahmen eines *Mitarbeitergesprächs*. In den letzten Jahren ist allerdings zunehmend ein Umdenken festzustellen: Da Beurteilungen immer die mehr oder weniger subjektive Sicht des Beurteilers wiedergeben, werden auch andere Quellen berücksichtigt, um zu möglichst umfassenden und ausgewogenen Urteilen zu gelangen (NERDINGER, 2001). Viele Arbeitsleistungen kann der Vorgesetzte gar nicht angemessen einschätzen. Überall dort, wo Leistungen in Teamarbeit erbracht werden, hat er nicht den notwendigen Überblick, um den Leistungsbeitrag der einzelnen Teammitglieder genau festzustellen. Das können nur die Teammitglieder, daher sollten auch sie Beurteilungen vornehmen – in diesem Fall spricht man von einer *Kollegenbeurteilung*.

Eine weitere Form ist die *Selbstbeurteilung*. Zur Feststellung der Leistung wird sie gewöhnlich abgelehnt, da die Angst weit verbreitet ist, die Mitarbeiter würden sich selbst nur die besten Leistungen attestieren. Davon abgesehen, dass sich diese Angst nicht eindeutig bestätigen lässt (MOSER, 2000), gibt es Beurteilungsziele, bei denen Selbstbeurteilungen unabdingbar sind: Dienen sie der Entwicklung des Mitarbeiters, so müssen seine Wünsche und Ziele bei der Laufbahngestaltung berücksichtigt werden. Verfolgt man diesen Gedanken weiter, so gelangt man zur so genannten *360°-Beurteilung*: Das Verhalten wird gewissermaßen „rundum" von allen wichtigen Personen beleuchtet, mit denen regelmäßig zusammengearbeitet wird (zum speziellen Feld der Beurteilung von Vorgesetzten vgl. den Beitrag „Vorgesetztenbeurteilung" von DOMSCH, in diesem Band).

2. Beurteilung von Mitarbeitern: Das Mitarbeitergespräch

Vor allem Mitarbeiter im außertariflichen Bereich werden gewöhnlich im Rahmen eines speziellen Verfahrens beurteilt, dem Mitarbeitergespräch. Dabei handelt es sich um mehr oder weniger strukturierte Gespräche über die Leistungen und das Verhalten der Mitarbeiter, die Vorgesetzte regelmäßig – gewöhnlich im Abstand von einem Jahr – führen sollen (vgl. BREISIG, 1998; NERDINGER, 2001). Das Mitarbeitergespräch ist ein Führungsinstrument, das in erster Linie der Motivation der Mitarbeiter und der Verbesserung der Zusammenarbeit dient.

2.1 Aufbau

Mitarbeitergespräche orientieren sich in der Regel an einem Gesprächsleitfaden. Abbildung 2 zeigt exemplarisch, wie ein solcher Gesprächsleitfaden aufgebaut ist.

- Worin besteht die *Aufgabenstellung*?
  - Welche Ziele müssen bei der Aufgabe erreicht werden?
  - Wie sollen diese Ziele erreicht werden?
  - Werden die besprochene Aufgabenstellung und die Ziele von beiden Gesprächspartnern akzeptiert?
- Worin liegen die besonderen *Erfolge bzw. Misserfolge* des Mitarbeiters bei der Aufgabenerfüllung? (Möglichst konkret darlegen, welche Ziele erreicht oder übertroffen und welche verfehlt wurden.)
- Worin sieht der Vorgesetzte die *Gründe* für die geschilderten positiven und negativen Ergebnisse? Sieht der Mitarbeiter das ähnlich?
  - Gründe, die der Mitarbeiter nicht zu vertreten hat (äußere Umstände)
  - Gründe, die in der Person des Beurteilten liegen
  - Welche Veränderungen in den Stärken und Schwächen lassen sich erkennen?
- Wie soll es künftig weitergehen?
  - Welche *Ziele* soll der Mitarbeiter erreichen (Ergebnisse, Verhalten, Innovationen)?
  - Wie kann er dabei *gefördert* werden (fachlich, persönlich)?

Abb. 2: Leitfaden für ein Mitarbeitergespräch (in Anlehnung an VON ROSENSTIEL, 2000, S. 189)

Zu Beginn des Gesprächs analysieren Vorgesetzter und Mitarbeiter die Ergebnisse der vergangenen Beurteilungsperiode mit Blick auf die Leistung und das Verhalten des Mitarbeiters. Für diesen *Rückblick* ist es entscheidend, wie präzise im vorhergehenden Mitarbeitergespräch die Erwartungen an seine Leistung und sein Verhalten definiert wurden. Wurden die Erwartungen in Form einer Zielvereinbarung festgelegt, so werden die Leistung und das Verhalten des Mitarbeiters daran gemessen. Dabei genügt es gewöhnlich festzustellen, ob der Mitarbeiter die vereinbarten Ziele erreicht, über- oder unterschritten hat.

Die *Standortbestimmung* umfasst den eigentlichen Beurteilungsvorgang im Sinne einer Analyse der Stärken und Schwächen des Mitarbeiters. Auf der Basis der zunächst festgestellten Abweichungen von den vereinbarten Zielen werden die Ursachen der Abweichungen gemeinsam analysiert. Die Frage nach den Ursachen, die der Mitarbeiter nicht zu vertreten hatte, ist bei solchen Aufgaben von großer Bedeutung, zu deren Bewältigung der Mitarbeiter von den Bedingungen am Markt oder aber von anderen Stellen im Unternehmen abhängig ist.

Im dritten Schritt, dem *Ausblick*, werden Folgerungen für die weitere Zusammenarbeit und die Entwicklung des Mitarbeiters gezogen. Dem dient die Vereinbarung von neuen Zielen und von Maßnahmen zur Förderung des Mitarbeiters. Die *Zielvereinbarung* erfüllt im Mitarbeitergespräch zwei Funktionen: Zum einen bildet sie den Maßstab, an dem die Leistung und das Verhalten des Mitarbeiters in der nächsten Beurteilungsperiode gemessen werden. Zum anderen kann sie motivierend wirken. Beides erreichen Zielvereinbarungen aber nur bei angemessener Formulierung (vgl. NERDINGER, 2002): Ziele müssen möglichst präzise, konkret und heraus-, aber nicht überfordernd sein, damit sie motivierend wirken. Weiter müssen sich die Mitarbeiter an die Ziele gebunden fühlen und regelmäßige Rückmeldung darüber erhalten, wie weit sie auf dem Weg zu ihrem Ziel gekommen sind.

Mit der Zielvereinbarung wird von den Mitarbeitern eine bestimmte Leistung gefordert, sie haben deshalb auch ein Anrecht auf die Frage, wie sie dabei unterstützt werden. Dies bildet den letzten Teil des Gesprächs, die Festlegung von *Fördermaßnahmen*. Hier lassen sich im Wesentlichen zwei Arten unterscheiden: Förderung on-the-job bzw. off-the-job. Die Förderung on-the-job betrifft die Frage, wie der Vorgesetzte den Mitarbeiter bei seiner Arbeit unterstützen kann, damit dieser seine Ziele optimal erfüllt. Gleichzeitig ist mit diesem Vorgehen auch die Qualifizierung des Mitarbeiters verbunden – durch die Unterstützung bei der Arbeit erlernt der Mitarbeiter neue Arbeitsweisen und kann sich so fachlich und menschlich weiterentwickeln. Förderung off-the-job bezieht sich dagegen auf die herkömmlichen Maßnahmen der Weiterbildung, zum Beispiel den Besuch geeigneter Seminare.

2.2 Durchführung

Das Mitarbeitergespräch sieht Vorgesetzte und Mitarbeiter als selbstbestimmte Partner, die sich offen über ihre Urteile, Erwartungen und Zielvorstellungen austauschen. Diese Sichtweise der Beurteilung erfordert eine Unternehmenskultur, in der Vertrauen herrscht und die Mitarbeiter an Entscheidungen beteiligt werden. Wichtige Punkte der Vorbereitung und Durchführung von Mitarbeitergesprächen sind in Abbildung 3 zusammengestellt.

3. Kollegenbeurteilung

Arbeitet zum Beispiel eine Projektgruppe intensiv an einem Auftrag, so ist ihr Vorgesetzter kaum in der Lage einzuschätzen, welchen Anteil die einzelnen Mitarbeiter am

Checkliste Mitarbeitergespräch	
Gesprächsvorbereitung	• Termin vereinbaren • Günstigen Zeitpunkt wählen • Gesprächsziel vorbereiten
Der äußere Rahmen	• Offene Atmosphäre schaffen • Nicht am Schreibtisch • Gespräch unter vier Augen • Gesprächsdauer offen lassen • Keine Telefonate
Erläuterung der Beurteilung	• Überblick über die Beurteilung • Schwerpunkte setzen • Keine Einzelfälle durchsprechen • Zuerst Anerkennung, dann Kritik • Missverständnisse klären
Verhalten im Gespräch	• Ganz auf das Gespräch konzentrieren • Auf Reaktionen des Partners achten • Aufnahmefähigkeit nicht überfordern • Ihn durch Fragestellungen aktivieren • Zuhören
Vorschläge zur Verbesserung	• Anregungen des Mitarbeiters fördern • Gezielte Anregungen geben • Hilfestellungen anbieten
Abschluss des Gesprächs	• Für die bisherige Zusammenarbeit danken • Ergebnis des Gesprächs festhalten

Abb. 3: Checkliste Mitarbeitergespräch (NERDINGER, 2001, S. 86)

Gesamtergebnis haben. Die Kollegen können die Beiträge jedes einzelnen Mitarbeiters viel kompetenter beurteilen, daher ist es nahe liegend, dass sie auch die Beurteilung durchführen. Bei einer Kollegenbeurteilung werden

– von allen Mitgliedern einer Gruppe von Mitarbeitern,
– die in der Organisation die gleiche hierarchische Position einnehmen,
– gegenseitige Beurteilungen
– in systematischer und gewöhnlich standardisierter Weise
– über alle oder über einen Teil der Mitglieder
– hinsichtlich bestimmter Leistungsmerkmale abgegeben (GERPOTT, 1992).

Besondere Probleme stellen dabei die Wahl des geeigneten Verfahrens und die Durchführung.

3.1 Verfahren

Für die Kollegenbeurteilung eignen sich standardisierte Verfahren (vgl. NERDINGER, 2001), nur dann ist gesichert, dass alle den Kollegen in denselben, für die Aufgabenerfüllung wichtigen Merkmalen beurteilen. Dafür bieten sich drei Verfahren an: Benennung, Rangordnung und Einstufung.

Benennung: Bei diesem Verfahren muss eine bestimmte Anzahl von Kollegen benannt werden, die in einem Beurteilungsmerkmal am besten bzw. am schlechtesten abschneiden. Zum Beispiel können die Beurteiler gebeten werden: „Bitte nennen Sie die drei Kollegen, die am zuverlässigsten ihre Aufgaben erfüllen." Dieses Vorgehen ist nur sinnvoll, wenn man durch die Beurteilung lediglich die Mitarbeiter mit dem größten bzw. geringsten Leistungspotenzial erfassen will. Da Benennungsverfahren nicht zwischen den Kollegen differenzieren, eignen sie sich nicht zur Personalentwicklung oder für Rückmeldegespräche.

Rangordnung: Bei diesem Verfahren müssen die Kollegen in eine Rangreihe gebracht werden, beginnend mit demjenigen, bei dem ein bestimmtes Merkmal am stärksten ausgeprägt ist. Zum Beispiel könnte gefragt werden: „Bitte bringen Sie alle Kollegen in Ihrer Abteilung in eine Rangreihe hinsichtlich der Termintreue bei der Aufgabenerfüllung" (Rang 1 = Kollege mit der höchsten Termintreue, Rang 2 = Kollege mit der zweithöchsten Termintreue usw.). Damit wird vor allem die Neigung, alle Kollegen ungefähr gleich zu bewerten, um „keinem weh zu tun", vermieden. Dem stehen aber auch große Nachteile entgegen: So kann die Leistungssteigerung eines Kollegen nur zu Lasten des Rangplatzes eines anderen anerkannt werden. Außerdem ist unklar, wie gut die Leistungen einzustufen sind, da die Rangreihe nur innerhalb der Gruppe gültig ist.

Einstufungsverfahren werden am häufigsten bei der Beurteilung von Kollegen eingesetzt. Wichtig ist, dass nur die Leistung oder das Verhalten der Kollegen eingestuft wird – Persönlichkeitsmerkmale überfordern die Beurteiler, außerdem sind sie nicht geeignet für die Rückmeldung an die Beurteilten. Ein Beispiel zur Beurteilung des Leistungsaspekts „Arbeitsplanung und -organisation" zeigt Abbildung 4.

Solche Einstufungsverfahren bieten detaillierte Informationen für den Beurteilten und sind geeignet für Rückmeldegespräche über die Leistungen. Allerdings stimmen die verschiedenen Beurteiler in ihren Einstufungen häufig nur relativ wenig überein. In diesem Fall kann der Beurteilte leicht unangenehme Rückmeldungen abwerten, unterschiedliche Sichtweisen sollten daher in einem Auswertungsgespräch geklärt werden.

3.2 Durchführung

Bei der Durchführung einer Kollegenbeurteilung sind vor allem drei Punkte zu beachten: Anonymität, Auswertung und Rückkopplung der Daten (GERPOTT, 1992). Zwei Fragen der *Anonymität* lassen sich unterscheiden – die der Beurteiler und der Beurteilten. Soll der beurteilte Kollege erfahren, wer ein bestimmtes Urteil über ihn abgegeben hat (Anonymität der Beurteiler), und wer soll über die Beurteilung informiert werden – nur der Beurteilte oder auch sein Vorgesetzter, die beurteilenden Kollegen und andere Instanzen wie zum Beispiel die Personalabteilung (Anonymität der Beurteilten)? Am besten hat es sich bewährt, die Anonymität der Beurteiler zu sichern, die der Beurteilten dagegen aufzuheben.

> **Arbeitsplanung und -organisation**
>
> Der beurteilte Kollege...
>
> 1. entwickelte vor Projektbeginn einen Plan, in dem Projektorganisation, -termine, -steuerung und -überwachung festgelegt wurden (d. h., er spezifizierte u. a. die Aufgaben der am Projekt Beteiligten).
>
>   Fast nie   1   2   3   4   5   Fast immer
>
> 2. bereitete sich auf Besprechungen vor, z. B. durch Niederschrift der Tagesordnung oder anzusprechender Diskussionspunkte.
>
>   Fast nie   1   2   3   4   5   Fast immer
>
> 3. bearbeitete gleichzeitig zwei oder mehrere Arbeitsaufträge effektiv.
>
>   Fast nie   1   2   3   4   5   Fast immer
>
> 4. versäumte es sicherzustellen, dass Teilaufgaben zufrieden stellend abgeschlossen wurden.
>
>   Fast immer   1   2   3   4   5   Fast nie
>
> 5. hielt Termine nicht ein oder verschob Termine
>
>   Fast immer   1   2   3   4   5   Fast nie
>
> Punktsumme = _____
>
> 1 = Fast nie (0 – 19% der Arbeitszeit); 2 = Selten (20 – 39% der Arbeitszeit);
> 3 = Manchmal (40 – 59% der Arbeitszeit); 4 = Meistens (60 – 79% der Arbeitszeit);
> 5 = Fast immer (80 – 100% der Arbeitszeit).
> Für negative Verhaltensbeschreibungen kehrt sich die Bedeutung der Skalenstufen um.

Abb. 4: Beispiel für ein Einstufungsverfahren zur Kollegenbeurteilung (nach GERPOTT, 1992, S. 244)

Auswertung und Aufbereitung der Daten: Im Gegensatz zu herkömmlichen Beurteilungen, die ein Vorgesetzter über einen Mitarbeiter abgibt, müssen bei der Kollegenbeurteilung die Aussagen von mehreren Beurteilern zusammengefasst und so aufbereitet werden, dass sie optimal wirksam werden. Die Auswertung dient der Information der Beurteilten und der Beurteiler: Den Beurteilten soll sie eine Analyse ermöglichen, die letztlich zu Verhaltensänderungen führt. Die Beurteiler können ihre Einschätzungen mit denen anderer Kollegen vergleichen, um möglicherweise ihre Beurteilungen zu überdenken und künftig angemessener zu gestalten. Die Auswertung und Aufbereitung der Daten ist so anspruchsvoll, dass Fachkräfte sie vornehmen müssen – sofern in der Personalabteilung das notwendige Know-how nicht vorhanden ist, sollten dafür externe Berater engagiert werden. Das beseitigt auch alle Zweifel an der Objektivität der Auswertung, auf keinen Fall dürfen die Teilnehmer die Auswertung und Aufbereitung durchführen (vgl. GERPOTT, 1992).

Rückkopplung: Sollen Kollegenbeurteilungen zu Verhaltensänderungen führen, müssen die Ergebnisse besprochen und anschließend Vereinbarungen getroffen werden: Jedes Mitglied der Gruppe sollte am Ende der Beurteilung klare Ziele über seine künftigen Leistungen und sein Verhalten haben. Ähnlich wie bei einer Teamentwicklung können sich die Mitglieder der Gruppe im Anschluss an die Beurteilung treffen und ihr Ergebnis mit den anderen diskutieren. Das setzt natürlich eine offene Atmosphäre voraus, in der kein Mitglied der Gruppe Angst empfindet. Die Beurteiler verdeutlichen die Bewertungen durch konkrete Beispiele oder eindeutige Leistungsergebnisse und geben möglichst konstruktive Rückmeldungen – es geht nicht um eine „Abrechnung" mit unbeliebten Kollegen, sondern um die Frage, wie sich der Beurteilte künftig verhalten soll, damit die Zusammenarbeit in der Gruppe besser wird. Solche Vereinbarungen werden anschließend schriftlich niedergelegt, sie können dann bei der nächsten Beurteilung zum Vergleich herangezogen werden.

Der Vorgesetzte sollte an der Sitzung des Teams teilnehmen. Er kann helfen, die Aufgabenstellungen zu präzisieren und bei der Formulierung von Zielvereinbarungen beratend eingreifen. Vor allem muss er die individuellen Zielvereinbarungen zu Leistungszielen für die ganze Gruppe verdichten, denn es ist seine Aufgabe, diese Ziele gegenüber seinem eigenen Vorgesetzten und der Geschäftsleitung zu vertreten. Leiten sollte die Sitzung aber nicht der Vorgesetzte, sondern ein Moderator, der nicht zur Gruppe gehört. Er kann die Interpretation der Ergebnisse fachlich unterstützen und Konflikte konstruktiv lösen.

Wird die Kollegenbeurteilung in dieser Form durchgeführt, dient sie vor allem der Verbesserung der Zusammenarbeit und der Optimierung der Gruppenleistung. Sie bildet damit ein wesentliches Element einer kooperativen Unternehmenskultur.

4. Selbstbeurteilung

Informelle Selbstbeurteilungen finden sich in einer Vielzahl von betrieblichen Zusammenhängen, zum Beispiel werden bei personellen Entscheidungen oder Weiterbildungsmaßnahmen die Betroffen direkt um eine Einschätzung ihrer Leistungsfähigkeit gebeten. Selbstbeurteilungen werden sehr oft in betrieblichen Fragen zu Rate gezogen, im Rahmen der systematischen Personalbeurteilungen stoßen sie aber immer noch auf großes Misstrauen (NERDINGER, 2001).

4.1 Die Aussagefähigkeit von Selbsturteilen

Die Wissenschaft hat sich bislang noch nicht sehr intensiv mit der Qualität von Selbstbeurteilungen beschäftigt, immerhin finden sich aber einige Untersuchungen zu den dabei auftretenden Urteilsfehlern (MOSER, 2000). Wie zu erwarten, zeigt sich eine Tendenz zur Milde: Selbsturteile neigen gewöhnlich dem positiven Ende einer Skala zu. Diese Tendenz ist noch stärker als in den Urteilen, die Vorgesetzte über ihre Mitarbeiter oder Kollegen übereinander abgeben, das heißt, Mitarbeiter beurteilen sich selbst milder als sie von ihren Vorgesetzten und ihren Kollegen beurteilt werden. Zudem ähneln sich die Urteile, die verschiedene Mitarbeiter über sich selbst abgeben. Man beurteilt sich selbst also in gewisser Weise nach dem Bild eines idealen Mitarbeiters.

Im Vergleich dazu differenzieren Vorgesetzte stärker *zwischen* ihren Mitarbeitern, sie vergleichen also die Mitarbeiter und achten dabei besonders auf die Merkmale, in denen sie sich unterscheiden. Dem steht allerdings entgegen, dass Vorgesetzte das Verhalten *jedes einzelnen* Mitarbeiters weniger differenziert sehen als dieser selbst. Vorgesetzte urteilen stärker nach dem weit verbreiteten Bild, wonach es eben gute und weniger gute Mitarbeiter gibt. Wer als guter Mitarbeiter eingeschätzt wird, der erscheint in allen Verhaltens- und Leistungsbereichen als gut, bei einem weniger guten Mitarbeiter werden überall Schwächen entdeckt. Demgegenüber treten in Selbstbeurteilungen Stärken und Schwächen deutlicher hervor.

Selbstbeurteilungen fallen also im Durchschnitt wohl etwas zu positiv aus, dafür sind sie aber differenzierter als die Urteile, die Vorgesetzte über ihre Mitarbeiter abgeben. Außerdem sagen sie einiges darüber aus, wie eine Person selbst ein Verhalten wertet, das von verschiedenen Bezugsgruppen sehr unterschiedlich gedeutet wird. Als Ergänzung zu anderen Urteilen sind sie demnach in vielen Fällen sehr geeignet, da sie wertvolle zusätzliche Informationen über die Person liefern.

4.2 Verfahren

Systematische Selbstbeurteilungen werden heute vor allem im Rahmen der Beurteilung von Vorgesetzten erhoben (vgl. dazu DOMSCH, in diesem Band). Gewöhnlich verwendet man dieselben Instrumente für die Fremd- und die Selbstbeurteilung, um die Ergebnisse vergleichen zu können. Ein typisches Beispiel für ein solches Vorgehen zeigt Abbildung 5, in der die Selbstbeurteilung einer Führungskraft mit den Fremdbeurteilungen durch ihre Mitarbeiter verglichen wird.

Zum Vergleich der Selbst- mit den Fremdbeurteilungen durch die Mitarbeiter sollten die letzteren nicht in einem Mittelwert verdichtet werden, denn dadurch kann wertvolle Information verloren gehen. Die Meinungen der Mitarbeiter auf die Frage 9 sind extrem unterschiedlich: Einige sagen, der Vorgesetzte gebe ihnen niemals die Gelegenheit, ihre Fehler selbst herauszufinden und zu korrigieren. Einer sieht es aber genauso wie der Vorgesetzte. Der Vorgesetzte hat scheinbar zu einzelnen Mitarbeitern ein besonders gutes Verhältnis. In seiner Selbstbeurteilung schätzt er vermutlich das Verhalten ein, das er gegenüber den bevorzugten Mitarbeitern zeigt. Während der Vorgesetzte zu allen Fragen Stellung nimmt, fehlen bei einigen Fragen die Urteile der Mitarbeiter.

Schließlich ist zu erkennen, dass die Selbstbeurteilungen zum Teil sehr gut mit den Fremdbeurteilungen übereinstimmen, zum Beispiel in den Fragen 1 und 5. In anderen Fragen sind dagegen die Unterschiede gravierend, besonders in den Fragen 9 und 10. Hier muss sich der Vorgesetzte fragen, wie seine eigene Sicht auf sein Verhalten zu Stande kommt und warum diese Sicht in den erwähnten Fragen von den Mitarbeitern geteilt wird, in den anderen dagegen überhaupt nicht. Möglicherweise blendet der Vorgesetzte bestimmte Schwächen aus, indem er sich auf einzelne positive Beispiele konzentriert.

Wie in dieser exemplarischen Analyse deutlich wird, kann die Selbstbeurteilung als Ergänzung zu anderen Urteilen wichtige Erfahrungen vermitteln. Vor allem erhöht sie die Bereitschaft, die Kritik anderer an bestimmten Aspekten des eigenen Verhaltens zu akzeptieren. Entscheidend ist aber, dass daraus die notwendigen Konsequenzen gezogen werden. Diese lassen sich nicht anordnen oder gar erzwingen, vielmehr ist hier allein der „Selbstbeurteiler" gefordert. Das entspricht auch den aktuellen Tendenzen im Geschäftsleben, die eine individuell gesteuerte, lebenslange Entwicklung von den Mitarbeitern fordern. Daher wird dem Modell der Selbstbeurteilung als Grundpfeiler dieser Entwicklung künftig größere Bedeutung zukommen.

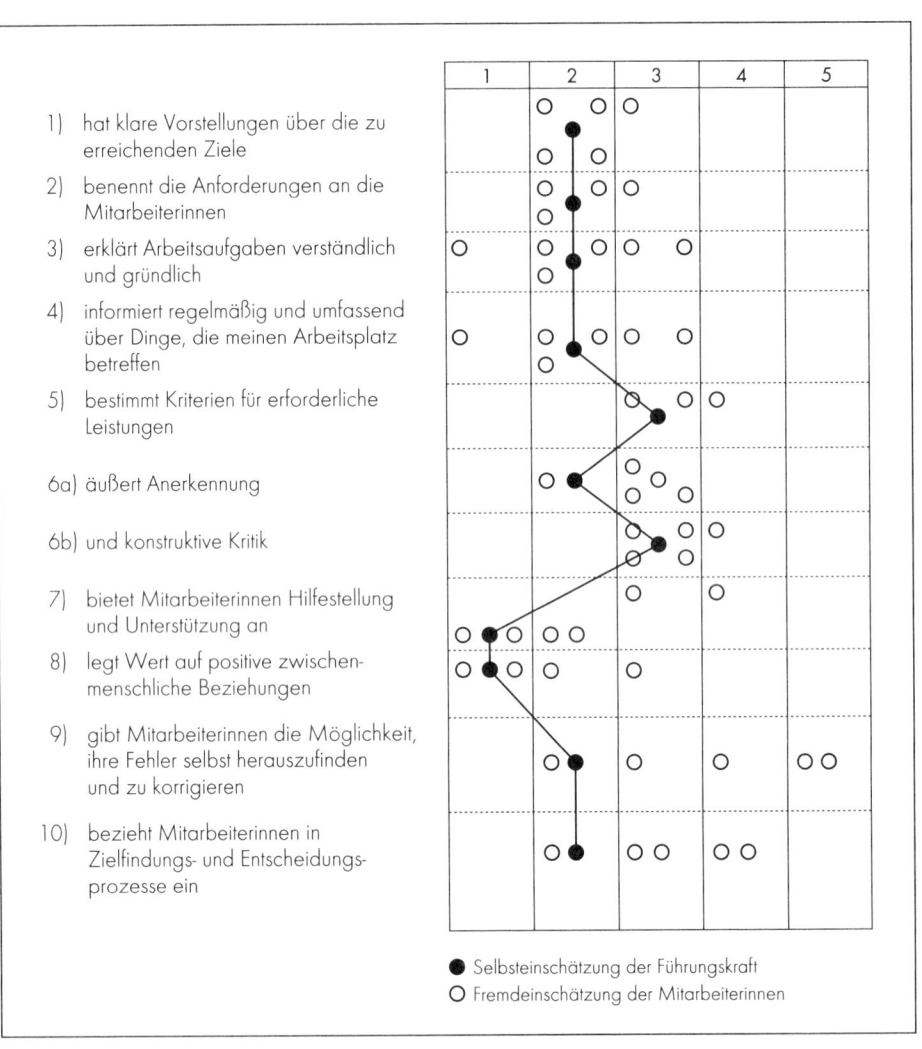

Abb. 5: Fremd- und Selbstbeurteilung einer Führungskraft (nach ISEKE, 1991, S. 91)

5. 360°-Beurteilung

5.1 Das Konzept

Der Begriff „360°-Beurteilung" verdeutlicht den Rundum-Charakter des Vorgehens: Der Beurteilte – gewöhnlich eine Führungskraft – wird von allen Seiten, mit denen er regelmäßigen Kontakt hat, beobachtet und sein Verhalten eingeschätzt (NERDINGER, 2001).

Zu den wichtigsten Bezugspersonen einer Führungskraft zählen sein direkter Vorgesetzter, seine Mitarbeiter, seine Kollegen und manchmal auch Kunden. In der Praxis werden bislang allerdings nur selten die Urteile von Kollegen, noch seltener die von

Kunden berücksichtigt. Zwar gibt es noch keine allgemein anerkannte Vorgehensweise bei der 360°-Beurteilung, aber gewöhnlich werden

− die Urteile der verschiedenen Gruppen mit demselben Fragebogen erhoben,
− häufig beurteilt sich der Betroffene auf diesem Bogen selbst,
− die Selbstbeurteilung wird mit den Aussagen der anderen Gruppen verglichen,
− die Ergebnisse werden in einem schriftlichen Bericht aufbereitet und
− bilden die Grundlage für die Rückmeldung,
− die Teil eines Entwicklungsgesprächs mit dem Beurteilten ist (NEUBERGER, 2000).

Häufig wird behauptet, die 360°-Beurteilung ermögliche eine objektive Einschätzung von Menschen, entsprechend ließen sich mit diesem Verfahren die verschiedensten Ziele der Beurteilung erreichen. Das ist nicht richtig: Der Durchschnitt vieler subjektiver Urteile ist nicht die objektive Wahrheit! Vielmehr besteht die Erkenntnis einer solchen Beurteilung darin, wie verschiedene Bezugsgruppen die betreffende Person wahrnehmen. Eine 360°-Beurteilung ist daher keine gute Basis für personelle Entscheidungen, vor allem nicht für die Gehaltsbestimmung. Versucht man dagegen die Urteile jeder Gruppe aus ihrem Blickwinkel zu verstehen, lernt der Beurteilte daraus einiges über sich, sein Verhalten und die Erwartungen, die wichtige Bezugspersonen an sein Verhalten richten. 360°-Beurteilung sollte daher nur mit dem Ziel der persönlichen Entwicklung eingesetzt werden!

5.2 Verfahren

Die 360°-Beurteilung kann verschiedene Formen annehmen, in der Regel werden aber standardisierte Verfahren eingesetzt. Damit wird sichergestellt, dass alle Beurteiler dasselbe Verhalten einschätzen. Welche Beurteilungsmerkmale verwendet werden, hängt wiederum stark vom jeweiligen Unternehmen ab. Eine Möglichkeit besteht darin, die Merkmale aus den Leitlinien für Führung und Zusammenarbeit abzuleiten. Ähnlich ist die Firma General Electric vorgegangen, die ihre Werte definiert und zur Grundlage der Beurteilung gemacht hat (Abbildung 6).

In diesem Beispiel wird eine Führungskraft von mindestens drei Bezugspersonen beurteilt – von ihrem Vorgesetzten, einem Kollegen und einem unterstellten Mitarbeiter. Außerdem können noch weitere Urteile berücksichtigt werden, zum Beispiel von wichtigen Kunden des Beurteilten und das Selbsturteil. Ein Problem bilden die in diesem Beispiel verwendeten Beurteilungsmerkmale: Ihre Formulierung enthält starke Wertungen, eine angemessene Beschreibung des Verhaltens ist auf diesem Wege kaum möglich.

5.3 Durchführung

360°-Beurteilung wird in den verschiedensten Varianten durchgeführt, einige Punkte sind aber immer zu beachten (MARCUS & SCHULER, 2001):

− *Freiwilligkeit:* Die 360°-Beurteilung ist ein Instrument zur Förderung der persönlichen Entwicklung und sollte daher nur auf Wunsch der Betroffenen durchgeführt werden. Eine „Rundum-Beobachtung" des Verhaltens kann leicht den Eindruck

Merkmal	Leistungskriterium	Vorgesetzter	Kollege	Unterst. Mitarbeiter	Andere
Vision	Hat eine klare, einfache, kundenzentrierte Vision/Ausrichtung für die Organisation entwickelt und vermittelt				
	Denkt nach vorn, erweitert Horizonte, fördert Vorstellungsvermögen				
	Vermittelt anderen Begeisterung und Energie für die gemeinsam vertretene Vision, kann motivieren; vermag durch vorbildliches Verhalten zu führen				
	Passt die Vision gegebenenfalls an den kontinuierlichen und immer schnelleren Wandel und seine Auswirkungen auf das Unternehmen an				
Kundenfokus/ Qualitätsdenken	Hört den Kunden zu und räumt Kundenzufriedenheit (einschließlich internen Kunden) höchste Priorität ein				
	Vermittelt und beweist Begeisterung für hervorragende Leistungen in allen Aspekten der Arbeit				
	Ist um 100-prozentige Erfüllung der Qualitätsansprüche im gesamten Produkt-/ Dienstleistungsangebot bemüht				
	Lebt für den Dienst am Kunden und schafft in der gesamten Organisation eine positive Kundendienst-Einstellung				
1 = signifikanter Entwicklungsbedarf 5 = außergewöhnliche Stärke					

Abb. 6: 360°-Beurteilung bei General Electric (Auszug aus dem Beurteilungsbogen, nach NEUBERGER, 2000, S. 90)

einer permanenten Überwachung auslösen, das Verhalten des Beurteilten verliert dann jede Spontaneität und Kreativität.
— *Auswahl der Beurteiler:* Da eine 360°-Beurteilung ein sehr aufwändiges Verfahren ist, werden häufig nicht alle Bezugspersonen befragt. In diesem Fall stellt sich das Problem der angemessenen Auswahl der Beurteiler. Dem Entwicklungsgedanken entsprechend ist es angemessen, wenn der Beurteilte selbst darüber entscheidet, wer ihn beurteilen soll. Er kennt seine Kontaktpersonen am besten und weiß, wer zu einem aussagefähigen Urteil in der Lage ist. Dient die Beurteilung seiner Entwicklung, wird er nicht nur ihm wohl gesonnene Personen benennen, sondern auch diejenigen, von denen kritische Aussagen zu erwarten sind.
— *Anonymität:* Wenn der Beurteilte nicht von sich aus Beurteiler benennt und mehrere Beurteiler je Gruppe ihn einschätzen, wird bei der Durchführung gewöhnlich Anonymität gewahrt. Da aber eine 360°-Beurteilung von der Qualität der Auswertung und der Diskussion der Ergebnisse sowie den daraus gezogenen Konsequenzen lebt, muss die Anonymität spätestens bei gemeinsamen Auswertungsgesprächen durchbrochen werden.

- *Auswertung:* Die Auswertung wird durch Experten vorgenommen, die an der Beurteilung nicht beteiligt waren. Häufig werden lediglich Mittelwerte der Urteile je Gruppe berechnet, um die Anonymität zu wahren. Wie bereits im Zusammenhang mit dem Vergleich von Fremd- und Selbstbeurteilung gezeigt, kann dabei aber wertvolle Information verloren gehen. Daher sollten möglichst alle Urteile in schriftlicher Form aufbereitet und mitgeteilt werden.
- *Empfänger:* Der wichtigste Empfänger der Ergebnisse ist natürlich der Beurteilte selbst. Auf keinen Fall sollten die Ergebnisse in die Personalakte aufgenommen werden, das widerspricht dem Entwicklungsgedanken des Verfahrens. Häufig werden aber alle am Prozess beteiligten Personen informiert, was nicht zuletzt der Entwicklung der Urteilsfähigkeit dient. Diese Information erfolgt anonym.
- *Rückmeldung:* Sehr zu empfehlen ist die Rückmeldung der Ergebnisse durch einen Experten, der dem Betroffenen bei der Interpretation behilflich ist. Dies kann mit dem Angebot der Beratung oder des Coaching verbunden werden, sodass der Beurteilte die Konsequenzen nicht für sich alleine ziehen muss. Sinnvoll ist es, wenn der Beurteilte zusammen mit dem Experten einen Entwicklungsplan bzw. einen Maßnahmenkatalog erstellt, in dem Folgerungen aus der Beurteilung für das künftige Verhalten gezogen werden. Im Sinne des Coaching können zur Umsetzung notwendige Schritte geübt und in weiteren Treffen die Fortschritte besprochen werden.

Werden diese Punkte beachtet, so ist die 360°-Beurteilung ein wertvolles Instrument zur Entwicklung von Mitarbeitern. Allerdings wird sie auf Grund des hohen Aufwandes in der Regel auf Mitarbeiter mit hohem Potenzial beschränkt bleiben.

6. Ausblick

Für welche Form der Beurteilung man sich auch entscheidet, ein Aspekt ist immer zu beachten (BECKER, 1998): Vor jeder systematischen Beurteilung muss genau festgelegt werden, was beurteilt werden soll. Daraus folgt eine grundsätzliche Forderung, die an jede Beurteilung im Unternehmen zu stellen ist: Beurteilungen müssen immer anforderungsbezogen sein! Es sollte also nicht die Person beurteilt werden, sondern ob der Mitarbeiter den an ihn gestellten Anforderungen gerecht wird. In welcher Form dies geschieht, darüber sollten die damit verfolgten Ziele entscheiden.

Literatur

BECKER, F. G. (1998). Grundlagen betrieblicher Leistungsbeurteilungen. (2. Aufl.). Stuttgart 1998.
BREISIG, Th. (1998). Personalbeurteilung – Mitarbeitergespräch – Zielvereinbarungen. Frankfurt/M. 1998.
GERPOTT, T. (1992). Gleichgestelltenbeurteilung. In R. SELBACH & K.-K. PULLIG (Hrsg.), Handbuch Mitarbeiterbeurteilung, S. 211–254. Wiesbaden 1992.
ISEKE, R.-D. (1991). Befragung von Mitarbeitern als Bestandteil von Personalentwicklungsmaßnahmen bei der Hamburg-Mannheimer. In M. DOMSCH & A. SCHNEBLE (Hrsg.), Mitarbeiterbefragungen, S. 83–94. Heidelberg 1991.
MARCUS, B. & SCHULER, H. (2001). Leistungsbeurteilung. In H. SCHULER (Hrsg.), Lehrbuch der Personalpsychologie, S. 397–431. Göttingen 2001.

Moser, K. (2000). Selbstbeurteilung beruflicher Leistung: Überblick und offene Fragen. In: Psychologische Rundschau, 50/2000, S. 14–25.
Nerdinger, F. W. (2001). Formen der Beurteilung im Unternehmen. Weinheim 2001.
Nerdinger, F. W. (2002). Motivation von Mitarbeitern. Göttingen 2002.
Neuberger, O. (2000). Das 360°-Feed-back. Mering 2000.
Rosenstiel, L. von (2000). Grundlagen der Organisationspsychologie. 4. Auflage. Stuttgart 2000.
Schuler, H. (1991). Leistungsbeurteilung – Funktionen, Formen und Wirkungen. In H. Schuler (Hrsg.), Beurteilung und Förderung beruflicher Leistung, S. 11–40. Göttingen 1991.

Zur Konkretisierung und weiterer Vertiefung wird empfohlen, im Fallstudienbuch die Fälle zu „Mitarbeiterbeurteilung" zu bearbeiten.

Erika Regnet

Kommunikation als Führungsaufgabe

1. Die Führungskraft als Kommunikationsmanager
2. Grundsätzliche Anmerkungen
3. Kommunikationsstörungen
4. Möglichkeiten zur Verbesserung der Kommunikation
5. Kennzeichen gelungener Kommunikation

1. Die Führungskraft als Kommunikationsmanager

Führen bedeutet in erster Linie miteinander sprechen, beispielsweise zur Lösung von Sachproblemen, zur Entscheidungsfindung, zur Gestaltung der Zusammenarbeit, zur Anerkennung und Kritik. Mit steigender Hierarchie erhöht sich der Kommunikationsanteil an der Arbeitszeit. Die erfolgreiche Führungskraft wird zum Kommunikationsmanager und ist mit einem „management by walking around" besonders effizient (vgl. LAUTERBURG, 1990); wohl deshalb, weil sie so einen intensiven Kontakt zu ihren Mitarbeitern, den Kollegen, anderen Abteilungen pflegt und dadurch frühzeitig Informationen erhält.

Doch die Realität sieht in den Unternehmen häufig noch anders aus: Mitarbeiter wünschen sich grundsätzlich – in allen Hierarchieebenen und Funktionsbereichen – mehr Information von ihren Vorgesetzten. Zwei Beispiele sollen dies verdeutlichen: Nach einer Befragung unter Forschern erhalten 44 Prozent der Mitarbeiter kein regelmäßiges Feedback über ihre Leistung und sogar 77 Prozent vermissen eine systematische Karriereentwicklung durch den Vorgesetzten; im Vergleich mit Großbritannien und den USA schneiden die bundesdeutschen Unternehmen in diesem Punkt jeweils am schlechtesten ab (DOMSCH & GERPOTT, 1988). Während Außendienstmitarbeiter – wohl wegen der direkt messbaren Erfolge bzw. Misserfolge – noch relativ häufig mit ihrem Chef sprechen (38 Prozent geben an, mindestens einmal in der Woche die Arbeitsergebnisse zu diskutieren, aber immerhin 16 Prozent führen keine Gespräche), sagen deutlich mehr Innendienstmitarbeiter, es gäbe keine Gespräche über Arbeitsergebnisse (35%), -methoden (52%) oder -verhaltensweisen (50%) mit ihrem Vorgesetzten. Teilnehmer dieser zweiten Studie waren über 1200 Personen aus 17 Branchen, vor allem aus großen und mittleren Unternehmen (GEHARDUS, 1989).

Im Zeitalter der Informationsflut wird offensichtlich eine große Diskrepanz zwischen *quantitativer Informationsmenge* und *qualitativem Informationsbedürfnis* erlebt. Eine „Führung durch Aktennotizen" wäre der Endpunkt dieser Entwicklung. Häufig stecken dahinter Unterschiede zwischen Selbst- und Fremdbild, d.h. die eigene Kommunikationsbereitschaft wird überschätzt, das Wissen und Interesse der anderen unterschätzt. So zeigen die Ergebnisse von Mitarbeiterbefragungen (z.B. BORG, 2000), dass sich viele Mitarbeiter nicht ausreichend informiert fühlen. Auf allen Hierarchieebenen stehen beispielsweise die jeweiligen Mitarbeiter einem Gespräch mit ihrem Vorgesetzten positiver gegenüber und bereiten sich besser vor, als dies bei einem Gespräch mit einem Untergebenen der Fall ist (vgl. GEBERT & v. ROSENSTIEL, 2002, S. 155).

Doch das Erleben einer mangelhaften Information und eines fehlenden Einbezugs in Entscheidungsprozesse ist sehr ernst zu nehmen. Denn es kann zu einem „Kommunikationsabbruch" kommen, zu Verunsicherung und Lähmung der Mitarbeiter führen. Verstärkt wird dies noch dadurch, dass die meisten Manager im Rahmen ihrer Ausbildung zwar detailliertes Fachwissen, aber kaum soziale Kompetenzen vermittelt bekommen – diese werden implizit vorausgesetzt.

Wodurch zeichnet sich *innerbetriebliche Kommunikation* aus? Zum einen ist sie (im Gegensatz zum Gespräch mit Freunden) funktional und zweckgerichtet; Organisationsmitglieder kommunizieren meist nicht miteinander, um Witze zu machen, sondern um ein bestimmtes Ziel zu erreichen. Entsprechend wird die Kommunikation rational eingesetzt, sie soll möglichst effizient sein und wird auf das Sachliche, eben die notwendige Information zur Zielerreichung, eingeschränkt. Sie ist zum anderen hierarchisiert, d.h. machthöhere Personen bestimmen, was und wie viel sie mitteilen, und das Kommunikationsverhalten ist nicht immer „umkehrbar", d. h. der Mitarbeiter kann häufig nicht ebenso zu seinem Vorgesetzten sprechen.

2. Grundsätzliche Anmerkungen

Wenn wir mit anderen Menschen zusammen sind, *können wir nicht nicht kommunizieren* (vgl. WATZLAWICK et al., 2000). Deshalb: Auch wer nichts sagt, teilt etwas mit – keine Antwort ist auch eine Antwort. Und gerade das Nicht-Hinhören, das Übergehen einer Äußerung ist eine Form nicht-sprachlicher, nonverbaler Interaktion.

Ein Gespräch zwischen zwei Menschen besteht aus einer ganzen Kette von Interaktionen, bei denen man sich gewissermaßen gegenseitig die Bälle zuspielt; eine partielle Betrachtung wird der Komplexität des menschlichen Verhaltens deshalb nicht gerecht. WATZLAWICK et al. (2000) berichten folgendes Beispiel: Eine Frau nörgelt, weil ihr Mann sich zurückzieht. Der Mann wiederum zieht sich zurück, weil die Frau nörgelt (Abbildung 1). Der Kreis ist geschlossen, Ursache und Wirkung sind nicht mehr auseinander zu halten, sie bedingen sich wechselseitig. Doch je nach Sichtweise und Betrachtungszeitpunkt wird der eine oder der andere als der Schuldige betrachtet.

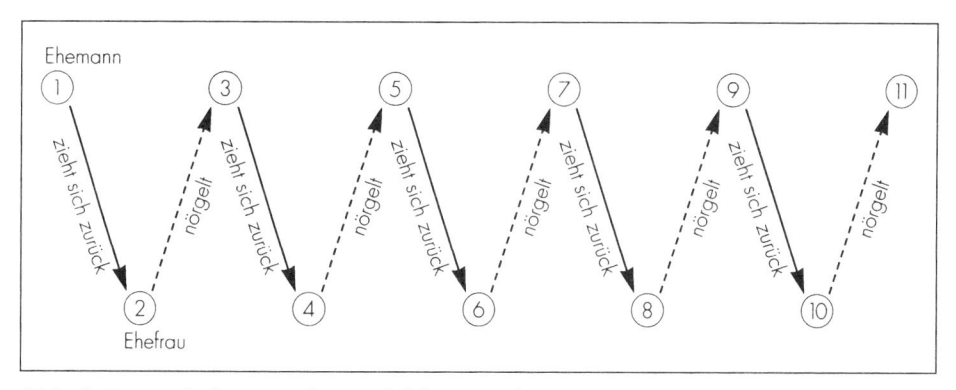

Abb. 1: Dynamische Interaktionsabfolgen (nach WATZLAWICK ET AL., 2000, S. 59)

Dies macht die häufig widersprüchlichen Aussagen von Konfliktbeteiligten verständlich. Jede Wahrnehmung ist subjektiv und damit geprägt von Einstellungen, Bedürfnissen, Erwartungen. Sie sollte deshalb hinterfragt werden.

Bei jeder Kommunikation gibt es mindestens einen Sender und einen Empfänger (vgl. Abbildung 2). Der Sender kodiert die Nachricht, der Empfänger hat sie zu dekodieren. Doch jede Nachricht hat neben der reinen Mitteilungsfunktion, der Sachebene, noch drei weitere Ebenen. Es geht nicht nur um das „Was", sondern auch um das „Wie" einer Mitteilung. So ist es beispielsweise unmöglich zu kommunizieren, ohne von sich selbst etwas preiszugeben. Das kann bei den einen dazu führen, dass sie sich Fassaden- und Imponiertechniken zulegen, bei anderen dagegen möglicherweise zu einer „Selbstoffenbarungsangst" – vielen Leuten ist es unangenehm, in Besprechungen oder vor größeren Gruppen etwas zu sagen.

Auf der anderen Seite verfolgt Kommunikation keinen Selbstzweck. Sie hat eine *Appellfunktion,* d. h. man will mit der Aussage etwas bewirken, den Empfänger in einer

Die vier Seiten einer Nachricht

```
                    Sachebene
S  Selbstoffenbarungsebene  [Nachricht]  Appellebene  → E
                    Beziehungsebene
```

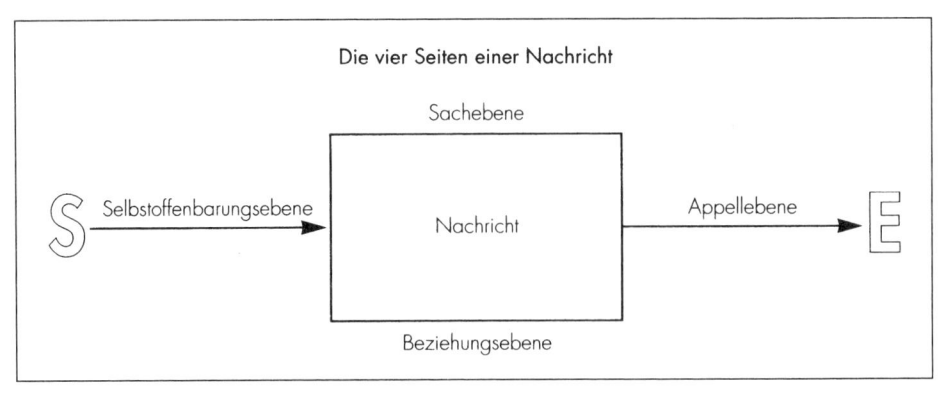

Abb. 2: Kommunikationsmodell (nach SCHULZ VON THUN, 2002)

bestimmten Hinsicht beeinflussen. Selbst die objektive Tatsachenmitteilung, „es ist jetzt 11.00 Uhr", hat einen Appellcharakter: Sie kann beispielsweise bedeuten, „lass' uns schneller machen, damit wir vor dem Mittagessen fertig werden" oder „ich muss jetzt weg, bitte hab' Verständnis".

Gleichzeitig spielt bei jeder Interaktion auch die Beziehung zwischen den Beteiligten eine Rolle. Wenn man sich mit jemandem gut versteht, legt man nicht jedes Wort auf die Goldwaage, während man sich andererseits über das Lob eines weniger geschätzten Kollegen kaum freuen kann.

Das Bedeutsame daran ist nun, dass *Kommunikation immer auf allen Ebenen gleichzeitig stattfindet*. Und in der Bewertung der Gesamtkommunikation konzentrieren wir uns – bewusst oder unbewusst – weniger auf den verbalen Teil, auf den geäußerten Sachinhalt, sondern vielmehr auf die Mimik, das nonverbale Verhalten sowie die Sprechweise (insbesondere Wortwahl und Betonung). Deshalb ist keineswegs sichergestellt, dass eine Mitteilung auch wirklich so ankommt, wie es beabsichtigt war. Will jemand mit der Äußerung, „ein scheußliches Wetter ist das heute wieder", eine Diskussion über die aktuelle Wetterlage in Gang bringen oder aber Kontakt, eine Beziehung zum Gegenüber herstellen? Diese Unterscheidung ist wichtig, um ein besseres Verständnis für den Gesprächspartner zu entwickeln und sich auf ihn einstellen zu können. Denn ein logisches Argument als Reaktion auf eine Kontaktaufnahme oder eine Gefühlsäußerung würde beispielsweise als Ablehnung empfunden werden.

In den folgenden Kapiteln soll erörtert werden, wie es zu Kommunikationsstörungen kommt und wie auf der anderen Seite das Interaktionsverhalten verbessert werden kann.

3. Kommunikationsstörungen

Hier lassen sich vier Hauptursachen unterscheiden:

(1) Kommunikationsmangel
Eine wichtige Ursache für Störungen im zwischenmenschlichen Bereich liegt darin, dass sich die Beteiligten zu wenig austauschen oder aber – dies ist ein häufiger Fall – konfliktträchtige Themen vermeiden, ja geradezu tabuisieren. Probleme werden nicht

angesprochen, sondern im Gegenteil möglichst umgangen, unter den „Teppich gekehrt". Dadurch bestehen sie aber weiterhin und können nicht aufgelöst werden. Die Chancen, die in den Konflikten liegen (vgl. den Beitrag von BERKEL, in diesem Band) bleiben ungenutzt. Im betrieblichen Kontext zeigt sich beispielsweise, dass Vorgesetzte dazu neigen, die von ihnen nach unten gesendete Information für größer zu halten, als dies aus der Sicht der Mitarbeiter der Fall ist.

(2) Senderfehler
Oben wurde schon darauf hingewiesen, dass jede Mitteilung vom Sender zunächst kodiert wird. Kommunikationsstörungen können nun daraus resultieren, dass die Mitteilung nicht empfängergerecht vermittelt wird (z.B. bei der Zusammenarbeit unterschiedlicher Experten die Verwendung der jeweiligen Fachtermini) oder dass der Sender sich nicht rückversichert, ob seine Nachricht auch richtig „angekommen" ist. Man könnte es überspitzt so ausdrücken: Die eine Hälfte der Menschheit drückt sich nicht klar genug aus, die andere Hälfte hört nicht genau genug zu.

Weitere *Kommunikationsblockaden* entstehen dadurch, dass man die Probleme des anderen herunterspielt, vorschnelle Urteile abgibt, forscht und verhört, selbst lange Vorträge hält statt zuzuhören, vorschnelle Lösungen anbietet oder gleichzeitig andere Dinge macht (z.B. Post sortieren, telefonieren). Auch „Killerargumente" (z.B. verspotten, als Verstoß gegen die Unternehmenspolitik hinstellen, auf die Kosten hinweisen, als graue Theorie darstellen etc.) sind „bewährte Mittel", um einen offenen Meinungsaustausch zu verhindern.

(3) Empfängerfehler
Jeder von uns nimmt *selektiv* wahr. D. h. man hört nur bestimmte Dinge, Reizwörter, ist vielleicht auch unkonzentriert. Ein Ergebnis der Wahrnehmungspsychologie ist, dass Menschen bei vermeintlichen Lücken diese – in Angleichung an das Gewohnte bzw. bezogen auf eigene Erwartungen – ausfüllen, widersprechende Informationen „überhören", Nachrichten vereinfachen und verdichten. Dies ist ein geradezu lebensnotwendiger Prozess, der es uns ermöglicht, die Vielzahl der auf uns einströmenden Informationen zu ordnen. Er bringt aber auch Missverständnisse und viele Probleme mit sich. Dies macht verständlich, warum in einer Konfliktsituation unter emotionaler Beteiligung eine eindeutige Kommunikation erst recht nicht gelingt. Häufig ist man ja überrascht, was man selbst gesagt haben soll, aber doch niemals so ausdrücken würde, während man andererseits verschiedene Dinge deutlich gehört hat, die der andere weit von sich weist... *Der Sinn einer Nachricht entsteht beim Empfänger!*

(4) Diskrepanz zwischen „Was" und „Wie"
Wenn verbales und nonverbales Verhalten nicht zusammenpassen, spricht man von einer so genannten „double-bind"-Nachricht. Dies ist beispielsweise die Mutter, die den kleinen Sohn schimpft, weil er einem Kameraden die Spielsachen weggenommen hat, dabei aber lächelt und glänzende Augen hat. Genauso unglaubwürdig ist der Vorgesetzte, der verbal beteuert, „Sie können mir jetzt alles sagen, ich bin ganz offen für Kritik", und dabei böse in die Runde blickt und sich körperlich verspannt – wehe, es wage einer! Bei solch widersprüchlichen Informationen richten wir uns stärker nach dem „Wie" der Übermittlung als nach dem rein sachlichen Inhalt.

Warnsignale, die Störungen in der Kommunikationsstruktur anzeigen, sind übermäßige Absicherungstendenzen, Aggressionen, Projektionen, Ausweich- und Fluchtverhalten oder aber – das gerade in Besprechungen häufig vorzufindende – ständige Wiederholen derselben Argumente. Das sind Zeichen dafür, dass das Problem eigentlich ganz woanders liegt.

4. Möglichkeiten zur Verbesserung der Kommunikation

Ausgehend von den oben angeführten Kommunikationsstörungen soll nun aufgezeigt werden, wo Ansatzpunkte zur Verbesserung liegen (vgl. SCHULZ VON THUN, 2000; SAUL, 1999; GEHM, 1997).

(1) Ausreichende Kommunikation
Unter rein quantitativen Gesichtspunkten ist sicherzustellen, dass im Arbeitsablauf ausreichend Zeit für Gespräche mit den Mitarbeitern bleibt. Denn häufig hat das Wichtige (= das Mitarbeitergespräch) hinter dem Dringenden (= den terminierten Anfragen, Unterbrechungen, Sonderaufgaben des Vorgesetzten etc.) zurückzustehen. Mitarbeiter wünschen sich aber grundsätzlich mehr Informationen und Feedback.

Zunächst sind die *strukturellen Voraussetzungen* dafür zu schaffen, hierbei ist an regelmäßige Abteilungsbesprechungen, für die genügend Zeit eingeplant sein muss, ohne dass diese deshalb gleich zur „Quasselbude" ausarten, sowie an Zeitblöcke zu denken, in denen der Vorgesetzte für die Mitarbeiter erreichbar ist, ohne durch andere Anfragen, Telefonate u. Ä. unterbrochen zu werden.

Unter *qualitativen Gesichtspunkten* ist wichtig, bestimmte Themen, insbesondere Konflikte, nicht auszuklammern. Denn Störungen haben Vorrang: Wer ärgerlich, gelangweilt oder aus sonstigen Gründen unkonzentriert ist, kann an einem Gespräch und der Ergebniserarbeitung nicht wirklich teilnehmen. Besonders hilfreich ist *Metakommunikation,* d. h. die Kommunikation über die Kommunikation. Hier tauschen sich die Beteiligten bewusst auf einer anderen Ebene über den Gesprächsablauf, ihre Empfindungen, Wünsche etc. aus. Dies ist eine Möglichkeit, um Störungen und Konflikte frühzeitig zu erkennen und anzusprechen.

(2) Senderverhalten
Derjenige, der eine Nachricht übermittelt, soll diese möglichst eindeutig und klar formulieren. (Dass es verschiedene Gelegenheiten gibt, in denen man sich bewusst „nebulös" ausdrückt, soll hier nicht weiter diskutiert werden, da es hier um die Verbesserung der Kommunikation und nicht um die Verschleierung seiner Interessen und „Mikropolitik" geht.)

In dem Beitrag „Teamentwicklungstraining" von COMELLI (in diesem Band) sind die wichtigsten aus der so genannten themenzentrierten Interaktion abgeleiteten Kommunikationsregeln angeführt. Ziel ist ein offeneres Kommunikationsverhalten. Dementsprechend soll jeder, statt sich hinter Fragen zu verstecken, deutlich seine Interessen äußern sowie den anderen direkt ansprechen, statt sich allgemein an die Gruppe zu wenden, wenn eigentlich ein bestimmter Anwesender gemeint ist. Zudem ist es wichtig, nicht allein auf der Sachebene zu verharren (vgl. das oben dargestellte Modell von SCHULZ VON THUN), sondern auch Empfindungen deutlich zu machen.

Besonders bedeutsam wird das beim Feedback, das für eine gelungene Kommunikation unverzichtbar ist. Denn ein Gespräch ohne Feedback ist wie Tischtennis ohne

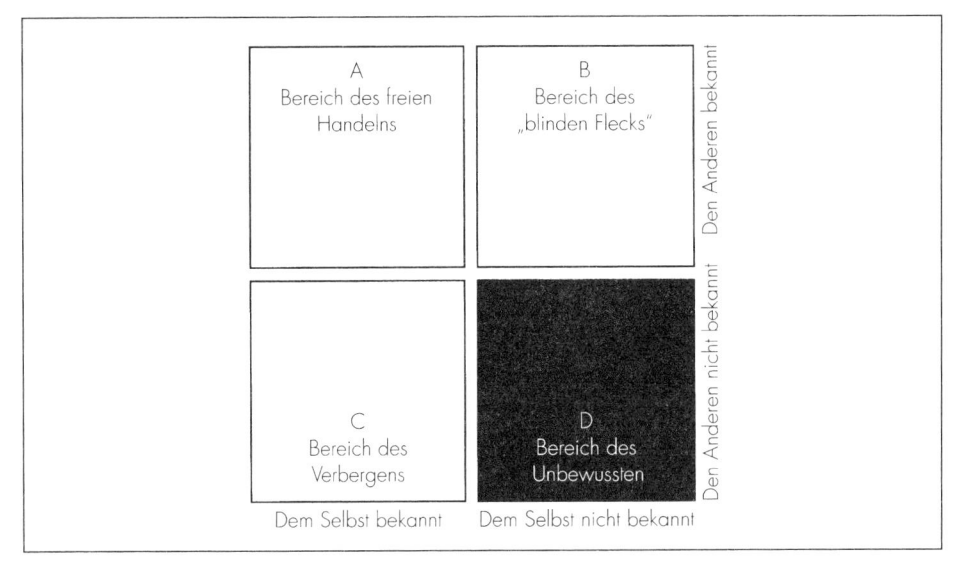

	A Bereich des freien Handelns	B Bereich des „blinden Flecks"	Den Anderen bekannt
	C Bereich des Verbergens	D Bereich des Unbewussten	Den Anderen nicht bekannt
	Dem Selbst bekannt	Dem Selbst nicht bekannt	

Abb. 3: Das sog. „Johari-Fenster"

Partner; nur dieses hilft uns zu erfahren, wie wir auf andere wirken. Ziel ist die Verkleinerung des „blinden Flecks" (siehe Abbildung 3); Verhaltensveränderung ohne Rückmeldung ist nicht möglich.

Doch häufig unterbleibt Feedback, weil es uns peinlich ist, bestimmte Dinge anzusprechen. Bevor Feedback gegeben wird, sollte man zunächst die Bereitschaft des Empfängers, die Angemessenheit und den Zeitpunkt prüfen. Besonders wichtig ist es, konkret und beschreibend zu bleiben, und nicht in Interpretationen oder Vorwürfe zu verfallen. Konkret heißt das: nicht zu sagen, „Sie sind autoritär" oder „Sie wollen die Gesprächsführung an sich reißen", sondern „ich ärgere mich, weil Sie mich jetzt schon zum zweiten Male unterbrochen haben und mich nicht ausreden lassen". Deshalb ist es auch hier wichtig, sich nicht hinter „man" oder „Du-Appellen" zu verstecken, sondern Ich-Botschaften zu senden, d.h. über die eigenen Wünsche und Kränkungen zu informieren. Ein Gebot der Höflichkeit ist es, dass auch das Feedback „umkehrbar" formuliert wird.

Man kann zudem jemanden aus dem Bekanntenkreis um Feedback bitten, auf einen Coach (vergleiche den Beitrag von BÖNING, in diesem Band) zurückgreifen oder die Chance eines *Videotrainings* nutzen. Letzteres ist eine gute Gelegenheit, in der man seine Mimik, seine Gesten, die Klarheit seiner Ausdrucksweise und vieles andere mehr selbst überprüfen kann.

(3) Empfängerverhalten
Hier ist zunächst das *aktive Zuhören* zu nennen: Um das Verständnis zu verbessern, konzentriert man sich ganz besonders auf den Gesprächspartner und signalisiert ihm das in verbaler wie nonverbaler Hinsicht. Man hält also Blickkontakt, nickt (dies bedeutet nicht unbedingt eine inhaltliche Zustimmung, sondern ein Interesse an dem Gesagten – tut man das nicht, ist der Gesprächspartner schnell irritiert und verstummt). Um sicherzustellen, dass man die Aussage richtig verstanden hat, lässt sich der gehörte Sachverhalt wiederholen (z.B. „habe ich Sie richtig verstanden…" oder „Sie meinen damit, dass…"); dies bietet gleichzeitig eine Pause zum Nachdenken und

führt dazu, dass man besser zuhört, weil man ja nicht bereits bei den letzten Äußerungen des Vorredners seine Gegenargumentation bildet. Des Weiteren kann der Angesprochene nachfragen oder weiterführende Denkanstöße in die Diskussion einbringen, bei letzterem ist es aber wichtig, nicht in vorschnelle Lösungen und Interpretationen zu verfallen. Diese aktive Auseinandersetzung signalisiert dem anderen zum einen Aufmerksamkeit und gibt zum anderen Sicherheit, dass der Hörer das Gesagte wirklich richtig verstanden hat.

Eine Sonderform ist die „nondirektive Gesprächsführung" (vgl. den folgenden Beitrag von NEUMANN), bei der der Empfänger sich zunächst fast ausschließlich auf das Zuhören und Fragen beschränkt.

Für das *Empfangen von Feedback* lassen sich folgende Regeln aufstellen: Bitten Sie die anderen möglichst oft um Feedback, denken Sie dabei daran, dass jede Wahrnehmung subjektiv ist, Sie jedoch zusätzliche Informationen darüber erhalten, wie Sie von anderen gesehen werden. Sagen Sie konkret, welche Informationen Sie haben wollen, und überprüfen Sie die Bedeutung des Gesagten. Fragen Sie nach, was der andere wirklich gemeint hat. Teilen Sie Ihre Reaktionen mit, aber verzichten Sie darauf, zu argumentieren oder sich zu verteidigen.

(4) Vermeidung doppelbödiger Kommunikation
Das Ende jeder offenen Diskussion ist, wenn zwischen Gesagtem und Gedachtem eine Diskrepanz besteht. Ziel sollte es sein, authentisch zu kommunizieren. Damit ist nicht gemeint, dass Sie alles sagen sollen, was Sie denken (das wäre für uns alle auch gar nicht so wünschenswert), sondern, dass Sie das Gesagte auch wirklich meinen. Denn nur so sind Aussagen und Verhalten berechenbar und zuverlässig.

Aufgaben und Tipps für den (die) Vorgesetzte(n)
Der Vorgesetzte ist sowohl im Vier-Augen-Gespräch als auch in der Gruppenbesprechung derjenige, der die Qualität der Kommunikation entscheidend bestimmt. Ihm ist zu empfehlen, die volle Aufmerksamkeit auf den Gesprächspartner zu richten und diesem zu zeigen, dass er zuhören will. Dass der Vorgesetzte seine Meinung nicht als Erster sagen sollte, ist ein oft wiederholter Rat, der aber noch lange nicht routinemäßig umgesetzt wird. Er sollte sich zunächst zurückhalten, sein Gegenüber lieber fragen und ausdrücklich zur Kritik auffordern.

Insbesondere bei *problematischen Gesprächen* sollen zunächst Problembewusstsein signalisiert, Akzeptanz geäußert (um die Person, nicht unbedingt den Inhalt des Angesprochenen positiv anzunehmen) und offene Fragen gestellt werden. Um Gesprächsbereitschaft zu signalisieren, ist insbesondere die sog. nondirektive Gesprächsführung (vgl. den folgenden Beitrag von NEUMANN) eine große Hilfe.

Abbildung 4 zeigt die positive Wirkungsspirale am Beispiel des besseren Zuhörens.

5. Kennzeichen gelungener Kommunikation

Gelungene Kommunikation zeichnet sich insbesondere durch folgende Kennzeichen aus (vgl. NEUBERGER, 1996):

– Verwendung von Ich-Botschaften statt sich hinter „Man-Aussagen" und „Du-Vorwürfen" zu verstecken;

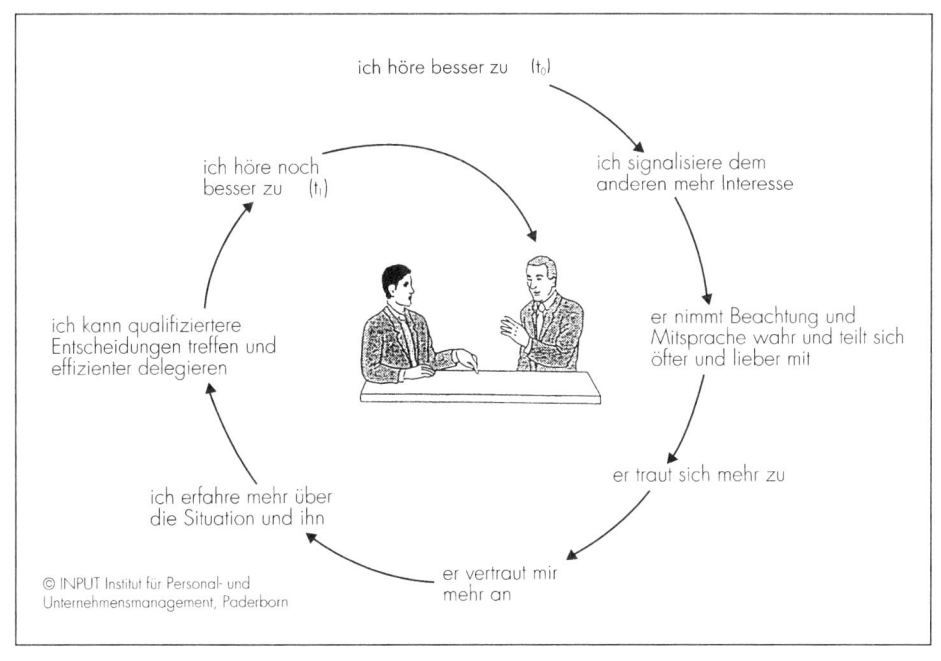

Abb. 4: Wirkungszyklus von persönlichen Verhaltensänderungen

- beschreibende Äußerungen statt Wertungen und Be-/Verurteilungen vorzunehmen;
- Ausdrücken von Gefühlen und persönlicher Umgangston statt rein sachlich zu bleiben und sich hinter unpersönlichen Ausdrücken zu verschanzen;
- direkte, offene Äußerungen, bei denen Probleme sofort und explizit ausgedrückt werden, statt seine Meinung und seinen Ärger hinter „doppelbödiger" Kommunikation zu verbergen;
- Meinungsvielfalt statt Opportunismus;
- Feedback und aktives Zuhören statt Killerfragen und Kommunikationsblockaden;
- persönlicher Umgangston statt Unpersönlichkeit;
- konstruktives Verhalten statt „Mauern";
- Akzeptanz und Hilfsbereitschaft statt Ablehnung oder Ausnützen der Schwächen des anderen zu seinem eigenen Vorteil;
- Konfliktbereitschaft und -toleranz statt Harmonie um jeden Preis;
- authentische, ehrliche Aussagen statt Imponiergehabe und Profilierungsverhalten.

Im Austausch mit anderen Personen, durch verschiedene Analysen (s. o.) oder anhand von Checklisten (vgl. STREICH, 1987) lässt sich das eigene Kommunikationsprofil nach Stärken und Schwächen ausloten. Entsprechend dem in Abbildung 4 dargestellten Wirkungszyklus können dann einzelne Verhaltensweisen gezielt überprüft und bearbeitet werden.

Literatur

Borg, I. (2000). Führungsinstrument Mitarbeiterbefragung. 2. Auflage. Göttingen 2000.
Domsch, M. & Gerpott, T. J. (1988). Personalführung als Erfolgsfaktor in Forschung und Entwicklung. In: Harvard manager, Heft 2, 1988, S. 64–70.
Gebert, D. & Rosenstiel, L. v. (2002). Organisationspsychologie. 5. Auflage. Stuttgart 2002.
Gehardus, J. (1989). Wie Sie Ihre Führung verbessern können. In: Gablers Magazin, o. Jg., Heft 6, 1989, S. 6–8.
Gehm, T. (1997). Kommunikation im Beruf. 2. Auflage. Weinheim und Basel 1997.
Lauterburg, C. (1990). Führung in den Neunzigerjahren. Die Veränderung der Führungsfunktion im Zeitalter des raschen Wandels. In: Zeitschrift für Organisationsentwicklung, o. Jg., Heft 1, 1990, S. 7–23.
Neuberger, O. (1996). Miteinander arbeiten – miteinander reden. Hrsg. vom Bayerischen Staatsministerium für Arbeit und Sozialordnung. 15. Auflage. München 1996.
Saul, S. (1999). Führen durch Kommunikation. 3. Auflage. Weinheim und Basel 1999.
Schulz von Thun, F. (2002). Miteinander reden: Störungen und Klärungen. 36. Auflage. Reinbek bei Hamburg 2002.
Schulz von Thun, F. (2000). Miteinander reden. Kommunikationspsychologie für Führungskräfte. Reinbek bei Hamburg 2000.
Streich, R. K. (1987). Teamentwicklung – Verhalten im Team und Verhaltensdiagnose. In L. v. Rosenstiel et al. (Hrsg.), Motivation durch Mitwirkung. Stuttgart 1987.
Watzlawick, P., Beavin, J. H. & Jackson, D. D. (2000). Menschliche Kommunikation. 10. Auflage. Bern u. a. 2000.

Zur Konkretisierung und weiteren Vertiefung wird empfohlen, im Fallstudienband die Fälle zu „Mitarbeitergespräch" zu bearbeiten.

Peter Neumann

Gespräche mit Mitarbeitern effizient führen

1. Verschiedene Gesprächsstile
2. Das nondirektive Mitarbeitergespräch
3. Einsatzbereiche und Wirkungen nondirektiver Gespräche
4. Abschluss

„Damit die Vorgesetzten in meinem Unternehmen gute Mitarbeitergespräche führen können, brauchen Sie weniger ein Rhetorik- als vielmehr ein Zuhör-Seminar." Dies sagte die Bereichsleiterin „Personal" eines großen deutschen Konzerns, als wir für die Führungskräfte ihres Hauses ein Seminar planten, um das Führungsverhalten der Teilnehmer u. a. auch durch Training eines geeigneten Gesprächsstils zu optimieren.

Zu den Aufgaben dieser Führungskräfte gehört beispielsweise, dass sie

- ihre Mitarbeiter wirksam motivieren,
- mit ihnen effektive Zielvereinbarungs- und Beurteilungsgespräche führen,
- bei Kritikgesprächen die Ursachen für das Fehlverhalten herausfinden und gemeinsam mit den Mitarbeitern passende Maßnahmen zur Beseitigung dieser Verhaltensweisen entwickeln,
- ihre Mitarbeiter in Entscheidungen einbinden,
- Sach- und Beziehungsprobleme analysieren und lösen,
- qualifizierte Informationen einholen,
- an jeden einzelnen Mitarbeiter die ihm angemessenen Aufgaben delegieren,
- auf Beschwerden richtig reagieren oder
- künftige Aktivitäten, Arbeitsschwerpunkte und Arbeitsmethoden planen und koordinieren.

Ohne Kommunikation mit den Mitarbeitern sind diese für die meisten Führungspositionen sicher typischen Ziele wohl kaum zu erreichen. Und ebenso selbstverständlich ist, dass diese umso besser erreicht werden, je besser die Kommunikation zwischen dem Vorgesetzten und den Mitarbeitern ist. Folgerichtig stellt sich die Frage, wie ein Vorgesetzter die Kommunikation mit seinen Mitarbeitern verbessern kann (vgl. dazu auch v. ROSENSTIEL, Die Arbeitsgruppe, in diesem Band).

Nach einer sehr pointierten Feststellung von NEUBERGER (2001) hängt eine erfolgreiche Gesprächsführung von drei Dingen ab: 1. vom *Zuhören*, 2. vom *Zuhören* und 3. vom *Zuhören*. Andere Autoren sehen dies ähnlich: So widmen beispielsweise BORMANN, HOWELL, NICHOLS und SHAPIRO (1969) in ihrem Buch „Kommunikation in Unternehmen und Verwaltung" dem Thema Zuhören zwei volle Kapitel. Und genau darauf zielte die eingangs zitierte Bereichsleitern ab, als wir unter den verschiedenen Gesprächsstilen nach einem suchten, der die Führungskräfte bei ihren Aufgaben besonders gut unterstützen könnte.

1. Verschiedene Gesprächsstile

Mitarbeitergespräche kann man zum einen danach klassifizieren, wie stark der Vorgesetzte das Gespräch nach seinen eigenen Vorstellungen, Ideen und Wünschen steuert, und zum anderen danach, wie sehr er auf die persönlichen Belange des Mitarbeiters, auf dessen Vorstellungen, Wünsche und Bedürfnisse eingeht. Nach diesen Klassifikationskriterien ergeben sich folgende Gesprächstypen:

- das direktive Gespräch (das patriarchalisch-autoritär, autoritär oder als Stressgespräch geführt werden kann),
- die qualifizierte Beratung des Mitarbeiters durch den Vorgesetzten,

- der normale Dialog,
- das belanglose Geplaudere des Mitarbeiters mit dem Vorgesetzten und
- das nondirektive Gespräch.

Abbildung 1 zeigt diese Gesprächsstile, wobei die Grenzen zwischen den einzelnen Stilen natürlich fließend sind.

Beim *direktiven Gespräch* steuert der Vorgesetzte das Gespräch nach eigenem Gutdünken. Die Belange des Mitarbeiters werden vernachlässigt. Das extrem direktive *Stressgespräch* zielt darauf ab, durch ständige, scharf formulierte und vorgetragene Fragen den Mitarbeiter – fast im Sinne eines Verhörs – zu verunsichern und dadurch vielleicht zu ‚Geständnissen' und ‚Zugeständnissen' zu bewegen. Das *autoritäre Gespräch* ist im Vergleich dazu etwas ‚milder'; doch auch hier hat der Mitarbeiter kaum Gelegenheit, seinen Vorstellungen Gehör zu verschaffen. Im *patriarchalisch-autoritären Gespräch* hält sich der Vorgesetzte schon ein klein wenig zurück; die persönlichen Bedürfnisse des Mitarbeiters werden etwas mehr berücksichtigt. (Dieser Gesprächsstil wird hier nicht verstanden als ein wirklich ‚väterlicher' Gesprächsstil, bei dem der Gesprächsleiter durchaus auf seinen Gesprächspartner eingeht. Der patriarchalisch-väterliche Gesprächsstil wäre in Abbildung 1 bei der qualifizierten Beratung anzusiedeln.)

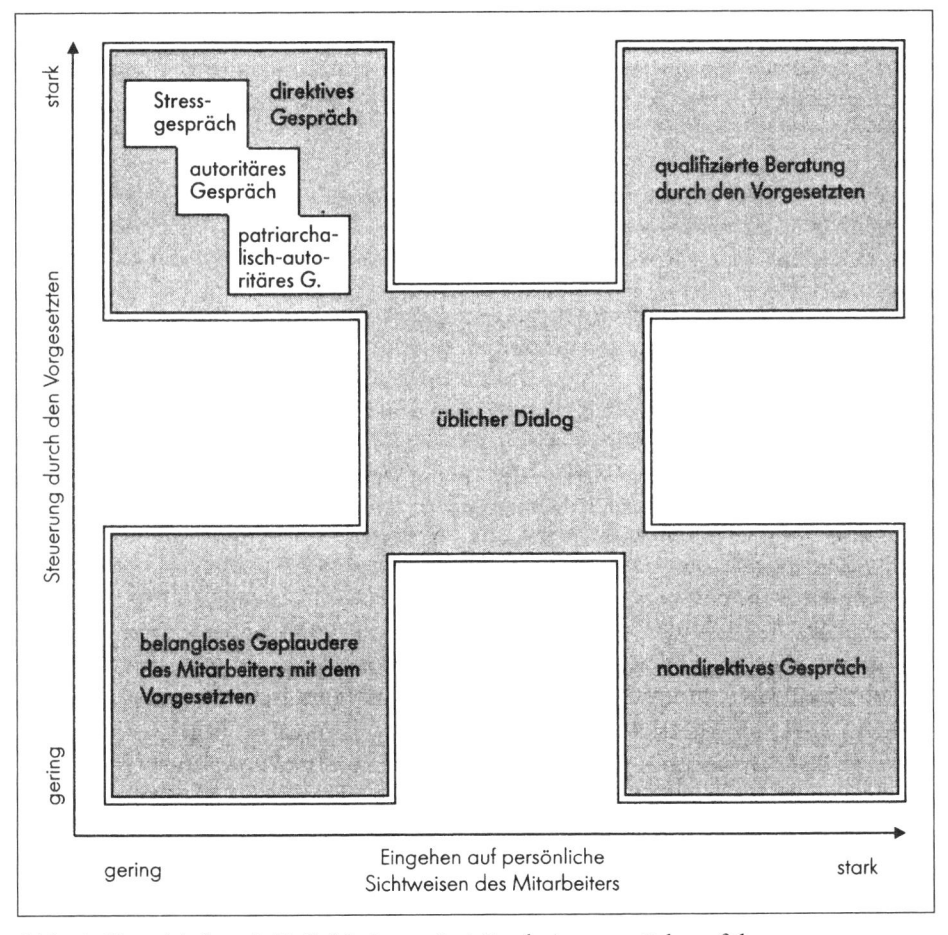

Abb. 1: Verschiedene Möglichkeiten, ein Mitarbeitergespräch zu führen

Im *üblichen Dialog* tauschen der Vorgesetzte und sein Mitarbeiter wechselseitig Informationen aus. Der Vorgesetzte steuert das Gespräch nicht mehr so stark und geht auch schon auf die Wünsche seines Mitarbeiters ein. Für viele Situationen ist dies eine sehr geeignete Gesprächsform, vorausgesetzt, es kommt tatsächlich zu einem echten Dialog und nicht wieder zu einem Monolog des Vorgesetzten, der für direktive Gespräche oft typisch ist.

Das *nondirektive oder mitarbeiterorientierte Gespräch* ist dadurch gekennzeichnet, dass der Vorgesetzte das Gespräch kaum nach seinen *eigenen* Vorstellungen steuert, sondern nach dem, was er den Äußerungen des Mitarbeiters entnehmen kann. Er versucht, den Sachverhalt mit den Augen des Mitarbeiters zu sehen, sich auf die persönliche Sichtweise des Mitarbeiters einzustellen. In dieser Gesprächsform kann sich der Mitarbeiter am meisten ‚einbringen'. Der Vorgesetzte ist dabei aber keineswegs Spielball des Mitarbeiters: Durch aufmerksames Zuhören – dem wichtigsten Kennzeichen dieses Gesprächsstils – ist er sehr wohl in der Lage zu erkennen, wenn der Mitarbeiter ‚um den heißen Brei redet' oder ihn mit Worten ‚zudecken' will. Er kann dann entweder nondirektiv ‚nachhaken' oder auf eine direktivere Gesprächsform umsteigen, um zu verhindern, dass das Gespräch zu einem bloßen Geplaudere des Mitarbeiters abgleitet.

Beim *belanglosen Geplaudere* hat der Mitarbeiter zwar die Gelegenheit, das Gespräch weitgehend allein zu steuern; er spricht aber nicht über das, was wirklich ‚Sache' ist. Seine zentralen Vorstellungen, Wünsche oder Befürchtungen bleiben unausgesprochen. Das Gespräch bleibt an der Oberfläche.

Bei der *qualifizierten Beratung* geht der Vorgesetzte auf die persönlichen Belange des Mitarbeiters präzise ein, bestimmt allerdings den Verlauf des Gesprächs weitgehend selbst. Eine solche Gesprächsform wäre etwa gegeben, wenn ein Personalchef dem Teilnehmer an einem Assessment Center (vgl. den Beitrag von SCHULER: Auswahl von Mitarbeitern, in diesem Band) dessen Ergebnisse detailliert erläutert und ihm mitteilt, welche Qualifikationsmaßnahmen für ihn besonders empfehlenswert wären.

Die wichtigsten Gesprächsstile sollen an einem konkreten Beispiel veranschaulicht werden: Ein Vorgesetzter stellt bei einem seiner Mitarbeiter fest, daß dieser seit zwei Monaten weniger als früher leistet. Er beschließt, mit dem Mitarbeiter darüber zu reden, um die Ursachen für den Leistungsabfall zu erfahren und sie nach Möglichkeit abzustellen. Wie könnte dieses Gespräch aussehen?

Ein *Stressgespräch* könnte mit folgenden Sätzen beginnen:

Vorgesetzter: „Ihre Arbeitsleistung ist absolut indiskutabel. So kann es auf keinen Fall weitergehen. Sie müssen umgehend Ihre Leistung wieder auf den alten Stand bringen und alles unterlassen, was Ihre Leistung beeinträchtigen könnte."
    Mitarbeiter: „Ja, natürlich."
„Was heißt hier ‚Ja, natürlich'. Sie müssen alles, wirklich alles unterlassen – auch jegliche Form von Alkohol. Der ist doch sicher mit im Spiel?"
    „Das kann ich mir nicht vorstellen."
„So eine Antwort ist ja wieder einmal typisch für Sie. Sie sind wohl nicht Manns genug, Ihre Probleme zuzugeben. Ich will ein klares ‚Ja' oder ‚Nein' auf meine Frage. Haben Sie nun Alkoholprobleme oder nicht?"
    „Natürlich nicht!"

Ein *patriarchalisch-autoritäres Gespräch* könnte folgendermaßen ablaufen:

Vorgesetzter: „Sie wissen ja, dass ich mich um jeden meiner Mitarbeiter fast so wie um meine eigenen Söhne kümmere. Und mir ist aufgefallen, dass sich Ihre Arbeitsleistung in letzter Zeit ziemlich verschlechtert hat. Ich mache mir deshalb Sorgen um Sie. Kann ich Ihnen bei Ihren Problemen helfen?"

Mitarbeiter: „Das ist sehr freundlich von Ihnen, aber ich komme schon selbst zurecht."

„Das habe ich von Ihnen auch nicht anders erwartet. Sie sind ein tüchtiger Kerl und schaffen es ganz sicher. Wir alle haben doch das eine oder andere Problem. Da müssen wir einfach durch. Ein so verdienter Mitarbeiter wie Sie wird sich doch nicht hängen lassen. Wir werden das Kind schon schaukeln. Sie können auf meine Hilfe zählen."

„Vielen Dank."

Ein *üblicher Dialog* könnte wie folgt anfangen:

Vorgesetzter: „Mit Ihrer Arbeitsleistung bin ich in letzter Zeit nicht mehr ganz zufrieden."

Mitarbeiter: „Was haben Sie daran auszusetzen?"

„Da wären zum einen Ihre Fehler, die zugenommen haben."

„Ich finde, dass ich bei Routine-Aufgaben nicht mehr Fehler als früher mache."

„Das mag sein; aber bei Arbeiten, die Flexibilität verlangen, sieht es dafür umso schlechter aus."

„Da gab es auch in letzter Zeit einige ausgesprochen knifflige Sachen. Da haben meine Kollegen ebenfalls gestöhnt."

„Was Ihre Kollegen sagen, ist im Moment nicht so wichtig. Wir wollen über Ihre Arbeitsleistung sprechen."

„Aber wenn's den anderen genauso ergeht?"

Ein *nondirektives Gespräch* könnte mit folgenden Worten eröffnet werden:

Vorgesetzter: „Ich mache mir etwas Sorgen um Ihre Arbeitsleistung. Was ist geschehen?"

Mitarbeiter: „Nichts. Absolut nichts."

„Wirklich nichts?"

„Nun ja,… ich finde, dass ich im Vergleich zu meinen Kollegen gar nicht so schlecht dastehe."

„Ja."

„Aber es waren in letzter Zeit auch einige besonders schwierige Aufgaben dabei. Da musste ich mich erst reinarbeiten. Das hat vielleicht meine Leistung etwas beeinträchtigt."

„Sie sagen ‚vielleicht' und ‚etwas'."

„Nun – aber irgendwie ist mir das unangenehm' ich fühle mich in letzter Zeit doch ziemlich gestresst."

„Warum?"

„Da spielen natürlich auch die schwierigen Fälle eine gewisse Rolle…"

Pause.

„… und da ist da noch etwas anderes. Ich…"

Überlegt man, wie gut die hier dargestellten Gesprächsstile für die Bewältigung der oben beschriebenen Führungsaufgaben geeignet sind, wird man im Normalfall dem üblichen Dialog, in kritischen Situationen dem nondirektiven Gespräch eine gewisse Schlüsselrolle zuschreiben können. Allerdings wäre es naiv zu glauben, es gäbe *einen* Gesprächsstil, der in *allen* Situationen der beste und damit allein empfehlenswerte ist. Zu unterschiedlich sind die konkreten Gegebenheiten für den einzelnen Vorgesetzten: seine eigenen Fähigkeiten und Persönlichkeitseigenschaften, die seiner Mitarbeiter, die aktuellen Sachaufgaben und Problemfelder, gesellschaftliche und betriebliche Rahmenbedingungen usw. Trotz dieser Einschränkungen kann im nondirektiven Gespräch eine bedeutsame Möglichkeit gesehen werden, mit der Führungskräfte besonders heikle Aufgaben meistern können. Der Vorgesetzte kann dabei die nondirektive Gesprächsform ausschließlich oder nur in einer bestimmten Phase eines längeren Gesprächs wählen. Vor allem ein Vorteil nondirektiver Gespräche ist unübersehbar: Die gerade für Mitarbeitergespräche besonders bedeutsame Beziehungsebene, das Klima zwischen den Gesprächspartnern (vgl. NEUBERGER, 1996), wird meist sehr positiv beeinflusst.

Im Rahmen dieses Beitrags ist es nicht möglich, alle angesprochenen Gesprächsformen ausführlich darzustellen. Es ist eine Auswahl zu treffen: Direktive Gespräche haben beim Mitarbeiter oft ‚Nebenwirkungen' (insbesondere auf der Beziehungsebene), die kaum oder nur sehr schwierig vermieden oder rückgängig gemacht werden können. Direktive Gespräche sind deshalb nur in Ausnahmefällen empfehlenswert. Der übliche Dialog ist wohl allen Vorgesetzten so geläufig, dass es keines besonderen Trainings bedarf; höchstens vielleicht folgenden Hinweises: Nicht selten erscheint ein Gespräch dem Vorgesetzten selbst als ein echter Dialog (evtl. sogar mit nondirektiven Zügen), dem Mitarbeiter jedoch als ziemlich direktiv.

Aus diesen Gründen und den eingangs dargelegten Überlegungen erscheint es zweckmäßig, im Folgenden auf den nondirektiven Gesprächsstil besonders einzugehen. Dass man das nondirektive Gespräch nicht unbedingt auf Anhieb perfekt beherrschen wird, spielt keine entscheidende Rolle. In vielen Fällen hat es schon positive Wirkungen auf den Mitarbeiter und für den Vorgesetzten, wenn der bisherige Gesprächsstil etwas nondirektiver wird, wenn der Vorgesetzte weniger häufig lenkend eingreift, sich mehr auf seinen Mitarbeiter einstellt und in bestimmten Gesprächssituationen seinen vielleicht ursprünglich eher patriarchalisch-autoritären Stil in einen echten Dialog, seinen üblichen Dialog in einen nondirektiven Dialog ändert.

2. Das nondirektive Mitarbeitergespräch

Will man ein Gespräch nondirektiv führen, wird man – wie bei fast allen Gesprächen – zunächst einmal dafür sorgen, dass keinerlei Einflüsse von außen (wie z. B. Telefonanrufe oder Besuche) das Gespräch stören, und sich dann nach Möglichkeit so verhalten, wie es in den beiden folgenden Aufstellungen skizziert ist.

‚Zuhören', die Voraussetzung einer jeden echten Kommunikation, wird also beim nondirektiven Gesprächsstil besonders gefordert. Weitere Empfehlungen runden diese Hauptforderung ab:

Für das nondirektive Gespräch ist neben einer mitarbeiterorientierten Grundeinstellung also das aufmerksame Zuhören – auch ‚zwischen den Zeilen' – von besonderer Bedeutung. Doch dies ist leichter gesagt als getan: Zum einen ist es für den Vorgesetzten nicht immer einfach, die gewohnte Rolle des *Führenden* mit der des *geführten Zuhö-*

direktive Gesprächsführung	nondirektive, mitarbeiterorientierte Gesprächsführung

Der direktive Vorgesetzte...
 	
• steuert das Gespräch allein – so, wie es ihm passt;
• vernachlässigt die Ansichten, Wünsche und Bedürfnisse des Mitarbeiters;
• spricht viel – ohne sich in den Mitarbeiter besonders einzufühlen.
	Der nondirektive Vorgesetzte...
	
	• deutet zu Beginn nur global den Gesprächsrahmen an und überlässt dann das Wort seinem Mitarbeiter;
	• geht auf seinen Mitarbeiter geduldig und freundlich ein: er ist an den Problemen seines Gegenübers tatsächlich (nicht nur scheinbar) interessiert;
	• spricht wenig (und wird auch Pausen kaum von sich aus unterbrechen);
	• versucht, den Mitarbeiter zum Sprechen zu bringen:
	  – nonverbal[1], z. B. durch ermutigendes Kopfnicken, ein zustimmendes „Mhm", aufmerksames Zuhören und freundliche Zuwendung (das Blättern in der Unterschriftenmappe, der ständige Blick auf die Uhr wären eine ‚Sünde' wider den Geist nondirektiver Gespräche), und
	  – verbal dadurch, dass er
	    – deutlich macht, dass er seinen Mitarbeiter verstanden hat („Ja", „Verstehe", „Bestimmt", „Sicher"),
	    – *Fragen in W-Form* formuliert („Warum...?", „Wie...?", „Weshalb...?", „Was ist bei dieser Angelegenheit noch wichtig?"). W-Fragen sind nicht mit einem bloßen „Ja" bzw. „Nein" zu beantworten. Sie sind geeignet, das Gespräch zu öffnen und das Thema samt seinem Umfeld breit auszuleuchten,
	    – das bisher vom Mitarbeiter Gesagte *wiederholt* bzw. *präzisiert* („Mit anderen Worten...", „Sie finden...", „Sie spüren..."), oder
	    – Aussagen des Mitarbeiters *interpretiert* (doch ist hier besondere Vorsicht angezeigt, da die Interpretation des Vorgesetzten falsch sein kann oder – wiewohl zutreffend – vom Mitarbeiter nicht akzeptiert wird. In beiden Fällen wird er dann gegen diese Interpretation argumentieren);
	• hört aktiv zu.

[1] Zu den nonverbalen Signalen gehören u.a. die äußere Erscheinung (wie Kleidung, Frisur, Statussymbole), Mimik, Gestik, Körperhaltung, Sprechweise (wie Lautstärke, Tonhöhe, Tempo, Rhythmus, Stockungen) und physiologische Erscheinungsweisen (wie Erröten, Erbleichen oder Schwitzen), ferner die Sitzordnung und der Abstand zum Gesprächspartner (vgl. Argyle, 1996).

Kasten 1: Die wichtigsten Unterschiede zwischen extrem direkter und nondirektiver Gesprächsführung

rers zu vertauschen, und zum anderen erschweren – trotz bester Absicht – seine Vorstellungen und Erwartungen die unverfälschte Wahrnehmung der Aussagen eines Mitarbeiters (vgl. hierzu auch den Beitrag von NERDINGER, Form der Beurteilung, in diesem Band). Nicht selten wird ein Vorgesetzter das, was nicht zu seinen Vorstellungen passt, *überhören* oder in seinem Sinne *umdeuten*. Und beide Male ist er davon überzeugt, den Mitarbeiter richtig verstanden zu haben. Drei Beispiele mögen dies belegen.

Der direktive Vorgesetzte...	Der nondirektive Vorgesetzte...
• unterbricht, wann er will;	• lässt seinen Mitarbeiter ausreden;
• demonstriert Autorität;	• verzichtet auf seinen Vorgesetztenstatus;
• bewertet die Antworten explizit, widerspricht und erteilt Ratschläge;	• gibt keine Werturteile über die Äußerungen seines Mitarbeiters ab, erteilt keine Ratschläge und hält seine eigenen Meinungen und Einstellungen zurück, denn dies könnte bewirken, dass der Mitarbeiter seine Äußerungen ‚zensiert' und nicht mehr seine Sichtweise darstellt (wenn der Vorgesetzte vom Mitarbeiter nach seiner Meinung gefragt wird, kann er z. B. sagen: „Bevor ich mir darüber ein Urteil erlauben kann, möchte ich gerne von Ihnen alles, auch scheinbar Nebensächliches erfahren.");
• stellt präzise, meist geschlossene Fragen („Haben Sie ..."), die nicht selten mit einem bloßen „Ja" oder „Nein" zu beantworten sind. (Geschlossene Fragen zielen im Gegensatz zu offenen Fragen auf einen bestimmten Punkt – wie der Brennpunkt einer Taschenlampe – und können insbesondere dann, wenn die Problemlage noch sehr unklar ist, leicht am Kern des Problems vorbeigehen. Mit geschlossenen Fragen kann der Vorgesetzte von seinem Mitarbeiter kaum mehr erfahren, als er mit seinen Fragen ‚hineinsteckt'. Insbesondere bei unerwarteten Problemen und Schwierigkeiten des Mitarbeiters dürfte es für den Vorgesetzten schwierig sein, so an ‚des Pudels Kern' zu gelangen.)	• spricht oder fragt (wie: siehe Kasten 1) nur, – um Ängste und Befürchtungen des Mitarbeiters abzubauen oder ihn für seine freimütige Meinungsäußerung anzuerkennen, – um den Mitarbeiter zum Sprechen zu ermuntern (bei Pausen greift er nur solche Themen auf, die vom Mitarbeiter bereits angeschnitten worden sind[1]), – um bei einem Thema nachzuhaken, das für den Mitarbeiter offensichtlich wichtig ist (auch wenn dies nur indirekt zum Ausdruck kommen sollte). Dies sind vor allem Themen, bei denen der Mitarbeiter – eine unangemessene Emotion gezeigt hat bzw. eine normalerweise zu erwartende Emotion *nicht* gezeigt hat, – andeutet, dass hinter seiner ‚unauffälligen' Äußerung doch mehr steckt. Diese Andeutungen können nonverbal (z. B. durch Erröten) oder verbal (z. B. durch sprachliche Floskeln wie „eigentlich") erfolgen.

[1] Hier sollte man sich in der Regel auf sein Gedächtnis verlassen. Schriftliche Notizen sind nur in Ausnahmefällen und nur nach Rückfrage beim Mitarbeiter akzeptabel.

Kasten 2: Weitere Unterschiede zwischen extrem direktiver und nondirektiver Gesprächsführung

In einem Experiment ließ man Raucher und Nichtraucher gemeinsam in einem Raum warten. Dieser Raum wurde gleichzeitig mit zwei verschiedenen Tonbändern beschallt. Sprecher und Lautstärke der Bänder waren gleich. Auf dem einen Band ging es um die Schädlichkeit des Rauchens, auf dem anderen Band wurde über positive Wirkungen einer Zigarette gesprochen. Dann bat man die Testpersonen einzeln in einen anderen Raum und fragte sie, ob ihnen während des Wartens irgendetwas aufgefallen sei. Die Mehrzahl der Raucher hatte das für sie Angenehme gehört („im Hintergrund war dann noch so eine Stimme, die ich aber nicht verstehen konnte, weil sie so leise war"). Bei den Nichtrauchern war es entsprechend umgekehrt. Die eigenen Vorstellungen filterten also das weg, was ‚gegen den Strich ging', und ließen bevorzugt das durch, was zu ihnen passte.

Die verzerrenden Wirkungen eigener Vorstellungen und Erwartungen können sehr schön mit dem zweiten Beispiel demonstriert werden: Wenn ein Redner in seinem Vortrag sagt „Reden ist Schweigen, Silber ist Gold", wird eine ganze Reihe von Zuhörern wahrnehmen: „Reden ist Silber, Schweigen ist Gold". In einem vom Autor lancierten ‚Versprecher' waren es einmal sogar 19 von 20 Seminarteilnehmern. Das bereits im Kopf vorhandene Vorwissen um das richtige Sprichwort ist stärker als die tatsächlich gesprochene Information.

Das dritte Beispiel befasst sich mit der Wahrnehmung nonverbaler Signale, die beim nondirektiven Gespräch ja besonders aufmerksam beobachtet werden sollen. Betrachten Sie bitte die beiden Figuren von Abbildung 2 und lassen Sie sie spontan auf sich wirken. Was wird durch die beiden Körperhaltungen ausgedrückt?

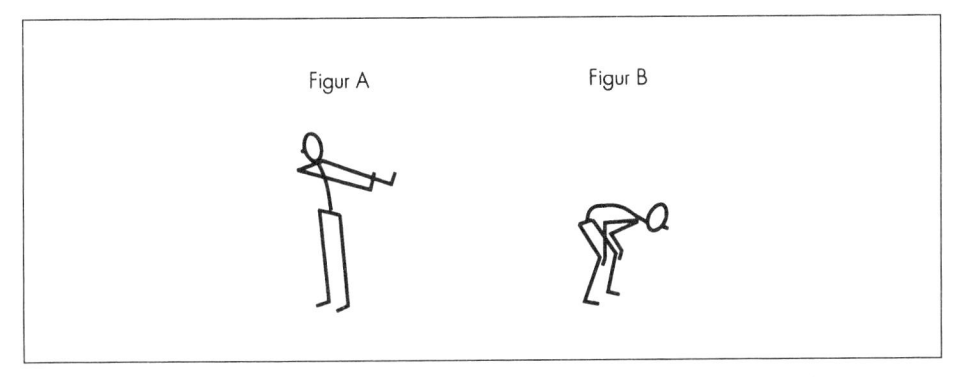

Abb. 2: Die Interpretation der Körperhaltung (nach ARGYLE, 1996, S. 256)

Bei Figur A sind sich die meisten Betrachter einig: A scheint sich gegen etwas zu sträuben, es abzuwehren. Körperhaltung A lässt sich also – egal welche Voreinstellungen man hat – kaum in verschiedene Richtungen deuten; sie ist eindeutig.

Anders Körperhaltung B: Abhängig von den subjektiven Einstellungen der Betrachter wird B unterschiedlich gesehen: katzbuckelnd, beobachtend, etwas auf dem Boden suchend, sich vor Freude auf die Oberschenkel klatschend, freundlich mit einem Kind redend oder als Torwart den Elfmeter erwartend. (Einmal sagte ein Seminarteilnehmer, Figur B leide unter einem Bandscheibenvorfall. Und es überrascht nicht, dass dieser Teilnehmer auf Nachfragen erklärte, selbst Bandscheibenprobleme zu haben.)

Übertragen auf das Mitarbeitergespräch illustrieren diese Beispiele den Tatbestand, dass die Denkstrukturen des Vorgesetzten das, was der Mitarbeiter ausdrückt, in ihrem Sinne lenken oder gar ganz abblocken können. Dies ist besonders dann wahrscheinlich, wenn die ersten Andeutungen des Mitarbeiters noch etwas vage sind bzw. nicht energisch genug vorgetragen werden, der eigentliche Sachverhalt eher *zwischen den Zeilen* zum Ausdruck kommt (worauf der Vorgesetzte beim nondirektiven Gespräch ja auch achten sollte).

Bitte versuchen Sie, bei den folgenden Übungsbeispielen *zwischen den Zeilen* zu lesen, und überlegen Sie, was evtl. dahinter stehen könnte. Alle Beispiele haben sich tatsächlich ereignet: die meisten im realen Berufsalltag, eines davon im Rollenspiel.

(1) „Eigentlich war ich mit meinem Gehalt ganz zufrieden" (anlässlich eines Austrittsgespräches);
(2) „So bin ich doch nur das fünfte Rad am Wagen" (ein Mitarbeiter zu seinem Chef im Vorbeigehen);
(3) „Ich will auch mit Ihnen keinen Streit" (ein Mitarbeiter zum Kollegen nach einem Krach mit seinem unmittelbaren Vorgesetzten, den er aber vor dem Kollegen unbedingt vertuschen wollte);
(4) „Ich bin trotzdem hingegangen" (ein Mitarbeiter zu seinem Chef);
(5) „Mir darf nichts schief gehen, beim Kollegen Lüscher hingegen…" (ein Mitarbeiter zu seinem Chef);
(6) „… dass wir pfleglich miteinander untergehen" (Bundeskanzler Kohl, 1989, auf dem Höhepunkt der Koalitionskrise);
(7) „Vielen Dank für Ihre konstruktive und sachliche Kritik. Ich werde Ihre unverbindlichen Äußerungen sorgfältig prüfen" (ein Vorgesetzter zu seinen Mitarbeitern, die – von ihm angeregt – Schwachstellen innerhalb des Unternehmens diskutiert hatten).

Die nachfolgenden Interpretationen der ersten fünf Bemerkungen sollen nur Denkanstöße, keine ‚Musterinterpretationen' sein. (Die beiden letzten Aussagen, freudsche Versprecher im wahrsten Sinn des Wortes, bedürfen wohl keines weiteren Kommentars.)

(1) Ohne die gelegentlich belanglose Floskel ‚eigentlich' überinterpretieren zu wollen, liegt doch die Vermutung nahe, dass eher das Gegenteil zutrifft, dass der kündigende Mitarbeiter mit seinem Gehalt nicht besonders zufrieden war.
(2) Hier kommt sicher eine gewisse Resignation zum Ausdruck. Der Mitarbeiter fühlt sich überflüssig, vielleicht übergangen oder gar ungerecht behandelt. Wenn das erste Wort ‚So' nonverbal besonders betont wird, kann man dahinter auch einen indirekten Appell an den Vorgesetzten vermuten, an der als frustrierend empfundenen Situation etwas zu ändern.
(3) Das ‚auch' weist sehr deutlich auf das hin, was der Mitarbeiter seinem Gesprächspartner verschweigen möchte: auf den Streit mit seinem direkten Vorgesetzten.
(4) Hier ist eine Reihe von Interpretationen denkbar: Der Mitarbeiter war zu faul, er hätte nicht gehen dürfen, er hatte keine Zeit, er hat sich davon nichts versprochen u. Ä.
(5) Auf den ersten Blick wird man hier vermuten, dass dieser Mitarbeiter sich im Vergleich zu seinem Kollegen ungerecht behandelt fühlt. Doch diese Sichtweise kann trügen: Wäre es nicht möglich, dass der Sprecher dieses Satzes seinen Kollegen und dessen Aufgaben ausgesprochen gering schätzt?

Wie einfühlsam man solche Aussagen auch interpretieren mag; am besten weiß natürlich der Sprecher selbst, was ihn im Augenblick bewegt. Ist es für den Vorgesetzten wichtig zu erfahren, was tatsächlich hinter der Äußerung eines Mitarbeiters steckt, kann nur empfohlen werden, sich nicht zu sehr auf die eigene Interpretation zu verlassen, sondern den Mitarbeiter zu fragen, was ‚Sache' ist. Damit der Vorgesetzte wirklich hinter mögliche Fassaden sehen kann, ist es in vielen Fällen sinnvoll, das Gespräch nondirektiv zu führen oder wenigstens nondirektiv zu beginnen, etwa mit den Worten:

- „Warum ‚eigentlich'?" (im Falle 1)
- „Wieso ‚auch'?" (im Falle 3)
- „Weshalb sind Sie ‚trotzdem' hingegangen?" (im Falle 4)
- „Weshalb darf Ihnen nichts schief gehen?" (im Falle 5) oder – ganz allgemein –
- „Wie kommen Sie zu dieser Meinung?" bzw. mit einem einfachen
- „Warum?"

Wenn Sie stattdessen direktiv reagieren (etwa mit den Worten „Was heißt hier ‚trotzdem'? Es gehört immerhin zu Ihren Dienstaufgaben." Oder „Ich lasse mir keine Vetternwirtschaft vorwerfen; ich behandle Herrn Lüscher genauso wie Sie!"), können Sie

- inkompetent erscheinen (wenn Ihre Interpretation falsch ist) oder
- auf Abwehr stoßen (wenn Ihre Interpretation zutrifft).

Beides sind keine guten Voraussetzungen für den Start eines Gesprächs.

Doch auch ein nondirektiv begonnenes Gespräch kann dadurch, dass der Vorgesetzte unterbricht, vorschnell bewertet oder geschlossene Fragen stellt, ‚abgewürgt' oder von den eigentlichen Belangen des Mitarbeiters weg in eine andere Richtung gelenkt werden. Dass dies in einigen Fällen durchaus in der Absicht des Vorgesetzten liegen kann, sei nicht bestritten. Doch immer dann, wenn der Vorgesetzte möglichst ungefiltert die Ansichten des Mitarbeiters erfahren will, sind solche Lenkungstechniken fehl am Platz.

Ist ein nondirektives Gespräch aber erst einmal in Gang gekommen, wird sich die eine oder andere geschlossene Frage oder Unterbrechung kaum mehr negativ auswirken.

Im Verlaufe vieler Seminare, in denen die nondirektive Gesprächsform vorgestellt und geübt wurde, hat es sich gezeigt, dass es gar nicht so einfach ist, auf Unterbrechungen, Bewertungen oder geschlossene Fragen zu verzichten. Es hat sich deshalb bewährt, vor dem ersten echten nondirektiven Mitarbeitergespräch diesen Stil mit einer befreundeten Person zu üben. Führen Sie ein nondirektives Gespräch und bitten Sie Ihren Partner darum, dass er sofort moniert, wenn Sie unterbrechen, bewerten oder geschlossene Fragen stellen. (Mögliche Themen für eine solche Übung wären Umweltschutz, Schwierigkeiten bei der Kindererziehung, Einschätzung einer bestimmten politischen Partei bzw. eines Politikers, Tempolimit u. a.)

3. Einsatzbereiche und Wirkungen nondirektiver Gespräche

Nondirektive Gespräche werden u. a. eingesetzt

- in der Psychotherapie, beispielsweise in der Gesprächspsychotherapie nach CARL ROGERS, bei der nondirektiv Hilfe zur Selbsthilfe gegeben werden soll,
- in der Markt- und Meinungsforschung, wo zahlreiche interessante Befunde erst mit dieser Gesprächsform erhoben werden konnten (vgl. auch das Beispiel am Ende dieses Beitrags) und natürlich
- in Unternehmen – und hier insbesondere bei Mitarbeitergesprächen.

Innerhalb von Unternehmen sind vielfältige Gelegenheiten denkbar, bei denen das nondirektive Gespräch Gewinn bringend eingesetzt werden kann, so z. B.

- bei Einstellungsgesprächen (um Stärken und Schwächen von Bewerbern zu diagnostizieren),
- bei neueingestellten Mitarbeitern (um zu ihnen schnell einen guten Kontakt aufzubauen),
- bei der Anhörung von Beschwerden,
- in bestimmten Phasen von Kritikgesprächen,
- bei Motivationsgesprächen (um die Arbeitsmotive des Mitarbeiters zu erkennen und darauf passende Anreize zu finden),
- nach gescheiterten Projekten (um die Ursachen zu analysieren und das weitere Vorgehen zu besprechen),
- bei persönlichen Problemen des Mitarbeiters (um dafür mehr Verständnis zu entwickeln und evtl. gezielt Hilfestellung geben zu können),
- bei Konflikten im Team oder zwischen verschiedenen Teams (um deren Ursachen zu klären, zu beseitigen oder wenigstens zu mildern) oder
- bei Austrittsgesprächen (um die Gründe für die Kündigung erfahren und ggf. abstellen zu können).

Nondirektive Gespräche sind in der Regel *ungeeignet* für alle Situationen, bei denen der Vorgesetzte seinen Mitarbeitern Sachinformationen geben muss, wie beispielsweise Berichte, Aufträge, An- und Unterweisungen oder die Beschreibung von Aufgaben und Tätigkeiten. Allerdings kann es auch hier sinnvoll erscheinen, nondirektiv nachzufragen, um herauszufinden, wo eventuelle Widerstände oder Missverständnisse liegen und wie diese beseitigt werden können.

Wählt man die nondirektive Gesprächsform zu einem passenden Anlass, kann damit – wie einschlägige Veröffentlichungen und Berichte von Praktikern gleichermaßen belegen – eine Reihe *positiver Effekte* erzielt werden:

- Soforthilfe durch *„Dampfablassen"*
  Schon allein dadurch, dass der Mitarbeiter sich aussprechen und alle ihm wichtigen Themen erörtern kann, wird er entspannter und ruhiger. Dies ist dann besonders wichtig, wenn er sich über eine bestimmte Person oder Sache so geärgert hat, dass er momentan zu keinem klaren Gedanken mehr fähig ist.
- Möglichkeit zur *Selbstdiagnose*
  Der Mitarbeiter äußert seine eigenen Gedanken, Vorstellungen und Gefühle vor einem aufmerksamen Zuhörer, der ihn durch entsprechende Fragen dazu bringt, weiter zu denken, als er es bisher vielleicht getan hat. Dadurch kann er sich über seine Situation klar werden und sie dann auch besser in den Griff bekommen.
- Möglichkeit zur *Fremddiagnose*
  Der aktiv zuhörende Vorgesetzte kann das, was den Mitarbeiter bewegt, adäquat erkennen, er kann Ungereimtheiten und Unklarheiten aufdecken und kommt damit – wie das Beispiel am Ende dieses Beitrags zeigt – sehr oft weiter als mit einem normalen Dialog oder direktiver Vorgehensweise.
- Entwicklung von Maßnahmen zur *Lösung des diagnostizierten Problems* („Hilfe zur Selbsthilfe")
  Nachdem eine bestimmte Sachlage einschließlich ihrer Ursachen diagnostiziert ist, kann im weiteren Verlauf des Gesprächs eine Lösung erarbeitet werden. Auch dies kann nondirektiv erfolgen und etwa mit den Worten eingeleitet werden: „Und was

können wir angesichts dieser Sachlage tun?" Natürlich wird der Vorgesetzte darauf achten (und ggf. auch direktiver werden), dass die ins Auge gefassten Maßnahmen auch in den betrieblichen Rahmen passen und weder mit seinen Vorstellungen noch mit denen der übrigen Mitarbeiter kollidieren. Lösungen, die auf diese Weise vom Mitarbeiter (mit-) entwickelt werden, verfügen vermutlich über eine
- *hohe Qualität,* da die Lösung an die individuelle Situation des Gesprächspartners angepasst wird, und eine
- *hohe Akzeptanz,* da der Gesprächspartner hinter der von ihm mitentwickelten Lösung steht; Widerstand bzw. Reaktanz sind unwahrscheinlich.

Wenn der Mitarbeiter nicht in der Lage bzw. nicht bereit ist, eine Lösung zu entwickeln, kann der Vorgesetzte – von dem zu lösenden Problem weiß er nach einem nondirektiven Gespräch in der Regel genug – eine qualifizierte Beratung bzw. ein autoritäres Gespräch beginnen.

- *Verbesserung der Beziehung zwischen Vorgesetztem und Mitarbeiter*
Einerseits kann der Vorgesetzte seinen Mitarbeiter besser kennen lernen und verstehen, andererseits wächst beim Mitarbeiter das Vertrauen in einen Chef, der ihn zu Worte kommen lässt und auf ihn eingeht. Beides wirkt sich positiv auf die Beziehungsebene, das ‚Klima' zwischen Vorgesetztem und Mitarbeiter aus.
- *Verbesserung des Führungsstils* des Vorgesetzten
Es ist wahrscheinlich, dass sich im Laufe der Zeit auch das Führungsverhalten auf der Dimension ‚Mitarbeiterorientierung' in die positive (d.h. von den meisten Mitarbeitern gewünschte) Richtung verändert.

Nondirektive Gespräche können aber auch *Nachteile* und *negative Effekte* haben:

- Es besteht die Gefahr, ins Nebensächliche, in belangloses Geplauder abzugleiten. Doch wird man dies durch aktives Zuhören relativ leicht erkennen und dann das Gespräch durch entsprechende „W-Fragen" wieder auf den Punkt bringen.
- Gelegentlich dauert ein nondirektives Gespräch länger als ein direktives. Dieser Zeitnachteil ist jedoch der Zeit ‚gegenzurechnen', die eine Konflikt- oder Problemsituation kostet, die in einem schnellen direktiven Gespräch nicht oder nur unzureichend erkannt und dann auch nicht gelöst worden ist.
- Der Mitarbeiter kann den Eindruck gewinnen, sein Vorgesetzter wäre unsicher, nicht der ‚Macher', den er erwartet. Um dem entgegenzuwirken, kann der Vorgesetzte dies ganz offen ansprechen, etwa mit den Worten: „Bevor ich eine Entscheidung treffe, möchte ich mir zunächst ein umfassendes Bild von der ganzen Situation machen".
- Der Mitarbeiter versucht, seinen Vorgesetzten auszunutzen. Durch aufmerksames Zuhören kann der Vorgesetzte dies erkennen und daraufhin seinen Gesprächsstil wechseln.
- Der Vorgesetzte hat zu einem seiner Mitarbeiter ein ausgesprochen schlechtes Verhältnis. Wenn er hier nondirektiv vorginge, wäre dies nur eine – übrigens leicht zu durchschauende – Fassade, die schnell einstürzen würde. Ein nondirektives Gespräch ist kein Rollenspiel, sondern hat seine Wurzel in einer vielleicht nicht immer extrem starken, aber doch tatsächlich vorhandenen Wertschätzung des Mitarbeiters.
- Der Vorgesetzte kann versuchen, seinen Mitarbeiter zu manipulieren, sei es dadurch, dass er ihn ganz gezielt aushorcht, um ihn hinterher umso besser ‚in die Pfanne hauen' zu können, sei es dadurch, dass er ihn ‚nondirektiv' zu ganz

bestimmten Aus- und Zusagen verleitet. Doch kann vor diesen Manipulationstechniken nur eindringlich gewarnt werden, und dies nicht allein aus moralischen Gründen. Solche Techniken werden – wenn vielleicht auch erst nach dem Gespräch – von den Mitarbeitern leicht durchschaut und dann zum Bumerang.

4. Abschluss

Trotz dieser potenziellen Nachteile kann im nondirektiven Gespräch ein Führungsmittel gesehen werden, das Vorgesetzten ermöglicht, ihre Aufgaben effizienter zu erledigen und damit ihren persönlichen Erfolg und den ihrer Mitarbeiter zu erhöhen. Doch sollte nicht verschwiegen werden, dass es durchaus Situationen gibt, in denen gerade ein direktives, autoritäres Gespräch die richtige Form darstellt. Wichtig ist, dass der Vorgesetzte rechtzeitig erkennt, wann welcher Gesprächsstil angemessen ist. Folgendes Vorgehen kann empfohlen werden:

Beginnen Sie ein Mitarbeitergespräch als üblichen Dialog (bei dem Sie aber besonders aufmerksam zuhören) oder gleich nondirektiv. Gelangen Sie dann während des Gesprächs durch aktives Zuhören zu dem Schluss, dass es keinen Sinn mehr hat, weiter der wohlwollend prüfende, auf den Mitarbeiter eingehende Zuhörer zu sein, dann können Sie jederzeit Ihren Gesprächsstil ändern – ggf. bis hin zum Stressgespräch. Ist diese Einschränkung nicht gegeben, können Sie das Gespräch weiter im nondirektiven Sinne führen und auch Lösungsvorschläge nondirektiv entwickeln lassen. Beginnen Sie ein Gespräch hingegen extrem direktiv, werden Sie wohl kaum glaubwürdig auf eine nondirektivere Form umschalten können.

Wenn Sie sich an diese Empfehlung halten, haben Sie die wichtigste Grundlage für ein gutes Gespräch geschaffen; zumindest, wenn man sich an den Ergebnissen der schriftlichen Befragungen orientiert, die der Autor seit Jahren regelmäßig in seinen Seminaren durchführt: Danach gefragt, was die Gründe dafür waren, dass ein Gespräch mit dem eigenen Vorgesetzten besonders gut bzw. besonders schlecht gelaufen sei, gaben deutsche Führungskräfte folgende Kardinalfehler zu Protokoll:

- Fixierung des als ‚stur' empfundenen Vorgesetzten auf seinen Standpunkt,
- schlechte äußere Rahmenbedingungen (wie ständige Unterbrechungen von außen) und
- mangelndes Zuhören des Vorgesetzten und zu wenig eigene Redeanteile.

Umgekehrt zeichneten sich besonders gute Gespräche durch ein Verhalten des Vorgesetzten aus, das als mehr oder weniger nondirektiv bezeichnet werden kann.

Beispiel: Abschrift der ersten drei Minuten eines nondirektiven Gesprächs mit einer 48-jährigen Hausfrau zum Thema ‚Einkaufsverhalten'

Dieses Interview wurde mit Einverständnis der Interviewpartnerin durch ein Tonbandgerät aufgezeichnet. Es illustriert, wie bei einer nondirektiven Vorgehensweise schon nach kurzer Zeit vordergründige Fassaden aufgegeben und die tatsächlichen Einstellungen und Motive manifest werden; nicht zuletzt deshalb, weil sich die Gesprächsleiterin perfekt nondirektiv verhielt. Sie war an dem Interview sehr interessiert und persönlich beteiligt, ging geduldig auf die Interviewpartnerin, die sie schätzte, ein und gab auch auf Nachfragen keine Zusatzinformationen, die den

Gesprächsablauf nur manipuliert hätten. (Aussagen der Interviewerin sind normal, die der interviewten Hausfrau kursiv gedruckt.)

„Wir untersuchen das Einkaufsverhalten in der Bundesrepublik und jetzt würde ich gern mal mit Ihnen ein Gespräch darüber führen, wie Ihre ganz persönlichen Kaufgewohnheiten sind, und zwar von Lebensmitteln mal ganz abgesehen; die interessieren weniger in diesem Fall." *„Also abgesehen von Lebensmitteln."* „Abgesehen von Lebensmitteln, ja." *„Und was wollen Sie da wissen?"* „Ja, wie und wo Sie einkaufen und Ähnliches." *„Wie und wo?"* „Was Ihnen spontan dazu einfällt." *„Ach so, ja wir kaufen ein, was wir brauchen, nichts Unnützes."* „Mhm." *„Spontankäufe eigentlich – na ja, ist jetzt das also auf Kleidung, Wohnung, Auto und solche Dinge fixiert oder?"* „Alles, alles, Sie können anfangen, wie Sie wollen." *„Ja, da muss ich jetzt mal nachdenken. Also in erster Linie richtet sich das Kaufverhalten nach den finanziellen Möglichkeiten."* „Mhm." *„Also, wir kaufen nie auf Raten."* „Mhm." *„Nie, wir kaufen also ein, so, wie wir das Geld haben."* „Mhm." *„Es ist zwar nicht so, dass wir das jetzt langfristig z. B. ansparen, sondern, wenn wir irgendwas brauchen, dann kaufen wir das. Da überziehen wir auch einmal kurzfristig das Konto, weil wir sagen, in zwei, drei Monaten ist es ja teurer. Das ist ja Unsinn, das irgendwie – wenn es um kleine Dinge geht – das anzusparen. Ja, dann wird es gekauft, ob jetzt das – ja, wie kann man das jetzt sagen – wenn es eine neue Küche oder irgend so was ist, gell, und ansonsten würde ich sagen, ein überle –, hier bei uns in unserer Familie, ein überlegtes Kaufverhalten. Wir überlegen genau, was ist an Kleidung nötig: das wird angeschafft; und was hätten wir gerne: geht das dann – und wenn es geht, dann wird es gekauft."* „Mhm." *„Kleinere Spontankäufe, die machen wir schon."* „Mhm." *„Ja, also ich weiß nicht. Ich kann jetzt das Kaufverhalten – meinen Sie jetzt da, dass man da so konsumhörig ist oder so. Das sind wir nicht; in keiner Weise: Also was der Nachbar hat, das müssen wir nicht haben."* „Mhm." *„So ist das nicht. Wir kaufen das, was wir brauchen."* „Mhm." *„Ja und überlegen uns sogar – momentan heute sagen wir: Ach ja, das möchten wir gern, das brauchen wir gern; und in acht Tagen sagen wir: Eigentlich brauchen wir das gar nicht, dann lassen wir es auch weg; dann kaufen wir es nicht."* „Aha." *„Also so und"* „mhm" *„ja ich weiß nicht, was ich Ihnen sonst noch sagen sollte."* „Alles, was Ihnen eigentlich zu, zu Kaufen überhaupt einfällt." *„Was mir zu Kaufen einfällt. Also ich persönlich, wenn ich – sagen wir einmal – ein grö –, ein großes Budget zur Verfügung hätte, ich wäre ein bisserl leichtsinnig – was Kleidung anbelangt selbstverständlich, hauptsächlich. Ich würde also gern für meine Tochter modische Kleidung kaufen, würde für mich gern modische Kleidung kaufen, würde also gerne mehr Kleidung kaufen, aber aus Vernunftsgründen mache ich es dann nicht, ja."* „Mhm." *„Aber ich muss schon sagen: Ich habe dann so Kaufwellen, sagen wir mal, da kann ich also nicht –, da muss ich einfach irgendwas, irgendwas kaufen und wenn es eine Kleinigkeit ist; vielleicht zur Selbstbefriedigung, was weiß ich."* „Aha." *„Und dann wiederum kann ich monatelang so eisern den Geldbeutel zuhalten, also da überleg' ich mir tatsächlich jedes Blümchen, das ich mir kaufe; das ist so unterschiedlich, so ein bisserl nach Laune, also das ist mein ganz persönliches Kaufverhalten."* „Mhm." *„Wenn ich aber sparen muss, dann kann ich sparen."*

Literatur

Argyle, M. (1996). Körpersprache und Kommunikation. 7. Aufl. Paderborn 1996.
Bormann, E. G., Howell, W. S., Nichols, R. G. & Shapiro, G. L. (1969). Kommunikation in Unternehmen und Verwaltung. München 1969.
Neuberger, O. (2001). Das Mitarbeitergespräch. Goch 2001.
Neuberger, O. (1996). Miteinander arbeiten – miteinander reden! 15. Aufl. München 1996: Bayerisches Staatsministerium für Arbeit und Sozialordnung.

Zur Konkretisierung und weiteren Vertiefung wird empfohlen, im Fallstudienband die Fälle zu „Mitarbeitergespräch" zu bearbeiten.

Lutz von Rosenstiel

Anerkennung und Kritik als Führungsmittel

1. Ausgangspunkt
2. Was bewirken Anerkennung und Kritik?
3. Wie geht man bei der Anerkennung vor?
4. Wie geht man bei der Kritik vor?

1. Ausgangspunkt

Anerkennung und Kritik sind wesentliche Hilfsmittel in der Hand des Vorgesetzten, die dazu führen können, die Zufriedenheit und die Leistungsbereitschaft des Mitarbeiters zu fördern. Die besondere Stärke dieser Instrumente liegt darin, dass sie jedem Vorgesetzten jederzeit zur Verfügung stehen. Eine Gehaltserhöhung – auch wenn sie verdient ist –, eine verantwortungsvollere Aufgabe – auch wenn der Mitarbeiter besonders qualifiziert ist – oder die Perspektive baldigen Aufstiegs –, auch wenn der Mitarbeiter das „Zeug" dafür hat: Bei all diesen Instrumenten ist die Einsatzmöglichkeit begrenzt. Der direkte Vorgesetzte kann meist darüber nicht allein entscheiden, und vielfach ist bei noch so viel gutem Willen aller Beteiligten in der Organisation die Realisierung nicht möglich. Die entsprechenden Güter sind zu knapp. Anders ist dies bei der Anerkennung und Kritik. Ihr Einsatz steht dem Vorgesetzten jederzeit frei; er ist dabei auf andere nicht angewiesen.

Anerkennung und Kritik sind also sehr flexible Führungsmittel. Der Führende sollte allerdings wissen, dass ihr Einsatz überlegt erfolgen sollte und dass der falsche Einsatz dieser Führungsinstrumente häufig beim Mitarbeiter mehr zerstört als nützt.

Wir wollen uns nachfolgend fragen, was grundsätzlich mit Hilfe der Anerkennung und der Kritik bewirkt werden kann, um dann konkret Informationen darüber zu suchen, wie man bei der Anerkennung und wie bei der Kritik vorgehen sollte (vgl. v. ROSENSTIEL, 1975; NEUBERGER, 2000).

2. Was bewirken Anerkennung und Kritik?

Anerkennung und Kritik, die vom Vorgesetzten richtig genutzt werden, bewirken Verschiedenes beim Mitarbeiter. In erster Linie kann damit erreicht werden, dass der Mitarbeiter informiert wird, dass er sein Verhalten und Erleben auf Grund ganz bestimmter Lernprozesse modifiziert, dass er motiviert wird sowie schließlich in seinem Selbstbild, in seiner eigenen Rolleninterpretation, gefestigt oder korrigiert wird. Dies soll nun etwas näher analysiert werden.

2.1 Informationsfunktion

Wenn ein Mitarbeiter neu in den Betrieb kommt oder eine neue Aufgabe übernimmt, dann ist er meistens etwas unsicher; er weiß nicht genau, was auf ihn zukommt, was man von ihm erwartet. Eine noch so differenzierte schriftliche Stellenbeschreibung kann niemals im Detail aufzeigen, wie im Einzelnen die Tätigkeit konkret aussieht.

Hier ist nun der Vorgesetzte in der Pflicht (vgl. hierzu auch den Beitrag von KIESER: Einarbeitung neuer Mitarbeiter, in diesem Band). Wenn er rechtzeitig aufzeigt, was der Mitarbeiter, gemessen an seinen Vorstellungen macht, wenn er ihn dafür anerkennt, so kann er gewünschtes Verhalten stabilisieren. Wenn er auf der anderen Seite Hinweise darauf gibt, dass das beobachtete Verhalten dem gewünschten nicht entspricht, so kann er rasch durch eine vorsichtige Kritik korrigierend eingreifen und auf diese Weise verhindern, dass sich ein Fehlverhalten gewohnheitsmäßig einschleicht und dann später nur schwer verändert werden kann.

2.2 Lernfunktion

In den Verhaltenswissenschaften wird „Lernen" weit gefasst; man versteht darunter jede Veränderung des Erlebens und Verhaltens auf Grund von Erfahrung. Durch den Zusatz „durch Erfahrung" werden Erlebens- und Verhaltensänderungen durch Reifung (z. B. während der Pubertät) oder durch Krankheit (z. B. durch Arteriosklerose) ausgeschlossen.

Menschliches und tierisches Lernen sind nun vielfach durch ganz bestimmte Lerngesetze gesteuert. Sie zu kennen hilft, die Wirkungen von Anerkennung und Kritik zu verstehen; sie verdeutlichen allerdings auch Zusammenhänge in vielfältigen anderen Lebensbereichen. Daher seien nachfolgend zwei derartige Lernprinzipien knapp dargestellt.

Das so genannte „*klassische Konditionieren*" geht auf Forschungen des russischen Nobelpreisträgers Iwan PAWLOW (1927) zurück. Dieser zeigte, dass ein Hund angeborenermaßen auf bestimmte Reize – z. B. den Geruch von Fleisch (uS) – mit einer ganz bestimmten Reaktion (uR) – Speichelsekretion – reagiert. Wenn man nun etwa zeitgleich mit dem angeborenermaßen bedeutsamen Reiz einen neutralen Reiz (nS) darbietet – z. B. einen Glockenton –, so wird nach einigen Wiederholungen der Hund auch dann Speichelsekretion (cR) zeigen, wenn nur die Glocke geläutet wird, der vorher neutrale Reiz wird zum konditionierten (cS). Wir haben es hier mit einer so genannten Konditionierung erster Ordnung zu tun. Wenn man weiterhin immer dann z. B. eine farbige Karte (nS') zeigt, wenn der Glockenton erfolgt, so wird schließlich der Hund auch dann mit Speichelsekretion (cR) reagieren, wenn lediglich die farbige Karte (cS') gezeigt wird. Dies ist dann eine Konditionierung zweiter Ordnung. Abbildung 1 zeigt das Prinzip des klassischen Konditionierens. Dieses Prinzip gilt auch häufig für das Lernen von Gefühlen.

Diese Überlegungen lassen sich auf die Anerkennung und Kritik übertragen. Anerkennung z. B. löst bei den meisten Menschen positive Gefühle aus. Werden bestimmte Tätigkeiten, deren Ausübung vielleicht zunächst unattraktiv erscheint, häufig aner-

Schematische Darstellung der klassischen Konditionierung

Schematische Darstellung einer Konditionierung höherer Ordnung

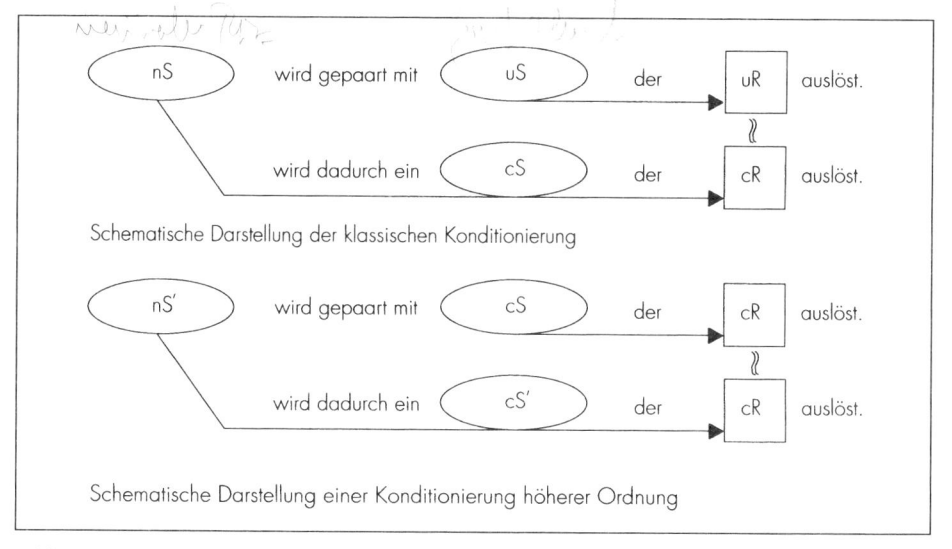

Abb. 1: Schematische Darstellung klassischer Konditionierung erster und zweiter Ordnung

kannt, so zeigt sich, dass sie längerfristig ein „positiveres Image" bekommen, dass sie attraktiver erscheinen und vom Mitarbeiter mit mehr Freude ausgeführt werden. Unter diesem Gesichtspunkt erscheint es lohnend, einmal generell darüber nachzudenken, welche Tätigkeiten, wie sie z. B. in der Verwaltung anfallen, fast niemals mit Anerkennung bedacht werden und bei welchen dies häufig geschieht. Gerade die häufig „vergessenen" Tätigkeiten der Mitarbeiter sollte man dann – wenn sie zuverlässig ausgeübt werden – oft mit Anerkennung versehen.

Aber auch ein weiteres Lernprinzip scheint wichtig für das Verstehen der Wirkungen von Anerkennung und Kritik. Es ist dies das so genannte „operante Konditionieren" (SKINNER, 1938). Das Grundprinzip ist sehr einfach und eigentlich lange bekannt. Es besagt – weist man nur auf die Grundstruktur hin –, dass Verhaltensweisen (R), die ein Mensch (O) in einer bestimmten Situation (S) zeigt, dann künftig häufiger auftreten werden, wenn diesem Verhalten positive Konsequenzen (K) – also z.B. Anerkennung – folgen. Abbildung 2 zeigt das Prinzip des operanten Konditionierens.

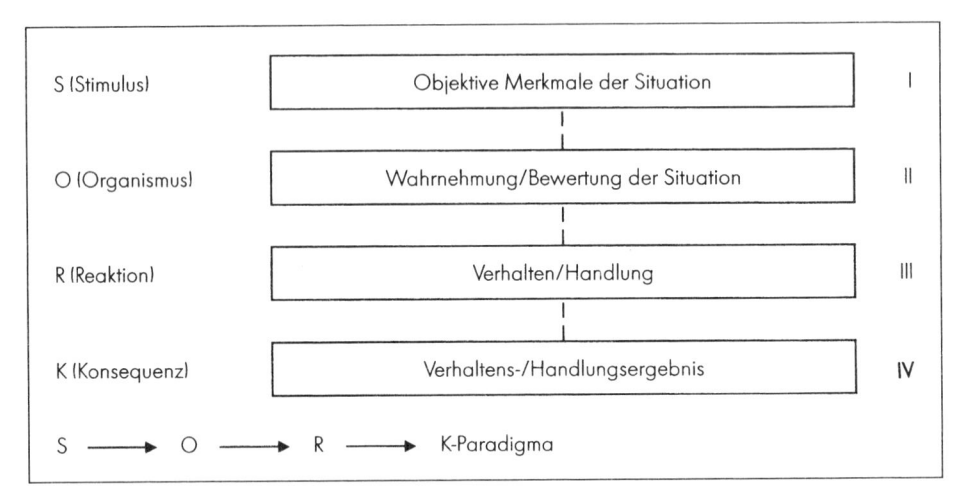

S (Stimulus)	Objektive Merkmale der Situation	I
O (Organismus)	Wahrnehmung/Bewertung der Situation	II
R (Reaktion)	Verhalten/Handlung	III
K (Konsequenz)	Verhaltens-/Handlungsergebnis	IV

S ⟶ O ⟶ R ⟶ K-Paradigma

Abb. 2: Schematische Darstellung des operanten Konditionierens

Wichtig wäre es, dass einer positiven, also erwünschten Reaktion in der Regel auch die positive Konsequenz folgt. Dies aber ist in der Praxis sehr häufig nicht der Fall. Beispiele sollen das zeigen. Nicht selten kann man beobachten, dass ein Mensch, der keine rechte Lust dazu hat, eine unangenehme Arbeit auszuführen, nach einigen vergeblichen Anläufen schließlich zunächst einmal eine Zigarette raucht oder eine Tasse Kaffee trinkt. Was hat er getan? Er hat sein Ausweichen, seine „Drückebergerei", also durchaus unerwünschte Verhaltensweisen, selbst positiv durch angenehme Konsequenzen verstärkt. Seine Fehlhaltung wird sich stabilisieren.

Auch bei der Anerkennung und Kritik finden wir derartige Fehler. Es gibt viele Vorgesetzte, die das erwünschte Verhalten als selbstverständlich voraussetzen; positive Konsequenzen folgen nicht. Eine Verstärkung tritt also nicht ein. Dagegen sind sie – hier durchaus besten Willens – bereit, mit dem Mitarbeiter ausführlich, eingehend und konstruktiv zu sprechen, wenn dieser einen Fehler macht. Der Mitarbeiter wird möglicherweise ein solches Gespräch sogar positiv erleben. Der Eindruck entsteht dann beim Mitarbeiter, dass er zunächst einmal „etwas in den Sand setzen muss", wenn er die Chance haben will, einmal länger mit seinem Chef zu sprechen. Es ist also sehr wichtig, dass positives und erwünschtes Verhalten vom Vorgesetzten ausdrücklich anerkannt wird.

2.3 Motivationsfunktion

Wenn wir am Montag in die Sportseiten der Tageszeitung schauen, stellen wir häufig fest, dass im Fußball die „Heimmannschaften" gewonnen haben. Dies liegt sicher nicht an der besseren Ortskenntnis. Fußballplätze ähneln einander sehr. Interviews mit Sportlern zeigen, dass der Beifall, die anfeuernden und anregenden Rufe des Publikums Kräfte freisetzen, die man sonst nicht hat. Ein Vorgesetzter, der sich für die Tätigkeit seines Mitarbeiters interessiert, der sie mit Anerkennung und Kritik begleitet, wird in diesem entsprechende Kräfte wachrufen, die sonst nicht zum Tragen kommen. Wenn ein Mitarbeiter dagegen das Gefühl gewinnt, dass sich der Vorgesetzte für sein Arbeiten gar nicht interessiert, dass – was er auch tut – sein Handeln niemals Anerkennung oder Kritik findet, wird er in seiner Leistungsbereitschaft nachlassen und kaum noch Engagement und Anstrengung bei der Arbeit zeigen (vgl. auch den Artikel des Autors zur Motivation, in diesem Band).

2.4 Finden eines Selbstbildes

In der Sozialpsychologie sagt man ein wenig überspitzt: „Wir werden, wie es die anderen von uns erwarten." Natürlich ist das übertrieben, aber dennoch enthält dieser Satz einen wahren Kern. Untersuchungen an Schulkindern zeigten etwa, dass Lehrer, die auf Grund einer verfälschten Vorinformation bestimmte Schüler für sehr begabt oder für unbegabt hielten, deren Leistungen entsprechend – aber ohne böse Absicht – wahrnahmen und förderten (ROSENTHAL & JACOBSON, 1968).

Ähnliches kann sich in der Beziehung zwischen Vorgesetztem und Mitarbeiter abspielen. Ein Vorgesetzter, der – in realistischem Rahmen – Hoffnungen in seinen Mitarbeiter investiert, gute Leistungen anerkennt, unerwünschtes Verhalten vorsichtig und konstruktiv korrigiert, wird Selbstsicherheit bei ihm stärken und ihn langfristig zu einem besseren Mitarbeiter machen. Wer dagegen in seiner Kritik destruktiv ist, den Mitarbeiter entmutigt, z.B. mit Formulierungen wie: „Schon wieder Sie, bei Ihnen habe ich ja auch gar nichts anderes erwartet!", der wird den Mitarbeiter verunsichern und ihn schließlich dazu führen, dass er häufig an den Anforderungen scheitert. Anerkennung und Kritik sollten entsprechend so eingesetzt werden, dass zwar einerseits der Mitarbeiter kein unrealistisch überhöhtes Selbstbewusstsein aufbaut, das – wie ein freischwebender Luftballon – keinen Kontakt mehr zum Boden hat; die Führungsmittel sollten aber auch nicht dazu führen, dass Resignation und Entmutigung die Folge sind. Im Rahmen der Fähigkeiten und Möglichkeiten des Mitarbeiters sollte durch Anerkennung und Kritik ein realistisches, aber positives Selbstbild gefördert werden.

3. Wie geht man bei der Anerkennung vor?

Menschen hören ein anerkennendes Wort meist gern. Daher kann man Anerkennung spontan aussprechen. Man braucht nicht viel Zeit dafür, denn die Anerkennung muss im Regelfall nicht sorgfältig begründet werden. Der Ausspruch eines Vorgesetzten, er habe für Anerkennung keine Zeit, ist daher nichts als eine Ausrede. Die dafür erforderliche Zeit hat jeder. Um aber auch hier Fehler möglichst zu vermeiden, sei an einige Punkte gedacht. Sie sollen als Antwort auf kurze Fragen formuliert werden.

3.1 Wer?

Die Anerkennung gehört in die Hand des unmittelbaren Vorgesetzten. Er trägt die Führungsverantwortung und sollte daher dieses wichtige Führungsmittel selbst nutzen, um auf diese Weise Kontakt zu seinem Mitarbeiter zu wahren. Außerdem wird es in der Regel der direkte Vorgesetzte sein, der am kompetentesten die Aufgabenbewältigung seines Mitarbeiters würdigen kann.

Allerdings gibt es Ausnahmen. Trägt beispielsweise jemand, der drei hierarchische Stufen tiefer steht, dem obersten Chef etwas vor, oder arbeitet er ausnahmsweise für diesen, so kann dies zu unmittelbarer Anerkennung „von oben" führen. Geachtet werden sollte allerdings dabei darauf, dass der „Höhere" nicht Dinge positiv würdigt, die der direkte Vorgesetzte eher skeptisch sieht und schon häufig kritisiert hat. So etwas kann die Autorität des unmittelbaren Vorgesetzten untergraben.

3.2 Was?

Anerkannt werden sollte im Regelfall das vom Vorgesetzten beobachtete Verhalten des Mitarbeiters, in bestimmten Fällen auch das Ergebnis dieses Verhaltens – z. B. ein fertig gestellter Bericht, eine sorgfältig zu Ende gebrachte Reparatur –, nicht aber die Person. So kann der Vorgesetzte z. B. sagen: „Ich habe gesehen, wie Sie sich mit dieser schwierigen Aufgabe auseinander gesetzt haben. Ich fand es gut, wie Sie das bewältigt haben. Meine Anerkennung!" Der Mitarbeiter weiß dann, dass der Vorgesetzte sich dafür interessiert hat, dass er hingeschaut hat. Falsch wäre es zu sagen: „Sie sind ein tüchtiger Mann!" Hier bleibt ja offen, ob der Vorgesetzte überhaupt differenziert. Zudem sollte man überlegen, dass man ein bestimmtes Verhalten stabilisieren oder ändern kann; die Person kann man in diesem konkreten Sinne nicht ändern.

Anzuerkennen sind nicht nur auffallende positive Verhaltensweisen, obwohl man natürlich an diese zunächst denkt, sondern in vielen Fällen auch unauffällige, zuverlässige Dauerleistungen. Die Gefahr besteht sonst, dass es Mitarbeiter gibt, die alle Anerkennung einsammeln, während andere niemals Entsprechendes hören, einfach deshalb, weil die Art ihrer Tätigkeit Spitzenergebnisse gar nicht zulässt.

Schließlich sollte ein Vorgesetzter noch bedenken: Nicht nur Leistungsverhalten verdient Anerkennung, sondern auch andere im Betrieb erwünschte Verhaltensweisen, wie z. B. Freundlichkeit, Loyalität dem Unternehmen gegenüber und Ähnliches mehr.

3.3 Wo?

Anerkennung lässt sich rasch aussprechen. Dies bedeutet, dass man keinen speziellen Raum dafür braucht, keine verschlossenen Türen. Dennoch sollte ein Vorgesetzter sich überlegen, ob die Anerkennung unter vier Augen oder „vor versammelter Mannschaft" geäußert wird. Für beides gibt es Argumente. Äußert man die Anerkennung vor versammelter Mannschaft, so setzt man ein Vorbild (BANDURA, 1969). Man kann den anderen, die sich diesmal keine Anerkennung verdienten, zeigen, dass man sehr wohl auf erwünschtes Verhalten achtet und dies auch würdigt. Hier aber liegt zugleich die Gefahr. Dem Mitarbeiter, der sich so wünschenswert verhielt, kann die öffentliche Anerkennung peinlich sein. Dann aber ist der Sinn verfehlt. Demjenigen, der sich positiv einsetzte, soll ja auch mit der Anerkennung etwas Positives vermittelt werden. Ist ihm die ganze Angelegenheit vor den Kollegen peinlich, fühlt er sich bevorzugt, so wird er künftig nicht mehr auffallen wollen, um der belastenden Anerkennung zu entgehen. Daraus folgt: im Zweifelsfalle unter vier Augen.

Eindeutige Ausnahmen lassen sich aber auch klar benennen. Wenn ganz offensichtlich ist, dass jeder die Chance gehabt hätte, Anerkennung zu finden, kann diese auch öffentlich geäußert werden. Ein Beispiel: Überstunden müssen gemacht werden. Draußen ist ein wunderschöner Sommerabend. Auf die Bitte des Vorgesetzten schauen alle etwas betreten zur Seite; ein jeder möchte lieber in den Biergarten oder etwas ähnlich Angenehmes unternehmen. Schließlich erklärt sich einer der Mitarbeiter bereit. In einem solchen Fall kann der Vorgesetzte selbstverständlich vor den anderen die Anerkennung aussprechen; ein jeder hätte ja eine entsprechende Chance gehabt.

3.4 Wie?

Anerkennung sollte ausdrücklich geäußert werden. Was heißt das? Wenn der Vorgesetzte beim Mitarbeiter erwünschtes Verhalten beobachtet, so soll er es ihm auch unmittelbar sagen. Die Haltung vieler Vorgesetzter, die darin besteht, dass sie meinen: „Wenn ich nichts sage, ist dies Anerkennung genug", reicht nicht aus.

Bei der Wahl der Worte sollte man sich dem beobachteten Tatbestand anpassen. Ein nicht herausragendes, aber gutes Verhalten verdient z.B. ein „Gut gemacht!". Hat dagegen der Mitarbeiter sich in wirklich ungewöhnlicher Weise eingesetzt, hat er einen hervorragenden Verbesserungsvorschlag gemacht, dann ist es nur fair und adäquat, auch in der Wortwahl entsprechend zu reagieren und außerdem etwas detaillierter über das zu sprechen, was der Mitarbeiter geleistet hat.

3.5 Wann?

Anerkennung sollte rasch, möglichst unmittelbar nach dem beobachteten erwünschten Verhalten ausgesprochen werden. Der Mitarbeiter weiß dann, wofür die Anerkennung erfolgt, er hat die konkrete Erinnerung noch lebhaft vor dem inneren Auge. Zudem zeigen lernpsychologische Untersuchungen, dass von der unmittelbaren, zeitlich rasch folgenden Bekräftigung die stärkste Wirkung ausgeht (SKINNER, 1938). Man kann hier auch an das Beispiel der Schule denken: Erhält der Schüler die Bewertung seiner Arbeit erst vier oder gar sechs Wochen später, so ist die erlebnismäßige Brücke zum Ereignis längst zusammengebrochen; die Anerkennung interessiert nicht mehr, man bringt sie kaum noch in Beziehung zum damaligen Verhalten.

3.6 Danach?

Manche Vorgesetzte scheuen vor der Anerkennung zurück, weil sie fürchten, dass der Mitarbeiter dann gleich mehr Geld fordert. Obwohl so etwas in Ausnahmefällen vorkommen mag – die Regel ist dies sicher nicht. Dennoch sollte ein Vorgesetzter im Kopf behalten, dass es gut ist, Taten folgen zu lassen. Ein Mitarbeiter, der immer wieder Anlass zur Anerkennung gab, der vielfach überragende Leistungen zeigte, der sich kameradschaftlich für die Kollegen einsetzte und ihnen half, für den sollte man längerfristig – über die Worte hinaus – mehr tun. Das kann eine Gehaltserhöhung sein, eine Prämie, eine verantwortungsvollere Aufgabe, eine Incentivreise, die Entsendung zu einer attraktiven Weiterbildungsveranstaltung oder Ähnliches mehr. Wenn im Betrieb bekannt ist, dass sich ein Vorgesetzter für solche Mitarbeiter, denen er immer wieder Anerkennung und nur selten Kritik zu sagen hat, auch intensiv einsetzt, dann wird die Wirkung der Anerkennung verstärkt.

4. Wie geht man bei der Kritik vor?

Kritik ist schwerer in richtiger Form auszusprechen als Anerkennung. Konkret heißt dies, dass Kritik nicht selten zum Gegenteil dessen führt, was man erreichen möchte. Im Regelfall wird es ja das Ziel des Kritikgesprächs sein, den Mitarbeiter in seinem Verhalten zu korrigieren, um dadurch zukünftig erwünschte Ergebnisse, z. B. eine quantitativ und qualitativ bessere Leistung zu erreichen. Tatsächlich ist die Folge eines Kritikgesprächs nicht selten ein demotivierter, verärgerter oder resignierter Mitarbeiter. Durch das Kritikgespräch hat nicht nur seine Arbeitsmotivation gelitten, sondern auch die Beziehung zwischen ihm und dem Vorgesetzten hat auf der menschlichen Ebene Schaden genommen.

Wer Kritikgespräche führt, muss sich darüber im Klaren sein, dass in der Mehrzahl der Fälle ein Mensch Kritik nicht gerne hört. Kritik ruft den Kritisierten meist zu einer Verteidigungshaltung auf; er widerspricht, begründet, entschuldigt. Wenn Kritik berechtigt ist und angenommen werden soll, so ist ein längeres Gespräch im richtigen Tonfall und mit angemessenen Worten erforderlich. Dies wiederum bedeutet, dass sich ein Vorgesetzter auf ein Kritikgespräch sehr viel eingehender vorbereiten muss als auf eine Anerkennung. Kritikgespräche dauern länger. Bevor sie geführt werden, sollte sich der Vorgesetzte über das Ziel des Gesprächs klar sein. Geht es darum, bei ansonsten ungestörtem Vertrauensverhältnis zum Mitarbeiter Details seines Verhaltens zu korrigieren, oder ist das Ziel eine nachhaltige Maßnahme wie z. B. eine Versetzung oder gar die Trennung vom Mitarbeiter? Anlage des Gespräches und Tonfall werden entsprechend höchst unterschiedlich zu wählen sein. Hier soll davon ausgegangen werden, dass es um die Korrektur des Verhaltens eines Mitarbeiters geht, nicht um Versetzung oder Trennung (vgl. dazu den Artikel von BÖHM: Arbeitsrecht für Vorgesetzte, in diesem Band).

Man sollte sich fragen, wie man den zu kritisierenden Sachverhalt begründet, welche Worte man wählt, welche Verbesserungsvorschläge man zu machen hat, wie man den Mitarbeiter vor Resignation bewahrt und ihn neu motivieren kann. Außerdem sollte man diese kurze Überlegungszeit auch für zwei weitere Gedanken nutzen:

„Habe ich die Zeit, ausreichend lange mit dem Mitarbeiter zu sprechen?" Je nach Anlass muss man hier mit zehn, zwanzig oder dreißig Minuten, bei komplizierten

Vorfällen gelegentlich sogar mit mehreren Stunden rechnen. In dieser Zeit sollte dafür gesorgt werden, dass das Gespräch nicht unterbrochen wird.

Man sollte sich weiterhin fragen, ob man im Augenblick emotional in der richtigen Verfassung ist. Erlebt man starke Wut oder Verärgerung, so kann es allzu leicht geschehen, dass man im Zorn etwas sagt, was man danach bedauert. Falls man bei sich selbst bemerkt, dass die emotionale Beteiligung zu hoch ist, dann sollte man es sich zur Regel machen, zunächst einmal eine Nacht zwischen den Vorfall und das Gespräch zu legen, die Angelegenheit noch einmal zu überschlafen. Dann allerdings sollte man ins Gespräch gehen. Was dabei zu bedenken ist, soll wieder die Beantwortung der nachfolgenden Fragen zeigen.

4.1 Wer?

Ähnlich wie die Anerkennung gehört die Kritik als direktes Führungsmittel in die Hand des unmittelbaren Vorgesetzten. Kritik sollte nicht delegiert werden – nicht an höhere Vorgesetzte, nicht an die Personalabteilung, nicht an die Revision und schon gar nicht an einen der anderen Mitarbeiter, den man bittet, dem Betroffenen entsprechende Informationen zu überbringen.

4.2 Was?

Kritisiert werden sollte das beobachtete Verhalten und nicht die Person. Das angesprochene, von der Zielsetzung abweichende Verhalten kann geändert werden, die Person lässt sich in diesem Sinne nicht modifizieren. Eine kritische Analyse beobachteten Verhaltens verletzt weniger als eine Attacke auf die Person.

Das kritisierte Verhalten sollte tatsächlich ein beobachtetes sein. Die Information sollte möglichst auf eigenen Wahrnehmungen beruhen und sich nicht auf Gerüchte stützen. Betreffen allerdings die Gerüchte ein schwer wiegendes Fehlverhalten, so kann es – im Sinne einer Warnung oder Sensibilisierung – ratsam sein, den Mitarbeiter darauf anzusprechen, dann allerdings ohne Wertung.

4.3 Wo?

Kritikgespräche sollten grundsätzlich unter vier Augen stattfinden. Zwar argumentieren manche Vorgesetzte, es sei ratsam ein „Exempel zu statuieren" und damit andere vor ähnlichem Fehlverhalten zu warnen. Dieser Argumentation ist nicht zuzustimmen. Ein konstruktives Kritikgespräch kommt auf diese Weise nicht zu Stande; die anderen ergreifen Partei, der Kritisierte will sein „Gesicht nicht verlieren", gibt das Fehlverhalten nicht zu und verteidigt sich möglicherweise mit vielerlei Ausreden. Fronten verhärten sich; die Situation ist nach dem Gespräch schlechter als zuvor. Eine Ausnahme ist dann gegeben, wenn das Verhalten der gesamten Arbeitsgruppe Anlass zur Kritik gegeben hat. Dann kann man auch die Gruppe in einem entsprechenden Gruppengespräch kritisieren.

4.4 Wie?

Unter dem Aspekt dieser Frage ist an mehrerlei zu denken. Hier kommt es auf den Inhalt und den Ton an. Zunächst zum Inhalt.

Beim Kritikgespräch sollte der Kritisierende klar zu erkennen geben, dass er über den Vorfall informiert ist. Er sollte in knappen Worten schildern, was er gesehen hat. Bevor er wertet, sollte er allerdings dem Mitarbeiter die Möglichkeit zur Stellungnahme geben. Selbst wenn die Beobachtungen eindeutig sind, schließen sie nicht immer die Ursache mit ein. Es kann ja sein, dass das Fehlverhalten auf Ursachen zurückzuführen ist, die nicht im Verantwortungsbereich des Mitarbeiters liegen.

Der Vorgesetzte hat die Verpflichtung, dem Mitarbeiter zu sagen, „wo es künftig langgehen soll". Am besten ist es allerdings, dass er hier nicht allein seine Vorstellungen darlegt, sondern im Gespräch mit dem Kritisierten gemeinsam zu ermitteln sucht, was die Ursachen des Fehlverhaltens waren, wie man sie künftig vermeiden kann und wie das Verhalten in Zukunft aussehen soll. Aus rein psychologischen Gründen ist eine solche Verhaltensweise meistens zu empfehlen; hat man einen Spezialisten vor sich, so ist ein derartiges Verhalten ganz unumgänglich, denn im Detail weiß ja der Spezialist besser über den Sachverhalt Bescheid als der Chef.

Aber auch die Beziehungsebene, die Folge der Argumente und der Ton sind wichtig. Meist wird es empfehlenswert sein, zu Beginn eine positive Basis zu finden. An diese Regel sollte man sich allerdings nicht starr halten. Wenn man den Mitarbeiter „auf frischer Tat ertappt" hat, ist es natürlich Unsinn, ihn zu sich zu bitten und zunächst einmal nach dem Wohlergehen von Frau und Kindern zu fragen.

Ein Weiteres ist zu bedenken: In den Aussagen sollte man klar, sachlich und eindeutig sein. Es ist nicht nötig, jede kritische Anmerkung in einen „Ja, aber"-Satz zu verpacken. Der Ton sollte sachlich bleiben, d. h. weder persönlich werden noch emotional. Zwar kann der Vorgesetzte emotionale Beteiligung zeigen. Er kann auch sagen, dass er sehr erregt oder enttäuscht ist, wenn der Vorfall wirklich schwer wiegend ist. Dies aber sollte ihn nicht dazu veranlassen, beleidigend oder unvertretbar laut zu werden. Das Zeigen emotionaler Betroffenheit allerdings sollte durchaus ehrlich sein und eine positive Wirkung nach sich ziehen.

Es kann dennoch in Ausnahmefällen geschehen, dass in der unkontrollierten Wut der Vorgesetzte persönlich wird, ausfallend und unvertretbar laut. Er sollte sich dann aber entschuldigen.

4.5 Wann?

Mit dem Mitarbeiter sollte gesprochen werden, wenn der Vorfall noch aktuell ist. Häufig wird es – insbesondere bei geringfügigem Fehlverhalten – ratsam sein, möglichst sofort mit dem Mitarbeiter zu sprechen und zwar an seinem Arbeitsplatz, wenn es sich unmittelbar ergibt und keine anderen Personen zugegen sind. Manchmal allerdings kann es besser sein, ein wenig zu warten, eine Nacht über den Vorfall zu schlafen. Auf keinen Fall ist dazu zu raten, eine Liste von „Sünden" des Mitarbeiters anzulegen, ohne ihn davon in Kenntnis zu setzen, um dann schließlich bei einer mehr oder weniger passenden Gelegenheit eine Flut von Kritik über ihn auszugießen. Dies demotiviert und führt zur Resignation, nährt das Misstrauen des Mitarbeiters gegen den Vorgesetzten und wird kaum einen konstruktiven Abschluss zur Folge haben.

4.6 Danach?

Nach einem schwer wiegenden Fehlverhalten des Mitarbeiters kann man nicht ohne weiteres zur Tagesordnung übergehen. Man hat ja mit dem Mitarbeiter vereinbart, wie die Arbeit künftig ablaufen soll, und man kann ihm sagen, dass man darüber in nächster Zeit etwas enger mit ihm im Gespräch bleiben will, dass man kontrollieren möchte, ob es nun auch klappt.

Wenn allerdings über längere Zeit nichts „Einschlägiges" mehr vorfällt, sollte es vergeben und vergessen werden. Es kann sehr demotivierend sein, wenn ein Mitarbeiter sich alle Mühe gegeben hat, sein Verhalten positiv zu verändern, dabei Erfolg hatte und schließlich bei einer ganz anderen Gelegenheit vom Vorgesetzten wieder hört: „Ausgerechnet Sie, wo Sie doch schon damals vor zwölf Jahren…"

Literatur

BANDURA, A. (1969). Principles of behavior modification. New York 1969.
NEUBERGER, O. (2000). Das Mitarbeitergespräch. Leonberg 2000.
PAWLOW, I. P. (1927). Conditional reflexes. An investigation of the physiological cerebral cortex. London 1927.
ROSENSTIEL, L. v. (1975). Anerkennung und Korrektur. In E. GAUGLER (Hrsg.), Handwörterbuch des Personalwesens. Sp. 22–31. Stuttgart 1975.
ROSENTHAL, R. & JACOBSEN, L. (1968). Pygmalion in the classroom: Teacher expectation and pupil's intellectual development. New York 1968.
SKINNER, B. F. (1938). The behavior of organisms. An experimental analysis. New York 1938.

Zur Konkretisierung und weiteren Vertiefung wird empfohlen, im Fallstudienband die Fälle zu „Anerkennung und Kritik" zu bearbeiten.

Uwe Böning

Coaching für Manager

1. Als Erstes
2. Typische Einstiege
3. Wie sieht der konkrete Nutzen in der Praxis wirklich aus?
4. Die Coaching-Grundvarianten und ihre Angemessenheit bei verschiedenen Anlässen
5. Qualitätskriterien für ein erfolgreiches Coaching
6. Entwicklung des Coaching

1. Als Erstes

Man könnte natürlich denken, einen anständigen Artikel über Coaching ganz anders anzufangen, vor allem einen Artikel in einem Handbuch, das von ehrwürdigen Professoren für pragmatisch eingestellte Praktiker herausgegeben wird. Aber um ehrlich zu sein, ich hatte keine Lust dazu. Das Handbuch erlebt seine 5. Auflage, ich habe über zwanzig mehr oder weniger interessante Artikel zum Thema verfasst und es ist an der Zeit, meinen Gedanken darüber freien Lauf zu lassen. Zumal in der Szene ohnehin einiges durcheinander und undurchschaubar geworden ist, für den Laien noch mehr als für den Eingeweihten.

Die Entwicklung des Coachings ist rapide, die Akzeptanz ist riesig gewachsen, die Erfolge sind beachtlich, die Preise ziemlich verschieden, einen Titelschutz gibt es nicht und fast alle, die Coaching machen, halten sich für fast alles kompetent, zumindest aber für die Größten. Fast gilt der Satz „Anything goes!", zumal die Adressaten und Nutzer dieser neuen Beratungsleistung ihrerseits zerfallen in Realisten und Utopisten, in Pragmatiker und Esoteriker, in Techniker und Seelenschweber, in autoritär Abhängige und ganz entspannt Selbstständige, in bedürftige Leistungsneurotiker und in abgeklärte Hochleistungssportler, die im höchsten Wettbewerb gewinnen wollen und deshalb die Segnungen der Psychologie nutzen wollen.

Und alles läuft unter dem Label Coaching. Freigegeben für die spöttischen Abwertungen („Aha: Couching!") oder für die klaren Akzeptanzsignale („Ich muss mich nach guten wie nach schlechten Erfahrungen als Nr. 1 der Firma selbst zuerst verändern, wenn ich von meinen Führungskräften wesentliche Veränderungen erwarte."). Alles ist zu finden. Man kann sich wundern, was es gibt. Und man muss sich wundern, was alles akzeptiert wird. Und man darf sich freuen, was alles an manchen Stellen so geht mit Coaching, was kaum einer für möglich gehalten hat im Unternehmen: „Sie wissen doch selbst: Fünfzigjährige kann man nicht ändern!" Und ob man das kann! Diese Sprüche sagen doch häufig nur etwas aus über die bisherigen Grenzen im Unternehmen oder über die mentalen Sperren im Kopf.

Also Sie merken schon, ich will Ihnen etwas erzählen. Will Ihnen spürbar machen, was geht. Will Sie realistisch und skeptisch machen gegen bloße Versprechungen. Will Sie warnen vor plumpen oder raffinierten Verführungen und Sie mutig machen, es selbst auszuprobieren. Nein, nicht einmal, sondern immer wieder. Denn nichts bleibt stehen, alles entwickelt sich bekanntlich weiter. Und so banal diese Aussage zu sein scheint, in unserem Zusammenhang hat sie eine erhebliche Folge: Das Coaching wird immer besser, immer kontrollierter und immer ergiebiger in immer weiteren Anwendungszusammenhängen. Wie das Training im Sport. Und wer in der Weltklasse kam dort hin, bleibt dort oben, ganz ohne Coach? Wer genügend Selbstbewusstsein hat oder auch gar keines, hat damit kein Problem. Wer aber im Erwachsenenalter immer noch eine pubertäre Attitüde hat, der hält dagegen: „Kann ich alleine! Dafür brauchen wir keinen Externen! Wer Coaching braucht, ist keine erfolgreiche Führungskraft!"

Ich werde Ihnen einfach erzählen, wie das Ganze bei uns normalerweise abläuft. Wie wir bei Böning-Consult Coaching verstehen, sehen, betrachten und erlebt haben. Und wenn Ihnen meine Gedanken zu langweilig sind, dann schlagen Sie das Buch einfach zu. Gehen Sie Golf spielen oder Tischfußball oder streiten Sie sich mit jemandem. Oder schütteln Sie den Kopf und reden Sie mit einem Kollegen darüber. Oder schreiben Sie mir einen Brief und fragen etwas oder beschweren sich einfach. Aber beziehen Sie Stellung. Nicht mit Worten, am besten mit Taten, sonst vergeuden Sie einfach Ihre Zeit. Aber das wäre dann Ihre Sache, nicht so sehr meine. Es sei denn, Sie hätten mich engagiert. Dann müsste ich mich mit Ihnen auseinander setzen oder herumstreiten oder Sie einfach aushalten. Oder mich von Ihnen verabschieden. Je nachdem wie unsere Vereinbarung war… Da müssten wir noch einmal genauer hinsehen, Sie und ich …

2. Typische Einstiege

Anruf bei uns im Büro: Frau CM, Abteilungsleiterin in einer großen deutschen Bank, hat demnächst ein Aufstiegs-Assessment-Center in ihrem Haus zu absolvieren und möchte ein Coaching haben, um sich auf diese Situation vorzubereiten. Sie habe eine Empfehlung von Herrn X/Y, der selbst kein Coaching mache. Ob sie richtig informiert sei, dass wir solch eine Beratung durchführen würden? Und wie hoch die Kosten seien, denn in ihrem Fall wolle sie die Beratung selbst bezahlen? Und wie das Ganze denn normalerweise ablaufe? Und wie die Terminlage sei, weil …

Anderes Beispiel: Der Vorstand eines Unternehmens ruft mich an und fragt, ob er meinen Namen an einen Bekannten weitergeben könne, der als Beiratsvorsitzender in einem größeren mittelständischen Unternehmen säße und dringend einen Coach für eine Konfliktklärung in der Geschäftsführung dieser Firma suche. Es sei eine etwas sensible Angelegenheit, aber mit Sicherheit auch interessant. Er wolle mich nur direkt und offen fragen, wie denn gegebenenfalls meine Terminlage aussähe? Die Situation in der Firma schiene nämlich einen deutlichen zeitlichen Einsatz erforderlich zu machen, zumindest in der Anfangsphase. Vermutlich würde das Ganze auch keine ganz kurze Geschichte, da es sich um einen Generationenkonflikt zwischen Vater und Sohn handele und um eine komplizierte Nachfolgeregelung …

Während eines Workshops für einen größeren Konzern spricht mich in der Kaffeepause einer der Vorstände an und fragt, ob er sich einmal mit mir über seine Situation als neuer Vorstand im Unternehmen unterhalten könne. Er komme aus einem ganz anderen Unternehmen und aus einer wenig verwandten Branche. Er sei seit kurzer Zeit hier im Hause und habe eine Reihe von interessanten Beobachtungen und Eindrücken gesammelt, über die er gerne einmal mit jemandem reflektieren würde. Vielleicht habe er ja einen gewissen Nutzen davon. Ob sich daraus eine längere Coachingbegleitung entwickeln werde, das wisse er noch nicht. Das müssten die ersten Gespräche dann zeigen. Er habe zwei Ziele bei dem Vorgehen:

Erstens wolle er eine gute Leistung für das Unternehmen erbringen und zweitens habe er vor, in seinem Ressort einiges zu verändern und wolle einfach mit einem vertrauenswürdigen und kompetenten Gesprächspartner darüber sprechen, wie er das Change-Management am besten durchführen sollte. Ob wir einmal einen halben Tag für ein Erstgespräch vereinbaren könnten? …

In einer Sitzung mit Herrn XY: Der Sprecher einer dreiköpfigen Geschäftsführung habe das Anliegen, die menschliche Integration der neu zusammengesetzten Geschäftsführung zu fördern. Die Geschäftsführung habe sich darüber verständigt, gemeinsam die Führungs- und Unternehmenskultur zu verändern. Man habe stark expansive Ziele im Auge und müsse entsprechend das Führungsverhalten der Führungskräfte sowie die Zusammenarbeit im Unternehmen insgesamt verbessern. Dabei wolle die Geschäftsführung bei sich selbst anfangen, getreu dem Motto: Treppen werden von oben gekehrt. Man sucht einen Coach oder vielleicht auch zwei, die sowohl eine umfassende persönlichkeitsbezogene Beratung als auch den Organisationsentwicklungsprozess im Unternehmen aktiv begleiten könnten.

Das sind vier ganz konkrete Beispiele für Coaching-Anfragen aus den letzten Monaten. Sie zeigen etwas von der Unterschiedlichkeit der Themen, der Zielgruppen und der Zugangswege, wie es zum Coaching kommt. Diese Beispiele zeigen einiges von dem, was heute unter „Coaching" verstanden wird:

Eine sehr personen- und persönlichkeitsnahe Beratung,

- die im Umfeld arbeits- und leistungsbezogener Anforderungen stattfindet,
- die sich auf Einzelpersonen, auf Gruppen, auf Projektteams oder auch auf Organisationseinheiten in einem gemeinsamen Prozess beziehen kann,
- die relativ kurzfristig und zielfokussiert oder auch längerfristig und themenweit (Arbeitssituation, persönliche Umstände…) angelegt werden kann,
- die das Verhalten, die Einstellung, das Know-How und die soziale Wirkung der Beteiligten im sozialen Umfeld optimiert,
- die sich primär auf psychologische (persönlichkeits-, sozial-, organisations-/arbeits- und wirtschaftspsychologische) Aspekte konzentriert, dabei aber im Rahmen der Möglichkeiten und Notwendigkeiten strategische, organisationsbezogene, technische und andere fachliche Aspekte mitberücksichtigt.

Von der klassischen Unternehmensberatung unterscheidet sich das Coaching insofern, als dort primär eigenständig Fachkonzepte erarbeitet und umgesetzt werden, während Coaching prinzipiell einem Ertüchtigungs- („Enabling-",) Ansatz folgt bzw. wie im Sport die Aufgabe hat, die Leistungsträger (der Firma) zu eigenständigen Hoch- oder Höchstleistungen zu befähigen.

Von der Psychotherapie unterscheidet sich Coaching dadurch, dass es zwar z. T. mit ähnlichen Techniken bzw. mit einigen von dort her entlehnten Methoden arbeitet (z. B. die Gesprächsführung betreffend), aber weit darüber hinausgeht. Kenntnisse zur Wirtschaftspsychologie, zu Strategieentwicklung und -umsetzung, über allgemeine Unternehmensführung und Management, über Führungsverhalten gegenüber Mitarbeitern, die Kenntnis von Führungssystemen und Wissen zur allgemeinen Organisationspsychologie, Erfahrung in Projektmanagement, Markt-Know-How und die faktische Insider-Erfahrung von unternehmensinternen Abläufen und Spielregeln, all das erst macht wirklich möglich, Coaching über das quasi-therapeutische Gespräch hinaus zu betreiben: Nicht die Gesundung von einzelnen Neurotikern ist die Zielsetzung (ohne diese in ihrer Bedeutung und Wichtigkeit abwerten zu wollen), sondern die persönlichkeits- und leistungsbezogene Weiterentwicklung von Führungskräften im Arbeitsumfeld. Dies gilt umso mehr, je stärker sich das Coaching auf dem Executive-Level bewegt und nicht nur kommunikative Grundverbesserungen auf mittlerer oder unterer Führungsebene betrifft.

Deshalb stehen in der Regel die folgenden Schwerpunktziele beim Coaching im Vordergrund:

- Verbesserung der individuellen Management- und Führungskompetenz;
- Selbstreflexion der eigenen wie fremden Verhaltens- und Persönlichkeitswirkung auf das soziale Umfeld;
- Erweiterung der sozialen Kompetenz;
- Vorbereitung und Unterstützung bei der Bewältigung neuer Aufgaben, Rollen und Funktionen;
- Optimierung in der allgemeinen Leistungserbringung;
- Unterstützung bei der Bewältigung schwieriger zwischenmenschlicher Konstellationen und Konflikte;

- Teamentwicklung hochrangiger Führungskräfte;
- Prozessunterstützung bei schwierigen Projekten und komplizierten Change-Management-Aufgaben, bei denen zwischenmenschliche Kommunikation, die Akzeptanz der Beteiligten, Widerstände und eine wirkungsvolle Umsetzung eine wesentliche Rolle spielen.

3. Wie sieht der konkrete Nutzen in der Praxis wirklich aus?

Die entscheidende Frage ist: Deckt die konkrete Praxis wirklich das ab, was manchmal so vollmundig behauptet wird? Um dieser Frage rechtzeitig und wiederholt nachzugehen, hat Böning-Consult (1989 und 1998) zwei Untersuchungen im Firmenbereich durchgeführt, um über Durchführung, Akzeptanz und Bewertung des Coachings in der Praxis verlässliche Daten zu bekommen. Wir haben an verschiedenen Stellen schon darüber berichtet (siehe BÖNING 1998, 2000a,b,c). Deshalb hier konzentriert das Wesentliche.

Abbildung 1 zeigt einiges von der Wirksamkeit des Coachings in der Unternehmenspraxis! Ende der achtziger und Ende der Neunzigerjahre haben wir jeweils in etwa 100 Unternehmen in Deutschland danach gefragt, welche Erfahrungen mit Coaching gemacht wurden. Die Befragten (Führungskräfte oder hochrangige Experten aus den Unternehmen) gaben verschiedene wahrnehmbare inhaltliche Nutzendimensionen an.

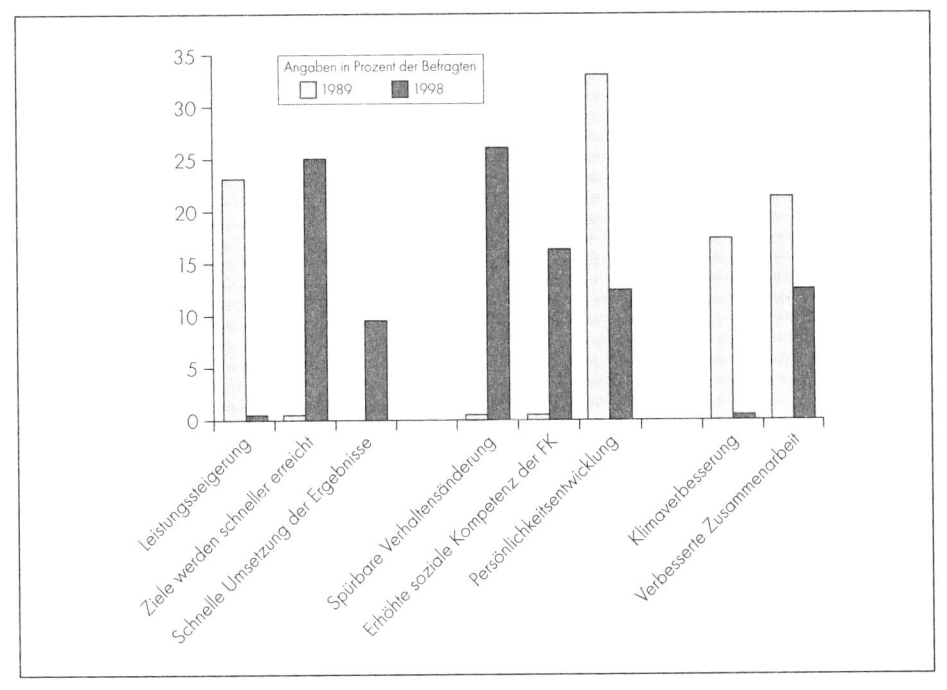

Abb. 1: Der konkrete Nutzen des Coachings aus Unternehmenssicht

Es zeigt sich hier ganz deutlich, dass Coaching nicht nur wilde akquisitionsintensive Versprechungen macht, sondern zu klaren Verbesserungen führt, die auch von der Umgebung wahrgenommen werden. Selbstverständlich sind dabei die einzelnen inhaltlichen Aspekte recht differenziert zu betrachten. Es lassen sich an den Daten auch (unterstützt durch weitere, hier nicht näher zitierte Ergebnisse) zwei Trends ablesen, die plausibel sind und ein Gefühl belegen, das viele Praktiker teilen:

Erstens geht der Trend weg von den Fällen, die sich stark auf primär persönlichkeitsbedingte Problemfälle fokussieren, mehr hin zu der Unterstützung von guten oder sogar exzellenten Führungskräften im Rahmen von Veränderungsprozessen des Unternehmens. Ein Trend, der sich nach 1998 mit Börsen-Hype und anschließender Konjunkturflaute mit Sicherheit noch verstärkt hat.

Und zweitens werden die früher recht allgemeinen und manchmal sogar diffusen Zielsetzungen zunehmend mehr konkretisiert und spezifiziert. Auch das ist plausibel und im Sinne der zunehmenden Professionalisierung folgerichtig. Die situationsgeprägte soziale Kompetenz der Führungskräfte, spezifische Ziele bei recht unterschiedlichen Coachingfällen und wahrnehmbare Verhaltensänderungen stehen im Vordergrund, weniger die allgemeine Leistungsverbesserung, die stark unter der Einschränkung einer mental blockierten Persönlichkeit litt.

Wir haben auch nach der Bewertung der Coachings durch die Praktiker gefragt und zu unserer Erleichterung keine bestürzenden Resultate erhalten, auch wenn die Ergebnisse durchaus weitere Verbesserungspotenziale signalisieren. Abbildung 2 zeigt die in der Zwischenzeit deutlich gewachsene Akzeptanz und positive Bewertung des Coachings in Deutschland.

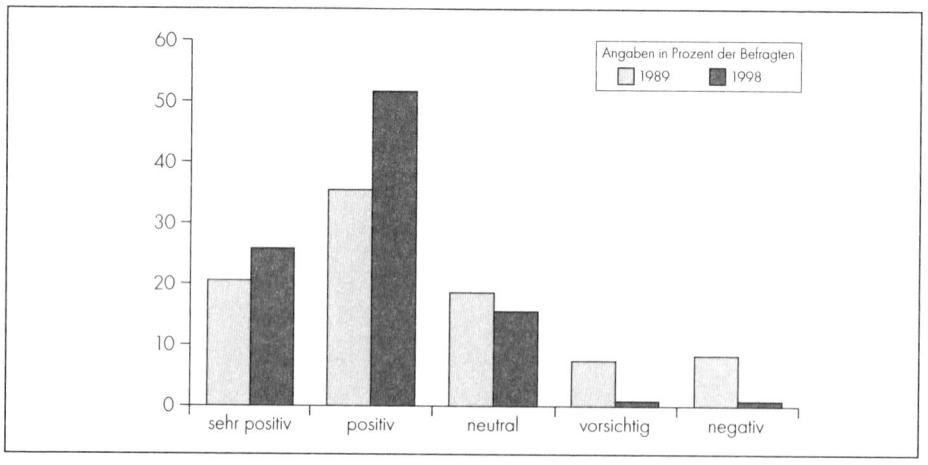

Abb. 2: Die Bewertung des Coachings aus Unternehmenssicht

4. Die Coaching-Grundvarianten und ihre Angemessenheit bei verschiedenen Anlässen

Da ich Coaching in der Einleitung als eine Begriffshülse beschrieben habe, in der sehr unterschiedliche Themen, Ziele und Herangehensweisen stecken, halte ich es für hilfreich, nun an dieser Stelle eine knappe Übersicht über einige der Coaching-Varianten zu geben, um anschließend Klarheit über deren Einsetzbarkeit bei verschiedenen Anlässen zu gewinnen. Die Coaching-Grundvarianten sind:

1. Coaching durch einen organisationsexternen Berater
   (Klassische Hauptvariante)
   – Hohe Themen – und Rollenflexibilität
   – Leichterer Zugang zu oberen Führungskräften/Top-Management
   – Intimität und Vertraulichkeit leichter erfüllbar als bei einem internen Coach
   – Nur begrenzter Direkteingriff auf Tagesverhalten.

2. Coaching als entwicklungsorientiertes Führen durch den unmittelbaren Vorgesetzten
   – Kenntnis des Unternehmens und des Arbeitsumfeldes der gecoachten Führungskraft
   – Tägliches Eingreifen prinzipiell möglich
   – Schwierigkeit: Themen und Tiefendimension des Coaching sind begrenzt; Abhängigkeit von der Beziehung zwischen Vorgesetzten und Mitarbeiter hoch
   – Rollenkonflikte leichter möglich.

3. Coaching durch einen organisationsinternen Coaching-Fachmann
   – Kennt das Unternehmen und das Arbeitsumfeld näher
   – Hat primär mittleres Management als Zielgruppe
   – Zuweilen sind Vertraulichkeits- und Rollenkonflikte gegeben (Berichtspflicht gegenüber Unternehmensstellen).

4. Gruppen-Coaching
   – Zielgruppe können zum Beispiel komplette Vorstände, Arbeitsteams oder Projektgruppen sein – oder auch einzelne Schlüsselpersonen in gemeinsamen Veränderungsprozessen
   – Setting-Probleme nicht zu übersehen: Handelt es sich um ein Coaching „der" Gruppe oder um ein Coaching „in der" Gruppe?
   – Häufig ist es nötig, mit mehreren Coachs zu arbeiten, um genügend Veränderungskraft aufzubringen
   – Oft Verknüpfung von Einzel-Coachings mit Gruppenaktivitäten beobachtbar
   – System- und nicht nur persönlichkeitsbedingte Störungen leichter feststellbar; Systeminformationen leichter umzusetzen
   – Hohe Nähe zur Team- und Organisationsentwicklung.

Die von den Praktikern in unserer ersten Untersuchung eingeschätzte Angemessenheit der einzelnen Coaching-Varianten bei verschiedenen Anlässen lässt sich aus Abbildung 3 entnehmen. Zwar sind die Ergebnisse schon etwas älter, aber nach unserer Erfahrung hat sich bis heute daran nichts Wesentliches geändert.

Was ist das Zwischenfazit der bisherigen Ausführungen? Anfangs von einigen als etwas Geheimnisvolles dargestellt und erlebt, von anderen oft als methodische Neuerung in Frage gestellt, präsentiert sich Coaching heute in einer Fülle recht differenzierter Anwendungen. Es beginnen sich vier Dinge zu normalisieren:

1. Dass Manager sich persönlich psychologisch beraten lassen, wird nicht mehr grundsätzlich unter Pathologieverdacht gestellt und als Ausdruck einer schlimmen Infragestellung der eigenen persönlichen Kompetenz bzw. der Managementfähigkeiten oder gar der eigenen Selbstständigkeit und Unabhängigkeit betrachtet.

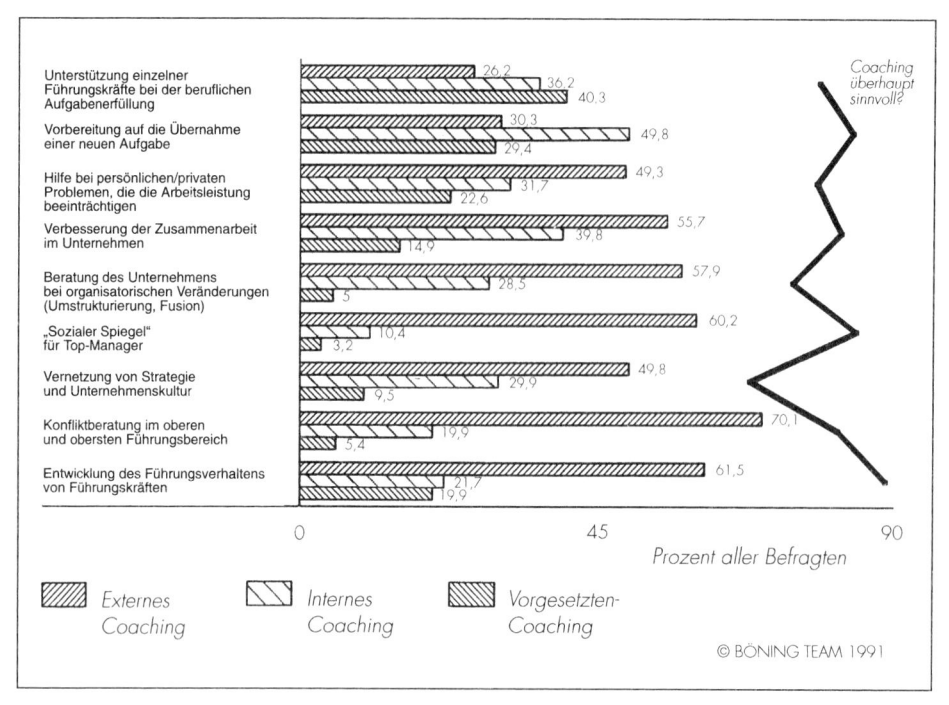

Abb. 3: Eingeschätzte Angemessenheit von Coaching-Varianten
für faktische und mögliche Anlässe

Vielmehr wird die Inanspruchnahme von Coaching als legitimer Wunsch nach eigener Optimierung, Professionalisierung und besserer Performance verstanden.
2. Langsam lösen sich die anfangs starken wechselseitigen Vorbehalte von externen Beratern und internen Führungskräfteentwicklern auf. Die Diskussionen darüber nehmen ab, was das „echte" Coaching und was das methodisch Neue daran ist.
Vielmehr hat eine differenzierte Anwendung und Umsetzung von Coaching begonnen, bei der die Kooperation zwischen „Internen" und „Externen" zunehmend besser und problemlösungsorientierter wird.
Abbildung 3 macht aus der Sicht von professionellen Anwendern die Verzahnung und die Bevorzugung einzelner Vorgehensweisen nochmals deutlich.
3. Es wird deutlich, wie sich allmählich das Verständnis der Führungsrolle selbst verändert: Nicht nur Ziele setzen, Entscheidungen treffen, Durchsetzen usw. (also das traditionelle Führungsverständnis) prägen die Führungsrolle, sondern zunehmend mehr die neuen Fähigkeiten zur Teamarbeit und dazu, Konflikte nicht nur oberflächlich zu regeln, sondern echt in der Tiefe zu lösen, die Fähigkeit, unterschiedliche Ziel- und Werte-Welten von Menschen (Vorgesetzten, Kollegen, Mitarbeitern) integrieren zu können, das ist heute viel mehr gefragt. Die eigene persönliche Wirkung auf das soziale Umfeld realistisch einschätzen und weiterentwickeln zu können, ist nicht einfach Ausdruck einer permanenten Selbstbespiegelung, sondern die zwangsläufige Folge einer veränderten Arbeitssituation in einer immer komplexer werdenden Welt.
4. In einer kommunikativen Öffentlichkeit werden die soziale Kompetenz und interaktive Wirkung sowie die persönliche Glaubwürdigkeit zu wichtigen Überzeu-

gungs- und Motivationsfaktoren, die in der internen und externen Unternehmensöffentlichkeit wesentlich über Erfolg und Misserfolg, Akzeptanz und Durchsetzungsfähigkeit mitentscheiden. Die Hierarchie wird nicht grundsätzlich in Frage gestellt, aber die Demokratisierung hat im Gewand der Effizienz einen Sieg errungen.

5. Qualitätskriterien für ein erfolgreiches Coaching

Zur Orientierung seien die nachfolgenden Kriterien genannt:

1. Eindeutige Klärung der Auftragslage, der Zielsetzung des Coachings und der Rolle der Auftraggeber im Prozess:
   - Gibt es unterschiedliche Zielsetzungen der verschiedenen Beteiligten (Vorgesetzte, Personalbereich, gecoachte Führungskraft, Konfliktpartner,…)?
   - Gibt es völlige Vertraulichkeit über Inhalte und Verlauf des Coachings, oder gibt es Informationspflichten und Berichtswege, die allerdings geklärt und akzeptiert sind?
2. Klärung der Rolle und des Arbeitsansatzes des Coachs.
3. Klare Zielformulierung und Festlegung eindeutiger Zielerreichungskriterien.
4. Saubere Diagnose der persönlichkeits- und umfeldspezifischen Ausgangslage.
5. Nachvollziehbarkeit der Strukturierung des Coaching-Prozesses und der eingesetzten Interventionsformen (state-of-the-art).
6. Dokumentation des Coaching-Prozesses.
7. Möglichst multi-perspektivische Erfolgskontrolle
   - Wie sieht der Erfolg/Misserfolg aus der Sicht der gecoachten Führungskraft, des Coaches, des Auftraggebers, des Vorgesetzten, der Mitarbeiter, von Kunden und neutralen Beobachtern aus?
   - Gibt es systematische Erfolgskontrollen über verschiedene Coaching-Maßnahmen und Beratereinsätze im Unternehmen?
8. Permanente Prozessreflexion durch ein professionelles Sounding-Board bzw. Supervision (Peer-Supervision, Ausbildungs-Supervision,…).
9. Sinnvoller Aufwand der Coaching-Maßnahmen und eine angemessene Preis-Leistungs-Relation.

6. Entwicklung des Coaching

Kommen wir zur letzten Frage: Warum bleibt bei aller positiven Entwicklung das Coaching manchmal immer noch schillernd? Abbildung 4 gibt einen Überblick über die Coaching- Entwicklung in den letzten zwanzig bis dreißig Jahren in Deutschland und den USA. Wenn man diesen Überblick genau anschaut, wird näher verständlich, dass und wie sich verschiedene Verständnisformen des Coachings nacheinander, nebeneinander und gegeneinander entwickelt haben.

Was ursprünglich in Amerika Coaching hieß und im Wesentlichen nichts anderes als ein situatives Führungsverhalten durch den Vorgesetzten mit der Zielsetzung einer fachlichen oder motivationalen Entwicklung des Mitarbeiters war, mutiert in Deutschland unter dem Einfluss psychotherapeutischer Konzepte und in Parallelität

1. Phase	2. Phase	3. Phase	4. Phase	5. Phase	6. Phase
Der Ursprung	Erweiterung	Der „Kick"	Systematische Personalentwicklung	Differenzierung	Populismus
			interne Beratung von mittleren und unteren Führungskräften	Gruppen-Coaching	Vorstands-Coach/ Projekt-Coach
					IT-Coach
			entwicklungsorientiertes Führen durch die Vorgesetzten	Coaching im Führungskräfte-Training	Konflikt-Coach
					TV-Coach
		Einzelbetreuung von Top-Managern durch externe Berater		Coaching als intensives Selbst-erfahrungstraining	Jeder Berater kann sich Coach nennen
	karrierebezogene Betreuung			Team-Coaching	Fast jede beliebige Tätigkeit kann zum Coaching gemacht werden, wenn sie eine anspruchs-vollere Form des Gesprächs oder der Beratung umfasst.
				Projekt-Coaching	
entwicklungsorientiertes Führen durch den Vorgesetzten				EDV-Coaching	
70er bis Mitte der 80er Jahre in den USA	Mitte der 80er Jahre in den USA	Mitte der 80er Jahre in Deutschland	Ende der 80er Jahre in Deutschland	Anfang der 90er Jahre	Mitte/Ende der 90er Jahre

Abb. 4: Entwicklung des Coaching in den letzten 20 bis 30 Jahren

zu den Entwicklungen im Sport zu einer leistungs- und persönlichkeitsfördernden Entwicklungsmaßnahme im Management. Die Leistungsgesellschaft gebar also eine für sie typische Maßnahme. Legitimiert durch die Erfolge im Sport, geadelt durch die Anerkennung im Management und angefeuert durch alles, was Anerkennung und Status bringt, zumal wenn noch keine Ausbildungsverordnung das Titeltragen regelt, kann sich heute immer noch jeder selbst und seine Tätigkeit erhöhen, der glaubt, sein Beratungsgespräch und sein seelenschwerer Blick in die Augen eines anderen würden der Welt etwas Besonderes geben. Und sage niemand, die Übertreiber säßen nur auf einer Seite. Wie statusbedürftig und gläubig sind manchmal auch die Adressaten. Wie gerne hören manche, dass eine einfache Selbsterfahrungsgruppe zu einem „Zukunfts-coaching" auf Fuerteventura wird, eine simple Unterrichtung, wie man einen Laptop bedient, zu einem IT-Coaching und das Filmen mit einer Fernsehkamera zu einem TV-Coaching…

Es wird noch dauern, bis sich die nun allmählich etablierenden Coaching-Ausbildungen zertifizierungsreif für die staatliche Anerkennung durchsetzen. Bis dahin müssen Sie sich noch durchkämpfen durch das Dickicht der verschiedenen Varianten, durch die bunten Angebote, auf der Suche nach den ja auch vorhandenen seriösen Beratern, Anbietern und Instituten. Aber der Markt soll es ja richten, zumindest langfristig. Das gibt uns Hoffnung, denn das Jahrhundert hat ja erst begonnen…

Bis dahin können Sie sich noch viele Freiheiten nehmen. Sie können sich einen echten Spezialisten suchen, Sie können mehrere Experten vergleichen usw. usw. Sie können aber auch in dem gewachsenen Selbstbewusstsein, das eine echte Coaching-Maßnahme ja zur Folge haben muss, das Buch zuklappen, über sich selbst nachdenken, Ihre eigenen Ziele prüfen, Ihr Verhalten überdenken und irgendetwas verändern. Wenn Sie dann darüber im Bekanntenkreis sprechen und einen informierten Semi-Profi treffen, wird er ihnen vielleicht sagen, dass Sie erfolgreich ein Selbst-Coaching absolviert haben…

Literatur

ANGERMEYER, Ch. (1997). Coaching – eine spezielle Form der Beratung. In: zfo, 2/1997, S. 105–108.
BÖNING, U. (1989). Coaching: zur Rezeption eines Führungsinstrumentes. In: Personalführung, 12/1989, S. 1149–1151.
BÖNING, U. (1990). Systemcoaching contra Einzelcoaching: Hilfe zur Selbsthilfe. In: Gablers Magazin, 4/1990, S. 22–25.
BÖNING, U. (1998). Coaching – ein zentrales Instrument der Führungskräfteentwicklung. In P. KNAUTH & A. WOLLERT (Hrsg.), Human Resource Management, S. 1–16. Köln 1998.
BÖNING, U. (2000a). Bedarf an persönlicher Beratung wächst. In: Management & Training, 4/2000, S. 10–14.
BÖNING, U. (2000b). Coaching: Der Siegeszug eines Personalentwicklungs-Instruments – Eine 10-Jahres-Bilanz. In Ch. RAUEN (Hrsg.), Handbuch Coaching, S. 17–39. Göttingen 2000.
BÖNING, U.(2000c). Ist Coaching eine Modeerscheinung? In L. M. HOFMANN & E. REGNET (Hrsg.), Innovative Weiterbildungskonzepte, 2. Auflage, S. 171–185. Göttingen 2000.
BÖNING, U. & FRITSCHLE, B. (1997). Privatissime für das Management: Coaching für Schlüsselpersonen. In U. BÖNING & B. FRITSCHLE, Veränderungsmanagement auf dem Prüfstand, S. 307–337. Freiburg 1997.
COVEY, St. R. (1996). Die sieben Wege zur Effektivität. Ein Konzept zur Meisterung Ihres beruflichen und privaten Lebens, 3. Aufl., München 1996.
DOPPLER, K. (1992). Coaching: Mode oder Notwendigkeit. Was und wie ein Coach wirklich sein sollte. In: Gablers Magazin, 4/1992, S. 36–41.
GLOGER, A. (2000). Der Coach kommt! Hilfe für High Potentials. In: ManagerSeminare, 42/2000, S. 73.
HAMANN, A. & HUBER, J.J. (2001). Coaching. Der Vorgesetzte als Trainer. Die lernende Organisation, Bd. 11, 4. aktualisierte und erweiterte Auflage. Leonberg 2001.
LOOS, W. (1991). Coaching für Manager – Problembewältigung unter vier Augen. Landsberg 1991.
RAUEN, Ch. (Hrsg.). (2000). Handbuch Coaching. Göttingen 2000.
RAUEN, Ch. (1999). Coaching: Innovative Konzepte im Vergleich. Göttingen 1999.
RÜCKLE, H. (1992). Coaching. Düsseldorf 1992.
STAHL, G. & MARLINGHAUS, R. (2000). Coaching von Führungskräften: Anlässe, Methoden, Erfolg. In: zfo, 4/2000, S. 199–207.

Zur Konkretisierung und weiteren Vertiefung wird empfohlen, im Fallstudienband die Fälle zu „Coaching" zu bearbeiten.

Rolf Wunderer

Führung des Chefs

1. Persönlichkeiten und Mikropolitiker – Charisma und Macht als zwei populäre Denkmuster
2. Von der „Exotenforschung" zum Alltag der Führungsrollen
3. Strategien für eine erfolgreiche „Führung von unten" – Empirische Analysen
4. Ein situationaler Strategieansatz zu einer „Führung nach oben"
5. Fazit

1. Persönlichkeiten und Mikropolitiker – Charisma und Macht als zwei populäre Denkmuster

1.1 Zur Renaissance charismatischer Chefs und intrapreneurischer Mitarbeiter

Nach einer Periode der teamorientierten Führungsphilosophie der 60er und 70er-Jahre ist in den 80er-Jahren im Westen wieder ein Jahrzehnt der Heroen eingeläutet worden. Zunächst war es die charismatische Führung, welche den Ansatz von Max Weber (1921/1972) aus den 20er-Jahren wieder aufnahm, der die nur schwer definier- und messbare Ausstrahlung von Führern, ihre Persönlichkeit und emotionale Dimension zu einem zentralen Erfolgsfaktor in einer entsprechenden Führungskultur machte (PETERS & WATERMAN, 1982; CONGER & KANUNGO, 1988). „Männer machen Geschichte" lautet die dafür bekannte Devise.

Bald darauf tauchte ein – auch in Westernfilmen wohl bekannter – Kämpfer gegen Machtkartelle, Ranküne und Willkür auf. Dieser Held – in der Schweiz als Tell, in Deutschland als Siegfried wohl bekannt – wird nun zum neuen Heilsbringer, zum Veränderer, Innovator, alias *„Intrapreneur"*. Dank eines ganz besonderen Selbstvertrauens in die eigene Person (Tell: „Am stärksten ist der Mächtige allein") sowie der Bereitschaft zum individuellen Kampf gegen die Hydra „Hierarchie" bzw. „Bürokratie" („Einer gegen alle"), formuliert er nun den Dekalog nach seinem Bilde. Seine „zehn Gebote" lauten (PINCHOT, 1985):

(1) Komme jeden Tag mit der Bereitschaft zur Arbeit, gefeuert zu werden.
(2) Umgehe alle Anordnungen, die deinen Traum stoppen können.
(3) Mach alles, was zur Realisierung deines Ziels erforderlich ist – unabhängig davon, wie deine eigentliche Aufgabenbeschreibung aussieht.
(4) Finde Leute, die dir helfen.
(5) Folge bei der Auswahl von Mitarbeitern deiner Intuition und arbeite nur mit den besten zusammen.
(6) Arbeite solange es geht im Untergrund – eine zu frühe Publizität könnte das Immunsystem des Unternehmens mobilisieren.
(7) Wette nie in einem Rennen, wenn du nicht selbst darin mitläufst.
(8) Denke daran – es ist leichter, um Verzeihung zu bitten als um Erlaubnis.
(9) Bleibe deinen Zielen treu, aber sei realistisch in Bezug auf die Möglichkeiten, diese zu erreichen.
(10) Halte deine Sponsoren in Ehren.

Dass dieses Verhaltensmuster auch zwischen oberen Etagen möglich und erfolgreich sein kann, wird in einem Festbeitrag der Volkswagenwerke zum 40-jährigen „Audi-Jubiläum" am Beispiel des „Intrapreneurs" Leiding gegenüber seinem Chef Nordhoff geschildert (Donau-Kurier, 1985). Leiding erinnert sich an einen Auftrag Nordhoffs, eine Karrosserieüberarbeitung vorzunehmen, die er in eine Neukonstruktion des späteren „Audi 100" umformulierte.

Leiding: „Beim nächsten Treffen habe ich gesagt, die Karrosserie ist nun fertig, und es sei wohl angebracht, dass der Vorstand sie sich einmal anschaue. Am Tag, als der Vorstand aus Wolfsburg kam und sich die Karrosserieänderungen ansehen wollte, sagte ich morgens zu meiner Frau: ‚Wenn ich heute Mittag bei dir esse, dann bin ich rausgeschmissen worden. Wenn ich nicht komme, kannst du davon ausgehen, dass ich weiter Chef bei der Autounion bleibe'". Leiding weiter: „In einem Raum der Entwicklung stellten wir das Fahrzeug vor. Meinen Hut behielt ich in der Hand, meinen Mantel zog ich nicht aus. Die Herren kamen dann alle an, und ich stand immer noch mit meinem Mantel da, die Herren hatten alle abgelegt. Dann zogen wir die Plane vom Modell weg, und die Drehscheibe setzte das Automobil in kreisende Bewegungen. Nordhoff schritt dann ein paar Mal herum und hatte zuerst einen ganz roten Nacken. Da ich ihn gut kannte, wusste ich, dass das Alarmstufe ‚1' war. Aber plötzlich begann sein Gesicht doch freundlicher zu werden. Und da habe ich meinen Mantel ausgezogen. Und als Nordhoff dann sagte: ‚Herr Leiding, grünes Licht für diesen Wagen', da war ich dann aus dem Schneider. Der Audi 100 wurde am Markt ein Renner. Zeitweise reichten die Kapazitäten in Ingolstadt nicht aus, und der Mittelklassewagen musste in Wolfsburg gefertigt werden."

1.2 Machtspiele und Einflussrollen als Themen in Wissenschaft und Praxis

In der Realität sind solche Helden aber dünn gesät. Deshalb versuchte man wohl auch, den Mangel an charismatischen Persönlichkeiten durch eine charismatische Beschreibung der Unternehmens- und Führungskultur zu kompensieren. Sie wurde dann gerne Leitbild oder Vision genannt. Die anfängliche Begeisterung der Chefetagen ist aber inzwischen einer nüchternen Betrachtungsweise gewichen. Man erkannte auch die entmutigende Wirkung von „PR-Visionen" auf Hochglanzpapier, insbesondere wenn eine immer härtere, sachlichere, kurzfristigere und gewinnorientiertere Unternehmensrealität für die Mitarbeiter dadurch noch pointierter kontrastiert wurde. So besann man sich wieder mehr auf die Realitäten. In diesem Gefolge rückte – unter dem Einfluss der Politik- und Sozialwissenschaften – der von Max Weber (1921) auch schon in den 20er-Jahren diskutierte Machtaspekt wieder in den Vordergrund, nun unter dem neutraleren Terminus „Einfluss". Dabei ging es nicht mehr in erster Linie um normative Eingrenzungen der Macht, z. B. durch delegative Führungsstilkonzepte oder partizipative Unternehmensverfassungen. Verstärkt wurden nun auch manipulative Machttaktiken (häufig unter dem Begriff „Machiavellismus" oder „Mikropolitik" – vgl. BOSETZKY, 1991, und den Beitrag von NEUBERGER, in diesem Band) analysiert. Damit erweiterte man das bisher vorwiegend rationale Verständnis von Organisation und Management, vor allem um dessen Sichtweise als rollenverändernde Koalition von „kleinen Politikern", die versuchen, Spielräume in Organisationen auszunutzen und zu erweitern. BOSETZKY (1991, S. 294f.) zitiert die „Checkliste" von N. Machiavelli (1469–1527, aus dessen Buch „Il Principe", einer Erziehungsfibel für angehende Fürsten). Sie zeigt einige Verwandtschaft mit dem zuvor aufgeführten „intrapreneurischen Machiavellisten":

(1) „Sie wählen ihre Domestiken danach aus, dass ihnen durch deren Auftreten und Können ein hohes Maß an Intelligenz zugesprochen wird.
(2) Sie suchen ihre Helfer ferner danach aus, dass diese niemals die eigenen, sondern immer ihre Ziele und Interessen im Auge haben.
(3) Sie übernehmen alle für ihre Domestiken unangenehmen Maßnahmen schlagartig, während sie Belohnungen nach und nach austeilen.
(4) Sie sind niemals in auffälliger Weise freigiebig, sondern nur maßvoll und insoweit, dass sie nicht als geizig gelten können.

(5) Sie streben danach, bei ihren Domestiken beliebt zu sein, um in den Auseinandersetzungen mit externen und internen Gegnern wirklich über eine geschlossene und schlagkräftige ‚Truppe' zu verfügen und Verschwörungen gegen sich von vorneherein den Wind aus den Segeln zu nehmen.
(6) Sie konzentrieren sich voll und ganz auf ihre Führungsaufgaben, d. h. insbesondere auf die Erhaltung und den Ausbau ihrer Machtposition.
(7) Sie lassen um des lieben Friedens willen keinem Übelstand freien Lauf, sondern greifen sofort ein.
(8) Sie wirken niemals weich und unentschlossen, sondern stets kraftvoll, weit blickend und dynamisch.
(9) Sie sorgen dafür, dass ihr Name mit publizitätsträchtigen Unternehmen verbunden ist.
(10) Sie fördern tüchtige Leute und stellen deren Leistungen heraus."

2. Von der „Exotenforschung" zum Alltag der Führungsrollen

2.1 Grundfragen

Es ist verständlich, dass sich Praxis wie Wissenschaft gerne mit solch auffallenden und seltenen Exemplaren organisatorischen Verhaltens beschäftigen. Aber diese Art von „Exotenforschung" trifft allenfalls 5 bis 10 Prozent der Population einer Organisation; dazu werden sie vor allem in Krisenzeiten „nachgefragt". Wir wollen uns deshalb im Folgenden mit den Ausprägungsformen der interaktionellen Beeinflussung von Vorgesetzten durch ihre Mitarbeiter befassen, die den Alltag und den Normalfall von Führungsbeziehungen widerspiegeln. Das Rollenkonzept soll dabei die konzeptionelle Grundlage bilden (vgl. STAEHLE, 1991). Dabei werden folgende Aspekte und Fragestellungen näher diskutiert:

(a) Wie lässt sich Führungseinfluss definieren und welche Ansätze eignen sich zur allgemeinen Beschreibung von Einflussstilen?
(b) Worin bzw. wonach lassen sich die Einflussdimensionen und -rollen des Vorgesetzten, Mitarbeiters und Kollegen vergleichend beschreiben; durch welche Besonderheiten zeichnet sich dabei die „Führung von unten" aus?
(c) Welche Einflussgrößen haben generell Art und Umfang der „Führung von oben" zu Gunsten der „Führung von unten" verändert? Wie stark sind dabei Länderkulturen als Einflussgröße für Organisationskulturen zu bewerten?

Diese Fragen werden nun im Folgenden zu beantworten sein, wobei auch Ergebnisse der empirischen Forschung, die wiederum v.a. in den Vereinigten Staaten durchgeführt wurde, einbezogen werden (vgl. dazu v.a. ALLEN & PORTER, 1983; CASE et al, 1988; DELUGA, 1991; GABARRO & KOTTER, 1980; KEYS & BELL, 1982; KIPNIS & SCHMIDT, 1980, 1988; MOWDAY, 1978, 1979; PORTER, ALLEN & ANGLE, 1981; v. ROSENSTIEL, 1991; SCHILIT & LOCKE, 1982; YUKL & FALBE, 1990).

2.2 Wie lässt sich Führungseinfluss definieren und welche Ansätze eignen sich zur allgemeinen Beschreibung von Einflussstilen?

Führung wird verstanden als: „Zielorientierte soziale Einflussnahme zur Erfüllung gemeinsamer Aufgaben in/mit einer strukturierten Arbeitssituation" (WUNDERER, 2003; WUNDERER & GRUNWALD, 1980). Mit dieser bewusst von einer Einflussrichtung unabhängig gewählten Definition lässt sich auch die „Führung von unten" erfassen. Hierbei ist ein Interaktionskonzept zu Grunde gelegt, das von der wechselseitigen Einflussnahme in Führungsdyaden ausgeht. Die Intensität und Ausprägung der Wechselseitigkeit definieren den Führungsstil. Dieser wird vorwiegend in ein- bis zweidimensionaler Form zu operationalisieren versucht.

In einem *eindimensionalen Ansatz* hat u.a. das Konzept von TANNENBAUM und SCHMIDT (1958) die wohl größte Verbreitung gefunden. Abbildung 1 zeigt Ergebnisse von eigenen Umfragen bei 1615 Führungskräften nach diesem Konzept (WUNDERER, 1990a). Dabei wird deutlich, dass schon mit dem konsultativen Führungsstil (Skalenwert 4) der Einfluss des Mitarbeiters bei der Entscheidungsfindung des Vorgesetzten über die Beratungsdimension beginnt. Dieser verstärkt sich in den folgenden drei Stilen (5–7) laufend. Die Umfrageergebnisse zeigen auch, dass Führungskräfte heute mindestens einen solchen beratenden Einfluss wünschen, in der Regel aber kooperativ-delegative Einflussformen bevorzugen. Nur ein sehr geringer Anteil der Befragten wünscht sich einen Vorgesetzten ohne wesentlichen Einfluss, der praktisch nur noch Moderations- und Repräsentationsfunktionen übernimmt (Skalenwert 7). Deutlich wird bei diesen Umfragen allerdings auch, dass die Realität (Ist-Abfrage) von diesen Wünschen noch recht weit entfernt ist. Hier findet sich doch noch ein großer Anteil von Vorgesetzten, die ihren unterstellten Führungskräften nicht einmal eine Beratungskompetenz zugestehen (nach unseren Umfragen 30 bis 67 Prozent – bewertet aus der Mitarbeitersicht – vgl. Abb. 1).

In unserem eigenen *zweidimensionalen Führungskonzept* (vgl. Abbildung 2) wird die eben angesprochene Dimension der Partizipation („Machtgestaltung") ergänzt durch eine prosoziale Dimension („Beziehungsgestaltung") zwischen den beiden sich wechselseitig beeinflussenden Personen. Letztere betont die zwischenmenschliche Komponente von Einflussformen zwischen Vorgesetzten und Mitarbeitern, die bei kooperativen Konzepten am höchsten ausgeprägt ist. Die prosoziale Dimension ist gerade bei der „Führung von unten" von besonderem Interesse, da Mitarbeiter über die Beziehungsebene („Freundlichkeit") leichter ihre Chefs beeinflussen können als über die Machtebene.

Eine Umfrage im Jahre 1990 bei 1314 Führungskräften und Sachbearbeitern in einem Dienstleistungsunternehmen (16 000 Beschäftigte) nach dem in Abbildung 1 gezeigten Konzept ergab, dass 93 Prozent zumindest einen beratenden Führungsstil wünschten (aber nur 46 Prozent erlebten), wobei – wegen des hohen Anteils an Sachbearbeitern – der Schwerpunkt der Wunschvorstellungen beim konsultativen Führungsstil lag (vgl. Abbildung 3). In den in Abbildung 1 gezeigten überbetrieblichen Umfragen herrschte hingegen bei Führungskräften der Schweiz und der Bundesrepublik der Wunsch nach delegativ-kooperativen Entscheidungsbeziehungen eindeutig vor.

In der gleichen Betriebsbefragung zeigte sich dagegen bei der Frage nach der gewünschten Ausprägung der prosozialen Dimension („Kooperationsbeziehung") ein deutlich anspruchsvollerer Wert. 62 Prozent aller Befragten wünschten sich hier

		Willensbildung beim Vorgesetzten (V)				Willensbildung beim Mitarbeiter (MA)			
		1	2	3	4	5	6	7	
		V entscheidet ohne Konsultation der MA	V entscheidet; er versucht aber, die MA von seinen Entscheidungen zu überzeugen, bevor er sie anordnet	V entscheidet, er gestattet jedoch Fragen zu seinen Entscheidungen, um dadurch deren Akzeptanz zu erreichen	V informiert über beabsichtigte Entscheidungen; MA können ihre Meinungen äußern, bevor der V die endgültige Entscheidung trifft	MA/Gruppe entwickelt Vorschläge; V entscheidet sich für die von ihm favorisierte Alternative	MA/Gruppe entscheidet, nachdem V die Probleme aufgezeigt und die Grenzen des Entscheidungsspielraums festgelegt hat	MA/Gruppe entscheidet, V fungiert als Koordinator nach innen und außen	Mittelwert
	N	"Autoritär"	"Patriarchalisch"	"Informierend"	"Beratend"	"Kooperativ"	"Delegativ"	"Autonom"	
Schweiz	Ist 469	2	10	23	25	22	10	8	4,2
	Soll 461	0	0	0	14	28	47	10	5,5
BRD[1]	Ist 888	5	11	14	35	16	15	4	4,1
	Soll 1025	0	0	1	23	22	43	10	5,4
DDR	Ist 117	12	26	29	18	9	2	4	3,2
	Soll 121	2	12	8	42	22	12	2	4,1

Angaben in Prozent

Frage: Wie werde ich von meinem Chef geführt? (Ist)
Wie möchte ich von meinem Chef geführt werden? (Soll)

N = 1615 Führungskräfte
[1] = nur alte Bundesländer

Abb. 1: Führungsstilumfragen 1986–1990
(WUNDERER, 1990a, nach TANNENBAUM & SCHMIDT, 1958)

Beziehungsstile

7 — Wir haben wenig persönliche Beziehungen, erledigen unsere Aufgaben jeder für sich, können uns aber aufeinander verlassen

6 — Wir verstehen, unterstützen und ergänzen uns gut, auch ohne viel persönliche oder gar informelle Kontakte

5 — Wir verstehen uns als echtes Team; schätzen, unterstützen und vertrauen uns sehr weitgehend, haben auch häufiger informelle Kontakte

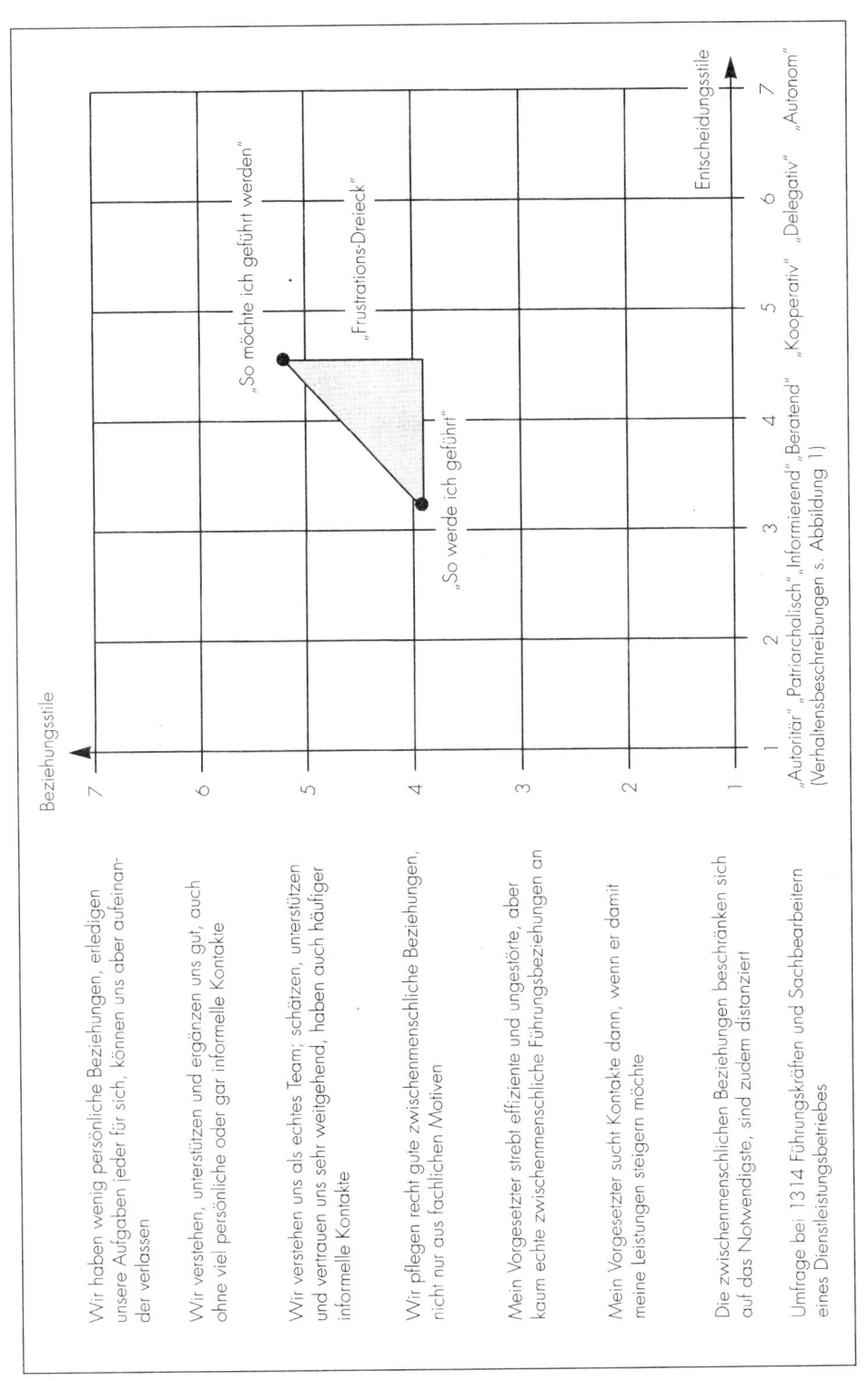

4 — Wir pflegen recht gute zwischenmenschliche Beziehungen, nicht nur aus fachlichen Motiven

3 — Mein Vorgesetzter strebt effiziente und ungestörte, aber kaum echte zwischenmenschliche Führungsbeziehungen an

2 — Mein Vorgesetzter sucht Kontakte dann, wenn er damit meine Leistungen steigern möchte

1 — Die zwischenmenschlichen Beziehungen beschränken sich auf das Notwendigste, sind zudem distanziert

Umfrage bei 1314 Führungskräften und Sachbearbeitern eines Dienstleistungsbetriebes

Entscheidungsstile: 1 "Autoritär" 2 "Patriarchalisch" 3 "Informierend" 4 "Beratend" 5 "Kooperativ" 6 "Delegativ" 7 "Autonom"
(Verhaltensbeschreibungen s. Abbildung 1)

"So möchte ich geführt werden"
"Frustrations-Dreieck"
"So werde ich geführt"

Abb. 2: Zweidimensionales Analyse-Konzept der Mitarbeiterführung

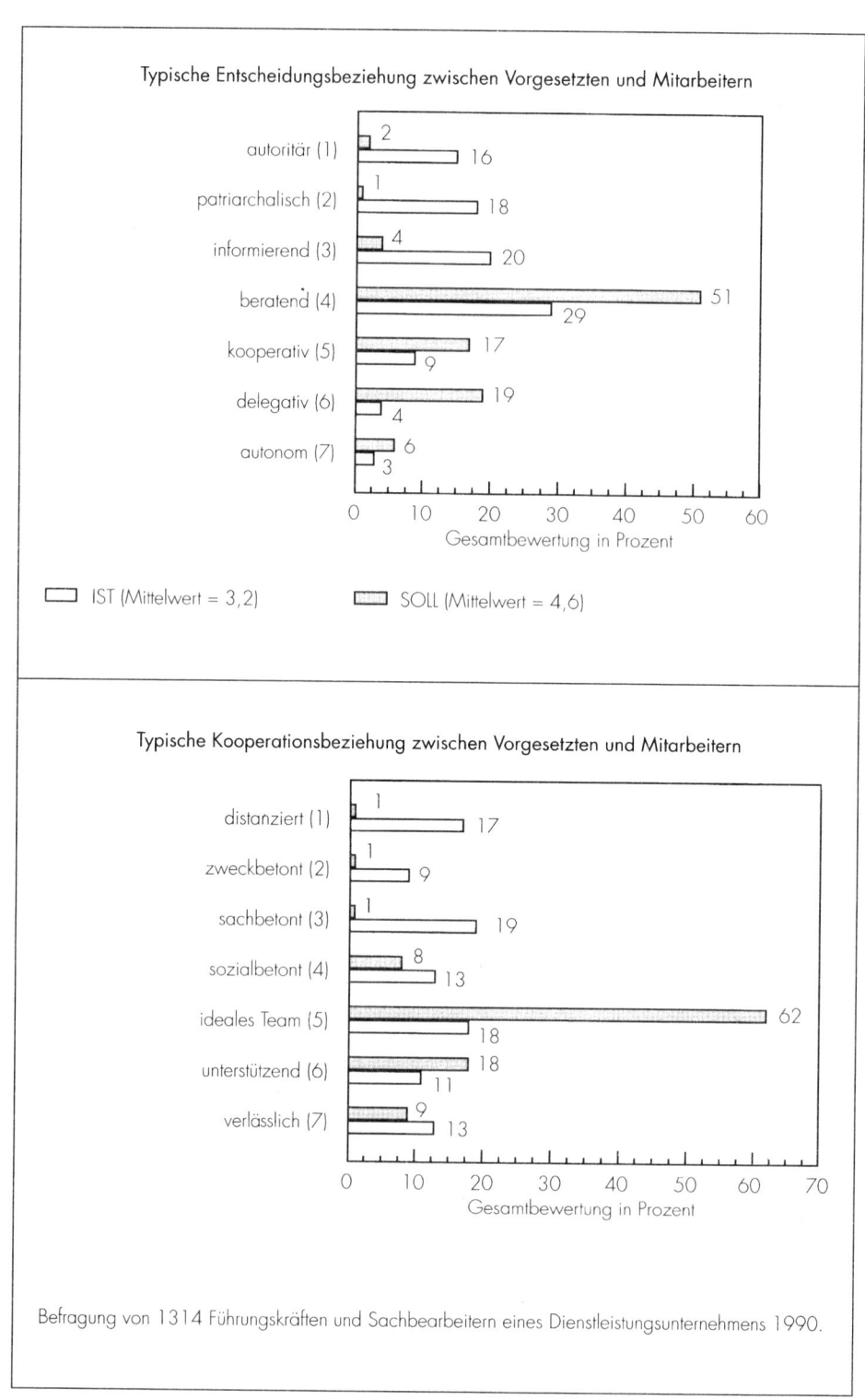

Typische Entscheidungsbeziehung zwischen Vorgesetzten und Mitarbeitern

Stil	IST	SOLL
autoritär (1)	16	2
patriarchalisch (2)	18	1
informierend (3)	20	4
beratend (4)	29	51
kooperativ (5)	17	9
delegativ (6)	19	4
autonom (7)	6	3

Gesamtbewertung in Prozent

IST (Mittelwert = 3,2)   SOLL (Mittelwert = 4,6)

Typische Kooperationsbeziehung zwischen Vorgesetzten und Mitarbeitern

Stil	IST	SOLL
distanziert (1)	17	1
zweckbetont (2)	9	1
sachbetont (3)	19	1
sozialbetont (4)	13	8
ideales Team (5)	18	62
unterstützend (6)	18	11
verlässlich (7)	13	9

Gesamtbewertung in Prozent

Befragung von 1314 Führungskräften und Sachbearbeitern eines Dienstleistungsunternehmens 1990.

Abb. 3: Erwünschte (Soll-) und erlebte (Ist-)Führungsstile

folgende Ausprägung: „Wir verstehen uns als echtes Team. Wir schätzen, unterstützen und ergänzen uns sehr weitgehend, haben auch häufiger informelle Kontakte. Diese als „ideales Team" umschriebene Situation war aber nur bei 18 Prozent der Befragten Realität. 45 Prozent erlebten dagegen distanzierte, zweck- oder sachbetonte prosoziale Beziehungen; gewünscht wurden diese drei Formen aber nur von 3 Prozent der Befragten (vgl. die Abbildungen 2 und 3). Aus der empirischen Analyse beider Führungsdimensionen ergibt sich ein „Frustrationsdreieck" der Befragten.

Unsere jüngsten Forschungsergebnisse (vgl. WUNDERER & DICK, 1997) deuten darauf hin, dass Frauen – entgegen anders lautender Aussagen in Managementpresse und populärwissenschaftlicher Literatur – nicht partizipativer und prosozialer führen als ihre männlichen Kollegen. So wurden in einer großzahligen Erhebung in 13 deutschen und schweizerischen Unternehmen weibliche und männliche Führungskräfte von ihren Mitarbeiterinnen und Mitarbeitern in ihrem Führungsverhalten sehr ähnlich beurteilt (vgl. Abbildung 4). Signifikante Unterschiede lassen sich weder im Entscheidungs- noch im Sozialverhalten feststellen. Auch im Zufriedenheitsrating zeigten sich keine Differenzen. Die Mitarbeiter(innen) sind mit weiblichen und männlichen Führungskräften gleichermaßen zufrieden.

Einen *mehrdimensionalen Ansatz* haben KIPNIS et al. (vgl. KIPNIS et al., 1980; KIPNIS & SCHMIDT, 1988) vorgelegt.

– Reason (rationale, sachliche Argumentation und Vorlagen)
– Friendliness (freundliches, unterstützendes Verhalten)
– Assertiveness (Bestimmtheit, Nachhaken, Konsequenz)
– Bargaining (Verhandeln, Tauschgeschäfte, Wechselseitigkeit)
– Coalition (Koalitionen bilden)
– Higher Authority (höheres Management einschalten)
– Sanctions (Sanktionen).

KIPNIS et al. (1984) zeigen, dass Mitarbeiter vor allem über die zwei erstgenannten Einflussdimensionen (Reason, Friendliness) sowie über Koalitionsbildung versuchen, ihre Vorgesetzten in ihrem Sinne zu beeinflussen. Dagegen ist die auf der Machtdimension anzusiedelnde „assertiveness" bei den Vorgesetzten populärer. Abbildung 5 zeigt Ergebnisse ihrer Forschungen.

Wir haben den übersetzten Fragebogen von KIPNIS et. al. 76 Teilnehmern von zwei Nachdiplomkursen in Unternehmensführung an der Hochschule St. Gallen 1992 beantworten lassen. Dabei fanden sich die in Abbildung 5 dargestellten Ergebnisse. Sie zeigen einmal, dass auch bei diesen schweizerischen Führungskräften bei ihrer „Führung von unten" die Einflussstrategien „sachliche Begründung" und „Freundlichkeit" dominierten. Dann folgten die Strategien „Bestimmtheit" und „Koalition". Eine faktorenanalytische Replikation dieses Ansatzes (WUNDERER & WEIBLER, 1992) legt eine Reduktion der Einflussstrategien auf zwei Basisstrategien nahe: Die machtorientierten Strategien „Sanktionen", „Einschalten des höheren Managements" und „Bestimmtheit" können als *direktive Einflussstrategien* bezeichnet werden. Diesen stehen „Begründung", „Aushandlung" und „Freundlichkeit" als *nicht-direktive bzw. diskursive Einflussstrategien* gegenüber. Eine Sonderstellung nimmt die Einflussstrategie „Koalition" ein: Einerseits wird diese Strategie machttheoretisch diskutiert, da sich durch das Eingehen von Koalitionen die eigenen Machtpotenziale erhöhen. Andererseits muss in Koalitionen auch kooperiert werden. Es sind Kompromisse erforderlich, um sie zweckmäßig auszuüben. Je nach Betonung des einen oder anderen Aspekts ist eine unterschiedliche Einordnung in die direktive bzw. nicht-direktive Dimension denkbar.

Typische Entscheidungsbeziehung zwischen Vorgesetzen und Mitarbeiter(inne)n

Wert	Mitarbeiter(innen) weiblicher Führungskräfte (N = 193)	Mitarbeiter(innen) männlicher Führungskräfte (N = 193)
1	5	5
2	12	5
3	8	12
4	34	36
5	21	22
6	13	14
7	7	6

1 = Mein(e) Vorgesetzte(r) entscheidet, ohne mich zu konsultieren.
2 = Mein(e) Vorgesetzte(r) entscheidet. Er/Sie versucht aber, mich von seinen/ihren Entscheidungen zu überzeugen, bevor er/sie sie anordnet.
3 = Mein(e) Vorgesetzte(r) informiert mich über beabsichtigte Entscheidungen, um dadurch deren Akzeptanz zu erreichen.
4 = Mein(e) Vorgesetzte(r) informiert mich über beabsichtigte Entscheidungen. Ich kann meine Meinung äußern, bevor er/sie die entgültige Entscheidung trifft.
5 = Ich entwickle Vorschläge. Mein(e) Vorgesetzte(r) entscheidet sich für die von ihm/ihr favorisierte Alternative.
6 = Ich entscheide, nachdem mein(e) Vorgesetzte(r) die Probleme aufgezeigt und die Grenzen des Entscheidungsspielraumes festgelegt hat.
7 = Ich entscheide, mein(e) Vorgesetzte(r) fungiert vor allem als Koordinator(in) nach innen und außen.

Typische Kooperationsbeziehung zwischen Vorgesetzen und Mitarbeiter(inne)n

Wert	Mitarbeiter(innen) weiblicher Führungskräfte (N = 210)	Mitarbeiter(innen) männlicher Führungskräfte (N = 202)
1	6	5
2	4	3
3	12	12
4	17	15
5	35	30
6	16	16
7	11	19

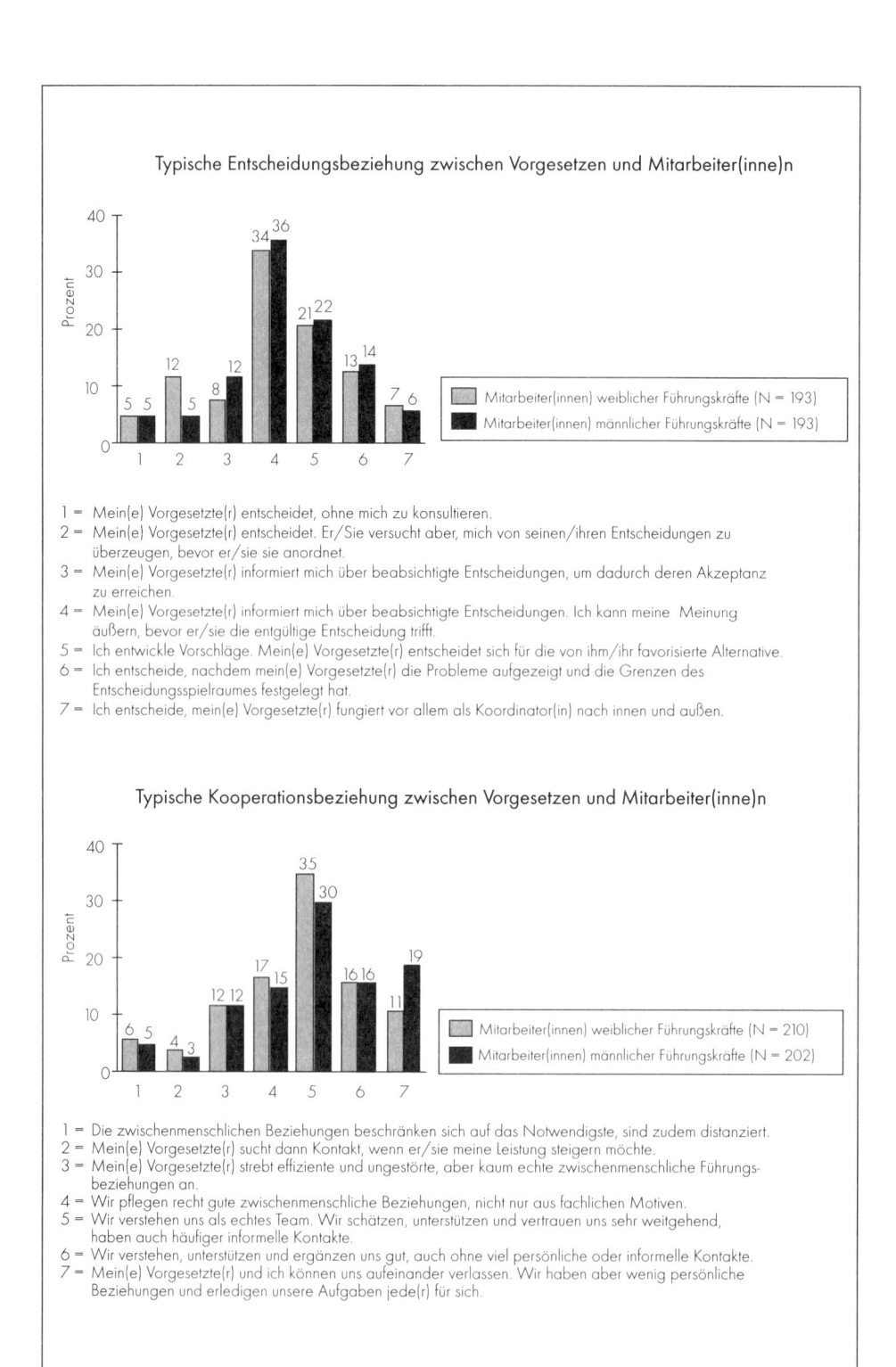

1 = Die zwischenmenschlichen Beziehungen beschränken sich auf das Notwendigste, sind zudem distanziert.
2 = Mein(e) Vorgesetzte(r) sucht dann Kontakt, wenn er/sie meine Leistung steigern möchte.
3 = Mein(e) Vorgesetzte(r) strebt effiziente und ungestörte, aber kaum echte zwischenmenschliche Führungsbeziehungen an.
4 = Wir pflegen recht gute zwischenmenschliche Beziehungen, nicht nur aus fachlichen Motiven.
5 = Wir verstehen uns als echtes Team. Wir schätzen, unterstützen und vertrauen uns sehr weitgehend, haben auch häufiger informelle Kontakte.
6 = Wir verstehen, unterstützen und ergänzen uns gut, auch ohne viel persönliche oder informelle Kontakte.
7 = Mein(e) Vorgesetzte(r) und ich können uns aufeinander verlassen. Wir haben aber wenig persönliche Beziehungen und erledigen unsere Aufgaben jede(r) für sich.

Abb. 4: Entscheidungs- und Sozialverhalten weiblicher und männlicher Führungskräfte aus Sicht ihrer Mitarbeiterinnen und Mitarbeiter

	„Führung von unten"		„Führung von oben"	
	Kipnis et al.	Wunderer	Kipnis et al.	Wunderer
Populär ↑	Begründung	Begründung	Begründung	Begründung
	Koalition	Freundlichkeit	Bestimmtheit	Freundlichkeit
	Freundlichkeit	Bestimmtheit	Freundlichkeit	Bestimmtheit
	Verhandlung	Koalition	Koalition	Koalition
	Bestimmtheit	Höhere Autorität	Verhandlung	Verhandlung
	Höhere Autorität	Verhandlung	Höhere Autorität	Höhere Autorität
Unpopulär	–	–	Sanktionen	Sanktionen

Quelle: Kipnis et al. (1984)
Wunderer (1992)
N.B.: Die Rangierung ist das Ergebnis empirischer Untersuchungen der Autoren.

Abb. 5: Populäre und unpopuläre Strategien

Aus den bisherigen Ausführungen wird deutlich, dass man bei dem Phänomen der „Führung von unten" auch danach unterscheiden sollte, wo die Initiative liegt und welche Aufgaben und Ziele primär bei den Betroffenen tangiert sind. So wird dem Mitarbeiter in der partizipativen und delegativen Führung schon vom Vorgesetzten ein wesentliches Einflusspotenzial eingeräumt, das allerdings vorwiegend von diesem gesteuert wird. Daneben gibt es aber auch Einflussversuche von Mitarbeitern, die sie selbst initiativ veranlassen und gestalten. Dies beginnt bei der beratenden Stab-Linie-Kooperation und endet bei der Figur des sich gegen Widerstände durchsetzenden „Intrapreneur". Diese für weitere Forschung interessanten Überlegungen sollen hier nicht weiter diskutiert werden.

2.3 Vergleiche der drei Einflussrollen und ihrer Besonderheiten

Die „Führung von unten" zeigt insofern große Gemeinsamkeiten mit der Einflussnahme zwischen Kollegen, als bei beiden eine in hierarchischen Organisationen ganz entscheidende Einflussmöglichkeit entfällt, nämlich: Konflikte mit dem Mittel einer direkten Weisung des „Führers" gegenüber den „Geführten" zu lösen. Erfolgreiche Zusammenarbeit ist bei der „Führung von unten" langfristig nur über wechselseitige Abstimmung und Konsens möglich. Unsere begriffliche Unterscheidung zwischen Vorgesetztenführung und lateraler Kooperation (vgl. WUNDERER, 1991) kennzeichnet also ebenso die „Führung von unten". Die formelle Entscheidungs- und Weisungskompetenz wird zum konstitutiven terminologischen Unterscheidungsmerkmal zwischen der Führung von oben und den beiden anderen Einflussdimensionen.

Inwieweit aber lassen sich nun noch laterale (kollegiale) Einflussnahme und „Führung von unten" differenzieren? Bei Verwendung der sechs Dimensionen von KIPNIS, SCHMIDT und WILKINSON (1980, 1988) scheint theoretisch der wesentliche Unterschied in der größeren Chance bei der „Führung von unten" zu liegen, über Koalitionsbildung mit anderen Unterstellten Einfluss auf den Chef zu nehmen. Weiterhin sollte der Ansatz über die Strategie der freundlicheren, sozial engen Zusammenarbeit im Vorgesetzten-Mitarbeiter-Verhältnis häufiger eingesetzt werden als beispielsweise in der lateralen Kooperation zwischen Kollegen anderer Organisationseinheiten. Unsere erste Befragung ergab aber, dass diese theoretischen Annahmen nicht bestätigt werden.

Bei der „Führung von unten" sind im Vergleich zur lateralen Einflussnahme in unserer Untersuchung keine besonderen Abweichungen zu erkennen (vgl. Abbildung 6). Die Prioritäten der Einflussstrategie sind nahezu identisch. Bei letzterer wird lediglich

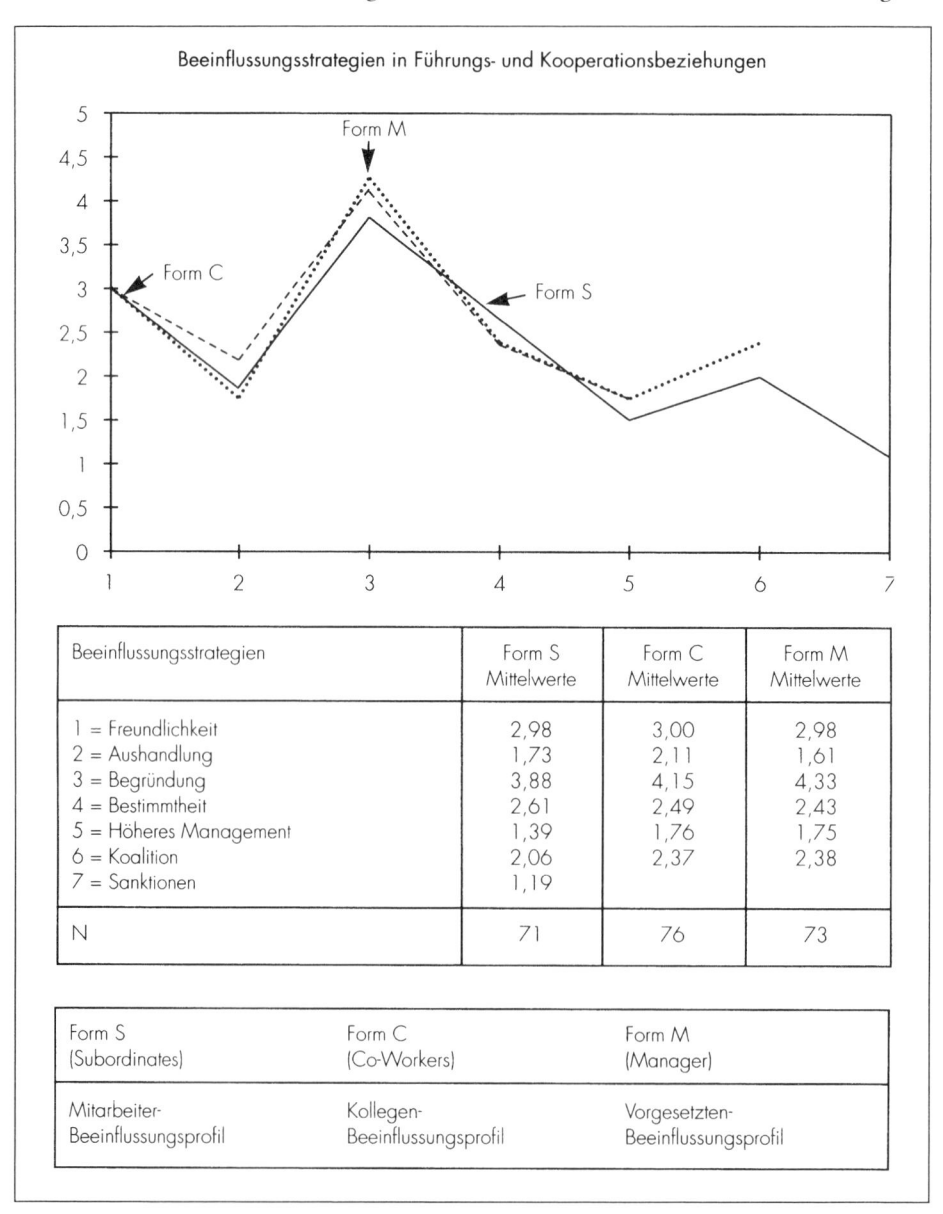

Beeinflussungsstrategien	Form S Mittelwerte	Form C Mittelwerte	Form M Mittelwerte
1 = Freundlichkeit	2,98	3,00	2,98
2 = Aushandlung	1,73	2,11	1,61
3 = Begründung	3,88	4,15	4,33
4 = Bestimmtheit	2,61	2,49	2,43
5 = Höheres Management	1,39	1,76	1,75
6 = Koalition	2,06	2,37	2,38
7 = Sanktionen	1,19		
N	71	76	73

Form S (Subordinates)	Form C (Co-Workers)	Form M (Manager)
Mitarbeiter-Beeinflussungsprofil	Kollegen-Beeinflussungsprofil	Vorgesetzten-Beeinflussungsprofil

Abb. 6: Beeinflussungsstrategien im Vergleich

die Aushandlungsstrategie etwas stärker eingesetzt. Damit scheint die individuelle Grundstrategie von wesentlich stärkerem Einfluss zu sein, als eine rollenspezifische Verhaltensdifferenzierung.

Auch YUKL und FALBE (1990) formulierten nach ersten empirischen Studien die These, dass sich signifikante Unterschiede in den Einflussstrategien zwischen den drei Rollen nachweisen ließen. Und auch KIPNIS und SCHMIDT (1988) ermittelten in ihren späteren Analysen, dass die Verwendung der sechs unterschiedlichen Strategien besonders stark von dem jeweiligen Persönlichkeitsprofil des Beeinflussenden abhänge. Sie bildeten danach vier Strategietypen: den Macher („Shotgun"), den Beziehungsspezialisten („Ingratiator"), den Diplomaten („Tactician") sowie den Mitläufer („Bystander"). Sie wiesen nach, dass diese in signifikanter Weise von den sechs genannten Einflussdimensionen unterschiedlich Gebrauch machen (vgl. Abbildung 7 nach KIPNIS & SCHMIDT, 1988, S. 530).

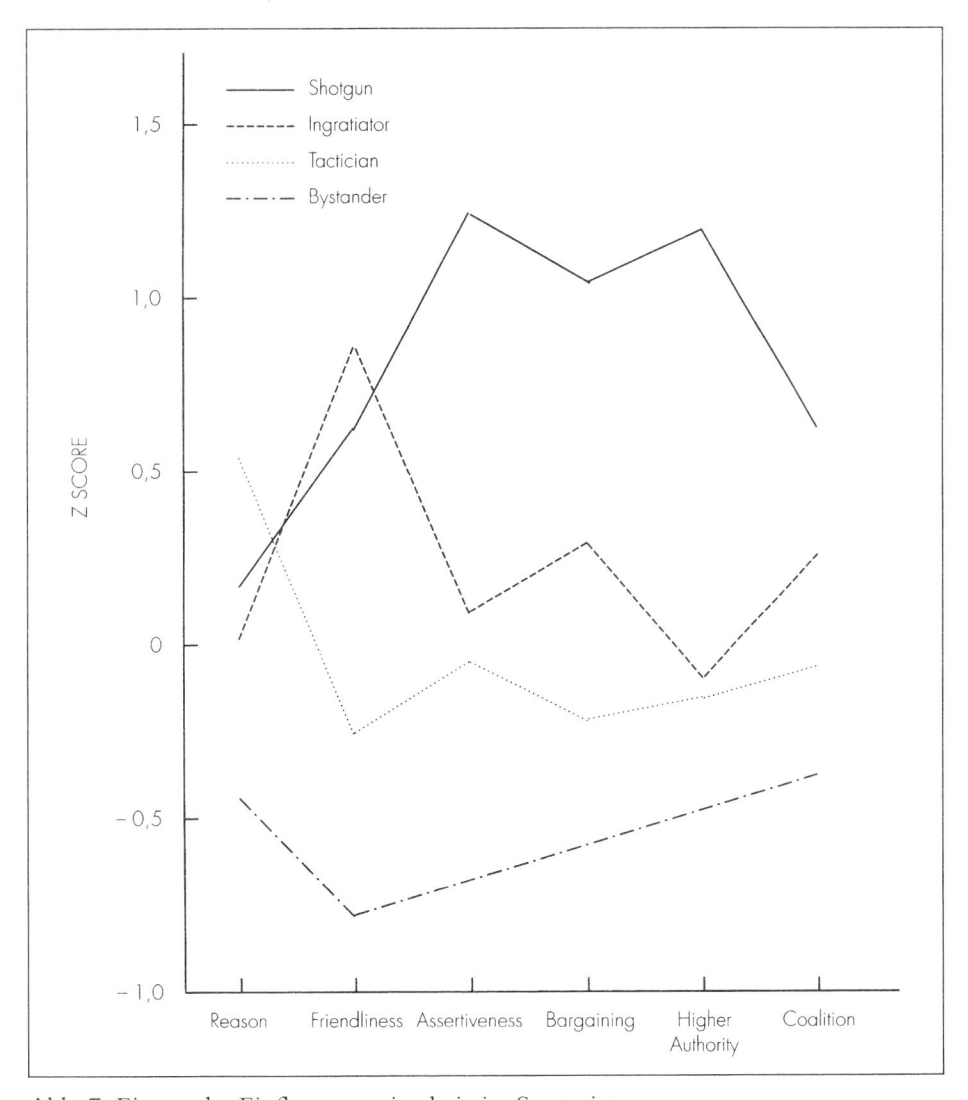

Abb. 7: Einsatz der Einflussstrategien bei vier Strategietypen

Danach ist es v. a. die Dimension „Reason" – nach KIPNIS und SCHMIDT die rationale Argumentation bzw. das sachlich gut ausgearbeitete Ergebnis –, mit dem man bei der „Führung von unten" hierarchisch höher Gestellte am erfolgreichsten beeinflusst. Es ist also die optimal erfüllte „Stabsfunktion", mit der Vorgesetzte durch ihre Mitarbeiter besonders wirksam geführt werden können. Darauf folgt die Strategie „Ingratiation", also die freundliche, prosoziale Unterstützung der Vorgesetzten und ihrer emotionalen Bedürfnisse.

Auf einen Nenner gebracht: „Führung von unten" scheint generell dann erfolgreich, wenn sie sich auf gut vorbereitete und ausgearbeitete Vorschläge und Ergebnisse stützen und zusätzlich die fehlende formale höhere Autorität durch informelle prosoziale Einflussnahmen substituieren kann. Damit zeigt sich ein neues Substitutionsgesetz (vgl. KERR, 1977) der „Führung von unten", wonach diesmal formale und strukturelle Regelungen durch informelle wirksam ersetzt werden.

In anderen Studien (vgl. hierzu v. a. ALLEN et al., 1979; SCHILIT & LOCKE, 1982; YUKL & FALBE, 1990; DELUGA, 1991) wurden einzelne bevorzugte Verhaltensmuster bei der „Führung von unten" ermittelt. Sie zeigen ähnliche Resultate oder Tendenzen.

2.4 Welche Einflussgrößen haben die „Führung von oben" zu Gunsten der „Führung von unten" verändert?

Diese Frage lässt sich durch den Wandel von vier zentralen Einflussfaktoren auf die Führung erklären:

Einmal ist es der *Qualifikationswandel* der Mitarbeiter. Ihre gestiegene Qualifikation, verbunden mit höherer Arbeitsteiligkeit in Teams, führt zur „Vermehrung" von „Professionals", denen der direkte Vorgesetzte fachlich häufig nicht mehr überlegen sein kann. Als Spezialisten können sie nun wirksam auf der Aufgabenebene Einfluss nehmen. Die Chefs übernehmen dann vor allem Projektleiterrollen; sie sind nicht mehr – um eine Metapher zu verwenden – die Komponisten des „Werks", sondern vielmehr seine Dirigenten. Im weiteren Verlauf wandelt sich ihre Rolle dann vielleicht in die eines „Impresario", welcher in erster Linie für optimale Arbeitsbedingungen seiner „Künstler" (d. h. der professionellen Mitarbeiter) zu sorgen hat (vgl. WUNDERER, 1992).

Der Wandel im *Organisationsverständnis* geht in die gleiche Richtung. Die Dezentralisierung der Führungsorganisation, die Reduzierung von Führungsebenen, die Möglichkeit von Mitarbeitern zu „eskalieren", also nächsthöhere Ebenen bei wichtigen, aber umstrittenen Entscheidungen in Anspruch zu nehmen, sind hier nur einige Schlagworte (vgl. aber: Das eiserne Gesetz der Macht nach KIPNIS et al., 1984, S. 62).

Der *technische Wandel,* der nun einen direkten Zugriff der Mitarbeiter zu zahlreichen Informationen im „OnLine-Konzept" erlaubt, verstärkt die Unabhängigkeit des Mitarbeiters in zusätzlicher Weise (vgl. dazu KIPNIS et al., 1984, S. 63).

Besonders ist es aber der *Wertewandel,* welcher die Bedeutung formaler Autorität im Führungsprozess in allen Organisationen (Unternehmen, Militär, Ausbildungsinstitutionen) relativiert und damit sogar über entsprechende Sozialverfassungen den Einfluss von Mitarbeitern über konsultative bzw. kooperativ-delegative Führungskonzepte zu sichern versucht. Dabei erhalten im Führungsprozess Werte wie Unabhängigkeit, Gleichberechtigung, Überzeugungsfähigkeit wachsendes Gewicht. Dagegen nimmt die Bedeutung von Gehorsam, formaler Autorität und Einordnung ab (vgl. KLAGES, 1984; WUNDERER 1990 b).

Die diskutierten, für die Führung wesentlichen vier Einflussfaktoren wirken also in die gleiche Richtung. Sie reduzieren, modifizieren oder substituieren insbesondere die formale – damit die rollenspezifische – Autoritätsgrundlage und -macht der direkten Vorgesetzten im Führungsprozess und stärken zugleich die „Führung von unten".

Insgesamt zeigt sich also, dass zentrale Einflussgrößen aus der „Führungsumwelt" die Einflusschancen von Mitarbeitern auf ihre Chefs erhöhen. Dieser Trend dürfte weiter anhalten, so dass dieser Frage in Zukunft noch größere Bedeutung in Wissenschaft und Praxis zukommen wird.

3. Strategien für eine erfolgreiche „Führung von unten" – Empirische Analysen

3.1 Methodische Grenzen bei der Formulierung verallgemeinernder Empfehlungen

Die referierten Umfragen geben Aufschluss über bevorzugte Einflussformen – aus der Sicht von Unterstellten. Sie zeigen auch, dass die Motivstruktur der Befragten eine wesentliche Rolle dabei spielt, welche Strategien sie bevorzugen und in welcher Intensität sie diese einsetzen. Bei dieser Betrachtungsweise begeht man aber leicht den gleichen Fehler wie in der auf das Vorgesetztenverhalten ausgerichteten „Führungsstildiskussion". Hier wird der Mitarbeiter als „abhängige Variable" (ein statistischer Terminus) interpretiert, welche durch Verhaltensänderungen der „unabhängigen Variable" „Chef" in seiner Leistung oder/und Zufriedenheit fast beliebig und ohne wesentliche Berücksichtigung weiterer Situationsvariablen entscheidend beeinflusst werden kann. Zwar setzte F. FIEDLER (1967) mit seinem Kontingenzmodell der Führung hier einen Kontrapunkt, indem er von einem grundsätzlich kaum veränderbaren Führerverhalten ausging und die Führungseffizienz als Aufgabe der Situationsanpassung des Vorgesetzten definierte, wobei aber der Geführte (bzw. die Beziehung zu ihm) auch als veränderbare Variable verstanden wurde. Das Reifegradmodell der Führung von HERSEY und BLANCHARD (1977) machte dann umgekehrt den Führer zum Anpasser an die Qualifikation und Motivation („Reife" genannt) des Mitarbeiters. Aber in beiden Konzepten geht es grundsätzlich um unilineare und kausale Einflussgestaltung. Insofern hat sich auch in den bisher referierten Studien zum Geführteneinfluss das Denkkonzept noch kaum verändert.

3.2 Erweiterung der Perspektive

Die Berücksichtigung beider Akteure in der Führungsdyade (vgl. GRAEN & SCANDURA, 1987) ist schon eine Verbesserung, wie man den zu beeinflussenden Vorgesetzten in das Analysekonzept einbezieht.

Dazu werden im Folgenden Untersuchungen von SCHILIT und LOCKE (1982) referiert. Diese verwendeten in der Pilotstudie 24, in der Hauptstudie 19 Einflussformen, die sie zur Kategorisierung der freien Antworten aus verschiedenen Studien übernahmen. Hier wurden dann 83 Personen aus der Untergebenenperspektive und 70 aus der Vorgesetztenperspektive nach erfolgreichen bzw. erfolglosen Einflussformen interviewt.

Dabei zeigt sich, dass die rationale, logische Präsentation von Ideen und Vorschlägen die mit Abstand am häufigsten genannte Einflussmethode war und zwar aus beiden Perspektiven. Es ergab sich dabei aber auch, dass diese zugleich am meisten erfolgreich wie erfolglos beurteilt wurde. Ein sehr ähnliches Ergebnis brachte eine Untersuchung von CASE et al. (1988).

Im Anschluss wurde nach Ursachen für Erfolg bzw. Misserfolg der genannten Einflussversuche gefragt. Abbildung 8 zeigt einen Extrakt der bedeutsamsten sieben von 12 genannten Gründen. Hier zeigt sich auch die methodische Grenze des Selbstbefragungskonzepts. Die „engstirnige" Einstellung des Chefs wurde aus der Untergebenenperspektive zu mehr als 50 Prozent und damit als die häufigste Ursache erfolgloser „Führung nach oben" genannt. Aus der Vorgesetztenperspektive dagegen wurde dieser Aspekt nur von 2 Prozent angeführt. Der als günstig eingeschätzte Inhalt bzw. Gegenstand des Einflussversuches erwies sich in dieser Analyse (ebenso bei CASE et. al., 1988) als die am häufigsten genannte Erfolgsursache. Schließlich wurde noch nach den wesentlichen Folgen von Einflussversuchen gefragt. In beiden zitierten Studien stand die erfolgreiche Umsetzung, einschließlich gestiegener Produktivität und Einflussakzeptanz beim höheren Management mit Abstand an der Spitze der erfolgreichen Versuche (vgl. dazu CASE et. al., 1988, sowie SCHILLIT & LOCKE, 1982).

Die kritische Überprüfungsstudie der referierten Ergebnisse durch YUKL und FALBE (1990) brachte zwei wesentliche Ergebnisse: Erstens wurden zwei weitere zu den von KIPNIS und SCHMIDT verwendeten Einflussformen einbezogen, die dann bei Umfragen der Autoren auch häufig genannt wurden:

(a) Der Mitarbeiter formuliert inspirierende Anregungen oder Bitten im Sinne einer „charismatischen" Beeinflussung des Vorgesetzten („Inspirational Appeals").
(b) Der Mitarbeiter sucht den Rat des Vorgesetzten und nimmt damit gezielt Einfluss („Consultation Tactics").

Zweitens ergaben die Befragungen von berufsbegleitenden MBA-Studenten, dass die drei untersuchten Einflussrichtungen („downward, upward, lateral") keine signifikanten Unterschiede in der Strategiewahl zeigten, dass aber bestimmte Strategien generell häufiger als andere eingesetzt wurden. Abbildung 9 zeigt die Reihenfolge der von den Befragten bevorzugten acht Einflussstrategien in allen drei Richtungen (vgl. YUKL & FALBE, 1990, S. 139).

4. Ein situationaler Strategieansatz zu einer „Führung nach oben"

Aus betriebswirtschaftlich-organisatorischer Sicht sehen wir im Gegensatz zu den in Punkt 3 referierten individual- und sozialpsychologischen Ansätzen den Schwerpunkt der Förderung einer „Führung von unten" in der Gestaltung einer unterstützenden *Führungssituation*. Diese kann besonders durch Hauptfunktionen des Personalmanagement sowie durch spezifische Personalprogramme strategisch beeinflusst werden.

	Untergebenen-Perspektive (N = 83)		Vorgesetzten-Perspektive (N = 70)	
	erfolgreich	nicht erfolgreich	erfolgreich	nicht erfolgreich
1. Inhalt des Einflussversuchs ist günstig/ungünstig	79	35	67	56
2. Kompetenz/Inkompetenz des Mitarbeiters	63	13	54	35
3. Vorteilhafte/unvorteilhafte Art der Präsentation des Einflussversuchs	64	23	59	47
4. Gute/schlechte persönliche Beziehung zum Chef	45	32	54	16
5. Offene/engstirnige geistige Haltung des Chefs	23	52	42	2
6. Günstige/ungünstige Beschränkungen (z. B. Budget) innerhalb der Organisation	1	15	1	20
7. Gute/schlechte Unterstützung von Organisationsmitgliedern	20	6	13	3

Häufigkeiten in Prozent der Nennungen

Abb. 8: Gründe für Erfolg und Misserfolg von Mitarbeitern bei „Führung von unten"

	„nach unten"	„lateral"	„nach oben"
1. Konsultation	1	1	2
2. Sachliche Überzeugung	2	2	1
3. Inspirierende Vorschläge	3	3	3
4. Beziehungs-Taktiken	4	4	5
5. Koalition	5	5	4
6. Druck ausüben	6	7	7
7. Höheres Management	7	6	6
8. Verhandlung – Austausch	8	8	8

Abb. 9: Einflussstrategien (Rangfolge benutzter Taktiken)

4.1 Gestaltung von Personalfunktionen und Programmen des Personalmanagement

Ansätze bei der Gestaltung von Personalmanagementfunktionen

Bei Verwendung eines Phasenmodells der Personalfunktionen wäre schon bei der Akquisition von neuen Mitarbeitern, insbesondere auch von Managern darauf zu achten, inwieweit bereits in der Stellenausschreibung Qualifikationen von Managern und Geführten zur „Führung von unten" ausdrücklich angesprochen werden. Hierzu gehört bei beiden in erster Linie eine sinnvolle Kombination von Selbstvertrauen bzw. Selbstbehauptung und Kooperations- bzw. Integrationsfähigkeit. Hinweise in der Ausschreibung auf entsprechende Intrapreneuring-Programme oder Konzepte des Coaching und Counselling, aber auch Organisationsentwicklungsmaßnahmen, wie Qualitäts- bzw. Werkstattzirkel, wären hier zu nennen (vgl. die entsprechenden Beiträge von JÄCKEL sowie von ANTONI, in diesem Band).

In der anschließenden Selektionsphase müsste auf die für die „Führung von unten" förderlichen Anforderungskriterien speziell eingegangen werden. Dies gilt insbesondere für die Definition von Auswahlkriterien, z. B. im Assessment Center.

Bei internen Platzierungsmaßnahmen (Versetzung, Förderung) könnte man noch besonders auf eine optimale Abstimmung der gewünschten und erforderlichen Rollenverteilungen beim Einflussprozess zwischen Vorgesetzten und Mitarbeitern achten. Bei der Führungs- und Arbeitsorganisation sollte z. B. von individualisierten „Job-Descriptions" auf Team- und Rollenbeschreibungen von Arbeitsgruppen übergegangen werden.

Im Rahmen von Personalentwicklungsmaßnahmen bieten sich viele Ansätze. Sie beginnen „in-the-job", z. B. über entsprechende Einführungs- sowie Förderungsprogramme für intrapreneurisches Verhalten. Ihr Schwerpunkt liegt bei „on-the-job"-Maßnahmen (wie Führungsstil, Coaching, Teambeziehung), ganz besonders aber auch bei Sonderaufgaben und Stellvertretungen. Sie enden bei der Entwicklung spezieller Bausteine (z. B. „Sich-führen-Lassen – Führung von unten") in der Führungsschulung. Besondere Bedeutung haben auch „near-the-job"-Programme, z. B. über Qualitätszirkel oder Task-forces.

Im Bereich der *Führungskonzepte* ist z. B. die unterstützende Formulierung und Implementierung von interaktiven Führungsstilen (von konsultativen bis kooperativ-delegativen Konzepten) angesprochen. Den gemeinsam geteilten und gelebten Kooperationswerten (Führungskultur) kommt dabei besondere Bedeutung zu.

Und bei der Gestaltung der *Anreizsysteme* geht es schließlich darum, die „Führung von unten" dadurch bewusst und explizit zu fördern. Dazu gehören das Vorschlagswesen, das Counselling des Mitarbeiters, Stellvertretungsregelungen, Intrapreneuring sowie darauf ausgerichtete Incentive-Programme.

Programme zur Unterstützung der „Führung von unten"

Im Rahmen der Personalmanagementfunktionen können allgemeine wie spezielle Personal- und Führungsprogramme zur Förderung der „Führung von unten" genutzt oder entwickelt werden. Dies beginnt mit der „Führungsverfassung" (z. B. Führungsgrundsätze) und der *Betriebsverfassung* (Partizipation der Mitarbeiter am unternehmenspolitischen Entscheidungsprozess) sowie der *Führungsorganisation*. Neben diesen „harten" Maßnahmen sind aber spezielle Programme zur Förderung einer unterstützenden

Führungskultur hilfreich, die mit der Definition förderlicher Kooperationswerte in einer Führungsphilosophie oder in Führungsleitbildern beginnt und bei symbolischen Handlungen des Management zur Unterstützung intrapreneurischen Verhaltens endet. In diesem Zusammenhang sollte auch der erwünschte „Führungsstilkorridor" (z. B. von konsultativ bis delegativ) definiert werden, der eine „Führung von unten" unterstützen kann.

Eng damit verbunden sollten die schon genannten Maßnahmen zur *Personalentwicklung* sein. Uns scheint dabei wichtig, hier die Selbstverantwortung und Selbstentwicklung der Betroffenen zu betonen. Auch ist eine Stellvertretung durch Mitarbeiter ein probates Mittel zur Beobachtung der Fähigkeit von Chefs zur Akzeptanz einer zeitweisen „Führung von unten". Ebenso sind individuelle bis kollektive Fördermaßnahmen einschließlich der Formen kollektiver Entscheidungsfindung (z. B. über Konferenzen, Metaplan-Methoden, andere Organisationsentwicklungsmaßnahmen) zu nennen. Aber auch Sonderaufgaben, wie Task-forces oder Projektgruppen, aktivieren die „bottom-up"-Mitwirkung von Mitarbeitern.

Programme zum Vorschlagswesen, „Offene-Tür-Regelungen", „Offen-Gesagt-Aktionen" sowie die grundsätzliche Möglichkeit für Mitarbeiter, in ihrer Hierarchie zu „eskalieren", also bei wesentlichen Fragen das höhere Management einzuschalten, gehen in die gleiche Richtung. Ebenso kann die „Führung von unten" durch entsprechende Beurteilungsverfahren, wie z. B. die „Vorgesetztenbeurteilung", besonders unterstützt werden. In die gleiche Richtung geht der Versuch, entsprechende Kriterien in die Personalbeurteilung einzubauen (z. B. Offenheit für Vorschläge von Mitarbeitern, für Coaching und Counselling). Regelmäßige Meinungsumfragen bei den Mitarbeitern, die sich auf den Führungsstil und die Führungsqualität ihrer Vorgesetzten (auch bezüglich einer „Führung von unten") beziehen, haben dann besondere Bedeutung, wenn deren Ergebnis in einer entsprechenden Führungskultur auch ernst genommen wird und zu konsequenten Folgerungen in der Führungspolitik führt.

Diese Beispiele sind schon heute Bestandteil der Personal- und Führungspolitik mancher Unternehmen, insbesondere im Hightech-Bereich. Die IBM war hier wohl der Vorreiter (vgl. WATSON, TH. JR., 1964). Diese Programme haben ganz sicherlich maßgeblich dazu beigetragen, trotz einer klaren hierarchischen Struktur und Führungskultur, Initiativen von Mitarbeitern konkret wie symbolisch zu fördern. Nach meiner persönlichen Kenntnis gehört IBM auch zu den wenigen Firmen, bei denen die erwähnten Personalprogramme bis zum obersten Management traditionell wirklich ernst genommen und durch konkrete Führungsmaßnahmen um- und durchgesetzt werden. Erst dies entscheidet über den Erfolg der Programme.

4.2 Einige Thesen zur Förderung der Qualifikation und Motivation einer „Führung von unten"

In den Kapiteln 2 und 3 wurden schon verschiedene Strategien zur Beeinflussung von Managern durch ihre Mitarbeiter behandelt. Hier werden nun ergänzende Grundsätze angesprochen, die schon intensiver in der wissenschaftlichen und unternehmenspraktischen Diskussion der „lateralen Kooperation" zwischen Gleichgestellten diskutiert sind (vgl. WUNDERER, 1991).

In erster Linie geht es dabei um eine entsprechende Kooperationsphilosophie. Die so genannte *goldene Regel der Kooperation* (vgl. WUNDERER, 2003) ist ausdrücklich formuliert in der „Bergpredigt" (Matthäus 7,12), dem „kategorischen Imperativ" (I. Kant) sowie in Computersimulationen von AXELROD (1984) mit der „tit-for-tat"-Regel (diese meint: „Wie Du mir, so ich Dir" – allerdings mit positivem Einstieg – im Gegensatz zu der aus dem Alten Testament bekannten Maxime – „Auge um Auge, Zahn um Zahn"). Dieses für alle Kulturen zentrale Verhaltensprinzip der Wechselseitigkeit ist also an erster Stelle zu nennen.

Wesentlicher Inhalt von neueren Verhandlungskonzepten (GORDON, 1991; FISHER & URY, 1984) ist die Maxime, dass beide Kooperationspartner ein „Null-Summen-Spiel" („Ich gewinne, Du verlierst – Du gewinnst, ich verliere") vermeiden und sich nach der Maxime „wir beide gewinnen" ausrichten sollten, wenn sie optimale Kooperationsergebnisse erreichen wollen.

Dies müsste nun zu einer Aufhebung der überkommenen Denkweise führen, die vor allem fragt, wer nun wen besonders beeinflusse. Denn im Vordergrund steht die „zielorientierte wechselseitige Beeinflussung zur Erfüllung *gemeinsamer Aufgaben*". Wechselseitigkeit heißt dabei aber keinesfalls (und das wird meistens übersehen): Gleichzeitigkeit, gleiche Inhalte, gleiche Strategien, zu gleicher Zeit und mit gleicher Intensität. Gerade die Studien von AXELROD (1984) haben gezeigt, dass wechselseitige Kooperationskonzepte beispielsweise in kurzen Sequenzen viel mehr gefährdet sind als in tendenziell unendlichen Kooperationsverläufen.

Damit geht es auch nicht in erster Linie um die individuelle Motivation von Führern und Geführten. Im Mittelpunkt sollten vielmehr Effektivitätsziele bei der Erfüllung der gemeinsamen Arbeitsaufgaben, z. B. in einer Arbeitsgruppe, stehen. Das heißt, „Führung von unten" ist dann erfolgreich, wenn sie „von oben" zumindest akzeptiert, am besten auch gefördert wird, wenn sie zu einer optimalen Rollenmischung, -verteilung und -entwicklung in der Arbeitsgruppe führt, wenn es also gelingt, gerade dadurch Schwächen des einen durch Stärken des anderen auszugleichen – im Sinne einer Optimierung der gemeinsamen Aufgabenerfüllung.

5. Fazit

Gerade in Unternehmen mit hohen Innovationsforderungen ist das Konzept einer „Führung von unten" schon Realität geworden. Anders sieht es in der öffentlichen Verwaltung aus, in der schon entsprechende Briefbögen in symbolischer Weise deutlich machen, dass selbst der Sachbearbeiter „im Auftrag des Ministers" oder des „Behördenvorstehers" entscheidet und handelt.

Die in Kapitel 2.4 angeführten Einflussfaktoren aus Technik, Wirtschaft, Gesellschaft und Kultur haben Tendenzen zur „Führung von unten" eindeutig verstärkt. Ihre Betonung kann dabei als „Antithese" zur klassischen „Führung von oben" verstanden werden. Dies meinten wir mit der Metapher zur sich vom „Autor" oder „Komponisten" zum „Dirigenten" oder „Impresario" verändernden Führungsrolle (WUNDERER, 1992). Für manche Vorgesetzte – das kann man besonders in betrieblichen Führungsseminaren in dafür sonst aufgeschlossenen Unternehmen immer wieder feststellen – ist diese Neuinterpretation der Machtverteilung weder vorstellbar noch wünschenswert. Nicht selten gilt sie als Ausfluss einer falsch verstandenen postmodernen Demokratie-Interpretation, die schon im alten Griechenland mit der Maxime bekämpft wurde: „Quod licet jovi, non licet bovi". Dass die Entwicklung der

Vorgesetztenrolle vom „Boss zum Butler" (WUNDERER, 1992) aber keine Forderung unserer Zeit ist, können wir – wieder einmal – in der Bibel lesen:… „Sondern wer groß sein will unter euch, der sei euer Diener" (Matthäus 20, 26).

Literatur

ALLEN, R. W., MADISON, D. L., PORTER, L. W., RENWICK, P. A. & MAYES, B. T. (1979). Organizational politics: tactics and characteristics of its actors. In: California Management Review, 22/1, 1979, S. 77–83.

ALLEN, R. W. & PORTER, L. W. (Hrsg.). (1983). Organizational influence processes. Glenview, Ill. u. a. 1983.

AXELROD, R. (1984). The evolution of cooperation. New York 1984.

BASS, B. M. & AVOLIO, B. J. (1988). Transformational leadership, charisma and beyond. In J. G. HUNT u. a. (Hrsg.), Emerging leadership vistas. S. 29–50. Lexington u. a., 1988.

BLEICHER, K. (1991). Organisationslehre. Wiesbaden 1991.

BOSETZKY, H. (1991). Managementrolle: Mikropolitiker. In W. H. STAEHLE (Hrsg.), Handbuch Management. Wiesbaden 1991.

CASE, T., DOSIER, L., MURKISON, G. & KEYS, B. (1988). How managers influence superiors: a study of upward influence tactics. In: Leadership and Organization Studies Development Journal, 9/4, 1988, S. 25–31.

CONGER, J. A. & KANUNGO, R. N. (Hrsg.). (1988). Charismatic leadership. San Francisco u. a. 1988.

DELUGA, R. J. (1991). The relationship of upward-influencing behavior with subordinate-impression management characteristics. In: Journal of Applied Social Psychology, 21, 1991, S. 1145–1160.

DONAU-KURIER. (1985). 40 Jahre Audi Ingolstadt. Nr. 151/5. Juli (Beilage), 1985.

FISHER, R. & URY, W. (1984). Das Harvard-Konzept. Frankfurt/M. 1984.

FIEDLER, F. E. (1967). A theory of leadership effectiveness. New York 1967.

GABARRO, J. J. & KOTTER, J. P. (1980). Managing your boss. In: Harvard Business Review, 58/2, 1980, S. 92–100.

GORDON, T. (1991). Managerkonferenz. 5. Aufl. München 1991.

GRAEN, G. B. & SCANDURA, T. A. (1987). Toward a psychology of dyadic organizing. In L. L. CUMMINGS & B. M. STAW (Hrsg.), Research in Organizational Behavior, Vol. 9. 1987, S. 175–298. Greenwich, CT.

HERSEY, P. & BLANCHARD, K. H. (1977). Management of organizational behavior: Utilizing human resources. Englewood Cliffs, N. J. 1977.

KERR, S. (1977). Substitutes for leadership: Some implications for organizational design. In: Organization and Administratives Sciences, 8, 1977, S. 135–146.

KIPNIS, D., SCHMIDT, S. M., SWAFFIN-SMITH, C. & WILKINSON, I. (1984). Patterns of managerial influence: shotgun managers, tacticians, and bystanders. In: Organizational Dynamics, 12/Winter, 1984, S. 58–67.

KIPNIS, D., SCHMIDT, S. M. & WILKINSON, I. (1980). Intraorganizational influence tactics: explorations in getting one's way. In: Journal of Applied Psychology, 65, 1980, S. 440–452.

KIPNIS, D. & SCHMIDT, S. M. (1988). Upward-influence styles: relationship with performance evaluations, salary, and stress. In: Administrative Science Quarterly, 33, 1988, S. 528–542.

KLAGES, H. (1984). Wertorientierungen im Wandel. Frankfurt/M. 1984.

MOWDAY, R. T. (1978). The exercise of upward influence in organizations. In: Administrative Science Quarterly, 23, 1978, S. 137–150.

MOWDAY, R. T. (1979). The exercise of upward influence in organizational decision situations. In: Academy of Management Journal, Vol. 22, 1979, S. 709–725.

PINCHOT, G. (1985). Intrapreneurship: Why you don't have to leave the corporation to become an entrepreneur. New York 1985.

PORTER, L. W., ALLEN, R. W. & ANGLE, H. L. (1981). The politics of upward influence in organizations. In B. STAW & L. L. CUMMINGS (Hrsg.), Research in organizational behaviour, Vol. 3, 1981, S. 109–149.

Rosenstiel, L. v. (1991). Managerrolle – Geführter. In W. Staehle (Hrsg.), Handbuch Management. S. 383–410. Wiesbaden 1991.

Schilit, W. K. & Locke, E. A. (1982). A study of upward influence in organizations. In: Administrative Science Quarterly, 27, 1982, S. 304–316.

Siegert, W. (1990). Wie führe ich meinen Vorgesetzten? Ehningen 1990.

Staehle, W. H. (Hrsg.). (1991). Handbuch Management. Frankfurt/M. 1991.

Tannenbaum, R. & Schmidt, W. H. (1958). How to choose a leadership pattern. In: Harvard Business Review, 36/2, 1958, S. 95–101.

Watson, Th. jun. (1964). IBM – ein Unternehmen und seine Grundsätze. München 1964.

Weber, M. (1972). Wirtschaft und Gesellschaft. 1. Aufl. 1921. Köln 1972.

Wunderer, R. (1990 a). Führungs- und personalpolitische Gedanken zum Übergang von der Plan- zur Marktwirtschaft. In D. Eckardstein u. a. (Hrsg.), Personalwirtschaftliche Probleme in DDR-Betrieben. S. 146–155. München 1990.

Wunderer, R. (1990 b). Mitarbeiterführung und Wertewandel – Variationen zum schweizerischen 3-K-Modell der Führung. In K. Bleicher & P. Gomez (Hrsg.), Zukunftsperspektiven der Organisation. S. 271–292. Bern 1990.

Wunderer, R. (1991). Laterale Kooperation als Selbststeuerungs- und Führungsaufgabe. In R. Wunderer (Hrsg.), Kooperation – Gestaltungsprinzipien und Steuerung der Zusammenarbeit zwischen Organisationseinheiten. S. 205–219. Stuttgart 1991.

Wunderer, R. (1992). Vom Autor zum Herausgeber? – Vom Dirigenten zum Impresario – Unternehmenskultur und Unternehmensführung im Wandel. In F. Ingold & W. Wunderlich (Hrsg.), Fragen nach dem Autor. S. 223–236. Konstanz 1992.

Wunderer, R. & Weibler, J. (1992). Vertikale und laterale Einflussstrategien: Zur Replikation und Kritik des „Profiles of Organizational Influence Strategies (POIS)" und seiner konzeptionellen Weiterführung. In: Zeitschrift für Personal, 6/1992, S. 515–536.

Wunderer, R. (2003). Führung und Zusammenarbeit. Beiträge zu einer unternehmerischen Führungslehre, 5. Aufl., Neuwied 2003.

Wunderer, R. & Dick, P. (1997). Frauen im Management. Besonderheiten und personalpolitische Folgerungen – eine empirische Studie. In R. Wunderer & P. Dick (Hrsg.), Frauen im Management – Kompetenzen – Führungsstile – Fördermodelle. S. 5–205. Neuwied et al. 1997.

Yukl, G. A. & Falbe, C. M. (1990). Influence tactics and objectives in upward, downward, and lateral influence attempts. In: Journal of Applied Psychology, 75, 1990, S. 132–140.

Zur Konkretisierung und weiteren Vertiefung wird empfohlen, im Fallstudienband die Fälle zu „Führung nach oben" zu bearbeiten.

Jürgen Weibler

Führung der Mitarbeiter durch den nächsthöheren Vorgesetzten

1. Ausgangspunkt
2. Einbindung des nächsthöheren Vorgesetzten in den Führungsprozess
3. Bisherige empirische Befunde zur Führung durch den nächsthöheren Vorgesetzten
4. Neue empirische Befunde zur Führung durch den nächsthöheren Vorgesetzten
5. Führung von Führungskräften
6. Resümee

1. Ausgangspunkt

Wer über Mitarbeiterführung in Organisationen nachdenkt, nimmt in aller Regel die Beziehung zwischen direktem Vorgesetzten (Führer) und Mitarbeiter (Geführter) zum Ausgangspunkt seiner Betrachtung. Dies verwundert nicht, beziehen sich Führungstheorien, Führungsmodelle, Führungsinstrumente oder auch Führungsseminare ebenfalls mehrheitlich auf diese Konstellation (vgl. zum Überblick WEIBLER, 2001). Führung spielt sich in dieser Diskussion allein zwischen zwei unmittelbar aufeinander folgenden Hierarchieebenen ab. Diese Sichtweise setzt aber ungeprüft zweierlei voraus:

1. Der direkte Vorgesetzte wird als eine unabhängig agierende Person im Führungsprozess verstanden.
2. Konkurrierende Einflussnahmen auf den Mitarbeiter werden faktisch ausgeschlossen.

Beide Annahmen sind aber bei näherer Beleuchtung unhaltbar. Führung in Organisationen ist wesentlich komplexer, als es den Anschein hat.

2. Einbindung des nächsthöheren Vorgesetzten in den Führungsprozess

2.1 Zur positionalen Verflechtung von Führungspositionen

Vorgesetzte befinden sich in der Praxis in einem komplizierten *Einflussgeflecht*, aus dem heraus verschiedenste Erwartungen interner und externer Personen bzw. Anspruchsgruppen für ihre Position erwachsen. NEUBERGER (1992, Sp. 2289) bemerkt dazu: „Konzentriert man sich auf die Vorgesetzten-Mitarbeiter-Beziehungen, muss man sich bewusst sein, dass sie ein Ausschnitt aus einem viel umfassenderen Beziehungsnetz und oft genug erst von diesem her verständlich sind. Man ist zunächst geneigt, die Vorgesetzten-Mitarbeiter-Beziehung als eine *dyadische Relation* zu sehen, in der ein exklusives, d.h. von anderen Verbindungen abstrahierendes hierarchisches Verhältnis zur Diskussion steht... Dabei wird jedoch ausgeblendet, dass... Vorgesetzte und Mitarbeiter in weiteren organisations-internen und -externen Netzen verortet [sind] (z.B. Beziehungen zu Zentralabteilungen oder höheren Vorgesetzten oder zu Kunden...)". YUKL (1998) hat diesen Sachverhalt anschaulich verdeutlicht (s. Abbildung 1).

Uns interessiert in diesem Zusammenhang die Frage, inwieweit sich diese Einflussvernetzung auf die Mitarbeiterführung des direkten Vorgesetzten auswirkt. Hier scheint die Position des nächsthöheren Vorgesetzten (in Abbildung 1 wäre dies der „Boss") besondere Aufmerksamkeit zu verdienen. Warum?

2.2 Die herausragende Position des nächsthöheren Vorgesetzten

Faktisch ist es doch so, dass wir in Unternehmen eine mehrstufige hierarchische Gliederung haben. Organisationsmitglieder sind – um ein Bild zu gebrauchen – wie *Ket-*

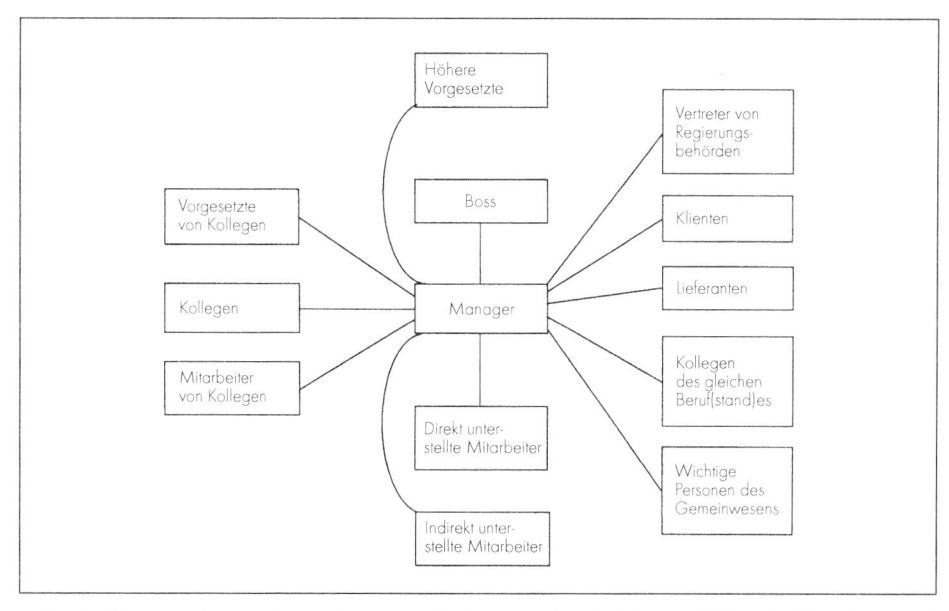

Abb. 1: Netzwerk der Kontakte eines Managers (nach YUKL, 1998, S. 18, übersetzt)

tenglieder miteinander verbunden (vgl. GRAEN u. a., 1977). Offensichtlich ist somit, dass für die große Zahl der Mitglieder des Managements gilt, „dass sie gleichermaßen – was ihre formale Rolle betrifft – *Führende* und *Geführte* sind…" (v. ROSENSTIEL, 1991, S. 385). Jede Instanz besitzt formal die Gesamtverantwortung für die ihr nachgeordneten Instanzen. Führungskräfte müssen somit prinzipiell auf eine Erfüllung der ihr zugeordneten Aufgaben in ihrem gesamten Verantwortungsbereich achten. Hierfür werden sie wiederum von noch höheren Instanzen zur Rechenschaft gezogen. Auch aus diesem Grund werden Manager u. a. mittels Führung versuchen, die Aufgabenerfüllung untergeordneter Instanzen zu steuern (vgl. auch SCHOLZ 1989, S. 322). Aber wie weit reicht im Regelfall eine gezielte Einflussnahme indirekter Vorgesetzter im betrieblichen Alltag?

Wir nehmen in diesem Zusammenhang an, dass die formale Gesamtverantwortung einer Instanz für alle ihr untergeordneten Instanzen mit zunehmender hierarchischer Entfernung praktisch immer begrenzter wird und sich zielgerichtete Einflussnahmen zunehmend erschweren. Dies liegt zum einen an der individuell begrenzten Informationsbeschaffungs- und -verarbeitungskapazität dieser übergeordneten Instanz, zum anderen an ihrem limitierten Zeitbudget. Weiter steht zu vermuten, dass die materiellen wie immateriellen Kosten, die für einen höheren Vorgesetzten zur gezielten Beeinflussung hierarchisch tiefer positionierter Mitarbeiter entstehen, mit der Entfernung zu ihnen überproportional steigen. Umgekehrt ist der Nutzen, der mit einer gezielten Beeinflussung für den höheren Vorgesetzten verbunden ist, sehr wahrscheinlich mit wachsender hierarchischer Distanz zum Mitarbeiter überproportional abnehmend.

Die Effektivitäts- und Effizienzchancen einer Einwirkung sind also dort besonders hoch, wo eine möglichst geringe Distanz zum Beeinflussenden besteht. Der *nächsthöhere Vorgesetzte* wäre demzufolge – nach dem Führer (direkten Vorgesetzten) – also vergleichsweise am ehesten fähig und am meisten daran interessiert, einen moderierenden Einfluss auf die Führungsbeziehung „direkter Vorgesetzter-Mitarbeiter" zu besitzen bzw. einen ergänzenden oder konkurrierenden Einfluss auf den Mitarbeiter auszuüben.

Die *Führungspraxis* macht diese besondere Stellung des nächsthöheren Vorgesetzten deutlich. Zahlreiche mitarbeiterbezogene Regelungen, Anträge oder Maßnahmen bedürfen mehrheitlich einer Gegenzeichnung oder Einbindung des nächsthöheren Vorgesetzten (z.B. Stellenbeschreibungen, Beurteilungen, Beförderungen, wichtige Einzelentscheide). Das schweizerisch-schwedische Versorgungs- und Elektronikunternehmen ABB verankert z.B. die Bedeutung des nächsthöheren Vorgesetzten sogar seit 1992 in seiner konzernverbindlichen unternehmenspolitischen Selbstdarstellung für alle zentralen Personalentscheide. Der deutsche Medienkonzern Bertelsmann thematisiert seit diesem Jahr ebenfalls in seiner Mitarbeiterbefragung diese Position. In der HypoVereinsbank, um ein letztes Beispiel zu geben, ist der nächsthöhere Vorgesetzte im Rahmen des Mitarbeitergesprächs regelmäßig neben dem direkten Vorgesetzten und einem Vertreter der Personalabteilung bei der Potenzialanalyse des Mitarbeiters eingebunden.

2.3 Ein neuer konzeptioneller Zugang zur Mitarbeiterführung

Betrachten wir Führung als eine sozial akzeptierte Einflussnahme, die bei den Beeinflussten mittelbar oder unmittelbar ein intendiertes Verhalten bewirkt (WEIBLER, 2001, S. 29), so gilt es zu bestimmen, inwieweit der nächsthöhere Vorgesetzte den Mitarbeiter in diesem Sinne führen kann. Zu diesem Zweck ist es notwendig, Führung nun nicht mehr dyadisch, d.h. als eine wechselseitige Einflussbeziehung zwischen Führer (direktem Vorgesetzten) und Mitarbeiter (Geführtem) aufzufassen, sondern Führung triadisch zu verstehen (s. Abbildung 2).

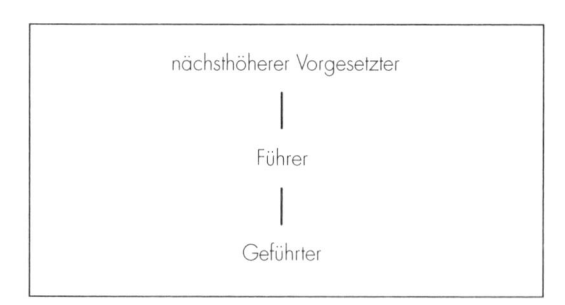

Abb. 2: Die Führungstriade

Durch diese Konzeption der *Führungstriade* wird der nächsthöhere Vorgesetzte selbst zu einem integralen Bestandteil einer nun durch *drei* Personen zu definierenden Führungsbeziehung. Wird im „klassischen" Führungsverständnis davon ausgegangen, dass nur eine personale Beeinflussungsgröße auf das Erleben und Verhalten des Mitarbeiters existiert, sind es nun deren zwei. Diese stehen wiederum selbst in einem Über- bzw. Unterordnungsverhältnis. Damit wird die unrealistische Annahme einer Autonomie des direkten Vorgesetzten in der Führung seiner Mitarbeiter aufgegeben.

Fragen wir nun, *wie* der nächsthöhere Vorgesetzte Einfluss auf den Mitarbeiter des direkten Vorgesetzten nehmen kann. Hierzu sind zum einen die *Art der Führung* und der *Führungsweg* zu differenzieren.

Zur Art der Führung: Nach WUNDERER (2001) lässt sich Führung in zwei Dimensionen, eine interaktionelle und eine strukturelle, unterteilen. Die interaktionelle Führung spricht die situative, dezentrale, individuelle und informelle Ausrichtung von Führung an. Hier geht es darum, mit dem einzelnen Mitarbeiter individuelle Ziele zu vereinbaren, Wege zur Erreichung dieser Ziele vor Augen zu führen, Anreize zu geben, Ergebnisse zu diskutieren, Kommunikation zu ermöglichen, Sorgen und Nöte ernst zu nehmen, (Mit-)Entscheidungsrechte einzuräumen u.v.m. Die strukturelle Führung hingegen thematisiert die Führung über Kultur, Strategie und Organisation. Beispiele sind Einflussnahmen durch Systemgestaltung, über allgemeine Richtlinien und Regelungen, Grundsätze, Programme oder über die Arbeitssituation. Dem nächsthöheren Vorgesetzten stehen beide Arten dieser Führung offen (vgl. auch den einführenden Beitrag von v. ROSENSTIEL, Grundlagen der Führung, in diesem Band).

Zum Führungsweg: Zum einen ist hier eine Einflussnahme des nächsthöheren Vorgesetzten ohne Beteiligung/Einschaltung des direkten Vorgesetzten denkbar. Dies ist immer dann der Fall, wenn sich der nächsthöhere Vorgesetzte dem Mitarbeiter *unmittelbar* zuwendet oder Entscheidungen, Maßnahmen bzw. eigene Verhaltensweisen *unmittelbar* die Mitarbeiterposition berühren. Zum anderen kann der nächsthöhere Vorgesetzte *mittelbar* über die Führung des direkten Vorgesetzten einen Einfluss auf den Mitarbeiter ausüben.

3. Bisherige empirische Befunde zur Führung durch den nächsthöheren Vorgesetzten

Wir haben bereits darauf verwiesen, dass die Position des nächsthöheren Vorgesetzten in der Führungsforschung weitgehend unberücksichtigt geblieben ist. Es ist allerdings vereinzelt möglich, Erkenntnisse aus der empirischen Führungsforschung auf diese Thematik zu beziehen. Einige ausgewählte *Beispiele*, die durchgehend eine interaktionelle Führungsbeziehung zwischen nächsthöherem und direktem Vorgesetzten ansprechen, seien zur Veranschaulichung herausgehoben. Sie verdeutlichen, wie sich aus dieser Einflussbeziehung mittelbare Konsequenzen für die Mitarbeiter ergeben (vgl. im Detail WEIBLER, 1994).

Ursprüngliche Zielsetzung von DONALD PELZ (1952) war die Bestimmung von Einstellungen und Verhaltensweisen von Vorgesetzten, die bei ihren Mitarbeitern zu größerer Zufriedenheit führen. Seine Ergebnisse, die auf Grund eines Vergleichs effektiver und weniger effektiver Vorgesetzter ermittelt wurden, waren zunächst unbefriedigend. Erst die Aufnahme eines moderierenden Faktors ließ die gefundenen Ergebnisse plausibel erscheinen: die Macht bzw. der Einfluss, den der direkte Vorgesetzte innerhalb seiner Abteilung, konkret auf den nächsthöheren Vorgesetzten besaß. Ein unterstützendes (mitarbeiterorientiertes) Führungsverhalten des direkten Vorgesetzten führte nur dann zu einer höheren Zufriedenheit der Mitarbeiter, wenn ein Einfluss auf den nächsthöheren Vorgesetzten wahrgenommen wurde.

Der Grund für diesen Sachverhalt ist einleuchtend: Einfluss auf den nächsthöheren Vorgesetzten bedeutet, wichtige Ressourcen und Anreize für die Mitarbeiter vergleichsweise gut bereitstellen zu können. Zufriedenheit mit dem Vorgesetzten hat also nicht nur etwas mit seinem Verhalten den Mitarbeitern gegenüber zu tun, sondern auch mit seiner Möglichkeit, Mitarbeiterbedürfnisse befriedigen zu können. Vorgesetzte, die aus einer Position der Schwäche ein eher mitarbeiterorientiertes Führungsverhalten zeigen, werden von diesen schlechter als diejenigen beurteilt, die sich auf eine sachorientierte Führung unter gleichen Bedingungen beschränken. Freundlichkeit, Sympathie, Eingehen auf andere wirken also immer dann besonders authentisch, wenn sie aus einer gefestigten Position heraus gezeigt werden.

Eine weitere Einflussmöglichkeit des nächsthöheren Vorgesetzten auf den Mitarbeiter ist den empirisch gestützten Ausführungen von PFEFFER und SALANCIK (1975) zu entnehmen. Sie gehen davon aus, dass der nächsthöhere Vorgesetzte ganz bestimmte Erwartungen an den direkten Vorgesetzten stellt. Diese Erwartungen werden vom direkten Vorgesetzten für sein eigenes Führungsverhalten berücksichtigt, auch wenn sie den eigenen Ansichten zur Mitarbeiterführung nicht entsprechen. Insbesondere wenn der nächsthöhere Vorgesetzte eindeutige und dezidierte Vorstellungen über eine bestimmte Leistungsmenge und -güte hat, nimmt er starken Einfluss auf das arbeitsbezogene Führungsverhalten des direkten Vorgesetzten. So gelingt ihm über dessen Steuerung eine Einflussnahme auf die Mitarbeiter.

Ein abschließendes Beispiel soll eine mögliche Bedeutung des nächsthöheren Vorgesetzten für die Mitarbeiterleistung skizzieren. FIEDLER und GARCIA (1987) zeigen auf, dass Stressgefühle beim direkten Vorgesetzten, die durch eine unbefriedigende Beziehung zum nächsthöheren Vorgesetzten entstehen, sich zweifach leistungsmindernd auswirken. Dieser interpersonal begründete Stress führt zum einen beim direkten Vorgesetzten zu einer Verteilung der Aufmerksamkeit auf die Arbeitsaufgabe und die Stressquelle (z. B.: „Wie kann ich eine weitere Konfrontation vermeiden?") und senkt so sein eigenes Leistungsvermögen. Zum anderen provoziert diese Aufmerksamkeitsverlagerung eine Leistungsminderung der gesamten Arbeitsgruppe. In diesem Fall wirkt der nächsthöhere Vorgesetzte also als eine Störgröße für die Führungsbeziehung zwischen direktem Vorgesetzten und Mitarbeiter.

Insgesamt zeigen die bisher vorliegenden Studien auf, dass der nächsthöhere Vorgesetzte vor allem auf den direkten Vorgesetzten Einfluss nimmt, indem er

- eigene Erwartungen kommuniziert
- einen bestimmten Führungsstil zeigt
- bereit ist, Macht zu teilen (oder teilen muss)
- dessen Handlungs- und Führungsspielraum erhöht oder einengt.

Dadurch ist er prinzipiell in der Lage, individuelle oder organisationale Ziele auch auf tieferliegenden Hierarchieebenen mittelbar durchzusetzen. Gleichzeitig wird die Führungsbeziehung zwischen direktem Vorgesetzten und Mitarbeiter durch ihn verändert und dies nicht nur deshalb, weil er Einfluss auf das Führungsverhalten des direkten Vorgesetzten nimmt. Vielmehr hängt von der Qualität der Beziehung zum direkten Vorgesetzten auch ab, als wie kompetent die Mitarbeiter ihren Vorgesetzten einstufen, wie zufrieden sie mit ihm insgesamt sind und als wie hilfreich sie seine Unterstützung empfinden. Entscheidend ist aber gerade mit Blick auf die Wertwandeldiskussion, dass durch die angesprochene Beziehungsqualiät und durch den vorgelebten oder geforderten Führungsstil auch die Entscheidungspartizipation der Mitarbeiter berührt wird.

4. Neue empirische Befunde zur Führung durch den nächsthöheren Vorgesetzten

Wir haben zwölf führungstheoretische Ansätze dahingehend analysiert, inwieweit hieraus Aussagen zur Bedeutung des nächsthöheren Vorgesetzten für die Mitarbeiterführung zu gewinnen sind (WEIBLER, 1994). Die für die spezifische Fragestellung ergiebigsten Ansätze (z.B. soziale Lerntheorie, Weg-Ziel-Theorie) wurden einer *empirischen* Überprüfung unterzogen. An den insgesamt neun Studien nahmen über 200 Manager verschiedenster Branchen und Hierarchieebenen teil. Neben einer schriftlichen Befragung wurden in drei ausgewählten Unternehmen vertiefende Interviews geführt. Befragt wurden Organisationsmitglieder in ihrer Position entweder als nächsthöherer Vorgesetzter oder als direkter Vorgesetzter (Führer) oder als Mitarbeiter (Geführter).

Ziel war es, *führungsbezogene Rollenerwartungen* zur Position des nächsthöheren Vorgesetzten zu bestimmen. Hintergrund des rollentheoretischen Führungsansatzes (vgl. WISWEDE, 1977; FISCHER, 1992) ist die Auffassung, dass eine Beschreibung und Analyse von Führungsbeziehungen in Organisationen, wo wir es mit relativ stabilen Beziehungsgeflechten, gut eingespielten Arbeitsabläufen und einem vergleichsweise stark strukturierten Umfeld zu tun haben, Gewinn bringend durch die Erfassung normativer Erwartungen anzugehen sind (vgl. auch STAEHLE, 1991; KIESER & KUBICEK, 1992).

Die wichtigsten empirischen Befunde zeigt Abbildung 3: allgemeine Erwartungen, konkrete Aufgaben, Anforderungen und Instrumente, die an den nächsthöheren Vorgesetzten gerichtet bzw. ihm legitimierweise zugesprochen werden. Insgesamt wird diese Charakterisierung von den befragten nächsthöheren und direkten Vorgesetzten sowie von den Mitarbeitern im Kern geteilt (für weitere theoretisch entwickelte Befunde vgl. WEIBLER, 1994). Damit ist die eingangs definierte Bedingung von Führung, dass es sich um eine sozial akzeptierte Einflussnahme handeln muss, erfüllt (WEIBLER, 2001).

Einige Zusammenhänge und hervorzuhebende Details seien näher erläutert:

1. Eine vom nächsthöheren Vorgesetzten erwartete Führung vollzieht sich zum einen mittelbar über die Position des direkten Vorgesetzten (wie wir es bereits z.T. in den weiter oben dargestellten empirischen Studien gesehen haben), wendet sich zum anderen aber auch unmittelbar an den Mitarbeiter selbst. Dabei handelt es sich im Vergleich zu den vorgestellten Literaturstudien bei beiden Varianten vornehmlich um eine strukturelle Führung. Entscheidende *Steuerungsgrößen* wären hier:
   - Gestaltung und Umsetzung von Unternehmenspolitik und strategischem Personalmanagement (z.B. Ausrichtung der einzelnen Führungsinstrumente am Führungsleitbild)
   - Formulierung übergreifender Zielsetzungen (z.B. Intensivierung von bestehenden Kundenkontakten oder primär Neuakquisition)
   - Prägung der Führungskultur (z.B. Walking around, Politik der offenen Tür, symbolische Aktionen, vgl. auch WEIBLER, 1995)
   - Durchsetzung eines einheitlichen Führungsverhaltens (z.B. Forderung nach einem kooperativ-delegativen Führungsstil) sowie
   - Einflussnahme auf die Arbeitssituation/-organisation (z.B. Genehmigung zusätzlicher Ressourcen, Forcierung von Projekt- und Teamarbeit).

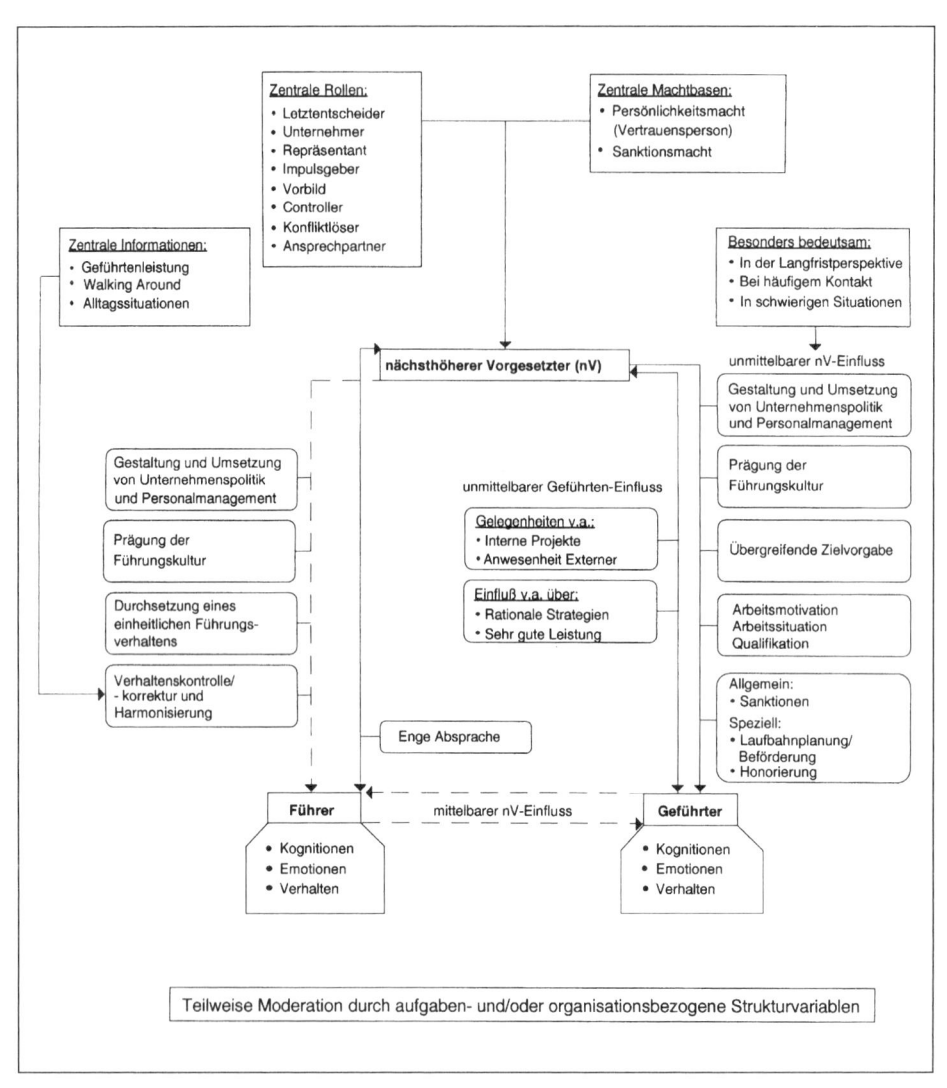

Abb. 3: Einflussgeflecht in der Führungstriade (WEIBLER, 1994)

2. Für die unmittelbare Führung des Mitarbeiters erweist sich das dem nächsthöheren Vorgesetzten zugestande Recht, „Leistungen des Mitarbeiters mit positiven oder negativen Sanktionen zu belegen", als zentral. Es ist daran zu erinnern, dass dieses Recht bereits antizipativ die Durchsetzung des vom nächsthöheren Vorgesetzten fachlich wie sozial gewünschten Verhaltens steuern kann. Dabei werden von ihm vergebene Anerkennungen vom Mitarbeiter vergleichsweise höher als die vom direkten Vorgesetzten gewichtet („Die Medaille aus der Hand des Königs ist mehr Wert als die vom Herzog"). Unterstrichen wird die Stellung dadurch, dass dem nächsthöheren Vorgesetzten in seiner Rolle als Letztentscheider v. a. für geführtenbezogene Personalentscheide ein wesentlicher Einflussspielraum eingeräumt wird (v. a. Laufbahnplanung und Beförderung bzw. Honorierung). Aus *Organisationssicht* kommt ihm somit eine Schlüsselstellung zur Rekrutierung des Managementnach-

wuchses aus den eigenen Reihen zu, aus *Mitarbeitersicht* ist er für die eigene Karriereplanung und ihre Verwirklichung von zentraler Bedeutung.

3. Es hat sich gezeigt, dass die Mitarbeiter vom nächsthöheren Vorgesetzten nur in einem geringen Ausmaß erwarten, konkret auf ihre eigene, spezifische Arbeitssituation Einfluss zu nehmen. Der Widerspruch, ihm dennoch eine Mitverantwortung, die beispielsweise deutlich über der der Personalabteilung liegt, für die Bereiche *Arbeitsmotivation, -situation und Qualifikation* zuzuschreiben, kann dahingehend aufgelöst werden, dass es sich hierbei im Regelfall um grundlegende Einflussnahmen handeln soll, die die Mitarbeiter in ihrer Gesamtheit betreffen (z. B. Qualifikationsrichtlinien). Dennoch ist auch dieser Einfluss nicht zu unterschätzen, wird hierdurch der Möglichkeitsraum mitbestimmt, in dem sich direkter Vorgesetzter und Mitarbeiter bewegen müssen.

4. Eine interaktionelle Führungsleistung des nächsthöheren Vorgesetzten wird dann mit seiner Position verbunden, wenn Konflikte in seinem Verantwortungsbereich auftreten, die zwischen direktem Vorgesetzten und Mitarbeiter selbst nicht zu lösen sind. Tritt diese Notwendigkeit nach unseren Erfahrungen auch eher selten auf, wirkt sich die Art der *Konflikthandhabung* jedoch entscheidend auf das Betriebsklima aus (Modellereffekt). Letzteres gilt auch für die *Motivierung* der Mitarbeiter. Hierzu stehen dem nächsthöheren Vorgesetzten zwei Wege offen: direkte Einzelgespräche mit dem Mitarbeiter oder gemeinschaftliche Sitzungen und Veranstaltungen. Auch hier gilt wieder, dass derartige Impulse eher selten gegeben und auch nur begrenzt erwartet werden, die Folgewirkungen aber sehr hoch sein können. Um diese und andere Funktionen erfüllen zu können, muss ein Vertrauensverhältnis zwischen nächsthöherem Vorgesetzten und Mitarbeiter bestehen. Dieses Vertrauensverhältnis wird von allen in der Führungstriade gefordert. Gelingt dies, besitzt der nächsthöhere Vorgesetzte eine „Persönlichkeitsmacht", die eine gute Grundlage für seine Führung darstellt. Nach unseren Studien kann der nächsthöhere Vorgesetzte folgendermaßen Vertrauen gewinnen (s. Abbildung 4; vgl. für eine grundsätzliche Betrachtung des Zusammenhangs zwischen Vertrauen und Führung, WEIBLER, 1997).

5. Direkter und nächsthöherer Vorgesetzter haben beide einen großen *Überschneidungsbereich* hinsichtlich ihrer zuerkannten Einflusschancen und der als typisch erachteten Führungsaufgaben mit Blick auf die Mitarbeiterposition. Erreicht die Intensität des erwarteten Einflusses des nächsthöheren Vorgesetzten vielfach auch nicht die des direkten Vorgesetzten, betreffen die zuerkannten Führungsaufgaben dort, wo sie sehr ausgeprägt sind, vielfach für den Mitarbeiter besonders bedeutsame Fragen. Unbestritten bleibt, dass der direkte Vorgesetzte die entscheidende Bezugsperson für den Mitarbeiter darstellen sollte. Dabei wird eine *enge Absprache* zwischen beiden Vorgesetztenpositionen einmütig gefordert.

6. Der nächsthöhere Vorgesetzte führt typischerweise abgehoben vom operativen Geschäft, sein Einfluss ist eher normativer und strategischer Art. Führungsleistungen, unmittelbar auf den Mitarbeiter bezogen, treten alles in allem eher *selten* auf, sind dann aber mit vornehmlich *langfristigen* Konsequenzen für den Geführten verbunden. Er soll für den Mitarbeiter primär im Hintergrund wirken (indem er z. B. das Führungsverhalten des direkten Vorgesetzten kontrolliert und korrigiert bzw. zwischen direkten Vorgesetzten harmonisiert), tritt aber bei Bedarf (z. B. Konfliktlösung) oder bei regelmäßigen Anlässen für alle offensichtlich hervor (z. B. Fachbereichsmeeting). Seine Führungsbeziehung zum Mitarbeiter ist vergleichsweise fachlich sowie menschlich weniger eng. Dabei gilt – zumindest aus Mitarbeitersicht –

> **Wie schaffe ich Vertrauen?**
>
> 1. Stelle eine offene Kommunikation sicher:
>   - Führe gemeinsame Sitzungen durch
>   - Praktiziere eine Politik der "offenen Tür"
>   - "Begehe" den Arbeitsbereich und suche selbst das Gespräch
>   - Sprich auch Deine eigenen Probleme an
>
> 2. Stelle eine Einheit im Denken, Reden und Handeln sicher:
>   - Habe eine klare Meinung und klare Ziele (darf auch einmal falsch sein)
>   - Lebe Deine Forderungen anschaulich vor
>   - Halte Deine Versprechungen ein
>   - Stehe auch bei Schwierigkeiten zu den Mitarbeitern
>   - Sei Du selbst
>
> 3. Übernimm die Verantwortung für eigene Fehler
>
> 4. Vermeide Bevorzugungen
>
> 5. Versuche möglichst sachkundig zu sein:
>   - Arbeite gelegentlich selbst in Teams mit
>   - Überzeuge durch Argumentation, vermeide Befehle
>   - Nimm Ideen Deiner Mitarbeiter auf. Nichts ist schlimmer als endlos zuzuhören und dann nie etwas umzusetzen
>
> 6. Wisse auch über Außerfachliches, aber für den Einzelnen Wichtiges Bescheid
>
> 7. Vergib nur Anerkennungen, deren Grundlage Du beurteilen kannst
>
> 8. Sprich den Rahmen für Kontakte außerhalb der direkten Weisungslinie mit allen klar ab
>
> 9. Gewinne Vertrauen durch Vertrauensbeweise:
>   - Gewähre Freiräume
>   - Suche Möglichkeiten, wo Vertrauen gebildet werden kann

Abb. 4: Vertrauensbildende Maßnahmen: Ein Forderungskatalog für den nächsthöheren Vorgesetzten aus Sicht der Mitglieder der Führungstriade

dass eine *Intensivierung des Kontaktes* auch einen stärkeren Einfluss als legitim erscheinen lässt.

Dies bedeutet, dass in den Funktionsbereichen, die sich durch eine enge Kooperation verschiedener Hierarchieebenen auszeichnen (z.B. F & E, Marketing) und/oder wo Vorgesetztenpositionen eher durch „Insider" mit einem vergleichsweise hohem Fachwissen besetzt werden, der Einfluss des nächsthöheren Vorgesetzten zunimmt.

7. Seine vergleichsweise größere Distanz zum Mitarbeiter hindert ihn daran, zu tief in Führungsaufgaben einzusteigen, ermöglicht aber umgekehrt, dass er als ein Ansprechpartner für wichtige arbeitsbezogene oder persönliche Probleme fungieren kann, für die der direkte Vorgesetzte als tägliche Bezugsgröße möglicherweise weniger geeignet ist. Im Vergleich zum direkten wird der nächsthöhere Vorgesetzte

als stärker zuständig für die Berücksichtigung von Zielsetzungen, die das Unternehmen in seiner Gesamtheit betreffen, gesehen. Diese Überlegungen bringt er in seine Führung mit ein. Letztendlich verfolgt auch er nur die Interessen seines Verantwortungsbereichs, doch weisen diese notwendigerweise eine größere Schnittmenge mit denen der Gesamtunternehmung auf. Hieraus erwächst auch eine deutlich zuerkannte *Verantwortung für Innovation und organisatorischen Wandel* (Unternehmerrolle). In seiner Rolle als *Repräsentant* soll er seinen Verantwortungsbereich nach innen und außen vertreten. Charakteristisch ist ferner die noch eindeutigere Wahrnehmung dieser Position in Richtung Unternehmensspitze, obgleich er dieser im Vergleich zur Führerposition nur „einen Schritt" näher kommt.

8. Der nächsthöhere Vorgesetzte wirkt vielfältig auf den Mitarbeiter ein. Führung ist jedoch ein *wechselseitiger,* wenngleich asymmetrischer Einflussprozess. Aus Mitarbeitersicht besteht hier allerdings ein noch größeres Ungleichgewicht, als dies bereits schon in der Beziehung zum direkten Vorgesetzten gilt. Die Anwendung von aus der Literatur bekannten Einflussstrategien, die wir in diesem Zusammenhang als Kriterium untersucht haben (vgl. WUNDERER: Führung des Chefs, in diesem Band), sind entweder auf Grund der größeren Distanz oder auf Grund der geringeren Abhängigkeit des nächsthöheren Vorgesetzten vom einzelnen Mitarbeiter hier weniger gut geeignet. Es hat sich gezeigt, dass der absolute Einfluss als *begrenzt* eingestuft wird. Dabei vertreten die Mitarbeiter diese Auffassung selbst am stärksten. Die besten *Chancen* ergeben sich für sie durch eine „rationale Argumentation" und durch eine „Koalitionsstrategie mit dem direkten Vorgesetzten". Ferner eignen sich „Überdurchschnittliche Arbeitsleistungen" noch sehr gut, Aufmerksamkeit beim nächsthöheren Vorgesetzten zu erregen und hierdurch Einflusspotenzial aufzubauen. Demnach sehen wir die besten Möglichkeiten dort, wo Mitarbeitern Gelegenheit gegeben wird, diese überdurchschnittlichen Leistungen unmittelbar unter Beweis zu stellen. Dies kann in gemeinsamen Projekten mit dem nächsthöheren Vorgesetzten gelingen oder in Veranstaltungen, wo der nächsthöhere Vorgesetzte zugegen ist (z. B. Fachbereichssitzungen, gemeinsame Kundenbesuche). Ergeben sich dabei Anlässe, wo neben beiden auch *Externe* beteiligt sind (z. B. Marketingpräsentation, Kreditbesuche bei wichtigen Kunden), kann sich die eigentlich ungünstige Gesamtsituation schlagartig ins Gegenteil verkehren: Zum einen erhält der nächsthöhere Vorgesetzte einen ungefilterten Eindruck von der Leistungsstärke des Mitarbeiters, zum anderen hat der Auftritt des Mitarbeiters für den nächsthöheren Vorgesetzten möglicherweise selbst Konsequenzen.

Moderierend für die Gesamteinschätzung wirkt sich der vom nächsthöheren Vorgesetzten praktizierte *Führungsstil* sowie die *Rigidität der Organisationsstruktur* aus. Bei einem konsultativen-kooperativen Führungsstil und einer durchlässigen Organisationsstruktur, die kommunikativen und partizipativen Elementen Raum gibt, verbessern sich die Chancen des Mitarbeiters.

5. Führung von Führungskräften

Indem gezeigt werden konnte, dass Mitarbeiterinnen und Mitarbeiter durch den nächsthöheren Vorgesetzten ebenfalls geführt werden und dies zu einem guten Stück über die von ihm beeinflusste Führung des direkten Vorgesetzten geschieht, wird auch deutlich, dass Führungskräfte wiederum selbst geführt werden. Sicherlich wird man behaupten dürfen, dass die allermeisten Erkenntnisse aus der Führungsforschung auch für diese Situation dieselbe Gültigkeit beanspruchen dürfen wie für die Führung von Mitarbeitern, die selbst keine Führungsaufgabe mehr besitzen. Zu denken ist beispielsweise an die Bedeutung von Menschenbildern im Führungsprozess, die Wahl eines angemessenen Führungsstils oder führungsethische Überlegungen. Es ist einzig die komplexere Führungssituation, die hier greift. Augenfälliger Ausdruck ist die *größere Reichweite* der Entscheidungen, die getroffen werden. Während bei der reinen Mitarbeiterführung die Konsequenzen hinsichtlich der Betroffenheit auf die nächstniedrigere hierarchische Ebene konzentriert sind, kann dies bei der Führungskräfteführung im Falle einer Entscheidung durch die Geschäftsleitung sämtliche hierarchische Ebenen tangieren (z. B. wenn sie auf der Umsetzung eines Führungsgrundsatzes besteht). Dies ist die eigentliche Besonderheit.

Dass die Führung von Führungskräften inhaltlich anders zu würdigen ist, bleibt dennoch unbestritten. Die geführten Führungskräfte sind bei Annahme einer leistungs- und verantwortungsorientierten Beförderungspolitik in ihrer persönlichen wie fachlichen Entwicklung weiter und artikulieren dementsprechend differenziertere Ansprüche. Auch sind sie machtvoller, da sie mit wachsender hierarchischer Position über mehr Wissen verfügen und durch ihre formale Kompetenz selbst einen größeren Einfluss auf die faktische Wertschöpfung des Unternehmens besitzen. Ebenso ist ihre Vernetzung in der Organisation gemeinhin dichter. Reifegrad wie Macht sind aber, um hierbei zu bleiben, Größen, die auch in der Mitarbeiterführung Berücksichtigung verdienen. Sie treten nicht neu auf den „Führungsplan", sondern besitzen nur, man könnte auch sagen: allerdings, eine andere Ausprägung. Besonders augenfällig ist bei den Größen, die eine Führungssituation ausmachen, die *Aufgabensituation*, die bei der Führung von Führungskräften zu bedenken ist. Auch sie muss wie die anderen Größen bereits bei der Führung von Mitarbeitern berücksichtigt werden. Doch ist es gerade sie, die sich mit dem hierarchischen Aufstieg in der grundsätzlichen Ausrichtung systematisch und personenunabhängig verändert.

Wie genau sich diese Veränderung vollzieht, unterliegt im Konkreten organisationsspezifischen und branchenspezifischen Besonderheiten. Im Allgemeinen lassen sich jedoch Eingrenzungen vornehmen. JAQUES (1989) benutzt hier als Einteilungskriterium die maximale Zeit, die notwendig ist, um die kritischen Aufgaben vollständig umzusetzen. Als Aufgaben versteht er Struktur- und Mitarbeiterführung. Er geht dabei von maximal sieben Ebenen aus, die zur vollständigen Beschreibung des Sachverhaltes notwendig sind. So ist die unterste Ebene durch allein unmittelbar produktive Aufgaben definiert (Zeithorizont stündlich bis täglich), während sich die oberste (siebte) Ebene durch die Aufgabe einer vorausschauenden Anpassung an veränderte Umweltkonstellationen auszeichnet (Zeithorizont 10 bis über 20 Jahre). Im mittleren Bereich des Zeithorizontes finden sich Aufgaben, die sich um die umsetzungsorientierte Feinanpassung strategischer, kultureller und struktureller Veränderungen drehen (Zeithorizont 2 Jahre und mehr). Diesen Aufgaben werden entsprechende Rollen für die Aufgabenträger zugewiesen, die sich wiederum durch typische Anforderungen auszeichnen. So werden beispielsweise auf der siebten Ebene kulturtragende Führungstätigkeiten für die Gesamtorganisation erwartet (z. B. das Setzen von Symbolen), während auf einer mittleren Ebene z. B. eine Verantwortlichkeit für das soziale Klima einer bestimmten Einheit besteht. Für die Führung von Führungskräften bedeutet dies, Anregungen und Feedback in Kenntnis dieser Aufgaben zu geben und sich entsprechender Führungsinstrumente zu bedienen. So wird z. B. das Coaching von Führungskräften hinsichtlich der praktizierten Führung mit aufsteigender Hierarchieebene plausiblerweise wichtiger (z.B. weil soziale Anforderungen zunehmen), wenngleich kaum empirische Untersuchungen zu diesem Problemfeld existieren. COLLINS (2001) macht hier zumindest hinsichtlich der Spezifizierung der Rollenausübung der obersten Führungsetage eine Ausnahme, indem er besonders erfolgreichen nordamerikanischen CEOs weniger erfolgreiche aus den Fortune 500 Unternehmen gegenüberstellte (gemessen an der kumulativen Aktienkursentwicklung 15 Jahre vor und nach der Amtsübernahme). Das Ergebnis war die Entwicklung einer fünfstufigen Führungsfähigkeitenpyramide, deren höchstes Niveau durch Führungskräfte abgebildet wurde, die systematisch durch persönliche Bescheidenheit und professionelle Entschlusskraft auffielen. Eine abgesicherte Zuordnung von hierarchischer Ebene und inhaltlicher Ausrichtung der Führung steht in der Führungsforschung allerdings noch aus.

6. Resümee

Mitarbeiterführung in Organisationen ist ein Prozess, der in Abkehr gängiger Sichtweisen womöglich besser triadisch als dyadisch zu beschreiben und zu analysieren ist. Dem nächsthöheren Vorgesetzten muss in diesem Zusammenhang auf Grund praktischer Erfahrungen, theoretischer Erkenntnisse und empirischer Befunde eine bedeutsame Rolle in der Mitarbeiterführung zugeschrieben werden. Diese Tatsache wird bislang unzureichend gesehen. Nach SCHOLZ (2000, S. 918) liegt dies daran, dass wir es hier vielfach mit unterschwelligen Einflüssen zu tun haben. Zukünftig sind die dargestellten Zusammenhänge transparenter zu beschreiben und noch weiter zu präzisieren (vgl. ANTONAKIS & ATWATER, 2002). Dies gilt ausdrücklich auch für das Feld der Führung von Führungskräften im Allgemeinen.

Die vorgestellten Überlegungen fordern den Führungspraktiker zuallererst zu einer vermehrten Reflexion über organisationale Führungsbeziehungen und über wahrgenommene Führungsstrukturen heraus. Durch eine derartige Reflexion der aufgezeigten gegenseitigen Abhängigkeiten der einzelnen Führungspositionen ist es zum einen möglich, unrealistische Erwartungen an die Position des direkten Vorgesetzten, um noch einmal auf den Kern unserer Ausführungen zu sprechen zu kommen, zu korrigieren. Zum anderen kann versucht werden, sich über die Intensität erwünschter Führungsvernetzungen auszutauschen und Strategien zu entwickeln, die zu ihrer Realisierung beitragen.

Es steht zu vermuten, dass durch die Verflachung der Führungsebenen in Organisationen die interaktiven Beziehungen zwischen den verbleibenden Positionen zunehmen. Es konnte aufgezeigt werden, dass die Mitarbeiter bei einer Zunahme der Kontakte zum nächsthöheren Vorgesetzten eine stärkere Führungsleistung von ihm erwarten. Um in dieser Situation nicht in einen potenziellen Konflikt mit dem direkten Vorgesetzten hineinzugeraten, der zweifelsfrei bei einer zu starken Stellung des nächsthöheren Vorgesetzten drohen wird, empfiehlt es sich für den nächsthöheren Vorgesetzten, seine interaktionelle Führung eher defensiv zu handhaben. Größeres Gewicht könnte er in die Gestaltung des strukturellen Anteils von Führung legen. Betreibt er jedoch eine Führung, die darauf abzielt, Mitarbeiter zum selbstständigen, innovativen, integrierten und umsetzungsmotivierten Denken und Handeln zu bewegen, versucht er also, *unternehmerisch* zu führen (vgl. WUNDERER, 1999; HERMEIER &

WEIBLER, 1995), und wird er dabei von der Absicht geleitet, sich selbst und die Führungsleistungen anderer ein Stück weit überflüssig zu machen, wäre dies eher als eine Chance denn als Gefahr für die zukünftige Mitarbeiterführung zu verstehen.

Literatur

ANTONAKIS, J. & ATWATER, L. (2002). Leader distance: a review and proposed theory. In: Leadership Quarterly, 2002, S. 673–704.
COLLINS, J. (2001). Firmenchefs brauchen kein überzogenes Ego. In: Harvard Businessmanager, 2001 (4), S. 9–21.
FIEDLER, F. E. GARCIA, J. E. (1987). New approaches to effective leadership. New York u. a. 1987.
FISCHER, L. (1992). Rollentheorie. In E. FRESE, (Hrsg.), Handwörterbuch der Organisation, 3. Auflage, Stuttgart 1992, Sp. 2224–2234.
GRAEN, G. B., CASHMAN, J. F., GINSBURG, S. & SCHIEMANN, W. (1977). Effects of linking-pin quality of working life of lower participants. In: ASQ, 1977, S. 491–504.
HERMEIER, B. & WEIBLER, J. (1995). Unternehmerische Ausrichtung der Führung und Zusammenarbeit – dargestellt am Beispiel der Karstadt AG. In R. WUNDERER & T. KUHN (Hrsg.), Innovatives Personalmanagement. Theorie und Praxis unternehmerischer Personalarbeit. S. 43–74. Neuwied u. a. 1995.
JAQUES, E. (1989). Requisite organization. Arlington 1989.
KIESER, A. & KUBICEK, H. (1992). Organisation. 3. Auflage. Berlin u. a. 1992.
NEUBERGER, O. (1992). Vorgesetzten-Mitarbeiter-Beziehungen. In E. GAUGLER & W. WEBER, (Hrsg.), Handwörterbuch des Personalwesens, 2. Auflage. Stuttgart 1992, Sp. 2288–2299.
PELZ, D. C. (1952). Influence: A key to effective leadership in the first-line supervisor. In: Personnel, 1952, S. 209–217.
PFEFFER, J. SALANCIK, G. R. (1975). Determinants of supervisory behavior: A role set analysis. In: HR, 1975, S. 139–153.
ROSENSTIEL, L. VON (1991). Managementrolle: Geführter. In W. H. STAEHLE (Hrsg.), Handbuch Management. Wiesbaden 1991, S. 383–410.
SCHOLZ, C. (2000). Personalmanagement. 5. Auflage. München 2000.
STAEHLE, W. H. (Hrsg.). (1991). Handbuch Management. Wiesbaden 1991.
WEIBLER, J. (1994). Führung durch den nächsthöheren Vorgesetzten. Wiesbaden 1994.
WEIBLER, J. (1995). Symbolische Führung. In A. KIESER, G. REBER & R. WUNDERER (Hrsg.), Handwörterbuch der Führung. 2. Auflage. Stuttgart 1995, Sp. 2015–2026.
WEIBLER, J. (1997). Vertrauen und Führung. In R. KLIMECKI & A. REMER (Hrsg.), Personal als Strategie. Neuwied u. a. 1997.
WEIBLER, J. (2001). Personalführung. München 2001.
WISWEDE, G. (1977). Rollentheorie. Stuttgart u. a. 1977.
WUNDERER, R. (Hrsg.). (1999). Mitarbeiter als Mitunternehmer. Neuwied u. a. 1999.
WUNDERER, R. (2001). Führung und Zusammenarbeit. 4. Auflage. Neuwied u. a. 2001.
YUKL, G. (1998). Leadership in organizations. 4. Auflage. Englewood Cliffs 1998.

Zur Konkretisierung und weiteren Vertiefung wird empfohlen, im Fallstudienband die Fälle zu „Führung durch den nächsthöheren Vorgesetzten" und „Führung von Führungskräften" zu bearbeiten.

Erika Regnet

Alkoholabhängige Mitarbeiter

1. Einleitung
2. Alkoholmissbrauch
3. Alkoholabhängigkeit
4. Umgang mit Alkoholikern
5. Rahmenbedingungen im Unternehmen
6. Abhängigkeit im Managementbereich

1. Einleitung

Während Alkohol früher nur zu ganz bestimmten, z.B. festlichen Anlässen getrunken wurde, werden alkoholische Getränke heute überall angeboten. Zwischen 1950 und 1980 ist der Alkoholkonsum in Deutschland, ebenso wie in den meisten Ländern, stark gestiegen. Seitdem stabilisiert er sich auf hohem Niveau, in letzter Zeit ist er leicht rückläufig. Diese Entwicklung macht auch vor dem Werkstor nicht Halt: Nach einer Untersuchung der Bundeszentrale für Gesundheitliche Aufklärung aus dem Jahr 1983 trinken 52% aller Berufstätigen zumindest gelegentlich, 11% täglich oder fast täglich auch am Arbeitsplatz Alkohol. Gelegenheiten gibt es genug: private Anlässe und Betriebsfeiern, geschäftliche Verhandlungen, erfolgreiche Geschäftsabschlüsse oder die Pause in der Werkskantine.

In Bezug auf Alkohol ist die Gesellschaft relativ tolerant, gelegentliches Trinken wird (insbesondere bei Männern) geradezu erwartet, Alkohol allgemein als Genussmittel hoch geschätzt. „Er" soll den Kontakt zu anderen erleichtern, Unsicherheiten überdecken, Erleichterung bringen oder zur Belohnung (z.B. bei Jubiläen) dienen. Selbst ein Rausch, der immerhin eine akute Alkoholvergiftung ist, wird oft als „Kavaliersdelikt" betrachtet; erst bei einer Häufung und nicht mehr kontrollierbarem Trinken ist mit gesellschaftlichen Sanktionen zu rechnen.

Es wird geschätzt, dass ungefähr 5% der Bevölkerung alkoholabhängig sind, weitere geschätzte 4,9 Millionen weisen (partiell) riskanten Alkoholkonsum auf (zur Definition siehe Punkt 3.1). Nach dem Jahrbuch der Deutschen Hauptstelle gegen die Suchtgefahren (2001) gibt es in der Bundesrepublik rund 2 700 000 behandlungsbedürftige Alkoholabhängige. Hinzu kommen rund 1 400 000 Medikamentenabhängige bzw. stark -gefährdete (hiervon sind Frauen deutlich stärker als Männer betroffen) und etwa 250 000 – 300 000 Konsumenten harter Drogen (S. 13). Die Schätzungen basieren auf Behandlungsstatistiken, Bevölkerungsumfragen und Polizeiangaben. Zahlen, die erschrecken müssen. Das Thema Alkohol ist von daher quantitativ das größte Problem und für Unternehmen auch deshalb das wichtigste, weil Rauschgiftabhängige – nicht zuletzt wegen der hohen Beschaffungskosten – weniger lange in das Berufsleben integriert sind. Tablettenmissbrauch dagegen ist weniger auffällig, schwerer von einer aus medizinischen Gründen notwendigen Einnahme abzugrenzen und sozial akzeptierter (vgl. HEFEL, 2001).

Alkoholmissbrauch führt im Betrieb zu Arbeitsunfällen, Krankheiten, Fehlzeiten, Kosten für Ersatzpersonal, Fahrlässigkeit, Maschinenschäden, geringerer Arbeitsleistung und -qualität usw. Dadurch werden Schäden in Milliardenhöhe verursacht. Nach Schätzung der Bundesvereinigung der Arbeitgeberverbände entstehen einem Betrieb mit 10 000 Beschäftigten jährlich durch die Suchtkrankheit von Mitarbeitern Kosten von 1,5 bis 1,8 Millionen DM (Landesverband der Betriebskrankenkassen Nordrhein-Westfalen, 1988). Die Folgen des zwangsläufig gestörten Betriebsklimas und der belasteten zwischenmenschlichen Beziehungen lassen sich nicht quantifizieren.

Grundsätzlich sind zwei Situationen zu unterscheiden, die sowohl medizinisch als auch arbeitsrechtlich zu anderen Konsequenzen führen (vgl. den nachfolgenden Beitrag von BÖHM: Arbeitsrecht für Vorgesetzte):

(1) Alkoholmissbrauch, d.h. das Trinken während der Arbeitszeit oder die Arbeitsaufnahme in angetrunkenem Zustand, jedoch keine Abhängigkeit;
(2) Alkoholabhängigkeit.

Im Folgenden werden zunächst die Wirkung von Alkohol sowie mögliche Indizien zur Erkennung von Alkoholmissbrauch aufgezeigt. Anschließend werden die Reaktionsmöglichkeiten des Management diskutiert.

2. Alkoholmissbrauch

2.1 Auswirkungen von Alkohol

Bereits geringe Mengen Alkohol führen zu Veränderungen im Verhalten, die in ihrer Intensität von der psychischen und physischen Konstitution des Individuums (z.B. Ermüdung und Körpergewicht), der Alkoholkonzentration im Getränk sowie der „Gewöhnung" an Alkohol abhängen. Von Alkoholmissbrauch spricht man, wenn entweder Menge oder Trinkzeitpunkt nicht angemessen ist.

Im subjektiven Erleben äußert sich Alkohol in einer stärkeren Kontaktfreudigkeit, dem Abbau von Hemmungen, dem Vergessen von Sorgen, kurzum dem „sich wohl fühlen". Wie kommt es dazu? Alkohol gelangt über Magen und Dünndarm direkt in das Blut und wird so in alle Körperteile und -organe verteilt. Ca. 30–60 Minuten nach dem Trinken ist die höchste Blutalkoholkonzentration zu verzeichnen. Abgebaut wird Alkohol fast ausschließlich in der Leber, nur 5% bis 10% werden unverändert ausgeschieden.

Folgende (kurzfristige) *Auswirkungen* auf psychische und physische Funktionen lassen sich nach Alkoholgenuss feststellen (nach FEUERLEIN, 2002).

— *Beeinträchtigung des zentralen Nervensystems:* Alkohol hat primär eine depressive Wirkung auf das zentrale Nervensystem, insbesondere auf die normalerweise hemmend wirkenden Gehirnzellen. Diese Enthemmung wird häufig – auch durch die Werbung suggeriert – mit „Entspannung" verwechselt.
— *Intellektuelle Leistungen:* Verbale und nonverbale Leistungen verschlechtern sich nach Alkoholgenuss erheblich. Während Routinetätigkeiten zunächst noch gut erledigt werden können, sind die Leistung unter Stressbedingungen und das Lösen abstrakter Probleme deutlich schlechter. Dem steht eine falsche, nämlich zu optimistische Einschätzung der eigenen Fähigkeiten gegenüber, außerdem steigt die Neigung zu riskanten Entscheidungen.
— *Sensorische Funktionen:* Optische und akustische Reize können weniger gut unterschieden werden, was zu einer Verminderung des Seh- und Hörvermögens führt. Die Schmerzschwelle ist erhöht.
— *Ermüdung:* Bereits bei einer Blutalkoholkonzentration von 0,8 ‰ lassen sich Ermüdungserscheinungen feststellen, die etwa denen nach einer durchwachten Nacht entsprechen.
— *Motorische Koordination:* Steh- und Gehvermögen werden durch Alkohol zunehmend beeinträchtigt. Vor allem Bewegungen, die sonst ganz automatisch ablaufen, z.B. Lenken oder Bremsen beim Autofahren, sowie Aufmerksamkeit und Konzentration werden bereits bei einer Blutalkoholkonzentration von 0,5 ‰ erheblich gestört. Die Reaktionsgeschwindigkeit verlangsamt sich bei einer Blutalkoholkonzentration von 0,8 ‰ um etwa 35% (Landesverband der Betriebskrankenkassen, 1988).

– *Stimmung und Emotion:* Zunächst sind Euphorie und Heiterkeit zu verzeichnen, gleichfalls ein gesteigerter Rededrang. Jedoch sind auch vermehrt Aggressivität und Gereiztheit zu beobachten.

Diese Auswirkungen können sich gegenseitig fatal verstärken. Geringere sensorische und intellektuelle Leistungen verbunden mit erhöhter Risikobereitschaft, Selbstüberschätzung, verzögerter Reaktionsschnelligkeit, insbesondere unter Stress, stellen eine explosive Mischung dar. Alkohol mindert von daher nicht nur die Arbeitsleistung, sondern führt auch zu erhöhter Selbst- und Fremdgefährdung.

Hierbei handelt es sich nur um kurzfristige, sofortige Auswirkungen nach einem Alkoholgenuss. Bei längerem, regelmäßig erhöhtem Alkoholkonsum treten – auch ohne Alkoholabhängigkeit – ernsthafte, zum Teil irreversible gesundheitliche Schädigungen auf. Nimmt beispielsweise ein Mann täglich mehr als 40 g Alkohol zu sich (dies entspricht etwa einem Liter Bier oder zwei Gläsern Wein), so ist lt. WHO bereits ein Risiko für das Auftreten alkoholbezogener Schäden gegeben (DEUTSCHE HAUPTSTELLE GEGEN DIE SUCHTGEFAHREN, 2001). Bei Frauen beträgt die Toleranzgrenze für Alkohol ca. 20 g täglich.

Zu beachten ist auch, dass nur ca. 0,1 bis 0,15 ‰ pro Stunde abgebaut werden und dies nicht, z. B. durch Kaffee, beschleunigt werden kann. Wenn also jemand bei einem Körpergewicht von 70 kg an einem Abend zwei Flaschen Sekt trinkt und um 1.00 Uhr nachts mit dem Taxi heimfährt, so hat er zu diesem Zeitpunkt möglicherweise etwa 1,7 Promille Alkohol im Blut. Geht er um 7.00 Uhr morgens zur Arbeit, dann sind daraus erst etwa 0,8 bis 1,1 ‰ geworden. Mit den oben genannten Ausfallerscheinungen muss also noch in den nächsten Stunden gerechnet werden.

2.2 Reaktionsmöglichkeiten betrieblicher Vorgesetzter

Nicht zuletzt wegen der erhöhten Eigen- und Fremdgefährdung kann Alkoholmissbrauch im Unternehmen nicht toleriert werden.

Der betriebliche Vorgesetzte ist bei diesem Thema besonders gefordert (HEFEL, 2001): Aufgrund seiner Fürsorgepflicht und in Erfüllung der Unfallverhütungsvorschriften gehört es zu seinen Aufgaben, angetrunkene Mitarbeiter von der Arbeitsstelle zu entfernen (s. UVV, § 38, Abs. 2). Dabei ist unerheblich, ob der Alkohol vor Arbeitsbeginn, während der Arbeitszeit oder in der Pause konsumiert wurde. Natürlich kann ein Vorgesetzter nicht verhindern, dass ein Mitarbeiter bereits betrunken zur Arbeit kommt oder in der Pause Alkohol zu sich nimmt. Doch es ist seine Aufgabe, den Arbeitnehmer unverzüglich vom Arbeitsplatz zu entfernen, insbesondere wenn er bereits Ausfallerscheinungen – z. B. unsicheres Sprechen oder Gleichgewichtsstörungen zeigt. Ihm können auch keine weniger gefährlichen Arbeiten übertragen werden.

Meist ist das Trinken alkoholischer Getränke während der Arbeitszeit schon durch Betriebsvereinbarungen untersagt. Doch selbst wenn eine solche Regelung fehlt, kann mit disziplinarischen Maßnahmen (dies dürfte zumeist eine Abmahnung sein – zur Gestaltung vgl. den nachfolgenden Artikel von BÖHM) dagegen vorgegangen werden, da kein Arbeitnehmer sich selbst in eine Lage versetzen darf, in der er die vertraglich vereinbarten Leistungen nicht erbringen kann. Anspruch auf Lohn für die nicht geleistete Arbeit besteht nicht. Empfehlenswert ist, bei allen Maßnahmen, die bei Alkoholverdacht getroffen werden, auch ein Mitglied des Betriebsrates hinzuzuziehen.

Komplizierter wird es, wenn es sich nicht um – gelegentlichen – Alkoholmissbrauch, sondern um Abhängigkeit, die als Krankheit anerkannt ist, handelt. In diesem Fall sind nicht nur die individuellen Auswirkungen (körperliche und wirtschaftliche Schädigungen und Störungen der sozialen Beziehungen) stärker. Auch die Rechtslage unterscheidet klar. Die Trennung dieser Gruppen ist jedoch in der Praxis nicht immer eindeutig.

3. Alkoholabhängigkeit

3.1 Definition

Bereits die Abgrenzung dessen, was unter Alkoholismus zu verstehen ist, ist schwierig. Abzugrenzen sind Alkoholmissbrauch und Abhängigkeit. Nach der ICD-Klassifikation (international classification of diseases) versteht man unter Alkohol*missbrauch*, dass der Konsum zu körperlichen Folgeschäden oder psychosozialen Schwierigkeiten führt. Unter Alkoholismus wir heute nur noch Alkohol*abhängigkeit* verstanden. Diese ist gekennzeichnet durch (s. FEUERLEIN, 2002, S. 15 ff.):

- starken Wunsch oder eine Art Zwang, Alkohol zu konsumieren
- verminderte Kontrollfähigkeit bezüglich Beginn, Ende und Menge des Alkoholkonsums
- Entzugserscheinungen
- Toleranzveränderungen (man trinkt mehr Alkohol, um die gleiche Wirkung zu erreichen)
- fortschreitende Vernachlässigung anderer Interessen zugunsten des Alkoholkonsums
- Fortführung des Alkoholkonsums trotz Wissen um die schädlichen Folgen.

Die Diagnose Alkoholismus sollte nur gestellt werden, wenn während des letzten Jahres mindestens drei der Kriterien erfüllt waren.

In der Anfangsphase der Alkoholabhängigkeit, in der vermehrt und regelmäßig Alkohol in größeren Mengen getrunken wird, kommt es zunächst – auf Grund geänderter biochemischer Prozesse (vgl. FEUERLEIN, 2002) – zu einer *Toleranzerhöhung*. D.h. man braucht allmählich immer größere Mengen derselben oder stärkere Drogen (z.B. Wechsel von Bier zu Spirituosen), um dieselbe Wirkung zu erreichen. Dies wird häufig als „Gewöhnung" und „Trinkfestigkeit" sogar positiv beschrieben. Ein deutliches Indiz für eine Abhängigkeit sind *Entzugserscheinungen,* die auftreten, wenn Alkohol für eine bestimmte Zeit nicht mehr zugeführt wird. Sie reichen von leichteren Formen wie Händezittern, Unruhe, Nervosität bis hin zum lebensbedrohlichen Delirium tremens, das nach jahrelangem Alkoholmissbrauch auftreten kann und in medizinische Behandlung gehört.

Das vielleicht wichtigste Kriterium, das erfüllt sein muss, um von Abhängigkeit zu sprechen, ist der *Kontrollverlust*. Darunter ist zu verstehen, dass der Betroffene seinen Mengenkonsum nicht mehr kontrollieren kann. Sobald er begonnen hat zu trinken, kann er nicht nach einigen Gläsern aufhören, sondern wird bis zum Rausch weitermachen. Das heißt nicht, dass nicht auch Abhängige einige Tage, unter Umständen sogar Wochen oder Monate ganz auf Alkohol verzichten können. Wenn sie jedoch wieder anfangen zu trinken, geraten sie erneut in den bekannten Kreislauf. Dieser Kontrollverlust scheint für viele irreversibel zu sein, deshalb auch die berühmte Forderung an „trockene Alkoholiker", nie wieder ein Glas Alkohol anzurühren.

Alkoholismus ist daher eine Krankheit, die durch den fortschreitenden Verlust der freien Handlungsfähigkeit und der Handlungskontrolle gekennzeichnet ist. Auf die sich daraus ergebenden Konsequenzen im Umgang mit Alkoholikern wird in Punkt 4 näher eingegangen.

3.2 Entstehung von Alkoholismus

Es wurde bereits darauf hingewiesen, dass mit ca. 5 % Alkoholikern in der Bevölkerung (und im Unternehmen) gerechnet werden muss. Alkoholismus hat sich zunehmend zu einem Problem entwickelt, das alle Gesellschaftsschichten angeht: Es gibt den abhängigen gewerblichen Mitarbeiter ebenso wie den abhängigen Manager, man kann nicht mehr von einem „Elendsalkoholismus" wie in früheren Jahrzehnten ausgehen. Auch das Geschlechtsverhältnis der Betroffenen hat sich stark verändert. Noch in den 60er-Jahren stand zehn abhängigen Männern nur eine Frau gegenüber, heute liegt dieses Verhältnis etwa bei 4:1 mit Tendenz zu 3:1.

Verschiedene Faktoren führen zu einer Abhängigkeit, am wichtigsten sind die Eigenschaften der Droge, das soziale Umfeld sowie psychologische und physiologische Besonderheiten des Individuums (Abbildung 1).

Drogen haben ein unterschiedliches „Suchtpotenzial", d. h. sie führen verschieden schnell zur Abhängigkeit. Von Heroin z. B. wird man schnell abhängig, während dagegen die große Mehrheit der Menschen Alkohol trinkt, ohne jemals im Leben Probleme zu bekommen.

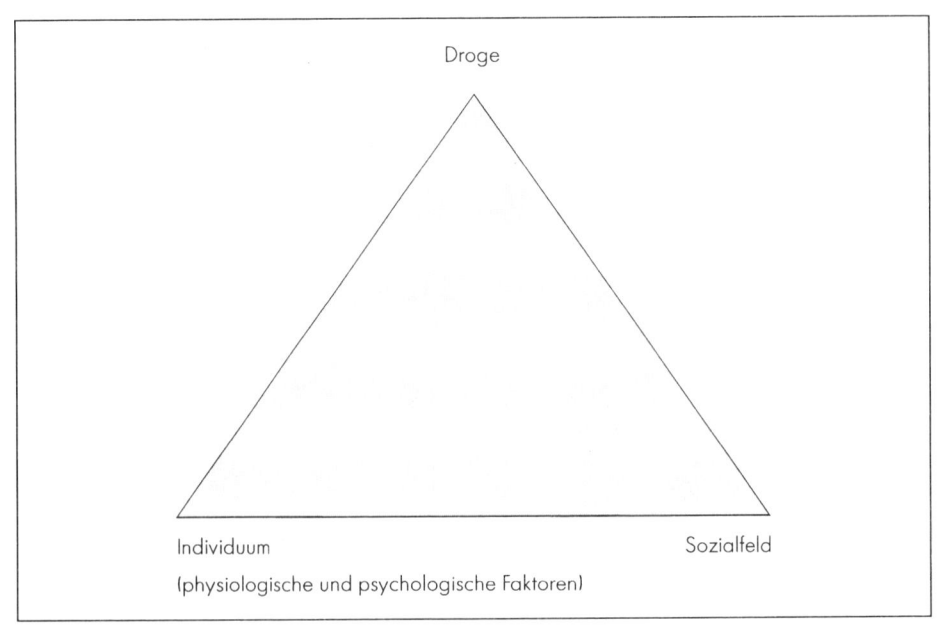

Abb. 1: Multikonditionalität der Entstehung von Abhängigkeit (FEUERLEIN, 2002, S. 19)

Das Sozialfeld unterscheidet sich hinsichtlich der Verfügbarkeit von Alkohol und der Toleranz gegenüber dem Gebrauch bzw. gegenüber dem Missbrauch. Häufungen von Alkoholproblemen in verschiedenen Berufszweigen sind bekannt: Gefährdet sind vor allem Personen mit niedrigem Qualifikationsniveau, umgekehrt aber auch solche mit einem hohen Maß an Selbstkontrolle und Verhaltensautonomie (z. B. Selbstständige ohne feste Arbeitszeit oder Außendienstmitarbeiter). Psychische Belastungen und geringer Handlungsspielraum wirken sich gleichfalls fördernd auf den Alkoholkonsum aus. Es sei jedoch darauf hingewiesen, dass bisher nicht zu klären ist, ob bestimmte Berufe zu erhöhtem Alkoholmissbrauch beitragen oder sich hier Personen mit entsprechenden Neigungen ansammeln.

Neben den Besonderheiten der Droge und des sozialen Umfeldes, der Gelegenheit zu trinken, also der „Griffnähe", sind die Eigenschaften der betroffenen Personen von besonderem Interesse: Zwar ist eine direkte Vererbung des Alkoholismus (…) weder erwiesen noch wahrscheinlich (FEUERLEIN, 2002), jedoch treten – auch bei kontrollierten Adoptionsstudien – Alkoholiker gehäuft in bestimmten Familien auf, man spricht vom „Familienbild". Es gibt empirische Hinweise dafür, dass diese „high-risk"-Gruppe bei objektiv gleichen Auswirkungen von Alkohol subjektiv weniger Folgen wahrnimmt (POLLOCK et al., 1986), was zu einem größeren Konsum führen könnte. Eine spezifische „Suchtpersönlichkeit", wie sie häufig angenommen wird, konnte durch die empirische Forschung aber nicht belegt werden.

Die subjektiv erlebten Folgen des Alkoholkonsums sind zunächst sehr positiv besetzt: Spannung, Angst und Sorgen werden reduziert, die Stimmung wird durch die Beseitigung von störenden Hemmungen verbessert, Gefühle der Stärke werden gefördert, man fühlt sich überlegen und selbstsicher. Problematisch wird es, wenn gelegentliches „Erleichterungstrinken" zunehmend zu einer *universellen Lebensbewältigungsstrategie* wird und als fehlangepasste Maßnahme des „Mehr desselben" für immer mehr Situationen und Gelegenheiten Verwendung findet. Je häufiger Alkohol getrunken wird, umso größer ist die Wahrscheinlichkeit der Toleranzerhöhung, der Entzugserscheinungen und der schleichenden Entstehung der Abhängigkeit. Die Versuchung ist groß, den täglichen Ärger mit einigen Gläsern Alkohol „hinunterzuspülen", doch gerade diese Gläser können die weiteren Probleme bringen. Denn mit der Zeit wird das Trinken immer unabhängiger von einzelnen auslösenden, äußeren oder inneren Ereignissen. Das Verhalten verselbstständigt sich. Z. B. haben Alkoholiker keine geringere Toleranz als andere Menschen gegen Stress, sondern sie trinken auf Grund ihrer Lerngeschichte in stressreichen Situationen Alkohol.

3.3 Phasen des Verlaufs

JELLINEK (1972) hat basierend auf seinen Beobachtungen bei vor allem männlichen Alkoholikern und der Analyse von etwa 2000 Fallstudien folgenden prototypischen Verlauf herausgearbeitet, dessen Kenntnis auch für den „Laien" wichtig ist, um Problemtrinker identifizieren zu können:

– Am Anfang steht die so genannte *präalkoholische Phase*. Hier handelt es sich um das oben beschriebene Erleichterungstrinken, Alkohol wird also instrumentell gebraucht. Allmähliche Toleranzerhöhung und leichte Entzugserscheinungen (z. B. Zittern, Schweißausbrüche) lassen sich bereits in dieser Phase feststellen, die in der Regel mehrere Monate bis Jahre dauert.

- Bei fortgesetztem Alkoholkonsum schließt sich die *prodromale* Phase an, das Vorstadium zur eigentlichen Alkoholkrankheit. Die Trinkart hat sich verändert, insbesondere die ersten Gläser werden schnell „hinuntergekippt". Obwohl meist kein deutlicher Rausch vorliegt, kann es bereits in dieser frühen Phase zu Erinnerungslücken kommen, außerdem hat Alkohol eine große Bedeutung für den Menschen gewonnen, man denkt ständig an ihn. Diese Veränderungen beobachtet das Individuum an sich selbst, entwickelt Schuldgefühle, die durch weiteres Trinken kompensiert werden. Der Betroffene versucht deshalb, möglichst wenig aufzufallen, heimlich zu trinken und Gespräche über Alkoholmissbrauch zu vermeiden.
  Von der Umgebung werden diese Veränderungen häufig nicht registriert. Hier muss die Sensibilität geschärft werden, um bereits gefährdeten Personen zu helfen und nicht erst den kranken, die sich und ihre Bezugspersonen geschädigt haben.
- Denn wird hier nicht eingegriffen, so kann die Schwelle zur *kritischen Phase* überschritten werden. Hier ist das deutliche Symptom der Kontrollverlust (s. 3.1). Nun fallen Alkoholiker durch häufige Räusche, Bewusstseinstrübungen und Persönlichkeitsveränderungen wie aggressives Verhalten, Selbstmitleid, Ausreden etc. auf. Sie belasten ihre sozialen Beziehungen immer mehr und isolieren sich zunehmend. Alkoholiker interessieren sich nicht nur immer weniger für ihre Mitmenschen, sie vernachlässigen auch sich selbst und verlieren zusehends ihre Selbstachtung, können die Abhängigkeit aber nicht aus eigener Kraft beenden. Gleichzeitig kommt es zu organischen Schädigungen und auch zu einer Toleranzabnahme, d.h. man kann nicht mehr so viel trinken wie früher, da die durch chronischen Missbrauch geschädigte Leber allmählich ihre Leistungsfähigkeit verliert. Zu diesem Zeitpunkt kann die Krankheit in der Regel nur noch durch vollkommene Abstinenz unter Kontrolle gebracht werden.
- Alkoholiker, die sich in der letzten Phase, der *chronischen,* befinden, dürften im Unternehmen kaum anzutreffen sein, da sie bereits vorher zu deutlich aufgefallen sind. Diese Personen trinken schon morgens regelmäßig und haben bei fehlender Alkoholzufuhr starke Entzugserscheinungen. Auf Grund des jahrelangen Missbrauchs kommt es zu physischen und psychischen Störungen sowie einem deutlichen Persönlichkeitsabbau. Diese Phase endet in der Regel mit einem totalen körperlichen, seelischen und sozialen Zusammenbruch.

Es sei darauf hingewiesen, dass diese Phasen nicht in jedem Fall komplett und in der beschriebenen Reihenfolge durchlaufen werden müssen, sie stellen besonders typische Merkmale dar. Auch muss der Prozess nicht immer bis zur letzten Phase fortschreiten. Bei Frauen scheint der Ablauf deutlich verkürzt zu sein.

3.4 Langfristige Folgen von Alkoholmissbrauch

Nach jahre-, unter Umständen jahrzehntelangem Alkoholmissbrauch kommt es neben sozialen und wirtschaftlichen Schädigungen vermehrt zu organischen Erkrankungen. Als wichtigste sind hier die Leberzirrhose, Fettleber, Hirn- und Magenschädigungen, Herz- und Gefäßerkrankungen zu nennen. Darüber hinaus treten gehäuft alkoholbedingte Geisteskrankheiten und Selbstmorde auf.

4. Umgang mit Alkoholikern

4.1 Identifizierung

Alkoholismus entsteht nicht plötzlich, es handelt sich immer um eine längerfristige, mehrjährige Entwicklung, eine „Suchtkarriere". Je früher die Gefährdung erkannt wird, umso wirkungsvoller lässt sich gegensteuern.

Im Unternehmen gibt es neben den oben genannten Kriterien, die in den frühen Stadien nur bei genauer Beobachtung sichtbar werden, verschiedene Indizien. Allerdings handelt es sich dabei um unspezifische Hinweise, die nur als *Warnsignale,* aber nicht als Beweis gelten können, wobei die Beweisführung immer schwierig ist, da im Betrieb keine Zwangstests oder -untersuchungen zulässig sind.

Aufmerksam sollte der Vorgesetzte werden, wenn er bei einem Mitarbeiter Häufungen folgender Punkte feststellt:

− Nachlassen der Leistung oder starke Leistungsschwankungen;
− Vernachlässigung der Arbeit, Unzuverlässigkeit;
− Fehlzeiten, insbesondere unentschuldigtes Fernbleiben und rückwirkend genehmigte Urlaubstage;
− Unpünktlichkeit, Überziehen von Pausen;
− häufige Müdigkeit;
− Hände zittern;
− Konzentrationsmangel;
− Verlassen des Arbeitsplatzes;
− Trinken am Arbeitsplatz, heimliches Trinken;
− Ruf der Trinkfestigkeit;
− auffälliges Benehmen, z.B. Streitsucht, Stimmungsschwankungen;
− Krankheiten (2,5-mal häufiger als in der gesunden Vergleichsgruppe);
− Unfälle (3,5-mal häufiger als in der Vergleichsgruppe).

Wenn ein Arbeitgeber gegen einen Mitarbeiter wegen Verletzung des Alkoholverbots vorgeht, so muss er dies auf jeden Fall beweisen können. Entweder muss das Trinken beobachtet worden sein oder ein dringender Verdacht objektiv begründbar sein. Untersuchungen durch den Werksarzt und Alkoholtests können zur Entlastung angeboten werden, sie sind jedoch ohne das Einverständnis des Betroffenen nicht zulässig. Von einer mangelnden Einwilligung darf auch nicht auf Fehlverhalten geschlossen werden.

4.2 Reaktionsmöglichkeiten im Betrieb

Die zum Teil jahrzehntelang andauernde Abhängigkeit ist nur durch Deckung im Privat- und Kollegenkreis möglich. Alkoholexzesse werden bagatellisiert, der Gefährdete wird gegenüber Vorgesetzten in Schutz genommen. Der Ruf der Trinkfestigkeit ist bekannt, häufig ist selbst die Abhängigkeit ein offenes Geheimnis. In diesem Fall werden die Bezugspersonen des Kranken zu „Co-Alkoholikern" (s. Abbildung 2). Durch die Abschirmung des Alkoholikers gegen die unangenehmen Folgen seines Verhaltens (z.B. Vertuschen von Fehlern) ermöglichen sie ihm, seinen Lebensstil fortzuführen, verlängern so aber den Leidensweg. Von Alkoholikern wird dies gezielt benutzt,

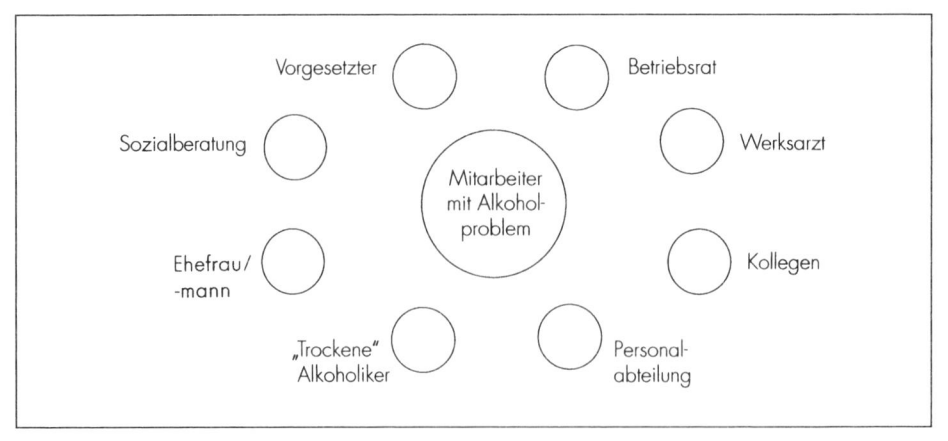

Abb. 2: Soziales Umfeld als Co-Alkoholiker

sowohl Ehepartner als auch Arbeitskollegen, Vorgesetzte und Betriebsarzt versuchen zu helfen, lassen sich dabei aber mit Versprechungen vertrösten.

Häufig werden der Alkoholkonsum und die Fehlleistung des betroffenen Mitarbeiters zunächst entschuldigt und von den Kollegen durch gesteigerten Arbeitseinsatz überspielt. Wenn sich das Trinkverhalten weiter verschlechtert, versuchen die Bezugspersonen nun, den Betroffenen zu kontrollieren; diese Phase endet in der Regel mit großen Enttäuschungen. Das Verhalten schlägt dann oft um und geht nahtlos in eine Anklagephase über, man möchte den Mitarbeiter so schnell wie möglich loswerden. Insbesondere, wenn die Leistung so weit absinkt, dass Aufgaben zunehmend von Arbeitskollegen übernommen werden müssen, schlägt die anfängliche „Hilfsbereitschaft" der Umgebung schnell in eine negative Haltung um. Dies wird durch die völlige Uneinsichtigkeit des Kranken – ein typisches Verhaltensmuster – noch weiter verstärkt.

Spätestens im dritten Stadium, der so genannten kritischen Phase, fallen die Betroffenen durch ihre massiven Probleme auf. In dieser Situation nützen weder Ermahnungen noch Vorwürfe, denn sie werden der Situation des Alkoholikers nicht gerecht. Obwohl dieser durchaus von Selbstvorwürfen geplagt ist, ist er nicht mehr im Stande, sein Verhalten aus eigener Kraft grundlegend zu ändern. Deshalb reagiert er mit Ausreden und einer ausgeprägten Verleugnung und Verharmlosung des Problems. Lediglich äußere Umstände werden verantwortlich gemacht, eine Problemeinsicht ist in der Regel nicht vorhanden. Erst wenn die negativen Konsequenzen des fortgeführten Trinkens schwerer wiegen als die durch Alkohol erreichte Entlastung, die Angst vor Entzugserscheinungen und einem Leben ohne Alkohol, ist eine Veränderungsbereitschaft zu erwarten. Dabei sollten die Betroffenen mit den anstehenden Schwierigkeiten konfrontiert werden, um einen konstruktiven Druck zu erzeugen.

Bei einem begründeten Verdacht ist ein offenes Gespräch sinnvoll, das zunächst Aufgabe des Vorgesetzten ist. Das Problem sollte dabei aufgedeckt und mit konkreten Beobachtungen unterlegt werden. Ein Ausweichen, das lieber über den Kranken Sprechen als mit ihm, verlängert nur die Abhängigkeit. Wichtig ist es, bei einem solchen Gespräch sachlich zu bleiben und keine Vorwürfe zu machen. Die Führungskraft sollte beobachtete Veränderungen im Arbeits- und Sozialverhalten beschreibend ansprechen und diese zum Thema machen, nicht dagegen über Alkoholismus oder zulässige Alkoholmengen diskutieren. Das Interesse an der weiteren Zusammenarbeit ist darzustellen. Jedoch sollten die Konsequenzen eines weiteren Alkoholkonsums, letztlich die Infragestellung des Arbeitsverhältnisses, das dem Kranken meist sehr viel bedeutet, klar gemacht werden. (vgl. Landschaftsverband Westfalen-Lippe, 2000).

Gute Erfahrungen wurden damit gemacht, sich nicht auf (leere) Versprechungen einzulassen, sondern für weiteres Fehlverhalten (z. B. Trinken in oder vor der Arbeitszeit) Konsequenzen in einem „Vertrag" niederzulegen. Dies sieht meist so aus, dass in diesem Fall ärztliche Hilfe aufgesucht wird, denn die Aufgabe des Vorgesetzten kann nur in einer Konfrontation und Entwicklung der Behandlungsbereitschaft bestehen. Ziel aller Gespräche sollte die Vermittlung an qualifizierte Beratungsstellen und/oder Selbsthilfegruppen sein. Tatsächlich geholfen werden kann aber erst, wenn der Betroffene selbst bereit ist, Hilfe anzunehmen. Jedoch können nicht Fachleute, sondern nur die unmittelbare Umgebung zur Behandlung motivieren und die ersten entscheidenden Hilfsangebote machen; das soziale Umfeld hat deshalb Einfluss auf die Länge der Krankheit. Im Unternehmen sollte es Ansprechpartner geben, bei denen sich Vorgesetzte, Kollegen und Angehörige über diese Krankheit informieren können (vgl. dazu LENFERS, 1988).

Als grundlegende Fehler im Umgang mit Problemtrinkern nennt ZIEGLER (1989):

– ein klärendes Gespräch wird aufgeschoben;
– findet das Gespräch statt, so wird es nicht ausreichend vorbereitet; es werden keine Abmachungen getroffen;
– Versprechungen des Mitarbeiters werden nicht ausreichend kontrolliert.

Zur Vorbereitung und Durchführung eines Mitarbeitergespräches wird der Führungskraft insbesondere empfohlen (vgl. LENFERS, 1993):

– zunächst eine Vertrauensbasis zu schaffen;
– unverzüglich und schnell zu handeln, da der Betroffene zur Gefahr für sich selbst und das Unternehmen werden kann;
– abfällige Bemerkungen und Ursachenforschung (führt in diesem Stadium zu nichts) zu vermeiden sowie sich nicht auf eine Diskussion über Trinkmengen einzulassen;
– als Aufhänger und Ansatzpunkt die verminderte Arbeitsleistung zu nehmen;
– die Konsequenzen unmissverständlich klar zu machen, allerdings nur solche Maßnahmen anzudrohen, die auch realisiert werden können;
– eindeutige Vereinbarungen zu treffen und Hilfe anzubieten;
– das Gespräch zu dokumentieren.

Betont werden muss im Gespräch, dass das Arbeitsverhältnis in Gefahr ist, wenn sich die Arbeitsleistung nicht bessert. Jedoch sollte die Entfernung vom Arbeitsplatz die letzte Maßnahme sein, die erst ergriffen wird, wenn der Problemmitarbeiter nicht bereit ist, qualifizierte Hilfsangebote anzunehmen. Helfen statt kündigen sollte die Devise sein.

4.3 Rückkehr des „trockenen Alkoholikers"

Stationäre Therapien, zu denen insbesondere Personen mit mehrjähriger Abhängigkeit zu raten ist, dauern zwischen ein und sechs Monaten. Genauso wichtig wie der Entzug und der Aufbau eines neuen Verhaltensrepertoires (ohne Alkohol) in der Therapie ist die Nachsorge, die Betreuung nach der Rückkehr. Bewährt hat sich die gegenseitige Unterstützung in Selbsthilfegruppen wie den Anonymen Alkoholikern, da die totale Abstinenz, die nun gefordert ist, in einer Gesellschaft, die Alkohol häufig als „soziales Schmiermittel" benutzt, schwer durchzuhalten ist.

Aus betrieblicher Sicht sollte überlegt werden, ob der Mitarbeiter an den alten Arbeitsplatz zurückkehren kann oder aber besser umgesetzt werden sollte. Letzteres empfiehlt sich, wenn die Beziehung zu Kollegen durch die Vorgeschichte belastet ist und alle früheren Bezugspersonen über die Abhängigkeit informiert sind. Wichtig ist es, dem Mitarbeiter dabei zu helfen, die Alkoholabstinenz aufrechtzuerhalten, ihn z.B. bei Feiern nicht unter Druck zu setzen, Alkohol zu sich zu nehmen. Jedoch sollte man versuchen, dem Mitarbeiter wieder Vertrauen entgegenzubringen, ständige Kontrollen und Nachfragen wirken sich nur negativ auf sein Selbstwertgefühl aus.

Rückfälle treten häufig auf – ca. 50 % aller stationär behandelten Alkoholiker werden im Verlauf von 4 Jahren mindestens einmal rückfällig (FEUERLEIN, 2002). Dies heißt aber nicht, dass es unweigerlich wieder zu einem vollständigen Abrutschen kommen muss. Z.T. handelt es sich um kürzere, überschaubare Phasen. Statt Schuldvorwürfe zu machen, sollte der Betreffende zu neuer Abstinenz ermutigt werden.

5. Rahmenbedingungen im Unternehmen

Im Unternehmen sollten zur *Prävention* Maßnahmen getroffen werden, um alkoholbedingte Schäden zu vermeiden und um Missbrauch vorzubeugen. Ein generelles Ziel sollte in der Senkung des Gesamtkonsums von Alkohol und in einer Einstellungsänderung gegenüber diesem Getränk liegen.

In vielen Unternehmen gibt es ein absolutes Alkoholverbot, um glaubwürdig zu bleiben, dürfen einzelne Abteilungen nicht davon ausgenommen werden. Vorsorglich muss auch verboten werden, alkoholische Getränke mit in den Betrieb zu bringen (vgl. LENFERS, 1988). Dies können jedoch nur flankierende Maßnahmen sein. Alkoholprobleme lassen sich nicht allein mit Verboten aus der Welt schaffen, doch die „Griffnähe" von Alkohol zu reduzieren, ist ein erster Schritt zur Vorbeugung. Zumindest kann durch eine Betriebsvereinbarung der Umgang mit Alkohol klar geregelt sein.

Eine Einstellungsänderung bei allen Mitarbeitern ist dahingehend nötig, dass ein Problembewusstsein geschaffen wird und – konkret gesprochen – z.B. Feiern auch ohne Alkohol möglich werden. In vielen Unternehmen ist man bereits dazu übergegangen, bei geschäftlichen Verhandlungen alkoholische Getränke nur noch für die Gäste auf deren ausdrücklichen Wunsch auszuschenken. Auf die Vorbildfunktion der Vorgesetzten ist dabei besonders hinzuweisen. Andere Unternehmen veröffentlichen in der Werkszeitschrift Interviews mit trockenen Alkoholikern und deren Angehörigen, was große Betroffenheit bei den anderen Mitarbeitern auslöst.

Wichtig ist die Früherkennung gefährdeter Mitarbeiter, die wegen der starken Auswirkungen (s.o.) immer mehr zu einem wesentlichen Bestandteil betrieblicher Sozialpolitik wird. Voraussetzung für eine Früherkennung eines Problem-Trinkers ist, dass die Mitarbeiter über die Gefahren von Alkoholmissbrauch informiert und sowohl über Alkoholabhängigkeit als auch über die Notwendigkeit ihrer Behandlung aufgeklärt sind.

Gleichzeitig muss allen Mitarbeitern klar sein, dass ein Zudecken, ein Verdrängen des Problems niemandem nutzt und Helfen in diesem Zusammenhang nicht mit Denunzieren gleichgesetzt werden kann. Innerbetrieblich installierte Anlauf- und Kontaktstellen, z. B. früher selbst Abhängige, erleichtern es den Betroffenen, nach Hilfe für ihre Probleme zu suchen.

6. Abhängigkeit im Managementbereich

Ein weitgehend tabuisiertes Thema ist die Abhängigkeit im Managementbereich. Davon betroffen sind meist 45- bis 55-jährige Männer, die sich nach jahrelangem Engagement für das Unternehmen an der Grenze ihrer Leistungsfähigkeit sehen. Der ständigen Überbeanspruchung, dem Stress, der Anspannung, der Verantwortung, aber auch den erlebten Frustrationen sind nicht alle gewachsen (vgl. LENFERS, 1988). Manchmal gilt „Trinkfestigkeit" gar als Führungskriterium, Bier während geschäftlicher Besprechungen, „härtere" Getränke am Abend und Champagner zum Geschäftsabschluss gehören zum Unternehmensbrauch. Gleichzeitig kann sich ein Manager oft besser tarnen als ein Mitarbeiter in der Produktion: Im Büro kann er sich von der Sekretärin abschirmen lassen, verstärkt Termine mit Trinkgelegenheit aufsuchen – und welcher Mitarbeiter legt sich schon mit einem abhängigen Vorgesetzten an? Manager werden deshalb auch als besonders gefährdete Berufsgruppe bezeichnet. Wie hilft man dem trinkenden Chef? Auch hier ist wieder der Vorgesetzte gefordert. Er muss spätestens dann eingreifen, wenn Leistungseinbußen und negative Verhaltensänderungen zu Tage treten, durch die sich die Führungskraft zunehmend selbst isoliert (vgl. ZIEGLER, 1989).

Um die eigene Alkoholgefährdung abschätzen zu können, wurde vom Max-Planck-Institut für Psychiatrie ein Kurzfragebogen zum Selbsttest (FEUERLEIN u. a., 1989; s. www.testzentrale.de) entwickelt. Dieser enthält Fragen wie:

– Leiden Sie in letzter Zeit häufiger an Zittern der Hände?
– Haben Sie in Zeiten erhöhten Alkoholkonsums weniger gegessen?
– Fühlen Sie sich ohne Alkohol gespannt und unruhig?

Generell empfiehlt es sich, die folgenden Verhaltensregeln zu beherzigen:

– Alkohol sollte nicht schon tagsüber und niemals auf nüchternen Magen getrunken

werden.

– Alkoholische Getränke sollten nicht als Durstlöscher benutzt werden.
– Auf hochprozentige Getränke sollte man ganz verzichten.
– Man sollte sich und anderen klar machen, dass Alkohol kein bloßes Getränk, sondern potenzielles Suchtmittel ist.
– Um im Unternehmen eine Alkoholabstinenz zu erreichen, sollte das Management Vorbild sein und – auch bei Besprechungen – ganz auf Alkohol verzichten.

Literatur

Deutsche Hauptstelle gegen die Suchtgefahren (Hrsg). (2001). Jahrbuch Sucht 2002. Hamm 2001.

Feuerlein, W. (2002). Alkoholismus. Warnsignale, Vorbeugung, Therapie. 4. Auflage. München 2002.

Feuerlein, W., Küfner, H., Ringer, Ch. & Antons, K. (1989). Kurzfragebogen für Alkoholgefährdete KfA. Weinheim 1989.

Hefel, M. (2001). Alkohol & Co am Arbeitsplatz. Herausforderung für Führungskräfte. Landsberg 2001.

Jellinek, E. M. (1972). The disease concept of alcoholism. New Haven 1972.

Landschaftsverband Westfalen-Lippe (2000). Sucht, Alkohol am Arbeitsplatz – den ersten Schritt wagen: Gespräch führen. 4. Auflage. Münster 2000.

Landesverband der Betriebskrankenkassen Nordrhein-Westfalen (Hrsg.). (1988). Alkohol und Betrieb. Essen 1988.

Lenfers, H. (1988). Das ungebremste Risiko. Alkohol und Mitarbeiter. Eine Praxishilfe für Vorgesetzte. Frankfurt/M. 1988.

Lenfers, H. (1993). Alkohol am Arbeitsplatz. Entscheidungshilfen für Führungskräfte. Neuwied u. a. 1993.

Pollock, V. E., Teasdale, T. W., Gabrielli, W. F. & Knop, M. D. (1986). Subjective and objective measures of response to alcohol among young men at risk for alcoholism. In: Journal of studies on alcohol, 47, 1986, S. 297–303.

Ziegler, H. (1989). Suchtfragen am Arbeitsplatz – Prophylaxe als Führungsaufgabe. In: Personalführung, 7, 1989, S. 739.

Zur Konkretisierung und weiteren Vertiefung wird empfohlen, im Fallstudienband die Fälle zu „Alkohol im Betrieb" zu bearbeiten.

Wolfgang Böhm

Arbeitsrecht für Vorgesetzte

1. Arbeitsrecht als Führungswissen?
2. Rechtskenntnisse als Vorrats- und Katastrophenwissen
3. Systematik des Kündigungsschutzrechtes
4. Verhaltensbedingte Kündigung und Abmahnung
5. Krankheit als Kündigungsgrund
6. Kündigung wegen Leistungsschwäche

1. Arbeitsrecht als Führungswissen?

„Arbeitsrecht ist nichts für die Führung – dafür haben wir unsere Rechtsabteilung", hört man oft von Führungskräften. Und das ist im Ansatz sicherlich richtig. Denn Führungsprobleme werden nicht durch Paragraphenreiterei oder Interpretationskünste gelöst, sondern eher durch Vorbild, Kommunikation und Motivation (vgl. die vorausgehenden Beiträge). Geht es dagegen um die Technik der Vertragsgestaltung, z. B. um die präzise Formulierung eines Wettbewerbsverbots oder einer Versorgungszusage oder gar um eine gerichtliche Auseinandersetzung mit einem Mitarbeiter, ist die Sache bei der Rechtsabteilung sicherlich in besseren Händen.

Dennoch gibt es zwei Felder, bei denen ein Minimum an Arbeitsrechtskenntnissen für jeden Vorgesetzten unverzichtbar ist: nämlich beim Umgang mit dem einzelnen Mitarbeiter und dem Betriebsrat im *Vorfeld* juristischer Auseinandersetzungen.

Denn in beiden Fällen gilt: Werden hier sozusagen die Weichen juristisch falsch gestellt, kann auch eine noch so kompetente Rechtsabteilung nichts mehr retten. Der Fall ist fast immer schon entschieden, bevor die Rechtsabteilung sich damit befasst.

Hier geht es um jene Fälle, in denen dem bislang so geduldigen Vorgesetzten endlich doch der berühmte Kragen platzt. Statt Hilfe erfährt er von der Personal- und Rechtsabteilung, was *er* alles falsch gemacht hat und dass man ihm so leider nicht helfen könne.

Man kann den Frust des Vorgesetzten, „von denen wieder einmal im Stich gelassen worden zu sein", gut nachempfinden. Bevor jedoch falsche Feindbilder aufgebaut werden, sollte man sich klar machen: Eine professionell arbeitende Personal- bzw. Rechtsabteilung kann gar nicht anders handeln. Mit Fällen, die nicht zu gewinnen sind, geht man nicht vor Gericht. Und was nicht *vor* Abgang der Kündigung nachweislich und beweiskräftig Inhalt der Personalakte war, kann man bei einer gerichtlichen Auseinandersetzung getrost vergessen. Arbeitsrechtliche Konflikte werden zwar vom Gericht entschieden – inhaltlich ist aber der Fall immer schon entschieden durch die Professionalität der Personalaktenführung. Und auch hier ist wieder zu unterscheiden: Für alle Fragen der Technik ist selbstverständlich die personalaktenführende Stelle zuständig, und das ist meist die Personalabteilung. Aber die Frage, was überhaupt zu den Personalakten genommen wird, darüber entscheidet in erster Linie der Vorgesetzte. Er stellt die Weichen, *ob* etwas geschieht – die Personalabteilung sorgt dafür, dass es professionell dokumentiert wird.

Um keine Missverständnisse aufkommen zu lassen, sei nochmals betont: Erfolgreiche Mitarbeiterführung ist keine Frage juristischer Besserwisserei. Aber wenn die juristische Auseinandersetzung unvermeidlich wird, hat wie immer im Rechtsleben derjenige die besseren Erfolgsaussichten, der diese Möglichkeit mitbedacht und entsprechende Vorkehrungen getroffen hat. Für die Mitarbeiterführung bedeutet das ganz konkret: Motivation wird nicht durch Androhung juristischer Konsequenzen und aufgeblähte Personalakten erzeugt – so wenig wie durch einen Eintrag in das Klassenbuch Disziplin und Lerneifer der Schüler gefördert werden. Wer Menschen motivieren will, muss sie überzeugen.

Aber: Angesichts der totalen Verrechtlichung der Arbeitsbeziehungen in unserem Lande zählt bei einer Auseinandersetzung am Ende nur, was mit Hilfe der Personalakte auch bewiesen werden kann; der Hinweis auf all die gut gemeinten Mitarbeitergespräche, die – im Sinne von Motivation mit gutem Grunde – nicht dokumentiert worden sind, werden vom Arbeitsrichter mit einer Handbewegung vom Tisch gewischt. Die Kunst der Mitarbeiterführung in guten und in schlechten Tagen besteht also darin, das eine – Motivation – zu tun, ohne das andere – Dokumentation – zu lassen. Die Schwierigkeit für den Betriebspraktiker ist der darin angelegte Widerspruch. Denn ein gutes Gespräch setzt Vertrauen voraus. Alles und jedes gleich schriftlich festzuhalten, ist hingegen Manifestation des Misstrauens. Aber eben darauf käme es bei einer gerichtlichen Auseinandersetzung an.

Also hat der Vorgesetzte immer eine gute Chance, nachher darüber belehrt zu werden, dass man so Personalprobleme gerade nicht lösen könne: Setzt er bis zuletzt auf die „Motivationskarte" und damit auf vertrauensvolle Gespräche, wird ihm spätestens die Rechtsabteilung vorhalten, dass er besser etwas für die Personalakte hätte tun sollen, die sei nämlich jungfräulich rein und gebe deshalb juristisch nichts her. Macht der geplagte Vorgesetzte über alles Meldung, kommt er rasch in den Geruch des praxisfremden Bürokraten, der sich einbilde, dass Führungsprobleme durch Beschreiben von Papier gelöst würden. Dennoch ist die Entscheidung unvermeidlich: bis hierher Kommunikation und Motivation – von jetzt an Abmahnung und Dokumentation.

Obwohl die beweiskräftige Dokumentation von Kritik- und Abmahnungsgesprächen ausschlaggebend für eine erfolgreiche gerichtliche Auseinandersetzung ist, ist ihr wichtigster Zweck die Prozessvermeidung. Natürlich will jeder, wenn der Prozess schon nicht zu vermeiden ist, diesen gewinnen. Noch besser freilich ist, es kommt gar nicht erst zum Prozess. Denn selbst der nach zwei oder drei Instanzen gewonnene Kündigungsschutzprozess ist per Saldo für den Arbeitgeber ein ziemlich schlechtes Geschäft. Deshalb hat Prozessverhütung (sprich: Vertragsänderung oder Trennung im gegenseitigen Einvernehmen) in der Praxis mit Recht einen so hohen Stellenwert. Aber auch dabei hilft eine gut geführte Personalakte: Erkennt der Betriebsrat oder der Mitarbeiter bzw. sein Rechtsvertreter, dass die Personalakte geradezu bilderbuchmäßig geführt worden ist, so dass eine Klage wenig oder gar nicht Erfolg versprechend erscheint, so wird man sich in aller Regel zu akzeptablen Bedingungen einigen können. Hat man hingegen aus Menschenfreundlichkeit oder Rechtsunkenntnis allein auf das Gespräch und die Qualität der Argumente gesetzt und nichts für die Personalakte getan, so hat nunmehr der Mitarbeiter alle Trümpfe in der Hand. Er bestimmt die Konditionen, und das heißt praktisch: die Höhe der Abfindung. Denn man kann seiner Forderung nur nachgeben oder zurückstecken. Eine Kündigung ist sinnlos. Ohne entsprechenden Personalaktenvorlauf gewinnt der Kläger seinen Kündigungsschutzprozess und bekommt überdies „im Namen des Volkes" bescheinigt, dass er völlig im Recht ist.

2. Rechtskenntnisse als Vorrats- und Katastrophenwissen

Ein wesentliches Ziel gerichtsfester Personalaktenführung ist also gerade zu verhindern, dass es überhaupt zu einer gerichtlichen Auseinandersetzung kommt. Das klingt paradox. Aber die Devise, gerichtliche Auseinandersetzungen tunlichst zu vermeiden, ist kein Grund, schlampige Personalakten zu führen. Im Gegenteil: Aussagekräftige und gerichtsfeste Personalakten sind die beste Prozessprophylaxe! Allerdings bedeutet das nicht, im Zweifel statt „idP" (in den Papierkorb) „zdPA" (zu den Personalakten) zu verfügen. Hier erlebt man als Gutachter zuweilen geradezu Kabarettreifes: Ein Urlaubsgruß aus der Karibik wird zu den Personalakten genommen – irgendeine Dokumentation über die angeblich unzähligen Kritikgespräche mit dem Mitarbeiter sucht man hingegen vergebens, und wenn, dann handelt es sich um juristisch irrelevante einseitige Aktennotizen.

Die Devise muss deshalb lauten: Personalakten sollen so „dünn" wie möglich sein; denn Bürokratie kostet nicht nur Zeit und Geld, sie zählt auch nicht gerade als Motivator. Andererseits müssen Personalakten so „dick" wie nötig sein; denn der Kündigungsschutzprozess ist in Wahrheit zum „Urkundenprozess" geworden. (Die nach § 128 ZPO vorgeschriebene mündliche Verhandlung besteht oft genug aus dem Stellen der Anträge – was unter Bezugnahme auf die Schriftsätze geschieht! – und dem geradezu orientalischen Feilschen um eine vergleichsweise Erledigung.) Die Gerichte gehen davon aus, dass zumindest mittlere und große Unternehmen über einen entsprechenden Apparat und geschultes Personal verfügen, und erwarten daher, dass relevante und beweiskräftige Unterlagen vorgelegt werden. Damit dem entsprochen werden kann, muss bereits der Vorgesetzte bei einem sich anbahnenden Personalkonflikt eine klare Vorstellung davon haben, worauf es juristisch ankommt.

3. Systematik des Kündigungsschutzrechtes

Kündigungsrechtlich kommt es allein auf die *gesetzlichen* Kündigungsgründe an – und das ist häufig etwas ganz anderes als das, was den Vorgesetzten menschlich empört. So kann nach § 626 Abs. 1 BGB fristlos nur aus wichtigem Grund gekündigt werden. Dabei muss man freilich wissen, dass nach der Rechtsprechung des Bundesarbeitsgerichts (BAG) kleinere Diebstähle und Veruntreuungen als durchaus verzeihlich angesehen werden, zumal nach langjähriger Betriebszugehörigkeit (BAG v. 20. 9. 1984, DB 1985 S. 655 = NZA 1986 S. 286) – sozusagen als unkonventionelle Form der Vermögensbildung in Arbeitnehmerhand – oder bei drückenden Unterhaltspflichten (BAG v. 2. 3. 1989, DB 1989 S. 1679 = NZA 1989 S. 755) – sozusagen als Solidaritätsopfer zur Aufzucht künftiger Beitragszahler in der Rentenversicherung. Typischerweise besteht der „wichtige Grund" des § 626 Abs. 1 BGB in einem einmaligen groben Vertrauensbruch. (Zuspätkommen bis zu 1,5 Stunden an 104 Tagen im Laufe von 12 Monaten ist trotz Abmahnung kein wichtiger Grund, solange es deshalb nicht zu Produktionsausfällen kommt: BAG v. 17. 3. 1988, DB 1989 S. 329 = NZA 1989 S. 261.) Ein längerer Aktenvorlauf insbesondere mit Abmahnungen – ist deshalb hier nur selten erforderlich. Umso wichtiger ist es deshalb für den Vorgesetzten, dass hier der sofortigen *Beweissicherung* entscheidende Bedeutung zukommt (vgl. dazu Kapitel 4.3).

Während die Wirksamkeit einer fristlosen Kündigung stets davon abhängt, dass ein wichtiger Grund im Sinne des Gesetzes vorliegt, kommt es bei einer *ordentlichen Kündigung* (unter Einhaltung der Kündigungsfrist) in den ersten sechs Monaten des Arbeitsverhältnisses auf die Gründe für die Kündigung grundsätzlich nicht an (§ 1 KSchG = Kündigungsschutzgesetz). Umso wichtiger ist es, in dieser Zeit genauestens zu prüfen, ob der/die Neueingestellte tatsächlich die Erwartungen erfüllt. Zweckmäßigerweise organisiert man deshalb bei jeder Neueinstellung die Wiedervorlage in fünf Monaten, um in Ruhe prüfen zu können, ob das Arbeitsverhältnis in den gesetzlichen Kündigungsschutz hineinwachsen soll oder ob die Einstellungsentscheidung sich als korrekturbedürftig erweist. In diesem Falle genügt es, wenn die Kündigung dem Arbeitnehmer in den ersten sechs Monaten des Arbeitsverhältnisses zugeht. Allerdings sollten Kündigungen nicht in den letzten Tagen der Sechs-Monats-Frist zugestellt werden. Der Mitarbeiter ist enttäuscht, und Enttäuschung ist der wichtigste Prozessmotivator. Man ist ohne Not dort, wo man nicht hinwollte und bei etwas mehr Fingerspitzengefühl auch nicht wäre: nämlich vor dem Arbeitsgericht. Eine Kündigung, die gegen die guten Sitten oder ein Gesetz wie z. B. das Diskriminierungsverbot des § 611 a BGB oder das Maßregelungsverbot des § 612 a BGB verstößt, ist selbstverständlich stets nichtig.

Exkurs: Die Erfahrung eines Juristen, der sich seit mehr als 30 Jahren ausschließlich mit Arbeitsrecht beschäftigt, zeigt, dass Arbeitnehmer nur selten auf ihr „Recht" im juristischen Sinne klagen; die meisten kennen die Einzelheiten des Arbeitsrechts so wenig wie ihre betrieblichen Gegenspieler. Ein Mitarbeiter klagt, wenn er sich ungerecht – und das heißt: schlecht – behandelt fühlt, während selbst einschneidende Personalmaßnahmen zumindest hingenommen werden, wenn der Mitarbeiter sich fair und anständig behandelt fühlt. So mancher Arbeitnehmer, der meinen arbeitsrechtlichen Rat suchte, weil er klagen wollte, konnte mir nicht sagen, worauf er klagen wolle. Das müsse ich schon entscheiden, schließlich sei ich ja der Fachmann. Er wisse nur, dass er sich „das" nicht gefallen lasse. Fazit: In der Praxis ist Fairness eine weitaus effizientere Prozessprophylaxe als der beckmesserische Ehrgeiz, juristisch alles 100%ig abzusichern (was sowieso nicht möglich ist).

Zurück zum Thema: Besteht das Arbeitsverhältnis länger als sechs Monate, so steht es nach § 1 KSchG unter gesetzlichem Kündigungsschutz. Das bedeutet: Es kann nur noch aus den *drei gesetzlichen Kündigungsgründen* vom Arbeitgeber einseitig beendet werden. Die drei Kündigungsgründe sind in der Reihenfolge des Gesetzes: Gründe, die in der Person oder in dem Verhalten des Arbeitnehmers liegen, oder dringende betriebliche Erfordernisse, die einer Weiterbeschäftigung des Arbeitnehmers in diesem Betrieb entgegenstehen.

Systematisch hat der letzte Grund, die so genannte *betriebsbedingte Kündigung,* mit den beiden anderen nichts zu tun. Nahezu alle betriebsbedingten Kündigungen sind Folge einer unternehmerischen Organisationsentscheidung, wie Betriebsstilllegung oder -verlagerung, Einführung neuer Techniken, Rationalisierung von Arbeitsabläufen usw. Dem Arbeitsgericht obliegt in diesen Fällen lediglich die Überprüfung, ob aus der getroffenen Unternehmerentscheidung tatsächlich die behauptete Stellenreduzierung folgt und ob bei der Auswahl der zu entlassenden Personen die gesetzlichen Vorgaben berücksichtigt worden sind (§ 1 Abs. 3 KSchG). Vorbereitung und Durchführung betriebsbedingter Kündigungen sind damit naturgemäß nicht Sache des jeweiligen Vorgesetzten, sondern der Unternehmensleitung bzw. Personalabteilung.

Der personen- und verhaltensbedingten Kündigung ist gemeinsam, dass beide ihre Ursachen in der persönlichen Sphäre des Arbeitnehmers haben. Erfüllt der Arbeitnehmer korrekt seine Pflichten aus dem Arbeitsvertrag, kann eine Kündigung nur wegen dringender betrieblicher Erfordernisse gerechtfertigt sein. Kommt es hingegen zu Vertragsstörungen, die ihre Wurzeln in der persönlichen Sphäre des Vertragspartners Arbeitnehmer haben, so ist zu unterscheiden: Sind die Vertragsstörungen *dem Arbeitnehmer* im Rechtssinne *zurechenbar,* könnte er sie bei gutem Willen vermeiden, dann handelt es sich um den Typus der *verhaltensbedingten Kündigung.*

Liegt die zwar in der persönlichen Sphäre des Arbeitnehmers begründete Vertragsstörung *außerhalb seiner Beeinflussungsmöglichkeit* – wie z. B. Krankheit oder schicksalhafter Leistungsverfall –, spricht man von einer *personenbedingten Kündigung.*

Diese Unterscheidung ist nun keineswegs juristische Begriffsspielerei. Vielmehr folgen aus der Art des Kündigungsgrundes wichtige praktische Konsequenzen für die Kündigungsvorbereitung. Die verhaltensbedingte Kündigung funktioniert nach dem Muster „das Maß ist voll". Das abgemahnte, aber nicht abgestellte Fehlverhalten in der *Vergangenheit* rechtfertigt die Auflösung des Arbeitsvertrages gegenüber dem illoyalen Mitarbeiter; er hat seinen Kündigungsschutz sozusagen in zurechenbarer Weise „verwirkt" (siehe Kapitel 4). Die personenbedingte Kündigung ist hingegen *zukunfts*orientiert. Nicht die Fehlzeiten oder Schlechtleistungen in der Vergangenheit sind der eigentliche Kündigungsgrund, sondern der vom Arbeitgeber zu führende Nachweis, dass die gestörte Austauschbeziehung zwischen Unternehmen und Mitarbeiter auch in Zukunft gestört bleiben wird, also irreparabel von einem gegenseitigen Vertrag zu einem einseitigen Versorgungsverhältnis zu denaturieren droht. Und genau hier liegen die spezifischen Probleme jeder personenbedingten Kündigung: nämlich heute beweisen zu müssen, was in Zukunft sein wird (siehe Kapitel 5).

4. Verhaltensbedingte Kündigung und Abmahnung

Bei den Vertragsstörungen, die dem Arbeitnehmer zurechenbar sind, unterscheidet die Rechtsprechung danach, ob die Störung im so genannten Leistungsbereich oder im Vertrauensbereich liegt. Denn bei massiven Störungen im Vertrauensbereich kann ausnahmsweise auch ohne vorangegangene Abmahnung gekündigt werden. Es wird sich dann allerdings meist nicht um eine ordentliche (fristgemäße) Kündigung im Sinne von § 1 KSchG, sondern regelmäßig um eine außerordentliche und damit auch fristlos mögliche Kündigung nach § 626 BGB handeln. In allen übrigen Fällen verhaltensbedingter Kündigung – also bei Störungen im Leistungsbereich und bei minder gravierenden Störungen im Vertrauensbereich – gilt der eiserne Grundsatz: *Keine Kündigung ohne vorangegangene Abmahnung!*

Das gilt auch bei der außerordentlichen (fristlosen) Kündigung, sofern die Störung im Arbeitsbereich liegt. Paradebeispiel ist hier die beharrliche Arbeitsverweigerung. Dabei folgt die Beharrlichkeit der Arbeitsverweigerung nicht etwa daraus, dass der Mitarbeiter z. B. regelmäßig zu spät kommt. Hier könnte sogar ein „Gewohnheitsrecht" entstanden sein, wenn nämlich der betreffende Arbeitnehmer sein Fehlverhalten unbeirrt, in aller Offenheit und – das ist entscheidend! – *ungerügt* fortsetzt. Dadurch erweckt der Arbeitgeber nämlich objektiv den Eindruck, die tatsächlich erbrachte Arbeitsleistung als vertragsgerecht akzeptieren zu wollen. Beharrlich im Rechtssinne ist eine Arbeitsverweigerung deshalb nur und erst dann, wenn sie trotz *Abmahnung* fortgesetzt wird.

> Ein kaufmännischer Angestellter bemüht sich um die Adoption eines Kindes. Am 21. 7. 1992 wird ihm mitgeteilt, dass die Adoption eines am 14. 7. 1992 geborenen Kindes möglich sei und die Adoptionspflege am 24. 7. 1992 aufgenommen werden müsse. Der Angestellte beantragt beim Arbeitgeber Erziehungsurlaub ab 24. 7. 1992 und erscheint von diesem Tage an nicht mehr zur Arbeit. Der Arbeitgeber kündigt am 29. 7. 1992 fristlos wegen Arbeitsverweigerung. ArbG und LAG machen seitenweise Ausführungen zur Einhaltung der Vier-Wochen-Ankündigungsfrist vor Antritt des Erziehungsurlaubs im Adoptionsfall.
>
> Das BAG hält die Sache aus einem einzigen Grund für entscheidungsreif: Das vom Arbeitgeber beanstandete Fehlverhalten liegt einzig und allein im Leistungsbereich. Deshalb wäre – sowohl für eine ordentliche wie auch für eine außerordentliche Kündigung – eine vorangegangene Abmahnung erforderlich gewesen. Da eine Abmahnung unstreitig nicht erfolgt war, ist das Arbeitsverhältnis durch die Kündigung – ob nun ordentlich oder außerordentlich – nicht beendet worden (BAG v. 17. 2. 1994, DB 1994 S. 1477 = NZA 1994 S. 656).

Wer sich mit Hilfe der Gesetze über die Abmahnung informieren will, wird vergeblich suchen. Der Begriff „Abmahnung" findet sich zwar im Gesetz zum Schutz der Beschäftigten vor sexueller Belästigung am Arbeitsplatz. Eine Legaldefinition sucht man hingegen vergeblich.. Die Abmahnung ist – wenn man so will – eine „Erfindung" der Rechtsprechung. Das bedeutet allerdings nicht, dass man sie deshalb weniger ernst nehmen dürfte als gesetzliche Kündigungsvoraussetzungen. Denn es ist eine der markanten Besonderheiten des deutschen Arbeitsrechts, dass hier Richterrecht eine gesetzvertretende und zuweilen sogar gesetzverdrängende Rolle spielt.

Darin begründet liegt aber auch eine besondere Schwierigkeit bei der Darstellung des Rechtes der Abmahnung. Denn das Bundesarbeitsgericht schreibt keine Lehrbücher oder Kommentare, sondern entscheidet nach dem Prinzip der Gewaltenteilung den konkreten Einzelfall. Wichtig für den Praktiker ist, dass das Wort Abmahnung lediglich ein terminus technicus ist. Es handelt sich sozusagen um einen Kunstbegriff, mit dem Fachleute sich darüber vergewissern können, dass sie über dieselbe Sache sprechen.

Daraus folgt zweierlei: Einerseits ist die Bezeichnung eines bestimmten Vorgehens als „Abmahnung" nicht erforderlich. Andererseits ist die Bezeichnung einer bestimmten Maßnahme als „Abmahnung" aber auch nicht ausreichend. Nötig ist vielmehr, dass die nach der Rechtsprechung erforderlichen Funktionen der Abmahnung erfüllt sind. Und diese Funktionen kann man charakterisieren als Rügefunktion, als Warnfunktion und als Beweisfunktion.

An dieser Stelle scheint noch eine weitere Klarstellung erforderlich. Eine Abmahnung in dem soeben dargestellten Sinne hat eine rein kündigungsrechtliche Bedeutung. Ein Arbeitgeber, der – aus welchen Gründen auch immer – nicht die Absicht hat zu kündigen, braucht auch keine den Anforderungen der Rechtsprechung genügende Abmahnung auszusprechen. Zugespitzt ließe sich sogar sagen: Wer keine Kündigungsabsicht hat, kann das tun, was er für zweckmäßig hält, ein weiches Motivations- oder ein hartes Kritikgespräch führen. Eine Abmahnung im hier darzustellenden juristischen Sinne ist weder erforderlich noch empfehlenswert. Denn nur wenige Mitarbeiter reagieren auf die Androhung juristischer Konsequenzen und der Dokumentation in den Personalakten mit einem Motivationsschub oder gar Höchstleistung. Drohungen und Einschüchterungsversuche haben erfahrungsgemäß eher Duckmäuserei oder Absentismus zur Folge nach dem Motto: „Wer arbeitet, kann Fehler machen. Lasst uns keine Fehler machen!" Wo hingegen eine leistungsbedingte Kündigung angestrebt wird, gibt es nach der Rechtsprechung zur Abmahnung keine Alternative!

4.1 Rügefunktion der Abmahnung

Aus der Rügefunktion muss zweierlei erkennbar werden: einmal, was überhaupt gerügt werden soll, und sodann, weshalb dies als nicht vertragsgerecht kritisiert wird.

Deshalb geht es zunächst einmal darum, klar und deutlich die Fakten darzustellen. Was ist wann und wo geschehen? Deshalb lautet der erste Satz einer Abmahnung stereotyp und der Struktur nach geradezu austauschbar: „Sie haben ... (da und da) ... (dann und dann)... (das und das) gemacht." Starke Worte, rechtliche Bewertungen oder gar kränkende Unwerturteile über die Person des Mitarbeiters sind hier nicht nur überflüssig, sondern auch dysfunktional. Juristisch geht es nämlich bei der Abmahnung allein darum, dass der eine Vertragspartner den anderen zunächst einmal darüber informiert, welches Verhalten er als nicht vertragsgerecht ansieht.

Maßstab für die Kritik sind einzig und allein die Haupt- oder Nebenpflichten aus dem Arbeitsvertrag. Selbst kriminelles Verhalten – wie z. B. ein Ladendiebstahl oder unwahre und ehrenrührige Behauptungen über das Privatleben des Unternehmers – können nicht zum Gegenstand einer arbeitsrechtlichen Abmahnung gemacht werden, sofern sie nicht das Arbeitsverhältnis rechtlich tangieren.

Ebenso wenig ist eine Abmahnung möglich, wenn bei einem Betriebsratsmitglied in Wahrheit seine Amtsführung kritisiert werden soll. Zu Schwierigkeiten kann dabei die Abgrenzung von Arbeits- und Amtspflichten führen.

Der fünfköpfige Betriebsrat eines Verlages beschließt, dass die stellvertretende Betriebsratsvorsitzende als Zuhörerin an der Arbeitsgerichtssitzung in einem Kündigungsschutzverfahren eines beim Verlag beschäftigten Arbeitnehmers teilnehmen soll. Der Verlag weist darauf hin, dass die Teilnahme an Arbeitsgerichtssitzungen über Individualstreitigkeiten nach ständiger Rechtsprechung nicht zu den Aufgaben des Betriebsrats i.S.v. § 37 Abs. 2 BetrVG zähle. Es kommt zu einem Schriftwechsel zwischen Geschäftsleitung und Betriebsrat, der mit einem Schreiben an die stellvertretende Betriebsratsvorsitzende endet, in welchem ihr das Verlassen des Hauses zwecks Teilnahme an der Gerichtssitzung untersagt wird. Sie nimmt dennoch in der Zeit von 11.30 bis 13.00 Uhr an der Gerichtssitzung teil und erhält daraufhin eine Abmahnung.

Die Abgemahnte klagt mit folgenden Gründen:

– Es habe sich um eine Auseinandersetzung über den Umfang ihrer Betriebsratstätigkeit gehandelt, die nicht im Wege einer individualrechtlichen Abmahnung geklärt werden dürfe.
– Sie habe guten Glaubens gehandelt, weshalb ihr kein – für eine Abmahnung erforderlicher – Schuldvorwurf gemacht werden könne.
– Die Abmahnung verstoße gegen das arbeitsrechtliche Übermaßverbot, weil ein verständiger Arbeitgeber angesichts des geringen Zeitausfalls und fehlenden Verschuldens über einen solchen Vorgang hinwegsehen müsse.

Das BAG (v. 31.08.1994, DB 1995 S. 1235 = NZA 1995 S. 225) folgt dem nicht:

– Die Abmahnung eines Betriebsratsmitglieds ist insoweit unzulässig, als ihm allein die Verletzung einer Amtspflicht vorgeworfen wird. Hier ist lediglich die Durchführung eines Ausschlussverfahrens nach § 23 Abs. 1 BetrVG möglich.
– Hat ein Betriebsratsmitglied durch sein Verhalten zumindest auch seine arbeitsvertraglichen Pflichten verletzt, kommt eine Abmahnung auch gegenüber Betriebsratsmitgliedern in Betracht. Bei dem hier gerügten unentschuldigten Fernbleiben von der Arbeit wird allein ein arbeitsvertragsbezogenes Fehlverhalten zum Gegenstand der Abmahnung gemacht.
– Für die Frage, ob eine Abmahnung zu Recht erfolgt ist, kommt es auf die subjektive Vorwerfbarkeit im Sinne eines Verschuldens nicht an. Entscheidend ist allein, ob der Vorwurf objektiv gerechtfertigt ist.
– Auch bei Abmahnungen ist der Grundsatz der Verhältnismäßigkeit zu beachten. Eine nicht unerhebliche Verletzung der Arbeitspflicht trotz entsprechender vorangegangener Belehrung durch den Arbeitgeber lässt eine Abmahnung nicht als Verstoß gegen das Übermaßverbot erscheinen.

Wie kompliziert die Abgrenzung von Wahrnehmung des Betriebsratsamtes und gewerkschaftlicher Betätigungsfreiheit einerseits von der von allen Mitarbeitern geschuldeten Einhaltung arbeitsvertraglicher Pflichten andererseits ist, mag ein sehr ähnlicher Fall verdeutlichen, der am Ende nicht nur das BVerfG beschäftigt hat, sondern dieses zu einer Änderung seiner bisherigen Rechtsprechung in Richtung Erweiterung gewerkschaftlicher Betätigungsfreiheit bewogen hat.

Ein freigestelltes Betriebsratsmitglied bestellt einen Arbeitnehmer während der Arbeitszeit in das Betriebsratsbüro und übergibt ihm den sog. Leistungsausweis der Gewerkschaft. Darunter wird eine Auflistung der gewerkschaftlichen Verhandlungserfolge verstanden, verbunden mit der Aufforderung zum Gewerkschaftsbeitritt. Das Betriebsratsmitglied wird deswegen abgemahnt. Die hiergegen gerichtete Klage hat beim BAG (v. 13.11.1991, DB 1992 S. 843 = NZA 1992 S. 690) keinen Erfolg.

Das BVerfG (v. 14.11.1995, DB 1996 S. 1627 = NZA 1996 S. 381) hebt diese Entscheidung mit folgender Begründung auf:

– Der Schutz des Art. 9 III GG beschränkt sich nicht auf diejenigen Tätigkeiten, die für die Erhaltung und die Sicherung des Bestandes der Koalition unerlässlich sind. Er umfasst *alle* koalitionsspezifischen Verhaltensweisen (insoweit Aufgabe der bisherigen „Kernbereichs-Theorie").

– Zu den geschützten Tätigkeiten gehört auch die Mitgliederwerbung durch die Koalitionen. Diese schaffen damit das Fundament für die Erfüllung ihrer in Art. 9 III GG genannten Aufgaben. Durch die Werbung neuer Mitglieder sichert die Koalition ihren Fortbestand. Von der Mitgliederstärke hängt zumal bei Gewerkschaften deren Verhandlungsstärke ab. Ein Gewerkschaftsmitglied, das sich darum bemüht, die eigene Vereinigung durch Mitgliederzuwachs zu stärken, nimmt das Grundrecht der Koalitionsfreiheit wahr.

– Deshalb bedarf die Mitgliederwerbung für eine Gewerkschaft auch während der Arbeitszeit aus verfassungsrechtlicher Sicht keiner besonderen Rechtsgrundlage. Vielmehr ist vom BAG als zuständigem Fachgericht allein zu prüfen, ob und weshalb durch die Mitgliederwerbung während der Arbeitszeit arbeitsvertragliche Pflichten konkret verletzt worden sind.

Empfehlenswert ist es deshalb in jedem Falle, den Arbeitsvertrag explizit zum Maßstab der Kritik zu machen: „Dieses Verhalten stellt einen (je nach Lage des Falles: schweren) Verstoß gegen Ihre Pflichten aus dem Arbeitsvertrag dar." Damit wird die Abmahnung einerseits gegen die bloße „*Ermahnung*" abgegrenzt. Unter „Ermahnung" verstehen die Gerichte eine Unmutsäußerung des Vorgesetzten oder Arbeitgebers, welche nicht die Ebene des Rechts erreicht, sondern lediglich menschliche oder kollegiale Enttäuschung signalisiert. Zugleich grenzt der ausdrückliche Hinweis auf die Pflichten aus dem Arbeitsvertrag die Abmahnung von sonstigen – ggf. nach § 87 Abs. 1 Nr. 1 BetrVG mitbestimmungspflichtigen – Disziplinarmaßnahmen ab. Denn mitbestimmungsfrei ist nur die auf Kündigung abzielende, aus der Gläubigerstellung abgeleitete vertragsrechtliche Abmahnung, nicht hingegen sonstige Maßnahmen kollektivrechtlicher Art, die primär die Ordnung des Betriebes und das Verhalten der Arbeitnehmer im Betrieb sicherstellen sollen.

Selbstverständlich werden vernünftige Vorgesetzte und Personalleiter nicht erst dann mit dem Betriebsrat reden, wenn sie sich endgültig zur Kündigung entschlossen haben. Die Gefahr ist nämlich groß, dass gerade ein verantwortungsbereiter Betriebsrat im Anhörungsverfahren nach § 102 BetrVG schon allein deswegen „Nein" zur Kündigung sagt, weil man seine Meinung erst einholt, nachdem die Kündigungsentscheidung längst gefallen ist. Dass die Abmahnung auch ohne Beteiligung des Betriebsrats wirksam ist, hat die rechtliche Konsequenz, dass keine Verfahrensfehler gemacht werden können. Praktisch bedeutet dies, dass die Beteiligung des Betriebsrats im Vorfeld der Kündigung eine Frage der Zweckmäßigkeit und nicht des formalen Zwanges ist.

4.2 Warnfunktion der Abmahnung

Wie ernst eine Abmahnung zu nehmen ist, muss sich aus den angedrohten Konsequenzen für weiteres Fehlverhalten ergeben. Allerdings ist eines zu beachten: Die letzte Abmahnung vor der Kündigung muss eine Kündigungsandrohung enthalten. Ist die Kündigung nicht angedroht worden, so kann sie auch nicht erfolgreich ausgesprochen werden, weil dann die unverzichtbare Warnfunktion nicht erfüllt wäre.

Sowenig wie die Benutzung des Wortes „Abmahnung" erforderlich ist, sowenig kommt es bei der Warnfunktion auf die Verwendung des Wortes „Kündigung" an. Denn es geht hier nicht um Begriffsprobleme, sondern um Sach- und Verständnisfragen. Deshalb ist es erforderlich, aber auch ausreichend, wenn der Arbeitnehmer klar erkennen kann, dass er bei weiteren Pflichtverletzungen den Bestand (durch Entlassungskündigung) bzw. Inhalt (durch Änderungskündigung) seines Arbeitsverhältnisses gefährdet. Wer sich nicht den Interpretationskünsten deutscher Arbeitsrichter aussetzen will und ein Freund klarer Worte ist, sollte allerdings offen die Kündigung bzw. Änderungskündigung androhen. Nicht empfehlenswert ist, jede Abmahnung mit der stets gleichen Formel enden zu lassen „... und werden wir Ihnen kündigen". Wie ein rheinischer Richter meint, könnte der abgemahnte Arbeitnehmer ein solches Stereotyp sonst allzu leicht als eine Art Grußformel missinterpretieren. Eine Inflation von Kündigungsandrohungen konterkariert die Warnfunktion der Abmahnung. Weniger, aber Belangvolles ist hier mehr.

Vorgesetzter und Personalwesen sollten sich hier vorher auf das Engste abstimmen: damit keine Kündigung angedroht wird, die nicht realisierbar ist, weil z.B. gerade Urlaubszeit ist und zusätzlich eine größere Anzahl Mitarbeiter wegen Krankheit ausfällt; damit aber auch andererseits nicht eine geplante und mögliche Kündigung unterbleiben muss, weil sie aus Ängstlichkeit oder falscher Vornehmheit nicht angedroht worden ist.

Entschließt man sich zu einer Abmahnung, so muss man wissen, dass dies den Verzicht auf eine Kündigung einschließt, auch wenn die Gründe für eine Kündigung ausgereicht hätten. Denn den Formulierungen „im Wiederholungsfall" oder „bei weiteren Vertragsverstößen werden wir kündigen" ist im Umkehrschluss zu entnehmen: „Wenn Sie sich künftig endlich an Ihre vertraglichen Pflichten halten, aber eben nur dann, sind wir bereit, das Arbeitsverhältnis fortzusetzen." Der abgemahnte Fall kann also niemals zugleich der die Kündigung auslösende Fall sein.

> Eine instruktive Entscheidung des BAG (BAG v. 10. 11. 1988, DB 1989 S. 1427 = NZA 1989 S. 633) mag dies verdeutlichen: Der Pilot einer kleinen Frachtbedarfsfluggesellschaft hatte öfter eine seiner Freundinnen – entgegen allen Vor-

schriften – mit auf Auslandsflüge genommen. Er unterschlägt dies in sämtlichen amtlichen Unterlagen; er „schleust" die Damen über den „Staff only Gate" im Ausland aus und wieder ein. Am 3. 11. 1986 erhält er folgendes Schreiben:

„Abmahnung: Hiermit untersage ich Ihnen letztmalig, für alle Flüge, die Sie als Kapitän selbst durchführen oder die Sie als Flugbetriebsleiter im Rahmen des Flugbetriebs zu verantworten haben, die Mitnahme irgendwelcher Passagiere und Mitarbeiter, wenn Ihnen hierfür nicht die Genehmigung der Geschäftsleitung vorliegt."

Am 4. 11. 1986 geht dem Piloten die fristlose Kündigung zu wegen unberechtigter Mitnahme von Passagieren, Fälschung der Bordbücher, Flight-Logs und ATC-Pläne sowie Verstoßes gegen Zoll- und Passvorschriften.

Der Pilot klagt gegen die fristlose Kündigung und gewinnt zunächst beim BAG aus folgenden Gründen:

Bei einer Abmahnung kann der Arbeitgeber sich auf die Wahrnehmung seines vertraglichen Rügerechts beschränken. Die *Rügefunktion* dient vor allem dazu, den Arbeitnehmer ins Bild zu setzen, dass sein Verhalten als vertragswidrig angesehen und nicht hingenommen wird. Die Abmahnung kann aber auch der Vorbereitung einer Kündigung dienen. Dann ist die *Warnfunktion* (Kündigungsandrohung) unverzichtbar. In beiden Fällen bedeutet *Abmahnung Verzicht auf Kündigung* wegen des abgemahnten Sachverhalts.

Deshalb ist der Fall vom BAG an das Landesarbeitsgericht (LAG) zurückverwiesen worden, damit das LAG als Tatsacheninstanz prüfen kann, ob dem Arbeitgeber nach der Abmahnung neue Tatsachen bekannt geworden sind und ob diese einen so schweren Vertrauensbruch darstellen, dass deswegen auch ohne Abmahnung gekündigt werden kann.

Liegen Gründe für eine – ggf. fristlose – Kündigung vor und soll aus diesen Gründen gekündigt werden, ist eine Abmahnung widersinnig. Es muss – bei fristlosen Kündigungen unter Beachtung der Zwei-Wochen-Ausschlussfrist des § 626 Abs. 2 BGB – gekündigt werden. Sollte das Gericht die Gründe nicht für ausreichend halten, so kann selbst nach verlorenem Kündigungsprozess hierauf eine Abmahnung gestützt werden (BAG v. 7. 9. 1988, DB 1989 S. 284 = NZA 1989, S. 272). Abgemahnte Sachverhalte hingegen werden als eigenständige Kündigungsgründe „verbraucht".

Reicht ein Fehlverhalten selbst im Wiederholungsfalle für eine Kündigung ersichtlich nicht aus, sollte auch nicht mit Kündigung in der Abmahnung gedroht werden. Üblich ist es, dunkel „arbeitsrechtliche Konsequenzen" oder „geeignete Maßnahmen" anzukündigen. Das ist nicht nur Psychologie, das hat auch eine juristische Bedeutung. Selbst wenn im Wiederholungsfalle (noch) nicht gekündigt werden kann, so hat der Arbeitgeber durch seine Rüge deutlich gemacht, dass er das Verhalten als vertragswidrig ansieht und nicht hinzunehmen gedenkt. Juristisch heißt das: Es wird verhindert, dass eine *„betriebliche Übung"* entsteht. Eine Besonderheit des schnelllebigen Arbeitsrechts ist nämlich, dass ein offen vertragswidriges Verhalten, das vom Arbeitgeber kritiklos hingenommen wird, im Laufe der Zeit zum vertraglichen „Besitzstand" wird. Verlässt ein Arbeitnehmer – offen und unbeanstandet – seit Jahren am Freitagnachmittag den Betrieb eine halbe Stunde vor Arbeitsschluss, dann gibt es nichts mehr abzumahnen. Dieser Mitarbeiter hat auf eigene Faust und völlig konfliktfrei die gewerkschaftliche Forderung nach ständiger Verkürzung der Arbeitszeit bei vollem Lohnausgleich verwirklicht.

Aber auch Abmahnungen ohne Kündigungsandrohung haben eine kündigungsrechtliche Bedeutung: Zwar genügen sie nicht den Anforderungen, die an die letzte Abmahnung zu stellen sind; sie spielen jedoch bei der Frage, ob dem Arbeitgeber das Fehlverhalten weiterhin zugemutet werden kann, eine beachtliche Rolle. Praktiker erwarten hier eine Quantifizierung etwa der Art: Drei Abmahnungen rechtfertigen die Kündigung. Das BAG hat eine solche Quantifizierung mit Recht stets abgelehnt. Bei der beharrlichen Arbeitsverweigerung reicht normalerweise, aber nicht in jedem Falle (BAG v. 21. 11. 1996, DB 1997 S. 832 = NZA 1997 S. 487), eine ernst zu nehmende Abmahnung mit Arbeitsaufforderung – bei Unpünktlichkeiten im Bagatellbereich führen selbst drei erfolglose Abmahnungen nicht zur Kündigung. Abmahnungen werden von der Rechtsprechung nicht gezählt, sondern gewichtet. Natürlich ist die Praktiker-Faustregel „Im Zweifel drei Abmahnungen" nicht völlig realitätsfremd. Aber es ist eben nur eine Faustregel.

4.3 Beweisfunktion der Abmahnung

Aus dem Ultima-ratio-Prinzip leitet die Rechtsprechung ab, dass eine verhaltensbedingte Kündigung erst dann als sozial gerechtfertigt im Sinne von § 1 KSchG anerkannt werden kann, wenn mildere Maßnahmen – vor allem also die Aufforderung zu vertragsgerechtem Verhalten und der Hinweis auf die sonst zu erwartenden Konsequenzen – nicht ausreichen. Die erfolglose *Abmahnung* ist also Teil des gesetzlichen *Kündigungstatbestandes*. Nach § 1 Abs. 2 letzter Satz KSchG hat der Arbeitgeber die Tatsachen zu beweisen, die die Kündigung bedingen. Der Vollbeweis für das Vorliegen aller die Abmahnung konstituierenden Voraussetzungen ist deshalb Sache des Arbeitgebers.

Es ist bereits oben darauf hingewiesen worden, dass der Kündigungsschutzprozess praktisch zum Urkundenprozess geworden ist. Selbstverständlich muss das Gericht im Streitfall auch ordnungsgemäß angebotenen Zeugenbeweis erheben. Aber *praktisch* kann man nichts falsch machen, wenn man nach dem Satz verfährt: Wo eine beweiskräftige Urkunde erstellt werden kann, sollte man es nicht auf Zeugenbeweis ankommen lassen. Denn Zeugen können auswandern, versterben, krank oder im Urlaub sein, von ihrem Gedächtnis im Stich gelassen werden usw. All das ist bei einer Urkunde nicht zu befürchten. Sie steht im Eigentum des Unternehmens, kann jederzeit vorgelegt werden und erbringt nach § 416 ZPO, sofern sie unterschrieben ist, vollen Beweis dafür, dass die Erklärungen so abgegeben worden sind.

Optimal ist deshalb ein vom Betroffenen unterschriebenes Protokoll. Selbstverständlich ist der Arbeitnehmer nicht verpflichtet, das Protokoll über ein Kritik- bzw. Abmahngespräch zu unterschreiben. Und in Seminaren hört man oft: Warum sollte er? Berechtigter erscheint die Gegenfrage: Warum sollte er nicht? Denn wenn man fair und offen über alle Punkte gesprochen und Einvernehmen erzielt hat, was spricht dann dagegen, dass alle Gesprächsteilnehmer die hierüber angefertigte Niederschrift auch unterzeichnen? – „Das unterschreibt bei uns keiner" aus dem Munde eines Personalleiters ist eine verräterische Selbstaussage des Personalwesens über den Kredit, den man bei den Mitarbeitern hat. Vermutlich werden Mitarbeiter, die sich weigern, irgendetwas im Personalbüro zu unterschreiben, dafür gute Gründe haben!

Conditio sine qua non ist freilich, dass man den Mitarbeiter, seine Einlassungen und Erklärungen ernst nimmt und sie nicht ungeprüft als Ausflüchte vom Tisch wischt. Steht Aussage gegen Aussage und kann die Darstellung nicht widerlegt werden, dann muss man die Vorwürfe fallen lassen. Andernfalls werden nur unnötig die Personalakten aufgebläht und Entscheidungsgrundlagen geschaffen, die bei der Anhörung des Betriebsrats nach § 102 BetrVG, spätestens jedoch vor dem Arbeitsgericht wie ein Kartenhaus zusammenfallen. Das ist nicht nur ein überflüssiger Aufwand, das weckt auch über den konkreten Fall hinaus Zweifel an der Kompetenz der Verantwortlichen.

Bestreitet der Mitarbeiter hingegen zu Unrecht die gegen ihn erhobenen Vorwürfe oder weigert er sich grundlos, dies schriftlich zu bestätigen, muss zwangsläufig zur zweitbesten Lösung gegriffen werden: Möglichst zwei und möglichst zwei „unverdächtige" Zeugen (besser ein Mitglied des Betriebsrats als die eigene Sekretärin) bestätigen durch ihre Unterschrift die richtige Wiedergabe des Abmahngesprächs bzw. des Hergangs. Eine solche Urkunde „streitet" (wie Juristen sagen) zwar nicht gegen den Betroffenen, weil sie nicht von ihm selbst unterschrieben ist; aber in der betrieblichen und arbeitsgerichtlichen Praxis ist der Unterschied zum „echten" Urkundenbeweis minimal. Dennoch sollte zunächst versucht werden, das Gespräch so zu führen, dass das Protokoll hierüber auch vom Betroffenen akzeptiert werden kann. Schließlich „verliert" er nicht nur – er „gewinnt" auch. Denn jede Abmahnung bedeutet Kündigungsverzicht aus den abgemahnten Gründen (s. Kap. 4.2).

Völlig wertlos für den Fall einer juristischen Auseinandersetzung sind einseitige Aufzeichnungen, Aktennotizen, Meldungen usw. Sie beweisen lediglich, dass der Verfasser den Text geschrieben hat, nicht aber, dass die Darstellung auch zutreffend ist. Daraus darf jedoch nicht gefolgert werden, dass solche Aufzeichnungen gar keinen Wert haben. Sie haben keinen beweisrechtlichen Wert. Zur Unterstützung des Gedächtnisses und bei (juristisch) nicht begründungspflichtigen Personalmaßnahmen (z. B. Beförderungen und Gehaltserhöhungen) sind sie meist eine wertvolle Entscheidungshilfe.

Ausdrücklich gewarnt sei vor einem rein bürokratisch-formalen Umgang mit Abmahnungen. Denn die Abmahnung ist – wie eingangs bereits betont – Teil des Kündigungsgrundes und damit primär ein inhaltliches Problem.

Dagegen ist z. B. die Zustellung von Kündigungen ein verfahrenstechnisch-formales Problem: Eine Kündigung ist zugegangen, wenn sie „rückstandslos" in den Herrschaftsbereich des Empfängers (z. B. Briefkasten) gelangt ist; auf Kenntnisnahme kommt es dabei nicht an. Bei der Abmahnung muss der Arbeitgeber hingegen beweisen, dass die „Botschaft" angekommen ist. Der Mitarbeiter muss nachweislich verstanden haben, worum es geht: nämlich den Verlust seines Arbeitsplatzes bei weiterem Fehlverhalten. Deshalb empfiehlt es sich, bei fremdsprachigen Mitarbeitern in Zweifelsfällen einen Dolmetscher einzuschalten.

Fazit und eiserne Regel für das Personalmanagement: *Erst reden – dann schreiben!* Und nur wo dies beim besten Willen nicht möglich ist, da muss man sich – notgedrungen – auf die verfügbaren Informationen verlassen und ohne Anhörung des betroffenen Mitarbeiters ein Abmahnschreiben verfassen.

4.4 „Verjährung" von Abmahnungen

Hinter der – juristisch unpräzise formulierten – Frage nach der „Verjährung" von Abmahnungen (denn nach § 194 BGB unterliegen allein Ansprüche der Verjährung), stehen zwei Praktikerprobleme: Kann der Arbeitnehmer nach einer bestimmten Zeit verlangen, dass selbst eine seinerzeit berechtigte Abmahnung aus den Personalakten entfernt wird? Und tritt irgendwann wegen so genannter Uraltabmahnungen jedenfalls ein Verwertungsverbot im Kündigungsschutzprozess ein?

> Geradezu ein „Lehrstück" in Sachen Abmahnung ist bei der früheren Bundespost aufgeführt worden. Ein Fernmeldehandwerker ist seit 10 Jahren dort tätig und in den letzten 3 Jahren ca. 50-mal bis zu 5 Stunden zu spät gekommen. Entsprechende Lohnkürzungen hat er widerspruchslos hingenommen. Er ist bereits mehrfach abgemahnt worden – mit Postzustellungsurkunde! Als er innerhalb von 2 Monaten wieder drei Mal je eine Stunde zu spät kommt, wird gekündigt. Der Gekündigte klagt und räumt ein, die letzten drei Male „verschlafen" zu haben. In allen anderen Fällen treffe ihn kein Verschulden, weil er krank bzw. beim Arzt gewesen, in einen Stau geraten sei usw. Die Post meint, damit könne der Kläger im Prozess nicht mehr gehört werden; wer Abmahnungen und Lohnkürzungen widerspruchslos hinnehme, gestehe damit sein Fehlverhalten ein.
>
> Das BAG (BAG v. 13. 3. 1987, DB 1987 S. 1494 = NZA 1987 S. 518) gibt dem Kläger Recht: Bewiesen sei lediglich das Zuspätkommen in drei Fällen. Das reiche nach zehnjähriger Betriebszugehörigkeit für eine Kündigung nicht aus. Schweigende Hinnahme von Abmahnungen und Lohnkürzungen könne nicht als Geständnis gewertet werden, und bloße Indizien reichen für den nach § 1 Abs. 2 Satz 4 KSchG vom Arbeitgeber zu führenden Vollbeweis nicht aus. Der Arbeitnehmer *kann* seinen Tariflohn einklagen, aber er muss es nicht. Der Arbeitnehmer *kann* gegen ungerechtfertigte Abmahnungen vorgehen, z.B. durch Klage. Tut er dies nicht, so ist er nicht daran gehindert, die gegen ihn erhobenen Vorwürfe erst im Kündigungsschutzprozess zu bestreiten.
>
> Die Postjuristen verstehen die Welt nicht mehr. In Wahrheit sind sie jedoch nicht Opfer einer höchstrichterlichen Fehlentscheidung, sondern ihrer eigenen Bürokratenmentalität geworden. In jedem „normalen" Betrieb wäre der Mitarbeiter im wahrsten Sinne des Wortes zur *Rede* gestellt worden. Hätte er dann mit abenteuerlichen Ausflüchten aufgewartet, wären Zeit und Gelegenheit gewesen, diese aufzuklären und ggf. zu widerlegen. Nach dreijährigem Rechtsstreit ist das so gut wie unmöglich.

Wegen der ersten Frage hat das BAG entschieden (BAG v. 14. 12. 1994, DB 1995 S. 981 = NZA 1995 S. 676. – Anders LAG Hamm v. 14. 5. 1986, BB 1986 S. 1296 = DB 1986 S. 1628; LAG Frankfurt/M. v. 23. 10. 1987, BB 1988 S. 1255): Es gibt keine bestimmte Regelfrist, nach der eine berechtigte Abmahnung allein wegen Zeitablaufs aus der Personalakte entfernt werden muss. Damit ist allerdings nur festgestellt, dass dies nicht aus allgemeinen arbeitsrechtlichen Grundsätzen folgt. Sehr wohl kann sich ein Entfernungsanspruch z.B. aus Tarifvertrag oder Betriebsvereinbarung ergeben. Möglich ist auch, dass in einem Betrieb eine entsprechende betriebliche Übung entstanden ist. Werden beispielsweise Abmahnungen – aus welchen Gründen auch immer – nach Ablauf von zwei Jahren routinemäßig aus der Personalakte entfernt, sofern in der Zwischenzeit keine weitere Abmahnung hinzugekommen ist, so kann im Einzelfall nicht willkürlich davon abgewichen werden.

Eine ganz andere Frage ist, welche Rolle eine zunächst berechtigte Abmahnung bei einer Jahre später erfolgenden Kündigung spielt. Und dazu hat das BAG in der genannten Entscheidung den Grundsatz bestätigt, der Praktikern auch vorher schon bekannt war, dass die Bedeutung von Abmahnungen mit zunehmendem Zeitablauf immer geringer wird – bis hin zur kündigungsrechtlichen Bedeutungslosigkeit.

Das allein ist jedoch kein Grund, wohl überlegte Abmahnungen allein wegen ihres Alters ohne Not aus der Personalakte zu entfernen. Denn Personalakten dienen nicht nur der Vorbereitung von Kündigungen. Sie sollen vor allem zuverlässige Entscheidungshilfe für Personalmaßnahmen wie Gehaltserhöhung, Beförderung, Übertragung von Führungsaufgaben usw. bieten. Und hier gilt der Grundsatz: Ein Mehr an Information kann nicht schaden – ein Zuwenig leicht zu vermeidbaren Fehlentscheidungen führen.

Zu unterscheiden ist bei der Verwertbarkeit älterer Abmahnungen schließlich noch danach, ob es um die letzte Abmahnung vor einer Kündigung geht oder um solche, die lediglich unterstützend herangezogen werden. Die letzte Abmahnung vor der Kündigung sollte – so besagt eine probate Praktikerregel – nicht älter als ein Jahr sein. Aber das ist beileibe kein Dogma. So haben viele – zumeist ausländische – Arbeitnehmer häufig nur einmal im Jahr Gelegenheit, den Tatbestand der eigenmächtigen Urlaubsverlängerung zu verwirklichen. Ist der Arbeitnehmer im letzten Jahr ernstlich und letztmalig deswegen abgemahnt worden, so ist eine Kündigung auch im Wiederholungsfalle ein Jahr später in der Regel gerechtfertigt. Sollen ältere Abmahnungen hingegen lediglich dokumentieren, wie viel Geduld man gerade bei diesem Mitarbeiter aufgebracht hat, so gibt es im Grunde keinen Ausschluss wegen „Verjährung".

5. Krankheit als Kündigungsgrund

Die Krankheit ist der unpopulärste und strittigste der drei gesetzlichen Kündigungsgründe. Dass einem Arbeitnehmer gekündigt wird, der trotz aller Mahnungen nicht bereit ist, korrekt seinen Vertrag zu erfüllen, wird durchweg akzeptiert.

Selbst die betriebsbedingte Kündigung, Hauptverursacher von Massenarbeitslosigkeit, wird als ein wenn schon bitteres, so doch notwendiges Übel hingenommen, damit menschliche Arbeitskraft nicht vergeudet, sondern möglichst produktiv eingesetzt wird. Dass aber ein Kranker, der doch eigentlich Mitleid und Hilfe erwarten darf, stattdessen noch mit dem Verlust seines Arbeitsplatzes „bestraft" wird, ist für viele nur schwer nachvollziehbar.

Zunächst ist klarzustellen, dass „Kündigung wegen Krankheit" ein verkürzter und damit irreführender Sprachgebrauch ist. Nicht krankheitsbedingte Fehlzeiten in der Vergangenheit sind der gesetzliche Kündigungsgrund, sondern der vom Arbeitgeber zu führende Nachweis, dass die aus der Person des Arbeitnehmers resultierenden Vertragsstörungen irreparabel sind. Dabei kann Ursache der Vertragsstörung allerdings auch Krankheit sein; praktisch handelt es sich bei der ganz überwiegenden Zahl personenbedingter Kündigungen um krankheitsbedingte Vertragsstörungen. Allerdings wendet das BAG die aus dem Ultima-ratio-Prinzip abgeleitete Maxime „Reparieren geht vor Liquidieren" nirgendwo so konsequent an wie bei der krankheitsbedingten Kündigung.

Dafür hat das BAG (z. B. v. 21. 5. 1992, DB 1993 S. 1292 = NZA 1993 S. 497) ein dreistufiges Prüfschema entwickelt und daran in jahrelanger Rechtsprechung unbeirrt festgehalten:

1. Schritt: Persönliche Negativprognose
2. Schritt: Betriebliche Negativprognose
3. Schritt: Interessenabwägung.

1. Schritt: Persönliche Negativprognose

Wenn sich auf Grund des bisherigen Krankheitsverlaufs die Vermutung verdichtet, dass der betreffende Arbeitnehmer auch künftig unverhältnismäßig lang oder häufig krankheitsbedingt ausfallen könnte, ist es Sache des Arbeitgebers, diese Befürchtung durch geeignete Recherchen zu objektivieren. Der Arbeitgeber ist zwar im Rechtssinne nicht zu irgendwelchen Aktivitäten verpflichtet, reagiert er allerdings auf langandauernde bzw. häufige Erkrankungen nicht, so kann er selbst bei extremen Fehlzeiten nicht krankheitsbedingt kündigen. Rechtzeitig Recherchen über den möglichen Verlauf einer Krankheit anzustellen, liegt also im wohlverstandenen Eigeninteresse des Arbeitgebers (so genannte Obliegenheit).

Eine zuverlässige Prognose über die weitere Entwicklung des Krankheits- bzw. Gesundheitszustandes lässt sich angesichts des verfassungsmäßig garantierten Schutzes der Persönlichkeit und der Entschließungsfreiheit allein mit dem Mitarbeiter und nicht gegen ihn erstellen. Deshalb sind sog. Krankengespräche nicht nur ein unverzichtbares Instrument der Personalführung, ihnen kommt im Konfliktfall auch arbeitsrechtlich eine Schlüsselfunktion zu. Das Krankengespräch sollte auf keinen Fall von vornherein mit dem Ziel geführt werden, sich von dem erkrankten Mitarbeiter möglichst schnell zu trennen. Denn erstens ist eine krankheitsbedingte Kündigung auf die Schnelle gar nicht möglich. Zweitens ist es auch personalwirtschaftlich wenig sinnvoll, auf jede Störung in der arbeitsvertraglichen Austauschbeziehung mit Personalwechsel zu reagieren; die Kosten der Reibungsverluste könnten schnell höher zu Buche schlagen als die Krankheitskosten. Und schließlich würde sich eine derartige Instrumentalisierung von Krankengesprächen in der Belegschaft schnell herumsprechen. Gehen die Mitarbeiter davon aus, dass Krankengespräche letztlich nur das eine Ziel haben, sich von dem betreffenden Mitarbeiter zu trennen, darf man von solchen Gesprächen vernünftigerweise wenig oder gar nichts erwarten. Der verunsicherte Mitarbeiter verweigert sich: Er schweigt und entbindet den behandelnden Arzt auch nicht von der Schweigepflicht. Kündigt der Arbeitgeber selbst bei langandauernder Krankheit oder extrem häufigen Fehlzeiten dennoch, beginnt für ihn ein langwieriges, teures und völlig unkalkulierbares Lotteriespiel. Denn nach Meinung des Bundesarbeitsgerichts kann jetzt nur noch im Rahmen eines Kündigungsschutzprozesses geklärt werden, ob im Zeitpunkt der Kündigung die Voraussetzungen für eine krankheitsbedingte Kündigung tatsächlich vorgelegen haben.

Eine 1964 geborene Kinderpflegerin tritt im Februar 1986 in die Dienste einer Kirchengemeinde, die etwa 50 Arbeitnehmer beschäftigt. Im Jahre 1992 ist sie an 52 Arbeitstagen, im Jahre 1993 bis Ende November an 58 Arbeitstagen arbeitsunfähig krank. Seit dem 30.11.1993 ist sie fortlaufend arbeitsunfähig. Die Kirchengemeinde erkundigt sich wiederholt nach dem Gesundheitszustand und erhält nichtssagende Antworten. Die Bitte der Gemeinde, den behandelnden Arzt von der Schweigepflicht zu entbinden, wird von der Kinderpflegerin abgelehnt. Am 28.06.2000 kündigt die Kirchengemeinde ordentlich zum 31.12.2000.

Die Kinderpflegerin hält die Kündigung für sozial ungerechtfertigt, weil es an der von der Rechtsprechung geforderten Negativprognose fehle. Die Gemeinde hält diese Argumentation für treuwidrig, weil die Kinderpflegerin durch ihre eigene Weigerung, ihren behandelnden Arzt von der Schweigepflicht zu entbinden, eine zuverlässige Negativprognose unmöglich gemacht habe; außerdem müsse berücksichtigt werden, dass die beabsichtigte krankheitsbedingte Kündigung mehr als sechs Jahre immer wieder zurückgestellt worden sei, um die weitere gesundheitliche Entwicklung abzuwarten.

Die Kündigungsschutzklage wird vom Arbeitsgericht und vom LAG Hamm abgewiesen. Die Revision zum BAG hat hingegen Erfolg (BAG v. 12.04.2002, DB 2002 S. 1943 = NZA 2002 S. 1081): Eine mehr als sechsjährige Arbeitsunfähigkeit kann als eine langanhaltende Krankheit im Sinne der einschlägigen Rechtsprechung angesehen werden. Ob eine Kündigung wegen Krankheit sozial gerechtfertigt ist, hängt auch in einem solchen Falle von einer negativen Gesundheitsprognose ab. Weigert sich der erkrankte Arbeitnehmer vorprozessual, die ihn behandelnden Ärzte von der Schweigepflicht zu befreien, so ist es ihm dennoch nicht verwehrt, im Kündigungsschutzprozess die negative Gesundheitsprognose unter Bezugnahme auf ein ärztliches Zeugnis zu bestreiten. Wenn bei einer langandauernden Erkrankung nach ärztlicher Prognose in den nächsten 24 Monaten mit einer Wiederherstellung der Arbeitsfähigkeit nicht gerechnet werden kann, ist in aller Regel von einer erheblichen Beeinträchtigung betrieblicher Interessen auszugehen (2. Stufe). Für die Prognose kommt es auf den Zeitpunkt der Kündigung an. Vor der Kündigung liegende Krankheitszeiten können in den Prognosezeitraum (24 Monate) nicht eingerechnet werden.

Die personenbedingte Kündigung ist keine Sanktion für vergangene Vertragsstörungen. Sie ist zukunftsbezogen, so dass nicht berücksichtigt werden kann, wie oft und wie lange der Arbeitgeber in der Vergangenheit seine Entscheidung über eine krankheitsbedingte Kündigung aus Rücksichtnahme immer wieder hinausgeschoben hat.

Gibt der kranke Mitarbeiter selbst Auskunft über die Prognose des behandelnden Arztes oder befreit er den untersuchenden Arzt von der Schweigepflicht, so ist dies zu dokumentieren. Dabei geht es nie um die Diagnose im medizinischen Sinne, weil dies ein unerlaubter Eingriff in die Privat- und Intimsphäre des Arbeitnehmers wäre. Für den Arbeitgeber belangvoll und damit berechtigt sind jedoch ärztliche Aussagen dazu, welche Konsequenzen sich aus der Diagnose für die Fortsetzung des Arbeitsverhältnisses ergeben. Deshalb lauten die „klassischen" Fragen an den Arzt: „Ist der Arbeitnehmer in absehbarer Zeit und ggf. wann in der Lage, seine Arbeit in vollem Umfang wieder aufzunehmen? Gibt es aus ärztlicher Sicht Einschränkungen oder Auflagen für den Arbeitseinsatz und ggf. welche?"

Auf Basis des ärztlichen Gutachtens ist dann über die weiteren Schritte zu entscheiden, besser noch: mit dem Arbeitnehmer Einvernehmen herzustellen. Kann nach Auskunft des Arztes in absehbarer Zeit mit der Wiederaufnahme der Arbeit gerechnet werden, muss der Arbeitgeber – selbst bei erheblichen Zweifeln an der Richtigkeit der Prognose – dies zunächst akzeptieren. Zweckmäßigerweise legt man sich die Akte auf Wiedervorlage, um den Fall unter Kontrolle zu behalten. Kann nach dem Gutachten mit der Wiederaufnahme der Arbeit gar nicht, nicht in absehbarer Zeit oder nur mit wesentlichen Einschränkungen gerechnet werden, ist auf dieser Basis im zweiten Prüfschritt zu klären und zu dokumentieren, welche betrieblichen/wirtschaftlichen Beeinträchtigungen dies zur Folge haben wird.

2. Schritt: Betriebliche Negativprognose

Als Kündigungsgrund kommen selbst vom Arzt prognostizierte weitere Fehlzeiten *nur* in Betracht, wenn sie zu erheblichen betrieblichen Störungen oder wirtschaftlichen Belastungen führen würden. In diesem Sinne ist jede Kündigung des Arbeitsverhältnisses ganz am Ende eine „betriebsbedingte" Kündigung. Selbst wenn nach ärztlichem Befund feststeht, dass der betreffende Mitarbeiter aus gesundheitlichen Gründen im Rahmen seines Arbeitsvertrages nicht weiterbeschäftigt werden kann, so rechtfertigt dies noch keine krankheitsbedingte Kündigung. Vielmehr ist nach § 1 Abs. 2 Satz 3 KSchG zunächst zu prüfen, ob eine Weiterbeschäftigung des Arbeitnehmers nach zumutbaren Umschulungsmaßnahmen und/oder unter geänderten Arbeitsbedingungen möglich ist, sofern er sich hiermit einverstanden erklärt hat. Naturgemäß war dabei insbesondere die Frage nach der Zumutbarkeit von Umschulungsmaßnahmen umstritten. Diese Frage hat das BAG auch in seiner neuesten Rechtsprechung nicht entschieden. Es hat aber immerhin ziemlich genau die Bedingungen beschrieben, die erfüllt sein müssen, bevor der Arbeitgeber eine Umschulung überhaupt in Betracht ziehen muss.

> Eine 1954 geborene Laborfacharbeiterin ist nach ärztlichem Urteil wegen Allergie ganz allgemein auf Dauer nicht in der Lage, Arbeiten im Kontakt mit chemischen Stoffen durchzuführen. Ihr wird deshalb zum 31. 3. 1988 gekündigt. Gegen diese Kündigung klagt sie mit folgender Begründung: Zum einen hätte man sie außerhalb des Laborbereichs, z. B. in der Küche, einsetzen können. Zum anderen wäre dem Arbeitgeber ihre Umschulung zur Büroassistentin zumutbar gewesen; Bürokräfte seien bislang stets gesucht gewesen und würden vermutlich auch in der Zukunft benötigt werden. Mit diesen Argumenten gewinnt sie beim LAG Frankfurt/M. und verliert beim BAG (vom 7. 2. 1991, DB 1991 S. 1730 = NZA 1991 S. 806):
>
> Die Weiterbeschäftigung auf einem anderen Arbeitsplatz zur Vermeidung einer krankheitsbedingten Kündigung setzt stets voraus, dass ein geeigneter Arbeitsplatz überhaupt frei ist. Der im Küchenbereich zu besetzende Arbeitsplatz ist so wenig geeignet wie ein Laborarbeitsplatz, weil der Kontakt mit chemischen Substanzen unvermeidlich ist. Aber auch eine Umschulung setzt voraus, dass bereits bei Beginn der Maßnahme feststeht, welcher konkrete Arbeitsplatz nach erfolgreichem Abschluss überhaupt in Betracht kommt. Dies wird bei kürzeren Maßnahmen, die sich nur unwesentlich von einer Einarbeitung unterscheiden zumal dann nicht besonders problematisch sein, wenn ohnehin lange Kündigungsfristen einzuhalten wären. Im entschiedenen Fall ging es um eine zweijährige Umschulungsmaßnahme. Angesichts des ständigen organisatorischen und technischen Wandels, der konjunkturellen Schwankungen und des Rechtes aller Mitarbeiter zur Eigenkündigung ist dies selbst bei detaillierter Personalplanung nicht vorhersehbar. Umgekehrt lehnt das BAG eine Verpflichtung des Arbeitgebers ab, zur Vermeidung von Kündigungen einen geeigneten Arbeitsplatz langfristig „einzuplanen". Denn gesetzlicher Kündigungsschutz wird nur nach Maßgabe der bestehenden Personalplanung gewährt. Er zwingt den Unternehmer nicht zu einer bestimmten Personalplanung allein zur Vermeidung von Kündigungen. Deshalb konnte das BAG im konkreten Fall unentschieden lassen, was

> unter einer „zumutbaren" Umschulung i. S. v. § 1 Abs. 2 Satz 3 KSchG zu verstehen ist. Dies dürfte jedoch typisch für alle Fallkonstellationen sein, bei denen allein eine längerfristige Umschulungsmaßnahme künftige anderweitige Einsatzmöglichkeiten sichern würde.

Während betriebliche Störungen in Form von Stillstand, Produktionsausfällen, Reklamationen, Mitarbeiterbeschwerden usw. noch einigermaßen fassbar sind, wird seit Jahren darüber gestritten, wann von *erheblichen* wirtschaftlichen Belastungen gesprochen werden kann. Entgegen vielfältiger Kritik hat das BAG daran festgehalten, dass es dabei nicht auf die Tragbarkeit der Belastungen für den Betrieb insgesamt ankommt, sondern darauf, ob die finanziellen Belastungen im Hinblick auf das jeweilige Arbeitsverhältnis als erheblich anzusehen sind. Die zu erwartende wirtschaftliche Belastung des Arbeitgebers mit Entgeltfortzahlungskosten, die jährlich für einen Zeitraum von mehr als 6 Wochen aufzuwenden sind, stellen einen geeigneten Grund für eine Kündigung dar (BAG v. 29. 7. 1993, DB 1993 S. 2439 = NZA 1994 S. 67).

Aber selbst eine negative Gesundheitsprognose, die nachweislich zu erheblichen betrieblichen Beeinträchtigungen bzw. finanziellen Belastungen führen würde, rechtfertigt nach der Rechtsprechung des BAG noch nicht die Kündigung.

3. Schritt: Interessenabwägung

Vielmehr ist in einer (nicht zum gesetzlichen Kündigungsgrund gehörenden!) abschließenden umfassenden Interessenabwägung zu prüfen, ob die erhebliche betriebliche Störung bzw. finanzielle Belastung dem Arbeitgeber *zumutbar* ist. Dabei kommt es einerseits auf die Dauer des ungestörten Bestandes des Arbeitsverhältnisses an. Andererseits sollen aber auch die persönlichen Verhältnisse des Arbeitnehmers und die Folgen eines Arbeitsplatzverlustes für ihn und die von seinem Arbeitseinkommen Abhängigen berücksichtigt werden. Mit Hilfe dieser unkalkulierbaren Rechtsprechung haben die Gerichte uns „zunehmend an die Fälle gewöhnt, in denen sich eine Kündigung zur allgemeinen Überraschung schließlich doch als unwirksam herausstellt" – wie der Göttinger Arbeitsrechtslehrer FRANZ GAMILLSCHEG böse, aber zutreffend formuliert (Anm. zu BAG EZA § 611 BGB Beschäftigungspflicht Nr. 9).

Eines jedoch lässt sich mit Sicherheit sagen: Ein Arbeitgeber, der eine krankheitsbedingte Kündigung nicht in der von der Rechtsprechung vorgezeichneten Weise vorbereitet, hat keinerlei Aussichten, sie gerichtlich durchzusetzen. Aber selbst wenn die Kündigung geradezu schulmäßig vorbereitet wird, bleibt die große Unbekannte bei der Prozessprognose die gerichtliche Interessenabwägung. Deswegen werden nirgendwo so viele „Abfindungsvergleiche" abgeschlossen wie zur Vermeidung einer krankheitsbedingten Kündigung. Und erfahrene Personalleiter halten dies für eine sinnvolle Investition, weil diese Lösung auch von den übrigen Mitarbeitern als fair akzeptiert wird – ganz im Gegensatz zu Abfindungen bei verhaltensbedingten Kündigungen, die oft als unverständliche Prämierung von Fehlverhalten kritisiert werden.

Und noch eine Tendenz zeichnet sich ab: Je kleiner der Betrieb ist und je exklusiver das Einsatzprofil des Mitarbeiters, desto eher werden unkalkulierbare krankheitsbedingte Fehlzeiten auch von den Gerichten als auf Dauer nicht zumutbar eingestuft. Je größer der Betrieb und je untypischer die Einsatzmöglichkeiten des Mitarbeiters, desto erfolgloser erweist sich der Versuch einer krankheitsbedingten Kündigung selbst bei extrem hohen Fehlzeiten. Mit gutem Grund verwenden Personalleiter – zumal bei älteren und langjährigen Mitarbeitern – Zeit und Energie lieber darauf, dem betreffenden Arbeitnehmer den Weg in die Rente zu ebnen. Das berücksichtigt nicht nur die Rechtslage; das dürfte auch personalpolitisch der überzeugendere Weg sein.

6. Kündigung wegen Leistungsschwäche

Sofern Fehl- oder Minderleistungen darauf beruhen, dass ein Mitarbeiter nicht gewillt ist, korrekt seinen Vertrag zu erfüllen, gehört dies rechtlich in die Kategorie „verhaltensbedingte Kündigung" und setzt entsprechende Abmahnungen voraus (siehe oben). Liegt die Ursache hingegen in persönlichen Leistungsgrenzen, kommt allenfalls eine personenbedingte Kündigung in Betracht.

Aber auch hier gilt: Nicht die Fehler der Vergangenheit sind der eigentliche Kündigungsgrund, sondern der vom Arbeitgeber zu führende Nachweis, dass sich dies auch künftig nicht wird abstellen lassen. Deshalb haben das Procedere und seine Dokumentation in der Personalakte im Grunde wie bei der krankheitsbedingten Kündigung zu geschehen: Dokumentation der Fehl- oder Minderleistung, Klärung der Ursachen im Mitarbeitergespräch, Dokumentation, Erörterung von Alternativen im Mitarbeitergespräch (Schulung, Versetzung), Dokumentation, Probelauf, Dokumentation usw., bis die vom Arbeitgeber beabsichtigte Maßnahme (Entlassungs- oder Änderungskündigung) von jedem vernünftigen und sozial denkenden Beobachter als alternativlos und somit gerechtfertigt akzeptiert werden muss.

Praktisch ist das größte Problem in diesem Zusammenhang, dass Vorgesetzte ihre – subjektiven – Erwartungen zum Maßstab ihrer Entscheidung machen. Das wird vom Gesetz in den ersten sechs Monaten eines Beschäftigungsverhältnisses durchaus akzeptiert. Denn in dieser Zeit gibt es noch keinen Kündigungsschutz. Aber nur einen Tag nach Ablauf der sechsmonatigen Wartezeit „greift" der gesetzliche Kündigungsschutz: Nach § 1 Abs. 2 Satz 4 KSchG hat der Arbeitgeber nunmehr die *Tatsachen* zu beweisen, aus denen sich ergibt, dass die aus der Person des Arbeitnehmers resultierenden Vertragsstörungen trotz beidseitiger Bemühungen nicht abgestellt werden können.

Dazu gehört zunächst eine „operationalisierbare" Zielvorgabe (vgl. zuletzt BAG v. 31. 1. 1996, DB 1996 S. 1629 = NZA 1996 S. 819). Geflügelte (aber selten beflügelnde) Vorgesetztensentenzen wie „Sie müssen... engagierter, präziser, kooperativer, erfolgreicher arbeiten" genügen nicht. Die Rechtsprechung erwartet ein so klar definiertes Vorgabenraster, dass Tatsachen daran gemessen werden können.

Vorgaben sind relativ einfach zu „operationalisieren", wo gezählt und gemessen werden kann: Wenn 100 Lötungen in der Stunde üblich sind, dann ist ein Output von 50 eklatant zu wenig. Aber so einfach liegen die Verhältnisse nur selten. Bei 2 Millionen DM Umsatzvorgabe beispielsweise bedeutet ein Umsatz von 1 Mio. DM rechnerisch eine Verfehlung des Ziels um 50%. Dass das relativ viel ist, wird niemand bestreiten können. Deshalb wird der Arbeitnehmer im Kritikgespräch nicht hier, sondern bei der Vorgabe ansetzen: Sie sei unrealistisch hoch. Aus diesem Grunde sollte auch die Vorgabe – für den Streitfall beweiskräftig – abgesichert werden. Und das geschieht praktisch und juristisch immer noch am besten durch eine schriftlich fixierte *Zielvereinbarung*.

Lässt sich der Mitarbeiter hierauf nicht ein, müssen notgedrungen einseitige Vorgaben gemacht werden. Diese müssen aber als erreichbar ausgewiesen sein. Deshalb ist als Vorbereitung auf das Kritikgespräch mit dem betreffenden Mitarbeiter, vor allem aber im Hinblick auf eine etwaige gerichtliche Auseinandersetzung, ein datenmäßiger Quervergleich mit Arbeitnehmern in gleicher Funktion unerlässlich. Selbst gegen das Argument, die Zahlen könnten so gar nicht miteinander verglichen werden (weil etwa die Verkaufsgebiete unterschiedlich groß, aufnahmebereit, finanzstark seien, weil es um andere Produkte, Konditionen, Mentalitäten gehe usw.), muss Vorsorge getroffen werden, indem die Zahlen des Urlaubs- oder Krankheitsvertreters herangezogen werden, der kritisierte Mitarbeiter vertretungsweise eine andere Aufgabe zugewiesen bekommt usw.

Schwieriger lösbar sind die Probleme einer überprüfbaren Zielvorgabe dort, wo nicht quantifiziert werden kann. Woran bemisst sich die Leistung eines Personalleiters oder Entwicklungsingenieurs? Einige Personalberater meinen, dass man die Leistung dann eben über ein ausgeklügeltes Punktesystem messbar machen müsse. Juristen warnen davor, quantitative Beurteilungssysteme in einen direkten Bezug zu Vergütungs- oder Kündigungsfragen zu bringen: Sie schaffen hier mehr Probleme als sie lösen.

Gibt man die Wertungsmaßstäbe völlig frei, stellt sich alsbald eine Situation ein, die aus dem Zeugnisrecht hinlänglich bekannt ist: Alle sind zumindest durchschnittlich, einige sogar gut und hervorragend. Mehr als eine durchschnittliche Leistung ist jedoch vertragsrechtlich nicht geschuldet. Und da die meisten Vorgesetzten nicht nur möglichst wenig Konflikte haben wollen, sondern bei ihren Mitarbeitern auch beliebt sein wollen, kommt es zu jenen diffus wohl wollenden und aussagelosen Einheitsbeurteilungen, die juristisch gesehen die Unkündbarkeit der Mitarbeiter festschreiben. Dem wollen einige Beurteilungssysteme dadurch begegnen, dass die Quersumme aller Punkte das rechnerische Mittel der Punktspanne nicht überschreiten darf. Im Extremfall könnte dies bedeuten, dass bei einem System von 0 bis 10 Punkten ein Mitarbeiter mit „0" bewertet werden müsste, um einem anderen 10 Punkte geben zu können. Diese Vorgabe taugt ersichtlich nicht bei leistungsstarken Kleingruppen. Sind wirklich alle 10 Vertriebsbeauftragten vorzügliche Mitarbeiter, müssten sie entweder alle mit 5 Punkten als Durchschnitt gewertet werden oder man müsste einige als unterdurchschnittlich abqualifizieren, um andere entsprechend herausheben zu können.

Wohlgemerkt: Es soll hier nichts gegen Beurteilungssysteme (vgl. dazu die Beiträge von NERDINGER und SCHULER in diesem Band) als Instrument der Personalführung und -entwicklung gesagt werden. Sie sollten nur nicht mit Vergütungs- und Kündigungsfragen befrachtet werden. Denn bei einer gerichtlichen Auseinandersetzung erweisen sie sich fast immer als kontraproduktiv. Praktisch bedeutet das, dass nicht von Richtlinien, Anweisungen und dergleichen auszugehen ist, sondern von der konkreten Fehlleistung, der Falschbuchung, der Terminüberschreitung, dem Kalkulationsfehler. Auf dieser Basis ist Ursachenforschung zu betreiben. Dabei ist dann der Nachweis zu führen, dass dies bei genauer Einhaltung der Dienstanweisungen, professioneller Kunstregeln usw. vermeidbar gewesen wäre. Insofern machen sich präzise und detaillierte Regelungen und Anweisungen durchaus bezahlt.

Das ist aber noch nicht der Kündigungsgrund. Vielmehr ist nunmehr mit dem Mitarbeiter zusammen zu klären, wie solche Fehler in Zukunft vermieden werden können. Erst wenn sich diese trotz aller Hilfen (Schulung, Umverteilung von Aufgaben, Vorgesetztenwechsel usw.) als nicht abstellbar erweisen, kann davon ausgegangen werden, dass der Arbeitnehmer für die vertraglich vereinbarte Aufgabe persönlich nicht geeignet ist. Aber selbst dann noch hat die Änderungskündigung Vorrang vor der Entlassung. Kann belegt werden, dass der Mitarbeiter das nicht kann, was er soll, und das nicht will, was er vielleicht könnte, dann ist die Kündigung sozial gerechtfertigt, weil praktisch alternativlos.

Öfter als man vermuten sollte, beruht Unzufriedenheit mit den Leistungen eines Mitarbeiters darauf, dass Vorgesetzte nicht genügend deutlich machen, was sie erwarten. Der Mitarbeiter merkt, dass man mit ihm unzufrieden ist, kann sich aber – subjektiv zu Recht – nicht erklären, warum. Auf die Frage des Richters, weshalb er denn dieses oder jenes nicht so gemacht habe, antwortet der Kläger unbefangen und unwidersprochen: „Weil mir das nie jemand gesagt hat." Das dürfte natürlich nicht passieren und passiert eben doch immer wieder.

Fazit:
Statt sich *über* Mitarbeiter zu ärgern, sollte man *mit* ihnen reden. Statt sich in wortstarken Allgemeinplätzen zu ergehen („umständliche Arbeitsweise", „mangelnde Kooperationsbereitschaft", „zeigt Unsicherheiten bei…" usw.), sollte man ganz nüchtern konkrete Fälle ansprechen und ausdiskutieren. Die Maximen erfolgreicher Personalführung weisen hier durchaus in dieselbe Richtung. Der eigentliche Unterschied zwischen praxisorientierter Personalarbeit und den Anforderungen an eine gerichtsfeste Dokumentation liegt weniger in der Sache als in dem aus jeder Verrechtlichung von Lebenssachverhalten resultierenden Zwang zur Formalisierung und Bürokratisierung. Das ist natürlich jedem Betriebspraktiker herzlich zuwider.

Aber zumindest einen positiven Aspekt hat auch der juristisch begründete Zwang, Kritik zu substantiieren und als beweisbare Fakten zu dokumentieren. Dies dient der schnelleren Auffindung des eigentlichen Problems. Die Notwendigkeit, die Kritik an einem Mitarbeiter im Streitfall juristisch „auf den Punkt" bringen zu müssen, hat schon manches vermeintliche Mitarbeiterproblem als Führungsproblem entlarvt.

Verzeichnis der verwendeten Abkürzungen

ArbG	– Arbeitsgericht
BAG	– Bundesarbeitsgericht
BB	– Betriebsberater, 10-Tages-Zeitschrift
BetrVG	– Betriebsverfassungsgesetz
BGB	– Bürgerliches Gesetzbuch
DB	– Der Betrieb, Wochenzeitschrift
EFZG	– Entgeltfortzahlungsgesetz
EZA	– Entscheidungssammlung zum Arbeitsrecht
KSchG	– Kündigungsschutzgesetz
LAG	– Landesarbeitsgericht
NZA	– Neue Zeitschrift für Arbeitsrecht
ZPO	– Zivilprozessordnung

Zur Konkretisierung und weiteren Vertiefung wird empfohlen, im Fallstudienband die Fälle zu „Arbeitsrecht für Vorgesetzte" zu bearbeiten.

Teil IV
Führung und Arbeit in Gruppen

Einführung

Wegen der immer stärkeren Komplexität der Arbeitsaufgaben und der Zunahme abteilungsübergreifender Fragestellungen gewinnt Gruppenarbeit an Bedeutung. Das verändert auch die Führungsaufgabe: Der Vorgesetzte ist vor allem als Moderator und Koordinator gefordert, weniger dagegen als „oberster Problemlöser" und bester Fachmann. Dabei sind verschiedene Formen von Gruppenarbeit denkbar, die jeweils unterschiedliche Anforderungen an die Führungskraft stellen.

Im einführenden Artikel zu diesem Themenkomplex erläutert v. ROSENSTIEL, wann überhaupt von einer Gruppe zu sprechen ist, durch welche Besonderheiten und Gesetzmäßigkeiten sie sich auszeichnet und was die Gruppenbildung in Organisationen fördert. Da Teamarbeit nicht per se zu besseren Ergebnissen führt, wird weiterhin erläutert, wann Einzel- und wann Gruppenarbeit zu empfehlen ist.

Zahlreiche Formen der Gruppenarbeit sind heute in Unternehmen implementiert. Unterscheiden lassen sie sich danach, ob die Mitarbeiter in ihnen kontinuierlich oder zeitlich befristet zusammenarbeiten, die Gruppe in den Arbeitsprozess integriert ist oder als zusätzliche Maßnahme besteht. ANTONI beschreibt in seinem Beitrag die wichtigsten Formen, deren Kennzeichen und Erfolgsfaktoren.

Die stärkere Kooperation beinhaltet auf der anderen Seite eine Schnittstellenproblematik und Reibungsverluste; Konflikte in und zwischen Arbeitsgruppen werden bei erhöhter Interaktion und Zusammenarbeit zunehmend wahrscheinlicher. Die Führungskraft selbst ist nun als „Konfliktmanager" gefordert. Wie Spannungen frühzeitig zu erkennen sind und welche Handhabungsmöglichkeiten bestehen, ist bei BERKEL nachzulesen.

Teamarbeit erfordert neue Qualifikationen nicht nur bei der Führungskraft, sondern auch bei den Gruppenmitgliedern. Neben Fachwissen werden beispielsweise soziale Kompetenz, Flexibilität und die Bereitschaft zur Kooperation benötigt. Eine Möglichkeit, diese Fähigkeiten schrittweise zu verbessern und die Teammitglieder für Gruppenprozesse zu sensibilisieren, besteht in der Durchführung eines Teamentwicklungstrainings mit einer langfristig bestehenden Arbeitsgruppe. Wie bei der Teamentwicklung vorzugehen und was zu beachten ist, welche „Spielregeln" für Teammitglieder und Moderator gelten, zeigt COMELLI anhand des Ablaufs von Teamentwicklungstrainings schrittweise auf.

Die zunehmende Globalisierung erfordert u. a. interdisziplinär zusammengesetzte und zusammenarbeitende Teams, deren Führung im Teil V näher erläutert wird. Im nächsten Beitrag von DÉSIRÉE LADWIG geht es dagegen darum, „Diversity" in Teams darzustellen und in den Auswirkungen zu diskutieren. Gründe für Diversity, Verschiedenartigkeit und Vielfalt, können unterschiedliche kulturelle Rahmenbedingungen sein, aber auch Geschlecht oder Rasse. LADWIG erläutert insbesondere das Management solcher Diversity-Teams, deren Kreativitätschance gerade in der Verschiedenartigkeit der Mitglieder liegt, die allerdings zielorientiert zu koordinieren sind.

Auf spezielle Gruppenarbeitsformen verweist der letzte Beitrag dieses Themenbereichs: Die Leitung von Projektgruppen erfordert besondere Führungsstrategien, da eine solche Gruppe in der Regel nur zeitlich befristet zusammenarbeitet und dem Gruppenleiter zwar fachlich, aber nicht disziplinarisch unterstellt ist. Dass hier besondere Prozesssteuerung notwendig ist, stellen Voss und Eckrich in ihrem Beitrag dar. Weiterhin diskutieren sie das Spannungsfeld zwischen hierarchischer Organisation und Projektarbeit.

Lutz von Rosenstiel

Die Arbeitsgruppe

1. Organisation: Arbeitsteilung und Führung
2. Plan und soziale Wirklichkeit
3. Was fördert die Gruppenbildung in Organisationen?
4. Aufgabenstellung und zwischenmenschlicher Kontakt
5. Besonderheiten einer Gruppe
6. Teamarbeit
7. Abschluss

In etwas überpointierender Weise hat man gelegentlich davon gesprochen, dass die gesamte Organisation als ein Gefüge von Arbeitsgruppen, die jeweils von Vorgesetzten koordiniert werden, verstanden werden könne. Wir wollen hier der Frage nachgehen, welchen Stellenwert Arbeitsgruppen in Organisationen haben, wie sie sich bilden, welche Merkmale sie auszeichnen und welche Bedingungen es begünstigen, dass sie ihre Ziele erreichen und als soziale Einheiten bestehen bleiben (vgl. dazu ausführlich v. ROSENSTIEL, 2000; COMELLI & V. ROSENSTIEL, 2001).

1. Organisation: Arbeitsteilung und Führung

Eine Organisation lässt sich als ein seiner Umwelt gegenüber offenes System verstehen, das zeitlich überdauernd existiert, spezifische Ziele verfolgt, sich aus Individuen bzw. Gruppen zusammensetzt, also ein soziales Gebilde ist und eine bestimmte Struktur aufweist, die meist durch Arbeitsteilung und eine Hierarchie von Verantwortung gekennzeichnet ist. Menschen und Mittel werden dabei innerhalb des „Zweckmodells" der Organisation durch eine die Aktivitäten und Ressourcen koordinierende Führung rational so eingesetzt, dass sie optimal zum Organisationsziel beitragen können. Innerhalb eines so verstandenen zweckrationalen Gebildes werden zur Erfüllung bestimmter Teilziele überschaubare Anzahlen von Personen zusammengeführt. Im Zuge dieser Zusammenarbeit entstehen in der Regel Arbeitsgruppen, deren Aktivitäten freilich keineswegs immer im Sinne des zweckrationalen Sollmodelles in optimaler Weise zum Organisationsziel oder den daraus abgeleiteten Teilzielen beitragen.

2. Plan und soziale Wirklichkeit

Wer macht was, mit wem, bis wann, mit welchen Hilfsmitteln, auf welche Weise? Dies alles lässt sich bis ins Detail festlegen und bestimmt in vielen Organisationen auch sehr konkret darüber, welche Personen gemeinsam welche Aufgaben zu erfüllen haben und wie sie sich dabei verhalten sollen. Beziehen sich derartige Pläne auf die Zusammenarbeit einer überschaubaren Anzahl von Personen, so spricht man in den Organisationswissenschaften nicht selten von „formellen Gruppen". Nach psychologischem Verständnis allerdings handelt es sich um Sollvorschriften oder Pläne und keineswegs um die soziale Realität von beobachtbaren Gruppen.

Relativ früh wurde registriert, dass die beobachtbare soziale Realität in nahezu allen Organisationen mehr oder weniger deutlich vom Plan abweicht – und zwar unter ganz verschiedenen Aspekten. So beschreiben etwa ROETHLISBERGER und DICKSON (1939) im Rahmen der berühmt gewordenen Hawthorne-Untersuchungen, dass sich im „bank wiring observation room", in dem nach dem Plan eine soziale Einheit bestimmte Aufgaben erledigen sollte, sich zwei – im Plan keineswegs vorgesehene – Gruppen bildeten, die sich wechselseitig bekämpften und somit auch Aktivitäten nachgingen, die nach dem Ablaufplan der Organisation gewiss nicht vorgesehen waren. Derartige in ihrer Zusammensetzung und in ihren Aktivitäten vom Plan abweichende Gebilde werden nun häufig „informelle Gruppen" genannt. Die Planabweichung kann sich dabei auf die Mitglieder und/oder deren Aktivitäten beziehen. Es ist also vorstellbar, dass Personen, die nach dem Plan an der Aufgabenerfüllung mitwirken sollten, sich aus diesem Prozess zurückziehen und sich anderen oder gar keinen Aufgaben zuwenden, oder dass Personen dazustoßen, die eigentlich dafür nicht vorgesehen waren. Es kann darüber hinaus beobachtet werden, dass Personen Aktivitäten ergreifen, von denen innerhalb der Stellenbeschreibungen keine Rede ist, z. B. Planungen und Kontrolltätigkeiten, für die eigentlich eine andere Abteilung zuständig ist, Sympathie und freundschaftliche Gefühle für einander entwickeln oder sich trickreich darum bemühen, Organisationsvorschriften zu umgehen. Die planabweichenden Aktivitäten können nachträglich von der Organisation begrüßt werden, ihr gleichgültig sein oder aber negativ bewertet werden.

Fragt man danach, warum in so starkem Maße Abweichungen vom Plan zu beobachten sind, warum es also zur Bildung von „informellen Gruppen" kommt, so erhält man in der Regel die Antwort, dass plankonforme Mitgliedschaft oder plankonformes Verhalten nicht in der Lage sei, menschliche Bedürfnisse generell oder doch die Bedürfnisse der Planstelleninhaber spezifisch zu befriedigen. Arbeitende Menschen lassen sich nicht zu einem reinen Produktionsfaktor innerhalb des zweckrationalen Organisationsmodells reduzieren. Sie haben Bedürfnisse nach Abwechslung, nach ganzheitlicher Tätigkeit, nach Entspannung, aber auch nach Zusammengehörigkeit, sozialer Unterstützung oder gar Freundschaft. Dort, wo im Sinne der formellen Gruppe ein reines Zusammenarbeiten vorgesehen war, wird innerhalb der informellen Gruppe die Befriedigung vielfältiger menschlicher Bedürfnisse ermöglicht.

3. Was fördert die Gruppenbildung in Organisationen?

Bei Aufgaben, die quantitativ oder qualitativ so umfangreich oder komplex sind, dass sie von einem Einzelnen nicht bewältigt werden können, sieht der Organisationsplan vor, dass mehrere Personen gemeinsam das Ziel erreichen, indem sie zusammenarbeiten, sich wechselseitig informieren, ihre physischen Kräfte, ihr Wissen, ihre Kreativität in den Dienst des Aufgabenzieles stellen. Wir finden also eine Mehrzahl von Personen, die über längere Zeit in direkter Interaktion zusammenarbeiten und dabei die vom Plan vorgesehene Rollendifferenzierung beachten, d. h. einen Vorgesetzten und Spezialisten aufweisen, die sich bei ihrem Zusammenwirken an bestimmte Normen halten, die sich aus den fixierten Betriebsvereinbarungen, Arbeitszeitregelungen, Führungsgrundsätzen, Stellenbeschreibungen etc. ergeben.

Wechselseitige Interaktion ist allerdings nur auf der Sachebene vorgesehen, die Rollendifferenzierung bezieht sich ausschließlich auf die im Plan vorgesehenen Positionen, die gemeinsamen Normen erwuchsen nicht aus der Gruppe, sondern wurden in schriftlich fixierten Regelungen vorgeschrieben. Eine Gruppe im psychologischen Sinne ist dies nicht, denn es fehlt eine auch die Beziehungsebene berührende Kommunikation, eine aus dieser Kommunikation erwachsende Rollendifferenzierung; es fehlen gemeinsame, von der Gruppe selbst entwickelte Normen und Werte, und es fehlt schließlich das die Einzelnen zur Gruppe zusammenfügende „Wir-Gefühl". All dies aber entsteht in der Regel dort, wo Menschen über längere Zeit zusammenarbeiten, falls bestimmte Vorbedingungen gegeben sind. Auf diese Bedingungen sei nachfolgend näher eingegangen.

3.1 Bedingungen in der „Natur des Menschen"

Gruppenbildung wird durch sozialpsychologische Gesetzmäßigkeiten des Zusammenlebens von Menschen gefördert. Diese allerdings können nur wirken, wenn bestimmte materiale und organisationale Bedingungen gegeben sind. Beide sollen knapp beschrieben werden, wobei wir uns zunächst den sozialpsychologischen Gesetzmäßigkeiten zuwenden wollen.

(1) Kontakthäufigkeit

Der Soziologe HOMANS (1950) geht davon aus, dass die zwischenmenschliche Sympathie proportional zur Anzahl der Kontakte steigt. Kurze Überlegung lehrt, dass dies zu positiven Rückkopplungsprozessen führt, denn wenn Sympathie sich bildet, ist es wahrscheinlich, dass die Kontakthäufigkeit sich erhöht.

Die im Organisationsplan vorgesehene Zusammenarbeit, die Verpflichtung zur wechselseitigen Information, die räumliche Nähe etc. erhöhen die Wahrscheinlichkeit derartiger Kontakte, aus denen sich dann wechselseitige Sympathie und ein intensives Wir-Gefühl ergeben können. Experimentelle Untersuchungen der Sozialpsychologie und Feldstudien der Organisationspsychologie erhärten dies. Allerdings machen diese Studien auch deutlich, dass die Sympathie nicht allein aus der Häufigkeit der Kontakte erwächst, sondern durch Ereignisse intensiviert wird, die sich als das Erleben eines „gemeinsamen Feindes", einer „gemeinsamen Not", eines „gemeinsamen Vorteils" und einer „gemeinsamen Freude" fassen lassen. Auch die schon einmal zitierten Beobachtungen im „bank wiring observation room" innerhalb der Hawthorne-Studien (ROETHLISBERGER & DICKSON, 1939) machten deutlich, dass sich jene Personen zu sich wechselseitig befehdenden Gruppen zusammenschlossen, die räumlich enger miteinander arbeiteten und – das sei hier bereits vermerkt – zugleich jeweils ähnliche, jedoch von den anderen abweichende Aktivitäten verrichteten.

Mehrere Untersuchungen machen wahrscheinlich, dass der Kontakt allein das Gefühl der Zusammengehörigkeit nicht ausreichend begründet, wenn nicht zusätzliche Bedingungen hinzukommen. Wenn also BASS (1960, S. 60) postuliert: „Eine Gruppe ist umso attraktiver, je größer die Belohnungen sind, die durch Mitgliedschaft in der Gruppe erworben werden können, und je größer die Erwartung ist, sie zu erwerben", so ist die Kontakthäufigkeit nur dann als konstituierend für die Gruppenbildung anzusehen, wenn die Einzelnen sich daraus positive Konsequenzen erwarten, nicht dagegen, wenn der Kontakt als lästig, unangenehm oder enttäuschend erlebt wird.

Was die Person nun allerdings als positive, was sie als negative Konsequenz einstuft, hängt von der jeweiligen Bedürfnislage ab, dürfte aber bei neutralen Bedingungen im Regelfall so geartet sein, dass Kontakt sozialer Isolierung in der Mehrzahl der Fälle vorgezogen wird.

Bevorzugt dürfte allerdings meist der Kontakt mit solchen Personen werden, von denen angenommen wird, dass sie der eigenen Person ähnlich sind. Damit sind wir bei einem zweiten wichtigen, die Gruppenbildung fördernden Faktum, der wahrgenommenen Ähnlichkeit.

(2) Wahrgenommene Ähnlichkeit

Deutsche Sprichworte machen höchst Unterschiedliches plausibel. Da heißt es einerseits: „Gegensätze ziehen sich an" und andererseits „Gleich und gleich gesellt sich gern". Die sozialpsychologische Forschung zeigt, dass man dem zweiten dieser Sprichworte eher trauen sollte. Tatsächlich scheint die vermutete Ähnlichkeit des Partners – in bezug z. B. auf die existenzielle Situation, zentrale Einstellungen, angestrebte Ziele, übergreifende Wertorientierungen – den Wunsch nach Kontakt und Nähe zu begünstigen.

SCHACHTER (1959) setzte durch experimentelle Manipulation Studentinnen in die Erwartungshaltung, einen äußerst schmerzhaften Elektroschock vor sich zu haben. Die Versuchspersonen wurden danach vor die Wahl gestellt, ob sie lieber allein oder gemeinsam mit anderen Personen auf diese peinigende Prozedur warten wollten. Wurden diese anderen Personen nun ebenfalls als Studentinnen, die den Schock vor sich hatten, vorgestellt, so zog es die Mehrheit der Befragten vor, mit diesen gemeinsam auszuharren; wurden die anderen dagegen als Studentinnen bezeichnet, die auf die Sprechstunde ihres Dozenten warteten, so war nicht eine der Befragten bereit, mit diesen gemeinsam die Zeit zu überbrücken.

Wahrgenommene Ähnlichkeit hinsichtlich wichtiger Inhalte begünstigt offensichtlich den Kontaktwunsch und steigert die Sympathie.

Wahrgenommene Ähnlichkeit kann die subjektive Wahrscheinlichkeit erhöhen, bestehende Probleme gemeinsam besser zu lösen. Dies ist jedoch eine spezielle Voraussetzung. Generell dürfte als eine ganz wesentliche Bedingung der Gruppenbildung der Umstand gelten, dass – wie vielfach nachgewiesen – wahrgenommene Ähnlichkeit zu zwischenmenschlicher Sympathie führt. Das wiederum erhöht die Wahrscheinlichkeit der Kontaktaufnahme; dadurch verstärkt sich Sympathie, und der Gruppenzusammenschluss wird abermals wahrscheinlicher. Eine derartig breit zu verstehende wahrgenommene Ähnlichkeit ist in der Regel bei Personen gegeben, die zusammenarbeiten. Meist hat man ein gleiches Ziel, ähnliche Aufgaben, eine ähnliche Ausbildung, konkurriert mit den gleichen Einheiten innerhalb und außerhalb der Organisation, leidet unter dem gleichen Vorgesetzten, ärgert sich gemeinsam über die bürokratische Unternehmensverwaltung und feiert gemeinsam erreichte Erfolge.

3.2 Bedingungen der Organisationsgestaltung

Für Menschen, die gemeinsam arbeiten, können häufige Kontakte, wahrgenommene Ähnlichkeit und ähnliche Bedingungen der Gruppenbildung nur wirken, wenn der organisationale Rahmen dies zulässt oder gar begünstigt. Ohne Anspruch auf Vollständigkeit sollen mit eher exemplarischer Zielsetzung einige wichtige Faktoren genannt werden:

- räumliche Nähe derer, die zusammenarbeiten;
- Möglichkeiten zur unmittelbaren Kommunikation, z. B. durch Dämpfung des Lärmes im Arbeitsraum, durch Stellung der Arbeitsplätze zueinander, durch Möglichkeiten informeller Kommunikation (Teeküche, Kantine, „Kommunikationsecken");
- Formalisieren von Kommunikationsmöglichkeiten (Arbeits- oder Abteilungsbesprechungen);

- Bewahren der Möglichkeit der direkten Kommunikation; d.h. Verhindern, dass Kommunikation nur noch ausschließlich über elektronische Medien erfolgt;
- Schaffen kleiner Arbeitseinheiten, damit die Möglichkeit bestehen bleibt, dass jeder mit jedem unmittelbar Kontakt aufnimmt;
- Strukturieren der Arbeitsinhalte in einer Weise, dass ein Miteinander der Arbeit im Sinne echter Teamarbeit einen Arbeitsfortschritt konstituiert;
- Zusammensetzen der Mitglieder einer Arbeitseinheit in der Form, dass sie sich nicht nur fachlich ergänzen, sondern einander als ähnlich erleben und Sympathie füreinander empfinden.

Bildet sich auf diese Weise eine Gruppe, hat dies Folgen und Nebenwirkungen, die WITTE und ARDELT (1989, S. 463) so zusammenfassen:

„(1) Eine generelle Abwertung der Außengruppe und/oder eine Aufwertung der Binnengruppe,
(2) die Wahrnehmung überakzentuierter Unterschiede in anderen Merkmalen zwischen Binnen- und Außengruppe sowie
(3) Handlungen, die die Binnengruppe relativ bevorzugen, z. B. die Wahl von Entlohnungsmöglichkeiten."

Die Bildung von Arbeitsgruppen in Organisationen wird also damit erkauft, dass die Distanz zu anderen Arbeitseinheiten akzentuierend vergrößert wird und somit auch Interessengegensätze überakzentuiert wahrgenommen werden, was wiederum die Wahrscheinlichkeit von Intergruppenkonflikten erhöht (vgl. den Beitrag von BERKEL, in diesem Band).

4. Aufgabenstellung und zwischenmenschlicher Kontakt

Die Art der in einer Organisation zu bewältigenden Aufgaben bringt es mit sich, dass die arbeitsbedingte Nähe zum anderen höchst unterschiedlich ausfallen kann. Manche Aufgaben lassen sich besser allein bewältigen, bei einigen ist koagierende Zusammenarbeit (das Nebeneinander) ratsam, die darin besteht, dass jeder unabhängig vom anderen einen Teil der Aufgabe erledigt, ohne dass echte Interaktion erforderlich wird, wie das z. B. nicht selten in der Produktion gilt. Andere Aufgaben machen kontraagierende Zusammenarbeit (das Gegeneinander) erforderlich, die dann anliegt, wenn aus widersprüchlichen Meinungen oder Gesichtspunkten Ziele oder Arbeitsprozesse austariert werden müssen. Interagierende Zusammenarbeit (das Miteinander) wird überall dort erforderlich, wo die Interaktion ein wesentlicher Bestandteil des Arbeitsprozesses ist, also der eine ohne den Beitrag des anderen kaum etwas zum Ziel beitragen kann, wie es z. B. bei einem interdisziplinär zusammengesetzten Forschungsteam der Fall ist.

4.1 Einzelarbeit oder Gruppenarbeit?

Die Frage, ob man in der Organisation besser allein oder besser in Gruppen arbeiten sollte, ist ebenso alt wie falsch gestellt. Tatsächlich kommt es entscheidend darauf an, welches Kriterium der Bewertung man verwendet, um welche Art von Aufgaben es sich handelt, welche Struktur die Gruppe hat und Personen welchen Typs in ihr zusammengefasst werden.

Orientiert man sich an Aufgaben vom Typus der psychomotorischen Leistungen und wählt man als Kriterium die Leistung, so ist es ganz offensichtlich, dass z.B. zum Heben großer Lasten, die der Einzelne nicht bewältigen kann, eine Mehrzahl erforderlich wird. Empirische Analysen zeigen, dass der *relative* Anteil jedes Einzelnen an der Gesamtleistung mit steigender Gruppengröße zurückgeht. Die Gründe dafür liegen zum einen wohl in der Reduktion von Anstrengung. Je weniger die individuelle Leistung erkennbar wird, desto mehr sinkt die Motivation, einen individuellen Beitrag zu erbringen. Ein weiterer Grund dürfte in der unzureichenden Koordination der individuellen Beiträge liegen, die zu so genannten „Reibungsverlusten" führt.

Geht es nicht um psychomotorische Leistungen, sondern beispielsweise um solche des Schätzens, so ist die Überlegung nahe liegend, dass bei Unabhängigkeit der Schätzer das Prinzip des statistischen Fehlerausgleichs wirkt und die gemittelten Schätzungen zu Ergebnissen führen, die deutlich über den Schätzungen des besten Einzelnen liegen können. Es ist ebenso offensichtlich, dass dieser Effekt dann verloren gehen mag, wenn Schätzungen in realen Gruppen vorgenommen werden, da möglicherweise der stärkste Einfluss auf die anderen von einer kommunikativ geschickten Person ausgeht, die auf dem Felde der Aufgabenstellung geringe Kompetenz aufweist.

Geht es dagegen um Problemlösungen, Kreativitätsaufgaben und Entscheidungen, so ist für die Frage der Leistungsüberlegenheit von zentraler Bedeutung, um welchen Typ von Aufgabe es sich handelt. Es kommt wesentlich darauf an, dass die Aufgabe unter irgendeiner Perspektive – sei es eine inhaltliche oder methodische – teilbar erscheint. Nur dann kann man sich unter dem Aspekt der Leistung aus der Gruppenarbeit einen Vorteil versprechen. Doch selbst wenn die Aufgabe vom Typus her für die Bearbeitung durch Gruppen geeignet erscheint, müssen spezifische Voraussetzungen gegeben sein, damit der positive Effekt eintritt:

— Die Gruppe sollte klein sein, ca. fünf Mitglieder umfassen, da bei weiter ansteigender Gruppengröße einschlägige Beiträge von Einzelmitgliedern nicht mehr eingebracht werden, der relative Zugewinn an lösungsrelevanter Information also zurückgeht und durch die steigenden Reibungsverluste in der Gruppe aufgehoben wird.
— Die unterschiedlichen Aspekte der Aufgabe sollten durch jeweils dafür kompetente Mitglieder repräsentiert sein, die zudem alle am Gesamtproblem interessiert sind.
— Die Gruppenmitglieder sollten durch strukturale und personale Bedingungen bereit und befähigt dazu sein, miteinander in einer gleichen Sprache zu sprechen.
— Die interpersonalen Beziehungen sollten nicht belastet sein, d.h. Widerspruch in der Sache dürfte nicht als Ausdruck bestehender Antipathie eingesetzt werden.
— Die Gruppe sollte sich an spezifische Arbeitsregeln halten, wie sie z.B. als Vorbereitungs-, Moderations-, Diskussions- und Dokumentationstechniken für entsprechende Arbeitsgruppen entwickelt worden sind.

Die Vielzahl der Bedingungen, die gegeben sein müssen, damit Gruppen zu besseren Ergebnissen kommen, weist darauf hin, dass Einzelarbeit häufig auch dort empfohlen werden kann, wo nach allgemeiner Auffassung Gruppenarbeit von Vorteil ist.

Dennoch gibt es viele Argumente dafür, in Gruppen zu arbeiten. STIRN (1970, S. 150) fasst sie zusammen (Kasten 1).

> Vorteile der Gruppenarbeit sind:
> 1. Die Gruppe vermag Leistungen zu vollbringen, die einem Einzelnen überhaupt nicht möglich sind, z.B. das Fortbewegen eines mehrere Zentner schweren Steines ohne technische Hilfsmittel.
> 2. Das Urteilsvermögen ist besser.
> 3. Die Möglichkeit der Informationsübermittlung (die Information braucht, wenn alle Gruppenmitglieder versammelt sind, nur einmal übermittelt zu werden) ist besser.
> 4. Die Kontaktintensität ist größer, weil in einer Gruppe sofort jeder mit jedem in Verbindung treten kann.
> 5. Es kommen in der Regel mehrere Arten von Geschicklichkeit, verschiedenes Sachwissen u.a. zusammen, um eingesetzt werden zu können (Ergänzung des geistigen und sonstigen Rüstzeugs).
> 6. Die Informationsspeicherkapazität ist größer als bei einem Einzelnen; der Erhebungsaufwand für Informationen und die „Abrufzeit" sind geringer.
> 7. Die Zieleinhaltungskontrolle ist größer.
> 8. Die Lernfähigkeit ist besser.
> 9. Die Möglichkeiten für den Einsatz von Maschinen sind besser.
> 10. Die kollektive Kontrolle bietet Vorteile.
> 11. Die „Fantasiekapazität" wird angereichert, weil sich die Assoziationsfelder der Gruppenmitglieder ergänzen.

Kasten 1: Argumente für Gruppenarbeit

Trotz dieser denkbaren Vorteile weist die empirische Forschung darauf hin, dass in einer Vielzahl von Fällen Einzelarbeit zu empfehlen ist. Kritisch ist also jeweils die dreifache Frage zu beantworten:

(1) Wann ist die Gruppenleistung gleich der besten Einzelleistung?
(2) Wann ist die Gruppenleistung schlechter als die beste Einzelleistung?
(3) Wann ist die Gruppenleistung besser als die beste Einzelleistung?

4.2 Das Nebeneinander

Häufig trifft man in Organisationen darauf, dass mehrere Menschen nebeneinander an einem übergeordneten Ziel arbeiten, ohne dass dabei koordinierende Kommunikation erforderlich ist. Man denke etwa an Verkäufertätigkeiten in einem Warenhaus, an Akkordarbeit in der Produktion oder das Räumen von Schnee nach einer niederschlagsreichen Winternacht. Es arbeiten also Menschen weitgehend kommunikationslos nebeneinander.

Es hat nun relativ früh interessiert und ist experimentell untersucht worden (vgl. zusammenfassend v. ROSENSTIEL, 1995), ob dies Einfluss auf die individuelle Leistung hat. Die Ergebnisse erscheinen zunächst widersprüchlich. Nachanalysen der vorliegenden empirischen Forschung führten zu einer Klärung der Widersprüche. Die individuelle Leistung wird durch die Gegenwart anderer bei maximal gelernten Verhaltensweisen, z.B. Routineaufgaben, erhöht, während der Erwerb neuer Kompetenzen oder kreative Prozesse dadurch behindert werden. Erklären lässt sich dies durch den Grad der psychophysiologischen Aktiviertheit, der mit der Anwesenheit anderer – vor allem bedeutsamer – Personen korreliert ist. Aktivierung begünstigt die Ausführung maximal gelernter Verhaltensweisen, während sie als Barriere beim Verlassen „ausgefahrener Gleise" im Wege steht. Abbildung 1 veranschaulicht dies in schematisierter Weise.

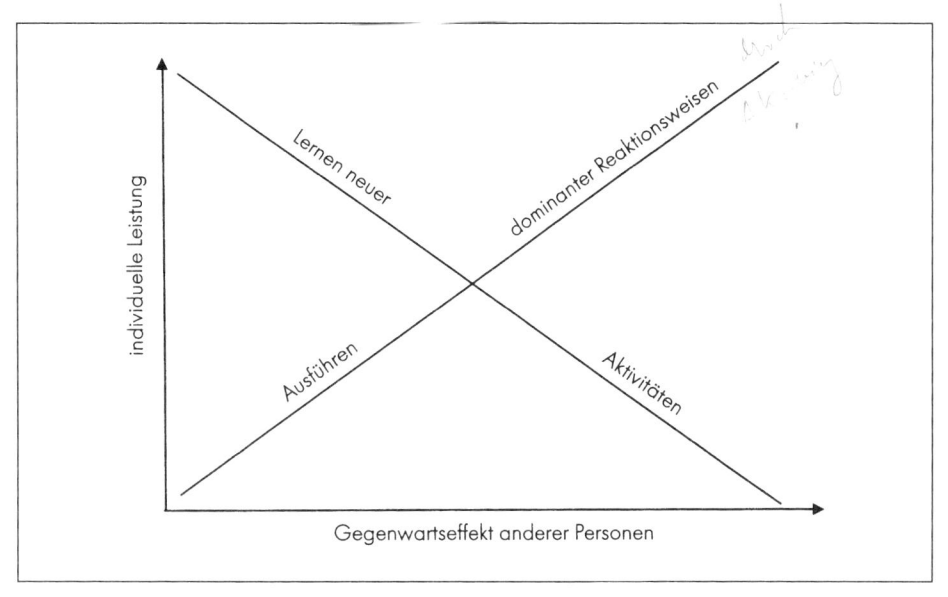

Abb. 1: Welche Arten von Aufgaben werden durch die Gegenwart anderer begünstigt, welche behindert?

Es kommt in diesem Zusammenhang allerdings nicht allein auf die Art der Aufgabe an; wichtig ist ebenfalls, um welche Personen – unterschieden z. B. nach dem Grad der Extraversion – es sich handelt. Während einige durch eine stark aktivierende Situation zu höheren Leistungen gelangen, werden andere dadurch irritiert und in ihrer Leistung reduziert.

Freilich sollte man diese in der „reinen" Laborsituation gefundenen Ergebnisse nicht unreflektiert generalisieren. Selbst wenn Menschen weitgehend kommunikationsioslos nebeneinander arbeiten, können sie dennoch erkennen, ob von den anderen eine eher akzeptierende Haltung oder Ablehnung ausgeht; nonverbale Kommunikation signalisiert ihnen Sympathie oder Feindseligkeit bzw. Zustimmung zu oder Ablehnung von bestimmten Aktivitäten. Außerdem dürfte die Leistung im Sinne eines Beobachtungslernens mitbeeinflusst werden. Wird beobachtet, dass ein Mitglied der Arbeitseinheit durch bestimmte Verhaltensweisen, z.B. eine neu entdeckte Arbeitsmethodik, zu sichtbar besseren Arbeitsergebnissen gelangt, so darf man annehmen, dass die anderen diese erfolgversprechendere Verhaltensweise übernehmen.

Zumindest aber sollte in Organisationen auf Grund des vorliegenden Forschungsstandes überlegt werden, welche Personen man bei welchen Aufgabenstellungen z. B. in ein Großraumbüro setzt und welchen man die Möglichkeit gibt, ihre Arbeit in Einzelzimmern zu bewältigen.

4.3 Das Gegeneinander

Angesichts des komplexen Zielsystems eines Unternehmens und der darin auffindbaren unterschiedlichen Sichtweisen und Interessenlagen ist es häufig erforderlich, dass Personen mit verschiedenen oder nahezu gegensätzlichen Standpunkten zusammenarbeiten (z. B. die Unternehmensführung und der Betriebsrat bei Rationalisierungsmaßnahmen oder auch Ingenieure und Betriebswirte bei der Entwicklung eines neuen Produktes), um Kompromisse zu finden oder aus der Unterschiedlichkeit der Standpunkte zu integrierten innovativen Zielen oder Lösungswegen zu gelangen (vgl. den folgenden Beitrag von BERKEL).

4.4 Das Miteinander

Beim Miteinander wird Kommunikation zwischen den Mitgliedern der Arbeitseinheit zu einem wesentlichen Bestimmungsmerkmal der Arbeit; sie ist dann gegeben, wenn die Mitglieder bei der Ausführung ihrer Aufgabe in sequenzieller Abhängigkeit stehen. Während bei vielen der komplexen Tätigkeiten in Produktion und Montage, bei interdisziplinären Forschungsaufgaben, Projektgruppen zur Implementierung von EDV-Systemen in Fachabteilungen etc. sich allein aus der Aufgabenstellung zwingend interagierende Kooperation ergibt, ist es bei vielfältigen Diskussions-, Problemlösungs- und Entscheidungsgruppen durchaus fraglich, ob der interagierenden Gruppe bessere Arbeitsergebnisse als dem besten Einzelnen zuzutrauen sind. Bei aller wissenschaftlichen Kontroverse in Detailfragen lässt sich mit BRANDSTÄTTER (1989) zusammenfassend folgern, dass Gruppen zur Problemlösung unerlässlich sind, wenn das benötigte Wissen auf mehrere Gruppenmitglieder verteilt ist und wenn sich eine Person allein in der zur Verfügung stehenden Zeit das benötigte Wissen nicht verschaffen kann.

5. Besonderheiten einer Gruppe

Wenn im Sinne des Miteinanders Aufgabenstellungen in der Organisation bewältigt werden sollen, so sind spezifische sozial- und organisationspsychologische Forschungsergebnisse zu berücksichtigen. Diese sollen nachfolgend an dem jeweiligen Bestimmungsteil des Gruppenbegriffs diskutiert werden. Eine Gruppe lässt sich kennzeichnen als eine Mehrzahl von Personen, die bei Bestehen unmittelbarer Interaktionen und Überwiegen der Binnenkontakte für eine längere Dauer beisammen sind, dabei Rollen ausdifferenzieren, gemeinsame Normen, Werte und Ziele entwickeln sowie Kohäsion in dem Sinne zeigen, dass die Zusammengehörigkeit für die Mitglieder attraktiv ist, woraus sich ein Wir-Gefühl ergibt (SADER, 2000; V. ROSENSTIEL, 1995).

5.1 Mehrzahl von Personen

Selbstverständlich besteht eine Gruppe aus mehreren Personen. Wo aber liegt die Unter-, wo die Obergrenze? Was darf als optimale Gruppengröße angesehen werden?

Obwohl Mehrzahl ja schon bei zwei gegeben wäre, sieht in weitgehender Übereinstimmung die sozialpsychologische Literatur bei der Zahl drei die Untergrenze, da erst hier spezifische gruppendynamische Phänomene wie z.B. Mehrheit gegen Minderheit, Koalitionsbildung und Koalitionswechsel beobachtbar werden.

Mehr Mühe bereitet die Festlegung einer Maximalgröße für Gruppen. Um sie zu bestimmen, sollte man zunächst klar vor Augen haben, dass Gruppe nicht einfach mit Menge oder Plural von Personen gleichgesetzt werden kann. Unmittelbare Kommunikation zwischen den Mitgliedern über eine längere Zeit kommt ja als konstituierendes Begriffsmerkmal hinzu. Dies wiederum macht es plausibel, zunächst die Bedingungen zu analysieren, unter denen die Zusammenarbeit in der Organisation erfolgen soll. Sind die Mitglieder der Arbeitseinheit räumlich dicht beieinander oder über verschiedene Stockwerke oder gar Orte verteilt? Ist zeitlich unbeschränkte Zusammenarbeit vorgesehen, oder ist diese – etwa im Rahmen eines Projektes – auf wenige Monate oder gar im Rahmen einer Entscheidungsgruppe auf wenige Stunden begrenzt? Es ist offensichtlich, dass die Obergrenze für die Gruppengröße höher angesetzt werden kann, wenn eine lange Zusammenarbeit bei räumlicher Nähe vorgesehen ist, wie das z.B. bei Schulklassen gilt, weil sich dann die Möglichkeit ergibt, dass jeder mit jedem unmittelbar kommuniziert.

Die Größe der Gruppe wird in der Praxis häufig durch das Konzept der Leitungsspanne bestimmt. Man versteht darunter die Zahl der Personen, die einem Vorgesetzten unmittelbar unterstellt werden. Obwohl in der Organisationsforschung relative Einigkeit darin besteht, dass die Leitungsspanne unter 10 liegen sollte, steht dieses Orientierungskonzept im Gegensatz zu der Forderung, die Organisation möglichst „flach" zu halten. Man findet daher häufig die Empfehlung, dass in solchen Fällen, in denen jeder einzelne Unterstellte Experte auf einem anderen Gebiet ist und somit Führung zu einer Koordination der Spezialisten wird, die Leitungsspanne nicht über 6 bis 8 hinausgehen sollte, während dort, wo alle Unterstellten nahezu gleiche Tätigkeiten ausüben, wie das z.B. für wenig qualifizierte Tätigkeiten in Produktion, Dienstleistung oder Verwaltung gilt, Leitungsspannen bis zu 30 für noch vertretbar gehalten werden (vgl. auch den Beitrag von WIENDIECK, in diesem Band).

Die Sozial- und Organisationspsychologie hat sich bei der Suche nach einer optimalen Gruppengröße vor allem mit Problemlösungs- und Entscheidungsgruppen beschäftigt. Bei fünf bis sieben Personen ist der Kompromiss aus dem aus verschiedenen Perspektiven eingebrachten Wissen und der Koordination der verschiedenen Beiträge günstig. Da man in größeren Gruppen seltener die Chance bekommt, eigene Beiträge einzubringen, sinken mit wachsender Größe auch die Zufriedenheit mit der Gruppenmitgliedschaft sowie die Bereitschaft zur Identifikation mit dem erarbeiteten Ergebnis.

5.2 Direkter Kontakt

Bilden sich Gruppen, so findet man in der Regel, dass die Kontakte zwischen den Gruppenmitgliedern sehr viel häufiger sind als die Kontakte der Gruppenmitglieder zu anderen Personen (SADER, 2000; WITTE & ARDELT, 1989). Kommunikation eines jeden Gruppenmitgliedes mit jedem anderen wird entsprechend auch zu einem Bestandteil vieler Gruppendefinitionen. Allein daraus ergibt sich ja auch die Begrenzung der Gruppengröße nach oben. Bedenkt man, dass die Anzahl der Diagonalen im N-Eck bei $N \times (N-1) : 2$ liegt, so findet man für eine Diskussionsgruppe von 15 Personen bereits 105 mögliche Verbindungen, was wiederum bedeutet, dass 105 Minuten (1 $^3/_4$ Stunden) vergehen würden, wenn jeder nur einmal mit jedem eine Minute lang Argumente austauscht.

(1) Kommunikationsstrukturen

Zu den „klassischen" experimentellen sozialpsychologischen Untersuchungen zählen jene, die zu den Auswirkungen von Kommunikationsstrukturen durchgeführt wurden. Typische Kommunikationsstrukturen zeigt Abbildung 2.

Es lässt sich nachweisen, dass bei komplexen Aufgaben die „Totale", zu besseren Leistungen führt. Die Erklärung dafür dürfte vor allem darin liegen, dass bei komplexen Problemen die Informationsverarbeitungskapazität einer Zentralperson, wie wir sie etwa beim „Rad" finden, überfordert wäre. Dagegen werden einfache Aufgaben schneller und fehlerfreier bei einer Radstruktur gelöst. Formalisierte Kommunikationsstrukturen in Arbeitsgruppen müssten also den Aufgabenstrukturen entsprechend gestaltet werden. Dabei sollte die Kommunikationsstruktur nicht grundsätzlich mit der Entscheidungsstruktur gleichgesetzt werden, da beide prinzipiell unabhängig sind. So kann etwa bei konsultativen Entscheidungen, d. h. der gemeinsamen Beratung des Problems, die Kommunikationsstruktur der Totalen entsprechen, während die Entscheidung durch den Vorgesetzten eher dem zentralistischen Stern entspricht.

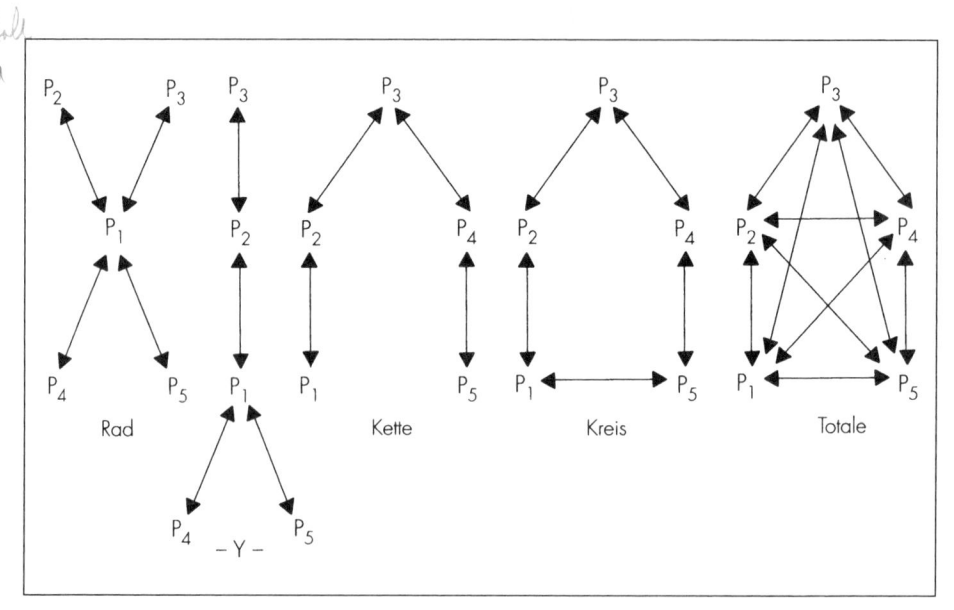

Abb. 2: Kommunikationsstrukturen in Gruppen

(2) Sachebene und Beziehungsebene

In den Untersuchungen zu Kommunikationsstrukturen wurde der Fluss der Sachinformation lösungsrelevanten Wissens manipuliert. Kommunikation ist jedoch weiter zu verstehen; sie bezieht sich also nicht nur auf sachliche Fakten, sondern auch darauf, ob man den anderen mag oder nicht, ob man sich ihm öffnen möchte, ob das zwischenmenschliche Klima als gelöst oder gespannt erlebt wird etc. NEUBERGER (1992) hat in seinem auf didaktische Griffigkeit hin konzipierten TALK-Modell diesen Ansatz weiter differenziert. Dabei steht:

- T für Tatsachen (es ist),
- A für Ausdruck (ich bin),
- L für Lenkung (du sollst),
- K für Klima (wir sind).

Es gilt nun – analysiert man verbale und nonverbale Kommunikation in Arbeitsgruppen – zu prüfen, was unter dieser vierfachen Perspektive jeweils gesendet wurde (vgl. auch den Beitrag von COMELLI, Teamentwicklungstraining, in diesem Band). Sagt etwa ein Mitglied einer Projektgruppe zu einem anderen: „Ich halte diesen Vorschlag für völlig unsinnig", so könnte – in ganz unterschiedlichem Mischverhältnis – gemeint sein:

- T: diese Information ist für die Lösung unseres Problems wenig hilfreich;
- A: ich bestimme hier, was richtig oder falsch ist;
- L: du sollst nicht ständig dazwischenreden;
- K: die Beziehung zwischen uns ist gespannt.

Es ist ja ein bekannter Umstand, dass Widerspruch in der Sache häufig völlig zurückgenommen wird, wenn eine andere Person den gleichen Tatbestand äußert, da Widerspruch hier nur das Instrument dafür ist, Beziehungsspannungen auszutragen oder Machtansprüche zu artikulieren. Eine Vielzahl empirischer Untersuchungen konnte zeigen, dass erlebte Emotionen die Sachebene beeinflussen, z.B. erlebte Sympathie dazu führt, dem Kontrahenten in der Sache entgegenzukommen, oder freundlich vorgetragene Argumente den Partner öfter zum Nachgeben veranlassen als unfreundliche Beiträge, während aggressive Opponenten an Einfluss verlieren.

(3) Kommunikation und Technik

Mitglieder einer Arbeitsgruppe kommunizieren nicht in einem „freien Raum". Sie bewältigen gestellte Aufgaben innerhalb vorgegebener Strukturen unter Nutzung bestimmter technischer Hilfsmittel. Dadurch wird die Kommunikation nachhaltig beeinflusst (MEISSNER, 1976). So ist aufgaben- und situationsbedingt bei werkstattähnlicher Fertigung die verbale Kommunikation zwischen den Arbeitenden intensiver ausgeprägt als bei Fließbandfertigung. Am Fließband intensiviert sich die nonverbale Kommunikation, was möglicherweise auf die räumliche Distanz der Arbeitenden zueinander, auf den am Arbeitsplatz herrschenden Lärm und die Unmöglichkeit, den Arbeitsplatz für Gesprächszwecke zu verlassen, zurückgeführt werden kann.

Derartige Kommunikationsmöglichkeiten entfallen, wenn – bedingt durch die Entwicklung elektronischer Kommunikationssysteme – die „face to face"-Kommunikation zurückgeht. FRESE und BRODBECK (1989) vermuten, dass sich zunehmend mehr elektronisch kommunizierende Arbeitsgruppen entwickeln werden. Dies hat, wie inzwischen empirisch gezeigt werden konnte, Einfluss auf das Kommunikationsverhalten und die Kommunikationsinhalte. Dies wiederum ist für die Planung von „Computerkonferenzen" oder vernetzte Systeme der „electronic mail" wichtig. Da dabei der Status des Senders nicht so leicht identifizierbar ist, kommt es einerseits stärker zum demokratischen Argumentationswettbewerb, andererseits zu einer Tendenz, die eigene Position zu unterstreichen. Sendungen innerhalb elektronischer Mailsysteme sind deutlich weniger empfängerorientiert als vielmehr ich-zentriert. Häufiger als bei unmittelbarer Kommunikation werden Kommunikationsnormen überschritten, Vulgärausdrücke verwendet und relativ ungehemmt auch schlechte Nachrichten mitgeteilt.

Man darf vermuten, dass die soziale Kompetenz von Gruppenmitgliedern zurückgehen wird, wenn elektronische Kommunikationsmedien nicht als Ergänzung, sondern als Ersatz üblicher Kommunikationsformen verwendet werden.

5.3 Dauer

Definitionsmerkmal von Gruppen ist eine relative zeitliche Erstreckung. Gruppen brauchen Zeit, um sich zu bilden. Dabei werden häufig vier Phasen voneinander unterschieden:

- „forming" – man lernt sich kennen, die Gruppe bildet sich;
- „storming" – Rollen werden einander zugewiesen, der Kampf um die Hackordnung ausgetragen etc.;
- „norming" – Normen bilden sich, Spielregeln der Zusammenarbeit werden ausgehandelt und zur Routine;
- „performing" – die Gruppe nimmt die vorgesehene Arbeit auf und kommt zur erwünschten Leistung.

Selbstverständlich kann es bei Störungen oder Umstrukturierungen immer wieder einen Rückfall in frühere Phasen geben. Wird allerdings einer Gruppe für ihre Bildung zu wenig Zeit zugestanden, so gelangt sie überhaupt nicht zum „performing".

Für Arbeitsgruppen hat die hier angesprochene zeitliche Perspektive unter zwei Gesichtspunkten eine besondere Bedeutung. Arbeitsgruppen können relativ geschlossen sein, d. h. ihre Zusammensetzung kann über Jahre unverändert bleiben. Es ist aber auch möglich, dass aufgabenbedingt oder bedingt durch die Vermutung, dass ständige Job-Rotation die Qualifikation der Mitarbeiter steigert sowie die Flexibilität und die Vernetzung der Organisation erhöht, die Gruppenmitglieder häufig ausgetauscht werden. Die Gruppe ist dann relativ offen.

Tatsächlich unterliegen lange bestehende geschlossene Gruppen der Gefahr, relativ starre Normen zu bilden, Normabweichungen massiv zu sanktionieren und die Offenheit für Argumente von außen zu verlieren. Dagegen muss bei ständig wechselnder Gruppenmitgliedschaft der gruppendynamische Prozess der Strukturierung jeweils neu beginnen. Das häufig notwendig werdende Neustrukturieren einer Gruppe wird offensichtlich zur Beanspruchung. Daraus können sich psychosomatische Störungen ergeben (vgl. den Artikel von REGNET, Stress und Möglichkeiten der Stresshandhabung, in diesem Band).

Der Aspekt der Dauer gewinnt in vielen Organisationen dadurch zusätzlich an Bedeutung, dass herkömmliche stabile Linienorganisationen aufgelöst und durch Projektgruppenorganisationen (vgl. den entsprechenden Artikel von VOSS & ECKRICH in diesem Band) abgelöst oder zumindest ergänzt werden.

5.4 Rollendifferenzierung

Für nahezu jede Arbeitsgruppe legt der Organisationsplan durch Arbeitsverträge, Organigramme sowie Tätigkeits- oder Stellenbeschreibungen Rollendifferenzierungen fest. Da gibt es einen Vorgesetzten, seinen Stellvertreter sowie Stelleninhaber für die Erfüllung unterschiedlicher Aufgaben. Dies ist jedoch der Plan. Empirisch ist es höchst reizvoll zu prüfen, ob die beobachtbare Rollendifferenzierung dem Plan entspricht und ob sich gar Rollen entwickeln, die im Plan nicht vorgesehen sind. Tatsächlich ist es eine der zentralen Erkenntnisse der sozialpsychologischen und mikrosoziologischen Gruppenforschung, dass es in Gruppen relativ rasch und spontan zu Rollendifferenzierungen kommt.

Rollendifferenzierung in Gruppen erfolgt mehrdimensional. Besonderes Interesse hat die vertikale Differenzierung gefunden, die so genannte „Hackordnung", d. h. die Rangreihe an Macht und Einfluss, die u. a. für die Privilegienvergabe maßgeblich ist und vom „Alpha" bis zum „Omega" reicht.

Es stellt sich allerdings die Frage, ob bei menschlichen Gruppen die Vertikale als nur eine Dimension zu sehen ist. Geht man davon aus, dass es in Gruppen um *Zielerreichung* (Lokomotion) und um *Zusammenhalt* (Kohäsion) geht, so ist bei der Führung von Gruppen Arbeitsteilung gut vorstellbar. Der eine Führer bemüht sich darum, die Gruppe zum Sachziel zu führen, während der andere sich um ihren Zusammenhalt kümmert. Wenn die beiden gut kooperieren, ist eine leistungsorientierte Gruppe anzunehmen. In der Praxis gehen entsprechende Empfehlungen dahin, den formalen Führer, d. h. den ernannten Vorgesetzten, als Tüchtigkeitsführer zu interpretieren und den sich aus dem Gruppenprozess herausbildenden informellen Führer als Beliebtheitsführer zu sehen und ihn zum Stellvertreter zu machen.

Neben der vertikalen spielen auch unterschiedliche horizontale Dimensionen eine wesentliche Rolle. Da bilden sich in der Gruppe Spezialisten für bestimmte Aufgaben, Mitläufer, Außenseiter, Sündenböcke heraus, die alle in der gruppendynamischen Literatur vielfältig beschrieben und gedeutet wurden.

In der organisationspsychologischen Literatur allerdings hat eine Rolle besondere Aufmerksamkeit gefunden: die des Führenden. Und dies ist – direkt oder indirekt – Thema des hier vorliegenden Buches insgesamt.

5.5 Gemeinsame Normen, Ziele und Werte

Vielfach wurde gezeigt, dass auf solchen Feldern offenen und verdeckten Verhaltens, die den Gruppenmitgliedern wichtig sind, die Streuung zurückgeht und ein hochgradig standardisiertes Denken und Handeln sich entwickelt. Es bilden sich Normen, d. h. von allen Gruppenmitgliedern geteilte Erwartungen, wie die Mitglieder der Gruppe in bestimmten Situationen denken und handeln sollten. Es gibt in der Gruppe bestehende Aufforderungen, in ganz bestimmten wiederkehrenden Situationen spezifisches Verhalten zu zeigen oder zu unterlassen. Die Beachtung bestimmter Verhaltensrichtlinien bringt voneinander abhängigen Personen Vorteile, während das Abweichen – auch nur eines einzigen – für alle mit Nachteilen verbunden ist. Vor diesem Hintergrund verwundert es nicht, dass Personen einer Gruppe in Bezug auf bestimmte Verhaltenssegmente starke, in Bezug auf andere geringe Übereinstimmung zeigen. Normbeachtung ist eben auf ganz bestimmten Feldern für die Zielerreichung der Gruppe wesentlich, auf anderen dagegen nicht.

Es ist schon früh qualitativ beschrieben worden (ROETHLISBERGER & DICKSON, 1939), welche Prozesse sich in Gruppen abspielen, wenn bestimmte Mitglieder sich nicht an die Norm halten – z.B. in Bezug auf das Leistungsverhalten –, und wie es dadurch zum Phänomen der „Leistungsrestriktion" kommt. Normabweichende Personen werden zunächst mit von außen kaum wahrnehmbaren Sanktionen, sodann durch verbale und schließlich gar durch körperliche Attacken dazu bewegt, die Gruppennorm zu beachten.

Im Hinblick auf die Leistung in Arbeitsgruppen hat der Aspekt der Norm in verschiedenen Zusammenhängen Beachtung gefunden. So konnte einerseits nachgewiesen werden, dass das Bestehen hoher Leistungsnormen in Arbeitsgruppen mit hohem Zusammenhalt kurz- und längerfristig gute Leistungen bei geringer Streuung garantiert, dass aber andererseits in Problemlösungs- und Entscheidungsgruppen durch die Einhaltung von Normen innovative Leistung eher behindert wird, da diese in der Regel von einigen, die eher als Außenseiter zu interpretieren sind, eingebracht wird.

5.6 Wir-Gefühl und Gruppenkohäsion

Es war bereits darauf verwiesen worden, dass in Arbeitsgruppen auf zwei Aspekte besonders geachtet werden muss, nämlich auf den Zusammenhalt (Kohäsion) und die Bewegung auf das Ziel hin (Lokomotion).

Kohäsion einer Gruppe lässt sich dabei als das Ausmaß wechselseitiger positiver Gefühle umschreiben, wodurch sich die durchschnittliche Attraktivität der Gruppe für ihre Mitglieder entwickelt (SADER, 2000). In dem Maße, in dem die Kohäsion anwächst, zu erlebter Zusammengehörigkeit führt, entwickelt sich auch das „Wir-Gefühl", ein konstituierender Bestandteil vieler Gruppendefinitionen. Die Mitglieder sprechen voneinander als „Wir".

Nun darf keinesfalls die Kohäsion mit dem Insgesamt der Kräfte gleichgesetzt werden, die die Mitglieder in der Gruppe halten. Neben den positiven Gefühlen kann auch anderes ausschlaggebend sein, z.B. schlicht Trägheit, die ein Drängen auf Veränderung unterbindet, obwohl die Mitgliedschaft in der Gruppe weder durch die Sympathie den anderen gegenüber, noch durch Furcht vor Nachteilen im Falle des Ausscheidens motiviert ist.

Bedeutsam für das Verbleiben in einer Gruppe ist auch die Dependenz von der Gruppe, also die Abhängigkeit des Gruppenmitglieds von der Gruppe, d.h. man fürchtet bei Verlust der Gruppenmitgliedschaft Vorteile einzubüßen, die man woanders nicht zu erreichen glaubt (IRLE, 1975; v. ROSENSTIEL, 2000).

Hoher Gruppenzusammenhalt, d.h. eine intensive Kohäsion in Arbeitsgruppen, wird in aller Regel in der Praxis für wünschenswert gehalten, obwohl nicht selten besonders schwache Gruppenarbeitsergebnisse, z.B. in Form von Leistungsrestriktionen oder Fehlentscheidungen auf Grund des Gruppendrucks in Gruppen mit hoher Kohäsion beobachtet werden können.

(1) Gruppenkohäsion als Folge

Als über die Bildung von Gruppen in Organisationen gesprochen worden war, hatten wir bereits darauf verwiesen, dass die Häufigkeit von Kontakten und die wahrgenommene Ähnlichkeit die Gruppenentstehung begünstigen, also zur Festigung des Wir-

Gefühls beitragen. Und dies ist besonders wahrscheinlich, wenn Personen, die unter als wichtig erlebten Aspekten einander ähnlich sind, bei räumlicher Nähe in kleiner Zahl über längere Zeit beieinander bleiben.

Für Arbeitsgruppen besonders wichtig erscheint, dass auch der Arbeitsinhalt die Kohäsion erhöhen kann. Der Versuch, eine Aufgabe effizient zu bewältigen und gemeinsam zu Erfolgen zu gelangen, verbindet.

Weitere Bedingungen müssen jedoch hinzukommen, damit der erlebte Zusammenhalt sich intensiviert. Die Gruppe wird vor allem dann eine hohe Attraktivität für ein jedes Mitglied haben, wenn sie als Mittel zu dem Zweck wahrgenommen wird, Bedürfnisse des Einzelnen zu erfüllen. Vor diesem Hintergrund ist – wie bereits beim Konzept der sozialen Unterstützung besprochen – vor allem darauf zu achten, dass zum einen Gruppenmitgliedschaft auf der Ebene des Emotionalen Geborgenheit zu vermitteln in der Lage ist und auf dem Gebiete der Handlung durch die Chance des gemeinsamen Tuns den Einzelnen vor dem Erleben des Kontrollverlustes schützen kann (GEBERT & v. ROSENSTIEL, 2002).

(2) Gruppenkohäsion als Ursache

Ein intensiv ausgeprägtes Wir-Gefühl, d.h. eine hohe Kohäsion der Gruppe, die alle Mitglieder umfasst, bewirkt vor allem zweierlei:

– hohe Zufriedenheit und
– striktere Einhaltung der für die Gruppe wichtigen Normen.

Unter dem Aspekt der Beziehung zwischen Gruppenkohäsion und Arbeitszufriedenheit überrascht es nicht, dass von hier aus Beziehungen zur Fehlzeiten- und Fluktuationsrate vermutet und untersucht wurden. Nicht selten wird argumentiert, dass Fehlzeiten und Fluktuation auf einer Dimension lägen, d.h. die Kündigung gewissermaßen die extreme Ausprägung der zeitlich begrenzten Abwesenheit vom Arbeitsplatz sei. IRLE (1975) verweist nun auf negative Korrelationen zwischen Absentismus und Fluktuationsneigung und geht davon aus, dass Fluktuation nur dann zu erwarten sei, wenn die Gruppenkohäsion und die Dependenz von der Gruppe gering sind, während Fehlzeiten eher dann angenommen werden können, wenn die Kohäsion zwar niedrig, die Dependenz von der Gruppe aber hoch ist.

Unter dem Aspekt der Korrelation zwischen Gruppenkohäsion und Normbeachtung ist es wesentlich, danach zu differenzieren, ob spezifische Verhaltensweisen für die Gruppenmitglieder als bedeutsam gelten oder nicht. Nur bei Verhaltensweisen, die für das Selbstverständnis der Gruppenmitglieder bzw. der Gesamtgruppe wichtig erscheinen, sind versteckte oder offensichtliche Sanktionen gegen Abweichungen – bis hin zum Gruppenausschluss, der bei hoher Kohäsion natürlich besonders schmerzlich ist – zu erwarten.

In Arbeitsgruppen zählt zu diesen wichtigen Handlungsbereichen in der Regel das Leistungsverhalten. Es fanden sich nun schon früh Hinweise darauf, dass unter bestimmten Konstellationen – z.B. wenn die Gruppenmitglieder als Folge hoher Leistung negative Konsequenzen vermuten – in der Gruppe die Leistungsmenge bewusst zurückgehalten wurde und Überschreitungen der informellen Norm durch ein Mitglied von den anderen sanktioniert wurden (s. Punkt 5.5).

Differenzierte Analysen dieses Phänomens gelangen in laborexperimentellen Untersuchungen. Es zeigte sich, dass nur bei hoher Gruppenkohäsion die Leistungsziele streng beachtet wurden, d.h. nur bei hoher Gruppenkohäsion und positiven Zielsetzungen waren die Leistungen bei geringer Streuung hoch, während sie bei hoher Gruppenkohäsion und niedriger Zielsetzung bei geringer Streuung niedrig ausgeprägt waren. Hier stoßen wir also auf das Phänomen der „Clique". Im Fall geringer Gruppenkohäsion streuten die Leistungen weit, d.h. es entwickelte sich keine sehr ausgeprägte Leistungsnorm.

6. Teamarbeit

Arbeit im Team wird allenthalben thematisiert. Handelt es sich um einen Modebegriff? Wohl kaum. Tatsächlich arbeiten immer mehr Menschen kurz- oder längerfristig in Teams. Daher soll nachfolgend knapp angesprochen werden, was man unter einem Team versteht, welche Gründe für die Zunahme von Teamarbeit bestehen, welche Formen der Teamarbeit häufig anzutreffen sind, wie sich Teamdiagnosen durchführen lassen und wie schließlich ein Team entwickelt werden kann.

(1) Auch ein Team ist eine Gruppe, aber nicht jede Gruppe ist ein Team. Teams werden allgemein positiver gewertet; sie sind „gut eingespielt", durch funktionierende Kooperation gekennzeichnet sowie dadurch, dass alle Mitglieder eine intensive Bindung an die Aufgabe bzw. die gemeinsamen Ziele haben (KAUFFELD, 2001).

(2) Die Gründe für die Zunahme von Teamarbeit sind vielfältig. Als besonders gewichtige (WEGGE, 2001) werden genannt:
  – die steigende Komplexität der Aufgaben, die die Qualifikation eines einzelnen Spezialisten übersteigt;
  – die Komplexität des Marktgeschehens, die einerseits zu höheren Qualitätsanforderungen und andererseits zu wachsendem Kostendruck führt sowie
  – der Wandel gesellschaftlicher Werte, der einerseits stärkere Kooperation bei der Arbeit und andererseits Autonomie im Sinne einer Reduzierung von hierarchischer Fremdbestimmung begünstigt.

(3) Teamarbeit findet sich in verschiedenen Formen in Organisationen der Wirtschaft und Verwaltung. Besonderes Interesse haben hier Projektgruppen gefunden (vgl. Voss & ECKRICH in diesem Band), innerhalb derer Personen mit ganz unterschiedlicher fachlicher Qualifikation zeitbegrenzt an komplexen interdisziplinären Aufgaben arbeiten. Viel diskutiert werden aber auch „teilautonome Arbeitsgruppen", innerhalb derer meist gewerbliche Mitarbeiter ohne formellen Vorgesetzten weitgehend selbstbestimmt ihre Arbeit organisieren (ANTONI, 1996). Kaum gebrochen ist der Trend zur Arbeit in Qualitätszirkeln (ANTONI, 1990). Hier treffen sich verschiedene Mitarbeiter einmal für begrenzte Zeit alle ein bis zwei Wochen, um Optimierungen der Produkt- und Prozessqualität zu suchen, so einen ständigen Verbesserungsprozeß zu betreiben und auf diese Weise das betriebliche Vorschlagswesen auf eine gemeinsame Basis zu stellen (vgl. den Beitrag von ANTONI, in diesem Band). Selbstverständlich aber kann auch jede sonstige Form von Gruppenarbeit, wenn deren Qualität angehoben wird, zur Teamarbeit werden.

(4) Voraussetzungen erfolgreicher Teamarbeit liegen vor allem in der Teambesetzung und in der Teamführung, die gemeinsam die Qualität der Zusammenarbeit im Team bestimmen (HÖGL & GEMÜNDEN, 2000). Die Autoren leiten als konkrete Empfehlungen ab:

- Bei der Teambesetzung muss auf ausreichende soziale Kompetenz geachtet werden.
- Bei der Teambesetzung muss auf ausreichende methodische Kompetenz geachtet werden.
- Beim Einsatz von Mitarbeitern ist auf die Präferenz dieser Personen für die Gruppenarbeit zu achten.
- Bei der Besetzung der Gruppe muss darauf geachtet werden, dass die Diskrepanzen im Wissens- und Fähigkeitsstand der Mitarbeiter nicht zu groß sind.
- Das der Gruppe vorgegebene Ziel sollte kollektiv verpflichtend sein.
- Das Ziel sollte klar, zeitlich überschaubar, inhaltlich realistisch und über die Zeit konstant sein.
- Die Gruppe sollte während ihrer Arbeit regelmäßiges, konkretes und konstruktives Feedback erhalten.
- Es sollte ein Führungsmodell praktiziert werden, das den Gruppenmitgliedern grundsätzliche Gleichberechtigung und Mitwirkungsmöglichkeiten bei Entscheidungen bietet.

(5) Die Qualität der Zusammenarbeit im Team interessiert in Wissenschaft und Praxis seit langem. Verschiedene mehr oder weniger standardisierte Verfahren wurden entwickelt, um diese Qualität zu erfassen. Besondere Beachtung verdienen zwei Vorgehensweisen, die in jüngerer Zeit im deutschen Sprachraum erarbeitet wurden. Beide berufen sich auf Grundüberlegungen von WEST (1994), der bei der Teamarbeit zwischen „Task Reflexivity" und „Social Reflexivity" differenziert. Das eine der beiden Verfahren, der „Fragebogen zur Arbeit im Team (FAT)" von KAUFFELD (2001), umfasst 22 Items und lässt sich in 10 Minuten auch bei sprachlich wenig geschulten Teams anwenden. Das andere Verfahren, das „Team-Klima-Inventar (TKI)" von BRODBECK, ANDERSON & WEST (2000) umfasst die inhaltlichen Bereiche Vision, Aufgabenorientierung, Partizipative Sicherheit, Unterstützung für Innovation sowie eine zur Kontrolle geeignete „Soziale Erwünschtheitsskala". Der Fragebogen besteht aus insgesamt 44 Items und ist in der Durchführung etwas aufwändiger als der FAT. Er eignet sich besonders zur Messung der Qualität der Zusammenarbeit in Projekten.

(6) Teamentwicklung geht am besten von einer angemessenen Teamdiagnostik aus. Wird ein partizipatives Vorgehen gewählt, so überlegen sich die Teammitglieder gemeinsam unter der Leitung eines Moderators, was die Diagnosedaten für sie alle bedeuten, welche Ursachen die diagnostizierten Stärken und Schwächen haben und was unternommen werden kann, um die Stärken zu bewahren und die Schwächen zu beseitigen. Was angemessene Anlässe für Teamentwicklungen sind und wie man dabei konkret vorgeht, zeigt COMELLI in diesem Band.

7. Abschluss

Nahezu jeder Berufstätige ist Mitglied einer oder mehrerer Arbeitsgruppen. Dies erscheint unter dem Aspekt der Organisations- und Humanziele bedeutsam. Ziele bei komplexen Aufgaben können nur erreicht werden, wenn unterschiedliche Spezialisten in kurz- oder langfristig bestehenden Arbeitsgruppen kooperieren. Dabei werden die Arbeitsziele nur dann optimal erfüllt, wenn auch die sozialen Bedürfnisse der Gruppenmitglieder befriedigt werden. Bei der Bildung von Arbeitsgruppen darf also nicht nur gefragt werden:

- Was ist vom Sachlichen her gefordert? Wer muss – um die Zielerreichung zu garantieren – mit wem zusammenarbeiten, und wie muss er zuvor fachlich qualifiziert werden?

Sondern auch:

- Was ist vom Zwischenmenschlichen her gefordert? Wer findet mit wem Kontakt, und wie muss zuvor kommunikative Kompetenz – Gesprächs- und Gruppenfähigkeit – erarbeitet werden?

Literatur

ANTONI, C. H. (1990). Qualitätszirkel als Modell partizipativer Gruppenarbeit. Bern 1990.
ANTONI, C. H. (1996). Teilautonome Arbeitsgruppen. Ein Königsweg zu mehr Produktivität und einer menschengerechten Arbeit? Weinheim 1996.
BASS, B. M. (1960). Leadership psychology and organizational behavior. New York 1960.
BRANDSTÄTTER, H. (1989). Problemlösen und Entscheiden in Gruppen. In E. ROTH (Hrsg.), Organisationspsychologie, Enzyklopädie der Psychologie. Bd. 3, S. 505–527. Göttingen 1989.
BRODBECK, F., ANDERSON, N. & WEST, M. (2000). Teamklima-Inventar (TKI). Göttingen 2000.
COMELLI, G. & v. ROSENSTIEL, L. (2001). Führung durch Motivation. München 2001.
FRESE, M. & BRODBECK, F. (1989). Computer in Büro und Verwaltung. Berlin 1989.
GEBERT, D. & ROSENSTIEL, L. v. (2002). Organisationspsychologie. Stuttgart 2002.
HOFSTÄTTER, P. R. (1971). Gruppendynamik. Reinbek 1971.
HOMANS, G. C. (1950). The human group. New York 1950.
IRLE, M. (1975). Handbuch der Sozialpsychologie. Göttingen 1975.
KAUFFELD, S. (2000). Teamdiagnose. Göttingen 2000.
MEISSNER, M. (1976). The language of work. In R. DUBIN (Hrsg.), Handbook of work, organization, and society. S. 205–279. Chicago 1976.
NEUBERGER, O. (1992). Miteinander arbeiten – miteinander reden! München 1992.
ROETHLISBERGER, F. J. & DICKSON, W. J. (1939). Management and the worker. Cambridge/Mass. 1939.
ROSENSTIEL, L. v. (1995). Kommunikation und Führung in Arbeitsgruppen. In H. SCHULER (Hrsg.), Lehrbuch Organisationspsychologie. S. 321–351. Bern 1995.
SADER, M. (2000). Psychologie der Gruppe. München 2000.
SCHACHTER, S. (1959). The Psychology of affiliation. Experimental studies of the source of gregariousness. Stanford 1959.
STIRN, H. (1970). Die Arbeitsgruppe. In A. MAYER & B. HERWIG (Hrsg.), Handbuch der Psychologie, Betriebspsychologie. Bd. 9, S. 494–520. Göttingen 1970.
WEGGE, J. (2001). Gruppenarbeit. In H. SCHULER (Hrsg.), Lehrbuch der Personalpsychologie. S. 481–507. Göttingen 2001.
WEST, M. A. (1990). The social psychology of innovation in groups. In M. A. WEST & J. L. FARR (eds), Innovation and creativity at work. S. 309–333. Chichester 1990.
WITTE, E. H. & ARDELT, E. (1989). Gruppenarten, -strukturen und -prozesse. In E. ROTH (Hrsg.), Organisationspsychologie, Enzyklopädie der Psychologie. Bd. 3, S. 463–483. Göttingen 1989.

Zur Konkretisierung und weiteren Vertiefung wird empfohlen, im Fallstudienband die Fälle zu „Arbeitsgruppe" und zu „Gruppen- versus Einzelarbeit" zu bearbeiten.

Conny Antoni

Gruppenarbeitskonzepte

1. Konzepte der Gruppen- und Teamarbeit
2. Erfahrungen mit Gruppenarbeit
3. Konsequenzen für die Gestaltung
4. Ausblick

1. Konzepte der Gruppen- und Teamarbeit

Betriebliche Gruppenarbeitsformen können zur Vereinfachung danach unterschieden werden, ob sie integrierter Bestandteil der regulären Arbeitsorganisation sind und zur Bearbeitung der täglichen Arbeitsaufgaben eine kontinuierliche Zusammenarbeit erfordern oder ob sie die bestehende Organisationsstruktur temporär ergänzen und ihre Mitglieder zur Lösung spezifischer Probleme nur zeitweise zusammenarbeiten (ANTONI, 2000).

Um von Gruppenarbeit sprechen zu können, genügt jedoch keine formale Zuordnung von Stellen zu einem Vorgesetzten, vielmehr muss von einer Gruppe eine gemeinsame Aufgabe übernommen werden. *Gruppenarbeit* ist eine Arbeitsform, bei der mehrere Personen über eine gewisse Zeit, nach gewissen Regeln und Normen eine aus mehreren Teilaufgaben bestehende Arbeitsaufgabe bearbeiten, um gemeinsame Ziele zu erreichen, und die dabei unmittelbar zusammenarbeiten und sich als Gruppe fühlen.

Die Begriffe Gruppe und Team sowie Gruppen- und Teamarbeit werden synonym gebraucht, da eine scharfe Trennung zwischen diesen Begriffen nicht möglich ist. Zwar schwingt beim Team- im Vergleich zum Gruppenbegriff bisweilen eine Vorstellung höherer Kohäsion und besser funktionierender Kooperation mit, doch sind dies wenig greifbare Assoziationen, die weder im Alltags- noch in der Wissenschaftssprache zu einem durchgängig konsistenten Sprachgebrauch führen.

1.1 Temporäre Formen der Gruppenarbeit

Als temporäre Arbeitsgruppen sind Qualitätszirkel, KVP- und Projektteams nicht in die reguläre Arbeitsorganisation integriert. *Qualitätszirkel* sind kleine Gruppen von Mitarbeitern, primär der unteren Hierarchieebene, die sich regelmäßig auf freiwilliger Grundlage treffen, um selbstgewählte Probleme aus ihrem Arbeitsbereich zu bearbeiten und zu lösen. Die gemeinsame Aufgabenbearbeitung beschränkt sich auf ein- bis zweistündige Treffen, die etwa alle zwei bis vier Wochen stattfinden. Sie können lediglich Verbesserungsvorschläge erarbeiten und besitzen selbst keine Entscheidungskompetenz.

Im Rahmen des kontinuierlichen Verbesserungsprozesses (KVP) bzw. Kaizen suchen Mitarbeiter eines Arbeitsbereiches zusammen mit Fachexperten und Führungskräften in *KVP-Teams* gezielt nach Verschwendungen. Durch die konzentrierte Bearbeitung von Problemstellungen in ggfs. mehrtägigen KVP-Workshops sollen Lösungen schnell erarbeitet und sofort vor Ort umgesetzt werden. Auf diese Weise kann die bei Qualitätszirkeln auftretende Problemverschleppung vermieden werden. Allerdings ist zu beachten, dass die jeweils betroffenen Mitarbeiterinnen und Mitarbeiter auch tatsächlich beteiligt und nicht von schnellen Lösungen überrascht werden, die sie ggfs. gar als Verschlechterung empfinden. KVP-Teams finden sich sowohl als Variante von Qualitätszirkeln als auch von Projektteams.

Projektgruppen erarbeiten Lösungen für neuartige, einmalige, inhaltlich und zeitlich abgegrenzte komplexe Problemstellungen, die meist mehrere Funktionsbereiche betreffen. Hierzu werden Mitarbeiter und Führungskräfte auf Grund ihrer Fachkompetenz ausgewählt. Es können vier verschiedene Typen nach dem Grade der organisatorischen Verselbstständigung des Projektziels unterschieden werden: Erstens, die *Stabs-Projektorganisation*, bei der die Projektkoordination von Stäben wahrgenommen wird und die Projektmitarbeiter in ihren Stammabteilungen verbleiben (Einfluss-Projektmanagement); zweitens, die *Matrix-Projektorganisation*, die auf einer Kompetenzaufteilung in ein funktions- und ein projektorientiertes Leitungssystem beruht und bei der die Projektmitarbeiter zwar wie bei der Stabs-Projektorganisation in den Stammabteilungen verbleiben, jedoch projektbezogene fachliche Weisungen von dem Projektmanager bzw. der spezifischen Projekteinheit erhalten; drittens, die Schaffung *projektorientierter Teilbereiche*, d.h. die Aufgliederung von Fachbereichen, wie z.B. der Entwicklung nach Projekten, wobei hier der Projektcharakter fraglich wird; viertens, die *reine Projektorganisation*, bei der die am Projekt beteiligten Personen aus den verschiedenen Unternehmensbereichen für die Zeitdauer des Projekts freigestellt und einem selbstständigen Projektbereich zugeordnet werden. Abgesehen von der Schaffung projektorientierter Teilbereiche verändert die Einführung einer Projektorganisation nicht die vorhandene Organisationsstruktur. Während bei der Stabs- und Matrix-Projektorganisation Mitarbeiter neben ihrer Linienfunktion zeitanteilig auch Aufgaben in mehreren Projektteams bearbeiten können, arbeiten sie bei der reinen Projektorganisation für die Zeitdauer des Projektes kontinuierlich zusammen (vgl. dazu auch den Beitrag von Voss und ECKRICH, in diesem Band).

1.2 Kontinuierliche Formen der Gruppenarbeit

Als kontinuierliche, in die reguläre Arbeitsorganisation integrierte Formen der Gruppenarbeit können klassische Arbeitsgruppen, Fertigungsteams und teilautonome Arbeitsgruppen entsprechend ihres (zunehmenden) Handlungsspielraums differenziert werden. Unter Handlungsspielraum werden hierbei Art und Umfang direkter und indirekter Aufgaben, Entscheidungskompetenzen und Kooperationsanforderungen verstanden.

Eine *klassische Arbeitsgruppe* ist eine Gruppe von Mitarbeitern, die eine gemeinsame Aufgabe stark funktions- und arbeitsteilig durchführt. Sie wird von einem Vorgesetzten geleitet, der Arbeitsverteilung, die Feinsteuerung, die Personal- und Arbeitszeitplanung übernimmt, die Mitarbeiter kontrolliert und auftretende Probleme löst. Indirekte Tätigkeiten wie Qualitätssicherung, Transport, Wartung oder Instandhaltung werden von anderen Funktionsbereichen ausgeführt. Von Gruppenarbeit kann hier nur gesprochen werden, wenn trotz dieser Einschränkungen gemeinsame Aufgaben und Ziele verfolgt werden und sich die Mitglieder als Gruppe wahrnehmen.

Bei *Fertigungsteams*, wie sie insbesondere durch Toyota praktiziert werden, wird die tayloristische Arbeitsteilung mit kurzen Arbeitszyklen beibehalten, jedoch werden indirekte Funktionen in die Produktion integriert. In den Montagebereichen wird die technische Abhängigkeit der einzelnen Arbeitsstationen und Gruppen durch die weit gehende Beseitigung jeglicher Puffer *(just-in-time-Prinzip)* und die taktgebundene Fließfertigung weiter gesteigert. Fertigungsteams umfassen jeweils ca. 10 Mitglieder. Von diesen wird erwartet, dass sie mindestens drei Arbeitsstationen beherrschen, um die notwendige personelle Flexibilität zu gewährleisten. Ferner wird die strikte Einhaltung vorgegebener Arbeitsstandards gefordert, um die Prozesssicherheit sicherzustellen. D.h. jede Operation, jeder Handgriff ist in der vorgeschriebenen Weise auszuführen. Im Unterschied zu tayloristischer Einzelarbeit und klassischen Arbeitsgruppen sollen jedoch die Standards durch individuelle und kollektive Verbesserungsvorschläge von den Mitarbeitern selbst kontinuierlich weiterentwickelt werden. Auf diesen gemeinsamen Verbesserungsprozess beschränkt sich auch vorwiegend die Kooperation der Fertigungsteammitglieder. In der Regel werden zwei Teams von einem Meister geleitet. Im Vergleich zur herkömmlichen Meisterrolle macht er als Werkstattmanager nicht nur die Arbeitseinteilung, sondern ist darüber hinaus maßgeblich für die Ausbildung und Lohneinstufung sowie für die Arbeits- und Prozessgestaltung in seinem Verantwortungsbereich verantwortlich. Zu seinen zentralen Aufgaben gehören insbesondere die Überwachung der Einhaltung der Arbeitsstandards und deren permanente Verbesserung.

Demgegenüber steht die eigenverantwortliche Bearbeitung einer gemeinsamen Aufgabe im Mittelpunkt *teilautonomer Arbeitsgruppen*. Dieses Konzept wurde vor allem durch die Pilotprojekte bekannt, die in den Siebzigerjahren in Skandinavien und Deutschland durchgeführt wurden. In der aktuellen Diskussion haben sich allerdings die Zielprioritäten von der Humanisierung auf die Rationalisierung der Arbeit verschoben. *Teilautonome* oder *selbstregulierende Arbeitsgruppen (TAG)* sind kleine Gruppen von Mitarbeitern, denen die Erstellung eines kompletten (Teil-)Produktes oder einer Dienstleistung mehr oder weniger verantwortlich anvertraut wurde. Dieses Konzept überträgt die Gedanken der Arbeitserweiterung, der Arbeitsbereicherung und des Arbeitswechsels auf eine Gruppensituation, um den kollektiven Handlungsspielraum der Gruppe zu vergrößern.

Zentrales Merkmal teilautonomer bzw. selbstregulierender Arbeitsgruppen ist die zumindest partiell selbstständige Planung, Steuerung und Kontrolle der übertragenen Aufgaben. *Indirekte Tätigkeiten* wie beispielsweise die Qualitätskontrolle und kleinere Wartungsarbeiten können in die Gruppe verlagert werden (Funktionsintegration). Die *Selbstregulation* der Gruppe kann sich z.B. auf die interne Arbeitsverteilung, die Planung der Arbeitszeiten oder die Feinsteuerung von Fertigungsaufträgen beziehen. Zur kollektiven Koordination und Planung dienen Gruppensitzungen. Sie werden von einem (gewählten) *Gruppensprecher* moderiert, der die interne und externe Koordination der Gruppe unterstützt und Ansprechpartner für Vorgesetzte und gruppenexterne Stellen ist.

Für diese neuen Aufgaben sind alle Beteiligten entsprechend zu qualifizieren, und es müssen Freiheitsgrade für die Auftragsausführung existieren bzw. geschaffen werden. Inwieweit objektive Freiheitsgrade bestehen, wird nicht zuletzt durch die technische Verkopplung der Gruppe mit vor- und nachgelagerten Gruppen beeinflusst. Nur in dem Maße, in dem die Gruppen voneinander unabhängig sind, können sie sich selbst regulieren. Wenn der kollektive Arbeitsumfang einer Gruppe ein komplettes (Teil-)Produkt oder eine Dienstleistung umfasst *(ganzheitliche Aufgabe)*, kann dies leichter realisiert werden. Funktionsintegration und Selbstregulation verändern auf diese Weise die horizontale und vertikale Funktions- und Arbeitsteilung in weiten Bereichen des Unternehmens. Dies betrifft die Rolle indirekter Abteilungen, die Führungsaufgaben, die Führungsstruktur und -kultur.

2. Erfahrungen mit Gruppenarbeit

In den letzten Jahren wurde eine Vielzahl von Untersuchungen zu den verschiedenen Gruppenarbeitskonzepten durchgeführt, deren Ergebnisse differenziert nach den einzelnen Modellen im Folgenden kurz zusammengefasst werden (ANTONI & BUNGARD, 2003; FISCH, BECK & ENGLICH, 2001; GEMÜNDEN & HÖGL, 2000; WEST, 1996):

Qualitätszirkel werden in den meisten Untersuchungen von den betroffenen Mitarbeitern überwiegend positiv beurteilt. Positive Auswirkungen werden in der Mehrzahl der Untersuchungen sowohl in Hinblick auf ökonomische Kriterien, wie Produktivität und Produktqualität, als auch soziale Indikatoren, wie Betriebsklima, Arbeitszufriedenheit und Mitarbeiter-Partizipation festgestellt.

Zu den am häufigsten genannten Problemen gehören die mangelnde Unterstützung durch das mittlere Management, fehlende Zeit für die Qualitätszirkel-Arbeit sowie zu lange Verzögerung bei der Rückmeldung auf Verbesserungsvorschläge und deren Umsetzung.

Als mögliche Problemursache bietet sich zunächst der erforderliche zusätzliche Zeitaufwand an. Vor allem das mittlere Management ist in zweifacher Weise zeitlich betroffen: zum einen durch die zeitliche Bindung von Mitarbeiter-Ressourcen, zum anderen durch eigene Tätigkeiten für die Qualitätszirkel. Vom mittleren Management wird darüber hinaus auch eine stärkere Beteiligung der Mitarbeiter an Problemlösungen erwartet, ohne dass damit für diese Personengruppe ein persönlicher Nutzen sofort sichtbar ist. Daher mag das Zeitargument bisweilen auch nur vorgeschoben und Ausdruck des Widerstandes gegen Qualitätszirkel sein, die aus der Angst vor Machtund Kontrollverlust resultiert. Diese wird erfahrungsgemäß umso stärker ausgeprägt sein, je weniger man in den Einführungsprozess integriert wurde. Daher bedarf es der Einbettung der Qualitätszirkel-Einführung in umfassende Organisationsentwicklungs-Maßnahmen. Auf diese Probleme soll weiter unten noch näher eingegangen werden. Beide Problemkreise, Zeitknappheit und Angst vor Kontrollverlust, treffen nicht nur für unterschiedliche Varianten von Qualitätszirkeln und damit auch für KVP-Teams zu, sondern auch für Projektgruppen.

Die größten Vorteile von *Projektgruppen* werden in der bereichsübergreifenden Zusammenarbeit von Fachexperten und der damit verbundenen Problemlösungseffizienz gesehen. Die Zusammenführung von Experten außerhalb der Linienorganisation führt allerdings auch zu Konflikten um zeitliche und personelle Ressourcen und Macht zwischen dem Projekt- und dem Linienmanagement. Diese werden zum Teil in die Projektgruppen hineingetragen und führen neben bestehendem Bereichsdenken und mangelnder Qualifikation zur Teamarbeit zu gruppeninternen Spannungen. Konflikte zwischen Projekt- und Linienmanagement scheinen insbesondere bei der Matrix-Projektorganisation aufzutreten und dürften auf die funktions- und eine projektorientierte Kompetenzaufteilung zurückzuführen sein. Am klarsten ist dieses Kompetenzproblem bei der reinen Projektorganisation gelöst. Entsprechend finden sich auch empirische Belege, die sie als effektivste Form der Projektorganisation ausweisen. Allerdings eignet sich diese Form wohl nur für größere und längerfristige Projekte, da sie eine Umstrukturierung und entsprechende Personal- und sonstige Kapazitäten voraussetzt, die zudem kleinere Organisationen nur schwer aufbringen können.

Projektgruppen wurden vor allem im Bereich der Software-Entwicklung untersucht. Hier zeigte sich, dass die Zusammensetzung und Führung von Teams die Qualität der Teamarbeitsprozesse beeinflusst und diese wiederum in Zusammenhang mit dem Teamerfolg stehen. Qualitativ gute Teamprozesse beinhalten häufigen aufgabenbezogenen Informationsaustausch, der dazu führt, dass die Koordination und Konsensbildung in den Projektteams besser gelingt. Sie finden sich in Teams mit sozial kompetenten Personen, mit ähnlichem Wissens- und Fähigkeitsstand, die sich dem Teamziel selbst verpflichten und als gleichberechtigte Mitglieder geführt werden. Diese Befunde dürften auch auf andere Formen der Gruppenarbeit übertragbar sein, wenn es um die Lösung komplexer Probleme geht, und damit auch auf teilautonome Arbeitsgruppen.

In den letzten Jahren wurden vor allem zu teilautonomen Arbeitsgruppen eine Vielzahl von Fallstudien durchgeführt, die fast durchgängig positive ökonomische und soziale Auswirkungen berichten. Allerdings liefern methodisch anspruchsvollere Untersuchungen mit Kontroll- bzw. Vergleichsgruppen zum Teil uneinheitliche Befunde. Diese könnten möglicherweise darauf zurückzuführen sein, dass sich die jeweiligen Ausgangssituationen in den Betrieben insbesondere bezüglich des Rationalisierungspotenzials erheblich unterscheiden und unterschiedliche Rationalisierungsansätze miteinander konkurrieren. Ergebnisunterschiede können ferner auf unterschiedliche Ausgestaltungen der Gruppenarbeit zurückzuführen sein. So führen steigende Leistungsanforderungen vor allem dann zu mehr Stress und zu Konflikten, wenn die Gruppen geringe Handlungsspielräume haben. Umgekehrt lassen sich wachsende Arbeitsanforderungen besser bewältigen, wenn die Gruppen technisch und organisatorisch unabhängig sind und ganzheitliche Aufgaben bearbeiten.

Effektivitätsvergleiche unterschiedlicher Gruppenkonzepte, wie sie insbesondere zwischen teilautonomen Arbeitsgruppen und Fertigungsteams gerne angestellt werden, erfordern daher große Sorgfalt. Beispielsweise sprechen die in der MIT-Studie (WOMACK, JONES & ROOS, 1991) veröffentlichten ökonomischen Effizienzindikatoren auf den ersten Blick für die Überlegenheit japanischer Fertigungsteams gegenüber klassischen und selbstregulierenden Arbeitsgruppen. Allerdings können wesentliche Ursachen hierfür auch in der effizienteren Entwicklungsarbeit und der stärkeren Integration der Zulieferer in den Entwicklungsprozess bei schlanken Unternehmen liegen. Fraglich erscheint auch, inwieweit Mitsprachemöglichkeiten der Mitarbeiter bei der Gestaltung der Arbeitsmethoden negative Auswirkungen der unverändert repetitiven, monotonen Arbeit unter hohem Zeit- und Leistungsdruck in den Fertigungsteams auf die Belegschaft abpuffern können (vgl. ADLER & BORRYS, 1996).

Die vorliegenden Befunde lassen ein abschließendes pauschales Urteil über die Effektivität von Fertigungsteams im Vergleich zu teilautonomen Arbeitsgruppen daher verfrüht erscheinen, zumal sie sich ausschließlich auf den Montagebereich der Großserienfertigung in der Autoindustrie beziehen. Für diesen Bereich scheint sich allerdings zurzeit eine Tendenz hin zu standardisierter Gruppenarbeit im Sinne von Fertigungsteams abzuzeichnen. Für die stärker automatisierten Fertigungsbereiche oder für den Einsatz teilautonomer Arbeitsgruppen in Form von Fertigungsinseln oder Produktinseln in der Autozulieferindustrie oder in anderen Branchen gilt dies jedoch nicht. Gerade in diesen Bereichen und in der Kleinserien- und Einzelfertigung existieren sehr überzeugende Fallstudien zum Einsatz teilautonomer Arbeitsgruppen.

Bei der Diskussion über die Effektivität von Gruppenarbeit darf nicht vergessen werden, dass ihr Erfolg nicht durch unveränderbare Rahmenbedingungen bestimmt wird. Vielmehr können die technischen und organisatorischen Bedingungen, die beteiligten Personen und deren Zusammenspiel durch die Art der Einführung und Gestaltung der Gruppenarbeit wesentlich beeinflusst werden.

3. Konsequenzen für die Gestaltung

Die Einführung von Gruppenarbeit sollte in einen *Personal- und Organisationsentwicklungsprozess* eingebunden sein. Durch die Beteiligung der betroffenen Führungskräfte, Mitarbeiterinnen und Mitarbeiter können Gruppenkonzepte entwickelt werden, die auf die spezifischen betrieblichen Anforderungen abgestimmt sind. Die Beteiligten können zugleich angemessen vorbereitet werden, so dass sie Verantwortung übernehmen und Eigeninitiative ergreifen (ANTONI, 2000; FREI et al., 1993).

Heuristische Einführung mittels eines partizipativen Projektmanagements
Teamarbeit scheitert immer wieder daran, dass detaillierte und zum Teil in Betriebsvereinbarungen festgeschriebene Patentrezepte von zentralen Stellen vorgegeben und die betroffenen Führungskräfte und Mitarbeiter zu spät oder gar nicht einbezogen werden. Stattdessen sollte die Einführung von Gruppenarbeit ausgehend von einer Diagnose der betrieblichen Ausgangssituation partizipativ in einer top-down Strategie erarbeitet werden. In einem Lenkungsteam sollten Management und Betriebsrat lediglich die Spielregeln und Rahmenbedingungen festlegen. Eine Pilotphase bzw. Pilotgruppen ermöglichen es, Maßnahmen und Modelle zu erproben, um sie dann stufenweise in weitere Bereiche des Unternehmens einzuführen. Dies erfordert Handlungsspielraum auch in Betriebsvereinbarungen. In Projektteams kann dann die konkrete Ausgestaltung durch die jeweiligen Führungskräfte, Betriebsräte und Mitarbeiter eines Bereichs erfolgen. Dieser Einführungsprozess berührt zahlreiche Interessens-, Macht- und Einflusssphären und führt zu entsprechenden Konflikten, die mit der Hilfe interner und externer Berater konstruktiv genutzt werden können.

Personalentwicklung
Führungskräfte und Mitarbeiter werden häufig zu spät beteiligt und qualifiziert, was z. T. zu nicht mehr lösbaren Problemen führt. Zu den zentralen Aufgaben der Personalentwicklung gehört daher eine frühzeitige Qualifizierung aller betroffenen Teammitglieder, Führungskräfte und Mitarbeiter indirekter Bereiche. Die Qualifizierungsmaßnahmen sollten auf die neuen fachlichen, methodischen und sozialen Anforderungen ausgerichtet sein und ein Projekt begleitendes und von den Betroffenen selbst verantwortetes und selbst gesteuertes Lernen ermöglichen, das durch Einzel- und Teamcoaching unterstützt wird. Diese Maßnahmen können im Rahmen eines langfristigen und kontinuierlichen Qualifizierungsprozesses durch weitere klassische fachliche Schulungen, Teamentwicklungstrainings, Gruppensprecher- und Führungskräftetrainings nach Bedarf ergänzt werden. Bei diesen Qualifizierungsmaßnahmen sollte insbesondere die Kompetenz der Führungskräfte zur Mitgestaltung des Einführungsprozesses, zur Entwicklung und Unterstützung der Gruppen gefördert werden. Geeignete Führungskräfte und Mitarbeiter können zu internen Beratern bzw. Prozessbegleitern entwickelt werden, die interne und externe Personal- und Organisationsentwickler vor Ort unterstützen.

Personalauswahl
Die veränderten fachlichen, methodischen und sozialen Anforderungen durch die Einführung von Teamarbeit sind auch bei der Personalauswahl sowohl von temporärem als auch dauerhaftem Personal zu beachten. Insbesondere ist zu berücksichtigen, dass kurzfristig wechselnde Zeitarbeitskräfte zusätzliche Anforderungen an ein Team stellen und dessen Entwicklung behindern können. So ist es schwierig, Zeitarbeitskräfte zu integrieren und an der Selbststeuerung des Teams zu beteiligen, und sie erfordern zusätzlichen Koordinationsaufwand. Bei der Personalauswahl sind methodische und soziale Kompetenzen schwieriger zu beurteilen als die Erfüllung fachlicher Anforderungskriterien. Dies mag ein Grund sein, warum selbst bei Führungskräften immer noch primär fachliche Aspekte bei Personalauswahlentscheidungen dominie-

ren. Hinweise auf methodische und soziale Kompetenzen lassen sich jedoch aus biografischen Informationen zu Erfahrungen mit Teamarbeit und aus Simulationsaufgaben in multimodalen Interviews und Assessment Centern ableiten (vgl. den Beitrag von SCHULER, in diesem Band). Insbesondere empfiehlt es sich, das Team an der Auswahl ihrer künftigen Kollegen zu beteiligen.

Kooperative zielorientierte Führung
Teilautonome Gruppenarbeit erfordert die Delegation von Verantwortung und Kompetenzen, damit sich die Gruppe innerhalb des übertragenen Verantwortungsbereichs selbst regulieren kann. Diese Prinzipien können nur dann ihre volle Wirksamkeit entfalten, wenn sie im ganzen Unternehmen gelebt werden und nicht im Widerspruch zur Unternehmenskultur stehen. Dies verlangt eine *zielorientierte* und *partizipative Führung* im gesamten Management (BUNGARD & KOHNKE, 2000). Entsprechende Verhaltensweisen und Normen gilt es auch bei der Führungskräfteentwicklung zu vermitteln und bei der Leistungsbeurteilung und Karriereplanung zu berücksichtigen. Gelten stattdessen lediglich individuelle Durchsetzungsfähigkeit und Leistung als Schlüssel zum Erfolg, wird man vergeblich auf die Unterstützung von Teamarbeit hoffen. Darüber hinaus kann Teamarbeit durch die Gestaltung der Führungs-, Arbeitszeit- und Entgeltsysteme gefördert oder behindert werden (vgl. ANTONI, EYER & KUTSCHER, 1996).

Führungs-, Arbeitszeit- und Entgeltsysteme
Vorhandene Managementinformations- und Produktionsplanungssysteme sind in der Regel auf eine zentralisierte Planung und Führung ausgerichtet und orientieren sich an vorhandenen Organisationseinheiten und Kostenstellen. Die Einführung von Gruppenarbeit erfordert nicht nur eine feinere teamspezifische Informationssammlung und -rückmeldung, sondern auch eine zielgruppengerechte Aufbereitung, damit die Teams mit diesen Informationen auch tatsächlich arbeiten können. Ferner erfordert die selbstständige Verfolgung der Teamziele entsprechende Freiheitsgrade für das Team, innerhalb derer es sich selbst regulieren und den gestellten Anforderungen anpassen kann. Diese können bei der Produktionsfeinplanung, bei der Arbeitsverteilung oder der Arbeitszeitplanung durch flexible Arbeitszeitsysteme geschaffen und durch einfache dezentrale Planungssysteme, z.B. eine Kanbansteuerung unterstützt werden. Anforderungsgerechte Selbstregulation und erfolgreiche Kooperationsprozesse können durch gruppenorientierte Leistungsprämien oder erfolgsabhängige Bonussysteme gefördert und belohnt werden. Die Motivation zur oder gar der Erfolg von Teamarbeit darf dabei jedoch nicht auf die Entgeltkomponente reduziert werden.

4. Ausblick

Die vorliegenden Zahlen zur Verbreitung von Gruppenarbeit belegen, dass Projektgruppen und selbstregulierende Arbeitsgruppen in den letzten Jahren von immer mehr Unternehmen genutzt werden (vgl. LAWLER, MOHRMAN & LEDFORD, 1998). Dabei finden sich in der betrieblichen Praxis eine Vielzahl von Varianten und Mischformen der hier dargestellten Modelle. Von einem flächendeckenden Einsatz von Gruppenarbeit, der den Großteil oder gar die gesamte Belegschaft umfasst, kann jedoch nicht die Rede sein. Angesichts individueller und kollektiver Aufgabenstellungen und unterschiedlichster Rahmenbedingungen wäre dies auch nicht sinnvoll. Dennoch scheint sich ein Trend zu mehr Teamarbeit abzuzeichnen, der durch die wachsende Komplexität und Vernetztheit von Aufgaben eher noch zunehmen dürfte.

Die Fähigkeit, mit anderen kooperieren und dabei zumindest zeitweise auch in Teams effizient arbeiten zu können, dürfte daher weiter an Bedeutung gewinnen. Umso wichtiger wird es sein, die hier angesprochenen Maßnahmen im Bereich der Personal- und Organisationsentwicklung voranzutreiben. Dabei handelt es sich nicht um ein abgeschlossenes Maßnahmenpaket, dessen einzelne Schritte abgehakt werden können. Vielmehr setzt die erfolgreiche Einführung von Teamarbeit voraus, dass man gewillt ist, sich auf einen kontinuierlichen Lern- und Entwicklungsprozess einzulassen. Glaubt man an dessen Ende zu sein, nähert man sich vermutlich eher dem Ende der Team- und Gruppenarbeit als dem Ende der Lernmöglichkeiten.

Literatur

ADLER, P. S. & BORRYS, B.(1996). Two types of bureaucracy: enabling and coercive. In: Administrative Science Quarterly, 41, 1996, S. 61–89.
ANTONI, C. H. (2000). Teamarbeit gestalten – Grundlagen, Analysen, Lösungen. Weinheim 2000.
ANTONI, C. H. & BUNGARD, W. (2003). Arbeitsgruppen. In H. SCHULER (Hrsg.) Organisationspsychologie. Enzyklopädie der Psychologie. Göttingen 2003.
ANTONI, C. H., EYER, E. & KUTSCHER, J. (1996). Das flexible Unternehmen. Arbeitszeit, Gruppenarbeit, Entgeltsysteme. Wiesbaden 1996.
BUNGARD, W. & KOHNKE, O. (2000). Zielvereinbarungen erfolgreich umsetzen. Wiesbaden 2000.
FISCH, R., BECK, D. & ENGLICH, B. (2001). Projektgruppen in Organisationen – Praktische Erfahrungen und Erträge der Forschung. Göttingen 2001.
FREI, F., HUGENTOBLER, M., ALIOTH, A., DUELL, W. & RUCH, L. (1993). Die kompetente Organisation: Qualifizierende Arbeitsgestaltung – die europäische Alternative. Stuttgart 1993.
GEMÜNDEN, H. G. & HÖGL, M. (2000). Management von Teams. Wiesbaden 2000.
LAWLER, E. E., MOHRMAN, S. & LEDFORD, G. E. (1998). Strategies for high performance organizations. San Francisco 1998.
WEST, M. A. (1996). Work group psychology. Chichester 1996.
WOMACK, J. P., JONES, D. T. & ROOS, D. (1991). Die zweite Revolution in der Automobilindustrie. Frankfurt 1991.

Zur Konkretisierung und weiteren Vertiefung wird empfohlen, im Fallstudienbuch die Fälle zu „Führungsprobleme im Projektmanagement" und „Qualitätszirkel" zu bearbeiten.

Karl Berkel

Konflikte in und zwischen Gruppen

1. Konfliktbewältigung als Führungsaufgabe
2. Was ist ein Konflikt?
3. Die Auswirkungen von Konflikten
4. Das Konfliktpotenzial
5. Die Konfliktdynamik
6. Konfliktbewältigung
7. Fazit

1. Konfliktbewältigung als Führungsaufgabe

Konflikte in und zwischen Gruppen werden zunehmend wahrscheinlicher. Das hat verschiedene Gründe:

- Die (Zusammen-)Arbeit in Gruppen gewinnt an Bedeutung, weil die Aufgabenstellungen differenzierter und das Fachwissen spezialisierter werden. Um das Ziel zu erreichen, muss deshalb eine Gruppe dafür sorgen, dass die Mitglieder ihr unterschiedliches Spezialwissen ergänzen und aufeinander abstimmen. Spezielles Wissen, eigene Erfahrungen und Sichtweisen sowie ganz persönliche Wertvorstellungen schaffen in jeder Gruppe ein differenziertes *kognitives* Feld, das leicht in Spannungen umschlagen kann.
- Wo immer Menschen zusammenleben und zusammenarbeiten, gibt es Sympathie wie Antipathie, Anziehung wie Abstoßung. Die Persönlichkeit der Einzelnen, ihre Vorlieben und Abneigungen, ihre Wünsche und Befürchtungen, ihre Ansprüche und Zielsetzungen formen die zwischenmenschlichen Beziehungen. Und die Vorstellungen darüber sind heute anspruchsvoller geworden (Selbstverwirklichung, Wertewandel). Die manchmal narzisstisch anmutende Rücksichtnahme auf das eigene Wohlbefinden, die erhöhte Sensibilität gegenüber Machtansprüchen, die Neigung, normative Regelungen zu hinterfragen, erzeugen *emotionale* Spannungen innerhalb jeder Gruppe.
- Organisationen können heute nur überleben, wenn sie flexibel, und das heißt auch variabel und intelligent auf Umweltveränderungen reagieren. Das setzt ein hohes Maß an innerer Effizienz voraus, die nur zu erreichen ist, wenn die Reibungsverluste gering und die Synergien hoch sind. Die Organisation muss sich weitgehend instrumentalisieren, um jederzeit und geschmeidig die gesetzten Ziele zu erreichen.

  Dieser Zusammenhang gerät aber sehr schnell in Widerspruch zu Forderungen nach einer *ethischen* Begründung institutionellen/organisatorischen Handelns. Das wendige Agieren einer Organisation wird von der Öffentlichkeit, zunehmend auch von den eigenen Mitgliedern, nur dann akzeptiert, wenn der Bezug zu Werten und Zielen hergestellt und transparent gemacht werden kann, die allgemeinen Konsens gefunden haben. Diesen Konsens überhaupt zu stiften, wird so zu einer Voraussetzung organisatorisch effektiven Handelns und damit zu einer immer wichtigeren Führungsaufgabe (Ulrich, 1983).

Konflikte in und zwischen Gruppen gewinnen deshalb an Umfang und Ausmaß, folglich wird es für Führungskräfte immer wichtiger, Konflikte nicht nur zu erkennen, sondern sie auch aktiv anzugehen, zu steuern und zu bewältigen. Das entspricht im Übrigen empirischen Befunden, die die Kunst des Konfliktmanagements als Kern moderner Führung ausmachen (Luthans et al., 1985).

2. Was ist ein Konflikt?

Ein Konflikt liegt immer dann vor, wenn eine Partei oder beide Parteien zum gleichen Zeitpunkt Handlungen beabsichtigen oder durchführen, die zur Folge haben könnten oder haben, dass sich die andere Partei behindert, blockiert, bedroht oder verletzt fühlt (Rüttinger, 1988; Berkel, 1992). Zu dieser weiten Begriffsbestimmung sind aber bestimmte Merkmale hinzuzufügen, um in der Praxis Konflikte erkennen und bewältigen zu können.

(1) Ein Konflikt spielt sich immer zwischen zwei (manchmal auch mehr) Personen oder Parteien ab, die sich gegenseitig beeinflussen können. Ohne die Möglichkeit realer *wechselseitiger Einflussnahme* kann es zu Stimmungen (wie am Stammtisch), aber nicht zum Konflikt kommen. Jede Organisation und jede Arbeitsgruppe ordnet über die Aufgabenstellung Personen einander zu und unter und schafft damit überhaupt erst die Voraussetzung, dass Konflikte entstehen können.

(2) Ein Konflikt existiert schon dann, wenn Parteien *Pläne* oder Absichten *hegen,* deren Verwirklichung jemand anderen beeinträchtigen würde. Umgekehrt liegt auch schon dann ein Konflikt vor, wenn sich eine Partei durch das Verhalten einer anderen behindert und beeinträchtigt, also frustriert *fühlt*. Der Konflikt ist in beiden Fällen zwar noch nicht offen, aber *latent* vorhanden. Ob er jemals offen, also beobachtbar, ausbricht und ausgetragen wird, hängt von zusätzlichen Bedingungen ab.

Beispiel: Eine Arbeitsgruppe nimmt einen neuen Kollegen auf, der aus drei Bewerbern ausgewählt wurde. Ein Mitglied lehnt den neuen Kollegen von vornherein ab, sagt aber (vorerst) nichts, weil es erkennt, dass die anderen ihn akzeptieren. Ob aus der verborgenen Abneigung eines Tages ein offener Konflikt wird, hängt von weiteren Umständen ab: ob das Mitglied seine Aversionen innerlich abbauen kann; ob es Anlässe im Arbeitsablauf gibt, die gleichsam als „Zündfunke" den Ausschlag geben, die Animosität sachlich zu legitimieren; ob der neue Kollege ihm Gefälligkeiten erweist; ob er so selbstbewusst auftritt, dass man nur schwer gegen ihn ankommen kann usw.

Oder: Eine Gruppe entwickelt die Vorstellung, dass die Einführung eines neuen Leistungsbeurteilungssystems nur den Zweck verfolge, noch mehr Leistung aus den Leuten herauszuholen. Da die Mitglieder ohnehin dem Unternehmen skeptisch gegenüberstehen, fühlen sie sich durch das neue System bedroht, zumindest befürchten sie unerfreuliche Dispute mit höheren Vorgesetzten. Obwohl weder das eine zutrifft noch das andere (zunächst) eintritt, heizen sie durch ihre Verdächtigungen andere Gruppen auf und erzeugen dadurch emotionsgeladene Auseinandersetzungen mit der Personalabteilung und letztlich auch mit ihren Chefs, was sie darin bestärkt, dass sie von Anfang an Recht hatten.

Auf die Existenz latenter Konflikte aufmerksam zu machen, ist nicht überflüssig. Konfliktfähigkeit entwickeln heißt nicht nur zu lernen, Konflikte frühzeitig zu erkennen, sondern auch zu prüfen, welche Konflikte vom Einzelnen selber innerlich zu verarbeiten und zu regulieren, also der Gruppe oder Gemeinschaft nicht aufzubürden sind. Es gibt eine Reihe von Konflikten, die auf der zwischenmenschlichen Ebene gar nicht oder nur unbefriedigend „gelöst" werden können und deshalb unabweislich beim Einzelnen verbleiben. Andererseits gibt es, gerade auch in Arbeitsgruppen, Konflikte, die aus Neid, Missgunst, Antipathie, Rivalität resultieren und sich auf der zwischenmenschlichen Ebene destruktiv auswirken. Zu einer Psychohygiene des Umgangs mit Konflikten gehört es, dass die einzelne Partei ihren eigenen „Beitrag" zum Konflikt erkennt und zu unterscheiden lernt, welche Konflikte von ihr selbst zu bewältigen sind und welche auf der zwischenmenschlichen Ebene ausgetragen werden (müssen!).

(3) Gruppenmitglieder behindern oder beeinträchtigen sich in der Regel nicht grundlos. Irritationen wegen einer zufälligen oder unbeabsichtigten Beeinträchtigung können mit einer Entschuldigung rasch aus der Welt geschafft werden, sie weiten sich nicht zu einem Konflikt aus. Jedem Konflikt dagegen liegt ein *Thema* zu Grunde, das im Brennpunkt steht, aber nicht notwendigerweise die Ursache darstellt. Es ist denkbar, dass das vorgebrachte Thema, an dem sich ein Konflikt entzündet, vorgeschoben ist, um von anderen Themen abzulenken, die entweder nicht recht bewusst sind oder nicht ausgesprochen werden dürfen, weil sie tabuisiert sind.

Beispiel: Ein Abteilungsleiter hat sich für eine bestimmte Produktstrategie entschieden. Nicht alle in der Gruppe sind damit einverstanden, aber jeder weiß, dass der Chef allergisch reagiert, falls jemand es wagen würde, dieses Thema noch einmal zur Debatte zu stellen. Kurz darauf kommt es in einer Besprechung zu einem langatmigen Disput zwischen zwei Kollegen über eine, wie die anderen meinen, Bagatelle einer neuen Arbeitsverteilung. In diesem Fall dürfte die Wurzel des Streits nicht hier, sondern in der Verärgerung über das autoritäre Vorgehen des Chefs liegen. Der beobachtbare Konflikt ist sowohl sachlich (Arbeitsverteilung) als auch personal (Kollegen) verschoben worden. Für die Konfliktdiagnose folgt daraus: Erstens ist zu klären, was das Thema ist, an dem sich der Konflikt entzündet (der Streitpunkt). Zweitens ist herauszufinden, ob das Thema in sich strittig oder nur vorgeschoben ist. Eine Verschiebung ist dann zu vermuten, wenn Beobachter kein rechtes Verhältnis zwischen dem Streitpunkt und der Intensität des Konfliktes erkennen können.

(4) Zwischen dem Stadium, in dem sich ein Konflikt innerhalb einer Partei aufbaut (Latenz), und dem offenen Ausbruch zwischen den Parteien liegen in der Regel gewisse Hemmschwellen, die erst überwunden werden müssen. Diese Hemmschwellen können sowohl im Innern einer Partei als auch in den Umständen liegen. Äußere oder innere Ereignisse fungieren aus *Auslöser,* die die Hemmschwelle senken und die Bereitschaft zum offenen Konfliktaustragen fördern. Innere Hemmschwellen können sein: die Einstellung einer Partei zur anderen (freundschaftliche Verbundenheit), Befürchtungen (das Gesicht zu verlieren), die Einschätzung der Lage (sich jetzt nicht durchsetzen zu können). Als äußere Hemmschwellen können wirken: Gruppennormen (erst einmal eine Nacht darüber schlafen), Machtstrukturen („der Ober sticht den Unter"), zeitliche und räumliche Begrenzungen (z. B. wichtigere Termine haben Vorrang, kein Ort für ein Gespräch unter vier Augen).

(5) Wenn eine Seite durch ihr Verhalten eine andere behindert oder beeinträchtigt, ist der Konflikt *offen* ausgebrochen. Das zu beobachtende Verhalten kann von einem nonverbalen Signal (z. B. enttäuschtes Kopfschütteln) bis zum Einsatz physischer Gewalt reichen. Es gibt kein Verhalten, das als ausgesprochenes Konfliktverhalten zu klassifizieren wäre. Jedes Verhalten kann zum Konfliktverhalten werden, das darauf abzielt, die andere Seite „zu treffen" und von ihrem Ziel abzuhalten oder abzubringen. Die Behinderung der anderen Partei kann Ziel (direkter Konflikt) oder Mittel (strategischer Konflikt) sein.

Beispiel: Ein Gruppenleiter setzt beim Bereichsleiter durch, dass sein Mitarbeiter Projektleiter wird; durch diesen Coup hindert er seinen Abteilungsleiter, den Mitarbeiter eines Kollegen zu befördern (direkter Konflikt). – Ein Fußballpräsident schlägt seinen Geschäftsführer nicht mehr zur nächsten Wahl vor, weil er sich mit einem neuen Geschäftsführer bessere Chancen für eine Wiederwahl ausrechnet (strategischer Konflikt). Der strategische Konflikt kann leicht in einen direkten Konflikt umschlagen (z. B. wenn der Geschäftsführer selber für das Präsidentenamt kandidiert). Dann eskaliert der Konflikt, indem er personalisiert wird. Die Gefahr eines solchen Umschlags ist grundsätzlich bei allen zunächst als „bloß" strategisch gedachten Konflikten gegeben. Bei Organisationsveränderungsprozessen ist dieser mögliche „Kippeffekt" unbedingt im Auge zu behalten.

(6) Jeder Konflikt, ob offen ausgetragen oder nicht, hat *Folgen*. Wenn die Parteien den Konflikt so bewältigen, dass beide Nutzen davon haben, wird das ihre Beziehung festigen und die Bereitschaft erhöhen, beim nächsten Konflikt wieder eine gemeinsame Lösung zu suchen. Sollte der Konflikt dagegen mit dem Sieg der einen und der Niederlage der anderen Partei enden, dann ist es nicht schwer, sich auszumalen, dass die unterlegene Partei nur eine günstige Gelegenheit abwartet, um die Scharte wieder auszuwetzen.

3. Die Auswirkungen von Konflikten

Das angespannt-lähmende Moment, das die Anfangsphase eines Konflikts kennzeichnet, löst bei den am Konflikt beteiligten Parteien charakteristische Veränderungen aus, die sich verdichten und verstärken, je länger der Konflikt andauert (s. Tabelle 1). Besonders davon betroffen und in den „Strudel" der Konfliktereignisse hineingezogen werden

- das Wahrnehmen, Denken und Vorstellungsleben;
- die Gefühle, Stimmungen und Einstellungen;
- die Motive, Ziele und Absichten sowie;
- das verbale und nonverbale Verhalten (vgl. GLASL, 1990, S. 34 ff.).

Die Auswirkungen von Konflikten auf die seelischen Prozesse der Beteiligten beeinflussen sich gegenseitig. Dadurch entwickeln sich Konflikte oft zu einem Knäuel ineinanderverwobener Wahrnehmungen, Gefühle, Motive und Verhaltensweisen, die es sowohl den Konfliktparteien selbst als auch einer dritten Partei schwer machen, eine sachliche Problemlösung voranzutreiben. Wenn Konflikte „emotionalisiert" und „personalisiert" erscheinen, hat dies genau hier seine Ursache. Für die Konfliktbewältigung folgt daraus, dass zunächst einmal dieses Geflecht angegangen und aufgelöst werden muss, bevor an eine inhaltliche Lösung zu denken ist. Viele sozialwissenschaftliche Methoden und Strategien der Konfliktbehandlung wurden genau dazu entwickelt und erprobt, um den Parteien zu helfen,

- verzerrte Wahrnehmungen aufzudecken und polarisierte Denkweisen zu korrigieren,
- wieder Kontakt zu den eigenen Gefühlen zu finden und sich in die Gegenseite hineinzuversetzen,
- die grimmige Fixierung auf das Entweder-Oder aufzulösen und sich der eigenen Zerstörungsabsichten bewusst zu werden,
- das verbale und nonverbale Verhaltensrepertoire zu flexibilisieren und zu erweitern.

Konflikte haben aber nicht diese destruktiven und unproduktiven Auswirkungen, die viele Menschen allein schon bei dem Gedanken an mögliche Auseinandersetzungen zurückschrecken lassen. Sie können, zumal längerfristig gesehen, durchaus positive Folgen zeitigen, worauf besonders DEUTSCH (1976) aufmerksam macht (s. Tabelle 2).

Wahrnehmen, Denken und Vorstellungen verzerren sich	Gefühle, Empfindungen und Haltungen verengen sich	Motive, Ziele und Absichten korrumpieren	Verbales und nonverbales Verhalten und Handeln verarmen
- die an sich schon selektiven Wahrnehmungen werden noch stärker gefiltert, verzerrt und auf immer weniger Möglichkeiten eingeengt - im Denken gewinnen Entweder-Oder-Kategorien, Pauschalisierungen und Verallgemeinerungen die Oberhand - die Parteien sehen sich gegenseitig nur noch in Schwarz-Weiß-Bildern	- das Verhalten, ja schon die Person des Konfliktgegners löst überhöhte Empfindlichkeit und Reizbarkeit aus - die Einstellungen zum anderen verlieren ihre Nuancen und Facetten und werden einseitig negativ - die Parteien kapseln sich voneinander ab und verlieren die Fähigkeit, sich in den anderen einzufühlen	- in der Absicht, sich durchzusetzen, versteift sich der Wille auf immer weniger Alternativen - die angestrebten Ziele werden starr und unflexibel an bestimmte Mittel gebunden - in Zorn und Wut brechen tiefsitzende primitive Triebe auf, die die Hemmung gegen die Zerstörungslust hinwegschwemmen und die Neigung zur Gewalt befördern	- das Verhalten wird stereotyp, unbeweglich und auf vorhersagbare Muster fixiert - das Handeln ist nicht mehr auf das Ziel gerichtet, sondern auf den Gegner: ihn gilt es zu besiegen oder gar auszuschalten - Handeln und Verhalten ventilieren mehr die Konfliktspannung, als dass sie zur Problemlösung beitragen

Tab. 1: Die Auswirkungen von Konflikten auf seelische Vorgänge

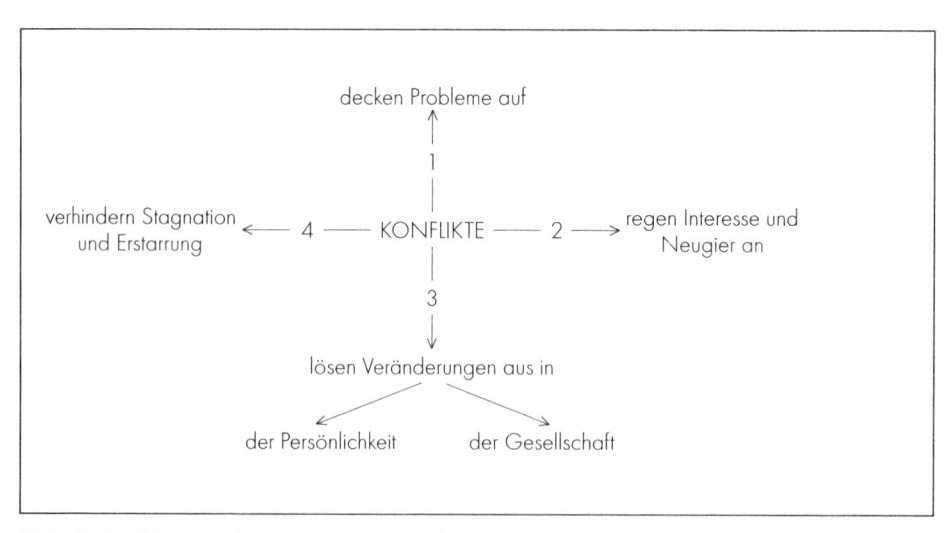

```
                    decken Probleme auf
                            ↑
                            1
verhindern Stagnation ←— 4 —— KONFLIKTE —— 2 —→  regen Interesse und
und Erstarrung                                    Neugier an
                            3
                            ↓
                    lösen Veränderungen aus in
                        ↙           ↘
                der Persönlichkeit    der Gesellschaft
```

Tab. 2: Positive Funktionen von Konflikten

In jedem Konflikt steckt auf Grund der gebundenen Handlungsenergie ein Kraftpotenzial, das in die Wucherung und Aufblähung des Konflikts fließen, das aber auch in den zu Veränderungen notwendigen Schub investiert werden kann. Wie diese Energie genutzt und eingesetzt wird, hängt nicht unwesentlich davon ab, wie entschlossen die direkt oder indirekt betroffenen Parteien einen Konflikt als Chance erkennen und wie rechtzeitig sie die möglichen destruktiven Tendenzen eindämmen.

Im Folgenden sollen zwei Aspekte näher beschrieben werden, die bei Konflikten in und zwischen Gruppen eine wichtige Rolle spielen: das Konfliktpotenzial und die Konfliktdynamik.

Das *Konfliktpotenzial* umfasst die Gesamtheit der Bedingungen, unter denen es zu einem Konflikt kommt; es ist für das Entstehen von Konflikten notwendig. Die weitere Entfaltung des Konflikts jedoch – ob er latent bleibt oder offen zu Tage tritt, welchen Verlauf er nimmt und wie er endet – wird durch die *Konfliktdynamik* bestimmt.

4. Das Konfliktpotenzial

Das Konfliktpotenzial hat zwei Seiten: eine objektive und eine subjektive (vgl. GLASL, 1990, S. 115 ff.). Die folgende Zusammenstellung objektiver und subjektiver Faktoren ist exemplarisch, nicht erschöpfend. Die hinzugefügten Fragen dienen zur ersten diagnostischen Abklärung.

4.1 Die objektive Seite des Konfliktpotenzials

Dazu zählen alle ideellen, normativen und materiellen Gegebenheiten, von denen die handelnden Personen und Parteien abhängig sind.

(1) Werte, Visionen, Ziele
Dies umfasst Ethik und Grundsätze des Unternehmens, Visionen und Zukunftsvorstellungen, Führungsphilosophie und -richtlinien, strategische Ziele und Planungen, lang- und mittelfristige Vorhaben:

– Sind sie klar oder unklar?
– Sind sie widerspruchsfrei oder umstritten/umkämpft?
– Werden sie von Konsens getragen oder von oben diktiert?
– Gelten sie als verbindlicher Maßstab oder Lippenbekenntnis?

(2) Organisationsaufbau und Organisationsstruktur
Hierunter fallen Größe und Umfang, Anzahl der Hierarchieebenen, Distanz zwischen den Parteien, homogene oder heterogene Mitgliedschaft, genau festgelegte Stellenbeschreibungen oder variable Zielvereinbarungen, Aufstiegs- und Entwicklungsmöglichkeiten:

– Ist die unmittelbare Kontaktaufnahme, auch zur Spitze, leicht möglich?
– Werden Macht- und Statusunterschiede herausgestellt?
– Sind Art und Niveau der fachlichen Qualifikation ähnlich?
– Sind Kompetenzen und Verantwortungsbereiche genau abgegrenzt?
– Welche vertikalen Aufstiegs- und horizontalen Entwicklungsmöglichkeiten gibt es?

(3) Normen und Regeln
Damit sind Richtlinien zur Einstellung, Beurteilung, Förderung, Arbeitsanweisungen, Kontrollsysteme und -pläne, Dienstwege sowie Entscheidungsprozeduren gemeint:

- Sind sie allen bekannt?
- Werden sie situationsbezogen gehandhabt?
- Welche Folgen haben Abweichungen?

(4) Mittel und Ressourcen
Dies umfasst Personalstellen, Räume, Maschinen, Einrichtungen, Budget usw.:

- Wie begehrt sind sie?
- Sind sie vermehrbar?
- Sind sie ersetz- und austauschbar (konvertibel)?
- Wie stark sind sie an die Zielerreichung gekoppelt?

(5) Aufgaben und Arbeitsabläufe
In diesen Bereich gehören Anreize, Anforderungen, Belastungen, Entscheidungsspielräume, Kompetenzen:

- Sind die Aufgaben herausfordernd?
- Sind die Aufgabenstellungen klar und eindeutig?
- Ist die Tätigkeit interessant und abwechslungsreich?
- Welche Unterstützung erfährt die Gruppe?
- Welche Entscheidungsspielräume kann eine Gruppe nutzen?
- Zwingt die Arbeit dazu, sich fort- und weiterzuwickeln?

Die in Tabelle 3 von NEUBERGER (1980, S. 131 ff.) wiedergegebenen Dimensionen des Organisationsklimas können auch zur Analyse der objektiven Seite des Konfliktpotenzials herangezogen werden (vgl. auch den Artikel von BÖGEL, Organisationsklima und Unternehmenskultur).

4.2 Die Subjektseite

Konflikte entwickeln sich nie allein durch objektive Bedingungen, immer steuern Menschen das ihrige dazu bei, indem sie Sachverhalte als widersprüchlich erleben oder Handlungen ausführen, die andere beeinträchtigen. Die subjektive Seite eines Konflikts umfasst Persönlichkeitsmerkmale, Einstellungen, Wahrnehmungen und Verhaltensweisen innerhalb und zwischen Gruppen.

(1) Persönliche Merkmale
Darunter fallen Flexibilität, Kommunikationsfreudigkeit, Ambiguitätstoleranz, komplexes Denken, Aggressivität:

- Sind Merkmale vorhanden, die die Neigung zu Konflikten fördern?
- Ist eine Partei genügend belastbar?
- Sind die Merkmale starr und wenig veränderbar?

(2) Einstellungen und Motive
Dies umfasst kooperative Grundeinstellung, Vertrauen, Konkurrenz, Leistungsmotivation, Loyalität zur Organisation, Identifikation mit der Arbeit:

- Wie stark fühlen sich die Parteien ihren Werthaltungen verpflichtet?
- Berühren die Einstellungen die Identität einer Partei?

Regelung		
Planlosigkeit	←——→	Bürokratisierung
Durcheinander	←——→	Reglementierung
Unverbindlichkeit	←——→	Routine
Mehrdeutigkeit	←——→	Vereinheitlichung

Selbständigkeit		
Abhängigkeit	←——→	Selbständigkeit
Machtlosigkeit	←——→	Handlungsspielräume

Unterstützung		
Misstrauen	←——→	Vertrauen
Kälte, Ablehnung	←——→	Wärme, Achtung
Distanz	←——→	Nähe, Hilfe
Einseitige Kommunikation nur von oben	←——→	Zweiseitige Kommunikation zwischen oben und unten

Leistungsorientierung		
Trägheit	←——→	Schwung, Motivation
Desinteresse	←——→	Engagement
Lahmheit	←——→	Energie, Dynamik
Leistungsablehnung	←——→	Leistungsbetonung

Zusammenarbeit		
Spannungen	←——→	Solidarität
Cliquenbildung	←——→	Einheit
Konkurrenz	←——→	Kooperation
Konfrontation	←——→	Harmonie
Nebeneinander	←——→	Miteinander

Belohnungen		
Niedrige, wenige Belohnungen	←——→	Hohe, starke Belohnungen
Starke Bestrafungen	←——→	Kaum Bestrafungen
Ungerechtigkeit	←——→	Fairness
Unausgewogenheit	←——→	Gerechtigkeit
Unkalkulierbarkeit	←——→	Berechenbarkeit

Innovation		
Starrheit, Intoleranz	←——→	Änderungsbereitschaft
Sicherheitsdenken	←——→	Risikoneigung
Unbeweglichkeit	←——→	Flexibilität
Dogmatismus	←——→	Offenheit

Hierarchie und Kontrolle		
Machtunterschiede	←——→	Gleichheit
Unterordnung	←——→	Partnerschaftlichkeit
Kontrolle, Überwachung	←——→	Eigenständigkeit

Tab. 3: Dimensionen des Organisationsklimas (nach NEUBERGER, 1980)

- Sind die Einstellungen Ergebnis der bisherigen Beziehungen?
- Stehen Einstellungen im Widerspruch zu Erwartungen der Organisation?

(3) Wahrnehmungen und Kenntnisse
Das bezieht sich auf das Gespür für die Details der Situation, faktengestützte oder intuitive Sicht der Dinge, Wahrnehmung sozialer Vorgänge und Erwartungen, Kenntnis der Auswirkungen des eigenen Verhaltens:

- Wird die Situation klar und differenziert wahrgenommen?
- Kennen die Parteien ihren eigenen Anteil am Konflikt?
- Kennen die Beteiligten die aneinander gerichteten Erwartungen?
- Wie wird die eigene Lage relativ zur anderen Partei eingeschätzt?

(4) Verhaltensweisen
Dies meint das Führungsverhalten, Arbeitsverhalten, Kommunikationsfähigkeiten, Flexibilität und Weite des Verhaltensrepertoires, sprachliche und nichtsprachliche Ausdrucksfähigkeit:

- Ist das Verhalten der Situation angepasst?
- Überwiegen rationale, emotionale oder affektgeladene Anteile?
- Respektiert eine Partei die Verletzbarkeit der anderen?

(5) Beziehungen
Hierunter fallen Vertrauen, Offenheit, Macht, Partnerschaft, gegenseitige Abhängigkeit:

- Sind die Beziehungen symmetrisch oder asymmetrisch?
- Können sich die Parteien schweren Schaden zufügen?
- Welche Geschichte hat sich zwischen ihnen entwickelt?
- Welchen Organisationsgrad weist eine Partei auf?
- Stehen die Parteien direkt in Kontakt miteinander?

In Tabelle 4 ist das so genannte Konfliktsyndrom nach DEUTSCH (1976, S. 36) abgebildet. Ein Konflikt äußert sich auf der Subjektseite in den vier Konfliktsymptomen, die sich gegenseitig ergänzen: Sobald ein Symptom vorliegt, zieht es die anderen nach sich.

5. Die Konfliktdynamik

In jedem Konflikt steckt ein dynamisches, d.h. vorwärtstreibendes Moment. Die Eigenantriebskraft resultiert daraus, dass ein Konflikt, solange er existiert, die Gruppe(n) davon abhält, Ziele geschlossen anzustreben, Aufgaben koordiniert abzuwickeln und Beziehungen vertrauensvoll zu gestalten. Der Konflikt unterbricht das nach „außen" auf Personen und Aufgaben gerichtete Erleben und Handeln, wie es für die menschliche Arbeit charakteristisch ist. Er stört diesen kontinuierlichen Ablauf und muss folglich beseitigt werden, damit das Erleben und Handeln wieder konzentriert möglich wird.

An dieser Stelle, an der die Störung und damit der Konflikt auftreten, „staut" sich die nach vorne drängende Energie, „haftet" der vorauseilende Blick, „verengt" sich

Wahrnehmung

Unterschiede und Differenzen in Interessen, Meinungen und Wertüberzeugungen treten hervor.
Es wird deutlicher gesehen, was trennt, statt was verbindet.
Versöhnliche Gesten des anderen werden als Täuschungsversuche gedeutet, seine Absichten als feindselig und bösartig beurteilt, er selbst und sein Verhalten einseitig und verzerrt wahrgenommen.

Aufgabenbezug

Die Aufgabe wird nicht mehr als gemeinsame Anforderung wahrgenommen, die am zweckmäßigsten durch Arbeitsteilung bewältigt wird, in der jeder nach seinen Kräften und Fähigkeiten zum gemeinsamen Ziel beiträgt. Jeder versucht, alles alleine zu machen: Er braucht sich so auf den anderen nicht zu verlassen, ist von ihm nicht abhängig und entgeht damit der Gefahr, ausgenutzt und ausgebeutet zu werden.

Einstellung

Vertrauen nimmt ab und Misstrauen zu.
Verdeckte und offene Feindseligkeit entwickeln sich.
Die Bereitschaft nimmt ab, dem anderen mit Rat und Tat zur Seite zu stehen.
Die Bereitschaft nimmt zu, den anderen auszunutzen, bloßzustellen, herabzusetzen.

Kommunikation

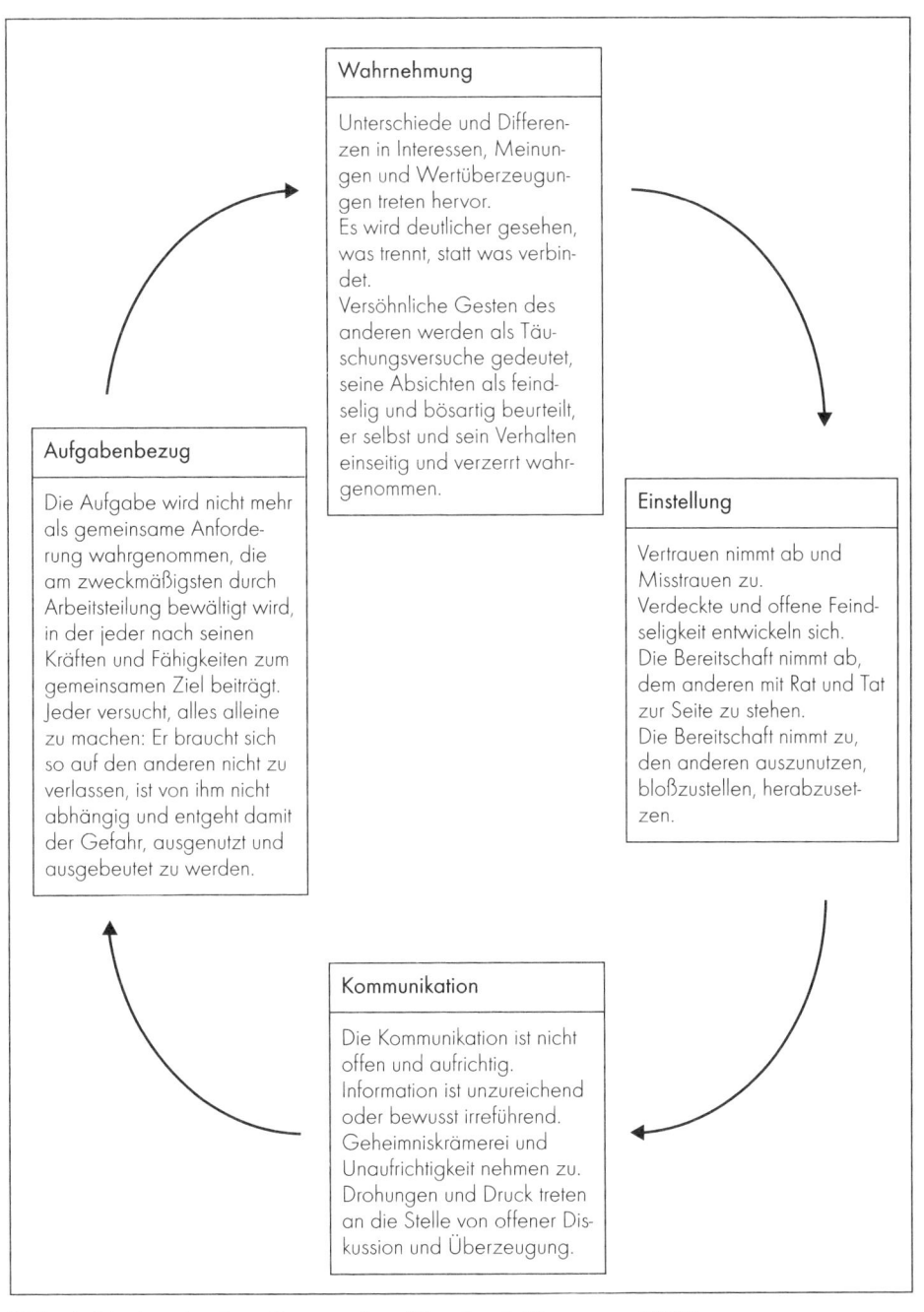

Die Kommunikation ist nicht offen und aufrichtig.
Information ist unzureichend oder bewusst irreführend.
Geheimniskrämerei und Unaufrichtigkeit nehmen zu.
Drohungen und Druck treten an die Stelle von offener Diskussion und Überzeugung.

Tab. 4: Merkmale eines Gruppenkonflikts (nach DEUTSCH, 1976)

die ausgreifende Orientierung. Es kommt zu einer konzentrierten, „explosiven" Gemengenlage. Die weitere Entwicklung kann in verschiedene Richtungen gehen:

- Die Störung verliert ihre Dringlichkeit, die Spannung fließt in verschiedene Erlebnis- und Handlungsfelder ab: Der Konflikt *versickert*. Gerade gesellschaftspolitische

Konflikte zwischen Gruppen nehmen nicht selten diesen Verlauf (weshalb die Strategie des „Aussitzens" mitunter durchaus funktional sein kann).
- Der Konflikt wird von einer Partei *innerlich,* seelisch oder sozial, *verarbeitet* (was belastbaren Personen und in kooperativen Beziehungen eher gelingt).
- Die Spannung „entlädt" sich mehr oder weniger bewusst und absichtlich entweder in *spontanen* Reaktionen oder in *strategischen* Aktionen.

Entwickelt sich ein Konflikt im Sinne der beiden erstgenannten Richtungen, dann weitet er sich, zunächst jedenfalls, nicht mehr aus. Erfahrungsgemäß tritt das aber weitaus seltener auf als die dritte Form, bei der zumindest eine Partei den Konflikt in erkennbarer Weise austrägt oder anspricht. Indem sie das tut, hat der Konflikt ein neues Stadium erreicht, das von den Interaktionen der verschiedenen Parteien, sowohl der im Konflikt unmittelbar involvierten als auch der von ihm mittelbar betroffenen, gekennzeichnet ist. Die Äußerungen und Anstrengungen aller Parteien zielen letztlich darauf ab, den Konflikt und damit die Störung zu beseitigen. Falls im konkreten Fall Zweifel auftauchen, ob eine Partei den Konflikt wirklich beenden will, dann rühren sie in der Regel daher, dass diese Partei entweder Mittel einsetzt, die die anderen als untauglich beurteilen, oder aber nicht aufdeckt, dass sie, während der Konflikt hier andauert, ihre eigenen Ziele anderswo ungestört zu erreichen hofft. Daher können alle Bemühungen der Konfliktparteien (unbeabsichtigt) bewirken oder (gezielt) bezwecken, dass die Störung und damit der Konflikt

- entweder abnehmen oder beseitigt werden, d. h. *deeskalieren,*
- oder zunehmen und sich auswachsen, d. h. *eskalieren.*

Eskalation und Deeskalation bezeichnen den dynamischen Verlauf eines Konflikts, wie er sich aus den Handlungen der Parteien heraus entwickelt. In Tabelle 5 werden Verhaltensweisen im Konflikt unter zwei Gesichtspunkten beschrieben: nach der Strategie bzw. Wirkung (eskalierend – deeskalierend) einerseits und nach der Form der Bewusstheit, in der sich eine Partei äußert (spontan – strategisch) andererseits (VAN DE VLIERT, 1984, 530 ff.).

Die nicht oder unzureichend gebändigte Eskalation weist eine typische Phasenabfolge auf (vgl. BERKEL, 2002; s. Tabelle 6).

		Strategie / Wirkung	
		eskalierend	deeskalierend
	spontan	Das Thema personalisieren	Den Konflikt nicht wahrnehmen oder verleugnen
		Die andere Partei attackieren (= heißer Konflikt)	Konflikt direkt ansprechen
		Die Beziehungen abbrechen (= kalter Konflikt)	Hemmschwellen nutzen (z. B. Hierarchie) oder verstärken
Bewusstheit			
	strategisch	Das System in Frage stellen	Das Konfliktpotential abbauen
		Strukturen und Abläufe intransparent machen	Den Konflikt als gemeinsames Problem angehen
		Streitpunkte ausweiten	Versöhnlich und humorvoll reagieren
		Verbündete suchen	

Tab. 5: Verhaltensweisen zur Konfliktdynamik (nach VAN DE VLIERT, 1984)

Debatte	Taten	Kampf
Debatten stehen am Anfang: die Beteiligten reden, ja streiten miteinander, sie tragen ihre Meinungsverschiedenheiten mit Worten aus. In dieser Phase verstehen sie sich immer noch als **Partner,** die etwas Gemeinsames verbindet. Bleiben die Gespräche ergebnislos, dann besteht der Konflikt mit seiner Spannung weiter fort. Früher oder später wird einer der Beteiligten die Geduld verlieren, er lässt nun ↳	**Taten** folgen, um die andere Seite in Zugzwang zu bringen: Fakten werden geschaffen, hinter die eine Seite, ohne das Gesicht zu verlieren, nicht mehr zurückgehen kann (z.B. indem andere Personen oder übergeordnete Stellen eingeschaltet werden). Diese Handlungen folgen der (Psycho-)Logik einer Strategie, d.h., es sind bewusst kalkulierte Spiel- oder Schachzüge, die den anderen „matt" setzen sollen. In dieser Phase stehen sich die Beteiligten als **Gegner** gegenüber, die einander besiegen und übereinander triumphieren wollen. Hilft auch das nicht weiter, dann wächst die Bereitschaft zum ↳	**Kampf,** der als letztes Mittel angesehen wird, um den Konflikt zum Abschluss zu bringen. Am Beginn mögen noch zivilisierte Mittel stehen, wozu auch der Rechtsstreit gehört, dann aber obsiegt zunehmend die Bereitschaft, Drohgebärden und ausgesprochene Drohungen, schließlich auch Gewalt und unerlaubte Mittel einzusetzen, alles mit dem Ziel, die andere Seite, die inzwischen zum **Feind** geworden ist, in die Knie zu zwingen. In extremen Fällen werden, um den Feind zu vernichten, auch eigene Verluste in Kauf genommen.

Tab. 6: Eskalationsstufen eines Konflikts

6. Konfliktbewältigung

Konflikte können auf verschiedene Weise gelöst werden: durch Kompromiss, durch den Sieg der einen und die Niederlage der anderen Seite oder durch eine Regelung, die alle Beteiligten zufrieden stellt. Letzteres wird sicherlich am meisten gewünscht und ist doch am schwersten zu erreichen. Immerhin lassen sich drei grundsätzliche Strategieansätze unterscheiden, die im Sinne einer aktiven Konfliktbehandlung eine solche produktive Lösung anstreben:

(1) der Abbau bzw. die Verringerung des *Konfliktpotenzials*
(2) das kooperative *Aushandeln* zwischen den Konfliktparteien
(3) das Einwirken einer *dritten Partei*.

6.1 Konfliktabbau durch Verringerung des Konfliktpotenzials

Der wichtigste Beitrag, den Organisationen zur Konfliktbewältigung leisten können, liegt darin, dass sie vorausschauend Arbeitsbedingungen und Kooperationsformen schaffen oder gestalten, die das Auftreten von Konflikten auf ein vernünftiges Maß zurückführen. *Konfliktprophylaxe* ist daher inneres Moment von Führung selbst und kann nicht einfach an andere Stellen – z.B. das Personalwesen – delegiert werden. Bezogen auf die von RÜTTINGER (1988) vorgeschlagene Typologie von Konflikten sind bestimmte Maßnahmen, die in jeder Organisation möglich sind, geeignet, das Entstehen von Konflikten von vornherein einzuschränken (s. Tabelle 7).

Konfliktart	Konfliktreduzierende Maßnahmen
Bewertungskonflikte	– Entwicklung einer Organisationskultur, die auf einer überzeugenden Vision und klaren Mission aufbaut – Auswahl und Beförderung von Mitarbeitern nach Kriterien, die ein hohes Maß an Übereinstimmung in den gemeinsam vertretenen Wertüberzeugungen garantieren
Beurteilungskonflikte	– Verstärkung des horizontalen und vertikalen Informationsaustausches – Vereinbarung regelmäßiger Treffen, um Probleme schon im Vorfeld zu erkennen, zu klären und gemeinsam zu lösen
Beziehungskonflikte	– Eine Kultur des Vertrauens und der Offenheit entwickeln, in der es leicht fällt, Unbehagen und Unstimmigkeiten an- und auszusprechen – Klare und verbindliche Festlegung von Tätigkeitsbereichen mit den dazugehörigen Entscheidungskompetenzen und Verantwortlichkeiten

Tab. 7: Verringerung des Konfliktpotenzials

Diese Maßnahmen tragen dazu bei, Konflikte weniger wahrscheinlich zu machen, aber nicht, sie gänzlich auszuschalten (was auch nicht wünschenswert wäre). In einer Organisation mit geringem Konfliktpotenzial treten unnötige Konflikte erst gar nicht auf, in ihr herrscht vielmehr ein Klima, in dem unvermeidliche Konflikte von den beteiligten Parteien direkt oder unter Einschalten einer dritten Partei konstruktiv bewältigt werden können.

6.2   Das Aushandeln zwischen den Konfliktparteien

Die gemeinsame kooperative Bewältigung eines Konflikts unter den Parteien selbst wird aus mehreren Gründen immer wichtiger:

- Eine Partei wird nur dann eine Lösung akzeptieren, wenn sie auch ihr selbst Vorteile bringt; dies gilt besonders dann, wenn sie in den Konflikt stark verwickelt ist.
- Gemeinsame Lösungen werden hinterher weniger in Frage gestellt oder unterlaufen.
- Gemeinsame Lösungen erhöhen das Vertrauen ineinander und stärken die Zusammenarbeit, weil nun gemeinsame Ziele verfolgt werden.

Zur Durchführung einer kooperativen Konfliktbewältigung sind einige Regeln zu beachten:

1) Mit leichten Punkten beginnen, die eine rasche Einigung zulassen
Erfolgreiche, kooperative Konfliktbewältigung entwickelt sich im Fortgang des Verhandelns. Wenn es gelingt, einen ersten Fortschritt oder Durchbruch zu erzielen, so ermutigt das die Parteien, in der gemeinsamen Suche fortzufahren. Daher ist es wichtig, möglichst rasch erste Resultate zu erzielen, was am ehesten mit weniger schwierigen Themen gelingt.

2) Zwei-Phasen-Abfolge
a) Zunächst ist es wichtig, sich auf einen *Rahmen* festzulegen, d. h. einige wenige, gemeinsam zu erreichende Ziele zu benennen.
b) Dann erst ist es sinnvoll, *Details* auszuarbeiten. Das heißt: Sich nicht sofort in Detailfragen verbeißen!

3) Trennung von Diskussion und Lösung
Damit auch wirklich neue Lösungen ins Blickfeld gelangen können, ist es erforderlich, zunächst einmal die Konfliktthemen möglichst breit zu diskutieren. Dabei ist der Irrtum zu vermeiden, jeder Punkt müsse so lange diskutiert werden, bis man eine Einigung erzielt habe. Erst wenn das gesamte Spektrum andiskutiert wird, lassen sich Möglichkeiten erkennen, wo eine Seite Konzessionen machen, Kompensationen anbieten kann usw.

4) Verhandlungsabfolge festlegen
Man kann nicht gleichzeitig über alles diskutieren. Wenn man sich andererseits auf eine Abfolge der zu diskutierenden Punkte festlegt, gerät man in Gefahr, die Vorteile von Punkt 3, dass konzessionsfähige Themen zu verschiedenen Zeitpunkten angesprochen werden, zu verhindern.
Empfehlung: Zu Beginn die Regel aufstellen, dass kein Element des Schlussergebnisses endgültig gebilligt wird, bevor nicht alle Punkte diskutiert worden sind. Damit ist es möglich, früher diskutierte Punkte mit den später diskutierten zu vergleichen.

5) Gegeneinander gerichtete und kooperative Konfliktbewältigung auf verschiedene Personen verteilen
Häufig laufen beide Strategien zur Lösung von Interessenkonflikten nebeneinander her. Härte und Unnachgiebigkeit werden nach wie vor demonstriert, doch werden mittlerweile Fühler ausgestreckt, um die Möglichkeiten einer gemeinsamen Lösung zu erkunden. In politischen und geschäftlichen Verhandlungen werden diese beiden Strategien auf verschiedene Personengruppen aufgeteilt, um den Rollenkonflikt der Verhandelnden gering zu halten. Während niedrigrangige Personen die Aufgabe haben, Einigungsmöglichkeiten auszuloten, können die höherrangigen abwarten. Falls es zu keiner Einigung kommt, haben sie wenigstens ihr Gesicht gewahrt.

6) Konfliktanalyse durch gefühlsgeladenen Konfliktausdruck ergänzen
Eine rein rationale Konfliktanalyse kann Verhandlungen austrocknen. Sie muss ergänzt werden durch gefühlsgeladene Gesten, die der anderen Seite deutlich signalisieren, wie wichtig die Sache ist. Zu vermeiden sind allerdings aggressive Handlungen wie Beleidigungen, endloses Hinauszögern der Debatte, juristische Spitzfindigkeiten usw. Die Beschränkung auf die rein rationale Seite erzeugt oft genug nicht die notwendige Betroffenheit, die zum Einlenken nötigt.

7) Für eine entspannte Atmosphäre sorgen
Eine zur Entspannung einladende Umgebung, Unterbrechungen durch ein gutes Essen, Einstreuen von humorvollen Episoden, Austausch von Geschenken können die Stimmung merklich bessern. Wünschenswert wäre eine Mischung von Ernsthaftigkeit und spielerischer Lässigkeit.

8) Rollentausch praktizieren
Die Kommunikation zwischen den Verhandelnden kann durch einen Rollentausch verbessert werden. Dabei formuliert jeder so genau wie möglich die Standpunkte und Forderungen der anderen Seite.
Rollentausch erhöht das Verständnis für die Position der Gegenseite, kann aber auch bewirken, dass die eigenen Forderungen, wenn sie so verständnisvoll von der Gegenseite formuliert werden, erst recht als berechtigt erscheinen und um jeden Preis durchgesetzt werden.

6.3 Das Einwirken einer dritten Partei

Konflikte, die schon einen bestimmten Eskalationsgrad erreicht haben, können von den Konfliktparteien selbst nicht mehr gelöst werden. Das Ineinandergreifen der verschiedenen Prozesse des Wahrnehmens, Fühlens, Wollens und Handelns (s. o.) lässt einen *Teufelskreis* entstehen, in dem sich die Parteien gegenseitig hochschaukeln und immer unfähiger werden, den Konflikt konstruktiv zu beenden. Hier ist das Eingreifen einer kompetenten und erfahrenen dritten Partei unerlässlich (s. Tabelle 8). Aufgabe der dritten Partei ist es *nicht,* sich Lösungen auszudenken und den Konfliktparteien aufzudrücken oder geschickt zu „verkaufen", sondern Rahmenbedingungen zu setzen und einen Weg vorzuschlagen, der es den Beteiligten erlaubt, selbst eine konstruktive Lösung zu entwickeln.

Beitrag der dritten Partei	Vorgehen
Diagnose der Situation	- Herausfinden, welche Streitpunkte die Parteien gegeneinander vorbringen und welche Konfliktgeschichte sie schon hinter sich haben - Feststellen, welchen Eskalationsgrad der Konflikt bisher erreicht hat und ob er die Form eines „heißen" oder „kalten" Konflikts aufweist
Rahmenbedingungen für die Aussprache festlegen	- Dafür Sorge tragen, dass Machtunterschiede nicht durchschlagen (z. B. durch Unterstützen der schwächeren Seite) - Gewährleisten, dass jede Seite die Streitpunkte aus ihrer Sicht mit den dadurch ausgelösten Empfindungen vorbringen kann - Die Parteien dahin führen, sich in die andere Seite hineinzuversetzen - Dazu beitragen, dass trotz emotionaler Spannungen die Parteien kreative Lösungsmöglichkeiten entwickeln und deren Vor- und Nachteile abwägen
Regelung verbindlich machen	- Eine konkrete Lösung verbindlich vereinbaren - Sich gegenseitig verpflichten, bestimmte Verhaltensweisen wie bisher beizubehalten, häufiger als bisher zu zeigen oder gänzlich zu unterlassen
Aus dem Konflikt lernen	- Die vereinbarte Regelung mit den persönlichen und organisatorischen Gegebenheiten abstimmen - Folgerungen festlegen, die im Falle des Befolgens oder Nichtbefolgens eintreten

Tab. 8: Beitrag und Handlungsmöglichkeiten einer dritten Partei

7. Fazit

Konflikte gehören zum Leben in und zwischen Gruppen, sie können nicht vermieden oder ausgeschaltet, sondern nur aufgegriffen und produktiv gelöst werden. Die Verbindung der verschiedenen seelischen Prozesse – Wahrnehmen und Denken, Fühlen und Empfinden, Wollen und Handeln – emotionalisiert und personalisiert Konflikte. Dazu kommt, dass Konflikte, wenn sie nicht rechtzeitig und entschieden angegangen werden, eskalieren und einen destruktiven Teufelskreis initiieren. All dies trägt dazu bei, dass die meisten Menschen schon bei dem Gedanken, sie könnten in eine Auseinandersetzung geraten, Unbehagen empfinden. Daher ist es unerlässlich, ja geradezu eine Voraussetzung für jede produktive und konstruktive Bewältigung von Konflikten, dass die Mitglieder von (Arbeits-)Gruppen lernen, ihre *inneren Ängste vor einem aktiven Umgang mit Konflikten abzubauen*. Alle sozialwissenschaftlich bewährten Methoden und Verfahren zur Konfliktbewältigung zielen im Kern darauf ab, das Austragen von Konflikten zu versachlichen und konstruktive Lösungen zu ermöglichen. Dazu kommt es in oder zwischen Gruppen aber erst dann, wenn die Mitglieder fähig und willens sind, ihre eigenen Anteile am Entstehen und Ausufern eines Konflikts zu erkennen, zu überprüfen und zu ändern.

Literatur

Berkel, K. (2002). Konflikttraining. Konflikte verstehen, analysieren, bewältigen. 7. Aufl. Heidelberg 2002.
Deutsch, M. (1976). Konfliktregelung. Konstruktive und destruktive Prozesse. München 1976.
Glasl, F. (1990). Konfliktmanagement. Ein Handbuch für Führungskräfte und Berater. 2. Aufl. Bern und Stuttgart 1990.
Luthans, F. et al. (1985). What do successful managers really do? An observation study. In: Journal of Applied Behavioral Science, 21, 1985, S. 255–270.
Neuberger, O. (1980). Organisationsklima als Einstellung zur Organisation. In C. Graf Hoyos, W. Kroeber-Riel, L. v. Rosenstiel & B. Strümpel (Hrsg.), Grundbegriffe der Wirtschaftspsychologie. S. 128–137. München 1980.
Rüttinger, B. (1988). Konflikte als Chance. Konfliktmanagement. Problemfeld 2: Besser führen. München 1988: Institut Mensch und Arbeit.
Rüttinger, B. & Sauer, J. (2000). Konflikt und Konfliktlösen. Kritische Situationen erkennen und bewältigen. Leonberg 2000.
Ulrich, P. (1983). Konsensus-Management: Die zweite Dimension rationaler Unternehmensführung. In: Betriebswirtschaftliche Forschung und Praxis, 35, 1983, S. 70–84.
van de Vliert, E. (1984). Conflict – prevention and escalation. In P.J.D. Drenth et al. (eds.), Handbook of work and organizational psychology. S. 521–551. London 1984.

Zur Konkretisierung und weiteren Vertiefung wird empfohlen, im Fallstudienband die Fälle zu „Konflikte" zu bearbeiten.

Gerhard Comelli

Qualifikation für Gruppenarbeit: Teamentwicklungstraining

1. Teamarbeit muss man können
2. Was ist Teamentwicklung?
3. Teamentwicklung als Prozess
4. Anlässe und Ziele von Teamentwicklungstrainings
5. Die Vorbereitung
6. Diagnosephase/Datensammlung
7. Die Durchführung des Teamentwicklungstrainings
8. „Nachfassen"
9. Bedingungen für den Erfolg von Teamentwicklungstrainings

1. Teamarbeit muss man können

Maßnahmen zur Teamentwicklung (TE) gehören seit Jahren zu den am weitesten verbreiteten und populärsten Organisationsentwicklungsmaßnahmen: Permanent oder längere Zeit bestehende Arbeitsgruppen in Organisationen (*family groups*) oder aber Projektgruppen, die nur für die Dauer eines Projektes oder einer bestimmten Aufgabenstellung zusammenarbeiten und sich dann wieder auflösen, gehen in ein gemeinsames Training, um die Art und Weise ihrer Zusammenarbeit zu optimieren und ihre Effizienz zu steigern. Teamentwicklung bezieht sich stets auf kleine, überschaubare und natürliche organisatorische Einheiten. Das ist mit dem Vorteil verbunden, dass nicht die Organisation als Ganzes oder ganze Organisationsbereiche in den Prozess involviert sein müssen.

Die steigende Anzahl von Teamentwicklungstrainings läuft synchron mit einer überall spürbaren Tendenz zu mehr partizipativen Arbeitsformen. Die Komplexität von Aufgabenstellungen wächst, die Erwartungen der nachrückenden Mitarbeitergeneration drängen stark in Richtung Mitbeteiligung und Mitwirkung. Da zwingt sich die Einsicht förmlich auf, dass wohl am ehesten durch mitarbeiterorientierte Formen der Zusammenarbeit die in einem Team schlummernden Potenziale zu wecken und für die Zielerreichung zu mobilisieren sind (vgl. dazu auch die Beiträge von v. ROSENSTIEL: „Grundlagen der Führung" und „Die Arbeitsgruppe", in diesem Band). Schon 1975 haben PORTER, LAWLER III UND HACKMAN diese Entwicklung in einer „Sequenz von Zielen zur Erhaltung einer Organisation" (Abbildung 1) dargestellt. Die von ihnen vorgelegte Zielfolge bezeichnet die Optimierung bzw. Zunahme von Kooperation und Teamarbeit als unbedingt notwendige Voraussetzung für die Fähigkeit einer Organisation, innovativ zu sein und sich zu revitalisieren. Die Basis-Voraussetzung für diese gesteigerte Kooperations- und Teamfähigkeit ist eine tragfähige Vertrauensbasis zwischen den Kooperationspartnern. Diese wiederum sorgt für eine offene Kommunikation untereinander und befähigt die Beteiligten, die bei teamorientierten Arbeiten unvermeidbaren Konfliktsituationen zu bestehen und ihre Konflikte erfolgreich zu regeln. Ist diese Abfolge an irgendeiner Stelle gestört, bleiben Effizienz und Innovationsfähigkeit aus.

Ein funktionierendes und effizientes Team (nachfolgend werden die Begriffe ‚Team' und ‚Gruppe' synonym verwendet) entsteht nun nicht einfach dadurch, dass

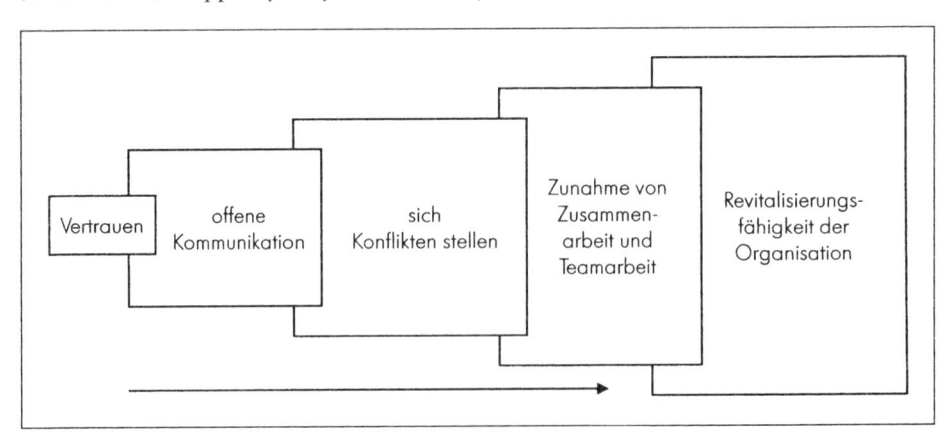

Abb. 1: Hypothetische Sequenzen von notwendigen Zielen für die Erhaltung einer Organisation (aus PORTER, LAWLER III & HACKMAN, 1975, S. 408)

man ein paar Leute zusammenwürfelt, sie als Gruppe definiert und ihnen eine gemeinsame Zielsetzung vorgibt. Es reicht auch nicht, dass dabei alle Beteiligten für Teamarbeit hoch motiviert sind. Mindestens drei weitere Voraussetzungen müssen erfüllt sein, damit Teamarbeit Sinn macht:

- Die Aufgabenstellung muss für Teamarbeit geeignet sein bzw. Teamarbeit erforderlich machen.
- Die situativen Rahmenbedingungen müssen Teamarbeit ermöglichen (besser noch: fördern).
- Die Beteiligten müssen Teamarbeit auch „können", d. h. sie müssen gewisse handwerkliche (z. B. Arbeitstechniken) und kommunikative Voraussetzungen erfüllen.

Es wäre naiv anzunehmen, dass eine neu formierte Gruppe quasi aus dem Stand heraus effizient ist. Wie es das englische Wortspiel über die Entwicklung einer Gruppe „Forming → Storming → Norming → Performing" (TUCKMANN, 1965) vorgibt, steht ein leistungsfähiges und für seine Mitglieder motivierendes Team immer erst am Ende einer gemeinsamen Gruppenentwicklung und eines nicht selten auch harten Lernprozesses. Diesen quasi naturgegebenen gruppendynamischen Entwicklungsprozess kann man nun so, wie es sich gerade ergibt, einfach „passieren" lassen, oder aber man betreibt ihn gezielt und systematisch. Für diesen letzteren Weg haben sich die Begriffe *Teamentwicklung* (TE), Teamentwicklungstraining oder auch (verkürzt:) Teamtraining eingebürgert. Startet man mit Teamentwicklung gleich zu Beginn, d. h. mit dem Zeitpunkt der Formierung einer neuen Gruppe, spricht man in diesem speziellen Fall gelegentlich auch von *team building*.

2. Was ist Teamentwicklung?

Der Begriff Teamentwicklung ist in den letzten Jahren modisch geworden. Im klassischen Trainingsbereich lässt sich geradezu eine Inflationierung des Begriffes beobachten. Viele traditionelle Seminar- und Schulungsmaßnahmen, vor allem allgemeine Trainings zur Entwicklung sozialer Fähigkeiten und Fertigkeiten (die unbestritten für Teamarbeit notwendig sind), werden von vielen Trainern gerne mit dem offensichtlich gut vermarktbaren Etikett Teamentwicklung versehen. Um nicht zu einer weiteren Inflationierung des Begriffes beizutragen, möchte ich mich im Folgenden für eine eher enge Definition von Teamentwicklung entscheiden und dabei vorab zwei Punkte herausstellen, in denen sich Teamentwicklungstraining deutlich von der traditionellen Schulung in Seminarform (Training) unterscheidet:

a) Die Trainingsgruppe besteht aus Personen, die auch im betrieblichen Alltag wirklich und unmittelbar zusammenarbeiten bzw. zusammenarbeiten sollen.
b) Trainingsgegenstand sind konkrete (und damit echte!) betriebliche Vorgänge, Vorkommnisse und Ereignisse, bei denen die Trainingsteilnehmer Betroffene bzw. Beteiligte sind.

Bei einer Teamentwicklungsmaßnahme begeben sich echte organisatorische Einheiten (inkl. ihres/ihrer Vorgesetzten) in einen gemeinsamen Problemlöseprozess, der inhaltlich fokussiert ist auf konkrete (Vor-)Fälle oder Probleme aus der täglichen Zusammenarbeit. Diese Konzentration auf eine gezielte Bearbeitung von „life-items" garantiert intensiven Praxisbezug und ist mit einer hohen Lern- und Transferchance verbunden.

Gleich an dieser Stelle soll darauf hingewiesen werden, dass durch die Behandlung echter betrieblicher Vorkommnisse und Ereignisse der Grad der persönlichen Betroffenheit für alle Beteiligten ungleich höher ausfällt als in einem „normalen" Seminar, in dem die Teilnehmer hauptsächlich mit relativ unverbindlichen Übungen und Fallbeispielen konfrontiert werden. Deshalb sind auch seminartypische Teilnehmeraussagen (vielleicht auch Schutzbehauptungen) wie: „Bei uns im Unternehmen ist das aber alles ganz anders" oder: „Da müssten Sie mal meinen Chef kennen, der würde jetzt ..." in einem Teamentwicklungstraining a priori deplatziert. Der Lernprozess ist ja gerade ausdrücklich fokussiert auf konkrete Praxisvorkommnisse oder -probleme, es geht um eine allen Beteiligten bekannte betriebliche Realität, und die Betroffenen bzw. Beteiligten sind anwesend. Darüber hinaus muss jeder Teilnehmer in einem solchen Szenario jederzeit damit rechnen, dass sein im Rahmen des Teamtrainings produziertes persönliches Verhalten zum Gegenstand der Diskussion und damit zum Gegenstand des Lernens gemacht wird. Nicht selten geht das dem einen oder anderen Trainingsteilnehmer intensiv unter die Haut, und jeder Betroffene ist hier in seiner Feedbackfähigkeit sehr stark gefordert (COMELLI, 2000).

Nicht zuletzt aus diesem Grund werden Teamentwicklungstrainings sehr häufig von externen Trainern durchgeführt. Innerhalb sehr großer Unternehmungen kann dieser „Externe" allerdings auch ein für solche Maßnahmen qualifizierter interner Trainer sein – vorausgesetzt diese Person wird von den betroffenen Trainingsteilnehmern als ausreichend unabhängig erlebt und akzeptiert. Dies sollte auf jeden Fall bei den Vorbereitungen für das Teamtraining bzw. bei den ersten Kontaktgesprächen mit den Beteiligten geklärt werden. In manchen Fällen hat sich auch bewährt, mit einem „Tandem" aus einem internen und einem externen Trainer zu arbeiten, um die Vorteile des Externen (z.B. größere Unabhängigkeit, geringere Organisationsblindheit) mit den Vorteilen des internen Trainers (z.B. bessere innerorganisatorische Hintergrundkenntnisse sowie schnellerer, wahrscheinlich auch intensiverer Zugang zu formellen und vor allem informellen Informationsquellen) zu kombinieren.

Zusammenfassend kann man Teamentwicklung verstehen als einen moderierten Prozess gemeinsamen Lernens, der von den Mitgliedern einer Arbeits- bzw. Projektgruppe (Team) mit dem Ziel absolviert wird, über die gecoachte Bearbeitung echter und konkreter Zusammenarbeitsprobleme die Effektivität des Teams bei der Lösung seiner aktuellen und/oder zukünftigen Probleme sowie bei der Erreichung der gemeinsamen Ziele zu steigern.

Nach dieser Definition sind meiner Meinung nach die meisten so genannten Outdoor-Trainings nicht als Teamentwicklungstrainings zu bezeichnen. Bei einem Outdoor-Training absolviert eine Gruppe von Leuten draußen in der Natur, also fernab des häuslichen und beruflichen Umfeldes, verschiedene Aufgaben und Übungen (WINKLER & STEIN, 1994). Dabei sollen die Teilnehmer u.a. erleben und dazu auch unmittelbares Feedback erfahren, wie ein Team funktioniert, wie Gruppenzusammenhalt und Wir-Gefühl entstehen bzw. gefördert werden können, welche Regeln praktiziert werden sollten, um ein Team effizient zu machen, und wie es um das eigene Teamverhalten bestellt ist. Geschieht dies – wie bei Seminargruppen – mit Leuten, die sich lediglich für die Zeit des Trainings zusammenfinden und dann wieder auseinandergehen, ist m.E. die Bezeichnung Teamtraining nicht gerechtfertigt. Hier wird kein Team trainiert, sondern es handelt sich um ein Selbsterfahrungstraining über das Funktionieren eines Teams. Der Begriff Teamtraining wäre bei einem Outdoor-Training am ehesten noch dann gerechtfertigt, wenn eine betriebliche „family group" gemeinsam (und das geschieht gelegentlich) ein solches Training absolviert. In einem solchen Fall begeben sich wirklich diejenigen Leute, die auch im Betrieb ein Team bilden, in einen gemeinsamen Lernprozess. Das Lernszenario jedoch ist in gewisser Weise „exotisch", denn gelernt wird nicht an echten betrieblichen Vorfällen und Ereignissen, sondern anhand von Aufgaben und Übungen, die sich in der betrieblichen Welt so nicht stellen. Das unterscheidet ein Outdoor-Training doch gravierend von einem Teamtraining. Selbstverständlich haben alle gemeinsamen Erlebnisse und Erfahrungen eine gruppenbildende bzw. kohäsionsfördernde Wirkung. Das kann man in jeder Seminargruppe beobachten, das gilt in gleicher Weise für das gemeinsame Glas Bier mit den Kollegen oder für die gemeinsame Teilnahme an einem beeindruckenden Event, das vielleicht als Incentive gedacht ist. So betrachtet gilt: Nicht alles, was teambildend wirkt, ist automatisch auch ein Teamtraining.

Noch eine Anmerkung: Inzwischen wird der Begriff Teamentwicklung nicht mehr allein auf das Training von Einzelteams bezogen, sondern auch verwendet für die gemeinsame Bearbeitung von Problemen der Zusammenarbeit zwischen zwei oder mehreren Gruppen. In einem solchen Fall, beispielsweise wenn es um die Optimierung der abteilungs- bzw. bereichsübergreifenden Kooperation geht, können sich die Teilnehmer eines Teamtrainings aus zwei oder sogar mehreren „Organisationsfamilien" rekrutieren. Bedingung für ein gruppenübergreifendes Teamtraining ist aber immer, dass die beteiligten Teilgruppen durch gemeinsame Zielsetzungen bzw. -vorgaben unmittelbar miteinander verklammert sind.

3. Teamentwicklung als Prozess

Ähnlich wie Sportmannschaften auch nicht nur ein einziges Mal trainieren, ist Teamentwicklung in der Regel keine Einzelmaßnahme, sondern ein sich über längere Zeit erstreckender Prozess. Das Konzept der Teamentwicklung folgt dem Ansatz der so genannten Aktionsforschung (FENGLER, 1978; MOSER, 1978). In der Abbildung 2 ist dieser aktionsforscherische Ansatz, der durch einen ständigen Wechsel zwischen „Datenerhebung" (= Forschung) und „Aktion" (= Maßnahmen, Aktivitäten) gekennzeichnet ist, dargestellt.

Normalerweise besteht Teamentwicklung also aus einer Folge von mehreren Workshops. Ziel eines jeden Workshops ist es, nach Möglichkeit zu konkreten Vereinbarungen zwischen den (oder auch einzelnen) Teilnehmern zu kommen, wie man

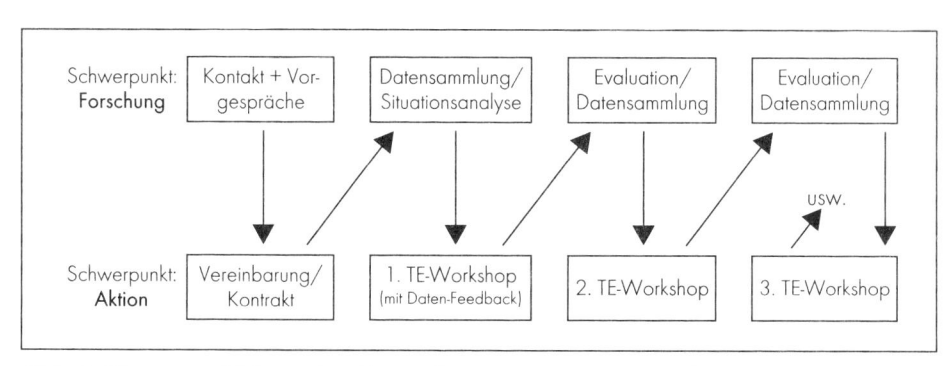

Abb. 2: Teamentwicklung als rollierender Prozess experimentellen Lernens

angesprochene Probleme löst, zukünftige Probleme vermeidet oder – ganz allgemein gesprochen – die Leistungsfähigkeit der Gruppe (weiter) verbessert. Die Abbildung zeigt, dass nach jedem Workshop eine Feedback-Schleife vorgesehen ist. Es erfolgt grundsätzlich eine Datenrückkopplung (z. B. nach der ersten Problem- oder Situationsanalyse) bzw. die Evaluation der im vorangegangenen Workshop vereinbarten Maßnahmen. So ergeben sich automatisch neue bzw. erweiterte Informationen, die wiederum den Daten-Input für den nächsten Schritt darstellen. Der auf diese Weise in Gang kommende mehrstufige und längerfristige Lernprozess wird auch gerne als „rollierender Prozess gemeinsamen experimentellen Lernens" bezeichnet.

Der Erfolg dieses Lernprozesses stellt sich nicht von heute auf morgen ein. Die Praxis lehrt, dass sich die (positiven) Auswirkungen von Teamentwicklungsmaßnahmen im betrieblichen Alltag frühestens nach dem zweiten, meist erst nach dem dritten Workshop bemerkbar machen und auch für Nicht-Beteiligte augenfällig werden. Um den Prozess sozusagen in Schwung zu halten und nicht erlahmen zu lassen, sollte der zeitliche Abstand zwischen den einzelnen Workshops nicht über ein halbes Jahr ausgedehnt werden.

4. Anlässe und Ziele von Teamentwicklungstrainings

In der überwiegenden Zahl der Fälle erfolgt in der betrieblichen Praxis der erste Anstoß, einmal eine Teamentwicklungsmaßnahme ins Auge zu fassen, auf Grund der Tatsache, dass innerhalb eines Teams oder zwischen Teams Probleme oder Störungen offenkundig werden. Nachdem in den letzten Jahren betriebliche Mitarbeiterbefragungen (BUNGARD & JÖNS, 1997) immer populärer geworden sind, ergeben sich auch von dieser Seite sehr häufig Anstöße zu Teamentwicklungsmaßnahmen. So werden bei dem als *Survey-Feedback-Methode* bekannten Konzept segmentierte Befragungsergebnisse an die betreffenden „Organisationsfamilien" zurückgekoppelt und diese dann aufgefordert, „ihre" Ergebnisse zu analysieren, kritische Punkte zu definieren und ggf. Maßnahmen zur Problemlösung zu initiieren (COMELLI, 1997).

Einige typische Krisensignale, die mit ziemlicher Sicherheit auf die Notwendigkeit eines Teamentwicklungstrainings schließen lassen, sind: ineffektive Besprechungen, unzureichende Kommunikation untereinander bzw. zwischen Mitarbeitern und Vorgesetztem, Häufung von Missverständnissen und Kommunikationsstörungen, Klagen von Mitarbeitern über ungenügende Einbeziehung in Entscheidungsprozesse, schwindende Identifikation mit den Zielen, Mangel an Engagement bei den Teammitgliedern, Resignation, Leistungsabfall in der Gruppe, Mitarbeiter bilden eine „Notgemeinschaft" gegen den Chef u. a. m. Einen umfangreichen und sehr detaillierten Symptomkatalog von typischen Anzeichen für Teamprobleme hat COMELLI (in Druck) zusammengestellt. Allerdings muss man sich hüten, das isolierte Auftreten einzelner Krisensymptome überzubewerten. Die Dynamik des betrieblichen Alltages generiert ständig und in vielfältigster Form kleine Spannungen und Turbulenzen. In einem gut funktionierenden Team wird das aufgefangen und verarbeitet. Erst die Häufung von Symptomen und vor allem ihr längeres Andauern oder sogar Eskalieren sind ein ernst zu nehmender Hinweis, dass Teamentwicklungsmaßnahmen angezeigt sind.

Insgesamt lassen sich Teamprobleme auf fünf typische Problemfelder zurückführen, die dann auch immer wieder Gegenstand von Teamentwicklungsmaßnahmen sind (wobei die Reihenfolge keine Rangreihe bedeutet):

- *Notwendige normierende Regeln zur Strukturierung der Gruppe sowie zur Organisation und Optimierung der Zusammenarbeit sind unbekannt bzw. bekannte Regeln werden nicht praktiziert* (z.B. eindeutige Rollenverteilung bzw. -zuordnung, Zielklärung, Normen für den Umgang miteinander bzw. zur Aufrechterhaltung der Gruppendisziplin, Besprechungsregeln).
- *Bestimmte Arbeitstechniken und Vorgehensweisen, die für effiziente Teamarbeit notwendig sind, werden nicht oder nicht ausreichend beherrscht* (z.B. Moderation, Metaplantechnik, Problemlösesystematik, Entscheidungstechnik, Techniken der Ideenfindung).
- *Ein Mangel an sozialen Fähigkeiten bzw. Fertigkeiten bei einzelnen oder mehreren Teammitgliedern belastet die Kommunikation und provoziert Missverständnisse und Konflikte* (z.B. sich verständlich ausdrücken können, Zuhörfähigkeit, eigene Wirkung kalkulieren können, offene und direkte Kommunikation statt „verdeckte Botschaften", aktive und passive Feedbackfähigkeit).
- *Die Gruppe wird „Opfer" bestimmter gruppendynamischer Prozesse, die sie entweder nicht kennt und/oder nicht wahrnimmt und demzufolge dann auch nicht steuern bzw. beeinflussen kann* (z.B. Konformitätsdruck, Nivellierungseffekt, Gruppeneuphorie, Unterschätzen von Risiken oder Gefahrensignalen).
- *Gestörte Beziehungen zwischen einzelnen Personen und/oder Gruppen führen zu Kommunikationsproblemen oder sogar zu Konflikten, die eine reibungslose Zusammenarbeit und eine effiziente Zielerreichung behindern* (z.B. Blockierung oder Verweigerung der Kommunikation, Vorenthalten von Informationen, desintegratives Verhalten, „Spielchen" zwischen einzelnen Personen, „Auflaufen-lassen").

Selbstverständlich bestehen zwischen diesen Problemfeldern vielfältige Wechselwirkungen. Die jeweilige Problemlage, aber auch die für das einzelne Teamtraining verfügbare Zeit entscheiden darüber, welche konkreten Ziele mit den Beteiligten für ein Training vereinbart werden. Für die Zielvereinbarung gilt das alte gruppendynamische Leitprinzip: „Man muss jeden dort abholen, wo er steht".

Es stimmt übrigens längst nicht mehr (wenn es überhaupt je richtig war), dass Teamentwicklungstrainings vorzugsweise für „therapeutische Fälle" durchgeführt werden, d.h. beispielsweise für Teams, die im Laufe der Zeit an Kraft verloren haben, die in Routine erstickt sind oder in denen es dauernd „knallt". Auch gut funktionierende Arbeitsgruppen „schämen" sich inzwischen nicht (mehr), in regelmäßigen Abständen ein Teamentwicklungstraining zu absolvieren, um ihr Funktionieren und/oder ihren Output zu optimieren. Außerdem kann man Teamentwicklung quasi präventiv betreiben, noch bevor überhaupt der Krisenfall eingetreten ist: Ein frisch zusammengestelltes Team oder eine neue Arbeitsgruppe beginnt die gemeinsame Arbeit gleich mit einem Training (‚start-up-meeting') und legt bei diesem Anlass von Anfang an die Grundlagen und die Spielregeln für eine vertrauensvolle Zusammenarbeit in der Zukunft fest – Vereinbarung von Regeln für eventuelle Konflikt- oder Krisenfälle eingeschlossen. Auf diese Weise wird die betreffende Arbeits- oder Projektgruppe von vornherein mit dem notwendigen Rüstzeug (Vorgehensweisen und Arbeitstechniken) sowie mit einer optimalen Startbasis (gegenseitiges Vertrauen und Akzeptanz) für erfolgreiche Zusammenarbeit ausgestattet.

Wie bereits ausgeführt, zielen Teamentwicklungstrainings darauf ab, entweder neu formierte Teams schnellstmöglich zu voller Leistungsfähigkeit zu bringen oder bestehende Teams in ihrer Effizienz zu optimieren bzw. – im Störfall – die Leistungskraft und die Leistungsbereitschaft des kompletten Teams wieder neu zu entzünden. Dazu reicht es nicht, das allgemeine Wohlbefinden des Einzelnen in der Gruppe zu sichern. Das Leistungspotenzial einer Gruppe wird sich nur dann optimal entfalten, wenn neben der Qualität des Zusammenlebens ihrer Mitglieder auch die Qualität der Arbeit und die Qualität der Arbeitsprozesse entsprechend gestaltet bzw. organisiert sind. Ausreichende persönliche Entfaltungsspielräume für das einzelne Teammitglied und motivierende Rahmenbedingungen bei der Arbeit sind hier eingeschlossen.

Die Anlässe und Auslöser für ein Teamtraining können sehr vielfältig und unterschiedlich sein, und die zu behandelnden Problemsituationen sind angesichts der vielen mitwirkenden Parameter nie gleich. Entsprechend vielfältig und unterschiedlich sind auch die Zielsetzungen, die sich im konkreten Fall daraus ableiten lassen. Allerdings ergeben sich bei den Problemszenarien immer wieder bestimmte Grundkonstellationen, so dass sich in Anlehnung an VARNEY (1977) doch folgende Hauptziele für Teamentwicklungstrainings formulieren lassen (COMELLI, in Druck):

Entwicklung und Vereinbarung verbindlicher Grundlagen und Regeln zur Strukturierung der Gruppe und zur Organisation der Zusammenarbeit, z. B.:

– Klärung der einzelnen Rollen bzw. des Rollenverständnisses im Team, Abgleich der gegenseitigen Rollenerwartungen, gegebenenfalls „Aushandeln" von verbindlichen Rollenbeschreibungen zwischen einzelnen Teammitgliedern;
– Vereinbarung von verbindlichen Kommunikations- und Kooperationsspielregeln (z. B. TZI-Regeln);
– Klärung der Gesamtzielsetzung(en) und Ableitung bzw. Vereinbarung entsprechender Teilziele;
– Klärung oder Definition des Selbstverständnisses des Teams und Klärung der Positionierung des eigenen Teams im Umgang mit anderen bzw. innerhalb der Organisation;
– Erhöhung der Identifikation der Teammitglieder mit dem Team und seinen Zielen.

Aufbau von Arbeitstechniken und Vorgehensweisen, die für eine effiziente Teamarbeit notwendig sind, z. B.:

– Erlernen und Erwerb von Arbeitstechniken und Regeln, die sich besonders für Teamarbeit eignen (z. B. Metaplantechnik, Besprechungstechnik, Methoden zur Ideenfindung)
– Erlernen von effizienten Systematiken und Vorgehensweisen für Teamarbeit (z. B. Problemanalyse, Problemlösetechnik, Entscheidungstechnik);
– Finden von effektiven Wegen, die im Team bestehenden Probleme auf der Sach- wie auf der Beziehungsebene zu bewältigen.

Aufbau sozialer Fähigkeiten und Fertigkeiten bei den Teammitgliedern, z. B.:

– Verbesserung der Kommunikation untereinander, gegebenenfalls Erlernen von Kommunikationstechniken, die beziehungsstabilisierend bzw. konfliktvermeidend sind (z. B. Feedback-Techniken, Aktives Zuhören);
– Entwicklung der Fähigkeit, Konflikte innerhalb des Teams oder zwischen Gruppen zu klären und auszuräumen;
– Entwicklung der Fähigkeit, Konflikte positiv (statt destruktiv) zu nutzen.

Entwicklung der Beziehungen zwischen Personen oder Gruppen, z. B.:

- Klärung und Verbesserung von Beziehungen zwischen Beteiligten bzw. Teammitgliedern;
- Aufbau von Vertrauen zwischen den handelnden Personen;
- Stärkung des Gruppenzusammenhaltes;
- Stärkung der Bereitschaft, sich gegenseitig zuzuarbeiten und/oder zu stützen;
- Verringerung des ungesunden Wettbewerbes untereinander, der auf Kosten des Teams und/oder der Organisation geht;
- Stärkung des Bewusstseins des gegenseitigen Aufeinanderangewiesenseins;
- Verbesserung der Fähigkeit des Teams, mit anderen Arbeitsgruppen innerhalb der Organisation zusammenzuarbeiten.

Befähigung des Teams und seiner Mitglieder zum Erkennen und Steuern gruppendynamischer Prozesse, z. B.:

- Vertiefung des Verständnisses für die ablaufenden Gruppenprozesse, d.h. für jene gruppendynamischen Ereignisse und wechselseitigen Beeinflussungsprozesse, die in jeder Gruppe vorkommen, in der Leute eng zusammenarbeiten;
- Entwickeln der Fähigkeit, gruppendynamische Prozesse wahrzunehmen (Steigerung der diagnostischen Kompetenz) und zu steuern.

Niemals können in einem Teamentwicklungstraining alle diese Ziele gleichzeitig angestrebt werden. In Abhängigkeit von der vorab diagnostizierten Situation bzw. Problemlage und in Abhängigkeit von der zur Verfügung stehenden Zeit muss man sich auf Teilziele konzentrieren. Ohnehin steht der Begriff Teamentwicklung nicht für eine spezielle, konkrete Einzelmaßnahme, vielmehr sind unter diesem Oberbegriff eine Fülle unterschiedlichster Interventionen und Vorgehensweisen gebündelt. Ein außerordentlich umfangreicher Katalog von Maßnahmen, Anregungen und Hilfsmitteln zur Teamentwicklung (in der englischsprachigen Literatur meist ‚team building‘ genannt) findet sich bei DYER (1977). Bei aller Variation im Detail läuft jedoch in der Regel ein Teamentwicklungsprojekt über folgende fünf Schritte ab:

- Kontaktphase und Kontrakt mit dem Auftraggeber,
- Kontaktphase und Kontrakt mit den Betroffenen,
- Diagnosephase/Datensammlung,
- Durchführung des Teamentwicklungstrainings
- „Nachfassen".

5. Die Vorbereitung

5.1 Kontaktphase und Kontrakt mit dem Auftraggeber

Impulse zu Teamentwicklungsmaßnahmen können von einem höheren Vorgesetzten ausgehen, der in seinem Zuständigkeitsbereich ein nicht optimal funktionierendes Team festgestellt hat und dagegen etwas tun möchte, oder aber von den unmittelbar Betroffenen, d.h. entweder von dem Team selbst und/oder von seinem Vorgesetzten.

Im letzteren Fall kann man davon ausgehen, dass zumindest schon bei einem Teil der Betroffenen ein gewisses Problembewusstsein vorhanden ist, während man im erstgenannten Fall unter Umständen davon ausgehen muss, dass die Betroffenen noch für den Gedanken eines Teamentwicklungstrainings gewonnen werden müssen.

Unabhängig davon, ob eine Teamentwicklungsmaßnahme von einem externen oder internen Trainer bzw. Moderator begleitet werden soll, ist jetzt zunächst zu klären, wie das Problem bzw. der Trainingsbedarf sowohl von dem Initiator als auch von den Betroffenen gesehen wird, wie die Veränderungs- und Kooperationsbereitschaft bei den Betroffenen einzuschätzen ist und welche Ergebnisse bzw. Ziele erreicht werden sollen. Weiterhin müssen gemeinsam „Spielregeln" für die Zusammenarbeit festgelegt sowie Vereinbarungen getroffen werden über die zeitliche Perspektive, die Rahmenbedingungen der Durchführung, den Grad und die Form eventuell notwendiger Unterstützung, Vertraulichkeit, einzusetzende diagnostische Verfahren (Datensammlung), Reaktionen im eventuellen Konfliktfall etc. Es ist außerordentlich wichtig, dass sowohl bezüglich der Problemlage als auch bezüglich der Zielsetzungen, der Vorgehensweise und der gegenseitigen Erwartungen von Anfang an Missverständnisse möglichst ausgeschlossen werden. Dazu gehören unbedingt eine grundsätzliche *Rollenklärung* und Abstimmung der gegenseitigen Erwartungen zwischen dem *Moderator* und dem Auftraggeber: Der Moderator stellt seine Methoden(kenntnisse), „Werkzeuge" und Techniken sowie sein Prozesswissen bzw. seine Prozesserfahrung zur Verfügung. Er investiert Offenheit, Ehrlichkeit und Engagement im Rahmen des Projektes und bei den Problemlösungen, und er garantiert den Beteiligten Vertraulichkeit. Gleichzeitig kann und darf er „Nein" sagen, d. h. im Rahmen seiner Mitwirkung am Prozess kann er sich frei und unabhängig entscheiden, in welche Verpflichtungen und/oder Risiken er sich hineinbegibt. Das soll nicht heißen, dass er machen kann, was er will, sondern vor allem klarstellen, dass er gegenüber den Trainingsteilnehmern in seinen Aktivitäten von verdeckten Aufträgen bzw. Weisungen anderer Personen oder Gruppen (z. B. Geschäftsleitung, höhere Vorgesetzte o. ä.) unabhängig ist.

Ich empfehle externen wie internen Moderatoren dringend, mit dem Auftraggeber über diese Vereinbarungen einen schriftlichen *Kontrakt* abzuschließen oder aber zumindest die Ergebnisse aus den Vorgesprächen (d. h. Vereinbarungen und Klarstellungen) in Form einer schriftlichen Bestätigung zu dokumentieren.

5.2 Kontaktphase und Kontrakt mit den Betroffenen

Eine ähnliche Klärung wie vorstehend beschrieben muss nun auch mit den unmittelbar Betroffenen stattfinden, d. h. mit dem *Teamleiter* bzw. dem *Vorgesetzten* sowie mit den *Teammitgliedern*. Die Klärung der gegenseitigen Erwartungen, Ziele, Rahmenbedingungen und Spielregeln usw. sollte auf jeden Fall in zwei Schritten vollzogen werden: In dem ersten Schritt sind zunächst alle wichtigen Punkte und Positionen mit dem betroffenen Vorgesetzten/Teamleiter durchzusprechen und abzuklären, in einem zweiten separaten Schritt erfolgt dann die Abstimmung mit den Gruppenmitgliedern. Mit beiden Seiten ist auch die Rolle des Moderators (siehe oben) und die *eigene Rolle als Prozessbeteiligte* in dem Training zu klären: Die Teilnehmer liefern Daten, Fakten, Eindrücke, Anregungen und Ideen. Sie verpflichten sich – wie der Moderator – ebenfalls Offenheit, Ehrlichkeit und Engagement in den Prozess zu investieren, sie sichern ebenfalls Vertraulichkeit zu, und auch sie haben das Recht, an jeder Stelle des Prozesses „Nein" zu sagen. Wenn man möchte, kann man noch gegenseitig vereinbaren, dass ein „Nein" gegenüber den übrigen Beteiligten begründet werden soll.

(1) Abstimmung mit dem Vorgesetzten/Teamleiter

Was die Rolle und die Mitwirkung des Vorgesetzten anbetrifft, sollte man (in Anlehnung an DYER, 1977) bei der Vorbereitung unbedingt noch die nachfolgenden beiden Punkte klären:

Prüfung der persönlichen Haltung des Vorgesetzten:
Ist er wirklich bereit, in Zukunft Entscheidungen zusammen mit seinen Mitarbeitern in einer partnerschaftlichen Atmosphäre zu treffen? Ist er bereit, seine eigene Rolle, eventuell auch seine eigenen Leistungen, in einem solchen Training vor allen und/oder durch andere in Frage stellen zu lassen? Ist er sich darüber klar, dass er wahrscheinlich auch unerwartetes und kritisches Feedback bekommen wird, und kann er damit umgehen? Weiß er (einigermaßen), auf was er sich einlässt? usw.

Prüfung des vorhandenen Spielraumes:
Die Entscheidung für partizipatives und mitarbeiterorientiertes Arbeiten – was ja durch Teamentwicklungstraining angestrebt wird – kostet Zeit. Ist der Vorgesetzte bereit, diese zeitlichen Rahmenbedingungen zu schaffen? Ist gewährleistet, dass das Team zu den jeweils erforderlichen Besprechungen zusammenkommen und störungsfrei arbeiten kann? Werden die notwendigen Ressourcen (z.B. für eine Klausur) zur Verfügung gestellt? Stehen die notwendigen Ausstattungen (z.B. Flip-Charts, Pinnwände etc.) zur Verfügung? usw.

Alle diese Fragen sollen dem Vorgesetzten nicht zuletzt auch bewusst machen, was (besonders) von ihm bei einem solchen Projekt erwartet wird und auf was er sich einlässt. Seine Aussagen zu diesen Fragen können unter Umständen bereits darüber entscheiden, ob überhaupt Teamentwicklungsmaßnahmen angezeigt sind. Die oben angeführten Fragen sind nicht zu unterschätzende Check-Punkte, die für den späteren Erfolg bzw. Misserfolg des Teamentwicklungstrainings entscheidend werden können. Dem Vorgesetzten gegenüber sollte auch unbedingt Klarheit darüber geschaffen werden, dass ihm aufgrund seiner besonders herausgehobenen Position die geplanten Teamentwicklungsmaßnahmen unter Umständen besonders „unter die Haut" gehen können und dass er sie – zumindest anfangs – möglicherweise stark als persönliches Risiko erleben wird. Immerhin lässt er sich in seiner Rolle und in seinem Leistungs- bzw. Führungsverhalten von den Teammitgliedern in Frage stellen. Darüber darf man den Vorgesetzten nicht im Unklaren lassen. Andererseits wird man ihm natürlich die mit einer solchen Maßnahme verbundenen Chancen für alle Beteiligten, besonders für ihn selbst, deutlich herausarbeiten.

In dieser Kontaktphase sollte mit dem Vorgesetzten bzw. Teamleiter schließlich auch die Form seiner unmittelbaren Mitwirkung im Teamentwicklungstraining besprochen werden. Da nicht auszuschließen ist, dass er in bestimmten Phasen des Trainings für den Prozess störend sein könnte (vielleicht weniger als Person, sondern vielmehr als Hierarch und Machtträger), sollte für diesen „Störfall" eine Spielregel vereinbart werden. Hier drei Alternativen:

(1) Das Training beginnt zunächst ohne den Vorgesetzten. Die Gruppe startet mit einer Daten- oder Problemsammlung, die sie ungestört und offen durchdiskutieren kann. Sie entscheidet dann, welche Punkte nun zusammen mit dem Vorgesetzten, der dann hinzukommen wird, besprochen und bearbeitet werden sollen. Durch eine kurze Prozesspräsentation der bis dahin gelaufenen Aktivitäten durch die Gruppe wird der Vorgesetzte auf den Stand der Dinge gebracht und über die bisherigen Abläufe informiert.

(2) Der Vorgesetzte ist von Anfang an „präsent" – aber nur indirekt, indem er dem Team seine Gruppen- und/oder Problemdiagnose schriftlich zur Verfügung stellt. Die Gruppe diskutiert zunächst in seiner Abwesenheit; erst danach stößt er zur Gruppe hinzu und wird wie vorstehend beschrieben integriert.

(3) Der Vorgesetzte ist von Anfang an dabei, aber die Gruppe entscheidet bei Bedarf durch verdeckte Abfrage, ob er bei bestimmten Phasen des Trainings „stört" und ob er gegebenenfalls gebeten wird, die Gruppe für eine bestimmte Zeit allein zu lassen. Die Abfrage erfolgt entweder auf Anregung des Moderators, der zu einem bestimmten Zeitpunkt mit der Gruppe lieber alleine arbeiten möchte, oder aber auf Antrag aus der Gruppe.

Diese letzte Spielregel sollte man auf jeden Fall grundsätzlich vorab mit dem beteiligten Vorgesetzten vereinbaren, da in einem Teamentwicklungstraining jederzeit damit gerechnet werden muss, dass die Gruppenmitglieder bestimmte Punkte zunächst einmal „in Abwesenheit der Hierarchie" diskutieren möchten. Für diesen Fall muss zwischen allen Beteiligten eine Regel vereinbart sein, unter welchen Bedingungen die Situation verändert werden kann. Die einfachste Methode dazu ist eine verdeckte Kartenabfrage, bei der die Teilnehmer mit einem Plus- oder Minuszeichen auf ihrer Karte der Anwesenheit des Vorgesetzten während eines bestimmten Arbeitstaktes zustimmen oder sie ablehnen. Für die betreffenden Vorgesetzten sind solche Abstimmungsergebnisse oft ein wichtiges, mitunter auch schmerzhaftes Feedback. Viele Vorgesetzte überschätzen nämlich den Grad ihrer Integration in die Gruppe und übersehen, dass sie von ihren Mitarbeitern nicht nur als ‚Mensch', sondern eben auch in ihrer Rolle als unternehmerischer Willensträger und damit unter Umständen sogar als ‚outgroup' erlebt und wahrgenommen werden. Gleichzeitig macht ein solches Abfrageverfahren den Teilnehmern übrigens am schnellsten bewusst, wie praxisfern eigentlich das Herausschicken des Vorgesetzten ist. Meistens ergibt sich sehr schnell eine entsprechende Diskussion mit dem Ergebnis, dass der Vorgesetzte eigentlich doch bleiben solle, denn „man arbeitet ja auch sonst von morgens bis abends zusammen".

(2) Abstimmung mit der Gruppe

Nachdem man also zunächst alleine mit dem betroffenen Vorgesetzten bzw. Teamleiter gesprochen hat, empfiehlt es sich nun, in einem weiteren Schritt *alleine mit den betroffenen Gruppenmitgliedern* zu reden. Dabei wird die Gruppe exakt und absolut offen über die Gespräche und Vereinbarungen des Moderators mit ihrem Vorgesetzten informiert. Außerdem werden auch hier die bereits weiter oben beschriebenen Klärungen vollzogen. Es ist meist mehr eine psychologische Geste als eine sachliche Notwendigkeit, diese Abstimmungen mit der Gruppe in Abwesenheit des Vorgesetzten zu vollziehen. Die Beteiligung des Vorgesetzten kann in dieser Phase allenfalls darin bestehen, den Moderator, den er schon kennt, der Gruppe vorzustellen und dann die Runde zunächst zu verlassen. Dies sollte er auf jeden Fall tun, denn er hat den Moderator ja auch „alleine gehabt".

Es besteht übrigens auch die Möglichkeit, die Vereinbarungen mit der Gruppe in Form eines sogenannten *„Vorseminars"* zu erarbeiten. Dabei wird dann auch über die Vorgehensweise bzw. den Ablauf des geplanten Trainings informiert und eine erste Beschreibung der Problemlage angefertigt. Teammitglieder und Moderator können sich bei dieser Gelegenheit schon einmal gegenseitig „beschnuppern" – ein nicht zu unterschätzender Vorteil. Da das Vorseminar bereits vollen Workshop-Charakter hat, stellt dies nicht nur eine Art ‚warming-up' dar, sondern die potenziellen Teilnehmer erleben eine erste Kostprobe des Trainings und können die geplante Zusammenarbeit schon einmal erproben. Für ein solches Vorseminar sollte man mindestens einen halben Tag Zeit einplanen; der Vorgesetzte sollte auf jeden Fall (spätestens) gegen Schluss hinzukommen.

Am Ende der Vorgespräche und/oder des Vorseminars steht der Appell an alle Beteiligten, die angesprochenen Punkte noch einmal zu durchdenken, sich darüber klar zu werden, was auf sie zukommt, und danach zu entscheiden, ob sie (a) das Training nun wirklich haben wollen und ob sie (b) unter den vereinbarten Bedingungen und Spielregeln mit dem betreffenden Moderator zusammenarbeiten wollen.

Die Bedenkzeit sollte mindestens einige Tage betragen, und der Vorgesetzte sollte gebeten werden, das Votum der Gruppe in einer formalen Besprechung abzufragen. Wichtig ist, dass zu einem Teamentwicklungstraining *alle* Beteiligten zustimmen. Für den Fall, dass einzelne Gruppenmitglieder nicht zustimmen sollten, müssen die Kontaktgespräche noch einmal neu aufgenommen werden. In bestimmten Ausnahmefällen kann vereinbart werden, dass dann eben nur Problempunkte angesprochen und bearbeitet werden, denen alle zustimmen. Für den Fall, dass ein oder einzelne Gruppenmitglieder durch ihr „Nein" ein Teamentwicklungsprojekt grundsätzlich torpedieren und dies vorher nicht erwartet wurde, stellt sich eine neue (Krisen-)Situation, die speziell behandelt und neu angegangen werden muss.

Noch eine Anmerkung: Für den Fall, dass die Anregung zu einem Teamentwicklungstraining unmittelbar von den Betroffenen ausgegangen sein sollte, empfehle ich – natürlich in Abstimmung mit diesen –, in der Regel den nächsthöheren Vorgesetzten einzuschalten, ihn über das beabsichtigte Projekt zu informieren und auch mit ihm die oben beschriebenen Klärungen herbeizuführen. Dies geschieht weniger, um den Prozess sozusagen „nach oben" abzusichern, sondern vielmehr um den nächsthöheren Vorgesetzten verantwortlich einzubinden. Er sollte nicht nur wissen, dass in seinem unmittelbaren Einflussbereich ein solches Projekt initiiert wird, sondern er sollte auch darauf hingewiesen werden, dass unter Umständen seine Unterstützung zur Förderung der initiierten Prozesse notwendig ist.

6. Diagnosephase/Datensammlung

Nach Vereinbarung der Maßnahme und Festlegung ihrer Durchführung startet man nun – entsprechend dem Konzept der Organisationsentwicklung – mit einem diagnostischen Schritt. Teamentwicklung bedeutet Training „am echten Fall", und will man gemeinsam mit den Betroffenen und Beteiligten konkrete Maßnahmen und Empfehlungen zur Optimierung der Teameffizienz entwickeln, dann setzt dies bei dem Moderator wie bei den Beteiligten ein möglichst umfassendes und exaktes Verständnis der Problemlage voraus. Deshalb benötigt man vor allem Informationen über:

- den zu bearbeitenden Problemzustand (z.B. derzeitiger *Ist*-Zustand, gewünschter oder angestrebter *Soll*-Zustand),
- die vermuteten Ursachen des Problems, ggf. auch seine Vorgeschichte,
- den Zustand der Gruppe (z.B. Beziehungen der Mitglieder untereinander und Beziehungen zum Vorgesetzten),
- die Entwicklung bzw. die Vorgeschichte der Gruppe (z.B. hat es in jüngster Zeit irgendwelche Veränderungen gegeben? Was hat man schon unternommen, das Problem zu lösen?),
- Stärken und Schwächen sowie über die Stellung der Gruppe innerhalb der Gesamtorganisation,
- Stärken und Schwächen der Gruppe (einschließlich Grad der Beherrschung bzw. Kenntnisse von erforderlichen Arbeitstechniken/Teamtechniken, Kommunikationstechniken etc.).

Während der Diagnosephase sammelt der Moderator also möglichst umfassend alle nur verfügbaren Fakten und Hintergrundinformationen, die ihn in die Lage versetzen, bis zu diesem Zeitpunkt den Problemzustand zu verstehen. Zudem benötigt er diese Daten unbedingt für das Teamentwicklungstraining selbst, um die dort ablaufenden Gruppenprozesse zu diagnostizieren, d.h. sie verstehen und bewerten zu können. Für die in diesen diagnostischen Prozess eingebundenen Beteiligten schärft das in aller Regel das Problembewusstsein und eröffnet unter Umständen auch neue Einsichten in Problemzusammenhänge.

6.1 Einige diagnostische Instrumente

Dem Moderator steht für die Datensammlung ein umfangreiches diagnostisches Instrumentarium zur Verfügung. Beschreibungen zahlreicher diagnostischer Verfahren finden sich bei COMELLI (1985). Für Teamentwicklung eignen sich zum Beispiel:

- Individuelle Interviews,
- Gruppeninterviews mit dem ganzen Team oder Untergruppen davon,
- Erstellung von Problemkatalogen,
- ‚Sensing meetings' (d.h. in einer Art Rollenspiel berichten Teilnehmer als Vertreter unterschiedlicher betrieblicher Ebenen oder Instanzen, was man über das Team „so denkt oder auch spricht", worüber „man sich Sorgen macht" und was „man am liebsten geändert sehen würde" o.ä.),
- Einsatz selbst erstellter Fragebögen oder von Kurzabfragen zu bestimmten Problembereichen (z.B. betriebliche Information, Qualität der Besprechungen, Mitwirkungsmöglichkeiten, Führung im Team etc.),
- Einsatz standardisierter Fragebögen – etwa zur allgemeinen Arbeitszufriedenheit – mit anschließender Diskussion der Ergebnisse in der Gruppe (Survey-Feedback-Methode),
- Verhaltensbeobachtungen und sogenannte Prozess-Analysen,
- Auswertung von ‚critical incidents' und Analyse betrieblicher Vorgänge und Abläufe,

- Inhaltsanalyse von betrieblichen Dokumenten (Protokolle, Mails, Aktennotizen, Mitarbeiterinformationen, Firmenzeitschriften etc.)
- Blitzabfragen und sogenannte „Stimmungsbarometer" (siehe weiter unten),
- sog. „Projektive Verfahren", z.B. Anfertigen einer Karikatur oder Collage („Stellen Sie Ihr Team einmal als Maschine dar!" oder „Visualisieren Sie die Zusammenarbeit in der Gruppe einmal als Sportfest, wobei jedes Teammitglied vorkommen muss!") oder Bewältigung einer journalistischen Aufgabe („Schreiben Sie mal einen Bericht über die Verhältnisse in Ihrer Gruppe im Stil der Bild-Zeitung!" o.ä.),
- Kraftfeldanalysen (Beispiel weiter unten).

Dabei muss gleich hinzugefügt werden, dass der Einsatz dieser diagnostischen Instrumente nicht nur ausschließlich in der Vorbereitungsphase erfolgt, sondern auch später während des laufenden Trainings bzw. abschließend beim „Nachfassen", d.h. zur Überprüfung der Trainingserfolge.

Als Informanten kommen natürlich in erster Linie die unmittelbar Beteiligten, also die Teammitglieder, in Betracht. Bei kleineren Gruppen wird man mit dem Vorgesetzten sowie mit allen Gruppenmitgliedern (meist halb- oder unstrukturierte) Einzelinterviews machen und zusätzlich noch eine gemeinsame Gruppendiskussion. Ist es bei größeren Gruppen nicht möglich, alle Beteiligten individuell zur Problemlage zu befragen, sollte man auf jeden Fall dafür sorgen, dass jeder in irgendeiner Form seinen Input geben kann – sei es als Teilnehmer von Einzelinterviews, Teilnehmer einer Gruppendiskussion oder von beidem.

Neben Interviews und Gruppendiskussionen kann man zur Erfassung der allgemeinen Problemsituation beispielsweise auch noch einen Problemkatalog erstellen lassen (vielleicht schon im Rahmen des Vorseminars) und/oder vorher *„Hausaufgaben"* verteilen. Diese sind dem Trainer vorab zuzuschicken und werden von diesem – u.U. zunächst in anonymisierter Form – zu Beginn des Trainings quasi als Startbasis präsentiert. Für die Hausaufgaben müssen einige strukturierende Fragen vorgeben werden, zum Beispiel: „Was läuft gut in unserer Gruppe?", „Worauf sind wir stolz?", „Wo ‚hakt' es oder wo sind wir schlecht?", „Was sollte geändert werden, damit wir als Team effizienter werden?", „Was sollte auf keinen Fall geändert werden?" u.Ä. Oder man lässt angefangene Sätze fortsetzen wie: „Wenn ich in der Gruppe zu sagen hätte, würde ich als erstes …" oder: „Was mir bei uns schon lange ‚stinkt' ist, …" usw.

Neben den unmittelbar Beteiligten gibt es natürlich noch weitere „Sachkundige im Problem", die als Informationslieferanten wertvolle Daten beitragen können, so z.B. Vorgesetzte höherer Ebenen, Mitarbeiter und Kollegen aus anderen Abteilungen und Bereichen, aber auch externe Beobachter wie z.B. Kunden, Aushilfskräfte oder Lieferanten. Wie weit man den Kreis für die Datensammlung zieht und welche Verfahren zur Datenbeschaffung man anwendet, hängt von dem inhaltlichen Schwerpunkt des Teamentwicklungstrainings ab und ist in der Kontaktphase (ggf. auch später noch) mit der Gruppe und mit dem Auftraggeber zu vereinbaren (möglicherweise auch wiederholt, falls „nachjustiert" werden muss).

6.2 Diagnoseverfahren während des Teamentwicklungstrainings

Teamentwicklung und entsprechend Teamentwicklungstrainings werden als *Prozess* verstanden. Dieser Prozess ist gekennzeichnet durch experimentelles Lernen, durch Lernen „am eigenen Leib". Das wiederum bedeutet, dass man diagnostische Instrumente haben muss, um den Lernprozess zu beobachten und auszuwerten. Das diagnostische Instrumentarium steht aber nicht nur dem Moderator bzw. dem Trainer zur Verfügung, sondern auch den Teammitgliedern: Teamarbeit heißt nichts anderes als Gruppenprozesse möglichst effizient auf ein Ziel hin steuern, und deshalb müssen die *Prozessbeteiligten* selbst *diagnostische Fähigkeiten entwickeln*, um die in ihrer Gruppe ablaufenden Prozesse wahrzunehmen, sie richtig zu bewerten und entsprechende Handlungsalternativen abzuleiten. Im Prinzip eignen sich also alle in einem Teamentwicklungstraining eingesetzten Diagnoseverfahren auch für die „normale" Arbeit (ohne Trainer) im betrieblichen Alltag. Jedes Training hat deshalb – neben weiteren Zielsetzungen – auch immer das Ziel, die Teilnehmer zu guten Diagnostikern zu machen. Nachfolgend sind einige sehr häufig verwendete diagnostische Verfahren aufgeführt:

Prozessanalyse
Die Prozessanalyse gehört zu den Standardinstrumenten, wenn es darum geht, die Kommunikation in oder zwischen Gruppen zu verbessern. Bei der (täglichen) Arbeit ist stets zu unterscheiden zwischen Arbeits*ergebnis* und Arbeits*prozess*. Es liegt auf der Hand, dass die Qualität des Prozesses maßgeblich die Qualität des Ergebnisses bestimmt.

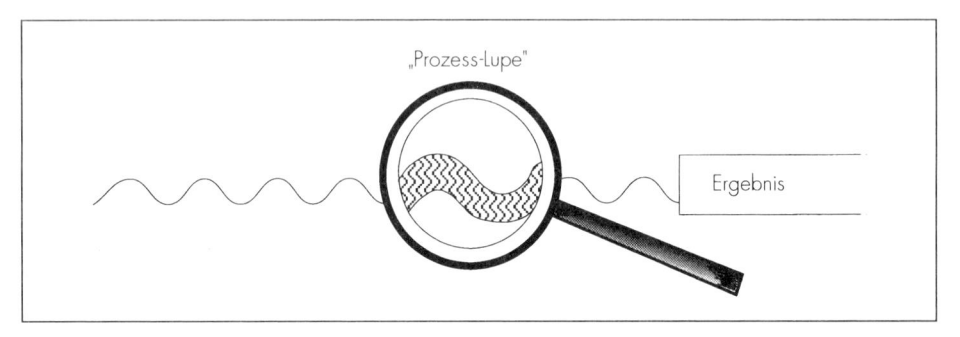

Abb. 3: Der Prozess wird unter die „Lupe" genommen

Der Prozess (d.h. der Weg) bestimmt stark das Ergebnis (d.h. das Ziel). Dabei sollen Aufwand und Ertrag natürlich in einem vernünftigen Verhältnis zueinander stehen. Man nimmt also gemeinsam eine bestimmte Arbeitseinheit kritisch unter die „Prozess-Lupe" (Abbildung 3), um daraus für die Zukunft zu lernen und Verbesserungsmöglichkeiten zu erkennen. Es ist eine Art „Manöverkritik" (meist etwas strukturierter) über eine Teamarbeit. Im Unterschied zur Manöverkritik, die in der Regel erst nach Bewältigung einer Aufgabe durchgeführt wird, können Prozessanalysen in einem Teamentwicklungstraining – je nach Bedarf – laufend und jederzeit stattfinden. So kann sich eine Prozessanalyse auf eine kurze Gruppendiskussion (oder sogar nur Teile davon) beziehen ebenso wie auf einen halben oder ganzen Trainingstag und/oder das ganze Training. Der Trainer ist von seiner Rolle her ein permanenter Prozessanalytiker, aber er wird die Teilnehmer anleiten, ihre Aktivitäten selbst zu untersuchen, beispielsweise mit Fragen wie

– Was war oder klappte gut?
– Wo „hakte" es bei uns?
– Wo gab es Störungen oder Konflikte? Warum?
– Fühlte ich mich frei, meine Meinung zu äußern?

- Wurden auch abweichende Meinungen konstruktiv aufgenommen?
- Sind wir ziel- und prozedurbewusst vorgegangen?
- Wie war das Verhältnis der Gruppenmitglieder untereinander?
- Fühle (fühlte) ich mich wohl in der Gruppe?
- Was kann man/können wir beim nächsten Mal (oder in der Zukunft) besser machen? usw.

Prozessanalyse setzt allerdings die Fähigkeit zur *Metakommunikation* voraus, d. h. die Fähigkeit, über die eigene Kommunikation zu kommunizieren und auf diese Weise sich selbst zum Gegenstand der Betrachtung zu machen. Den Meisten fällt es auf Anhieb nicht leicht, als unmittelbar Betroffene und Beteiligte von sich selbst Abstand zu nehmen. Deshalb muss Prozessanalyse geübt werden. In Trainings ist dazu eine Videoaufzeichnung der Gruppenaktivität(en) außerordentlich hilfreich. Später im Betriebsalltag kann man ähnlich wie im Training geübt eine Besprechung, eine Konferenz, einen Arbeitstag, eine Arbeitswoche oder ein Projekt analysieren; oder einfach immer dann, wenn Störungen oder „Sand im Getriebe" das Geschehen unangenehm beeinflussen bzw. effizientes Arbeiten verhindern.

Abb. 4: Prozesse über und unter der Oberfläche

Prozessanalysen schärfen das Bewusstsein für Dinge, „die so in Gruppen laufen", und die Teilnehmer lernen sehr schnell, in Prozesse *über* und *unter* der Oberfläche (Abbildung 4) zu unterscheiden. Das abgelaufene Sachgeschehen oder besser: das, was in der Interaktion sichtbar (und/oder hörbar) geworden ist, sind die Prozesse über der Oberfläche. Diese Prozesse sind aber oftmals nur Signale für das, was sich unter der Oberfläche abspielt (z. B. Gefühle und Empfindungen wie Ängste, Unsicherheit, Ärger, Enttäuschung, aber auch Vertrauen, Zufriedenheit usw., Gruppennormen, Beziehungen der Mitglieder untereinander, Konformitätsdruck, Abhängigkeiten etc.). Die entscheidenden Prozesse – positiv wie negativ – spielen sich meist unter der Oberfläche ab. Prozesse unter der Oberfläche sind immer da. Sie beeinflussen das Gruppen- und Arbeitsklima entscheidend, sie bestimmen die Dynamik von Situationen, und sie wirken sich *immer* auf das Ergebnis aus.

Problemkatalog
Ist die Erstellung eines Problemkataloges beabsichtigt, dann geschieht dies meistens bereits in einem Vorseminar oder in der Vorbereitung. Man kann aber auch im Training selbst Problemkataloge erstellen. Dies geschieht dann meist als Einstieg. Der

meist per Kartenmethode erarbeitete Katalog wird gemeinsam nach Problemfeldern geordnet und gewichtet. Danach werden die in Angriff zu nehmenden Arbeitsschwerpunkte festgelegt.

Spontanabfragen

Spontanabfragen kann man sozusagen als ständige diagnostische „Messfühler" einsetzen. Sie können in völlig freier Form erfolgen oder durch vorgegebene Stichworte oder Fragen etwas strukturiert sein. Klassische Spontanabfragen sind die meist als Trainingseinstieg genutzte Erkundung von „Erwartungen" (positiv/negativ), „Befürchtungen" o. Ä. sowie die Feedback-Abfragen am Ende eines Trainingstages bzw. des gesamten Trainings (z. B. „Was hat gefallen?", „Was hat mir etwas gebracht?", „Was hat mir nicht gefallen oder mich gestört?", „Anregungen" etc.). Um gegenseitige Beeinflussung zu vermeiden, sollten solche Spontanabfragen am besten per Kartenmethode durchgeführt werden. Gerne werden auch vorformulierte Statements mit einer Antwortskala auf einer Pinnwand visualisiert, und die Teilnehmer markieren dann ihre Antwortreaktionen mit Klebepunkten.

Ein weiteres typisches Beispiel für eine spontane Abfrage ist das sogenannte *„Blitzlicht"*: An einer entsprechenden Stelle des Prozesses (z. B. eine Störung blockiert das Weiterkommen) wird eine Abfrage in der Teilnehmerrunde gemacht und jeder gebeten, seine momentane Befindlichkeit, seine Stimmung und/oder das, was er gerade denkt, kurz zu formulieren. Mit Hilfe dieses Materials wird dann versucht, die Situation zu klären.

Weiterhin kann man kurze, vorgefertigte Diagnosebögen einsetzen, die auf bestimmte Themenbereiche zugeschnitten sind. Meistens enthalten sie Statements mit Skala, die verdeckt abgefragt werden und die sich zur Auswertung schnell „ausstricheln" lassen. Ein Beispiel zeigt Abbildung 5.

1. Ich fühle mich wohl in der Gruppe	+ +	+	0	–	– –
2. Mein Chef versteht es, mich zu begeistern	+ +	+	0	–	– –
3. Ich erhalte von ihm klare und realistische Zielvorgaben	+ +	+	0	–	– –
4. Mein Chef gibt mir genügend Lob und Anerkennung	+ +	+	0	–	– –
5. Mein Chef kritisiert mich fair und sachlich	+ +	+	0	–	– –
6. Mein Chef ist launisch	+ +	+	0	–	– –
7. Mein Chef hört sich Ideen und Anregungen aufmerksam an	+ +	+	0	–	– –

Abb. 5: Kurzfragebogen zur Diagnose

Solchen vorbereiteten Abfragen sehr ähnlich ist dann das so genannte *„Stimmungsbarometer"*. Ein Stimmungsbarometer dient der laufenden Kommunikationsklärung und wird in erster Linie eingesetzt, um die oft nur feinen Signale für Störungen möglichst rechtzeitig zu erfassen, sie über die Oberfläche zu holen und damit besprechbar zu machen. Man tut dies in Form einer jederzeit möglichen anonymen Kurzbefragung, bei der die Teilnehmer zu spontan formulierten Statements per Antwortkarte mit Hilfe einer vorgegebenen Skala den Grad ihrer Zustimmung bzw. Ablehnung markieren können. Die Antwortkarten werden eingesammelt, ausgewertet, und das Ergebnis

(Häufungen und Streuung der Antworten) wird sofort präsentiert und besprochen. Welche Statements der Trainer formuliert oder aus einem bei ihm bereits vorhandenen Fragenpool auswählt, ist von seiner subjektiven Einschätzung der jeweiligen Situation abhängig. Stimmungsbarometer-Fragen können z. B. sein:

- Diese Sitzung ist nur eine Scheinkonferenz – es ist ja doch schon alles geregelt.
- Es hat gar keinen Sinn, sich hier den Kopf zu zerbrechen, man kann ja doch nichts ändern.
- Mich stört es, dass der Vorgesetzte dabei ist.
- Ich habe Lust, hier mitzuarbeiten.
- Hier wird zuviel „unter den Teppich gekehrt".
- Ich glaube, jetzt kommen wir voran.
- Ich gebe dieser Sitzung eine echte Chance.
- Ich würde mich freier fühlen, wenn einige nicht dabei wären.
- Ich habe noch Punkte, die ich gerne ansprechen würde.
- Hier muss man aufpassen, was man sagt.
- Hier wird nicht offen (genug) geredet.
  usw.

Der Trainer kann allerdings mit Hilfe eines Stimmungsbarometers meistens nur erfahren, *dass* in der Gruppe etwas „los" ist, aber nur selten *was*. Er muss also versuchen, die (kritischen) Hinweise aus dem Stimmungsbarometer besprechbar zu machen und den Prozess zu offenerer Kommunikation hinlenken.

Eine noch behutsamere Methode, verdeckte Signale zu erfassen, ist die *„Stille Post"*. Bei der „Stillen Post" bietet der Trainer den Teilnehmern an, sich auch während der laufenden Sitzung jederzeit verdeckt per Zettel mit ihm in Verbindung zu setzen. Ob er dann auf diese Botschaften reagiert sowie wann und wie er sie in das Training einbaut, bleibt seiner Situationseinschätzung überlassen.

Projektive Verfahren/Kraftfeldanalyse
Schließlich kann man in einem Teamentwicklungstraining die bereits weiter oben angesprochenen *projektiven Verfahren* als diagnostische Intervention einsetzen, d. h. man lässt die Teilnehmer einzeln oder in Gruppen Collagen, Karikaturen, Texte o. ä. zu Ereignissen oder Verhältnissen anfertigen.

Von hohem diagnostischen Wert, vor allem in Sinne einer Bewusstmachung von Situationszusammenhängen und Verhältnissen, kann außerdem eine *Kraftfeldanalyse* sein. Darunter versteht man die Durchleuchtung des kompletten Einflussfeldes, dem eine Person oder auch eine Gruppe in seiner bzw. ihrer beruflichen Tätigkeit (oder auch insgesamt) ausgesetzt ist. Dies geschieht am besten auf einer Pinnwand in Form einer „Landkarte", auf der alle irgendwie betroffenen oder beteiligten Personen, Gruppen oder Instanzen aufgezeichnet und ihre Querverbindungen und Beziehungen (Erwartungen, Einschätzungen, Machtverhältnisse etc.) eingetragen werden. Die Abbildung 6 zeigt eine solche Kraftfeldanalyse. Es geht hier um eine Gruppe von Technikern, die mit ihrer Arbeit nicht klar kam und starken Leistungsabfall aufwies. Der Gruppe war (deshalb?) ein auf Zeit mitarbeitender externer Ingenieur beigestellt worden.

Die abgebildete Kraftfeldanalyse ist noch längst nicht komplett. Die vielen Fragezeichen bei zahlreichen Querverbindungen zeigen, dass hier noch Informationsdefizite vorliegen.

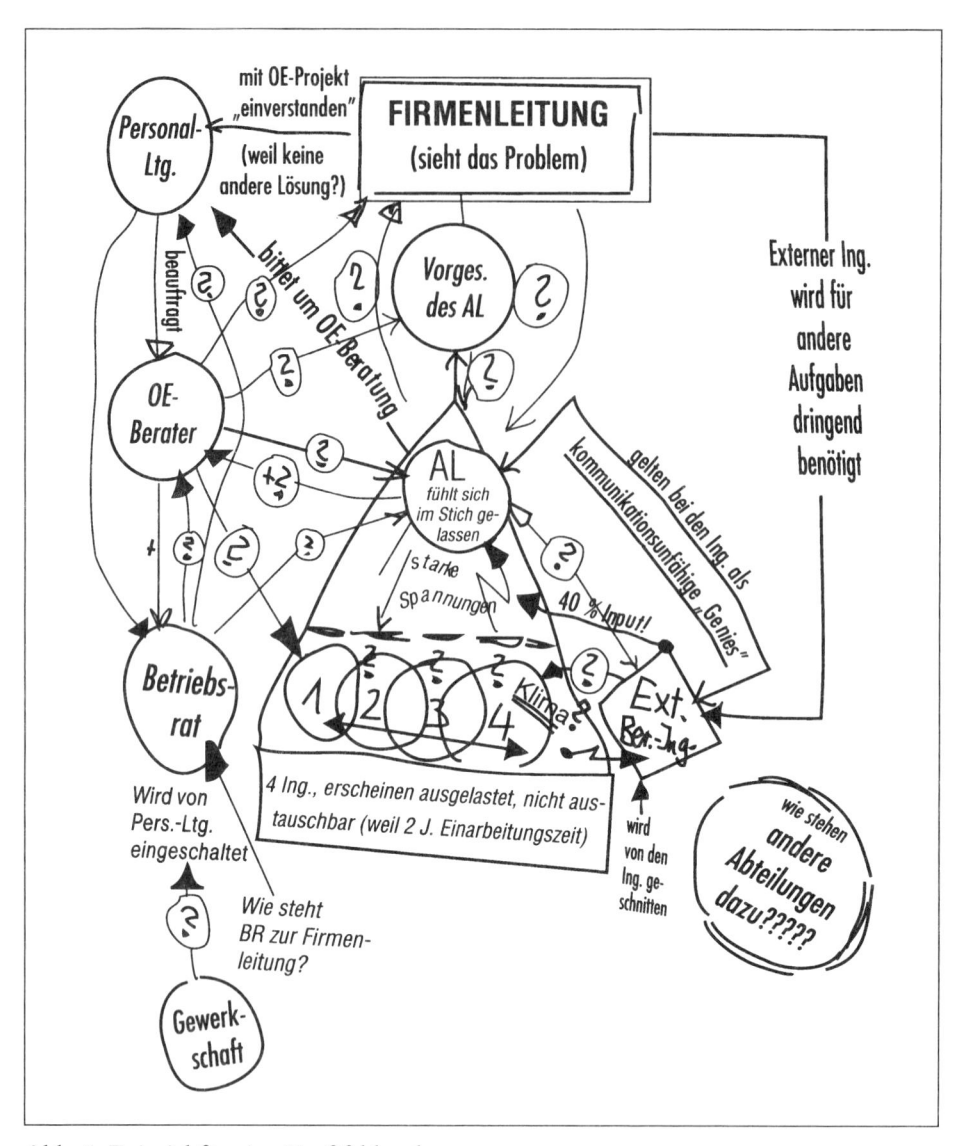

Abb. 6: Beispiel für eine Kraftfeldanalyse

7. Die Durchführung des Teamentwicklungstrainings

Man kann davon ausgehen, dass die Vorbesprechungen und Voruntersuchungen zumindest grob zutage gefördert haben, welche Problemschwerpunkte in dem Teamentwicklungstraining angepackt und welche (Lern-)Ziele nach Möglichkeit erreicht werden sollen. Wenn nicht bereits in der Vorbereitungsphase geschehen, werden zu Beginn des ersten Workshops gemeinsam mit der Gruppe unter Berücksichtigung des jeweiligen Problemdrucks sowie der für das Training zur Verfügung stehenden Zeit die Lernzielprioritäten festgelegt.

Bei aller Variation im Detail folgen die meisten Teamtrainings in ihrem Aufbau und in ihrem Ablauf der klassischen Systematik eines Problemlöseprozesses. Damit sind Chronologie und Logik der einzelnen Workshop-Phasen vorgezeichnet: Organisation der Gruppe, Zielklärung, Problem- bzw. Situationsanalyse (Datensammlung), Ursachenanalyse (Hypothesenbildung), Entwicklung und Bewertung von Lösungsalternativen, Auswahl geeigneter Lösungen nach definierten Kriterien, Entschlussbildung, Planung und Vereinbarung von Aktivitäten zur Umsetzung (Aktionsplan). Die Erfolgskontrolle (Evaluation) folgt dann mit einigem zeitlichen Abstand, entweder in einem separaten Follow-up-Workshop oder – wie in Abbildung 2 dargestellt – zu Beginn der nächsten Trainingsrunde innerhalb des Prozesses.

7.1 Das Design des Trainings

Die Schwerpunkte eines Teamentwicklungstrainings sind immer akute oder zukünftige Probleme der täglichen Zusammenarbeit. Die Arbeit an konkreten (Vor-)Fällen, von denen man unmittelbar betroffen ist, steht also im Mittelpunkt. Wissensvermittlung und Übungen beschränken sich auf das für den Lernprozess unbedingt Notwendige. Deshalb ist es auch von großem Vorteil, wenn die Trainingsteilnehmer kommunikatives Grundwissen und Grundkenntnisse in den notwendigen Arbeitstechniken haben, um der Gefahr zu begegnen, dass das Training wegen des zu hohen Bedarfs an kognitivem Input zu einer „normalen Schulung" umfunktioniert wird.

In Abbildung 7 ist dargestellt, in welchen drei Feldern (auch in Abhängigkeit von der Gruppengröße) bei einem Teamentwicklungstraining gearbeitet werden kann.

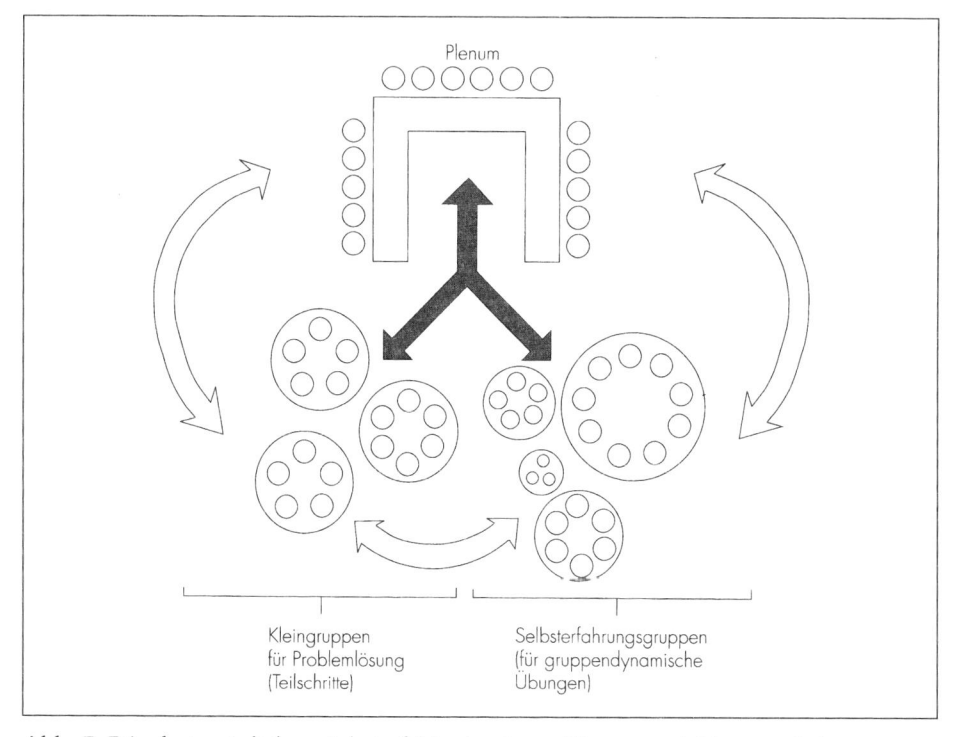

Abb. 7: Die drei möglichen Arbeitsfelder in einem Teamentwicklungstraining

Im *Plenum*, d. h. in der Gesamtgruppe, erfolgen grundsätzliche Abstimmungen und Diskussionen, gemeinsame Problemlösearbeit, Präsentation und Besprechung der Ergebnisse von Teilgruppen sowie die allgemeine Wissensvermittlung. *Kleingruppen* werden im Rahmen eines Problemlöseprozesses nach Bedarf gebildet. Sie arbeiten entweder parallel an gleichen oder unterschiedlichen Teilaspekten (Stafetten-System) eines Problems, oder sie stellen Untergruppen dar, die ihre jeweiligen Standpunkte oder Interessen herausarbeiten. Zur Präsentation und Diskussion trifft man sich dann wieder im Plenum. Schließlich können ad hoc noch *Selbsterfahrungsgruppen* gebildet werden. Ergibt sich nämlich im Laufe des Trainings die Notwendigkeit, den Teilnehmern bestimmte Erfahrungen über oder an sich selbst zu vermitteln (beispielsweise zu Themen wie Kommunikation, Wettbewerb, soziale Wahrnehmung, Vertrauen o. ä.), dann ist hier der Ort für entsprechende gruppendynamische Übungen. Hierzu findet sich in der Literatur ein umfangreiches Arsenal an Übungen für die verschiedensten Lernziele, u. a. bei ANTONS (1973) oder KÜCHLER (1979).

7.2 Die klassischen Inhalte

(1) Arbeitstechniken

Bei vielen, nicht selten auch noch hochmotivierten Teams ist festzustellen, dass sie oft die einfachsten Regeln effizienter Zusammenarbeit nicht beherrschen. Es mangelt an Kenntnissen und Übung in Problemlöse- und Entscheidungstechniken, Techniken der Ideenfindung und Präsentationstechniken ebenso wie am Umgang mit Arbeits- und Hilfsmitteln wie zum Beispiel Pinnwänden und Karten (Metaplantechnik) oder mit der Flip-Chart. Die Folgen davon sind: unökonomisches Arbeiten, unsystematische Vorgehensweise, falsche oder unklare Rollenverteilungen und am Ende vielleicht Frustration. Im Teamentwicklungstraining vermittelt der Trainer die fehlenden Techniken und übt sie „am echten Fall" mit den Teilnehmern ein. Dabei betätigt er sich als ständiger Prozessanalytiker bzw. fordert die Teilnehmer zu eigener Prozessanalyse auf. Sind solche Techniken der Lernschwerpunkt eines Teamentwicklungstrainings, macht man am besten einen sogenannten *Problemlöse-Workshop*, in dem die Teilnehmer Schritt für Schritt lernen, ein vorliegendes eigenes oder betriebliches Problem systematisch und prozedurbewusst zu analysieren, Lösungsalternativen zu entwickeln, diese nach bestimmten Kriterien zu bewerten, eine Entscheidung zu treffen sowie die Umsetzung der beschlossenen Maßnahmen zu planen und zu organisieren.

(2) Soziale Fähigkeiten und „Spielregeln"

Betrachtet man die Entwicklung der Anforderungen an Führungskräfte (ebenso wie an Mitarbeiter) im zeitlichen Verlauf, kann man – wenn auch etwas vereinfachend – feststellen, dass sich von früher bis heute die Anforderungsqualitäten in etwa entwickelt haben wie die Abbildung 8 zeigt.

Dies gilt für Vorgesetzte wie Mitarbeiter, denn bis auf die unterste Ebene ist jeder Mitarbeiter auf der nächsttieferen Ebene wiederum Vorgesetzter. Zwar sagte man auch schon früher über einen guten Vorgesetzten, er habe „ein Händchen" im Umgang mit Menschen, doch heute kommt dieser Fähigkeit, die man jetzt als „soziale Fähigkeit"

```
┌─────────────────────────────────────────────────────────────────────────┐
│                          Fachkompetenz                                  │
│                               ↓                                         │
│                Fachkompetenz + Management-Skills                        │
│                               ↓                                         │
│         Fachkompetenz + Management-Skills + Soziale Fähigkeiten         │
│                                                                         │
│ Fachkompetenz + Management-Skills + Soziale Fähigkeiten + Selbstkontroll-Kompetenz │
└─────────────────────────────────────────────────────────────────────────┘
```

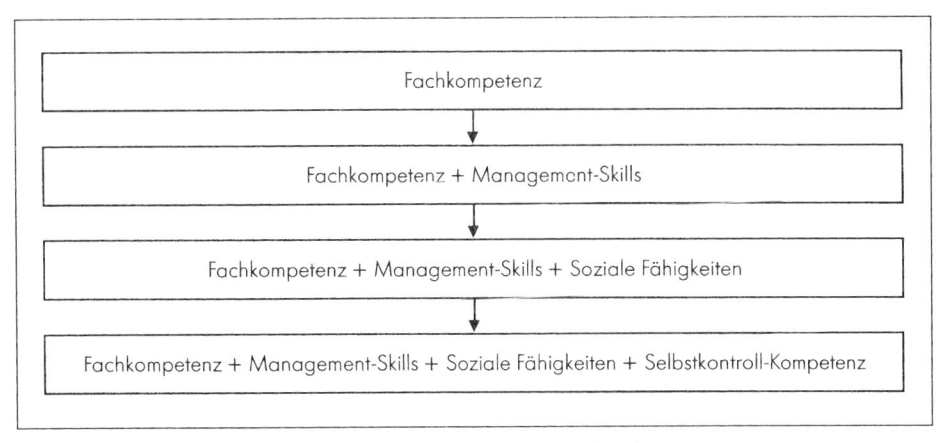

Abb. 8: Entwicklung der Anforderungen an Führungskräfte

(social skills) oder auch als *„soziale Intelligenz"* bezeichnet, eine immer größere Bedeutung zu. Dies verwundert eigentlich nicht in einer Zeit, in der fachlich immer kompetentere Mitarbeiter ihrem Vorgesetzten gegenüber (auch) bezüglich der betrieblichen Zusammenarbeit und Kommunikation höhere Ansprüche anmelden. Nachstehend eine kurze, beispielhafte Auflistung, was man u. a. unter sozialen Fähigkeiten versteht:

– sich verständlich ausdrücken können (d.h. sich bemühen, in Diktion und Wortwahl so zu reden, dass der andere es versteht oder dass er mitkommt);
– zuhören können (d.h. einem anderen, der redet, seine volle Aufmerksamkeit zur Verfügung stellen, aber auch Techniken des „aktiven Zuhörens" beherrschen wie z.B. Paraphrasieren und Verbalisieren);
– mitkriegen, was mit dem anderen „los" ist (einschl. Situationen erfassen) – statt „auf der Leitung stehen";
– eigene Gefühle ausdrücken/mitteilen können;
– sich trauen, den Mund aufzumachen;
– offen und direkt kommunizieren – statt „verdeckte Botschaften";
– authentisch sein (d.h. Denken, Fühlen und Handeln sind kongruent);
– seine eigene Wirkung kalkulieren können;
– Feedback-fähig sein (d.h. sowohl wissen, wie man „sozial intelligent" Feedback gibt, als auch wie man auf ein erhaltenes Feedback optimal reagiert),
– durch eigenes Verhalten nicht unnötig konfliktauslösend oder konfliktverschärfend wirken.

Während die sozialen Fähigkeiten hauptsächlich darauf ausgerichtet sind, ein optimales Funktionieren des „Wir", d.h. der Gruppe, sicherzustellen, bezieht sich der in letzter Zeit immer mehr ins Bewusstsein rückende Begriff *Selbstkontroll-Kompetenz* auf das „Ich". Hier geht es darum, wie ein Individuum innerhalb einer Gruppe, aber auch innerhalb eines größeren Zusammenhanges (z.B. Arbeitssituation bzw. gesamte Lebensperspektive) *mit sich selb*er umgeht. So wird man unter Selbstkontroll-Kompetenz beispielsweise verstehen:

– die Fähigkeit des Einzelnen, seine Arbeit und seine Angelegenheiten zu planen und zu organisieren, und somit sozusagen „sich selbst einzuteilen";

aber auch:

- sich selbst steuern können (im Sinne von: Selbstkontrolle);
- mit Stress und/oder stressigen Situationen umgehen können;
- sich darüber klar sein, was mit einem selbst „los" ist (statt z. B. Emotionen/Gefühle zu leugnen);
- mit sich selbst klarkommen;
- Verantwortung für sich selbst und für die eigenen Handlungen übernehmen können (und wollen);
- sich trauen, für die eigene Meinung/Überzeugung zu stehen;
- für sich selber einstehen;
- sein Leben richtig „einteilen" können;
- den Dreiklang „Geist – Körper – Seele" stimmig halten.

Vor allem bei den sozialen Fähigkeiten liegen die Schwerpunkte eindeutig im kommunikativen Bereich (vgl. auch den Beitrag von NEUMANN, in diesem Band), und deshalb sind soziale Fähigkeiten auch in der Teamarbeit enorm wichtig. Sozial „unintelligentes" Verhalten schafft Konflikte und gefährdet die Zusammenarbeit. Im Rahmen der Prozessanalyse wird entsprechendes Feedback gegeben, d. h. Fehler und Defizite werden angesprochen und bessere Verhaltensalternativen aufgezeigt. Bei Bedarf wird „neues" Verhalten eingeübt.

Um von Anfang an für gute Kommunikationsbedingungen zu sorgen, ist es eigentlich geübte Praxis, bei Teamentwicklungstrainings gleich zu Beginn gemeinsam „Spielregeln" für das gegenseitige Miteinander-Umgehen zu vereinbaren. Man folgt dabei sehr oft dem Konzept der sogenannten „Themen-zentrierten Interaktion" (TZI): Eine optimale Zusammenarbeit in einer Gruppe oder in einem Team ist am ehesten dann möglich, wenn die Bedürfnisse und Interessen des Einzelnen (*ich*) und der Gruppe (*wir*) gleichermaßen berücksichtigt werden und dabei das Ziel (*Thema*) nicht aus den Augen verloren wird (Abbildung 9).

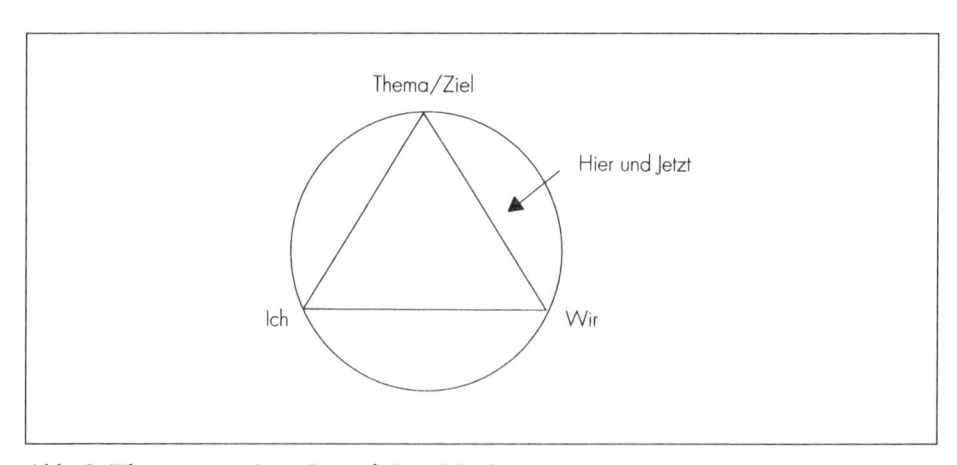

Abb. 9: Themenzentrierte Interaktion (TZI)

Um diesen Prozess möglichst effizient und befriedigend zu gestalten, werden ganz bestimmte Kommunikationsregeln vereinbart. Mit ihrer Hilfe soll die Kommunikation untereinander klarer, eindeutiger und verlässlicher gestaltet und vor allem verdeckte Kommunikation vermieden werden. Auf einer solchen Basis haben Missverständnisse oder sogar Konflikte nämlich eine geringe(re) Chance. Die Spielregeln werden nicht einfach „gesetzt", sondern von dem Trainer vorgeschlagen, jeweils begründet und erläutert. Hier die wichtigsten dieser Regeln (in Anlehnung an COHN, 1970):

Balance zwischen Ziel – Ich – Wir
Wenn Menschen in koordinierter Form und möglichst erfolgreich ein gemeinsames Ziel erreichen wollen, bedarf es gegenseitiger Rücksichtnahme und Abstimmung. Nur wenn Ziele und Interessen der Beteiligten in einem ausgewogenen Verhältnis berücksichtigt werden, kann das Ergebnis für alle befriedigend sein.

Hier und Jetzt
Je konkreter sich Themen oder Problemstellungen sowie ihre Bearbeitung an der gegenwärtigen Situation orientieren, desto konstruktiver können Lösungen oder Verbesserungen für die Zukunft erarbeitet werden. Ständig in der Vergangenheit zu leben („Früher war alles besser …" oder „Wenn man damals nicht …, dann …") ist genauso ineffektiv, wie nur auf die Zukunft zu hoffen („Wenn wir andere Arbeitsbedingungen hätten, dann könnten wir besser…"). Beides ist Flucht aus der Wirklichkeit!

Jeder ist für sich selbst verantwortlich
Jeder Teilnehmer hat die freie Entscheidung und Verantwortung, wie er die Trainingszeit nutzen will. Niemand außer ihm selbst kann wissen, ob die behandelten Themen seinen Interessen gerecht werden und ob alle für ihn wichtigen bzw. offenen Fragen beantwortet sind. So ist auch jeder Einzelne für das Einbringen eigener Anliegen in das Training selbst verantwortlich. Jedes Gruppenmitglied hat also die freie Entscheidung, wie es sich in die Gruppe einbringt und welche Aktivitäten es dort entwickelt. Unauflösbar damit verbunden ist dann aber auch, dass jeder für seine Entscheidungen und Handlungen in der Gruppe die Verantwortung übernehmen muss. Ein Beispiel: Niemand außer dem Betroffenen selbst kann wissen, ob die laufenden Gruppenaktivitäten und die Art und Weise der Zielerreichung seinen Interessen gerecht werden. Im Zweifelsfall muss *er* aktiv werden, denn für das Artikulieren eigener Anliegen ist jeder selbst verantwortlich. Wer auf diese Einflussnahme verzichtet, soll sich später nicht beklagen. Von *Voltaire* soll der Satz stammen: „Wir sind nicht nur verantwortlich für das, was wir tun, sondern auch für das, was wir nicht tun!" Nutzt also jemand den ihm gebotenen Freiraum nicht aus, muss er (auch) dafür die Verantwortung übernehmen. Gleichzeitig sollte er sich darüber klar sein, dass er durch den Verzicht auf Eigeninitiative seinen verfügbaren persönlichen Handlungsspielraum auf andere überträgt, die ihn – statt seiner – sicherlich nutzen werden.

Jeder ist sein eigener Chairman
Diese Formulierung ist einerseits die Aufforderung an jeden Einzelnen, für sich selbst das Wort zu ergreifen und auch persönlich seine eigenen Standpunkte zu erläutern. Das sollte man nicht anderen überlassen. Andererseits bedeutet diese Regel aber auch, dass niemand – ungebeten – stellvertretend für einen anderen reden und für ihn das Wort ergreifen sollte (Motto: „Ich weiß schon, was Herr … meint, er will sagen …"). Ungefragt für einen anderen das Wort zu ergreifen und dessen Positionen darzulegen, ist – das mag hart klingen – eine Art Entmündigungsstrategie: Man hindert den anderen daran, sich selbst zu artikulieren (und offensichtlich traut man ihm das ja auch

nicht zu). Für manche Leute ist es allerdings gelegentlich auch ganz bequem, andere für sich reden zu lassen; besonders, wenn es um unangenehme Dinge geht. In einem solchen Fall sollte man anderen jedoch nicht die Lern- und Übungschance nehmen, für sich einzutreten. Sie sind schließlich für sich selbst verantwortlich.

Jeder kann jederzeit „Nein" sagen
In jeder Gruppe kommt es immer wieder zu Spannungen oder Konflikten, weil die Bedürfnisse eines Einzelnen und die Bedürfnisse der restlichen Gruppe nicht deckungsgleich sind. Gruppen können in einer solchen Situation oft beachtlichen (sozialen) Druck entwickeln, um das einzelne Mitglied „konform" zu machen. Die Regel, dass jeder jederzeit „Nein" sagen kann, ist eine Art Schutzmechanismus für den Einzelnen gegenüber einem zu starken Anpassungsdruck durch die Gruppe. Jeder Teilnehmer muss eigenverantwortlich einschätzen bzw. wissen, auf was er sich einlassen kann und möchte. Allerdings: Wer „Nein" sagt, muss dafür auch die Verantwortung übernehmen. Und wer immer „Nein" sagt, blockiert nicht nur die Gruppenaktivität, sondern verspielt früher oder später seine Akzeptanz in der Gruppe. Wann, in welcher Situation und wie häufig man von diesem „Veto-Recht" Gebrauch macht, muss jeder für sich prüfen.

Wünsche muss man aussprechen
Dieser Satz ist eigentlich eine alte Volksweisheit. Wer etwas von (einem) anderen will, sollte seine Wünsche und Bedürfnisse offen und direkt aussprechen. Statt non-verbale Appelle auszusenden und seiner Umgebung kommunikative Kreuzworträtsel aufzugeben, sollte man offen und direkt sagen, was man will bzw. möchte. Dann wissen die anderen, woran sie sind, und sie können darauf eingehen bzw. sich darauf einstellen. Oder auch nicht, denn: Wer anderen gegenüber seine Wünsche artikuliert, muss auch damit leben können, dass sich die anderen die Freiheit nehmen, „Nein" zu sagen. So oder so herrschen dann aber auf jeden Fall klare Verhältnisse. Beispiel: Wem eine Sitzung zu lang wird oder wer in einer Sitzung eine Pause haben möchte, braucht dies eigentlich nur zu sagen. Ist jedoch eine solche Spielregel nicht vereinbart, fehlt häufig der Mut, sich offen zu äußern. Man will ja auch nicht stören. Statt dessen gibt es Störungen „unter der Oberfläche" (man hat keine Lust mehr, klinkt sich innerlich aus, denkt an etwas anderes usw.).

Störungen haben Vorrang
Störungen bedeuten, es ist Sand im Getriebe. Wenn ein Gruppenmitglied zum Beispiel verärgert, abgelenkt oder gelangweilt ist, ist es in der Gruppenarbeit nicht wirklich präsent und wird nicht konzentriert teilnehmen. Deshalb sollte eine „Störung" in der Gruppe unverzüglich „gemeldet" und behandelt werden. Das ist übrigens im Interesse aller, denn ein „Abwesender" vergibt nicht nur die Möglichkeit seiner Interessenverfolgung, er bedeutet auch einen Verlust für die Gruppe. Schließlich fehlt – im wahrsten Sinne des Wortes – der Gruppe ein Mit-Arbeiter. Solange Störungen den Gruppenprozess behindern, kann kein optimales Ergebnis erwartet werden. Erfolgt in einer Gruppe eine Störmeldung, wird sofort die Sacharbeit gestoppt und vorrangig die Störung bearbeitet. Nach erfolgter Klärung wird die Sacharbeit mit einer wieder störungsfrei funktionierenden Gruppe fortgesetzt. Dazu ein (leicht übertragbares) technisches Beispiel: Kein vernünftiger Mensch würde sein Auto mit knirschendem Getriebe noch eine längere Strecke fahren. In der betrieblichen Praxis hingegen arbei-

ten oft Gruppen, Abteilungen oder ganze Bereiche über Monate und Jahre hinweg mit „knirschendem Getriebe" …. Das ist weder effizient noch für die Beteiligten motivierend.

Keine Seitengespräche
Diese Regel bezieht sich auf einen speziellen Fall von Störung: Es ist bei einer Teamsitzung ungemein irritierend, wenn zwei oder drei Teilnehmer plötzlich mit einem eigenen Thema eine Untergruppe bilden und an der Kommunikation der übrigen nicht mehr teilnehmen. Diese Regel soll solche Störungen unterbinden. Falls trotz dieser Regel Seitengespräche stattfinden, ist es vorrangig die Aufgabe des Gruppenleiters oder Moderators, unverzüglich zu unterbrechen und die „ausgeklinkte" Teilgruppe wieder zum Thema zu rufen.

Ich spreche per „ich", und nicht per „man", „wir" oder „es"
Durch diese Regel werden die Gruppenmitglieder dazu aufgerufen, durch Ich-Formulierungen unmissverständlich zu bekunden, dass sie für sich reden und zu ihrer persönlichen Meinung stehen. Wer per „man", „es" oder (unautorisiert) per „wir" spricht, versteckt sich hinter einer Allgemeinaussage, für die er keine Verantwortung übernimmt (oder vielleicht nicht übernehmen möchte). Zudem suggeriert die Verwendung des Wortes „man" und vor allem eines „wir", dass mehrere Personen hinter der gemachten Aussage oder Behauptung stehen. Beispiel: „Wir sollten nun endlich einmal eine Pause machen!" Oder: „Man kann es schon langsam nicht mehr hören, dass …". Die trockene Gegenfrage „Wer ist denn eigentlich ‚wir' bzw. ‚man'?" macht nicht selten auf verblüffend ernüchternde Weise klar, dass hinter der kommunikativen Fassade des „wir" oder „man" lediglich die Meinung oder Bedürfnisse des betreffenden Einzelnen stehen. Ein „wir" ist eigentlich nur dann angebracht, wenn jemand von (den) anderen autorisiert wurde, für sie und in ihrem Namen zu sprechen. Streng genommen ist jeder nur „befugt", für einen einzigen Menschen auf der Welt das Wort zu ergreifen: für sich selbst (und da kann und darf ihm auch keiner hineinreden!).

Ich formuliere meine Meinung statt sie hinter Fragen zu verstecken
Eine Frage dient nicht unbedingt nur der Beschaffung von Sachinformationen. Hinter Fragen können sich ganz unterschiedliche Motive verbergen. Zwei Beispiele: „Ich stimme Ihren Ausführungen voll und ganz zu, aber was machen Sie denn für den Fall, dass …?". Statt eine Problemfrage aufzuwerfen, hätte der Sprecher auch direkt sagen können, dass er noch keinesfalls völlig überzeugt ist. Oder: In einer Diskussion über neue Marketing-Konzepte wirft jemand die Frage auf: „Was verstehen wir denn überhaupt konkret unter ‚Marketing', und wie wollen wir das definieren?" In Wahrheit geht es dem Fragesteller überhaupt nicht um eine klärende Definition; seine Absicht ist vielmehr, eine möglichst kontroverse Diskussion über die verschiedenen Definitionen von Marketing auszulösen und damit vom eigentlichen Thema abzulenken bzw. den Fortgang der Sitzung zu blockieren. Sehr oft entdeckt man erst auf den zweiten oder dritten Blick, dass sich hinter der kommunikative Fassade einer scheinbaren Sachfrage ganz andere Ziele oder Motive verbergen: Vermutungen, Hypothesen, subtile Unterstellungen, kontroverse Meinungen, Ablenkungsversuche, Materialbeschaffung zum Gegenangriff oder auch das Bedürfnis zur Selbstdarstellung. So etwas kann eine Gruppenarbeit sehr behindern und die Teameffizienz gefährden. Durch die vorstehende Regel sind alle Teammitglieder aufgefordert, ihre Meinungen, Positionen oder Motive direkt und unmissverständlich statt in verdeckter Form zu äußern.

Ich bin offen, echt und ehrlich – soweit möglich

Eine wichtige Voraussetzung für effiziente Teamarbeit ist offene Kommunikation (siehe Abbildung 1). Doppelbödige oder verdeckte Kommunikation sowie „Mauern", „Tricksen" oder „Fassadentechniken" sind ein sicheres Zeichen dafür, dass die Vertrauensbasis nicht genügend tragfähig ist. Außerdem: Wer seine Meinung zurückhält oder seinen Gesprächspartnern „kommunikative Kreuzworträtsel" aufgibt, darf sich nicht wundern, wenn sich niemand um ihn bzw. seine Meinung kümmert. Je offener Probleme angesprochen werden, desto eher sind sie zu klären. Offene Kommunikation ermuntert zu Spontaneität und fördert Kreativität. Allerdings fordert diese Regel keinesfalls Offenheit um jeden Preis. Offenheit am falschen Platz kann rücksichtslos, verletzend oder sogar brutal sein. Deshalb gilt (ergänzend) die sogenannte „Zwei-T-Regel", d.h. *Takt* und *Timing*. Jeder muss für sich den Grad seiner Offenheit definieren. Dies wird er abhängig machen von seiner subjektiven Situationswahrnehmung, von seiner Einschätzung der persönlichen Tragfähigkeit der/des anderen sowie von der vermuteten Vertrauensbasis. Auch ist die Eigenverantwortlichkeit für das, was man sagt, mit ins Kalkül zu ziehen. Es geht bei dieser Regel also um die *Verlässlichkeit* von Aussagen und Beiträgen. Niemand muss alles sagen, was er denkt. Aber für jeden Einzelnen sollte gelten: *Was* ich sage, *meine* ich auch. Darauf sollten alle anderen sich verlassen können, ebenso wie der Einzelne dies auch bei den übrigen Gruppenmitgliedern erwartet.

Ich sichere Vertraulichkeit zu

Das heißt: Man wahrt Vertrauen und garantiert Vertraulichkeit. Wenn man bei Teamarbeit jedes Wort auf die Goldwaage legen muss, weil damit zu rechnen ist, dass das Gesagte sofort im Gegenzug (oder auch später) gegen einen verwendet wird, dann ist die Vertrauensbasis gestört und dann sind Offenheit und Spontaneität nicht gegeben. Die Vertraulichkeits-Regel fordert die Beteiligten auf, (a) eine gemeinsam vereinbarte Vertraulichkeit in der Sache einzuhalten, ebenso wie sich (b) jeder verpflichtet, „personenbezogene Daten" aus dem Training nicht außerhalb bzw. nach dem Training zu missbrauchen. Die Zusicherung gegenseitiger Vertraulichkeit versteht sich nicht als Verpflichtung zur Geheimbündelei. Es soll jedoch sicher gestellt sein, dass die von Gruppenmitgliedern investierte Offenheit und Spontaneität von niemandem gegen diese verwendet wird. Persönliches soll in der Gruppe bleiben und von niemandem weitergetragen werden. Dabei sollte allerdings jedem Beteiligten klar sein: Jeder kann natürlich nur für seine eigene Vertraulichkeit garantieren und niemals auch noch die Verantwortung für die Vertraulichkeit der anderen übernehmen.

Die von dem Trainer vorgeschlagenen und begründeten Spielregeln werden mit den Teilnehmern diskutiert und vereinbart. Meistens geschieht Letzteres *schriftlich in Art eines regelrechten Vertrages* (das hat auch etwas mit „sich vertragen" zu tun!). Die von allen unterzeichneten Regeln hängen dann allseits sichtbar auf einer Flip-Chart im Arbeitsraum. Damit verfügt die Arbeitsgruppe über ein kleines „Regelwerk" (Normen) für teamförderliches Verhalten. Dem Einzelnen geben solche Normen Orientierung für sein eigenes Verhalten. Gleichzeitig wird das Verhalten der anderen, die sich ebenfalls an den Normen orientieren, kalkulierbarer. Das gibt Sicherheit und Verlässlichkeit in der Kommunikation. Die Einhaltung solcher Spielregeln – besonders der Regel „Jeder ist für sich selbst verantwortlich" – bedeutet aber auch für jeden Teilnehmer, dass er jetzt auch seinen Anteil an Verantwortung für die Gestaltung der gemeinsamen Situation übernimmt.

(3) Diagnose und Beeinflussung sozialer Prozesse

Das Wichtigste hierzu wurde bereits weiter oben ausgeführt: Zur *Teamfähigkeit* gehört es auch, dass man ein *guter Diagnostiker* ist. Vor allem im Rahmen der Prozessanalyse können und sollen die Teilnehmer lernen, soziale Prozesse – besonders diejenigen unter der Oberfläche – wahrzunehmen, sie zu bewerten und natürlich daraus auch entsprechende Handlungskonsequenzen abzuleiten. Dazu braucht man besonders gruppenpsychologische Kenntnisse und Erfahrungen. Diese ergeben sich entweder im Training bei der Arbeit an konkreten Problemen und werden dann durch die Prozessanalyse bewusst gemacht, oder sie werden mittels dafür angezeigter *gruppendynamischer Übungen* vermittelt. So sollten Teammitglieder beispielsweise Bescheid wissen über

- die Risiken und Konsequenzen mehrfacher Rollenzuteilung auf eine Person (z. B. Problemträger bzw. Schriftführer und Konferenzleiter in einer Person);
- die gruppendynamischen Auswirkungen von Erfolgserlebnissen (Gruppeneuphorie, Unterschätzung von anderen Gruppen, u. U. bis hin zum Realitätsverlust);
- die sogenannte Risiko-Verschiebung (geringere Einschätzung und Bewertung von Risiken und Gefahrensignalen durch Gruppen im Vergleich zu einem Einzelnen);
- Normen- und Rollenkonflikte;
- Beeinflussungsprozesse durch Macht- und Statusstrukturen bzw. -träger;
- Meinungsbeeinflussungsprozesse durch die Gruppe (Nivellierungseffekt, Konformitätsdruck);

Aber auch über

- die Notwendigkeit einer guten Beziehungsebene zwischen den Teammitgliedern;
- die Wichtigkeit eines guten Zusammengehörigkeitsgefühles (Gruppenkohäsion) neben der Zielorientierung;
- die Wichtigkeit offener Kommunikation (z. B. Offenlegung eigener Bedürfnisse und Interessen) für eine optimale Kompromissfindung.

Der Lernprozess in Trainings läuft hier in der Regel in zwei Stufen ab: In einem ersten Schritt erfahren die Teammitglieder, dass es diese genannten Phänomene und Effekte gibt, und sie lernen, wie man sie erkennt bzw. wahrnimmt. In einem zweiten Schritt lernen und üben sie dann, wie man damit umgeht.

8. „Nachfassen"

Man sollte keine Teamentwicklungsmaßnahme betreiben, ohne nicht von vornherein klarzumachen, dass man den initiierten Prozess evaluieren möchte. Es wurde schon ausgeführt, dass Teamentwicklungsmaßnahmen nicht als isolierte Einzelaktivitäten zu verstehen sind, sondern als „rollierender Prozess". Wenn nicht ohnehin gleich mehrere Trainingsrunden mit dem Team vereinbart wurden, ist es in der Regel üblich, auf jeden Fall wenigstens einmal „nachzufassen". Dies sollte frühestens nach einem Monat und spätestens nach etwa drei Monaten geschehen. Benötigt wird dafür mindestens ein Workshoptag. Hierbei soll festgestellt werden, was und wie viel von den Trainingsinhalten und/oder den getroffenen Vereinbarungen in die betriebliche Praxis transferiert wurde. Außerdem wird gemeinsam untersucht, was nicht umgesetzt wurde und woran dies vielleicht gelegen hat. Dies ist ein wichtiger Lernprozess für alle Beteiligten – einschließlich Trainer.

Das „Nachfassen" ist auch als Prozess-stützende Maßnahme zu verstehen. So hat allein die allen bekannte Tatsache, dass „noch etwas kommt", bereits aktivierende Wirkung. Eine weitere Maßnahme, den Transfer zu fördern, ist der sogenannte „*letter to myself*": Jeder Teilnehmer entwickelt einen persönlichen Aktivitätsplan von Dingen, die er sich vornehmen will, und legt diesen in einem Brief „an sich selbst" nieder. Diesen Brief, von dem er sich eine Kopie anfertigt, übergibt er verschlossen und mit seiner Anschrift versehen dem Trainer, der den Teilnehmern die Briefe nach einer bestimmten Zeit als Erinnerung an die gefassten Vorsätze zuschickt. Noch intensiver wirkt es, wenn am Ende des Trainings jeder Teilnehmer in der Gruppe eine Art „öffentliche Erklärung" über seine gefassten Vorsätze abgibt, und damit die anderen regelrecht zur sozialen Kontrolle herausfordert. Eine solche Aktivität verspricht eine sehr starke bindende und verpflichtende Wirkung.

Abschließend will ich noch darauf hinweisen, dass nicht endlos „nachgefasst" werden darf (und in der Regel auch nicht wird). Ziel von Teamentwicklungstrainings ist es schließlich, Gruppen zu befähigen, *aus eigener Kraft* effizient zu sein, und nicht von einem Trainer abhängig zu werden.

9. Bedingungen für den Erfolg von Teamentwicklungsmaßnahmen

Wenngleich bei jedem Team die organisatorischen Rahmenbedingungen und seine Funktion ebenso unterschiedlich sind wie die (Vor-)Geschichte, die Zusammensetzung, die Aufgabenstellungen und die Problemlage, sollen nachfolgend dennoch auf der Basis persönlicher Erfahrungen einige wenige Bedingungen für den Erfolg von Teamentwicklungsmaßnahmen formuliert werden:

(1) Der unmittelbare Vorgesetzte muss voll und glaubwürdig hinter dem Projekt stehen. Wenn das Training vorbei ist, ist schließlich *er* der Prozessverantwortliche, der sich sozusagen in der Rolle eines Co-Trainers um die Umsetzung der Vorsätze bzw. der vereinbarten Maßnahmen kümmern muss.

(2) Fair play! Vor allem die vereinbarten Vertraulichkeitsklauseln und Zusagen müssen eingehalten werden. Der Trainingserfolg ist hinfällig, wenn beispielsweise Offenheit in der Trainingssituation später gegen einen Teilnehmer verwendet wird. Dies wird besonders dem Vorgesetzten übel genommen. Geschieht dies, dann wird der Zustand der Gruppe mit hoher Wahrscheinlichkeit schlechter sein als vor dem Training.

(3) Die Akzeptanz des Trainers bei der betreffenden Gruppe sowie bei dem Vorgesetzten ist wichtig. Wenn die „Chemie" zwischen dem Moderator/Trainer und den Beteiligten nicht stimmt, sollte man nicht in ein Training gehen oder – wenn sich dies erst während der Maßnahme herausstellt – den Mut haben, „Nein" zu sagen.

(4) Eine gründliche Situations- bzw. Problemdiagnose sowie klare Vereinbarungen in der Startphase sind eine hervorragende Grundlage für ein erfolgreiches Projekt.

Dies sind wohl die wichtigsten Erfolgsbedingungen bei Teamentwicklungsprojekten. Weiterhin sollte man noch berücksichtigen, dass während des Projektes nicht gerade eine Umorganisation geplant oder in Sicht ist, dass eine „Kontinuität der Köpfe" gewährleistet ist und dass – auch unter dem Gesichtspunkt der Erfolgssicherung – keine zu hohen Ziele bzw. keine zu großen Projektschritte vereinbart werden.

Literatur

Antons, K. (1973). Praxis der Gruppendynamik. Göttingen 1973.
Bungard, W. & Jöns, I. (Hrsg.), (1997). Mitarbeiterbefragung. Weinheim 1997.
Cohn, R. (1970). Das Thema als Mittelpunkt interaktioneller Gruppen. In: Gruppendynamik, 2/1970, S. 251–276.
Comelli, G. (1985). Training als Beitrag zur Organisationsentwicklung. München/Wien 1985.
Comelli, G. (1997). Mitarbeiterbefragungen und Organisationsentwicklungsprozesse. In W. Bungard & I. Jöns (Hrsg.), Mitarbeiterbefragung. S. 32 – 58. Weinheim 1997.
Comelli, G. (2000). Feedback bei Teamentwicklung (TE). In: Wirtschaftspsychologie, Jahrg. 7, 3/2000, S. 28 – 42.
Comelli, G. (in Druck). Anlässe und Ziele von Teamentwicklungsprozessen. In S. Stumpf & A. Thomas (Hrsg.), Teamarbeit und Teamentwicklung. Göttingen, in Druck.
Dyer, W. G. (1977). Team building: Issues and alternatives. Reading/Mass. 1977.
Fengler, J. (1978). Editorial zum Schwerpunktthema ‚Aktionsforschung'. In: Gruppendynamik, 9, S. 377–379.
Küchler, J. (1979). Gruppendynamische Verfahren in der Aus- und Weiterbildung. München 1979.
Moser, H. (1978). Aktionsforschung als kritische Theorie der Sozialwissenschaften. 2. Aufl., München 1978.
Porter, L. W., Lawler, E. E. III & Hackmann, J. R. (1975). Behavior in organizations. New York 1975.
Tuckmann, B. W. (1965). Developmental sequence in small groups. In: Psychological Bulletin, 63, S. 384–399.
Varney, G. H. (1977). Organization development for managers. Reading/Mass. 1977.
Winkler, St. & Stein, F. (1994). Outdoor-Training: ein Erfahrungsbericht. In L. M. Hofmann & E. Regnet (Hrsg.), Innovative Weiterbildungskonzepte, S. 329–334. Göttingen 1994.

Désirée H. Ladwig

Team-Diversity –
Die Führung gemischter Teams

1. Einleitung
2. Diversity-Management
3. Ausblick

1. Einleitung

Mit dem Thema Diversity beschäftigen sich seit einigen Jahren zunehmend die betriebliche Praxis sowie nationale und internationale Managementveröffentlichungen. Insbesondere im Zusammenhang mit neuen Managementkonzepten wurde eine „multidimensionale Mixture von Mitarbeitern" (Teams, Task Forces, Zirkeln, Gemien etc.) in den Kern des Interesses gerückt (JACKSON & RUDERMANN, 1996, S. 1). Die Diversity-Diskussion sprang Anfang bis Mitte der 90er-Jahre aus den USA (vgl. BARRY & BATEMAN, 1996, S. 757) auch nach Europa über (ähnlich wie andere Themen, z.B. Reengineering, Lean Management). In den USA fokussiert die Diversity-Diskussion insbesondere unter Chancengleichheitsgesichtspunkten auf die Parameter: Rasse, Geschlecht und Disability. Die in den USA sehr starken Interessengruppen bemühen sich u.a. über die Diversity-Diskussion, den Unternehmen die Vorteile von nicht-diskriminierender Einstellungs- und Karriereförderungspolitik schmackhaft zu machen.

In Europa generell und in Deutschland speziell zeigt sich aber, dass die angloamerikanischen Managementkonzepte nicht eins-zu-eins – wenn überhaupt – übertragen werden können. In Europa und Deutschland sieht man sich eher unter anderen Gesichtspunkten (insbesondere Globalisierung der Wirtschaft einerseits und die zunehmende Wirtschaftsverflechtung in der EU andererseits) veranlasst, sich dem Diversity-Thema zuzuwenden (vgl. u.a. ENGELHARD, 1996).

Die Diskussion über und die Analyse von Diversity-Teams sind nunmehr in den Mittelpunkt des Interesses gerückt, da es nicht unwesentlich für den Erfolg ist, wie ein Team zusammengesetzt wird, wie es geführt wird und mit welchen Aufgabenstellungen es sich beschäftigt. Diversity in Teams werden entsprechend Vor- und Nachteile bescheinigt (vgl. Abbildung 1, in Anlehnung an ADLER, 1986, S. 106).

In vielen Unternehmen nahm daraufhin in den frühen und mittleren 90er-Jahren auf Grund einer Teameuphorie die Zahl der unternehmensinternen Projektgruppen/Teams/Arbeitsgruppen etc. so stark zu, dass die Mitarbeiter mehr Zeit in Sitzungen und Meetings verbrachten als bei anderen Tätigkeiten.

Die folgenden Ausführungen sollen zum einen generell einen Überblick über die aktuelle Diversity-Diskussion geben und zum anderen konzeptionell-systematisch die relevanten Faktoren von Diversity-Teams vorstellen und anwendungsbezogen/praxisnah diskutieren.

2. Diversity-Management

In den USA wurde „Workplace Diversity" 1993 noch als „a virgin field, lacking theoretical frameworks" (TRIANDIS ET AL., 1993, S. 770) bezeichnet. Diversity bedeutet übersetzt nur Vielfalt. Die exakte Eingrenzung und theoretische Fundierung des Begriffs „Diversity-Management" zeigen sich schwierig angesichts der Vielzahl möglicher Ansatzpunkte.

Je nach Focus (international, national, unternehmens- und/oder gruppenbezogen) erhält der Diversity-Begriff andere Auslegungsfacetten. Auf europäischer Ebene wird zum Beispiel im Zuge der zunehmenden wirtschaftlichen Integration über einen „European Diversity Management"-Ansatz nachgedacht, der sich von den angloamerikanischen und japanischen Managementkonzepten abheben und den vielfältigen

Vorteile	Nachteile
Diversity forciert erhöhte Kreativität:	Diversity bedingt eine Verringerung der Gruppenzusammengehörigkeit:
• mehr und bessere Ideen • weniger „Gruppenblindheit" • differenziertere Perspektiven	• Misstrauen • Kommunikationsprobleme • Stress
Diversity fordert mehr Aufmerksamkeit/Sensibilität	
Verständnis für einander bzgl.: - Meinungen - Ideen - Argumente	
⇓	⇓
Erhöhte Kreativität kann zu folgenden Vorteilen führen: • bessere Problemdefinition • mehr Alternativen • bessere Entscheidungen • bessere Kompromisse	Verringerte Gruppenzusammengehörigkeit kann zu folgenden Nachteilen führen: • fehlende Konsensfähigkeit • kein reibungsloser Arbeitsablauf • unbrauchbare Ideen • kein Focussieren der Kräfte auf ein gemeinsames Ziel

Abb. 1: Vorteile und Nachteile von Diversity in Teams

europäischen Kulturaspekten Rechnung tragen soll (vgl. CALORY & DE WOOT, 1994). „Diversity-Management" wird in vielen (US-)Firmen – sehr eng gefasst – als die erfolgreiche Integration von Minoritätengruppen bezeichnet (vgl. BARRY & BATEMAN, 1996, S. 765).

Diversity-Management soll im Folgenden nur unternehmensbezogen diskutiert werden und für den kreativen Umgang mit gemischten Gruppen/Teams/Gremien (nicht nur von Minoritätengruppen) in Unternehmen gelten.

2.1 Diversity-Parameter

Um ein heterogenes Team erfolgreich zu führen, ist es zunächst notwendig, sich über die relevanten Diversity-Parameter klar zu werden. Abbildung 2 unterscheidet verschiedene Parametergruppen (in Anlehnung an McGRATH & BERDAHL & ARROW, 1995, S. 23).

Jedes einzelne Mitglied eines Teams weist eine individuelle Ausprägungsform der einzelnen Parameter auf. Sich über Alter, Geschlecht, Ausbildung und Berufserfahrung eines potenziellen Teammitglieds zu informieren, wird jede Führungskraft als notwendig ansehen, zumal diese objektiven Daten recht leicht zu erheben sind. Schwieriger gestaltet sich dies für andere Parameter, z. B. Persönlichkeit und Wertesystem. Geeignete (Einstellungs- und/oder Potenzial-)Assessment-Center bieten hier oft gute Ausgangsanalysedaten. Die Führungskraft benötigt viel Einfühlungsvermögen, Sensibilität und eigene Wertneutralität, um mit den Diversity-Parametern sachdienlich umgehen zu können. Vieles erschließt sich erst durch langjährige Zusammenarbeit (vgl. auch COX & BEALE, 1997).

A. Demographische Merkmale, z. B.:
• Alter
• Geschlecht
• Religion
• Körperliche Konstitution
  (Körperliche und/oder geistige Behinderung, angeboren oder unfallbedingt etc.)
• Kultureller Hintergrund
  (Geburtsland, Rasse, familiäre Wurzeln, z. B. Bürgertum, Arbeiterklasse etc.)
• Ausbildung
  (Facharbeiter, Akademiker, Fachrichtungen: Ingenieur, Betriebswirt etc.)
• Familienstand
  (Single, gebunden, verheiratet, ohne Kinder, mit großen oder kleinen Kindern, mit pflegebedürftigen Familienmitgliedern, etc.)

B. Know-How und Erfahrungen, z. B.: • aufgabenbezogenes Wissen • Fähigkeiten aus unterschiedlichen Karrierewegen • frühere Einsatzgebiete • Berufserfahrungen
C. Wertesystem, z. B.: • Werte • Glauben/Überzeugung • Geisteshaltung
D. Charakter/Persönlichkeit, z. B.: • Verhalten • Auftreten • Ausstrahlung • Arbeitsorganisation
E. Sozialer Status, z. B.: • Rang • Position/Hierarchie • Macht/Autorität • Netzwerkzugehörigkeit • Meinungsführerschaft

Abb. 2: Diversity-Parameter

Typische „Diversity-Problembereiche", die in konkreten Teamsituationen auftreten, lassen sich entsprechend der Parameterklassifizierung differenzieren (in Anlehnung an LAMBERT & MYERS, 1994, S. 13 ff.):

Demographische Probleme:
Bestehen hohe Altersdifferenzen zwischen den Teammitgliedern, kann es bei einem geringen persönlichen Reifegrad zu Kompetenzspannungen zwischen Jung und Alt und zu Cliquenbildung kommen (die „Jungen" gegen die „Alten"). Problematisch ist dies insbesondere, wenn die Älteren auf ihre „Senioritätsmacht" pochen, das Projektproblem aber innovative, unkonventionelle Lösungen und den Einsatz neuer Informationstechnologien erfordert, die häufig gerade von jüngeren Mitarbeitern wesentlich souveräner gemeistert werden.

Reine „Youngster-Teams" zeigen oft hohe interne Stresswerte, da hier Konkurrenzdruck und Machtkämpfe besonders stark ausgeprägt sind. Jeder will und/oder muss sich noch profilieren, was häufig auf Kosten des Teamerfolges geht.

Problematisch können auch geschlechtsspezifische Polarisierungen sein. Nur eine Frau in einem reinen Männerteam kann genauso wie ein einzelner Mann in einem Frauenteam Interaktionsprobleme hervorrufen. Die Einzelperson ist auf Grund ihres exponierten Status gestresst, und bei den restlichen Gruppenmitgliedern verstärken sich eher alte Rollenverhalten (vgl. den Beitrag von FRIEDEL-HOWE „Frauen und Führung"). Es empfiehlt sich deshalb, wenn möglich, eine eher paritätische Mischung der Geschlechter.

Im Zuge der zunehmenden Globalisierung und internationalen Wirtschaftsverflechtungen sehen sich auch deutsche Manager immer stärker gezwungen, in kulturgemischten, international zusammengesetzten Teams zusammenzuarbeiten. Hier können schon im europäischen Kontext erhebliche Kulturunstimmigkeiten auftreten, verstärkt aber im amerikanischen und/oder asiatischen Kontext (vgl. den Beitrag von THOMAS „Mitarbeiterführung in interkulturellen Arbeitsgruppen").

Die Familiensituation der einzelnen Familienmitglieder kann die Teamsolidarität ebenfalls auf eine harte Probe stellen, wenn einige Teammitglieder z. B. auf Grund akuter, unvorhersehbarer familiärer „Ausfälle" das Team belasten (vgl. weiterführend KEITA, 1994).

Probleme mit Know-How und Erfahrungen
Sind in einem Diversity-Team die Fähigkeiten und Erfahrungen durchweg bunt gemischt, kann dies weniger problematisch sein als starke Polarisierungen innerhalb des Teams. Eine Teamhälfte besteht z. B. aus EDV-Spezialisten, die anderen sind nur Anwender. Hier kann die Expertenmacht zu erheblichen Kommunikationsproblemen führen. Sollen in ein Team Berufsanfänger/Unternehmensneulinge integriert werden, so kann es zu Arbeitsablaufproblemen kommen, da diesen die unternehmensspezifische Arbeitsorganisation noch unbekannt ist. Hierfür empfehlen sich Coaches, die die Neulinge entsprechend begleiten und einarbeiten.

Probleme mit dem Wertesystem
Disziplin, Gehorsam und Einsatzbereitschaft sind Werte, die in vielen Unternehmen gewünscht bzw. vorausgesetzt werden. Gerade die „Wertewandelgeneration" hat diesbezüglich heutzutage aber oft ganz andere Vorstellungen. Hier lässt sich oft sehr eindrucksvoll der Sozialisationsprozess im Unternehmen beobachten, der innerhalb von zwei bis drei Jahren durch Gruppen- und Vorgesetztendruck meist subtil auf die Positionierung des Mitarbeiternachwuchses wirkt. Bewerber mit allzu offensichtlichen Wertediskrepanzen werden allerdings oft schon im Zuge des Bewerbungsprozesses ausselektiert.

Probleme mit dem sozialen Status
In einer stark hierarchieorientierten Firma kann es schwierig werden, sog. Strategiezirkel mit hochrangigen Führungskräften und Führungsnachwuchskräften bzw. einfachen Fachspezialisten zusammenzusetzen. Die Bereitschaft zur Zusammenarbeit scheitert oft am Führungsmythos. In vielen Unternehmen existieren die sog. „Old boys networks". Diese sind oft als „closed shops" konzipiert und können die Arbeit eines Teams behindern, wenn das Netzwerk stärker als die Teamsolidarität ist und es zu Zielkonflikten kommt.

Weiterhin zeigt sich in Gruppenanalysen, dass die Teammitglieder mit dem höchsten Status die meiste Aufmerksamkeit genießen und die höchste Interaktionsfrequenz aufweisen (vgl. ADLER, 1986, S. 107). Dies kann zur Diskriminierung von weniger

„angesehenen" Teammitgliedern führen und diese langfristig so demotivieren, dass sie überhaupt keinen Gruppeninput mehr geben und die Interaktionen ihrerseits minimieren. Welche konkreten Auswirkungen diese Diversity-Problembereiche in welcher Weise tatsächlich auf den Gruppenerfolg haben, hängt von den Projektanforderungen und dem „Reifegrad" der Teammitglieder ab, über die im Folgenden diskutiert wird.

2.2 Auswirkungen von Diversity in Teams

Der folgende integrative Diversity-Ansatz soll verdeutlichen, in welcher Weise die oben ausdifferenzierten Diversity-Parameter auf den Gruppenerfolg, definiert als Gruppenoutput und Gruppenklima, wirken (vgl. Abbildung 3).

Dieser Erklärungsansatz ist eine Weiterentwicklung der in der Literatur bereits diskutierten Ansätze (vgl. McGrath et al., 1995, S. 24ff.). Alle diese Ansätze gehen zunächst davon aus, dass die demographischen Parameter direkten Einfluss auf die Ausbildung von Werten, des Charakters und im weiteren auf die Fähigkeiten/Erfahrungen des Teammitgliedes nehmen (vgl. u. a. Murray, 1989). Zusammen beeinflussen diese Parameter das Verhalten und wirken damit auf den Gruppenerfolg.

Hinzugefügt wurden die verschiedenen Machtgefüge, Sympathien, Antipathien etc. zwischen den einzelnen Teammitgliedern, hier veranschaulicht an den Interaktionen zwischen Teammitglied A und B. Jedes Teammitglied hat einen bestimmten sozialen Status in der Gruppe. Die resultierenden Interaktionen beeinflussen den Gruppenerfolg ebenso wie der individuelle Input jedes Teammitgliedes.

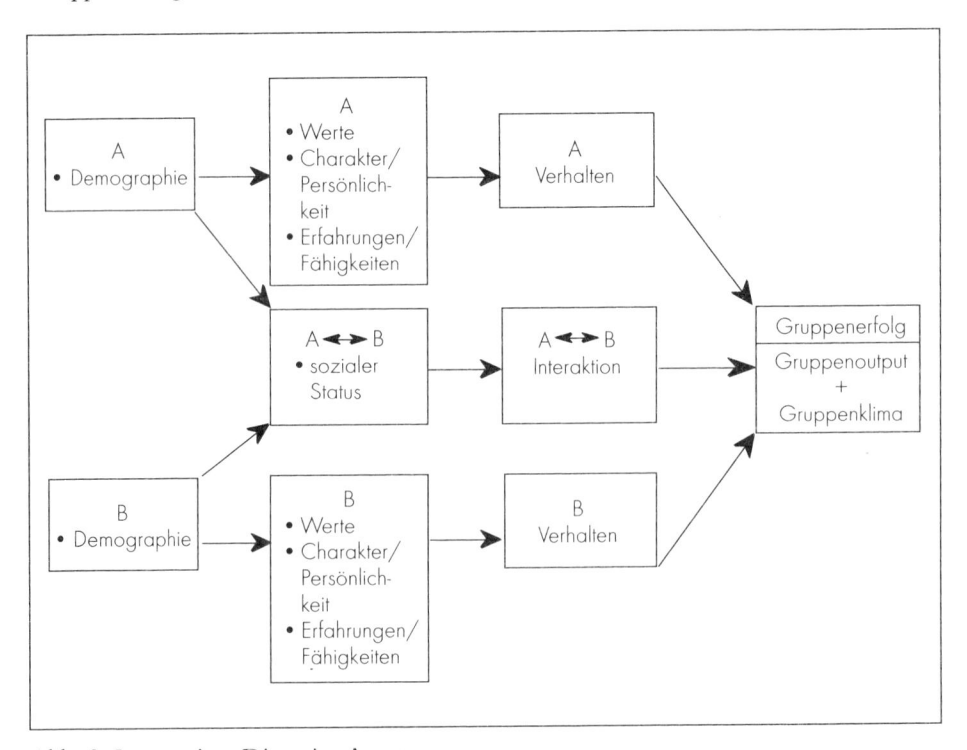

Abb. 3: Integrativer Diversity Ansatz

Man kann die Teamaktivitäten grundsätzlich in die folgenden Tätigkeitsschwerpunkte gliedern: Zielsuche bzw. Zielvorgabe/Zieldefinition, Lösung technischer und teambezogener Probleme, Ausführung/Aufgabenerledigung, Evaluierung/Erfolgskontrolle.

Diversity in einem Team in Bezug auf das Know-How und die Erfahrungen kann sehr vorteilhaft für die Zielsuche, die Lösung technischer Probleme und die Ausführung/Aufgabenerledigung sein. Wichtig ist hierbei natürlich, dass die Teammitglieder über problemrelevante Fähigkeiten verfügen. Diversity in Teams in Bezug auf Werte kann zu Schwierigkeiten bei der Zielsuche/Zieldefinition führen, wenn es den Teammitgliedern schwer fällt, einen Kompromiss zu schließen. Es kann zu so heftigen teambezogenen Problemen kommen, dass keine Zeit mehr für die eigentliche Lösung der Teamaufgaben bleibt. Auf der anderen Seite können zu homogene Wertvorstellungen die Qualität der Zielauswahl reduzieren (vgl. McGrath et al., 1995, S. 25 ff.).

Setzt sich ein Team nur aus dominanten Teammitgliedern zusammen, kann der Gruppenkonflikt an der Frage des Machtanspruches eskalieren. Werden zu viele Denker und zu wenig handelnde Teammitglieder zusammengeführt, reduziert sich der Output des Teams im negativsten Fall nur auf Lippenbekenntnisse. Fehlen einem Team allerdings die visionären Querdenker, wird es sich schwer tun, Innovationen hervorzubringen.

2.3 Diversity-Team-Aufbau

Die Zusammensetzung eines erfolgreichen Diversity-Teams hängt davon ab, um welche Form von Team es sich handelt und welche Aufgabenstellung konkret gelöst werden soll. Es lassen sich u. a. folgende Teamformen unterscheiden:

- stabile, unternehmensinterne Teamkonstellationen (z. B. Abteilungsgruppen und Leitungen)
- temporäre Teams (z. B. projektbezogene Forschungsteams)
- unternehmensintern vernetzte Teams mit Gatekeepern (strategische Focusgruppen)
- unternehmensübergreifende Teams/Gruppen (Beiräte, Expertengremien mit Mitgliedern aus Unternehmen, staatliche Institutionen, Universitäten etc. – vgl. den Beitrag von Voss & Eckrich zum Projektmanagement)

Die *Aufgaben* von diversifizierten Teams können ebenso vielfältig/unterschiedlich sein wie ihre Zusammensetzung (eine vollständige Auflistung aller möglichen Teamformen würde den Rahmen der vorliegenden Ausführungen sprengen):

Strategiezirkel (Strategische Unternehmensplanung)
Hier empfehlen sich langfristig bestehende Teams, die in jährlichen Klausurtagungen (unter Umständen moderiert durch externe Experten) über die strategische Ausrichtung des Unternehmens diskutieren und dem Vorstand berichten. Es sollten alle Unternehmensbereiche vertreten sein und neben den Bereichsleitungen ausgewählte Führungsnachwuchskräfte hinzugezogen werden, die für kreativen, innovativen Input sorgen können (vgl. den Beitrag von Domsch zur „Personalplanung und -entwicklung").

– *F & E-Teams (Forschungs- und Entwicklungsprojekte)*
F & E-Teams werden heutzutage bereits zu Beginn von Entwicklungsprojekten zunehmend durch Marketing- und Vertriebsleute verstärkt, da es sich keine Firma mehr leisten kann, ohne konkreten Marktbezug zu forschen.

– *Marketing-Teams (Produktneuentwicklungen)*
Die Marketing-Bereiche von Unternehmen gelten traditionell als die innovativsten und fortschrittlichsten, auch im Einsatz neuer Methoden und Techniken. So bilden einige Firmen schon seit Jahren temporäre Kreativteams mit Studenten unterschiedlicher Studienrichtungen und entsprechenden Produktmanagern aus der Hierarchie (Diversity). Im Rahmen von Klausursitzungen werden diesen Studenten bestimmte Problemstellungen genannt, z. B.: „Entwickeln Sie ein neues innovatives Singlegericht mit Fischkomponenten inkl. Marketingstrategie". Mit Hilfe von Kreativtechniken (z. B. Brainstorming, Synektik, Bionik etc.) werden die Problemstellungen von den Studenten selbstständig bearbeitet. Die Produktmanager halten sich zunächst zurück, stehen aber als Supervisoren und Berater zur Verfügung. Auf solchen Klausurtagungen werden meist Dutzende neuer Produktideen geboren. Auch wenn nur zwei bis drei dieser Ideen Marktreife erlangen, ist dies eine extrem kostengünstige Produktideenentwicklungsmethode.

– *Expertengremien (Gesellschaftspolitik)*
Auch Regierungen, Länder, Kommunen und andere staatliche Institutionen haben die Vorteile diversifizierter Gruppen erkannt und bedienen sich verstärkt Expertenbeiräten, die sich aus hochrangigen Persönlichkeiten verschiedener gesellschaftlicher Bereiche zusammensetzen. Hierdurch erhalten sie zum einen direkte Informationen über die gesellschaftlichen und wirtschaftlichen Entwicklungen. Zum anderen spiegelt die gemischte Zusammensetzung heterogene Meinungsbilder wider und bietet kreativen Input für zukunftsweisende politische Programme.

– *Produktionsteams (teilautonome Arbeitsgruppen)*
Im Zuge des zunehmenden Einsatzes von teilautonomen Arbeitsteams in Produktionsprozessen steht gerade hier die Frage nach einer erfolgreichen Zusammenstellung der Teammitglieder im Vordergrund. Für routinierte, genau vorgegebene Arbeitsabläufe empfehlen sich eher homogene Teams (homogen in Bezug auf Arbeitsorganisation, Arbeitseinstellung, Werte, Ausbildungsstand etc.). Kreativität ist weniger gefragt als Präzision ohne langandauernde Diskussionen *(vgl. den Beitrag von* ANTONI *in diesem Band)*.

2.4 Diversity-Team-Führung

Um den Führungsanforderungen eines Diversity-Teams gerecht zu werden, müssen situativ, d. h. je nach Zusammensetzung, Aufgabenstellung und Reifegrad des Teams, unterschiedliche Führungskonzepte zum Einsatz gebracht werden (vgl. dazu den Beitrag v. ROSENSTIEL „Grundlagen der Führung", insbesondere Kapitel 5.3). Ein *autoritärer Führungsstil* ist empfehlenswert, wenn das Diversity-Team nur über einen geringen aufgabenbezogenen Reifegrad verfügt. Einem reiferen Team ist mit einem *integrierenden Führungsstil* entgegenzukommen. Mit zunehmender Reife kann die Entscheidungsfindung mehr und mehr partizipativ erfolgen *(partizipativer Führungsstil)*, und Teams mit einem extrem hohen Reifegrad sollten mit einem *delegierenden Füh-*

Erklärungsvariable	Ausprägung	Kurzdefinition
IP Interessenpotenzial	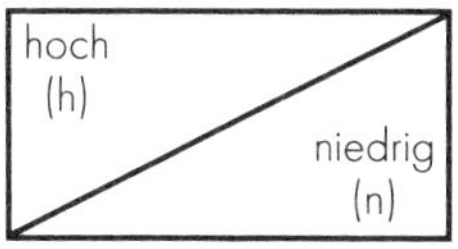 hoch (h) / niedrig (n) — IP	tatsächliche Bereitschaft und Interesse, zielorientiert und konstruktiv zum Gruppenergebnis beizutragen
FP Fähigkeitenpotenzial	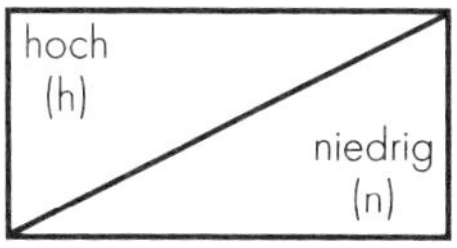 hoch (h) / niedrig (n) — FP	tatsächliche Fähigkeit, sensibel die Vielfalt im Team wahrzunehmen und zu würdigen, um in Folge produktiv zum Gruppenerfolg beitragen zu können
EP Entwicklungspotenzial	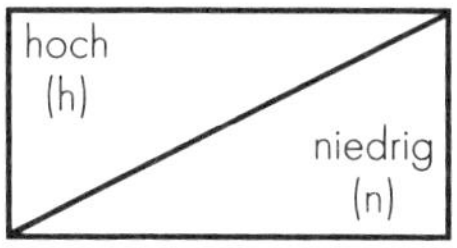 hoch (h) / niedrig (n) — EP	tatsächliches Potenzial, sich in das Team zu integrieren, sich anzupassen und sich im Teamsinne weiterzuentwickeln
RP Realisierungspotenzial	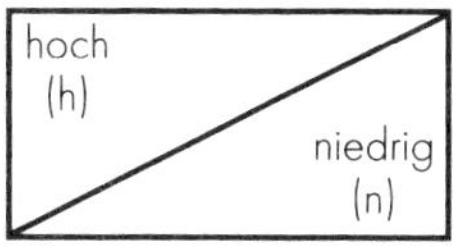 hoch (h) / niedrig (n) — RP	tatsächliche Fähigkeit, im Team das Gruppenziel inhaltlich, methodisch, didaktisch, politisch etc. zu erreichen

Abb. 4: Team-Potenzialbestimmung

rungsstil geführt werden, im Extremfall unter Verzicht auf Führung. Das Team erhält die Zielvorgaben und entscheidet über Mittel und Wege eigenständig (vgl. ausführlicher SCHOLZ, 1994, S. 462 ff.).

Problematisch für die Führungskraft stellt sich der Fall sehr unterschiedlicher Reifegrade innerhalb eines Teams dar. Auf der einen Seite ist ein einheitlicher Führungsstil wichtig. Auf der anderen Seite können weniger reife Teammitglieder nicht partizipativ geführt werden, und sehr selbstbestimmte, erfahrene Teammitglieder werden durch einen zu dirigistischen Führungsstil demotiviert. Der Austausch von Teammitgliedern, aus welchen Gründen auch immer (Beförderung, Versetzung o. ä.), kann ebenfalls zu Turbulenzen im Team führen, da das neue Teammitglied sich erst einmal in die bestehende Teamstruktur integrieren muss. In dieser Situation sind spezielle integrierende Maßnahmen von Seiten der Teamführung angebracht (z. B. intensive Information, Vernetzung, Forcierung der Knüpfung persönlicher Kontakte etc.).

Der Erfolg von Diversity-Teams hängt demnach nicht de facto davon ab, dass sie heterogen zusammengesetzt sind, sondern wie sie in ihrer Heterogenität gemanagt werden (vgl. auch ADLER, 1986, S. 111).

2.5 Diversity-Team-Entwicklung

Um den Gruppenerfolg eines Diversity-Teams langfristig aufzubauen, kann es notwendig sein, den Reifegrad des Teams bzw. einzelner Teammitglieder zu erhöhen.

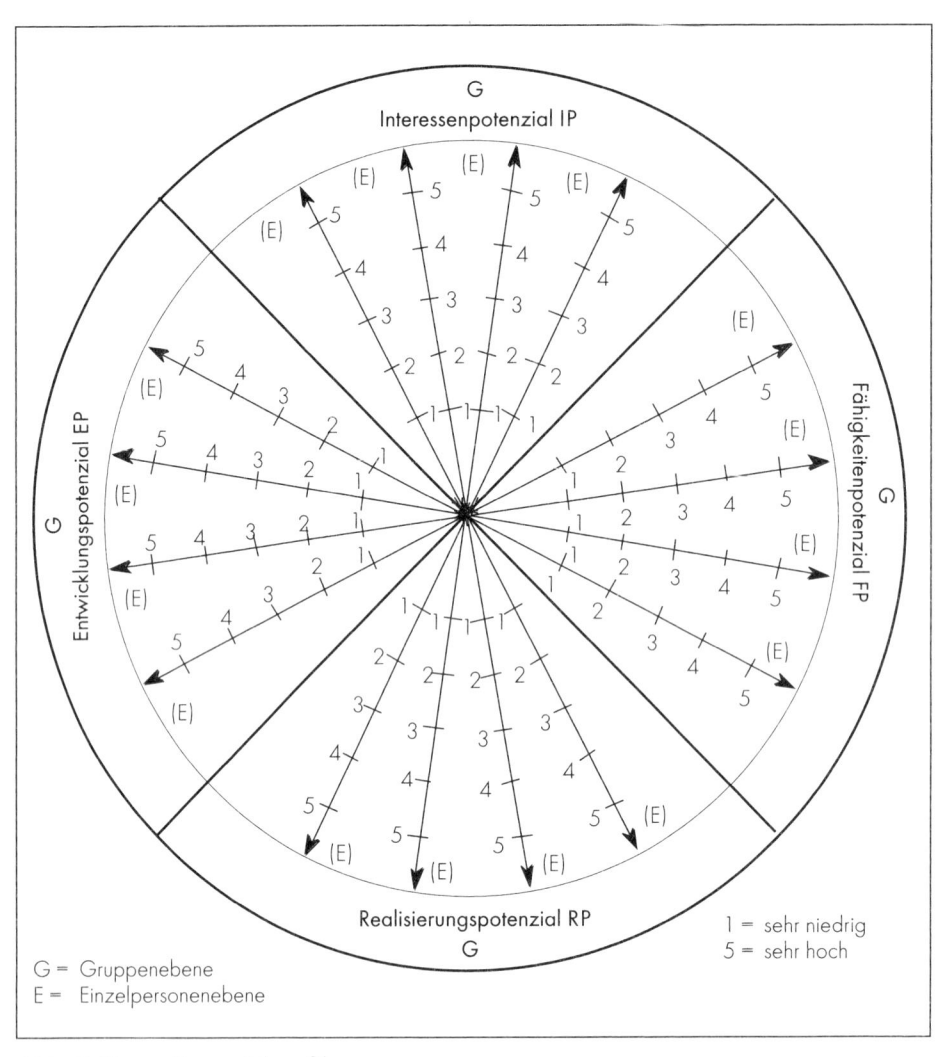

Abb. 5: Team-Potenzialprofil

Dazu muss zunächst die Soll-Ist-Differenz zwischen anzustrebendem und tatsächlich realisiertem Reifegrad ermittelt werden, um darauf abgestimmt zielgerichtete Personalentwicklungsmaßnahmen zu initiieren.

Für eine fundierte Analyse der entwicklungsbedürftigen und -fähigen Diversity-Parameter bietet sich der Einsatz des sog. Kulturmarktmodells als Diagnoseinstrument an (vgl. DOMSCH & LADWIG, 1994, S. 97 ff.; DOMSCH & LADWIG, 1995, S. 105 ff.). Das Modell wurde entwickelt, um im Rahmen von Jointventures auf beide Kooperationspartner abgestimmte Personalentwicklungsmaßnahmen initiieren zu können. Übertragen auf das Diversity-Team geht es darum, mit Hilfe des Diagnoseinstruments die Einzel- und Gruppenpotenziale zu bestimmen (vgl. Abbildung 4).

Der Analyseansatzpunkt muss zunächst beim Indivuuum liegen, das heißt, es ist im Sinne der Projektzielsetzung zu eruieren, über welches Interessen-, Fähigkeiten-, Entwicklungs- und konkretes Problemrealisierungspotenzial jedes einzelne Teammitglied

Phase	Inhalt	Parallelaktivitäten
1. Phase	Situationsanalyse/Potenzialanalyse mit Hilfe des I.P.A.-Erklärungsmodells	• Information und Kommunikation über Prozessfortschritt • Netzwerk-Umfeld-Aktivitäten (Verbände, Gremien etc.) • Prozess-Controlling inkl. Evaluierung mit Rückkopplung, Anpassung etc. • Supervision
2. Phase	Planung des Personalentwicklungsprogramms auf individueller und auf Teamebene	
3. Phase	Kontinuierliche Personalentwicklung (getrennt und gemeinsam) des Teams mit Unterstützung durch Lernstatt-Konzepte, Lernpartnerschaften etc.	
4. Phase	Patenschaftsprogramme der Personalentwicklung (Go-Together-Programm; Twin Assignment-Programm)	
5. Phase	Personalentwicklung für Fach- und Führungskräfte (Input-Seminare)	
6. Phase	Work-Together im Diversity-Team mit kontinuierlichen Gruppen- und Individualbeurteilungen/ Selbst-Fremdeinschätzungen	

Abb. 6: Diversity Development Training

verfügt. Das Teampotenzial kann hierbei nicht als die Summe aller Einzelpotenziale definiert werden, sondern es sind ebenso die Interaktionen zwischen den Teammitgliedern sowie zwischen dem Team und Externen als weitere Parameter zu berücksichtigen. Informationen können u. a. liefern: Interviews, Diskussionen, Real-Assessmentcenter, Teamklausuren, Gruppen- und Selbsteinschätzungen etc. (vgl. den Beitrag von COMELLI zur „Teamentwicklung").

Als Ergebnis erhält man ein Potenzialprofil jedes Einzelnen und des gesamten Teams (welches man z.B. im Rahmen eines unternehmensinternen Benchmarkingprozesses mit den Potenzialprofilen anderer Diversity-Teams vergleichen kann – vgl. Abbildung 5). Der aus der Diagnose resultierende Weiterentwicklungsbedarf sollte durch ein strategisch orientiertes, ganzheitliches Personalentwicklungsprogramm befriedigt werden. Dieses Programm kann nicht nur primär in der Übermittlung von fachlichem Wissen bestehen (vgl. DOMSCH & LADWIG, 1994, S. 107). So können z.B. bekannte Ansätze aus der „Lernstatt"-Bewegung hilfreich sein (vgl. Abbildung 6). Nach der Potenzialanalyse empfiehlt sich die Planung eines zielgerichteten individuellen und kollektiven Personalentwicklungsprogramms. Manager, die z.B. Probleme haben, mit qualifizierten Frauen in einem Team zusammenzuarbeiten, müssen ein anderes Training erhalten als Manager, denen z.B. spezielles, projektnotwendiges Know-how fehlt.

Die Personalentwicklungsmaßnahmen werden dann in dem Team bzw. mit der Einzelperson durchgeführt. In der Praxis bewährt haben sich sog. Lernpartnerschaften und/oder Twin-Assignment-Programme, in denen zu bestimmten Entwicklungsthemen Solidargemeinschaften gebildet werden. Diese können den Zusammenhalt im Team verbessern. Den Abschluss des Personalentwicklungsprogramms bildet ein Real-Assessment in Form eines konkreten Projektes, an dessen Ende mittels Individual- und Gruppeneinschätzung die Höhe/Stärke der Reifegradentwicklung festgestellt werden soll.

„Never change a winning team." Diese Aussage verdeutlicht, dass Teams, die den notwendigen Teamreifegrad erreicht haben und zum einen über eine effiziente Arbeitsorganisation verfügen und zum anderen über interne Interaktionsprozesse eine gute Gruppendynamik aufgebaut haben, sehr viel Energie aufwenden mussten (vgl. BREWER, 1996, S. 57). Jeder Wandel, der in der sich rasant ändernden Wirtschaftspraxis unvermeidbar ist, kann zur Störung dieses labilen Gleichgewichts führen, mit der Notwendigkeit zu Anpassungsprozessen, die wiederum Energieaufwand bedeuten (MCGRATH et al., 1995, S. 40).

3. Ausblick

Mit dem Thema Diversity werden sich auch in Zukunft Wissenschaft und Praxis intensiv auseinander setzen müssen. Denn die zunehmende Komplexität der Wirtschaft erfordert immer stärker gut funktionierende Teamarbeit, da Einzelkämpfer kaum mehr in der Lage sind, aus der angebotenen Informationsflut die relevanten Daten zeitgerecht zusammenzutragen und themenbezogen auszuwerten. Die Komplexität der Problemstellungen bedingt immer stärker eine produktive Zusammenarbeit unterschiedlicher Qualifikationen (z.B. Informatiker, Konstrukteure, Produktionstechniker, Vertriebsspezialisten). Die zunehmende Dynamik der Wirtschaftsprozesse verlangt eine größere Reaktionsgeschwindigkeit auf die Marktentwicklungen und den technologischen Fortschritt. Ebenso streben immer mehr hoch qualifizierte Frauen in wirtschaftliche Schlüsselpositionen, so dass die Auswahl gemischtgeschlechtlicher Teams, z.B. auch im Vertrieb – einer früher reinen Männerdomäne –, zunehmen wird (vgl. den Beitrag von FRIEDEL-HOWE zu „Frauen und Führung").

Im Zuge der Globalisierung sind in Zukunft weltumspannende Teamnetzwerke zu beachten, die durch elektronische Medien verbunden rund um die Uhr an bestimmten Problemlösungen arbeiten oder bestimmte Serviceleistungen erbringen. Die Übergabe von Teilarbeitsschritten und die inhaltliche Abstimmung erfolgen nur noch über e-mail und/oder andere Kommunikationstechnologien (vgl. weiterführend JAMIESON & O'MARA, 1991). Der Trend zur Schaffung virtueller Unternehmen erfordert so ein spezielles, vertrauenschaffendes Team-Diversity-Management im globalen Netzwerk.

Literatur

ADLER, N.J. (1986). International Dimensions of Organizational Behavior. Boston 1986.
BARRY, B. & BATEMAN, T.S. (1996). A social trap analysis of the management of diversity. In: Academy of Management Review, 21, 3/1996, S. 757–790.
BREWER, M.B. (1996). Managing Diversity: The role of social identities. In S.E. JACKSON & M.N. RUDERMAN (Hrsg.), Diversity in work teams: research paradigms for a changing workplace. S. 47–68. Washington, DC. 1996.
CALORY, R. & DE WOOT, P. (1994). A European management model: beyond diversity. London, New York 1994.
COX, T.H. & BEALE, R.L. (1997). Development competency to manage Diversity. San Francisco 1997.

Domsch, M. E. & Ladwig, D. H. (1994). Jointventure Development Training – Entscheidungen über die Personalentwicklung bei osteuropäischen Jointventures auf der Basis eines Kultur-Markt-Modells. In: L. M. Hofmann & E. Regnet (Hrsg.), Innovative Weiterbildungskonzepte. Trends, Inhalte und Methoden der Personalentwicklung in Unternehmen. S. 97–113. Göttingen 1994.

Domsch, M. E. & Ladwig, D. H. (1995). Transformation through Joint-Culture Ventures in the Formerly Socialist Countries: A Human Resource Perspective with „Cultural Model". In: R. Culpan & B. N. Kumar (Hrsg.), Transformation Management in Postcommunist Countries – Organizational Requirements for a Market Economy. S. 105–118. Westport 1995.

Engelhard, J. (Hrsg.). (1996). Strategische Führung internationaler Unternehmen. Wiesbaden 1996.

Jamieson, D. & O'Mara, J. (Hrsg.). (1991). Managing workforce 2000: gaining the diversity advantage. San Francisco 1991.

Jackson, S. E. & Ruderman, M. N. (Hrsg.). (1996). Diversity in work teams: research paradigms for a changing workplace. S. 1–13. Washington, DC 1996.

Keita, G. P. (Hrsg.) (1994). Job stress in a changing workforce: investigating gender, diversity and family issues. Washington, DC 1994.

Lambert, J. & Myers, S. (1994). 50 Activities for Diversity Training. Amherst 1994.

McGrath, J. E., Berdahl, J. L. & Arrow, H. (1995). Traits, Expectations, Culture and Clout: The dynamics of Diversity in Work Groups. In: S. E. Jackson & M. N. Ruderman (Hrsg.), Diversity in work teams: research paradigms for a changing workplace. S. 17–45. Washington, DC 1995.

Murray, A. I. (1989). Top management group heterogenity and firm performance. In: Strategic Management Journal, 10, 1989, S. 125–141.

Scholz, Ch. (1994). Personalmanagement, 4. Auflage. München 1994.

Triandis, H. C., Kurowski, L. & Gelfand, M. J. (1993). Workplace diversity. In H. C. Triandis & M. Dunnette & L. Hough (Hrsg.), Handbook of industrial and organizational psychology, 4. S. 769–827. Palo Alto, 4, 1993

Annette Voss und Klaus Eckrich

Projektmanagement – Aktionsfelder und grundlegende Anforderungen

1. Ausgangssituation
2. Grundlagen und Aktionsfelder des Projektmanagements
3. Die organisatorische Einbindung in das Unternehmen
4. Ganzheitliches Denken und Handeln als grundlegende Disziplin des Projektmanagements

1. Ausgangssituation

Eine Vielzahl instabiler Bedingungen hat das unmittelbare Umfeld der Unternehmen nachhaltig verändert: Politische und rechtliche Entwicklungen (wie der Abbau der Staatsquote über Privatisierungen), ökonomische Einflussfaktoren (wie die EU-Währungsunion), technologische Trends (wie die Digitalisierung und die Entwicklung globaler technischer Kommunikationsstandards) und sozio-kulturelle Veränderungen in Demografie und Werthaltungen bedingen bzw. beschleunigen tief greifende Veränderungsprozesse im Wettbewerbsumfeld der Organisationen. Um in dieser Situation eine Wettbewerbsposition ausbauen oder auch nur halten zu können, sind zunehmend prozessorientierte Verfahren gefragt. Komplexe Problemstellungen erfordern die flexible Zusammenarbeit fach- und bereichsübergreifender Teams, um den ständig wechselnden Marktbedingungen ohne Zeitverlust zu begegnen. So gewinnt das Projektmanagement als Veränderungsverfahren weit über die traditionell projektorientierten Branchen – wie z.B. die Luft- und Raumfahrtindustrie, die Bauwirtschaft oder die Softwareentwicklung – hinaus an Bedeutung. Diese Entwicklung geht allerdings oft zunehmend mit einem inflationären Gebrauch des Projektbegriffes einher. Was versteht man unter einem Projekt? Welche Aufgaben umfasst ein professionelles Projektmanagement?

2. Grundlagen und Aktionsfelder des Projektmanagements

Nicht alle Aufgaben, die übliche Routinen einer Stabs- oder Linienfunktion durchbrechen, sind automatisch Projekte – auch wenn sie oft als solche bezeichnet werden. Die Beschaffung und Inbetriebnahme einer neuartigen Abfüllanlage in einem Pharmaunternehmen weist zweifelsohne Projektcharakter auf, nicht jedoch außerplanmäßige Wartungsarbeiten. Auch wenn eine Vielzahl von Projektdefinitionen existieren, so stimmen diese in wesentlichen Merkmalsbeschreibungen überein (vgl. u.a. MADDAUS, 2000, DIN 69 901). Demnach gilt ein Vorhaben dann als Projekt, wenn es durch einmalige Bedingungen gekennzeichnet ist. So existieren i.d.R. eindeutige

– Zielvorgaben,
– zeitliche, finanzielle, personelle oder andere Begrenzungen und
– projektspezifische Organisationsformen,

in denen ein

– außerplanmäßiges,
– funktions- oder bereichsübergreifendes sowie
– häufig risikoreiches und komplexes

Vorhaben durchgeführt wird.

Je nachdem, ob ein Projekt von außen (z.B. Kundenauftrag im Anlagenbau) oder von innen (z.B. Reorganisation, Einführung neuer IT-Lösungen, etc.) angestoßen wird, werden *interne* und *externe Projekte* unterschieden. In Abhängigkeit von der Zielsetzung spricht man von *Investitions-, F & E-, Organisations-* oder *Softwareprojekten*.

Das *Projektmanagement* umfasst dabei nach DIN 69901 die Führungsaufgaben, -organisation, -techniken und -mittel, die für die Abwicklung eines Projektes erforderlich sind. Hierzu zählen neben der Organisation, Planung, Steuerung und Kontrolle des Projektes die Führung des Projektteams und die Kommunikation mit allen beteiligten bzw. betroffenen Personen, Funktionen und Gremien, inklusive der notwendigen Koordinations- und Informationsfunktionen. Die Vielzahl dieser Aufgaben und die Notwendigkeit der Berücksichtigung ihrer z. T. interdependenten Einflussfaktoren wird in Punkt 4 unter der Perspektive der Projektphasen weiter verdeutlicht.

Die Verantwortung und die Kompetenzen des *Projektleiters* und die Zusammensetzung des *Projektteams* variieren dabei in Abhängigkeit von der gewählten Organisationsform.

3. Die organisatorische Einbindung in das Unternehmen

3.1 Alternativen der Projektorganisation

Fällt die Wahl auf die „*reine*" bzw. *autonome Projektorganisation*, so werden die Mitglieder des Projektteams für die Dauer des Projekts von ihren Linienaufgaben freigestellt und unter der Leitung des Projektleiters zu einer Organisationseinheit zusammengefasst. Der Projektleiter avanciert so zum Vorgesetzten „auf Zeit" mit uneingeschränkter Weisungsbefugnis. In der Regel sind die umfassenden Befugnisse für den Projektleiter mit der vollen Verantwortung für die Zielerreichung bezüglich Zeit, Kosten und Qualität verbunden. Die Vorteile liegen in der eindeutigen Zuordnung von Leitungsfunktion und Verantwortung und der Konzentration aller Mitarbeiter auf den Projektauftrag. Als problematisch erweist sich häufig die Freistellung und gleichmäßige Auslastung qualifizierter Projektmitarbeiter und die Eingliederung in die ursprüngliche Funktion – insbesondere bei längeren, anspruchsvollen Projekten, die mit weit reichenden Handlungs- und Entscheidungsspielräumen der Mitarbeiter verbunden sind.

Alternativ dazu wird die Stammorganisation in der *Stabs-Projektkoordination* nur durch die Stabsstelle des Projektleiters (in diesem Falle: Projektkoordinators) ergänzt. Der Projektleiter hat weder Weisungs- noch Entscheidungsbefugnisse und verantwortet die Koordination des Projektablaufes, nicht jedoch die Erreichung der Projektziele. Die Mitarbeiter verbleiben oft in ihren ursprünglichen Funktionen und arbeiten nur temporär an ihren Projektaufgaben. Dies gilt in manchen Fällen auch für den Projektleiter. So lassen sich Projektteams schnell und flexibel zusammenstellen, leiden aber parallel dazu häufig unter langen Entscheidungswegen und der fehlenden Zuordnung der Verantwortung.

Die *Projektmatrixorganisation* ist eine Mischform der beiden erstgenannten Alternativen, da die bestehende Linienorganisation durch eine Projektorganisation ergänzt wird. Hier wird der Projektleiter in jedem Fall für die Dauer des Projektes von seinen üblichen Aufgaben freigestellt. Die Mitarbeiter bleiben dem Linienvorgesetzten disziplinarisch unterstellt, berichten aber projektbezogen an den Projektleiter. Das erhöhte Konfliktpotenzial zwischen Projektteam und Linieninstanzen liegt auf der Hand; als Vorteile gelten der flexible Einsatz von Mitarbeitern und die kontinuierliche Anbindung der Mitarbeiter an die Fachabteilungen.

Alle beschriebenen Organisationsformen werden vielfach durch entsprechende Kontroll- und Entscheidungsgremien ergänzt.

3.2 Rollenklärung der Projektmanagement-Akteure

Die Analyse der Rollen der Aufgabenträger im Unternehmen verdient bei der organisatorischen Einbindung besondere Beachtung. Dies gilt zunächst für die Akteure, die quasi in doppelter Funktion neben ihrer Linientätigkeit auch direkt im Projektmanagement tätig werden. Dies gilt aber auch und vor allem für Akteure, die im Projektumfeld wirken und solche, die aus dem Projektumfeld in das Projektmanagement hinein wirken. Alle sind am Erfolg eines Projektes unmittelbar oder mittelbar beteiligt.

Zu den *unmittelbaren Beteiligten* zählen der *Auftraggeber*, der *Projektleiter* und *die Mitglieder des Projektteams*. Zu den *mittelbar Beteiligten* können *Kunden*, die häufig auch als externe Auftraggeber in Erscheinung treten und *Lieferanten*, z. B. Berater, Softwarezulieferer etc. gehören. Die *Linienvorgesetzten* sind ebenfalls zu den mittelbar Beteiligten zu zählen. Auch sie haben Einfluss auf den Projekterfolg: sie müssen z. B. bei der Auswahl und Entsendung von Mitarbeitern in das Projektteam konstruktiv mitwirken, die Mitarbeiter in bestimmtem Umfang von Linienaufgaben freistellen, Projektarbeitsergebnisse in die Linienarbeit übernehmen, usw.

Die Praxis zeigt, dass – mit Ausnahme einiger gut funktionierender Projektorganisationen – in Unternehmen die Rollen der Akteure nicht klar definiert sind. Wer genau ist der Auftraggeber: Der Geschäftsführer? Der Geschäftsführer und die Vice Presidents? Welche Kompetenz hat der Projektleiter, wie ist seine Stellung in der Organisation, zählt er zu den Führungskräften? Werden die Teammitglieder wirklich in dem erforderlichen Maß von Linienaufgaben freigestellt oder sind sie ‚Freizeit-Projektmanager' – d. h. Zeit für die Projektarbeit bleibt nur, wenn auch am Feierabend und am Wochenende gearbeitet wird.

Je weniger Projektmanagement-Strukturen im Unternehmen ausgeprägt sind (z. B. in der funktionalen Einlinienorganisation), desto wichtiger wird die Vorabklärung der Rollen der Projektmanagement-Akteure vor allem auf den Ebenen

– der Aufgaben,
– der Verantwortung,
– der Kompetenz im Sinne (i. S.) von Befugnissen und Rechten und
– der Kompetenz im Sinne der Qualifikation.

In einer gut funktionierenden Projektorganisation sind diese Rollen grundsätzlich geklärt. Dort ist nur die Frage, wie gut einzelne Akteure die jeweilige Rolle – z. B. die des Projektleiters – ausüben. Worauf bei der Rollenklärung zu achten ist, wird in Abbildung 1 beispielhaft anhand der *Projektleiterrolle* verdeutlicht.

Auf der *Aufgabenebene* ist zu überlegen, um was sich der Akteur – hier der Projektleiter – zu kümmern hat: Im Beispiel etwa um die genaue Definition der Zielvorgaben und Rahmenbedingungen des Projektes, um die Planung, Steuerung und Kontrolle der Projektaktivitäten usw. Die *Verantwortungsebene* zeigt auf, wofür der Projektleiter Dritten gegenüber (etwa dem Auftraggeber, dem Kunden etc.) einsteht: Beispielsweise für das Erreichen der Projektziele, das Einhalten des Vertrages mit dem Kunden etc.

```
┌─────────────────────────────────────────────────────────────────┐
│                    Klärung der Rolle des ...                    │
│                                                                 │
│  Aufgaben                           Verantwortung               │
│  • Klärung der Zielvorgaben und     • Erreichen aller vorgegebenen│
│    Rahmenbedingungen                  Projektziele              │
│  • Planung, Steuerung und           • Einhalten des Vertrages   │
│    Kontrolle der Projektaktivitäten • Ordnungsgemäße Beendigung │
│  • Sicherstellung des Informations-   des Projekts              │
│    flusses zwischen Auftraggeber    • usw.                      │
│    und Projektteam                                              │
│  • Führung und Motivation der                                   │
│    Teammitglieder                                               │
│  • Koordination der Beteiligten                                 │
│  • usw.          ... Projektleiters                             │
│                                                                 │
│  Kompetenz i. S. von                Kompetenz i. S. von Qualifikation│
│  Befugnissen/Rechten                • Fachkompetenz             │
│  • Projektsteuernde Entscheidungen  • Managementkompetenz       │
│  • Auswahl, Planung und Einsatz der • Sozialkompetenz           │
│    Mitarbeiter                      • Persönliche Kompetenz     │
│  • Vergabe von Prioritäten innerhalb• usw.                      │
│    des Projekts                                                 │
│  • Überspringen von Instanzen im                                │
│    Berichtsweg                                                  │
│  • usw.                                                         │
└─────────────────────────────────────────────────────────────────┘
```

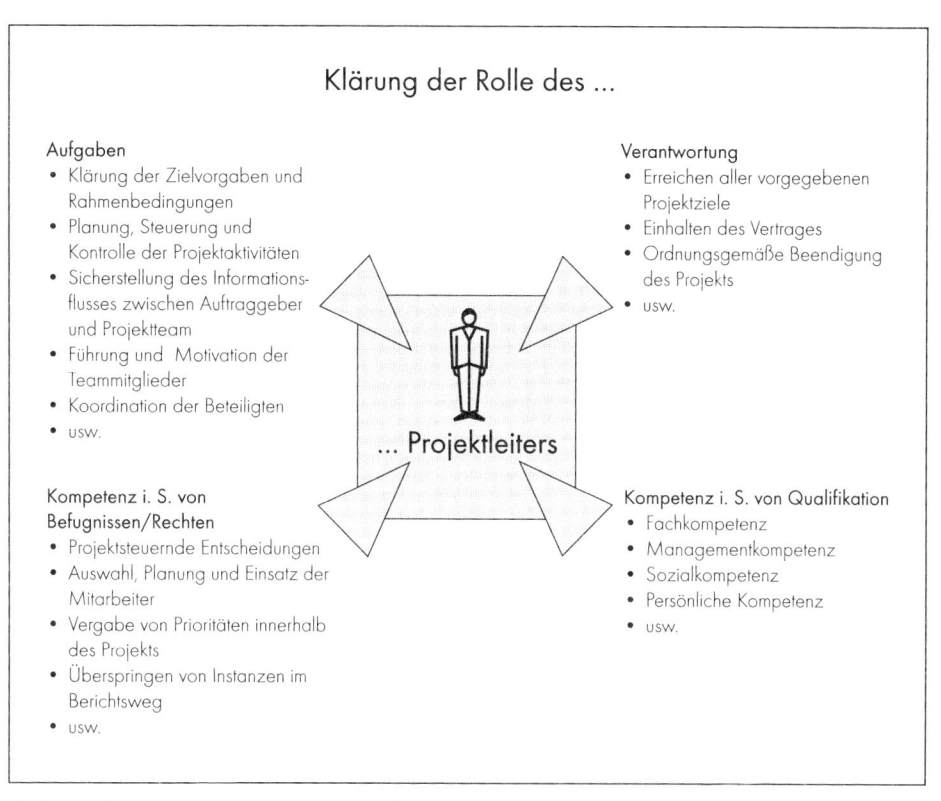

Abb. 1: Klärung der Rolle des Projektleiters

Die *Kompetenzebene* klärt zweierlei:
(1) i.S. von *Befugnissen/Rechten* wird festgelegt, was der Projektleiter darf, z.B. projektsteuernde Entscheidungen treffen, die Auswahl, Planung und den Einsatz der Projektmanagement-Mitarbeiter vornehmen etc.,
(2) i.S. von *Qualifikationen* (siehe Abbildung 2), wird festgelegt, was der Projektleiter können muss. So braucht er neben der Fachkompetenz (z.B. ingenieurtechnische Kenntnisse) auch *Managementkompetenz* (z.B. Planungskompetenz, Zeitsouveränität, Wirtschaftlichkeitsdenken etc.), *Sozialkompetenz* (z.B. Kompetenz, Mitarbeiter zu führen und zu motivieren, Teamarbeit zu fördern, kommunikative Kompetenz etc.) und schließlich *persönliche Kompetenz* (z.B. Entscheidungs- und Risikofreude, Offenheit für Neuerungen, Konfliktfähigkeit und Durchhaltewillen etc.).

Analog dazu sollten Projektleiter und Team auf die Rollenklärung der anderen Projektmanagement-Akteure achten und gegebenenfalls auf Klärung drängen. Dies gilt auch und vor allem für die Rolle des *Auftraggebers* und die Rolle des *Kunden*. Ein Auftraggeber oder ein Kunde, der sich seiner eigenen Aufgaben, seiner eigenen Verantwortung und seiner Befugnisse nicht im Klaren ist, gefährdet die Motivation aller Beteiligten und den Projekterfolg.

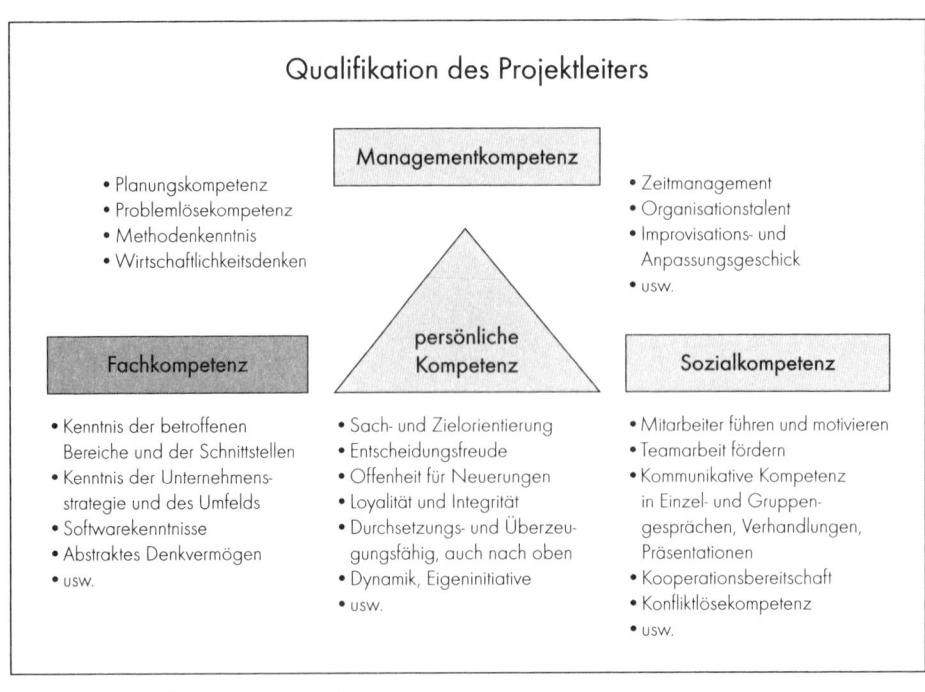

```
                    Qualifikation des Projektleiters

                         Managementkompetenz
  • Planungskompetenz                            • Zeitmanagement
  • Problemlösekompetenz                         • Organisationstalent
  • Methodenkenntnis                             • Improvisations- und
  • Wirtschaftlichkeitsdenken                      Anpassungsgeschick
                              ╱╲                 • usw.
                             ╱  ╲
                            ╱persönl.╲
         Fachkompetenz     ╱Kompetenz ╲    Sozialkompetenz
                          ╱_____╲

  • Kenntnis der betroffenen    • Sach- und Zielorientierung   • Mitarbeiter führen und motivieren
    Bereiche und der Schnittstellen • Entscheidungsfreude       • Teamarbeit fördern
  • Kenntnis der Unternehmens-  • Offenheit für Neuerungen      • Kommunikative Kompetenz
    strategie und des Umfelds   • Loyalität und Integrität       in Einzel- und Gruppen-
  • Softwarekenntnisse          • Durchsetzungs- und Überzeu-    gesprächen, Verhandlungen,
  • Abstraktes Denkvermögen       gungsfähig, auch nach oben     Präsentationen
  • usw.                        • Dynamik, Eigeninitiative      • Kooperationsbereitschaft
                                • usw.                          • Konfliktlösekompetenz
                                                                • usw.
```

Abb. 2: Qualifikation des Projektleiters

4. Ganzheitliches Denken und Handeln als grundlegende Disziplin des Projektmanagements

4.1 Bewältigung von Komplexität durch ganzheitliches Denken

Wie ist es möglich, dass ein Vertriebsdirektor eines Landmaschinenherstellers nach zweijähriger Knochenarbeit aus Brasilien zurückkehrt und frustriert eingesteht, dass alle Bemühungen erfolglos waren? Und dies, obwohl die ursprünglichen Marktprognosen Brasilien durchaus als zukunftsträchtigen Markt und attraktives Betätigungsfeld für das Unternehmen auswiesen!

Für Misserfolge wie diese, die in Unternehmen täglich Werte in Millionenhöhe verschlingen, gibt es keine monokausale Erklärung. Es sind vielmehr eine Vielzahl interdependenter Faktoren, die den *Erfolg oder Misserfolg* solcher Projektvorhaben bestimmen. Im Fall der Bearbeitung des brasilianischen Marktes liegen die Ursachen möglicherweise in gesetzlichen Restriktionen, die nicht rechtzeitig ergründet wurden, in einer zu knappen Zeitplanung oder in der Unklarheit des Auftrags: Soll eine Markterkundung durchgeführt werden, ist eine Markterschließungsstudie zu erstellen, oder geht es gleich um die Eroberung eines Marktsegments („Mähdrescher in zwei ausgewählten Pilotregionen') oder gar des Gesamtmarktes ‚Landmaschinen in Brasilien'? Möglicherweise ist es auch der Unwille der zentralen (Vertriebs-) Geschäftsführung in Deutschland, sich mit den Problemen vor Ort auseinander zu setzen, der den Abbruch des Projektes mit allen unangenehmen Konsequenzen bewirkt.

Die zu lösenden Probleme sind jedenfalls komplex und nur mit der Fähigkeit zu *ganzheitlichem Denken* zu bewältigen. Ganzheitliches Denken bedeutet

- eine Vorstellungskraft für die Komplexität von Problemstellungen zu entwickeln,
- die auf die Problemlösung wirkenden Faktoren zu identifizieren und
- deren Wirkung auf das Ergebnis der Lösung sowie die Wechselwirkung untereinander zu erkennen.

Wenn Projektaufgaben komplex sind, weil es eine Fülle von Folgewirkungen des Projekthandelns gibt, dann sind diese Konsequenzen im Handeln möglichst vollständig einzukalkulieren und zu berücksichtigen. Die Fülle der Faktoren, die Projektablauf und -ergebnis beeinflussen, lässt sich vereinfachend in drei relevante Ausprägungen unterteilen:

– *Sachliche Einflussfaktoren* können z. B. technische Spezifikationen, der Einsatz von Methoden der Projektplanung oder auch gesetzliche Rahmenbedingungen sein.
– *Zeitliche Einflussfaktoren* zeigen sich in Abhängigkeiten unterschiedlicher Arbeitsschritte, so z. B. bevor Aktivität A nicht beendet ist, macht es keinen Sinn, mit Aktivität D zu starten oder bevor E gestartet wird, muss B zu 75 % fertig gestellt sein.
– *Personale Einflussfaktoren* bestehen auf Grund der Unterschiedlichkeit der handelnden Personen und der personenspezifischen Wirkung auf das Projektergebnis. Beispiel: Person A (ein Spezialist) wird gebraucht, ist momentan aber nicht verfügbar; Person B (ebenfalls ein Spezialist) steht zur Verfügung, bringt aber nicht die benötigte Motivation mit. Person C (ein Praktikant) ist motiviert, aber nicht ausreichend qualifiziert.

Ganzheitliches Denken im Projektmanagement erhöht die Chance, frühzeitig möglichst viele solcher Einflussfaktoren und ihrer Interdependenzen zu erfassen und den potenziellen Einfluss auf das Projektergebnis abzuschätzen. Zudem begegnet der Projektmanager *Unsicherheiten*, die eine exakte Prognose des Projektergebnisses am Beginn des Projektes unmöglich machen. Erst mit zunehmendem Fortschritt der Projektarbeit steigt das Wissen um die Faktoren und ihre Wechselwirkungen. Die Folge ist, dass ein kontinuierlicher Wissenserwerb und Wissensverarbeitung im Zuge der Projektbearbeitung notwendig werden. Dieser *Wissenserweiterungsprozess* zieht mit großer Wahrscheinlichkeit Neueinschätzungen, Neubewertungen, Planungsänderungen, Aufgabenänderungen etc. im Verlauf der Projektarbeit nach sich, deren Umfang zu Beginn eines Projektes bestenfalls grob einzuschätzen ist. So ist es z. B. üblich, dass bei Projektstart Vorstellungen über die einzusetzenden Ressourcen – etwa in der Form des Verbrauchs an zu leistenden Mitarbeiterstunden für das Projekt – grob geschätzt und später nochmals präzisiert werden müssen. Der Grad der Abweichung des tatsächlichen Aufwandes von dem ursprünglich angenommenen hängt von der zeitgerechten Verfügbarkeit der Mitarbeiter und deren Qualifikation, dem Umfang der Aufgabe (der seinerseits zu Beginn der Projektarbeit noch unklar sein kann), von gewünschten Vorstellungen des Auftraggebers, die erst noch zu spezifizieren sind, von unvorhergesehenen Ereignissen wie Krankheit, Ausfall einer Maschine, eines Zulieferers und von vielen weiteren Faktoren ab.

Für das Projektmanagement ist der *Ganzheitsdenker* gesucht, der mit Lösungsmodellen arbeitet, die die systematische Verarbeitung von Einflussfaktoren, Wechselwirkungen und Unsicherheiten möglichst umfassend und strukturiert erfassen. Er ist in der Lage, alternative, mehrdimensionale Lösungsstrukturen zu entwickeln und diese laufend den Konstellationen, die sich aus dem jeweiligen Zusammenwirken von Einflussfaktoren und Wechselwirkungen ergibt, anzupassen. Ein *Lösungsdenker*, der als Basis seines Handelns die schnelle Problemlösung mit scheinbar vollständig bekannten Einflussfaktoren und monokausalen Abhängigkeiten betreibt, wird den Anforderungen des Projektmanagements nicht gerecht.

4.2 Das Phasenkonzept als ganzheitlicher Handlungsrahmen im Projektmanagement

In der Projektmanagement-Praxis hat sich die Verwendung von *Phasenkonzepten* als die grundlegende und gleichzeitig pragmatische Handlungshilfe der Projektakteure im Sinne der Anwendung eines ganzheitlichen Handlungsrahmens durchgesetzt. Ein Phasenmodell unterteilt das Vorgehen der Projektmanagement-Akteure in einzelne, in sich möglichst abgeschlossene logische Arbeitsschritte (‚Projektphasen', DIN 69 900). Die Akteure gehen nach dem Prinzip „vom Groben ins Detail" vor und tragen somit zur systematischen Aufdeckung und Reduktion der Komplexität der Aufgabe bei. In jeder Projektphase werden mehr Einflussfaktoren auf das Projektergebnis identifiziert und definiert. Durch die systematische Analyse des Zusammenspiels der Einflussfaktoren wird die Einschätzung der Wirkung der Projektaktivitäten auf das Projektergebnis von Phase zu Phase fundierter.

Durch die strikte Vorgehensweise gemäß Phasenmodell betreibt der Projektmanager vom Typ Ganzheitsdenker gewissermaßen die ‚standardisierte Reduktion von Komplexität'. Die Fülle von Faktoren, die die Komplexität ausmachen, werden in einer Routine aufgefangen und ‚nach Schema F' verarbeitet. Dies macht den besonderen Charme der Anwendung von Phasenmodellen im Projektmanagement aus. Die Abbildung 3 zeigt das diesen Ausführungen zu Grunde gelegte *4-Phasenmodell*.

Dieses Modell ist kompakt und deshalb von der Idee her vom Projektmanager vergleichsweise einfach zu handhaben. Welches der zahlreichen, denkbaren Phasenmodelle letztendlich zum Einsatz kommt, wird im Idealfall von der Unternehmensleitung mit einheitlicher Verbindlichkeit für die ganze Projektorganisation entschieden. Grundsätzlich gilt: Je mehr Phasen ein verwendetes Modell aufweist, desto differenzierter kann der Komplexität Rechnung getragen werden. Je kompakter das Phasenmodell ist, desto überschaubarer ist sein Einsatz in der Praxis und desto leichter ist es, den Praktiker für seine Anwendung zu gewinnen.

4.3 Vom ganzheitlichen Denken zur phasengesteuerten Projektarbeitspraxis

Phasenmodelle zwingen Auftraggeber, Projektleiter und Team nach dem Prinzip „schrittweise vom Groben zum Detail" vorzugehen. Durch die strenge Abfolge „*erst* Projektinitialisierung, *dann* Projektplanung, *dann erst* Start von Durchführungsaktivitäten etc. …" wird gewährleistet, dass wichtige Faktoren und Interdependenzen rechtzeitig vor dem Ergreifen von Durchführungsmaßnahmen erkannt und vorrangig bearbeitet werden. Es wird erreicht, dass ‚Wichtiges' als ‚wichtig' und ‚Details' als ‚Details' gewertet und entsprechend behandelt werden. Insbesondere wird vermieden, dass Details, die später möglicherweise größere Beachtung verdienen, zu früh diskutiert

A: Projektinitialisierung
- Klärung der Ausgangslage
- Aufgabenanalyse und Zielformulierung
- Führungsentscheidungen
- etc.

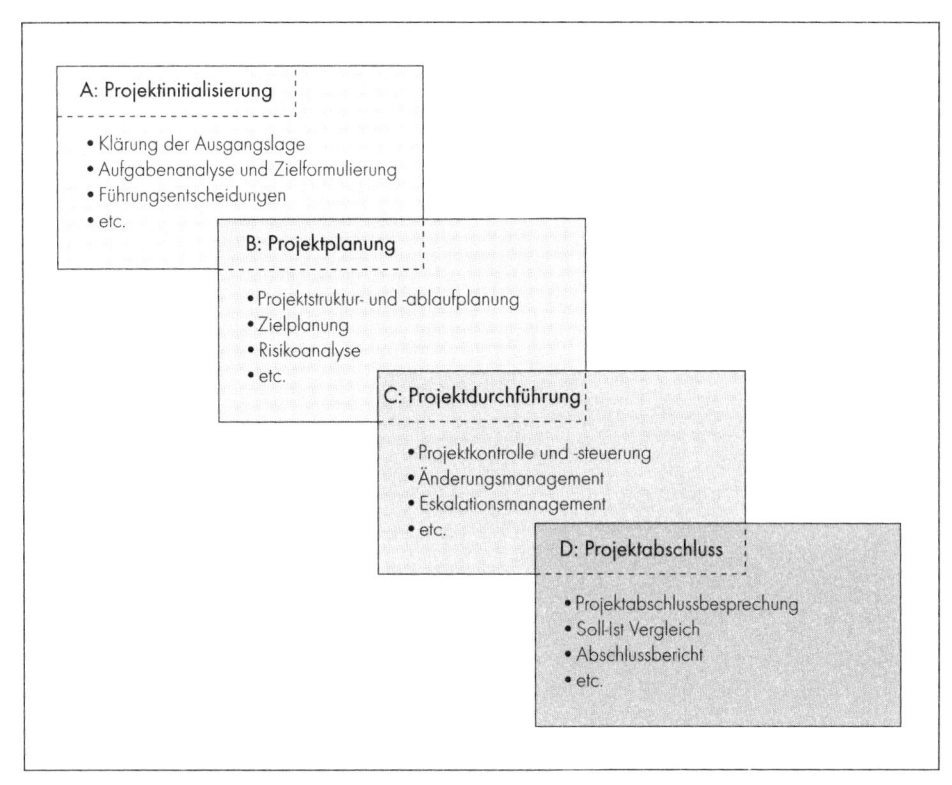

B: Projektplanung
- Projektstruktur- und -ablaufplanung
- Zielplanung
- Risikoanalyse
- etc.

C: Projektdurchführung
- Projektkontrolle und -steuerung
- Änderungsmanagement
- Eskalationsmanagement
- etc.

D: Projektabschluss
- Projektabschlussbesprechung
- Soll-Ist Vergleich
- Abschlussbericht
- etc.

Abb. 3: Beispiel eines 4-Phasenmodells

werden. Und es wird verhindert, dass Details, die keine Bedeutung gewinnen, überhaupt diskutiert werden. Mithin entgehen die Akteure der Gefahr, dass das ineffektive Bearbeitungsprinzip „vom Hölzchen zum Stöckchen" wirksam wird. Durch phasenorientiertes Handeln wird erreicht, dass das zum gegebenen Zeitpunkt Wichtige als wichtig erkannt und mit Vorrang bearbeitet wird.

Im Landmaschinenbeispiel etwa verstricken sich die Projektakteure nicht schon zu Projektbeginn in Detailfragen über die Auswahl der Büroausstattung der Vertriebsbüros in Brasilien. Sie ringen auch nicht darum, wer First Class und wer Businessclass fliegt. Stattdessen verfolgen sie mit besonderer Priorität Fragen der Konkurrenzsituation, des Marktpotenzials, der möglichen Zusammenarbeit mit Vertriebspartnern und hinterfragen regelmäßig, ob im Licht der gewonnenen Erkenntnisse das Projekt überhaupt fortgesetzt, sprich in die nächste Phase gebracht werden soll. Bevor die ersten deutschen Mitarbeiter ihren Umzug planen, wird also erst einmal analysiert, *wie viele* Mitarbeiter *wann* mit *welcher Kompetenz wie lange* vor Ort in Brasilien benötigt werden. Denken die Verantwortlichen streng ganzheitlich, dann werden sie sogar vor dem eigentlichen Projektstart überlegen, wie die sich die Karrieren der Mitarbeiter *nach Projektabschluss* fortsetzen könnten.

Die Projektpraxis sieht häufig anders aus. Oft gilt die manchmal zynisch wirkende, aber deshalb umso wichtigere Erkenntnis: ‚Sage mir, wie dein Projekt startet und ich sage dir, wie es endet'. Deshalb soll hier die Umsetzungswirkung ganzheitlichen Denkens und der Nutzen eines phasengerechten Handeln weiter verdeutlicht werden.

In der Phase der *Projektinitialisierung* (Phase A) wird zunächst die Ausgangslage geklärt. D.h. Projektleiter und Team unternehmen in der Frühphase des Projekts einen ersten Schritt, um möglichst viele relevante Einflussfaktoren auf den Projekterfolg zu identifizieren und mögliche Wechselwirkungen zu erkennen. Sie fragen zum Beispiel danach, inwieweit sie bei der Lösung der Projektaufgaben auf die Unterstützung der Organisation zählen dürfen oder mit Ignoranz oder gar Widerstand rechnen müssen. Im Zuge der Aufgabenanalyse und Projektzielformulierung wird ein gemeinsames Verständnis der Aufgabe und des angestrebten Ergebnisses erzielt. So wird denkbaren Missverständnissen zwischen Auftraggeber, Projektleiter und Team vorgebeugt. Durch die Entscheidung über Führungsinstrumente wird geklärt, mit welchen Methoden und verhaltenssteuernden Maßnahmen das Projektergebnis zielgerichtet herbeigeführt werden soll.

Die Aktivitäten in der Initialisierung legen den Grundstein für die Folgeaktivitäten. Es ist ineffektiv, mit der Planungsphase B zu beginnen, solange Phase A nicht sauber abgearbeitet wurde. Im Brasilienprojekt des Landwirtschaftsmaschinenproduzenten ist es z. B. sinnlos, eine Projektstrukturplanung zu starten, solange nicht geklärt ist, was die eigentliche Aufgabe umfasst. Je nachdem, wie umfassend die Aufgabe in der Initialisierungsphase definiert und mit dem Auftraggeber abgestimmt wird, ändert sich in der Planungsphase der Planungsumfang, der Aufbau des Projektstrukturplans, die Projektziele etc. Der Ganzheitsdenker ist sich der Problematik bewusst und wird auf dem Abschluss der Projektinitialisierung bestehen.

Die *Planungsphase* (Phase B) umfasst die Projektstrukturierung, d.h. die Analyse und Strukturierung aller anfallenden Aufgaben nach Wichtigkeit und die Projektablaufplanung im Sinne „Wer ist wofür verantwortlich und wer liefert bis wann welches Ergebnis?" Ganzheitliches Denken zeichnet sich z. B. dadurch aus, dass

– die Planung alle bzw. möglichst alle Aufgaben und Aktivitäten umfasst,
– die detaillierte Ablaufplanung sinnvollerweise erst nach der Projektstrukturierung erfolgt,
– die grobe Zielformulierung der Phase A durch eine detaillierte Zielplanung verfeinert wird,
– die Planung durch eine Risikoanalyse nochmals kritisch auf Schwachstellen hin durchleuchtet wird und
– ein Projektbeschluss erst am Ende eines sorgfältig aufgebauten Initialisierungs- und Planungsprozesses erfolgt, der dann aber auch wirklich fundiert und tragfähig ist.

Erst dann ist die Basis für *Durchführungsaktivitäten* (Phase C) geschaffen, die kontrolliert werden und – bei Abweichungen – steuernde Eingriffe erfordern. Handeln auf der Basis ganzheitlichen Denkens kann beispielsweise in folgender Maxime Ausdruck finden: „Es startet keine Durchführungsaktivität durch den Projektleiter und sein Team, solange kein fundierter Projektbeschluss vorliegt, der wiederum auf einer klaren Planungs- und Initialisierungsbasis beruht."

Im Praxisbeispiel bedeutet dies: potenzielle Vertriebspartner in Brasilien werden erst dann angesprochen, Büroräume werden erst dann angemietet und lokale Mitarbeiter werden erst dann angeworben, wenn die Handlungsgrundlage im abgesicherten Projektbeschluss eindeutig geklärt ist.

Sofern sich Änderungen in den Projektrahmenbedingungen oder in den Vorstellungen des Auftraggebers einstellen, ist das Änderungsmanagement gefragt, das sich nach gleichem Muster wie die ursprüngliche Projektbearbeitung vollzieht: Es ist eine neue Ausgangslage geschaffen, die zunächst von den Akteuren gemeinsam zu klären ist, Teile der Projektaufgabe oder die gesamte Aufgabe sind neu zu planen, neu zu strukturieren usw.

In der Phase des *Projektabschlusses* (Phase D) werden das Ergebnis festgestellt, mit den angestrebten Zielen verglichen, Abweichungsursachen ermittelt und - idealerweise – Lernprozesse eingeleitet.

Auch wenn in der Praxis viele Projektmanager und -teams diese Phase nicht erreichen, liegt die Bedeutung ganzheitlichen Denkens und entsprechenden Handelns auch hier auf der Hand:

– Wenn in der Initialisierungsphase keine Grobziele vereinbart und in der Planungsphase konkretisiert wurden, gibt es auch keine Erfolgs-/Misserfolgsmessung.
– Wenn in der Durchführungsphase kein systematisches Änderungsmanagement betrieben wurde, gibt es in der Abschlussphase möglicherweise Überraschungen (so haben z. B. einige Teammitglieder von den Änderungen nichts gewusst und haben Schwierigkeiten, das neue Ergebnis mitzutragen).
– Wenn die Abschlussphase im Projektmanagement nicht von vornherein definiert und vereinbart wurde, drohen die Aktivitäten und das Engagement der Projektmanagement-Akteure spätestens in der Durchführungsphase zu erlahmen. Die Motivation leidet, das Projekt versandet oder das Projektergebnis wird nicht angemessen gewürdigt – mit entsprechend negativen Auswirkungen auf die Arbeit von Projektleiter und Team in Folgeprojekten.

Hier schließt sich der Kreis: Wer Projekte als Projektleiter bzw. -team erfolgreich durchführen oder als Auftraggeber sinnvoll unterstützen will, benötigt die Fähigkeit, ganzheitlich zu denken und dieses Denken in ein entsprechendes Handlungskonzept umzusetzen.

Literatur

BURKHARD, M. (2001). Einführung in Projektmanangement – Definition, Planung, Kontrolle, Abschluss. 3. Auflage. Erlangen 2001.
BUTTRICK, R. (2000). The Project Workout: A Toolkit for Reaping the Rewards from all Your Business Projects. 2. Auflage. Financial Times, Prentice Hall, 2000.
LOCK, D. (1997). Projektmanagement. Wien 1997.
MADAUSS, B.J. (2000). Handbuch Projektmanagement. 6. Auflage. Stuttgart 2000.
PINTO, J. K. (1996). Power and Politics in Project Management. o.O. 1996.
RKW (1999). Projektmanagement Fachmann. Band 1, RKW-Nr. 1120. Eschborn 1999.
SCHILLING, G. (1999). Projektmanagement. Der Praxisleitfaden für die erfolgreiche Durchführung von kleinen und mittleren Projekten. Berlin 1999.

Zur Konkretisierung und weiteren Vertiefung wird empfohlen, im Fallstudienband die Fälle zu „Führungsprobleme im Projektmanagement" zu bearbeiten.

Teil V
Personalentwicklung und Personalpolitik

Einführung

Erfolgreiche Führung und Zusammenarbeit setzen eine wohl durchdachte und praxisorientierte Personalentwicklung im Rahmen einer abgestimmten Personalpolitik voraus.

Im einführenden Beitrag zu diesem Themenkomplex geht Domsch zunächst auf entsprechende Grundlagen der Personalplanung und -entwicklung ein. Hierbei wird eine Vielzahl von bereits in der Praxis eingesetzten Verfahren und Instrumenten vorgestellt. Einen besonderen Schwerpunkt legt der Autor auf alternative Laufbahnstrukturen wie Fachlaufbahn und Projektlaufbahn, die zunehmend in der Praxis an Bedeutung gewinnen. Sie entsprechen der geforderten Flexibilisierung und Individualisierung der Personalarbeit.

Leistungsorientierte variable Bezahlung gilt z.Zt. vielen als besondere Hoffnung, um mehr Motivation und Leistung der Organisationsmitglieder zu erreichen. EVERS stellt dar, worauf bei einem aktiven Vergütungsmanagement zu achten ist, um vom reinen Kostenfaktor Gehalt zum Steuerungsinstrument zu kommen. Desweiteren betont er die notwendige Verbindung mit einem zielorientierten Führungssystem.

Im nächsten Artikel greift DOMSCH ein spezielles, inzwischen von verschiedenen Unternehmen angewandtes Verfahren auf: die „Vorgesetztenbeurteilung". Richtig eingesetzt trägt sie zur Teamentwicklung bei und fördert – durch wechselseitiges Feed-back – die Zusammenarbeit zwischen Vorgesetzten und ihren Mitarbeitern.

Nach diesen grundsätzlichen Darstellungen beginnen DOMSCH und LICHTENBERGER die Diskussion über spezielle Themen der Personalentwicklung. Sie gehen in ihrem Beitrag auf den internationalen Einsatz von Mitarbeitern ein. Diese Fragestellung betrifft bei der vorhandenen und sich weiter fortsetzenden Globalisierung der Unternehmenstätigkeit ein zentrales Problem der Personalentwicklung und der gesamten Personalpolitik.

Mitarbeiterführung in interkulturell zusammengesetzten Arbeitsgruppen ist das Thema des Beitrags von THOMAS. Interkulturelle Handlungskompetenz ist das Ziel, das das Erkennen eigener und fremder „Kulturstandards" voraussetzt.

Ebenso zeichnet sich ab, dass die bisher oft männerdominierte Personalentwicklung in eine natürliche Form der gleichberechtigten Personalentwicklung von Männern und Frauen übergehen muss. FRIEDEL-HOWE zeigt auf, mit welchen Problemen, insbesondere in Form von Behauptungen, stereotypen Vorstellungen und Vorurteilen, karriereorientierte Frauen dabei konfrontiert sind.

Allerdings können – privat wie betrieblich – Personalentwicklungsmaßnahmen zusätzlich erschwert sein, wenn sie Personen betreffen, die in einer Partnerschaft leben, in der beide karriereorientiert sind. DOMSCH und KRÜGER-BASENER widmen sich – auf Basis einer empirischen Untersuchung – in ihrem Beitrag diesen „Dual

Career Couples". Unternehmen, die einerseits die mangelnde Mobilitätsbereitschaft der Mitarbeiter beklagen, andererseits aber in ihrer Personalplanung und -entwicklung dieser Lebensform ihrer Mitarbeiter und Mitarbeiterinnen nicht gerecht werden, grenzen einen Teil der Realität bei der Personalarbeit aus. Daraus folgende Schwierigkeiten sind dann die Regel.

Bedarfsorientierte Weiterbildung erfordert von Seiten der Unternehmen hohe Investitionen, insbesondere für Teilnahmegebühren/Trainerhonorare und Personalausfallzeiten. Umso attraktiver wird selbst organisiertes Lernen, das vom Einzelnen selbst initiiert und gesteuert wird sowie außerhalb der Arbeitszeit stattfindet. HEYSE diskutiert anhand empirischer Ergebnisse die Nutzung selbst organisierter Lernprozesse in unterschiedlichen Weiterbildungsbereichen und in ihrer Bedeutung gerade für erfolgreiche Unternehmer/-innen.

Der Anteil älterer Menschen in der Gesellschaft und damit verbunden auch in Organisationen steigt weiter, demographische Untersuchungen verweisen schon lange darauf. Dass nicht von einem generellen Rückgang der kognitiven Fähigkeiten und der Leistungsbereitschaft mit zunehmendem Lebensalter ausgegangen werden kann, zeigt HAEBERLIN in seinem Beitrag auf. Diskutiert werden zudem mögliche betriebliche Maßnahmen, um der speziellen Situation älterer Arbeitnehmerinnen und Arbeitnehmer gerecht zu werden.

Die Europäisierung des Arbeitsrechts nimmt schleichend, allmählich, doch inzwischen weit reichend Einfluss auf bisher national bestimmte Regelungen. Besonders weit reichend, da bindend und nicht durch Wahlen oder neue Gesetze zu verändern, sind die Entscheidungen des Europäischen Gerichtshofes. BÖHM macht anhand von mehreren Beispielen den von Personalleitern und Linienverantwortlichen bisher kaum wahrgenommenen Einfluss anschaulich deutlich.

Michel E. Domsch

Personalplanung und Personalentwicklung für Fach- und Führungskräfte

1. Grundlagen
2. Instrumente der Personalplanung und -entwicklung
3. Alternative Laufbahnstrukturen
4. Ausblick

1. Grundlagen

1.1 Ziele der Personalplanung und -entwicklung

Es ist unbestritten, dass erfolgreiche Unternehmen einen hohen Bedarf an qualifizierten und motivierten Fach- und Führungskräften haben. Eine systematische Personalplanung und -entwicklung ist daher für die kurz-, mittel- und langfristige Sicherung und den Ausbau des Unternehmenserfolges unabdingbar. Insbesondere durch die zunehmende Globalisierung wird eine steigende Nachfrage an entsprechend qualifiziertem Potenzial auf dem Arbeitsmarkt vorausgesagt. Dies gilt sowohl für Führungskräfte mit umfangreicher Personalverantwortung bzw. Führungsnachwuchskräfte, besonders aber für Fachkräfte, bei denen eine hohe Sach- und Fachverantwortung überwiegt. Darüber hinaus entspricht eine quantitative und qualitative Personalplanung und -entwicklung den berechtigten Ansprüchen der Mitarbeiter, als (angeblich) „wichtigstes Gut" und als „Humanvermögen" bzw. „human capital" auch so behandelt zu werden. Die Wertewandeldiskussion hat schon seit Jahren verdeutlicht, dass Mitarbeiter Entfaltungs-, Mitwirkungs- und Entwicklungsmöglichkeiten vom Unternehmen erwarten und sich bei entsprechenden Maßnahmen mit herausragender Leistungsbereitschaft und -fähigkeit erfolgreich und verantwortungsbewusst für das Unternehmen einsetzen.

Mit einer systematischen Personalplanung und -entwicklung werden daher im Wesentlichen zwei Zielrichtungen verfolgt:

– Differenzierte Ermittlung des erforderlichen Bedarfs an Fach- und Führungskräften der unterschiedlichsten Qualifikationen unter Berücksichtigung des vorhandenen Personalbestandes;
– Berücksichtigung unternehmens- und mitarbeiterorientierter Ziele im Hinblick auf einen verbesserten Einsatz am jetzigen Arbeitsplatz und/oder zur Vorbereitung auf einen nationalen bzw. internationalen Positionswechsel. Eingeschlossen sind damit Aus- und Weiterbildungsaktivitäten ebenso wie Laufbahnentwicklungsüberlegungen und deren Umsetzung.

1.2 Standort und Ablauf der Personalplanung und -entwicklung

Selbstverständlich ist, dass eine Personalplanung und -entwicklung nicht isoliert erfolgen kann, sondern einen integrierten Bestandteil im Gesamtsystem Unternehmen darstellt. Dazu gehören u. a. Elemente der Unternehmenskultur, Unternehmensleitlinien, die gesamte Unternehmensplanung, Informations- und Controllingsysteme sowie der Bezug zum Umfeld des Unternehmens (Abbildung 1). Ebenso sind dabei Konzentrations- und Anpassungsprozesse zu beachten. Es liegen zahlreiche Praxisberichte vor (z. B. BECKER, 2002; RIEKHOF, 2002).

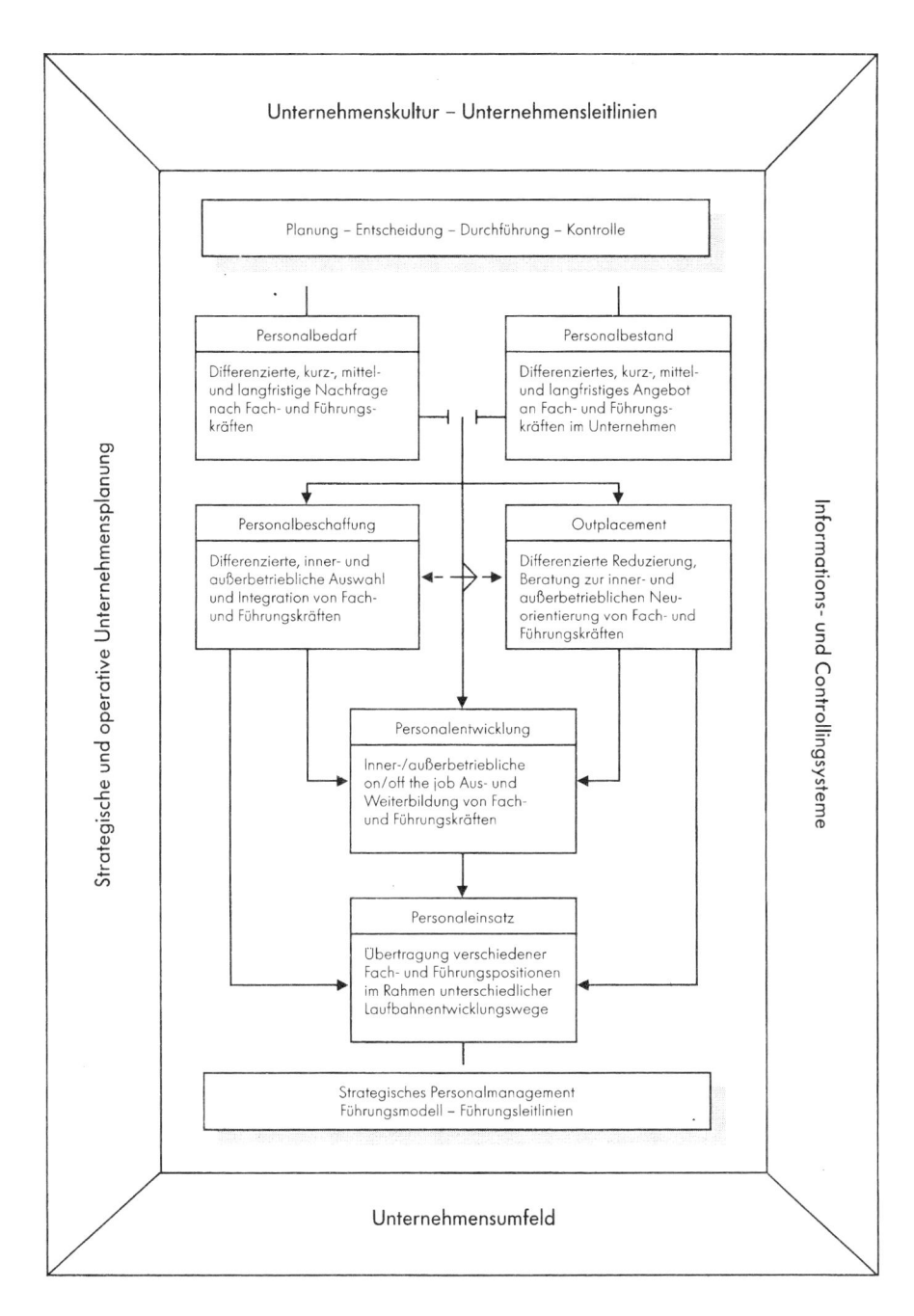

Abb. 1: Einbindung der Personalplanung und -entwicklung

2. Instrumente der Personalplanung und -entwicklung

Bestimmte personalwirtschaftliche Instrumente sind für eine erfolgreiche Personalplanung und -entwicklung unabdingbar. Sie betreffen zum einen die Nachfrage (Personalbedarf) nach Fach- und Führungskräften, zum anderen das entsprechend differenzierte inner- und außerbetriebliche Angebot (Personalbestand).

2.1 Nachfrage nach Fach- und Führungskräften

Die Charakterisierung der konkreten Nachfrage nach Fach- und Führungskräften im Planungszeitraum setzt unabdingbar voraus:

- *Organisationspläne,* in denen – aufbauend auf den üblichen Organigrammen – für das gesamte Unternehmen die (zukünftigen) organisationalen Einheiten und ihre vertikalen wie horizontalen Verbindungen ausgewiesen werden. Kommen beispielsweise neue Vertriebsabteilungen dazu, werden bestehende Forschungsbereiche neu aufgeteilt, werden ausländische Produktionsstätten eingerichtet, wird ein Werk geschlossen, so ist dies jeweils mit spezifischen Angaben im Organisationsplan auszuweisen.
- *Stellenpläne,* in denen – aufbauend auf den üblichen Stellenübersichten (Ist-Zustand) – für die zukünftig relevanten Fach- und Führungspositionen ihre hierarchische Eingliederung sowie die Positionshöhe/-bewertung in das gesamte Unternehmen aufgenommen werden.
- *Funktionsbeschreibungen-Soll,* in denen die wesentlichen zukünftigen Anforderungen an die potenziellen Stelleninhaber festgehalten werden.
  In Unternehmen, in denen bisher keine Funktionsbeschreibungen bestehen, muss dies nachgeholt werden. Zwar ist unter dem Stichwort „Stellenbeschreibung" der Meinungsstreit über „pros" und „cons" in der Praxis nach wie vor umfangreich (BRANNICK & LEVINE, 2002). Diese Diskussion ist jedoch im Zusammenhang mit der Personalplanung und -entwicklung unverständlich, es sei denn, man versteht darunter umfangreiche und damit stets änderungsbedürftige Detailbeschreibungen, die pflegeintensiv und oft obsolet sind. Aber ohne für den Planungszeitraum gültige Funktionsbeschreibungen (Soll) sind eine erfolgreiche Fach- und Führungsplanung sowie eine Personalentwicklung nicht möglich, da unklar bleibt, für welche Anforderungen konkret Potenzial gesucht und entwickelt werden soll.

2.2 Angebot an Fach- und Führungskräften

Nach einer systematischen Potenzialanalyse bei Fach- und Führungskräften (ROSENSTIEL & WINS, 2000; KLEINMANN & STRAUSS, 2000) sind diese Schlüsselinformationen für die Personalentwicklung zu dokumentieren. Dafür stehen in der Praxis üblicherweise folgende Möglichkeiten zur Verfügung:

(1) Entwicklungskarteien
Sie enthalten zum einen für die jeweilige Person die bisherigen Aus- und Weiterbildungsmaßnahmen, Tätigkeiten und Beurteilungen. Zum anderen werden sowohl aus Unternehmens- wie aus Mitarbeitersicht Informationen über erfor-

derliche/empfohlene/geplante/bereits vorgesehene Bildungsmaßnahmen, Positionserweiterungen, Job-Rotationen, Versetzungen/Beförderungen aufgenommen.

(2) *Nachfolgepläne*
Nachfolgepläne sind Erweiterungen von Stellenplänen, in denen pro Position nicht nur der bisherige bzw. vorgesehene Stelleninhaber vermerkt ist, sondern weitere Kandidaten ausgewiesen sind, die für eine Übernahme in Frage kommen. Durch Zusatzbemerkungen wird die Einschätzung des Potenzials verdeutlicht. Natürlich kann eine Person als mögliche Nachfolge bei mehreren Positionen erscheinen. Nicht alle Kandidaten können schon in Nachfolgepläne aufgenommen werden.

(3) *Fach- und Führungskräfte-Pools*
Alle Mitarbeiter, die in die Potenzialbetrachtungen einbezogen werden und für die ein weiterführendes Potenzial erkannt wird, sind in „F & F-Pools" aufzunehmen – unabhängig davon, ob für sie bereits konkrete Nachfolgeplanungen bestehen oder nicht.

Es ist unmittelbar einsichtig, dass auf Grund neuerer Erkenntnisse Informationen entfallen, dazukommen, modifiziert und aktualisiert werden.

Jedoch setzt die Berücksichtigung in diesen Informations- und Dokumentationsmedien voraus, dass das Potenzial der einzelnen Personen bereits erfasst worden ist. Ein wesentliches Problem der Personalplanung und -entwicklung liegt jedoch in dieser Diagnose bzw. systematischen Erfassung des Potenzials selbst (SARGES, 2000). In der Praxis haben sich hierfür die in Abbildung 2 aufgeführten personalwirtschaftlichen Instrumente bewährt (vgl. dazu auch die Beiträge von SCHULER und NERDINGER in diesem Band).

Allerdings sind diese Erfassungsmöglichkeiten nicht als Alternativen aufzufassen. Sie sind vielmehr je nach Situation gleichermaßen einzusetzen, und die gewonnenen Erkenntnisse sind zu kombinieren, um ein möglichst genaues Gesamtbild des jeweiligen Führungspotenzials und des Entwicklungsbedarfs (PETTINGER, 2002; DESIMONE ET AL., 2002) einer Person zu erhalten.

Für die Erfassung des Fachkräftepotenzials sind sie nur bedingt geeignet. Hier gelten zusätzlich inner- und außerbetriebliche Expertenurteile, die auf den bisherigen fachlichen Arbeitsleistungen und dem innovativen Entwicklungspotenzial im Fachgebiet basieren.

2.3 Organisation der Personalplanung und -entwicklung

Eine wirksame Personalplanung und -entwicklung, die eine permanente Aufgabe darstellt, setzt mehrere organisatorische Maßnahmen voraus:

(1) Grundsätzlich sind für eine Personalplanung und -entwicklung sowohl der Vorgesetzte und die Personalabteilung als auch der Mitarbeiter selbst verantwortlich. Entsprechend ist in diesem Beziehungsfeld ein geregelter Informationsfluss zu Gewähr leisten.
(2) Dieser Informationsfluss ist organisatorisch durch – soweit wie sinnvoll – standardisierte Formblätter (z. B. Dokumentation der Potenzialbeurteilung, der Ergebnisse des Mitarbeitergesprächs, der Personalentwicklungsmaßnahmen) und durch eine entsprechende Ablauforganisation zu unterstützen. Damit soll nicht die

Instrumentarium	Kurzbeschreibung
Potentialbeurteilung	Einschätzung des Führungspotenzials auf Basis der bisherigen Leistungen anhand von bestimmten Potenzialkriterien bezogen auf die unterschiedlichen, relevanten, zukünftigen Verwendungen. Diese Beurteilung erfolgt z. B. durch den Vorgesetzten, den nächsthöheren Vorgesetzten, Kollegen und/oder durch ein Gremium. Beurteilungskriterien können u. a. sein: unternehmerische Sichtweise, Kreativität, Konflikthandhabungsfähigkeit, soziale Kompetenz, Umweltbewusstsein. Eine besondere Form, bei der mehrere Quellen einbezogen werden, stellt das 360°-Feedback dar (SCHERM, 2002).
Assessment Center	Es erfolgt eine vergleichende Beurteilung mehrerer Teilnehmer (z. B. zwölf) durch mehrere Beobachter (z. B. sechs) mit dem Ziel, Potenzial zu ermitteln und/oder zu fördern. Dabei werden verschiedene Instrumente wie Interviews, Tests, Bearbeitung von Fallstudien, Postkorbübungen, Gruppendiskussionen und Rollenspiele über mehrere Tage hinweg eingesetzt. Grundlage ist jeweils eine ausführliche Anforderungsanalyse, in der Besonderheiten der jeweiligen Position(en) ermittelt werden. (SARGES, 2001; PASCHEN & WEIDEMANN, 2002). Sonderform: Einzel-Assessment Die Analyse der Stärken und Schwächen erfolgt mit einem Kandidaten über einen Tag.
Biografischer Fragebogen	Die Kandidaten beschreiben sich in Termini demografischer, erfahrungsbezogener oder einstellungsbedingter Variablen, von denen angenommen wird oder erwiesen ist, dass sie in systematischer Beziehung zur Persönlichkeitsstruktur, Persönlichkeitsentwicklung oder Erfolg in sozialen, schulischen oder beruflichen Situationen stehen. Diese Informationen werden mit den Werten erfolgreich in diesen Berufen Tätiger verglichen. Aus der Ähnlichkeit der Profile wird das Maß an Eignung für den betroffenen Beruf abgeleitet (SCHULER & STEHLE, 1990).
Mitarbeiterbefragung	Mit Hilfe von (teil-)standardisierten Fragebögen werden anonym und auf freiwilliger Basis bei allen Mitarbeitern (oder einer repräsentativen Stichprobe oder einer bestimmten Zielgruppe) Informationen über die Qualität und Zufriedenheit mit der Führung und Zusammenarbeit erhoben, um daraus Hinweise für Stärken und Schwächen zu erhalten und um darauf aufbauend Veränderungsprozesse einzuleiten (DOMSCH & LADWIG, 2000).
Mitarbeitergespräch	Gespräch zwischen Vorgesetztem und Mitarbeiter, in dem - anhand der Zielvereinbarungen der bisherigen Arbeitsergebnisse, - die Zusammenarbeit zwischen Vorgesetztem und Mitarbeiter, mit den Kollegen und anderen Personen und Bereichen, - künftige Ziele, Aufgaben, organisatorische Veränderungen etc. und - die Personalentwicklung des Mitarbeiters (Bildung/Laufbahn) behandelt werden.

Abb. 2: Instrumente der Potenzialanalyse

Bürokratie erhöht werden, sondern ein systematischer und rationeller Ablauf sowie Gleichbehandlung Gewähr leistet werden.
(3) Dies bedingt ein entsprechendes Personal-Informationssystem, in dem alle relevanten Daten der Potenzialnachfrage und des Potenzialangebotes gespeichert und aufbereitet werden sowie bei Bedarf abrufbar sind. Nachdem über viele Jahre über Möglichkeiten und Grenzen EDV-gestützter Systeme diskutiert und die Vor- wie Nachteile abgewogen wurden, hat sich inzwischen in vielen Unternehmen ihr Einsatz auch für die Personalplanung bewährt.
(4) Die gesamte Palette der Personalplanung und -entwicklung sollte nicht einzelnen Vorgesetzten oder der Personalabteilung überlassen werden. Bewährt haben sich Fach- und Führungskräftekommissionen, die – z.B. im jährlichen Abstand – die bisherigen Informationen überprüfen und aktualisieren. Diese Kommissionen sollten unter der Koordination des Personalbereiches mit Vertretern aus dem Top-Management besetzt sein. Sie sind außerdem jeweils um Ressortvertreter zu ergänzen, wenn über Potenzial in deren Verantwortungsbereich diskutiert wird.
(5) Damit der gesamte Prozess der Personalentwicklung von der Planung bis zur Evaluierung von Maßnahmen tatsächlich sachgerecht und möglichst umfassend abläuft sowie eine ständige Überprüfung durch erneute Einschätzungen stattfindet, ist ein Personal-Controllingsystem (WUNDERER & JARITZ, 2002) auch für diese personalwirtschaftliche Aufgabe zu empfehlen. Organisatorisch zuständig sollte eine koordinierende Stabsfunktion sein.

3. Alternative Laufbahnstrukturen

Neben der traditionellen Laufbahnentwicklung (z.B. Aufstieg über Gruppenleiter, Abteilungsleiter, Hauptabteilungsleiter etc.) werden in der Praxis zunehmend weitere Modelle konzipiert und eingeführt. Hierzu gehören insbesondere die Fachlaufbahn und die Projektlaufbahn (Abbildung 3).

Diese Laufbahnformen stehen nicht isoliert nebeneinander, sondern eine Gesamtkonzeption ermöglicht natürlich Wechsel zwischen diesen grundsätzlich verschiedenen Laufbahnstrukturen. Grenzen und Möglichkeiten sind jedoch auf den Einzelfall abzustellen.

3.1 Fachlaufbahn

Eine Fachlaufbahn (DOMSCH & SIEMERS, 1994) ist ein neben der traditionellen Leitungshierarchie (Führungslaufbahn) existierendes hierarchisches Positionsgefüge für hoch qualifizierte Spezialisten. Sie sieht Rangstufen parallel zu verschiedenen Leitungsebenen mit spezifischen Bezeichnungen und Anreizen vor.

Charakteristisch für Positionen in der Fachlaufbahn sind ein hoher Anteil an reinen Fach- und ein geringer Umfang an Personalführungs- und Verwaltungsaufgaben. Synonym für eine Fachlaufbahn werden oft Bezeichnungen wie Parallel-, Spezialisten-, Professional- oder Duallaufbahn/-hierarchie gebraucht. Oberziel einer Fachlaufbahn ist die Förderung, Erhaltung und Belohnung besonderer fachlicher Leistungen. Sie soll für Spezialisten ohne Personalverantwortung ein transparentes System von zusätzlichen Aufstiegsmöglichkeiten schaffen, wobei der Aufstieg in dieser Hierarchie

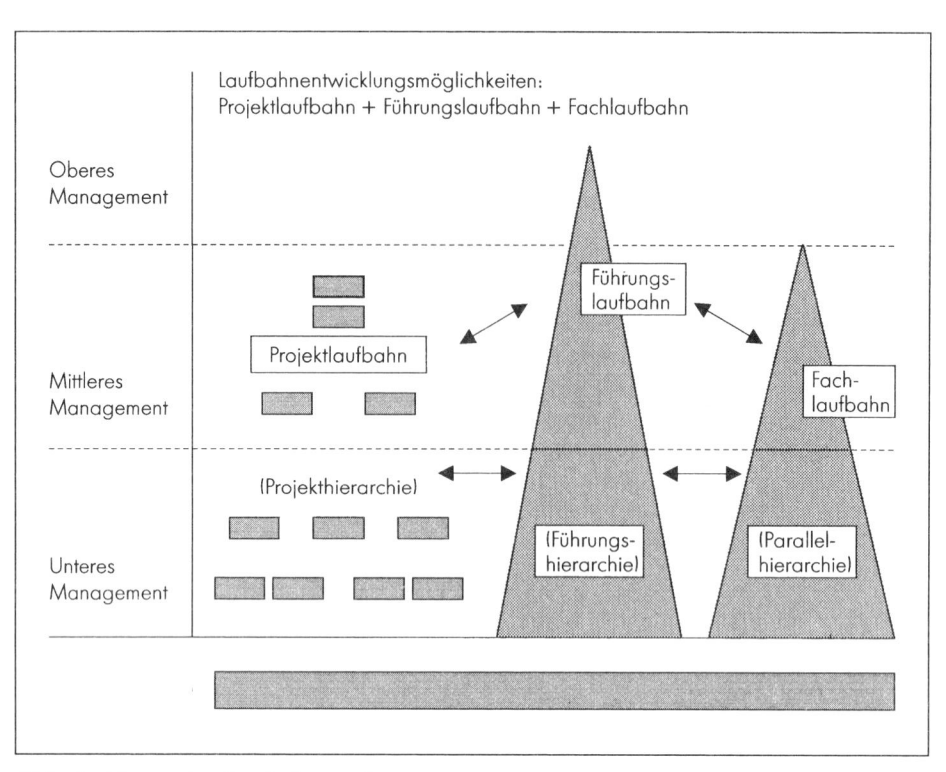

Abb. 3: Alternative Laufbahnstrukturen

primär auf nachgewiesener fachlicher Kompetenz beruht und nicht mit einem Zuwachs an Managementaufgaben einhergehen soll. Durch eine Fachlaufbahn kann mittelbar die Fluktuation demotivierter Spezialisten verringert und können die Rekrutierungschancen für qualifizierte Nachwuchskräfte verbessert werden.

Fachlaufbahnen sind grundsätzlich für alle Unternehmensbereiche geeignet, in denen in großem Umfang Fachspezialisten tätig sind. Als Beispiele sind zu nennen: Forschung und Entwicklung, Datenverarbeitung und Bildungsbereich.

Damit eine Fachlaufbahn in der Praxis zu einem effektiven Motivationsinstrument für Spezialisten wird, ist vom Management eine Reihe von Aspekten zu beachten im Hinblick auf

— das Design der Fachlaufbahn selbst,
— die Vorgehensweise bei der Fachlaufbahneinführung,
— die Nutzung/Pflege der Fachlaufbahn im Zeitablauf.

(1) Fachlaufbahndesign

Der strukturelle Entwurf einer Fachlaufbahn wird zweckmäßigerweise einer Arbeitsgruppe übertragen, in der anerkannte Spezialisten, hochrangige Manager und Vertreter der Personalabteilung zusammenarbeiten. Zu den Aufgaben dieser Designgruppe zählen:

- Festlegung der verschiedenen sachlich begründeten, klar unterscheidbaren Rangstufen der Fachlaufbahn. Dabei ist grundsätzlich zwischen einer relativen und einer absoluten Fachlaufbahn zu unterscheiden (Abbildung 4).

Relative Fachlaufbahn			Absolute Fachlaufbahn		
Rangstufe	Leitungsebene	Fachlaufbahnstufe	Rangstufe	Leitungsebene	Fachlaufbahnstufe
1	Direktor	Wissenschaftlicher Berater	1	Direktor	Höherer fachwissenschaftlicher Berater
2	Bereichsleiter		2	Bereichsleiter	Fachwissenschaftlicher Berater
3	Abteilungsleiter	Wissenschaftlicher Experte	3	Abteilungsleiter	Wissenschaftlicher Experte
4	Gruppenleiter		4	Gruppenleiter	Fachwissenschaftler
5	Mitarbeiter		5	Mitarbeiter	Wissenschaftlicher Assistent

Abb. 4: Aufstiegsmöglichkeiten in der Fachlaufbahn (Beispiele)

- Erstellung von Beschreibungen für typische Positionen auf den einzelnen Stufen der Fachlaufbahn. Als Beschreibungskriterien kommen dabei unter anderem der Anteil und die Komplexität fachlicher Spezialaufgaben, Personalführungsverantwortung, Reporting-Beziehungen und die Bedeutung für den Unternehmenserfolg in Betracht.
- Bestimmung der Gehaltsbandbreiten sowie sonstiger Anreize/Statussymbole (beispielsweise Freiräume bei der individuellen Arbeitszeitgestaltung oder Büroausstattung) für alle Rangstufen der Fachlaufbahn, und zwar dergestalt, dass sie den entsprechenden Stufen der Managementlaufbahn wirklich gleichwertig sind.
- Definition der Eingangsvoraussetzungen/Auswahl- und Leistungsbeurteilungskriterien für jede Fachlaufbahnstufe.
- Festlegung des Ernennungsverfahrens (zum Beispiel Initiativrechte, Entscheidungsträger). Hier hat sich die Einrichtung eines Auswahlgremiums bewährt, dem auch angesehene Spezialisten angehören.

(2) Einführung der Fachlaufbahn

Die Akzeptanz einer Fachlaufbahn bei den betroffenen Mitarbeitern kann durch eine partizipative Einführungsstrategie positiv beeinflusst werden. Eine solche Strategie beinhaltet nach Abschluss der Designphase eine Informationsphase, in der Fachlaufbahnziele, -struktur und -auswahlprozeduren auch durch Vertreter des Topmanagements bekannt gemacht werden. Parallel hierzu sollten Vertreter des Personalwesens gemeinsam mit Ressortvertretern Positionsanalysen vornehmen, um die konkrete Einordnung von Stellen in die Fachlaufbahn festzulegen. In einer ergänzenden personenbezogenen Betrachtung ist weiter zu untersuchen, inwieweit derzeitige Positionsinhaber die Voraussetzungen für eine Einordnung in eine bestimmte Fachlaufbahnebene erfüllen. Die förmliche Ernennung der Bewerber, die die positionsbezogenen Anforderungen erfüllen, sollte zumindest auf den oberen Ebenen der Fachlaufbahn durch die Geschäftsleitung selbst erfolgen und auch in geeigneter Form sichtbar gemacht werden (Organigrammänderung, Rundbrief etc.). Hierbei kann eine Anpassung der Positionsausstattung und Vertragsgestaltung notwendig werden. Um den exklusiven Charakter und damit den Anreizwert von Fachlaufbahnpositionen hervorzuheben und zu sichern, sollten Ernennungen eher konservativ gehandhabt werden: Ein Verhältnis von Management- zu Fachlaufbahnpositionen von 5:1 oder höher hat sich als zweckmäßig erwiesen.

(3) Fachlaufbahnnutzung

Eine Fachlaufbahn als alternative Laufbahnstruktur wird langfristig dann am ehesten die an einer Karriere als Spezialist interessierten Mitarbeiter motivieren, wenn die positiven Erfahrungen beachtet und die negativen Erfahrungen im eigenen Unternehmen vermieden werden. Abbildung 5 enthält hierzu eine Gegenüberstellung. Besonders ist hervorzuheben:

– Die Ernennung muss sich streng an der fachlichen Leistung orientieren. Das heißt, Fachlaufbahnpositionen dürfen keinesfalls als „Abstellgleis" für erfolglose oder freigesetzte Manager missbraucht werden.
– Die materielle sowie immaterielle Ausstattung einer Fachlaufbahnposition muss einen gleich hohen Stellenwert wie bei der vergleichbaren traditionellen Managementlaufbahn haben.
– Die Einordnung der jeweiligen Fachposition in das Hierarchiesystem muss für den Positionsinhaber und für das gesamte Unternehmen transparent und nachvollziehbar sein. Dies setzt auch eine analoge, evtl. gemeinsame Veröffentlichung mit dem Organigramm voraus.
– Das personalwirtschaftliche Instrumentarium (z. B. Personalauswahlsysteme, Positions-/Funktions-/Stellenbeschreibungen, Beurteilungen, Mitarbeitergespräche, Entgelt- und Beteiligungssystem, Personalentwicklung) ist ebenso für die fachorientierte Laufbahn zu konzipieren und einzusetzen wie für die traditionelle Führungslaufbahn.

3.2 Projektlaufbahn

Viele Unternehmensbereiche weisen ganz oder teilweise projektorientierte Organisationsstrukturen auf. In Ergänzung zum bestehenden, hierarchisch aufgebauten Organisationsgefüge wird zunehmend projektbezogen und teamorientiert, sowohl bereichsintern wie bereichsübergreifend, gearbeitet (vgl. auch den Artikel von Voss und ECKRICH in diesem Band). Die Forderung nach größerer Flexibilität bei der Zusammenarbeit und nach flacheren Hierarchien tragen dazu bei. In Abbildung 6 sind wichtige Projektformen und die damit verbundenen Laufbahnentwicklungsmöglichkeiten beispielhaft aufgeführt.
  Dabei zeigt sich neben der traditionellen Führungslaufbahn und der Fachlaufbahn für die Projektlaufbahn eine dritte Laufbahnstruktur (s. auch Abbildung 3). Besonders

positive Erfahrungen	negative Erfahrungen
– wirksame Anreiz- und Belohnungsfunktion	– sinkende Flexibilität der Wissenschaftler
– zusätzliche Aufstiegschancen	– Förderung der Einseitigkeit
– kein Zwang, Spezialisten in Führungspositionen zu befördern	– Sackgasse / Einbahnstraße / Altersruhesitz / Treuebonus
– sinnvolle Aufgabentrennung zwischen Personalführungs-, Verwaltungs- und Fachaufgaben: keine bzw. geringere Personalführungs- und Verwaltungsaufgaben bei der Fachlaufbahn	– Schwierigkeiten bei der Beurteilung für eventuelle Beförderungen
	– zusätzlicher administrativer Aufwand
– Möglichkeit zur Berücksichtigung unterschiedlicher individueller Zielvorstellungen	– Verschärfung des Konkurrenzkampfes zwischen den Mitarbeitern
– flexible Entgeltfindung	– Personalführungsprobleme
– Förderung von Spezialwissen	

Abb. 5: Erfahrungen mit Fachlaufbahnen

hinzuweisen ist darauf, dass es sich hier nicht um die schon immer bestehende Projektarbeit als Mitarbeiter oder Projektleiter handelt. Hier geht es um eine *systematische Einbindung* der Projektarbeit in ein *Personalentwicklungskonzept*.

Eine Projektlaufbahn schafft nicht nur zusätzliche Möglichkeiten, die Karrieren eines ausgewählten Personenkreises durch Alternativen der Laufbahnentwicklung zu ermöglichen. Der zeitlich begrenzte Einsatz eines Mitarbeiters als Projektleiter kann vom Management auch zur Identifikation und Förderung von Führungspotenzial genutzt werden (Personalauswahl- und Entwicklungsfunktion). Es handelt sich um eine Art „reales" Assessment Center (vgl. den Artikel von SCHULER, Auswahl von Mitarbeitern, in diesem Band).

Um den Anreiz von Projektleiterpositionen zu erhöhen, sollten auch diese Positionen formal im Organisationsplan ausgewiesen und dann in die für Führungskräfte üblichen Informations- und Entscheidungsprozesse eingebunden werden. Auch für Spezialisten ohne Interesse an Projektleiterpositionen – oder solche ohne Potenzial dafür – bietet eine Projektlaufbahn durchaus Entwicklungsmöglichkeiten, wenn im Rahmen von Projektarbeiten zunehmend komplexere Fachaufgaben übertragen werden.

Generell sollten mit dem Mitarbeiter bereits bei Übernahme einer Position in der Projekthierarchie seine Einsatzmöglichkeiten nach Projektende besprochen werden. Denn es wird sich ja grundsätzlich um einen zeitlich begrenzten Einsatz handeln. Aber gerade zur Potenzialerkennung und -entwicklung bieten auch diese projektgebundenen Zeiten wertvolle Hinweise.

Mit dem Einsatz der Projektlaufbahn sind in der Praxis positive und negative Erfahrungen gesammelt worden. Hierzu enthält die Abbildung 7 eine Zusammenstellung.

Projektform	Projektlaufbahn	
	Kurzbeschreibung	Laufbahnentwicklung (Beispiele)
traditionelle Projekte	Eine bestimmte Anzahl von Team-Mitgliedern, die sich aus allen für die Projektaufgaben bedeutsamen Unternehmensbereichen rekrutieren, arbeiten auf Zeit an einer Problemstellung.	– Team-Mitglied – Projektleiter (kleinere Projekte) – Projektleiter (komplexere Projekte)
Task Force	Einer bestimmten Anzahl von Mitarbeitern wird die Aufgabe gestellt, mit höchster Priorität innerhalb einer bestimmten Zeit eine Idee / eine Vorgabe unter wirtschaftlichen, juristischen, technischen usw. Gesichtspunkten zu penetrieren und deren Umsetzung zu forcieren.	– Team-Mitglied – Projektleiter (kleinere Projekte) – Projektleiter (komplexere Projekte)
New Venture Team	Eine Gruppe von Mitarbeitern, die in der Regel aus unterschiedlichen Unternehmensbereichen kommen, wird beauftragt, nach neuen Geschäftsfeldern für das Unternehmen zu suchen.	– Team-Mitglied – Projektleiter – Verantwortliche Position bei neuen Geschäftsaktivitäten
	Sonderform: „Spielwiesen" Einer Gruppe von Mitarbeitern, die in der Regel aus unterschiedlichen Unternehmensbereichen kommen, wird ein bestimmtes Budget („Spiel"-Geld, Arbeitsräume, Laborkapazität etc.) für eine bestimmte Zeit zur Verfügung gestellt. Vorgaben (Projektthemen, Entwicklungsideen u. ä.) bestehen ansonsten nicht. Die Gruppe soll sich überlegen, was sie mit dem Budget im Sinne des Unternehmens anfangen würde.	– Team-Mitglied – Projektleiter – Verantwortliche Position bei neuen Geschäftsaktivitäten
Produktteam	Mitarbeiter aus den relevanten Unternehmensbereichen (Forschung/Entwicklung, Produktion, Vertrieb national/international, Planung, Rechnungswesen, Personal etc.) managen als Produkt(gruppen-)leitung einen bestimmten produktbezogenen Geschäftsbereich (Unternehmen im Unternehmen).	– Team-Mitglied – Team-Sprecher (Vorsitzender in kleineren Produktbereichen) – Team-Sprecher (Vorsitzender von größeren Produktbereichen)
Zirkel	Eine Gruppe von Mitarbeitern trifft sich in einer Serie von regelmäßig durchgeführten und moderierten Gesprächsrunden (Qualitätszirkel, Innovationszirkel, Lernstatt, Werkstattzirkel etc.), um über Probleme, Schwachstellen, neue Ideen und Ansätze im Zusammenhang mit ihrem Tätigkeitsbereich zu diskutieren, Lösungsansätze zu erarbeiten und diese zu präsentieren. Auch an der Umsetzung sollen die Gruppenmitglieder so weit wie möglich beteiligt werden.	– Mitglied von Zirkeln – Moderator von Zirkeln – Koordinator der Zirkelarbeit

Abb. 6: Verschiedene Projektformen und damit verbundene Laufbahnentwicklung

positive Erfahrungen	negative Erfahrungen
– wirksame Anreiz- und Belohnungsfunktion – zusätzliche Aufstiegschancen – größere Flexibilität bei der Personalentwicklung – Potenzialerkennung („reales" Assessment Center) im Hinblick auf z. B. Kreativität, Verantwortungsbereitschaft, Teamfähigkeit, Kontaktfähigkeit, Konflikthandhabung, fachliche Anforderungen bei komplexen innovativen Aufgabenstellungen, Personalführungsqualifikation – Entwicklung unternehmerischer Fähigkeiten bei der Leitung bereichsübergreifender Projektteams – Erkennen erforderlicher Personalentwicklungsmaßnahmen und Potenzialförderung – Möglichkeit zur Berücksichtigung unterschiedlicher individueller Zielvorstellungen – flexiblere Entgeltfindung (z. B. durch Projektzulagen)	– Laufbahnentwicklung (zunächst) auf Zeit – fehlender Einbezug der Projektlaufbahn in die Personalplanung (reentry-Problematik, ähnlich wie beim Auslandseinsatz) – keine Positionsbestimmung (Vergleichbarkeit mit Führungs- und Fachlaufbahn) für Projektlaufbahn – keine organisatorische Zuordnung und Veröffentlichung in Ergänzung zum Organigramm – unklare Kompetenzregelung, insb. für den Projektleiter bei Sach- und Personalfragen – Personalführungsprobleme (insb. unklare Trennung zwischen fachlicher und disziplinarischer Unterstellung der Projektmitarbeiter und insbesondere der Projektleiter)

Abb. 7: Erfahrungen mit Projektlaufbahnen

4. Ausblick

Das Mitarbeiterpotenzial wird zunehmend zum strategischen Erfolgsfaktor für die Unternehmen. Daher werden die Anstrengungen für ein wirksames Personal-Marketing, eine systematische Potenzialplanung und -entwicklung weiterhin zunehmen. Insofern werden entsprechende Investitionen im Personalbereich in Zukunft – auch durch verstärkte Dienstleistungsorientierung – mit Sicherheit die Sach- und Finanzinvestitionen oft übersteigen. Um aber auch bei Personalinvestitionen einen hohen „return on investment" sicherzustellen, werden entsprechende Bemühungen in der Weiterentwicklung des traditionellen Instrumentariums der Personalplanung und -entwicklung unabdingbar sein.

Unternehmen, die diese hohe Relevanz von Personalinvestitionen für die Sicherung des Unternehmenserfolges noch nicht erkannt haben, eventuell nur „im Prinzip" und „selbstverständlich", dafür aber allgegenwärtig darüber reden, werden in Zukunft kaum eine erfolgreiche Rolle spielen. Engagierte und qualifizierte Mitarbeiter, die spüren, dass ihr Unternehmen für sie keine umfangreichen Personalinvestitionen vornimmt, sollten schnellstmöglichst ihre Arbeitssituation verändern. Potenzialplanung und -entwicklung ist für Arbeitgeber/Personalabteilung, Vorgesetzte und Mitarbeiter im Rahmen einer kooperativen Führung und Zusammenarbeit Bring- und Holschuld.

Literatur

BECKER, M. (2002). Personalentwicklung. Bildung, Förderung und Organisationsentwicklung in Theorie und Praxis. 3. Aufl. Stuttgart 2002.

BRANNICK, M. T. & LEVINE, E. (2002). Job Analysis. London 2002.

DESIMONE, R. L. et al. (2002). Human Resource Development. 3. Aufl. London 2002.

DOMSCH, M. E. & LADWIG, D. H. (Hrsg.). (2000). Handbuch Mitarbeiterbefragung. Berlin u. a. 2000.

DOMSCH, M. E. & SIEMERS, S. (Hrsg.). (1994). Fachlaufbahnen. Heidelberg 1994.

KLEINMANN, M. & STRAUSS, B. (Hrsg.). (2000). Potentialentwicklung und Personalentwicklung. Göttingen 2000.

PASCHEN, M. & WEIDEMANN, A. (2002). Handbuch Assessment – Center. Neuwied 2002.

PETTINGER, R. (2002). Mastering Employee Development. Houndmills 2002.

RIEKHOF, H.-CHR. (Hrsg.). (2002). Strategien der Personalentwicklung. 5. Aufl. Wiesbaden 2002.

ROSENSTIEL, L. v. & WINS, TH. L. v. (Hrsg.). (2000). Perspektiven der Potentialbeurteilung. Göttingen 2000.

SARGES, W. (Hrsg.). (2000). Management-Diagnostik. 3. Aufl. Göttingen 2000.

SARGES, W. (Hrsg.). (2001). Weiterentwicklung der Assessment Center – Methode. 2. Aufl. Göttingen 2001.

SCHERM, M. (Hrsg.). (2002). 360-Grad-Beurteilungen. Diagnose und Entwicklung von Führungskompetenzen. Göttingen 2002.

SCHULER, H. & STEHLE, W. (Hrsg.). (1990). Biographischer Fragebogen als Methode der Personalauswahl. 2. Aufl. Stuttgart 1990.

WUNDERER, R. & JARITZ, A. (2002). Unternehmerisches Personalcontrolling. 2. Aufl. Neuwied 2002.

Zur Konkretisierung und weiteren Vertiefung wird empfohlen, im Fallstudienband die Fälle zu „Personalpolitik", zu „Personalplanung und -entwicklung" sowie zu „Alternative Laufbahnentwicklung" zu bearbeiten.

Heinz Evers

Vergütungsmanagement

1. Vom Kostenfaktor zum Führungsinstrument
2. Marktwerte als Orientierungsrahmen
3. Aktuelle vergütungspolitische Gestaltungsfelder
4. Vergütungsmanagement als Chefsache

1. Vom Kostenfaktor zum Führungsinstrument

Vergütungsmanagement beinhaltet die wirksame Ausgestaltung und Bemessung der materiellen Leistungen, die die Unternehmen ihren Mitarbeitern als Gegenwert für ihre Arbeitsleistung bieten. In der Vergangenheit wurde Vergütung überwiegend als drückende Kostenlast behandelt, die nach Möglichkeit vermindert oder doch in engen Grenzen gehalten werden musste. Inzwischen hat in der Wirtschaft ein Umdenkprozess eingesetzt. Die Erkenntnis wächst, dass Mitarbeiter nicht als „Kostenverursacher", sondern als „Gewinnproduzenten" eingestellt werden. Sie leisten durch ihre Arbeit Beiträge zur Zielerreichung ihrer Unternehmen. Die Vergütung muss sie in dieser Funktion wirksam unterstützen. Indem sie die Mitarbeiter zur nachhaltigen Erreichung der Unternehmensziele motiviert, verbindet sie Unternehmens- und Mitarbeiterinteressen und wandelt sich damit vom Kostenfaktor zum zentralen Anreiz- und Steuerungsinstrument. Darüber hinaus kommt der Vergütung heute eine wichtige *Selektionsfunktion* zu. Unternehmen, die überdurchschnittlich zahlen, können auch eher qualifizierte Mitarbeiter für sich gewinnen und auf Dauer an sich binden.

Die Vergütung der ausführenden Mitarbeiter ist in weiten Bereichen – dies gilt für die monetären Bezüge, aber auch für verschiedene Zusatzleistungen – tarifvertraglich oder gesetzlich vorgegeben. Für ein eigenständiges Vergütungsmanagement bleibt den Unternehmen hier nur geringer Handlungsspielraum. Dagegen wird die Vergütung der Führungskräfte, die überwiegend zu den außertariflichen oder leitenden Angestellten zählen, weitgehend auf einzelvertraglicher Basis oder betriebsindividuell geregelt und unterliegt somit einer höheren Gestaltungsautonomie. Infolgedessen richten sich die vergütungspolitischen Bestrebungen der Unternehmen in besonderer Weise auf dieses Segment. Die Vergütung der Führungskräfte spielt dabei immer mehr die Pilotrolle für die künftige Entwicklung der Vergütung auch der übrigen Mitarbeiter. Dieses wird künftig umso bedeutsamer, je mehr Unternehmen versuchen, die bisher von den Sozialpartnern geregelte Vergütung in stärkerem Maße in ihre betriebliche Entscheidungskompetenz zurückzuholen. Aus diesem Grund legen auch die folgenden Ausführungen zum Vergütungsmanagement ihren Schwerpunkt auf die Führungskräftevergütung.

Die Vergütung der Führungskräfte in deutschen Unternehmen setzt sich heute im Allgemeinen aus drei Hauptkomponenten zusammen:

– *Grundgehälter*
Grund- oder Festgehälter sind entweder – wie vor allem im oberen Management – in einem festen Jahresbetrag vereinbart oder umfassen (auf das Jahr bezogen) die festen Monatsgehälter multipliziert mit Anzahl der Zahlungen im Jahr zuzüglich eventuell gesondert gezahlter Weihnachts- und Urlaubsgelder.

Die Grundgehälter bilden das Fundament der Managementvergütung. Als ihr weitaus gewichtigster Teil umfassen sie derzeit je nach Hierarchiestufe und Vergütungsstruktur zwischen 50% und 90% der gesamten monetären Bezüge. Sie dienen darüber hinaus vielfach als Bezugsbasis sowohl für die Bemessung der variablen Bezüge als auch für die betriebliche Altersvorsorge.

– *Variable Bezüge*
Diese Bezüge beinhalten zusätzliche monetäre Vergütungen in Form von Erfolgsbeteiligungen, Tantiemen, Prämien, Boni oder sonstigen Jahresabschlussvergütungen. Sie sind überwiegend dem Grunde nach zugesagt, in ihrer Höhe mehr oder weniger variabel. Die Höhe ist zumeist vertraglich an betriebliche oder individuelle Erfolgs-

und Leistungskriterien gebunden oder basiert auf Ermessensentscheidungen übergeordneter Leitungs- oder Aufsichtsorgane.

Die variablen Bezüge reichen im Durchschnitt bei Führungskräften mit steigender Hierarchiestufe von 10% bis 50% der monetären Bezüge.

– *Zusatz- und Sozialleistungen*

Diese Vergütungskomponente umfasst alle sonstigen Sach- und Geldleistungen sowie Leistungszusagen, die die Unternehmen über die monetären Bezüge hinaus ihren Mitarbeitern zuwenden. Hierunter fällt neben den gesetzlich normierten Arbeitgeberanteilen zur Sozialversicherung die gesamte Palette der freiwilligen Zusatzleistungen. Sie reicht von Zusagen zur betrieblichen Altersversorgung über die Stellung von Dienstwagen zur privaten Nutzung oder Unfallversicherungen bis zur Fortzahlung der Bezüge bei Krankheit und Tod.

Ihr Gesamtwert schwankt zwischen den Unternehmen je nach Firmengröße und Hierarchiestufe erheblich. Er liegt für Führungskräfte im Durchschnitt bei 25% bis 35% der monetären Gesamtbezüge.

2. Marktwerte als Orientierungsrahmen

Da die Unternehmen am Arbeitsmarkt nicht unabhängig voneinander operieren und auch die Führungskräfte ihre individuellen Ansprüche an marktüblichen Vergütungen ausrichten, bilden die externen Marktwerte für die verschiedenen Führungsfunktionen den Orientierungsrahmen für ein wirksames Vergütungsmanagement.

Diese Arbeitsmarktwerte beinhalten die Vergütungen, die die wesentlichen Wettbewerber in der jeweiligen Branche, aber auch am regionalen Arbeitsmarkt ihren Führungskräften in vergleichbaren Funktionen bieten. Da dem einzelnen Unternehmen in seiner Marktforschung relativ enge Grenzen gesetzt sind, sind die Marktwerte durch systematische überbetriebliche Erhebungen, wie sie durch spezialisierte Beratungsunternehmen durchgeführt werden, zu erfassen und zu analysieren. Diese Erhebungen sollten sich zum einen auf alle wesentlichen Vergütungselemente erstrecken, zum anderen die relevanten Einflussfaktoren der Vergütung – durch eine umfangreiche Datenbasis fundiert – so nachvollziehbar ausweisen, dass sich der Marktrahmen für das einzelne Unternehmen zuverlässig abstecken lässt.

Innerhalb dieses Rahmens müssen sich die Unternehmen entsprechend ihrer langfristigen Unternehmens- und Personalstrategie vergütungspolitisch positionieren. Ob sie ihre Führungskräftevergütung im unteren Bereich, im Mittelfeld oder in der Spitzengruppe vergleichbarer Unternehmen ansetzen, diese Entscheidung hat erhebliche Auswirkungen auf die Qualität und das Engagement des Managements und damit zugleich auf den Geschäftserfolg.

Während sich deutsche Unternehmen noch vielfach unter Kostenerwägungen für eine eher mittlere Positionierung ihrer Führungskräftevergütung entscheiden, streben ausländische Tochtergesellschaften vor allem US-amerikanischer Konzerne unter Selektions- und Motivationsaspekten in dieser Hinsicht häufig ausdrücklich eine Spitzenstellung an. Diese vergütungspolitische Zielsetzung werden künftig auch deutsche Unternehmen stärker verfolgen müssen, um den immer härteren Wettbewerb um die besten Führungskräfte auch im internationalen Vergleich nicht zu verlieren.

Innerhalb des auf diese Weise eingegrenzten Marktrahmens ist die Vergütung der eigenen Führungskräfte festzulegen und zu strukturieren.

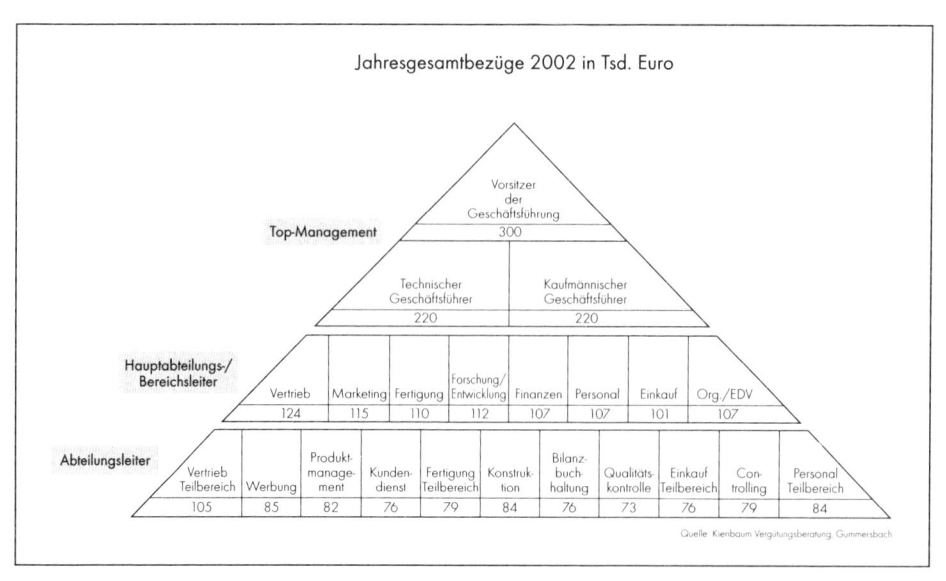

Abb. 1: Typische Vergütungsstruktur eines Industrieunternehmens

Hauptkriterien der Vergütungsbemessung und -differenzierung im Management sind dabei

- die Leitungsebene innerhalb der Unternehmensorganisation als Indikator für den Einfluss auf das Unternehmensgeschehen;
- die Unternehmensgröße als Ausdruck für die Komplexität der Aufgabenstellung sowie die Höhe der Verantwortung hinsichtlich Personal und Kapital;
- die relative Wertigkeit der Position hinsichtlich ihres Beitrages für den Unternehmenserfolg;
- die individuelle Leistungsstärke des jeweiligen Stelleninhabers;
- die nachhaltige Ertragslage des Unternehmens.

Damit die angestrebte Selektions- und Anreizwirkung der Vergütung voll zur Geltung kommt, sollte die Gesamtvergütung in Höhe und Struktur so gestaltet sein, dass sie für Spitzenleister deutlich über Marktniveau liegt und insofern hohe Attraktivität besitzt. Minderleister hingegen sollten durch eine unter den Marktwerten liegende Vergütung eindeutige Signale erhalten, ihre Leistungen zu steigern oder aber auf Dauer das Unternehmen zu verlassen. Damit dies funktionieren kann, sind zugleich ein hoher variabler Anteil der Bezüge sowie eine entsprechende Erfolgs- und Leistungsreagibilität anzustreben.

3. Aktuelle vergütungspolitische Gestaltungsfelder

Bezogen auf die Hauptkomponenten der Führungskräftevergütung ergeben sich heute drei wesentliche vergütungspolitische Gestaltungsfelder:

3.1 Funktions- und marktwertorientierte Gehaltssysteme

Angesichts der gewichtigen Rolle, die die Grundgehälter innerhalb der Führungskräftevergütung spielen, kommt ihrer Bemessung und Strukturierung eine zentrale Bedeutung zu. Zur vergütungsmäßigen Einstufung und Differenzierung der Führungsfunktionen bieten sich verschiedene Verfahren der Stellenbewertung an.

In der Vergangenheit wurden zumeist komplexe *analytische Bewertungssysteme* von Wissenschaft und Praxis zur Anwendung empfohlen und in vielen Unternehmen auch eingeführt. Diese überwiegend anforderungsorientierten Systeme haben die an sie gestellten Erwartungen im Allgemeinen nicht erfüllt. Sie erwiesen sich nicht nur als äußerst arbeits- und kostenaufwändig in der Einführungsphase, sie zeigen auch in der praktischen Anwendung erhebliche Mängel. Beklagt werden neben dem hohen administrativen Aufwand vor allem ihre bürokratische Schwerfälligkeit und Inflexibilität gegenüber internen und externen Veränderungen sowie die verstärkte Einflussnahme der Betriebsräte auf die Führungskräftevergütung. Hinzu kommt die wachsende Einsicht, dass selbst die aufwändigsten Bewertungssysteme die propagierten Ansprüche auf Objektivität und Gerechtigkeit nur sehr bedingt erfüllen und Ermessensentscheidungen nach wie vor breiten Raum lassen.

Aus diesem Grund bevorzugt man in letzter Zeit im Führungskräftebereich zunehmend einfach handhabbare, praktikablere Einstufungsverfahren. Diese vermeiden zumeist den aufwändigen Umweg der Analytik – von den Stellenaufgaben über die Erfassung und Bewertung verschiedener Anforderungsarten zur Gehaltsbestimmung – und verknüpfen stattdessen die Führungsaufgaben direkt mit den Bezügen. Die verschiedenen Funktionen werden dabei entsprechend ihrer externen Marktwerte sowie ihrer innerbetrieblichen Wertigkeit in ein System von Gehalts- bzw. Funktionsstufen eingeordnet. Die interne Wertigkeit wird entweder summarisch eingeschätzt oder mit Hilfe weniger möglichst objektiv feststellbarer Bewertungskriterien, die sich vorwiegend an den Ergebnisbeiträgen sowie am Verantwortungsrahmen der Funktionen orientieren, ermittelt.

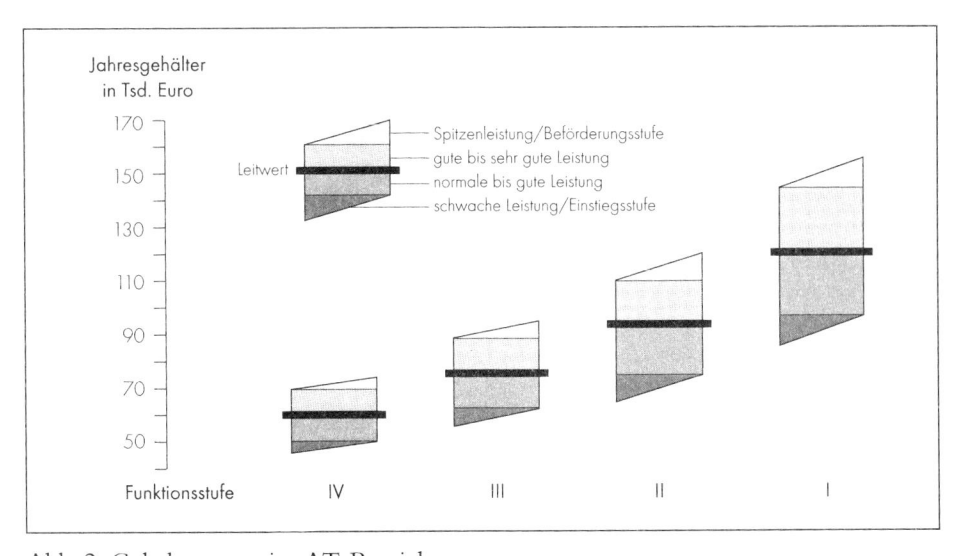

Abb. 2: Gehaltssystem im AT-Bereich

Die Zahl der Funktionsstufen ist gegenüber den herkömmlichen Systemen deutlich reduziert. Vier bis sechs einander überlappende Stufen für den AT-Bereich erweisen sich auch in Großunternehmen zumeist als völlig ausreichend. Dafür sind die finanziellen Bänder zwischen den unteren und oberen Grenzwerten der einzelnen Funktionsstufen gegenüber den herkömmlichen Systemen regelmäßig weiter gespannt. Bandbreiten von ± 30 % bis mehr als ± 50 % um die jeweiligen Leitwerte bieten größere Spielräume für Leistungsentwicklung und -honorierung innerhalb der Funktionsstufen und zugleich höhere Flexibilität bezogen auf die immer rascheren organisatorischen Veränderungen.

Soweit in diesen Gehaltssystemen Leistungsbeurteilungsverfahren integriert sind, konzentriert sich die Beurteilung auf wenige, möglichst klar definierte, aus der Tätigkeit abgeleitete Bewertungskriterien. Anders als in den traditionellen Verfahren handelt es sich dabei weniger um individuelle Eigenschaften oder Fähigkeiten der Führungskräfte, als vielmehr um das jeweils gezeigte Leistungsverhalten und seine Ergebnisse. Dies erleichtert sowohl dem Vorgesetzten die Bewertung und das diesbezügliche Feed-back, als auch den beurteilten Führungskräften die Akzeptanz der Bewertungsergebnisse und ihrer vergütungspolitischen Konsequenzen. Zugleich werden ihnen konkrete Handlungsfelder zur Leistungsverbesserung aufgezeigt.

3.2 Zielorientierte Bonussysteme als Umsetzungshebel

Bei den variablen Bezügen konzentrieren sich die Bestrebungen derzeit vor allem auf der Implementierung von Zielbonussystemen. Diese honorieren die Erreichung von Ergebnis- und Leistungszielen, die mit den Führungskräften jährlich vereinbart werden, und ergänzen die zunehmend praktizierten Managementsysteme „Führen mit Zielen" zu integrierten Gesamtkonzepten ergebnisorientierter Unternehmenssteuerung.

Die Führungskräfte handeln in diesen Konzepten wie Subunternehmer. Nach umfassender Information über die Unternehmens- und Bereichsziele definieren sie zu Beginn des Geschäftsjahres gemeinsam mit ihren Vorgesetzten ihre individuellen Beiträge zur Erreichung dieser Zielsetzungen. Zugleich wird als Anreiz zur Erbringung dieser Beiträge und zu ihrer Honorierung eine Bonusvereinbarung getroffen. Innerhalb des Geschäftsjahres arbeiten die Führungskräfte weitgehend eigenständig an der Realisierung der vereinbarten Leistungsbeiträge. Am Jahresende werden die tatsächlichen Zielerreichungen gemeinsam festgestellt und die daraus resultierenden Boni ermittelt. Auf diese Weise fungiert der Zielbonus als wirksamer Umsetzungshebel der Unternehmenszielsetzungen und -strategien.

Entsprechend dem angestrebten Gleichklang von Unternehmens- und Mitarbeiterinteressen honoriert der Zielbonus primär erzielte Resultate, nicht bloße Leistungsbemühungen. Die Führungskräfte partizipieren auf diese Weise in angemessener Form an den Chancen und Risiken ihres Unternehmens sowie am Erfolg oder Misserfolg ihres Verantwortungsbereiches bzw. ihrer eigenen Aktivitäten.

Die Ergebnis- und Leistungsziele, die mit den Führungskräften individuell vereinbart werden, leiten sich unmittelbar aus der jährlichen Unternehmensplanung und -budgetierung ab oder ergeben sich aus der spezifischen Aufgabenstellung der Führungskraft vor dem Hintergrund der generellen Unternehmens- bzw. Bereichsstrategien.

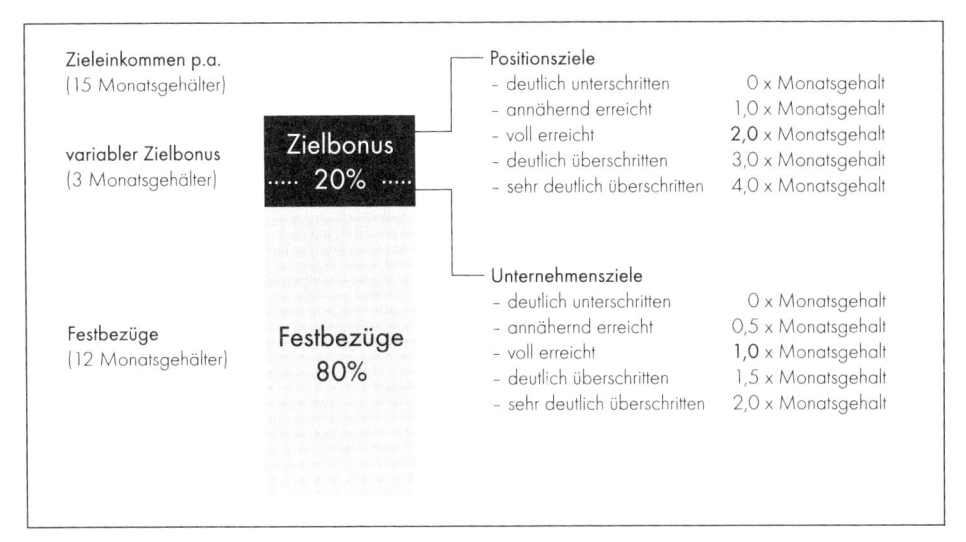

Zieleinkommen p.a. (15 Monatsgehälter)		Positionsziele	
	Zielbonus 20%	- deutlich unterschritten	0 x Monatsgehalt
variabler Zielbonus (3 Monatsgehälter)		- annähernd erreicht	1,0 x Monatsgehalt
		- voll erreicht	2,0 x Monatsgehalt
		- deutlich überschritten	3,0 x Monatsgehalt
		- sehr deutlich überschritten	4,0 x Monatsgehalt
		Unternehmensziele	
		- deutlich unterschritten	0 x Monatsgehalt
Festbezüge (12 Monatsgehälter)	**Festbezüge 80%**	- annähernd erreicht	0,5 x Monatsgehalt
		- voll erreicht	1,0 x Monatsgehalt
		- deutlich überschritten	1,5 x Monatsgehalt
		- sehr deutlich überschritten	2,0 x Monatsgehalt

Abb. 3: Zielbonussystem im Management

Sie beinhalten zum einen zentrale Leistungsstandards zu den Hauptaufgaben der jeweiligen Funktion. Zu diesen durchweg quantitativ fassbaren Zielkategorien zählen vor allem das Erreichen von Ergebnis- und Marktzielen oder die Durchsetzung von Kostenreduzierungen. Zum anderen leiten sie sich situationsbezogen aus der laufenden Geschäftstätigkeit ab, zielen auf Verbesserung bestehender Zustände und Abläufe oder umfassen einmalige Aktions- oder Projektziele, wie z. B. die Erschließung neuer Marktsegmente, den Abschluss von Reorganisationsmaßnahmen oder die erfolgreiche Einführung eines neuen Controllingsystems. Die Zielsetzungen dieser Kategorie lassen sich vielfach nicht quantitativ fassen, sondern verlangen eine qualitative Beurteilung.

Mit der Entwicklung der Balanced Scorecard (BSC) liegt inzwischen ein wirksames Instrument zur Operationalisierung der Unternehmensstrategien in konkrete Ziele und Aktionen vor. Als vierstufiges Strukturraster mit den Perspektiven: Finanzen, Kunden, interne Prozesse und Potentiale identifiziert und vernetzt die BSC die für eine erfolgreiche Strategieumsetzung entscheidenden Wert- und Leistungstreiber und schafft damit eine fundierte Grundlage für positionsspezifische Zielvereinbarungen.

Drei bis vier solcher Ziele, präzise definiert und nach betrieblicher Priorität gewichtet, bieten die Bezugsbasis für leistungsmotivierende variable Bezüge. Die Untermauerung durch Maßnahmen- und Zeitpläne ermöglicht die laufende Fortschrittskontrolle durch die Vorgesetzten und zugleich die erwünschte Eigensteuerung.

Zugleich ist es wichtig, die für die Zielerfüllung verantwortlichen Führungskräfte weitgehend in den Prozess der Zielfindung und -festlegung einzubeziehen. Dies erhöht ihre Identifikation mit den vereinbarten Zielen und steigert so ihr Engagement für die Zielerfüllung. Dieser Einbezug der Führungskräfte darf allerdings nicht dazu führen, dass die vereinbarten Ziele ihren herausfordernden Charakter einbüßen und statt dessen einer übervorsichtigen Planungsmentalität Vorschub geleistet wird. Hier ist die Unternehmensplanung in besonderer Weise gefordert, für anspruchsvolle, aber realistische Zielsetzungen die fundierte Informationsbasis zu schaffen.

Neben der Honorierung positionsspezifischer Zielbeiträge werden für die Führungskräfte regelmäßig Teile ihrer variablen Bezüge mit der Erreichung übergeordneter Unternehmensziele verknüpft. Diese Verknüpfung unterstreicht die gemeinsame Verantwortung der Führungskräfte für das Gesamtunternehmen und seine Geschäftsprozesse, fördert ihren Teamgeist und beugt zugleich unerwünschten Ressortegoismen vor.

In dem dargestellten Beispiel, das in seiner Struktur für die Bonussysteme im mittleren Management typisch ist, reicht die Bonusspanne von null bis sechs Monatsgehältern. Für die 100%ige Zielerreichung sind drei Monatsgehälter in Aussicht gestellt. Diese Relation zwischen festen und variablen Bezügen von 80:20 wird nach empirischen Feststellungen im Übrigen von den Führungskräften eindeutig präferiert. Die gewählte Gewichtung zwischen Positions- und Unternehmenszielen von 2:1 trägt der stärkeren Beeinflussbarkeit der positionsbezogenen Zielerreichung durch die Führungskräfte Rechnung. Sie kann je nach Unternehmenssituation und Führungsphilosophie durchaus unterschiedlich ausfallen.

Zielorientierte variable Bezüge sind um so einfacher und wirkungsvoller einzuführen, je stärker die Führungskräfte in der Vergangenheit bereits partizipativ geführt wurden. Aber auch für Unternehmen, die diese Art der Führung bisher nicht praktizieren, lohnt sich die Einführung solcher Zielbonussysteme. Für sie ist es zugleich ein wichtiger Schritt zu einer zeitgemäßeren Mitarbeiterführung.

Der Erfolg des Managementkonzeptes „Führen mit Zielen" hängt im Übrigen entscheidend davon ab, dass die Unternehmensziele kaskadenförmig über die Leitungsebenen hinweg bis auf die einzelnen Mitarbeiter bzw. Mitarbeitergruppen heruntergebrochen werden, die durch ihre Leistungsbeiträge diese Zielerreichung letztlich sicherstellen. Aus diesem Grund gewinnen auch die Zielbonussysteme über den Kreis der Führungskräfte hinaus heute zunehmend unternehmensweite Bedeutung. Am Ende dieser Entwicklung steht ein integriertes Gesamtkonzept von Führung und Vergütung, das für die gesamte Belegschaft gilt und sich konsequent auf die Unternehmensziele ausrichtet.

3.3 Zusatzleistungen auf dem Prüfstand

Freiwillige betriebliche Zusatzleistungen erfreuen sich bei Führungskräften einer ungebrochen hohen Wertschätzung. Die Attraktivität resultiert zum einen aus Wirtschaftlichkeitserwägungen vor allem im Hinblick auf ihre steuerliche Behandlung, zum anderen aber auch aus Sicherheits- und Anerkennungsbedürfnissen der Führungskräfte.

Der stetige Zwang zur Rationalisierung und Personalkostensenkung führt die Unternehmen derzeit auch bei den Zusatzleistungen zu kritischer Revision. Dabei darf es allerdings nicht bei einer bloßen Reduzierung des Gesamtaufwandes für diese Leistungen bleiben. Es gilt vielmehr, trotz niedrigeren Kostenrahmens die Attraktivität des Leistungsangebotes möglichst unverändert zu halten oder doch die verfügbaren Mittel für jeden Mitarbeiter mit dem größtmöglichen Nutzen einzusetzen.

Hierzu bietet sich zunächst die Umstrukturierung der Angebotspalette von kaum noch bedarfsgerechten, insofern wenig attraktiven Leistungen zu solchen Leistungen, die sich bei Führungskräften auf Grund ihrer spezifischen Bedürfnisstruktur besonderer Wertschätzung erfreuen. Die individuelle Attraktivität der jeweiligen Leistungen ist dabei durch fundierte Analysen der Mitarbeiterpräferenzen zu erfassen.

Wichtige Zusatzleistungen für leitende Angestellte (1. Ebene) - Verbreitung und Ausgestaltung -	
Betriebliche Altersversorgung Empfänger: 80% Höhe: 20-25% der letzten Festbezüge	**Firmenwagen zur Privatnutzung** Empfänger: 70% ⌀ Anschaffungspreis: 33 Tsd. €

Gehaltsfortzahlung
 - bei Krankheit
   Empfänger: 80%
   ⌀ Dauer: 6 Monate
 - bei Tod
   Empfänger: 60%
   ⌀ Dauer: 3 Monate
	Unfallversicherung
	 Empfänger: 70%
	 ⌀ Versicherungssumme
	 - bei Tod: 100 Tsd. €
	 - bei Invalidität: 200 Tsd. €
	
	 Stand: 2002

In die gleiche Richtung zielen die stärkere Flexibilisierung und Individualisierung der bisher zumeist starren, kollektiv geregelten Leistungsangebote. Die Spannweite der Möglichkeiten reicht von einer stärker gruppenspezifischen Differenzierung von Inhalt und Kosten der angebotenen Zusatzleistungen, etwa nach einzelnen Hierarchiestufen und damit Vergütungsklassen, nach Familienstand oder Lebensaltersgruppen, bis hin zu Cafeteriasystemen, in denen sich die Führungskräfte jährlich aus einer Leistungspalette im Rahmen eines fixierten Kostenbudgets individuell die für sie passenden Elemente und Ausgestaltungen entsprechend ihrer persönlichen Bedürfnisstruktur auswählen.

Zwar handelt es sich bei diesen Systemen letztlich um vergütungspolitische Visionen, deren betriebliche Realisierung in Deutschland im Gegensatz etwa zu den USA auf Grund der erheblichen arbeits- und steuerrechtlichen Restriktionen kaum praktikabel erscheint. Dennoch liefert ihre Leitidee, durch individuelle Auswahl der Leistungen ein Höchstmaß an Attraktivität sicherzustellen, für die sinnvolle Ausgestaltung der Zusatzleistungen wertvolle Impulse. Gleiches gilt für die Forderung nach weitgehender Transparenz von Inhalt und Wert der gebotenen Leistungen. Sie ist in deutschen Unternehmen durchweg nicht gegeben. Ein verbreitetes Informationsdefizit über Kosten und Leistungsinhalte selbst attraktiver Zusatzleistungen, etwa der betrieblichen Altersversorgung, verhindert vielfach bei den begünstigten Führungskräften die volle Entfaltung der Anreizwirkung. Das in den meisten Unternehmen geübte eher defensive Informationsverhalten über Zusatzleistungen muss zu diesem Zweck in eine offensive Informationspolitik umgestaltet werden. Erforderlich ist dazu die Entwicklung einer Kommunikationsstrategie, die nicht nur ein vertieftes Verständnis der gebotenen Leistungsprogramme vermittelt, sondern zugleich ihre personalpolitische Zielrichtung aufzeigt und somit die Mitarbeiter bereits zu gewünschtem Verhalten motiviert.

Dieses wird um so dringlicher, je stärker sich auch bei den Zusatzleistungen – analog der Entwicklung im monetären Bereich – das Prinzip der Leistungs- und Erfolgsorientierung durchsetzt. Dies betrifft derzeit vor allem die betriebliche Altersversorgung. Hier ist in jüngster Zeit eine deutliche Zunahme „beitragsorientierter" Systeme zu verzeichnen. Die Versorgungszusagen sind nicht länger in Prozenten des letzten Festgehaltes definiert, sondern setzen sich bausteinförmig aus Beiträgen der in den verschiedenen Jahren jeweils erzielten Gesamtbezüge, einschließlich variabler Elemente, zusammen. Auf diese Weise findet die Entwicklung sowohl der individuellen Leistungen als auch der Unternehmenserfolge während des Arbeitslebens angemessene Berücksichtigung.

Diese Neuorientierung der Zusatzleistungen steht zwar noch an ihrem Anfang, doch dürfte sie die Vergütungspolitik der nächsten Jahre entscheidend prägen. Eine weitere, noch gravierendere Veränderung bahnt sich derzeit mit der bereits in vielen Unternehmen praktizierten „Aufgeschobenen Vergütung" (Deferred Compensation) an. Sie bietet den Mitarbeitern die steuerlich interessante, inzwischen auch rechtlich abgesicherte Möglichkeit, Teile der monetären Bezüge als Eigenleistung der betrieblichen Altersversorgung zuzuführen. Angesichts der spürbaren Zurückhaltung der Unternehmen bei betrieblichen Pensionszusagen findet diese Option bei den Mitarbeitern eine hohe Akzeptanz. Zugleich aber leistet sie durch die Gegenüberstellung von Barbezügen und Zusatzleistungen einer Total Compensation-Betrachtung Vorschub. Diese beruht auf dem Grundgedanken, dass das Unternehmen letztlich einen bestimmten finanziellen Gesamtbetrag als Gegenwert für die Arbeitsleistungen eines Mitarbeiters aufwendet. Dieser Gesamtbetrag, der sich nach Abzug gesetzlich normierter Sozialleistungen aus Festgehalt und variablen Bezügen zusammensetzt, kann demzufolge dem Mitarbeiter auch angeboten werden. Es obliegt dann seiner individuellen Nutzeneinschätzung, ob er einzelne betriebliche Zusatzleistungen gegen entsprechende Reduzierung seiner Barbezüge einkauft.

Diese Gesamtbetrachtung diente in der Vergangenheit primär als rechnerisches Investitionskalkül. Inzwischen sind jedoch einzelne Unternehmen dazu übergegangen, die Vergütung bestimmter Mitarbeitergruppen, insbesondere von Top-Leistern in Handel und Vertrieb, auf Total Compensation-Systeme umzustellen. Angesichts des verschärften Wettbewerbs um hochqualifizierte Mitarbeiter und der wachsenden Internationalisierung der Personalmärkte dürften diese Systeme künftig zunehmende Verbreitung finden.

4. Vergütungsmanagement als Chefsache

Die Qualität und das Engagement der Führungskräfte bestimmen maßgeblich den Erfolg ihrer Unternehmen. Sie werden in Zukunft zu einem entscheidenden Wettbewerbsfaktor. Angesichts der zentralen Rolle, die ein attraktives, effizient gestaltetes Vergütungsmanagement spielt, um qualifizierte Führungskräfte zu gewinnen und in ihren Aktivitäten an den Unternehmenszielen auszurichten, ist hier die Unternehmensleitung in besonderer Weise gefordert. Sie darf diese unternehmerische Aufgabe keineswegs den Personalabteilungen allein überlassen. Sie selbst sollte vielmehr in die zukunftsorientierte Gestaltung der Vergütung ihrer Führungskräfte deutlich mehr Zeit und Engagement investieren, als es bislang in den meisten Chefetagen geschieht. Indem sie sich dieser Herausforderung stellt, leistet sie zugleich einen wichtigen Beitrag zu einer erfolgs- und leistungsorientierten Unternehmenskultur. Die folgende Checkliste zum Vergütungsmanagement kann hierzu wesentliche Handlungsimpulse liefern:

Checkliste zum Vergütungsmanagement
Gesamtvergütung • Unterstützt die Vergütungspolitik nachhaltig die Unternehmenszielsetzungen und -strategien (ökonomische Effektivität)? • Trägt die Vergütungsdifferenzierung zwischen Funktionen und Leitungsebenen den unterschiedlichen Beiträgen zum Unternehmenserfolg angemessen Rechnung (Funktions- und Leistungsgerechtigkeit)? • Sind Höhe und Ausgestaltung der Gesamtvergütung im Vergleich zu relevanten Wettbewerbern hinreichend attraktiv (Marktgerechtigkeit)? • Sind die verschiedenen Vergütungskomponenten unter Kosten- und Nutzenaspekten optimal gestaltet (Gestaltungseffizienz)? • Besitzt die Vergütung in Höhe und Struktur eine hinreichende Flexibilität gegenüber Leistungs- und Erfolgsschwankungen? • Sind die entsprechenden Vereinbarungen klar und eindeutig gefasst und arbeitsrechtlich wirksam geregelt?

Monetäre Bezüge	Zusatzleistungen
• Weist die Struktur der Bezüge (fix/variabel) eine eindeutige Erfolgs- und Leistungsorientierung auf? • Fördern die variablen Bezüge durch adäquate Bezugsgrößen nachhaltig die Erreichung der Unternehmensziele? • Orientiert sich die Entwicklung der Festgehälter maßgeblich an der individuellen Leistung sowie am Unternehmenserfolg?	• Ist die Leistungspalette auf die individuellen Bedürfnisse der Mitarbeiter zugeschnitten? • Sind Inhalt und Kosten der Leistungen den Mitarbeitern, aber auch dem Unternehmen transparent? • Wird durch steueroptimale Gestaltung der einzelnen Leistungen ein höchstmöglicher Nettonutzen realisiert? • Besteht hinreichende Flexibilität bei Bedarfs- und Kostenveränderungen?

Literatur

Evers, H. (1995). Entgeltpolitik für Führungskräfte. In A. Kieser, G. Reber, R. Wunderer (Hrsg.), Handwörterbuch der Führung. Sp. 297–306. 2. Aufl. Stuttgart 1995.

Evers, H. (1998). Variable Bezüge für Führungskräfte: Wertorientierung als Herausforderung. In B. Pellens (Hrsg.), Unternehmenswertorientierte Entlohnungssysteme. S. 53–67. Stuttgart 1998.

Evers, H. (1999). Vergütungsberatung. In Th. Sattelberger (Hrsg.), Handbuch der Personalberatung. S. 356–365. München 1999.

Evers, H. (2001). Vergütungspolitik im Umbruch. Zielbonussysteme für Führungskräfte. In: Personal 2/2001. S. 86–89.

Evers, H. (2001). Stand und Entwicklung variabler Vergütungssysteme in Deutschland. In D. von Eckardstein (Hrsg.), Handbuch Variable Vergütung für Führungskräfte. S. 27–45. München 2001.

Kaplan, R. S. & Norton, D. P. (Hrsg.). (1997). Balanced Scorecard. Strategien erfolgreich umsetzen. Aus dem Amerikanischen von Horváth, P. Stuttgart 1997.

Kienbaum Vergütungsberatung (Hrsg.). (2002). Vergütungsstudie 2002, Bd. I: Leitende Angestellte. Gummersbach 2002.

Kienbaum Vergütungsberatung (Hrsg.). (2002). Vergütungsstudie 2000/2001. Vorstands- und Aufsichtsratsmitglieder. Gummersbach 2002.

Wagner, D. (1991). Anreizpotenziale und Gestaltungsmöglichkeiten von Cafeteria-Modellen. In G. Schanz (Hrsg.), Handbuch Anreizsysteme in Wirtschaft und Verwaltung. S. 91–109. Stuttgart 1991.

Winter, S. (1997). Möglichkeiten der Gestaltung von Anreizsystemen für Führungskräfte. In: Die Betriebswirtschaft 57/1997. S. 615–629.

Désirée H. Ladwig und Michel E. Domsch

Vorgesetztenbeurteilung

1. Grundlagen
2. Formen
3. Prozessmanagement
4. Ausblick

1. Grundlagen

1.1 Ausrichtung

„Vorgesetztenbeurteilungen" führen zur Teamentwicklung. Im Rahmen partizipativer Führung und Zusammenarbeit muss es das Anliegen des Vorgesetzten sein, teamorientiert zu führen und sich als Teil des Teams zu empfinden. Hierzu gehören auch die Einschätzung des Vorgesetztenverhaltens durch die anderen Teammitglieder und eine entsprechende intensive Diskussion darüber.

Das Thema „Vorgesetztenbeurteilung" war allerdings in der Praxis lange tabuisiert. In den letzten Jahren hat sich das auffällig geändert. Denn diese Form der Beurteilung findet als Ergänzung zu gängigen Personalbeurteilungsformen seit Ende der 70er-Jahre in der Praxis immer mehr Beachtung (Domsch, 1992; Ludwig, 1994; Hofmann, Köhler & Steinhoff, 1995). Dazu beigetragen haben:

- die generellen Diskussionen über Art und Umfang partizipativer Führung im Zusammenhang mit einer konsequenten Demokratisierung der Wirtschaft;
- die individuellen Wünsche der Mitarbeiter nach mehr Selbst- und Mitbestimmung auch im Arbeitsleben im Rahmen der Wertewandeltendenzen (v. Rosenstiel, 1992);
- Konzeptionen und Erfahrungen mit den vielfältigsten Formen der Organisations- und Teamentwicklung.

Im Rahmen dieser Tendenzen ist die Zusammenarbeit zwischen Vorgesetzten und ihren Mitarbeitern häufig intensiver, vielfältiger, konstruktiver und angstfreier geworden. Gewachsen ist auch die Einsicht, dass teamorientierte Verhaltensweisen Erfolg versprechender sind als isolierte Einzelaktionen. Und zur erforderlichen Kommunikation innerhalb eines Teams gehören auch der Austausch und die Diskussion von gegenseitigen Einschätzungen der bisherigen Leistung, des beobachteten bzw. empfundenen Verhaltens und des vermuteten Potenzials. Dies gilt für beide Richtungen:

- für Vorgesetzte mit Blick auf ihre Mitarbeiter („traditionelle Mitarbeiterbeurteilungen" bzw. „Abwärtsbeurteilungen")
- für Mitarbeiter mit Blick auf ihre Vorgesetzten („Vorgesetztenbeurteilungen" bzw. „Aufwärtsbeurteilungen").

Im Rahmen der empirischen Sozialforschung ist die Führungsforschung schon lange üblich. Dort dient die Beschreibung von Führungsverhalten durch unterstellte Mitarbeiter der Gewinnung theoretischer allgemein gültiger Aussagen, u. a. über Dimensionen des Führungsverhaltens, über die Bildung von Führungsstiltypen, über die Wirkungen verschiedener Führungsstile oder etwa über die Wirkung relevanter intervenierender Variablen. Vorgesetztenbeurteilungen gehören außerdem zu den festen Bestandteilen der 360°-Beurteilungen.

1.2 Begriff

Unter einer Vorgesetztenbeurteilung wird hier somit verstanden:

- ein personalwirtschaftliches Instrument der Einschätzung von Leistung, Verhalten und Potenzial des Vorgesetzten

- durch die ihm unterstellten Mitarbeiter
- mit Hilfe eines systematisierten und standardisierten Vorgangs
- mit dem generellen Ziel einer konstruktiven, partnerschaftlichen und erfolgreichen Gestaltung
- des Beziehungsfeldes Vorgesetzte – Mitarbeiter
- als ein Element der partizipativen Führung und Zusammenarbeit
- eingebunden in eine Teamentwicklung
- in einer hierfür reifen Unternehmenskultur.

Obwohl die Bezeichnung „Vorgesetztenbeurteilung" oft eine emotionale, zum Teil aggressive Reaktion insbesondere bei einem Teil der Führungskräfte auslöst („Vorgesetzte werden nicht beurteilt"; „Mitarbeiter besitzen gar nicht die Fähigkeit, den Überblick schon gar nicht, Vorgesetzte zu beurteilen"; „Mit diesen basisdemokratischen, neumodischen Dingen werden bewährte Strukturen destruktiv in Frage gestellt" etc.), wird sie hier verwendet. Trotzdem kann es nicht übersehen werden, dass der Begriff „Beurteilung" auch weniger in das Bild des Managers für die 90er-Jahre passt. Hier wird eher der „Moderator" oder der „Coach" gesehen, der Teams beratend und motivierend zur Verfügung stehen soll. Insofern ist die Grenze zu einem primus inter pares im Rahmen einer Gruppenkonstellation nähergerückt. Der Begriff „Beurteilung" könnte der Vorstellung einer teamorientierten Zusammenarbeit widersprechen. Unter Berücksichtigung dieser grundsätzlichen Kommentierung wird jedoch der Begriff „Vorgesetztenbeurteilung" in diesem Beitrag weiterhin benutzt.

1.3 Ziele

Mit einer Vorgesetztenbeurteilung kann eine Vielzahl von Zielen verbunden sein. Hierzu gehören insbesondere:

- Informationsgewinnung im Sinne einer Marktforschung, um herauszufinden, inwieweit die Mitarbeiter als „Kunden" des Führungsverhaltens des Vorgesetzten sein Auftreten empfinden, akzeptieren oder sich eine Veränderung wünschen (Diagnosefunktion);
- Überprüfung von verändertem Verhalten dahingehend, ob und inwieweit für die betroffenen Mitarbeiter Veränderungen spürbar werden (Kontrollfunktion);
- Umsetzung des Gedankenguts über partizipative Führung und Zuammenarbeit in konkrete Maßnahmen, hier durch das Instrument der Vorgesetztenbeurteilung selbst (Partizipationsfunktion);
- Integration eines Elementes der Organisations- und Teamentwicklung in den Vorgesetzten-Mitarbeiterbereich (Teamentwicklungsfunktion);
- Entwicklung von Führungseigenschaften (Personalentwicklungsfunktion);
- Erhöhung der Arbeitszufriedenheit (Motivationsfunktion);
- Leistungssteigerung im Vorgesetzten-Mitarbeiterbereich (Leistungsfunktion).

Im konkreten Anwendungsfall kann eine Mischung oder Auswahl der genannten Ziele relevant sein.

Allerdings sollte nicht übersehen werden, dass die primären Ziele der „Vorgesetztenbeurteilung" eine Leistungssteigerung und/oder Erhöhung der Arbeitszufriedenheit im „Team Vorgesetzter-Mitarbeiter" sind. Dabei ist zu beachten, dass in der Regel diese Zielgrößen nicht alleine von dem erfolgreichen Einsatz eines personalwirtschaftlichen Instrumentes abhängen. Insofern ist die Vorgesetztenbeurteilung als Bestandteil der gesamten Unternehmenskultur, des gelebten Führungskonzeptes und des vorhandenen betrieblichen Anreizsystems zu sehen.

1.4 Methodische Anforderungen

Bei der konkreten Ausgestaltung sind aus der Sicht der Personalforschung (REINECKE, 1983; MARTIN, 1988) verschiedene methodische Anforderungen zu beachten. Hierzu zählen insbesondere:

- *Relevanz:* Die Informationen müssen auf den Beurteilungszweck bezogen und für das Vorgesetztenverhalten bedeutungsvoll sein.
- *Verständlichkeit:* Der Vorgesetzte muss die Informationen inhaltlich aufnehmen und verstehen können.
- *Verifizierbarkeit:* Die Aussagen müssen belegbar und nachprüfbar sein.
- *Begrenzung:* Der Umfang der Informationen darf die Aufnahme- und Verarbeitungskapazität des Vorgesetzten nicht überschreiten.
- *Beeinflussbarkeit:* Der Vorgesetzte muss die Möglichkeit haben, durch sein Verhalten (bzw. durch Verhaltensänderungen) die Feedback-Aussagen beeinflussen zu können.
- *Vergleichbarkeit:* Der Vorgesetzte muss in der Lage sein, seine Beurteilung anhand bestimmter Standards oder Beurteilungsmaßstäbe einordnen zu können.
- *Offenheit:* Die Feedback-Aussagen dürfen nicht als ein endgültiges Urteil verstanden werden, sondern sind als Ausgangspunkt von Entwicklungsprozessen zu betrachten.
- *Respekt:* Die Feedback-Aussagen dürfen die persönliche Integrität des Vorgesetzten nicht verletzen. Sie müssen von Respekt und Achtung vor der anderen Person getragen sein.
- *Wechselseitigkeit:* Vorgesetzte und Mitarbeiter müssen sich der beiderseitigen Verantwortung bewusst sein und sich den „reciprocal character of feedback" in den Führungsbeziehungen vergegenwärtigen.

Auf die allgemein bekannten und auch für die Vorgesetztenbeurteilung wichtigen Gütekriterien wie Reliabilität (Zuverlässigkeit) und Validität (Gültigkeit) sowie auf spezifische Urteilstendenzen (vgl. den Beitrag von NERDINGER, in diesem Band) wird hier nur hingewiesen.

Allerdings kommt es natürlich im betrieblichen Alltag oder in bestimmten Situationen wiederholt geplant wie auch spontan zu „Beurteilungen" – auch des Vorgesetzten. Unabhängig davon, dass diese oft „in Gedanken" stattfinden, treten sie in Einzelgesprächen am Arbeitsplatz, im Rahmen von Mitarbeitergesprächen, bei Abteilungssitzungen, während Fortbildungsveranstaltungen, in Zirkelgruppen etc. auf. Damit gehören „Beurteilungen", „Einschätzungen", „Meinungsäußerungen" zum betrieblichen Alltag. Bei der hier darzustellenden Vorgesetztenbeurteilung wird jedoch eine ganz bestimmte Gruppe personalwirtschaftlicher Instrumente beschrieben. Durch sie wird die Beurteilung in einer systematischen und standardisierten Form provoziert.

2. Formen

Grundsätzlich ist eine Vielzahl verschiedener Formen von Vorgesetztenbeurteilungen denkbar. In diesem Zusammenhang wird zwischen inhaltlichen, formalen und methodischen Gestaltungskomponenten unterschieden. Sie ergeben insgesamt gesehen jeweils eine bestimmte Form einer Vorgesetztenbeurteilung.

2.1 Komponenten

Abbildung 1 weist im Rahmen eines morphologischen Kastens eine Auswahl besonders wichtiger formaler Beschreibungskomponenten und ihrer möglichen Ausprägungen aus.

Durch die Festlegung bestimmter inhaltlicher und methodischer Komponenten sowie ihrer Ausprägungen wird die konkrete Form einer Vorgesetztenbeurteilung beschrieben.

2.2 Ausgewählte Konzeptionen

Aus der Vielzahl denkbarer Konzeptionen wird hier eine Auswahl getroffen. Dargestellt werden drei einfache Verfahren. Auf einschlägige Literatur, in der weitaus differenziertere Konzeptionen vorgestellt und diskutiert werden, wird am Schluss des Beitrages hingewiesen.

Modell A: „Radar-Diagramm"
Während im Rahmen von Vorgesetztenbeurteilungen die einzelnen Verhaltensbereiche der Führung und Zusammenarbeit jeweils durch mehrere unterschiedliche Fragen behandelt werden (analytische Variante), kann es sinnvoll sein, sich zunächst auf eine aggregierte Betrachtungsweise zu konzentrieren (summarische Variante). So werden zum Beispiel zu Beginn eines moderierten Workshops Mitarbeiter aufgefordert, „offen" oder „verdeckt in einer Wahlkabine" durch das Kleben von Punkten auf einen „Radarschirm" (Abbildung 2) das von ihnen empfundene Führungsverhalten ihres Vorgesetzten einzuschätzen. Damit können in einer zeitökonomischen Vorgehensweise relativ schnell besonders problematische Bereiche identifiziert und einer intensiven und detaillierten Behandlung (Diskussion über Beispiele, Ursachen, Beteiligte, Motive, Änderungsmöglichkeiten etc.) zugeführt werden. Hier empfiehlt es sich allerdings, diesen Erhebungs- und Diskussionsprozess zunächst ohne den betroffenen Vorgesetzten, aber mit Unterstützung eines Moderators, durchzuführen. Erst nach der Erarbeitung einer Gruppenaussage sollte im nächsten Schritt der Kreis erweitert werden. Ansonsten besteht die Gefahr, dass kritische Meinungen zurückgehalten werden, da anwesende Vorgesetzte dominierend und abwehrend den Gruppenprozess beeinflussen.

Zudem kann der Vorgesetzte aufgefordert werden, ein „Selbstbild" in dem „Radar-Diagramm" zu erstellen. Gegenüberstellungen seiner Einschätzung mit den Einschätzungen der Mitarbeiter ergeben in der Regel interessante und fruchtbare Diskussionen sowie wesentliche Schritte in Richtung einer gemeinsamen Teamentwicklung unter der Begleitung eines erfahrenen Moderators. Denn das „Radar-Diagramm" selbst kann zunächst nur grobe Hinweise geben.

Beschreibungsmerkmale (Auswahl)	Ausprägungen (Auswahl)			
Erfassungsform	schriftlich (per Fragebogen)	mündlich (per Interview/Gespräch)	teils schriftlich/ teils mündlich	
Verbindlichkeit	freiwilliger Einsatz		vom Unternehmen vorgeschrieben/ umfassend initiiert	
Personenbezug	direkter Vorgesetzter	direkter und nächsthöherer Vorgesetzter	bestimmte Zielgruppen aus dem Vorgesetztenbereich	Management insgesamt
Einbindung	nur Vorgesetztenbeurteilung		in eine umfassende Mitarbeiterbefragung integriert	
Prozessumfang	nur Durchführung der Vorgesetztenbeurteilung	auch Diskussion der Ergebnisse mit den beurteilenden Mitarbeitern	Integration in einen Prozess der Organisations- und Teamentwicklung	
Anonymität	vollständig anonym (ohne Namensangabe)		mit Namensangabe des Beurteilenden	
Standardisierung	vollständig standardisiert	teil-standardisiert	nur freie Antworten	
Häufigkeit	einmalig	fallweise	regelmäßig (z. B. im Verbund mit dem Mitarbeitergespräch)	
Richtung	Beurteilung nur durch die Mitarbeiter (Fremdbild/einseitig)		auch Beurteilung/Selbsteinschätzung durch Vorgesetzte (Selbstbild/zweiseitig)	
Feedback	Ergebnisse nur an die beurteilten Vorgesetzten	Ergebnisse an die beurteilten Vorgesetzten und deren Mitarbeiter	Ergebnisse an Vorgesetzte, Mitarbeiter und Personalabteilung/Geschäftsleitung	

Abb. 1: Formale Komponenten der Vorgesetztenbeurteilung

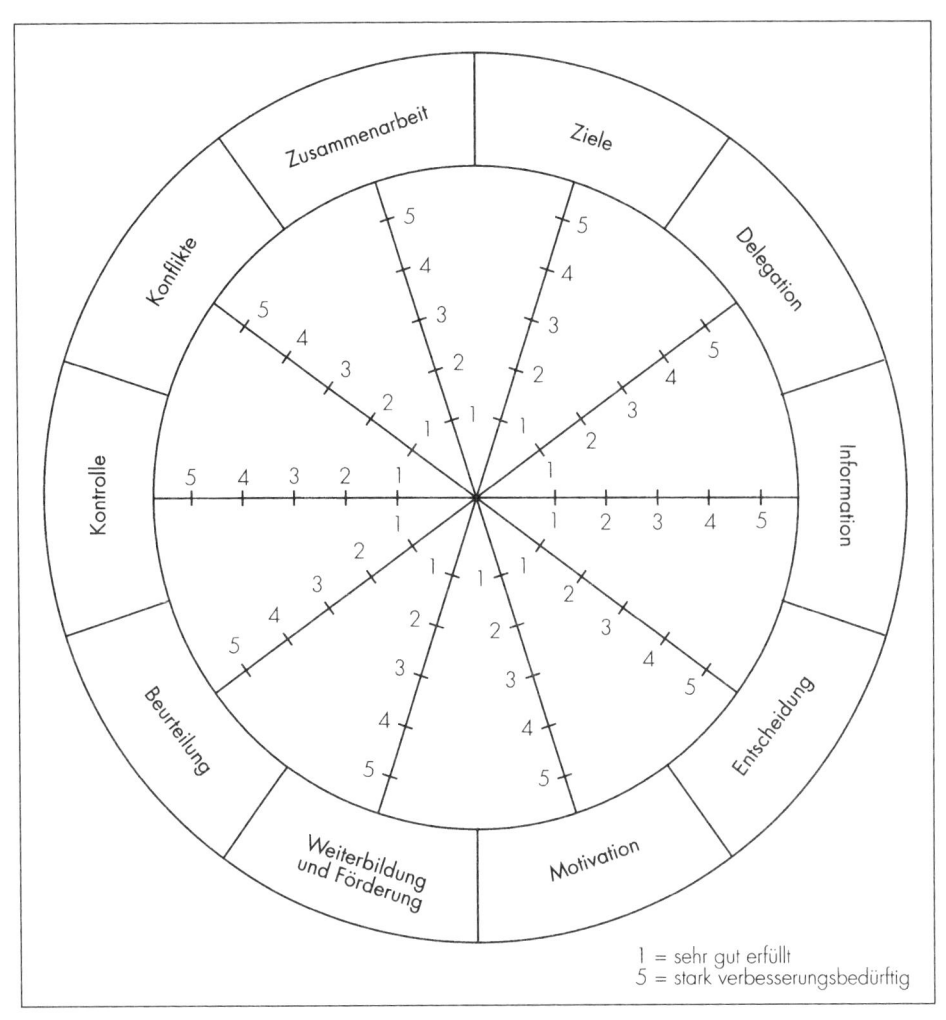

Abb. 2: „Radar-Diagramm"

Modell B: „Traditionelle Mitarbeiterbefragungen"
Die Form der globalen, indirekten „Vorgesetztenbeurteilung" wird unter der Bezeichnung „Mitarbeiterbefragung" seit ca. 20 Jahren zunehmend im deutschsprachigen Raum eingesetzt (BUNGARD & JÖNS, 1997).

Obwohl auch hier die vielfältigsten Formen diskutiert werden, hat sich die Benutzung des „Standardfragebogens" der Projektgruppe „Mitarbeiterbefragung" durchgesetzt (DOMSCH & LADWIG, 2000; vgl. auch den entsprechenden Beitrag in diesem Band). Angesprochen werden hier mit 57 Fragen die Themen Arbeitsplatz, Arbeitssituation, Information, Weiterbildung und Entwicklung, Führung, Kooperation/Koordination, Einkommen und Sozialleistungen, Unternehmensimage, Bindung an das Unternehmen, Statistik, offene Fragen.

Inzwischen liegen umfangreiche Erfahrungen über den Einsatz dieses Instrumentes vor. Es wird natürlich nicht nur zum Zwecke der „Vorgesetztenbeurteilung" eingesetzt. Aber alleine 16 Fragen betreffen unter dem Stichwort „Führung" Leistung und

Verhalten der Führungskräfte. Hier wird diese Form der Mitarbeiterbefragung als Möglichkeit zur „Vorgesetztenbeurteilung i. w. Sinne" genannt. Eine spezielle Erweiterung und ausschließliche Anwendung der Führungsfragen ist natürlich möglich und üblich.

Modell C: „Vorgesetzten-Check"
In diesem Modell der Vorgesetztenbeurteilung werden Leistung, Verhalten und Potenzial des Vorgesetzten anhand von vier Schwerpunktbereichen eingeschätzt:

– Identifikation mit dem Unternehmen
– Identifikation mit der Arbeit
– Einsatzbereitschaft
– Initiative.

Diese werden weiter untergliedert. Abbildung 3 zeigt das Erfassungsformular, das entsprechend modifiziert auch als „Selbstbild"-Aufnahme benutzt werden kann. Auch hier kann es sich zunächst nur um einen ersten Einstieg in eine intensive und moderierte Gruppendiskussion handeln. Insbesondere ist es wichtig, zu den kritischen Aussagen „critical incidents" zu sammeln und zu diskutieren.

Mein Vorgesetzter ...	ja				nein
A. Identifikation mit dem Unternehmen					
1. ... kennt Wertsystem und Ziele des Unternehmens	1	2	3	4	5
2. ... fühlt sich als Bestandteil der Firmenkultur	1	2	3	4	5
3. ... respektiert das Unternehmen, ist loyal	1	2	3	4	5
4. ... folgt den Leitlinien der Führung und Zusammenarbeit	1	2	3	4	5
5. ... fühlt sich mitverantwortlich für die Zukunft des Unternehmens	1	2	3	4	5
B. Identifikation mit der Arbeit					
1. ... stellt sich sowohl den Licht- als auch den Schattenseiten seiner Arbeit	1	2	3	4	5
2. ... identifiziert sich mit seinem Handeln	1	2	3	4	5
3. ... ist Partner im Arbeitsalltag	1	2	3	4	5
4. ... zeigt Begeisterung, Spaß, Humor	1	2	3	4	5
5. ... fühlt sich sicher	1	2	3	4	5
C. Einsatzbereitschaft					
1. ... besitzt Lernbereitschaft	1	2	3	4	5
2. ... besitzt Teambereitschaft	1	2	3	4	5
3. ... ist bereit, sich hohen Belastungen auszusetzen	1	2	3	4	5
4. ... ist bereit, sich Konflikten zu stellen	1	2	3	4	5
5. ... ist risikobereit	1	2	3	4	5
D. Initiative					
1. ... denkt mit, führt nicht nur aus	1	2	3	4	5
2. ... hat Vorstellungen darüber, worauf es ankommt	1	2	3	4	5
3. ... nutzt Handlungs- und Entscheidungsspielraum	1	2	3	4	5
4. ... liefert einen hohen Leistungsbeitrag	1	2	3	4	5
5. ... kommuniziert offen und intensiv	1	2	3	4	5

Abb. 3: Vorgesetzten-Check: Fremdbild über den Vorgesetzten

3. Prozessmanagement

3.1 Umsetzungsmaßnahmen

Obwohl bereits die Informationsgewinnung und die Diskussion der Ergebnisse für alle Beteiligten in der Regel von großem Nutzen sind, schließen sich folgerichtig gemeinsam besprochene Maßnahmen an. Beispiele enthält Abbildung 4, wobei unterschieden wird zwischen:

- individuellen Maßnahmen, die sich als Folge der Vorgesetztenbeurteilung auf einzelne Vorgesetzte und/oder Mitarbeiter beziehen;
- gruppen-/teamorientierten Maßnahmen, die sich auf Projektteams, ganze Abteilungen, Bereiche, Sparten, Außendiensteinheiten etc. oder bestimmte Gruppierungen daraus beziehen;
- unternehmensbezogenen Maßnahmen, die sich auf das ganze Unternehmen beziehen.

Natürlich können diese Maßnahmen in der Regel nicht isoliert durchgeführt werden, üblicherweise sind mehrere miteinander verbunden. Darüber hinaus sind sie in die gesamte Personalarbeit zu integrieren.

individuelle Maßnahmen	gruppen-/teamorientierte Maßnahmen	unternehmensbezogene Maßnahmen
• Besuch von verhaltensorientierten Weiterbildungsseminaren	• Durchführung von Teamentwicklungsseminaren	• Modifikation der Personalauswahlsysteme
• Erlernen von Self-Management-Techniken	• Einrichtung von informellen „come together"-Treffen	• Einführung des Instrumentes des Mitarbeitergesprächs
• Durchführung individueller Coaching-Gespräche	• Gemeinsamer Abbau von bürokratischen Hemmnissen	• Veränderung der Diagnose und Entwicklung von Führungspotential
• Teilnahme an Selbsterfahrungsgruppen	• Durchführung von Schnittstellenklausuren	• Umstrukturierung des gesamten Bildungsprogramms
• Beteiligung an Supervisions-Treffen	• Einführung neuer Informationsmedien	• Durchführung von speziellen Mitarbeiterbefragungen
• Beeinflussung eigener Karrierevorstellungen	• Verbesserung des Sitzungsmanagements	• Änderung von Führungsstrukturen und Laufbahnsystemen
• Einflussnahme auf Laufbahnentscheidungen	• Installation von Zirkelarbeit	• Einführung eines Personal-Controllings
• Gestaltung von job enlargement und job enrichment	• Überarbeitung/Aktualisierung der Stellenbeschreibungen und Kompetenzabgrenzungen	• Moderatorentraining für alle Führungskräfte
• Änderungen des individuellen Führungsverhaltens	• Änderung von Konflikthandhabungen von und in der Gruppe	• Einführung von Leitlinien der Führung und Zusammenarbeit
• Verändertes Verhalten zum eigenen Vorgesetzten		

Abb. 4: Umsetzung von Ergebnissen aus „Vorgesetztenbeurteilungen" (Beispiele)

3.2 Wirkungsanalyse

Vorgesetztenbeurteilungen sind weder Selbstzweck noch Allheilmittel für eine erfolgreiche Teamentwicklung im Bereich Führung und Zuammenarbeit. Deshalb ist es wichtig, auf Wirkungen hinzuweisen, die bei ihrem Einsatz auftreten können, natürlich aber nicht müssen. Dabei wird hier unterschieden zwischen:

- funktionalen Wirkungen, also zielentsprechenden Effekten, und
- dysfunktionalen Wirkungen, die den Zielsetzungen von Vorgesetztenbeurteilungen widersprechen.

Auch hier wird auf mögliche Synergieeffekte hingewiesen. Erfahrungen aus der Praxis führen zu einer Fülle von Hinweisen über funktionale und dysfunktionale Wirkungen, die in Abbildung 5 mit wesentlichen Beispielen ausgewiesen werden. Besonders ist natürlich bereits in der Planungsphase auf eventuelle dysfunktionale Wirkungen zu achten, so dass sie möglichst gar nicht auftreten. Dabei spielt eine erhebliche Rolle, inwieweit eine positive Einstellung aller betroffenen Personen(kreise) zur „Vorgesetztenbeurteilung" hinsichtlich der Teamentwicklung von Vorgesetzten/Mitarbeitern besteht. Mit allem Nachdruck ist abschließend darauf hinzuweisen, dass hier nur ein Teilelement der Teamentwicklung angesprochen wurde, das in den Gesamtprozess zu integrieren ist (vgl. den entsprechenden Beitrag von COMELLI, in diesem Band).

4. Ausblick

Vorgesetztenbeurteilungen sind ein Element partizipativer Führung und Zusammenarbeit. Alles spricht dafür, dass in den 90er-Jahren dieses gruppen- und teamorientierte Führungskonzept im Verbund mit anderen Personalbeurteilungsverfahren weiter ausgebaut wird. Insofern werden in diesem Rahmen auch Vorgesetztenbeurteilungen noch mehr als bisher an Bedeutung gewinnen. Allerdings setzt der Einsatz dieses personalwirtschaftlichen Instrumentes eine hierfür reife Unternehmenskultur voraus. Deshalb ist es bisher auch nur für einen Teil der Unternehmen relevant. Hier ist ebenfalls die anfängliche Bemerkung zu wiederholen, dass es sich weniger um eine „Beurteilung" im traditionellen Sinne, sondern primär um eine Facette in einem umfassenden Organisations- und Teamentwicklungsprozess handelt.

Bereich	Funktionale Wirkungen	Dysfunktionale Wirkungen
1. Vorgesetztenbereich	• Wissenszuwachs über Zusammenhänge von Führungsverhalten, Motivation und Leistungsverhalten • Positive Einstellung zur partizipativen Führung und Zusammenarbeit • Stärkeres Interesse an Beurteilungsprozessen • Stärkeres Interesse am eigenen Führungsverhalten und dessen Wirkung • Konkrete Ansätze für eigene Personalentwicklung • Input für Mitarbeitergespräche und deren Gestaltung • Grundlage für Zielvereinbarungen • Hinweise für erforderliche Organisations-/Teamentwicklungen	• Verunsicherungen des Vorgesetzten über das eigene Führungsverhalten • Belastung durch „Doppeldruck" von Vorgesetzten und Mitarbeitern („Schraubstockeffekt") • Generelle Ablehnung von Beurteilungsverfahren • Verkrampfung und Trotzreaktionen bei kritischen Beurteilungsergebnissen • Permanente Tendenz, den Mitarbeiterwünschen entsprechen zu wollen • Veränderung des Führungsverhaltens vor der Beurteilung zur Erreichung positiver Ergebnisse • Unrealistische Erwartungen hinsichtlich konkreter positiver Veränderungen
2. Mitarbeiterbereich	• Höhere Mitverantwortung für kooperative Zusammenarbeit • Überdenken des eigenen Verhaltens und des Kollegenverhaltens • Steigerung von Motivation, Selbstwertgefühl und Identifikation durch Chance zur direkten Partizipation • Höhere Sensibilität für Gruppenprozesse und Teamentwicklung • Chance, Leidensdruck abzubauen • Besseres Verständnis für das Vorgesetztenverhalten im Alltag und in speziellen Konfliktsituationen • Erhöhung der Arbeitszufriedenheit sowie Verbesserung des Leistungsverhaltens • Konstruktivere Durchführung von Mitarbeitergesprächen	• Verunsicherung wegen erhöhter Partizipationsmöglichkeit • Opportunistisches Verhalten gegenüber Vorgesetzten • Angst vor Sanktionen des Vorgesetzten • Unrealistische (zu hohe/zu niedrige) Erwartungen bezüglich konkreter Veränderungen • Auslegung als Basisdemokratie im Alltag • Bewußte Manipulation der Beurteilung durch überzogene Kritik („Rache") am Vorgesetzten • Überschätzung des eigenen Einflusses auf Veränderungsprozesse • Überforderungsgefühl durch falsch verstandene Demokratisierung • Empfinden der Vorgesetztenbeurteilung als Belastung aus Erziehung und Erfahrung heraus • Versuch, gute Beurteilungen gegen Vorteile „einzutauschen"
3. Unternehmensbereich	• Versachlichung der Vorgesetzten-Mitarbeiter-Beziehungen • Frühwarnsystem für Motivationsschwund, sinkende Arbeitszufriedenheit, Leistungseinbrüche etc. • Offenere Diskussion über tatsächliches Führungsverhalten • Überdenken der bisherigen Führungskonzeption • Gemeinsame Gestaltung von Führungsleitlinien und deren Umsetzung in partizipative Umgangsformen • Sensibilisierung für Organisations- und Teamentwicklungen • Neukonzeption des Bildungsprogramms • Einführung neuer partizipativer Elemente (Qualitätszirkel, Problemlösungsklausuren, Mitarbeiterbefragungen etc.)	• Auslegung als „basisdemokratische" Erschütterungen • Gegenwehr von Arbeitnehmervertretungen (Betriebsrat wie Sprecherausschuss) • Arbeitszeitverlust durch „endlose", „unproduktive" Diskussionen über die Ergebnisse und deren Umsetzen • Überschätzung der Wirkungen von Vorgesetztenbeurteilungen • Ablehnung von Veränderungsnotwendigkeiten aufgrund unterschiedlichster „Killerphrasen" • Bürokratisierung des Beurteilungsvorgangs • Einrichtung von „Klassengesellschaften" gemäß der Beurteilungsergebnisse

Abb. 5: Wirkungen von „Vorgesetztenbeurteilungen" (Beispiele)

Literatur

Bungard, W. & Jöns, J. (Hrsg.). (1997). Mitarbeiterbefragung. Ein Instrument des Innovations- und Qualitätsmanagements. Weinheim 1997.

Domsch, M.E. (1992). Vorgesetztenbeurteilung. In R. Selbach & K.-K. Pullig (Hrsg.), Handbuch Mitarbeiterbeurteilung. S. 255–298. Wiesbaden 1992.

Domsch, M. E. & Ladwig, D.H. (Hrsg.). (2000). Handbuch Mitarbeiterbefragung. Heidelberg 2000.

Hofmann, K., Köhler, F. & Steinhoff, V. (Hrsg.). (1995). Vorgesetztenbeurteilung in der Praxis. Konzepte, Analysen, Erfahrungen. Weinheim 1995.

Ludwig, D.H. (1994). Vorgesetztenbeurteilung von unten nach oben. Ein personalpolitisches Instrument bei der Esso AG. In: Personalführung, o. Jg., 1994, S. 650–657.

Martin, A. (1988). Personalforschung. München und Wien 1988.

Reinecke, P. (1983). Vorgesetztenbeurteilung. Ein Instrument partizipativer Führung und Organisationsentwicklung. Köln u. a. 1983.

Rosenstiel, L. v. (1992). Führungs- und Führungsnachwuchskräfte. Spannungen und Wandlungen in Phasen gesellschaftlichen Umbruchs. In: Zeitschrift für Personalforschung, 6, 1992, S. 327–351.

Michel E. Domsch und Bianka Lichtenberger

Der internationale Personaleinsatz

1. Einleitung
2. Ziele des internationalen Personaleinsatzes
3. Auswahl der Führungskräfte
4. Vorbereitung
5. Aufenthaltsdauer und Wiedereingliederung
6. Innovative Entwicklungen im internationalen Personaleinsatz

1. Einleitung

Die zunehmende Verflechtung der Weltwirtschaft zwingt auch Unternehmen mit Stammsitz in der Bundesrepublik Deutschland in eine immer intensivere Auslandsorientierung. Damit verbunden ist die Entscheidung, durch Produktionsstätten und Vertriebseinheiten verstärkt im Ausland vertreten zu sein (PERLITZ, 2000; MACHARZINA & OESTERLE, 1997).

Die Gründe für den Aufbau oder den teilweisen Erwerb von Tochtergesellschaften im Ausland sind vielfältig. Sie reichen von geringeren Produktionskosten, kürzeren Transportwegen und der Sicherung von Marktchancen, die nur durch örtliche Repräsentanzen erzielbar ist, bis zur Verringerung von Währungsrisiken oder der Anpassung an rechtliche Bestimmungen. Fast alle diese Investitionen sind nur denkbar, wenn zugleich auch Führungskräfte entsandt werden oder im Ausland eine Führungsmannschaft aufgebaut wird. Hiermit verbunden sind Anforderungen an das Personalmanagement, mit denen rein national operierende Unternehmen nicht konfrontiert sind (CLERMONT & SCHMEISSER, 1997; SCHERM, 2000; WEBER et al., 2001).

Hinzu kommt, dass die Produktions-, Vertriebs- und Dienstleistungsstätten im Ausland immer verantwortungsvollere Aufgaben erfüllen. Dieser hohe Leistungsstandard der ausländischen Niederlassungen führt zu hohen Anforderungen an die dort eingesetzten Fach- und Führungskräfte. Da die Entwicklung in vielen Bereichen auch in Zukunft zu einer weiteren Spezialisierung der Tochtergesellschaften führt, bedarf es zur Leitung dieser Unternehmen solcher Führungskräfte, die über hervorragende Führungsqualitäten, Markt-, Produkt- und Verfahrenskenntnisse, betriebswirtschaftliches Wissen und über Sensibilität für ein fremdes soziokulturelles Umfeld verfügen (ADLER, 2002; JACKSON, 2002).

Der Entsendung von Führungskräften kommt dabei eine entscheidende Bedeutung zu. In den vergangenen Jahren wurden zunehmend auch Mitarbeiter des Gastlandes für Führungsaufgaben in den Tochtergesellschaften herangezogen (MACHARZINA & WOLF, 1996). Dadurch verringert sich die Zahl der Auslandsentsendungen, nicht aber die qualitativen Anforderungen an die entsandten Führungskräfte. Vielmehr bedeutet die Einbeziehung aller Führungskräfte sowohl des Stammhauses als auch der Niederlassung eine Ausweitung der Gestaltungsaufgaben für einen internationalen Personaleinsatz. Dieser Transfer von Führungskräften gestaltet sich in der Praxis vor allem durch folgende Faktoren als schwierig und anspruchsvoll:

– die gewandelte Mobilitätsbereitschaft der Entsendungskandidaten;
– das zunehmende Selbstbewusstsein einzelner, besonders unterentwickelter Länder, Führungskräfte des eigenen Landes einsetzen zu wollen;
– der höhere Verflechtungsgrad der Weltwirtschaft und der dadurch verschärfte Wettbewerb um geeignete Auslandsmanager;
– die stetig steigenden Entsendungs-, Aus- und Fortbildungskosten;
– die zum Teil sehr anspruchsvollen Personalplanungs- und Auswahlverfahren;
– die schwierige und intensive Vorbereitung auf den Auslandseinsatz;
– multikulturelle Arbeitsgruppen.

Besonders die betroffenen Entsandten selbst klagen über Unzulänglichkeiten bei der Gestaltung des Auslandseinsatzes. Enttäuschte Erwartungen und nicht eingehaltene Versprechen demotivieren lokale Führungskräfte. So spüren die Unternehmen oft selbst die Schwächen bei der Transfergestaltung. Zu wenig geeignete Entsendungskandidaten, personelle Fehlentscheidungen, verpasste Marktchancen und hohe Fluktuationsraten in den Niederlassungen machen dies deutlich.

Neben dieser Erweiterung des Auslandsengagements haben vor allem die veränderten Einstellungen einer Reihe von Gastländern gegenüber Auslandsgesellschaften zusätzliche Probleme geschaffen. Dadurch, dass die Gründung und Führung von eigenen Tochtergesellschaften mitunter sogar ausgeschlossen ist, werden verstärkt Jointventures in den Gastländern angestrebt. Dies bedeutet zwar eine Reduzierung mancher Aufgaben, die der lokale Partner übernimmt. Im Gegenzug erhöhen sich aber die Erfordernisse an die Entsandten bei der Zusammenarbeit innerhalb der Jointventures, da Entscheidungen in Abstimmung mit dem lokalen Partner getroffen werden müssen. Dies verdeutlicht die Bedeutung, die einer international orientierten Personalpolitik für die Gewinnung und Entwicklung sowie den Einsatz von Auslandsmanagern zukommt (BLACK et al., 1999; HEIN, 1999; MARTIN, 2001).

2. Ziele des internationalen Personaleinsatzes

Veränderte Rahmenbedingungen haben seit mehreren Jahren zu der Erkenntnis geführt, dass eine erfolgreiche Führung von ausländischen Tochtergesellschaften nur durch eine ausgewogene Zusammensetzung der Führungsmannschaft aus lokalen und internationalen Führungskräften möglich ist. In der oben genannten Befragung sind nach Ansicht der Unternehmen die Begrenzungen des Führungskräftetransfers auf Entsendungen von Stammhausmitarbeitern vor allem mit folgenden Nachteilen verbunden:

− einer Verringerung des Führungskräftepotenzials;
− fehlenden Motivationsinstrumenten für Führungskräfte in Niederlassungen;
− einem höheren finanziellen Aufwand bei der Entsendung;
− Schwierigkeiten bei der Besetzung einzelner Positionen durch gesetzliche Auflagen der Gastländer und
− mangelnde Verfügbarkeit von Stammhausmitarbeitern.

Diese Einflussfaktoren lassen die zu Grunde liegende Entscheidung eines Unternehmens für eine mehr ethnozentrische oder eher geozentrische Führungskräftestruktur in Auslandsniederlassungen überflüssig werden. Obwohl sich in der Praxis die Mehrzahl der Unternehmen auch weiterhin vorbehält, einzelne Schlüsselpositionen in ausländischen Niederlassungen nur mit Entsandten aus dem Stammhaus zu besetzen, ist in den Formulierungen zum Aufbau eines internationalen Führungskräftetransfers das Ziel der Gleichbehandlung aller Mitarbeiter zu finden.

Im internationalen Einsatz von Führungskräften bieten sich daher drei Formen des Führungskräftetransfers an (vgl. auch Abbildung 1):

− kurzfristige Einsätze zwischen drei bis sechs Monaten von Führungskräften der unteren und mittleren Ebene außerhalb ihres jeweiligen Heimatlandes zu Aus- und Weiterbildungszwecken und/oder für globale Projekte, die zeitlich befristet sind;
− kurz- und mittelfristige Einsätze von bis zu drei Jahren von Führungskräften der mittleren Ebene außerhalb ihres Heimatlandes (Rotationen);
− langfristige Einsätze bis zu zehn Jahren von international erfahrenen Führungskräften im Top-Management, die eine längere Verweildauer erfordern.

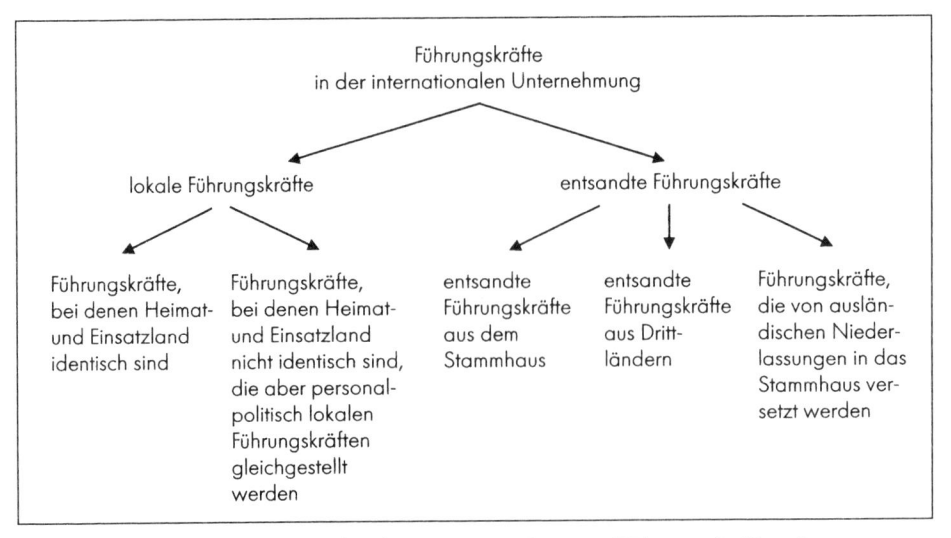

```
┌─────────────────────────────────────────────────────────────────────┐
│                          Führungskräfte                              │
│                    in der internationalen Unternehmung               │
│                          ↙            ↘                              │
│         lokale Führungskräfte        entsandte Führungskräfte        │
│           ↙         ↘                 ↙       ↓       ↘              │
│   Führungs-    Führungs-      entsandte   entsandte   Führungskräfte,│
│   kräfte,      kräfte,        Führungs-   Führungs-   die von auslän-│
│   bei denen    bei denen      kräfte      kräfte      dischen Nieder-│
│   Heimat-      Heimat-        aus dem     aus Dritt-  lassungen in das│
│   und Einsatz- und Einsatz-   Stammhaus   ländern     Stammhaus ver- │
│   land         land                                   setzt werden   │
│   identisch    nicht                                                 │
│   sind         identisch                                             │
│                sind, die                                             │
│                aber personal-                                        │
│                politisch lokalen                                     │
│                Führungs-                                             │
│                kräften                                               │
│                gleichgestellt                                        │
│                werden                                                │
└─────────────────────────────────────────────────────────────────────┘
```

Abb. 1: Unterscheidung verschiedener Kategorien von Führungskräften in international tätigen Unternehmungen

Aus der Fülle der Motive und Ziele, die in der Literatur und in der Praxis direkt und indirekt als Basis des internationalen Personaleinsatzes angesehen werden, gelten die in Abbildung 2 aufgeführten Gründe als unerlässlich. Welche Ziele davon Priorität haben, wird u. a. dadurch beeinflusst, um welche der oben genannten Transferformen es sich jeweils handelt. Untersuchungen (z.B. LICHTENBERGER, 1992) zeigen darüber hinaus, dass unabhängig von der Art und Dauer eines Einsatzes der Transfer von Fachwissen in das Entsendungsland und – im Rahmen der internationalen Führungskräfteentwicklung – die Möglichkeit, Erfahrungen und Kenntnisse in einem anderen als dem Heimatland zu gewinnen, absoluten Vorrang unter den Zielen des internationalen Personaleinsatzes haben.

Motive, die aus der Sicht der Betroffenen gegen einen Auslandsaufenthalt sprechen, sind in ihrer Bedeutung von der Einzelperson abhängig. Die häufigsten Ablehnungsgründe sind:

– Weigerung des Partners, z.B. auf Grund eigener Berufstätigkeit,
– schulpflichtige Kinder,
– Desinteresse an beruflicher Aufgabe im Ausland,
– das jeweilige Niederlassungsland,
– Sorge, durch den Auslandseinsatz den Anschluss an die Karriere im Stammhaus zu verlieren.

3. Auswahl der Führungskräfte

Wie bei jeder vergleichbaren Stellenbesetzung im Inland gelten auch für die Besetzung einer Auslandsposition die fachlichen und beruflichen Fähigkeiten als Grundvoraussetzung schlechthin. Die für Auslandspositionen gegenüber Inlandspositionen zusätz-

Ziele des Auslandseinsatzes	
aus Unternehmenssicht	aus Mitarbeitersicht
– Verwirklichung eines Know-how Transfers (und zwar in beiden Richtungen) – Auslandsentsendung als Teil der Laufbahnplanung; sie gilt insb. der Entwicklung von Führungsfähigkeiten bei Nachwuchskräften – Kompensation fehlender einheimischer Führungskräfte – Entstehung/Heranbildung eines unternehmerischen kosmopolitischen Bewusstseins; darunter ist u. a. die globale Einschätzung über die Entwicklungsmöglichkeiten eines Unternehmens in Abhängigkeit von den wirtschaftlichen Tendenzen zu verstehen – Verwirklichung/Durchsetzung einer einheitlichen Führungskonzeption im Konzern – Ausbildung und Einweisung einheimischen Führungspersonals – Einheitliche Berichterstattung (= einheitliches Kommunikationssystem) zwischen dem Stammhaus und den ausländischen Tochterunternehmen – Repräsentanz in den verschiedenen ausländischen Entscheidungsgremien, Institutionen etc.	– Auslandsaufenthalt ist ein Teil der unternehmerischen Personalpolitik – Verbesserung der allgemeinen Berufschancen, nicht nur im augenblicklichen Unternehmen – Erreichung einer höheren Qualifikation und damit Steigerung der Karrierechancen – Reiz des unter Umständen zu erwartenden höheren Entgelts und dadurch zu erwartende höhere Ersparnisse – Ein in vielen Ländern zu erwartender – insbesondere im orientalischen und asiatischen Raum – höherer Status als im Stammhaus – Der Wunsch, etwas anderes kennenzulernen; eine gewisse Abenteuerlust

Abb. 2: Ziele des Auslandseinsatzes

lich erforderlichen Fähigkeiten werden in der Entsendungspraxis häufig zusammengefasst unter den Bedingungen einer fremden Umweltstruktur leben und erfolgreich arbeiten zu können. Die hierfür erforderliche physische und psychische Anpassung muss sowohl an die örtlichen Lebensbedingungen als auch an die besonderen soziokulturellen Umweltfaktoren und an die Mitarbeiterbeziehung im täglichen Arbeitsablauf erfolgen. Dabei ist es unabdingbar, sich mit den verschiedenen, oft länderspezifischen Rahmenbedingungen und speziellen Führungskulturen auseinander zu setzen. Generell lassen sich aufgaben- und personenbezogene Anforderungskriterien unterscheiden.

Die *aufgabenbezogenen Auswahlkriterien* beziehen sich auf:
– fachliche Qualifikation, wie die Erfüllung von Aufgaben unter zusätzlichen Anforderungen und Belastungen im Ausland;
– Kommunikationsfähigkeit im Hinblick auf den Transfer von Kenntnissen und Fähigkeiten im Ausland, aber auch um Informationen für die Niederlassung im Herkunftsland zu gewinnen;

- Führungsfähigkeit als Organisationstalent, das einwirkt auf das Verhalten (Motivation) der lokalen Mitarbeiter, sowie ferner Teamfähigkeit zum Aufbau von Umweltbeziehungen.

Die *personenbezogenen Auswahlkriterien* umfassen eine Vielzahl von Eigenschaften wie:
- Anpassungsfähigkeit an geographische und soziokulturelle Bedingungen;
- Gefühl für die Mentalität oder Philosophie des Stammhausunternehmens;
- physische Aspekte, d.h. die gesundheitliche Eignung bei extremen klimatischen Bedingungen;
- Motivation und Aufgeschlossenheit zu einer andersartigen Umwelt;
- Familiensituation.

Erstaunlich häufig kommt es jedoch gar nicht erst zu einer Auswahl bei der Entscheidung für die Besetzung einer Position im Ausland, da es keine Alternativen zu einem Kandidaten gibt. Im Zusammenhang mit der jeweiligen Aufgabenstellung sind die Anforderungen an einen Bewerber so speziell ausgerichtet, dass selbst in größeren Unternehmen nicht mehr als ein Bewerber zur Verfügung steht.

Ausschlaggebend für die Auswahl eines Bewerbers sind häufig die fachlichen Kriterien. Die Aufgabenbezogenheit sowie die Annahme, dass nur so die Akzeptanz der lokalen Mitarbeiter gegenüber einem ausländischen Vorgesetzten Gewähr leistet ist, bewegen Unternehmen zu dieser Entscheidung. Eine Reihe von Untersuchungen belegen indes, dass die Familiensituation und die Fähigkeit zur Integration in eine andere Kultur entscheidender für den Erfolg einer Auslandstätigkeit sind als rein technische Fähigkeiten. Abbildung 3 zeigt die Anforderungsmerkmale für Führungskräfte im Ausland.

Fachbezogene Kenntnisse	Persönlichkeitsbezogene Merkmale
Vertriebskenntnisse Führungsfähigkeiten Verwaltungskenntnisse Produktionskenntnisse Kenntnisse der Unternehmensspezifika Kenntnisse der Landessprache Kenntnisse der soziokulturellen Umweltbedingungen	Motivation/Zielstrebigkeit Gesundheit/physische Belastbarkeit Psychische Belastbarkeit Loyalität Toleranz und Flexibilität Kontakt und Kommunikationsfähigkeit Disziplin Anpassungsfähigkeit Alter und Familienstand

Abb. 3: Anforderungsmerkmale für Führungskräfte in Auslandsniederlassungen

In Bezug auf die Organisationshierarchie ist bei der Besetzung von Top-Management-Positionen vor allem die Fähigkeit zum konzeptionellen Denken ausschlaggebend, während für untere Management-Ebenen die technischen Selektionskriterien wichtiger sind. Wenig beachtet wird bislang die Problematik der Übertragbarkeit von Selektionskriterien auf Mitarbeiter aus anderen Kulturräumen.

Zur Personalbeschaffung stehen grundsätzlich der interne und externe Arbeitsmarkt zur Verfügung, wobei häufig aus Gründen der Aufgabenstellung (Personalentwicklung, Know-how-Transfer) und der kurzfristigen Stellenbesetzung zunächst auf den internen Arbeitsmarkt zurückgegriffen wird.

Falls in den Unternehmen eine Nachfolgeplanung oder Personaldatei fehlt, aus der unmittelbar ein Besetzungsvorschlag erfolgen kann, bleiben zur internen Personalbeschaffung die Möglichkeit der internen Stellenausschreibung, die Benennung durch entsprechende Fachabteilungen sowie eine direkte schriftliche Befragung der Mitarbeiter über ihre Mobilitätsbereitschaft. Erst wenn diese Möglichkeiten erfolglos geblieben sind, wird man in der Regel auf den externen Arbeitsmarkt ausweichen.

Besondere Beachtung kommt den Auswahlverfahren zu, da von diesen die Effizienz bezüglich einer erfolgreichen Stellenbesetzung im internationalen Führungskräftetransfer abhängt. Dabei ist das Problem unzureichender Stellenbeschreibungen weit verbreitet. Ohne die genaue Spezifizierung der zukünftigen Aufgabenstellung und der damit verbundenen Umweltkonstellation lässt sich aber nur schwerlich der geeignete Bewerber herausfinden. Im Hinblick auf die Auswahlverfahren lassen sich unterscheiden:

- der fachliche Eignungsnachweis,
- die Feststellung persönlichkeitsbezogener Eignungen sowie
- der Nachweis physischer Eignung.

Fachliche Eignungen lassen sich entweder durch die Form der Ausbildung, der beruflichen Bildung oder einer langfristigen Personalbeurteilung nachweisen. Die Feststellung persönlichkeitsbezogener Eignung gestaltet sich dagegen schwieriger. Ein Ergebnis der kritischen Auseinandersetzung mit der Verwendung von psychometrischen Eigenschafts- und Profilanalysen ist (zu den geläufigen psychometrischen Methoden gehören z. B. das Minnesota Multiphasen Persönlichkeitsinventar, MMPI, und der 16-PF-Test von CATTELL), dass für die Auswahl von Führungskräften das Eignungsgespräch bevorzugt wird. Zu beachten ist, dass empirisch nachgewiesen werden konnte, dass das dem Gespräch vorausgehende Vorgesetzten-Mitarbeiterverhältnis das Ergebnis der Auswahl wesentlich beeinflusst hat.

Eine weitere Möglichkeit zur Auswahl von Führungskräften bieten Assessment Centers, bei denen entweder eine Gruppe von Kandidaten (Gruppen-Assessment) oder ein Einzelkandidat (Einzel-Assessment) mittels verschiedener Auswahlverfahren (Tests, Diskussionen, Fallstudien) beobachtet wird (vgl. den Artikel von SCHULER: Auswahl von Mitarbeitern, in diesem Band). Die Ergebnisse werden von einer Prüfungsgruppe aufgenommen, diskutiert und bewertet. Kritisiert wird die Selektionseignung von Assessment Centers hauptsächlich wegen unrealistischer Simulationen, in denen die Kandidaten Entscheidungen zu treffen haben, und wegen ihrer Innovationsfeindlichkeit. Bei der Konzeption würde oft nicht darauf geachtet, dass gerade im Auslandseinsatz unter oft außergewöhnlichen Umständen gearbeitet werden muss.

4. Vorbereitung

In der Vorbereitung auf einen Auslandseinsatz stehen die zukünftige Tätigkeit und die andersartige Umwelt im Mittelpunkt (CLERMONT & SCHMEISSER, 1997). Die Maßnahmen der fachlichen, landeskundlichen und interkulturellen Vorbereitung lassen sich übersichtlich in sechs Kategorien darstellen:

- Länderstudienprogramme, in denen über Umwelt, Kultur und Wirtschaft eines speziellen Gastlandes informiert wird;
- Sprachprogramme, die den Teilnehmer in die Lage versetzen sollen, grundlegende Arbeitsprozesse in der jeweiligen Landessprache durchführen zu können;

- Feldprogramme, die Auslandskandidaten und ihren Familien oder Lebenspartnern durch Informationsreisen oder Urlaubsvertretungen einen Eindruck von ihrer zukünftigen Arbeitsumgebung vermitteln helfen;
- Sensitivity Trainings, bei denen Führungskräfte in die Lage versetzt werden, Gruppenprozesse, individuelle Bedürfnisstrukturen und offene Feedbackprozesse bewusst wahrzunehmen, um ein Gefühl für Probleme und Einflüsse der Kultur ihrer Einsatzländer zu entwickeln;
- Kulturassimilator, in dem die Führungskraft mit typischen Situationen des Gastlandes konfrontiert wird, dazu können auch Gespräche und Erfahrungsaustausch mit bereits zurückgekehrten Führungskräften aus dieser Niederlassung zählen;
- Kontrast-Kultur-Übung, in der das kulturelle Eigenbewusstsein gefördert wird im Hinblick auf ein besseres Verständnis anderer Kulturen.

Kurzfristige Entscheidungen für eine Stelle im Ausland lassen jedoch häufig aus zeitlichen Gründen für die Mehrzahl der entsandten Mitarbeiter aus dem Stammhaus keine Vorbereitung zu. Ferner spielt die geringe Akzeptanz der Effizienz von Vorbereitungsmaßnahmen, die nicht rein fachlich orientiert sind, eine große Rolle. Empirisch belegt ist, dass bis zu 70 % der deutschen entsandten Führungskräfte keine Vorbereitungsmaßnahme in Anspruch nehmen konnten (vgl. LICHTENBERGER, 1992). Am häufigsten wurden Sprachprogramme und ein- bis zweitägige landeskundliche Informationen als Vorbereitungsmaßnahmen angegeben. Über die Vorbereitung von lokalen Mitarbeitern auf einen Auslandseinsatz existieren keine systematisierbaren Unterlagen. Die geringe Inanspruchnahme einer Reihe von Vorbereitungsmaßnahmen erstaunt umso mehr, da der Zusammenhang zwischen intensiven Trainingsprogrammen vor dem Auslandseinsatz und dem erfolgreichen Einsatz von Führungskräften in Auslandsniederlassungen empirisch belegt ist.

5. Aufenthaltsdauer und Wiedereingliederung

Die Wiedereingliederung von ins Ausland versetzten Führungskräften umfasst zwei Grundkomponenten:

- die Personalplanungskomponente, d.h. die Bereitstellung einer Position nach der Rückkehr, und
- die Sozialisations- oder Eingliederungskomponente.

Die zum Zeitpunkt der Entsendung geplante Dauer der Auslandstätigkeit ist ein erstes und wichtiges Kriterium für die Erfassung des Wiedereingliederungstermins. Auslandseinsätze zu Koordinations- und Kontrollzwecken dauern zwischen vier und zehn Jahren, Auslandstätigkeiten im Hinblick auf die Übertragung von Know-how oder zur Vorbereitung auf neue Aufgaben in der Regel nicht mehr als drei Jahre. Eine realistische Wiedereingliederungsplanung muss aber ins Kalkül ziehen, dass eine geplante Verweildauer durch unternehmensexterne sowie persönliche Faktoren verkürzt oder verlängert werden kann (vgl. Abbildung 4).

Unsicherheiten im Geschäftsverlauf erschweren eine langfristige Rückkehrplanung. Aus diesem Grunde scheuen viele Führungskräfte einen Auslandseinsatz. Die Angst vor einem Karriereknick, die Sorge um die Aufrechterhaltung des Arbeitsplatzes bei der Rückkehr und befürchtete Anpassungsprobleme herrschen immer noch bei einer

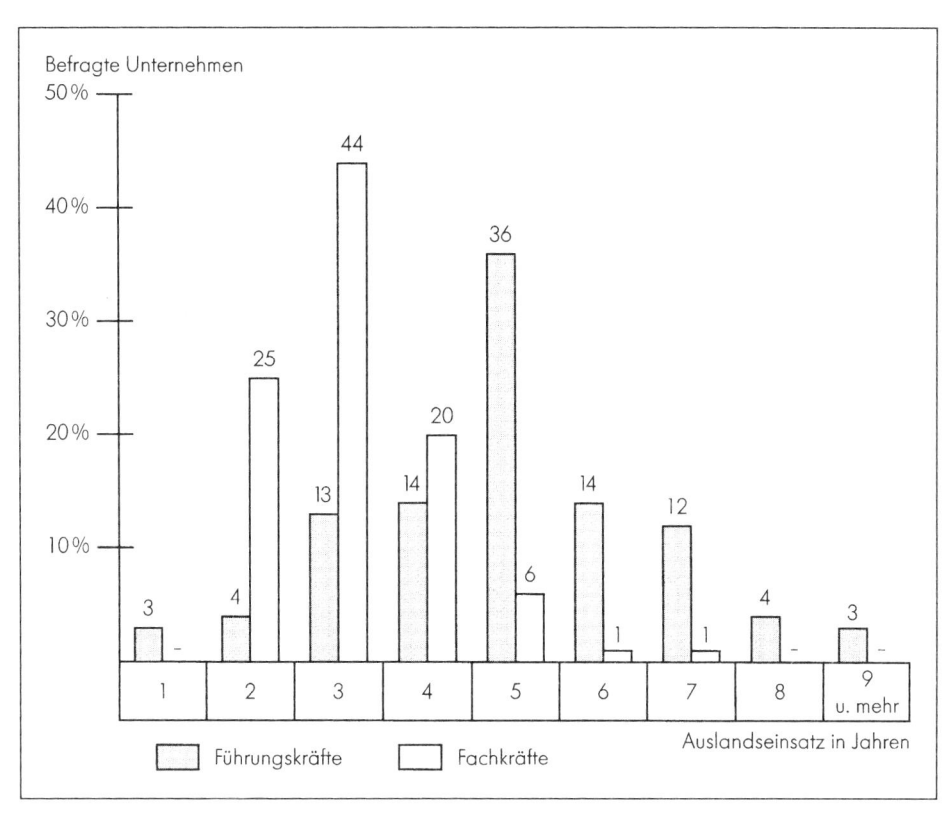

Abb. 4: Durchschnittliche Einsatzdauer im Ausland

Mehrzahl der deutschen Führungskräfte vor. Erst dort, wo der Zusammenhang von Auslandseinsatz und anschließendem beruflichen Fortkommen deutlich ist, klagen Unternehmen nicht über einen Mangel an entsendungsbereiten Kandidaten. Die in vielen Unternehmen inzwischen eingeführte Praxis der Rückkehrgarantie darf aber nicht mit einer umfassenden Reintegrationsplanung gleichgesetzt werden. Neben der Bestimmung des Angebotes an Rückkehrpositionen gehört dazu vor allem die Festlegung der qualitativen Dimension, die die Ziele des zurückkehrenden Mitarbeiters, den Leistungs- und Eignungsstand sowie Fragen des funktionsüberschreitenden Wechsels und des hierarchischen Aufstiegs umfasst. Die außerhalb ihres Heimatlandes eingesetzten Führungskräfte sollten von Anfang an in die Wiedereingliederungsplanung miteinbezogen werden. Dazu gehört auch, die Entsandten über Veränderungen in den Unternehmen des Heimatlandes auf dem Laufenden zu halten. In der Praxis hat sich dabei das Paten- oder Coachingsystem bewährt (vgl. den Artikel von BÖNING, Coaching für Manager, in diesem Band). Auch bei längeren Auslandsaufenthalten werden die Interessen und Informationsbedürfnisse durch den direkten Kontakt zu einem Kollegen, der ein früherer Vorgesetzter oder ein Mitglied der Geschäftsleitung sein kann, gewahrt. Die intensive Betreuung durch die entsprechende Personalabteilung „Ausland" sollte selbstverständlich sein.

6. Innovative Entwicklungen im internationalen Personaleinsatz

Wie von Personalleuten international tätiger Unternehmen beklagt wird, sieht der Sachverhalt oft so aus: Junge Leute werden zum Zeitpunkt ihrer Bewerbung gefragt, ob sie auch bereit wären, für die Firma ins Ausland zu gehen. Selbstverständlich, sagen sie und meinen es in den meisten Fällen auch so. Fünf Jahre später, wenn sie genügend Berufserfahrung gesammelt haben, stünde der Wechsel ins Ausland an. Aber inzwischen haben sie eine Familie gegründet, ein Haus anbezahlt und sind vom Reisen nicht mehr begeistert. Zwar sind dann noch junge Banker bereit, nach New York zu ziehen, aber Anlagenbauer wollen nicht mehr nach China und Geologen nicht mehr nach Saudi-Arabien gehen. Aus der Sicht der Mitarbeiter stellt sich die Situation inzwischen so dar, dass sich zu den Schwierigkeiten mit der Familie die Anpassungserfordernisse im Ausland gesellen, mit denen man nicht gerechnet hat, dass Interessen- und Loyalitätskonflikte mit der Firma entstehen, dass man angesichts der häufig knappen Entscheidungszeit unzulänglich vorbereitet ist. Bei der Rückkehr warten Eingliederungsprobleme statt einer höheren Position und die Enttäuschung, dass die gesammelten Erfahrungen niemanden zu interessieren scheinen.

Die Entwicklung der Kommunikationstechnologien haben hier jedenfalls für internationale Projekte eine zusätzliche Alternative zur klassischen Entsendungspolitik eröffnet. Globale Projekte erfordern keinen Transfer, dafür aber eine mittel bis hohe Reisebereitschaft, die Erfahrung im Umgang mit multikulturellen Arbeitsgruppen, sowie den bewussten und kompetenten Einsatz von virtuellem Projektmanagement (LICHTENBERGER, 2001). Letzteres erfordert Unterstützung durch die Personalentwicklung, die aber gerade in der Zusammenführung der funktionalen Bereiche IT, Organisations- und Unternehmensentwicklung sowie Managemententwicklung wenig Kompetenz zu bieten hat.

Aus der jüngsten empirischen Gender Forschung (LICHTENBERGER, 1998) wird eine weitere, bislang wenig Beachtung findende Entwicklung deutlich: die intensiv genutzten Berufsnetzwerke insbesondere von weiblichen Fach- und Führungskräften haben zu einer soliden Vernetzung geführt, die insbesondere weiblichen Führungskräften einen internationalen Stellenwechsel heute einfacher erscheinen lassen. Am neuen Standort unterstützt die regionale Netzwerkgruppe bei der Eingliederung in die neue Umgebung, beim Aufbau neuer beruflicher und privater Kontakte und sorgt mitunter auch gleich für die neue Stelle des mitreisenden Partners.

Diese Entwicklungen aufzugreifen und zu nutzen, würden dem internationalen Personaleinsatz mehr Wege eröffnen, die den strukturellen Veränderungen von Unternehmen adäquat wären, als in der Diskussion um die fehlende Mobilität von führenden Mitarbeitern zu verharren.

Literatur

ADLER, N. (2002). International dimensions of organizational behavior. 4. Aufl. London 2002.
BLACK J. S. et al. (1999). Globalizing People Through International Assignments. Reading et al. 1999.
CLERMONT, A. & SCHMEISSER, W. (Hrsg.). (1997). Internationales Personalmanagement. München 1997.

HEIN, S. (1999). Internationaler Einsatz von Führungskräften. Wiesbaden 1999.
JACKSON, T. (2002). International HRM. A Cross-Cultural Approach. London 2002.
LICHTENBERGER, B. (1992). Interkulturelle Mitarbeiterführung. Überlegungen und Konsequenzen für das internationale Personalmanagement. Stuttgart 1992.
LICHTENBERGER, B. (1998). Making the Connection. In: EWMD Network news (Organ des European Women's Management Development International Network, Brüssel), S. 12–13, Brüssel 1998.
LICHTENBERGER, B. (2001). Kompetenzmanagement im internationalen Wettbewerb. In K. SCHWUCHOW & J. GUTMANN (Hrsg.), Jahrbuch 2001/2002 Personalentwicklung und Weiterbildung, S. 133–138. Düsseldorf 2001.
MACHARZINA, K. & OESTERLE, M.-J. (Hrsg.). (1997). Handbuch Internationales Management. Grundlagen – Instrumente – Perspektiven. Wiesbaden 1997.
MACHARZINA, K. & WOLF, J. (Hrsg.). (1996). Handbuch Internationales Führungskräfte-Management. Stuttgart u. a. 1996.
MARTIN, C. (2001). Interkulturelle Kompetenzen und deren Vermittlung durch Repatriates. München und Mering 2001.
PERLITZ, M. (2000). Internationales Management. 4 Aufl. Stuttgart 2000.
SCHERM, E. (2000). Internationales Personalmanagement. München und Wien 2000.
WEBER, W. et al. (2001). Internationales Personalmanagement. 2. Aufl. Wiesbaden 2001.

Zur Konkretisierung und weiteren Vertiefung wird empfohlen, im Fallstudienband die Fälle zu „Internationales Personalmanagement" und „Interkulturelle Zusammenarbeit" zu bearbeiten.

Alexander Thomas

Mitarbeiterführung in interkulturellen Arbeitsgruppen

1. Das Problemfeld
2. Erscheinungsformen interkultureller Gruppen
3. Psychologische Probleme der Mitarbeiterführung in interkulturellen Gruppen
4. Die Praxis der Führung interkultureller Gruppen
5. Zusammenfassung und Schlussbetrachtung

1. Das Problemfeld

Drei Entwicklungstrends sind dafür verantwortlich, dass der Führung interkultureller Arbeitsgruppen besondere Aufmerksamkeit gewidmet werden muss:

- die Internationalisierung der Produktionsfaktoren Arbeit und Kommunikation/Information,
- die Betonung der Schlüsselqualifikationen „Teamfähigkeit" und „Kommunikationsfähigkeit",
- die Veränderungen in Funktion und Rollenzuschreibungen von „Führung" in Organisationen.

Ein zentraler Faktor zur Existenzsicherung moderner Unternehmen ist der Erhalt und die Stärkung der Wettbewerbsfähigkeit gegenüber Konkurrenten. Diversifikation, Rationalisierung, Kundenorientierung, Personalmanagement u.Ä. sind gängige Methoden der Wettbewerbssicherung. Hinzu kommt für viele der bisher auf den einheimischen Markt konzentrierten Unternehmen die Internationalisierung ihrer wirtschaftlichen Aktivitäten. Der bereits seit einigen Jahrzehnten beobachtbare Internationalisierungsschub nicht nur der traditionell weltweit operierenden Großunternehmen, sondern auch mittelständischer Unternehmen bis hin zu Familienbetrieben wird sich in rasantem Tempo weiter fortsetzen. Voraussetzungen dafür sind, dass günstige politische Rahmenbedingungen erhalten bleiben oder neu geschaffen werden, z.B. Europäische Union, Abbau protektionistischer Maßnahmen, internationale Vereinbarungen über freien Welthandel, bi- und multinationale Wirtschaftskooperationen.

Auch Unternehmen, die bisher schon weltweit operierten, werden von diesen Entwicklungen nicht unberührt bleiben, denn weltweiter Export von Produkten oder die Nutzung kostengünstiger Produktionsstandorte macht aus einem nationalen Unternehmen noch keinen internationalen oder transnationalen Konzern. Um es in einem Bild zu sagen, ein pauschalreisender Tourist, der in der Geborgenheit seiner deutschen Reisegruppe die Welt erkundet, hat subjektiv durchaus den Eindruck, viel von der Welt, von unterschiedlichen Kulturen und Gesellschaften gesehen zu haben und zu verstehen, er fühlt sich womöglich schon als „global player", obwohl seine Erfahrungen und Kenntnisse über fremde Kulturen allenfalls sehr oberflächlicher Natur sind und bei weitem nicht das Niveau z.B. eines Entwicklungsexperten erreichen, der mit einem einheimischen Partner kooperieren muss, um seine Projektziele zu erreichen. Wer ein weltweit begehrtes Produkt anzubieten hat, das zudem noch konkurrenzlos, gut und billig ist, oder wer bereit ist, Arbeitsplätze zu schaffen in einem Land, in dem Arbeit gesucht wird, operiert aus einer völlig anderen Machtposition heraus als ein Unternehmer, der sich im internationalen Wettbewerb um einen Auftrag oder ein Jointventure bemüht. Je stärker der internationale Konkurrenzdruck, je wirtschaftlich entwickelter die Marktteilnehmer, je technisch entwickelter das Produkt oder je komplexer die Dienstleistung und je anspruchsvoller der Kunde, umso höher sind die Anforderungen an ein effektives interkulturelles Management und die Qualitätsansprüche an die internationale Kooperation (Abbildung 1).

Die technologische Entwicklung hin zu immer komplexeren technischen Produkten, Anlagen und Systemen ebenso wie die Marktentwicklung weg von der Serienfertigung hin zur kundenspezifischen Einzelfertigung erzwingt verstärktes Arbeiten im Team oder zumindest einen intensiveren Informationsaustausch zwischen den Arbeitseinheiten. Kommunikationsfähigkeit und Teamfähigkeit sind deshalb zentrale Qualitätsmerkmale menschlicher Arbeit in modernen Unternehmen, die möglichst

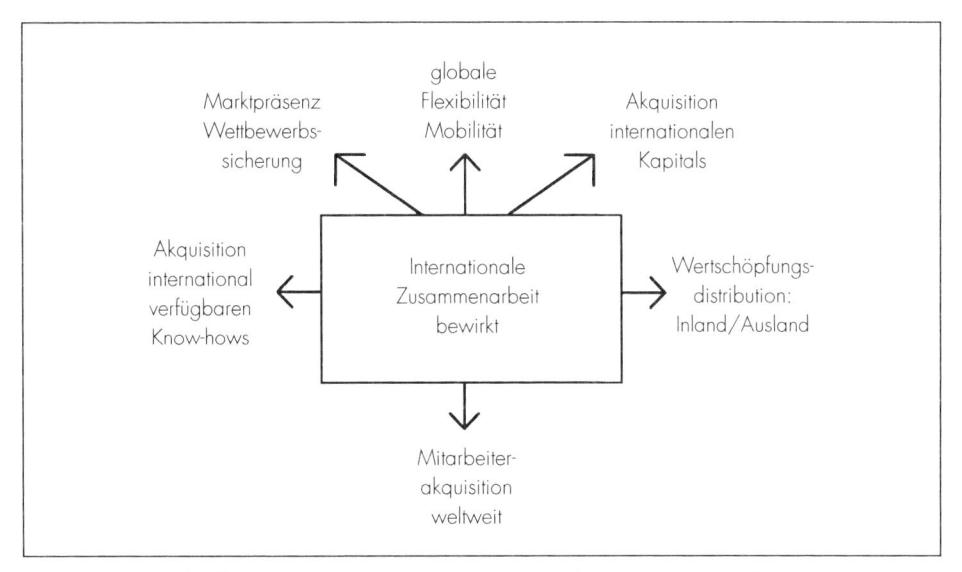

Abb. 1: Wirtschaftliche Konsequenzen internationaler Zusammenarbeit

früh gelernt und über die gesamte Lebensarbeitszeit hin gefördert werden sollen. Wegen der hohen Qualitätsansprüche an die internationale Kooperation kommt der interkulturellen Kommunikation sowie dem Arbeiten in bi- und multinational zusammengesetzten Arbeitsteams deshalb eine herausragende Bedeutung zu (MEAD, 1990). Dabei ergeben sich für die Zusammenarbeit in internationalen Arbeitsteams und deren Führung im Vergleich zu nationalen Arbeitsgruppen sehr spezifische Probleme, auf die im Weiteren näher eingegangen wird.

Unterschiedliche Führungspositionen gegenüber bzw. in Gruppen zeigt Abbildung 2.

Lean management zu Ende gedacht kann dazu führen, dass jeder Mitarbeiter sein eigener Führer wird, womit Führung überflüssig wird, denn ohne Geführte gibt es keinen Führer, in welcher Form auch immer. Die Ausprägungen von Führungsfunktionen und die damit einhergehenden Rollenerwartungen an Führer und Geführte sind Kulturprodukte mit einem hohen Grad an Veränderungsresistenz, da sie in kulturellen und gesellschaftlichen Gefügen und in den Traditionen fest verankert sind (LICHTENBERGER, 1992).

2. Erscheinungsformen interkultureller Gruppen

Nach dem erreichten Grad der Internationalisierung lassen sich nationale, internationale, multinationale und transnationale Unternehmen unterscheiden (vgl. den Beitrag von DOMSCH & LICHTENBERGER, in diesem Band). Letztere waren einmal in einer Kultur verankert, Produktion, Vertrieb, wirtschaftliche Aktivität sowie die Mitarbeiter im Unternehmen sind inzwischen aber über viele Länder/Kulturen hinweg verteilt. Auf allen Seiten besteht ein Bemühen um die Integration in unterschiedliche Kulturen, die als nahezu gleichwertig behandelt werden.

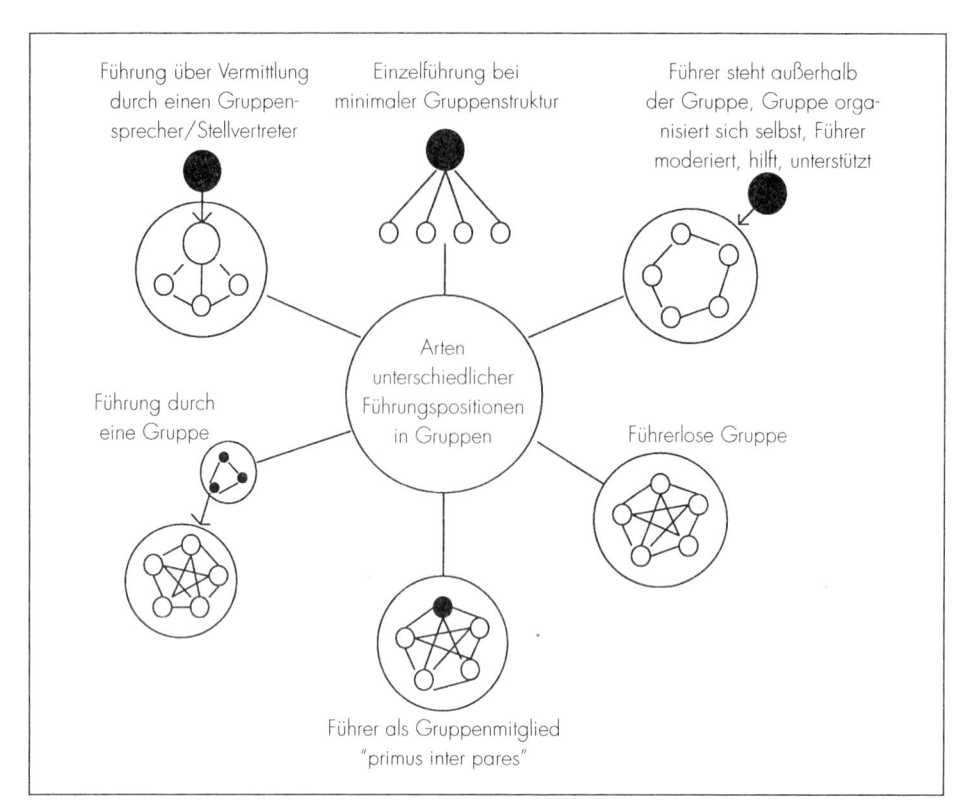

Abb. 2: Führungspositionen in Gruppen

Auf Unternehmensebene entstehen Probleme hauptsächlich dann, wenn der Übergang von einem Typ zu einem anderen geleistet werden muss. Übergänge dieser Art verändern das Bild und das Selbstverständnis des Unternehmens nach innen und nach außen. So kann man z. B. fragen: Wie lange ist ein deutsches Traditionsunternehmen mit einem französischen Mehrheitseigner noch ein deutsches Unternehmen oder bereits ein französisches? Ist ein deutsches Textilunternehmen, das neunzig Prozent seiner Produkte im Ausland fertigt, diese über ausländische Handelsfirmen international vertreibt und in Deutschland lediglich noch eine Organisationszentrale (oft immer noch sehr euphemistisch „Stammhaus" genannt) unterhält, noch ein deutsches Unternehmen? Soll sich ein solches Unternehmen überhaupt noch nach innen und nach außen als deutsches Unternehmen darstellen oder als z. B. taiwanisches, wenn auch mit einer deutschen Firmentradition? Welche Konsequenzen haben solche Veränderungsprozesse für Organisationsentwicklung, Personalentwicklung, Marketing, Unternehmensstrategie, Unternehmenskultur, die Identifikation der Mitarbeiter mit dem Unternehmen („corporate identity") und das Ansehen der Firma bei den Marktteilnehmern usw.?

Auf der Ebene von interkulturellen Arbeitsgruppen lassen sich in diesem Kontext verschiedene Erscheinungsformen nach den Merkmalen Gruppenleiter, Gruppenmitglieder, Unternehmen, Arbeitsplatz, Arbeitsziel und Arbeitsprodukt identifizieren (s. Abbildung 3).

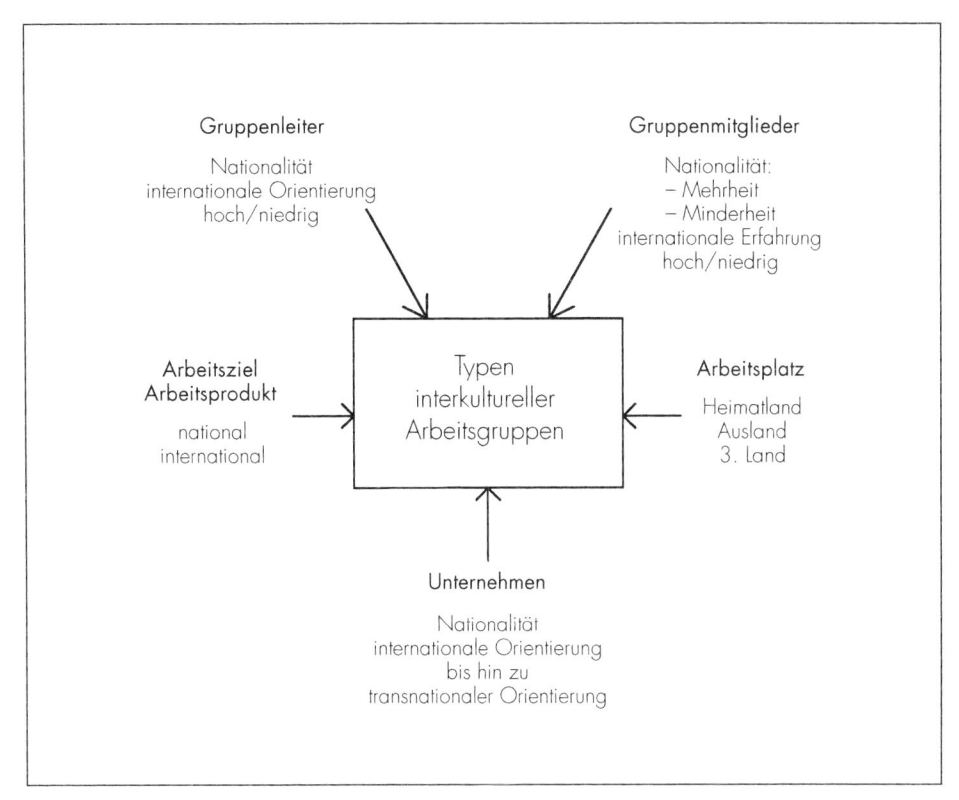

```
                    Gruppenleiter                    Gruppenmitglieder
                    Nationalität                     Nationalität:
                    internationale Orientierung      – Mehrheit
                    hoch/niedrig                     – Minderheit
                                                     internationale Erfahrung
                                                     hoch/niedrig
                                    ↘       ↙
      Arbeitsziel                 ┌─────────────┐              Arbeitsplatz
      Arbeitsprodukt              │    Typen    │
                              →   │ interkultureller │  ←     Heimatland
      national                    │ Arbeitsgruppen │          Ausland
      international               └─────────────┘              3. Land
                                         ↑
                                    Unternehmen
                                    Nationalität
                                    internationale Orientierung
                                    bis hin zu
                                    transnationaler Orientierung
```

Abb. 3: Klassifikationsmerkmale interkultureller Arbeitsgruppen

Bei der Bildung von Arbeitsgruppen in internationalen Wirtschafts- und Arbeitszusammenhängen, bei Fragen nach einer angemessenen und effektiven Führung dieser Gruppen und zur Prognose der in ihr zu erwartenden kulturbedingten Konfliktpotenziale sowie der Abschätzung ihrer Arbeitseffektivität ist die ganzheitliche Analyse der Grundstrukturen und des Zusammenspiels der oben genannten fünf Klassifikationsmerkmale eine zentrale Grundvoraussetzung, um Eingriffs- und Gestaltungsmöglichkeiten zu identifizieren.

Die Analyse interkultureller Arbeitsgruppen wirft eine Fülle forschungsmethodischer Probleme auf, da die konkrete Alltagsarbeit solcher Gruppen für den Forscher normalerweise nicht zugänglich ist. Selbst die relativ wenig „störende" Methode der teilnehmenden Beobachtung ist meist nicht praktikabel. Es bleibt so oft nur die Informationsgewinnung über Experteninterviews, also die Befragung von Gruppenleitern und erfahrenen Teilnehmern in interkulturellen Arbeitsgruppen in Kombination mit computersimulierten Verhaltensplanspielen, in denen bi- oder multikulturell zusammengesetzte Gruppen komplexe Problemstellungen bearbeiten, wie im Forschungsprojekt „Interkulturelle Synergie in Arbeitsgruppen" an der Universität Regensburg (ZEUTSCHEL, 1997, 1998).

3. Psychologische Probleme der Mitarbeiterführung in interkulturellen Gruppen

3.1 Kulturell bedingte Missverständnisse

Worin unterscheiden sich die Probleme der Mitarbeiterführung in nationalen und kulturell homogenen Arbeitsgruppen von multinational zusammengesetzten interkulturellen Arbeitsgruppen? Eine einfache Antwort könnte lauten: nur dadurch, dass die interkulturellen Arbeitsgruppen alle bereits bekannten Gruppen-, Führungs- und Interaktionsprobleme in verstärktem Maße aufweisen. Wenn der Zusammenhalt der Gruppe, die Stärkung der Gruppenkohäsion oder die Herstellung von Konvergenz zwischen gemeinsamen Gruppenzielen und individuellen Einzelzielen zentrale Probleme der Gruppenführung in kulturell homogenen Gruppen sind, dann treten sie erst recht in kulturell inhomogenen Gruppen auf (vgl. die Beiträge von von ROSENSTIEL, „Die Arbeitsgruppe", und von COMELLI, „Teamentwicklungstraining", in diesem Band).

Wichtiger als die Erkenntnis, dass alle Probleme genauso vorhanden sind, nur in noch verstärkterem Maße, wäre aber die Prüfung, ob bei interkulturellen Arbeitsgruppen spezifischere zusätzliche Probleme hinzutreten. Ein Beispiel in Form einer Karikatur kann dies verdeutlichen: Ein Kreuzfahrtschiff mit internationalem Publikum an Bord rammt einen gewaltigen Eisberg und beginnt langsam zu sinken. Da die Rettungsboote klemmen, gibt der Kapitän den Befehl, dass die Passagiere unverzüglich die Schwimmwesten anlegen und von Bord springen sollen. Nach zehn Minuten kehrt der Erste Offizier verzweifelt zurück und meldet: „Keiner ist bereit zu springen. Was sollen wir tun?" Da geht der Kapitän selbst von der Brücke, und nach weiteren zehn Minuten sind alle Passagiere von Bord. „Wie haben Sie das denn bloß gemacht?" fragt der Erste Offizier erstaunt. „Ganz einfach, mein Lieber", sagt der Kapitän, „den Engländern habe ich gesagt, es sei unsportlich, nicht zu springen, den Franzosen, es sei schick, den Deutschen, dies sei ein Befehl, den Japanern, es sei gut für die Potenz, den Amerikanern, sie seien versichert, und den Italienern, dass es verboten sei." Zweifellos wäre bei einer rein deutschen Gruppe von Schiffbrüchigen bereits der Erste Offizier erfolgreich gewesen, und es hätte nicht der kulturellen Sensibilität des Kapitäns bedurft, alle Passagiere von Bord zu bringen.

Das folgende Beispiel stammt aus einer Untersuchung über deutsch-amerikanische Arbeitsgruppen zur Entwicklung einer komplizierten elektronischen Anlage (SCHROLL-MACHL, 1992, 1996). In dieser Arbeitsgruppe, die über mehrere Jahre hinweg zusammenarbeitete, beklagten sich die Amerikaner immer wieder darüber, dass der deutsche Gruppenleiter ihnen keine Rückmeldung über die von ihnen erledigten Teilarbeitsschritte gab. Aus ihrer Sicht schien der deutsche Chef überhaupt kein Interesse an ihrer Arbeit zu haben. Er fragte sie nicht, was sie bereits erledigt hätten, was noch fehlte, welche Schritte sie als Nächstes vorhätten, wo er sie unterstützen könne, und er gab auch keine Auskunft, ob er mit den Zwischenresultaten zufrieden oder unzufrieden sei. Die amerikanischen Gruppenmitglieder beobachteten zwar, dass der deutsche Gruppenleiter auch den deutschen Teammitgliedern keine Vorschläge machte, und sie registrierten auch, dass den Deutschen das offensichtlich nichts ausmachte, sie selbst konnten dieses Verhalten aber nicht verstehen und ärgerten sich über das Desinteresse ihres Gruppenleiters. Eine nähere Analyse dieses Vorgangs zeigte, dass die Amerikaner es gewohnt sind, über ihre einzelnen Arbeitsschritte und ihre dabei gewonnenen Erkenntnisse und Zwischenergebnisse sowohl mit ihren Kollegen in der Arbeitsgruppe als auch mit ihrem Vorgesetzten intensiv zu diskutieren, dabei sachbezogene Informationen und Leistungsbewertungen einzuholen, um auf diese Weise Sicherheit darüber zu bekommen, ob ihr Vorgehen sozial akzeptiert, anerkannt und „richtig" ist. Die deutschen Gruppenmitglieder sind es demgegenüber eher gewohnt, einen übernommenen Arbeitsauftrag für sich alleine zu bearbeiten und erst zu einem viel späteren Zeitpunkt die dabei gewonnenen Erkenntnisse und Arbeitsergebnisse in einer eigens dazu einberufenen Arbeitsgruppensitzung vorzutragen und diskutieren zu lassen. Zwischenzeitliche Berichterstattung, Anfragen, Rückmeldungen u. Ä. erscheinen den Deutschen eher als lästige Unterbrechung ihres übernommenen Arbeitsauftrags.

Der deutsche Chef ist es gewohnt, dass eine qualifizierte Fachkraft nicht ständig bei ihm nachfragt und sich bei ihm über die Richtigkeit ihres Tuns vergewissert, sondern weiß, was zu tun ist, nachdem sie den Arbeitsauftrag verstanden und übernommen hat. Häufiges Nachfragen stört ihn in seinem Arbeitsrhythmus und zeigt, dass der Mitarbeiter mit der Aufgabe offensichtlich überfordert ist.

Die amerikanischen ebenso wie die deutschen Mitarbeiter in dieser Arbeitsgruppe brauchen selbstverständlich die zustimmende oder kritische Rückmeldung ihres Gruppenleiters und ihrer Kollegen aus der Gruppe. Beide werden Lob und Anerkennung begrüßen, Ablehnung, Tadel und harsche Kritik befürchten. Das Problem in der Arbeitsgruppe liegt darin, dass Amerikaner eine andere Rückmeldefrequenz gewohnt sind und erwarten als die Deutschen. Im Unterschied zu den Deutschen sind für sie eine intensive, permanente Diskussion und gegenseitige Abstimmung in der Gruppe und mit dem Vorgesetzten von zentraler Bedeutung zur Förderung ihrer Arbeitsmotivation, zur Befriedigung ihrer Bedürfnisse nach sozialem Vergleich, Leistungsbewertung, Selbstdarstellung und sozialer Anerkennung. Wenn einem Amerikaner eine andere Kultur keine Möglichkeit zur Befriedigung dieser Bedürfnisse bietet, dann sinkt sein Interesse am Arbeitsauftrag, an der Gruppenarbeit und an der Kooperation mit dem Vorgesetzten: Warum soll er sich anstrengen, wenn der Gruppenleiter selbst kein Interesse an seiner Arbeitsleistung zeigt? Da sich in dieser kulturellen Überschneidungssituation weder die Deutschen noch die Amerikaner über ihre kulturspezifischen Routinen im Umgang mit leistungsbezogenem Feed-back im Klaren sind und auch keine Informationen über die in der fremden Kultur üblichen Regeln leistungsbezogenen Feed-backs besitzen, kommt es zwangsläufig zu Interaktionskonflikten, die sich über mehrere Jahre hinziehen können und von den Partnern selbst nicht zu lösen sind (SCHROLL-MACHL, 1996).

Dieses Beispiel zeigt, dass kulturbedingte Interaktionsprobleme nur schwer oder überhaupt nicht zu beheben sind, wenn die beteiligten Personen auf die Divergenzen in den kulturellen Orientierungssystemen und auf die aus einer Begegnungssituation resultierenden Konsequenzen nicht vorbereitet sind (THOMAS, 1984). Die Partner selbst können günstigenfalls mit Vermeidung konfliktträchtiger Situationen, z.B. durch Reduzierung der Interaktion mit den ausländischen Kollegen, mit geduldigem Ertragen oder allmählicher Gewöhnung an das ihnen fremde Verhalten reagieren. Der Fremdheitseindruck, die Quelle der Verärgerung, die Last der kritischen Auseinandersetzung bleiben aber erhalten. Für einen integrativen, produktiven Umgang mit dem fremdkulturellen Orientierungssystem fehlen die notwendigen Kenntnisse und Handlungsstrategien (STUMPF, 2002).

3.2 Kulturdefinitionen

Bevor weiter von „Kultur", von „interkultureller" Zusammenarbeit usw. gesprochen wird, muss kurz darauf eingegangen werden, was hier unter Kultur verstanden wird: „Kultur ist ein universelles, für eine Gesellschaft, Organisation und Gruppe aber sehr typisches Orientierungssystem. Dieses Orientierungssystem wird aus spezifischen Symbolen gebildet und in der jeweiligen Gesellschaft, Organisation und Gruppe tradiert. Es beeinflusst das Wahrnehmen, Denken, Werten und Handeln aller ihrer Mitglieder und definiert somit deren Zugehörigkeit zu einer bestimmten Gesellschaft, Organisation und Gruppe. Kultur als Orientierungssystem strukturiert ein Handlungsfeld, das für die sich der Gesellschaft zugehörig fühlenden Individuen spezifisch ist und schafft somit die Voraussetzung zur Entwicklung eigenständiger Formen der Umweltbewältigung" (THOMAS, 1993, S. 380).

Zentrale Merkmale des kulturspezifischen Orientierungssystems lassen sich als „Kulturstandards" definieren. „Unter Kulturstandards werden alle Arten des Wahrnehmens, Denkens, Wertens und Handelns verstanden, die von der Mehrzahl der Mitglieder einer bestimmten Kultur für sich persönlich und für andere als normal, selbstverständlich, typisch und verbindlich angesehen werden. Eigenes und fremdes Verhalten wird auf der Grundlage dieser Kulturstandards beurteilt und reguliert. Als zentrale Kulturstandards sind solche zu bezeichnen, die in sehr unterschiedlichen Situationen wirksam werden und weite Bereiche der Wahrnehmung, des Denkens, Wertens und Handelns regulieren, und die insbesondere für die Steuerung der Wahrnehmungs-, Beurteilungs- und Handlungsprozesse zwischen Personen bedeutsam sind. Die individuelle und gruppenspezifische Ausprägung von Kulturstandards kann innerhalb eines gewissen Toleranzbereichs variieren, doch werden Verhaltensweisen und Einstellungen, die außerhalb der Toleranzgrenzen liegen, abgelehnt und sanktioniert. Zentrale Kulturstandards einer Kultur können in einer anderen Kultur völlig fehlen oder von peripherer Bedeutung sein. Verschiedene Kulturen können ähnliche Kulturstandards aufweisen, die aber von unterschiedlicher Bedeutung sind und verschieden weite Toleranzbereiche aufweisen. Kulturstandards und ihre handlungsregulierende Funktion werden nach erfolgreicher Sozialisation vom Individuum innerhalb der eigenen Kultur nicht mehr bewusst erfahren. Erst im Kontakt mit fremdkulturell sozialisierten Partnern können die Kulturstandards und ihre Wirkungen in Form kritischer Interaktionserfahrungen bemerkt werden" (THOMAS, 1993, S. 380 f.).

Interkulturelles Lernen findet statt, wenn eine Person bestrebt ist, im Umgang mit Menschen einer anderen Kultur deren spezifisches Orientierungssystem der Wahrnehmung, des Denkens, Wertens und Handelns zu verstehen, mit dem eigenen Orientierungssystem zu verbinden und auf sein Denken und Handeln im fremdkulturellen Handlungsfeld anzuwenden. Interkulturelles Lernen bedingt neben dem Verstehen fremdkultureller Orientierungssysteme eine Reflexion des eigenkulturellen Orientierungssystems. Es ist erfolgreich, wenn die Fähigkeit entwickelt worden ist, zentrale Merkmale fremdkultureller Orientierungssysteme (Kulturstandards) bei der eigenen Handlungsplanung und -ausführung mit zu berücksichtigen.

Interkulturelles Handeln findet statt, wenn der Handelnde sein eigenes, kulturspezifisches Orientierungssystem zur Handlungssteuerung in einem fremdkulturell strukturierten Handlungsfeld verwendet. Zur Vermeidung kulturell unangepassten Handelns und daraus resultierender Handlungsstörung bedarf es einer Veränderung und Erweiterung des eigenkulturellen Orientierungssystems in Richtung auf das fremdkulturelle. Zur effektiven Handlungssteuerung in kulturellen Überschneidungssituationen müssen beide Orientierungssysteme zum Einsatz kommen. Dies ist das zentrale Kennzeichen interkultureller Handlungskompetenz. Produktive Arbeit in interkulturellen Arbeitsgruppen setzt bei der Führung und den Gruppenmitgliedern die Bereitschaft und Fähigkeit zum interkulturellen Lernen mit dem Ziel des interkulturellen Verstehens und der interkulturellen Handlungskompetenz voraus (THOMAS, 1996).

3.3 Beispiele kultureller Überschneidungssituationen

Zwei Beispiele aus dem Arbeitsalltag deutscher Manager im Ausland sollen die sich daraus ergebenden Probleme verdeutlichen. Ein deutscher Manager berichtet von seinen Erfahrungen in China:

„In meinem Werk sind eine ganze Reihe hoch qualifizierter chinesischer Ingenieure beschäftigt, mit denen ich tagtäglich im Rahmen meiner Arbeitsaufgaben zu tun habe. Vor einiger Zeit ist mir einer dieser Ingenieure als besonders fachlich qualifiziert, aufgeschlossen, vielfältig interessiert und sehr kommunikativ aufgefallen. Ich habe mich immer wieder gerne mit ihm unterhalten. Außerdem war er einer der wenigen chinesischen Ingenieure, von denen ich spontan den Eindruck hatte, dass er nicht nur auf Grund seiner Sprachgewandtheit, sondern auch auf Grund seiner Intelligenz komplizierte Probleme sofort begreift und sich an einer Diskussion produktiv beteiligen kann. Ich habe mich deshalb auch fachlich häufiger mit ihm unterhalten, spendierte ihm öfter einmal ein Bier, besorgte ihm deutsche Illustrierte und ließ ihm im Laufe der Zeit hier und da auch einmal einige kleinere Vergünstigungen zukommen. Als ich ihn dann eines Abends zu mir nach Hause zum Essen einlud, lehnte er höflich, aber sehr bestimmt ab. Am nächsten Tag erschien er nicht mehr zur Arbeit, und ich habe ihn seitdem auch nicht mehr in seiner Arbeitsgruppe gesehen. Auf Nachfragen wurde mir mitgeteilt, dass er auf einen anderen Arbeitsplatz gewechselt habe. Über dieses sehr eigentümliche Verhalten des Ingenieurs Wang habe ich mich doch sehr gewundert und bis heute dafür eigentlich keine Erklärung gefunden."

Chinesen legen außerordentlich großen Wert auf harmonische soziale Beziehungen, besonders in ihrer Familie und ihren beruflichen Bezugsgruppen. Herr Wang verzichtete aus Solidarität gegenüber seinen Arbeitskollegen auf die Einladung bei dem deutschen Ingenieur. Die bereits erfolgte und womöglich noch zu erwartende Vorzugsbehandlung durch den deutschen Chef würde ihn so sehr aus seiner Gruppe herausheben und zu einem „Außenseiter" mit Privilegien werden lassen, dass er sich seiner Gruppe gegenüber schuldig fühlen und massive Kritik aus seiner Gruppe befürchten müsste. Offensichtlich war schon jetzt die besondere Beziehung zwischen dem deutschen Ingenieur und Herrn Wang für ihn und seine Gruppe zu einer Belastung geworden, so dass er bzw. seine Arbeitsgruppe und die chinesischen Vorgesetzten es vorzogen, ihn „aus dem Verkehr zu ziehen", um die gestörte Gruppenharmonie wiederherzustellen.

Ein deutscher Personalleiter berichtet von seinen Erfahrungen mit seinen französischen Kollegen in einem deutsch-französischen Gemeinschaftsunternehmen:

„In diesem Unternehmen ist es üblich, dass die Arbeitsverträge neuer Mitarbeiter von der französischen und der deutschen Seite unterzeichnet werden. Eines Tages machte ich einen neu einzustellenden Mitarbeiter mit meinem Kollegen, Monsieur Leconte,

Personalleiter wie ich und für die Mitarbeitereinstellung zuständig, bekannt. Nachdem sich Monsieur Leconte lange und angeregt mit dem Kandidaten unterhalten hatte, wollte ich wissen, wann er den Arbeitsvertrag unterschreiben würde. Monsieur Leconte bat noch um etwas Bedenkzeit, um sich erst noch einmal die Personalakte anzusehen, obwohl es so aussah, als habe er grundsätzlich keine Einwände. Erst einige Tage später erhielt ich dann vom Chef von Monsieur Leconte die erbetene Unterschrift. Ich habe mich gefragt, warum das alles nur so kompliziert sein muss, obwohl es doch nur eine Formsache ist. Immer wieder beobachte ich, dass die Franzosen selbst bei Routineentscheidungen immer in der Hierarchie weit nach oben steigen, um Entscheidungen abzusichern."

Für den deutschen Personalleiter ist die Entscheidung über die Neueinstellung ein Routinefall, den sein französischer Kollege durch Unterschrift besiegelt. Er hat den Kandidaten kennen gelernt, keine Einwände geäußert, und er braucht ja auch nicht mit ihm zusammenzuarbeiten.

Für den französischen Partner sind Personalentscheidungen eine so wichtige Angelegenheit, dass sie der Zustimmung des Vorgesetzten bedürfen. Ihn in einer solchen Angelegenheit nicht um seine Zustimmung zu bitten, obwohl er auf jeden Fall zustimmen würde, wäre ein Verstoß gegen die Etikette und eine Missachtung der Rangposition seines Vorgesetzten. Also muss zur Dokumentation der Rangunterschiede, zur Festlegung und Bekräftigung der Vorgesetztenfunktion dessen Zustimmung eingeholt werden. Der französische Chef von Monsieur Leconte nimmt das „Angebot" seines Untergebenen an und unterzeichnet den Einstellungsvertrag sogar selbst. Die Unterschrift ist aus französischer Sicht also keineswegs ein Routinevorgang, sondern dient der Kompetenzdokumentation und folgt den Regeln des Kulturstandards „Hierarchieorientierung".

3.4 Vom Eigenkulturellen zum Interkulturellen

Die spezifischen Anforderungen der Führung und der Kooperation in interkulturellen Arbeitsgruppen ergeben sich aus drei für die Zusammenarbeit zentralen Themenkomplexen: eigenkulturelle Thematik, fremdkulturelle Thematik und interkulturelle Thematik.

3.4.1 Eigenkulturelle Thematik

Üblicherweise gehen wir davon aus, dass sich alle anderen Menschen auf dieser Welt so wie wir verhalten. Diese Annahme ist vernünftig und richtig, denn meist geraten wir mit unseren Mitmenschen nicht in ernsthafte Konflikte, sondern kommen mit ihnen relativ gut aus. Wenn wir erfahren, dass Menschen in unserer Umgebung sich nicht so verhalten, wie wir es tun bzw. wie wir es gewohnt sind, dann führt dies zur Beunruhigung und macht uns nachdenklich. Andere Formen der Wahrnehmung, der Beurteilung und Beeinflussung erscheinen uns falsch, nicht ganz richtig, lückenhaft, primitiv usw. Wir versuchen herauszufinden, warum diese Person, diese Personen oder Gruppen nicht so agieren, wie wir es gewohnt sind und erwarten. Die eigenen kulturspezifischen Formen der Wahrnehmung, des Urteilens, des Verhaltens und der Beeinflussung sind uns im Laufe unserer Entwicklung zur Gewohnheit geworden. Sie sind im Vollzug nicht mehr bewusstseinspflichtig und werden nicht mehr als etwas

Besonderes bemerkt. Dabei zeigt uns gerade das Bewusstwerden eigener Wahrnehmungs-, Urteils- und Verhaltensweisen in *konflikthaften Situationen*, dass diese Gewohnheiten und Selbstverständlichkeiten durchaus bewusst gemacht werden können.

Wann aber wird nun das „Eigene", das „Gewohnte", das „Selbstverständliche" zum Thema? In der eigenen Kultur meist nur dann, wenn wir Kinder, alte Menschen, Behinderte oder Fremde beobachten. Bei Kindern, alten Menschen, Behinderten und Fremden fallen uns dazu auch sofort die entsprechenden Erklärungen ein: Kinder können es noch nicht, alte Menschen können es nicht mehr, Behinderte können es auf Grund ihrer spezifischen Behinderung nicht, und Fremde können es nicht, weil sie nicht zu uns gehören und nicht gelernt haben, wie man sich bei uns „richtig" zu verhalten hat, und überhaupt nicht wissen, was „sich gehört". Deshalb müssen die *eigenkulturellen Bedingungen* des Wahrnehmens, Denkens und Verhaltens thematisiert, reflektiert, erkannt und verstanden werden.

3.4.2 Fremdkulturelle Thematik

Menschen aus anderen kulturellen, religiösen und sozialen Traditionen, aus anderen Wert-, Rechts- und Wirtschaftstraditionen haben andere Formen des Wahrnehmens, Urteilens, Empfindens und Handelns entwickelt. Diese Menschen sind über viele Generationen hinweg unter anderen geographischen, klimatischen, wirtschaftlichen, politischen, sozialen und geistig-kulturellen Umweltbedingungen aufgewachsen. Sie haben andere Überlebensstrategien und Formen der Problembewältigung entwickelt als wir.

Vielleicht hat sich in anderen Kulturen manches so entwickelt wie bei uns, aber sicherlich ist vieles auch sehr anders. Hier schließt sich die Diskussion über die universelle oder kulturrelative Geltung psychologischer Gesetzmäßigkeiten an (THOMAS, 1993). Damit in Zusammenhang steht auch der Streit zwischen den Konvergenztheoretikern und den Divergenztheoretikern (CHILD, 1981; ADLER, 1983). Die Konvergenztheoretiker meinen, dass Organisationen mit zunehmender Internationalisierung dazu tendieren, sich allmählich so einander anzugleichen, dass das Verhalten ihrer Manager immer ähnlicher und kulturunspezifischer, universeller wird. Konvergenztheoretiker suchen nach universell gültigen Managementtheorien, Führungsstilen, Konfliktregulationsverfahren, Personal- und Organisationsentwicklungsmethoden. Die Anhänger der Divergenztheorie finden demgegenüber in ihren Studien, dass bei aller Internationalisierung die nationalen und kulturellen Besonderheiten beibehalten oder sogar noch betont werden. Kulturvergleichende Managementstudien und empirische Analysen zur Prüfung der Konvergenz- resp. Divergenzkonzepte weisen nach, dass Organisationen in ihrem äußeren Erscheinungsbild und in manchen ihrer formalen Strukturen mit zunehmender Internationalisierung ähnlicher werden, dass aber zentrale Verhaltensmerkmale der Organisationsmitglieder weiterhin kulturspezifisch ausgeprägt sind. Es ist deshalb anzunehmen, dass sich Konvergenz und Divergenz auf verschiedenen Ebenen vollziehen und in verschiedenen Teilbereichen von Organisationen wirksam werden. Bei Organisationsmerkmalen und Prozessen, die weitgehend von psychologischen Faktoren determiniert sind (z. B. informelle Kommunikation, Interaktionsformen, Identifikation, Gruppenbindung, Konfliktmanagement, Motivations- und Kontrollprozesse u. a.), muss mit fest verankerten kulturspezifischen Ausprägungen gerechnet werden.

Daraus ergeben sich spezifische Anforderungen im Zusammenhang mit interkulturellem Lernen, Verstehen und Handeln: Erkennen der *fremdkulturellen Bedingungen* des Wahrnehmens, Denkens, Urteilens, Empfindens und Handelns und Verstehen dieser fremdkulturellen Formen der Lebens- und Problembewältigung; Akzeptanz, dass diese Formen durchaus ebenso vernünftig und sinnvoll sein können wie die eigene Lebensbewältigung.

3.4.3 Interkulturelle Thematik

Die eigene Betroffenheit setzt spätestens dann ein, wenn man mit Menschen aus anderen Kulturen *zusammenarbeitet*. In diesem Falle reicht es nicht mehr aus, das Eigene zu reflektieren und das Fremde zur Kenntnis zu nehmen. Der Zwang bzw. die Absicht zur Zusammenarbeit provoziert und erzwingt die Bewältigung einer neuen Anforderung. *Eigenes und Fremdes* müssen unter den Bedingungen interkultureller Zusammenarbeit aufeinander *abgestimmt werden*. Ein angestrebtes Ziel kann nur zusammen mit einem zunächst Fremden erreicht werden.

3.5 Konsequenzen für interkulturelle Arbeitsgruppen

Für interkulturelle Arbeitsgruppen, deren Planung, Organisation, Führung, Zusammensetzung und für die Vorbereitung der Gruppenmitglieder und der Führungskräfte ergeben sich aus den Darlegungen im vorherigen Abschnitt die im Folgenden dargestellten Handlungsschritte:

3.5.1 Kulturelle Identität, Kompatibilität, Akkommodation

Jedes Gruppenmitglied muss prüfen, inwieweit das Eigene und das Fremde miteinander übereinstimmen (kulturelle Identität), in welchem Maße Eigenes und Fremdes voneinander abweichen (kulturelle Differenz) und inwieweit Elemente des Eigenen und des Fremden nebeneinander bestehen können (kulturelle Kompatibilität) oder unvereinbar sind (kulturelle Inkompatibilität). Kompatible Elemente können sein: Begegnungs- und Kommunikationsrituale, Organisationsregeln. Inkompatible Elemente können sein: religiös begründete und wertbehaftete Tabubereiche, Menschenrechtsfragen usw. Vor diesem Hintergrund muss geprüft werden, was von dem Eigenen in Richtung auf das Fremde geändert werden kann. Wieweit kann und sollte man sich dem Fremden anpassen? Keinerlei Anpassung(sbereitschaft) führt eventuell zu direkten Konflikten. Ein solches Verhalten kann von den fremden Gruppenmitgliedern als arrogant, hochnäsig, dominant und als abweisend empfunden werden. Völlige Anpassung an Fremdes kann zur Karikatur werden und ins Lächerliche abgleiten.

3.5.2 Kulturelle Assimilation

Jedes Gruppenmitglied muss zudem prüfen, wie das Fremde in Richtung auf das Eigene geändert werden kann, welche Möglichkeiten bestehen, den Fremden auf die eigenen Ziele und Verhaltensgewohnheiten so hinzuweisen, dass er bereit ist, sie zu erkennen, anzuerkennen und sich ihnen eventuell anzunähern. Oft wird der Fremde direkt gezwungen, oder die Lebens- und Arbeitsverhältnisse zwingen ihn indirekt, die Verhaltensgewohnheiten der Majorität zu assimilieren (KIM & GUDYKUNST, 1988).

3.5.3 Kulturelle Synergie

Unter dem Begriff kulturelle Synergie versteht man „das Zusammenfügen kulturell unterschiedlich ausgeprägter Elemente wie Orientierungsmuster, Werte, Normen, Verhaltensweisen usw. in einer Art und Weise, dass sich ein die Summation der Elemente übersteigendes neues Gefüge ergibt (STUMPF, 1999). Das Gesamtresultat ist dann qualitativ hochwertiger als jedes Einzelelement oder die Summe der Elemente" (THOMAS, 1993, S. 408). In internationalen Arbeitsgruppen können die kulturellen Divergenzen als Barriere wirken und eine gegenseitige Verständigung der Gruppenmitglieder erschweren oder gar verhindern. Die interkulturellen Differenzen in solchen Arbeitsgruppen können aber auch als leistungsförderliches Potenzial erkannt und nutzbar gemacht werden, indem sie zur Erweiterung der Handlungsalternativen, zur wechselseitigen Kompensation von Defiziten sowie zur Förderung synergetischer Effekte genutzt werden. Das Reflektieren des Eigenen, das Erkennen des Fremden, die Wertschätzung des Andersartigen sowie die Fähigkeit, Eigenes und Fremdes gleichermaßen als zieldienliches Lösungspotenzial zu handhaben, bilden die Grundlagen für interkulturelle Synergie in Arbeitsgruppen.

Die Gruppenmitglieder müssen prüfen, welche produktiven und destruktiven Konsequenzen solche Änderungsbemühungen in Richtung auf das Fremde, das Eigene und ein entwickeltes Drittes für die Gruppenzusammenarbeit haben. Viel erreicht ist zwar schon, wenn ein hohes Maß an gegenseitiger Toleranz in der Arbeitsgruppe praktiziert wird und wenn der Fremde nicht mehr als minderwertig behandelt wird, sondern eine Wertschätzung erfährt. Für die Zusammenarbeit in Arbeitsgruppen und die Qualität des Arbeitsergebnisses produktiver wäre es aber, wenn die kulturbedingten Unterschiede im Erfassen von Objekten und Zusammenhängen, im Lösen von Problemen, in der zwischenmenschlichen Kommunikation, im Umgang mit Zeit und Raum, im Situationsmanagement und Ähnliches und im Verhalten insgesamt als wertvolles Potenzial zur Qualifizierung der Gruppenarbeit und Gruppenleistung wahrgenommen und behandelt werden. Die Gruppenmitglieder müssen dann von sich aus und unterstützt durch den Gruppenleiter in der Lage sein, ihre kulturspezifischen Verhaltensmodalitäten so aufeinander abzustimmen, dass auf dem Wege der Arbeitsbewältigung die beschriebenen Synergieeffekte entstehen, die für die Gruppenarbeit selbst und die Gruppenleistung produktiv sind. Nicht das Minimieren kultureller Divergenzen durch Akkommodations- und Assimilationsleistungen der Gruppenmitglieder oder der einseitige Akkulturationszwang gegenüber der kulturellen Minderheit, die sich der Mehrheit anzupassen hat, sondern die effektive Nutzung der kulturellen Potenziale in der Gruppe wären dann das Ziel der Gruppenführung (ZEUTSCHEL, 1997, 1999).

Eine weitere Quelle schwer zu lösender Probleme in interkulturell zusammengesetzten Arbeitsgruppen ergibt sich aus der Tatsache, dass Menschen danach trachten, sich selbst, die Menschen, die zu ihnen gehören, und damit die Gruppen, denen sie sich verbunden wissen (Eigengruppe), möglichst positiv einzuschätzen und gegen Angriffe und Kritik von außen zu verteidigen. In der Theorie der sozialen Identität (TAJFEL, 1981; TURNER & GILES, 1985) sind diese das Selbstwertgefühl erhöhenden sozialen Prozesse innerhalb und zwischen Gruppen ausführlich beschrieben und empirisch-experimentell untersucht worden. Angewandt auf interkulturelle Arbeitsgruppen lassen sich aus diesen Forschungen folgende bedeutsamen Konsequenzen für die Gruppenprozesse und -führung ziehen:

Mitglieder interkultureller Arbeitsgruppen werden, wie alle sonstigen Gruppenmitglieder, bestrebt sein, sich eine möglichst angesehene Position innerhalb ihrer Gruppe zu sichern. Dazu bietet sich die nationale Zugehörigkeit als Unterscheidungs- und Abgrenzungskriterium an. Die deutschen Mitglieder in einer Arbeitsgruppe oder die Franzosen in einer Arbeitsgruppe werden versuchen, sich als Teilgruppe zu definieren. Dies geschieht dadurch, dass sie ihre nationale Zugehörigkeit nutzen, um eine „Eigengruppe" zu bilden, die sie besonders positiv bewerten und gegenüber den negativ bewerteten Mitgliedern der anderen nationalen „Fremdgruppe" abgrenzen. Sie werden ihre eigenen Leistungen eher überschätzen und die der anderen unterbewerten. Sie werden Fähigkeiten und Fertigkeiten, Einstellungen und Wertvorstellungen bei den Eigengruppenmitgliedern sehr genau zu differenzieren wissen und die Individualität jedes einzelnen Gruppenmitglieds betonen, jedoch gegenüber den anderen Gruppenmitgliedern eher zur Homogenisierung und Depersonalisierung neigen. Die Mitglieder der anderen Teilgruppe treten nicht so sehr als Einzelpersonen in Erscheinung mit eigenständigen Zielen, Fähigkeiten, Fertigkeiten, Leistungen und Verantwortlichkeiten, sondern werden als Teile einer homogenen Gruppe eher als unfähiger, unqualifizierter, weniger fleißig und einsatzfreudig usw. bewertet und als typische Vertreter der Fremdgruppe etikettiert und disqualifiziert. Je weniger die soziale Identität des einzelnen Gruppenmitglieds in seiner Gruppe und die der Eigengruppe im sozialen Gefüge einer größeren Arbeitseinheit und des Unternehmens gesichert ist und je stärker die soziale Identität bedroht ist, umso mehr wächst die Tendenz zur Abgrenzung von der Fremdgruppe, zur Eigengruppenbevorzugung, zur Homogenisierung und Depersonalisierung zur Fremdgruppe bis hin zur Fremdgruppendiskriminierung (THOMAS, 1992).

Alle diese Prozesse sind den Gruppenmitgliedern in aller Regel nicht bewusst. Erlebt werden allenfalls Kommunikations- und Interaktionsstörungen, deren Ursachen im Fehlverhalten der anderen Person oder der anderen Gruppe gesucht werden. Die Gruppenmitglieder schreiben sich gegenseitig die Verantwortung für Störungen zu, ohne zu wissen und zu bemerken, dass die wechselseitigen Fehlwahrnehmungen und -interpretationen bedingt sind durch die kognitiven und emotionalen Folgen interpersonaler und intergruppenspezifischer Kategorisierungen und Stereotypisierungen, die in konflikthaften Interaktionssituationen provoziert werden.

Diese Intergruppentendenzen, die den Zusammenhalt in interkulturellen Arbeitsgruppen gefährden und die Gruppenleistung erheblich beeinträchtigen, können nur bei wirksamem Einsatz folgender Maßnahmen begrenzt werden:

1. Das Bedürfnis nach Selbstwerterhöhung und Eigengruppenfavorisierung muss auf andere Weise befriedigt werden als dadurch, dass die Leistungen der Fremdgruppenmitglieder abgewertet werden. Ein stabiles Selbstwertgefüge aller Gruppenmitglieder macht den sozialen Vergleich und die Eigen- vs. Fremdgruppenabgrenzung über die Klassifizierungen der Arbeitsgruppenmitglieder nach nationalen Zugehörigkeitskategorien überflüssig.
2. Ein von allen Gruppenmitgliedern gleichermaßen hoch bewertetes Ziel muss formuliert und von allen als etwas gemeinsam zu Erreichendes anerkannt werden.

3. Es müssen Möglichkeiten zur Identifikation mit „überlappenden Kategorien" (THOMAS, 1994) geschaffen werden, d.h. Kategorien, die von allen Gruppenmitgliedern geschätzt werden und für alle bedeutungshaltig sind.

In interkulturellen Arbeitsgruppen ist noch zu beachten, welcher Nation der Gruppenführer angehört. Menschen neigen dazu, in Situationen mit einem hohen Grad sozialer Verunsicherung, z.B. bei der Bildung neuer Gruppen oder bei der Zusammenarbeit mit bisher unbekannten Personen – womöglich noch solchen aus völlig fremden Kulturen, mit andersartigen Verhaltensgewohnheiten, Wert- und Normvorstellungen usw. –, über den Prozess des sozialen Vergleichs und der Ähnlichkeitszuschreibung neue, tragfähige soziale Identitäten und Orientierungsstrukturen aufzubauen. Deshalb werden die Arbeitsgruppenmitglieder mit einer identischen nationalen Zugehörigkeit wie der Gruppenleiter diesen als zu ihrer Eigengruppe gehörend betrachten, um daraus Vorteile gegenüber anderen Gruppenmitgliedern zu ziehen. Sie werden bestrebt sein, mit Unterstützung durch den Gruppenleiter, dem sie sich ähnlicher fühlen als den anderen, die Arbeitsgruppe zu dominieren.

Interkulturelle Arbeitsgruppen stehen immer in der Gefahr, die nationale Zugehörigkeit der Gruppenmitglieder und des Gruppenführers sowie die nationalen Traditionen des Unternehmens und die nationale Lokalisierung des Arbeitsplatzes zu thematisieren, um über diese Kategorisierungen Unterscheidung, Abgrenzung, Auf- und Abwertung und wertbezogene Eigenschaftszuschreibungen (Attribuierungen) vorzunehmen. Alle diese Prozesse sind von großem Wert zur Festigung der sozialen Identität, dienen der Selbstwerterhöhung und insgesamt der Orientierung in einem komplexen sozialen Gefüge. Dies muss der Gruppenleiter interkulturell zusammengesetzter Arbeitsgruppen wissen, bei der Festlegung seiner eigenen Position beachten und sich in seinem Führungsverhalten darauf einstellen können. Aspekte interkultureller Arbeitsgruppen werden auch in zunehmendem Maße in Zusammenhang mit Forschungen zu „Managing Diversity" diskutiert (STUMPF & THOMAS, 2000).

4. Die Praxis der Führung interkultureller Gruppen

Viele Probleme im Zusammenhang mit dem Thema „Interkulturelles Management" sind auch für die Führung interkultureller Arbeitsgruppen relevant, denn interkulturelles Management ist in vielen Bereichen nichts anderes als interkulturelles Gruppenmanagement. So lassen sich aus der Forschung und Praxiserfahrung zum interkulturellen Management Erkenntnisse zur Klärung und Lösung der hier diskutierten Probleme gewinnen (LANDIS & BRISLIN, 1983; RONEN, 1986; HARRIS & MORAN, 1991; BERGEMANN & SOURISSEAUX, 1992).

Für das Führen von interkulturellen Arbeitsgruppen gilt als Faustregel: Je divergenter die aufeinander treffenden Kulturen, die daraus resultierenden Orientierungssysteme und die spezifischen Kulturstandards sind, umso zahlreicher sind auch die kritischen Stellen kultureller Überschneidung bei der Kooperation in interkulturellen Arbeitsgruppen und umso handlungswirksamer ist das sich bildende Konfliktpotenzial. Effektives interkulturelles Management ebenso wie das Management von interkulturellen Arbeitsgruppen erfordert die Regulation der interkulturellen Divergenzen. Dies kann grundsätzlich auf folgende vier Arten geschehen:

1. *Dominanzkonzept*: Die eigenkulturellen Werte und Normen werden fremden Kulturen gegenüber als überlegen angesehen. Sie sollen sich gegen Fremdeinflüsse durchsetzen und das Interaktionsgeschehen dominieren: z.B. deutsche Führungskonzepte, Arbeitstugenden, Methoden der Konfliktbehandlung, des Krisenmanagements, Problemlösestrategien usw. werden als die besten, bewährtesten und sachgerechtesten Lösungen angesehen und gegenüber anderen Lösungsformen durchgesetzt. Auf alle anderen Gruppenmitglieder wird so lange Anpassungsdruck ausgeübt, bis sie gelernt haben, sich in ihrem Verhalten nach den deutschen (also aus der Sicht der dominierenden Gruppenteilnehmer „richtigen") Kulturstandards zu orientieren.

2. *Assimilationskonzept*: Die fremdkulturellen Werte und Normen werden bereitwillig übernommen und in das eigene Handeln integriert. Die Anpassungstendenzen an die fremde Kultur können so stark werden, dass ein Verlust der eigenen kulturellen Identität und ein völliges Aufgehen in der Fremdkultur die Folge sind. Die Gruppenmitglieder passen sich den nationalen und firmenspezifischen Normen und Werten einer Kultur, meist der überlegenen, mächtigen an, umso der ständigen Kritik an ihrem Verhalten zu entgehen und den Anpassungsdruck seitens der Gruppenmitglieder und der Führung zu minimieren.

3. *Divergenzkonzept*: Werte und Normen beider Kulturen werden als bedeutsam und effektiv angesehen. Viele Elemente sind allerdings inkompatibel und führen in der Anwendung zu ständigen Widersprüchen. Da eine Integration nicht gelingt, kommt es zu unauflösbaren Divergenzen und ständigen Schwankungen zwischen beiden Kulturen. Besonders in der Anfangsphase der Bildung interkultureller Arbeitsgruppen bzw. beim Übergang eines Unternehmens von einem internationalen zu einem transnationalen Unternehmen sind solche Prozesse zu beobachten. Dies führt zu Verunsicherungen bezüglich der nun für die Zusammenarbeit gültigen Werte, Normen und Verhaltensregeln und langfristig zur Reduzierung der Arbeitsmotivation und der Gruppenkohäsion.

4. *Synthesekonzept*: Den Gruppenmitgliedern gelingt es, bedeutsame Elemente beider Kulturen zu einer neuen Qualität (Gesamtheit) zu verschmelzen. Das Resultat besteht dann nicht mehr in der Bevorzugung einer der beiden Kulturen, sondern in einer aus den „Ressourcen" beider Kulturen gewonnenen Neudefinition wichtiger Elemente (Synergie), die dann für alle Gruppenmitglieder normgebend werden.

Welches der verschiedenen Konzepte praktiziert wird, richtet sich nach den situativen Bedingungen, den Management- und Unternehmenstraditionen, den individuellen Erfahrungen im Umgang mit fremdkulturellen Partnern und der Qualifikation des Führungspersonals zur Regulation interkultureller Überschneidungssituationen. Das Synthesekonzept erfordert eine höhere Qualität interkultureller Handlungskompetenz auf Seiten des Gruppenleiters wie der Gruppenteilnehmer als das Dominanz- oder Assimilationskonzept (ZEUTSCHEL, 1997).

Wenn man Kultur auffasst als ein Handlungsfeld, das einerseits Handlungsmöglichkeiten und -ziele bietet, die mit bestimmten Mitteln erreichbar sind, das aber andererseits auch Handlungsbedingungen stellt und Grenzen setzt für mögliches oder „richtiges" Handeln (BOESCH, 1980), dann ergeben sich daraus eine Reihe von Konsequenzen. Effektives Management interkultureller Gruppen müsste aus der Kenntnis genau dieser kulturellen Handlungsmöglichkeiten und -grenzen heraus eine Integration der kulturellen Einflussfaktoren erreichen. Dabei ist neben der Bevorzugung eines der vier Konzepte unter bestimmten Umständen die effektive Anwendung aller vier Konzepte denkbar. In einem komplexen interkulturellen Gruppengefüge können bestimmte Interaktions- und Handlungsbereiche durchaus sinnvoll nach dem Dominanzkonzept und dem Assimilationskonzept geregelt werden.

Mit der Anwendung des Synthesekonzepts wird zwar auf lange Sicht der höchste Nutzeffekt und ein höheres Maß an Zufriedenheit der Gruppenmitglieder erzielt, doch bedarf es zu seiner Anwendung differenzierter kulturspezifischer Kenntnisse und einer hoch entwickelten interkulturellen Sensibilität und Kompetenz sowohl auf der Ebene des Teamleiters sowie der Gruppenmitglieder. Dies ist aber ohne spezifische Vorbereitung der betroffenen Personen auf die besondere Interaktions- und Kommunikationsproblematik und ohne kulturspezifisches Sensibilisierungs- und Orientierungstraining nicht zu verwirklichen.

Die zentrale Trainingsaufgabe in diesem Zusammenhang besteht in der Sensibilisierung für handlungsrelevante Merkmale fremdkultureller Orientierungssysteme, also für kulturspezifische Handlungsmöglichkeiten wie -grenzen, für die verborgenen Merkmale des eigenkulturellen Orientierungssystems. Dazu muss die Fähigkeit zum Denken in den Bezügen zunächst fremder, dann aber immer vertrauter werdender Orientierungssysteme kommen. Hier stehen eine ganze Reihe von Trainingsmaßnahmen zur Verfügung (LANDIS & BRISLIN, 1983; THOMAS & HAGEMANN, 1992; BITTNER, 1996).

Interkulturelle Arbeitsgruppen entstehen wohl selten auf Grund freiwilliger Entscheidungen der Gruppenmitglieder, dies gibt es allenfalls bei wissenschaftlichen Arbeitsgruppen, sondern meist auf Grund wirtschaftlicher, technologischer und politischer Zwänge. Zur Stärkung der Marktposition fusioniert z.B. ein deutsches Maschinenbauunternehmen mit seinem bisherigen Konkurrenten im europäischen Markt, einem englischen Unternehmen, umso weltweit wettbewerbsfähig zu bleiben. Aus dieser Fusion werden sich zwangsweise bi- und eventuell multinationale Arbeitsgruppen entwickeln, die mal unter deutscher Leitung, mal unter englischer Leitung oder eventuell unter einer aus einem Drittland stammenden Führungskraft arbeiten. Ein weiteres Beispiel: Zur Entwicklung eines wettbewerbsfähigen Produktes der Mikroelektronik bedarf es eines speziellen Know-how, das nur in den USA vorhanden ist. Dies zwingt ein deutsches Unternehmen, amerikanische Spezialisten für drei bis fünf Jahre anzuwerben und diese mit deutschen Mitarbeitern in einer Entwicklungsgruppe zusammenarbeiten zu lassen. Militärische Verbände, die aus Soldaten verschiedener Nationen gebildet werden (Eurokorps), sind Beispiele für erzwungene interkulturell zusammengesetzte Arbeitsgruppen auf Grund politischer Entscheidungen (THOMAS, KAMMHUBER & LAYES, 1997).

Zur effektiven Führung solcher Arbeitsgruppen, zur Reduzierung der kulturbedingten Kommunikations- und Interaktionsprobleme ebenso wie zur Ausschöpfung der gerade in diesen Gruppen vorhandenen besonderen Handlungsmöglichkeiten und Leistungspotenziale ist zu beachten, dass Gruppen keine starren sozialen Gebilde sind, sondern dynamische Einheiten. Gruppen haben eine Geschichte, ihre Mitglieder wirken gestaltend nach innen (in die Gruppe hinein) und nach außen (z.B. als Vertreter der Gruppe gegenüber anderen). Gruppenmitglieder aus unterschiedlichen Kulturen bringen neben ihren ganz persönlichen Erfahrungen im Umgang mit Gruppenprozessen bestimmte kulturbedingte, mehr oder weniger unterschiedliche Orientierungssysteme und Kulturstandards zur Bewertung und Steuerung zentraler gruppendynamisch relevanter Determinanten mit. So hat HOFSTEDE (1984, 1993) in umfangreichen Untersuchungen bei über 70 Kulturen spezifisch ausgeprägte Orientierungsmuster identifiziert, die sich nach den folgenden vier Dimensionen klassifizieren ließen:

1. *Machtdistanz*, d.h. wie hoch oder niedrig die Distanz zwischen Vorgesetztem und Untergebenem ausgeprägt ist.
2. *Unsicherheitsmeidung*, d.h. in welchem Ausmaß ein Mitarbeiter komplexe und unklare Situationen selbstständig meistern kann oder ob er solche Situationen vermeidet.
3. *Individualismus vs. Kollektivismus*, d.h. ob die Mitarbeiter stärker nach dem Erreichen und der Verwirklichung individueller Ziele streben oder stärker gruppenorientiert handeln.
4. *Maskulinität vs. Femininität*, d.h. inwieweit die Mitarbeiter leistungsorientiert denken und arbeiten oder stärker auf sozial integrative Formen der Zusammenarbeit Wert legen.

Gruppenmitglieder aus Kulturen mit einem hohen Machtgefälle, in denen der Vorgesetzte die alleinige Entscheidungs- und Befehlsgewalt besitzt und von den Mitarbeitern bedingungslosen Gehorsam und blinde Pflichterfüllung verlangt, werden in einer Arbeitsgruppe mit Kollegen aus einer Kultur mit niedrigem Machtgefälle, die es gewohnt sind, auch wichtige Entscheidungen selbst zu treffen und sich lediglich mit den Vorgesetzten abzustimmen, hinsichtlich der Qualifikationsmerkmale Selbstständigkeit, Entscheidungsfreudigkeit, Selbstverantwortlichkeit überfordert sein. Sie kämen sich treulos, anmaßend und widerspenstig vor, wenn sie ohne Anweisung des Vorgesetzten von sich aus Entscheidungen träfen, weil all dies in ihrem kulturbedingten Orientierungssystem anders geregelt ist.

Gruppenmitglieder aus eher kollektivistischen Kulturen, die auf die Einhaltung sozialer Harmonie, gegenseitiges Einvernehmen und auf gemeinsame Gruppenziele hin orientiert sind, werden das Verhalten von Gruppenmitgliedern aus individualistischen, auf das persönliche Wohlergehen, die eigene Anerkennung und individuelle Leistungsbefriedigung hin orientierten Kulturen nicht verstehen können. Sie werden das individuelle, konkurrenzorientierte Verhalten in der Gruppe nicht als leistungsförderlich, sondern als bewusst gruppenschädigendes Verhalten wahrnehmen, bewerten und entsprechend mit Ablehnung reagieren. Personen, die auf solche kulturspezifisch unterschiedlichen Erfahrungen und Handlungsregeln in interkulturellen Gruppen *nicht* vorbereitet sind, werden das an den anderen Gruppenmitgliedern beobachtete „Fehlverhalten" nicht den fremden Orientierungssystemen zuordnen, sondern den einzelnen Gruppenmitgliedern persönlich anlasten und sie folgerichtig als egoistisch, unsozial usw. beurteilen.

Für interkulturelle Gruppenprozesse und deren Management sind deshalb folgende Themen und Problemfelder besonders zu beachten:

1. *Vorgesetzte-Mitarbeiter-Beziehung:*
   a) Machtdistanz
   b) Art der Motivierung der Mitarbeiter
   c) Leistungskontrolle gegenüber den Mitarbeitern
   d) Ergebnisrückmeldung (feedback) durch den Vorgesetzten
   e) Entscheidungsspielraum und Verantwortungsspanne der Mitarbeiter
   f) Partizipationsgrad
   g) Loyalität

2. *Interaktionsprozesse in Arbeitsgruppen:*
   a) Statusmerkmale
   b) Rollenzuschreibung und Rollendifferenzierung

c) Konfliktregulation
   d) Informationsaustausch
   e) Identitätsmerkmale
   f) Die Gruppenkohäsion stabilisierende Verhaltensweisen
   g) Abstimmungsprozesse
   h) Umgang mit Raum/Zeit/Qualität usw.
3. *Individuum-Gruppe-Beziehung:*
   a) Subjektive Interpretation und Identifikation mit dem Gruppenziel
   b) Konvergenz und Divergenz zwischen Individualziel und Gruppenziel
   c) Identifikation mit der Gruppe
   d) Identifikation mit dem Gruppenführer
   e) Subjektive Interpretation der Gruppenziele und ihre Akzeptanz
   f) Befriedigung sozial emotionaler Bedürfnisse

5. Zusammenfassung und Schlussbetrachtung

Das Führen international zusammengesetzter Arbeitsgruppen mit kulturell divergierenden Orientierungssystemen zwischen der Gruppenleitung und den Gruppenmitgliedern sowie innerhalb der Gruppe wird zukünftig eines der zentralen Managementthemen sein. Die Annahme der Konvergenztheoretiker, die davon ausgehen, dass sich mit zunehmender Internationalisierung die noch bestehenden kulturellen Divergenzen minimieren und auf einen gemeinsamen globalen Standard hin konvergieren (s. o.), hat sich als falsch erwiesen. Tendenzen zur Konvergenz sind durchaus in gewissen Bereichen wirtschaftlichen Handelns und Managementverhaltens zu beobachten, zur gleichen Zeit aber bleiben kulturbedingte Divergenzen bestehen bzw. werden noch verstärkt. Die Internationalisierung führt nicht zwangsläufig zur Konvergenz und Vereinheitlichung, sondern verstärkt auch Tendenzen zur Partikularisierung und zum Betonen der nationalkulturellen, organisations-/betriebskulturellen Eigenständigkeit (CHILD, 1981; ADLER, 1983).

Bisher wurde dem Thema „Führen interkultureller Arbeitsgruppen" weder seitens der Sozialwissenschaften noch der Wirtschaftswissenschaften die ihm gebührende Aufmerksamkeit geschenkt. Auch in der betrieblichen Praxis bleibt es meist dem Geschick und dem Einfühlungsvermögen der einzelnen Führungskräfte überlassen, mit den in solchen Gruppen entstehenden Problemen produktiv und sozial verträglich umzugehen. Eine Einführung in diese Thematik oder ein vorbereitendes Training findet in der Regel nicht statt. So lange weder von den Wissenschaften noch aus der Praxis mit fundierten Erkenntnissen über effektives Gruppenmanagement und eine Vorbereitung auf die kulturspezifisch verursachten Probleme des Führens interkultureller Arbeitsgruppen zu rechnen ist, wird man sich mit einer Übertragung allgemeiner Erkenntnisse aus dem Bereich der interkulturellen Managementforschung auf die spezifische Problemlage interkultureller Arbeitsgruppen begnügen müssen.

Literatur

ADLER, N.J. (1983). Cross-cultural management: Issues to be faced. In: International Studies of Management and Organization. Vol. XIII (No. 1–2), 1983), S. 745–755.

BERGEMANN, N. & SOURISSEAUX, A.L.J. (Hrsg.). (1992). Interkulturelles Management. Berlin, 1992.

BITTNER, A. (1996). Psychologische Aspekte der Vorbereitung und des Trainings von Fach- und Führungskräften auf einen Auslandseinsatz. In A. Thomas (Hrsg.), Psychologie interkulturellen Handelns. S. 317–339. Göttingen 1996.

BOESCH, E.E. (1980). Kultur und Handlung – Eine Einführung in die Kulturpsychologie. Bern, 1980.

CHILD, J.D. (1981). Culture, contingency and capitalism in the cross-national study of organizations. In L.L. CUMMINGS & B.M. STAW (Eds.), Research in organizational behavior, Vol. III (S. 303–356). Greenwich, Conn., 1981.

HARRIS, P.R. & MORAN, R.T. (1991). Managing cultural differences. Houston, 1991.

HOFSTEDE, G. (1984). Culture's consequences. International differences in work related values. Beverly Hills, 1984.

HOFSTEDE, G. (1993). Interkulturelle Zusammenarbeit. Kulturen, Organisationen, Management. Wiesbaden, 1993.

KIM, Y.Y. & GUDYKUNST, W.B. (Eds.). (1988). Cross-cultural adaptation. Newbury Park, 1988.

LANDIS, D. & BRISLIN, R.W. (Eds.). (1983). Handbook of intercultural training, Vol. 1–3. New York, 1983.

LICHTENBERGER, B. (1992). Interkulturelle Mitarbeiterführung. Stuttgart, 1992.

MEAD, R. (1990). Cross-cultural Management communication. Chichester, 1990.

RONEN, S. (1986). Comparative and multinational management. New York, 1986.

SCHROLL-MACHL, S. (1992). Untersuchung über deutsch-amerikanische Arbeitsgruppen zur Entwicklung einer komplizierten elektronischen Anlage. Universität Regensburg: unveröffentlichtes Manuskript, 1992.

SCHROLL-MACHL, S. (1996). Kulturbedingte Unterschiede im Problemlöseprozess bei deutsch-amerikanischen Arbeitsgruppen. In A. Thomas (Hrsg.), Psychologie interkulturellen Handelns. S. 383–409. Göttingen 1996.

STUMPF, S. (1999). Wann man von Synergie in Gruppen sprechen kann: Eine Begriffsanalyse. In: Gruppendynamik – Zeitschrift für angewandte Sozialpsychologie, 2/30, S. 191–206.

STUMPF, S. (2003). Interkulturelles Führungsverhalten. In A. THOMAS (Hrsg.), Handbuch interkulturelle Kommunikation und Kooperation. Grundlagen und Praxisfelder. Göttingen, 2003.

STUMPF, S. & THOMAS, A. (Eds.). (2000). Diversity and Group Effectiveness. Lengerich. 2000.

TAJFEL, H. (1981). Human groups and social categories. Cambridge, Mass., 1981.

THOMAS, A. (Hrsg.). (1984). Interkultureller Personenaustausch in Forschung und Praxis. Saarbrücken, 1984.

THOMAS, A. (1992). Grundriss der Sozialpsychologie, Bd. 2. Individuum, Gruppe, Gesellschaft. Göttingen, 1992.

THOMAS, A. (Hrsg.). (1993). Kulturvergleichende Psychologie – Eine Einführung. Göttingen, 1993.

THOMAS, A. (1994). Können interkulturelle Begegnungen Vorurteile verstärken? In A. THOMAS (Hrsg.), Psychologie und multikulturelle Gesellschaft. Göttingen, 1994.

THOMAS, A. (1999) Gruppeneffektivität: Balance zwischen Heterogenität und Homogenität. In: Gruppendynamik – Zeitschrift für angewandte Sozialpsychologie, 2/30, S. 117–129.

THOMAS, A. (Hrsg.). (1996). Psychologie interkulturellen Handelns. Göttingen 1996.

THOMAS, A. & HAGEMANN, K. (1992). Training interkultureller Kompetenz. In N. BERGEMANN & A. SOURISSEAUX (Hrsg.), Interkulturelles Management. Heidelberg, 1992, S. 35–58

THOMAS, A., KAMMHUBER, S. & LAYES, G. (1997). Interkulturelle Kompetenz: Ein Handbuch für internationale Einsätze der Bundeswehr. In: Bundesministerium der Verteidigung – P II 4 (Hrsg.), Untersuchungen des Psychologischen Dienstes der Bundeswehr 32, 1997, München 1997.

TURNER, J.C. & GILES, H. (Eds.). (1985). Intergroup behaviour. Oxford, 1985.

ZEUTSCHEL, U. (1997). Unterschiede und Ergänzungspotenziale bei deutschen und U.S.-amerikanischen Problemlösegruppen. ssip-texte, Nr. 5. Hilden 1997.

ZEUTSCHEL, U. (1998). Intercultural synergy in professional teams: Views from the field of practice. SIETAR Congress ‚96 Proceedings ‚Meeting the Intercultural Challenge'. Sternenfels 1998.

ZEUTSCHEL, U. (1999). Interkulturelle Synergie auf dem Weg: Erkenntnisse aus deutsch/U.S.-amerikanischen Problemlösegruppen. In: Gruppendynamik – Zeitschrift für angewandte Sozialpsychologie, 2/30, S. 131–159.

Zur Konkretisierung und weiteren Vertiefung wird empfohlen, im Fallstudienband die Fälle zu „Internationales Personalmanagement" zu bearbeiten.

Heidrun Friedel-Howe

Frauen und Führung: Mythen und Fakten

1. Das Problem
2. Mythen im Vorfeld des Aufstiegs
3. Mythen um die Frau im Management
4. Resümee

1. Das Problem

Das Recht auf Berufstätigkeit im Sinne auch sozialer Billigung wird den Frauen heute kaum noch streitig gemacht. Anders verhält es sich jedoch, wenn Frauen nicht nur einen „Job" wollen, sondern auch eine Karriere, also ein energie- und zeitintensives, in eine Führungsposition mündendes berufliches Engagement. Hier scheint gegenwärtig die soziale Toleranzgrenze zu liegen: weibliche Berufstätigkeit nur insoweit, wie sie mit der Familienrolle der Frau („Mutter und Hausfrau") nicht (allzu sehr) kollidiert! Ein Zweites dürfte aber noch hinzukommen: Mit dem Anspruch auf Führung und Autorität im beruflichen Bereich – und im hier interessierenden Bereich der privaten Wirtschaft noch besonders – kündigt die Frau ihren (untergeordneten) „Platz" im beruflich-funktionellen Ranggefüge, ein Vorgang, der manchen (und nicht nur den Männern!) Unbehagen bereiten mag.

Ursache und Folge zugleich solchen Unbehagens sind zahlreiche Mythen in Form von Behauptungen, stereotypen Vorstellungen und Vorurteilen zumeist unbekannten Realitätsgehaltes. Die sechs wichtigsten Mythen zum Thema „Frau und Führung" werden im Folgenden in Bezug auf ihren Inhalt, ihre mögliche Wirkungsweise und daraufhin untersucht, was an ihnen Fiktion ist und was Fakt. Getrennt wird dabei nach Mythen vor dem Aufstieg in eine Führungsposition und solchen, die sich auf die Frau im Management beziehen.

2. Mythen im Vorfeld des Aufstiegs

2.1 Mythen um „Können" und „Wollen" der Frauen (Kompetenzmythen)

Mythos 1: „Frauen können nicht führen"

Inhalt: Die Tatsache, dass sich nur wenige Frauen, aber sehr viele Männer im Management befinden, verleitet zu der Schlussfolgerung, dass hierin ein Geschlechtsunterschied in der Eignung für Führungsaufgaben zum Ausdruck kommt. Das so genannte „männliche Management-Modell" besagt nicht nur, dass Manager Männer sind (was fast der Realität entspricht), sondern vor allem, dass Manager Männer sein *sollten,* weil diese die besseren Führungskräfte abgeben.

Wirkungen: Der Wirkungsmechanismus subjektiver Kompetenzüberzeugungen von der Art des Mythos 1 besteht darin, dass sie beim Träger zunächst Erwartungen auslösen und über diese dann dessen Verhalten steuern. Schlüsselfigur für die frühe Identifikation und Förderung von Führungspotenzial ist der (zumeist männliche) Vorgesetzte. In dem Maße, in dem er glaubt, Frauen taugten für Führungsaufgaben schlechter als Männer, wird er – ohne sich dessen notwendig bewusst zu sein – seine Mitarbeiterinnen diesbezüglich weniger beobachten und fördern als seine Mitarbeiter. Das männliche Management-Modell kann auch bei Frauen auftreten. In diesem Fall bewirkt es „Selbststereotypisierung": Obwohl objektiv vielleicht durchaus befähigt, glaubt die betreffende Frau nicht daran, dass auch sie leisten könnte, was „offensichtlich" (95 % Männer im Management) fast nur Männer schaffen.

Forschungsergebnisse: Für die Wirksamkeit des Mythos sprechen zunächst die weite Verbreitung und die (über Jahrzehnte hinweg) hohe Persistenz des männlichen Management-Modells auf Seiten der Männer wie auch (wenngleich weniger ausgeprägt) der Frauen (vgl. FRIEDEL-HOWE, 1990 a). Da viele Forschungsergebnisse (vgl. die folgenden Mythen) darauf hindeuten, dass der Zugang zum Management für Männer und Frauen gegenwärtig aus anderen als reinen Eignungsgründen unterschiedlich durchlässig ist, ist eine inhaltliche Verifizierung oder Widerlegung des Mythos zurzeit nicht möglich. Gesicherter Forschungsbefund ist immerhin ein hohes Maß an Führungseffizienz bei jenen Frauen, die bisher in Führungsfunktionen tätig waren (vgl. FRIEDEL-HOWE, 1990 a).

Mythos 2: „Die Frauen wollen den Aufstieg gar nicht wirklich"

Inhalt: „Jetzt, wo ich könnte, weiß ich nicht mehr, ob ich eigentlich will" (MARTIN et al., 1987). Karriereambivalenz dieser Art, mangelndes Selbstvertrauen bei der Ergreifung von Karrierechancen, mangelnde Karrieremotivation überhaupt und eine zu geringe Bereitschaft, sich den „mikropolitischen Spielregeln" (vgl. den entsprechenden Beitrag von NEUBERGER in diesem Band) beim Kampf um Aufstieg und Macht anzupassen, wird den Frauen vor allem dann angelastet, wenn es um die Erklärung des oft nur mäßigen Erfolgs so genannter „Frauenförderungsmaßnahmen" für den Aufstieg in das Management geht.

Wirkungen: Ein Geschlechtsunterschied in Karriereorientierung und Karriereverhalten hätte zur Folge, dass bei sonst gleichen Bedingungen (z. B. in Bezug auf den Eignungsaspekt, vgl. Mythos 1) die Männer häufiger und zügiger aufsteigen als die Frauen. Frauenförderung für das Management müsste dann stärker als bisher darüber nachdenken, wie sich die „Aufstiegskompetenz" der Frauen (Motivation und auch relevante Verhaltensfertigkeiten) verbessern ließe.

Forschungsergebnisse: Generell, wenngleich keineswegs ausnahmslos, deuten die vorliegenden Forschungsbefunde auf einen gewissen Realitätsgehalt des Mythos 2 hin.

- Es gibt Anzeichen für ein *„Selbstunterschätzungssyndrom"* bei den Frauen. Vielfach untersucht wurde in diesem Zusammenhang die „Selbstwirksamkeits-Erwartung" im Sinne der persönlichen Einschätzung, bestimmte berufsbezogene Ziele erreichen zu können. Je höher die Selbstwirksamkeits-Erwartung, desto
  – höher liegt das selbstgesetzte Anspruchsniveau (z. B. eine Führungsposition anstreben);
  – größer sind Durchhaltebereitschaft und Ausdauer in der Zielverfolgung bei auftretenden Widerständen;
  – größer ist die Risikobereitschaft in Bezug auf die Übernahme neuer Aufgaben und Verantwortlichkeiten.

Bereits im Kindesalter zeigt sich und setzt sich später auch fort, dass Mädchen/Frauen deutlich ängstlicher, zögerlicher und weniger selbstvertrauend an Leistungsanforderungen herangehen als Jungen/Männer, indem sie dazu neigen, ihre persönlichen Erfolgschancen zu niedrig anzusetzen. Allerdings findet sich eine für den hier gegebenen Zusammenhang signifikante Ausnahme: Akademikerinnen (als wichtigste Quelle des weiblichen Führungsnachwuchses) sind in aller Regel nicht weniger von ihren Leistungsmöglichkeiten überzeugt als ihre männlichen Gegenstücke (vgl. LENT & HACKETT, 1987).

Für eine Neigung zur Selbstunterschätzung sprechen ferner auch Befunde, denen zufolge Frauen ihre eigenen Leistungsergebnisse sehr viel kritischer beurteilen als andere Personen (Vorgesetzte oder Kollegen). Dabei kompliziert das Bild sich noch weiter dahingehend, dass diese Frauen auch noch glauben, die anderen sähen ihre Leistungen negativer als sie selbst (vgl. HEILMAN & KRAM, 1983). Bei den Männern verhält es sich einfacher: Sie überschätzen ihre Leistungen und glauben dasselbe von den anderen. Ähnlich sieht es bei den Erklärungen („Attributionen") aus, die man selbst für die eigenen Leistungsergebnisse findet. Frauen schreiben ihre Misserfolge eher der eigenen Inkompetenz zu als ihre Erfolge der eigenen Kompetenz; die Männer machen es umgekehrt und bauen damit ihr Selbstbewusstsein dort auf, wo die Frauen ihres selbst untergraben. Aber auch hier gilt wieder die zuvor konstatierte Ausnahme in Bezug auf die Akademikerinnen, die diesen Status ohne einen gewissen Fundus an günstiger Selbsteinschätzung wohl auch kaum hätten erreichen können.

– Verschiedene Untersuchungen fanden, dass die Frauen zwar in ihren allgemeinen Karriereorientierungen (Karriereplanung u. Ä.) nicht unbedingt hinter den Männern zurückstehen, dass sie aber die Bedeutung der „informalen" Karriereaktivitäten in Form mikropolitischen Verhaltens falsch einschätzen (z. B. PAZY, 1987). Zu sehr vertrauen sie darauf, dass „gute Leistungen" für den (schließlichen) Aufstieg reichen, und übersehen, dass es – im Sinne von Karriere-Taktik – die „richtigen" Leistungen sein müssen, die man zum „richtigen" Zeitpunkt in die Aufmerksamkeit der „richtigen" Leute zu rücken weiß; eine Grundregel des Aufstiegs"spiels", die die Männer sehr viel besser beherrschen bzw. zu befolgen bereit sind.

Manchem Praktiker mögen die beschriebenen Symptome „bekannt" vorkommen, und er mag sie auch bei den „Ausnahme"-Frauen, also den Frauen mit hoher (akademischer) beruflicher Qualifikation beobachtet haben. Auch hier kann die Forschung einiges zur Klärung beitragen, wenngleich die Ergebnislage insgesamt unbefriedigend ist, weil es an objektiven Verhaltensdaten mangelt. Aus der subjektiven Wahrnehmung (Befragung) der weiblichen wie der männlichen Beteiligten heraus jedenfalls scheinen karrierewillig in die Organisation eintretende Frauen intraorganisational nicht selten einem diesbezüglich demotivierenden Lernprozess zu unterliegen. Zum Ersten sind sie überhöhten Leistungsansprüchen ausgesetzt. Sie müssen „besser" sein als die männlichen Kollegen, um das Gleiche zu erreichen, bzw. erreichen sie es nicht, wenn sie „nur" Gleiches leisten (vgl. FERNANDEZ, 1981; ASPLUND, 1988). Zum Zweiten haben es Frauen im Führungsnachwuchs schwer, Zugang zum „informalen Förderungsnetz" zu finden. Die Männer versuchen, „unter sich zu bleiben", aus Gründen, die an späterer Stelle erörtert werden (Mythos 5), und die Frauen sind zumeist zu wenige und zu wenig einflussreich, um einander (aufstiegs-)wirksam zu unterstützen (vgl. FERNANDEZ, 1981; ASPLUND 1988).

Mythos 1 und Mythos 2: Wechselwirkungen und Implikationen

Mythen zu ein und demselben Gegenstand (hier: Frauen und Führung) wirken nicht unabhängig voneinander. Vielmehr treten sie in Wechselwirkungen, die vor allem dann besondere Dysfunktionalitäten bedingen, wenn sie auf eine wechselseitige Verstärkung hinauslaufen. Dieses gilt tendenziell für die beiden Kompetenz-Mythen (Können und Wollen). Vorgesetzten- und Personalpraktiken, die auf der Annahme eines Geschlechtsunterschiedes in der Führungseignung zu Lasten der Frauen gründen, werden im Verlauf der Zeit genau diesen Unterschied de facto produzieren, denn Führungseignung will – wie jede andere Eignung, die nicht verkümmern soll – entwickelt und geübt werden (s. u.). Umso eher tritt nun eine solche *„sich selbsterfüllende Prophezeiung"* auf, als Frauen in ihrer Karriereorientierung insgesamt wahrscheinlich leichter zu verunsichern sind als Männer und im o. g. Prozess ja auch keine Bestärkung erfahren. Irgendwann geben sie dann selbst auf, und beide Mythen haben sich „bestätigt".

Auf eine Implikation ist hinzuweisen: Die Diskussion um den Anforderungswandel im Management in Richtung auf größere Sozialkompetenz, Transparenz und Authentizität des Führungsverhaltens (vgl. den Artikel von v. ROSENSTIEL, Grundlagen der Führung, in diesem Band) lässt befürchten, dass die Aufstiegs"effizienz" in unseren Unternehmen oft ein schlechter Prädiktor für die spätere Führungseffizienz ist, weil sie z. T. konträre Verhaltensweisen verlangt. In diesem Fall würden Personen (vor allem viele Frauen) „ausgefiltert", die an sich wichtige Beiträge zur „eigentlichen" Effizienz beisteuern könnten.

2.2 Mythen um die „Ökonomie" der weiblichen Führungs(nachwuchs)kraft

Mythos 3: „Frauen verkörpern ein erhöhtes Kostenrisiko"

Inhalt: Der Mythos nimmt seinen Ausgang von einer gegenüber den Männern höheren Fluktuationsrate der Frauen. Infolgedessen steigt das Risiko der Entstehung von Fluktuationskosten (Leistungsausfall, Wiederbeschaffung) proportional zum Frauenanteil in einem Funktionsbereich. Basis des Mythos ist die soziale Normierung der Primärverantwortlichkeiten der Geschlechter in Bezug auf die Familie. Während der Mann die „Letztverantwortung" für die Ernährerrolle trägt und daher die Berufsrolle nur im äußersten Notfall aufgeben „darf", verhält es sich bei der Frau umgekehrt: Im (Rollen-)Konfliktfall hat sie sich gegen die Berufsrolle zu entscheiden, um ihrer Letztverantwortlichkeit als Mutter und Hausfrau nachzukommen.

Wirkungen: Unterstellt man bei den Frauen ein a priori erhöhtes Fluktuationsrisiko, so ist es Gebot der ökonomischen Rationalität, die erwarteten Fluktuationskosten möglichst niedrig zu halten. Man stellt sie daher dort nicht ein, wo Fluktuation besonders „teuer" wird (Führungsnachwuchs-, Führungsbereich), und man investiert nur wenig in sie (Entwicklungs-, Qualifizierungsmaßnahmen), um Fehlinvestitionen möglichst zu vermeiden.

Forschungsergebnisse: Zwei wesentliche Ergebnisse hat die einschlägige Forschung der letzten Jahre erbracht. Zum Ersten zeigt sich – bei den berufstätigen Frauen im Allgemeinen –, dass im Vergleich zu früheren Jahren (vor 1980)

– „weniger Frauen ihre Berufstätigkeit unterbrochen hatten,
– eine Unterbrechung später und nach längerer Berufstätigkeit erfolgte,
– familiale Verpflichtungen als Hauptunterbrechungsgrund an Bedeutung verlieren und die Arbeitsmarktentwicklung zunehmend Gewicht bekommt, und

– die Unterbrechungsdauer kürzer ist" (ENGELBRECH, 1989).

Zum Zweiten treffen die zuvor angeführten Ergebnisse in erhöhtem Maße auf die hier speziell interessierende Gruppe der hoch qualifizierten Frauen zu (vgl. Tabelle 1, nach ENGELBRECH, 1987).

Im Gesamtergebnis macht die neuere Fluktuationsforschung deutlich, dass die Geschlechtsvariable im Vergleich zu anderen Variablen, insbesondere Alter, Ausbildungsniveau und gebotene Entwicklungschancen (!), einen nur sehr begrenzten Vorhersagewert für Fluktuation besitzt (vgl. FARRELL & STAMM, 1988; BLAU, 1989; KIECHL, 1989).

Aspekt	Insgesamt	Berufstätige Frauen		
		keine abgeschlossene Berufsausbildung	betriebliche Berufsausbildung	Hochschul-, Fachhochschulausbildung
keine Berufsunterbrechung	55%	39%	33%	69%
mindestens eine Unterbrechung	45%	61%	67%	31%
durchschn. Unterbrechungsdauer	6.6 J.	8.4 J.	7.0 J.	4.9 J.
Grund: Heirat/Kinder*	51%	52%	54%	17%
Grund: Arbeitslosigkeit	28%	30%	28%	25%
Grund: Umschulung, aufgenommene Ausbildung	10%	6%	8%	49%

*entspricht dem „Mythos"

Tab. 1: Berufsunterbrechung, durchschnittliche Unterbrechungsdauer und Unterbrechungsgründe bei berufstätigen Frauen unterschiedlicher Qualifikationsebenen

Mythos 4: „Weibliche Führungskräfte kann man nur beschränkt einsetzen"

Inhalt: Während zuvor real erwartete höhere Kosten durch die Integration von Frauen in den Aufstiegspool des Unternehmens thematisiert wurden, liegt jetzt der Akzent auf der Annahme einer geringeren „Nützlichkeit" der Frau, wenn sie (schließlich) Führungskraft geworden ist. Thema ist also ein gegenüber den Männern (unterstelltes) ungünstigeres Kosten-Leistungs-Verhältnis der Frauen. Zum einen herrscht die Vorstellung, dass eine Managerin größeren Beschränkungen in der Einsatzbreite unterliegt, was vor allem auch für den Außenkontakt des Unternehmens gelten soll (Kunden, Lieferanten und sonstige Geschäftspartner). Zum anderen bestehen Zweifel an ihrer Belastbarkeit in Bezug auf die Einsatzintensität, wozu Zeitaufwand und auch (regionale) Mobilität zählen (vgl. den folgenden Artikel von DOMSCH & KRÜGER-BASENER, „Dual Career Couples"). Hintergrund des letztgenannten Mythos-Aspekts ist das den Frauen – sofern sie Familie haben – gern unterstellte „geteilte Commitment" (vgl. Mythos 3).

Wirkungen: Die Wirkungen sind inhaltlich den beim Fluktuations-Mythos spezifizierten gleich; jedoch begründet sich die geringe Bereitschaft, in Frauen zu investieren, mehr aus der Überzeugung, dass dieses sich vom Ergebnis her nicht recht „lohne".

Forschungsergebnisse: Selbstberichte und Fallbeispiele – verlässlichere Daten liegen nicht vor – zeigen, dass das Argument der geringeren Einsatzbreite der Managerin nicht völlig ohne Berechtigung ist (vgl. STILL, 1988). Restriktionen im Sinne mangelnder Akzeptanz bestehen zunächst im Auslandseinsatz, wenn es sich um Länder außerhalb des westlichen Kulturkreises handelt, in denen die Rolle der Frau Beruf und gar Führung nicht vorsieht.

Weniger speziell und auch nicht nur im Außenkontakt ein potenzielles Problem ist, dass die Managerin auf Grund der geringen Vertretung ihres Geschlechts im Management häufig Aufmerksamkeit und Neugier auf sich zieht, die nicht unbedingt nur auf ihre fachliche Kompetenz gerichtet sind. Bei Verhandlungen etwa liegen darin Chancen und Risiken. Gelingt es der Frau, eine überzeugende Mischung von Weiblichkeit und Kompetenz zu liefern (vgl. NEUBAUER, 1990) oder (notfalls) auch nur ihre Kompetenz zu beweisen, so steht sie gegenüber ihren männlichen Konkurrenten aus anderen Unternehmen u. U. im Vorteil, weil man(n) ihr besser zuhört, sich intensiver mit ihren Argumenten auseinander setzt. Werden Verhandlungserfolge allerdings weniger am Verhandlungstisch und mehr an der Bar eines Nachtlokals erzielt, so gerät die Managerin in einen Nachteil. Beim gegenwärtigen Stand der Dinge sind ihre (Einsatz-)Möglichkeiten der „Betreuung" von Geschäftspartnern „außer Haus" und außerhalb der Geschäftszeiten wohl in der Tat beschränkter als die eines männlichen Managers. Jedoch dürften hier auch wieder Mythen – dieses Mal über die Praxis des erfolgreichen Verhandlungsabschlusses – eine Rolle spielen.

Ist eine Managerin familiengebunden, was sehr häufig nicht der Fall ist (vgl. FRIEDEL-HOWE, 1990 a), so dürfte sie stärker als ihr männlicher Kollege einer Doppelbeanspruchung ausgesetzt und damit in ihrem zeitlich-energetischen Berufsengagement auch eingeschränkter als dieser sein. Allerdings trauen die „Mütter-Manager" sich selbst mehrheitlich zu, „beides" zu schaffen (vgl. BARON, 1987). Von Interesse ist eine Forschungsarbeit zur Mobilität weiblicher und männlicher Manager (FERNANDEZ, 1981). Zwar war die Mobilitätsbereitschaft der Männer insgesamt größer als die der Frauen, sofern damit ein Aufstieg verbunden sein sollte. Jedoch stellte sich auch heraus, dass den Frauen zum Zeitpunkt der Untersuchung sehr viel seltener als den Männern überhaupt ein entsprechendes Mobilitätsangebot gemacht worden war. Sie hatten somit weniger als die Männer Gelegenheit, auf den „Geschmack des Erfolges" durch Mobilität zu kommen, denn als wichtigste Determinante der Mobilitätsbereitschaft der Männer erwies sich die vorangegangene Anzahl „erfolgreicher" Versetzungen.

Mythos 3 und Mythos 4: Fazit

Die Daten zeigen, dass die Fluktuation von Frauen aus Familiengründen – und besonders die von Frauen mit hoher beruflicher Qualifikation – tendenziell überschätzt wird. Diese Fehlbeurteilung dürfte nicht zuletzt auch durch eine Personalpraxis aufrechterhalten bleiben, die verhindert, dass die Unternehmen sich vom Gegenteil überzeugen können. Scheidet nämlich eine für den Aufstieg geförderte („Modell"-)Frau tatsächlich (dennoch) aus, so tritt ein Mechanismus ein, den man als „Gruppenhaftung" bezeichnen kann: Die Fluktuation einer Frau, in die man Hoffnungen gesetzt und in die man investiert hat, wird dann als „typisch" für die gesamte weibliche Geschlechtsgruppe bewertet, mit der Folge, dass die Stelle „sicherheitshalber" mit einem Mann wiederbesetzt wird. Andere aufstiegsfähige Frauen erhalten dann gar nicht mehr die Chance, dieses Vorurteil zu widerlegen.

Realer als das Fluktuationsproblem dürfte das Problem des „geteilten Commitment" der Frau im Aufstieg bzw. im Management sein, wenn sie Mutter geworden ist. Allerdings sind die Unternehmen auch hier nicht ohne Einflussmöglichkeiten. Ergreifen sie die Chance, das Commitment auf der beruflichen Seite durch entsprechende Investitionen (Kinderphasen-Management, weitere Aufstiegsförderung „trotz Kind") zu festigen, so wird sie das in der mittel- bis langfristigen Perspektive weniger kosten, als wenn die betreffende Frau zwar nicht äußerlich kündigt, dafür aber „innerlich", weil die berufliche Seite der privaten nichts entgegenzusetzen hat, das zur Mobilisierung vielleicht noch unerschlossener Zeit- und Energiereserven anregen könnte.

2.3 Männermythen

Die im Folgenden unter Mythos 5 zusammengefassten Spekulationen werden – wohl naturgemäß – sehr selten von Männern geäußert, dafür aber umso häufiger von Frauen, wenn es um die Erklärung des weiblichen Aufstiegsdefizites geht.

Mythos 5: „Die Männer haben Angst vor der Frau im Management"

Inhalt: Schenkt man dem (öffentlichen) Reden von Personalchefs und anderen Personalverantwortlichen Glauben, so gelangt man zu dem Eindruck, dass nichts ihnen willkommener wäre als viele Frauen im Management. Die Gründe dafür, dass dieser Zustand noch in weiter Ferne zu liegen scheint, werden dann bevorzugt den Frauen selbst (vor allem mangelnder Karrieremotivation, vgl. Mythos 2) oder „der Gesellschaft", die den Frauen die Doppelbelastung aufzwingt (vgl. Mythos 3 und 4), zugeschoben. Indes: Theorie, Plausibilität und auch Forschung sprechen dafür, dass auf Seiten der Männer selbst mehr Vorbehalte und Ängste gegenüber weiblichem Zuwachs im Management bestehen, als sie zugeben (und vielleicht selber wissen). Verschiedene Gründe sind möglich:

(1) *Angst der Männer vor der weiblichen Konkurrenz* um knappe Ressourcen: Eine Vergrößerung des Frauenanteils im Management bedeutet zwangsläufig eine Verringerung des Männeranteils und damit Nichtaufstieg von Männern, die andernfalls in den Genuss der Vorteile einer Führungsposition gelangt wären. Umso mehr trifft diese Spekulation die Realität, je weniger die Männer an den für die Zukunft

prognostizierten (und herbeigeredeten?) Führungsnachwuchsmangel glauben. Auch Befürchtung eines verstärkten qualitativen Konkurrenzdrucks ist denkbar: Führen „im Vergleich" mit Frauen könnte unbequem werden, wenn diese tatsächlich den gestiegenen Anforderungen an die soziale Kompetenz besser gerecht werden als ihre männlichen Führungskollegen (vgl. den Artikel von REGNET: Anforderungen an die Führungskraft, in diesem Band).

(2) *Bedrohung der männlichen Identität:* Eine „Verweiblichung" des Management würde einen Angriff nicht nur auf den Status quo der materiellen Ressourcenverteilung zwischen den Geschlechtern bedeuten, sondern auch die tieferen Schichten der männlichen Persönlichkeit, namentlich seine Identität als Mann (be-)treffen. Häufiger und intensiver müssten die Männer sich mit der (beruflich) „kompetenten Frau", womöglich sogar mit der kompetenteren Frau auseinander setzen. Eine zweite potenzielle Bedrohung kommt hinzu: die „weibliche Emotionalität", der von den Männern oft als irritierend empfundene freiere Umgang der Frauen mit eigenen und fremden Gefühlen. War man(n) damit bisher am Arbeitsplatz allenfalls bei untergeordneten weiblichen Personen konfrontiert, so würde das „Ärgernis" jetzt in größere persönliche Nähe rücken und verbindlichere Reaktionen fordern.

(3) *Ambivalenz auf Grund der sexuell-erotischen Implikationen:* Mit dem Eintreten der Frauen in die Männerdomäne „Management" materialisiert sich mehr oder weniger zwangsläufig auch die sexuelle Dimension der Geschlechterbeziehung, und zwar jetzt – ungewohnt für beide Seiten – auf der Kollegenebene. Im Einzelfall schon erlebte und ansonsten antizipierte Störungen des psychosozialen Gleichgewichts der bisherigen „Männergesellschaft" mögen dazu beitragen, sich lieber nicht allzu viele Frauen in das Management zu wünschen.

(4) *Angst vor Statusverlust:* „If lots of women do the job, it will be like teaching, the pay and the status in the community will go down" (SMITH, 1981, S. 91)…

(5) *Angst vor den häuslichen Konsequenzen:* Weibliche Karriereambitionen und -ansprüche haben in den letzten Jahren schon manche Partnerschaft in Bedrängnis gebracht. Unausgesprochene Befürchtung manch männlichen Managers mag es daher sein, durch ein „Mehr" an Frauen im Management selbst einmal – im Sinne einer „Ansteckung" der eigenen Partnerin – von dieser Entwicklung getroffen zu werden.

Wirkungen: Angst vor einer sozialen Gruppe in Kombination mit Macht über dieselbe verkörpert die sozialpsychologische Grundvoraussetzung für „Diskriminierung", d. h. bewusste und systematische Benachteiligung der unterlegenen Gruppe mit dem Ziel, sie von der Macht und anderen begehrten Ressourcen fern zu halten.

Forschungsergebnisse: In der Natur der Sache liegt es, dass zum Angst-der-Männer-Mythos direkte Befunde kaum verfügbar sind. Von Interesse sind jedoch einige Ergebnisse aus sachlich einschlägigen Forschungsarbeiten.

Einer der Kernpunkte des Angst-Mythos ist die Beeinträchtigung des männlichen „Ego" durch die Konfrontation mit weiblicher Kompetenz und Emotionalität. Verschiedene Untersuchungen zur männlichen Identität stützen diese Hypothese. THOMPSON und PLECK (1986) z. B. fanden die folgende Inhaltsstruktur in Form dreier Dimensionen:

(1) *Statusbedürfnis:* Männliche Identität ist stark geprägt durch den eigenen sozialen Status in Bezug auf Macht, Ansehen und Respektierung durch andere;

(2) *Unemotionalität/"Stärke":* Ein Mann hat (zeigt) keine Gefühle, hat die Situation stets unter Kontrolle...
(3) *Anti-Weiblichkeit:* Die Identität als Mann nährt sich nicht zuletzt aus der Überzeugung, den Frauen (im Allgemeinen, vor allem aber im Beruf) überlegen zu sein.

Gern geben Männer (ganz abweichend von den Frauen selbst) auch die „zu starke emotionale Steuerung" der Frau als Hauptmangel bezüglich ihrer Führungseignung an (vgl. z.B. LIEBRECHT, 1985: 68,3% der befragten männlichen Manager, aber nur 33% der befragten Frauen). Der oben beschriebene Befund lässt zudem auf Statusängste schließen. Einschlägig sind hier Untersuchungen, die dies belegen: Mit zunehmendem Frauenanteil sinkt das Sozialprestige einer Tätigkeit.

Auch die unterstellten Konkurrenzängste der Männer wären angesichts des „Faktums" der Diskussion um Frauenquoten bei der Beförderung und um positive Diskriminierung der Frauen bis zum Erreichen des ihnen zustehenden Anteils am Management nur allzu begreiflich. Schließlich kann der von den Männern praktizierte Ausschluss der Frauen aus „ihren" (Karriere-)Netzwerken und Assoziierungszirkeln („Good Old Boys Networks"), die nicht zuletzt auch der Bewahrung und „Pflege" der männlichen Identität dienen (vgl. FARR, 1988), als frauendiskriminierendes Verhalten und damit angstmotiviert betrachtet werden. Bleiben abschließend noch die privaten Befürchtungen: Zwar sind die Ergebnisse der (zahlreichen) Arbeiten zu den Auswirkungen des weiblichen Berufs- und Karriereengagements auf den Partner keineswegs einheitlich. Jedoch wurde nicht selten eine psychische Beeinträchtigung, zumindest aber erhebliche Verunsicherung des Mannes gefunden. Der „emanzipationsgeschädigte" (Ehe-)Mann, den jeder irgendwie kennt, ist also auch wissenschaftlich keine Fiktion.

3. Mythen um die Frau im Management

Selbst wenn eine Frau alle aufstiegserschwerenden Mythen erfolgreich überwunden hat, bleibt sie als Managerin weiterhin „ein Thema". Der nachfolgend beschriebene Mythos ist der am meisten verbreitete.

Mythos 6: „Die Managerin – sozial bleibt sie eine Außenseiterin"

Inhalt: Kern des Mythos ist wiederum das „männliche Management-Modell" (vgl. Mythos 1). Jetzt bewirkt er, dass die Managerin als Frau in der Führungsrolle nicht recht akzeptiert und daher nicht als vollgültiges Mitglied des Managements integriert wird.

Wirkungen: Meldet eine Frau – vor dem Hintergrund der männlichen Normierung der Führungsrolle – diesbezügliche Ansprüche an, so gerät sie unversehens in die Lage, die Berechtigung dieser Ansprüche erst beweisen zu müssen. Allein auf Grund ihres Geschlechts kommt sie gleichsam auf den Prüfstand, eine Prüfung, die einem Mann in dieser Form (normengemäß) erspart bleibt. Auf Grund der kritischen, tendenziell ablehnenden Haltung des sozialen Umfeldes – vor allem der Managementkollegen und der unterstellten Mitarbeiter (hier insbesondere der Männer) – sieht die Managerin sich mit mehr oder weniger subtilen Widerständen konfrontiert. Mangelnde

Kooperationsbereitschaft und Unterstützung, Vorenthaltung von Informationen, Umgehung von Weisungen sowie Ausschluss von informellen sozialen Aktivitäten und allgemeine Distanzierung führen – dem Mythos zufolge – zu einer Reihe negativer Konsequenzen: Beeinträchtigung der Führungseffizienz und der persönlichen Befindlichkeit der Managerin, Benachteiligung bei der Allokation von Ressourcen (Einkommen, Macht, weiterer Aufstieg) sowie – im ungünstigen Fall – auf Seiten der Managerin überkompensierende Reaktionen in Form etwa betont maskulinen Verhaltens oder des so genannten „Bienenkönigin"-Syndroms. Letzteres verkörpert eigentlich einen eigenen Mythos dahingehend, dass Frauen anfangen, die Frauen-Vorurteile ihrer männlichen Managementkollegen zu übernehmen, um sich bei ihnen besser behaupten zu können und ihre Anerkennung zu gewinnen. Sich selbst deklarieren sie dann zur „Ausnahme"-Frau und bemühen sich, diesen Status dadurch zu erhalten, dass sie andere Frauen möglichst am Aufstieg hindern.

Forschungsergebnisse: Die vorliegenden Forschungsergebnisse stützen den Mythos nur zum Teil. Sie bestätigen im Großen und Ganzen zwar den tendenziellen Außenseiterstatus der Managerin und ihre Benachteiligung bei der Ressourcenzuteilung, keineswegs jedoch die Konsequenz einer beeinträchtigten Führungseffizienz. Auf Grund fehlender Daten ist eine Beurteilung der Vorkommenshäufigkeit des Bienenkönigin-Syndroms nicht möglich.

Wie schon beim Mythos 1 aufgezeigt, sind die Ergebnisse zur Führungseffizienz weiblicher Manager – gemessen an der erbrachten Sachleistung und an der Mitarbeiterzufriedenheit – eindeutig und positiv. Sofern sich hier überhaupt Geschlechtsunterschiede finden, dann zu Gunsten der Frauen (vgl. FRIEDEL-HOWE, 1990 a).

Anders verhält es sich beim Aspekt der sozialen Integration von Managern unterschiedlichen Geschlechts. Durchgängiger Befund ist hier, dass weibliche Manager geschlechtsbedingt mit größeren Akzeptanzwiderständen seitens ihrer eigenen Kollegen und seitens ihrer unterstellten Mitarbeiter konfrontiert sind (vgl. u. a. FERNANDEZ, 1981; ASPLUND, 1988; FRIEDEL-HOWE, 1990 b) und dieses selbst auch als „Sonder-Stress" erleben (vgl. DAVIDSON & COOPER, 1983).

Erklärungsbedürftig ist die Diskrepanz zwischen einerseits der zumeist ausgeprägten spontanen Präferenz eines Vorgesetzten männlichen Geschlechts und entsprechender Ablehnung einer Frau als Vorgesetzter (vgl. exemplarisch Tabelle 2) und andererseits der offensichtlichen Zufriedenheit unterstellter Mitarbeiter mit weiblichen Vorgesetzten (s. o.). Eine wesentliche Rolle dürfte dabei die faktische persönliche Erfahrung mit einer weiblichen Vorgesetzten spielen, die angesichts der geringen Frauenquote im Management bei der überwiegenden Mehrzahl aller Befragten nicht vorhanden ist und dann zu Festlegungen im Sinne des männlichen Management-Modells (vgl. Mythos 1) führt. Vor diesem Hintergrund müssten die zuvor konstatierten Akzeptanzprobleme weiblicher Manager dann eher vorübergehender Natur sein. Allerdings schränken die Befunde zur Ressourcenallokation diese Schlussfolgerung wieder ein. Es scheint danach, als würden gute weibliche Managementleistungen nicht ganz so gut wie gleiche männliche Managementleistungen eingestuft. Entsprechend finden sich ausgeprägte Geschlechtsunterschiede im Einkommen (bei vergleichbarer Position), im positionalen Macht- und Einflussstatus (z. B. befinden Frauen sich sehr viel seltener als Männer in Linienpositionen) und im Aufstiegstempo (These von der „glass ceiling", an die Frauen stoßen, wenn sie in das obere Management vorrücken wollen), (vgl. FRIEDEL-HOWE, 1990 a).

Vor-gesetzter	Gesamt (N = 1093)	männliche Manager	weibliche Manager	männliche Studenten	weibliche Studenten
Mann	51,8	68,5	30,8	57,0	45,6
Frau	18,7	7,7	21,7	16,2	26,7
offen	29,5	23,8	47,5	26,8	27,7

Angaben in Prozent der Befragten

Tab. 2: Bevorzugtes Geschlecht beim/bei der eigenen Vorgesetzten (nach STILL, 1988)

4. Resümee

Ziel dieses Beitrags war die Entmystifizierung des Themas „Frauen und Führung". Auf Grund gänzlich fehlender oder nicht sehr zuverlässiger Daten ließ sich dieses Ziel nur zum Teil verwirklichen. Gewonnen wäre aber auch schon einiges, wenn das eine oder andere persönliche „Wissen" zum Thema nunmehr als möglicherweise bloßer Mythos erkannt und dementsprechend künftig mit größerer Vorsicht gehandhabt würde.

Literatur

ASPLUND, G. (1988). Women managers – changing organizational cultures. Chichester u. a. 1988.
BARON, A. S. (1987). Working partners: career-committed mothers and their husbands. In: Business Horizons, 30, Nr. 5, 1987, S. 45–50.
BLAU, G. (1989). Testing the generalizability of a career commitment measure and its impact on employee turnover. In: Journal of Vocational Behavior, 35, 1989, S. 83–103.
DAVIDSON, M. & COOPER, C. (1983). Stress and the woman manager. New York 1983.
ENGELBRECH, G. (1987). Erwerbsverhalten und Berufsverlauf von Frauen: Ergebnisse neuerer Untersuchungen im Überblick. In: Mitteilungen der Arbeitsmarkt- und Berufsforschung, Heft 2, 1987, S. 181–196.
ENGELBRECH, G. (1989). Erfahrungen von Frauen an der „dritten Schwelle". In: Mitteilungen der Arbeitsmarkt- und Berufsforschung, Heft 1, 1989, S. 100–113.
FARR, K. A. (1988). Dominance bonding through the good old boys sociability group. In: Sex Roles, 18, 1988, S. 259–276.
FARRELL, D. & STAMM, C. L. (1988). Meta-analysis of the correlates of employee absence. In: Human Relations, 41, 1988, S. 211–227.
FERNANDEZ, J. P. (1981). Racism and sexism in corporate life. Lexington, Mass., Toronto 1981.
FRIEDEL-HOWE, H. (1990 a). Ergebnisse und offene Fragen der geschlechtsvergleichenden Führungsforschung. In: Zeitschrift für Arbeits- und Organisationspsychologie, 34, Heft 1, 1990, S. 3–16.
FRIEDEL-HOWE, H. (1990 b). Zusammenarbeit von männlichen und weiblichen Fach- und Führungskräften. In M. DOMSCH & E. REGNET (Hrsg.), Weibliche Fach- und Führungskräfte – Wege zur Chancengleichheit. Stuttgart 1990.
HEILMAN, M. E. & KRAM, K. E. (1983). Male and female assumptions about colleagues' views of their competence. In: Psychology of Women Quarterly, 7, 1983, S. 329–337.

Kiechl, R. (1989). Einflussfaktoren der Fluktuation. In: Die Unternehmung, 43, 1989, S. 35–48.
Lent, R. W. & Hackett, G. (1987). Career self-efficacy: empirical status and future directions. In: Journal of Vocational Behavior, 30, 1987, S. 347–382.
Liebrecht, C. H. (1985). Die Frau als Chef. Frankfurt 1985.
Martin, J., Price, R. L., Bies, R. J. & Powers, M. E. (1987). Now that I can have it, I'm not sure I want it: the effects of opportunity on aspirations and discontent. In B. A. Gutek & M. E. Larwood (Eds.), Women's career development. S. 42–65. Newbury Park u. a. 1987.
Neubauer, R. (1990). Frauen im Assessment Center – ein Gewinn? In: Zeitschrift für Arbeits- und Organisationspsychologie, 34, Heft 1, 1990, S. 29–36.
Pazy, A. (1987). Sex differences in responsiveness to organizational career management. In: Human Resource Management, 26, 1987, S. 243–256.
Smith, M. (1981). Avoiding the male backlash. In C. L. Cooper (Ed.), Practical approaches to women's career development. S. 89–92. Oxford 1981.
Still, L. V. (1988). Becoming a top woman manager. Sydney u. a. 1988.
Thompson, E. H. & Pleck, J. H. (1986). The structure of male sex role norms. In: American Behavioral Scientist, 29, 1986, S. 531–543.

Zur Konkretisierung und weiteren Vertiefung wird empfohlen, im Fallstudienband die Fälle zu „Frauen im Management" zu bearbeiten.

Michel E. Domsch und Maria Krüger-Basener

Personalplanung und -entwicklung für Dual Career Couples (DCCs)

1. DCCs als spezielle Arbeitsmarkt- und Mitarbeitergruppe in der Personalplanung
2. Betrieblich wichtige Besonderheiten von DCCs
3. Personalentwicklung von DCCs
4. Auswirkungen der DCC-Besonderheiten und DCC-Karrierestrategien
5. Flankierende personalwirtschaftliche Maßnahmen für DCCs
6. Ausblick

1. DCCs als spezielle Arbeitsmarkt- und Mitarbeitergruppe in der Personalplanung

Betriebliche Personalplanung hilft, die Aufgaben, Strategien und Ziele der Personalpolitik zu bestimmen, und versucht, diese durch die Festlegung zukünftiger personeller Maßnahmen zu erreichen (vgl. dazu den Beitrag von DOMSCH, Personalplanung und -entwicklung, in diesem Band). Dafür ist es erforderlich, die Besonderheiten verschiedener Mitarbeitergruppen abzuschätzen und sie in die Planung der zukünftigen personalwirtschaftlichen Maßnahmen einzubeziehen.

DCCs bilden eine spezielle Mitarbeitergruppe, die für das Unternehmen eine zunehmend größere Bedeutung erlangt und deren Besonderheiten deshalb in der allgemeinen Personalplanung und insbesondere in der Personalentwicklung Berücksichtigung finden müssen.

1.1 Definition der DCCs und ihrer Personalentwicklung

Schon seit etwa zwanzig Jahren (erstmals RAPOPORT & RAPOPORT, 1969) beschäftigt man sich im angloamerikanischen Sprachraum mit Paaren/Familien, bei denen beide Partner/Eltern karriereorientiert berufstätig sind und gleichzeitig Wert auf ihre Partnerschaft/ihr Familienleben legen. Dazu wurden Begriffe wie „Dual Career Couple", „Professional Couple", „Dual Professional Couple", „Two Paycheck Marriage" und „Commuter Marriage" geprägt (BALSWICK & BALSWICK, 1995; BARNETT & RIVERS, 1996; CARTER & CARTER, 1995). Im Folgenden wird die Abkürzung „DCC" (Dual Career Couple) verwendet.

Karriere wird hier als eine sich ständig – im Sinne der traditionellen Hierarchie – nach oben weiterentwickelnde berufliche Positionsabfolge gesehen. Eine Personalplanung und -entwicklung für DCCs ermöglicht dann die mehr oder weniger planmäßige Steuerung dieser Positionsabfolge durch das Unternehmen. Dabei sollen bzw. müssen die individuellen Karriereziele und -strategien der DCCs als Rahmenbedingungen miteinbezogen werden (DOMSCH & LADWIG, 1997, 2000; OSTERMANN, 2002).

1.2 Verbreitung von DCCs

DCCs werden als Mitarbeitergruppe auch für deutsche Unternehmen zunehmend wichtiger: Einerseits gibt es immer mehr hoch qualifizierte Frauen, die nicht auf Partnerschaft und Familie verzichten. Darauf weist nicht nur der gestiegene Anteil der Erwerbstätigen bei verheirateten Frauen hin, sondern insbesondere auch die Zunahme des Verheirateten-Anteils bei weiblichen Führungskräften (BECKMANN & ENGELBRECH, 1994). Auch die Zahl der Männer, die z.B. Frauen mit Hochschulausbildung heiraten, hat sich erhöht. Außerdem steigen die absolute Zahl, aber auch der prozentuale Anteil der Frauen in Studienfächern, die, wie z.B. Betriebswirtschaftslehre, an eine Karriere heranführen und bislang überwiegend von Männern gewählt wurden.

Außerdem stellt sich für die Unternehmen die Frage, ob und wann sie auf Gleichberechtigungsforderungen von Frauen und auf Veränderungen im Erwerbs- und Rollenverhalten in der Gesellschaft eingehen wollen oder müssen (vgl. den Artikel von FRIEDEL-HOWE, in diesem Band).

In jedem Fall werden Unternehmen nicht nur zunehmend mehr qualifizierte Frauen in ihrem Bewerberaufkommen finden, sondern sie werden auch immer mehr männliche Mitarbeiter einstellen müssen, die selbst als DCC-Partner mit karriereorientierten Frauen verbunden sind und die typischen DCC-Abstimmungsprobleme für das Unternehmen erwarten lassen.

2. Betrieblich wichtige Besonderheiten von DCCs

Mitarbeiter, die in einer DCC-Partnerschaft leben, müssen ihre beruflichen Belange nicht nur mit den Anforderungen des Familienlebens abstimmen, sondern auch mit den beruflichen Belangen des Partners (SILBERSTEIN, 1992; COOPER & LEWIS, 1993). Durch die karriereorientierte Berufstätigkeit beider Partner entfällt zudem eine größere Unterstützung in Haushalt und Familie, die ansonsten der eine für den anderen leisten könnte.

Damit muss die Einzelperson vom Unternehmen im Extremfall immer als DCC-Bestandteil gesehen werden, denn ihre berufliche und private/familiäre Situation wird in viel stärkerem Maß, als es bei Nicht-DCCs der Fall ist, von den Belangen des Partners beeinflusst.

Folgende typische Besonderheiten von DCCs sind für Unternehmen von Bedeutung (DOMSCH & LADWIG, 1998).

2.1 Hohe Leistungsbereitschaft und gegenseitige Förderung

DCCs verfügen häufig über eine sehr hohe Leistungsbereitschaft. Dazu können das stimulierende Konkurrenzdenken zwischen den Partnern und eine (auch daraus resultierende) hohe Leistungsmotivation genauso führen wie eine gegenseitige Förderung im beruflichen Bereich.

Große finanzielle und körperliche Investitionen ins Berufsleben (z.B. lange Arbeitswege, zumindest vorübergehend getrennte Wohnsitze) sind dabei relativ selbstverständlich und kommen häufig vor.

In einer vom I.P.A. Institut für Personalwesen und Arbeitswissenschaft der Universität der Bundeswehr Hamburg 1987/88 begonnenen Untersuchung wurden erstmals deutsche DCC-Paare befragt, u.a. auch nach der Förderung durch den Partner. Die befragten Paare stammten aus unterschiedlichen Branchen und waren in der Mehrheit zwischen 30 und 40 Jahre alt. Mann und Frau beantworteten dabei unabhängig voneinander ihre Fragebögen.

Von einer Förderung durch den Partner berichten 38% der Männer und 26% der Frauen. Andererseits fühlen sich von den Männern nur 1,5% durch ihre DCC-Frauen in ihrer beruflichen Entwicklung gehemmt. Bei den Frauen, also den Partnerinnen dieser Männer, sind es jedoch 9,4%. An anderer Stelle berichten eher Frauen als Männer vom Zwang zu Kompromissen etc. in einer DCC-Partnerschaft, was darauf hinweist, dass bei den befragten DCCs eher die Förderung des Mannes durch die Frau erfolgt als umgekehrt.

Interessanterweise ist die Förderung der DDC-Frau durch ihren Partner aber umso stärker, je größer der Altersunterschied zum (älteren) Mann ist. Liegt es daran, dass der große Altersabstand zu weniger Konkurrenz und Neid zwischen den Partnern führt, oder daran, dass der beruflich etabliertere Partner über wesentlich mehr Förderungsmöglichkeiten verfügt? Bei den Männern hingegen, deren Frauen älter sind, gibt es eine starke Förderung nur dann, wenn der Altersunterschied nicht mehr als zwei bis drei Jahre beträgt.

Übrigens wird von immerhin 20% der DCC-Männer, aber von fast 80% der DCC-Frauen mit Kindern ihr Vorhandensein als hemmend beschrieben (vgl. die Beschreibung der Untersuchungsergebnisse in DOMSCH & KRÜGER-BASENER, 1990).

2.2 Einkommenssituation und finanzielle Unabhängigkeit

Etablierte DCCs verfügen – auch zum Neid vieler Kollegen, die die entsprechenden Opfer im Berufs- und Privatleben leicht übersehen – trotz der deutschen Einkommensteuergesetzgebung über eine überdurchschnittlich gute finanzielle Ausstattung (STOLTZ-LOIKE, 1992). Diese wird häufig stark durch die Kosten des DCC-Lebens geschmälert, die aus Fahrtkosten, Bezahlung von Hilfskräften, Restaurantrechnungen, Kosten für eine etwaige zweite Wohnung und Telefon und nicht zuletzt aus denen für eine Kinderbetreuung bestehen können. Trotzdem sind DCCs finanziell vergleichsweise unabhängiger als Nicht-DCCs.

2.3 Belastungen von DCCs

Paare, bei denen beide Partner karriereorientiert berufstätig sind, investieren sehr viel Energie und Zeit in den Beruf. Für ihr Privatleben bleiben dann relativ wenig Ressourcen übrig. Erschwerend kommt für ihre gemeinsame Freizeit hinzu, dass Überstunden, Urlaube und Reisetätigkeiten nicht immer zu koordinieren sind. Das Sozialleben ist weiter dadurch eingeschränkt, dass die gemeinsamen Bekannten den ständigen Zeitdruck und die Planung auch des Privatlebens häufig nicht akzeptieren. Bezeichnenderweise kennen DCCs überdurchschnittlich viele andere DCCs und pflegen fast überwiegend Kontakt mit Auch-DCCs. Insgesamt gesehen verfügen sie oft über einen eher eingeschränkten privaten Bekanntenkreis und über weniger freiwillige „Hilfssysteme" und Netzwerke als Nicht-DCCs.

Zu den praktischen Belastungen der DCCs kommen des Weiteren solche, die aus der Beurteilung ihrer besonderen sozialen Position resultieren: DCCs sind zahlenmäßig (noch) in der Minderheit. Ihr Verhalten stößt oft auf wenig Verständnis in der Gesellschaft und auch im Unternehmen. Diese Ablehnung von „Doppelverdienern" trifft beide Partner: Die kritische Betrachtung trifft zunächst vorrangig den weiblichen DCC-Partner. Indirekt wird davon aber auch der DCC-Mann betroffen, dessen Frau in der erwarteten traditionellen Rolle als „Unterstützerin" oder „Frau an seiner Seite" oft nicht zur Verfügung stehen kann. Eine Übernahme von typisch weiblichen Haushaltsaufgaben durch den DCC-Mann, wie sie ohne die Hilfe von Dritten bei einer partnerschaftlichen Aufgabenteilung unerlässlich ist, trägt heute nicht unbedingt zu seinem beruflichen Ansehen bei. Wenn dann die Frau beruflich noch erfolgreicher als ihr Partner ist, kommt es zu weiteren Rollenproblemen.

2.4 Abstimmungsbedarf von DCCs

DCCs haben einen hohen Abstimmungsbedarf, da sich der eine Partner nicht unbedingt immer „automatisch" dem anderen anpassen kann bzw. wird. Dieser Abstimmungsbedarf bezieht sich zum einen auf Dinge des täglichen Lebensablaufs, wie gemeinsame Freizeit, Einkaufen, Organisation der Hilfe Dritter oder Kinderbetreuung. Zum anderen sind davon strategische Entscheidungen betroffen, die die gesamte DCC-Laufbahn beider Partner betreffen. Dazu zählen z. B. Wohnortentscheidungen, Positionswechsel des einen mit entsprechenden Unsicherheiten und Belastungen auch des anderen oder Entscheidungen zur Familiengründung bzw. -erweiterung (PEUCKERT, 1989). Zentrales Anliegen ist das mehr oder weniger erfolgreiche Bemühen, Beruf/Karriere und Privatleben/Familie miteinander möglichst positiv zu vereinbaren (LIZOTTE & LITWAK, 1995).

2.5 Beziehung zwischen Berufs- und Privatleben im Vergleich zu Nicht-DCCs

Für DCCs ist das Privatleben in besonderem Maße mit dem Berufsleben verknüpft: Aus Sicht des Unternehmens gehört zum Privatleben des DCC-Mitarbeiters auch das Berufsleben seines Partners. Dessen Berufsleben nimmt – wie bereits gezeigt – in der Regel zusätzlichen Einfluss auf die Karrieremöglichkeiten eines DCC-Mitarbeiters.

In Abbildung 1 wird deutlich, wie DCC-Männer und -Frauen im Vergleich zu Nicht-DCC-Männern ihre Beziehung zwischen Berufs- und Privatleben empfinden. Gleichzeitig wird für die Männer die Sicht ihrer Partnerinnen dargestellt. Die Daten für die DCC-Männer und -Frauen wurden in der oben genannten I. P. A.-Untersuchung ermittelt.

Betrachtet man die Daten genauer (vgl. Abbildung 1), so fällt auf, dass die DCC-Männer in viel stärkerem Maße als die Nicht-DCC-Männer die Beziehung zwischen Berufs- und Privatleben als „Konflikt" beschreiben. Dies wird auch von ihren (DCC-)Frauen so empfunden. Demgegenüber sehen die Frauen der Nicht-DCC-Männer, dass das Leben ihrer Männer häufiger aus zwei unabhängigen Sphären „Beruf" und „Privatleben" besteht (vgl. dazu den Artikel von STREICH, in diesem Band).

Zieht man die Einschätzung von DCC-Frauen für ihre eigene Situation heran, so bestätigt sich auch bei ihnen, dass Berufs- und Privatleben von DCCs als relativ konfliktär erlebt werden.

3. Personalentwicklung von DCCs

Personalplanung und insbesondere Personalentwicklung versuchen, die betrieblichen Ziele mit den individuellen Zielen des Mitarbeiters weitestgehend in Einklang zu bringen (vgl. den Artikel von DOMSCH, Personalplanung und -entwicklung, in diesem Band). DCCs als karriereorientierte Mitarbeiter, die über relativ große (auch finanzielle) Unabhängigkeit vom Unternehmen verfügen, müssen in besonderem Maße Zielgruppe für eine Erfolg versprechende betriebliche Personalentwicklung sein, wenn das Unternehmen diese Mitarbeitergruppe gewinnen und motivieren will (CORPINA, 1998).

Beziehung zwischen Berufs- und Privatleben	DCC-Männer		Führungskräfte ohne DCC-Partnerin		DCC-Frauen
	aus eigener Sicht	aus Sicht der Partnerin	aus eigener Sicht	aus Sicht der Partnerin	aus eigener Sicht
Überlauf Berufs- und Privatleben beeinträchtigen sich gegenseitig positiv und negativ	51%	40%	52%	41%	44%
Unabhängigkeit Berufs- und Privatleben existieren Seite an Seite und sind praktisch unabhängig voneinander	20%	23%	20%	34%	22%
Konflikt Berufs- und Privatleben stehen in Konflikt miteinander und können nicht ohne weiteres in Einklang gebracht werden	21%	25%	12%	7%	22%
Instrumentalität Bei Berufs- und Privatleben ist das eine in erster Linie ein Mittel, etwas zu erlangen, das im anderen gewünscht wird	6%	10%	8%	18%	4%
Kompensation Bei Berufs- und Privatleben dient eines zum Ausgleich dessen, was im anderen fehlt	2%	2%	8%	0%	8%

Abb. 1: Beziehung zwischen Berufs- und Privatleben bei DCC-Mitarbeitern und bei Führungskräften ohne DCC-Partnerin

3.1 Betriebliche Bedeutung der Personalentwicklung von DCCs

Geht man von den bereits beschriebenen demographischen Entwicklungen aus, so wird deutlich, dass immer mehr Mitarbeiter, die zur *Personalbedarfsdeckung* herangezogen werden, Partner eines DCC sein können bzw. sein werden. Füllt man die entstehenden Deckungslücken mit vorhandenen karriereorientierten Frauen, so schafft man durch diese Personalrekrutierung selbst immer mehr DCC-Partner.

Ein anderer personalwirtschaftlicher Aspekt betrifft die Amortisierung von *Personalinvestitionen*. DCC-Mitarbeiter sollen dem Unternehmen ihre Einarbeitungs-, Ausbildungs- und Weiterbildungskosten durch Leistungen während ihrer Betriebszugehörigkeit mindestens aufwiegen. Bei der Kalkulation der Investitionen für diese

Mitarbeitergruppe (hinsichtlich der Dauer der Betriebszugehörigkeit) muss den DCC-Besonderheiten Rechnung getragen werden.

Desweiteren können Anregungen, die stärker aus dem gesellschaftlichen Umfeld des Unternehmens stammen, zur Berücksichtigung von DCCs im Rahmen einer *gesellschaftsorientierten Unternehmensführung* beitragen. Eine solche Unternehmensführung wird ein geändertes Rollenverhalten und neue berufliche Ansprüche von Mann und Frau in ihre grundsätzlichen Überlegungen mit aufnehmen; sie wird sie vielleicht sogar als „fortschrittliches Unternehmen" gezielt berücksichtigen und sich dadurch einen Arbeitsmarktvorteil verschaffen. Gleichberechtigungs- bzw. Emanzipationswünsche von Frauen wie auch eine stärker als bisher übliche Familienorientierung von Männern würden dann nicht mehr als sozial unerwünscht unerwähnt bleiben, sondern offen gelegt in die betriebliche Laufbahnentwicklung für DCC-Partner miteinbezogen werden.

3.2 Typische DCC-Karrieren

Für eine realistische Personalplanung und -entwicklung ist es erforderlich, die typischen individuellen Karrierestrategien von DCCs zu berücksichtigen. DCCs treten zwar als Einzelpersonen an den Arbeitsmarkt, aber ihre Verflechtungen mit dem Berufsleben des jeweils anderen sind – wie bereits beschrieben – unübersehbar. In der I. P. A.-Untersuchung berichteten viele DCCs, dass sich ihre beiden Karrieren, „einfach so ergeben" haben. Andere hingegen weisen darauf hin, dass sie ihre beruflichen Entwicklungen gemeinsam planen, aber die Möglichkeit vorsehen, auch Änderungen vorzunehmen.

Die Untersuchungen zum Karriereverlauf von DCCs lassen drei Typen unterscheiden:

- *Typ 1:* Beide DCC-Partner versuchen, gleichrangig beruflich etwa gleich viel zu erreichen. Kompromisse müssen von beiden gemacht und abwechselnd getragen werden.
  Damit sind beispielsweise gemeinsame regionale Wechsel nur dann erlaubt, wenn der Partner am neuen Wohnort seine bisherige berufliche Position zumindest wieder erreichen kann. Eine andere Strategie besteht darin, dass beide immer abwechselnd eine Karrieremöglichkeit wahrnehmen.
  Auch Phasen, in denen das berufliche Engagement verringert oder die Berufstätigkeit ausgesetzt wird, werden gleich verteilt. Einige örtlich unvereinbare Berufsziele werden durch getrennte Wohnsitze ermöglicht.
- *Typ 2:* Die Karriere des einen DCC-Partners hat faktisch Vorrang. Der andere Partner versucht, im Rahmen der dann vorgegebenen Möglichkeiten das Optimale für seinen beruflichen Werdegang zu erreichen.
  Eine charakteristische Strategie besteht hier in der Förderung desjenigen, der es beruflich voraussichtlich weiter bringen wird, weil er z. B. über die bessere Ausbildung verfügt, in der besser bezahlenden Branche arbeitet oder nicht die beruflichen Ausfallzeiten für Kindererziehung auf sich nehmen wird. Im Extremfall kann sich so der andere DCC-Partner zum „Zuverdiener" ohne Karriereambitionen verändern (vgl. Typ 3).
  Eine weitere Form des faktischen Vorranges für einen DCC-Partner besteht in der Strategie, dass derjenige gefördert wird, der es beruflich nötiger braucht, weil er

beispielsweise noch berufliche Defizite abbauen muss oder sich für ihn die Situation am Arbeitsmarkt schwieriger gestaltet. Es passt sich also der DCC-Partner an, der am Arbeitsmarkt keine Probleme zu erwarten hat und für den ein Wechsel aus beruflichen Gründen des anderen kaum zu einer Beeinträchtigung der Karriere führt.

- *Typ 3:* Das DCC-Leben besteht nur eine Zeit lang und wird dann zu Gunsten einer „Zuverdiener-Ehe" ohne Karriereambitionen oder zu Gunsten einer „Two Person Career" aufgegeben.
  Auch ein Auseinanderbrechen der Partnerschaft durch Trennung bzw. Scheidung wird in diesem Zusammenhang berichtet.

Die beschriebenen DCC-Karrieretypen und -strategien werden im Laufe eines DCC-Lebens durchaus gewechselt, z. B. in Abhängigkeit von Arbeitsmarktänderungen oder von neuen Gewichtungen bei Privat- und Berufsleben. Viele der vom I. P. A. befragten DCCs berichten von ständigen Neuplanungen.

4. Auswirkungen der DCC-Besonderheiten und DCC-Karrierestrategien

Die DCC-Besonderheiten führen zu Anforderungen an die beruflichen Positionen, die in besonderem Maße die DCC-Bedürfnisse erfüllen, und beeinflussen die Wahl der Positionen, die für die DCC-Partner in Frage kommen. Darüber hinaus wirken sich diese Strategien auf die vom Unternehmen erwünschte Wechselbereitschaft und auf die vom Partner beeinflussten Wechselabsichten (regionale Mobilität und Fluktuation) aus. Zusätzlich werden das Arbeitsengagement und der augenblickliche Aufstiegswille stark von der jeweils verfolgten Karrierestrategie beeinflusst. Auch der Wunsch nach verringerter Arbeit (Abbau von Überstunden, Teilzeitmöglichkeiten etc.) ist von der jeweiligen Karrierestrategie abhängig.

4.1 Bedeutung der DCCs für die Personalplanung

Die oben aufgeführten Gesetzmäßigkeiten für die spezielle Mitarbeitergruppe der DCCs müssen in die Personalplanung übernommen werden. Angesichts der bislang (noch) geringen Anzahl der DCCs lassen sich sicherlich keine verlässlichen Normwerte für diese Gruppe ermitteln. Ein erfolgversprechender Weg wäre es, die Einzelfälle zu betrachten und von ihnen auszugehen. Dazu ist es zunächst erforderlich, in einem Klima der Offenheit die nötigen Informationen zu bekommen und sich damit als erstes Informationen über den DCC-Status zu verschaffen.

In der *Personaleinsatzplanung* wird dann geprüft, inwieweit für DCCs Arbeitsplätze möglich sind, die die nötige Flexibilität versprechen, um die DCC-Karriereziele *und* ein erfülltes Privatleben zu erreichen. Das führt zu Positionen, die Arbeitszeitflexibilisierungen, Teilzeitwünsche, vorübergehende Ausstiege berücksichtigen könnten. Auch endgültige Ausstiegsmöglichkeiten aus dem Unternehmen, die durch die beruflichen Belange des anderen begründet sind, sollten dabei bedacht werden.

Darüber hinaus müssen die Fragen nach der zeitlichen Belastung insgesamt, nach Reisetätigkeit und örtlicher Flexibilität bzw. Residenzpflicht (Wohnung am Arbeitsort) geprüft werden. Auch die Ansprüche der Position an den Partner, z.B. bei Repräsentationsaufgaben, dürfen nicht unberücksichtigt bleiben, denn ein DCC-Partner kann häufig aus zeitlichen oder örtlichen Gründen dafür nicht zur Verfügung stehen.

Aus der *Personalbedarfsplanung* kann einerseits abgeleitet werden, welche Positionen das Unternehmen den DCCs in Zukunft konkret anbieten kann bzw. für welche Positionen es speziell DCCs einsetzen möchte. Andererseits wird hier der Personalersatzbedarf ermittelt, der sich bei einer steigenden DCC-Mitarbeiterzahl durch deren charakteristische Besonderheiten ergeben wird.

Die *Personalbeschaffungsplanung* wird unter Berücksichtigung der Personalbedarfsplanung und der zu erwartenden Arbeitsmarktbedingungen die DCC-Vorteile den DCC-Nachteilen und den DCC-Restriktionen gegenüberstellen. Danach ergibt sich eine Entscheidung für oder gegen eine aktive DCC-Einstellpolitik. Eine aktive DCC-Einstellpolitik berücksichtigt unter anderem, dass auch Frauen für karriereorientierte Positionen in Frage kommen, dass DCCs bei Bewerbungen häufig unter Zeitdruck ihre Einstellungszusage geben müssen und dass sie einen gemeinsamen Wohnort suchen. Auch die Anwendung von Anti-Nepotismusregelungen, die eine zu enge betriebliche Zusammenarbeit von Partnern steuern bzw. unterbinden soll, muss bei einer aktiven DCC-Einstellpolitik überlegt werden.

Die *Personalnachfolgeplanung* beschäftigt sich mit dem DCC-typischen Bleibeverhalten, um einen Nachfolgebedarf für konkrete Positionen zu ermitteln. Andererseits muss sie – unter den Bedingungen der Personaleinsatzmöglichkeiten von DCCs – die Eignung der DCCs als Nachfolger für bestimmte Stellen prüfen.

Als Letztes sei noch die *Personalkostenplanung* erwähnt, die auch die freiwilligen Sozialleistungen kalkulieren muss, die das Unternehmen als flankierende Maßnahmen speziell für die DCCs entwickelt (vgl. Kapitel 5).

4.2 Bedeutung der DCCs für die Personalentwicklung

Weiterhin ist es nützlich, die individuellen Karriereziele und -strategien der DCCs zu ermitteln und in die betrieblichen Überlegungen zu integrieren. Denn DCCs sind hoch karrieremotiviert. Sie suchen Aufstiegschancen und brauchen damit eine gute individuelle Personalentwicklungsplanung. Andererseits zwingen sie ihre Besonderheiten oftmals zu Karriereunterbrechungen, wie sie für Nicht-DCCs weniger üblich sind. Darüber hinaus müssen die Karrierewege für DCCs auch den Flexibilisierungsbedarf berücksichtigen und die Einstellvorbehalte im Unternehmen zur Kenntnis nehmen.

Die individuelle Karriereplanung für die DCCs versucht deshalb, Karrierepfade für die einzelnen DCC-Mitarbeiter zu finden, die die DCC-Nachteile für das Unternehmen reduzieren und die DCC-Vorteile ausbauen, um einen langfristig positiven Gesamtnutzen auch für den Arbeitgeber zu erreichen.

Wenn beide Partner bei demselben Unternehmen beschäftigt sind, so bieten sich die Formen des *direkten „Twin-Assignments"* an, die – soweit möglich – eine gemeinsame Laufbahnentwicklung in demselben Unternehmen bis hin zu gemeinsamen regionalen Wechseln beider Partner vorsehen. Der wohl seltene Extremfall des Jobsharing durch ein DCC-Paar setzt allerdings dieselbe Qualifikation und Teilzeitbeschäftigung bei beiden sowie eine solche teilbare Position im Unternehmen voraus. Ein direktes Twin-Assignment schließt auf jeden Fall die strengen Formen der Anti-Nepotismusregelungen aus, die eine Beschäftigung von (Ehe-)Partnern in einem Unternehmen verbieten. Lockere Formen der Nepotismusregelungen sind jedoch damit vereinbar und größtenteils auch betrieblich erforderlich, so dass z. B. Unterstellungsbeziehungen zwischen den DCC-Partnern oder Kontrollfunktionen des einen Partners für den Aufgabenbereich des anderen verhindert werden.

Ein *indirektes Twin-Assignment* – also unternehmensübergreifende Aktivitäten bei der Beschäftigung und Laufbahnentwicklung von DCCs – wird bislang überwiegend bei regionaler Mobilität berichtet. Hier sind die Grenzen da zu finden, wo z. B. Konkurrenzbeziehungen zwischen den Unternehmen die Beschäftigung des DCCs ausschließen.

Im Übrigen stellt die Frage der regionalen Mobilität die Personalentwicklung für DCCs fast immer vor Probleme, denn auch der DCC-Partner müsste am neuen Wohnort eine Position mit adäquaten Karrieremöglichkeiten finden können. Wenn der DCC-Mitarbeiter Versetzungsangebote diskutieren kann, ohne dass dies gleich als Absage an die berufliche Karriere gewertet wird, sind die Mobilitätsprobleme zwar für den DCC-Mitarbeiter und das Unternehmen nicht gelöst. Ein Unternehmen kann sich aber eher überlegen, ob es durch flexiblere oder großzügigere Trennungsregelungen für den DCC-Mitarbeiter größere Härten im finanziellen wie im privaten Bereich verhindern und somit seine Mobilitätswünsche dennoch realisieren kann. Eine umfassende *Mobilitätspolitik* kann darüber hinaus auch Hilfestellung bei der Arbeitsplatzsuche des DCC-Partners in der neuen Region vorsehen, z. B. in Form des oben geschilderten indirekten Twin-Assignments.

Eine weitere Personalentwicklungsüberlegung kann darin bestehen, DCCs trotz vorübergehender „Ausstiege" (z. B. durch Familienphasen) längerfristig an das Unternehmen zu binden. Während der Zeiten der Nichtbeschäftigung kann über das Versenden der Firmenzeitschrift, Einladungen zu betrieblichen Veranstaltungen, Seminarangebote, vorübergehende Reduktion der Arbeitszeit, regelmäßige Urlaubsvertretungen bis hin zu Wiedereinarbeitungsmöglichkeiten vom Unternehmen der *Kontakt gepflegt* werden. Ob dadurch eine Karriereoption für die Betroffenen aufrechterhalten wird, hängt natürlich stark von den sich in der Zwischenzeit weiterentwickelnden betrieblichen Möglichkeiten ab.

Für DCC-Mitarbeiter können im Rahmen der Personalentwicklung auch Laufbahnmodelle interessant sein, die ein vorübergehendes oder endgültiges Ausscheiden eher ermöglichen: *Fachlaufbahnen,* bei denen der Mitarbeiter schon nach relativ kurzer Einarbeitungszeit selbstständig Leistungen erbringt und dort entsprechend fachlich weiterentwickelt wird, oder *Projektlaufbahnen,* bei denen nach jedem Projektabschluss ein etwaiger „Ausstieg" weniger disruptiv wirkt (DOMSCH & SIEMERS, 1994; vgl. auch den Beitrag von DOMSCH: Personalplanung und -entwicklung, in diesem Band).

5. Flankierende personalwirtschaftliche Maßnahmen für DCCs

Über die Personalplanung hinaus können für DCCs „flankierende Maßnahmen" eingesetzt werden, die sie im Unternehmen stabilisieren und – soweit gewünscht – auch an das Unternehmen binden.

Für DCCs besonders interessant sind alle Formen der *Arbeitszeitflexibilisierung*. Hier reichen die Möglichkeiten von gleitender Arbeitszeit über Jahresarbeitszeitmodelle, in denen Zeitguthaben auch über größere Zeiträume kumuliert werden können, bis hin zu Teilzeitmodellen. Alle Flexibilisierungen helfen den DCCs, mehr (gemeinsame) Zeit für Erholung und Familienleben zu gewinnen. Inwieweit dadurch die DCC-Karriereziele erreicht werden können, lässt sich für Führungspositionen nur sehr schwer abschätzen.

Eine vorgelagerte Strategie, DCC-Probleme zu vermeiden oder zu mindern – für das Unternehmen *und* für die DCCs –, kann darin bestehen, eine systematische übergreifende *Laufbahnberatung* von DCCs durch z. B. die Personalabteilung einzuführen. Dabei müssen Themen wie Familienphasen oder Karriereziele trotz des Wunsches nach Reduktion der Arbeitszeit offen angesprochen werden können, ohne dass negative betriebliche Folgen für die DCCs zu erwarten sind. In Deutschland (bislang) kaum diskutiert sind betriebliche Maßnahmen wie Kindertagesstätten bzw. Kindergärten, die dem *familiären Umfeld* der DCCs zugute kommen und gleichzeitig dem Unternehmen neue Arbeitsmärkte auch für andere Mitarbeitergruppen erschließen können.

6. Ausblick

Inwieweit nicht-materielle Aspekte wie Kinderbetreuung oder Umzugsunterstützung die DCCs mehr als finanzielle Maßnahmen reizen, die oft als Statussymbol für die Leistung gelten und zusätzlich den individuellen DCC-Lebensstil finanzieren, ist nicht eindeutig geklärt. Die Palette der Möglichkeiten, DCCs nicht nur in der Personalplanung zu berücksichtigen, sondern auch durch eine entsprechende Personalentwicklung zu motivieren, sollte für jeden Einzelfall geprüft werden. Dabei sollte man auch hier durchaus an ein Cafeteriasystem denken, das die individuellen Bedürfnisse optimal berücksichtigen könnte. Allerdings darf eine solche gezielte Förderung der DCCs nur in einem Klima der Gleichberechtigung verschiedener Karrierestile stattfinden, das den Nicht-DCC-Mitarbeitern in gleicher Weise die betriebliche Aufmerksamkeit und Förderung zukommen lässt.

Literatur

BALSWICK, J. & BALSWICK, J. (1995). The dual career marriage – The elaborate balancing act. Grand Rapids, MI (USA) 1995.

BARNETT, R. C. & RIVERS, C. (1996). She works, he works. How two-income families are happier, healthier, and better off. New York 1996.

BECKMANN, P. & ENGELBRECH, G. (Hrsg.). (1994). Arbeitsmarkt für Frauen 2000 – Ein Schritt vor oder ein Schritt zurück. Nürnberg 1994.

CARTER, J. & CARTER, J. D. (1995). He works, she works – successful strategies for working couples. New York 1995.

COOPER, G. & LEWIS, S. (1993). The Workplace Revolution. Managing today's dual-career families. London 1993.

CORPINA, P. (1998). Laufbahnentwicklung für Dual-Career Couples. In M. HILB (Hrsg.), Management der Human-Ressourcen, S. 131–155. Neuwied 1998.

Domsch, M. & Krüger-Basener, M. (1990). Personalplanung und Mobilität: Dual Career Couples. In: M. Domsch & E. Regnet (Hrsg.), Weibliche Fach- und Führungskräfte: Wege zur Chancengleichheit. Stuttgart 1990.
Domsch, M. E. & Ladwig, A. (1997). Dual Career Couples (DCC's). Einsichten und Aussichten für Karrierepaare und Unternehmen. In: Report Psychologie, 22/1997, S. 310–315.
Domsch, M. E. & Ladwig, A. (1998). Dual Career Couples: Die unerkannte Zielgruppe. In: W. Gross (Hrsg.), Karriere 2000. Hoffnungen – Chancen – Perspektiven – Probleme – Risiken. S. 126–143. Bonn 1998.
Domsch, M. E. & Ladwig, A. (2000). Doppelkarrierepaare und neue Karrierekonzepte: Eine theoretische und empirische Ausschnittsuntersuchung. In S. Peters & N. Bensel (Hrsg), Frauen und Männer im Management. Diversity in Diskurs und Praxis, S. 141–158. Wiesbaden 2000.
Domsch, M. & Siemers, S. (Hrsg.). (1994). Fachlaufbahnen. Heidelberg 1994.
Lizotte, K. & Litwak, B. A. (1995). Balancing Work and Family. New York 1995.
Ostermann, A. (2002). Dual-Career Couples unter personalwirtschaftlich-systemtheoretischem Blickwinkel. Frankfurt/M. 2002.
Peuckert, R. (1989). Die Commuter-Ehe als „alternativer" Lebensstil. Zur Ausbreitung einer neuen Form ehelichen und familialen „Zusammenlebens" in der individualisierten Gesellschaft. In: Zeitschrift für Bevölkerungswissenschaft, 15/1989, S. 175–187.
Rapoport, R. & Rapoport, R. N. (1969). The Dual Career Family. In: Human Relations, 22 (1), 1969, S. 3–30.
Silberstein, L. R. (1992). Dual Career Marriage. A system in transition. Hillsdole, N. J. 1992.
Stoltz-Loike, M. (1992). Dual Career Couples: New Perspective for Counseling. Alexandria, VA 1992.

Zur Konkretisierung und weiteren Vertiefung wird empfohlen, im Fallstudienband die Fälle zu „Frauen im Management" sowie zu „Familie und/versus Beruf" (Teil VII) zu bearbeiten.

Volker Heyse

Selbstorganisiertes Lernen

1. Ausgangspunkt
2. Kompetenzentwicklung und selbstorganisiertes Lernen
3. Selbstorganisiertes Lernen
4. Schlussfolgerungen

1. Ausgangspunkt

Firmenspezifisches Wissen und personenspezifische Kompetenzen – das so genannte intellektuelle Kapital (IK) und das darüber hinausführende Kompetenzkapital (KK) – haben in der Unternehmenswelt längst eine weit größere Bedeutung als viele Sachwerte wie Finanzbeteiligungen, Immobilienbesitz oder Lagervorräte. „Ein Blick auf General Motors und Microsoft – die zwei Symbole des industriellen Zeitalters und der Informationstechnologie – genügt, um die Bedeutung des intellektuellen Kapitals zu veranschaulichen. Die Börsenkapitalisierung des Autogiganten GM, einem Unternehmen, das über bedeutende herkömmliche Vermögenswerte verfügt, wird auf ungefähr 40 Milliarden Dollar geschätzt. Microsoft, der Computerriese, der mit Ausnahme des Firmendomizils am Hauptsitz in Seattle kaum Sachwerte besitzt, wird vom Markt heute mit rund 70 Milliarden Dollar bewertet. „Wenn die 50 führenden Programmierer Microsoft plötzlich den Rücken kehrten, würde der Kurs der Aktie vermutlich sofort auf Tauchstation gehen" (Ross, 1997, S. 14). Bemerkenswert ist, dass dabei Individuen und nicht mehr die Firmen selbst dieses Wissen und diese Kompetenzen monopolisieren und somit die wichtigsten Träger von Wettbewerbsvorteilen sind.

Will man in Zukunft tatsächlich dazu übergehen, das firmenspezifische Wissen, das so genannte intellektuelle Kapital (IK), in die Bestimmung des Ertragspotenzials einer Firma und in die Personalplanung einzubeziehen, so ist es unumgänglich, vorhandene Kompetenzen und ihre Entwicklungsmöglichkeiten zu berücksichtigen. Denn es handelt sich um abrufbares Fach- und Methodenwissen; dieses ist in der Regel auch anderen bekannt oder zugänglich. Es handelt sich vielmehr um Dispositionen, solches Wissen sowohl auf der Unternehmens- wie auf der Mitarbeiterebene in künftige Unternehmensvorhaben kreativ einzubinden – also um Fach- und Methoden*kompetenzen*. Hinzu kommen auf beiden Ebenen Dispositionen, Kundenbeziehungen kreativ auszubauen (Beziehungskapital), Geschäftsprozesse kreativ zu gestalten (Geschäftsprozesskapital) und das Unternehmen, das Unternehmensleitbild wie auch die eigene Persönlichkeit weiterzuentwickeln (Geschäftsentwicklungspotenzial). Es handelt sich also um sozial-kommunikative *und* personale Kompetenzen.

Das führt zu tief greifenden Veränderungen in der betrieblichen Weiterbildung und im Training – wie aus Abbildung 1 ersichtlich.

Die Komplexität moderner Unternehmen, ihres internen Informationsaustausches, ihrer stofflichen und kommunikativen Umwelt- und Kundenorientierungen lässt sich im Bild des *selbstorganisierten* Systems treffend fassen. Management wird zum Organisieren in selbstorganisierenden Systemen (Probst, 1987). Der Übergang von der inflexiblen, regeldeterminierten zur flexiblen, lernenden Organisation, bei der vitale Visionen, eine echte Unternehmensphilosophie und entsprechende unternehmenskulturelle Grundwerte im Mittelpunkt stehen, ist unumgänglich.

Die kompetente Organisation wird zur Zielvorstellung (Frei, Hugentobler, Duell & Ruch, 1994).

Diese erfordert den kompetenten Mitarbeiter, der auf die Unternehmenskomplexität und -flexibilität mit Selbstverantwortung, Selbstentwicklung und Selbstverwirklichung reagiert. Er lässt sich ebenfalls als ein *selbstorganisierendes* „System" auffassen. Er muss in der Lage sein, schnell Kontakte zu knüpfen und immer neue Arbeitsbeziehungen herzustellen. Er muss seine Stärken und Schwächen einzuschätzen wissen und im Sinne eines Selbstmanagements beherrschen. Er muss, neben seinen Fach- und Methodenkompetenzen über sozial-kommunikative und personale Kompetenzen verfügen.

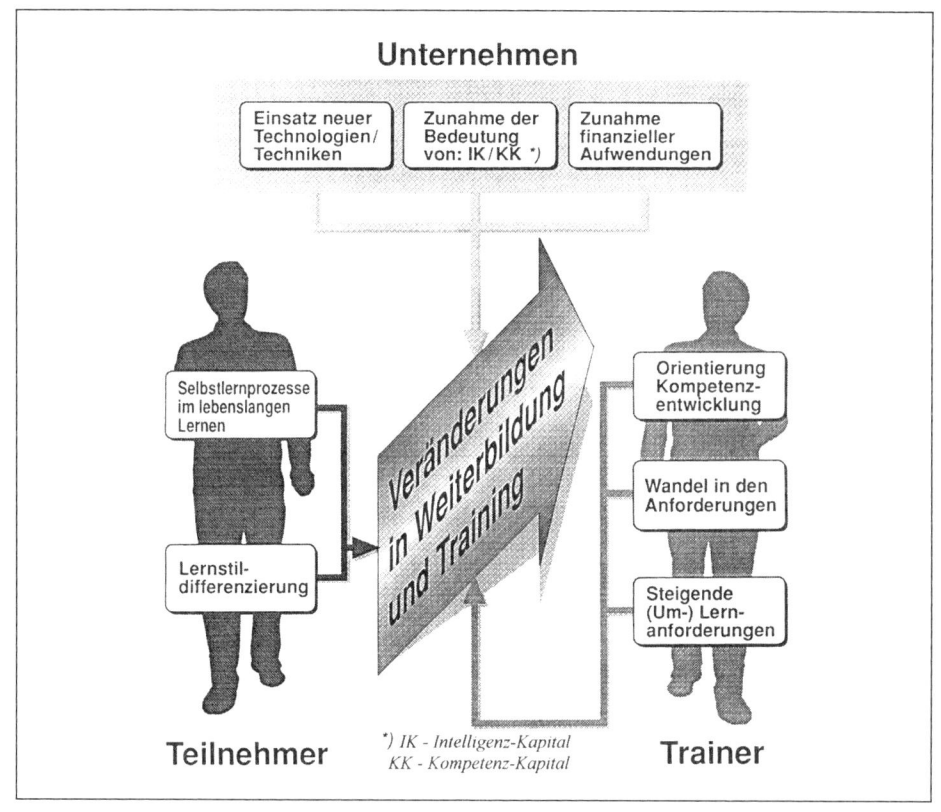

Abb. 1: Internationale Veränderungen in Weiterbildung und Training

Waren noch vor zwei, drei Jahrzehnten die *Positionsbestimmungen* Qualität eines Unternehmens und Qualifikation eines Mitarbeiters hinreichende Garantien für zukünftige Erfolge, sind es jetzt die *Dispositionsbestimmungen* für künftiges unternehmerisches und individuelles Handeln: die Kernkompetenzen des Unternehmens und die Handlungskompetenzen der Mitarbeiter, darunter vor allem die sozialen und personalen. Es handelt sich bei diesen Kompetenzen also um *Selbstorganisationsdispositionen*.

In diesem Zusammenhang steigen die Anforderungen an die Führungskräfte beim Entwickeln ihrer Mitarbeiter in zweifacher Richtung:

— Ermöglichung von Gestaltungsräumen, Abbau von Motivationshindernissen, Verbesserung der Arbeits*bedingungen*, partizipative Führung
— Bereitstellung und ständige Weiterentwicklung der vielfältigen Formen und Wege.

Abbildung 2 fasst umfangreiche Trendanalysen der Jahre 1993–1996 zum Weiterbildungsbedarf zusammen (WEISS, 1994; ERPENBECK & HEYSE, 1996) und bekräftigt diese Anforderungen an die Führungskräfte.

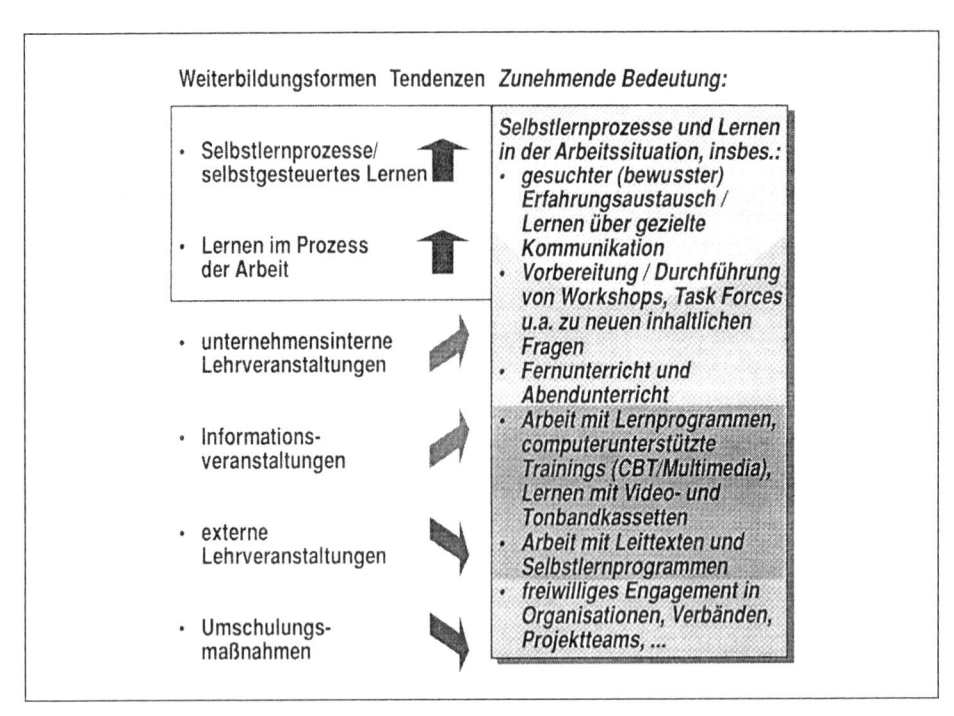

Weiterbildungsformen	Tendenzen	Zunehmende Bedeutung:
• Selbstlernprozesse/ selbstgesteuertes Lernen	↑	Selbstlernprozesse und Lernen in der Arbeitssituation, insbes.:
• Lernen im Prozess der Arbeit	↑	• gesuchter (bewusster) Erfahrungsaustausch / Lernen über gezielte Kommunikation
• unternehmensinterne Lehrveranstaltungen	↗	• Vorbereitung / Durchführung von Workshops, Task Forces u.a. zu neuen inhaltlichen Fragen
• Informations- veranstaltungen	↗	• Fernunterricht und Abendunterricht • Arbeit mit Lernprogrammen, computerunterstützte Trainings (CBT/Multimedia), Lernen mit Video- und Tonbandkassetten
• externe Lehrveranstaltungen	↘	• Arbeit mit Leittexten und Selbstlernprogrammen • freiwilliges Engagement in Organisationen, Verbänden, Projektteams, ...
• Umschulungs- maßnahmen	↘	

Abb. 2: Weiterbildungstrends und Weiterbildungsformen (Veränderungen)

2. Kompetenzentwicklung und *selbstorganisiertes* Lernen

Für den Einzelnen stellt sich das selbstorganisierte biographische Lernen als Herausforderung durch die Veränderungen seines anschaulichen, gegenständlichen und sozialen Umfeldes dar. Herausgefordert sind alle im Menschen aktivierbaren Potenziale. Zu entwickeln sind – klassische Muster der Arbeitsteilung überwindende – neue Kompetenzzuschnitte und Dispositionen zur Selbstorganisation mit einer erhöhten Risikobereitschaft, die weniger denn je an Dritte delegiert werden kann. Die erforderliche Aktivierung der Potenziale des Mitarbeiters ist möglich, wenn es gelingt, diesen *Aktivierungsprozess* als „Lernen" zu beschreiben.

Was kann unter „Kompetenzen" verstanden werden? Tabelle 1 geht auf den Zusammenhang von Handlungen und Selbstorganisationsdisposition ein (ERPENBECK & HEYSE, 1998).

Kompetenzen (Dispositionen, Handlungs*möglichkeiten*), *Werte* (die wesentlichen Bestimmungs- und Beeinflussungsmomente für Kompetenzen) und das *Realisierungsvermögen* (Antrieb, Wille) individueller Selbstorganisation stehen in einem unmittelbaren Zusammenhang und werden damit zu wichtigen Führungsgrößen (vgl. den Beitrag von v. ROSENSTIEL „Motivation", in diesem Band).

Was ist nun aber unter „selbstgesteuert" und „selbstorganisiert" zu verstehen? Beide Begriffe überlagern sich im alltäglichen Sprachgebrauch vielfältig, doch beinhalten sie sehr unterschiedliche Sichtweisen. Der Begriff *Steuerung* macht nur Sinn, wenn

Kompetenzen sind Selbstorganisationsdispositionen des Individuums	
Was wird vom Individuum **selbstorganisiert**? In der Regel **Handlungen**, deren Ergebnisse aufgrund der Komplexität des Individuums, der Situation und des Verlaufs (System, Systemumgebung, Systemdynamik) nicht oder nicht vollständig voraussagbar sind.	
Welche **Handlungen** dieser Art werden **selbstorganisiert**? Es sind dies:	
Geistige Handlungen	z. B. Problemlösungsprozesse, kreative Denkprozesse, Wertungsprozesse
Instrumentelle Handlungen	z. B. manuelle Verrichtungen, Arbeitstätigkeiten, Produktionsaufgaben
Kommunikative Handlungen	z. B. Gespräche, Verkaufstätigkeiten, Selbstdarstellungen
Reflexive Handlungen	z. B. Selbsteinschätzungen, Selbstveränderungen, neue Selbstkonzeptbildungen
Handlungsgesamtheiten	z. B. gesamte Handlungsspektren kreativer Mitarbeiter
Die unterschiedlichen **Dispositionen** (Anlagen, Fähigkeiten, Bereitschaften), eben diese Handlungen **selbstorganisiert** auszuführen, bilden verschiedene **Kompetenzen**. Man kann folglich unterscheiden:	
Fachkompetenzen	Die Dispositionen, geistig selbstorganisiert zu handeln, d. h. mit fachlichen Kenntnissen und fachlichen Fertigkeiten kreativ Probleme zu lösen, das Wissen sinnorientiert einzuordnen und zu bewerten
Methodenkompetenzen	Die Dispositionen, instrumentell selbstorganisiert zu handeln, d. h. Tätigkeiten, Aufgaben und Lösungen methodisch kreativ zu gestalten und von daher auch das geistige Vorgehen zu strukturieren
Sozialkompetenzen	Die Dispositionen, kommunikativ und kooperativ selbstorganisiert zu handeln, d. h. sich mit anderen kreativ auseinander- und zusammenzusetzen, sich gruppen- und beziehungsorientiert zu verhalten, um neue Pläne und Ziele zu entwickeln
Personale Kompetenzen (Individualkompetenzen)	Die Dispositionen, reflexiv selbstorganisiert zu handeln, d. h. sich selbst einzuschätzen, produktive Einstellungen, Werthaltungen, Motive und Selbstbilder zu entwickeln, eigene Begabungen, Motivationen, Leistungsvorsätze zu entfalten und sich im Rahmen der Arbeit und außerhalb kreativ zu entwickeln und zu lernen
Handlungskompetenzen	Die Dispositionen, gesamtheitlich selbstorganisiert zu handeln, d. h. viele oder alle der zuvor genannten Kompetenzen zu integrieren

Tab. 1: Handlungen und Selbstorganisationsdispositionen

ein System – ein technisches Gerät, ein Individuum, eine Gruppe, ein Unternehmen – auf ein festgelegtes Ziel hin dirigiert wird. Das Ziel muss also von vornherein, wenigstens im Umriss, festliegen. In Bezug auf das Lernen müssen folglich Lernziele, Bildungsziele festliegen. *Selbst gesteuert* ist das Lernen dann, wenn Lernziele, Operationen/Strategien, Kontrollprozesse und ihre Offenheit teilweise oder vollständig vom lernenden System selbst bestimmt werden. *Selbstorganisiert* ist Lernen dann, wenn wechselnd Lernziele, Operationen, Strategien, Kontrollprozesse und ihre Offenheit vom lernenden System selbst so angegangen und bewältigt werden, dass sich dabei die Systemdispositionen erweitern und vertiefen, wenn es primär um diese Erweiterung und Vertiefung geht.

Wir können demnach fremdgesteuertes, selbst gesteuertes, fremdorganisiertes und selbstorganisiertes Lernen gegenüberstellen. Im Folgenden sollen praktische Ergebnisse und einsetzbare Instrumente zum selbstorganisierten Lernen vorgestellt werden.

3. Selbstorganisiertes Lernen

Ausgehend von umfassenden praxisorientierten Lernstilanalysen aus den siebziger und achtziger Jahren (KATCHER, 1981; STERNBERG & GRIGORENKO, 1997) können neun „Merkmale eines lernenden Individuums" unterschieden werden (vgl. HEYSE & ERPENBECK, 1997).

In umfassenden neuen Untersuchungen zu Kompetenzbiografien erfolgreicher Unternehmer innovativer kleiner und mittlerer Unternehmen (GOEBEL, 1990; ERPENBECK & HEYSE, 1998) wurde der Frage nachgegangen, welchen Stellenwert organisiertes und selbstorganisiertes Lernen für diese Personen, die in hohem Maße verände-

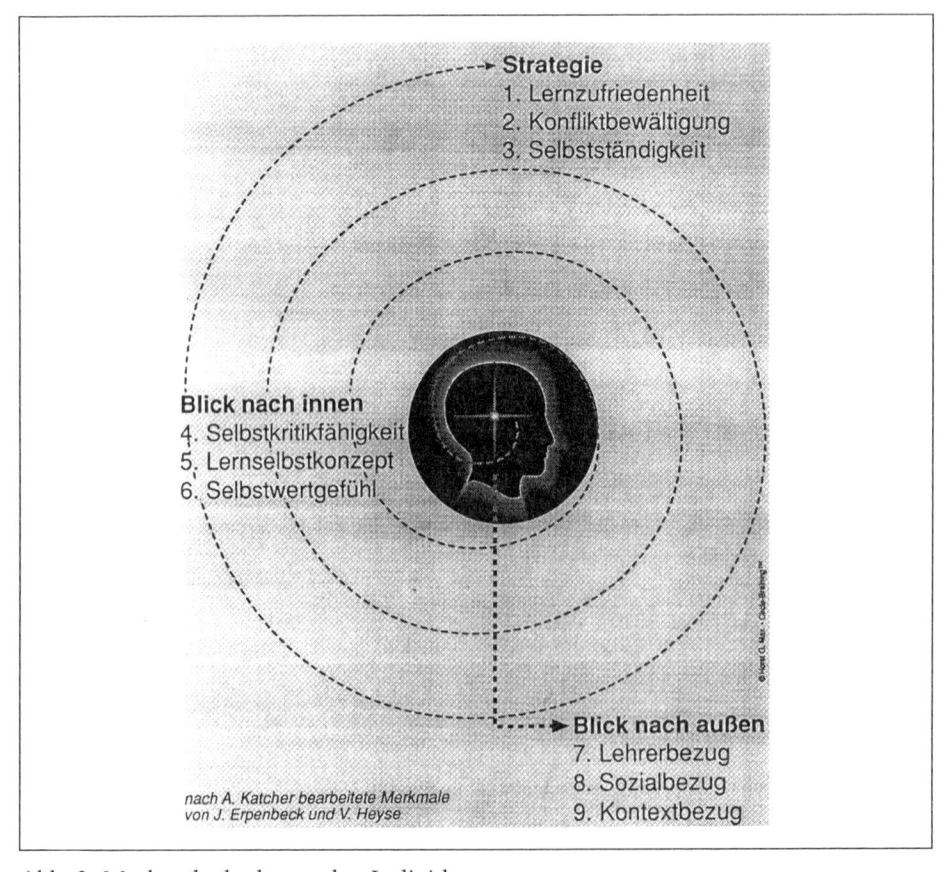

Abb. 3: Merkmale des lernenden Individuums

rungsorientiert und lernoffen sein müssen, haben, was und wie innerhalb der individuellen Lernprozesse verändert wird, ob Veränderungen nur bestimmte Seiten des komplexen Systems „Persönlichkeit" betreffen oder aber den gesamten Menschen als autonomes System (ERPENBECK & HEYSE, 1998). Nach den Selbstaussagen der Befragten kommt man zu folgender Bedeutungsrangreihe:

1. Selbstständigkeit
2. Lernselbstkonzept
3. Sozialbezug
4. Selbstwertgefühl
5. Kontextbezug
6. Lehrerbezug
7. Konfliktbewältigung
8. Kritik (Selbstkritik)
9. Lernzufriedenheit

Unter den ersten vier rangieren solche Merkmale dicht nebeneinander, die eher der personalen, sozial-kommunikativen sowie Handlungskompetenz zugeordnet werden können und am deutlichsten selbstorganisiertes und selbstgesteuertes Lernen charakterisieren.

Bei einer weiteren Differenzierung der neun Merkmale und deren Belegung mit jeweils typischen Originalzitaten kommen wir dem Geheimnis der Erfolgsstrategien selbstorganisierten Lernens schon näher; zumindest wird deutlich, was mit der Orientierung „erfolgreiches unternehmerisches Denken und Handeln" lernseitig zusammenhängt. Die Reihenfolge der Merkmale, ihrer Einzelaspekte und typischer Zitate wurde gemäß der Bedeutsamkeitsrangreihe gewählt (im Folgenden ausgewählte Beispiele und Originalzitate)

3.1 Selbstständigkeit

3.1.1 Unabhängigkeit von fremden Urteilen, Hilfen, Orientierungen; ausgeprägte Selbstmotivation:

- Ich habe mich schon seit jeher gegen äußere Zwänge *durchgesetzt*. Eine frühere Erfahrung ist, dass Vorstellungen erfüllbar sind, wenn man es *will*.
- Ich habe bei mir die Fähigkeit herausgebildet, an der eigenen Wirksamkeit *nicht* mehr zu *zweifeln*.
- Man muss sich über starre Strukturen, Denkstrukturen *hinwegsetzen* können.
- Für das Studium habe ich 30–40% der Zeit aufgebracht. Die andere Zeit habe ich gearbeitet oder mich mit Politik befasst, eine Art *Praxisstudium*.
- Ich habe nicht über Kurse, sondern über mein *eigenes Denken* gelernt. Man muss Forderungssituationen annehmen und suchen. Das sind Situationen, wo man die eigenen Grenzen wirklich mitkriegt, *gefordert wird* oder scheitert. Das sind doch die Situationen, wo man lernt. Die eigene Betroffenheit ist das einzige, was zählt. Natürlich sind ein paar Background-Informationen wichtig.

3.1.2 Zielbeharrlichkeit und Durchsetzungsvermögen

- Man soll nicht machen müssen, was man *nicht will* ... Ich *entscheide* für mich *selbst*. Und auch bei den Mitarbeitern muss man viel mehr Gewicht darauf legen, dieses „*Ich will*" herauszubilden.
- Man muss herausfinden, was man selbst will, muss eine Selbstbestimmung haben und eine kritische Wahrnehmung davon entwickeln, was ist. Und ich muss auch unpopuläre *Entscheidungen gegen* meine Umwelt *treffen*, wenn ich es für gut finde.
- Wenn man nicht permanent irgendwelche Sachen *einfordert*, dann wachsen die Mauern im Sinne von Trägheit, „Aussitzen".

3.1.3 Veränderungsoffenheit, Vielseitigkeit, Umgang mit Komplexität

- Ich habe immer Lust, etwas *Neues auszuprobieren*, natürlich auf der Grundlage guter Fachkompetenz.
- Ich habe immer *Zufälle genutzt*, die gar keine sind.
- Ich könnte auch etwas *anderes machen* (Beisp. von Technikern: Literaturwissenschaft, Medizintechnik, Architektur, asiatische Heilpraktiken, Betriebswirtschaft ...).
- Ich habe mich immer für Geschichte interessiert. Geschichte, die nicht zum Studium führte, aber als ein breitbandiges Begleitmoment aller Zeiten, die ich bisher durchleben konnte. Das ist genauso wichtig wie der Beruf. Denn viel Lesen über Geschichte und verschiedene Autoren zum selben Punkt, spitzt auch das eigene Denken dieser geschichtlichen Ereignisse und deren *Zusammenhänge*.
- Mich interessiert das *erzwungene Neue*; es macht mir Spaß, mich *mit Neuem auseinander zu setzen* (z. B. Wirtschaft, Recht, Managementaufgaben ...). Dann sage ich mir: Das hättest Du studieren/machen sollen ...
- Und zurzeit habe ich im Prinzip den Eindruck von mir oder das Gefühl, dass ich eigentlich, je älter ich werde, *umso mehr lerne*. Und nicht umgekehrt. Ich fühle mich auch, je älter ich werde, umso *freier* und umso glücklicher. Ich weiß nur, es ist nicht andersrum.
- Die wahnsinnigsten und nachhaltigsten Lernprozesse waren immer dann, wenn ich in kurzer Zeit völlig Neues schaffen wollte. ... Ich saß dann Tag und Nacht dran.
- Wenn es darum geht, ein neues Produkt zu entwickeln, muss man versuchen, von der komplizierten Ebene immer zur einfacheren zu kommen. Da haben wir in unserem Unternehmen viele Beispiele. Dieser Zwang, dieses *Hinschieben zum einfachen Denken* bringt letztlich auch einfache Produkte, die der Mensch auch annimmt, weil sie einfach sind. Warum entwickelt man solche Produkte? Einfach, weil es einem Spaß macht, weil es interessant ist.
- Ich bin durchaus *risikofreudig* gegenüber *neuen Herausforderungen*, Bewährungssituationen und offen gegenüber *Unbestimmtheiten*, undeutlichen Situationen, wenn sie für alle *neu* sind.

3.2 Selbstlernkonzept

3.2.1 Persönlicher Stellenwert selbstorganisierten Lernens

- Bei der Weiterbildung der Mitarbeiter sollte vor allem auf das geachtet werden, was nicht im Ausbildungsplan steht, was *darüber hinausgeht*, denn das stellt die Zukunft dar. Und so Weitergebildete müssen mobilisiert werden, das *Wissen* an die Profis *weiterzugeben*. Das baut sie auf und macht sie stolz.
- Ich habe meine Kernstärken nicht in der Ausbildung gefunden, sondern in *Bewährungssituationen*.
- Ich stelle hohe Anforderungen and die eigene *Selbstlernfähigkeit* und an das *Selbstlernen-Wollen* der Mitarbeiter und Kinder.
- Man muss *lernen zu lernen*. Eigentlich ist es egal, was man studiert bzw. lernt; man muss sowieso *umlernen* im Leben.

3.2.2 Selbstanspruch

- Ich suche immer nach dem schnellsten Weg, um die Zeit *besser zu nutzen*.
- Wenn ich der Meinung bin, ich kann alles, dann lerne ich nichts mehr hinzu. Ich bin *gegen* jegliche *Arroganz* und *für Bescheidenheit*, aus der heraus man sich immer wieder anpassen kann.
- Ich gehe im Allgemeinen Konfrontationen mit Herstellern, mit Nutzern aus dem Wege. Stattdessen versuche ich, über eine *konsensorientierte Kommunikation* gemeinsam Möglichkeiten zu finden – oder mit dem Gefühl, dass der andere mit eingeschlossen war, Lösungen zu finden.
- Ich brauche „*schützende Begegnungen*": eine enge Bindung zu einzelnen Personen und breite Kommunikation. Das ist für mich ein wichtiger Schutz vor Überschnappen und Überheblichkeit. Zugleich sind solche Begegnungen eine dankbare Fügung.
- Ich habe immer die Leute gesucht, die mich verstanden haben; das hat manchmal eine Weile gedauert. Dann hab' ich gesagt: „So, du erklärst mir das jetzt". Sozusagen immer auf Mann gespielt. Für meine Begriffe höchst effektiv. Man traut sich, die dusseligsten Fragen der Welt zu stellen, die ja für einen persönlich sowieso nicht dusselig sind.

3.3.2 Sozialer Lernbezug (soziale Verantwortung)

- Man muss das eigene *Umfeld erziehen*. Es hängt davon ab, was man selbst ausstrahlt.
- Ich bin *emotional*. Ich halte es deshalb für eine Stärke, weil ich auf Dinge reagiere, über die ein anderer vielleicht hinweggeht. Also, wenn ein Mitarbeiter mir eine Sache erzählen will von seinem Kind, von der Schule, da nehme ich mir Zeit, höre mir das an und spreche ihn auch einige Wochen später daraufhin an. Das heißt, ich vermittle ihm, dass es mich interessiert hat. Und ich teile ihm auch Ähnliches über meine Tochter mit. Das hat Auswirkungen auf das soziale Verhalten. Trotz allem bin ich ein autoritärer Mensch. Ich vereine beides. Aber ich bin kein sturer autoritärer Mensch. Und das halte ich für wichtig.

– *Personalführung* ist immer eine sehr große Herausforderung für mich gewesen, weil ich denke, das Personal ist das Herz der Firma, nicht so sehr ich, der Unternehmer. Ich bin vielleicht derjenige, der die Kontakte machen kann, aber diejenigen, die die Arbeit machen, diejenigen sind die Substanz der Firma und die müssen sich mit der Firma identifizieren.

3.4 Selbstwertgefühl

3.4.1 Individueller Lebensanspruch, Sinn, Werte

– *Lebensqualität* – das ist nichts vorrangig Materielles, sondern Ruhe, Gelassenheit, Eigenforderung.
– Wichtig für mich ist ein hohes *Verantwortungsgefühl*, aber mit einer inneren *Distanz zur Macht*. Ich habe ein großes Misstrauen gegenüber *Macht* und dem Eingrenzen der inneren *Freiheit*. Ich bin gegen *Egoismen*, die den *Idealismus* dauernd bremsen – auch seitens Dritter, z. B. in Familien.
– Ich habe mich schon sehr früh mit *unternehmerischen Werten* auseinandergesetzt.
– Eine wichtige Stärke von mir ist die *relative Bedürfnislosigkeit*. Das ist auch eine Mentalitätsfrage: bedürfnislos leben. Das ist eine Sache der Überlebensfähigkeit, bedürfnislos leben können. Man muss es ja nicht, aber man muss es können.
– Ein *Ziel* sollte man nicht an Zahlen orientieren, denn sobald man die Zahl sieht, ist man gebunden, gefangen, eingeschränkt. Man muss die Zahl haben. Aber wenn ich die Aufgabe erfülle, dann erfülle ich auch die Zahl – und nicht umgekehrt. Denn die Zahl kann falsch sein, aber die Aufgabe steht immer da. Nicht immer klar, aber sie ist da. Und da muss man sich nicht Gedanken machen, was verdiene ich nicht mehr, sondern, *wenn* ich die Aufgabe erledigt habe, dann klappt alles Weitere.
– Mich hat das immer alles, was die *richtigen Lebensfragen* sind, was Schicksal ist, was die *wirklichen Werte* sind, was die *spirituellen Sachen* sind, interessiert. Da bin ich enorm breit orientiert, da interessiert mich eigentlich alles … Mir wird oft sehr viel klar, weil ich mich für diese *menschlichen, spirituellen Themen* interessiere.
– Die schlimmste Aussage, die man hört ist: „Es geht nicht". Ich sage *stattdessen*: „Es geht so nicht". Das ist etwas ganz anderes und ermöglicht *neue Problembetrachtungen und -lösungen*.

3.5 Kontextbezug

3.5.1 Informationssuche und -auswahl

– Wenn ich irgend etwas nicht weiß, dann besorge ich mir die entsprechende *Literatur* oder irgend einen *Fachmann* und *knie' mich hinein*.
– Mein Lernen ist im Wesentlichen ein „*Learning by doing*": ein Produkt aus Lesen, Arbeiten, Probieren, Diskutieren, Erleben. Immer *Ratio* und *Emotionen*.
– *Selbstlernen* ist für mich: viel *kommunizieren*, viel reden, *vergleichen* und *dabei sein* (Tagungen, IHK-Ausschüsse …).

- Auf die Richtung der Grundausbildung kommt es eigentlich nicht an, Hauptsache und Sprungbrett für das eigene spätere Leben ist überhaupt eine *solide Grundausbildung* mit *Bewährungssituationen*.

3.5.2 Weiterbildungsformen

- *Seminare* sind nur dann für mich interessant, wenn in kurzer Zeit viel geboten wird. Es muss praktisch verwertbar sein.
- *Weiterbildungskurse* sind eine unproduktive Zeit. Jeder lernt anders, jeder nimmt anders auf. Ich lerne, wenn ich lese. Wenn es mich interessiert, dann lerne ich auch, wenn es mir einer erzählt.
- Ich wurde nie zu einer Weiterbildung geschickt. Das war immer *meine Initiative*.
- Wenn ein Mitarbeiter zu einem Seminar geschickt wird, dann vollzieht sich bei uns so eine Art Schneeballeffekt, dass die anderen dann wieder mitgeschult werden. Damit kann man auf der anderen Seite auch Kosten sparen.

3.5.3 Kundenorientierung, Resultatsbedeutung

- Gegenüber den *Kunden* offenbare ich das, was ich für mich selbst vertrete. Die *Zufriedenheit der Kunden* ist für mich das wichtigste Resultat meiner Arbeit.
- Ich glaube, dass der Kunde schon merkt, wo etwas bloß äußerlich gelernt ist, und wo Erfahrungen vorhanden sind. Das sind wesentliche Kontakte, die ich zu langjährigen Kunden habe.
- Ich suche die *Aufgabenlösung für den Kunden* oder Menschen, zu dem sie passen sollte. Ich frage mich, wie kann ich dem eine *Freude machen*, das *Leben erleichtern*, und wie viel *Zufriedenheit* wird er haben. Das reicht vollkommen, um den richtigen Weg zu finden … Es ist ein großer Unterschied, ob ich sage, ich will Nutzen schaffen oder ich will dienen. Wenn die Dienstleistung im Vordergrund steht, macht man auch viel weniger Dinge falsch. Das „Dienen" wollen viele nicht mehr hören. Man serviert halt etwas, man bringt halt etwas, aber es kommt nicht von innen.
- Ich bin kein wirtschaftlicher Intellektueller in dem Sinne, dass mich nur das Wort interessiert. Das ist zwar notwendig, und ich beschäftige mich damit auch, und wenn, dann sehr genau. Aber eigentlich *interessiert* mich mehr die *Tat*. Was ist die praktische Konsequenz, und wie erreiche ich sie – das war mir stets wichtiger.
- Ich *lerne* in erster Linie *vom Kunden*. Die Kunden haben festgestellt, dass sie ein Problem haben. Dann beraten wir sie, und bei dieser Beratung kommen wir selbst voran.

3.6 Lehrerbezug

3.6.1 Einfluss von Bezugspersonen

- In meinem Leben gab es viele Zufälle über Schlüsselpersonen. Vielleicht eine Kopplung von Mut, Offensivkraft und nonkonformem Denken.
- Ein *Ausbilder* von mir war eigentlich ein „fauler Hund", aber genial. Er sagte: „Jede

unnütze Bewegung schwächt den Körper, aber Qualität muss sein". Das hat meine Arbeitsorganisation beeinflusst.
- Meine *Vorfahren* waren sehr *aktiv* und haben viel bewirkt mit viel Gemeinsinn. Irgendwie prägt und verpflichtet das.

3.6.2 Eigener Vermittlungsanspruch

- Es gibt im Prinzip gar keinen Unterschied zwischen den Problemen, nur verschiedene Inhalte. Aber die Probleme sind eigentlich immer dieselben. Und das muss man jungen Menschen vermitteln.
- Die Leute müssen Bildung *im* Betrieb bekommen. Es muss *hier* umstrukturiert werden und *hier* im Kopf und jetzt und heute. Und dafür setze ich mich in hohem Maße ein.
- Ich glaube, man muss vor allem *junge Leute mit eigener Motivation begeistern*, sich vor die Leute stellen, wenn Fehler gemacht wurden. Und ich hasse Grundsätze, weil sie in der Regel nicht anwendbar sind.
- Für mich war immer das *Motivieren zum Tun* wichtig, andere zum Tun motivieren. Aber auch sich selbst immer wieder zu motivieren; ich meine Selbstmotivation.

3.7 Konfliktbewältigung

3.7.1 Grundeinstellung, Auseinandersetzung mit (Lern-)Schwierigkeiten

- Ich muss auch sagen, *negative Erfahrungen* sind ein Stück des Lebens, die gehören dazu. Und die möchte ich nicht missen. Von den *negativen Erfahrungen* ... habe ich auch profitiert. Nach einem *Tief* kommt ein *Hoch*. Und immer war das Hoch bis jetzt ein Übergang.
- Die meisten *tiefgreifenden Erfahrungen* habe ich durch *Niederlagen* gemacht bzw. durch besonders harte *Auseinandersetzungen*. Da weiß man, was man das nächste Mal besser macht – vorausgesetzt, man wertet die *Niederlagen* als *Erkenntnischancen* (aus).
- Wer sagt, ich kann alles, der lügt. Man muss lernen, zu fragen und sich *auseinander zu setzen*.

3.7.2 Auseinandersetzung mit der (Lern-)Umwelt

- Situationen mit starken *Herausforderungen* haben mich sehr stark geprägt; solche Situationen, wo man richtig Wut im Bauch hat und wo dann einer sagt: Wir gehen nicht eher aus dem Hause, bevor das Problem gelöst ist. Solche Situationen gab es ja häufig mal in allen möglichen Sachen: einordnen, unterordnen und einschätzen, wo man hingehört, das ist eine wichtige Sache.
- Ich neige dazu, viel selbst zu machen, insbesondere bei zähen Massen, bei Zähigkeit von Gedankenflüssen, zu langsamem Reagieren. Hier habe ich so meine eigene *Ungeduld*, und ich habe diese Ungeduld eigentlich nie für mich behalten, sondern versucht, andere dadurch zu *mobilisieren*.

– Ich muss auch *bei Diskrepanzen offen* bleiben. Wenn ich mit einer Sache, Version nicht einverstanden bin, dann muss ich es nicht grundsätzlich ablehnen. Im nächsten Moment kann daraus eine Herausforderung, Aufgabenstellung für mich oder für uns gemeinsam erwachsen. Aber bei ethisch nicht Vertretbarem bleibe ich grundsätzlich dagegen.

3.8 Kritik und Selbstkritik

3.8.1 Eigene Stärken und Schwächen

– Man muss sich selbst und das Produkt *in Frage stellen können*, sonst fängt man an, schlampig zu werden.
– Ich habe immer *Schwierigkeiten*, mich zurückzunehmen; mir geht vieles einfach zu langsam.
– Es kostet mich keine Kraft, mich nicht zu verstellen.
– Ich habe eigentlich *nie* eine *Scheu* gekannt, die andere haben, vor Autoritäten *Kritik zu äußern*. Im Gegenteil, wenn ich sehe, dass es für mich wichtig ist, dann scheue ich mich nicht, auch öffentlich sehr bekannte Personen *anzusprechen*. Ich habe einfach zu wenig Zeit, um selbst zu lesen, recherchieren …
– Für mich ist es sehr wichtig – von meinen bisherigen Stärken und Erfahrungen ausgehend –, dass ich *gut zuhören* kann, sehr gut herausbekomme, wo der Bedarf des Kunden ist, wo vielleicht auch seine begrenzte Sicht gegenwärtig existiert, und ihn nicht überfordere, aber auch ihn nicht zu unterfordern. Dieses Zuhören trainieren – das ist mir eigentlich durch die schulische Tätigkeit, auch in meiner dortigen Funktion als Schulsprecherin mitgegeben worden.

3.8.2 Umgang mit Stärken und Schwächen anderer

– Von meinen Mitarbeitern *fordere* ich, dass sie loyal sind zum Unternehmen. Das Schlimmste, was mir passieren könnte, wäre, jemanden zu haben, dem irgendwo der Geruch der Unloyalität anhaftet. Dann *würde* ich mich *sofort* von ihm *trennen*. Loyal heißt ja nicht Blindheit, sondern loyal ist einer, der auch zu mir kommt und sagt: Das ist doch Quatsch, was hier veranstaltet wird, ich halte das für schlecht und empfehle dieses und jenes. Das ist loyal für mich.
– Ich setze mit meinen Mitarbeitern *Prioritäten* und arbeite mit ihnen klare *Maßstäbe* heraus zum Trennen zwischen „sehr wichtig" und „weniger wichtig". Ich habe eine eigene worst-case-Planung … Und so *nehme ich* dann die Leute *zur Seite* in ihrem Stress und *kann sagen*, da und da … Das machst du auf jeden Fall. Wenn du das auch noch schaffst, wäre das sehr gut, und wenn du das noch schaffst, das wäre ganz toll, musst du aber nicht …"
– Ich versuche, mich durchzukämpfen und ich *versuche herauszubekommen*, welche Fähigkeiten die Leute haben … Im Grunde genommen sind die Zeugnisse für mich uninteressant. Ich gucke mir eigentlich mehr die Leute an, *was sie wollen*.
– Ich bin persönlich kein Überwacher, ich delegiere viel. Ich *schaue* auch *über Fehler hinweg*, wenn ich sehe, dass diese Fehler ja ihre Logik hatten bzw. wir gemeinsam oder die einzelnen *Mitarbeiter aus den Fehlern lernen konnten*.

3.9 Lernzufriedenheit

- Ich bin mit den einzelnen Etappen meines Lebens insgesamt *zufrieden* – auch wenn ich aus heutiger Sicht etliches anders machen und damit erheblich viel Zeit sparen würde. Ein wichtiger Maßstab für mich war und ist: *Neues zu realisieren.*
- Das, was ich erreicht habe, habe ich erreicht durch persönliches Engagement, Selbstmotivation gerade in schwierigen Situationen, dem Wissen um Leute, die mir im Notfall helfen würden *und* ohne dass ich mich verbogen habe. Das erfüllt mich mit *Dankbarkeit.*
- Ich bin *froh* über die Gabe, aufgeschlossen sein zu können gegenüber Neuem – und sei es noch so ungewöhnlich.
- Ich habe bei allen Wechselbädern immer *Spaß* an der Selbstständigkeit gehabt, am eigenen *Erfolg.*
- Es macht mir einfach *Spaß. Hobby und Beruf* sind bei mir irgendwie *verschmolzen.* Ich könnte gar nicht anders, auch wenn ich wollte.
- Es macht mir *Spaß*, Oberflächen bei Menschen und Strukturen zu durchschauen, auf den Kern vorzudringen.
- Ich habe – glaube ich – stärkste finanzielle, nervliche Motivations-Belastungen *durchlebt*. Dadurch habe ich heute mehr Überlegenheit, ja – Gelassenheit auch der Zukunft gegenüber.
- Für die *Selbstmotivation* ist es doch sehr wichtig, von einem selbst sagen zu können: „Du hast da etwas *Besonderes geleistet*, Du hast wahrscheinlich *mehr erreicht* als viele andere."

In mehreren Untersuchungen wurde ein Fragebogen zur „Nutzung *organisierter* bzw. *selbstorganisierter* Lernprozesse in Abhängigkeit von 31 unterschiedlichen Weiterbildungsinhalten" verwendet. Mit diesem Fragebogen können interessierte Führungskräfte und Mitarbeiter feststellen, welche für ihre Arbeit wichtigen Weiterbildungsinhalte mit welchen Lernprozess-Formen (organisiert/selbstorganisiert) angeeignet wurden, wie aktiv oder passiv sie Lernprozesse gestalten. Dabei wurde zwischen jeweils fünf organisierten (instituionalisierten) und selbstorganisierten Lernprozess-Formen unterschieden (vgl. Tabelle 2).

Für „Selbstdiagnosen" (Führungskräfte/Mitarbeiter, einzeln/im Team) können folgende Fragen beantwortet werden:

- Welches sind die drei wichtigsten bzw. am meisten bevorzugten Lernprozess-Formen und wie wurden sie in der Praxis realisiert (Beispiele)?
- Wo habe ich im Vergleich zu anderen Teilnehmern (bzw. anderen Vergleichspersonen) inhaltliche Defizite, und was nehme ich mir vor, um diese mittelfristig zu beheben? Welche Lerninhalte über welche Formen?
- Wie will ich den zukünftigen Anforderungen an Selbstlernprozesse gerecht werden und welche Folgerungen werde ich ziehen bzgl.
  a) der erweiterten Anwendung verschiedener Selbstlernprozess-*Formen* (z.B. Multimedia, Projektteammitarbeit, ...)?
  b) der bewussten Erweiterung meiner Lern*stile* (Lernstärken)?

Betrachtet man bei der Auswertung bisheriger Untersuchungen die Gruppen „Führungskräfte" und „Leistungsträger/engagierte Mitarbeiter mit teilweiser Führungsverantwortung", dann fallen folgende Trends auf, die den Stellenwert selbstorganisierten Lernens bekräftigen:

Die Nutzung organisierter bzw. selbstorganisierter Lernprozesse in Abhängigkeit von unterschiedlichen Weiterbildungsbereichen (Fragebogenausschnitt)							
Weiterbildungsthemen	Nutzung von organisierten Lernprozessen (innerhalb der institutionalisierten Erwachsenenbildung)				Nutzung von selbstorganisierten Lernprozessen (außerhalb der institutionalisierten Erwachsenenbildung)		
	Verhaltensregelungen (grundsätze, Vorschriften)	Informationsveranstaltungen, unternehmensweite Schulungsveranstaltungen	Unternehmensweite Workshops, zielgruppenspezifische Seminare/Workshops	Individuelle Informationsseminare (extern/intern) individuelles Verhaltenstraining (extern/intern)	Teamtraining, handlungsbegleitendes Training	Übernahme von Sonderaufgaben, Mitwirkung an Projekten/Task Forces, Qualitätszirkel	Nutzung von Lernmedien (Video, PC, Multimedial) in der Freizeit	Individuelles Selbststudium, selbstgewählte Fernkurse, Abendschule, Bildungsurlaub	Freiwilliger Erfahrungsaustausch mit Kollegen innerhalb und außerhalb des Unternehmens	Learning by doing, lernen im Leben außerhalb der Berufsarbeit im engeren Sinne
1. Kommunikation/Besprechungen										
2. Arbeitsrecht für Führungskräfte										
3. Problemlöse-/Entscheidungstechnik										
4. Kaufmännisches Wissen										
5. Zeitmanagement										
6. Arbeit mit Qualitätszirkeln										
7. Führen durch Zielsetzung und Kontrolle										
8. Persönliche Arbeitsmethodik										
9. Praxis des Betriebsverfassungsgesetzes										
....										
30. Kreativitätstechniken										

Tab. 2: Häufigkeit der unterschiedlichen Lernprozesse

Zahlenmäßig handelt es sich um ein Verhältnis 1 (Nutzung von organisierten Lernprozessen) zu 2,5 (Nutzung von selbstorganisierten Lernprozessen). Da hier lediglich Bildungs- bzw. Weiterbildungsereignisse *unabhängig* von ihrer Dauer erfragt wurden, also beispielsweise die einige Stunden umfassende Informationsveranstaltung der möglicherweise Monate dauernden Projektteilnahme gleichgestellt wird, ergäbe sich bei Berücksichtigung des Zeitfaktors eine weitere Bedeutungszunahme des selbstorganisierten Lernens.

Im Detail kann man die Ereignisse in zwei Richtungen analysieren: (1) Welche Lernprozesse besitzen die größte, welche die geringste Bedeutung; und (2) Welche Weiterbildungsthemen werden für besonders wichtig oder eher unwichtig gehalten: Ausgehend von der Häufigkeit der Nennungen wurden Rangplätze errechnet. Tabelle 3 gibt die Verteilung der Rangplätze (238 Personen) wieder:

Verhaltensregelungen (-grundsätze, Vorschriften)	Informationsveranstaltungen, unternehmensweite Schulungsveranstaltungen	Unternehmensweite Workshops, zielgruppenspezifische Seminare/ Workshops	Individuelle Informationsseminare (extern/intern) individuelles Verhaltenstraining (extern/intern)	Teamtraining, handlungsbegleitendes Training	Übernahme von Sonderaufgaben, Mitwirkung an Projekten/Task Forces, Qualitätszirkel	Nutzung von Lernmedien (Video, PC, Multimedia) in der Freizeit	Individuelles Selbststudium, selbstgewählte Fernkurse, Abendschule, Bildungsurlaub	Freiwilliger Erfahrungsaustausch mit Kollegen innerhalb und außerhalb des Unternehmens	Learning by doing, Lernen im Leben außerhalb der Berufsarbeit im engeren Sinne
(7.)	(5.)	(9.)	(3.)	(8.)	(6.)	(10.)	(4.)	(2.)	(1.)

Tab. 3: Rangreihe der unterschiedlichen Lernprozesse

Bei Nennung der Lernprozesse liegt das learning-by-doing, das Lernen im Leben außerhalb der Berufsarbeit mit einer fast dreifachen Anzahl von Nennungen auf dem 1. Rang, vor dem 2. Rang, dem freiwilligen Erfahrungsaustausch mit Kollegen innerhalb und außerhalb der Unternehmen. Beides ist hoch charakteristisch.

Neueren Untersuchungen zufolge (vgl. STAUDT & MEIER, 1996, S. 264) finden ca. 80% des Lernens Erwachsener außerhalb von institutionalisierter Erwachsenenbildung statt. Das spiegelt sich in der hohen Nennungsquote des 1. Ranges wider.

Von der überwiegenden Mehrzahl der Befragten wurde bei der Frage nach den Formen des Kompetenzerwerbs auf die Bedeutung des Kontakts zu Kollegen, Freunden, Beratern, Fachleuten verwiesen – oft mit dem Unterton, „eigentlich" müsse man ja auch mal wieder Weiterbildungsveranstaltungen besuchen, aber im persönlichen Kontakt erfasse man notwendige Erfahrungen gezielter, schneller und effektiver. Diese Form von Kompetenzerwerb ist neben dem learning-by-doing die von den Befragten bevorzugte. Sie macht sich die sozial-kommunikativen Kompetenzen zu Nutze. Auf dem 3. Rang liegen individuelle Informationsseminare und individuelles Verhaltenstraining, sowohl betriebsintern wie -extern. Hier handelt es sich zweifellos um Formen *organisierter* Weiterbildung, gleichzeitig ist jedoch hervorzuheben, dass es gegenüber den vier anderen benannten Formen organisierter Weiterbildung diejenige mit den größten Möglichkeiten ist, den Besuch *selbst* zu wählen, selbst zu gestalten, selbst zu organisieren, also diejenige mit der größten Nähe zu den selbstorganisierten Lernprozessen.

Den 4. Rang nehmen die eher traditionellen Formen selbstorganisierten Lernens ein, das individuelle Selbststudium, Fernkurse, Abendschule und Bildungsurlaub, auf dem 5. Rang liegen die ebenso traditionellen Formen organisierter Weiterbildung wie

Informationsveranstaltungen und Schulungen. Eine geringere Rolle spielen bei den selbstorganisierten Lernprozessen mit dem 6. Rang noch die Übernahme von Sonderaufgaben und die Mitwirkung an Projekten sowie Qualitätszirkel und bei den organisierten Lernprozessen auf dem 7. Rang die Übernahme von Regeln und Vorschriften sowie mit dem 8. Rang Formen von Teamtraining und handlungsbegleitendem Training.

Eine sehr geringe Bedeutung haben mit dem 9. Rang unternehmensweite Workshops und zielgruppenspezifische Seminare.

Ganz zuletzt, auf dem 10. Rang, kommt die Nutzung von Lernmedien (Video, PC, Multimedia) in der Freizeit. Hier bestätigt sich zunächst nur, dass diese Form, obwohl sie doch für selbstorganisiertes Lernen prädestiniert ist, offenbar kaum die erwünschten Kompetenzen zu vermitteln vermag. Das wird allerdings sofort verständlich, wenn man in Betracht zieht, dass gegenwärtig hauptsächlich Fachinformationen, schon viel weniger Methoden, kaum aber sozialkommunikative und personale Kompetenzen multimedial zu vermitteln sind.

Der Fragebogen gestattet also, das Primat selbstorganisierter gegenüber den organisierten Lernprozessen zu bestätigen, die wichtigen und die weniger wichtigen organisierten und selbstorganisierten Lernprozesse als Kompetenzentwicklungsprozesse herauszuarbeiten und eine Rangordnung der eher häufig oder eher selten frequentierten Weiterbildungsthemen zu vermitteln.

4. Schlussfolgerungen

(1) Erfolgreiche UnternehmerInnen zeigen bei aller individueller lebensgeschichtlicher Verschiedenheit zugleich untereinander auffallend hohe Übereinstimmungen in ihren Unabhängigkeits-, Erfolgs-, Veränderungs-, Selbstlern-, Werte- und Verantwortungsorientierungen. Das gilt auch für differenzierte Vergleiche zwischen Männern und Frauen, älteren und jüngeren Unternehmern sowie für Unternehmer ausländischer Herkunft.

Ihr Erfolg beruht in einem hohen Maße auf dem Zusammenspiel von überdurchschnittlichen personalen und Handlungsaktivitäten, und letztere beziehen sich vor allem auf individuelle Antriebs- und Willenseigenschaften. Das gilt sowohl für allgemeine Bewältigungs- wie auch für spezifische Lernsituationen.

Das Zusammenspiel von Rationalität *und* Emotionalität erleichtert anscheinend Schritte in die Selbstständigkeit und kennzeichnet bestimmte Seiten ihrer Kreativität (Assoziationsfreudigkeit, Ideenflüssigkeit und -vielfalt; ausgeprägte Fähigkeit zur Kombination und Variation, Denken in Analogien).

(2) Erfolgreiche UnternehmerInnen lernen frühzeitig – in ihren Biographien nachweisbar sehr zeitökonomisch und vorwiegend *selbstorganisiert*. Dabei sind besonders charakteristisch:
 – Die Suche nach transparenten Erfahrungen Dritter und Gewinn bringende Verarbeitung, verbunden mit offensiver (aufschließender) Kommunikation, hoher Identifikation mit der Aufgabe und Hingabe an sie.
 – Ein antizipatorisches Denken und Handeln.
 – Ein beständiges Interesse an Neuem auf der Grundlage ausgeprägter persönlicher und instrumenteller Werte.
 – Ein ambivalentes Erleben und Handeln (Nähe-Distanz; Individualität-soziales

Engagement; Macht-Ohnmacht; Selbstsicherheit-Selbstzweifel) auf Grund ausgeprägter Emotionalität und Rationalität.
- Eine selbstkritische bis selbstzweifelnde Entwicklung und immer währende Bewährungssuche – unabhängig vom Lebensalter.

(3) Die untersuchten Entwicklungsverläufe zeigen die Bedeutsamkeit:
- Frühzeitiger Ermutigungen zur Selbstständigkeit *und* Kreativität durch die Familie und (in seltenen Fällen) Schule; insbesondere, wenn letztere die allgemeine Kompetenzentwicklung und die Innovationsfähigkeit genauso wichtig nahm wie die Wissensvermittlung und -kontrolle.
- Frühzeitiger praktischer Bewährungen, sei es durch eine gründliche Berufsausübung in der Praxis, sei es durch frühzeitige außerordentliche materielle oder soziale Verantwortung mit zeitweiligen Leistungskonflikten, sei es durch die willentlich herbeigeführte Kombination von praktischer Tätigkeit *und* Studium.
- Wichtig war die frühzeitige Konfrontation mit der Praxis und die klare Orientierung auf Wesentliches, auf Resultate.

(4) Erfolgreiche UnternehmerInnen orientieren sich an relativ wenigen Bezugspersonen, umso nachhaltiger ist jedoch die Prägung durch diese. Sie wurden schon früh zu Eigentümern und Autoren der eigenen Entwicklung, trugen bewusst die Verantwortung für ihre Entwicklung und bezeichnen sich selbst als lebenslange Lerner. Sie unterstützen in hohem Maße das Streben nach Selbstständigkeit und Unabhängigkeit bei den eigenen Kindern und Enkeln.

(5) Wie aus den Einzelinterviews deutlich hervorgeht, gestalten die erfolgreichen Unternehmer die Weiterbildung in ihren Unternehmen zum Teil mit originellen, unkonventionellen Methoden und Mitteln, auch unter der Gefahr, dass Abschlüsse zeitweilig nicht anerkannt werden.

(6) Die Erfahrungen der erfolgreichen Unternehmer können breit verallgemeinert werden, um das Klima für Unternehmertum und Selbstständigkeit zu verbessern. „Learning lessons" aus den unternehmerischen Erfahrungen, insbesondere aus zugänglichen Kompetenz(Lern-)biographien sind zu ziehen. Ein neuer Glaube, neue Werte, ein neues Klima für Selbstständigkeit muss in *allen* Teilen der Gesellschaft gefördert werden: Visionen, Sinngehalte, praktische Beispiele erfolgreich vollzogener Veränderungen und anerkannte Höchstleistungen auf vielen Gebieten sind gefragt. Werte, die Wettbewerbsfähigkeit unterstützen, müssen *gegen* die derzeitig herrschende Staats- und Subventionsorientierung und Mittelmäßigkeit etabliert werden.

(7) Neue Möglichkeiten des Erfahrungsaustausches und des gegenseitigen Lernens, die über die Veranstaltungen der Unternehmerverbände, Marketingklubs u. a. hinausführen, sind zu entwickeln und aufmerksam zu erproben. Dabei ist sowohl an das Networking und das Lernen mit potenziellen Partnerfirmen, als auch an die Intensivierung der Kommunikation mit Know-how-Trägern in der Region bzw. überregional – und insbesondere an eine flexible und innovative Kommunikation mit Kommunal-, Landes- und Bundespolitikern zu denken. Von rund 92 Millionen westeuropäischen Erwerbstätigen sind etwa 66 Millionen in kleinen und mittleren Unternehmen (KMU) tätig; in der Bundesrepublik Deutschland betrifft das ebenso rund zwei Drittel.

Diese Unternehmen gilt es künftig sozial aufzuwerten und intensiver zu unterstützen. Dabei sind einerseits Vorurteile gegenüber der Selbstständigkeit (Macht, Geld, Korruption usw.) und andererseits der Nimbus der Unerreichbarkeit abzubauen; stattdessen muss umfassend die Erkenntnis vermittelt werden, dass Selbstständigkeit vor allem durch individuelle Tatkraft, intensiven Einsatz, in hohem Maße eigenverantwortliches Handeln und durch lebenslanges, vorwiegend selbstorganisiertes Lernen erreichbar ist.

"Lerngemeinschaften" (getragen von Kommunen, Bildungseinrichtungen, Privatpersonen, Stiftungen, Organisationen und KMU, an „einem Strang ziehend") müssen angeregt, gefördert und in Pilotprojekten getestet werden.

(8) Zukünftig treten Fragen der Lern- und Lehrstile, der Lern- und Lehrgewohnheiten weit mehr in den Vordergrund als bisher, um eine höhere Effizienz im Umgang mit zunehmender Komplexität und im lebenslangen Lernen zu erwirken. Die bewusste Gestaltung des eigenen Lern- und Lehrverhaltens ist ein wichtiger Teil des individuellen Stärkenmanagements.

Literatur

ERPENBECK, J. & HEYSE, V. (1996). Berufliche Weiterbildung und berufliche Kompetenzentwicklung. Münster u. a. 1996.
ERPENBECK, J. & HEYSE, V. (1998). Die Kompetenzbiographie. Strategien der Kompetenzentwicklung durch selbstorganisiertes Lernen und multimediale Kommunikation. Münster/New York 1998.
FREI, F., HUGENTOBLER, M., ALIOTH, A., DUELL, W. & RUCH, L. (1994). Die kompetente Organisation. Stuttgart 1994.
GOEBEL, P. (1990). Erfolgreiche Jungunternehmer: lieber kleiner Herr als großer Knecht. München 1990.
HEYSE, V. (1997). Kundenbetreuung im Banken- und Finanzwesen. Praxisbeiträge zur Kompetenzentwicklung. Münster/New York 1997.
HEYSE, V. & ERPENBECK, J. (1997). Der Sprung über die Kompetenzbarriere. Bielefeld 1997.
HEYSE, V., ERPENBECK, J. & MICHEL, L. P. (2002). Kompetenzprofiling. Weiterbildungsbedarf und Lernformen in Zukunftsbranchen. Münster u. a. 2002.
HEYSE, V., ERPENBECK, J. & MICHEL, L. P. (2002). Lernkulturen der Zukunft. Kompetenzbedarf und Kompetenzentwicklung in Zukunftsbranchen. QUEM report, Heft 74, 2002.
KATCHER, A. & ATKIN, S. (1981). LIFO®-System. Allan Katcher International, Inc. New York 1981.
KOLB, D. (1995). Organisational Behaviour. New Yersey 1995.
PROBST, G. J. B. (1987). Selbstorganisation. Ordnungsprozesse in sozialen Systemen aus ganzheitlicher Sicht. Berlin/Hamburg 1987.
STAUDT, E. & MEIER, A. J. (1996). Reorganisation betrieblicher Weiterbildung. In: Kompetenzentwicklung '96. Münster/New York 1996.
WEISS, R. (1994). Betriebliche Weiterbildung. Köln 1994.

Friedrich Haeberlin

Ältere Mitarbeiter im Betrieb

1. Einleitung
2. Die demographische Entwicklung
3. Determinanten des Alterns
4. Maßnahmen zur Vorbereitung auf künftige Entwicklungen

1. Einleitung

Lässt man sich auf das gestellte Thema ein und versucht herauszufinden, was an ihm eigentlich bemerkens- und damit behandelnswert sein könnte, dann wird schnell deutlich, dass zunächst nicht viel mehr zur Verfügung steht als die beiden Merkmale der im Zentrum stehenden Personen: Kennzeichnend für diese ist es zum einen, berufstätig zu sein, und zum anderen, nicht mehr zu den Jüngeren gezählt zu werden. Weder das eine noch das andere ist an sich besonders bedeutungsvoll. Prominent wird das Ganze erst durch die Verknüpfung der beiden Ereignisse und durch die Brisanz, die der Kombination von „Alter" und „Berufstätigkeit" derzeit anhaftet. Letzteres rührt vor allem daher, dass das Altwerden und das Altsein häufig noch mit längst überholten Vorstellungen verbunden wird und Ergebnisse der modernen Altersforschung kaum aufgenommen werden. Gleichzeitig verändern sich Industriegesellschaften in ihrem demographischen Aufbau seit vielen Jahrzehnten besonders schnell, ohne dass dies in der Bevölkerung so richtig zur Kenntnis genommen würde.

Die folgenden Ausführungen gehen zunächst auf einige Aspekte der demographischen Entwicklung in unserer Gesellschaft ein und skizzieren dabei kurz einige der wichtigsten Entwicklungstendenzen. Anschließend werden einige zentrale Determinanten beschrieben, die die Art und Weise bestimmen, wie wir heute altern. Im vierten Teil dieses Beitrags werden Maßnahmen vorgeschlagen, mit deren Hilfe sich Betriebe wie Mitarbeiter auf der Grundlage sowohl demographischer als auch gerontologischer Forschungsergebnisse auf die derzeit absehbaren Entwicklungen vorbereiten können.

2. Die demographische Entwicklung

Ungefähr im letzten Viertel des neunzehnten Jahrhunderts begannen zwei Entwicklungen, die die demographischen Verhältnisse nicht nur in Europa immer schneller und deutlicher veränderten. Einerseits werden immer weniger Kinder geboren, und andererseits steigt die Lebenserwartung stetig an. Dies bedeutet, dass der Anteil älterer und alter Menschen im zwanzigsten Jahrhundert und weit darüber hinaus beständig zunimmt, während die Zahl der Jüngeren und der Umfang der mittleren Jahrgänge in unserer Gesellschft beständig sinken. Waren 1990 zweiundzwanzig Prozent der Gesamtbevölkerung sechzig Jahre und älter, werden es im Jahre 2010 schon 28 Prozent sein und weitere 20 Jahre später wird weit mehr als ein Drittel der Bevölkerung in unserem Lande sechzig Jahre oder älter sein. Die Gruppe derjenigen, die dann zwischen 20 und 60 Jahre alt sind, wird nicht einmal mehr die Hälfte ausmachen, und die ganz Jungen unter zwanzig werden, höchst exklusiv, gerade noch 15 Prozent beisteuern (s. Tabelle 1).

Gleichzeitig werden in der Arbeitswelt immer Jüngere bereits zu den Älteren gerechnet. So gehören nach einer Definition der OECD zu den älteren Arbeitnehmern Personen in der zweiten Hälfte des Berufslebens, die das Pensionsalter noch nicht erreicht haben. Unternehmensleitungen und Betriebsräte zählen meistens Arbeitnehmer ab fünfzig dazu und für die Bundesanstalt für Arbeit sind es bereits jene Mitarbeiter, die das fünfundvierzigste Lebensjahr überschritten haben. Dies führt dazu, dass jene, die auf Grund längerer Ausbildungszeiten erst gegen Ende des dritten Lebensjahrzehnts in das Berufsleben eintreten, mehr als die Hälfte ihrer Erwerbstätig-

Generationen	1985	1990	2000	2010	2020	2030
unter 20 Jahre	24	20	20	17	15	15
20 bis unter 60 Jahre	56	58	55	55	54	47
60 Jahre und älter	20	22	25	28	31	37

Tab. 1: Zukünftiger prozentualer Anteil der Generationen an der Gesamtbevölkerung (RISTAU & MACKROTH, 1993)

keit als ältere Mitarbeiter verbringen, wenn sie bis zum regulären Verrentungszeitpunkt berufstätig bleiben.

Dagegen steht jedoch die Tatsache, dass der Anteil der Beschäftigten, die vor dem 65. beziehungsweise 63. Lebensjahr aus dem Erwerbsleben ausscheiden, in der Regel höher liegt als 95 bzw. 75 Prozent. Dies gilt sowohl für Angestellte als auch für Arbeiter und ist unabhängig vom Qualifikationsniveau. Standen 1970 noch drei Viertel aller 60- bis 65-jährigen Männer in einem Arbeitsverhältnis, ist es gut zwanzig Jahre später nur noch ein Viertel.

Arbeitsmarktpolitische, betriebstechnische und gesundheitliche Gründe sorgen dafür, dass Erwerbstätige heute im Durchschnittsalter von weniger als 60 Jahren in den Vor-Ruhestand gehen. Dabei stellen mehr als zwei Drittel von ihnen auf Grund körperlicher Beschwerden ihre vorzeitigen Rentenanträge im Alter von durchschnittlich 53 Jahren. Dieser anhaltende Trend zur Frühverrentung, ein für Industriestaaten typisches Phänomen, drängt die Erwerbsphase auf eine immer kürzer werdende Zeitspanne zusammen, während die berufsfreie Altersphase immer mehr an Gewicht gewinnt. Dies umso mehr, als die Lebenserwartung weiterhin zunimmt. So konnte ein um die Wende vom 19. in das 20. Jahrhundert Geborener im Durchschnitt 45 Lebensjahre erwarten. Heute hingegen sind es für Männer 72 und für Frauen 79 Jahre. Haben sie erst einmal das 60. Lebensjahr erreicht, so dürfen sie sogar mit weiteren 18 bzw. 22 Jahren rechnen.

Die demographische Entwicklung im zwanzigsten Jahrhundert war natürlich kein Ereignis, das sich unberührt von anderen Prozessen abspielte. Sie war vielmehr verknüpft mit höchst unterschiedlichen Einflussbereichen und wirkte selbst wieder auf vielerlei Weise in andere Bereiche hinein. Der Sozialwissenschaftler und Gerontologe TEWS (1993) hat für die Neunzigerjahre fünf besonders typische Kennzeichen ausgemacht, die eng mit der aktuellen demographischen Lage verknüpft sind.

Verjüngung: Ältere Menschen halten sich heute für jünger als früher. Vor 20 bis 30 Jahren schätzte sich die Mehrheit der über 70-jährigen als „alt" ein, heute tut dies höchstens ein Drittel der 75-jährigen. Auch das Aussehen und das Erscheinungsbild älterer Menschen haben sich in den letzten Jahrzehnten ständig verjüngt und mehr Ältere als je zuvor sind sportlich aktiv. Gleichzeitig werden die Menschen heute früher mit Altersproblemen konfrontiert; bereits 40- bis 45-jährige gelten, wie gesagt, gegenwärtig als ältere Arbeitnehmer.

Entberuflichung: Durch frühe Berufsaufgabe und höhere durchschnittliche Lebenerwartung verlängert sich die Phase des Alters ohne Berufstätigkeit. Bereits die 50-jährigen müssen sich heute deutlich häufiger mit früher Berufsaufgabe auseinander setzen. Für die Betroffenen ist es wichtig, wie sie den Prozess der Berufsaufgabe erleben, in welcher Form sie erfolgt, und wie sich die Anpassung an die nachberufliche Lebensphase vollzieht.

Feminisierung: Noch vor 100 Jahren gab es ungefähr gleich viele alte Männer und Frauen. Unsere heutige Altersgesellschaft ist bei den über 60-jährigen zu zwei Dritteln, bei den über 75-jährigen sogar zu drei Vierteln eine Frauengesellschaft. Dieses Geschlechterverhältnis wird, bedingt durch die höhere Lebenserwartung der Frauen und die nachwirkenden Kriegsfolgen, auch noch in diesem Jahrhundert unausgeglichen bleiben.

Singularisierung: Der Anteil allein lebender alter Menschen nimmt zu. Bedingt durch Witwenschaft und gestiegene Scheidungsquoten wird Alleinleben für immer mehr Ältere zum „Lebensstil", eine Lebensform, mit der nach Befragungsergebnissen Männer deutlich schlechter fertig werden als Frauen. Trotz zunehmender Singularisierung müssen Isolation und Einsamkeit nicht zunehmen, wenn bereits in jüngeren Jahren über längere Zeit ein individualisierender Lebensstil praktiziert wurde, wovon bei den nachwachsenden Altersgenerationen ausgegangen werden kann.

Hochaltrigkeit: Die Wahrscheinlichkeit, sehr alt zu werden, nimmt weiter zu. Im Mittelalter erreichten die Menschen im Durchschnitt ein Lebensalter von 30 bis 35 Jahren. Zum Ende des 19. Jahrhunderts lag die Lebenserwartung für Neugeborene bei 45 Jahren. Heute kann ein Junge mit einer Lebensdauer von 72,6 Jahren rechnen, ein Mädchen sogar mit 79,9 Jahren. Die Tendenz ist dabei steigend. Prognosen gehen davon aus, dass die Lebenserwartung gegenwärtig pro Jahr um drei Monate zunimmt. Im Jahre 2030 läge sie dann für Mädchen bei fast 90 Jahren. Gleichzeitig steigt mit der Wahrscheinlichkeit, sehr alt zu werden, allerdings auch die Wahrscheinlichkeit, die negativen Seiten des hohen Alters zu erleben wie z.B. die Abnahme der geistigen Leistungsfähigkeit und die Zunahme an Krankheiten und die damit verbundene Hilfs- und Pflegebedürftigkeit. Neuere Befragungen haben allerdings auch ergeben, dass für einen Großteil der Hochaltrigen diese negativen Seiten nicht lebensbestimmend sind.

Die deutliche „Entberuflichung des Alters" wird von den meisten Bertoffenen begrüßt. Sie erleben den Ruhestand als verdiente Gegenleistung zu einem oft belastenden Berufsalltag, als Befreiung von gesundheitlichen Beeinträchtigungen, von Enttäuschungen und Zukunftsängsten, und sie ziehen in der Regel einen abrupten Ausstieg dem langsamen Übergang in die nachberufliche Lebensphase vor. Dabei akzeptieren sie häufig schon lange zuvor die weit verbreitete Auffassung, dass sich für sie berufliche Weiterbildung nicht mehr lohne, und sie vergrößern so die qualifikatorische Distanz zu den nachrückenden Jahrgängen. Dem entspricht auf der betrieblichen Seite die große Neigung, gestiegenen Qualifikationsanforderungen dadurch gerecht zu werden, dass ältere Beschäftigte durch jüngere ersetzt werden (BARKHOLDT, 1997). So kommt es dann in vielen Betrieben zu dem, was heute gerne als „olympiareife Belegschaften" bezeichnet wird, die zwar jung, hochmotiviert und -qualifiziert sind, gleichzeitig aber unter einer hohen Gesamtbelastung stehen und sich nicht selten vor ihren potenziellen Nachfolgern fürchten.

Bei all dem übersehen diejenigen, die fast schon fluchtartig ihre Erwerbsarbeit frühzeitig beenden, dass mit ihr häufig auch Befriedigung und Persönlichkeitsentwicklung verbunden waren. Auf der anderen Seite unterschätzen gerade die, die eine „rechtzeitige" Verjüngung ihrer Belegschaft ständig im Blick haben, dass ein Betrieb nur einen begrenzten Aderlass an „know how" und Innovationsfähigkeit verkraften kann (SCHWERES, 1997).

Und die älteren Mitarbeiter im Betrieb? Sie werden derzeit immer weniger und, wie eingangs erwähnt, immer jünger.

3. Determinanten des Alterns

Die Exklusivität einer Altersgruppe
Die gesellschaftliche Bewertung älterer Menschen hängt zum einen von den materiellen Lebensbedingungen der betreffenden Gesellschaft und zum anderen von dem Seltenheitswert dieser Personengruppe ab. In vielen Kulturen genoss das Alter besondere Verehrung. Die Alten galten als Weise, gelegentlich sogar als Mittler zwischen der Welt der Lebenden und dem Reich der Geister und Götter. Man begegnete ihnen mit Ehrfurcht und Verehrung, versorgte sie mit allem, was sie zum Leben benötigten. Gesellschaften, bei denen der Kampf um das tägliche Überleben alle Kräfte beanspruchte, waren allerdings häufig gezwungen, ihre alten Mitglieder sich selbst zu überlassen oder sich ihrer zu entledigen. In einigen Kulturen war es sogar selbstverständlich, freiwillig aus dem Leben zu scheiden, bevor man zu einer Last für die Gemeinschaft wurde. Außerdem scheint es so zu sein, dass – ähnlich wie alte Gegenstände dann positiv bewertet werden, wenn sie selten sind – auch alte Menschen in Gesellschaften, in denen hohes Alter Seltenheitswert hat, eine besondere Wertschätzung erfahren. Mit der Zunahme der Zahl fällt, wie bei alten Kühlschränken, der Wert des Einzelnen.

Die in der Gesellschaft verbreiteten Altersstereotype
Bei diesen handelt es sich um wenig hinterfragte Vorstellungen über den Zusammenhang zwischen Lebensalter und Lebenstüchtigkeit. Sie bilden den zentralen Kern der so genannten Defizittheorie, die sich vor allem auch deshalb so lange auf Jahrhunderte alte Traditionen stützen konnte, weil die moderne Alternsforschung erst seit gut dreißig Jahren ein bis dahin vor allem an Kranken und Siechen gewonnenes Altenbild durch moderne Forschungsergebnisse zurechtrückt und ersetzt. Als zwar weit verbreitete, aber dennoch unzutreffende Vorurteile erwiesen sich z.B. die Annahmen, dass Leistung, Lernfähigkeit, Leistungsbereitschaft und Interesse an modernen Entwicklungen mit dem Alter abnehmen, wohingegen der Wunsch nach Rückzug und Alleinsein, die allgemeine Anfälligkeit für Krankheiten und die Unfallgefährdung mit den Jahren zunehmen.

Große interdisziplinäre Altersstudien der letzten Jahre zeigen hingegen, dass die kognitive Leistungsfähigkeit bis in das hohe Erwachsenenalter erhalten bleibt. Lässt sie nach, dann meistens erst sehr spät, sehr langsam und über einen langen Zeitraum hinweg. Dabei kann der beobachtbare „Abbau" meistens durch Trainingsprogramme positiv beeinflusst werden.

Auch die weit verbreitete Überzeugung, dass alte Menschen lieber zurückgezogen leben als sich aktiv am alltäglichen Leben zu beteiligen, erweist sich als falsch. Älteren fehlt es weniger an Motivation als vielmehr an Begegnungsangeboten und nicht selten auch an Fortbewegungsmitteln.

Die Generationszugehörigkeit eines Menschen
Die Mitglieder eines Geburtenjahrganges erleben im Laufe des Erwachsenwerdens als zunächst junge und später ältere Erwachsene meistens ganz selbstverständlich viele Dinge auf eine für ihren Jahrgang oder, wie man auch sagt, für ihre Alters-Kohorte ziemlich gleichartige Weise.

Schon ihre Eltern legen ein für sie und ihre Zeit typisches Erziehungsverhalten an den Tag. Die Schul- und Ausbildungserfahrungen, politische Ereignisse wie Krieg oder Inflation, Kleidermoden und Musik, ein für sie ganz typisches Freizeitverhalten, aber auch an sie während des Sozialisationsprozesses herangetragene Erwartungen und

Forderungen prägen und formen die Mitglieder einer Kohorte und unterscheiden sie somit gemeinsam von Älteren und Jüngeren.

Das für sie und ihresgleichen Typische ist damit weniger auf ihr Lebensalter zurückzuführen als vielmehr auf ihre Kohortenzugehörigkeit. So hatten bis heute ältere Kohorten z.B. geringere Lern- und Bildungsmöglichkeiten und weniger Welterfahrung als jüngere Jahrgänge, und sie lebten in starreren sozialen Beziehungen sowohl innerhalb als auch zwischen ihren Herkunftsschichten. Bei aller, insbesondere von außen beobachtbaren Ähnlichkeit zwischen den Mitgliedern einer Alterskohorte darf jedoch nicht übersehen werden, dass sich ihre Angehörigen hinsichtlich vieler Eigenschaften und wichtiger Merkmale wie z.B. der Intelligenz, der Begabung oder der Interessen untereinander genauso unterscheiden wie von anderen Menschen. Und diese Unterschiede bleiben, wie könnte es auch anders sein, bis ins hohe Alter erhalten.

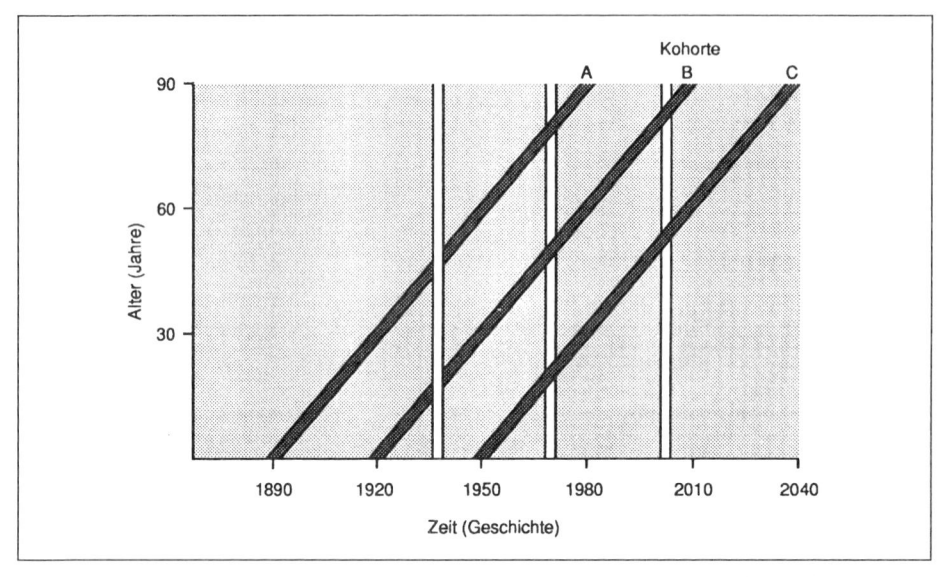

Abb. 1: Eine schematische Darstellung von Altern im Kontext gesellschaftlicher Veränderung (RILEY & RILEY, 1994, S. 450)

Zur Erläuterung dieser Abbildung:
„Die diagonalen Linien stellen sukzessive Kohorten von Menschen dar, die in bestimmten Zeitperioden geboren wurden und dann altern. Während die Menschen altern, bewegen sie sich durch die Zeit und durch die soziale Struktur nach oben; durch die sukzessiven Rollen im Familienleben, in der Ausbildung, im Berufsleben, im Ruhestand, bis sie schließlich sterben. Während sie altern, verändern sie sich biologisch, psychologisch und sozial und entwickeln ihre sehr unterschiedlichen individuellen Stärken und Schwächen.

Zudem lenken die vielen diagonalen Linien die Aufmerksamkeit auf folgendes Prinzip: Weil sukzessive Kohorten zu verschiedenen Zeiten geboren werden und unterschiedliche Segmente der historischen Zeit durchleben, altern die Menschen verschiedener Kohorten auf verschiedene Weise. ... Die vertikalen Linien stellen die ganz andersartige Dynamik des strukturellen Wandels dar. Betrachten wir beispielsweise das

Jahr 2010. Hier ist die Linie ein Querschnitt durch alle diagonalen Linien. Er stellt schematisch die Altersstruktur der Gesellschaft dar. Er gibt an, auf welche Weise sowohl die Menschen als auch ihre sozialen Rollenstrukturen in einem bestimmten historischen Augenblick in Altersgruppen organisiert sind, von den Jüngsten ganz unten bis zu den Ältesten ganz oben." (RILEY & RILEY, 1994, S. 450f.)

Persönliche Lebensumstände und soziale Lebensbedingungen
Dass aber auch die ganz persönlichen Lebensumstände eines Menschen und die sozialen Lebensbedingungen, unter denen er heranwächst und später als Erwachsener sein Leben führt, ganz wesentlich die Art und Weise bestimmen, wie er altert und im Alter lebt, liegt auf der Hand. Die Summe von Erfahrungen und Prägungen im Laufe einer Biografie bestimmt in starkem Maße das Erleben und Verhalten im Alter. So sind z.B. die Pläne für das Rentenalter und die damit verbundenen Vorbereitungen bei Beschäftigten, in deren beruflicher Tätigkeit Planungs- und selbstständige Zielsetzungsanforderungen besonders ausgeprägt vorkommen, häufig viel differenzierter als bei jenen, deren Arbeitstätigkeit überwiegend restriktiv und anforderungsarm ist. Dabei hat dann, wie RICHTER (1992) herausfand, die Arbeitsbiografie einen größeren Einfluss auf die Alterspläne als beispielsweise die formale Testintelligenz. Auf ein ähnliches Phänomen stoßen viele Weiterbildner: Die Häufigkeit und Intensität des Besuchs von beruflichen und außerberuflichen Weiterbildungsveranstaltungen steht in enger Beziehung zur früheren Ausbildungsdauer und dem Ausbildungsniveau der Weiterbildungsteilnehmer.

Biologische Alterungsprozesse
Forschungsergebnisse aus der Medizin und ganz besonders der Arbeitsmedizin unterstützen die Ablehnung des oben erwähnten Defizitmodells des Alterns und zeigen auf, dass ältere Arbeitskräfte in der Regel nicht als *leistungsgemindert*, sondern vielmehr als *leistungsgewandelt* zu betrachten sind. Dabei ist unbestritten, dass sich das Leistungsvermögen, also das Leistungspotenzial, im Lebenslauf verändert (SCHWERES, 1997). Zur Bewertung der Leistungsfähigkeit eines Mitarbeiters eignet sich jedoch das kalendarische, also chronologische Alter nicht. Will man Personen gleichen Alters hinsichtlich des jeweiligen Alternsfortschrittes vergleichen, muss man vielmehr das biologische Alter heranziehen.

Betrachten wir zunächst einige Determinanten der physiologischen Leistungsfähigkeit. Dabei zeigt sich, dass die Masse der Skelettmuskulatur und die Muskelkraft, das Lungenvolumen und die maximale Sauerstoffaufnahme im Laufe der Jahre abnehmen. In allen genannten Bereichen bestehen allerdings, zumindest bis zum 70. Lebensjahr, geeignete Trainingsmaßnahmen zur individuellen Kompensation. Die Wahrnehmungsfähigkeit, das Hören und Sehen also, nehmen mit den Jahren ab, was über Hör- und Sehhilfen nur teilweise kompensiert werden kann. Die Psychomotorik, mithin die Geschicklichkeit und Gelenkigkeit, sinkt ebenfalls ab, doch lässt sich der Bewegungsablauf durch körperliches und mentales Training verbessern.

Bei den Determinanten der psychischen Leistungsfähigkeit wird im Alltag bevorzugt auf das nachlassende Gedächtnis hingewiesen. Doch das Langzeitgedächtnis und die Erinnerungsfähigkeit insgesamt verändern sich mit zunehmendem Alter nicht. Lediglich das Kurzzeitgedächtnis nimmt ab, wobei ein Gedächtnistraining hilft, die Beeinträchtigung auszugleichen.

Zwar sinkt im Laufe der Jahre die Lerngeschwindigkeit einer Person, und auch die Art des Lernens ändert sich, doch bleibt die Anfangsbegabung im Alter nicht nur erhalten, sondern weiterhin entwicklungsfähig. Dabei ist anzumerken, dass für die erfolgreiche Bewältigung von Aufgaben im Alltag und im Beruf „nicht nur und nicht einmal in erster Linie allgemeine kognitive Fähigkeiten oder rein logische Kompetenzen – entscheidend sind – sondern die Quantität und die Qualität des inhaltsspezifischen Wissens, die persönliche Erfahrung mit ähnlichen Problemen und die automatischen Routinen, kurz: die verfügbare Expertise für einen bestimmten Aufgabenbereich" (WEINERT 1994, S. 193).

Gemeinsame Merkmale älterer Mitarbeiter
Aus dem bisher Dargestellten wird deutlich, dass die Anzahl an Lebensjahren, obwohl sie die Zugehörigkeit zur Gruppe der älteren Mitarbeiter formal bestimmt, ungeeignet ist, um daraus im Einzelfall eine auch nur annähernd zutreffende Beschreibung abzuleiten. Unterschiede zwischen Personen kommen vielmehr zu Stande durch

– die jeweilige Grundausstattung einer Person,
– die Kohortenzugehörigkeit,
– die früheren und aktuellen Lebensumstände,
– die in der Gesellschaft verbreiteten Vorstellungen über das Alter.

Dass sich die Art und Weise der Leistungsfähigkeit eines Menschen mit den Jahren wandelt, ist offenkundig. Bei näherem Hinsehen erweist sich dieser Wandel allerdings als ein lebenlanger Lern- und Entfaltungsprozess, als eine Entwicklung, die durch zunehmende Erweiterung, Ausdifferenzierung, Integration von Erfahrungen, mithin durch einen fortlaufenden Auf- und Ausbau von Kompetenzen am besten beschrieben wird.

Abbildung 2 macht diesen Kompetenzgewinn besonders deutlich.

4. Maßnahmen zur Vorbereitung auf künftige Entwicklungen

Was ergibt sich nun aus dem bis hierher Dargestellten für die älteren Mitarbeiter? Abbildung 3 fasst ganz kurz zusammen, was im Folgenden in unterschiedlicher Breite behandelt werden soll.

4.1 Betriebliche Maßnahmen

Qualifizierungsmaßnahmen
Die demographische Entwicklung unserer Gesellschaft macht deutlich, dass in den nächsten Jahrzehnten die Bevölkerungszahl beständig abnimmt und dabei die Anzahl der älteren Mitarbeiter jene der jüngeren Erwerbspersonen zunehmend übersteigt (s. Tabelle 1). Dies bedeutet, dass in allernächster Zukunft der Anteil der aus dem Erwerbsleben ausscheidenden Mitarbeiter nicht mehr durch Mitglieder aus nachfolgenden Kohorten vollständig ersetzt werden kann. Natürlich wandern auch weiterhin Arbeitskräfte aus anderen Ländern zu, doch kann dies die Alterung und Verringerung des Potenzials an Arbeitskräften ebenso wenig ausgleichen wie die Forcierung der Berufstätigkeit von Frauen oder eine allgemeine Erhöhung der Arbeitsproduktivität. Mehr Erfolg verspricht dabei auf den ersten Blick vor allem, sich des Produktionspo-

Kompetenzwechsel im Alter		
Mit steigendem Lebensalter		
erhöhen sich in der Regel folgende menschliche Eigenschaften bis zum individuellen Maximum	bleiben folgende menschliche Fähigkeiten **weitgehend erhalten**	verringern sich folgende menschliche Fähigkeiten
Körperliche (physische) Eigenschaften und Fähigkeiten		
Geübtheit (in Abhängigkeit von Art und Dauer der Tätigkeit)	Widerstandsfähigkeit gegen physische Dauerbelastung unterhalb der Belastungsgrenze	Muskelkraft, Beweglichkeit, Widerstandsfähigkeit gegen kurzzeitige Belastungen, Seh-, Hörvermögen, Tastsinn
Geistige (psychische) Eigenschaften und Fähigkeiten		
Erfahrung, Geübtheit in Abhängigkeit von Art und Dauer der Tätigkeit, Urteilsvermögen, Ausdrucksvermögen, sprachliche Gewandtheit, Selbständigkeit, Verantwortungsbewusstsein, Zuverlässigkeit, Sicherheitsbewusstsein, Ausgeglichenheit u. Beständigkeit, Einschätzung eigener Fähigkeiten, Toleranz, soziale Kompetenz, Kooperation, Entscheidungs- und Handlungsökonomie, dispositives Denken	Allgemeinwissen, Fähigkeit zur Informationsaufnahme und -verarbeitung, Aufmerksamkeit, Konzentrationsfähigkeit, Merkfähigkeit (Langzeitgedächtnis), Widerstandsfähigkeit gegen eine im Arbeitsprozess übliche Belastung	geistige Beweglichkeit und Umstellungsfähigkeit, Geschwindigkeit der Informationsaufnahme und -verarbeitung (Reaktionsvermögen) bei komplexer Aufgabenstellung, Widerstandsfähigkeit bei hoher psychischer Dauerbelastung, Abstraktionsvermögen, Kurzzeitgedächtnis, Risikobereitschaft, Erleben von Eigenbetroffenheit in potenziell belastenden Situationen

Abb. 2: Kompetenzwechsel im Alter; modifiziert nach „Psychologie Heute", November 1984

+ Persönliche Maßnahmen, wie z. B.
sich von Altersstereotypen lösen; ein angemessenes Gesundheitsverhalten an den Tag legen; lebenslang lernen; Ambiguitätstoleranz trainieren; soziale Kontakte pflegen; prinzipiengeleitete Rollenflexibilität entwickeln
+ Betriebliche Maßnahmen, wie z. B.
Qualifizierungs- und Arbeitszeitregelungsmaßnahmen sowie Maßnahmen zum Arbeits- und Gesundheitsschutz
+ Politische Maßnahmen wie z. B.
familien- und arbeitsmarktpolitische Maßnahmen; Altersgrenzen und arbeitszeitpolitische Maßnahmen; renten- und migrationspolitische Maßnahmen

Abb. 3: Persönliche, betriebliche und politische Maßnahmen zur Vorbereitung auf künftige Entwicklungen

tenzials älterer Mitarbeiter zu besinnen. Gewissermaßen als „Humankapital" gewinnen sie mit den in sie bereits investierten Fort- und Weiterbildungsbemühungen mehr und mehr an Bedeutung, wobei diese wichtige Ressource, bei der mit zunehmendem Alter ja wichtige Kompetenzen steigen, nicht durch ungeeignete Vorruhestandregelungen vernachlässigt werden sollte.

Bei näherem Hinsehen wird jedoch Folgendes deutlich:
Der technologische Wandel wird auch künftig zügig weitergehen, und die Arbeits- und Qualifikationsanforderungen werden anspruchsvoller werden und sich dabei inhaltlich ändern. Dadurch werden die Anforderungen an die beruflichen Fähigkeiten und Fertigkeiten sowie an die Flexibilität der Beschäftigten zunehmen. Gleichzeitig veralten aber formelle Ausbildungsabschlüsse immer schneller, in Hightech-Bereichen rechnet man inzwischen mit einer „Halbwertzeit" beruflicher Qualifikationen von gerade noch drei Jahren, und die Erwartungen an die Weiterbildungsbreitschaft steigen (BARKHOLDT, 1997).

Die Weiterbeschäftigung älterer Arbeitnehmer wird unter diesen Umständen ganz wesentlich davon abhängen, inwieweit sie mit den sich rasch verändernden qualifikatorischen Anforderungen Schritt halten können. So könnte bei betrieblichen Umstrukturierungen ein bis dahin bewährtes Erfahrungswissen plötzlich eher im Wege sein. Eine sich über Jahrzehnte erstreckende gleichartige Tätigkeit könnte das individuelle Qualifizierungsvermögen reduziert haben. Solche Effekte und die allgemeine Praxis, in den Betrieben Weiterbildungsangebote für ältere Mitarbeiter eher zurückhaltend vorzusehen, kennzeichnen das, was als Qualifizierungsrisiko älterer Arbeitnehmer bezeichnet wird (NAEGELE & FRERICHS, 1996).

Die künftige Nutzung des Produktionspotenzials älterer Arbeitnehmer als Beitrag zur Kompensation der Alterung und Schrumpfung der Erwerbskohorten erfordert, und darauf weisen in jüngster Zeit Fachleute immer häufiger hin, eine deutliche Veränderung bisheriger Erwerbsstrukturen:

In innovativen Arbeitsstrukturen müssen künftig unter lernförderlichen Bedingungen kontinuierlich Maßnahmen zur Qualifikationsanpassung und -erhaltung aller Altersgruppen stattfinden. Nur unter der Leitidee des lebenslangen Lernens lässt sich eine möglichst altersresistente Lernfähigkeit und Lernbereitschaft entwickeln und damit der Gefahr alterstypischer Qualifizierungsrisiken präventiv begegnen. Nur durch regelmäßige Aus-, Fort- und Weiterbildung aller Mitarbeiter lassen sich Qualifikationen den sich im technologischen Wandel immer schneller verändernden Anforderungen anpassen. Dabei sind, was Arbeitswissenschaftler wie Berufspädagogen immer wieder betonen, arbeitsplatznahe, tätigkeits-, alters-, geschlechts- und lebensphasenübergreifende Qualifizierungsprozesse u. a. auch deshalb herkömmlichen Vorgehensweisen vorzuziehen, weil sie die Stigmatisierung älterer Mitarbeiter lindern und den Erfahrungs- und Wissensaustausch über höchst unterschiedliche Barrieren hinweg ermöglichen.

Natürlich können an dieser Stelle kaum Hinweise auf besonders qualifizierungsträchtige Themenbereiche gegeben werden. Dass aber z. B. Veranstaltungen über neue Lern- und Gedächtnisstrategien, zur Ideenfindung oder zum Zeitmanagement für alle Altersgruppen geeignet sind und älteren Mitarbeitern besonders zugute kommen, sollte nicht übersehen werden.

Eine sicherlich nicht ganz einfach zu lösende Aufgabe kommt in dem hier behandelten Zusammenhang auf alle Fälle auf die Personalentwicklung zu. Sie muss geeignete Maßnahmen zum Abbau von Altersstereotypen entwickeln. Dies verlangt neben großer Beharrlichkeit und Misserfolgstoleranz vor allem viel Fantasie und Einfühlungsvermögen. Sollen doch bei den Adressaten aller Ebenen und Fachrichtungen scheinbar bewährte Selbstverständlichkeiten und verlässliche Welterklärungen nicht nur in Frage gestellt, sondern auch außer Dienst gestellt werden. Es geht um die Veränderung der Unternehmenskultur, wenn darum geworben wird, dass alle ihre Einstellungen gegenüber dem Altern und dem Alter grundlegend wandeln und dementsprechend ihr Verhalten nachhaltig modifizieren (HAEBERLIN, 1996).

Mit all dem wird auf der einen Seite das Beschäftigungsrisiko älterer Mitarbeiter reduziert und auf der anderen Seite die Innovationsfähigkeit der Betriebe heraufgesetzt.

Arbeitszeitregelungen
Künftig sind, wie die bisherigen Ausführungen gezeigt haben, in den modernen Industrieländern die Menschen

– langlebiger,
– gesünder,
– besser ausgebildet und
– länger berufstätig.

Dies stellt die derzeit übliche Abfolge von Geburt, Kindheit, Ausbildung, Beruf und Ruhestand, die aus einer vorindustriellen Epoche stammt, über kurz oder lang in Frage.

Gerade jetzt, wo auf Grund rapider demographischer Veränderungen die Kompetenzen älterer Mitbürger nicht nur in Wirtschaft und Industrie künftig mehr und mehr nachgefragt werden, muss darüber nachgedacht werden, wie sich die Lebensphasen der Menschen, ihre Lebensbedürfnisse und -erwartungen unter den neuen Rahmenbedingungen mit den arbeitsweltlichen Anforderungen synchronisieren lassen.

Es geht also um die Entwicklung innovativer Arbeitszeitkonzepte, die, anders als bisherige Modelle des gleitenden Ruhestands oder der Altersteilzeit, nicht auf eine einzige Lebensphase ausgerichtet sind, sondern lebensphasenübergreifend zu einer Neugestaltung von Lage, Verteilung und Dauer der Arbeitszeit kommen (NAEGELE & FRERICHS, 1996; vgl. auch den Beitrag von WILKENS et al. in diesem Band). Dann könnten z. B. junge Mitarbeiter Modelle bevorzugen, die Berufs- und Familienwelten für gewisse Zeiten zu Gunsten der letzteren untereinander vereinbaren. Um einmal etwas ganz anderes zu machen, um ganz neue Erfahrungen zu sammeln oder um wieder aufzutanken, könnten Beschäftigte mittleren Alters möglicherweise von einem Sabbathjahr profitieren. Ältere Mitarbeiter hingegen könnten u. U. ein über mehrere Jahre dauerndes allmähliches Auswandern aus dem Beruf planen.

Wesentlich für die neuen Ansätze müsste also sein, dass sie die traditionelle Verknüpfung von Lebensphasen (-alter) und typischen Zeitverwendungen möglichst aufheben und damit z. B. die noch immer als selbstverständlich erlebte sog. „Entberuflichung des Alters" nicht nur in Frage stellen, sondern sogar auflösen. Die starre Verbindung zwischen Lebensaltersstufen und primären Tätigkeitsbereichen einer altersdifferenzicrten Gesellschaft wird im Modell einer Altersintegration zunehmend aufgehoben (s. Abbildung 4).

„Auf der linken Seite von Abbildung 4 ... teilen altersdifferenzierte Strukturen die gesellschaftlichen Rollen und ihre Träger in drei Kästchen ein: Ruhestand oder Freizeit für ältere Menschen; Arbeitsrollen für Menschen mittleren Alters; an Schule oder Universität gebundene Rollen für die Jüngeren. ... Auf der rechten Seite von Abbil-

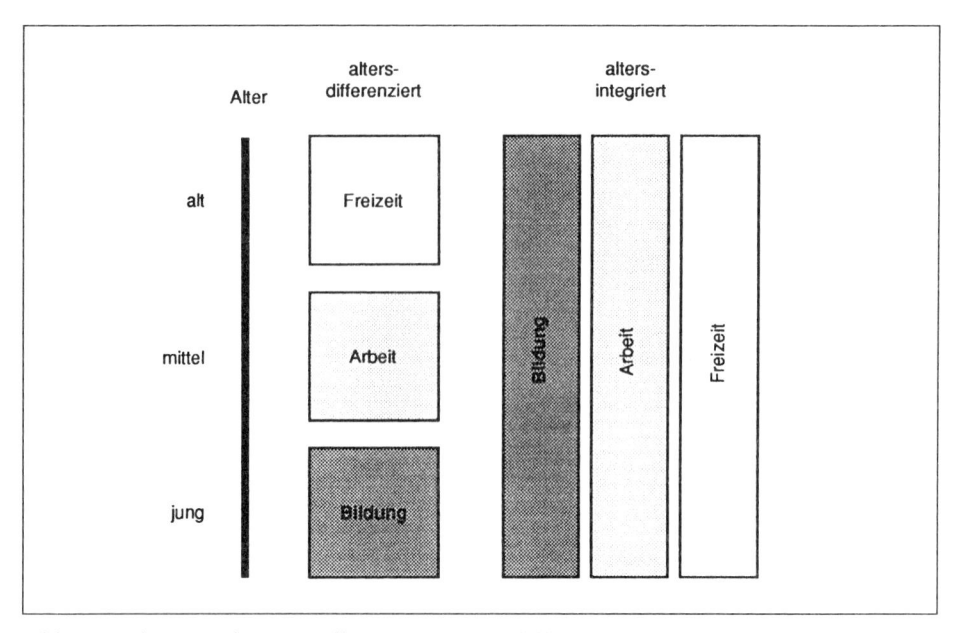

Abb. 4: Schematische Darstellung einer altersdifferenzierten und einer altersintegrierten Gesellschaft (RILEY & RILEY, 1994, S. 454)

dung 4 beschreiben die Balken den Idealtypus der altersintegrierten Strukturen. Hier sind Altersbarrieren gefallen. Menschen jeden Alters stehen Rollenmöglichkeiten in allen Strukturen – Bildung, Arbeit und Freizeit – offen. Das bedeutet, dass in allen gesellschaftlichen Bereichen Menschen aller Altersstufen zusammenkommen" RILEY & RILEY, 1994, S. 454).

Das starre Muster einer so genannten Normalbiografie – Ausbildungszeit, ununterbrochene Berufstätigkeit, Ruhestand – wird sich weiter auflösen und auch umkehrbar werden. Die Lebensstile werden sich so verändern, dass die Übergänge zwischen Ausbildung und Arbeit, zwischen Erwerbstätigkeit und Nicht-Erwerbstätigkeit fließend werden und sich so die Lebensläufe künftig viel weiter ausdifferenzieren und individualisieren als dies früher üblich war.

Arbeits- und Gesundheitsschutz
Neben der beständigen Entwicklung der Fähigkeiten und Fertigkeiten aller Mitarbeiter ist unter der Perspektive der zunehmenden Alterung einer ganzen Belegschaft schließlich auch über Maßnahmen des präventiven Arbeits- und Gesundheitsschutzes nachzudenken. Neben der Reduktion körperlicher und gesundheitlicher Belastungen für alle Beschäftigtengruppen sind z. B. immer wieder die Arbeitsvollzüge, die Gestaltung von Arbeitsräumen, die Wirkungen des Arbeitsumfeldes zu analysieren und zu verbessern. „Dabei darf es nicht allein um altersgerechte Arbeitsplätze gehen, die es auch künftig für leistungsgewandelte Beschäftigte geben muss, als vielmehr um solche Arbeitsplätze, auf denen man alt werden kann" (NAEGELE & FRERICHS, 1996, S. 42).

Ein weiterer Aspekt, der gewöhnlich in anderen Zusammenhängen behandelt wird, soll hier kurz angesprochen werden. Vor allem organisations- und arbeitspsychologische Untersuchungen weisen seit langem darauf hin, dass das Arbeitsklima in einer Abteilung oder einem ganzen Betrieb nicht nur ganz wesentlich die innovatorische

Kraft aller Beteiligten mitbestimmt, sondern auch einen ganz besonders großen Einfluss auf das physische und psychische Wohlbefinden der Mitarbeiter ausübt. Ähnliches gilt für den Führungsstil der jeweiligen Führungskräfte.

Schließlich ist unter dem Stichwort „Gesundheitsförderung" auf jenen Bereich hinzuweisen, der in vielen Häusern im Rahmen der Gesundheitsreform große Einbußen hinnehmen musste. Es ist unbestritten, dass betriebliche Fitnessprogramme, Rückenschulung und Ratschläge zum Umgang mit und der Bewältigung von Belastungen für alle Altersgruppen förderlich sind.

4.2 Persönliche Maßnahmen

Schon die wenigen, in den drei Maßnahmebereichen angesprochenen Aspekte machen deutlich, wie umfangreich und wie innovativ die vor allem in den Betrieben zu entwickelnden Problemlösungen in absehbarer Zeit sein müssen. Nur eine frühzeitige, kreative sowie zielorientierte Planung und Umsetzung verspricht Aussicht auf Erfolg.

Und die älteren Mitarbeiter? Sie ganz besonders, aber Mitglieder jüngerer Jahrgänge auch, sollten sich in aller Nüchternheit der eigenen Lage bewusst werden.

- Sie sollten sich darüber klar werden, was die oben angesprochene demographische Entwicklung für ihre Alterskohorte ganz allgemein und für sie ganz persönlich bedeuten kann. Es geht also um die nüchterne Einschätzung der persönlichen künftigen Möglichkeiten.
- Am besten mit Hilfe guter Bücher sollten sie sich ausführlich und immer wieder einmal über neue Erkenntnisse der Alternsforschung informieren und sich dabei mit Nachdruck von überkommenen Altersstereotypen und Altersvorurteilen frei machen.
- Als Nächstes wäre die eigene Lebensführung daraufhin zu überprüfen, wie weit das praktizierte Gesundheitsverhalten einen zweckdienlichen Beitrag für die prognostizierte Lebenserwartung leistet.
  Schlussfolgerungen daraus könnten
    - zu regelmäßigem Ausdauertraining,
    - zum Besuch einer Gymnastikgruppe,
    - zur Wiederaufnahme einer vernachlässigten Sportart,
    - zu bewussterer Ernährung,
    - zum Erlernen von Entspannungstechniken oder
    - zum intensiven Training einer fernöstlicher Kontemplationsmethode führen.
- Ein weiterer Entschluss sollte beständiges Lernen als Lebensaufgabe enthalten und zwar nicht nur, weil berufliches Wissen immer schneller veraltet, sondern weil lebenslanges Lernen ein langes Leben überhaupt erst lebenswert macht.
- Körperliche wie geistige Beweglichkeit sind wichtige Voraussetzungen für eine anspruchsvolle Teilhabe an unserer immer komplexer und damit komplizierter werdenden Welt. Sich immer wieder auch neue Erfahrungen zuzumuten, schafft erst die Grundlage für eine selbstbewusste Offenheit gegenüber den Ereignissen der Welt und für die notwendige Toleranz gegenüber noch ungeklärten Gegebenheiten (Ambiguitätstoleranz).
- Vor allem die Ergebnisse der Stressforschung machen darauf aufmerksam, wie wichtig es für das Wohlbefinden und das gesundheitliche Wohlergehen des Einzelnen

ist, sich in schwierigen und belastenden Lebenslagen vertrauensvoll an andere Menschen wenden zu können (vgl. den Beitrag von REGNET zum Thema Stress in diesem Band). Daher empfiehlt es sich in guten Zeiten, ernsthaft in positive Beziehungen zu anderen Menschen zu investieren.
- Gelingt es in den kommenden Jahren, die tradierte enge Beziehung zwischen Lebensaltersphasen und Lebensaufgaben allmählich zu lockern, dann wird sich für den Einzelnen viel häufiger als bisher die Möglichkeit bieten, Lebenslagen zu wechseln und damit neue oder zumindest andere Rollen zu übernehmen (z.B. Abteilungsleiter – Kindererzieher – Weiterbildungsteilnehmer – Unternehmer). Auch dieses wird ein nicht geringes Maß an Übung verlangen, einerseits um der Gefahr von Beliebigkeit und Persönlichkeitsverlust zu entrinnen, andererseits um prinzipiengeleitete Rollenflexibilität zu gewinnen.

4.3 Politische Maßnahmen

Nach der Behandlung von betrieblichen Maßnahmen zur Vorbereitung auf die sich anbahnenden Veränderungen und Empfehlungen an jüngere wie ältere Mitarbeiter sei in aller Kürze angemerkt, dass natürlich das gesellschaftliche Bewusstsein und die gesetzlichen Rahmenbedingungen sich für den bevorstehenden demographischen Wandel und seine Konsequenzen ebenfalls ändern müssen. Der Vollständigkeit halber sei auf die notwendige Verzahnung von familien- und arbeitsmarkt-, von altersgrenzen- und arbeitszeit- sowie von renten- und migrationspolitischen Maßnahmen verwiesen.

Literatur

BARKHOLDT, C. (1997). Qualifikationssichernde Arbeitsbedingungen – Voraussetzungen für die Erwerbstätigkeit auch im Alter. In: WSI Mitteilungen, 1/1997, S. 50–56.
HAEBERLIN, F. (1996). Personalentwicklung älterer Mitarbeiter. In K. SCHWUCHOW & J. GUTMANN (Hrsg.), Jahrbuch Weiterbildung 1996 – Managementweiterbildung/Weiterbildungsmanagement, S. 91–95. Düsseldorf 1996.
NAEGELE, G. & FRERICHS, F. (1996). Situation und Perspektiven der Alterserwerbsarbeit in der Bundesrepublik Deutschland. In: Aus Politik und Zeitgeschichte B 35/1996, S. 33–45.
RICHTER, P. (1992). Kompetenz im höheren Lebensalter – Arbeitsinhalte und Arbeitspläne. In: Psychosozial, 4/1992, S. 33–41.
RILEY, M. W. & RILEY, J. W. (1994). Individuelles und gesellschaftliches Potenzial des Alterns. In P. B. BALTES, J. MITTELSTRASS & U. M. STAUDINGER (Hrsg.), Alter und Altern: Ein interdisziplinärer Studientext zur Gerontologie, S. 437–459. Berlin 1994.
RISTAU, M. & MACKROTH, P. (1993). Latente Macht und neue Produktivität der Älteren. In: Aus Politik und Zeitgeschichte B 44/1993, S. 27–38.
SCHWERES, M. (1997). Frühverrentung (Alterssozialpläne) oder Altersteilzeit? In: Sozialer Fortschritt, 8/1997, S. 175–177.
TEWS, H. P. (1993). Neue und alte Aspekte des Strukturwandels des Alters. In: G. NAEGELE & H. P. TEWS (Hrsg.), Lebenslagen im Strukturwandel des Alters, S. 15–42. Opladen 1993.
WEINERT, F. E. (1994). Altern in psychologischer Perspektive. In P. B. BALTES, J. MITTELSTRASS & U. M. STAUDINGER (Hrsg.), Alter und Altern: Ein interdisziplinärer Studientext zur Gerontologie, S. 180–203. Berlin 1994.

Wolfgang Böhm

Die (un-)heimliche Überlagerung der Arbeitsbeziehungen durch europäisches Recht

1. Koordinierung der Sozialversicherungssysteme
2. Arbeitsrechtsstatut und Entsende-Richtlinie
3. Artikel 119 EGV: Verbot der Geschlechtsdiskriminierung
4. EuGH: „Mittelbare Frauendiskriminierung"
5. EuGH-Entscheidung „Christel Schmidt": Outsourcing out?
6. Europäischer Arbeits- und Umweltschutz
7. Europäische Betriebsräte
8. Fazit

Von der Öffentlichkeit nahezu unbemerkt hat sich in Maastricht eine Entwicklung angebahnt, die die Europäische Union langfristig auf eine noch größere Zerreißprobe stellen könnte als alle Wirtschafts- und Währungsfragen – nämlich das Ringen um eine europäische Sozialpolitik. Supermarkt oder Sozialraum? Das soll die Frage sein.

Euroskeptiker – und die gibt es nicht nur im Vereinigten Königreich und deren konservativer Partei – meinen, die Schaffung eines Binnenmarktes mit weit über 300 Millionen Verbrauchern sei eine historisch beispiellose Leistung, die erst einmal gelebte Normalität werden müsse. Jedes Mehr – ob der Traum von den Vereinigten Staaten Europas oder gar eines „Sozialraums Europa" – werde die Gemeinschaft in existenzbedrohende Zerreißproben führen statt sie zu konsolidieren. Daran ist sicherlich richtig, dass bereits die Integration so unterschiedlich leistungsfähiger und strukturierter Volkswirtschaften wie die von Dänemark und Griechenland schon Aufgabe genug wäre. Dennoch erscheint diese Aufgabe lösbar, weil das Wirtschaften in Europa trotz aller Unterschiede im Wesentlichen nach den gleichen Spielregeln „funktioniert".

Überzeugte Europäer weisen demgegenüber darauf hin, dass allein ein gewaltiger Binnenmarkt nach Art einer Freihandelszone nicht krisenresistent sei. Die Erfahrungen der 70er-Jahre – bekannt als sog. Ölkrise – hätten gezeigt, dass alle Staaten unter ökonomischem Druck wieder zu Egoismus, Protektionismus oder schlimmstenfalls zu Nationalismus neigten. Gebilde, die allein auf ökonomischem Erfolg beruhten, müssten zwangsläufig zerbrechen, wenn dieser Erfolg ausbleibe. Ohne einheitsstiftende und zukunftsweisende Idee könne es keine stabile, auch in wirtschaftlichen Krisenzeiten funktionierende Gemeinschaft geben. Als eine solche einheitsstiftende Idee wird deshalb immer wieder der „Sozialraum Europa" ins Gespräch gebracht.

Nun ist ein „Sozialraum Europa" heute sicherlich noch Vision. Aber von den Verträgen zur Gründung der Europäischen Wirtschaftsgemeinschaft 1947 in Rom, die noch eine reine Zoll-, Agrar- und Wirtschaftsunion war, bis zum Abkommen über die Sozialpolitik 1991 in Maastricht sind bedeutende sozialpolitische Meilensteine gesetzt worden: Freizügigkeit für Arbeitnehmer in der Gemeinschaft, die sog. Wanderarbeiterregelung, Europäisierung des Arbeitsschutzes, die Europäische Sozialcharta von 1989 bis zur Richtlinie über Europäische Betriebsräte 1994.

1. Koordinierung der Sozialversicherungssysteme

Dabei verfolgt die europäische Normsetzung im Sozialrecht andere Ziele als im Arbeitsrecht und geht demzufolge auch andere rechtstechnische Wege. Die in Art. 48 EGV garantierte Freizügigkeit der Arbeitnehmer wäre lediglich ein Programm, solange der Bürger eines Mitgliedstaates Gefahr laufen würde, nach Aufnahme einer Beschäftigung in einem anderen Mitgliedstaat aus sämtlichen Systemen der sozialen Sicherheit herauszufallen. Eine denkbare Lösung wäre, ein einheitliches europäisches Sozialrecht mit gigantischen europäischen Sozialbehörden zu schaffen. Dann würde der Einsatz eines italienischen Staatsbürgers im Auftrag einer deutschen Firma in Dänemark keine anderen Rechtsfragen aufwerfen als der Einsatz eines Bremers in Diensten einer hamburgischen Firma in Bayern. Diesen Weg ist der europäische Gesetzgeber nicht gegangen. Es ist und bleibt Sache der einzelnen Mitgliedstaaten, über ihr System der sozialen Sicherheit und dessen Anwendungsbereich selbst zu entscheiden. Dies gilt insbesondere für die Frage, wer versichert sein soll. Folgerichtig muss bei grenzüberschreitender Beschäftigung einerseits verhindert werden, dass mehr als eine Rechtsordnung Anspruch auf Anwendbarkeit erhebt („positiver Konflikt"). Und es muss andererseits ausgeschlossen sein, dass überhaupt keine Rechtsordnung greift („negativer Konflikt"). Deshalb bedarf es – notwendigerweise supranationaler – Regelungen darüber, welches nationale Recht im Konfliktfall anwendbar ist.

Dies geschieht durch Verordnungen, die unmittelbar geltendes Recht in allen Mitgliedstaaten sind (Art. 189 Abs. 2 EGV). Sie bedürfen – anders als die für das Arbeitsrecht typischen Richtlinien – keiner Umsetzung in nationales Recht und sind von allen Behörden und Gerichten der Mitgliedstaaten unmittelbar anzuwenden. Im Sozialrecht haben die Verordnungen den Charakter von Kollisionsnormen. Ihr Zweck ist nicht die Harmonisierung, sondern die Koordinierung der Systeme sozialer Sicherheit in der Gemeinschaft. Sie gewährleisten, dass ein EU-Bürger, der in einem anderen Mitgliedstaat einer Erwerbstätigkeit nachgeht, immer unter den Schutz eines und nur eines Sozialversicherungssystems fällt. Das ist eine komplexe und komplizierte Aufgabe, und dementsprechend kompliziert ist das Regelwerk – aber es funktioniert! Die Leistung der oft geschmähten Eurokratie, einen tatsächlich funktionierenden transnationalen Arbeitsmarkt für 15 souveräne Staaten geschaffen zu haben, findet nur selten die verdiente Anerkennung. Friktionen im Einzelfall sind dabei unvermeidlich. Sie als grand malheur zu beklagen, ist lächerlich – sie als warnende Beispiele gegen die zunehmende Europäisierung ins Feld zu führen polemisch. Zu einer gewissen Berühmtheit hat es in diesem Zusammenhang in Deutschland der Fall Paletta gebracht.

Vittorio Paletta, seine Ehefrau Raffaela sowie ihre beiden Kinder Carmela und Alberto sind italienische Staatsangehörige. Sie arbeiten bei der Brennet AG in Deutschland. Seit Jahren werden alle vier entweder während des Urlaubs oder im Anschluss an den Urlaub von derselben italienischen Behörde bis zu sechs Wochen krankgeschrieben. Als sie im Jahre 1989 wiederum alle vier für die Zeit vom 17.7. bis zum 12.8.1989 krankgeschrieben werden, bezweifelt der Arbeitgeber die Richtigkeit der Arbeitsunfähigkeitsbescheinigungen und verweigert die Entgeltfortzahlung. Das Arbeitsgericht Lörrach legt die Sache dem Europäischen Gerichtshof vor mit der zentralen Frage, ob ein deutscher Arbeitgeber nach EG-Recht in jedem Falle an die Arbeitsunfähigkeitsbescheinigung aus einem anderen Mitgliedstaat gebunden sei. Der EuGH bejaht diese Frage uneingeschränkt (EuGH vom 3.6.1992, DB 1992 S. 1577 = NZA 1992 S. 735):

Ein Arbeitgeber, der zur Entgeltfortzahlung im Krankheitsfall nach nationalem Recht verpflichtet ist, ist als „zuständiger Träger von Sozialleistungen" i. S.v. Art. 18 VO EWG 574/72 anzusehen. Daraus folgt, dass ein deutscher Arbeitgeber in tatsächlicher und rechtlicher Hinsicht an die vom Leistungsträger des Wohn- oder Aufenthaltsortes getroffenen ärztlichen Feststellungen über den Eintritt und die Dauer einer Arbeitsunfähigkeit unbedingt gebunden ist. In Zweifelsfällen besteht nach Art. 18 Abs. 5 der genannten VO lediglich die Möglichkeit, dass der Arbeitgeber den krankgeschriebenen Arbeitnehmer durch einen Arzt seiner Wahl untersuchen lässt. Richtig ist zwar, dass diese Möglichkeit im konkreten Fall praktisch nicht besteht, weil dem Arbeitgeber die Arbeitsunfähigkeitsbescheinigung über die Krankenkasse zugeht und dies in vielen Fällen mehrere Wochen dauert. „Dies kann die vom Gerichtshof getroffene Auslegung jedoch nicht in Frage stellen."

Kasten 1: Bindungswirkung EU-ausländischer Arbeitsunfähigkeitsbescheinigungen (Fall Paletta)

Skurriles Ergebnis: Bei *Deutschen* und *Nicht*-EU-Ausländern kann der Arbeitgeber bei entsprechendem Missbrauchsverdacht die Beweiskraft einer Arbeitsunfähigkeitsbescheinigung jederzeit in Frage stellen und damit den Mitarbeiter zwingen, seinerseits Beweis für die behauptete Arbeitsunfähigkeit zu führen. Allein bei EU-Ausländern besteht diese Möglichkeit nicht. Es ist verständlich, dass diese Entscheidung einen Sturm der Entrüstung ausgelöst hat. Grund für dieses sicherlich ärgerliche Ergebnis ist jedoch die Inkompatibilität von deutschen und europäischen Versicherungsstrukturen und nicht etwa Inkonsequenz oder gar Willkür des EuGH.

Für eine Rechtsgemeinschaft ist unverzichtbar, dass Behörden und Gerichte des einen Staates an Feststellungen und Entscheidungen von Behörden und Gerichten eines anderen Gemeinschaftsstaates gebunden sind. Es wäre unerträglich, dass das Wohnstättenfinanzamt des einen Bundeslandes die Feststellungen und Entscheidungen des Betriebsstättenfinanzamtes in einem anderen Bundesland in Zweifel ziehen und eigene Feststellungen treffen könnte. Zweifelsfragen müssen im Verkehr der Behörden untereinander geklärt werden; dem Bürger müssen der Staat und die Gemeinschaft als Einheit begegnen.

Die Besonderheit des Falles besteht darin, dass hier nicht eine Behörde an die Feststellung einer anderen gebunden ist, sondern ein privater Arbeitgeber, der auf das Verwaltungshandeln einer ausländischen Behörde keinerlei Einfluss hat. Diese Ungereimtheit ist jedoch nicht im europäischen Kollisionsrecht, sondern im deutschen Entgeltfortzahlungsrecht angelegt. Wird das Risiko der Erkrankung eines Arbeitnehmers zum Gegenstand einer Pflichtversicherung gemacht, so hat hierfür der „zuständige Träger von Sozialleistungen" einzustehen. Das deutsche Recht der Entgeltfortzahlung im Krankheitsfalle macht einen Teil dieses Risikos zum Unternehmerrisiko. Dieser Systembruch ist – je nach Sicht – eine Altlast oder ein Erbgut aus der Weimarer Republik: Als den Krankenkassen die Zahlungsunfähigkeit drohte, wurde – damals lediglich für Angestellte – das Zahlungsrisiko bei Krankheit des Arbeitnehmers von der Krankenkasse auf den Arbeitgeber abgewälzt. Nach dem Kriege ist diese Systemwidrigkeit nicht beseitigt worden, sondern im Namen der Gleichbehandlung auf Arbeiter ausgedehnt worden.

Dass der deutsche Arbeitgeber „zuständiger Träger von Sozialleistungen" i.S.d. EWG-Verordnung ist, soweit das nationale Recht dies systemwidrig vorsieht, wird inzwischen nicht mehr in Frage gestellt. Der erneute Vorlagebeschluss des BAG in dieser Sache fragt nur noch an, ob die vom EuGH bejahte Bindungswirkung auch für den Fall dringenden Verdachts auf Missbrauch gelte. Der EuGH hat dies mit Beschluss vom 2.5.1996 (Paletta II – DB 1996 S. 1039 = NZA 1996 S. 635) bejaht: Bei nachgewiesenem Rechtsmissbrauch entfällt – wie stets im Recht – der Beweiswert und damit die Bindungswirkung der von der Behörde eines Mitgliedstaates getroffenen Feststellung. Selbst ein dringender Verdacht auf Missbrauch reicht hingegen nicht aus, um die europarechtlich festgeschriebene Bindungswirkung zu beseitigen. Vielmehr ist es Sache des Arbeitgebers, Gegenbeweis zu führen.

2. Arbeitsrechtsstatut und Entsende-Richtlinie

Um die gemeinschaftsrechtlich garantierte Freizügigkeit der Arbeitnehmer zu gewährleisten, ist eine Koordinierung der Arbeitsrechtssysteme durch europäische Normen nicht erforderlich. Geregelt werden muss jedoch, welches Arbeitsrecht bei grenzüberschreitendem Arbeitskräfteeinsatz Anwendung findet. Dies ist Gegenstand des sog. Internationalen Privatrechts, richtiger gesagt der nationalen Kollisionsnormen über das anzuwendende Privatrecht. Im Prinzip gilt dies auch für die Europäische Union. Allerdings sind die nationalen Normen über das anzuwendende Schuld- und damit auch Arbeitsrecht in allen Mitgliedstaaten der Gemeinschaft inhaltsgleich. Die seit dem 1.9.1986 geltende Fassung der Art. 27 bis 37 EGBGB stellt die Überführung des Römischen Übereinkommens vom 19.6.1980 (EuVÜ) in deutsches Recht dar. Und durch die Brüsseler Protokolle vom 19.12.1988 wurde dem EuGH die Zuständigkeit zur Auslegung des EuVÜ übertragen, um seine einheitliche Interpretation in allen Mitgliedstaaten zu Gewähr leisten. Nach diesen auf europäischen Übereinkommen beruhenden Vorgaben konkurrieren beim Arbeitsverhältnisstatut der Grundsatz der Rechtswahl (Art. 27 EGBGB = Art. 3 EuVÜ) mit dem Grundsatz der objektiven Schwerpunktanknüpfung (Art. 30 Abs. 1 EGBGB = Art. 6 EuVÜ).

Von Interesse ist hier vor allem die objektive Anknüpfung nach Art. 30 Abs. 2 Nr. 1 EGBGB, wonach für das Arbeitsverhältnis das Recht des Staates, in dem der Arbeitnehmer gewöhnlich seine Arbeit verrichtet (gewöhnlicher Arbeitsort) maßgeblich ist, selbst wenn er vorübergehend in einen anderen Staat entsandt ist. Daraus folgt: Arbeitet ein portugiesischer Staatsangehöriger bei einem deutschen Bauunternehmer in Deutschland, gilt deutsches Arbeitsrecht. Erhält ein portugiesischer Bauunternehmer in der Bundesrepublik Deutschland einen Auftrag und entsendet er zu dessen Erledigung seine portugiesischen Mitarbeiter nach Deutschland, so gilt portugiesisches Arbeits- und Arbeitsvertragsrecht, insbes. in Bezug auf Lohn- und Lohnersatzleistungen. Insoweit entspricht das Arbeitsstatut dem Sozialversicherungsstatut. Juristisch scheint alles klar: Arbeits- und Sozialrecht befinden sich trotz unterschiedlicher Regelungstechniken prinzipiell im Gleichklang.

Genau hier fangen jedoch die tatsächlichen Probleme an: Entgegen dem in Art. 117 EGV festgeschriebenen Ziel ist die Union von einer Angleichung der Lebens- und Arbeitsbedingungen noch weit entfernt. Die Kostenvorteile von Anbietern aus Niedriglohnländern haben in der Bundesrepublik Deutschland dazu geführt, dass die Anzahl der auf deutschen Baustellen beschäftigten nicht-deutschen Arbeiter ziemlich genau der Zahl der arbeitslosen deutschen Bauarbeiter entspricht. Durch die am 24.9.1996 – gegen den Widerspruch Portugals und des Vereinigten Königreichs – verabschiedete (arbeitsrechtliche) EG-Entsenderichtlinie soll diese Situation entschärft werden. Jeder Mitgliedstaat hat das Recht, einen sog. harten Kern von Arbeitsbedingungen festzuschreiben, der ohne Rücksicht auf das Vertragsstatut für die auf seinem Gebiet tätigen Arbeitnehmer gelten soll. Dabei können Mindestlohnsätze durch die Rechtsvorschriften und/oder Praktiken des Mitgliedstaates bestimmt werden, in dessen Hoheitsgebiet der Arbeitnehmer entsandt wird (Art. 2 Abs. 2 Untersabsatz 2 EG-Entsenderichtlinie). Dies schließt auch für allgemein verbindlich erklärte Tarifverträge nach deutschem Recht ein.

Das am 1.3.1996 in Deutschland in Kraft getretene Arbeitnehmer-Entsendegesetz, das jedoch nur für die Bauwirtschaft gilt, bestimmt: Sofern ein Tarifvertrag

– einen einheitlichen Mindestlohn für alle unter seinen Geltungsbereich fallenden Arbeitnehmer vorsieht,
– für jede Arbeit gilt, die in seinem räumlichen Geltungsbereich erbracht wird, und
– für allgemeinverbindlich erklärt worden ist,

gelten seine Normen zwingend auch für in die Bundesrepublik Deutschland entsandte ausländische Arbeitnehmer eines ausländischen Unternehmens.

Da kaum damit zu rechnen ist, dass ein aus einem Niedriglohnland entsandter Arbeitnehmer seinen Arbeitgeber vor den Gerichten seines Heimatstaates verklagt, begründet § 7 AEntG für entsandte ausländische Arbeitnehmer einen zusätzlichen Gerichtsstand in Deutschland. Aber nicht einmal die Nutzung dieser Möglichkeit traut der Gesetzgeber den Berechtigten zu. Deshalb wird die Nichtgewährung zwingender Arbeitsbedingungen als Ordnungswidrigkeit verfolgt (§ 5 AEntG). Zuständig sind die Bundesanstalt für Arbeit und die Hauptzollämter (§ 5 Abs. 4 i.V.m. § 2 AEntG). Wie immer man zu dieser Regelung stehen mag, die Freizügigkeit der Arbeitnehmer in Europa hat nicht zu Deregulierung, sondern zu Reglementierung, Bürokratisierung und Bevormundung nichtdeutscher Arbeitnehmer durch deutsche Arbeits- und Zollbehörden geführt.

3. Artikel 119 EGV: Verbot der Geschlechtsdiskriminierung

Die älteste europäische Arbeitsrechtsvorschrift ist Art. 119 EGV. Er beinhaltet den Grundsatz des gleichen Entgelts für Männer und Frauen bei gleicher Arbeit und ist seit 1975 durch zahlreiche Richtlinien, insbesondere durch RL 76/207/EWG zur Verwirklichung des Grundsatzes der Gleichbehandlung von Männern und Frauen hinsichtlich des Zugangs zur Beschäftigung, zur Berufsbildung und zum beruflichen Aufstieg sowie in Bezug auf die Arbeitsbedingungen ergänzt worden. Der vor allem auf Drängen Frankreichs in den Vertrag aufgenommene Artikel beruhte seinerzeit weniger auf rechts- und sozialpolitischen Erwägungen, sondern entsprang der Angst vor Wettbewerbsnachteilen durch billige Frauenarbeit in südlichen Nachbarstaaten. Was – zumindest für die entwickelteren (industrialisierten) – Mitgliedstaaten wie eine bare und deshalb vermeintlich folgenlose Selbstverständlichkeit erschien, hat inzwischen – zumal durch die Rechtsprechung des EuGH – eine unerhörte Dynamik entwickelt.

> Die Firma Urania-Immobilienservice oHG gibt im „Hamburger Abendblatt" folgende Stellenanzeige auf:
> „Für unseren Vertrieb suchen wir eine versierte Assistentin der Vertriebsleitung. Wenn Sie mit den Chaoten eines vertriebsorientierten Unternehmens zurechtkommen können, diesen Kaffee kochen wollen, wenig Lob erhalten und viel arbeiten können, sind Sie bei uns richtig…"
> Herr Draehmpaehl bewirbt sich. Er erhält weder eine Antwort, noch werden ihm die Bewerbungsunterlagen zurückgesandt. Mit der Begründung, dass er offensichtlich wegen seines Geschlechts diskriminiert worden sei, verlangt er Schadenersatz in Höhe von 3 1/2 Monatsentgelten. Urania beruft sich darauf, dass
>
> – bei der tatsächlichen Einstellung das Geschlecht überhaupt keine Rolle gespielt habe,
> – Schadenersatzansprüche kraft Gesetzes auf drei Monatsentgelte beschränkt seien (§ 611 a Abs. 2 BGB),

– mit Rücksicht auf Parallelverfahren die gesetzliche Höchstentschädigungssumme für alle Diskriminierten sechs Monatsentgelte nicht übersteigen dürfe (§ 61 b ArbGG).

Auf Vorlage des ArbG Hamburg erklärt der EuGH (22.4.1997, DB 1997 S. 983 = NZA 1997 S. 645) wesentliche Teile der deutschen Regelung für gemeinschaftsrechtswidrig:

Eine nationalrechtliche Regelung, die wie §§ 611 a Abs. 1 und 2 BGB für einen Anspruch auf Schadenersatz wegen Diskriminierung auf Grund des Geschlechts bei der Einstellung Verschulden voraussetzt, ist mit dem Gemeinschaftsrecht nicht vereinbar. Dem nationalen Gesetzgeber bleibt es unbenommen, die Höhe der Entschädigung danach zu differenzieren, ob die Schädigung des Bewerbers/der Bewerberin lediglich in der diskriminierenden Nichtbefassung mit der Bewerbung besteht oder ob wegen des Geschlechts eine Einstellung unterblieben ist. Besteht die Schädigung des Bewerbers/der Bewerberin lediglich im diskriminierenden Umgang mit der Bewerbung, ist eine gesetzliche Vermutung, dass der Schaden drei Monatsentgelte nicht übersteigt, nicht zu beanstanden. Besteht die Schädigung in einer diskriminierenden Nichteinstellung, ist eine gesetzliche Obergrenze der Entschädigung jedenfalls dann nicht zu rechtfertigen, wenn dem jeweiligen nationalen Recht Obergrenzen für Schadenersatzleistungen prinzipiell fremd sind (wie z.B. dem deutschen Recht).

Kasten 2: Sanktionen bei geschlechtsspezifischer Stellenausschreibung (Fall Urania)

Mit dieser Entscheidung hat der EuGH nicht nur das Prinzip der Verschuldenshaftung partiell beseitigt, sondern auch zentrale Vorschriften des deutschen Vertrags- und Verfahrensrechts für unwirksam erklärt. Für die Praxis wichtiger ist jedoch, dass selbst unbeabsichtigte und unvermeidliche Fehler bei der Stellenausschreibung zu unlimitierten Schadenersatzverpflichtungen führen können. Diskriminierung wegen des Geschlechts war auch der Auslöser für eine in den Mitgliedstaaten immer noch nicht abgeschlossene Restrukturierung zunächst der betrieblichen Altersversorgung und der staatlichen Rentenversicherungssysteme. Untypisch begann auch diese Entwicklung mit der Klage eines Mannes.

Nach früherem britischen Recht konnten Frauen mit 57 Jahren vorzeitig in Vollrente gehen, Männer jedoch erst ab 62. Eine betriebliche Regelung über Zusatzversorgungsleistungen passt sich dem an und sieht vor, dass Frauen, die ab 57 Jahren auf Grund einer betriebsbedingten Kündigung ausscheiden, volle betriebliche Zusatzversorgung erhalten; Männer erhalten die volle Zusatzversorgung erst ab 62 Jahren und bei vorherigem Ausscheiden lediglich eine nach versicherungsmathematischen Grundsätzen gekürzte Betriebsrente. Mr. Barber, der mit 52 Jahren zum 31.12.1980 aus seinem Betrieb ausscheidet, fühlt sich seit 1985 durch diese Regelung wegen seines Geschlechts benachteiligt und klagt.

Der Court of Appeal London legt die Rechtsfrage dem EuGH vor, der Mr. Barber Recht gibt (EuGH vom 17.5.1990, DB 1980 S. 1824 = NZA 1990 S. 775):

> Der Gerichtshof stellt zunächst fest, dass eine Betriebsrente als „sonstige Vergütung zu verstehen ist, die der Arbeitgeber auf Grund des Dienstverhältnisses dem Arbeitnehmer... zahlt". Deshalb ist Art. 119 EGV einschlägig, der von den nationalen Gerichten der Gemeinschaftsstaaten als unmittelbar anwendbares Recht zu beachten ist. Den Einwand, dass der Arbeitgeber gar keine Entgeltdifferenzierung und damit -diskriminierung vorgenommen habe, weil er lediglich den staatlichen Vorgaben gefolgt sei, lässt der EuGH nicht gelten. Art. 119 EGV sei eine rein arbeitsrechtliche Regelung, die allein den Arbeitgeber in Pflicht nehme und an der er sich – unabhängig vom nationalen Sozialversicherungsrecht – messen lassen müsse. Nach Auffassung des Gerichtshofs stellt auch das der Zusatzversorgung zu Grunde liegende staatliche Rentenrecht eine geschlechtsspezifische Diskriminierung dar, doch biete Art. 119 EGV allein die Möglichkeit, Geschlechtsdiskriminierungen im Rahmen des Arbeitsverhältnisses entgegenzutreten. Soweit sich ein Bürger eines Mitgliedsstaates durch staatliche Maßnahmen wegen seines Geschlechts diskriminiert fühle, müsse er sich an die nach nationalem Recht zuständigen Gerichte wenden.

Kasten 3: Sozialrente und betriebliche Zusatzversorgung (Fall Barber)

So ärgerlich diese Entscheidung für den betreffenden Arbeitgeber sein mag, der sich mit seiner Zusatzversorgung guten Glaubens an die staatliche Regelung „angehängt" hatte, die Entscheidung ist inhaltlich und formal zutreffend: Denn alle geldwerten Vorteile, ob im oder nach dem Arbeitsverhältnis, die der Arbeitgeber seinen Mitarbeitern im Hinblick auf das Arbeitsverhältnis gewährt, werden nun einmal in allen Staaten der Gemeinschaft – schon aus fiskalischen Gründen – als Arbeitsentgelt angesehen. Andererseits fehlt dem EuGH die Befugnis, die Regelung öffentlicher Versorgungsleistungen auf den Prüfstand des Art. 119 EGV zu legen. Damit war aber gerade in den Industriestaaten der Gemeinschaft ein tiefer Riss zwischen staatlichen Grundrenten und den lediglich als Zusatzversorgung gedachten Betriebsrenten entstanden. Weil aber die Strukturierung der Zusatzversorgung durch die alle nationalen Gerichte bindende Entscheidung des EuGH vorgegeben war, konnte die Harmonisierung von staatlicher Grund- und betrieblicher Zusatzrente nur noch über eine entsprechende Änderung der staatlichen Rentenversicherungssysteme erreicht werden – ein indirekter, aber tiefer Eingriff des europäischen Arbeitsrechts in das Rentenversicherungssystem der Mitgliedsstaaten.

4. EuGH: „Mittelbare Frauendiskriminierung"

Ging es im Fall Barber immer noch – wennschon mit weit reichenden Folgen – um die Beseitigung von *Geschlechts*diskriminierung, so hat der EuGH im Fall Bilka diese Beschränkung fallen gelassen und unter dem Schlagwort der *mittelbaren Geschlechtsdiskriminierung* ein allgemeines europarechtliches Diskriminierungsverbot entwickelt. Dabei verrät die selbst gewählte Terminologie von der mittelbaren Geschlechtsdiskriminierung, dass dies mit dem ursprünglichen Auftrag von Art. 119 EGV, den Grundsatz des gleichen Entgelts für Männer und Frauen herzustellen und zu sichern, direkt nichts mehr zu tun hat. Es geht in Wahrheit um die Rechte der Teilzeitkräfte.

In der Kaufhaus Bilka GmbH besteht eine betriebliche Altersversorgung. Nach der Versorgungsordnung haben Teilzeitbeschäftigte nur dann Anspruch auf betriebliches Altersruhegeld, wenn sie während einer Betriebszugehörigkeit von 20 Jahren mindestens 15 Jahre als Vollzeitbeschäftigte tätig waren. Frau Weber war zwar über 15 Jahre als Verkäuferin bei der Bilka GmbH beschäftigt, jedoch nur 11 Jahre als Vollzeitkraft, weshalb der Arbeitgeber eine Anwartschaft auf betriebliche Altersversorgung ablehnt. Auf die Klage von Frau Weber legt das BAG dem Europäischen Gerichtshof zwei Fragen zur Vorabentscheidung vor:

– Stellt die Personalpolitik eines Kaufhausunternehmens, durch die Teilzeitbeschäftigte von den betrieblichen Versorgungsleistungen ausgeschlossen werden, eine durch Art. 119 EGV verbotene Diskriminierung dar, wenn dieser Ausschluss wesentlich mehr Frauen als Männer betrifft?
– Kann die erklärte Politik des Arbeitgebers, für Teilzeittätigkeit möglichst geringe Anreize zu bieten, als „objektiv gerechtfertigte wirtschaftliche Gründe" i. S. der EuGH-Rechtsprechung angesehen werden, mit der andere Ziele als die Diskriminierung von Frauen verfolgt werden?

Unter Berufung auf sein Urteil vom 31.3.1981 in der Rs. Jenkins stellt der EuGH klar, dass eine (mittelbare) Diskriminierung von Frauen dann gegeben sei, wenn unter den Ausschluss der Teilzeitbeschäftigten von der betrieblichen Altersversorgung tatsächlich erheblich mehr Frauen als Männer fallen. Ob es im konkreten Einzelfall vernünftige und objektiv gerechtfertigte Differenzierungsgründe gibt, die mit einer Diskriminierung auf Grund des Geschlechtes nichts zu tun haben, ist allein vom jeweiligen nationalen Gericht zu klären und festzustellen.

In seiner Anschlussentscheidung vom 14.10.1986 (DB 1987 S. 994 = NZA 1987 S. 445) verneint das BAG das Vorliegen objektiv rechtfertigender Gründe für eine unterschiedliche Behandlung von Voll- und Teilzeitkräften bei der Altersversorgung. Die personalpolitische Entscheidung eines Unternehmens, aus organisatorischen Gründen der Vollzeitbeschäftigung Vorrang vor der Teilzeitbeschäftigung einzuräumen, reiche dafür nicht aus. Vielmehr müsse ein „wirkliches Bedürfnis" vorliegen und nachweisbar sein.

Kasten 4: Teilzeitkräfte und betriebliche Altersversorgung (Fall Bilka)

Ebenfalls unter Berufung auf mittelbare Frauendiskriminierung in Form der Lohndiskriminierung nimmt der EuGH einen tiefen Eingriff in das System der britischen Tarifverhandlungen vor. Zwar respektiert der EuGH, dass in einem marktwirtschaftlichen System am Ende der Markt über den Wert menschlicher Arbeit entscheidet. Die Feststellung, ob eine tarifliche Vergütung marktgerecht ist, soll jedoch Sache der nationalen Gerichte sein, während die Philosophie des „collective bargaining" gerade die ist, dass die Koalitionen mit ihren spezifischen Verhandlungs- und Kampfmitteln in eigener Verantwortung und frei von staatlicher Bevormundung die uralte Frage nach dem „gerechten Lohn" beantworten.

> Im englischen Tarifsystem werden die Vergütungen für Logopäden im öffentlichen Gesundheitsdienst im Tarifwerk A geregelt, die Tarife für Apotheker im Tarifwerk B. Logopäden erhalten nach dem Tarifvertrag A ein Jahresgehalt von 10.106,– Pfund, während nach Tarifvertrag B Apotheker 14.106,– Pfund erhalten. Die Logopädin Dr. Pamela Mary Enderby fühlt sich als Frau diskriminiert, weil der Beruf der Logopädin überwiegend von Frauen, der Beruf des Apothekers aber überwiegend von Männern ausgeübt werde. Studienvoraussetzungen, Studiendauer und das wissenschaftliche Niveau des Studiums seien aber für Logopäden und Apotheker vergleichbar und ihre Tätigkeit gleichwertig. Der Court of Appeal of England and Wales fragt den EuGH, ob im Falle der Gleichwertigkeit beider Tätigkeiten in der geringeren Bezahlung von Logopädinnen gegenüber Apothekern eine mittelbare Frauendiskriminierung zu erblicken sei.
>
> Der EuGH (vom 27.10.1993, NZA 1994 S. 797) antwortet:
>
> Wenn aussagekräftige Statistiken einen merklichen Unterschied im Entgelt zweier gleichwertiger Tätigkeiten erkennen lassen, von denen die eine fast ausschließlich von Frauen und die andere hauptsächlich von Männern ausgeübt wird, hat der Arbeitgeber den Nachweis zu erbringen, dass dieser Unterschied durch Faktoren sachlich gerechtfertigt ist, die nichts mit einer Diskriminierung auf Grund des Geschlechts zu tun haben. Im vorliegenden Falle kann der Unterschied im Entgelt nicht damit gerechtfertigt werden, dass die Festsetzung der Vergütungen Ergebnis unterschiedlicher Tarifverhandlungen sei. Es ist Sache des nationalen Gerichts zu beurteilen, ob die Marktlage für die Festlegung der Höhe des Entgelts so bedeutsam war, dass sie den Unterschied teilweise oder in vollem Umfang sachlich rechtfertigen kann.

Kasten 5: Lohndiskriminierung durch Tarifsystem (Fall Enderby)

Aber auch unterschiedlich hohe außertarifliche Zulagen misst der Europäische Gerichtshof an der Elle des Gleichheitssatzes und nimmt damit einen massiven Eingriff in die nach deutschem Verfassungsrecht anerkannte Vertragsfreiheit vor.

> Susanna Brunnhofer ist bei der Bank der Österreichischen Postsparkasse AG beschäftigt. Sie hat eine bankfachliche Ausbildung und ist in die Tätigkeitsgruppe V des entsprechenden Kollektivvertrages eingruppiert. Darüber hinaus erhält sie eine im Arbeitsvertrag vereinbarte Zulage. Mit der Begründung, dass ein später eingestellter männlicher Kollege mit gleicher Ausbildung und bei gleicher tariflicher Eingruppierung eine vertraglich vereinbarte höhere Zulage erhalte, klagt sie auf Schadenersatz in Höhe von insgesamt 160.000 ATS wegen Geschlechtsdiskriminierung. Die Bank wendet ein, dass vor allem der Inhalt und die Qualität der Arbeit beider Beschäftigten nicht miteinander vergleichbar seien.
>
> Das Oberlandesgericht Wien legt dem EuGH mehrere Fragen zur Vorabentscheidung vor, u.a. zur Bedeutung gleicher Eingruppierung für die Frage nach gleicher oder als gleichwertig anerkannter Arbeit. Der EuGH (Entscheidung vom 26.06.2001, NZA 2001 S. 883) stellt hierzu fest:

> Aus der Einstufung von Arbeitnehmern in dieselbe Tätigkeitsgruppe nach dem für ihr Beschäftigungsverhältnis geltenden Kollektivvertrag allein kann noch nicht gefolgert werden, dass sie die gleiche oder gleichwertige Arbeit verrichten. Vielmehr ist anhand eines Bündels tatsächlicher Gesichtspunkte, wie die Art der den Arbeitnehmern tatsächlich übertragenen Tätigkeiten, die Ausbildungsanforderungen für deren Ausübung und die Arbeitsbedingungen, unter denen diese Tätigkeit tatsächlich ausgeübt worden ist, zu prüfen, ob diese Arbeitnehmer tatsächlich gleiche oder vergleichbare Arbeit verrichten. Dies zu entscheiden und zu beurteilen ist allein Sache des nationalen Gerichts. Handelt es sich um eine nach Zeit bezahlte Arbeit, so kann bei der Einstellung von zwei Arbeitnehmern unterschiedlichen Geschlechts bei gleichem Arbeitsplatz oder für eine gleichwertige Arbeit die Zahlung eines unterschiedlichen Entgelts nicht durch Faktoren gerechtfertigt werden, die erst *nach* dem Dienstantritt der Arbeitnehmer bekannt werden und erst während der Durchführung des Arbeitsvertrages beurteilt werden können, wie hier die persönliche Leistungsfähigkeit oder die Qualität der Leistungen.

Kasten 6: Diskriminierung durch ungleiche außertarifliche Zulagen (Fall Brunnhofer)

5. EuGH-Entscheidung „Christel Schmidt": Outsourcing out?

Die Geschichte von § 613 a BGB/RL 77/187/EWG ist die Geschichte der Destruktion bzw. Transformation von Tatbestandsmerkmalen. Auf den ersten Blick erscheint alles klar und einfach: Geht ein Betrieb oder Betriebsteil durch Rechtsgeschäft auf einen neuen Inhaber über, so gehen kraft zwingender gesetzlicher Anordnung auch die Arbeitsverhältnisse auf diesen über.

Bereits die Rechtsprechung des BAG hat das Tatbestandsmerkmal „durch Rechtsgeschäft" bis zur Konturenlosigkeit aufgelöst. Zunächst wurde für unerheblich erklärt, dass das Rechtsgeschäft zwischen dem alten und dem neuen Inhaber abgeschlossen sein müsse, so dass auch Miet- und Pachtnachfolge einen rechtsgeschäftlichen Übergang begründen. Sodann wurde erkannt, dass ein rechtsgeschäftlicher Übergang auch dann gegeben sei, wenn ein eigentumsrechtlich in „Streubesitz" befindlicher Betrieb (Eigentumsvorbehalte bei Lieferanten, Sicherungsübereignungen an Banken, Grundstück unter Zwangsverwaltung usw.) durch „Zusammenkaufen" vom Erwerber wieder in einer Hand vereinigt wird. Zunächst wurde auch ein nichtiges Rechtsgeschäft (Erwerb von einem Geschäftsunfähigen) und schließlich sogar ein Nicht-Rechtsgeschäft (Anmaßung von Verwertungsrechten) als ausreichend anerkannt. Das positive Tatbestandsmerkmal „durch Rechtsgeschäft" ist also sukzessive in ein lediglich negatives Ausschlussmerkmal transformiert worden: Die Anwendung von § 613 a BGB/RL 77/187/EWG ist praktisch nur noch ausgeschlossen, wenn der Erwerb originär, vor allem im Wege der Zwangsverwertung erfolgt.

Ähnlich ist auch das Tatbestandsmerkmal *Betrieb* bzw. *Betriebsteil* durch die BAG-Rechtsprechung bis zur Konturenlosigkeit aufgelöst worden: So stellt z.B. der Erwerb der Berechtigung, Straßenverkehrsschilder mit dem RAL-Gütesiegel zu versehen, einen „Betriebsübergang" dar, weil angesichts der Anschaffungspraxis der Kommunen diese Berechtigung den marktentscheidenden Wettbewerbsfaktor darstelle (BAG vom 16.2.1993, DB 1993 S. 1374 = NZA 1993 S. 643). Auch die Übertragung der Verwaltung eines Depots durch die US-Streitkräfte auf ein anderes Unternehmen – ohne eigene Betriebsmittel – sei ein Betriebsübergang, weil der bisherige Betriebszweck mit denselben Betriebsmitteln lediglich von einem anderen Unternehmer fortgesetzt werde (BAG vom 27.7.1994, DB 1995 S. 431 = NZA 1995 S. 222). Zwar sucht das BAG stets nach einem sog. *Substrat* als zentralem Gegenstand des Betriebsüberganges (und findet dieses bei Bedarf auch) – der Prozess fortschreitender „Entmaterialisierung" des Betriebsbegriffs durch die BAG-Rechtsprechung ist jedoch unverkennbar. Deshalb ist es schwer nachvollziehbar, weshalb die Entscheidung des EuGH in der Rs. Christel Schmidt (14.4.1994, DB 1994 S. 1370 = NZA 1994 S. 545) so viel Aufgeregtheit auslösen konnte.

Christel Schmidt war einzige Reinigungskraft bei einer Sparkasse. Nach deren Umbau überträgt die Sparkasse die Reinigungsarbeiten auf die Firma Spiegelblank. Das LAG Schleswig-Holstein legt dem EuGH zwei Ausschlussfragen zur Entscheidung vor:

1. Führt allein der Umstand, dass bei der Übertragung von Aufgaben keinerlei Betriebsmittel übergehen, zur Unanwendbarkeit der RL 77/187/EWG?
2. Spielt es eine Rolle, dass hiervon nur ein einziger Mitarbeiter betroffen ist?

Der EuGH verneint beide Fragen und stellt auf folgende Positiverfordernisse ab: Entscheidend ist, dass eine wirtschaftliche Einheit unter Wahrung ihrer Identität – also bei unveränderten Organisationsstrukturen und Schnittstellen zu anderen wirtschaftlichen Einheiten – lediglich in neue Inhaberschaft übergeht. Was ist denn das anderes als das vom BAG stets gesuchte und bei Bedarf auch gefundene „Substrat" des Betriebsübergangs? Allerdings macht der EuGH keinerlei Unterschied mehr zwischen dem Outsourcing von Produktionsschritten und Dienstleistungen. Davon ist jedoch weder in § 613 a BGB noch in der RL 77/187/EWG die Rede. Außerdem weist der EuGH immer wieder und ausdrücklich darauf hin, dass die Feststellung und Würdigung aller den Vorgang betreffenden Einzelheiten einzig und allein Aufgabe des jeweiligen nationalen Gerichts sei, so zuletzt in der Rs. Ayse Süzen (11.3.1997, DB 1997 S. 628 = NZA 1997 S. 433). Auch hier antwortet der EuGH auf die ihm gestellte Vorlagefrage lediglich – negativ –, dass die bloße Übertragung einer Tätigkeit (Reinigungsarbeiten) von einem Unternehmen auf ein anderes nicht den Schluss rechtfertige, dass allein deshalb vom Übergang einer wirtschaftlichen Einheit ausgegangen werden dürfe.

Tatarenmeldungen wie „outsourcing is out" sind deshalb unzutreffend; Befürchtungen, dass künftig jedes Outsourcing von Dienstleistungen einen Personalübergang zur Folge habe, sind unbegründet. Voraussetzung ist vielmehr, dass die Aufgabenübertragung unter Wahrung der Erledigungsstrukturen trotz Inhaberwechsels erfolgt. Ein Stahlwerk, das üblicherweise nur eigenen Schrott verarbeitet, übernimmt nicht den Betrieb eines Schrotthändlers, wenn es bei Bedarf Schrott hinzukauft. Ein Montagebetrieb, der bislang nur Rohlinge bezogen hat, übernimmt nicht das Personal des Lieferanten, weil künftig montagefertige Einzelteile gekauft werden. Ein Großunternehmen übernimmt nicht das Personal einer Rechtsanwaltskanzlei, nur weil künftig alle Prozesssachen bereits in erster Instanz an diese abgegeben werden. Dass der typisch deutsche Rechtsbegriff des Betriebs bzw. Betriebsteils in der Rechtsprechung des EuGH durch den europarechtlichen Begriff der „wirtschaftlichen Einheit" ersetzt wird, ist weder ein Verlust an Rechtskultur noch an Berechenbarkeit.

Transfervorschriften wie § 613 a BGB bzw. die RL 77/187/EWG können allenfalls technische Probleme auslösen. Diese sollen und dürfen nicht unterschätzt werden: Da gibt es z.B. die heikle Frage nach der Zuordnung der Mitarbeiter zum übergehenden Betriebsteil bzw. zur outgesourcten Aufgabe. Da besteht das Problem, dass jeder Mitarbeiter den Übergang seines Arbeitsverhältnisses zum neuen Unternehmen durch Widerspruch verhindern kann, was jede Planung mit schwer kalkulierbaren Risiken behaftet.

Inhaltlich schränken weder § 613 a BGB/RL 77/187/EWG noch die Entscheidung „Christel Schmidt" des EuGH die unternehmerische Gestaltungsfreiheit ein. Denn sowohl nach deutschem wie auch nach europäischem Recht kann der neue Inhaber alles machen, was auch der bisherige Inhaber hätte machen können, aber nicht gemacht hat. Für vertragsrechtliche Änderungen ist dabei lediglich die Veränderungssperre von einem Jahr zu beachten. Die Richtlinie und der sie ins deutsche Recht umsetzende § 613 a BGB regeln deshalb letztlich, wer die Folgekosten notwendiger Umstrukturierungen und Personalanpassungsmaßnahmen trägt. Und diese Entscheidung fällt zu Lasten des neuen Inhabers aus. Die eigentlichen Probleme der Personalanpassung bei Umstrukturierung, Lean Production, Outsourcing usw. beruhen deshalb nicht auf europäischem Transferrecht, sondern auf nationalrechtlichen Besitzstandsvorschriften – genauer gesagt auf der Mischung aus Besitzstand nach nationalem Recht und ihrer Festschreibung bei Aufgabenverlagerung nach europäischem Recht.

6. Europäischer Arbeits- und Umweltschutz

Der Arbeitsschutz stellt den geschlossensten und umfangreichsten Teil des europäischen Arbeitsrechts dar, und die Rahmen-RL 89/391/EWG kann mit Recht als „Grundgesetz des europäischen Arbeitsschutzes" bezeichnet werden. Geändert haben sich nicht nur die Strukturen, Kompetenzen und Inhalte, sondern vor allem die gesamte „Sicherheits-Philosophie". Dies wird die deutschen Manager zu grundsätzlichem Umdenken zwingen. Die deutsche Sicherheitsphilosophie ist bislang beherrscht von zwei Merkmalen:

– krasse Trennung von innen (Arbeitsschutz) und außen (Umweltschutz) und
– staatliche Vorgaben mit polizeilichen Kontrollen.

Dies hat zum einen historische, zum anderen Mentalitätsgründe. Der Arbeitsschutz als Teil der Bismarckschen Sozialgesetzgebung war fixiert auf den Schutz des Arbeitnehmers. Zentralbegriffe waren der „Arbeitsunfall" und die „Berufskrankheit". Ziel war zwar neben der Kompensation auch sehr bald die Prävention. Aber es ging allein um den Schutz des Arbeitnehmers – Leben und Gesundheit der Menschen außerhalb des Betriebes und auch die Umwelt sind dabei völlig ausgeblendet. Dies sei an einem Beispiel dargestellt: Wenn Staub am Arbeitsplatz anfällt und dieser durch einen Hochleistungsventilator 100%ig abgesaugt wird, sind die Arbeitsschutzvorgaben voll erfüllt.

Ob der abgesaugte Staub ordnungsgemäß entsorgt oder einfach in die Umwelt geblasen wird, war kein Thema des betrieblichen Arbeitsschutzes.

Das Europarecht wählt hier einen anderen, integrativen Ansatz. Durchgesetzt hat sich damit eine Philosophie, die im Schwedischen mit dem Stichwort „Arbedsmiljöh" charakterisiert wird und in Art. 2 des Abkommens über die Sozialpolitik als „Arbeitsumwelt" in deutscher Übersetzung erscheint. Es geht nicht mehr um den Schutz des Arbeitnehmers einerseits und den Umweltschutz andererseits, sondern um die Gesundheit und Sicherheit von Menschen, gleich ob innerhalb oder außerhalb des Betriebes. Darüber hinaus ist der integrative europäische Ansatz dadurch gekennzeichnet, dass nicht mehr vorrangig von zu schützenden Personen und Gütern ausgegangen wird, sondern das Ziel die Eliminierung bzw. Beherrschung einer Gefahrenquelle ist.

Aber auch noch eine andere – nicht nur deutsche, sondern kontinentaleuropäische – Grundüberzeugung ist durch die Europäisierung ins Wanken geraten: Die Idee, dass ein Optimum an Schutz und Sicherheit dadurch zu erreichen sei, dass der Staat Mindestnormen setzt und sie durch staatliche Behörden laufend kontrolliert sowie bei Nichteinhaltung durch Polizeistrafen sanktioniert. Das mag dort sinnvoll sein, wo es darum geht, ob eine Anlage abgeschaltet oder ein Produkt vom Markt genommen werden muss. Das Fixieren von und Fixiertsein auf Grenzwerte verschüttet jedoch die Frage, ob Belastungen überhaupt sein müssen und ob nicht noch geringere Belastungen möglich sind. Dies ist der angelsächsisch-skandinavische Ansatz: Man setzt nicht primär auf Fremdprüfung, sondern auf Selbstprüfung sowie indirekte Sanktionen und Anreize, wie z.B. Haftung, Steuervorteile, Firmenimage und den Ehrgeiz, besser als andere sein zu wollen.

„Der Arbeitgeber ist verpflichtet, die erforderlichen Maßnahmen des Arbeitsschutzes unter Berücksichtigung der Umstände zu treffen, die Sicherheit und Gesundheit der Beschäftigten bei der Arbeit beeinflussen. Er hat die Maßnahmen auf ihre Wirksamkeit zu überprüfen und erforderlichenfalls sich ändernden Gegebenheiten anzupassen. Dabei hat er eine Verbesserung von Sicherheit und Gesundheit der Beschäftigten anzustreben" (§ 3 Abs. 1 ArbSchG). § 13 ArbSchG nimmt die gesetzlichen Vertreter und Führungskräfte im Rahmen ihrer Aufgaben auch persönlich in die Pflicht. Zwar kann der Arbeitgeber nach § 13 Abs. 2 ArbSchG zuverlässige und fachkundige Personen schriftlich damit beauftragen, ihm obliegende Aufgaben nach diesem Gesetz in eigener Verantwortung wahrzunehmen. Dadurch wird jedoch die originäre Verantwortung der gesetzlichen Vertreter und der zuständigen Führungskräfte nicht beseitigt.

Dieser Paradigmenwechsel hat seinen Niederschlag in Art. 130 r EGV gefunden mit den Strukturprinzipien Vorsorge, Verursacherverantwortlichkeit und Subsidiarität, die als Teil der anderen Politiken der Gemeinschaft definiert sind (sog. Querschnittsklausel). Der europäisch geprägte integrative Arbeits- und Umweltschutz wird bestimmt durch

– Vorrang der Prävention,
– rechtliche Steuerung durch Selbstregulierung,
– Beteiligung der Betroffenen innerhalb und außerhalb des Betriebes (Öffentlichkeit),
– ein dynamisches Konzept der ständigen Überprüfung und Verbesserung.

Mag es nun Zufall sein oder nicht: Genau das sind auch die Merkmale der modernen Qualitätssicherungssysteme nach ISO 9000 ff. Nun scheinen zwar die internationalen ISO-Normen, die der Qualitätssicherung dienen, mit den betrieblichen Arbeits- und Umweltschutzfragen von Haus aus nichts zu tun zu haben. Ihnen liegt jedoch dieselbe

Philosophie zu Grunde: In Abkehr von den traditionellen DIN-Normen, die Qualität durch Vermessen der Ergebnisse sichern wollen, setzen die ISO-Normen eher auf das Qualitätsbewusstsein aller Mitarbeiter, auf Beteiligung statt Anordnung, auf Selbstprüfung statt Fremdprüfung, auf Prozess statt Ergebnis usw.

Dem europäischen Arbeits- und Umweltschutz und den aus einer ganz anderen Richtung, nämlich der Qualitätssicherung, kommenden ISO-Normen ist mithin eines gemeinsam: Normen sind keine Messlatten mehr, die lediglich angelegt werden müssen, um Arbeitssicherheit, Umweltverträglichkeit, Qualität testieren zu können. Es gibt auch keine staatlichen Instanzen mehr, die im Sinne von Vorgaben sagen können, welche Grenzwerte unterschritten oder erreicht werden müssen, um den Anforderungen zu genügen. Die Anforderung lautet nämlich sehr einfach: Tut alles, um die höchstmögliche Sicherheit, Umweltverträglichkeit, Qualität usw. zu Gewähr leisten. Das löst nicht nur Existenzängste, z. B. bei den Inspektoren der Staatlichen Gewerbeaufsichtsämter (jetzt „Amt für Arbeitsschutz") aus. Auch mancher gestandene deutsche Manager reagiert auf diese Herausforderung zu eigenverantwortlichem und ganzheitlichem Denken und Handeln eher mit Verunsicherung als mit Begeisterung. Und manch hochmütige Äußerung, britische Politiker oder Unternehmer wollten ja gar keine höheren Sicherheits-, Umwelt-, Qualitätsstandards, erweist sich als schief: Sie wollen es nur anders – weniger bürokratisch und autonomer – und liegen damit voll im europäischen Trend.

7. Europäische Betriebsräte

RL 94/95/EG des Rates vom 22.9.1994 „über die Einsetzung eines europäischen Betriebsrats oder die Schaffung eines Verfahrens zur Unterrichtung und Anhörung der Arbeitnehmer in gemeinschaftsweit operierenden Unternehmen und Unternehmensgruppen" hat eine 25-jährige Vorgeschichte. Für die schließliche Einigung unter deutscher Präsidentschaft ist seinerzeit ein hoher Preis gezahlt worden. Rechtsgrundlage ist das in Maastricht abgeschlossene Abkommen über die Sozialpolitik, an dem das Vereinigte Königreich nicht beteiligt war. Auf Grund der Richtlinie 97/74/EG vom 15.12.1997 (sog. Erweiterungsrichtlinie) können noch vor dem in Amsterdam beschlossenen Beitritt des Vereinigten Königreichs zum Sozialprotokoll auch hier Europäische Betriebsräte gebildet werden.

Am 01.11.1996 ist das Europäische Betriebsräte-Gesetz vom 28.10.1996 in Kraft getreten, welches die europäischen Vorgaben sozusagen 1:1 in deutsches Recht umsetzt: Euro-betriebsratspflichtig sind Unternehmen oder Unternehmensgruppen, die insgesamt mindestens 1000 Arbeitnehmer in den Mitgliedstaaten beschäftigen und davon jeweils mindestens 150 Arbeitnehmer in mindestens zwei Mitgliedstaaten. Partner der Grundlagenvereinbarung zur Errichtung eines Europäischen Betriebsrats ist ein sog. Besonderes Verhandlungsgremium, das in einem komplizierten Verfahren eingesetzt wird. Eine Besonderheit des deutschen Rechts ist dabei, dass die Bestellung der deutschen Mitglieder im Besonderen Verhandlungsgremium ohne Rücksicht darauf, ob die zentrale Leitung in Deutschland oder in einem anderen Mitgliedstaat liegt, stets durch die zuständigen Gremien nach dem Betriebsverfassungsgesetz erfolgt. Nach europäischem und deutschem Recht haben freie Vereinbarungen über alle Fragen der Errichtung, Größe, Geschäftsführung, Tagungshäufigkeit und -dauer usw. Vorrang vor der Errichtung kraft Gesetz. Letzteres geschieht nur, wenn die zentrale

Leitung Verhandlungen verweigert oder diese Verhandlungen innerhalb von drei Jahren nicht zu einem Ergebnis führen. Dann greift die RL 94/95/EG einschließlich der im Anhang niedergelegten Subsidiären Vorschriften.

Angesichts seiner gesetzlichen Aufgaben ist „Europäischer Betriebsrat" ein etwas hochstaplerischer Ausdruck für ein Gremium, dem lediglich Informations- und Konsultationsrechte zustehen. Irgendwelche Beteiligungs- oder gar Mitbestimmungsrechte hat der Europäische Betriebsrat nicht. Es wird also vor allem darauf ankommen, was die Partner daraus machen. Zumindest bietet der Europäische Betriebsrat eine geeignete Plattform, um auch und gerade in schwierigen Situationen für transnational operierende Unternehmen Information und Kommunikation mit den Mitarbeitern und ihren Repräsentanten nicht abreißen zu lassen. Freilich ist dafür u. U. auf Grund extrem hoher Reise- und Dolmetscherkosten ein Preis zu zahlen, den zumal mittelständische transnational operierende Unternehmensvertreter für ruinös halten. Jedoch haben im europäischen Recht einvernehmliche Lösungen – anders als im deutschen Betriebsverfassungsrecht – prinzipiell Vorrang vor staatlicher Zwangsreglementierung.

8. Fazit

Eine Bestandsaufnahme des europäischen Arbeits- und Sozialrechts führt heute zu sehr differenzierten Befunden. Die Koordinierung der Sozialversicherungssysteme ist jedenfalls so weit vorangeschritten, dass es jedem Bürger eines Mitgliedsstaates tatsächlich möglich ist, einer Beschäftigung in jedem anderen Mitgliedstaat nachzugehen. Selbstverständlich gibt es auch hier noch ungelöste Probleme, und einige könnten eher größer als kleiner werden. So erkennt das britische Recht die freie Entscheidung seiner Bürger zu freiem Unternehmertum, selbst wenn dies ökonomisch zu Kümmerexistenzen weit unterhalb des jeweiligen Tarifniveaus führt, schon heute in weitaus größerem Umfang an als etwa das französische oder deutsche Recht. Das sog. Korrekturgesetz hat den Begriff „Scheinselbstständige" erweitert und sie der Sozialversicherungspflicht unterworfen. Damit haben sich die Wettbewerbsverzerrungen zwischen der Beschäftigung deutscher Bauarbeiter und dem Einsatz britischer Ein-Mann-Bauunternehmen (Ich-AG) mit der vom Department of Employment ausgestellten Form 101 weiter verschärft.

Im Bereich des Arbeitsschutzes ist es – entgegen ursprünglichen kontinentaleuropäischen Widerständen – erfreulicherweise gelungen, sich nicht nur auf eine gemeinsame Sicherheitsphilosophie zu einigen, die stärker auf Eigenverantwortung als auf beckmesserische Kontrollen setzt. Auch bei den Standards hat man sich auf ein Niveau geeinigt, das den Vergleich mit entwickelten Industrienationen weltweit nicht zu scheuen braucht. Am wenigsten hat die Europäisierung die eigentlichen Kernmaterien des Arbeitsrechts erfasst. Hier gibt es sozusagen „Inseln" europäischen Rechts, die nicht miteinander verbunden sind und zuweilen auch nur schwer mit den nationalen Arbeitsrechtssystemen kompatibel gemacht werden können.

Das zusammenwachsende Europa, die zunehmende Regelungsdichte im Wirtschafts- und Wettbewerbsrecht, die Europäisierung der nationalen Arbeitsmärkte sowie die Schaffung einer gemeinsamen Währung werden den Zwang zu besserer Koordinierung der Sozialversicherungssysteme und weiterer Harmonisierung des Arbeitsrechts gleichwohl verschärfen. Führungskräfte mit Personalverantwortung sind deshalb gut beraten, zumindest bei strategischen Entscheidungen der europäischen Gesetzgebung und Rechtsprechung gleich große Aufmerksamkeit zu schenken wie der nationalen.

Abkürzungsverzeichnis

Abs.	Absatz
AEntG	Arbeitnehmer-Entsendegesetz vom 26.02.1996
ArbGG	Arbeitsgerichtsgesetz
ArbSchG	Arbeitsschutzgesetz v. 07.08.1996
Art.	Artikel
BAG	Bundesarbeitsgericht
BGB	Bürgerliches Gesetzbuch
BVerfG	Bundesverfassungsgericht
DB	Der Betrieb, Wochenschrift, Düsseldorf, Frankfurt (Handelsblatt)
EGBGB	Einführungsgesetz zum Bürgerlichen Gesetzbuch
EGV	Vertrag zur Gründung der Europäischen Gemeinschaft v. 25.03.1957 (1991 ergänzt durch den Unionsvertrag von Maastricht)
EuGH	Europäischer Gerichtshof, Luxemburg
EuGVÜ	Übereinkommen vom 19.06.1980 über das auf vertragliche Schuldverhältnisse anwendbare Recht
ISO	International Organization for Standardization, Genf
LAG	Landesarbeitsgericht
NZA	Neue Zeitschrift für Arbeitsrecht, Zweiwochenschrift, München und Frankfurt a.M. (Beck)
Rs.	Rechtssache (beim EuGH)
RL	Richtlinie
TV	Tarifvertrag
VO	Verordnung

Teil VI
Organisationsstrukturen und ihre Veränderung

Einführung

Trotz umfangreicher Forderungen nach Flexibilität der Personalarbeit kommt ein Unternehmen nicht ohne ein Netz geregelter Beziehungen aus. WIENDIECK zeigt die wichtigsten Formen praxisrelevanter Organisationsstrukturen auf. Dabei geht er auch auf die Vor- und Nachteile verschiedener Organisationsmodelle ein, denn letztendlich ist eine geeignete Auswahl nur situativ zu begründen.

In Erweiterung dieser Vorstellungen kommt man zur Gestaltung durch Organisationsentwicklung. JÄCKEL beschreibt die wesentlichen Elemente und Ansätze dieses geplanten, gelenkten und systematischen Prozesses zur Veränderung der Kultur, der Systeme und des Verhaltens einer Organisation bei der Lösung ihrer Probleme und der Erreichung ihrer Ziele. Zentrales Thema ist hierbei der Einbezug der Betroffenen und die Vermeidung von „Bombenwurfstrategien", die das spezielle Wissen der Mitarbeiter negieren und langfristig zu Demotivation und Verunsicherung führen können.

Die Gestaltung der Führung und Zusammenarbeit kann zwar von der Unternehmensspitze aus erfolgen. Diese Vorgehensweise birgt jedoch zum einen die Gefahr der Fehleinschätzung der Bedürfnisse, entspricht zum anderen auch in keiner Weise der Forderung nach Partizipation. Vor der Beteiligung der Betroffenen steht deshalb die Informationssammlung über ihre Erfahrungen, Wünsche und Erwartungen. DOMSCH und SCHNEBLE zeigen am Beispiel von Mitarbeiterbefragungen auf, welche Möglichkeiten und Grenzen beim Einsatz dieses Instrumentes bestehen.

In Zeiten der Globalisierung entstehen neue Herausforderungen – (Groß)Fusionen sind schon fast an der Tagesordnung und werden das Geschäftsleben noch lange bestimmen. Doch inzwischen weiß man, dass die vorab errechneten Synergien sich nicht automatisch einstellen. Wie kaum ein anderer Veränderungsprozess führen Fusionen zu tiefgreifenden Verunsicherungen. Nicht nur, dass es Gewinner und Verlierer dieses Prozesses gibt, unterschiedliche Kulturen, Arbeits- und Sichtweisen sind zu integrieren. VON WEDEL und ABEL erläutern, was in der Pre-, der Merger und der Post-Merger-Phase zu beachten ist und wie den personalpolitischen Herausforderungen vorausschauend begegnet werden kann.

Virtuelle Organisationen sind zwar meist noch Zukunftsmusik, doch Formen der virtuellen Zusammenarbeit sowie der Führung über Distanz nehmen zu. Telearbeit, verschiedene Standorte sowie international zusammengesetzte Teams sind als Ursachen zu nennen. Wie verändern sich dadurch die Anforderungen an Führung und Zusammenarbeit? Wie lässt sich Führung über Distanz sicherstellen? Wann sind face-to-face-Kontakte zu empfehlen? HOFMANN und REGNET greifen diese Fragen auf und diskutieren zielführende Strategien.

Neue Produkte der Kommunikations- und Informationstechnik wie Datensichtgeräte, Textsysteme, Personal Computer usw. haben die Bürowelt von heute bereits verändert. Die Entwicklung wird sich fortsetzen, die Akzeptanzproblematik bei den betroffenen Mitarbeitern ist von Vorgesetzten in Rechnung zu stellen. REICHWALD und MÖSLEIN verdeutlichen die Chancen einer gezielten Mediennutzung in der Managementkommunikation.

BÖGEL zeigt auf, dass sich Veränderungen im Rahmen des jeweiligen Organisationsklimas und der jeweiligen Organisationskultur vollziehen. Gleichzeitig sind diese nicht starr, organisatorische Veränderungen gestalten Klima und Kultur neu für die Zukunft. Gerade auf die Mess- und Gestaltungsproblematik wird in diesem Beitrag eingegangen.

Organisationen und ihre Abläufe unterliegen weiterhin gesellschaftlichen und politischen Rahmenbedingungen, die in Form einklagbarer Ansprüche im Betriebsverfassungsgesetz niedergelegt sind. Kapitalbesitz allein legitimiert kein volles Weisungsrecht. Der Mitarbeiter hat – als mündiger Bürger –, repräsentiert durch die von ihm Gewählten, ein Recht auf Mitsprache. Wie dies auf der Grundlage des Betriebsverfassungsgesetzes in den Unternehmen wirkt, wo es zu Konflikten führen kann und wie schließlich damit umzugehen ist, zeigt BÖHM im abschließenden Beitrag dieses Themenkreises.

Gerd Wiendieck

Führung und Organisationsstruktur

1. Alte und neue Konzepte
2. Organisationen sind Regelsysteme
3. Mangel an Motivation oder an Möglichkeiten
4. Schlanke Organisationsstrukturen
5. Führung selbstständiger Mitarbeiter
6. Organisationsentwicklung als Führungsaufgabe

1. Alte und neue Konzepte

Was eine Organisation ist, scheint auf den ersten Blick klar zu sein: Ein Unternehmen, eine Behörde oder eine Partei, also eine Institution, die klare Ziele verfolgt, eine innere Struktur aufweist und ihre Mitglieder durch Verhaltensregeln steuert. Dauerhaftigkeit, Festigkeit und Strukturiertheit wären demnach typische Elemente einer Organisation. Bei genauerem Hinsehen wird es jedoch schwieriger, denn „Organisationen sind wie Wolken. Je nach Betrachtungsstandpunkt verändern sie ihre Konturen, und kommt man ihnen näher, so verschwimmen sie ganz." (STARBUCK, 1976) Dies scheint heute in besonderem Maße zu gelten, da sich die Organisationen nicht nur unter dem Eindruck des Betrachters, sondern unter dem tatsächlichen Druck der Umwelt wandeln, und ihre Vielfalt ständig zunimmt. Sie scheinen ihre Festigkeit zu verlieren, indem die Anpassungs- und Wandlungsfähigkeit betont und genau hierin ihre eigentliche Stärke gesehen wird. Statt Stabilität wird Flexibilität propagiert, und der Hinweis auf Strukturen erinnert bereits an Bürokratien und wirkt daher merkwürdig antiquiert. Stattdessen wird von offenen Netzwerken, Kooperationssynergien oder Lernkulturen gesprochen. Gleiches gilt für Führung und für Führungskräfte. Auch hier wird Erneuerung verlangt: Sie sollen umlernen, neue Rollen einüben, auf Macht und Einfluss verzichten und anderen eine Chance geben. Selbst der Führungsbegriff steht zur Disposition, wenn nicht mehr von Planen und Lenken, sondern von Coaching und Counselling die Rede ist. Der Wandel der Führungsrolle entspricht dabei nicht einfach nur dem Zeitgeist oder erklärt sich als späte Einsicht in die Überlegenheit demokratischer Steuerungen, sondern ergibt sich als Notwendigkeit aus dem Wandel der organisationalen Strukturen.

2. Organisationen sind Regelsysteme

Bei aller Unterschiedlichkeit der Organisationsformen lässt sich jedoch rasch Einvernehmen darüber erzielen, dass Organisationen der Leistungssteigerung dienen und hierzu das Verhalten ihrer Mitglieder koordinieren. Organisierte Arbeit liefert Synergieeffekte, also ein Leistungsplus gegenüber der bloßen Aggregation der Arbeitsergebnisse einzelner Menschen, sofern deren Tätigkeit aufeinander bezogen und auf ein übergeordnetes Ziel hin ausgerichtet wird. Dies ist die Kernaufgabe der Führung, die sich hierzu unterschiedlicher Instrumente bedient. Nur eines davon ist die personale Führung, also die persönliche Interaktion zwischen Führungskräften und Mitarbeitern. Andere verhaltenssteuernde Instrumente sind strukturaler Art, wie z.B. organisationale Regeln und Standards (z.B. Verfahrensanweisungen zur Qualitätssicherung in Unternehmen oder ministerielle Erlasse zur Steuerung nachgeordneter Behörden) oder technisch bedingte Abläufe (z.B. die Reihenfolge der Arbeitsschritte in Montageprozessen oder die menügeführte Dateneingabe in IT-Systemen) oder das System der hierarchisch gegliederten Stellen und Zuständigkeiten (vgl. den Beitrag von v. ROSENSTIEL, „Grundlagen der Führung" in diesem Band). Schließlich stellt auch die Organisationskultur mit ihren Werten und Normen ein System der Verhaltenssteuerung dar, das ebenso wirksam wie unbemerkt funktioniert, allerdings auch nicht so beliebig und rasch gestalt- und veränderbar ist, wie dies für formale Regeln gilt.

Organisationen verfügen also über unterschiedliche Steuerungssysteme, die sich ergänzen können und in ihrer Redundanz eine höhere Steuerungssicherheit versprechen. Wenn hohe Kundenorientierung und Qualitätssicherung nicht nur im Hochglanzpapier des Unternehmensleitbilds erscheinen, sondern durch Qualitätshandbücher vorgeschrieben, durch Ausbildung unterstützt und durch die besondere Aufmerksamkeit der Vorgesetzten hervorgehoben werden, so dürfte diesen Prinzipien erhöhte Akzeptanz und Gefolgschaft sicher sein.

Diesen Regel- und Steuerungssystemen ist gemeinsam, dass sie den einzelnen Menschen von Unsicherheit und Entscheidungsdruck entlasten und zugleich die Organisation vom einzelnen Individuum unabhängig machen. Wer neu in die Organisation eintritt, findet Regeln vor, die auch nach seinem Ausscheiden Bestand haben. Falls es dennoch zu Koordinationsproblemen kommen sollte, greifen weitere Regeln, etwa der Verweis an die nächsthöhere Hierarchieebene. Diese Regeln stabilisieren die Organisation und erlauben eine Steigerung der Rationalität und Effizienz. Nicht Tradition oder Ideologie bestimmt die Regel, sondern Wissen, Erfahrung und Erfolg. Zumindest entspricht dies dem Grundprinzip des tayloristischen „Scientific Management", das die Entwicklung der Organisationsstrukturen und Führungsstile bis in die heutige Zeit beeinflusst hat. Vergleichbar dem Bürokratiemodell von Weber hatte Taylor eine klare Arbeitsteilung, hierarchische Gliederungen, strukturierte Regeln und deren präzise Überwachung gefordert. Damit sind auch zugleich die wesentlichen Strukturdimensionen umrissen, anhand derer sich Organisationen unterscheiden lassen (vgl. REIMANN, 1975):

1. Spezialisierung
Dies betrifft den Grad der Arbeitsteilung, also die Frage, wie weit die Gesamtaufgabe in Teilschritte oder gar einzelne Handgriffe zergliedert wird. Der leistungssteigernde Effekt der Arbeitsteilung stößt jedoch bei stark partialisierten Tätigkeiten an seine Grenzen bzw. kehrt sich um, weil der Koordinationsaufwand unverhältnismäßig steigt. Dieser Aufwand bezieht sich dabei nicht nur auf die Koordination der Arbeitstätigkeiten, sondern vor allem auf die Kontrolle der Arbeitskräfte. Hoch arbeitsteilige Spezialisierungen machen die Arbeit inhalts- oder sinnleer, verringern ihre intrinsischen Anreize und behindern die Identifikation mit der Aufgabe.

2. Formalisierung/Standardisierung
Dies betrifft den Grad, in dem Zuständigkeiten und Arbeitsabläufe durch vorgegebene, meist schriftlich fixierte Regeln und Standards festgelegt werden. Die Leitungssysteme (z. B. Stab-Linien- oder Matrixorganisationen) und ihre jeweiligen Stellenbeschreibungen definieren Aufgaben und Zuständigkeiten. Diese Stellenbeschreibungen wurden vielfach unter dem Gesichtspunkt der Klärung und Verpflichtung erlassen, d. h. sie klären, wozu der Stelleninhaber verpflichtet ist. Damit ist zugleich eine Entpflichtung von all jenen Aufgaben gegeben, die nicht eigens aufgeführt waren. Der formal korrekte Hinweis, nicht zuständig zu sein, erwies sich jedoch zunehmend als problematisch. Auch die Regelung von Verfahrensabläufen – etwa im Rahmen von TQM oder ISO – kann rasch eine Doppeldeutigkeit und Eigenständigkeit annehmen, wenn ihr Zielbezug verloren geht und sie nur noch schematisch als solche befolgt werden. Die Regeleinhaltung ist dann wichtiger als die Zielerreichung. So verliert die Regel ihre instrumentelle Funktion und wird zum Selbstzweck.

3. Zentralisierung

Dies betrifft die Zuordnung von Entscheidungskompetenz und die davon abgeleiteten Weisungsmöglichkeiten über verschiedene Hierarchieebenen hinweg. So wird geregelt, wer worüber und wieweit entscheiden darf. In streng zentralistisch strukturierten Organisationen reduziert sich die Führungsaufgabe dann auf die Kontrolle der Einhaltung von Vorgaben und Normen. Dies mindert den Einfluss der Vorgesetzten und schützt sie zugleich vor den Mitarbeiteransprüchen, da es nichts zu verhandeln gibt. Kommunikation zwischen den Ebenen verengt sich auf die Weitergabe von Anordnungen nach unten und Kontrollmeldungen nach oben. Die Führung verliert ihre eigentliche Steuerungs- und Bindungsfunktion und beschränkt sich auf ihre Weisungs- und Überwachungsfunktionen. Emotionale Bindungen würden dysfunktional und stören einen Mechanismus, der gerade ohne Ansehen der Person funktionieren soll. Die normative Forderung nach partizipativer Führung läuft hier ins Leere. Wo keine Handlungsspielräume gegeben sind, braucht auch nicht verhandelt zu werden. Die Partizipation erschöpft sich dann in unpersönlicher Freundlichkeit, die gerade nicht strukturkorrigierend, sondern -stabilisierend wirkt. So wird Zentralisierung zum Mittel der Eliminierung persönlicher Macht. Der Preis dafür ist Inflexibilität (CROZIER, 1971).

Während für Max Weber diese hier idealtypisch formulierten Strukturmerkmale jeweils nur Ausprägungen einer einheitlichen Dimension waren, verweisen PUGH und HICKSON (1971) sowie REIMANN (1975) darauf, dass es sich um unabhängige Dimensionen handelt und Organisationen demnach nicht lediglich mehr oder minder bürokratisch, sondern ganz unterschiedlich strukturiert sein können. Damit wird auch die Auffassung obsolet, dass organisatorische Entwicklungen im Kern stets auf eine Perfektionierung des zweckrationalen Bürokratiemodells hinauslaufen.

Es spricht viel für die Annahme, dass sich die gesellschaftlichen Umfeldbedingungen, in denen Organisationen agieren, geändert haben, und so neue Anforderungen und damit auch neue Organisationsstrukturen entstanden sind. Der Wandel und die Globalisierung der Märkte, die Zunahme des Wettbewerbs, der Anstieg und die Differenzierung der Kundenerwartungen sowie die technologischen Entwicklungen haben zu einer höheren Umweltkomplexität und -dynamik geführt, die mit rein zweckrational und zentral gesteuerten Organisationen nicht zu beherrschen ist. Der Mangel an Flexibilität erwies sich als die eigentliche Achillesferse tayloristischer Organisationen, die mit „Übersteuerung", „Überstabilisierung" und „Überkomplizierung" gleich alle drei von TÜRK (1976) differenzierten Pathologien einer Organisation auf sich vereinigen konnten.

3. Mangel an Motivation oder an Möglichkeiten

Die Mitgliedschaft und Mitwirkung in einer Organisation werden weitgehend durch eine freie Willensentscheidung bestimmt und folgen der einfachen Abwägung, ob sich der Einsatz lohnt oder nicht. Dies ist nicht lediglich materiell im Sinne eines Gehaltsvergleiches zu sehen, sondern bezieht zunehmend andere Faktoren mit ein, etwa die Frage, ob die Organisation sinnvolle Ziele verfolgt, ein ansprechendes Sozialklima bietet und Entwicklungschancen bereithält (vgl. den Beitrag von v. ROSENSTIEL „Motivation" in diesem Band). Der Wunsch nach sinnvoller Tätigkeit und angemessenen Handlungsspielräumen ist im Zuge des Wertewandels gewachsen. Dem stehen immer noch erstarrte organisationale Strukturen gegenüber. Dies zeigt sich bei der einfachen Frage, wie weit es den Organisationen gelingt, das volle Leistungspotenzial ihrer Mitarbeiterinnen und Mitarbeiter zu nutzen. Die Antworten sind oft betrüblich dürftig: Folgende einfache – in Führungsseminaren gestellte – Frage ergab immer wieder gleichartige Ergebnisse, die Abbildung 1 zeigt.

In welchem Grade gelingt es hier, die Leistungspotenziale der Mitarbeiterinnen und Mitarbeiter zu zu nutzen....

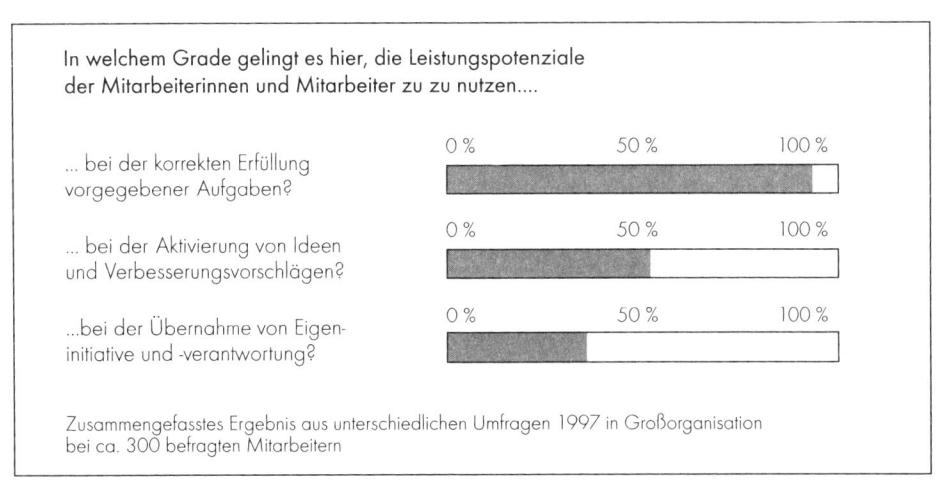

... bei der korrekten Erfüllung vorgegebener Aufgaben?

... bei der Aktivierung von Ideen und Verbesserungsvorschlägen?

...bei der Übernahme von Eigeninitiative und -verantwortung?

Zusammengefasstes Ergebnis aus unterschiedlichen Umfragen 1997 in Großorganisation bei ca. 300 befragten Mitarbeitern

Abb. 1: Leistungspotenziale der Mitarbeiter

Dieser Mangel an Kreativität und Initiative wird durch den Hinweis auf fünf Faktoren erklärt:

1. Zeitdruck und Arbeitsbelastung lassen kaum Möglichkeiten für Kreativität und Initiative
2. Einengung durch bürokratische Vorgaben und Regeln
3. Beharrungstendenz des Gewohnten oder Widerstand gegen Wandel
4. Fehlende Anreize für Innovation und Initiative
5. Angst vor Fehlern und Bloßstellung

Hier werden zentralistische Strukturen und dirigistische Führungsstile als kreativitäts- und initiativfeindlich dargestellt. Die Mitarbeiter sind durch externe Vorgaben eingegrenzt und verlieren mit dem äußeren Bewegungsraum auch ihre inneren Antriebsenergien, bis schließlich der Mangel an Motivation dem Mangel an Möglichkeiten entspricht. Selektions- und Sozialisationseffekte verstärken diesen Prozess, so dass diese Strukturen schließlich für jene Mitarbeiter attraktiv sind, deren Leistungsmotivation eher durch Misserfolgsmeidung als durch Erfolgssuche und deren Handlungstendenzen eher durch ängstliches Abwarten als durch offene Aktivität gekennzeichnet sind (WEIBLER, 1989). Dann verliert die Enge der organisationalen Struktur auch ihre psychisch aversive Wirkung und kann stattdessen geradezu als Schutz vor bedrohlich erlebten Änderungen begrüßt werden. Allerdings lassen sich auch die gegenteiligen Effekte finden, wenn die strukturelle Enge gepaart mit unpersönlicher Führung geradezu zum Widerstand herausfordert. BERNDSEN (1997) schreibt diesen Strukturen sogar eine sabotagebegünstigende Wirkung zu und zeigt, dass einzelne Mitarbeiter gerade durch organisationsfeindliche Aktionen bestrebt sein können, ihre verlorenen Handlungsspielräume wiederherzustellen.

4. Schlanke Organisationsstrukturen

Inflexibilität, Demotivation und Destruktion sind angesichts dynamischer Umwelten sowohl einzel- wie gesamtwirtschaftliche Erfolgshemmnisse ersten Ranges. Der Ruf nach neuen, flexibleren Organisationsstrukturen ist unüberhörbar, übrigens nicht nur in der Wirtschaft, sondern ebenso im Bereich der öffentlichen Verwaltungen. Einen entscheidenden Innovationsanstoß gab die weltweite, empirisch fundierte MIT-Studie von WOMACK u. a. (1991) zu neuen Produktionskonzepten in der Autoindustrie. Die Analyse der insbesondere bei Toyota realisierten Managementstrategien lenkte die Aufmerksamkeit auf die eigentlichen Wertschöpfungsketten, auf die Vermeidung jeglicher Verschwendung, auf kontinuierliche Verbesserungsprozesse, flache Hierarchien, die Reduktion indirekter Funktionen und den Einsatz von Gruppenarbeitskonzepten, was insgesamt in dem populären Label „lean production" zusammengefasst wurde.

Es wurde mehrfach und zu Recht darauf hingewiesen, dass ein bloßer Ersatz „tayloristischer" durch „toyotistische" Strukturen den spezifischen historischen, kulturellen und auch branchentypischen Bedingungen europäischer Organisationen nicht gerecht werden könne (vgl. ZINK, 1995, S. 19). Während die bundesrepublikanische Diskussion auch durch das Bemühen um eine menschengerechte, d.h. lern- und persönlichkeitsfördernde Arbeitsgestaltung beeinflusst wurde (ULICH, 1994, S. 287), geht es bei den japanischen lean production-Strategien „nicht um eine Humanisierung, sondern um eine konsequente Rationalisierung der Arbeit unter Rundumnutzung der menschlichen Arbeitskraft" (STAEHLE, 1994, S. 694).

Während sich im privatwirtschaftlichen Bereich die im Gefolge dieser Studie publizierten Erfolgsrezepte zu überschlagen scheinen und den Beratungsmarkt für Managementkonzepte überschwemmen, konzentriert sich im öffentlichen Sektor die Diskussion auf das New Public Management (NPM), das in der Bundesrepublik unter dem Namen „Neue Steuerungsmodelle" firmiert.

Ein grundlegender Ansatz dieses Strukturwandels liegt in der Erweiterung der strukturell verengten Handlungsspielräume und dem systematischen Einbezug der Mitarbeiter. Dies betrifft die drei Dimensionen des Entscheidungs-, Tätigkeits- und Interaktionsspielraums. Mitarbeiter werden als Mitdenker und Mitgestalter gesehen, wenn ihnen zunehmend mehr Entscheidungs- und Mitwirkungskompetenz zuerkannt wird. Damit übernehmen sie Führungsfunktionen, die bislang bei den Vorgesetzten lagen. Dies ermöglicht und erfordert den Abbau von Hierarchieebenen bzw. die Entwicklung flacher Strukturen. Die Arbeitsaufgaben werden nicht weiter zerstückelt, sondern zu ganzheitlicheren Arbeitspaketen zusammengefasst: Integration statt Partialisierung ist das Motto. Dies zeigt sich besonders klar in den Produktionsbereichen, wenn ehemals indirekte Tätigkeiten wie Wartung, Instandhaltung, innerbetriebliche Logistik oder Qualitätssicherung von den direkten Produktionsbereichen übernommen werden. Die Aufgabenkomplexität steigt und erfordert erweiterte Qualifikationen. Schließlich werden die Synergieeffekte der Gruppenarbeit genutzt, wenn die Teammitglieder ihren Arbeitseinsatz untereinander koordinieren. Job rotation sorgt dabei nicht nur für höhere Einsatzflexibilität, sondern fördert die Qualifikation und Identifikation mit der Gesamtaufgabe und der Arbeitsgruppe. Dies ist Voraussetzung dafür, dass komplexe Probleme in der Gruppe aufgegriffen und kompetent gelöst werden können.

Die Erweiterung der Handlungsspielräume kann jedoch auch unerwünschte Nebenwirkungen bringen, etwa die Angst vor Überforderung und Verantwortung,

Die Erweiterung der Handlungsspielräume birgt Chancen und Risiken gleichermaßen.

```
                    Entscheidungs-
                    kompetenzen
                         ↑                Kooperations-
                         |                spielraum
                         |              ↗
                         |   ┌─────┐
                         |   │     │
                         |   │  ┌─┐│
                         |   │  └─┘│
                         |   └─────┘
                         |_____→ Aufgabenkomplexität
                              ↓    ↓
                          ⊖         ⊕

     ┌─────────┐                    ┌──────────────┐
     │ Ängste  │ ← Person →         │  Engagement  │
     └─────────┘                    └──────────────┘
     ┌─────────┐                    ┌──────────────┐
     │Konflikte│ ← Interaktion →    │  Kooperation │
     └─────────┘                    └──────────────┘
     ┌─────────┐                    ┌──────────────┐
     │  Chaos  │ ← Organisation →   │ Flexibilität │
     └─────────┘                    └──────────────┘
```

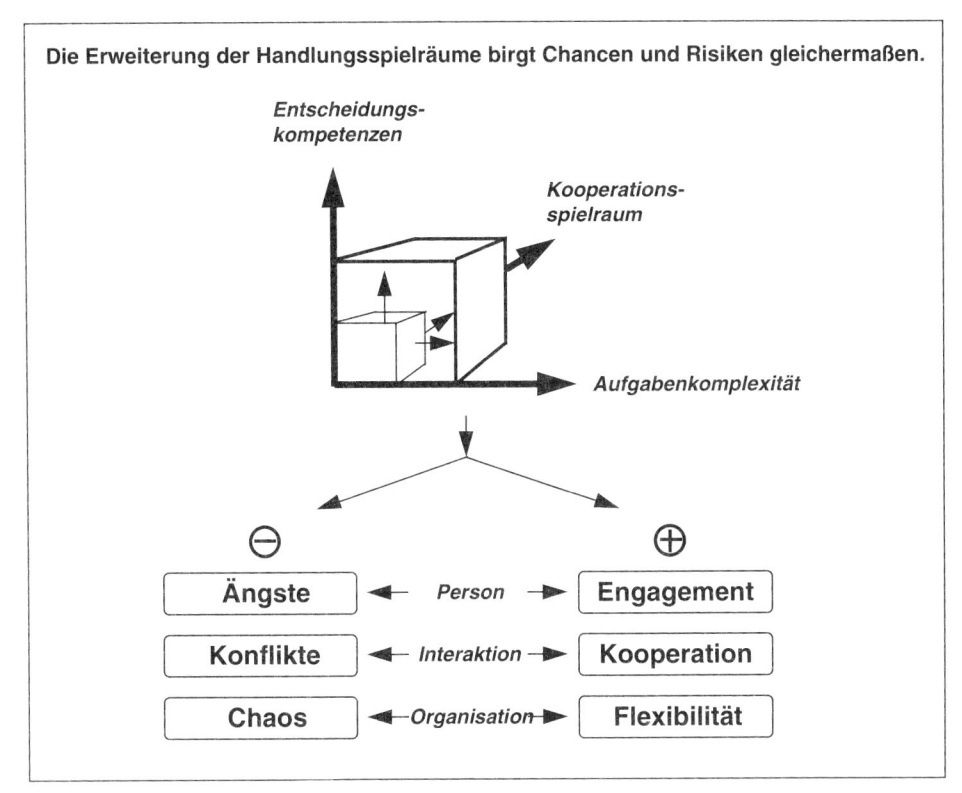

Abb. 2: Chancen und Risiken erweiterter Handlungsspielräume

die Zunahme destruktiver Konflikte sowie die Gefahr eines Mangels an Gesamtkoordination (s. Abbildung 2). Daher sind mit der Erweiterung der Handlungsspielräume weitere flankierende Maßnahmen zur Vermeidung dieser Risiken notwendig.

Zu diesen risikominimierenden Strategien gehören insbesondere die Präzisierung der organisatorischen Ziele und das Bemühen, sie durch einen systematischen Zielvereinbarungsprozess auf alle Ebenen und Funktionen hinunterzubrechen. Ziele – weniger Regeln – sollen handlungsleitende Funktionen übernehmen. Die partizipative Zielvereinbarung soll dabei die Zielbindung erhöhen und so die notwendige Akzeptanz für die Übernahme der Ergebnisverantwortung stärken. Hierzu gehört weiterhin, dass die Mitarbeiter tatsächlich den Prozess der Leistungserstellung durch eigenes Handeln beeinflussen können und um ihre Einwirkungsmöglichkeiten wissen. Daher ist neben der Messung der Zielerreichung und der entsprechenden Ergebnisrückkopplung auch die systematische Qualifizierung der Mitarbeiter eine wichtige Voraussetzung für die Funktionsfähigkeit dieses Prozesses.

Diese strukturellen Bedingungen der neuen Organisationskonzepte lassen sich im Kern auf drei wesentliche Entwicklungslinien reduzieren, die übrigens sowohl in den privatwirtschaftlich verfassten Unternehmen, als auch bei den non-profit Organisationen der öffentlichen Verwaltungen wiederzufinden sind (s. Abbildung 3).

Der Wandel der organisationalen Struktur bedingt und erfordert auch einen Wandel der personalen Führung. Während die partizipative Haltung in bürokratisch/tayloristisch strukturierten Organisationen noch überwiegend beschwichtigend wirken

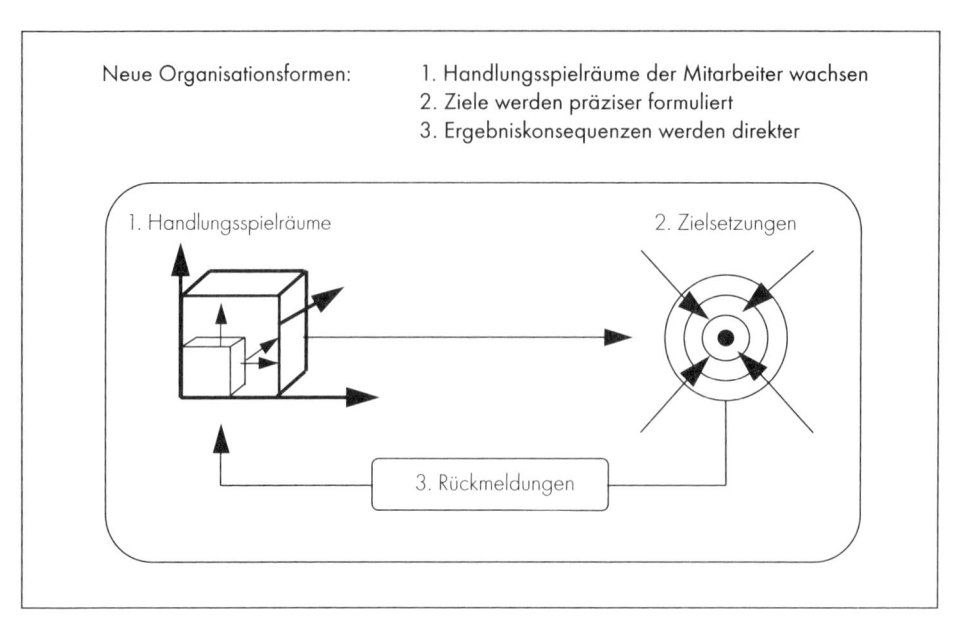

Abb. 3: Konsequenzen neuer Organisationsformen

und mit den unpersönlichen Strukturen versöhnen sollte, geht es nun darum, die motivationalen Ressourcen der Mitarbeiter zu aktivieren, ihre Kreativität zu fördern und ihre Initiativen zu bündeln.

Der größere organisationale Freiraum stimuliert zu Eigeninitiativen, die jedoch – je nach Standpunkt – auch als Eigenmächtigkeiten interpretiert werden können. Konflikte werden wahrscheinlicher und verlangen nach Lösungen, die nicht bereits durch Regelsysteme vorgegeben, sondern erst gefunden werden müssen.

Die personale Führung ist hier kein „Anhängsel" mehr, kein Residualfaktor einer noch nicht perfektionierten strukturellen Steuerung, sondern erfüllt die zentralen Funktionen der Orientierung und Integration von Mitarbeitern. Zugleich wandelt sich das Bild der Mitarbeiter vom unselbstständig Beschäftigten zum selbstständigen Mitgestalter.

5. Führung selbstständiger Mitarbeiter

Die neuen Organisationsstrukturen haben ein neues Dilemma geschaffen: Den Zielkonflikt zwischen Kreativität und Kontrolle. Wie sollen Führungskräfte – so fragt SIMONS (1995) – das Geschehen in ihren Organisationen angemessen kontrollieren und zugleich Mitarbeitern genügend Raum lassen, um Flexibilität, Erneuerungsstreben und Kreativität zu praktizieren? Angesichts steigender Kundenanforderungen bei nachlassender Kundenbindung können Fehlentwicklungen rasch gravierende Risiken, dauerhafte Imageschäden oder gar existenzielle Krisen auslösen. Es wird nicht reichen, nur gute Leute einzustellen, für Anreize zu sorgen und ansonsten auf das Beste zu hoffen. SIMONS (1995) differenziert vier Kontrollsysteme, die jeweils unterschiedliche Funktionen erfüllen und daher erst in ihrer Kombination ein sinnvolles System ergeben:

1. Diagnostische Kontrollsysteme

Diese Systeme funktionieren wie die Anzeigeinstrumente im Cockpit eines Flugzeuges oder der Steuerungswarte eines Kraftwerks. Sie machen möglichst zeitnahe realistische Aussagen über relevante Teilaspekte des gesamten Prozesses der Leistungserstellung. Diese vom Controlling bereitgestellten und differenziert aufbereiteten Daten erlauben nicht nur den Führungskräften eine Feinsteuerung des Prozesses, sondern geben jedem Mitarbeiter Rückmeldungen über seinen Leistungsstand und seine Zielerreichung. Vergleichende Berechnungen (benchmarking) zeigen erreichbare Ziele und spornen vor dem Hintergrund der weiten Handlungspielräume zur Leistung an, vor allem dann, wenn die Zielerreichung mit Gratifikationen verbunden ist. Die Wirksamkeit dieser Systeme ist unbestritten. Sie bergen jedoch gerade deswegen eine Gefahr: Die Internalisierung externer Vorgaben und die Verinnerlichung der Leistungsnormen kann einen Druck erzeugen, der die Versuchung zur Datenmanipulation fördert. SIMONS (1995) berichtet von verschiedenen Fällen, bei denen hohe Ziele zu hohen Versagensängsten und dann nicht zur Vermeidung, sondern nur noch zur Verschleierung von Fehlentwicklungen führten. Daher bedürfen diagnostische Systeme der Einbindung in Bekenntnissysteme.

2. Bekenntnissysteme

Hiermit sind Wertorientierungen und Normen gemeint, die die Soll-Kultur einer Organisation beschreiben. Solche Bekenntnissysteme werden als „mission statements" oder „Unternehmensleitlinien" notwendigerweise auf hohem Abstraktionsniveau formuliert, um für möglichst viele Bereiche und Situationen Gültigkeit zu haben. Damit diese Ausagen jedoch nicht in die Unverbindlichkeit des Abstrakten abheben, müssen sie lebendig gehalten und durch Beispiele konkretisiert werden. Die Glaubhaftigkeit des Führungshandelns im Sinne der Grundwerte ist notwendig. So wird verhindert, dass diese Grundwerte als Modetrend oder Werbegag belächelt werden. Insbesondere komplexe und dezentrale Strukturen erschweren die Entwicklung eines Gefühls der Zugehörigkeit. Auch dieses kann durch sinnstiftende Grundwerte erleichtert werden. Da Grundwerte normativ formuliert sind, weichen sie von der Realität ab. Diese Diskrepanz spricht nicht gegen, sondern für sie, da sie andernfalls überflüssig wären. Allerdings darf die Diskrepanz nicht so groß sein, dass sie als unerreichbares Ideal ihre Orientierungsfunktion verliert.

3. Abgrenzungssysteme

Dies sind negativ formulierte Standards, die unerwünschte Verhaltensweisen charakterisieren. Hier werden Handlungen definiert, die jenseits des Erlaubten, aber wegen ihrer Verlockung noch im Bereich des Möglichen liegen. Solche Kodizes sind organisationsspezifischer gefasst als ethische oder gesetzliche Vorgaben. Im Übrigen wäre die Wiederholung allgemeiner sittlicher Normen nicht nur redundant, sondern dysfunktional, da sie implizit ihre Missachtung innerhalb dieser Organisation unterstellt. Entscheidend ist, dass Normverstöße auch geahndet werden, wobei dem Führungsverhalten wegen seiner Vorbildfunktion besonders enge Grenzen gesetzt sind. Diese Abgrenzungen sind nicht auf moralische Aspekte begrenzt, sondern können auch strategische Bereiche umfassen. SIMONS (1995) berichtet von einem Computerhersteller, der in einem strategischen Planungsverfahren grüne und rote Bereiche definiert hat, um Produktentwicklung und Marketing vor den Aktivitäten zu warnen, die zwar im Kompetenzbereich des Unternehmens, aber jenseits der langfristigen Strategieziele liegen.

4. Interaktive Kontrollsysteme

Hiermit ist ein System von Dialogen und Debatten gemeint, das an Stelle unregelmäßiger oder zufälliger Gespräche installiert wird, um den Informations- und Gedankenaustausch in relevanten Fragen zu forcieren. Mitunter werden „multi-level" Gespräche eingeführt, um die Hierachieebenen durchlässiger und Themen besprechbar zu machen, die sonst vermieden werden. Damit bieten Gesprächsrunden nicht nur aktuelle Feinabstimmungen, sondern wirken auch als Alarmsystem für Fehlentwicklungen, die sonst erst relativ spät wahrnehmbar wären. Voraussetzung ist allerdings die Schaffung und Aufrecherhaltung einer Diskussionskultur, die zielorientiert, aber dennoch offen ist für ungewöhnliche, abweichende oder widersprechende Meinungen.

Diese vier von SIMONS (1995) beschriebenen Führungssysteme verlangen von den Führungskräften eine aktive, aber nicht dirigistische Haltung. Sie sollen offen, aber nicht ziellos sein und Zuversicht vermitteln, ohne illusionär zu werden. Hier wird deutlich, dass neue Organisationsstrukturen neue Qualifikationen nicht nur beim Mitarbeiter, sondern vor allem bei den Führungskräften fordern (vgl. den Beitrag von REGNET, „Anforderungen an die Führungskraft" in diesem Band). Dies ist sicherlich ein Grund für die Aktualität des Themas „Kernkompetenzen der Führung", das in verschiedenen Unternehmen diskutiert wird.

Die Definition von Kernkompetenzen scheint verlockend, wenn damit personale Erfolgsfaktoren gemeint sind, die entweder durch entsprechende Testverfahren diagnostiziert oder durch Entwicklungsmaßnahmen gefördert werden. Hier schimmert allerdings die längst überwunden geglaubte Eigenschaftstheorie der Führung durch, die trotz ihrer „theoretischen Unfruchtbarkeit (…) und der (…) enttäuschenden empirischen Befunde" (NEUBERGER, 1990, S. 73) immer wieder beschworen wird, wenn es gilt, komplexe soziale Prozesse durch überschaubare Faktoren zu erklären und damit handhabbar zu machen.

Sinnvoller als diese oft inhaltsarmen Aufzählungen (Ichkompetenz, Methodenkompetenz, Sozialkompetenz, Kulturkompetenz…) ist eine Analyse der realen Rollen und tatsächlichen Handlungen von Führungskräften. Dann wird deutlich, dass – auch erfolgreiche – Führungskräfte vielfach ganz anderes tun, als die Beraterliteratur empfiehlt. MINTZBERG (1973) konnte zeigen, dass Managementaktivitäten kurz, abwechslungsreich, stark fragmentiert und vielfach ungeplant sind. Es dominieren Gespräche, zu denen auch viele informelle Kontakte zählen, bei denen gleichsam am Rande wichtige Informationen gesammelt und gegeben werden können. Etwa die Hälfte der Aktivitäten dauert weniger als neun Minuten; nur 10% dauern länger als eine Stunde. Angesichts dieser Befunde wird klar, dass ein zentrales Problem dieser Berufsgruppe darin besteht, „sich rasch auf wechselnde Situationen, auf neue Rollenanforderungen einstellen zu müssen, dabei aber ihre Identität und unverwechselbaren Persönlichkeitsmerkmale nicht zu verlieren" (STAEHLE, 1991, S. 15). Neben dieser gleichsam therapeutischen Mahnung, nicht im Chaos der äußeren Kurzzyklizität unterzugehen, bleibt freilich die parallele Führungsaufgabe, die Organisation bei wechselnden Anforderungen und Umfeldbedingungen auf Kurs zu halten. Auch hierbei geht es weniger um die Entwicklung optimaler Konzepte, als um deren reale Implementierung.

6. Organisationsentwicklung als Führungsaufgabe

Der Übergang von alten zu neuen Strukturen vollzieht sich wohl nur in seltenen Fällen linear und planvoll. Vor allem dann nicht, wenn radikale Restrukturierungen intendiert sind. Statt nahtloser Übergänge finden sich hier eher Brüche, Krisen und Konflikte. Diese sind weniger ein Zeichen unvollkommener Strukturkonzepte, sondern deuten oft auf unzureichende Implementierungsstrategien hin. Widerstand gegen Wandel richtet sich nämlich vielfach nicht gegen das Neue, sondern gegen die Art und Weise seiner Durchsetzung: Wer nicht informiert, beteiligt oder gefragt wird, erfährt so gleichsam nebenbei, dass er nichts zu sagen hat und getrost übergangen werden kann. Akzeptanz kann hier nicht mehr erwartet werden (vgl. den Beitrag von JÄCKEL, „Organisationsentwicklung" in diesem Band). Partizipative Strategien vermeiden diese Fallstricke und bieten wegen der Ideengenerierung noch obendrein die Chance einer auch sachlich besseren Lösung. Das Abweichen von ursprünglichen Umsetzungsplänen ist dabei keineswegs ein Mangel an Durchsetzungskraft, sondern kann ebenso als Beispiel eines sensiblen schrittweisen Vorgehens gedeutet werden. REISS und ZEYER (1994) entwickeln eine Reihe von Transitionsstrategien, deren Gemeinsamkeit gerade in der Abkehr von einseitigen top-down Entscheidungen liegt und die machbare Veränderung zum Ziel haben.

Literatur

BERNDSEN, D. (1997). Sabotage: Die bewusste und absichtliche Schädigung von Organisationen durch ihre Mitarbeiter. Frankfurt 1997.

CROZIER, M. (1971). Der bürokratische Circulus vitiosus und das Problem des Wandels. In R. MAYNTZ (Hrsg.), Bürokratische Organisation. Köln 1971, S. 277–288.

MINTZBERG, H. (1973). The Natur of Managerial Work. New York 1973.

NEUBERGER, O. (1990). Führen und Geführt werden. 3. Aufl. Stuttgart 1990.

PUGH, D. S. & D. J. HICKSON (1971). Eine dimensionale Analyse bürokratischer Strukturen. In R. MAYNTZ (Hrsg.), Bürokratische Organisation. Köln, Berlin, 1971, S. 82–93.

REIMANN, B. C. (1975). Strukturdimensionen bürokratischer Organisationen: Eine empirisch fundierte Würdigung. In K. TÜRK (Hrsg.), Organisationstheorie. Hamburg 1975, S. 18–31.

REISS, M. & ZEYER, U. (1994). Transitionsstrategien im Management des Wandels. In: Organisationsentwicklung 4, 1994, S. 37–44.

SIMONS, R. (1995). Kontrolle bei selbstständig handelnden Mitarbeitern. In: Harvard Business manager, 17, 1995, S. 98–105.

STAEHLE, W. H. (1994). Management. 7. Aufl. München 1994.

STAEHLE, W. H. (1991). Handbuch Management. Die 24 Rollen der exzellenten Führungskraft. Wiesbaden 1991.

STARBUCK, W. H. (1976). Organizations and their environment. In M.D. DUNNETTE (Hrsg.), Handbook of industrial and organizational psychology. Chicago 1976, S. 1069–1124.

TÜRK, K. (1976). Grundlagen einer Pathologie der Organisation. Stuttgart 1976.

ULICH, E. (1994). Arbeitspsychologie. 3. Aufl. Zürich, Stuttgart 1994.

WEIBLER, J. (1989). Rationalisierung im Wandel. Chancen und Risiken einer technologischen Entwicklung für das Individuum in der betrieblichen Organisation. Frankfurt 1989.

WOMACK, J. P. JONES, D. T. & ROOS, D. (1991). Die zweite Revolution in der Autoindustrie: Konsequenzen aus der weltweiten Studie des Massachusetts Institute of Technology. 6. Aufl. Frankfurt 1991.

ZINK, K. J. (1995). Erfolgreiche Konzepte zur Gruppenarbeit. Human Resource Management für Theorie und Praxis. Neuwied 1995.

Harald Jäckel

Organisationsentwicklung für Führungskräfte

1. Organisationsentwicklung aus Sicht einer Führungskraft (OE)
2. Organisationsverständnis und OE
3. Basisprozesse der Organisationsentwicklung
4. Phasen in einem Veränderungsprojekt
5. Fallen im OE Prozess aus Sicht einer initiativen Führungskraft

1. Organisationsentwicklung aus Sicht einer Führungskraft (OE)

Philosophien der Veränderung

Wenn eine einflussreiche Führungskraft in ihrer Organisation eine tief greifende Veränderung vornehmen will, z.B. die Zusammenlegung zweier Organisationseinheiten, so stehen ihr grundsätzlich drei Wege offen, diese Veränderung zu gestalten:

1. Wenn für die Führungskraft relativ klar ist, wie der Zustand nach dem Veränderungsprozess aussehen soll, kann sie Kraft ihrer Funktion die notwendigen Schritte direktiv anordnen. Dabei ist mit Widerständen von Betroffenen zu rechnen, die nach Abwägen aller Möglichkeiten, aller Vor- und Nachteile mit Anreiz und Belohnung, sanftem Druck oder ausgesprochenem Zwang bewältigt werden können. Verhandlungsrunden sind denkbar, oder auch ein Vorgehen mit der „Bombenwurfstrategie", um die entstehende Verunsicherung möglichst rasch zu nächsten Umsetzungsschritten zu nutzen (Machtphilosophie).

2. Die Führungskraft will sich im Hinblick auf die Schritte und Ergebnisse der geplanten Veränderung auf das Urteil eines Experten, i.d.R. eines externen Beratungsunternehmens verlassen. Nach Auftragserteilung werden eine oder mehrere Expertenberater/-innen umfangreiche Research-Tätigkeiten beginnen, die Mitarbeiter/-innen mit strukturierten oder offenen Fragen interviewen und eine detaillierte Expertise anfertigen. Mit differenzierten Instrumenten wird die Situation möglichst klar aufgezeigt und die notwendigen Schritte umrissen. Beispielhafte Instrumente sind die Gemeinkostenwertanalyse, das Strategische Portfolio etc. Die Führung steht dann in der Verantwortung, die skizzierten Schritte sukzessive umzusetzen (Expertenphilosophie).

3. Eine dritte Möglichkeit des Vorgehens ist, die in der Organisation Betroffenen zu Beteiligten und damit bestehendes Know-how zum Ausgangspunkt der Veränderung zu machen. Die Führungskraft definiert mit oder ohne externe Unterstützung ein Vorgehen, bei dem ausgewählte Personen aus der Organisation notwendige Schritte der Veränderung konzeptionell erarbeiten und anschließend realisieren. Dabei sind klare Rahmenbedingungen notwendig, d.h. die Führungskraft definiert z.B. welchen inhaltlichen Freiraum für Gestaltung sie im Prozess freigibt, und wo sie nur die Erarbeitung von möglichen Alternativansätzen wünscht, um selbst die weitere Richtung der anstehenden Veränderung zu bestimmen.

Mit Blick auf die drei beschriebenen Alternativen muss betont werden, dass keine in ihrer Reinform durchführbar ist, sondern alle erdenklichen Mischformen in der Realität vorkommen. Keine Entwicklungsstrategie wird ohne den Machtpromotor auskommen, keine Expertenstrategie wird ohne ein gewisses Maß an Einbeziehung der Mitarbeiter/-innen vollzogen werden können und keine fundierte Machtstrategie wird ohne ein Bestimmen der Ausgangslage im Sinne einer Diagnose agieren. Jeder der Ansätze kann in einer spezifischen Situation einer Organisation seine sachliche Berechtigung haben.

Aber es erfolgt durch die Schwerpunktsetzung in einer der drei Lösungswege eine deutliche qualitative Differenzierung. Die Machtphilosophie prägt eine Kultur der Anpassung mit einer eher kalten Konfliktaustragungsmentalität. Konformismus ist gefordert, Initiative ist damit eher selten zu finden. Bei einer Entscheidung für die Expertenphilosophie entstehen in der Organisation durch die Analysetätigkeit der

Fachleute meist große Unruhe, Misstrauen und Verunsicherung durch das Erlebnis der Fremdsteuerung. Die Führung hat die Umsetzungsschritte oft in Eigenregie zu vollziehen. Die Entwicklungsstrategie kostet am Anfang Zeit, lässt aber auf eine größere Nachhaltigkeit der getroffenen Maßnahmen hoffen. Es besteht die Chance, durch die Stimmigkeit von Weg und Ziel (das Know-how wird eigenverantwortlich erworben und im Anschluss auch angewandt) große Teile der Organisation einzubinden, mitreden, mitgestalten zu lassen, damit Akzeptanz zu schaffen, zu motivieren. Zusätzlich wird organisationsspezifische Problemlösungskompetenz geschaffen, die in der heutigen Zeit des dynamischen Wandels als wichtiges strategisches Differenzierungsmerkmal zur Existenzsicherung einer Organisation beitragen kann.

2. Organisationsverständnis und OE

Maßgeblich für die Wahl einer Veränderungsstrategie ist das grundsätzliche Organisationsverständnis der Personen in der Führungsspitze. Wird eine Organisation wie eine black box angesehen, in die die Führungskraft nur einen Input geben muss, um die gewünschten Ergebnisse zu erzielen; wird sie mechanistisch wie ein zusammenhängendes Räderwerk betrachtet; wird sie aus dem systemischen Blick wie ein offenes kybernetisches System mit vielfältigen Regelgrößen und Abhängigkeiten angeschaut oder als ganzheitliche Einheit im Sinne eines Leib-Seele-Geist-Konzeptes. Was dann genau ist der Zweck einer OE-Konzeption?

Im weiteren wird eine Organisation im Sinne des ganzheitlichen Konzeptes der sieben Wesenselemente (GLASL & LIEVEGOED, 1996) verstanden. Die *eine* Wirklichkeit der Organisation kann damit aus dem Blickwinkel von sieben unterschiedlichen Standpunkten beleuchtet werden. Physische Mittel und Prozesse, Abläufe eröffnen den Blick auf die materielle Situation der Organisation. Einzelfunktionen, Organe, dann Menschen, Gruppen, Klima und Struktur fokussieren die Gegebenheiten des sozialen Miteinanders der Personen in der Organisation und der außerhalb damit verbundenen Personen/Einheiten. Die Wesenselemente Policy, Strategie, Programme und Identität zeigen die längerfristige Orientierung, das Wertegerüst, das „Wesenhafte", der Organisation auf. Jede Intervention, auch wenn sie sich schwerpunktmäßig auf ein Wesenselement richtet, zieht Veränderungen auch in allen anderen Wesenselementen nach sich. OE soll:

1. Veränderungen in einer Organisation bewirken,
2. bei denen von den tragenden Personen
3. kognitive, emotionale und intentionale Stimmigkeit erlebt wird
4. im Hinblick auf grundsätzliche Entwicklungsrichtung (Verankerung im kulturellen System)
1. den Weg der Veränderung (Verankerung im sozialen System)
2. und konkrete nächste Entwicklungsschritte zur Verwirklichung der kurz- und langfristig angestrebten Ziele (Verankerung im technisch-instrumentellen System).

Vergleichbar mit den Lebensabschnitten in der Biografie eines Menschen durchlebt eine Organisation unterschiedliche charakteristische Lebensphasen, die jeweils spezifische Stärken und Schwächen, Chancen und Risiken mit sich bringen. Die Ausgangslage einer Organisation für eine OE-Maßnahme kann damit sehr unterschiedlich sein, je nachdem, ob sie in der Pionier-, der Differenzierungs-, der Integrations- oder der

Ganzheitliches Systemkonzept des Unternehmens
Die 7 Wesenselemente und 3 Subsysteme

Im Innensystem — *Zum Umfeld*

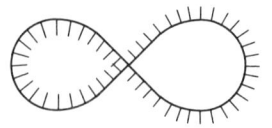

soziales Subsystem:

1. Identität

Im Innensystem	Zum Umfeld
Die gesellschaftliche Aufgabe der Organisation, Mission, Sinn und Zweck? Leitbild, Fernziel, Philosophie, Grundwerte, Image nach innen, historisches Selbstverständnis der Organisation	Image bei Kunden, Lieferanten, Banken, Politik, Gewerkschaft etc., Konkurrenzprofil, Position in Märkten und Gesellschaft; Selbstständigkeit bzw. Abhängigkeit

2. Policy, Strategie, Programme

Im Innensystem	Zum Umfeld
Langfristige Programme der Organisation, Unternehmenspolitik, Leitsätze für Produkt-, Finanz-, Kosten-, Personalpolitik etc.	Leitsätze für Umgehen mit Lieferanten, Kunden etc., PR-Konzepte, Marktpolitik, Marktstrategien; Übereinstimmung mit Spielregeln der Branche

3. Struktur

Im Innensystem	Zum Umfeld
Statuten, Gesellschaftervertrag, Aufbauprinzipien der Organisation, Führungshierarchie, Linien- und Stabsstellen, zentrale und dezentrale Stellen, formales Layout	Strukturelle Beziehung zu externen Gruppierungen, Präsenz in Verbänden etc., strategische Allianzen, Verträge, Vereinbarungen

4. Menschen, Gruppen, Klima

Im Innensystem	Zum Umfeld
Wissen und Können der Mitarbeiter, Haltungen und Einstellungen, Beziehungen, Führungsstile, informelle Zusammenhänge und Gruppierungen, Rollen, Macht und Konflikte, Betriebsklima	Pflege der informellen Beziehungen zu externen Stellen, Beziehungsklima in der Branche, Stil des Umgehens mit Macht gegenüber dem Umfeld

5. Einzelfunktionen, Organe

Im Innensystem	Zum Umfeld
Aufgaben, Kompetenzen und Verantwortung, Aufgabeninhalte der einzelnen Funktionen, Gremien, Kommissionen, Projektgruppen, Spezialisten, Koordination	Verhältnis zum üblichen Branchenverständnis über Arbeitsteilung, Funktionen zur Pflege der externen Schnittstellen, Berufsbilder, Kollektivverträge

technisch-instrumentelles Subsystem:

6. Prozesse, Abläufe

Im Innensystem	Zum Umfeld
Primäre Arbeitsprozesse, sekundäre und tertiäre Prozesse: Informationsprozesse, Entscheidungsprozesse, interne Logistik, Planungs- und Steuerungsprozesse	Beschaffungsprozesse für Ressourcen, Lieferprozesse (JIT), Speditions-Logistik, Aktivitäten zur Beschaffung externer Informationen

7. Physische Mittel

Im Innensystem	Zum Umfeld
Instrumente, Maschinen, Geräte, Material, Möbel, Transportmittel, Gebäude, Räume, finanzielle Mittel	Physisches Umfeld, Platz im Umfeld – Verkehrssystem, Verhältnis Eigenmittel – Fremdmittel

Abb. 1: Die 7 Wesenselemente und 3 Subsysteme von F. Glasl

Assoziationsphase (GLASL & LIEVEGOED, 1996) steckt. OE kann Hilfestellung leisten, die jeweils typischen Denk- und Handlungsmuster zu überwinden, um im „hier und heute" Schritte zu gehen, damit nicht morgen Erfolge unmöglich werden, weil Menschen weiter nach den Mustern handeln, die sie gestern erfolgreich haben sein lassen.

3. Basisprozesse der Organisationsentwicklung

Für die Gestaltung eines OE Prozesses können einer Führungskraft sieben Fragen als Ausgangspunkt und ständige Orientierung dienen:

1. In welcher Situation steckt eine Organisation? Von was kann ich als Führungskraft ausgehen? (Diagnoseprozesse)
2. Wie komme ich und alle Betroffenen der Organisation zu einem gemeinsamen Bild, wie die Zukunft aussehen soll? (Soll–Entwurfsprozesse)
3. Welche Konfliktfelder werden sich auf dem Wege zuspitzen und wie kann ich mit den betroffenen Personen die neue Konstellation sukzessive erarbeiten? (Psycho–soziale Änderungsprozesse)
4. Welches neue Wissen und Können muss erübt werden, und was muss eingeleitet werden, um dies zu erüben? (Lernprozesse)
5. Welche Informationen sollten zu welchem Zeitpunkt im Veränderungsprozess an welche Adressaten innerhalb und außerhalb der Organisation fließen? (Informationsprozesse)
6. Welche konkreten Umsetzungsschritte stehen mit der Veränderungsmaßnahme an, zu welchem Zeitpunkt und in welcher Reihenfolge? Welche Initiativen muss ich als Führungskraft ergreifen oder unterstützen? (Umsetzungsprozesse)
7. Mit welcher Steuerungsstruktur will ich als Führungskraft die anstehende Veränderung bewältigen? Was will ich selbst steuern, wo will ich die Rolle eines Auftraggebers übernehmen (Management der Veränderungsprozesse)

Diese sieben Fragerichtungen repräsentieren die sieben notwendigen Basisprozesse der Organisationsentwicklung. Sie sind Grundlage und Gestaltungsinstrumentarium in unterschiedlichsten Kombinationen für alle OE Maßnahmen (GLASL & JÄCKEL, 1996).

Diagnoseprozesse
Wenn Veränderungen erfolgreich sein sollen, lassen sie die Vergangenheit nicht außer Acht. Es ist Bewusstseinsbildung notwendig, wo eine Organisation heute steht. Wie wird die Ist-Situation von den unterschiedlichen Personen, Teams, Einheiten eingeschätzt? Welche Stärken, Schwächen, Chancen und Risiken bestehen aus heutiger Sicht? Zielsetzung einer Diagnose ist, in der Organisation für alle Beteiligten ein gemeinsames Bild zu gewinnen und sich damit auch gefühlsmäßig zu identifizieren. Die angewandten Methoden sollten so aussagefähig sein, dass ein differenziertes Bild entstehen kann, andererseits sollten die Daten so verdichtet werden können, dass der „Durchblick" entsteht. Techniken der Diagnose sind: die schriftliche Befragung mit Fragebogen oder per Internet, strukturierte oder offene Interviews, Diagnosemethoden in Gruppenprozessen, wie Delta Diagnose, Spot-Analyse u. a. Die Gefahr von Diagnoseprozessen ist, dass die Menschen sich ein weiteres Mal auch die Schwächen der Organisation ins Bewusstsein rufen. Das kann im Einzelfall deprimierend wirken.

Aber es schafft Klarheit und Betroffenheit, dass es nicht so bleiben kann, wie es bis heute war. Einen Ausgleich dazu eröffnet der Blick in die Zukunft.

Sollentwurfsprozesse
Während die Diagnoseprozesse den Veränderungsdruck aufzeigen, entsteht durch die Sollentwurfsprozesse das zukünftige Bild, wohin sich eine Organisation entwickeln will oder soll (Sog). Dieses Zukunftsbild lässt sich mit unterschiedlichsten Methoden und für verschiedene Zeithorizonte erarbeiten. Der Blick kann z. B. auf ein Jahresprogramm gerichtet werden, oder es können strategische Erfolgspositionen im Rahmen einer Unternehmensstrategie mit einem Zeithorizont von vier bis sechs Jahren erarbeitet werden oder etwa mit noch längerfristiger Dauer ein Leitbild, eine Vision oder gar die unverrückbaren Grundwerte im Sinne einer Unternehmensphilosophie in den Fokus einer Zukunftsarbeit rücken. Diese Zukunftsarbeit führt in der Organisation zur Willensbildung, d. h. durch das sich Identifizieren mit Zukunftsorientierung entsteht das Bedürfnis, heute aktiv zu werden für ein erfolgreiches Morgen. Eine Gefahr der Sollentwurfsprozesse liegt darin, die Machbarkeit aus dem Blick zu verlieren und unrealistische, schwärmerische Zukunftsbilder zu entwickeln. Gerade in dieser Situation bietet der unbefangene Blick eines Externen wichtige Hilfestellung.

Psycho-soziale Änderungsprozesse
Mit jedem Veränderungsprozess entstehen Unsicherheiten in der formellen und informellen Struktur einer Organisation. Eventuell verschieben sich zugeordnete Aufgaben, Kompetenzen und Verantwortlichkeiten oder eine hierarchische Struktur wird umgestaltet. Mit anderen Personen in den jeweiligen Funktionen verändert sich dann aber auch die informelle Struktur. Es gibt große Unterschiede, wie ich als betroffene Führungskraft z. B. meine Rolle im Zusammenspiel mit benachbarten Abteilungen ergreifen will, wie partnerschaftlich oder strategisch-egoistisch ich im Einzelfall agieren werde. Zusätzlich entstehen Verunsicherungen durch die jeweilige Komplexität der geplanten Veränderung, die Veränderungsgeschwindigkeit, eventuelle Einflüsse aus dem Umfeld etc.

Diese Unsicherheiten verursachen Ängste und zeigen sich im offenen oder verdeckten Widerstand gegen ein geplantes Veränderungsvorhaben. Oftmals lassen sich sachliche und emotionale Ebenen einer Fragestellung nicht trennen, und latente Konfliktpotenziale werden zu offenen Konflikten. Entscheidend ist, in welcher Ebene der Maslow'schen Bedürfnishierarchie Bedürfnisse (vgl. den Beitrag von v. ROSENSTIEL zur Motivation) von Betroffenen beeinträchtigt sind – was nicht heißen kann, dass hier alle Bedürfnisse Berücksichtigung finden sollen und können.

Ein Vorgehen mit OE bedeutet für eine Führungskraft, diese Phänomene als gegebene Realität zu akzeptieren und sich das Szenario einer Widerstandslandschaft deutlich vor Augen zu stellen. Erste Anzeichen von Widerstand sollten ernst genommen werden und mit angemessenen Methoden bearbeitet werden. Dies kann z. B. geschehen, indem mit strukturierten Gruppenprozessen die bestehenden Bilder, Urteile, Vorurteile, Fragen, Argumente ... ausgesprochen und behandelt werden. Im Grenzgebiet von OE und Konfliktmanagement findet sich ein reiches Repertoire an erprobten Vorgehensweisen.

Lernprozesse
Verantwortungsvolles Führen beinhaltet, den Qualitätsstand der Fähigkeiten von Mitarbeitern und Mitarbeiterinnen gezielt zu entwickeln. Damit sind Herausforderungen für Führungskräfte, Bedingungen zu schaffen, die ermöglichen, die Lernpotenziale

aller Personen in der Organisation einzeln, im Team, in den Abteilungen und in der Gesamtorganisation zu erschließen. Dies sind Grundgedanken der Konzeption der „Lernenden Organisation" (SENGE, 1996). Veränderungsprozesse schaffen einerseits Notwendigkeiten, sich Neues zu erarbeiten und sind andererseits eine Chance, die Lernfähigkeit in der Organisation gezielt zu entwickeln. Veränderungsprozesse sind zielorientierte Prozesse, d. h., es erscheint wichtig, dass der Grundsatz gilt: „Lernen muss leichter machen."

Die Führung des Veränderungsprozesses sollte sicher stellen, dass Qualifizierungsmaßnahmen einen unmittelbaren Bezug zum angestrebten Veränderungsziel haben und für die Betroffenen direkt Nutzen stiften. Die Lernprozesse lassen sich dabei in zwei unterschiedlichen Ebenen differenzieren. Auf der ersten Ebene geht es um ein Erkennen und Bewusstwerden der Fragestellung, sich emotional verbinden, um letztlich Fertigkeiten zu entwickeln, die angestrebte neue Situation auch handhaben zu können. Auf der zweiten Ebene kann angelegt werden, dass die Personen selbstständige Orientierungskompetenz erlangen, sich einem Prozess der Selbstentwicklung (Mastery Learning) stellen und damit auch in jeweils neuen, unsicheren Situationen handlungsfähig werden (SENGE, 1996).

Es gerät leicht aus dem Blickfeld, gerade wenn Führungskräfte sehr zielorientiert denken, dass die Lernprozesse im Rahmen einer Veränderung ausreichend Zeit beanspruchen. Dies kann z. B. im Rahmen eines Pilotprojektes erfolgen. Die Erfahrung zeigt, dass Change Prozesse immer wieder scheitern, weil Menschen für ihre notwendige persönliche Veränderung zu wenig Zeit gelassen wird.

Für die jeweilige Führungskraft besteht die Aufgabe, die Lernkorridore klar zu definieren und das Feld so aufzubereiten, dass im günstigsten Fall die Initiative für das Lernen und die Lernorganisation von den Betroffenen selbst ausgehen.

Informationsprozesse
Ehrliche Information schafft die Möglichkeit des Mitdenkens und der eigenen Urteilsbildung. In einem Veränderungsprozess können niemals alle Personen der Organisation selbst tätig sein. Deshalb ist wichtig, dass von Anbeginn an klar kommuniziert wird, welche Ziele ein Veränderungsprozess hat und welche Wege eingeschlagen werden sollen. Die jeweils zuständigen Führungskräfte haben dafür eine besondere Verantwortung. Sie sind Repräsentanten für den Stil, der in der Organisation gelebt wird. Damit wird von Führungskräften erwartet, dass sie mit den notwendigen Informationen bewusst und professionell umgehen. In breiteren Veränderungsprozessen hat die interne und externe Öffentlichkeit ein hohes Bedürfnis zu wissen, welche konkreten Veränderungen ins Auge gefasst werden. Nichts schafft eine bessere Grundlage für Gerüchte und Unsicherheiten als Ablenkungsmanöver, das Ausweichen auf Nebenkriegsschauplätze und eine Sprechblasen- und Worthülsenrhetorik.

Alle vom Veränderungsprozess betroffenen Personen haben ein hohes Interesse an ehrlicher, aktueller Information, die die Konsequenzen für sie aufzeigt und die ihnen Orientierung gibt für ihr zukünftiges Verhalten. Entscheidend ist weiterhin die Wahl des angemessenen Informationsweges. Für bestimmte Botschaften kann nur ein persönliches Gespräch in Frage kommen, anderes kann schriftlich geklärt werden, wieder andere Informationen gehören in einer Teamsitzung vermittelt. Bewährte Instrumente der Informationsverteilung sind: die Betriebsversammlung, eine Großgruppenveranstaltung, ein regelmäßiges Infoblatt zum Stand des Veränderungsprozesses, Instrumente des Visual Management, ein Infomarkt, die Möglichkeit einer Sprechstunde, ein Kamingespräch am Abend etc.

Umsetzungsprozesse

Alle Rückschau, alle Vorschau, alle Sorgfalt im Umgang mit Spannungen, alle Vorkehrungen der Qualifizierung und guten Informationsflüsse führen noch nicht dazu, dass die zur Veränderung notwendigen Schritte wirklich durchgeführt werden. In den Umsetzungsprozessen werden die definierten Ziele konkretisiert. Wichtig ist, dass diese Prozesse nicht etwa zum Ende einer Veränderungschronologie hin erst aktuell werden, sondern von Anbeginn an die Frage auftauchen sollte, welche in der Anfangsphase eines Veränderungsprozesses ergriffenen Maßnahmen führen zu „Quickwins", d. h. kurzfristigen überzeugenden Ergebnissen. Die verantwortliche Führungskraft kann dabei mit gutem Beispiel im Sinne eines Symbolverhaltens voranschreiten und z. B. bei einer Einführung von fachübergreifenden Teams selbst auch Kontakte zu Personen suchen, mit denen sie in der Organisation bisher weniger zu tun hatte.

Mit Blick auf die Realisierung ist wichtig auszudrücken, dass es keine Geheimrezepte gibt, aber alle Erfahrung dafür spricht, dass Entschlossenheit und Beharrlichkeit zum gewünschten Ziel führen. Für eine verantwortliche Führungskraft bedeutet das, sich in der wichtigen Phase eines Projektes nahezu täglich mit den Fragen des Fortkommens zu beschäftigen.

Wer als Umsetzer/Umsetzerin in vorderster Reihe benannt werden soll, z. B. in einem Pilotprojekt, ist eine zentrale Frage der Verantwortlichen. Es gibt eine Lücke zwischen Wissen und Tun (PFEFFER & SUTTON, 1999) die bei Menschen unterschiedlich stark ausgeprägt ist. Insofern scheint ein zentrales Erfolgskriterium, die geeigneten Kernpersonen für ein OE-Veränderungsprojekt in einer Organisation zu finden. Und neben allen Umsetzungsbarrieren kann sich ein Projekt noch zusätzlich im Gestrüpp persönlicher Egoismen verhaken, wenn es von vor allem mächtigen Mitspielern nur genutzt wird, um sich persönlich zu profilieren.

Zu den Umsetzungsprozessen gehören im Vorfeld klar strukturierte Entscheidungsprozesse, ein differenziertes Projektmanagement und weiterhin stützende Maßnahmen, z. B. durch Personalentwicklung (vgl. Abbildung 2).

Vorbereitung	Aufgabenstellung, Zielsetzung Abgrenzung/Weite des Auftrages Vorgaben, Rahmenbedingungen, Ressourcen Arbeitsweise, Zeit Gruppenbildung, Rollen, Aufgaben Kompetenzen (insbesondere: wer entscheidet wie?)	10%
Bildgestaltung	Alternative Lösungsmöglichkeiten entwickeln, sammeln Verdichten zu realistischen Alternativen Kriterien sammeln	35%
Urteilsbildung	Priorisieren der Kriterien Ausführlich diskutieren pro und contra Konsequenzen Persönliche Präferenzen	35%
Entscheidung	Auswahl, Beschluss Entschluss (Wer? Was? Mit wem? Wann? Wie? Wo?) Sichern der Ergebnisse Commitment Überprüfungstermin?	20%

Abb. 2: Gewichtete Stufen eines Entscheidungsprozesses (nach zeitlichem Aufwand)

Management der Veränderung
Wenn ich als verantwortliche Führungskraft einen Veränderungsprozess im Sinne von OE initiieren will, kann ich entweder selbst aktiv werden in der Funktion der Steuerung bis hin zur Durchführung, oder aber ich nehme die Rolle eines Auftraggebers an, der die Ziele definiert, klare Rahmenbedingungen setzt, Ressourcen zur Verfügung stellt, zu definierten Meilensteinen Richtungsentscheidungen trifft, die Zwischenergebnisse kontrolliert und das Projekt beurteilt und abnimmt. Die Rolle einer Auftraggeberin fällt Führungskräften meist nicht leicht, da sie gewohnt sind, selbst zu handeln und hier eher gefordert werden, aus einer gewissen Distanz wohl wollend und hellwach auf das Geschehen im Projekt zu schauen. Wesentlich ist dann, eine Projektleitung – eventuell erweitert um eine Steuergruppe – zu bilden, die als Trägerin des Veränderungsprozesses handelt. Wer in die Funktion der Projektleitung oder der Leitung der Steuergruppe berufen wird, ist zentral. Es sollte eine Person sein, die selbst wirklich etwas verändern will, motivierend, überzeugend und OE-minded agiert und guten Zugang zu mächtigen Führungskräften in der Organisation hat. Dies stellt sich als wichtig heraus, sobald für das Projekt ein Sponsor gesucht wird, der im Sinne einer wohl wollenden Begleitung dem Projekt in kritischen Situationen „den Rücken freihält".

Möglich ist auch bei größeren Projekten, dass die Differenzierung eine Stufe weiter geht, Teilprojekte mit Teilprojektleitern gebildet werden. In diesem Falle übernimmt die Steuergruppe die Koordination der verschiedenen Teilprojekte sowie die Unterstützung der Teilprojektleiter und -leiterinnen.

4. Phasen in einem Veränderungsprojekt

Die sieben Basisprozesse der OE mit den jeweils dazugehörigen Instrumenten eröffnen vielfältigste Kombinationsmöglichkeiten für das Design eines Veränderungsprozesses. Keinesfalls sollte die Umsetzung erst zum Schluss erfolgen, oder sind Spannungsfelder erst nach der Diagnose und dem Erstellen eines Soll-Entwurfs zu bearbeiten. Vielmehr kommt es darauf an, eine Kombination gezielter Interventionen so zu setzen, dass mit möglichst wenig Aufwand das angestrebte Ziel zu erreichen ist.

Hinsichtlich der Vorgehensweise im OE-Prozess lassen sich idealtypische Phasen eines Projektes charakterisieren (GRAF-GÖTZ & GLATZ, 1998):

Orientierungs- und Planungsphase
Die Verantwortlichen eines Projektes, eventuell auch eine externe Projektbegleitung, führen Gespräche mit Einzelpersonen oder Kleingruppen, erarbeiten erste Vorschläge für ein Vorgehen, setzen sich mit den vielfältigen Blickwinkeln unterschiedlicher Gruppierungen in der Organisation auseinander und kommen mit dem Auftraggeber zu einem klaren Projektauftrag mit einer Definition der Rahmenbedingungen und einer Abgrenzung der unterschiedlichen Rollen im Veränderungsprojekt.

Unfreezing
Durch Diagnoseprozesse und Soll-Entwurfsprozesse wird deutlich, was sich wie ändern sollte; z.B. in Workshops mit Rückmeldung der Ergebnisse einer schriftlichen Befragung, durch Entwurf eines Leitbildes mit gleichzeitiger Abweichungsanalyse des heutigen Ist zum geplanten Sollzustand ...

Damit entstehen in der Organisation emotionale Energie durch Betroffenheit und Verständnis für die Notwendigkeit von Veränderung mit gleichzeitiger Bereitschaft, die Mühen eines Change Prozesses auf sich zu nehmen.

Moving
Es werden konkrete Maßnahmen umgesetzt, das Neue zeichnet sich mehr und mehr ab, Situationen mit chaotischen Zwischenzuständen werden bewältigt, Konfliktsituationen bearbeitet, „das neue „Flussbett" bildet sich. In dieser Zeit hat die Projektleitung mit der Steuergruppe die intensivste Zeit und viele unerwartete Fragestellungen sind zu lösen. In der ganzen betroffenen Einheit sind Einsatz, Beweglichkeit und Improvisationsvermögen gefordert. Wenn diese Phase gelingt, steckt hier die Chance auch einer Veränderung von Merkmalen der Organisationskultur hin zu mehr Eigenverantwortlichkeit, Selbsterneuerung, Selbstgestaltung.

Refreezing
Nach wenigen Wochen bis Monaten ist diese Phase des aktiven Neugestaltens beendet und es ist Nachsorge, Feinjustierung notwendig. Zusätzlich werden stabilisierende Maßnahmen ergriffen, z. B. werden jetzt die konkreten Auswirkungen eines Gehaltssystems unter neuen Bedingungen sichtbar und bedürfen der Veränderung in einem absehbaren Zeitraum. Mit Beendigung des Projektes stellt sich die Frage der abschließenden Kontrolle der vereinbarten Ziele und der ausführlichen Evaluation des Prozesses mit den verantwortlichen Trägern und Trägerinnen.

5. Fallen im OE Prozess aus Sicht einer initiativen Führungskraft

Unklarheit im Kontrakt mit einer Projektleitung/Steuergruppe
Wenn der verantwortlichen Führungskraft nicht klar ist, dass sie konsequent die Rolle der Auftraggeberin übernimmt, nicht in definierte Freiräume hineinregiert, bei der Verteilung der Ressourcen nicht mitbestimmt, die zeitliche Abfolge der Maßnahmen nicht anordnet …

Fehlende Rückendeckung vom Top-Management
Wenn zwar die unmittelbar vorgesetzte Führungskraft einen OE-Prozess aufsetzen will, aber in der höheren Hierarchie kein Verständnis oder keine Akzeptanz dafür vorliegt.

Zu dicht am Projekt, dadurch keine Selbstorganisation im Projekt
Wenn die zuständige Führungskraft jede Entscheidung im Projekt mit vordenkt, zeitnah hinterfragt, ständig eigene Beurteilungen abgibt und spürbar ist, dass sie den notwendigen Freiraum für das Projekt nicht einräumen kann.

Zu fern vom Projekt, Erleben der Verlassenheit, Unwichtigkeit
Wenn die Führungskraft das Projekt zwar mit aufsetzt, dann aber innerlich völlig abgibt, nie nachfragt, nie Anteil nimmt.

Falsche Personen in wichtigen Rollen
Wenn Auswahlkriterium einer Steuergruppe in erster Linie die Vertretung bestimmter gegensätzlicher Interessengruppen war und nicht die Initiativkraft, Weitblick, Fachkompetenz …

Konflikte mit gegenseitiger Blockade
Wenn sich in einer Steuergruppe Rivalitäten bilden, der Projektfortschritt in Teilprojekten eher untergraben als gefördert wird.

Fehlendes Prozessdenken in Steuergruppe
Wenn in der Steuergruppe nur auf Ergebnisse geachtet wird und die jeweilig notwendigen Prozessschritte nur auf Unverständnis stoßen

Externe Beratung in inhaltliche Verantwortung nehmen
Wenn die Führungskraft nicht bereit ist, selbst auch unangenehme Entscheidungen zu treffen und von der Beratung verlangt, die Entscheidung vor der internen Öffentlichkeit zu argumentieren, anzuraten und in der Organisation so vorzubereiten, dass es so aussieht, als könne die Führungskraft gar nicht anders, als im Sinne der notwendigen Richtung zu entscheiden. Gefühlsmäßig geht die Verantwortung für die Entscheidung im Klientensystem dann auf die Beratung über.

Literatur

Baumgartner I. & Häfele, W. u. a. (2000). OE-Prozesse. Stuttgart 2000.
Biehal F. & Karner, G. (2000). Gratwanderung Change Management. Neuwied 2000.
Glasl, F. & Lievegoed, B. (1996). Dynamische Unternehmensentwicklung. Stuttgart 1996.
Glasl, F. & Jäckel, H. (1996) Change Management. Trigon Trainingspaket. Salzburg 1996.
Graf-Götz, F. & Glatz, H. (1998). Organisation gestalten. Basel 1998.
Holmann, P. & Devane, T. (1999). The Change Handbook. San Francisco, USA, 1999.
Osterhold, G. (2000). Veränderungsmanagement. Niedernhausen 2000.
Pfeffer, J. & Sutton, R. I. (1999). The Knowing-Doing Gap. Boston, USA, 1999.
Schmidt, E. R. & Berg, H. G. (1995). Beraten mit Kontakt. Offenbach 1995.
Senge, P. M. (1996). Die fünfte Disziplin. Stuttgart 1996.
Trebesch, K. (2000). Organisationsentwicklung. Stuttgart 2000.

Zur Konkretisierung und weiteren Vertiefung wird empfohlen, im Fallstudienband die Fälle zu „Organisationsentwicklung" zu bearbeiten.

Michel E. Domsch

Mitarbeiterbefragungen

1. Begriff und Funktionen
2. Form
3. Inhalt
4. Ablauf
5. Auswahl besonderer Probleme
6. Ausblick

1. Begriff und Funktionen

Mitarbeiter erwarten heute eine partizipative Führung und Zusammenarbeit. Diese schließt eine intensivere Kommunikation und erweiterte Gestaltungsmöglichkeiten im eigenen Verantwortungsbereich ein. Überzeugende Erkenntnisse aus empirisch orientierten Motivationsstudien sowie positive Erfahrungen aus Organisationsentwicklungsprojekten (vgl. den Beitrag von JÄCKEL) haben deshalb in zahlreichen Unternehmen eine Unternehmenskultur entstehen lassen, in der partizipatives Verhalten zum Besitzstand des Denkens, Sprechens und Handelns geworden ist. Es wird unterstützt und ergänzt durch personalpolitische Instrumente wie Mitarbeitergespräche, Problemlösungsklausuren, Zirkelarbeit etc. Ebenso werden in diesem Zusammenhang Mitarbeiterbefragungen mit großem Erfolg in der Wirtschaftspraxis bei kontinuierlichen Verbesserungsprozessen sowie beim Innovations- und Qualitätsmanagement eingesetzt (BUNGARD & JÖNS, 1997).

Unter einer Mitarbeiterbefragung – synonyme Begriffe sind z.B. Betriebsumfragen, Betriebsklimaanalysen, betriebliche Meinungsumfragen, innerbetriebliche Einstellungsforschung (DOMSCH & LADWIG, 2000) – wird hier verstanden:

– Ein Instrument der partizipativen Unternehmensführung, mit dem
– im Auftrag der Unternehmensleitung,
– in Zusammenarbeit mit den Arbeitnehmervertretungen,
– mit Hilfe von standardisierten und/oder teilstandardisierten Fragebögen,
– anonym und
– auf freiwilliger Basis
– bei allen Mitarbeitern (oder einer repräsentativen Stichprobe oder bestimmten Zielgruppe),
– unter Beachtung methodischer, organisatorischer und rechtlicher Rahmenbedingungen,
– Informationen über die Einstellungen, Erwartungen und Bedürfnisse der Mitarbeiter,
– bezogen auf bestimmte Bereiche der betrieblichen Arbeitswelt und/oder der Umwelt gewonnen werden,
– um daraus Hinweise auf betriebliche Stärken und Schwächen zu erlangen,
– deren Ursachen im Dialog zwischen Mitarbeitern und Führungskräften sowie der Unternehmensleitung zu klären sind,
– um gemeinsam konkrete Veränderungsprozesse einzuleiten.

Eine Mitarbeiterbefragung hat also insbesondere folgende Funktionen:
(1) Sie ist Diagnoseinstrument und damit Grundlage von gestalterischen Maßnahmen:
   – Sie zeigt den Grad der allgemeinen Arbeitszufriedenheit der Mitarbeiter.
   – Sie bekundet die Zufriedenheit bzw. Unzufriedenheit der Mitarbeiter mit bestimmten Teilaspekten der Arbeit und dient insofern als Instrument der Schwachstellenanalyse.
   Die Mitarbeiterbefragung kann hier zur Versachlichung der Diskussion zwischen Arbeitgebern und Arbeitnehmern bzw. Arbeitnehmervertretungen beitragen.
(2) Die Mitarbeiterbefragung ist selbst ein gestalterischer Eingriff in die Organisation mit verschiedenen Folgewirkungen:

- Die Mitarbeiter werden an den Belangen des Unternehmens beteiligt und haben somit die Sicherheit, „zu Wort zu kommen", „gehört zu werden", „zur Unternehmensentwicklung direkt beizutragen".
- Sie verringert die soziale Distanz zwischen Unternehmensleitung und Mitarbeitern.
- Sie führt zu einer intensiveren und offeneren Kommunikation.
- Sie trägt zur Erhöhung der Arbeitszufriedenheit bzw. zur Verbesserung des Betriebsklimas bei.

(3) Sie kann als eine Grundlage mitarbeiterorientierter Unternehmensentwicklung eingesetzt werden:
- Mit der Einbeziehung der Daten aus Mitarbeiterbefragungen können die Zuverlässigkeit und Qualität der Entscheidungsprozesse des Unternehmens in vielen Bereichen gesteigert werden.
- Bei notwendigen Neuerungen in der Organisation (z.B. Maßnahmen zur Arbeitsstrukturierung) und im Rahmen des Qualitätsmanagements kann die Mitarbeiterbefragung zur Unterstützung und Sicherung arbeitnehmergerechter Lösungen eingesetzt werden.
- Die Mitarbeiterbefragung kann der Erfolgskontrolle nahezu jeder betrieblichen Maßnahme dienen und damit Grundlage für eine erneute Planung sein.

2. Form

Bei der Form von Befragungen kann grob unterschieden werden zwischen

- schriftlichen–mündlichen/telefonischen Befragungen,
- anonym–offenem Vorgehen.

Hinsichtlich der Gestaltung von Fragebögen kann unterschieden werden

- nach Art der Fragestellung (direkte–indirekte Befragung),
- nach der Art der Fragen (offene–geschlossene Fragen),
- nach Art und Umfang der Standardisierung des Fragenkataloges usw.

Diese Unterscheidungsmöglichkeiten entsprechen der hinlänglich aus der empirischen Sozialforschung und aus der Marktforschung bekannten Differenzierung und Gestaltungsmöglichkeit. Fast alle Ausprägungsformen lassen sich im Rahmen innerbetrieblicher Mitarbeiterbefragungen durch Beispiele aus der Praxis belegen. Allerdings hat sich die schriftliche, anonym durchgeführte, strukturierte und standardisierte Befragung mit geschlossenen und teilweise auch offenen Fragestellungen in der Praxis durchgesetzt. Letztendlich richtet sich die gewählte Form vorrangig nach Ziel und Operationalisierung der Befragung.

3. Inhalt

Der konkrete Inhalt einer Mitarbeiterbefragung resultiert unmittelbar aus den angestrebten Befragungszielen. Für breit angelegte Befragungen muss der Umfang des Fragebogens naturgemäß relativ groß sein. Er sollte ein möglichst breites Spektrum aller

Lfd.-Nr.	Kernbereich	Anzahl der Fragen
1	Arbeitsplatz	2 (+ 1 Statistik)
2	Arbeitssituation	8
3	Information	3
4	Weiterbildung und Entwicklung	4
5	Führung	19
6	Kooperation / Koordination	4
7	Einkommen und Sozialleistungen	5
8	Unternehmensimage	3
9	Bindung an das Unternehmen	2
10	Statistik	9
11	Offene Frage	1
		= 60

Abb. 1: Inhalt und Struktur des F. G. H. „Standardfragebogens"

relevanten Variablen, die Einfluss auf Arbeitsqualität und -organisation haben, erfassen. Dem Umfang des Fragebogens sind allerdings Grenzen gesetzt durch

- die Bereitschaft der Befragten, lange Fragebögen auszufüllen,
- die unter Umständen beträchtlichen Kosten umfangreicher Untersuchungen.

Der Umfang der Fragen sollte bei ca. 60 Fragen liegen, die in 30 bis 40 Minuten zu beantworten sind. Grundsätzlich kann unterschieden werden nach:

- *Umfassenden Mitarbeiterbefragungen*
  Dabei werden Fragen zu relativ vielen Kernbereichen gestellt. Eine beispielhafte Übersicht enthält Abbildung 1. Hierauf bezieht sich z.B. der so genannte „Standardfragebogen" der F. G. H. Forschungsgruppe Hamburg.
- *Spezielle Mitarbeiterbefragungen*
  Inhalt sind hier Fragen, die ein spezielles Thema betreffen. Damit kann ein Themenbereich viel ausführlicher angesprochen werden. Die Auswertung gewonnener Daten und die Diskussion der Ergebnisse können zielorientierter erfolgen. Oft handelt es sich bei speziellen Mitarbeiterbefragungen um Aktionen, die sich an umfassende Befragungen anschließen, nachdem man erkannt hat, welche Bereiche besonders veränderungsbedürftig sind.
  Spezieller Befragungsbereich können z.B. der Bildungsbedarf, die Laufbahnentwicklung, die Zusammenarbeit zwischen Vorgesetzten und Mitarbeitern (DOMSCH, 1992, HOFMANN, KÖHLER & STEINHOFF, 1995; JÖNS, 2000), die Messung lateraler Kooperation (TROST, 2001) oder etwa die Entlohnungspolitik und Fragen zur Arbeitszeitflexibilisierung sein. Grundsätzlich kann jedes Thema in eine Befragung umgesetzt werden. Erfahrungen liegen inzwischen in großem Umfang vor. Dies gilt auch für die Integration von Mitarbeiterbefragungen in 360°-Beurteilungen/Feedbackprozesse.

Zudem trifft man in der Praxis statt einer Gesamtbefragung, in die grundsätzlich alle Mitarbeiter des Unternehmens miteinbezogen werden, zunehmend Teilbefragungen, bei denen spezielle Mitarbeitergruppen (z.B. nur Führungskräfte oder nur Außendienstmitarbeiter) oder nur bestimmte Teilbereiche des Unternehmens (z.B. nur Werk XY, Sparte Z oder Standort W) befragt werden. Als Beispiele für spezielle Mitarbeiterbefragungen gelten:

(1) Imagebefragung

Die Mitarbeiter werden mit einem Fragebogen konfrontiert, in dem sie ihr Unternehmen, ihren Unternehmensbereich, ihr Werk o.ä. auf Grund einer vorgegebenen und individuell ergänzbaren Merkmalsliste einschätzen sollen. Ein Beispiel enthält Abbildung 2.

Daraus ergeben sich Individualprofile der Mitarbeiter, die dann auf Gruppenniveau zusammengefaßt werden können. Häufigkeitsverteilung, Mittelwerte und Streuungsmaße ergeben dann zusätzliche Informationen. Die Ergebnisse können Ausgangspunkt für Diskussionen darüber sein, warum die Mitarbeiter z.B. den betrachteten

Wenn ich meinem besten Freund unser Unternehmen beschreiben sollte, welches Profil würde ich zeichnen?						
fortschrittlich	1	2	3	4	5	rückständig
wirtschaftlich	1	2	3	4	5	unwirtschaftlich
klar	1	2	3	4	5	verwirrend
aufgeschlossen	1	2	3	4	5	verschlossen
großzügig	1	2	3	4	5	kleinlich
unbürokratisch	1	2	3	4	5	bürokratisch
zukunftsvoll	1	2	3	4	5	aussichtslos
weitsichtig	1	2	3	4	5	kurzsichtig
fördernd	1	2	3	4	5	hemmend
beratend	1	2	3	4	5	befehlend
traditionsvoll	1	2	3	4	5	traditionslos
zuverlässig	1	2	3	4	5	unzuverlässig
sozial	1	2	3	4	5	unsozial
offen	1	2	3	4	5	verheimlichend
gerecht	1	2	3	4	5	ungerecht
sicher	1	2	3	4	5	unsicher
beweglich	1	2	3	4	5	starr
freundlich	1	2	3	4	5	unfreundlich
anregend	1	2	3	4	5	langweilig
kollegial	1	2	3	4	5	unkollegial
demokratisch	1	2	3	4	5	undemokratisch
_____	1	2	3	4	5	_____
_____	1	2	3	4	5	_____

Abb. 2: Imageprofil

Bereich eher als unwirtschaftlich oder undemokratisch einschätzen. Sie sind also erste Diagnosewerte, die zu interpretieren und zu konkretisieren sind, um darauf aufbauend konkrete Veränderungsmaßnahmen zu diskutieren, vorzuschlagen und umzusetzen. Außerdem hat sich bewährt, dass die Meinung der Mitarbeiter der Einschätzung des/der Vorgesetzten gegenübergestellt wird. Abweichungen wie Übereinstimmungen können Grundlage für weitere Diskussionen sein.

(2) „Check up"

Bei der Überprüfung der eigenen Arbeit, insbesondere aber bei Schnittstellenproblemen (z.B. EDV-Abteilung versus Anwenderbereich oder Vertrieb versus Produktion oder Entwicklung) hat sich der Einsatz des in Abbildung 3 dargestellten Frageschemas als kurze Einstiegsbefragung bewährt.

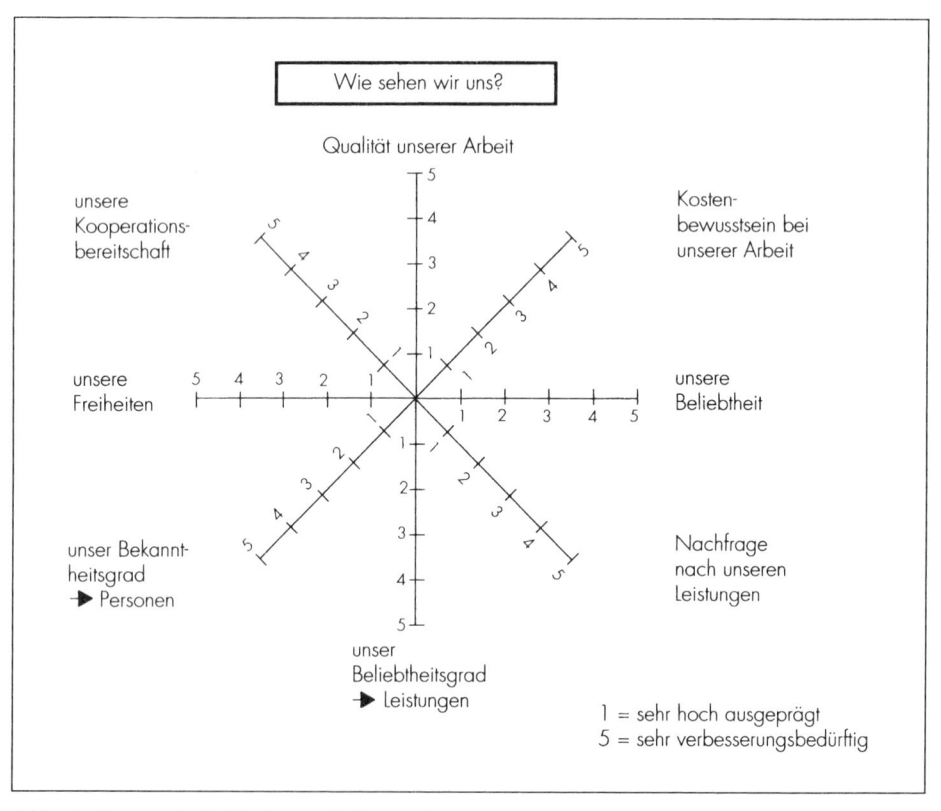

Abb. 3: Fragemöglichkeit zur Selbstanalyse

An die zunächst ausgewiesene Frage „Wie sehen wir uns?" sollten sich weitere Fragen anschließen, wobei das gleiche Bewertungsraster zu Grunde gelegt wird. Zum Beispiel sind Antworten auf die Fragen interessant:

– Wie sehen uns die anderen?
– Wie sehen sich die anderen?
– Wie sehen wir die anderen?

Dabei werden Selbst- und Fremdbilder erzeugt, deren Vergleich hervorragende Grundlage für die Diskussion auf Gruppenebene mit den betroffenen Mitarbeitern und Vorgesetzten über Wahrnehmungsunterschiede, Informationsdefizite, mangelnde Kooperation etc. darstellen. Daraus sind Empfehlungen für die Zukunft ableitbar. Auch hier stehen also Diagnose- und Gestaltungsfunktionen im Mittelpunkt.

(3) Führungs-Verhaltens-Analyse

Sieht man als personalen Unternehmenserfolg z.B. das Ausmaß der Umsetzung von kooperativer Führung und Zusammenarbeit im betrieblichen Alltag aus der Sicht der Mitarbeiter, dann haben sich zur Informationsgewinnung ebenfalls spezielle Mitarbeiterbefragungen bewährt. Abbildung 4 enthält ein Beispiel zur Formulierung des

BEREICHE	Formulierung (Auswahl)
1. Zielvereinbarung	
2. Delegation	• Jeder Vorgesetzte hat für seine Mitarbeiter die Delegationsbereiche eindeutig festzulegen. Dabei hat er die Fähigkeiten und Leistungen seiner Mitarbeiter zu berücksichtigen.
3. Information	• Jeder soll in seinem Aufgabenbereich möglichst selbständig arbeiten, entscheiden und dafür Verantwortung tragen.
4. Entscheidung	• Der Vorgesetzte trifft grundsätzlich keine Entscheidungen im Delegationsbereich des Mitarbeiters.
5. Motivation	• Der Vorgesetzte soll die persönliche Motivation jedes Mitarbeiters erkennen, wecken, beachten und im Rahmen der betrieblichen Möglichkeiten fördern.
6. Beurteilung	• Der Vorgesetzte soll in offenen Gesprächen gute Leistungen anerkennen und sachliche Kritik üben. • Jeder Mitarbeiter soll gegenüber Vorschlägen, Anregungen und einer sachlichen Kritik offen sein.
7. Personalentwicklung	• Jeder Mitarbeiter soll aus eigener Initiative seine beruflichen Kenntnisse und Fähigkeiten weiterentwickeln.
8. Kontrolle	• Jeder Vorgesetzte ist verpflichtet, die berufliche Weiterbildung seiner Mitarbeiter im Rahmen der betrieblichen Erfordernisse und Möglichkeiten zu fördern.
9. Konflikthandhabung	• Nach Einstellung und Versetzung von Mitarbeitern hat der Vorgesetzte für Einweisung und Einarbeitung zu sorgen.
10. Zusammenarbeit	

Abb. 4: Bereiche des personalen Unternehmenserfolges auf der Basis schriftlich fixierter Leitlinien der Führung und Zusammenarbeit

geforderten Führungsstils. In vielen Unternehmen enthalten Leitlinien der kooperativen Führung und Zusammenarbeit entsprechende Übersichten.

Auf dieser Basis sowie auf Grund der Wertvorstellungen und praktischen Erfahrungen werden die Mitarbeiter (einer Abteilung, eines Bereiches etc.) gebeten, das in Abbildung 5 ausgewiesene Erfassungsformular auszufüllen.

Daraus ergeben sich individuelle Realisierungs- und Wichtigkeitsprofile, die wiederum auf Gruppen-, Abteilungsebene usw. zusammengefasst werden können.

Selbstverständlich sind auch hier Zusatzinformationen über Häufigkeitsverteilung, Streuung etc. zu geben. Vorgesetzte können ihre eigene Einschätzung (Selbstbild) dem Mitarbeiterprofil (Fremdbild) gegenüberstellen. Die Ergebnisse dienen dann zu einer anschließenden detaillierten Analyse der Stärken und Schwächen in der Zusammenarbeit von Vorgesetzten und ihren Mitarbeitern sowie zu Veränderungsdiskussionen.

4. Ablauf

Für eine erfolgswirksame Abwicklung einer betrieblichen Mitarbeiterbefragung ist es notwendig, das gesamte Projekt detailliert vorauszuplanen (BORG, 2000; DOMSCH & LADWIG, 2000). Abbildung 6 enthält ein Beispiel für einen derartigen Ablaufplan, der sich in sieben Hauptphasen gliedert.

Selbstverständlich ist für jeden speziellen Anwendungsfall eine weitere Detailplanung im Rahmen konkreter Aktivitäten und deren Abwicklung erforderlich. Insofern ist das dargestellte Ablaufschema als Grob-Planung anzusehen. Allerdings wird deutlich, dass die Befragung selbst (3. Phase) nur eine Teilmenge der gesamten Aktion darstellt. Insbesondere ist hervorzuheben, dass auf Basis der Befragungsergebnisse detaillierte und intensive Diskussionen mit den Beteiligten erfolgen müssen, um konkrete Maßnahmen daraus abzuleiten, umzusetzen und in ihrer Wirksamkeit zu überprüfen. Gerade diese Anschlussaktivitäten nach der Befragung sind von großer Wichtigkeit, da der Informationsgewinn durch die Befragung in der Regel nur diagnostischer Art sein kann und für die weitere Maßnahmenplanung zu grob ist.

5. Auswahl besonderer Probleme

Der Erfolg einer Mitarbeiterbefragung hängt zum einen unmittelbar von der Genauigkeit der zeitlichen und inhaltlichen Vorbereitung bzw. Planung des gesamten Projektes ab. Zum anderen wirkt sich insbesondere auch der Grad der Akzeptanz durch alle Beteiligten entscheidend auf den Erfolg aus. Die Unternehmensleitung als Durchführende sowie die Befragten und Arbeitnehmervertretungen müssen sich mit den Zielen der Befragung identifizieren und sie unterstützen, denn Skepsis und Ablehnung können sich auf vielfältige Weise nachteilig auswirken, z.B. durch

– zu geringe Beteiligung an der Befragung;
– bewusste oder unbewusste Verfälschung der Antworten;
– geringe Änderungsbereitschaft und Kooperation in der Umsetzungsphase.

FÜHRUNG UND ZUSAMMENARBEIT

ABTEILUNG:
DATUM:

Inwieweit sehen Sie in Ihrer eigenen Arbeitssituation unsere „Leitlinien der Führung und Zusammenarbeit" umgesetzt?
Bitte kreuzen Sie zeilenweise, also für jeden Bereich, je einen Wert bei „Wichtigkeit" und bei „Realisierung" an.

BEREICH	Wichtigkeit						Realisierung					
	0 = überhaupt nicht wichtig	1 = sehr gering wichtig	2 = gering wichtig	3 = von gewisser Wichtigkeit	4 = von hoher Wichtigkeit	5 = von sehr hoher Wichtigkeit	0 = überhaupt nicht erfüllt	1 = sehr gering erfüllt	2 = gering erfüllt	3 = etwas erfüllt	4 = umfangreich erfüllt	5 = sehr umfangreich erfüllt
1. Zielvereinbarung												
2. Delegation												
3. Information												
4. Entscheidung												
5. Motivation												
6. Beurteilung												
7. Personalentwicklung												
8. Kontrolle												
9. Konflikthandhabung												
10. Zusammenarbeit												

Abb. 5: Erfassungsformular zur Führungs-Verhaltens-Analyse

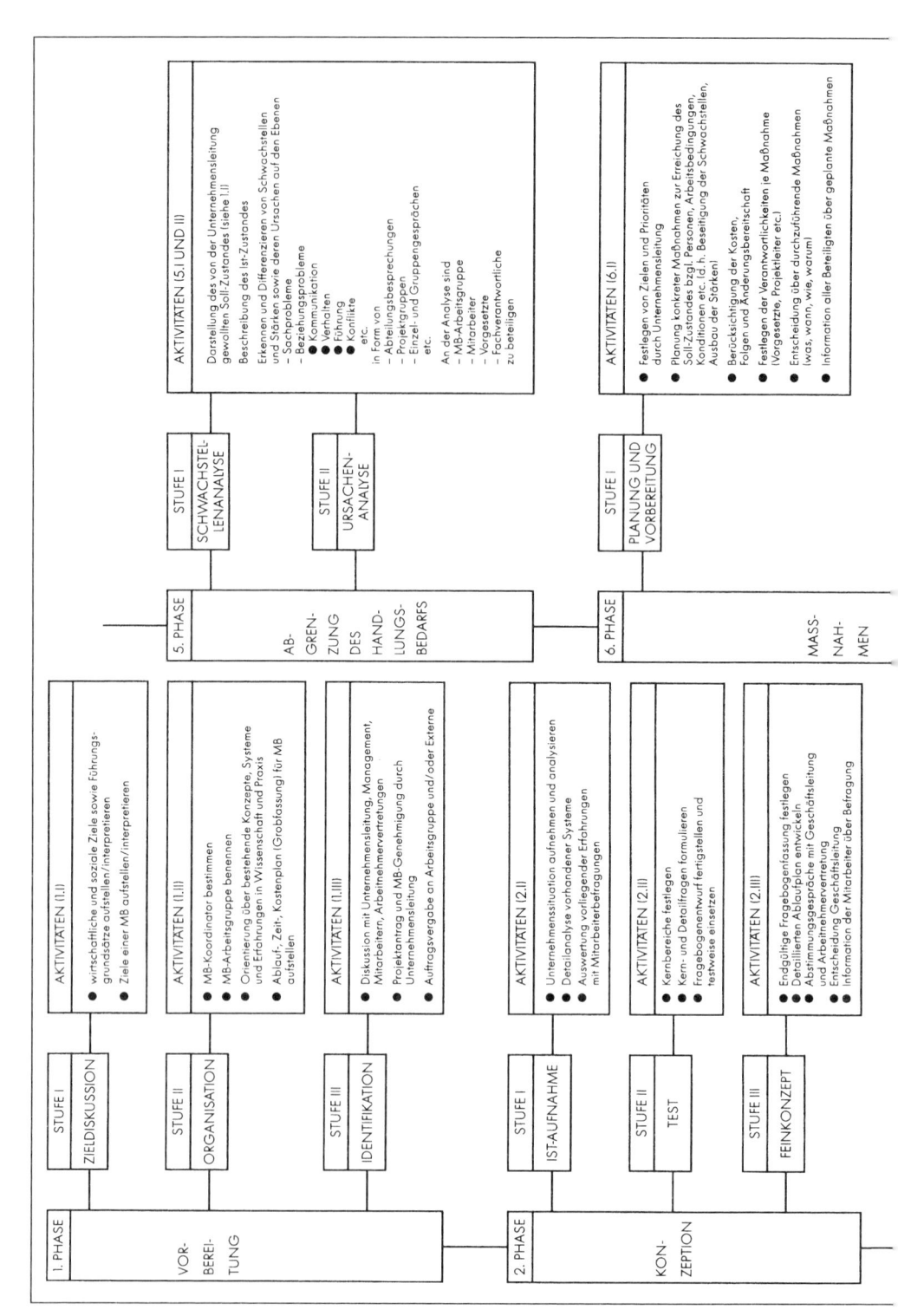

Abb. 6: Projektplanung „Mitarbeiterbefragung"

3. PHASE
ABWICKLUNG

STUFE I — KERNBEFRAGUNGEN

AKTIVITÄTEN (3.I)
- Einsatz Fragebogen mit Kernfragen
- Auswertung und Diskussion der Ergebnisse

STUFE II — DETAILBEFRAGUNGEN

AKTIVITÄTEN (3.II)
- Detailbefragung für bestimmte Kernbereiche
- EDV-gestützte Auswertung der Befragungsergebnisse mit Hilfe von Prüf- und Auswahlverfahren

4. PHASE
DATENFEEDBACK

STUFE I — ANALYSE

AKTIVITÄTEN (4.I)
- Interpretation, Aufbereitung, Vergleich der Ergebnisse
- Präsentation der Ergebnisse bei Unternehmensleitung
- Prioritäten aufstellen und von Unternehmensleitung genehmigen lassen

STUFE II — INFORMATIONSTRANSFER

AKTIVITÄTEN (4.II)
- Mitteilung über den Verlauf der Befragung
- Mitteilung eines MB-Ergebnisberichts inkl. Stellungnahme der Unternehmensleitung an
  - Vorgesetzte
  - Mitarbeiter
  - Arbeitnehmervertretungen

  in Form von
  - Aushängen
  - Werkszeitungen etc.

STUFE II — DURCHFÜHRUNG

AKTIVITÄTEN (6.II)
- Einleitung und Realisierung von gezielten Maßnahmen/Veränderungen
- Regelmäßiger Informationsprozeß an/von Unternehmensleitung über Aktivitäten (ggf. Einsatz von Projektgruppen)
- Flankierende Unterstützung durch Führungsebene
- Kontinuierliche Ziel-/Maßnahmenüberprüfung und -korrektur

7. PHASE
EVALUATION

STUFE I — ERFOLGSKONTROLLE

AKTIVITÄTEN (7.I)
- Überprüfung der Wirksamkeit der Maßnahmen/Veränderungen
- Information an Beteiligte über Fortschritte und Ergebnisse

STUFE II — BEWERTUNG

AKTIVITÄTEN (7.II)
- Diagnose und Analyse neu identifizierter Stärken und Schwächen
- ggf. Spezialbefragung zur erneuten Zielkorrektur
- bei Bedarf Rückkopplung zur 5. Phase

Erneute Mitarbeiterbefragung nach 2–5 Jahren zur weiteren Erfolgskontrolle („Vorher-Nachher-Vergleich")/Spezialbefragungen zu Sonderproblemen

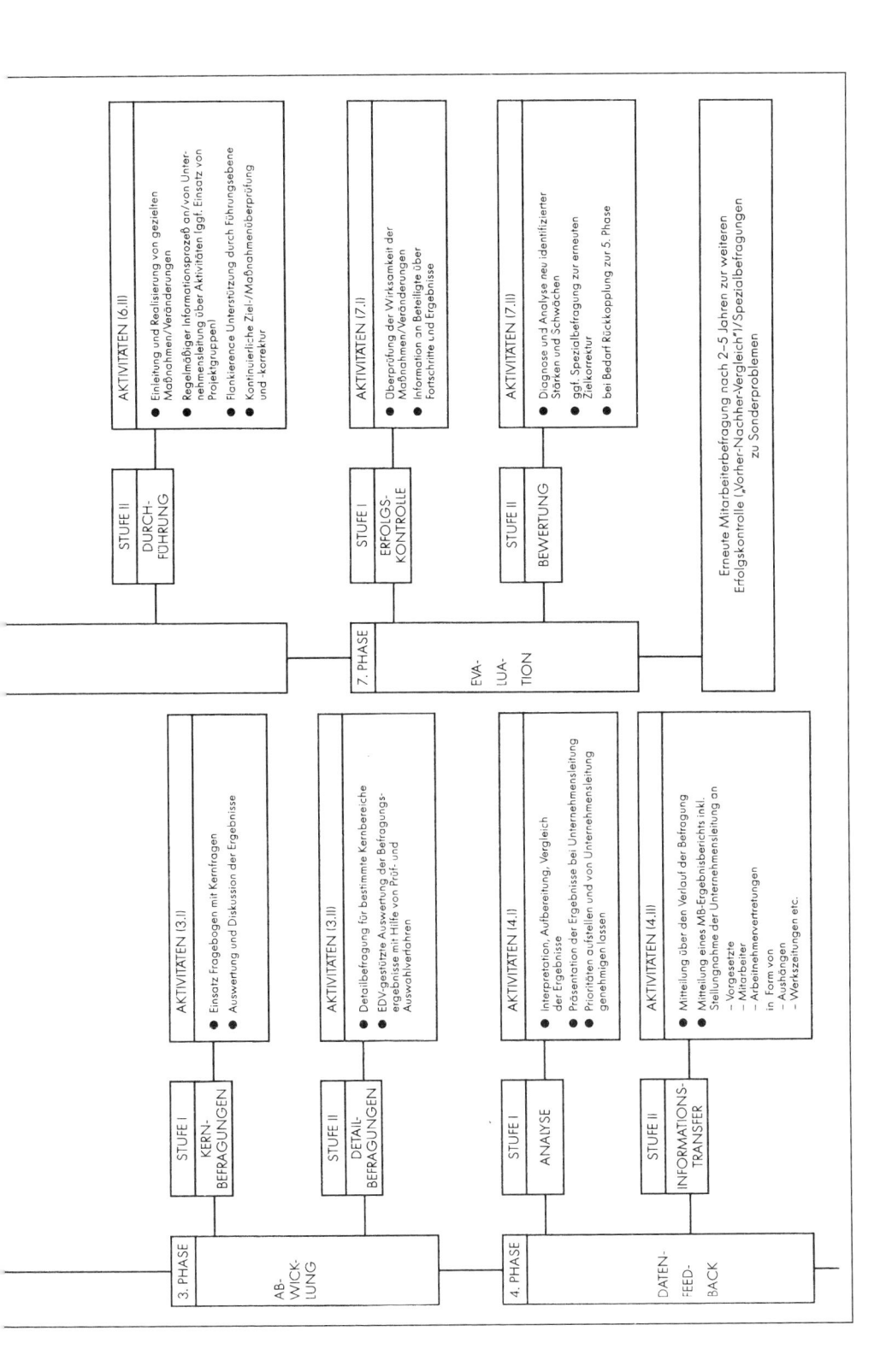

Wenn es Widerstände gegen eine Befragung gibt, so haben sie meist folgende Ursachen:

(1) Die *Unternehmensleitung*:
- bezweifelt den Nutzen einer Mitarbeiterbefragung;
- scheut die mit einer Mitarbeiterbefragung verbundenen Aktivitäten und Kosten;
- fürchtet, mit einer Mitarbeiterbefragung „schlafende Hunde" zu wecken, d. h. Probleme zu verstärken bzw. erst zu schaffen.

(2) Die *befragten Arbeitnehmer*:
- fürchten, dass die Anonymität der Befragung nicht Gewähr leistet ist und sich möglicherweise Sanktionen für den einzelnen Befragten ergeben könnten;
- bezweifeln, dass für sie positive Auswirkungen von einer Befragung ausgehen.

(3) Die *Arbeitnehmervertretungen*:
- befürchten, dass auf Grund des direkten Dialogs zwischen Arbeitgeber und Arbeitnehmer ihre Rolle als Interessenvertretung geschwächt wird;
- fürchten, dass die Unternehmensleitung Befragungsergebnisse dazu missbrauchen könnte, Arbeiternehmerinteressen zu blockieren;
- bezweifeln, dass der Anspruch auf absolut anonyme und vertrauliche Behandlung der gemachten Aussagen gewahrt werden kann.

Zur Überwindung dieser Widerstände tragen folgende Maßnahmen bei:

– *Wahrung der Anonymität*:
Um eine hohe Beteiligung an der Mitarbeiterbefragung zu erzielen, muss die absolute Anonymität aller beteiligten Gruppen (Führungskräfte, Mitarbeiter, Mitarbeitervertreter) zugesichert werden. Die Voraussetzung für ehrliche und aussagekräftige Ergebnisse ist, dass Antworten einzelner Mitarbeiter nicht zu identifizieren sind, die auswertende Stelle die Befragungsteilnehmer nur als ‚Code-Nummern' kennt und das EDV-Programm eine Sperre vorsieht, nach der keine Antworten einzelner Mitarbeiter, sondern nur zusammengefasste Antworten mehrerer Mitarbeiter ausgewertet werden können.

– *Freiwilligkeit*:
Es muss garantiert werden, dass die Teilnahme an Mitarbeiterbefragungen freiwillig ist.

– *Innerbetriebliche Aufklärungsarbeit*:
Widerstände sind zu einem großen Teil Ausdruck von Angst bzw. Unsicherheiten und Fehleinschätzungen. Präzise und sachliche Informationen über Ziele, Inhalt, organisatorischen Ablauf und Auswertungsverfahren der Befragung können bereits viele Ursachen für Widerstände beseitigen und die psychologische Schwelle bei Mitarbeitern und Vorgesetzten abbauen helfen. Die innerbetriebliche Aufklärungsarbeit sollte mindestens in zwei Schritten erfolgen:

(1) Generelle Informationen über das Vorhaben im Kreis der Führungskräfte, in Sitzungen mit Mitarbeitervertretungen, in Rundschreiben, in der Werkszeitung, auf Informationsmärkten etc.
(2) Schriftliche Instruktion, die dem Fragebogen als Begleitschreiben beigefügt ist.

Darüber hinaus kann es zweckmäßig sein, im Rahmen einer Einführungsveranstaltung auf spezielle Problemstellungen einzugehen und auf Fragen zu antworten. Die Offenlegung der der Befragung zu Grunde liegenden Prinzipien und Ziele schafft und stärkt das für einen Erfolg des Projektes notwendige Vertrauensverhältnis zwischen Fragenden und Befragten.

– Mitwirkung des Betriebsrates:
Mitarbeiterbefragungen bewegen sich nicht in der traditionellen Beurteilungsrichtung Vorgesetzter – Mitarbeiter, sondern Mitarbeiter äußern ihre Meinungen über das Unternehmen und die Vorgesetzten. Es handelt sich, wenn nicht auf einen einzelnen Mitarbeiter geschlossen werden kann, nicht um ‚Personalfragebögen' (§ 94 Abs. 1 Betr.VG) oder um ‚Auswahlrichtlinien' (§ 95 Betr.VG). Ein gesetzliches Mitbestimmungsrecht des Betriebsrates lässt sich aus vorliegenden Gutachten und Urteilen nicht ableiten, sofern die genannten Voraussetzungen erfüllt sind.

Unabhängig von dieser rechtlichen Situation liegt es im eigenen Interesse der Unternehmensleitung, zu einem Konsens mit dem Betriebsrat zu kommen, denn der Erfolg einer Befragung hängt in entscheidendem Maße von der Zusammenarbeit zwischen Unternehmensleitung und Betriebsrat ab (DOMSCH & SIEMERS, 1994). Dies zeigen auch die positiven Erfahrungen in den Unternehmen, die Mitarbeiterbefragungen bereits erfolgreich eingesetzt haben. Eine Beteiligung des Betriebsrates bereits in der Konzeptionsphase des Projekts – als Ausdruck des angestrebten kooperativen Führungsstils und eines partnerschaftlichen Verhältnisses von Arbeitnehmerschaft und Unternehmensleitung – erlaubt es ihm, unternehmensspezifische Ergänzungen zur Befragung einzubringen, frühzeitig Vorbehalte und Befürchtungen vorzutragen und sie mit der Unternehmensleitung zu diskutieren und zu klären.

– Kostenreduzierung durch Kooperation:
Die Kosten einer Mitarbeiterbefragung reduzieren sich beträchtlich, wenn durch Einsatz des ‚Standardfragebogens' Entwicklungszeit und -aufwand eingespart und vorhandene EDV-Auswertungsprogramme anderer Unternehmen genutzt werden.

6. Ausblick

Der Einsatz von Mitarbeiterbefragungen wird weiterhin zunehmen. Die bisherigen Erfahrungen sind ermutigend. Allerdings zeichnen sich folgende Trends ab:

- weniger umfassende Mitarbeiterbefragungen, dafür stärkere Verbreitung von speziellen Mitarbeiterbefragungen;
- vermehrt Online-Befragungen zur schnelleren Erfassung, Auswertung der Befragungsdaten und Aufbereitung von Ergebnissen;
- bessere Aufbereitung, Interpretation und Begutachtung der Ergebnisse;
- Intensivierung der Umsetzung von Befragungsergebnissen; dies gilt sowohl organisatorisch als auch inhaltlich;
- stärkere Verzahnung von Mitarbeiterbefragungen mit anderen Formen der partizipativen Zusammenarbeit und dem Qualitätsmanagement incl. Benchmarkingaktivitäten;

- Mitarbeiterbefragungen in Zusammenhang mit Kundenzufriedenheitsanalysen (BRUHN, 1999; HOMBURG & STOCK, 2001);
- verstärkte Kooperation mit den Arbeitnehmervertretungen von Anbeginn bis zur Umsetzung und deren Überprüfung;
- intensive Evaluierung der geplanten Veränderungsprozesse.

Mitarbeiterbefragungen liefern einen wertvollen Beitrag zur zeitgemäßen Führung und Zusammenarbeit. Da zu erwarten ist, dass partizipative Formen in Zukunft eher noch zunehmen, werden auch Mitarbeiterbefragungen ihren Stellenwert behalten und ausbauen.

Literatur

BORG, J. (2000). Führungsinstrument Mitarbeiterbefragung. 2. Aufl. Göttingen 2000.
BRUHN, M. (Hrsg.). (1999). Internes Marketing. Integration der Kunden- und Mitarbeiterorientierung. 2. Aufl. Wiesbaden 1999.
BUNGARD, W. & JÖNS, J. (Hrsg.). (1997). Mitarbeiterbefragung. Ein Instrument des Innovations- und Qualitätsmanagements. Weinheim 1997.
DOMSCH, M. (1992). Vorgesetztenbeurteilung. In R. SELBACH & K.-K. PULLIG (Hrsg.), Handbuch Mitarbeiterbeurteilung. S. 225 – 298. Wiesbaden 1992.
DOMSCH, M. & LADWIG, D. (Hrsg.). (2000). Handbuch Mitarbeiterbefragung. Heidelberg 2000.
DOMSCH, M. & SIEMERS, S. (1994). Mitarbeiterbefragungen und Betriebsverfassungsrecht. In: H. GLAUBRECHT, G. HALBERSTADT & E. ZANDER (Hrsg.), Betriebsverfassungsrecht in Recht und Praxis. S. 1/319 – 348. Freiburg i. Br. 1994.
HOFMANN, K., KÖHLER, F. & STEINHOFF, V. (Hrsg.). (1995). Vorgesetztenbeurteilung in der Praxis. Konzepte, Analysen, Erfahrungen. Weinheim 1995.
HOMBURG, CHR. & STOCK, R. (2001). Der Zusammenhang zwischen Mitarbeiter- und Kundenzufriedenheit. In Die Unternehmung, 55, 2001. S. 377 – 400.
JÖNS, I. (2000). Organisationales Lernen in selbstmoderierten Survey-Feedback-Prozessen. Lengerich 2000.
TROST, A. (2001). Die Messung und Analyse lateraler Kooperation bei Mitarbeiterbefragungen. Mering 2001.

Zur Konkretisierung und weiteren Vertiefung wird empfohlen, im Fallstudienband die Fälle zu „Mitarbeiterbefragung" zu bearbeiten.

Ulrich Graf von Wedel und Christine Abel

Personalarbeit und Führung bei Mergers und Acquisitions

1. Einleitung und Hintergrund
2. Integriertes Personalmanagement
3. Merger Management
4. Zusammenfassung

1. Einleitung und Hintergrund

Daimler und Chrysler taten es, E.on und Ruhrgas planen es, selbst die Gewerkschaften haben es hinter sich: Unternehmenszusammenschlüsse sind zu einem Wesensmerkmal der Wirtschaft geworden. Doch das wirtschaftliche Pendant zur Ehe ist nicht per se ein Erfolgsmodell.

Wohl sind auch die Voraussetzungen und Ziele andere: Mergers und Acquisitions (M & A) gelten in vielen Unternehmen als ideale Managementstrategie, den globalen Wettbewerb um Marktanteile und qualifiziertes Personal zu bestehen. Durch externes Wachstum sollen Marktmacht gewonnen, Synergien erzeugt und Kosten gesenkt werden. Doch ist die erfolgreiche Umsetzung von M & A Aktivitäten durchweg mit Problemen behaftet. McKinsey fand heraus, dass 74% aller M & A-Transaktionen das Ziel, den Unternehmenswert zu erhöhen, verfehlen. KPMG zufolge trifft das sogar für 83% aller Fälle zu – beachtenswerte Erkenntnisse zweier strategischer Fusionsberater (GREENWOOD, 2002).

Neben unrealistischen Einschätzungen von Synergieeffekten und Fusionskosten sind vor allem zwei sog. „weiche" Faktoren für den Erfolg eines Zusammenschlusses entscheidend: Die Integration der Kultur und der Mitarbeiter. Die Begeisterung über die Fusion kann rasch verfliegen und der Alltag anders aussehen: Der Feier folgt die Ernüchterung. Die Angst der Mitarbeiter, ihren Arbeitsplatz an einen neuen Kollegen zu verlieren, das Gerangel der Führungskräfte um die einflussreichen Positionen und schließlich eine allgemeine Unsicherheit im Blick auf die neue Philosophie und strategische Ausrichtung des Konzerns sind möglicher Sand im Getriebe der neuen Verbindung. Die fusionsbedingten Fluktuationen sind entsprechend alarmierend: Laut Untersuchungen verlassen bis zu 50% der Schlüsselkräfte in den ersten drei bis fünf Jahren nach einem Zusammenschluss das neue Unternehmen (GRÖHS & WENTNER, 2001).

Die wachsende Bedeutung des „Human Capitals" im Fusionsprozess lassen sich Firmen deshalb einiges kosten. So verteilen manche Unternehmen am Tag des offiziellen Zusammenschlusses T-Shirts, Uhren oder Kompasse mit dem neuen Logo an ihre Mitarbeiter. Diese symbolischen Gesten können aber nur ein winziges Mosaiksteinchen in einem umfassenden Integrationskonzept sein; schließlich sollen sich die Mitarbeiter nicht nur äußerlich, sondern auch im Innern mit dem neuen Konzern identifizieren.

Dem Personalbereich fällt hierbei eine Führungsfunktion zu. Was aber sind die herausragenden personalpolitischen Aufgaben beim Zusammenwachsen zweier oder gar mehrerer Unternehmen?

2. Integriertes Personalmanagement

2.1 Integrierter Ansatz

Grundsätzlich muss die Sicherstellung eines funktionsgerechten und bedarfsorientierten Personalmanagements für das neue Gesamtunternehmen im Mittelpunkt stehen. Dies lässt sich – u. a. auch im Fusionsumfeld – in die drei Komponenten des integrierten Personalmanagements strukturieren (Abbildung 1).

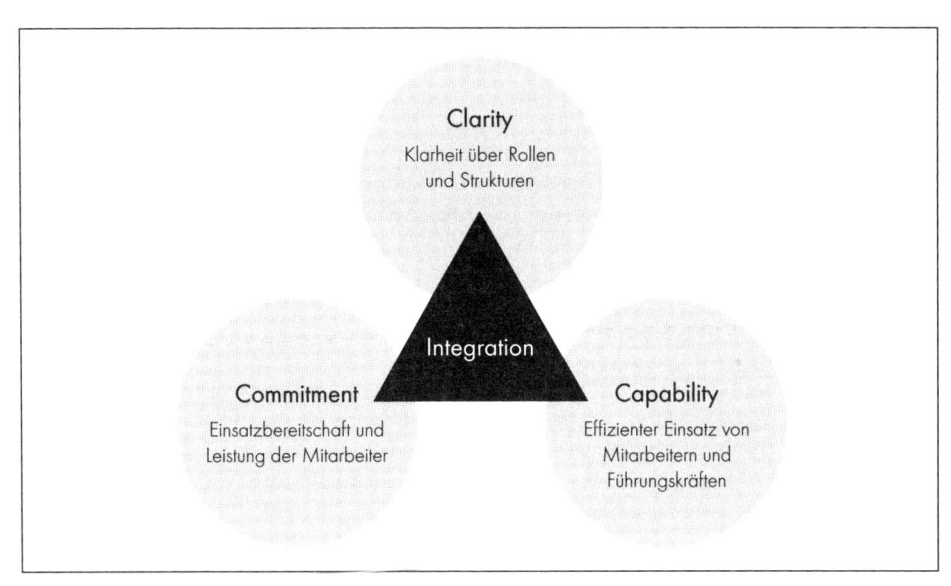

Abb. 1: Zentrale Komponenten eines integrierten Personalmanagements

Clarity
Diese Komponente bezieht sich auf die Strukturen und Funktionen im Unternehmen und adressiert folgende Fragestellungen:

- Wie ist die Strategie definiert und operationalisiert?
- Mit welcher Organisationsstruktur können die wichtigsten Geschäftsprozesse effektiv unterstützt werden?
- Wie werden Schnittstellen und Funktionen (im Sinne von rollenbezogenen Aufgaben) in der Organisation definiert?

Commitment
Die Einsatzbereitschaft und Leistung der Mitarbeiter stehen im Fokus dieses Bausteins und umfassen folgende Inhalte:

- Wie wird sichergestellt, dass im Unternehmen ein leistungsmotivierendes Organisationsklima herrscht?
- Mit welchen Instrumenten unterstützt die Vergütungspolitik die Strategie und Wertsteigerung der Organisation?
- Welches sind die Zielsteuerungsprozesse und -instrumente in der Organisation?

Capability
Die Komponente „Capability" umfasst (im Sinne von Befähigung) den effizienten Einsatz von Mitarbeitern und Führungskräften. Folgende Fragestellungen verdeutlichen die Bandbreite dieser Thematik:

- Wie unterstützt das Führungsverhalten des Managements die Umsetzung von Strategien?
- Welches sind die Leistungsergebnisse und Verhaltensweisen, die von den Mitarbeitern erwartet werden?

- Mit welchen Auswahlprozessen/Instrumenten wird eine valide und effiziente Personalplanung gesteuert?
- Welches sind die notwendigen Core-Competencies, d. h. die erfolgskritischen Faktoren für die Mitarbeiter im Unternehmen?

Das 3C-Konzept der HayGroup hat sich in der Beratungspraxis sowohl als Instrument zur Optimierung als auch zur Fusionsunterstützung bewährt.

2.2 Integration ist ein Prozess

Die oft medienwirksam inszenierte Vertragsunterzeichnung bei so genannten Elefantenhochzeiten ist weder der Startpunkt noch der Abschluss einer Fusion. Angefangen mit ersten strategischen Überlegungen und Sondierungen über das Zielunternehmen gehen dem eigentlichen Investment meist umfangreichere Aufwendungen voraus und für die Erreichung der eigentlichen M & A-Ziele werden schließlich oft Jahre denn Monate veranschlagt.

So sind zu verschiedenen Zeitpunkten inhaltlich unterschiedliche Aufgaben von externen sowie internen Beteiligten zu erledigen. Die Komplexität als auch der Umfang der Themen übersteigt bei weitem das durchschnittliche Arbeitsaufkommen. Dies gilt auch für die personalbezogenen Aufgaben bei Unternehmenszusammenschlüssen.

Der Ablauf und die vielfältigen Aktivitäten einer Fusion lassen sich grundsätzlich in drei Phasen gliedern:

- Pre-Merger,
- Merger und
- Post-Merger-Phase

Jede Phase ist schwerpunktmäßig durch unterschiedliche HR-bezogene Aufgaben gekennzeichnet, die sich im Zeitablauf aber auch über mehrere Phasen hinaus erstrecken können (JÄGER, 2001; MAYERHOFER, 2002).

Zweck und Ziel der Fusionsphasen:
Die *Pre-Merger-Phase* umfasst den Zeitraum vor dem Vertragsabschluss der Fusionsparteien, in dem Zahlen und Fakten das Zustandekommen einer Transaktion bestimmen. Im Rahmen der Legal und Financial & Tax Due-Diligence durchleuchten Wirtschaftsprüfer und Steuerberater das Zielunternehmen. Sind dann alle Daten zusammengetragen, haben viele Käufer vergessen, sich ein genaues Bild vom wichtigsten Asset eines Unternehmens zu machen: den Mitarbeitern.

Die *HR-Due-Diligence* ist entsprechend gesetzlich nicht vorgeschrieben und hat sich aus Geschäftspraktiken herausgebildet. Ziel ist, die Entscheidungsfindung der potentiellen Investoren zu unterstützen und als Basis für die Entwicklung einer Personal- und Gesamtstrategie zu dienen. Sie beinhaltet gewöhnlich die Analyse der personellen Kapazitäten in quantitativer wie qualitativer Hinsicht.

Die *Merger-Phase* umfasst alle Aktivitäten, die mit der konkreten Integration der rechtlich verbundenen Unternehmen in Zusammenhang stehen. Die strategischen Personalziele sind die Basis für alle operativen Umsetzungsmaßnahmen. Im Vordergrund stehen die Angleichung von Strukturen, von personalwirtschaftlichen Prozessen und Systemen sowie Maßnahmen zur Erreichung geplanter Synergien und Kosteneinsparungen: Organisatorische Änderungen und Personalabbau sind oft Folgeerscheinungen einer Fusion.

Die *Post-Merger-Phase* dient der Reflexion und Bewertung der fusionsbezogenen Maßnahmen. Dazu gehören Wirkungs- und Abweichungsanalysen, auf deren Basis Optimierungen in der Vorgehensweise und von Instrumenten initiiert werden können.

2.3 Prozessmanagement im Fusionsfall

Die Wirksamkeit aller Maßnahmen ist entscheidend abhängig von einem gezielten Changemanagement. Was für Veränderungsprozesse generell Gültigkeit hat, ist im M & A Kontext von herausragender Bedeutung. Folgende Aspekte haben sich in der Praxis als hilfreich erwiesen:

– *Projektmanagement:*
Eine Akquisitionsstrategie (Businessplan) bedarf der Konkretisierung: Operationalisierte Handlungsschritte mit zugeordneten Verantwortlichen ermöglichen die Evaluierung der Vorgehensweise.

Integrationsbezogene Aufgaben sollten in Projektform organisiert werden – auf Basis einer priorisierten Maßnahmenplanung sollten Ziele, Ressourcen und Endtermine definiert werden.

– *Zeitmanagement:*
Unserer Erfahrung entspricht der Grundsatz: Durch Verzögerungen entstehen größere Kosten als durch Fehler; unpopuläre Entscheidungen sollten nie verschoben werden.

– *Peoplemanagement:*
Beschäftigte erleben Fusionen als Wechselbad der Gefühle, die oft mit destruktiven Effekten auf Motivation, Arbeitsleistung und Commitment verbunden sind. Die emotionalen Belastungen gilt es durch Beteiligung und gezielte sowie regelmäßige Kommunikation konstruktiv zu bewältigen (DICKMANN, 2002).

Im Grundsatz sollte größtmögliche Offenheit und Transparenz über die Ziele und das Vorgehen bei der Fusion als Maßstab der Informationspolitik dienen. Dies hilft die Glaubwürdigkeit und das Vertrauen der Mitarbeiter zum Unternehmen sowie zur Unternehmensleitung zu bewahren. Auf dieser Basis kann und sollte der notwendige Handlungswille bei jedem individuellen Mitarbeiter mobilisiert werden. Denn Integration und Veränderung einer Organisation sind schlussendlich eine Angelegenheit der gesamten Unternehmung und das heißt, der Erfolg liegt in der Verantwortung aller Beschäftigten.

3. Merger Management

Der integrierte Personalmanagementansatz „CCC" kann als Leitfaden für die drei Fusionsphasen dienen (Abbildung 2).

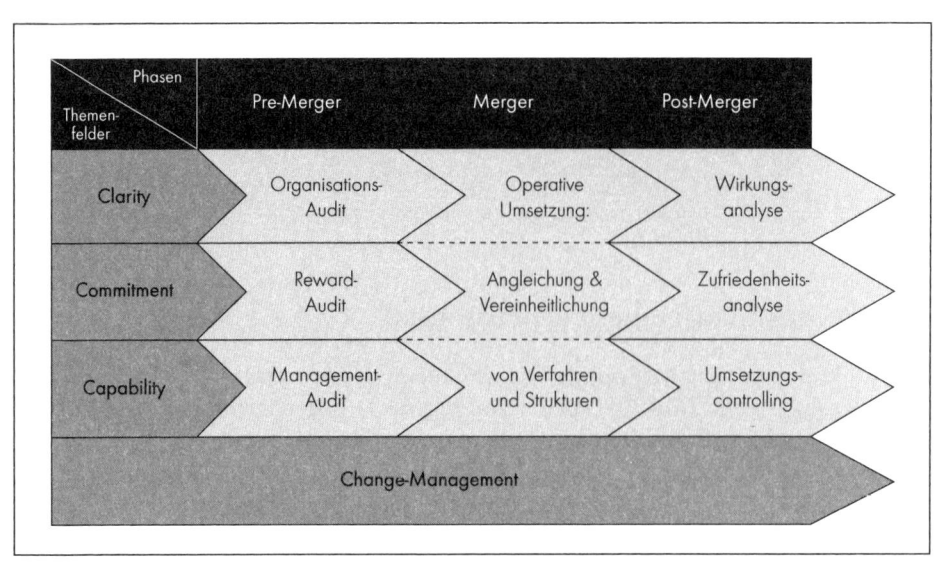

Abb. 2: Der integrierte Personalmanagementansatz im Mergerverlauf

3.1 Pre-Merger

Clarity
Im Mittelpunkt steht die Schaffung von Transparenz über Strukturen, Rollen und Verantwortlichkeiten beim Zielunternehmen. Dabei empfiehlt sich die Durchführung eines Organisationsaudits, das die Erhebung folgender Informationen und Daten beinhalten sollte:

- Unternehmensorganigramm
- Organisationsstruktur und Kernprozesse
- Mitarbeiterstruktur: Gesamtumfang, Führungshierarchien und Mitarbeiterkreise (Tarifangestellte, AT und leitende Angestellte); Identifikation der Schlüsselfunktionen und Schlüsselkräfte, externer Experten und ggf. Umfang eingesetzter Zeitarbeitskräfte.
- Personalmanagement: Strategie, Struktur und Prozesse des Personalbereiches.

Commitment
Welche Systeme und Verfahren spiegeln beim Zielunternehmen die Wertestrukturen, Leistungsorientierung, soziale Sicherung, die Anerkennung und die Kultur wider?

Im Rahmen eines *Reward-Audits* liefern folgende Informationen wichtige Anhaltspunkte:

- Fluktuationskennzahlen
- Performance Management System: Gibt es Zielvereinbarungen und Leistungsbeurteilungen? Wie sieht die gelebte Praxis dieses Systems aus?
- Gesamtvergütung und Vergütungsbestandteile:
  Die *Grundgehälter* spiegeln die langfristige Positionierung am Markt wider. Die vorhandene Grundgehaltssystematik, Regeln zur Eingruppierung, evtl. vorhandene

Funktionswertgruppen etc. geben auch Hinweise über die Bedeutung und Grobstruktur des Bereichs Personal.

Die *variable Vergütung* in Form von Boni auf Basis des jeweiligen Geschäftsjahres und Longterm Incentives gibt deutliche Hinweise auf die Leistungsorientierung: Von Bedeutung sind die tatsächlich gezahlten variablen Bezüge, ihre Dimensionierung, die Kopplung an die Zielparameter und vor allem die Spreizung zwischen Top- und schwacher Leistung. Hier erkennt man den gelebten Umgang bzw. den Mut zur Differenzierung von Mitarbeitern mit Top und schwacher Performance.

Die *Nebenleistungen* zeigen mit ihrem Volumen, ihrer Ausgestaltung für die allgemeine Belegschaft und insbesondere für die Führungskräfte die Bedeutung sozialer Absicherung für Alter, Tod, Invalidität und/oder Unfall und Statusdenken wie Dienstwagen. Innovative Modelle wie erfolgsorientierte betriebliche Altersversorgung, flexible Regelungen für Dienstwagen oder Wahlmöglichkeiten geben generelle Hinweise auf die Flexibilität im Unternehmen.

Capability
Zur Einschätzung des effizienten Einsatzes von Mitarbeitern und Führungskräften im Zielunternehmen empfiehlt sich die Durchführung eines Management-Audits mit folgenden Inhalten:

- Welche Systeme und Instrumente der Personalführung und -entwicklung bestehen; einschließlich der Personal- und Nachfolgeplanung, Job-Rotation, Leadership-Entwicklungsprogramme, Kompetenzprofile und Rekrutierungsverfahren?
- Mit welchen Prozessen werden Top-Leister identifiziert und gefördert?

Eine Bewertung der gesammelten Daten und Informationen kann nun in den Entscheidungsprozess der Übernahme einfließen. Der nachhaltige Nutzen einer umfassenden HR-Due-Diligence liegt jedoch in der weiteren Verwendung der gemachten Beobachtungen – sie können den Grundstein für eine erfolgreiche Integration des Zielunternehmens bilden. Erkenntnisse zur Führungskultur, Personalstruktur oder Vergütungssystematik bilden einerseits wichtige Rahmenparameter für eine Personalstrategie der Gesamtorganisation und können andererseits direkt in die Planung von Integrationsmaßnahmen einbezogen werden.

3.2 Merger

Ausgehend von einer positiven Entscheidung für einen Unternehmenszusammenschluss kann eine Personalstrategie konzipiert und deren Umsetzung begonnen werden. Zu diesem Zeitpunkt sollte die Anzahl der Standorte und der künftige Personalbedarf in der neuen Organisation feststehen.

Im Rahmen des Change-Managements sollte ein Lenkungsausschuss etabliert werden, der alle integrationsbezogenen Projekte und Maßnahmen überwacht und regelmäßig an die Unternehmensleitung berichtet. Die einzelnen Transitionsteams sollten sich aus Mitarbeitern der beteiligten Unternehmen zusammensetzen, um den Wissenstransfer (auch im Sinne von Best Practice) zu Gewähr leisten. Die Bedeutung einer projektorganisierten Aufgabenplanung wurde bereits erwähnt – darüber hinaus empfiehlt sich die Festlegung eines Schlichtungs- und letztinstandlichen Entscheidungsprozesses bei Disputen innerhalb oder zwischen Integrationsteams.

Eine besondere Aufmerksamkeit verdient die Planung und Durchführung von Kommunikationsmaßnahmen: Zweck und Ziele der Fusion sowie die neue strategische Ausrichtung des „Gesamtunternehmens" sollten frühzeitig an die Mitarbeiter kommuniziert werden. Ein entsprechendes Kommunikationsportfolio sollte zielgruppenspezifisch informationsvermittelnde und integrationsfördernde Elemente beinhalten. Der prozesshaften Natur eines Zusammenwachsens entsprechen langfristig angelegte Medienmittel wie beispielsweise eine Mitarbeiterzeitschrift, die sich mit aktuellen integrationsbezogenen Fragestellungen sowie mit dem Fortschritt der Fusion befasst.

Im Rahmen der neuen Personalstrategie können durch ein Review der HR-Due-Diligence, Entscheidungen zu den nachfolgend beschriebenen Themen dieser Fusionsphase getroffen werden. Im Mittelpunkt steht jeweils die Frage, Bestehendes aus den beteiligten Fusionsunternehmen zu übernehmen oder sich für etwas Neues zu entscheiden. Letzteres kann aus „politischen" Gründen sogar die bessere Alternative sein.

Clarity
– Entwickeln und Implementieren neuer Organisationsformen und Ablaufprozesse
– Analysieren, Bewerten und Einführen von Rollen
– Entwickeln und Implementieren von Job-Familien
– Entwickeln und Aufbau eines personalpolitischen Ordnungsrahmens als Plattform für Vergütungssysteme, Personalentwicklungsinstrumente und zur Erarbeitung von wertschöpfungsorientierten Führungs- und Berichtswegen.
– Aufbau bzw. Vereinheitlichen der Personalverwaltung und der Personalinformationssysteme.

Commitment
– Aufbau bzw. Vereinheitlichen von Anreiz- und Entgeltsystemen (Gehalt inkl. Nebenleistungen)
– Konzipieren von Vorstands- und Geschäftsführungsvergütungen
– Gestalten und Implementieren von sowohl kultur- als auch strategieadäquaten Performance-Management-Systemen

Bevor ein Entwurf für die Gesamtvergütung erarbeitet wird, ist es für den späteren Erfolg entscheidend zu klären, welche Werte beider bestehender Systeme in das neue als gemeinsame Werte transportiert und welche Signale neu etabliert werden sollten. Häufig findet erst in diesem Prozess der Fusion die Diskussion um künftige Werte statt, davor wurden eher so genannte Hard Facts wie die künftige strategische Ausrichtung diskutiert.

Im Rahmen der Diskussion, welche Mitarbeiter wofür vergütet werden sollen, spielt auch die richtige Positionierung als Arbeitgeber im Markt vor dem Hintergrund evtl. veränderter Wettbewerbsbedingungen, der wirtschaftlichen Situation sowie der strategischen Ausrichtung eine Rolle. Weitere Einflussfaktoren sind die künftige Organisationsstruktur, Performance-Management, Leadership und damit zusammenhängend die gewünschte neue Unternehmenskultur.

Neben der Entwicklung des neuen Systems ist eine rechtzeitige Kommunikation und Klärung der Wahrung von *Besitzständen* für die gesamte Belegschaft wichtig. Dies sollte in enger Zusammenarbeit mit dem Personalcontrolling geschehen. Komplexer kann sich der Übergang von Longterm Incentives gestalten, insbesondere wenn sich die Rechtsform des Unternehmen ändert. Hier ist von Fall zu Fall besonders vorzugehen.

Besonders bewährt haben sich *Veranstaltungen*, bei denen das neue Vergütungssystem kommuniziert wird. Diese haben besondere Wirkung, wenn sie als besonderes Event mit einem Fest ausgestaltet sind. Ziemlich zeitgleich sollte die Versendung von Informationsmaterialien und die Bestätigung des individuellen Besitzstandes geschehen.

Capability
- Aufbau und Implementieren von zielgruppenspezifischen Trainings- und Entwicklungsprogrammen für Schlüsselqualifikationen
- Aufbau und Vereinheitlichen von Personalentwicklungsinstrumenten und -verfahren
- Angleichen und Vereinheitlichen der Personal- und Nachfolgeplanung sowie des Rekrutierungsverfahrens
- Auswahl und ggf. Reduktion von Mitarbeitern; Beispiele für Maßnahmen bei Entscheidungen über die personelle Besetzung von Management- und Mitarbeiterpositionen:
  - Gestalten von Competency-Modellen und Anwendungen
  - Messen und Entwickeln der Emotionalen Intelligenz
  - Gestalten und Durchführen von Team- und Führungskräfteentwicklungs-Programmen
  - Gestalten und Durchführen von Einzel- und Gruppen-Assessments
  - Auditieren von Executives
  - Entwickeln beschäftigungssichernder Maßnahmen
  - Bereitstellen von Instrumenten für den Umgang mit Veränderungen und zur Konfliktbewältigung
  - Coaching von Executives und Führungskräften

3.3 Post-Merger

Wann ist ein Merger abgeschlossen? Die Integrationsprojekte sind weitgehend durchgeführt, EDV- und Accounting-Systeme sind angeglichen, seit dem Merger sind 12 Monate oder mehr vergangen. Es stellt sich die bange Frage: Ist das nun schon alles gewesen? Werden sich die geplanten Synergieeffekte einstellen? Wurden die richtigen Führungskräfte in die Verantwortung gestellt? Wird sich die Form von Leadership und die Unternehmenskultur durchsetzen, die der Erreichung der Business-Ziele und der Umsetzung der Strategie hilft?

Clarity
Als wichtigste Fragestellung ist zunächst zu beantworten, ob sich für die untersuchten Berichtsebenen in ausreichendem Maße unternehmerische Klarheit eingestellt hat, sowohl national für die Landesorganisationen als auch international im Verhältnis zur Holding. Diese Klarheit bezieht sich zum einen darauf, ob den Führungskräften die allgemeine Vision der Organisation deutlich ist und sie eindeutige Pläne für die Realisierung der Strategie kennen, zum anderen auf die Verständlichkeit der Struktur, die Klarheit der Rollenerwartungen und die Effizienz der Zusammenarbeit.

Auf dem Boden unternehmerischer Klarheit ist es dann wichtig, die richtigen Standards zu setzen: Es fragt sich, ob herausfordernde aber erreichbare Ziele gesetzt werden und ein permanenter Leistungsverbesserungsprozess spürbar ist.

Umsetzbar ist dies alles nur, wenn in ausreichendem Maße Verantwortung delegiert wird: Mitarbeiter müssen das Gefühl haben, Entscheidungen in ihrem Job ohne übertriebene Abstimmungsprozeduren fällen zu können und sollten sich ermutigt fühlen, kalkulierte Risiken einzugehen.

Commitment
Zusätzliche Motivation besteht dann, wenn Leistung angemessen und unternehmensintern konsistent (i. S. von fair) belohnt wird. Die Fragen zu dieser Thematik beziehen sich sowohl auf den materiellen Aspekt, als auch die Balance zwischen Anerkennung und Kritik und die Möglichkeiten zur Karriereentwicklung.

Das Zusammenspiel von variabler Vergütung, Grundgehalt und Benefits spiegelt Signale wider, z.B. welches Verhalten tatsächlich belohnt und welches kommuniziert wird, wie viel Eigeninitiative gewünscht wird, welchen Stellenwert soziale Sicherheit z.B. bei Krankheit hat. Falls es hier Störsignale oder Diskrepanzen zu kommunizierten Inhalten gibt, dann kann die Glaubwürdigkeit Schaden nehmen. Handelt es sich dagegen um ein abgerundetes System, kann die Gesamtvergütung als Motor und Steuerungsinstrument für einen langfristig erfolgreichen Fusionsprozess genutzt werden.

Schließlich muss der Frage nachgegangen werden ob ein ausgeprägtes Team-Commitment existiert: Sind die Mitarbeiter stolz darauf, für das Unternehmen zu arbeiten, helfen sie einander bei der Aufgabenerfüllung, gibt es Vertrauen und die Bereitschaft, sich überdurchschnittlich einzusetzen?

Capability
Wenn die Bedingungen für die Faktoren Klarheit, Standards, Verantwortung (d.h. Clarity) und Belohnung (d.h. Commitment) untersucht sind, lohnt sich eine weitere Perspektive zum Thema „Personalarbeit und Führung bei M & A": Sind die integrationsbezogenen Veränderungen von den Führungskräften und Mitarbeitern aufgenommen und umgesetzt worden? Sind die Schlüsselfunktionen noch mit entsprechend qualifizierten Mitarbeitern besetzt oder sind die so genannten „Keyplayer" den Lockrufen der Headhunter erlegen? Schaffen in diesem Fall Rekrutierung und die Nachfolgeplanung Erleichterung?

Um all diesen Fragen auf den Grund zu gehen und gezielte Maßnahmen zur Verbesserung ergreifen zu können, ist die frühzeitige Entwicklung und Implementierung von Controllinginstrumenten notwendig. Für die „weichen Erfolgsfaktoren" einer Fusion – die Integration der Kultur und der Mitarbeiter – haben sich, neben einem Personalmonitoring, vor allem Mitarbeiterbefragungen als probates Mittel herausgestellt, um Wirkungsanalysen von Integrationsmaßnahmen durchführen zu können.

4. Zusammenfassung

Der vollständige Merger-Prozess von Unternehmen ist ein *Evolutionsprozess* über einen Zeitraum von erfahrungsgemäß mehreren Jahren. Hier kommt dem Bereich Human Resources eine Schlüsselrolle zu: Er ist einerseits Treiber und Unterstützer dieses Prozesses und andererseits gleichzeitig Betroffener.

Generell gibt es keinen Königsweg für einen erfolgreichen Merger: Entscheidend ist die geplante, nachhaltige sensible Begleitung des Prozesses in allen Phasen: Pre-, Merger und Post-Merger. Hier hilft ein laufendes Hinterfragen und Anpassen des Prozesses auf Basis einer strukturierten Analyse hinsichtlich der Komponenten eines integrierten Personal-Managements: Clarity, Commitment und Capability.

Findet der nächste Merger bereits in der Post-Merger-Phase der vorangegangenen Fusion statt, stehen erfahrungsgemäß alle Beteiligten vor einer noch stärkeren Herausforderung.

Literatur

DICKMANN, M. (2002). Mergers & Acquisitions: Wogen der Emotionen glätten – eine HR-Aufgabe. In: Personalführung, 6/2002, S. 124–130.
GOLEMAN, D. (2002). Emotionale Führung. München. Econ 2002.
GREENWOOD, W. (2002). Die Strategiekette: Ein Ansatz für Allianzen. In: Frankfurter Allgemeine Zeitung, 214/2002, S. 57.
GRÖHS, B. & WENTNER, G. (2001). Nicht nur Zahlen, sondern auch das Personal analysieren. In: Der Standard, 18.09.2001, S. 2.
FAY, H. & KNIGHT, D. (2001). The Executive Handbook on Compensation. New York 2001.
FLANNERY, T. P. (1995). People, Performance, Pay: Dynamic Compensation for changing Organizations. New York 1995.
HARTLE, F. & WEISS, T. (1997). Reengineering Performance Management: Breakthroughs in achieving Strategy through People. St. Lucie 1997.
JÄGER, M. (2001). Personalmanagement bei Mergers & Acquisitions. Neuwied 2001.
MAYERHOFER, H. (2002). Personal als Dealbreaker? In: Zeitschrift für Organisation, 2/2002, S. 68 – 74.
MITRANI, A., MURRAY, D. & STROMBACH, M. (1992). Human Resource Management. Landsberg 1992.
SPENCER, L. M. & SPENCER, S. M. (1993). Competence at work: Models for superior Performance. New York 1993.
SPENCER, L. M. (1995). Reengineering Human Resources. New York 1995.

Laila Maija Hofmann und Erika Regnet

Führung und Zusammenarbeit in virtuellen Strukturen

1. Formen virtueller Zusammenarbeit
2. Neue Anforderungen
3. Besonderheiten der „e-Kommunikation"
4. Erfolgreiche Führung in virtuellen Strukturen
5. Ausblick

1. Formen virtueller Zusammenarbeit

Das lateinische „virtus" bedeutet Kraft, Tugend – im Deutschen heißt „virtuell" ganz allgemein: fähig zu wirken, scheinbar – nicht wirklich (Krystek et al., 1997, S. 3). Von der Verwendung des Wortes „virtuell" in der Informatik wurde dieser Begriff auch auf andere Tatbestände übertragen, um zwischen logischer und physikalischer Welt zu trennen (ebenda).

Virtuelle Teams sind Gruppen, die gemeinsam an einer Aufgabe arbeiten, jedoch nicht regelmäßig an einem Ort zusammentreffen und sich daher primär mit modernen Informations- und Kommunikationstechnologien austauschen. „Als virtuelle Teams werden flexible Gruppen standortverteilter und ortsunabhängiger Mitarbeiterinnen und Mitarbeiter bezeichnet, die auf der Grundlage von gemeinsamen Zielen bzw. Arbeitsaufträgen ergebnisorientiert geschaffen werden und informationstechnisch vernetzt sind" (Konradt & Hertel, 2002, S. 18).

Virtuelle Gruppen können auf Grund einer Virtualisierung der Organisationsstrukturen entstehen. Dies bedeutet, dass sich für eine bestimmte Zeit ein Netzwerk aus autonomen Unternehmen und Einzelpersonen zusammenschließt, um ein Projekt gemeinsam zu bearbeiten und dem Kunden einheitlich als ein neues, virtuelles Unternehmen entgegen zu treten.

Virtuelle Gruppen gibt es inzwischen jedoch auch in „realen" Unternehmen. Dies beginnt mit dem verstärkten Einsatz von Telearbeit, so dass die Teammitglieder nur noch partiell tatsächlich zusammenarbeiten, ansonsten primär mit modernen elektronischen Medien miteinander kommunizieren und beispielsweise auf gemeinsam zu nutzende Datenbanken zugreifen. Die zunehmende Globalisierung und die internationale Präsenz der großen Unternehmen erfordern globale Arbeits- und Informationsprozesse. Dies führt dazu, dass Experten in verschiedenen Niederlassungen aus mehreren Ländern gemeinsam an einem Projekt arbeiten, zumeist ohne sich persönlich zu sehen.

Hinzu kommt die Tendenz zu einer *Führung über Distanz*, wenn die Gruppenarbeit zwar schwerpunktmäßig in bisher bekannten Strukturen verläuft, aber an eine Führungskraft in einer anderen Niederlassung, einem anderen Land berichtet wird und der persönliche Kontakt auf gelegentliche Treffen reduziert ist (s. Abbildung 1).

Ziele virtueller Organisationsformen sind insbesondere die hohe Flexibilität in einem dynamischen Umfeld, die Koordination von Experten mit ihren speziellen Kernkompetenzen, hohe Kundennähe durch globale Präsenz der Mitarbeiter, die Reduktion von Personalkosten durch neue Formen der Vertragsgestaltung (freie Mitarbeit u. Ä.m.), die Erfüllung des Bedürfnisses nach mehr Eigenverantwortung und Freiraum bei den Mitarbeitern, damit schließlich höhere Mitarbeiterbindung zur Steigerung der Effizienz der Gesamtorganisation. Die Zusammensetzung eines Teams muss sich nicht länger an der räumlichen Verfügbarkeit orientieren, zusätzliche Experten können nach Bedarf integriert werden.

Virtuelle Führung in dem Sinne, dass sie ihre Mitarbeiter nur gelegentlich treffen und damit *Führung über Distanz* zu realisieren haben, ist bereits heute eine Herausforderung für Führungskräfte mit Mitarbeitern/-innen

− in verschiedenen Niederlassungen
− bei international zusammengesetzten, länderübergreifend arbeitenden Teams
− in Telearbeit

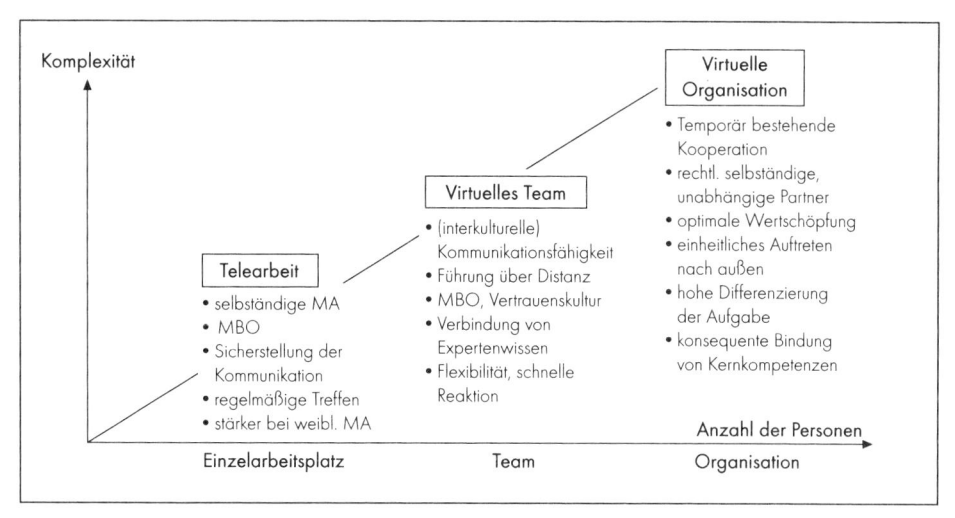

Abb. 1: Entwicklung virtueller Strukturen und ihre Besonderheiten

– von externen Dienstleistern
– in Netzwerken und virtuellen Organisationen.

Die Arbeitswelt verändert sich: Nach einer Studie des Bundesbildungsministeriums und EU-Prognosen soll in 15–20 Jahren jeder Dritte in virtuellen Strukturen arbeiten (Süddeutsche Zeitung, 12./13.5.2001, V1/25).

2. Neue Anforderungen

Statt häufiger face-to-face-Kontakte gibt es bei virtueller Zusammenarbeit indirekte Beziehungen und geringe persönliche Kontakte. Die Kommunikation erfolgt primär mit Hilfe elektronischer Medien; Videokonferenzen und persönliche Besprechungen werden nur gelegentlich nach Bedarf eingesetzt.

Hinsichtlich der Führung erschwert der Mangel an direkten Kontakten

– die Koordination, man kann weniger leicht feststellen, wenn jemand noch Kapazitäten frei hat; die Verantwortlichkeiten müssen klar geregelt sein
– das Erkennen von Problemen und Schwierigkeiten – in fachlicher Hinsicht ebenso wie in der Motivation
– die Einschätzung der Kooperation – wie ist der Informationsfluss, wird ausreichend und mit allen Gruppenmitgliedern kommuniziert?
– das rechtzeitige Erkennen von Konfliktfeldern
– die Bewertung der Leistung.

In Abbildung 2 werden die Rahmenbedingungen für die Arbeit in traditionellen und virtuellen Strukturen gegenübergestellt.

Diese Veränderungen führen zu hohen Anforderungen an die Mitarbeiter/-innen, insbesondere hinsichtlich ihrer Selbstorganisation, Planung und Steuerung der Arbeit. In Bezug auf die Mitarbeiter stellt sich daher die Frage,

Führung in traditionellen Unternehmen	Führung in virtuellen Strukturen
• Stellenbeschreibungen • Klare Kompetenzen • Häufig Einzelkämpfer • Verhaltensregeln • Kontrollkultur • Ressortdenken • Feststehende Abteilungen etc. • Kommunikation in hohem Maße face-to-face, viele Besprechungen • Führung mit den alten „3K" - Kommandieren, kontrollieren, korrigieren	• Flexibilität • Zusammenarbeit und Koordination, Dezentralisierung von Befugnissen • Interdisziplinäre, z.T. international zusammengesetzte Teams • Eigenverantwortung • Vertrauenskultur • Übergreifende Zusammenarbeit • Häufige Veränderungen, zeitlich befristete Kooperationen • Einsatz neuer Medien zur Kommunikation • Zielvereinbarung und Delegation • Qualifizierte, anspruchsvolle und selbstständige Mitarbeiter

Abb. 2: Unterschiede zwischen Führung in alten und neuen Unternehmensstrukturen

– ob die Identifikation mit der Gruppe, der Aufgabe, dem Unternehmen unter den virtuellen Strukturen leidet und noch gemeinsame Ziele und Werte bestehen;
– inwieweit ein Wir-Gefühl, eine Gruppenkohäsion aufgebaut werden kann, die sich nach Analysen positiv auf Zusammenarbeit und wechselseitige Unterstützung auswirkt;
– inwieweit die Bedürfnisse der Mitarbeiter nach Kontakt, Vertrauen, Sicherheit erfüllt sind, da ansonsten mit Isolierungstendenzen, zunehmender Individualisierung bis hin zu Ängsten zu rechnen ist; auch die ständigen Veränderungen – nun sogar bezogen auf die Arbeitsgruppe und Kollegen – können zu Verunsicherungen und Stress führen;
– ob Lernen und Wissensmanagement sichergestellt ist – bei virtuellen Gruppen besteht die Gefahr, dass die Innovation zurückgeht, da keiner den anderen an seinem Wissen, seinem Humankapital teilhaben lassen willen und sich niemand für langfristige Investitionen in die Bildung verantwortlich fühlt; der E-Lancer hat als Intrapreneur seine „Ich-AG" ggf. bereits verwirklicht, ein Teilen des Wissens würde den eigenen Marktwert verringern;
– inwieweit sie für Formen der virtuellen Zusammenarbeit bereits qualifiziert sind und beispielsweise in international zusammengesetzten Teams sensibel für interkulturelle Unterschiede sind und diese erfolgversprechend in die Teamarbeit zu integrieren vermögen.

„Klassische" Erfolgsfaktoren der Führung wie „Management by walking around", Sicherstellung des Informationsflusses durch regelmäßige Treffen, „offene Tür", Förderung der Mitarbeiter incl. Coaching, häufige Kommunikation und Rückmeldung, Ermöglichung auch informeller Kontakte unter den Mitarbeitern sind auf Grund der äußeren Strukturen nicht realisierbar. Und bereits mit dem verstärkten Einsatz von Telearbeit wurde deutlich, dass das in Medien verbreitete Bild des zufrieden auf Mallorca am Strand arbeitenden Kreativen, der gelegentlich einmal ins Büro kommt, nicht der Unternehmenswirklichkeit entspricht. Bei Telearbeit gilt als Erfolgsregel, dass der Informationsfluss gut aufrechterhalten werden kann, wenn der Mitarbeiter zumindest einen Tag pro Woche im Unternehmen verbringt und der Kollegenkreis sich bereits kennt. Dann verlagert sich der Schwerpunkt der Kommunikation von persönlichen

Treffen und Sitzungen hin zur e-mail und Internet/Intranetnutzung sowie zum telefonischen Kontakt (z. B. KURZ & KUHN, 1995). Die Kontaktdichte bleibt aufrecht, die Teilnahme an geplanten Besprechungen ist möglich.

3. Besonderheiten der „e-Kommunikation"

In den letzten Jahren haben die elektronischen Medien die Arbeitswelt drastisch verändert, Internet/Intranet und Kommunikation über e-mail sind inzwischen weit verbreitet. Die neuen Kommunikationskanäle bedingen keine (zeitliche) Entlastung. Vielmehr führt die Nutzung von Telemedien zu einem erhöhten Aktivitätsniveau, einer (noch) stärkeren Fragmentierung des Arbeitstages, einer weiteren Informationsüberflutung und sogar zu einem Ansteigen der Dienstreisen. Man spricht vom Telekommunikationsparadoxon (s. PRIBILLA et al., 1996).

DAFT und LENGEL (1984) verwenden den Begriff *Media Richness* (Informationsreichhaltigkeit), um zu verdeutlichen, in welcher Situation welches Kommunikationsmedium angemessen ist (vgl. den folgenden Beitrag von REICHWALD & MÖSLEIN). Nur bei komplexen Aufgaben oder Sachverhalten werden face-to-face-Kontakte empfohlen, da sie die meisten Informationen (verbale wie nonverbale) bieten. Bei einfachen Tätigkeiten reichen dagegen weniger „reichhaltige" Informationswege aus.

Der Informationsaustausch per Internet, Chat-Room oder e-mail ist nicht nur besonders schnell und kostengünstig, das gewählte Medium scheint auch die Kommunikation selbst zu beeinflussen:

– Bei face-to-face-Kommunikation partizipieren insbesondere Personen mit hohem sozialem Status – d. h. Vorgesetzte oder besser Ausgebildete machen die Vorschläge oder leiten neue Diskussionsthemen ein. Dagegen ermöglichen es elektronische Medien auch Personen mit geringerem sozialem Status, aktiv zu werden. Die Statuszuschreibung scheint in der virtuellen Situation diffuser zu sein. Davon profitieren insbesondere Frauen, die in Computer gestützter Kommunikation häufiger als erste Vorschläge zur Diskussion stellen. Dieses Phänomen tritt selbst dann auf, wenn es sich um einen Personenkreis handelt, der sich sowohl persönlich als auch virtuell begegnet (THIEDEKE, 2000, S. 28).
– Die Beiträge der Einzelnen werden kürzer, gleichen sich vom Umfang her an, alle bringen sich ein – was sich u. a. positiv für eher introvertierte Menschen auswirkt.
– Über Verteilerlisten, Weiterleitungen etc. kommen Informationen per e-mail unangefragt an. Die geringere soziale Präsenz im Vergleich zur face-to-face- Kommunikation erleichtert die Kontaktaufnahme auch mit Unbekannten, kann aber zu einer Informationsüberflutung führen.
– Fehlverhalten wie z. B. unangemessener Sprachstil oder Durchbrechen der Privatsphäre im Netz unterliegt schnellen Sanktionen. Dies können massive verbale Attacken, öffentliches zur Schau stellen, Lächerlichmachen, Versenden von Textpassagen, Abbruch der Kommunikation sein. Selbst kleine Abweichungen vom Gewohnten – z. B. Benutzung eines Groß- statt eines Kleinbuchstabens am Anfang einer Textpassage – kann zu überzogenen negativen Reaktionen der Dialogpartner führen (BECKER, 2000, S. 125).
– Sendungen mit elektronischer Post sind weniger empfängerorientiert, sie betonen den Standpunkt des Senders. Häufiger als bei unmittelbarer Kommunikation wer-

den bestehende Normen überschritten, Vulgärausdrücke verwendet und relativ ungehemmt und rücksichtslos auch schlechte Nachrichten mitgeteilt.

Auch Videokonferenzen können ein „reales" Treffen für Teamentwicklungen nicht ersetzen. Durch die technisch bedingten Verzögerungen der Übertragung von ca. einer viertel Sekunde wirken solche Sitzungen häufig etwas unbeholfen. Der direkte Blickkontakt ist kaum möglich, und die genutzten Mikrofone müssen auf einen Schwellenwert eingestellt sein, der die Übertragung von den so wichtigen „Zwischentönen" verhindert. Demzufolge werden Videokonferenzen auch eher zur Informationsvermittlung empfohlen als zur Diskussion kontroverser Themen (HERMANN & MEIER, 2001, S. 6ff.).

4. Erfolgreiche Führung in virtuellen Strukturen

Wie motiviert man über Distanz ohne direkten Kontakt? Worauf muss die Führungskraft achten, wenn sie die unterschiedlichen Kommunikationstechniken einsetzt? Was sind bevorzugte „Kommunikationskanäle", wenn man keinen persönlichen Kontakt herstellen kann? Wie „komme ich rüber" per Video, email, Telefon? Welche IuK (e-mails, Videokonferenzschaltungen, Telefon etc.) empfehlen sich für Zielvereinbarungen, die Aus"sprache" von Anerkennung oder Kritik? Wie erkenne ich rechtzeitig, wenn die Mitarbeiter Gesprächsbedarf haben?

Für die Führung von *virtuellen Teams* können zunächst die Erkenntnisse über die Führung von Gruppen ganz allgemein angewendet werden (siehe hierzu den entsprechenden Beitrag von v. ROSENSTIEL, in diesem Band). Doch virtuelle Teams arbeiten gerade meist nicht in face-to-face Situationen zusammen und benötigen demzufolge mehr Medien zur Überbrückung von örtlicher, z.T. auch zeitlicher Distanz. Eine Reihe von Untersuchungen (vgl. SESSA et al., 1999) belegt, dass es bei Teams, deren Mitglieder an verschiedenen Orten arbeiten, häufiger zu Missverständnissen in der Kommunikation kommt. Der Prozess der Vertrauensbildung verläuft anders, der Teambildungsprozess dauert länger.

Zumeist ist es auch so, dass nicht alle Mitarbeiter/-innen an unterschiedlichen Orten arbeiten. Dies wirft weitere Besonderheiten in der Beziehungsbildung zwischen Führungskraft und Mitarbeiter/-innen auf. Während einzelne Teammitglieder häufigen persönlichen Kontakt zum Vorgesetzten haben, treffen andere die Führungskraft nur selten. Hierbei entsteht ein Ungleichgewicht im sozialen Beziehungsgefüge, das es zu managen gilt.

Eine erste Übersicht über zentrale Führungsaufgaben gibt die Checkliste von KONRADT und HERTEL (2002, S. 47), die sich in einem Phasenmodell am zeitlichen Ablauf der Teamarbeit orientiert (Abbildung 3). Die Autoren empfehlen u.a., im Team frühzeitig über ein gemeinsames „Regelwerk" für die Zusammenarbeit zu sprechen, um späteren Reibungsverlusten vorzubeugen. Dies kann eine Einigung darüber umfassen, wie schnell e-mails zu bearbeiten sind, dass Empfangsbestätigungen verschickt werden, wie das Team Entscheidungen trifft, wie häufig persönliche Treffen stattfinden sollen, wie mit vertraulichen Informationen umgegangen wird u.v.a.m. Damit werden die wechselseitigen Erwartungen und Anforderungen klar. Erste Konfliktfelder werden damit umgangen.

Phase 1 Aufbau und Konfiguration	• Auswahl des Teamleiters • Auswahl von geeigneten Mitarbeitern • Schaffen geeigneter struktureller Bedingungen • Zuschnitt der Aufgaben
Phase 2 Start und Initiierung	• Kick-off-Veranstaltung • Regelwerke
Phase 3 Erhaltung und Regulation	• Motivation • Förderung von Vertrauen • Konfliktmanagement
Phase 4 Optimierung und Korrektur	• Prozessentwicklung • Evaluationsmaßnahmen • Trainings
Phase 5 Beendigung	• Würdigung der Erfolge • Neuorientierung und Reintegration der Mitarbeiter

Abb. 3: Übersicht über die Führungsaufgaben im zeitlichen Ablauf
(nach KONRADT & HERTEL)

Dieser Prozess lässt sich mit Trainings auch in den frühen Phasen unterstützen. So kann man die Gruppenmitglieder im Vorfeld auf die Anforderungen der Computer gestützten Kommunikation und Kooperation vorbereiten und Mentoren in der Anfangsphase zur Verfügung stellen (vgl. HOFMANN, in Vorbereitung).
Im Folgenden werden zentrale Führungsaufgaben in virtuellen Strukturen erläutert.

Partizipative Führung
Ohne den konsequenten Einsatz der Instrumente einer partizipativen Führung lässt sich eine virtuell arbeitende Gruppe nicht steuern. Dabei ist zunächst als unverzichtbar die Führung mit Hilfe von *Zielvereinbarungen* zu nennen (MBO – vgl. dazu auch den Beitrag von NERDINGER, Formen der Beurteilung, in diesem Band). Eine tägliche Berichterstattung, ständige Kontrolle, Überwachung der Arbeitszeiten machen keinen Sinn bzw. sind nicht durchführbar. Seit vielen Jahren bemüht man sich in Unternehmen um die konsequente Führung mit Zielvereinbarungen, die aber nach wie vor manchen Führungskräften schwer zu fallen scheint. Bei virtuellen Strukturen ist dies unverzichtbar. Auch die konsequente *Delegation von Aufgaben und Verantwortlichkeiten* sowie Freiraum in der Aufgabenerledigung sind notwendige Erfolgskriterien. Terminierung und Feinsteuerung bleiben in der Verantwortung der Mitarbeiter/-innen. Die Kontrolle erfolgt anhand der Ergebnisse, der Einhaltung von Terminen und nach Plausibilität in Form von regelmäßigen Gesprächen. Dies setzt auf der anderen Seite Mitarbeiter voraus, die qualifiziert sind sowie selbstständig und diszipliniert arbeiten. Dies ist verstärkt sowohl bei der Teamzusammensetzung als auch bereits bei der Personalauswahl (als zukünftige Anforderung) zu berücksichtigen.

Personalauswahl
Bei der Auswahl des Teamleiters muss insbesondere auf dessen Projektmanagementfähigkeit geachtet werden. Er sollte gerne und gut mit neuen Informations- und Kommunikationstechnologien umgehen. Und mehr noch als in herkömmlichen Teams

benötigt er interkulturelle Kompetenz, Kommunikationsfertigkeiten und die Fähigkeit, Vertrauen aufbauen zu können. Er darf nicht autoritär und kontrollorientiert veranlagt sein.

Und nicht alle Mitarbeiter/-innen eignen sich für eine solche Teamkonstellation: Auch sie sollten es mögen, räumlich getrennt von anderen zu arbeiten, wenig Kontrolle zu haben und ausgeprägte Kommunikationsfähigkeit, Selbstständigkeit sowie Selbstmanagement-Fähigkeit mitbringen. Diese Arbeitsform entspricht damit eher introvertierten Personen. Doch KONRADT und HERTEL (2002) empfehlen, primär extrovertierte Mitarbeiter für virtuelle Teams einzusetzen, da diese von sich aus den Kontakt zu den Kollegen suchen und intensiver kommunizieren. Die Vorgesetzten erwarten darüber hinaus Loyalität, Verantwortungsbewusstsein, Lernbereitschaft und Flexibilität von den Teammitgliedern (ebenda).

Regelmäßige Kommunikation
Informationsfluss und gelungene Kooperation erfordern eine offene und intensive Kommunikation. Da der informelle Austausch – beim Kaffeautomaten oder Mittagessen – wegfällt, sollten feste Kommunikationswege installiert werden. Dies können das regelmäßige, wöchentliche Telefongespräch mit Bildtelefon, monatliche Videokonferenzen, der Austausch von terminierten Zwischenberichten, die Einrichtung von Chat-Rooms mit bestimmten Chat-Zeiten, z.B. zur Diskussion von Alltagsproblemen, sein. Hierfür gilt ebenso wie für das persönliche Gespräch (vgl. die entsprechenden Beiträge von REGNET und NEUMANN, in diesem Band), sich Zeit nehmen für den anderen und zuhören sind zentrale Faktoren. Ein kurzer Anruf, bei dem die Führungskraft rhetorische Fragen stellt und lediglich den Status quo abfragt, wird kaum dazu dienen, schwelende Probleme zu erkennen.

Feste, beispielsweise wöchentliche Termine, in denen das ganze Team virtuell zusammentrifft, haben den Vorteil, dass sich alle auf die Sitzung im Internet vorbereitet haben, Themen mit allen Gruppenmitgliedern diskutiert und entschieden werden können, direktes Feedback möglich ist, was den Arbeitsprozess beschleunigt.

Weitere Möglichkeiten sind:
– die Führungskraft ist einmal pro Monat am Standort
– die Führungskraft/zentrale Einheit kommt zu den Betroffenen statt Zitieren in die Zentrale
– persönliche Kontakte speziell am Anfang einer Zusammenarbeit zum Kennenlernen und Aufbau einer Vertrauensbasis
– Schulungen, Führungskräftetagungen und Treffen werden zum Kontaktaufbau genutzt
– Treffen bestimmter Wissensträger zum Aufbau einer Kompetenz-Community.

Und Vorsicht: Es geht um die Qualität und nicht die Quantität der Information! Erhält jemand jeden Tag 40 e-mails von seinen Kollegen mit zahlreichen Anlagen, Protokollen, Zwischenberichten zur Information, so führt die Informationsflut dazu, dass letztlich nur ein kleiner Teil gelesen und verarbeitet werden kann.

Gerade elektronische Post erfordert die Selbstdisziplin, nur wirklich wichtige Unterlagen im Verteiler zu versenden.

Umgang mit Konflikten
Die Kommunikation im Netz ist weniger beherrscht und gepflegt als im face-to-face-Kontakt (s. o.). In Konfliktsituationen liegt es nahe, mails, über die man sich geärgert hat

mitsamt der entsprechenden Antwort vielen zur Information zu geben. Aus der Konfliktforschung weiß man aber, dass der Einbezug weiterer Personen zu einer Eskalation beiträgt, da nun jeder der Beteiligten „das Gesicht wahren" und keinen Fehler zugeben will. Statt einer gemeinsamen Problemlösung geht es dann darum, wer der Schuldige ist. Solche Gewinner-Verlierer-Strategien untergraben die Kooperationsbasis.

Kritikgespräche zwischen Führungskraft und Mitarbeiter schließlich sollten – wenn immer möglich – nur persönlich erfolgen. Auch bei Problemen sind häufige persönliche Kontakte unverzichtbar.

Teamtreffen
Sympathie zwischen Menschen entwickelt sich auf Grund von wahrgenommener Ähnlichkeit und steigt mit der Häufigkeit der Kontakte. Vertrauen setzt voraus, dass sich die Gruppenmitglieder kennen, sich wechselseitig einzuschätzen vermögen, und bereit sind, die eigene Verletzbarkeit zu erhöhen. Konflikte, wie sie in jeder menschlichen Zusammenarbeit immer wieder entstehen – sei es auf Grund der Persönlichkeiten, unterschiedlicher Ziele, fachlicher Aufgaben oder interkultureller Besonderheiten –, erfordern eine offene, faire Auseinandersetzung mit dem Kontrahenten. Die Bereitschaft, die Sichtweisen des anderen verstehen zu lernen, setzt Akzeptanz des Gegenspielers und ein grundlegendes gemeinsames Verständnis voraus.

Das menschliche Bedürfnis ist, Kollegen und Geschäftspartner persönlich kennen zu lernen. Rechnung getragen werden kann diesem Wunsch, wenn virtuelle Teams in der Anfangsphase und später regelmäßig ca. einmal pro Jahr für zumindest einige Tage zusammenkommen. Hierbei können gemeinsam Projektinhalte bearbeitet, Strategien entwickelt oder die Vertrauens- und Teambildung gezielt durch ein Teamentwicklungsseminar unterstützt werden.

Damit entsteht die auf den ersten Blick paradoxe Situation, die MÜLLER-STEWENS (1997) so zusammenfasst: „*Kooperierende Gruppen müssen sich umso häufiger treffen, je virtueller sie werden*".

Förderung des Wir-Gefühls
Neben gelegentlichen persönlichen Treffen und der verbindenden Aufgabe führen auch Gruppenerlebnisse (z.B. gemeinsame Trainings, Veranstaltungen oder Ergebnispräsentationen) die Unverbindlichkeit des Kontaktes zu einer tatsächlichen „virtual community" über.

Gemeinschaft ohne Nähe kann erlebt werden, wenn die Kommunikation über elektronische Medien zuverlässig verläuft. Dann werden online-Hilferufe beantwortet und die kleine Aufmunterungs- oder Grußmail erfüllt den Zweck der sozialen Unterstützung. Studien zeigen denn auch, dass der Anteil nicht-aufgabenbezogener Kommunikation in erfolgreichen virtuellen Teams höher ist als in weniger erfolgreichen und gleichzeitig mit der Zufriedenheit der Mitarbeiter/-innen und einer höheren Identifikation mit der Gruppe einhergeht (KONRADT & HERTEL, 2002, S. 96).

Informationskanal
So wichtig elektronische Medien und insbesondere Internet/e-mail in der Arbeitswelt inzwischen geworden sind, ist dadurch doch nicht sicher gestellt, dass die Nachricht den Adressaten nicht nur erreicht, sondern von ihm wahrgenommen, geöffnet, gelesen und beachtet wird. Deshalb empfiehlt es sich zum einen, *Feedbackschleifen* vorzusehen, d.h. der Erhalt wichtiger mails sollte bestätigt werden. Des Weiteren ist zu prüfen, inwieweit besonders Wichtiges weiterhin (oder wieder) auf schriftlichem Wege

verteilt wird, da es so eine größere Aufmerksamkeit erlangt. Zum anderen sollten auch Kommunikationsmedien eingesetzt werden, die ein „sich Sehen" zulassen, also Bildtelefon oder Videokonferenzen. Wobei hier jeder in die neueste Technologie investierte Euro eine gute Investition darstellt, um Nachteile der – wie oben geschildert – häufig etwas behäbigen Bild- und Tonübertragung zu lindern.

Geeignete Anreizsysteme
Kooperation ist in virtuellen Teams gefordert, jeder soll sein Expertenwissen, seine Kernkompetenzen einbringen. Ein solches Verhalten muss sich auch lohnen, d.h. belohnt werden. Sowohl Beurteilungsverfahren als auch Gehaltssysteme müssen so verändert werden, dass die Weitergabe von Wissen belohnt und das erzielte *Gruppenergebnis* erfolgsrelevant wird.

5. Ausblick

Zusammenfassend lässt sich sagen, Führung und Zusammenarbeit in virtuellen Strukturen weisen einige Besonderheiten im Vergleich zu realen Teams auf:

- Es geht um die Koordination der organisationsübergreifenden Zusammenarbeit von Menschen, die räumlich und zeitlich verteilt sind.
- Führen durch Zielvereinbarungen, gemeinsame Werte und Visionen sind ein Muss. Das verlangt auch ein neues Selbstverständnis von Führung – nicht im Sinne einer hierarchischen, sondern im Sinne einer inhaltlichen Aufgabe: Management und Moderation von Teamprozessen.
- An die Kommunikationsfähigkeit werden durch den unverzichtbaren Einsatz von IuK-Technologien zusätzliche Anforderungen gestellt.
- Bei international zusammengesetzten Teams sind besondere Anforderungen an die interkulturellen Kompetenzen zu stellen, da Missverständnisse nicht im direkten Kontakt erkannt und behoben werden können.

Obwohl einige der Anforderungen an die Führung und Zusammenarbeit in virtuellen Teams nicht neu sind, erschrecken die Schilderungen über diese Art von Führung weitestgehend ohne persönlichen/direkten Kontakt viele. Dies liegt wahrscheinlich zu einem hohen Maße daran, dass die meisten aus der Generation, die heute Führungsaufgaben innehat bzw. sich auf solche vorbereitet, noch mittels persönlicher Kommunikation sozialisiert wurden. Beobachtet man heute Kinder und Jugendliche, so scheint der soziale virtuelle Kontakt – mit den o.g. Besonderheiten – immer mehr Normalität im Leben zu gewinnen. Zudem bieten virtuelle Strukturen selbstständigen Mitarbeitern viele Chancen: partizipative Führung ist unverzichtbar, sie erhalten Mitsprachemöglichkeiten, Freiraum und Gestaltungsspielraum. Die Ausgestaltung der Kooperation erfolgt in hohem Maße autonom und selbstbestimmt. Und die Mitarbeiter/-innen haben den Freiraum, ihre Arbeitssituation stärker an ihren persönlichen Bedürfnissen auszurichten, ohne ständiger Kontrolle zu unterliegen.

Literatur

BECKER, B. (2000). „Hello, I am new here" – Soziale und technische Voraussetzungen spezifischer Kommunikationskulturen in virtuellen Netzwerken. In U. THIEDEKE (Hrsg.), Virtuelle Gruppen. S. 113 – 133. Wiesbaden 2000.

DAFT, R. L. & LENGEL, R. H. (1984). Information Richness: A new Approach to Managerial Behavior and Organizational Design. In B. M. STAW & L. L. CUMMINGS (Eds), Research in Organizational Behavior, Nr. 6/1984, S. 191 – 233.

HERMANN, D. & MEIER, C. (2001). Teamarbeit auf Distanz. In: Organisationsentwicklung, 2/2001, S. 12 – 23.

HOFMANN, L. M. (in Vorbereitung). Führen von virtuellen Teams – ein neues Thema für Managementtrainings? In L. M. HOFMANN & E. REGNET (Hrsg.), Innovative Weiterbildungskonzepte. 3. Auflage. Göttingen, in Vorbereitung.

KONRADT, U. & HERTEL, G. (2002). Management virtueller Teams. Weinheim und Basel 2002.

KRYSTEK, U., REDEL, W. & REPPEGATHER, S. (1997). Grundzüge virtueller Organisationen. Wiesbaden 1997.

KURZ, M. & KUHN, T. (1995). Arbeitsplatzflexibilisierung – Außerbetriebliche Arbeitsstätten bei der IBM Deutschland GmbH. In R. WUNDERER & T. KUHN (Hrsg.), Innovatives Personalmanagement, S. 244 – 262. Neuwied 1995.

MÜLLER-STEWENS, G. (1997). (Hrsg.). Virtualisierung von Organisationen. Stuttgart 1997.

PRIBILLA, P., REICHWALD, R. & GOECKE, R. (1996). Telekommunikation im Management. Stuttgart 1996.

SESSA, V. I., HANSEN, M. C., PRESTRIDGE, S. & KOSSLER, M. E. (1999). Geographically Dispersed Teams. An Annotated Bibliography.

THIEDEKE, U. (2000). Virtuelle Gruppen: Begriff und Charakteristik. In U. THIEDEKE (Hrsg.), Virtuelle Gruppen. S. 23 – 73. Wiesbaden 2000.

Zur Konkretisierung und weiteren Vertiefung wird empfohlen, im Fallstudienband den Fall zu „Virtuelle Führung" zu bearbeiten.

Ralf Reichwald und Kathrin Möslein

Management und Technologie

1. Management als Kommunikationsprozess
2. Potenziale neuer Technologien
3. Managementkommunikation und Aufgabenbezug
4. Die Wahl des Medieneinsatzes in der Managementkommunikation: Ergebnisse der Media-Choice-Forschung
5. Die Wirkung des Medieneinsatzes in der Managementkommunikation: Ergebnisse der Media-Impact-Forschung

1. Management als Kommunikationsprozess

Management ist eine *Kommunikationsaufgabe*. Das erklärt sich aus der Organisationstheorie und manifestiert sich in der Organisationspraxis. Aus Sicht der Theorie ist Organisation immer dann notwendig, wenn Aufgaben arbeitsteilig zu bewältigen sind, die nicht von einer Person in einem Schritt erledigt werden können. Die meisten Aufgaben verlangen folglich nach Organisation. Das bedeutet dann erstens, die Aufgabe in geeigneter Form auf mehrere Schultern zu verteilen *(Arbeitsteilung)*, und zweitens, die Teilaufgaben der einzelnen Akteure wieder auf das Gesamtziel hin zusammenzuführen *(Koordination)*. Hierin liegt der Kern der Managementaufgabe: Es geht um die Koordination und Führung in arbeitsteiligen Leistungssystemen. Für die Lösung sowohl des Abstimmungsproblems als auch des Anreizproblems kommt der *menschlichen Kommunikation eine Schlüsselfunktion* zu. Es sind Informationen darüber auszutauschen, wem in einem solchen System der Arbeitsteilung welche Rolle zukommt, wie diese Rolle auszufüllen ist, welche Beiträge vom Einzelnen zu leisten sind und welche Anreize ihn zur Leistung dieser Beiträge motivieren. Diese Koordinationsprozesse bedingen Kommunikation, besonders für diejenigen, die mit der Führung von Mitarbeitern befasst sind.

In der Managementforschung zeigt sich dieser Sachverhalt hoher Kommunikationsintensität im Alltag von Führungskräften besonders deutlich. Alle Studien über die Arbeit im Führungsbereich belegen übereinstimmend, dass Kommunikation zwischen 50 und 90 Prozent der Arbeitszeit von Führungskräften ausfüllt (vgl. z. B. GOECKE, 1997). Dabei dominiert die Face-to-face-Kommunikation in Meetings und Dialogen deutlich.

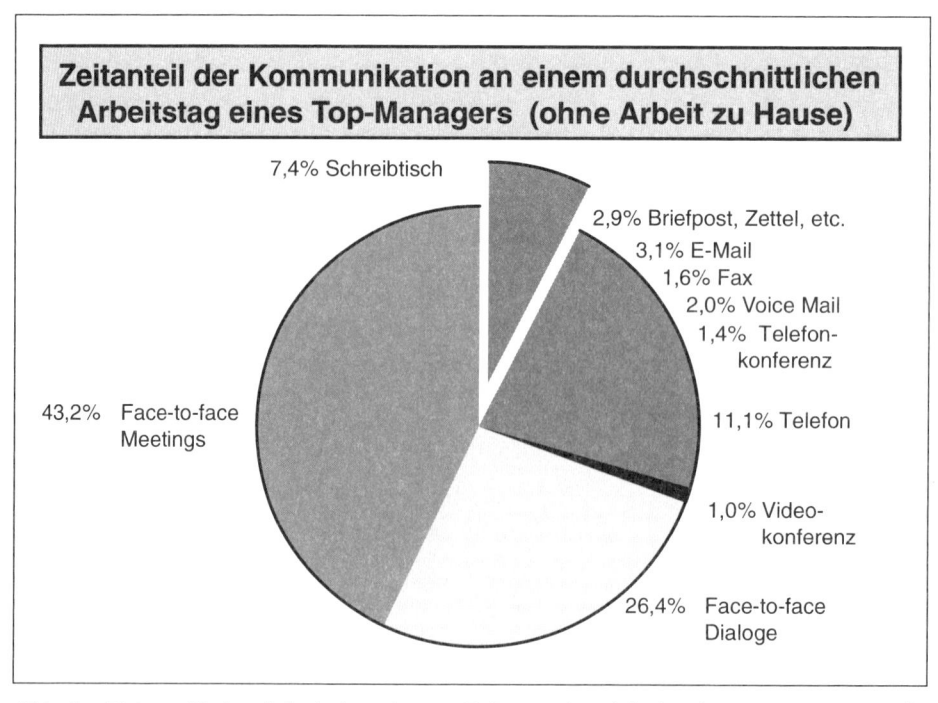

Zeitanteil der Kommunikation an einem durchschnittlichen Arbeitstag eines Top-Managers (ohne Arbeit zu Hause)

- 7,4% Schreibtisch
- 2,9% Briefpost, Zettel, etc.
- 3,1% E-Mail
- 1,6% Fax
- 2,0% Voice Mail
- 1,4% Telefonkonferenz
- 43,2% Face-to-face Meetings
- 11,1% Telefon
- 1,0% Videokonferenz
- 26,4% Face-to-face Dialoge

Abb. 1: Zeitprofil der Arbeit im oberen Führungsbereich (nach REICHWALD et al., 2000, S. 155)

Abbildung 1 zeigt das Ergebnis einer Tätigkeitsanalyse am Arbeitsplatz von Top-Managern auf der Basis von 14 Fallstudien im obersten Führungsbereich dreier global operierender Unternehmen der Computer- und Telekommunikationsbranche in den 1990er Jahren (vgl. REICHWALD et al., 2000): 90% ihrer Arbeitszeit verbrachten die Top-Manager im Untersuchungsfeld im Durchschnitt mit Kommunikation, 10% mit Schreibtischarbeit einschließlich der Beschäftigung mit Briefpost und Zetteln. Interessant ist auch der Vergleich der Zeitanteile, die Führungskräfte auf verschiedene Kommunikationskanäle verwendeten. Fast 70% der Gesamtarbeitszeit entfiel auf Face-to-face-Kommunikation, wobei in verschiedenen Fallstudien der Anteil zwischen 50% (Minimum) und 90% (Maximum) variierte. Dies zeigt sehr deutlich, welcher Stellenwert in der geschäftlichen Kommunikation von Führungskräften dem Beziehungsaspekt der Kommunikation zukommt (vgl. WATZLAWICK, BEAVIN & JACKSON, 1967). Führungsarbeit ist also in erster Linie Kommunikationsarbeit (vgl. die Beiträge von REGNET und NEUMANN zur Kommunikation bzw. Gespräche mit Mitarbeitern, in diesem Band).

Obwohl in der dargestellten Untersuchung weniger als 10% der Arbeitszeit auf die Medienkommunikation, beispielsweise über Voice Mail, E-Mail, Fax-Mail oder Videokonferenz entfällt, beeinflussen diese Medien die Arbeitssituation im Management dennoch erheblich. Der Medieneinsatz im Management verändert die Aktivitätsstrukturen, die Arbeitssituation sowie das Kooperationsmuster von Führungskräften. Der vorliegende Beitrag widmet sich diesem Phänomen der Mediennutzung und des Mediennutzens im Führungsbereich.

2. Potenziale neuer Technologien

Neue technologische Möglichkeiten im Bereich von Informationstechnik und Telekommunikation gelten heute als Auslöser für nachhaltige Veränderungsprozesse in Wirtschaft und Gesellschaft. Der Preisverfall der Informations- und Kommunikationstechnik bei gleichzeitigem Leistungszuwachs führt zu einer immer breiteren Verfügbarkeit leistungsfähiger informations- und kommunikationstechnischer Infrastrukturen. Zugleich schwindet der ökonomische Zwang zu möglichst hoher Auslastung. Komponenten, Bauteile und Endgeräte unterliegen einer fortschreitenden Miniaturisierung. Personal Computer und Workstations sind in immer stärkerem Maße eingebunden in lokale, regionale und globale Rechnernetzwerke. Die Herausbildung verteilter Arbeits- und Organisationsformen (Telekooperation, verteilte Arbeits- und Organisationsformen, Electronic und Mobile Business) stehen stellvertretend für die damit verbundenen Innovationen in Unternehmen und Märkten (vgl. REICHWALD et al., 2000; PICOT, REICHWALD & WIGAND, 2003; REICHWALD, MÖSLEIN & PILLER, 2001).

Telemedien führen zu neuen Möglichkeiten, Distanzen zu überwinden, entfernte Räume und Zeitzonen zu vernetzen. Nicht nur Standortrestriktionen können überwunden werden, auch Zeitgrenzen verlieren unter dem Einfluss neuer Informations- und Kommunikationstechnologien an Bedeutung. Diese neuen Freiheitsgrade raumzeitlicher Unabhängigkeit sind für die Organisationsformen der Wirtschaft von fundamentaler Bedeutung: Im klassischen Organisationsmodell erwiesen sich Raum und Zeit als Barrieren des Managements arbeitsteiliger Prozesse, ihre Überwindung verursachte Informationsverluste und bedeutete folglich zusätzliche Abstimmungskosten.

Vor dem Hintergrund aktueller technologischer Entwicklungen verschieben sich die Freiheitsgrade für die Gestaltung von Arbeitsteilung und Leistungserstellung. In immer stärkerem Maße eröffnen sich Möglichkeiten räumlicher und zeitlicher Unabhängigkeit, auch für eine gemeinschaftliche Aufgabenbewältigung. Für den Bereich der Managementkommunikation ist dieses Potenzial neuer Informations- und Kommunikationstechnologien zur Überwindung raum-zeitlicher Barrieren von fundamentaler Bedeutung. Erreichbarkeit und rasche Informationsflüsse bei globaler Verteilung und Mobilität werden zunehmend zu wettbewerbsentscheidenden Faktoren.

3. Managementkommunikation und Aufgabenbezug

Neue Technologien bergen für die Unterstützung der Kommunikationsprozesse im Management erhebliche Potenziale, deren Realisierung jedoch nicht leicht ist. Bevor daher auf zentrale Aspekte der Medienwahl und Medienwirkung im Management eingegangen werden kann, sind zunächst einige grundsätzliche Fragen zu beantworten:

– Was heißt Kommunikation? (Kapitel 3.1)
– Welche Merkmale prägen die Managementkommunikation? (Kapitel 3.2)
– Welche Kommunikationsanforderungen stellt die Aufgabe? (Kapitel 3.3)

3.1 Was heißt Kommunikation?

Der Kommunikationsbegriff wird in den Disziplinen, die sich mit Kommunikation auseinander setzen, unterschiedlich weit gefasst. In der Nachrichtentechnik wird der Vorgang des Transportes von Informationen, das Codieren, die physikalische Übertragung und das Dekodieren einer Information mit dem Begriff Kommunikation verbunden. Ausgeklammert bleiben Aspekte des Verstehens, Interpretierens und der Bedeutungszuordnung, die sich bei kommunizierenden Menschen vollziehen. Der Verständigungsaspekt der Kommunikation steht dagegen im Mittelpunkt der sozialwissenschaftlichen Betrachtung. Kommunikation zwischen Menschen – so der Standpunkt der Kommunikationspsychologie – hat immer mehrere Komponenten, nämlich *inhaltliche* und *verhaltensbezogene* Komponenten. Das Kommunikationsmodell von WATZLAWICK u. a. (1967) richtet die Betrachtung vor allem auf die verhaltensbezogenen Wirkungen der zwischenmenschlichen Kommunikation. WATZLAWICK, BEAVIN und JACKSON betonen, dass jede Kommunikation einen Inhalts- und einen Beziehungsaspekt aufweist.

Der Inhaltsaspekt vermittelt die zwischen den Kommunikationspartnern auszutauschenden Daten im Sinne von Sachinformationen; der Beziehungsaspekt bringt zum Ausdruck, wie diese Daten zu interpretieren sind. Damit stellt der Beziehungsaspekt eine Art Metakommunikation dar. Kommunikation dient also nicht nur der sachlichen Erfüllung von Aufgaben, sondern wirkt in hohem Maße auf die sozialen Beziehungen zwischen den Kommunikationspartnern ein. Über Kommunikation wird Vertrauen geschaffen, Sympathie und Antipathie hergestellt, wird eine Beziehung gepflegt oder gestört. Nicht selten wird durch Kommunikation primär die Pflege sozialer Beziehungen bezweckt und erst sekundär die Übermittlung von Sachinformationen. Umgekehrt gilt, was jeder Referent beim Vortrag erlebt: Je besser das Gesprächsklima in einem Raum ausgeprägt ist, je besser die Beziehung zwischen Vortragendem und Zuhörern ist, desto besser kann eine Botschaft vermittelt werden, und umso erfolgreicher ist der Referent. Das gilt auch für den geschäftlichen Bereich: Je besser man miteinander auskommt, desto leichter lässt sich eine Verhandlung führen, umso ungestörter kommen geschäftliche Vereinbarungen zu Stande.

Das beschriebene Kommunikationsmodell ordnet den beiden Komponenten der zwischenmenschlichen Kommunikation auch unterschiedliche Kommunikationsträger zu. Der *Inhaltsaspekt* von Kommunikation, das heißt die Übermittlung von Sachinformationen, erfolgt durch Sprache, z. B. in Schriftform durch alphanumerische Zeichen und deren Verknüpfungsregeln. *Beziehungsaspekte* hingegen werden vorwiegend durch Körperhaltung, Tonlage, Mimik, Gestik, d. h. also auf bildhafte, symbolische, assoziative Weise übertragen (vgl. den Beitrag von NEUMANN, in diesem Band).

3.2 Welche Merkmale prägen die Managementkommunikation?

Das betriebswirtschaftliche Verständnis von Kommunikation richtet sich unter Berücksichtigung psychologischer und sozialer Aspekte vor allem auf den geschäftlichen Vorgang, bei dem Informationen zwischen Menschen zum Zwecke der *aufgabenbezogenen Verständigung* ausgetauscht werden (vgl. REICHWALD, 1993). In der geschäftlichen Kommunikation steht dabei der Beziehungsaspekt zwischen Kommunikationspartnern, d. h. die ungestörte Informationsübertragung für die Aufgabenerfüllung, gleichgewichtig neben dem Inhaltsaspekt. Im Vordergrund steht das Ziel der Verständigung, wenn Menschen bei ihren Aufgaben miteinander kommunizieren; diese Verständigung hat Auswirkungen auf das Gesprächs-, Verhandlungs- oder Organisationsklima.

Die Betrachtung der geschäftlichen Kommunikation mit ihren unterschiedlichen Merkmalen, vor allem die Betonung der beiden „Säulen von Kommunikation", dem Beziehungsaspekt und dem Inhaltsaspekt, sind für die Einschätzung des Anwendungsspektrums der neuen Kommunikationsmedien im Management von besonderer Bedeutung. Sie machen zugleich auch die Grenzen technisch gestützter Kommunikation für die gegenseitige Verständigung deutlich.

3.3 Welche Kommunikationsanforderungen stellt die Aufgabe?

Managementprozesse werden auf allen Ebenen vom Informationsaustausch begleitet, wobei Art und Weise der Beschaffung, des Austausches und der Bearbeitung von Informationen je nach Aufgabensituation unterschiedliche Rollen einnehmen können. Wenn bekannt ist, welche Funktion die Kommunikation für die Aufgabenerfüllung übernimmt, kann die Frage beantwortet werden, welche Kommunikationsform am besten geeignet ist, die jeweilige Aufgabenerfüllung möglichst optimal zu unterstützen. Die Organisationsforschung, die dieses Thema auch empirisch in zahlreichen Untersuchungen aufgegriffen hat, hebt als relevante Aufgabenmerkmale besonders hervor (PICOT & REICHWALD, 1987; REICHWALD & GOECKE, 1995; PRIBILLA, REICHWALD & GOECKE, 1996):

- die Strukturiertheit der Aufgabe,
- die Planbarkeit des Informationsbedarfs,
- die Kooperationsbeziehungen sowie
- die Standardisierbarkeit des Lösungsweges.

3.3.1 Welche Rolle spielt die Strukturiertheit von Aufgaben?

Die Strukturiertheit einer Aufgabe bezeichnet das Ausmaß, in dem eine Problemstellung in exakte, einander eindeutig zuordenbare Lösungsschritte zerlegt werden kann. Hochstrukturierte Aufgaben haben die Eigenschaft, dass der angestrebte Output sowie der notwendige Input für die Aufgabenerfüllung weitgehend bekannt sind. Beispiele bilden Routineaufgaben, die regelmäßig wiederkehren und nach gleichem Muster ablaufen, z. B. Bestellungen im Einkauf, Buchungen in der Rechnungslegung oder die Auftragsabwicklung im Massengeschäft. Demgegenüber sind niedrig strukturierte Aufgaben in der Regel immer auf den Einzelfall bezogen. Im Falle niedrig strukturierter Aufgaben ist das Ergebnis weitgehend unbekannt, und die erforderlichen Inputs stellen sich erst im Laufe der Aufgabenerledigung endgültig ein. Zu dieser Kategorie der niedrig strukturierten Aufgaben zählen vor allem Führungsaufgaben, die von Fall zu Fall individuell bewältigt werden müssen, z. B. der Abschluss eines Kaufvertrages im Anlagengeschäft, unternehmenspolitische Entscheidungen mit langfristiger Wirkung, Investitionsentscheidungen oder Entscheidungen im Projektmanagement. Die Ursache-Wirkungs-Beziehungen der Aufgabenbewältigung sind schlecht analysierbar. Während Routineaufgaben relativ unveränderlich sind und damit nach standardisiertem Muster ablaufen können, sind niedrigstrukturierte Aufgaben im Führungsbereich hochveränderlich, also dynamisch.

In jedem Bereich arbeitsteiliger Leistungserstellung wechseln Routine- und Individualaufgaben einander ab. Wenn Aufgaben immer gleich bleibend nach festen Regeln abgewickelt werden können, dann sind die notwendigen Informationen und Kommunikationsprozesse auch im Voraus exakt planbar und letztlich auch exakt programmierbar.

3.3.2 Welche Rolle spielt die Planbarkeit des Informationsbedarfs?

Die Planbarkeit des Informationsbedarfs bezieht sich zum einen auf den Entstehungshintergrund der Aufgabe und zum anderen auf die Feststellung des Bedarfs nach relevanten Informationen. Einen besonderen Aufgabentyp hat MINTZBERG bei seinen Untersuchungen im Management-Aufgabenbereich entdeckt. MINTZBERG (1973) hat belegt, dass ein großer Anteil der kommunikativen Tätigkeiten der Führungskräfte auf *Ad-hoc-Aktivitäten* entfällt. Zumindest für das höhere bis mittlere Management gehören diese Aufgaben im Arbeitsalltag zu denen, die auf irgendeine Weise bewältigt werden müssen. Diese Beobachtung hat sich auch in den Untersuchungen von BECKURTS und REICHWALD (1984) bestätigt.

Mit der Unterscheidung von geplanten Aufgaben und Ad-hoc-Aufgaben geht auch die Frage der *Planbarkeit des Informationsbedarfs* einher. Je weniger Aufgaben routinemäßig abgewickelt werden können, desto weniger kann der Informationsbedarf im Einzelnen vorausgeplant werden. Erst wenn eine Bestellung, eine Anfrage, ein Schriftsatz auf den Schreibtisch kommt, müssen Überlegungen angestellt werden, welche zusätzlichen Informationen zu beschaffen sind: Unterlagen aus der eigenen oder aus der zentralen Ablage oder Informationen, die telefonisch, schriftlich oder über persönliche Besprechungen einzuholen sind. Der Informationsbedarf ist in vielen Fällen nur unscharf und schwer zu präzisieren. Letztlich resultiert der Informationsbedarf aus den Aufgabenstellungen, den zu verfolgenden Zielen sowie den Eigenschaften der Aufgabenträger.

3.3.3 Welche Rolle spielen Kooperationsbeziehungen?

Für die Anforderungen an das Kommunikationssystem eines Unternehmens ist die Frage von Bedeutung, welche Kooperationsprozesse stattfinden. Für Routineaufgaben, die nach festen Regeln oder Programmen ablaufen, sind auch die Kommunikationsprozesse und Kooperationspartner im Wesentlichen gleich bleibend. Anders liegen die Verhältnisse im Bereich der Individualaufgaben. Kooperations- und Kommunikationspartner können von Fall zu Fall verschieden sein, und die Partner können sich fallweise innerhalb oder außerhalb der Organisation befinden. Unsicher ist, welche Informationen mit den Kooperationspartnern auszutauschen sind. Auch die Wahl des Kommunikationsweges ist im Einzelnen unterschiedlich.

Gerade Führungskräfte sind als Träger von Individualaufgaben in der Regel in ein Netz von Kooperationsbeziehungen eingebunden mit wechselseitigen Abhängigkeiten zu Kollegen, unterstellten Mitarbeitern und Assistenzkräften. Eine besondere Rolle spielt dabei das Sekretariat. Diese Kooperationsbeziehungen und Arbeitsverflechtungen haben für die Funktionsfähigkeit, die Entscheidungsqualität und die Effizienz von Managementprozessen eine entscheidende Bedeutung.

Aus der Analyse der Kooperationsbeziehungen ergibt sich, inwieweit die Kommunikationsprozesse strukturiert und durch neue Informations- und Kommunikationstechnologien unterstützt werden können. Die neueren technischen Lösungen für die Unterstützung von Kooperationsprozessen sind zunehmend so angelegt, dass mediengestützte Lösungen sowohl zu einer Optimierung gut strukturierter Geschäftsprozesse als auch zur Unterstützung schlecht strukturierter Kooperations- und Führungsprozesse beitragen.

3.3.4 Welche Rolle spielt die Standardisierbarkeit des Lösungsweges?

Nur Routineaufgaben mit planbarem Informationsbedarf können nach festgelegten Regeln, d. h. nach einem standardisierten Schema oder Programm, gelöst werden. Der Versuch, auch den Nicht-Routinebereich zu standardisieren, führt zwangsläufig dazu, den Lösungsweg in ein Korsett zu zwingen, in das die Aufgabe nicht hineinpasst. Die Folge ist eine Behinderung des Aufgabenträgers und die Bürokratisierung der Informationsverarbeitung und der Kooperation. Je weiter man in den Bereich eindringt, wo die individuelle Aufgabe dominiert, desto mehr sind die Aufgabenträger abhängig von spontanen und direkten Kommunikationsmöglichkeiten.

Das Wechselspiel zwischen Informationsbeschaffung, Informationsverarbeitung, Kommunikation, Informationsablage und Wiederauffinden muss dem individuellen Fall folgen können. Die Aufgabenabwicklung in diesem Bereich muss durch die Infrastruktur und die Arbeitsorganisation individuell zugeschnitten sein. Durch das Zusammenwachsen von Datenverarbeitung und Kommunikationstechnik zu integrierten Werkzeugen am Arbeitsplatz kann den Bedürfnissen nach individueller Aufgabenabwicklung Rechnung getragen werden.

Der *Zusammenhang von Aufgabenmerkmalen und Kommunikationsanforderungen* lässt sich im Ergebnis wie folgt zusammenfassen: Je nach Ausprägung der Aufgabenmerkmale ergeben sich unterschiedliche Anforderungen an die Medienunterstützung. Für Geschäftsprozesse, die hochstrukturiert sind, gibt es einen objektiv bestimmbaren Informationsbedarf, die Informationsbearbeitung ist einfach, der Kommunikationsbedarf ist bekannt, der Flexibilitätsbedarf ist niedrig. Für niedrig strukturierte Aufgaben ist der Informationsbedarf vorwiegend subjektiv bestimmbar, die Informationsverarbeitung ist komplex und der Kommunikationsbedarf ist hoch mit vielen und wechselnden Kooperationspartnern. Deshalb ist der Flexibilitätsbedarf ebenfalls hoch. Semistrukturierte Aufgaben belegen das breite Mittelfeld zwischen den beiden beschriebenen Aufgabentypen.

4. Die Wahl des Medieneinsatzes in der Managementkommunikation: Ergebnisse der Media-Choice-Forschung

Welche Medien erfüllen nun die jeweiligen Anforderungen besser oder schlechter? Diese Frage nach der Eignung bestimmter technischer Kommunikationswege für die Unterstützung von Kommunikationsaufgaben, insbesondere Aufgaben der Managementkommunikation, wird im Rahmen der so genannten *Media-Choice-Forschung* in zahlreichen empirischen Untersuchungen analysiert. Immer wieder tritt dabei der enge Zusammenhang zwischen den Merkmalen der Kommunikationsaufgabe und den Charakteristika des Kommunikationsweges deutlich hervor. Es zeigt sich aber auch die zentrale Unterscheidung von Inhalts- und Beziehungsaspekt menschlicher Kommunikation, wenn es um die Bestimmung einer adäquaten Medienunterstützung geht (vgl. MÖSLEIN, 1999).

4.1 Einflussfaktoren auf die Medienwahl

Immer wenn Kommunikation nicht direkt – also Face-to-face, von Angesicht zu Angesicht – zur gleichen Zeit am gleichen Ort erfolgen kann, ist eine Unterstützung durch Medien erforderlich. Sei es der klassische Brief, das Fax oder die elektronische Nachricht, sei es das Telefon oder die Videokonferenz – das Spektrum der Medien zur Unterstützung menschlicher Kommunikation über die Grenzen von Raum und Zeit hinweg ist groß, und das Angebot alternativer Kommunikationsdienste wächst beständig. Doch ist es für den Erfolg eines Kommunikationsprozesses nicht unerheblich, für welche Form der Medienunterstützung man sich entscheidet. Die Kommunikationsforschung versucht, solchen Zusammenhängen auf die Spur zu kommen. Sie fragt nach Einflussfaktoren der Medienwahl – also danach, was Menschen veranlasst, sich in bestimmten Kommunikationssituationen für bestimmte Medien zu entscheiden. Und sie fragt nach der Wirkung des Medieneinsatzes – also nach den Effekten, die die Entscheidung für ein bestimmtes Kommunikationsmedium auf den Erfolg oder Misserfolg von Kommunikationsprozessen hat. Aus der Sicht unterschiedlicher Medientheorien werden heute auch unterschiedliche Einflussfaktoren für Auswahl und Einsatz bestimmter Medien verantwortlich gemacht:

– Aus Sicht der *Theorie der subjektiven Medienakzeptanz* bestimmen der persönliche Arbeitsstil und die Kommunikationspräferenzen des Einzelnen die Medienwahl. (Unterstützt das Medium die eigene Vorliebe für Schnelligkeit oder Bequemlichkeit?)
– Aus Sicht des *Social-Influence-Ansatzes* entscheidet die Akzeptanz des Mediums im Umfeld der Kommunikationspartner über die Auswahl. (Was bevorzugt mein Gegenüber?)
– Aus Sicht des *aufgabenorientierten Ansatzes der Medienwahl* stellt die geschäftliche Kommunikationsaufgabe jeweils bestimmte Grundanforderungen, die vom eingesetzten Medium zu erfüllen sind. (Wie gut erfüllt ein Medium die Anforderungen der Aufgabe?)
– Aus Sicht der *Media-Richness-Theorie* dominieren die objektiven Eigenschaften des Mediums für analoge und digitale Kommunikationsinhalte. (Ist das Medium „reich" oder „arm"?)

Keine dieser Theorien ist für sich allein genommen vollständig erklärungskräftig, und noch immer bleiben in diesem Bereich viele Fragen offen. Doch die bisherigen Erkenntnisse machen Folgendes deutlich: Neue Technologien können nicht allein auf Grund ihrer Potenziale als geeignet zur Überwindung räumlicher und zeitlicher Grenzen bewertet werden. Nur unter Berücksichtigung weiterer Einflussfaktoren und Wirkungszusammenhänge lässt sich verstehen und erklären, warum beispielsweise in der Geschäftswelt trotz Verfügbarkeit von Telekonferenzen und Multimedia immer noch Kosten und Zeitaufwand in erheblichem Maße in Kauf genommen werden, um persönlich zu kommunizieren.

4.2 Medienwahl aus Sicht der Theorie der subjektiven Medienakzeptanz

Einsatz und Nutzung bestimmter Medien ist aus Sicht der *Theorie der subjektiven Medienakzeptanz* in hohem Maße vom persönlichen Stil der Aufgabenerfüllung abhängig. Demnach sind für die Wahl eines Kommunikationsmediums nicht alleine dessen objektive Leistungsmerkmale ausschlaggebend. Vielmehr bestimmt der subjektiv wahrgenommene Nutzen des Mediums über Akzeptanz oder Ablehnung. „Perceived usefulness" und „perceived ease of use" sind aus dieser Sicht zentrale Bestimmungsgrößen der Medienakzeptanz (vgl. z. B. Davis, 1989). Dieser wahrgenommene Nutzen oder die wahrgenommene Bequemlichkeit des Medieneinsatzes sind jedoch nicht unbeeinflussbar. Teilweise mögen die subjektiven Einschätzungen zwar Ausdruck persönlicher Charaktereigenschaften sein, doch fördern Übung und positive persönliche Erfahrung im Umgang mit einem Medium durchaus die Einschätzung seines Nutzens. Häufig sind zu einer wirklich effektiven Nutzung (und damit zu einem Nutzenempfinden) darüber hinaus Qualifikationsmaßnahmen wie Anleitung, Schulung und Training erforderlich. Diese sind dann zugleich Wegbereiter für Akzeptanz und nutzbringenden Medieneinsatz.

4.3 Medienwahl aus Sicht des Social-Influence-Ansatzes

Der Social-Influence-Ansatz, der auch als *Theorie der kollektiven Medienakzeptanz* bezeichnet wird, verweist darauf, dass neben den individuellen Präferenzen vor allem das soziale Umfeld die Akzeptanz oder Ablehnung bestimmter Medien beeinflusst. Das bedeutet, dass die individuelle Medienwahl auch davon bestimmt wird, welche Medien von den Arbeitskollegen, den Kooperationspartnern oder vom Vorgesetzten verwendet werden, welche symbolische Bedeutung dem Einsatz eines Mediums zugeschrieben wird und welche Verbreitung ein Medium im Arbeitsumfeld hat (vgl. hierzu ausführlich GOECKE, 1997):

— Wie sehr Einstellungen, Erfahrungen und Nutzungsmuster im Arbeitsumfeld die persönliche Medienwahl beeinflussen, machte bereits eine frühe empirische Untersuchung von SCHMITZ (1987) deutlich: 20 % der Varianzen, die beim Einsatz von E-Mail in verschiedenen Abteilungen auftraten, waren mit dem Anwendungsverhalten des jeweiligen Vorgesetzten zu erklären.
— Welche Rolle die symbolische Bedeutung des Medieneinsatzes spielt, wird offenkundig, wenn beispielsweise in manchen Organisationen die persönliche Mediennutzung durch Führungskräfte als Zeichen für Innovationsfähigkeit steht, in anderen Organisationen hingegen die persönliche Mediennutzung im Management als nicht angemessen gilt.
— Welche Bedeutung dem Adoptionsverhalten und der Verbreitung eines Kommunikationsmediums im Arbeitsumfeld zukommt, verdeutlichen Überlegungen zum Phänomen der so genannten „kritischen Masse": Es ist eine typische Eigenschaft von Kommunikationsmedien, dass ihr Nutzen für den einzelnen Teilnehmer erst dann entsteht, wenn er mit einer ausreichenden Anzahl von Kommunikationspartnern über dieses Medium in Kontakt treten kann. Die Attraktivität des Mediums steigt mit der Zahl seiner Nutzer. Ab einer gewissen kritischen Anzahl an Nutzern gewinnt die Entscheidung für ein bestimmtes Medium so den Charakter eines Selbstläufers.

Soziale Einflussfaktoren in Form anerkannter Normen, symbolischer Zuschreibungen oder kollektiver Handlungsmuster sind damit aus dieser Perspektive mitbestimmend für persönliche Medienpräferenzen.

4.4 Medienwahl aus Sicht des aufgabenorientierten Ansatzes

Auf den Zusammenhang zwischen der Kommunikationsaufgabe einerseits und der Wahl des Kommunikationsmediums andererseits hat die deutsche Kommunikationsforschung bereits zu Beginn der 1980er-Jahre mit dem *„Modell der aufgabenorientierten Medienwahl"* aufmerksam gemacht (vgl. PICOT & REICHWALD, 1987). Bei der Einführung neuer Formen der Bürokommunikation wurde ein Zusammenhang von Aufgabe und Kommunikationsweg entdeckt: Aufgaben stellen unterschiedliche Anforderungen an die Kommunikation; alternative Medien können diesen Anforderungen jeweils verschieden gut gerecht werden (vgl. auch Abschnitt 3). Die aufgabenorientierte Eignung eines Mediums bestimmt damit maßgeblich über Akzeptanz und Einsatz.

Das Modell zeigt, dass jeder geschäftliche Kommunikationsprozess vier Grundanforderungen an den Kommunikationsweg stellt. Diese Anforderungen sind je nach

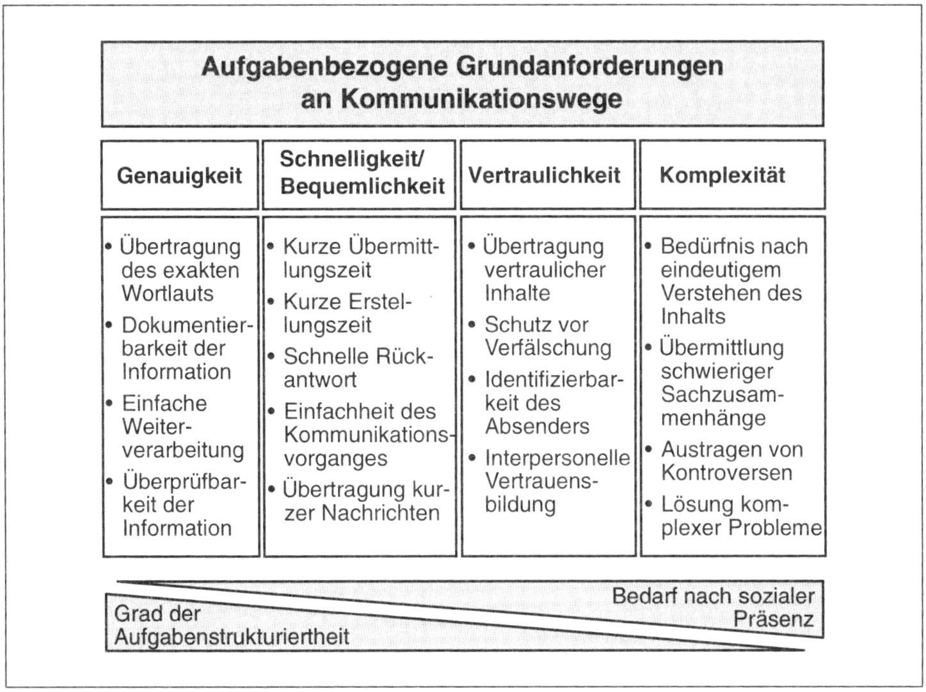

Aufgabenbezogene Grundanforderungen an Kommunikationswege			
Genauigkeit	Schnelligkeit/ Bequemlichkeit	Vertraulichkeit	Komplexität
• Übertragung des exakten Wortlauts • Dokumentierbarkeit der Information • Einfache Weiterverarbeitung • Überprüfbarkeit der Information	• Kurze Übermittlungszeit • Kurze Erstellungszeit • Schnelle Rückantwort • Einfachheit des Kommunikationsvorganges • Übertragung kurzer Nachrichten	• Übertragung vertraulicher Inhalte • Schutz vor Verfälschung • Identifizierbarkeit des Absenders • Interpersonelle Vertrauensbildung	• Bedürfnis nach eindeutigem Verstehen des Inhalts • Übermittlung schwieriger Sachzusammenhänge • Austragen von Kontroversen • Lösung komplexer Probleme

Grad der Aufgabenstrukturiertheit ⟶ Bedarf nach sozialer Präsenz

Abb. 2: Das aufgabenorientierte Kommunikationsmodell (nach REICHWALD, 1993, S. 457)

Aufgabeninhalt und Einschätzung der Aufgabenträger von unterschiedlichem Gewicht für die Aufgabenerfüllung (vgl. Abbildung 2).

– *Genauigkeit* der Kommunikation hat als Grundmerkmal beispielsweise in bürokratischen Führungsprozessen, aber auch in Abstimmungsprozessen für technische Fachaufgaben eine entscheidende Bedeutung. Die formale Genehmigung von Investitionsvorhaben ist ein Beispiel für Kooperationsprozesse im Führungsbereich, bei denen es auf besondere „Genauigkeit", also inhaltliche Aspekte der Kommunikation, ankommt.
– *Schnelligkeit und Bequemlichkeit* der Kommunikation stehen dann im Vordergrund, wenn Informationen in möglichst kurzer Zeit und ohne größeren Aufwand ausgetauscht werden müssen. Erfordern Kommunikationsprozesse z. B. schnelle Dispositionen oder die sofortige Reaktion auf unerwartete Ereignisse, dann ist schnelle und bequeme Kommunikation besonders wichtig.
– *Vertraulichkeit* als Anforderung an einen Kommunikationsprozess spielt vor allem dann eine Rolle, wenn es um die Erzielung einer wertorientierten Übereinkunft zwischen Kooperationspartnern geht, wenn die interpersonelle Vertrauensbildung als sozialer Aspekt der Kommunikation im Vordergrund steht. Das Merkmal „Vertraulichkeit" beinhaltet jedoch auch den Schutz vor unberechtigtem Zugriff, Verfälschung und Identifizierbarkeit des Absenders von Nachrichten.
– *Komplexität* charakterisiert Kommunikationsaufgaben, bei denen es um die Klärung schwieriger Inhalte geht oder bei denen komplizierte sachliche und personenbezogene Fragen wechselseitig verstanden werden müssen. Komplexität stellt

besondere Anforderungen an die Direktheit des Dialogs, erfordert unmittelbare Rückkopplung sowie das Wechselspiel zwischen verbaler und non-verbaler Kommunikation.

Diese vier Grundanforderungen stellen die Bedingungen für jede geschäftliche Kommunikationsbeziehung dar. Im Vordergrund stehen die effektive Aufgabenerfüllung und die ungestörte Verständigung zwischen den Kommunikationspartnern. In Abhängigkeit vom Typ der Aufgabe und der subjektiven Einschätzung von Seiten der Aufgabenträger erfolgt die Wahl der Kommunikationsmedien (vgl. ausführlich REICHWALD, 1993). Für eine optimale Aufgabenunterstützung ist deshalb die Wahlmöglichkeit, also die Ausstattung des Arbeitsplatzes mit alternativen Zugängen zu neuen Kommunikationsmedien, von höchster Bedeutung. Dies gilt gleichermaßen für die Abwicklung von Geschäftsprozessen wie für die Arbeit des Managers in der Unternehmensleitung.

4.5 Medienwahl aus Sicht der „Media-Richness-Theorie"

Die anschaulichste Erklärung hierfür bietet die Theorie der *Media Richness*, die „arme" und „reiche" Kommunikationsformen unterscheidet. Nach dieser Theorie haben technische und und nicht-technische Kommunikationsformen unterschiedliche Kapazitäten zur authentischen Übertragung analoger und digitaler Informationen. Die Face-to-face-Kommunikation in der persönlichen Begegnung ist dementsprechend eine „reiche" Kommunikationsform. Sie bietet eine Vielzahl paralleler Kanäle (Sprache, Tonfall, Gestik, Mimik, ...), ermöglicht unmittelbares Feedback, stellt ein reiches Spektrum an Ausdrucksmöglichkeiten zur Verfügung und erlaubt auch die Vermittlung und unmittelbare Wahrnehmung persönlicher Stimmungslagen und Emotionen. Dagegen stellt der Austausch von Dokumenten, z. B. per Fax, eine „arme" Kommunikationsform mit sehr niedrigem Media-Richness-Grad dar.

Auf der Basis empirischer Untersuchungen haben DAFT und LENGEL (1984, 1986) ein Modell „armer" und „reicher" Medien entwickelt, das in Abbildung 3 dargestellt ist. Das Modell klassifiziert zunächst Kommunikationsformen nach ihrem „Reichtum" im Spektrum vom persönlichen Dialog bis zur Briefpost. Doch es geht noch einen Schritt weiter: Das Modell räumt auf mit der nahe liegenden „lean and mean"-Vermutung. Reiche Medien sind nicht automatisch besser und arme Medien per se schlechter. Das Gegenteil ist der Fall: Der Bereich effektiver Kommunikation liegt gerade zwischen einer unnötigen Komplizierung (*Overcomplication*) und einer unangemessenen Simplifizierung (*Oversimplification*). Welches Medium „passt", hängt von der Komplexität der Aufgabe ab, die zu erledigen ist (RICE, 1992):

– Die Kommunikation über „reiche" Medien ist umso effektiver, je komplexer die zu Grunde liegende Aufgabe ist.
– Die Kommunikation über „arme" Medien ist umso effektiver, je strukturierter eine Aufgabe ist.

Diese Ergebnisse wären nun nicht weiter erstaunlich, hätten DAFT, LENGEL & TREVINO (1987) nicht zusätzlich herausgefunden, dass sich erfolgreiche Führungskräfte offensichtlich gerade durch einen theoriekonformen Medieneinsatz auszeichnen: „Mediensensitive" Manager, deren Medienwahl in verschiedenen Aufgabensituationen den Media-Choice-Regeln entsprach, wurden in ihrem Unternehmen fast doppelt so oft

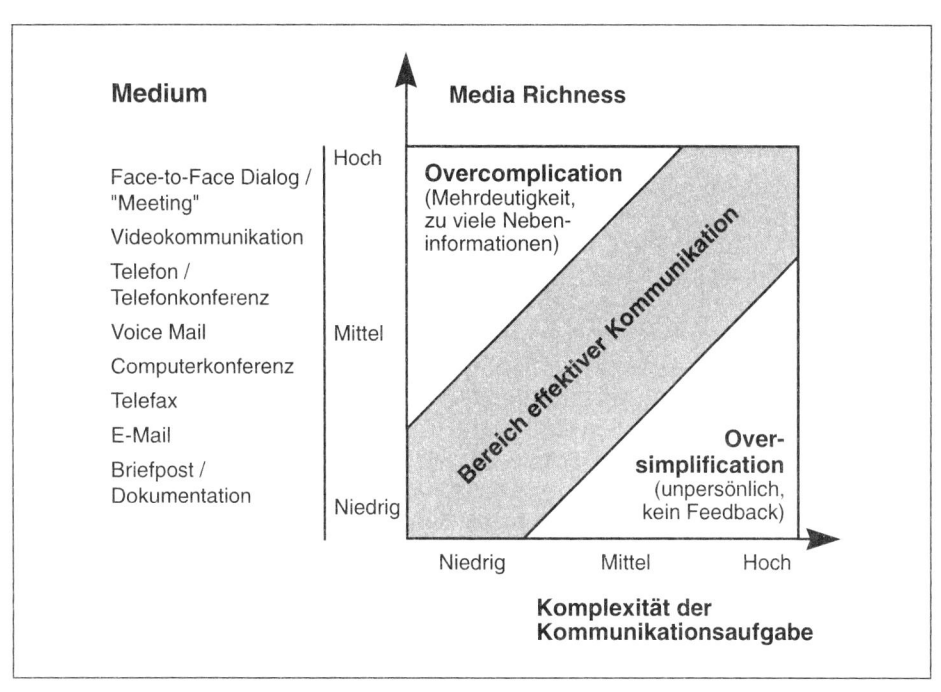

Abb. 3: Das Media-Richness-Modell nach DAFT & LENGEL (nach RICE, 1992)

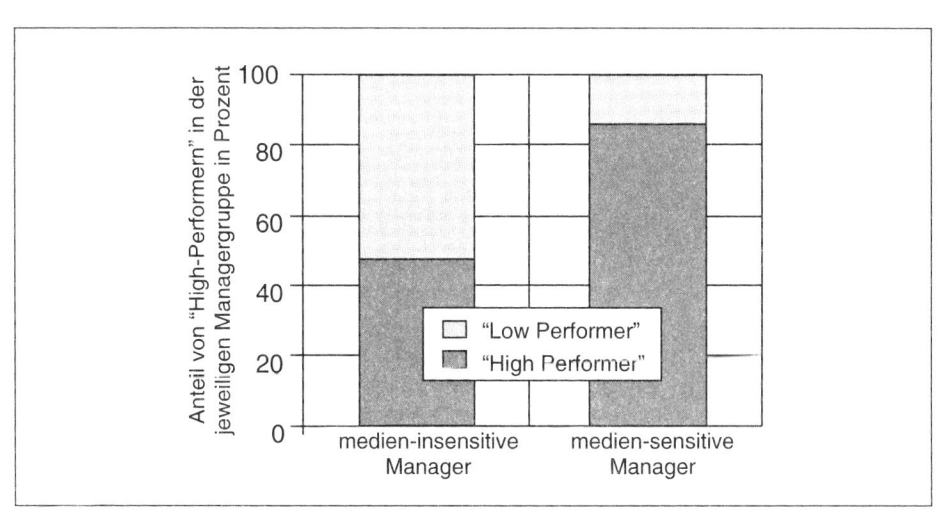

Abb. 4: Mediensensitivität und Managementerfolg (nach DAFT, LENGEL & TREVINO, 1987)

als „High Performer" eingestuft wie Führungskräfte, die ihre Kommunikationsmedien nicht wie im Modell postuliert nutzten und sich dadurch als „medien-insensitiv" erwiesen (vgl. Abbildung 4).

Wenn DAFT und LENGEL mit ihrem Modell Recht haben, ergeben sich spannende Konsequenzen für die Medienunterstützung im Management: Welche Kommunikationswege sind im Management zu wählen, um sich im Bereich effektiver Kommunikation zu bewegen? Hier schließen sich an die Fragen nach der Medienwahl unmittelbar Fragen nach der Wirkung des Medieneinsatzes an. Mit ihnen befasst sich der folgende Abschnitt dieses Beitrags.

5. Die Wirkung des Medieneinsatzes in der Managementkommunikation: Ergebnisse der Media-Impact-Forschung

Die Media-Impact-Forschung fragt nach der Wirkung des Medieneinsatzes zur Unterstützung geschäftlicher Kommunikationsprozesse. Sie untersucht die Auswirkungen auf die *individuelle Arbeitssituation* (z. B. Informationsversorgung, persönliche Arbeitsmuster, Reisetätigkeit), auf *Kooperationsprozesse* (z. B. Problemlösungsprozesse, Interaktionsmuster, Vorgangsbearbeitung) sowie *organisatorische und soziale Kooperationsstrukturen* (z. B. Dezentralisierungstendenzen, Macht- und Kontrollstrukturen, Beziehungsnetze) insbesondere unter dem Aspekt der Effektivität und Effizienz. Zahlreiche Analysen in Labor- und Feldexperimenten sind diesem Einfluss neuer Medien auf Arbeits- und Kooperationsprozesse nachgegangen. Nur wenige Untersuchungen jedoch beziehen sich direkt auf die Auswirkungen des Medieneinsatzes auf die Managementkommunikation in Führungsprozessen und die Zusammenhänge zwischen Technologieeinsatz und Führungserfolg (vgl. MÖSLEIN, 1999; REICHWALD & BASTIAN, 1999).

5.1 Der Einfluss des Medieneinsatzes auf das Führungsverhalten

Zusammenhänge zwischen dem Einsatz verschiedener Kommunikationsmedien im Führungsbereich und ihren Auswirkungen auf das Führungsverhalten werden besonders in den empirischen Untersuchungen von GROTE (1994) deutlich. Das Führungsverhalten eines Managers lässt sich anhand der beiden unabhängigen Dimensionen *„Lokomotion"* (auch Leistungsorientierung oder Zielorientierung) und *„Kohäsion"* (auch Mitarbeiterorientierung oder Gruppenorientierung) beschreiben (vgl. hierzu ausführlich v. ROSENSTIEL, „Grundlagen der Führung", in diesem Band). Dabei wird die adäquate Kombination dieser beiden Führungsdimensionen als wesentlich für den spezifischen Erfolg unterschiedlicher Führungsstile angesehen: Eine Führung, die sich allein auf die Erreichung inhaltlicher Arbeitsziele konzentriert, läuft Gefahr, die ebenfalls erfolgsrelevanten Faktoren des Arbeitsklimas zu vernachlässigen und so schlechtere Leistungen in Folge niedriger Arbeitszufriedenheit nach sich zu ziehen. Ebenso wird eine rein mitarbeiterorientierte Führung zwar in der Regel mit einer hohen Arbeitszufriedenheit, nicht jedoch mit hoher Leistung der Mitarbeiter in Verbindung gebracht.

Die Untersuchung von GROTE ergab nun anhand von Befragungen eine unterschiedliche Eignung verschiedener Kommunikationsmedien in Bezug auf die Unterstützung der Leistungs- bzw. Mitarbeiterorientierung im Management: Demnach ist der Einsatz technischer Kommunikationsmedien hauptsächlich für die Unterstützung der *Lokomotion* in Mitarbeitergruppen geeignet, während die *Kohäsion* vor allem mit

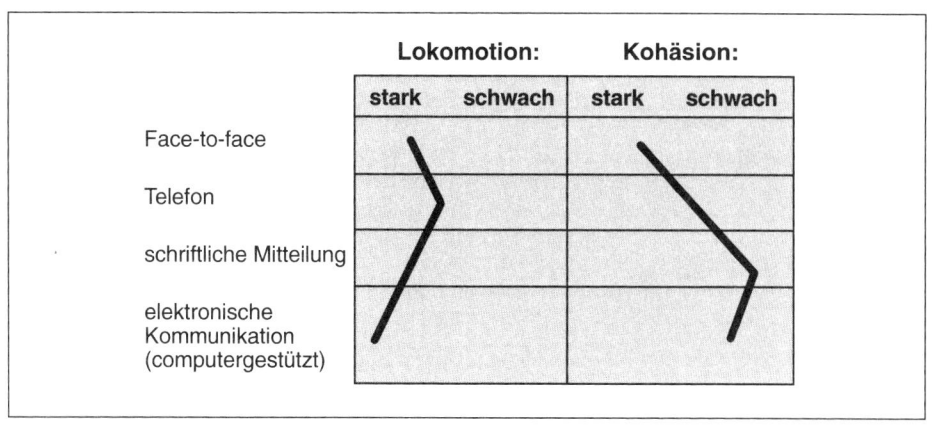

	Lokomotion:		Kohäsion:	
	stark	schwach	stark	schwach
Face-to-face				
Telefon				
schriftliche Mitteilung				
elektronische Kommunikation (computergestützt)				

Abb. 5: Auswirkungen elektronischer Kommunikation auf Führungsprozesse (nach GROTE, 1994)

persönlicher Face-to-face-Kommunikation verbunden ist (vgl. Abbildung 5). Auf Grund der unterschiedlichen Media-Richness neuer Kommunikationstechnologien stellt sich daher die Frage, ob die heute beobachteten Substitutionseffekte zwischen Kommunikationsformen mit unterschiedlicher sozialer Präsenz auch Auswirkungen auf Führungsstrukturen oder die Gestaltung der Organisationskultur haben.

5.2 Wirkungen des Medieneinsatzes auf Arbeit und Kooperation im Führungsbereich

Wenngleich heute weitgehend unbestritten ist, dass Ausbreitung und Einsatz neuer Medien auch die Arbeit und Kooperation im Führungsbereich maßgeblich verändern, ist der Kenntnisstand der Media-Impact-Forschung in diesem Feld dennoch relativ gering. Mit Ausnahme weniger Untersuchungen (z.B. BECKURTS & REICHWALD, 1984; GROTE, 1994; GOECKE, 1997; REICHWALD & BASTIAN, 1999) beruhen die Erkenntnisse über Wirkungen des Medieneinsatzes bislang weitgehend auf Studien, die sich nicht speziell auf Führungsprozesse oder den oberen Führungsbereich konzentrierten. Gleichwohl zeigt sich, dass Erkenntnisse in andersartigen Arbeitskontexten nur sehr bedingt auf Führungsprozesse übertragen werden können und dass rein analytische Überlegungen und Prognosen über zu erwartende Wirkungen des Medieneinsatzes reale Entwicklungstendenzen im Bereich der Führung nur unzureichend beschreiben. Untersuchungen über den Technologieeinsatz im Management fördern daher immer auch Überraschungen zu Tage.

Optimistische Erwartungen zur Wirkung des Medieneinsatzes bezogen sich in der Vergangenheit insbesondere auf eine Verringerung des persönlichen Kommunikationsaufwandes, auf Zeiteinsparungen bei der Face-to-face-Kommunikation oder eine Reduzierung von Sitzungshäufigkeit und Reisetätigkeiten – insgesamt also auf eine Entlastung des kommunikationsintensiven Manageralltags durch kommunikationsunterstützenden Medieneinsatz. Ein Vergleich tatsächlicher Zeit- und Aktivitätsprofile, wie sie heute im oberen Führungsbereich anzutreffen sind, mit Zeit- und Aktivitätsprofilen von Führungskräften, wie sie sich der Managementforschung in den 1970er

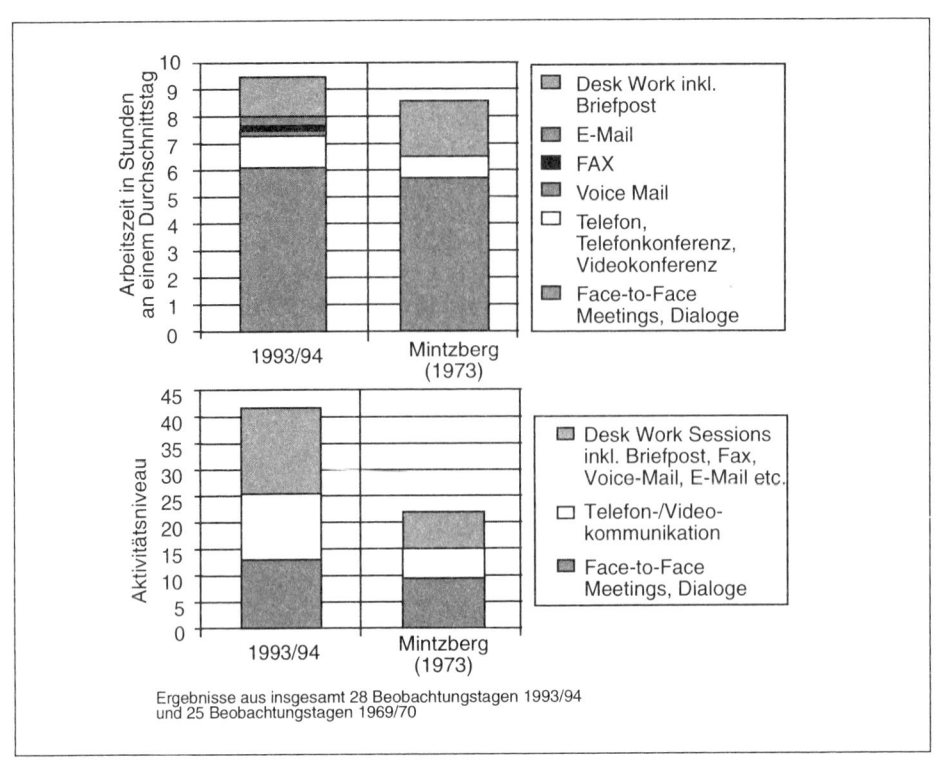

Abb. 6: Vergleich der Zeit- und Aktivitätsprofile im oberen Führungsbereich (nach PRIBILLA, REICHWALD & GOECKE, 1996)

Jahren darstellten (als die meisten der relevanten Kommunikationsmedien noch gar nicht zur Verfügung standen) zeigt jedoch ein anderes Bild.

Ein solcher Vergleich von Zeit- und Aktivitätsniveaus aus Untersuchungen der 1990er Jahre (PRIBILLA, REICHWALD & GOECKE, 1996; GOECKE, 1997) mit früheren Untersuchungen von Mintzberg in den 1970er Jahren (MINTZBERG, 1973) ist in mancher Hinsicht problematisch. Er kann deshalb gewagt werden, weil die Untersuchungsmethodik der jüngeren Analyse sich in wesentlichen Punkten an den Untersuchungsmethoden von MINTZBERG ausrichtete. Abbildung 6 zeigt den Vergleich der Zeit- und Aktivitätsprofile zwischen den Ergebnissen der beiden Untersuchungen.

Selbsterklärend ist das unterschiedliche zeitliche Ausmaß der durchschnittlichen Nutzung von E-Mail, Fax- und Voice Mail, die zum Zeitpunkt der Untersuchung von MINTZBERG noch nicht verfügbar waren. Erstaunlicher ist schon der gestiegene Anteil der telefonischen Kommunikation gegenüber den MINTZBERG'schen Ergebnissen und dies trotz der inzwischen verfügbaren asynchronen Kommunikationsmedien. Die größte Überraschung des Zeitvergleichs aber ist der beinahe unveränderte Anteil der Face-to-face-Kommunikation. Denn in den 1990er ebenso wie in den 1970er Jahren verbrachten Führungskräfte im Durchschnitt mehr als sechs Stunden am Tag mit persönlichen Gesprächen oder Besprechungen. Allen Prognosen über die Substitutionsmöglichkeiten von Face-to-face-Kommunikation – besonders wenn sie mit der Überwindung von räumlichen Distanzen verbunden sind – zum Trotz, zeigt dieser Vergleich eindrucksvoll, dass die Face-to-face-Kommunikation im obersten Management offenbar nicht oder nur im geringen Ausmaß durch die verfügbaren Medien substituiert wird. Inwieweit diese Aussage sich auch auf die Bewegtbild-Kommunikation bzw. auf Multimedia-Ausstattungen des Managerarbeitsplatzes übertragen lässt, kann hier nicht vertieft werden.

Eines steht jedoch fest: Die Face-to-face-Kommunikation, das persönliche Gespräch, die persönliche Begegnung – sie ist eine Konstante im Kommunikationsverhalten. Sie spielt im Unternehmen heute wie in der Vergangenheit die dominierende Rolle für die Arbeit des Managers. Mit diesem Ergebnis bleiben auch alle schon in früheren Untersuchungen (vgl. BECKURTS & REICHWALD, 1984) festgestellten Konsequenzen der Face-to-face-Kommunikation gleichermaßen aktuell: Das Problem der hohen Abwesenheitszeiten und die mit der Face-to-face-Kommunikation verbundene Nicht-Erreichbarkeit des Managers. Wie kann der Informationsfluss zwischen Führungskräften und ihrem unmittelbaren Arbeitsumfeld (Sekretariat, persönliche Mitarbeiter, interne Partner) während der Zeit dieser kommunikationsbedingten Abwesenheit vom Arbeitsplatz aufrechterhalten werden? Die Vermutung liegt auf der Hand, dass hier die wesentlichen Innovationen für die Arbeit der obersten Führungskräfte ansetzen, die mit dem Medieneinsatz erreicht werden können.

Der Unterschied in der Arbeitszeit wirft Fragen nach Erklärungen für die Verlängerung der Arbeitstage auf, die sich im Zeitvergleich ergeben. Stark zugenommen hat vor allem die Kommunikation über technische Kommunikationsmedien. Etwas zurückgegangen ist die Arbeitszeit am Schreibtisch (Desk Work). Dazu geben die meisten Manager an, dass im Tagesgeschäft für Dinge wie das Lesen von Berichten oder Protokollen, Erarbeiten von Konzepten oder Literaturlektüre immer weniger Zeit bleibt, d. h. Schreibtischarbeiten werden auf das Wochenende oder in die häusliche Nachtarbeit verlagert. Das Management ist in der Zeitfalle – Zeitdruck, ein hohes Aufgabenvolumen, schnelles Reagieren in kritischen Situationen, Kundenorientierung, Beziehungspflege, Führen nach innen und Networking nach außen (vgl. den Beitrag von RÜHLE, in diesem Band). Die Manager im Untersuchungsbereich hatten ein Aktivitätsniveau zu absolvieren, das sich im Vergleich zur Situation in den 1970er Jahren fast verdoppelt hat (vgl. Abbildung 6, unten), und diese Situation im obersten Führungsbereich droht sich weiter zu verschärfen. In dieses Bild passt der Medieneinsatz, vor allem der Einsatz asynchroner Kommunikationsmedien wie Voice Mail, Fax und E-Mail, die das steigende Aktivitätsaufkommen in einem zeitlich verträglichen Maß abfangen. Dieser Sachverhalt erklärt die Situation des Managers im Vergleich: Bei gleich bleibendem zeitlichen Niveau für Face-to-face-Kommunikation (verbunden mit etwas höherer Anzahl von Face-to-face-Kontakten) konzentriert sich das hohe Maß zusätzlicher Arbeits- und Kommunikationsaktivitäten auf die Wege der Telekommunikation, finden Substitutionen vor allem der herkömmlichen Briefkommunikation durch Medieneinsatz statt.

Als Fazit dieses Zeit- und Aktivitätsvergleichs bleibt festzuhalten: die Vorteile des Medieneinsatzes – besonders die Vorteile der asynchronen und mobilen Kommunikationsformen – sehen die Führungskräfte in der schnellen, bequemen Kontaktaufnahme mit räumlich nahen und entfernten Partnern. Nicht zu übersehen ist aber auch, dass die Medien selbst zu einem allgemeinen Anstieg des Aktivitätsniveaus beitragen, und die Erwartungen nach unmittelbarer Rückkoppelung, schneller Reaktion und schnellen Entscheidungen verstärken. Für das Zeit- und Aktivitätsdilemma des Managements erweisen sich die neuen Technologien damit gleichermaßen als Problemlöser, aber auch Problemverstärker. Die Managementforschung stößt hier auf zahlreiche offene Fragen.

Literatur

Beckurts, K.-H. & Reichwald, R. (1984). Kooperation im Management mit Integrierter Bürotechnik – Anwendererfahrungen. München 1984.

Daft, R. L. & Lengel, R. H. (1984). Information Richness: A New Approach to Managerial Behavior and Organization Design. In B. M. Staw & L. L. Cummings (Hrsg.), Research in Organizational Behavior, 6, 1984, S. 191–233.

Daft, R. L. & Lengel, R. H. (1986). Organizational Information Requirements, Media Richness and Structural Design. In: Management Science, 5, 1986, S. 554–571.

Daft, R. L., Lengel, R. H. & Trevino, L. K. (1987). Message Equivocality, Media Selection and Manager Performance: Implications for Information Systems. In: MIS Quarterly, 11, 1987, S. 355–366.

Davis, F. (1989). Perceived Usefulness, Perceived Ease of Use, and User Acceptance of Information Technology. In: MIS Quarterly, Vol. 13, 1989, S. 319–339.

Goecke, R. (1997). Kommunikation von Führungskräften. Fallstudien zur Medienanwendung im oberen Management. Wiesbaden 1997.

Grote, G. (1994). Auswirkungen elektronischer Kommunikation auf Führungsprozesse. In: Zeitschrift für Arbeits- und Organisationspsychologie, 12, 1994, S. 71–75.

Mintzberg, H. (1973). The Nature of Managerial Work. Englewood Cliffs 1973.

Möslein, K. (1999). Medientheorien – Perspektiven der Medienwahl und Medienwirkung im Überblick, Arbeitsberichte des Lehrstuhls für Allgemeine und Industrielle Betriebswirtschaftslehre. Bd. 10, München 1999.

Picot, A. & Reichwald, R. (1987). Bürokommunikation. Leitsätze für den Anwender. 3. Aufl., Hallbergmoos 1987.

Picot, A., Reichwald, R. & Wigand, R. (2003). Die grenzenlose Unternehmung. Information, Organisation und Management. 5. Aufl. Wiesbaden 2003.

Pribilla, P., Reichwald, R. & Goecke, R. (1996). Telekommunikation im Management – Strategien für den globalen Wettbewerb. Stuttgart 1996.

Reichwald, R. (1993). Kommunikation. In M. Bitz, K. Dellmann, M. Domsch & H. Egner (Hrsg.), Vahlens Kompendium der Betriebswirtschaftslehre. Bd. 2. 3. Aufl. München 1993, S. 447–494.

Reichwald, R. & Bastian, C. (1999). Führung in verteilten Organisationen – Ergebnisse explorativer Forschung. In A. Egger, O. Grün & R. Moser (Hrsg.), Managementinstrumente und -konzepte: Entstehung, Verbreitung und Bedeutung für die BWL, Stuttgart 1999, S. 141–162.

Reichwald, R. & Goecke, R. (1995). Bürokommunikation und Führung. In A. Kieser, G. Reber & R. Wunderer (Hrsg.), Handwörterbuch der Führung. 2. Aufl. Stuttgart 1995, Sp. 164–182.

Reichwald, R., Möslein, K., Piller, F. (2001). Reinventing Place: The New Role of Location in Electronic Business, SMS 2001: Strategic Management Society, San Francisco, CA, October 21–24, 2001.

Reichwald, R., Möslein, K., Sachenbacher, H. & Englberger, H. (2000). Telekooperation – Verteilte Arbeits- und Organisationsformen. 2. Aufl., Berlin, Heidelberg u. a. 2000.

Rice, R. E. (1992). Task Analysability, Use of New Media, and Effectiveness: A multi-site exploration of media richness. In: Organization Science, 1992, S. 475–500.

Schmitz, J. (1987). Electronic Messaging: System use in local governments. Paper presented at the International Communication Association, Montreal, Canada 1987.

Watzlawick, P., Beavin, J. H. & Jackson, D. D. (1990/1967). Menschliche Kommunikation: Formen, Störungen, Paradoxien. 8. Aufl. Bern u. a. 1990 (Original unter dem Titel „Pragmatics of Human Communication". New York 1967).

Zur Konkretisierung und weiteren Vertiefung wird empfohlen, im Fallstudienband den Fall zu „Neue Technologien" zu bearbeiten.

Rudolf Bögel

Organisationsklima und Unternehmenskultur

1. „Klima" im Betrieb
2. Unternehmen als „Kultur"
3. Organisationskultur & Organisationsklima

Was leisten so genannte molare oder ganzheitliche Konzepte wie Organisationsklima und -kultur, wozu sind sie gut? In der organisationalen Praxis will man sie im Rahmen der Organisationsdiagnose messen und Schlüsse für Maßnahmen daraus ziehen. In diesem Sinne sind Kultur und Klima keine Selbstzwecke, sondern Ansätze in Managementstrategien. Ihrer Herkunft nach sind sie recht unterschiedliche Konzepte. Es stellt sich u. a. die Frage, was sie trennt und was sie verbindet?

1. „Klima" im Betrieb

In der einschlägigen Literatur wird die Bezeichnung „Klima" zur Kennzeichnung des inneren Zustands sozialer Aggregate seit den 30er-Jahren des vorigen Jahrhunderts verwendet. Es lassen sich zwei Entwicklungslinien nachzeichnen, die zuerst relativ unabhängig voneinander verliefen.

1.1 Betriebs- und Organisationsklima

Der Begriff „Betriebsklima" entstand im deutschen Sprachraum (BRIEFS, 1934). Er fand in der Praxis weite Verbreitung – bis hinein in die Anzeigen der Personalwerbung oder bei Einstellungsinterviews, z.B. halten 58% junger Akademiker ein gutes Betriebsklima für wichtig (KASCHUBE, 1994). Wissenschaftlich setzte sich speziell die Industriesoziologie mit dem Konzept auseinander (z.B. DAHRENDORF, 1959). Häufig wird unter „Betriebsklima" die Qualität der sozialen Beziehungen in einer Formalorganisation verstanden. Relative Einigkeit besteht darüber, im Betriebsklima kein Merkmal einzelner Betriebsangehöriger zu sehen, sondern ein Konzept, das auf innerbetriebliche Bedingungen hinweist, zu denen die Betriebsangehörigen wertend Stellung nehmen, was wiederum ihr Verhalten beeinflusst (v. ROSENSTIEL et al., 1982). Unternehmensberater waren dann in der Folge bemüht, durch „soziale Betriebsgestaltung" (ROSNER, 1969), d.h. Verbesserung des Betriebsklimas nach dem Motto „Glückliche Kühe geben mehr Milch", um die betrieblichen Leistungen zu steigern.

Das Organisationsklimakonzept geht auf Arbeiten der anwendungsorientierten amerikanischen Sozialpsychologie zurück, woraus in den 70er-Jahren des vorigen Jahrhunderts eine eigenständige Organisationsklimaforschung erwuchs (z.B. TAGIURI, 1968).

Konzeptionell besteht der Unterschied zwischen dem Betriebs- und Organisationsklima darin, dass es sich beim Betriebsklima in erster Linie um ein evaluatives Konzept handelt, das sich inhaltlich primär auf die Sozialbedingungen innerhalb der Organisation bezieht. Das Organisationsklima versteht sich hingegen als ein überwiegend deskriptives Konzept, das sich aus den Wahrnehmungen und Beschreibungen organisationaler Bedingungen durch die Organisationsmitglieder ergibt.

Die Konzepte des Organisationsklimas sind nicht einheitlich. Die Ansätze weisen auf drei unterschiedliche theoretische Positionen hin. Die drei Auffassungen lassen sich als „objektivistisch", „subjektivistisch" und „interaktionistisch" kennzeichnen.

Die objektivistische Sicht versteht unter Organisationsklima einen Satz von Merkmalen, der eine Organisation beschreibt und sie von anderen Organisationen unterscheidbar macht, relativ zeitüberdauernd ist und das Verhalten der Menschen in der Organisation beeinflusst. Eine Abgrenzung vom Konzept der Organisationsstruktur, das sich aus der Verfestigung des Gestaltungswillens ergibt und sich von außenstehenden Experten relativ übereinstimmend beschreiben lässt (vgl. STAEHLE, 1984), ist hier kaum möglich.

Subjektivistisch erscheint das Organisationsklimakonzept, wenn es sich aus den ganz individuell verstandenen Wahrnehmungen durch die einzelnen Organisationsmitglieder ergibt. Es ist somit überwiegend von den Erwartungen und Bewertungen des Einzelnen bestimmt. Dies hat dazu geführt, dass man bei einem so verstandenen Organisationsklima auch von „psychologischem Klima" spricht (JAMES & JONES, 1974).

Interaktionistische Konzepte des Organisationsklimas ergeben sich aus der Summe geteilter Wahrnehmungen der Mitarbeiter. Die Wahrnehmungen resultieren aus gemeinsamen Auffassungen darüber, wie die Organisation ihre Mitglieder behandelt. Dies bedeutet, dass die Wahrnehmungen verschiedener Personen innerhalb einer Organisationseinheit sich ähnlich sein bzw. ergänzen müssten.

Trotz der unterschiedlichen Akzente der drei genannten Auffassungen lässt sich als Gemeinsamkeit festhalten: Das Organisationsklima ist die relativ überdauernde Qualität der internen Arbeitswelt einer Organisation. Die Qualität ergibt sich zum größten Teil aus Reglementierungen und Verhaltensweisen, wie sie von den Organisationsmitgliedern wahrgenommen werden. Die Wahrnehmungen können als Basis der Beschreibung der inneren Situation der Organisation der Diagnose dienen. Entsprechend kann das Organisationsklima definiert werden:

(1) Als die Summe von Wahrnehmungen organisationaler Bedingungen durch die Organisationsmitglieder,
(2) es versteht sich wesentlich deskriptiv,
(3) es bezieht sich auf die Gesamtorganisation oder auf Teilsysteme und hat
(4) Auswirkungen auf das Verhalten der Mitglieder.

Die nominale Definition wirft Probleme auf, die es bei Untersuchungen zu meistern gilt:

Zu (1) Was bedeutet hier Summe? Ist hier die Aggregation von individuellen Wahrnehmungen („Psychologisches Klima") gemeint oder die geteilte Wahrnehmung, die sich in der geringen Varianz einer sozialen Einheit niederschlägt („Interaktionistisches Klima")? Gibt es überhaupt *das* Organisationsklima oder sollte man lieber von verschiedenen Klimata sprechen, dem Kommunikationsklima, dem Serviceklima, dem Klima für Kreativität u. a. m.?

Zu (2) Auf Seiten der Wahrnehmung lässt sich zwischen Bewerten und Beschreiben letztlich nicht trennen, auch dann nicht, wenn man sich bei der Konstruktion eines Untersuchungsinstruments um beschreibende Items bemüht. Es besteht allerdings weitgehende Einigkeit darüber, dass die Wahrnehmung der organisationalen Umwelt wesentlich von dieser mitbestimmt wird und kein einseitig subjektiver Akt ist (SPECTOR, 1992).

Zu (3) Fragwürdig ist, von *dem* Organisationsklima einer Gesamtorganisation zu sprechen und nicht besser von Klimata, wenn sich bei Untersuchungen regelmäßig zeigt, dass verschiedene Organisationseinheiten sich von einander deutlich unterscheiden.

1.2 Inhaltliche Dimensionen des Betriebs- und Organisationsklimas

Verschiedene Autoren definieren das Betriebs- und Organisationsklima unterschiedlich und haben unterschiedliche inhaltliche Dimensionen vorgeschlagen bzw. operationalisiert (vgl. z.B. HEMPHILL, 1956; v. ROSENSTIEL et al., 1982). NEUBERGER (1977) nennt z.B. folgende Dimensionen: Strukturierung, Autonomie, Wärme und Unterstützung, Leistungsorientierung, Zusammenarbeit, Belohnungshöhe und -fairness, Innovation und Entwicklung, Hierarchie und Kontrolle.

Die Bezeichnung von Inhalten sagt noch nichts aus über die Abgrenzung zu anderen verwandten Konzepten, die sich ebenfalls als subjektive Repräsentationen von Organisationsbedingungen bei den Mitgliedern bestimmen lassen. Es sind weitere konzeptionelle und theoretische Klärungen zu leisten, damit eine Abgrenzung von anderen Konzepten möglich ist.

PAYNE und PUGH (1976) und in der Folge v. ROSENSTIEL et al. (1982) haben versucht, mit dem facettenanalytischen Ansatz eine Möglichkeit zur begrifflichen Klärung zu schaffen. Dieser Ansatz differenziert zwischen drei analytischen Ebenen oder Facetten: Analyseeinheit, Analyseelement und Art der Messung. Auf der Ebene der Analyseeinheit wird zwischen Individuum und sozialem Aggregat unterschieden, auf der Ebene des Analyseelements zwischen Arbeit und Organisation und bei der Messung zwischen Beschreibung oder Bewertung. Mit Hilfe dieser facettenanalytischen Differenzierung lassen sich eine Reihe von Begriffen voneinander abgrenzen. Dabei fällt auf, dass die oft gleich bedeutend verwendeten Begriffe Arbeitszufriedenheit und Organisationsklima sich in allen drei Facetten voneinander unterscheiden lassen.

Facetten / Konzepte	Analyseeinheit	Analyseelement	Art der Messung
Arbeitszufriedenheit	Individuum	Arbeit	Bewertung
Organisationsklima	Soziales Aggregat	Organisation	Beschreibung

Abb. 1: Facettenanalytische Differenzierung von Arbeitszufriedenheit und Organisationsklima

Daraus lässt sich die Hypothese ableiten, dass Korrelationen zwischen beiden Konzepten gering sein müssten (v. ROSENSTIEL et al., 1982). Die diskriminierende Validität wird jedoch bei entsprechenden Untersuchungen meist nicht in dem Maße erfüllt, wie das erwartet wird. Der Grund liegt darin, dass bei der Operationalisierung der Items wie der Beschreibung der organisationalen Umwelt durch die Mitarbeiter die begriffliche Differenzierung nicht nachvollzogen werden kann.

Facettenanalytische Modelle sind für Theorie und Operationalisierung sinnvolle Ansätze, wenn sie nicht zu abstrakt angelegt sind, sondern einheitliche Konstrukte darstellen, die klare operationalisierbare Dimensionen beinhalten; z.B. können zweidimensionale Portfolien diese Aufgabe für eine Reihe auch empirisch überprüfbarer Konstrukte erfüllen.

1.3 Betriebs- und Organisationsklima als Ursache und Folge

Betrachtet man das Organisationsklima als Ursache (Unabhängige Variable), so ist es nach vorliegenden empirischen Untersuchungen wahrscheinlich, dass Arbeitsmotivation und -leistung, Führungsverhalten, Entscheidungsstil, innovatives Verhalten der Organisationsmitglieder, Arbeitszufriedenheit, aber auch die Beitrittswahrscheinlichkeit bei qualifizierten potenziellen Mitgliedern durch das Organisationsklima beeinflusst werden.

Als Folge betrachtet (Abhängige Variable) ist es von organisationalen Bedingungen wie z. B. der Aufbau- und Ablauforganisation, der Formalisierung, der Standardisierung und der Zentralisierung der Entscheidungsprozesse sowie vom Verhalten der Mitglieder abhängig. Aber auch personale Merkmale der Mitglieder haben Einfluss auf das Organisationsklima. Dies überrascht nicht, da ja Wahrnehmungsprozesse von personalen Faktoren, wie z. B. kognitiven Verarbeitungsweisen, Erwartungen, Einstellungen oder Werthaltungen abhängig sind. Entsprechend darf man vermuten, dass zeitvariable Persönlichkeitsmerkmale sich durch innerorganisatorische Information oder durch Trainings-, Schulungs- und andere Qualifizierungsmaßnahmen beeinflussen lassen (vgl. GUZZO et al., 1985).

Neben Analysen, die das Organisationsklima als abhängige bzw. unabhängige Variable untersuchen, gibt es schließlich noch solche, in denen es als intervenierende Variable interessiert, die es als moderierende Größe zwischen einer angenommenen Ursache und einer angenommenen Folge betrachten. In diesem Sinne zeigen z.B. SHERIDAN, VREDENBURGH et al. (1984), dass die Wirkung der Führung auf das Leistungsverhalten der Geführten durch das Organisationsklima, wie es von den Führenden wahrgenommen wird, moderiert wird. Konkret zeigte sich, dass durch ein leistungsorientiertes Organisationsklima die Führungsrolle des Vorgesetzen legitimiert wurde, während ein wenig leistungsorientiertes Organisationsklima die Entstehung informaler Führung innerhalb der untersuchten Gruppen begünstigte. Wenn jedoch z.B. behauptet wird, dass sich in einem leistungsorientierten Organisationsklima das Leistungsverhalten der Organisationsmitglieder verbessert, so sollte geprüft werden, ob nicht Klima und Leistungsverhalten z.T. in gleicher Weise operationalisiert sind bzw. was hier Ursache und Wirkung ist?

1.4 Messung des Betriebs- und Organisationsklimas

Weniger das Klima um seiner selbst willen, als die Vermutung, dass ein schlechtes Klima keine guten Leistungen zur Folge hat, ist – wenn auch linear schwer nachweisbar – doch der wichtigste Grund, das Klima zu messen. Die Erfassung des Betriebs- und Organisationsklimas dient dann in der Regel praktischen Zielsetzungen wie der Verbesserung der Bedingungen, die das Klima machen; es handelt sich um eine Schwachstellenanalyse aus der Sicht der Betroffenen. Die Klimaanalyse ist die Diagnose und der Ausgangspunkt für die „Therapie", d.h. für Entscheidungen und die Einleitung von Verbesserungsmaßnahmen.

Prinzipiell scheint es denkbar, Organisationsklima über die systematische Erfassung von Verhalten oder Verhaltenskonsequenzen zu messen oder z.B. über Gruppendiskussionen (v. FRIEDEBURG, 1963) oder Critical-incident-technique (FLANAGAN, 1954). In der Praxis werden für diesen Zweck fast ausschließlich Fragebogen verwendet. Bei der Entwicklung dieser Verfahren, insbesondere bei der Bestimmung der Konstrukte

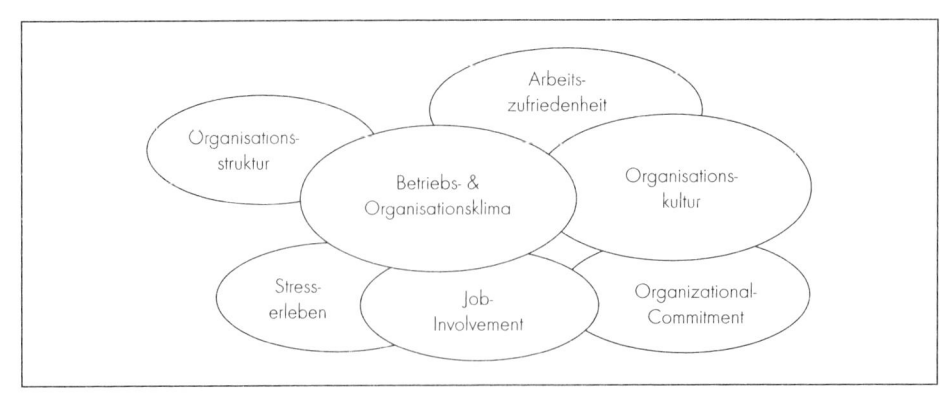

Abb. 2: Überlappende Konzepte subjektiver Organisationsforschung

und Formulierung der Items, ist darauf zu achten, dass das Messkonzept dem theoretischen Konzept entspricht; insofern entscheidet letztlich die Operationalisierung darüber, was gemessen wird (vgl. BÖGEL & v. ROSENSTIEL, 1997; BÖGEL & v. ROSENSTIEL, 1999; BÖGEL & v. ROSENSTIEL, 2001).

Abbildung 2 zeigt Konzepte, die je nach Operationalisierung unterschiedlich große Überschneidungen aufweisen.

Standardisierte Fragebogen haben den Vorteil, dass die Fragen schon einmal überprüft wurden, jedoch können sie Unternehmensspezifisches verfehlen – sowohl inhaltlich wie empirisch. Faktoren/Dimensionen können z.B. in unterschiedlichen Organisationen jeweils anders ausfallen, hierbei spielen unterschiedliche Variablen wie z.B. Tätigkeiten oder auch „Schlüsselvariable der Unternehmenskultur" eine Rolle. Die nicht unüblichen akquisitorischen Hinweise auf den Einsatz des Instruments bei z.B. „10 000 Mitarbeitern aus 50 Betrieben", die für die Qualität des Instruments bürgen sollen, haben keine Beweiskraft bezüglich der Validität. Vielmehr vertuschen daraus abgeleitete hochaggregierte Benches die interessanten Differenzierungen zwischen Organisationen und Kulturen, als ob es über unterschiedlichste Organisationen und Kulturen hinweg einen allgemeinen Maßstab für das Klima gäbe („McDonaldisierung": NERDINGER, 1998) (vgl. den Artikel von DOMSCH zur Mitarbeiterbefragung in diesem Band).

Mindestens so wichtig wie die angesprochenen konzeptionellen und methodischen Aspekte sind die kommunikativen, die in der Organisationskultur ihre Wurzeln haben.

2. Unternehmen als „Kultur"

Dem in den 80er-Jahren des vorigen Jahrhunderts populär gewordenen Unternehmenskulturansatz liegt zu Grunde, dass Unternehmungen nicht nur u.a. auch Kultur haben (Variablen-Ansatz), sondern dass sie ihrem Wesen nach Kultur sind (Perspektive-Ansatz). D.h. Kultur ist nicht mehr bloß Erscheinungsbild nach innen und außen, wie dies im Corporate-Identity-Konzept zum Ausdruck kommt, sondern der Kulturbegriff rückt ins Zentrum strategischer Überlegungen zur Unternehmenskonzeption (PETTIGREW, 1979). Die Unternehmung und ihre Leistungen sollen erst vor dem Hintergrund ihrer Kultur verständlich und steuerbar sein (vgl. den Artikel von v. ROSENSTIEL zu Grundlagen der Führung, insbesondere die Abbildungen 8 und 9, in diesem Band).

Die Unternehmung kann mit Methoden der Kulturwissenschaften und der Ethnologie erforscht werden, wie ein „Stamm" (HELMERS, 1993) oder wie die Persönlichkeit eines „verstörten Menschen" mit psychoanalytischen bzw. psychiatrischen Methoden (NEUBERGER & KOMPA, 1987). Die Diagnose ist geprägt von hermeneutischen und die Therapie von symbolstiftenden Verfahren. In den Mittelpunkt unternehmerischen Handelns tritt symbolisches Management. Es fehlt auch nicht an Auflistungen bezüglich wissenschaftstheoretischer Zugänge zum Kulturphänomen (NEUBERGER & KOMPA, 1987). Zentrale Kategorien der Unternehmenskultur und ihrer Erforschung sind Symbole und Symbolvermittlung: Mythen, Anekdoten, Riten und Rituale, Statussymbole, Artefakte wie Bauten, Produkte, Embleme und Designs (SCHEIN, 1995). Allgemeine Definitionen von Kultur heben auf Werte, Normen, Artefakte und Verhaltensweisen ab, die für die Angehörigen einer Kultur typisch sind. Es gibt keine Definition von Unternehmenskultur, die ohne die genannten Begriffe auskommt.

Werte sind letzte handlungsbeeinflussende Auffassungen von Wünschenswertem für Gruppen und einzelne (KLUCKHOLM, 1951), während Normen schon handlungsbestimmende Kann-, Soll- und Muss-Vorschriften sind. So meinen PÜMPIN, KOBI und WÜTHRICH (1985), dass die Unternehmung in ihrer Gesamtheit von Normen, Wertvorstellungen und Denkhaltungen geprägt sei, die das Verhalten der Mitarbeiter aller Stufen bestimmen. Die Aussage, dass das Verhalten aller Mitarbeiter davon wesentlich bestimmt werde, ist eine wichtige Annahme, die explizit oder implizit bei

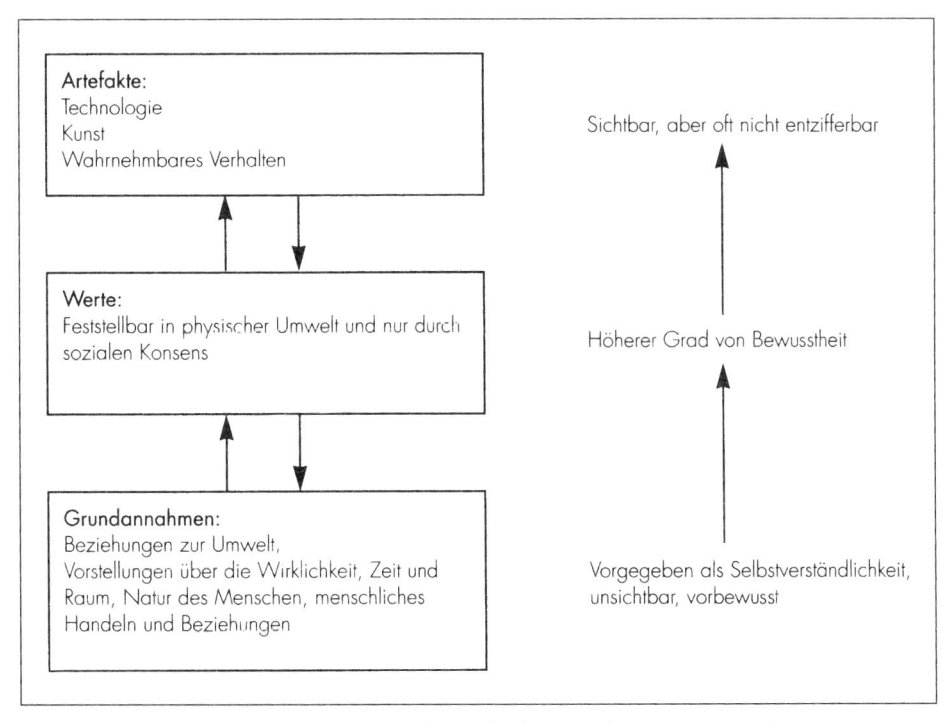

Abb. 3: Die drei Ebenen der Unternehmenskultur (nach SCHEIN, 1995)

derartigen Definitionsversuchen erfolgt bzw. beim Kulturbegriff mitgedacht wird. Der Kulturansatz verspricht für die Unternehmung eine Verhaltenssteuerung der Mitarbeiter, die anderen verhaltenssteuernden Ansätzen überlegen sein soll. Verhalten, das durch Werte und aus ihnen abgeleiteten und verinnerlichten Normen gesteuert wird, verspricht effektiver zu sein als ein Verhalten, das ständig durch äußere Anreize und Kontrollen aufrechterhalten werden muss.

Bleiben z. B. Unternehmensleitlinien „Papier", werden sie nicht gelebt, dann sind sie nicht in die Kultur der Unternehmung eingegangen und bleiben äußerlich oder bloß „zivilisatorischer Überbau" des Systems. Diese oder ähnliche Fehlschläge betrieblicher Implementierung können bei werttheoretischer Betrachtung aber Unterschiedliches bedeuten z. B., dass „oben" andere Werte als „unten" herrschen, „hinter den Kulissen" andere Spielregeln gelten, außerbetriebliche Werte, z. B. die der übergeordneten Kultur andere sind, als die in der Unternehmung erwünschten, subkulturelle Werte der Lebenswelt in Widerspruch zu den in der Unternehmung geltenden stehen.

Begreift man Unternehmungen als „geronnene Werte", die sich in System und Struktur niederschlagen, dann können innerbetriebliche Werte auch veralten. KLIPSTEIN und STRÜMPEL (1985) sprechen in diesem Zusammenhang von „gewandelten Werten" und „erstarrten Strukturen". Die hier aufgeworfenen Fragen können evtl. unternehmensspezifisch geklärt werden und Ausgangspunkt für entsprechende Maßnahmen sein (vgl. z. B. die an Werten orientierte Personalpolitik von WOLLERT & BIHL, 1983). Im Rahmen der überwiegend theoretisch geführten Diskussion zur Unternehmenskultur bleiben derartige Fragen allerdings meistens unbeantwortet. Anlässe für den Kulturansatz waren neben dem unterstellten Wertewandel vor allem der „Japanschock", das Management von internationalen Unternehmungen, die Steuerung komplexer werdender Organisationen und steigender Wettbewerb auf unübersichtlich werdenden Märkten (SCHOLZ, 1988).

2.1 Forschungsstrategien der Unternehmenskultur

SMIRCICH (1983) nennt fünf Bereiche, in denen organisationskulturelle Forschung zum Zuge kommen kann:

– Kultur als Konzept der international vergleichenden Organisationsforschung (comparative management);
– Kultur als Regulationsmechanismus, der die Anpassung der Organisation an die Umwelt steuert (corporate culture);
– Kultur als System gemeinsamer Kognitionen (organizational cognition);
– Kultur als System geteilter Symbole und Bedeutungen (organizational symbolism);
– Kultur als Projektion des Unterbewussten (unconscious process and organization).

Typologisierungsversuche von Organisationskultur sind zahlreich, sie sind jedoch meistens auf hohem Abstraktionsniveau angesiedelt und selten fruchtbar operationalisiert worden; d. h. nicht, dass die Zuordnung zu einem Typus oder sich überschneidender Typen im Einzelfall nicht gelingen kann (HANDY, 1978; DEAL & KENNEDY, 1982; HEINEN, 1987). In ähnlicher Weise kann es vielleicht auch hilfreich sein, die Vorstellungen der Mitarbeiter über die herrschende Firmenkultur zu ergründen. Beispiele wie die folgenden können Aufschluss über die vorherrschende Metapher in den Köpfen der Mitarbeiter geben. Wird die Unternehmenskultur gedacht als:

- Statisch Gleichbleibendes oder Prozesshaftes?
- Gesellschaft (Minigesellschaft) z. B. demokratischer, despotischer, patriarchalischer, anarchischer Art?
- Staat (Ministaat) mit gesetzlich-bürokratischen Verfahren?
- Soziales oder technisches System?
- Apparat mit mechanistischen Abläufen?
- Persönlichkeit mit einmaligen, unverwechselbaren Zügen?
- Organismus mit kranken bzw. gesunden Organen?
- Erziehungs- und Sozialisationsinstanz mit Sanktionen aller Art?
- Sitte und Anstand, richtiges bzw. falsches Benehmen und Stil?
- Kunst und Kunstwerk?
- Happening und Amusement?

SCHEIN (1995) hat einen Ansatz entwickelt, wie der externe Experte über zehn Schritte unter Einsatz qualitativer wie quantitativer Methoden in Zusammenarbeit mit den Mitarbeitern die Kultur erforschen soll.

O'REILLY, CHATMAN und CALDWELL (1991) bieten mit der Methode des Q-sorting ebenfalls ein Beispiel, das externen wie internen Ansichten Rechnung trägt: Aus dem von Experten gefundenen „set" aus 54 Werte-Items, die allgemein individuelle wie organisatorische Werte erfassen, werden einerseits in neun Kategorien die für eine Organisation typischen gebündelt. Andererseits bündeln Mitarbeiter ihrerseits die Werte-Items zu neun Kategorien. Nicht das quantitative Ausmaß einzelner Aspekte soll die Übereinstimmung oder das „fit" von Person und Kultur zeigen, sondern die Übereinstimmung der Profile oder Muster; denn nach der Überzeugung der Autoren wird Kultur nicht von einzelnen Werten, sondern von deren Konstellation geprägt. Bleibt übrigens die Frage: Wieweit sollen die Profile von Mitarbeitern mit denen der Organisationskultur übereinstimmen, um nicht etwa als übersozialisiert und unflexibel zu gelten?

2.2 Management der Unternehmenskultur

Welche Konsequenzen sind für die Praxis aus der Diskussion um die Unternehmenskultur zu ziehen? Zuerst bedeutet der Unternehmenskulturansatz sicher eine Horizonterweiterung: Kulturbezogene Denk- und Handlungsansätze, die bisher als Nebensache oder Nebenprodukt betrachtet wurden, gewinnen nun ihre Bedeutung als erfolgversprechende Konzepte zentraler Steuerungs- und Anpassungsproblematik. Ferner findet eine Sensibilisierung bezüglich des ganzheitlichen Denkens und symbolischen Handelns in der Unternehmung statt. Weiter werden bei Bewusstmachung der Werte Grenzen und Scheitern bei grenzüberschreitendem Handeln deutlicher als sonst. Und schließlich müssten vor dem Hintergrund der gemeinsam getragenen Werte Toleranz und Kompromissbereitschaft bei der Austragung interner Konflikte zunehmen.

Für das Management der Unternehmenskultur lassen sich wenigstens drei Richtungen ausmachen:

Eine erste Richtung (Aufklärung) versucht, sich ihre Werte und Normen bewusst zu machen, auch Widersprüchliches und „Tabus" wenigstens teilweise aufzuklären und diese zumindest ansatzweise zu korrigieren. Man ist bemüht, die Kultur von oben nach unten vorzuleben, um deutliche Zeichen zu setzen, (wieder) glaubwürdig zu sein, verstanden zu werden, „commitment" zu sichern etc.

Eine zweite Richtung (Manipulation), die auf einem Missverständnis von Unternehmenskultur beruht, glaubt, man brauche „Werte", neue/alte Glaubenssätze nur laut genug zu verkünden oder mittels manipulativer Techniken in die Köpfe der Mitarbeiter einzupflanzen, worauf jene als handlungsleitende Maxime ihre Automatik entfalten. Eine dritte Richtung (Partizipation) versucht vor allem über partizipative Strategien, sich ihrer herrschenden Werte und Überzeugungen bewusst zu werden, um diese unter weitestgehender Einbeziehung der Bedürfnisse der Betroffenen weiterzuentwickeln.

SCHOLZ (1988) warnt vor zahlreichen Missverständnissen, denen das Kulturmanagement aufsitzt, er zählt eine Reihe von „Trugschlüssen" auf, wovon einige hier genannt werden:

- Eine starke Unternehmenskultur würde auch Erfolg garantieren;
- die Kultur eines Unternehmens ließe sich an der äußeren Erscheinung ablesen;
- herausragende Persönlichkeiten seien auch immer die Träger der Kultur;
- Werbeslogans könnten als Kulturslogans eingesetzt werden;
- die Mitglieder einer Kultur könnten diese auch immer zutreffend diagnostizieren;
- Unternehmenskultur sei ein statisches Phänomen;
- Strategie und Unternehmenskultur seien identisch;
- bei einer guten Unternehmenskultur bestehe kein Handlungsbedarf.

Sieht man von einer Reihe ungeklärter methodischer Fragen ab, die das Unternehmenskulturkonzept aufwirft, so suggeriert es wohl auch ein wenig blauäugig Harmonie unter einem Dach der gemeinsam gelebten Werte. Für KRELL (1991) gerät der Unternehmenskulturansatz in den Verdacht der Betriebsgemeinschaft vergangener Ideologien.

3. Organisationskultur & Organisationsklima

Die Herkunft der beiden Konzepte trennt sie zweifellos. Während der Organisationsklima-Ansatz sich als ahistorisch, wertfrei versteht, liegt das Interesse im klassischen Kulturansatz gerade auf dem historisch Gewachsenen und Sinnhaften. In letzterem überwiegen hermeneutische Verfahren kulturwissenschaftlichen Ursprungs, während der Klimaansatz sich naturwissenschaftlich, verhaltensorientiert ausgerichtet versteht.

In Abbildung 4 werden konzeptionelle Elemente von Organisationsklima und Unternehmenskultur dichotom gegenübergestellt.

3.1 Gemeinsamkeiten von Organisationsklima und Unternehmenskultur

CONRAD und SYDOW (1984) meinen, die Organisationskultur habe das Organisationsklima an die Wand gedrückt. Allgemein kann man festhalten, dass die Autoren des Kulturansatzes sich in der Vergangenheit erstaunlich wenig auf den Klimaansatz bezogen haben, auch dann nicht, wenn sie von recht ähnlichen Intentionen ausgehen

	Unternehmenskultur	Organisationsklima
Konzeption:	ganzheitlich, total, meist im Sinne von: „Organisation *ist* Kultur"; aber auch funktionalistisch: „Organisation *hat* Kultur"; Organisationsklima ist dann ein Teil der „Kultur"	wichtige Aspekte organisationalen Handelns Elemente von „Kultur" können auch Elemente von Organisationsklima sein
Repräsentanz:	in Mythen, Geschichten, Gebräuchen etc.	im „Erleben und Verhalten" der Organisationsmitglieder
Wiss. Ideal:	Kulturwissenschaft, Hermeneutik, Psychoanalyse	naturwissenschaftlich orientierte Verhaltenswissenschaften
Methode:	Sinn finden, Bedeutung entschlüsseln, Qualitatives entdecken	Hypothesen empirisch prüfen, Quantifizierbares messen
Validierung:	Kommunikative Validität und interne Objektivität zählen	messtheoretische Validität und Intersubjektivität zählen
Paradigma:	„Interpretatives"	„Social facts"
Modelle:	Diskurs, Sinndeutung	Kontingenz, Interaktion von Person und Situation
Menschenbild:	irrationalistisch, kollektivistisch, konsensorientiert	individualistisch, rationalistisch, interessenorientiert
Handlungsmodell:	expressiv, symbolische Interaktion	instrumentell, zweckrationales Handeln
Verwertungsinteresse:	Symbolisches Management, Schaffung von Einigkeit und Einheit	Ausgangspunkt für Entscheidungen und Maßnahmen
Kritik:	Manipulation durch Kultur und Sprache, totale Vereinnahmung der Mitglieder	vordergründige, positivistische Aufklärung im Dienst utilitaristischer Ziele

Abb. 4: Vergleich von Unternehmenskultur und Organisationsklima

oder methodisch nahe am Klimaansatz operieren wie z.B. HOFSTEDE (1980). Wenn in vielen Organisationen Mitarbeiterbefragungen durchgeführt werden, dann kommen häufig Betriebs- und Organisationsklimakonzepte oder Teile davon zum Tragen, auch wenn von „Kulturwandel" die Rede ist.

Bereits in den frühen Konzeptionen gerät das Klima in die Nähe des Kulturansatzes, wenn es über den Individuen und ihrer unmittelbaren Umgebung angesiedelt wird und gleichsam wie Werte Geltung für die Gesamtorganisation beansprucht (vgl. PAYNE & PUGH, 1976). Geht man nun davon aus, dass die Kultur und ihre Wertebasis die Abläufe und Handlungen der Mitarbeiter einer Organisation wesentlich determinierten, dann ist das Klima ein Teil von Kultur. Die Trennung der Konzepte wird als zeitlich begrenztes Artefakt betrachtet (REICHERS & SCHNEIDER, 1990). Klima wird als eine Manifestation der Kultur aufgefasst (SCHEIN, 1995; REICHERS & SCHNEIDER, 1990). Die Klimamessung wird damit – je nach Operationalisierung – auch zur Kulturmessung: Wie kommuniziert man miteinander, wie geht man mit Konflikten um, welches Verhalten wird in der Organisation belohnt usw.? Misst man die unterschiedlichen Klimata einer Organisation aus der Perspektive der Mitarbeiter und ihrer unterschiedlichen Situationen, dann zeigen sich zum Teil auch Züge, die durch die gesamte Organisation gehen und als Aspekte der Kultur gedeutet werden können.

Wenn die Klimaforschung überwiegend quantifizierende Methoden einsetzt und die Kulturforschung häufig qualitativ verfährt, so ist dies jedoch keine eindeutige Trennungslinie, sowohl in der Kultur- als auch in der Klimaforschung werden beide Methoden angewandt. Im Sinne einer Multimethoden- und Mehrebenenanalyse schließen sich quantitative und qualitative Methoden nicht aus, sondern ergänzen sich. Bedenkt man noch, dass bei beiden Methoden eine Reihe ähnlicher Probleme auftaucht – nur an unterschiedlichen Stellen der Verfahren –, oder dass quantitative Verfahren qualitative Vor- und Nachuntersuchungen bedingen, z. B. um Details zu hinterfragen, dann sind wohl die abstrakten Überbegriffe nicht mehr von so großer Bedeutung, was zählt ist die Validität der Operationalisierung.

Als Gemeinsamkeit der beiden Konzepte kann gelten, dass sowohl Klima als auch Kultur das Verhalten der Mitarbeiter beeinflussen. Beide werden prinzipiell auch von den Mitarbeitern gemacht, und in diesem Sinne sind sie abhängige Variable; als unabhängige Variablen bestimmen sie die Sozialisation und Selektion von Mitarbeitern und als intervenierende Variablen moderieren sie Personen wie Systeme.

Beide Konzepte werden wesentlich durch symbolische Interaktion vermittelt, dessen ist sich die traditionale Kulturforschung bewusster als die Klimaforschung, die dies manchmal vergessen hat und sich in der Praxis objektivistisch gibt. Am ähnlichsten sind sich Klima- und Kulturansatz im System gemeinsamer Kognitionen: organizational cognition (SMIRCICH, 1983). Gemeinsam scheint auch beiden Konzepten zu sein, dass die behaupteten Zusammenhänge mit Außenkriterien wie Absentismus, Fluktuation, Motivation und Effizienz nur schwerlich nachweisbar sind.

Die inzwischen weit verbreiteten Mitarbeiterbefragungen beinhalten größtenteils Fragen zum Betriebs- und Organisationsklima wie auch zu kulturellen Aspekten, auch wenn dies nicht explizit gesagt wird. Einmal verlaufen viele dieser Befragungen im Sande und bleiben einmaliger Aktionismus, ein andermal klagen Organisationen über die vielen Befragungen und bezeichnen sich als befragungsgeschädigt. Der zentrale Grund für diese Zustände liegt vor allem in der nicht gründlichen Vorbereitung und der Beliebigkeit der Interpretation durch Berater wie betriebsinterne Instanzen. „Wilde Befragungen" lassen sich nicht verhindern, wissenschaftlich betreute verbessern aber den Prozess.

Literatur

BÖGEL, R. (1988). Das Konzept des Betriebs- bzw. Organisationsklimas und seine Anwendung in der betrieblichen Praxis. In: Zeitschrift für Personalforschung, 2 (4), 1988, S. 275–284.

BÖGEL, R. & ROSENSTIEL, L. v. (1997). Die Entwicklung eines Instruments zur Mitarbeiterbefragung: Konzept, Bestimmung der Inhalte und Operationalisierung. In W. BUNGARD & I. JÖNS (Hrsg.), Mitarbeiterbefragung, S. 84–96. Weinheim 1997.

BÖGEL, R. & v. ROSENSTIEL (1999). Mitarbeiterbefragung im öffentlichen Dienst des Freistaats Bayern. Hrsg.: Bayerisches Staatsministerium für Arbeit und Sozialordnung, Familie, Frauen und Gesundheit. München 1999.

BÖGEL, R. & ROSENSTIEL, L. v. (2001). Mitarbeiterbefragung im Qualitätsmanagement. In H.-D. ZOLLONDZ (Hrsg.), Lexikon Qualitätsmanagement, S. 569–577. München 2001.

BRIEFS, G. (1934). Betriebsführung und Betriebsleben in der Industrie. Stuttgart 1934.

Conrad, P. & Sydow, J. (1984). Organisationsklima. Berlin 1984.

Dahrendorf, R. (1959). Sozialstruktur des Betriebes, Betriebssoziologie. Wiesbaden 1959.

Deal, T. E. & Kennedy, A. A. (1982). Corporate cultures: The rites and rituals of corporate life. Reading/Mass. 1982.

Flanagan, J. G. (1954). The critical incident technique. In: Psychological Bulletin, 51, S. 327–358.

Friedeburg, L. v. (1963). Soziologie des Betriebsklimas: Studien zur Deutung empirischer Untersuchungen in Großbetrieben. Frankfurt/Main 1963.

Guzzo, R. A., Jette, R. D. & Katzell, R. A. (1985). The effects of psychologically based intervention programs on worker productivity: A meta-analysis. In: Personnel Psychology, 38, S. 275–291.

Handy, Ch. B. (1978). Zur Entwicklung der Organisationskultur einer Unternehmung durch Management-Development-Methoden. In: Zeitschrift für Organisation, 47. Jg./7, S. 404–410.

Heinen, E. (1987). Unternehmenskultur – Perspektiven für Wissenschaft und Praxis. München 1987.

Helmers, S. (1993). Beiträge der Ethnologie zur Unternehmenskulturforschung. In M. Dierkes, L. v. Rosenstiel & U. Steger (Hrsg.), Unternehmenskulturen in Theorie und Praxis. Frankfurt, New York 1993.

Hemphill, J. K. (1956). Group Dimensions: A Manual for Their Measurement. In: Research Monograph, No. 87. Columbus/Ohio 1956.

Hofstede, G. (1980). Culture's consequences: International differences in work-related values. Beverly Hills 1980.

James, L. R. & Jones, A. P. (1974). Organizational climate. A review of theory and research. In: Psychological Bulletin, 81, S. 1096–1112.

Kaschube, J. (1994). Selbstselektion von Hochschulabsolventen. Wunsch und Realisierung. In L. v. Rosenstiel, T. Lang & E. Sigl (Hrsg.), Führungsnachwuchs finden und fördern, S. 188–201. Stuttgart 1994.

Klipstein, M. v. & Strümpel, B. (1985). Gewandelte Werte – Erstarrte Strukturen. Wie die Bürger Wirtschaft und Arbeit erleben. Bonn 1985.

Kluckhohn, C. (1951). Values and value-orientation in the theory of action: An exploration in definition and classification. In T. Parsons & E. Shils (Hrsg.), Toward a general theory of action. S. 388–433. Cambridge/Mass. 1951.

Krell, G. (1991). Organisationskultur-Renaissance der Betriebsgemeinschaft? In E. Dülfer (Hrsg.), Organisationskultur. S. 147–160. Stuttgart 1991.

Nerdinger, F. W. (1998). Buchbesprechung. In: Zeitschrift für Arbeits- und Organisationspsychologie, 42/3, S. 171–173.

Neuberger, O. (1980). Organisationsklima als Einstellung zur Organisation. In C. Graf Hoyos et al. (Hrsg.), Grundbegriffe der Wirtschaftspsychologie. S. 128–137. München 1980.

Neuberger, O. & Kompa, A. (1987). Wir, die Firma. Der Kult um die Unternehmenskultur. Weinheim 1987.

Payne, R. L. & Pugh, D. S. (1976). Organizational Structure and Climate. In M. D. Dunnette (Ed.), Handbook of Industrial and Organizational Psychology, S. 1125–1173. Chicago 1976.

Pettigrew, A. M. (1979). On Studying Organizational Cultures. Administrative Science Quarterly, 24/1979, S. 570–581.

Pümpin, C., Kobi, J.-M. & Wüthrich, H. A. (1985). Unternehmenskultur. Basis strategischer Profilierung erfolgreicher Unternehmen. In: Die Orientierung, Nr. 85, hrsg. von der Schweizerischen Volksbank. Bern 1985.

Reichers, A. E. & Schneider, B. (1990). Climate and Culture. An Evolution of Constructs. In B. Schneider (Ed.), Organizational Climate and Culture, S. 5–39. S. Francisco 1990.

O'Reilly, Ch. A., Chatman, J. & Caldwell, D. F. (1991). People and Organizational Culture: A Profile Comparison Approach to Assessing Person-Organization Fit. In: Academy of Management Journal, Vol. 34, 3, 1991, S. 487–516.

Rosenstiel, L. v., Falkenberg, T., Hehn, W., Henschel, E. & Warns, I. (1982). Betriebsklima heute. Ludwigshafen 1982.

Rosner, L. (1969). Management, Betriebsklima und Produktivität. Heidelberg 1969.

Schein, E. H. (1955). Unternehmenskultur – ein Handbuch für Führungskräfte. Frankfurt/Main.

Schneider, B. (1990). (Hrsg.). Organizational Climate and Culture. S. Francisco 1990.

Scholz, Ch. (1988). Management der Unternehmenskultur. In: Harvard Manager 1/1988, S. 81–91.

Sheridan, J.E., Vredenburg, D.J. & Abelson, M.A. (1984). Contextual Model of Leadership Influence in Hospital Units. In: Academy of Management Journal, 27, S. 57–84.

Smircich, C. (1983). Concepts of culture and organizational analysis. In: Administrative Science Quarterly, 28 (4), 1983, S. 339–358.

Spector, P.E. (1992). A Consideration of the Validity and Meaning of Self-Report Measures of Job Conditions. In C.L. Cooper & I.T Robertson (Eds.), International Review of Industrial and Organizational Psychology, Volume 7, S. 123–151. Chichester 1992.

Staehle, W.H. (1994) Management. München 1994.

Tagiuri, R. (1968). The Concept of Organizational Climate. In R. Tagiuri & G.H. Litwin (Eds.), Organizational Climate. Explorations of a Concepì, S. 11–32. Cambridge/Mass. 1968.

Wiendieck, G. (1997). Führungskräfte im Urteil ihrer Mitarbeiter – Ein Erfahrungsbericht. In W. Bungard & I. Jöns (Hrsg.), Mitarbeiterbefragung. Weinheim 1997.

Wollert, A. & Bihl, G. (1983). Wertorientierte Personalpolitik. In: Personalführung, 8, 1983, S. 1–4.

Zur Konkretisierung und weiteren Vertiefung wird empfohlen, im Fallstudienband die Fälle zu „Organisationsklima" zu bearbeiten.

Wolfgang Böhm

Zusammenarbeit mit dem Betriebsrat

1. Strukturen des Betriebsverfassungsrechts
2. Leitende Angestellte (Status)
3. Gremien, insbesondere Betriebsrat, Gesamtbetriebsrat, Wirtschaftsausschuss
4. Kompetenzen
5. Mitbestimmung

Überzeugendster Ausweis einer guten Zusammenarbeit mit dem Betriebsrat ist, dass man sich über Sachfragen einigen kann, ohne Paragraphen oder gar Gerichte bemühen zu müssen. „Sie kannten kein Gesetz" ist dennoch eher Garant für einen guten Western als für gute Führung. Denn nur die zuverlässige Kenntnis der einschlägigen „Spielregeln" gibt Führungskräften einerseits die nötige Sicherheit auch in kritischen und emotionsgeladenen Situationen und hilft andererseits, vermeidbare Fehler auch wirklich zu vermeiden.

Und das Betriebsverfassungsgesetz gibt nun einmal verbindlich die „Spielregeln" vor, nach denen betriebliche Probleme und auch Konflikte abzuarbeiten und auszutragen sind. „Spielregeln" und ihre genaue Beachtung sagen zwar noch nichts darüber aus, wie sachgerecht und innovativ das ist, was geschieht. Sie sind aber notwendige Voraussetzung dafür, dass es in geordneten Bahnen, berechenbar und fair geschieht. Möglichst zuverlässige Kenntnis des Regelwerkes „Betriebsverfassungsgesetz" ist insoweit unabdingbare Voraussetzung erfolgreicher Führung.

Falsch ist hingegen die bei jungen Juristen nicht weniger oft als bei neugewählten Betriebsratsmitgliedern anzutreffende Meinung, dass etwas gemacht werden müsse, weil es so im Betriebsverfassungsgesetz steht. Denn das Betriebsverfassungsgesetz als Organisations- und Verfahrensgesetz gibt keine Handlungsanleitungen. Ihre Ziele müssen die Betriebspartner selbst setzen. Das Gesetz ist die dabei zu beachtende „Straßenverkehrsordnung"; ihre genaue Beachtung vermeidet „Unfälle", „Pannen" und „gebührenpflichtige Verwarnungen".

1. Strukturen des Betriebsverfassungsrechts

Das deutsche Betriebsverfassungsrecht kann in mehrfacher Hinsicht als „exotisch" bezeichnet werden:

Betriebsräte im Sinne des deutschen Rechts sind insofern *einmalig,* als es weder in anderen marktwirtschaftlichen noch planwirtschaftlichen Systemen wirklich vergleichbare betriebliche Arbeitnehmervertretungen gibt. In Großbritannien, Irland und Italien gibt es beispielsweise noch nicht einmal ähnliche Einrichtungen. Die Arbeitnehmervertreter in Frankreich und Spanien haben lediglich Informationsrechte. Die den deutschen noch ähnlichsten Betriebsräte in den Niederlanden und in Portugal sind deutlich am deutschen Vorbild ausgerichtet.

Woran liegt das? Die Betriebsräte sind das Erbe der „stecken gebliebenen" Revolution von 1918. Während die vollständige Demokratisierung des Staates durch die Weimarer Reichsverfassung von 1919 erreicht wurde, blieb die in ihrem Artikel 165 angekündigte „Demokratisierung der Wirtschaft" Programm. Beabsichtigt war ein Rätesystem, das, aufbauend auf Betriebsräten, über Regional- und Branchenräte in einem Reichswirtschaftsrat gipfeln sollte. Das Betriebsrätegesetz von 1920 sollte lediglich das Fundament des zu errichtenden Rätesystems bilden. Aber das in der Sowjetunion real existierende System war so abschreckend, dass der weitere Ausbau unterblieb.

Das Betriebsrätegesetz blieb ein Torso, entwickelte aber dessen ungeachtet eine nicht vorhergesehene Eigendynamik und stellte sich in den wirtschaftlichen und politischen Krisen der ausgehenden Weimarer Republik als eine der wenigen funktionierenden Einrichtungen dar. So überlebte die Institution Betriebsrat ihren ideengeschichtlichen Zweck einer „Sowjetisierung" der Wirtschaft. Mit dem Betriebsverfassungsgesetz von 1952 (zuletzt novelliert im Jahre 2001) wird schon im Namen des

Gesetzes zum Ausdruck gebracht, dass es nicht um ein Stück Weg, sondern um das Ziel selbst geht: Den „verfassten Betrieb" – als Erfüllung des alten Traums von der „konstitutionellen Fabrik".

Damit war das nächste „Unikum" geschaffen. Das Betriebsverfassungsgesetz (BetrVG) ist die Verfassung von etwas, was es juristisch gar nicht gibt. Der Betrieb ist nämlich definiert als die *tatsächliche* Zusammenfassung von personellen und technischen Mitteln zur Erreichung eines vorgegebenen (nämlich vom Unternehmen vorgegebenen) Zwecks. Er hat also keine eigene Rechtspersönlichkeit.

Rechtspersönlichkeit hat nur das Unternehmen (AG, GmbH usw.), dem der Betrieb angehört. Die Unternehmensverfassung ist aber in den dafür einschlägigen Gesetzen wie HGB, AktG, GmbHG, GenG und den Mitbestimmungsgesetzen geregelt. Daraus resultiert die – nicht nur für Ausländer irritierende – Unterscheidung des deutschen Rechts in Unternehmens- und Betriebsverfassung.

Das hat weit reichende Implikationen: Die das Unternehmen betreffenden Entscheidungen sind nach AktG, GmbHG usw. den Unternehmensorganen – einschließlich des unter Umständen mitbestimmten Aufsichtsrats – zugewiesen. Diese Entscheidungsebene kann von der betrieblichen Mitbestimmung naturgemäß nicht erreicht werden. Zwar gibt es auch bei diesen so genannten wirtschaftlichen Angelegenheiten mannigfaltige Beteiligungsrechte betriebsverfassungsrechtlicher Gremien, wie z. B. des Wirtschaftsausschusses, aber sie erreichen nie die Qualität echter Mitbestimmung.

Bei zentralen *unternehmerischen Entscheidungen* kann es deshalb keine betriebliche Mitbestimmung geben. Hierzu zählen vor allem:

– die Input-Entscheidung, also die Frage danach, mit wie viel Kapital das Unternehmen ausgestattet wird und bleibt;
– die Output-Entscheidung, das ist die Frage danach, was „produziert" werden soll: Güter oder Dienstleistungen, in erwerbswirtschaftlicher oder anderer Absicht wie bei Kirchen, Gewerkschaften, Vereinen;
– die Organisations-Entscheidung darüber, mit welchem Sach- und Personalaufwand, einschließlich Stellenplan, dies realisiert werden soll.

Ganz anders sieht es auf der betrieblichen (Umsetzungs-)Ebene aus. Hier sind die Vertreter des Unternehmens mit einer Fülle von gesetzlichen Beteiligungsrechten der Arbeitnehmervertretung konfrontiert. Dabei kann als Richtschnur gelten: Je stärker die Belegschaft als solche betroffen ist, desto mehr nimmt die Beteiligung die Form echter Mitbestimmung an. So sind beispielsweise Arbeitsordnungen, Regelungen über die betriebliche Arbeitszeit, über Kurz- oder Mehrarbeit, über Sozialeinrichtungen usw. voll mitbestimmungspflichtig (s. u.). Dagegen finden sich bei personellen Einzelmaßnahmen abgeschwächte Formen der Mitbestimmung, weil hier Raum für die Rechte des einzelnen Arbeitnehmers bleiben muss. Je stärker Entscheidungen über Arbeitsplatz, Arbeitsablauf und Arbeitsumgebung investiven Charakter haben, desto mehr verblassen die Rechte des Betriebsrats zu bloßen Informations- und Beratungsrechten (s. u.)

Da der Betriebsrat Partner oder auch Gegenspieler auf betrieblicher Ebene ist, kann er selbst in mitbestimmungspflichtigen Angelegenheiten eines nie sein: Mitunternehmer. Vielmehr regelt § 77 Abs. 1 BetrVG: „Vereinbarungen zwischen Betriebsrat und Arbeitgeber (also vor allem mitbestimmungspflichtige Betriebsvereinbarungen) führt der Arbeitgeber durch, es sei denn, dass im Einzelfall etwas anderes vereinbart ist." Und Satz 2 stellt ausdrücklich klar: „Der Betriebsrat darf nicht durch einseitige Handlungen in die Leitung des Betriebs eingreifen."

Manche Betriebsräte lesen das gar nicht gern. Andere sehen eher die positive Seite dieser prohibitiven Formulierung: Wer kein Mandat zum Handeln hat, kann auch nicht zur Verantwortung gezogen werden, wenn nach Schuldigen gesucht wird. Zum Beispiel: Selbst wenn der Betriebsrat gesetzwidrige Mehrarbeit geduldet oder ihr gar ausdrücklich zugestimmt hat, verantwortlich im Rechtssinne sind einzig und allein die zuständigen Entscheidungsträger des Unternehmens. Der Betriebsrat ist funktional Interessenvertreter und Kontrollorgan, nicht Co-Manager. Entgegen gelegentlichen verbalen Verlautbarungen verhalten sich die meisten Betriebsräte auch so.

Und noch eine Besonderheit bringt die „Konstitutionalisierung" des Betriebes: Das Betriebsverfassungsgesetz ist die staatliche Zwangsorganisation des privaten Betriebes! Die Leitidee des Privatrechts, insbesondere des Vertragsrechts, ist jedoch Freiheit. Was nicht verboten ist, das ist erlaubt. Man kann nicht nur Vertragsbedingungen völlig frei aushandeln, sondern sogar neue, dem Bürgerlichen Gesetzbuch unbekannte Vertragstypen „erfinden", wie z. B. Leasing oder Franchising.

Ganz anders im Betriebsverfassungsrecht; schon die Begrifflichkeit zeigt, dass es hier um Organisationsrecht geht: *Status – Gremien – Kompetenzen*. Wer zum Betriebsrat wählen darf, wie groß der Betriebsrat ist, wie groß die Ausschüsse sind, wie sie zu besetzen sind – alles ist bis ins Detail gesetzlich vorgeschrieben. Auch die Kompetenzen des Betriebsrats können grundsätzlich im Vereinbarungswege weder eingeschränkt noch erweitert werden. So können übertarifliche Mehrarbeitszuschläge mit dem Betriebsrat nicht ohne weiteres vereinbart werden, weil die Regelung von Entgeltfragen nach dem Gesetz Sache der Tarifvertrags- bzw. Arbeitsvertragsparteien ist (§ 77 Abs. 3 BetrVG). Nach dem 2001 neu gefassten § 3 BetrVG können jedoch Zusammensetzung und Zuständigkeit von Betriebsratsgremien durch Tarifvertrag und bei Tariffreiheit durch Betriebsvereinbarung geregelt werden.

Allerdings gilt auch hier der landläufige Satz: Wo kein Kläger, da kein Richter. So gibt es ungezählte Betriebsvereinbarungen über Vergütungsfragen, die seit Jahren und Jahrzehnten zur allseitigen Zufriedenheit praktiziert werden, einer gerichtlichen Überprüfung jedoch mit Sicherheit nicht standhalten würden. Aber warum sollte man gegen etwas klagen, womit alle zufrieden sein können? Freilich ist eine wichtige Einschränkung zu machen: Wo es um staatliches Ordnungsrecht geht, da nützt auch der Konsens zwischen Geschäftsleitung, Betriebsrat und Belegschaft nichts. Werden beispielsweise die Grenzen des Arbeitszeitgesetzes (ArbZG) überschritten, dann greift das Amt für Arbeitsschutz als zuständige Sonderpolizeibehörde von Amts wegen ein und verhängt Bußgelder – allerdings nur gegen die Verantwortlichen, und das sind die Vorgesetzten.

Insoweit spielen betriebsverfassungsrechtliche Regelungen im „normalen" Betrieb keine wesentlich andere Rolle als die familienrechtlichen Regeln des Bürgerlichen Gesetzbuches in einer „normalen" Familie: Solange sich alle einig sind, bestimmen Interessen und nicht Paragraphen den Umgang miteinander. Ist der soziale Konsens hingegen zerbrochen, streiten die Beteiligten darum, wer Recht hat, fällt alles auf die gesetzliche Regelung zurück – und die ist im Betriebsverfassungsrecht überaus bürokratisch und stark formalisiert. Im Gegensatz zur Familie wird es sich zumal ein Großbetrieb kaum leisten können, in zentralen Fragen seiner Aufbau- und Ablauforganisation davon abhängig zu sein, dass niemand klagt. Andererseits sollte die stereotype und wenig fantasievolle Dauerauskunft von Rechtsabteilungen „geht nicht" pragmatischen Lösungen nicht entgegenstehen, wenn die Risiken tragbar erscheinen. Was geht oder nicht, entscheidet die Praxis. Aufgabe der Juristen ist es, etwaige Risiken und mögliche Alternativen aufzuzeigen. Welche Risiken schließlich in Kauf genommen werden, kann nur entscheiden, wer dies auch zu verantworten hat.

Im Folgenden soll deshalb einmal in Grundzügen die – sehr starre, bürokratische und nicht selten praxisfremde – Rechtslage nach dem Betriebsverfassungsgesetz und der Rechtsprechung dargestellt werden. Darüber hinaus werden jedoch Hinweise gegeben auf bewährte Regelungsmöglichkeiten der betrieblichen Praxis, auch wenn diese einer gerichtlichen Überprüfung nicht standhalten würden.

2. Leitende Angestellte (Status)

Alle Angestellten sind im arbeitsrechtlichen Sinne Arbeitnehmer. Dennoch wird ein bestimmter Kreis von Angestellten, nämlich die leitenden Angestellten, von der Geltung des Betriebsverfassungsgesetzes ausgenommen. Dasselbe gilt auch für die Anwendung des Arbeitszeitgesetzes (§ 18 Abs. 1 Nr. 1 ArbZG) und für die Frage, inwieweit Führungskräfte bei Zahlung einer Abfindung auch ohne gesetzlichen Kündigungsgrund zum Ausscheiden gezwungen werden können (§ 14 Abs. 2 KSchG). Allerdings ist der Begriff im KSchG abweichend definiert! – Dagegen hat der oft in diesem Zusammenhang erwähnte Begriff des AT-(außertariflichen) Angestellten eine ganz andere Bedeutung. Hier geht es um die Frage, auf welche Angestellten die einschlägigen Tarifverträge anzuwenden sind. Und das kann nur dem jeweiligen Tarifvertrag selbst entnommen werden.

Der *leitende Angestellte* nach § 5 Abs. 3 BetrVG ist hingegen ein *Gesetzes*begriff, der im Streitfall nur von den Gerichten verbindlich ausgelegt werden kann. Betriebliche Zuordnungen oder Vereinbarungen sind juristisch belanglos. Das gilt für Absprachen mit dem Betriebsrat genauso wie für Briefe der Geschäftsleitung. Wer leitender Angestellter im Sinne des Gesetzes ist, braucht solche Bestätigungen nicht – und wer es nicht ist, dem nützen sie nichts. Nach § 5 Abs. 3 BetrVG ist leitender Angestellter, wer

1) zur selbstständigen Einstellung und Entlassung von im Betrieb oder in der Betriebsabteilung beschäftigten Arbeitnehmern berechtigt ist oder
2) Generalvollmacht oder Prokura hat und die Prokura auch im Verhältnis zum Arbeitgeber nicht unbedeutend ist oder
3) regelmäßig sonstige Aufgaben wahrnimmt, die für den Bestand und die Entwicklung des Unternehmens oder eines Betriebs von Bedeutung sind und deren Erfüllung besondere Erfahrungen und Kenntnisse voraussetzt, wenn er dabei entweder die Entscheidungen im Wesentlichen frei von Weisungen trifft oder sie maßgeblich beeinflusst; dies kann auch bei Vorgaben insbesondere auf Grund von Rechtsvorschriften, Plänen oder Richtlinien sowie bei Zusammenarbeit mit anderen leitenden Angestellten gegeben sein.

Dass unterhalb der Geschäftsleitung jemand berechtigt ist, *selbstständig* Einstellungen und Entlassungen vorzunehmen, darf als die absolute Ausnahme angesehen werden. In den meisten Unternehmen müssen Personalwesen und Fachabteilung zusammenwirken.

Nach § 5 Abs. 3 Nr. 2 BetrVG genügt es, dass „die Prokura auch im Verhältnis zum Arbeitgeber nicht unbedeutend ist". Wann ist etwas nicht unbedeutend? Muss es dafür bedeutend sein? Und was ist das? Das verlässt den Bereich des Justiziablen, schafft Stoff für Dauerkonflikte und ein Beschäftigungsprogramm für Rechtsanwälte.

Mit dem Siegeszug der GmbH bzw. GmbH & Co. KG selbst in den kleinsten Handwerksbetrieb ist das einzelkaufmännische Unternehmen praktisch ausgestorben und mit ihm der klassische Generalbevollmächtigte im Stile eines BERTHOLD BEITZ. Damit ist im Grunde einziger Maßstab für die Frage „leitend oder nicht" die dunkel formulierte Nr. 3, die von nicht wenigen Kritikern als „Wortgeklingel" oder „Gesetzeslyrik" abgetan wird. Deshalb hat der Gesetzgeber sich bemüßigt gefühlt, zur Erläuterung des Abs. 3 Nr. 3 noch einen Abs. 4 folgen zu lassen mit dem Inhalt:

„Leitender Angestellter nach Absatz 3 Nr. 3 ist im Zweifel, wer
1) aus Anlass der letzten Wahl des Betriebsrats, des Sprecherausschusses oder von Aufsichtsratsmitgliedern der Arbeitnehmer oder durch rechtskräftige gerichtliche Entscheidung den leitenden Angestellten zugeordnet worden ist oder
2) einer Leitungsebene angehört, auf der in dem Unternehmen überwiegend leitende Angestellte vertreten sind, oder
3) ein regelmäßiges Jahresarbeitsentgelt erhält, das für leitende Angestellte in dem Unternehmen üblich ist, oder,
4) falls auch bei der Anwendung der Nummer 3 noch Zweifel bleiben, ein regelmäßiges Jahresarbeitsentgelt erhält, das das Dreifache der Bezugsgröße nach § 18 des Vierten Buches Sozialgesetzbuch überschreitet."

Das hat die Kritik mit Recht nicht verstummen lassen. Zum einen gelten die Merkmale nur *im Zweifel,* und das heißt: Im Einzelfall kann auch das Gegenteil richtig sein. Zum anderen enthalten zumindest die ersten drei Ziffern keine Gesichtspunkte, die nicht auch in der bisherigen Diskussion schon eine Rolle gespielt hätten. Umstritten war lediglich ihr Gewicht, und das bleibt weiterhin unbestimmt. Ob nun das Dreifache der Bezugsgröße aus der so genannten Rentenformel ein geeignetes Kriterium ist, um Funktionsträger, nämlich „angestellte Unternehmer", aus der Geltung des BetrVG auszugrenzen, erscheint vielen zweifelhaft.

Praktisch empfiehlt sich trotz Gesetzesänderung immer noch die einvernehmliche Regelung zusammen mit dem Betriebsrat und den Betroffenen. Derartige Vereinbarungen binden die Gerichte – wie oben dargestellt – selbstverständlich nicht. Aber ihr Zweck ist ja gerade, es nicht zu gerichtlichen Auseinandersetzungen kommen zu lassen. Eben das hat der Gesetzgeber durch das „Gesetz über Sprecherausschüsse der leitenden Angestellten" vom 20. 12. 1988 zusätzlich erschwert. Konnten leitende Angestellte früher einer „Vereinnahmung" durch den Wahlvorstand dadurch pragmatisch entgehen, indem sie sich einfach nicht an der Betriebsratswahl beteiligten, so muss dies seit 1990 entschieden werden. Denn die Wahlberechtigung besteht nur entweder zum Betriebsrat oder zum Sprecherausschuss. Wer Sinn für Humor hat, lese § 18 a BetrVG über die „Zuordnung von leitenden Angestellten bei Wahlen": Nachdem vom Appell zur Einigung über den Vermittler bis zum Losentscheid nichts ausgelassen worden ist, heißt es im letzten Absatz anwaltfreundlich: „Durch die Zuordnung wird der Rechtsweg nicht ausgeschlossen."

Lediglich am Rande sei vermerkt, dass der *Sprecherausschuss* in gar keiner Weise mit dem Betriebsrat verglichen werden kann. Er hat nicht ein einziges echtes Mitspracherecht, und seine Mitglieder genießen keinen besonderen Kündigungsschutz. Also wird der Sprecherausschuss wohl auch künftig so ernst genommen werden wie die Personen, die ihn bilden. Aber dafür braucht man kein Gesetz, das 24 Paragraphen auf Organisation und Verfahren verwendet und ganze vier auf (Schein-)Kompetenzen.

3. Gremien, insbesondere Betriebsrat, Gesamtbetriebsrat, Wirtschaftsausschuss

Da es um die gesetzliche Verfassung des *Betriebes* geht, ist das zentrale Gremium der Betriebsrat. Sein Vorsitzender ist nach § 26 BetrVG berechtigt, für den Betriebsrat Erklärungen abzugeben und entgegenzunehmen, nicht aber an Stelle des Betriebsrats zu handeln. Juristisch ausgedrückt: Der Vorsitzende vertritt den Betriebsrat in der Erklärung, nicht im Willen. In Betrieben mit neun- und mehrköpfigem Betriebsrat (ab 201 Arbeitnehmern) führt ein Betriebsausschuss die laufenden Geschäfte. Ihm wie auch weiteren Ausschüssen nach § 28 BetrVG können Aufgaben zur selbstständigen Erledigung übertragen werden (außer Abschluss von Betriebsvereinbarungen). Dann handelt der Ausschuss an Stelle des Betriebsrats. Dies ist besonders verbreitet und empfehlenswert bei eilbedürftigen Angelegenheiten wie beispielsweise personellen Maßnahmen oder bei hohen Spezialisierungsanforderungen wie beispielsweise Datenverarbeitung oder neuen Techniken.

Betriebsausschüsse können sich spezialisieren, aber immer nur für bestimmte Betriebsratsaufgaben, nicht für bestimmte Betriebsbereiche. Tatsächlich finden sich in vielen Großbetrieben so genannte Bereichs- oder Abteilungsbetriebsräte. Denn Arbeitszeitregelungen für einzelne Bereiche lassen sich mit den dort tätigen Betriebsratsmitgliedern meist sachgerecht und schneller treffen.

Einen richtigen Schritt in die Richtung Legalisierung solcher praktisch notwendiger und informell auch vorher schon funktionierender Entscheidungsgremien *unterhalb* des Betriebsratsgremiums ist das Betriebsverfassungsreformgesetz von 2001 gegangen – aber auch hier wieder nur halbherzig: Nach § 28 a BetrVG kann der Betriebsrat mit der Mehrheit der Stimmen seiner Mitglieder in Betrieben mit mehr als Hundert Arbeitnehmern bestimmte Aufgaben auf Arbeitsgruppen übertragen. In diesem Rahmen kann die Arbeitsgruppe mit der Mehrheit ihrer Stimmen Vereinbarungen mit dem Arbeitgeber schließen. Können sich Arbeitgeber und Arbeitsgruppe in einer Angelegenheit nicht einigen, fällt das Mitbestimmungsrecht an den Betriebsrat zurück. Im Gesetz nicht erwähnte (Negativ-)Bedingung ist jedoch, dass der Arbeitsgruppe keine Leitenden Angestellten angehören dürfen. Denn *Entscheidungs*gremien der Arbeitnehmer dürfen nur Arbeitnehmer im Sinne des Gesetzes angehören (§ 5 BetrVG). Dem Wirtschaftsausschuss, dem keine Entscheidungsbefugnisse zustehen, dürfen hingegen nach § 107 Abs. 1 Satz 2 BetrVG auch Leitende Angestellte angehören. Während die Einführung von Gruppenarbeit der freien Unternehmerentscheidung unterliegt, hat der Betriebsrat bei ihrer Durchführung ein Mitbestimmungsrecht nach § 87 Abs. 1 Nr. 13 BetrVG.

Während es „unterhalb" des Betriebsrats Ausschüsse gibt, sind „oberhalb" des Betriebsrats, nämlich auf Unternehmensebene, der Gesamtbetriebsrat und der Wirtschaftsausschuss sowie auf Konzernebene der Konzernbetriebsrat angesiedelt. Damit wird das *Betriebs*verfassungsgesetz in gewisser Hinsicht seinem eigenen Regelungsanspruch untreu. Das ist jedoch nur eine scheinbare Inkonsequenz. Denn der Gesamtbetriebsrat hat nur ganz wenige eigene Entscheidungskompetenzen, der Wirtschaftsausschuss gar keine.

Der Gesamtbetriebsrat (übrigens eine Delegiertenkonferenz, die nicht an Amtszeiten gebunden ist) ist originär nur zuständig für Angelegenheiten, „die nicht durch die einzelnen Betriebsräte innerhalb ihrer Betriebe geregelt werden können" (§ 50 Abs. 1 BetrVG). Da die zentralen Mitbestimmungsthemen jedoch betriebsbezogene Angelegenheiten sind (s. Punkt 5.2), geht es hier allenfalls um die betriebliche Altersversorgung, Jahreswagen, Personalrabatte, kurzum: freiwillige Sozialleistungen, bei denen der Gleichheitssatz eine unternehmenseinheitliche Regelung gebietet. Die Mitbestimmungsthemen mit Zukunft, wie beispielsweise Arbeitszeitmodelle, Wochenendarbeit, Mehrarbeit u.Ä. fallen in die Zuständigkeit der einzelnen Betriebsräte. Diese können *einzelne* Angelegenheiten (nicht Mitbestimmungsbereiche!) auf den Gesamtbetriebsrat übertragen. Dann handelt der Gesamtbetriebsrat insoweit als „Agent", aber nur für die Betriebe, die tatsächlich delegiert haben; es gibt keine Majorisierung der selbst verhandelnden Betriebsräte.

Eine die *Betriebs*verfassung transzendierende Einrichtung ist der *Wirtschaftsausschuss*. Er ist bei mehr als 100 Arbeitnehmern auf Unternehmensebene zu errichten. Er befasst sich mit wirtschaftlichen (finanziellen, Input- und Output-, Organisations- und Reorganisationsfragen, Rationalisierungsmaßnahmen); ihm können ausnahmsweise leitende Angestellte angehören. *Aber* eben deshalb hat er keinerlei Entscheidungskompetenzen, ja, er kann noch nicht einmal selbst seine gesetzlichen Informationsrechte vor dem Arbeitsgericht einklagen.

Im umgekehrten Verhältnis zu seinen rechtlichen Kompetenzen steht jedoch oft seine unternehmenspolitische Bedeutung. Wenn der Wirtschaftsausschuss von der Arbeitnehmerseite hochkarätig besetzt ist, spielt die fehlende Beschlusskompetenz überhaupt keine Rolle. Wenn die „opinion leaders" aus den Einzelbetriebsräten ihre Politik verabreden, brauchen sie keine Beschlüsse. Ihr Gewicht bürgt dafür, dass diese Politik mit den Mitbestimmungsrechten der einzelnen Betriebsräte auch durchgesetzt wird. Die Vertreter des Unternehmens sind deshalb gut beraten, einen solchen Wirtschaftsausschuss nicht defensiv als lästigen „Papiertiger" zu behandeln, sondern ihn frühestmöglich und konstruktiv in die Unternehmensplanung und -politik einzubeziehen.

Mit der Jugend- und Auszubildendenvertretung haben Führungskräfte rechtlich unmittelbar nie zu tun. Sie handelt über den Betriebsrat, und das sollte im Eigeninteresse respektiert werden.

4. Kompetenzen

4.1 Abgestufte Beteiligungsrechte

Nicht nur in der Praxis wird gern für jede Form der Beteiligung des Betriebsrats das Wort „Mitbestimmung" benutzt. Auch das Gesetz macht hiervon in inflationärer Weise Gebrauch. So werden z.B. die Anhörung des Betriebsrats vor der Kündigung oder das Zustimmungserfordernis bei Einstellung und Versetzung in der amtlichen Überschrift zu den §§ 102 und 99 BetrVG als „Mitbestimmung" bezeichnet, obwohl schon der erste Satz des Gesetzestextes die zutreffenden juristischen Termini verwendet.

Rechtlich gesehen geht es um ein subtil abgestuftes System von Beteiligungsrechten, das sich um eine sachgerechte Balance zwischen verfassungsrechtlich garantierter Unternehmerfreiheit und Teilhabe der Beschäftigten durch ihre demokratisch gewählten Vertreter bemüht:

- Informations- und Beratungsrechte bei Investitions- und Organisationsentscheidungen (§§ 90, 92 BetrVG);
- Anhörungsrecht bei der Kündigung (§ 102 BetrVG);
- Zustimmungserfordernis bei Einstellung und Versetzung (§ 99 BetrVG);
- Mitbestimmung bei allen kollektiven Rahmenbedingungen, denen der einzelne Arbeitnehmer sich unterwerfen muss, damit ein so kompliziertes Gebilde wie der moderne Betrieb überhaupt funktionieren kann, vom Gesetz so genannte soziale Angelegenheiten nach § 87 BetrVG.

Entsprechend der Intensität des Beteiligungsrechtes stellen sich die Konsequenzen im Falle der Nichtbeachtung dar:

Da es bei *Informations- und Beratungsrechten* nicht um eine inhaltliche Einschränkung der unternehmerischen Entscheidungsfreiheit geht, kann die Wirksamkeit der Entscheidung nicht davon abhängen, ob das Procedere beachtet worden ist. Aber der Betriebsrat kann – notfalls im Wege der einstweiligen Verfügung – so lange blockieren, bis der Unternehmer die unterbliebene Information und Beratung nachgeholt hat. Aus dem Zeitplan zu fallen, kann aber – z.B. bei Einführung einer neuen Computergeneration – praktisch ebenso schmerzlich sein wie die Ablehnung.

Und noch eines: Die Nichtbeachtung gesetzlicher Informationsrechte löst in aller Regel beim Betriebsrat mehr Empörung und Revanchegelüste aus als eine Panne im Bereich echter Mitbestimmung. Das ist vielen Führungskräften nicht genügend klar, wenn sie meinen, schließlich gehe es ja „nur" um einen Verfahrensfehler, an die Sachentscheidung komme der Betriebsrat doch gar nicht heran. Der Betriebsrat sieht dies – mit Recht! – anders: Gerade weil er „nur" ein Informations- und Beratungsrecht hat, also allein durch überzeugende Argumente im Vorfeld der Unternehmerentscheidung diese beeinflussen kann, muss er diese Rechte energisch verteidigen. Würde der Betriebsrat es dulden, hier regelmäßig vor vollendete Tatsachen gestellt zu werden, könnte man die Informations- und Beratungsrechte getrost streichen. Bei echten Mitbestimmungsrechten hat der Betriebsrat hingegen allen Grund zur Gelassenheit, weiß er doch, ohne oder gar gegen ihn läuft hier gar nichts.

Das *Anhörungsrecht* vor der Kündigung ist verfahrensmäßig hoch sanktioniert. Eine ohne bzw. ohne ordnungsgemäße Anhörung des Betriebsrats ausgesprochene Kündigung ist nichtig – absolut und unheilbar (§ 102 Abs. 1 Satz 3 BetrVG). Ist das Anhörungsverfahren hingegen ordnungsgemäß durchgeführt worden, hat der Betriebsrat keine *rechtliche* Möglichkeit, selbst unberechtigte Kündigungen zu verhindern. Ob er eine solche Kündigung hinnimmt oder durch Klage angreift, soll der gekündigte Mitarbeiter entscheiden. Das Gesetz will lediglich sicherstellen, dass der Arbeitgeber keine Entscheidung trifft, ohne dem Betriebsrat zuvor Gelegenheit gegeben zu haben, seine Meinung zu äußern und zu begründen.

Betriebspolitisch kommt dem Votum des Betriebsrats selbstverständlich ein nicht zu überschätzender Stellenwert zu. Widerspricht der Betriebsrat mit bedenkenswerten Gründen der beabsichtigten Kündigung, ist es vernünftiger, hier zurückzustecken, als sich die Unwirksamkeit der Kündigung „im Namen des Volkes" vom Arbeitsgericht bestätigen zu lassen. Ein differenziert reagierender Betriebsrat bestimmt weitgehend das Klagverhalten des gekündigten Mitarbeiters. Selbstverständlich kann der Gekündigte auch dann klagen, wenn der Betriebsrat der Kündigung zugestimmt hat. Aber praktisch geschieht dies relativ selten. Hat der Betriebsrat der Kündigung hingegen ausdrücklich widersprochen und auch noch triftige Gründe i.S. von § 102 Abs. 3 BetrVG angegeben, ist eine gerichtliche Auseinandersetzung eigentlich kaum noch zu vermeiden – es sei denn, dass man sich auf eine Trennung im gegenseitigen Einvernehmen einigen kann (zu den Kündigungsgründen vgl. den Beitrag: Arbeitsrecht für Vorgesetzte, in diesem Band).

Das *Zustimmungserfordernis* z.B. bei Einstellung und Versetzung nach § 99 BetrVG gibt dem Betriebsrat – anders als bei der Kündigung – die Möglichkeit, die beabsichtigte Maßnahme zu verhindern. Dies ist allerdings allein aus den im Gesetz abschließend aufgeführten sechs Weigerungsgründen möglich (vgl. im Einzelnen Punkt 4.4). Im Streitfall entscheidet das Arbeitsgericht, und zwar in strikter Bindung an die gesetzlichen Tatbestände. Für Zweckmäßigkeitserwägungen ist hier kein Raum: Entweder der Betriebsrat verweigert die Zustimmung mit Recht, oder sie muss gerichtlich ersetzt werden.

Ganz anders ist dies bei der *echten Mitbestimmung*. Es gibt keinen Numerus clausus beachtlicher Argumente. Jedes vernünftige Argument muss geprüft und berücksichtigt werden. Es gibt nicht *eine* richtige Entscheidung, vielmehr ist eine Lösung zu suchen, die nach billigem Ermessen sowohl die Interessen des Betriebes wie auch der betroffenen Arbeitnehmer angemessen berücksichtigt. Es geht also nicht um Rechtsfindung, sondern um Gestaltung. Deshalb ist die Entscheidung nicht den an das Gesetz gebundenen Gerichten übertragen, sondern einer betrieblichen Schiedsstelle, die hier *Einigungsstelle* heißt (§ 76 BetrVG). Echte Mitbestimmungstatbestände kann man deshalb an dem lapidaren Satz erkennen: „Kommt eine Einigung nicht zu Stande, so entscheidet die Einigungsstelle."

Erfahrene Betriebsräte wissen aber auch umgekehrt, je ergreifender der verbale Aufwand einer Norm („rechtzeitig und umfassend", „anhand von Unterlagen", „gegenwärtige und künftige Auswirkungen" usw.), desto sicherer ist: Es geht nicht um wirkliche Mitbestimmung. Denn bei echter Mitbestimmung vertraut der Gesetzgeber völlig zu Recht auf die Eigeninteressen der Unternehmen. Wenn etwas nur mit dem Betriebsrat machbar ist, dann ist es ein Gebot der Vernunft, rechtzeitig das Gespräch zu suchen, alle Informationen zu geben, die Konsequenzen aufzuzeigen, Bedenken auszuräumen usw. Dafür brauchen Führungskräfte keine Handlungsanleitungen vom Gesetzgeber.

4.2 Informations- und Beratungsrechte insbesondere bei Investitionen und Personalplanung

Änderungen bei Arbeitsplatz, Arbeitsablauf und Arbeitsumgebung sowie personelle Maßnahmen können letztlich nur begründet und beurteilt werden, wenn die damit verfolgten Ziele und das dahinter stehende unternehmerische Konzept offen gelegt werden. Ziele zu setzen und den Weg zu ihrer Erreichung festzulegen, gehört zu den unternehmenspolitischen Vorgaben, die von der betrieblichen Mitbestimmung nicht erreicht werden und wegen der Eigentumsgarantie in Art. 14 GG auch nicht erreicht werden können. Andererseits können solche Vorgaben für die Arbeitnehmer von einschneidender Bedeutung sein bis hin zum Arbeitsplatzverlust bei Betriebsstilllegungen. Das BetrVG sieht deshalb eine Fülle von Informations-, Konsultations- und Einigungsprozeduren vor, ohne jedoch das Letztentscheidungsrecht der zuständigen Unternehmensorgane (Vorstand, Aufsichtsrat, Hauptversammlung) in Frage zu stellen.

So ist beispielsweise vor einer geplanten Stilllegung von Betrieben oder Betriebsteilen zunächst der Wirtschaftsausschuss zu unterrichten (§ 106 Abs. 1 i.V.m. Abs. 3

Nr. 6 BetrVG), sodann der zuständige Betriebsrat (§ 111 Satz 2 Nr. 1 BetrVG). Mit diesem ist der Versuch einer Einigung über das Ob, das Wie und Wann zu unternehmen (Interessenausgleich). Scheitert dies, ist die Einigungsstelle anzurufen (§ 112 BetrVG). Gelingt auch hier keine Einigung, so kann die Einigungsstelle zwar über den Sozialplan, also über die Folgekosten verbindlich entscheiden, *nicht* aber über die Stilllegung selbst! Es leuchtet ein, dass Versteckspielen oder Verzögerungstaktik angesichts der langwierigen Prozeduren den Unternehmer nur unter wachsenden Zeitdruck bringen. Für das Tagesgeschäft der Führungskräfte sind jedoch die Beteiligungsrechte des Betriebsrats bei Änderungen im Bereich von Arbeit und Technik von größerem Interesse.

Die *Gestaltung von Arbeitsplatz, Arbeitsablauf und Arbeitsumgebung* hat erst durch die Novelle von 1972 als 4. Abschnitt Eingang unter die Mitwirkungsrechte des Betriebsrats gefunden. § 90 Abs. 1 BetrVG verpflichtet den Arbeitgeber, den Betriebsrat über entsprechende Planungen rechtzeitig und unter Vorlage der erforderlichen Unterlagen zu unterrichten. Abs. 2 in der Fassung des Gesetzes vom 23. 12. 1988 lautet:

„Der Arbeitgeber hat mit dem Betriebsrat die vorgesehenen Maßnahmen und ihre Auswirkungen auf die Arbeitnehmer, insbesondere auf die Art ihrer Arbeit sowie die sich daraus ergebenden Anforderungen an die Arbeitnehmer so rechtzeitig zu beraten, dass Vorschläge und Bedenken des Betriebsrats bei der Planung berücksichtigt werden können. Arbeitgeber und Betriebsrat sollen dabei auch die gesicherten arbeitswissenschaftlichen Erkenntnisse über die menschengerechte Gestaltung der Arbeit berücksichtigen."

Damit ist einerseits klargestellt, dass der Unternehmer nicht – wie bis 1972 – den Betriebsrat unter Hinweis auf seine Entscheidungsfreiheit für unzuständig erklären kann. Ganz im Gegenteil: Das Gesetz hat dem Unternehmer eine „Bringschuld" auferlegt, d.h. er kann sich nicht darauf berufen, stets alle Fragen des Betriebsrats beantwortet zu haben; er muss von sich aus aktiv werden, sonst handelt er nach § 121 BetrVG ordnungswidrig.

Andererseits steht dem Betriebsrat – entgegen der Überschrift des § 91 BetrVG – kein wirkliches Mitbestimmungsrecht zu. Denn es fehlt nicht nur am Initiativrecht des Betriebsrats, es gibt auch keine eigentliche Regelungsfreiheit. Die Mitbestimmung des Betriebsrats – und damit die Zuständigkeit der Einigungsstelle – greift nämlich nur, wenn „die Arbeitnehmer durch Änderungen der Arbeitsplätze, des Arbeitsablaufs oder der Arbeitsumgebung, die den gesicherten arbeitswissenschaftlichen Erkenntnissen über die menschengerechte Gestaltung der Arbeit offensichtlich widersprechen, in besonderer Weise belastet" werden. Von echter Mitbestimmung kann aber nur dann die Rede sein, wenn das Gesetz lediglich das Feld der Regelung benennt, aber keine Vorgaben für den *Inhalt* der Regelung festschreibt (vgl. dazu Kapitel 5.1).

Ob zum Schweißen und Lackieren künftig nur noch Roboter eingesetzt werden, ob Flugzeuge mit Drei- oder Zwei-Mann-Cockpit angeschafft werden, ob die Experimente mit Verpackungsautomaten fortgesetzt oder abgebrochen werden – alles das entscheidet am Ende der Unternehmer. Damit kann der Betriebsrat zwar nie eine bestimmte Lösung erzwingen, er kann aber sehr wohl jede Änderung blockieren, solange der Unternehmer seiner Informations- und Beratungspflicht nicht genügt hat. Hier kommt es in der Praxis immer wieder zu dramatischen und dabei völlig überflüssigen Konflikten – überflüssig deshalb, weil sie durchweg auf Missverständnissen beruhen.

Ein Beispiel: Ein Kraftwerksleiter hört in einem Seminar mit wachsendem Staunen, dass er seinen Betriebsrat bereits über die Planung einer Erweiterung um einen neuen

Block informieren müsse. Ungläubig fragt er: „Muss ich in Einzelheiten die Funktionsweise eines neuen Reaktortyps erklären?" Auf die Antwort, dass alle vier Tatbestände von § 90 Abs. 1 (1. Erweiterungsbau, 2. technische Anlage, 3. neues Arbeitsverfahren und 4. neue Arbeitsplätze) einschlägig seien, kommt die Aussage: „Da müsste der Betriebsrat erst mal Physik studieren." – Genau das ist das Missverständnis: die Angst, die eigene fachliche Kompetenz könnte in Frage gestellt werden. Die physikalische Seite interessiert jedoch den Betriebsrat am wenigsten. Er will wissen: Gibt es noch Tageslicht, wie sind die Instrumente angeordnet, wie ist die Normalschichtbesetzung kalkuliert, wie die Reserven, Ablösungen usw.? Um hierüber sinnvoll diskutieren und entscheiden zu können, muss man nicht Physik studiert haben!

„Humanisierungsinvestitionen" (und das kann der Wunsch nach Musikberieselung in den Sanitärräumen sein) müssen nicht besonders teuer sein, Nachrüstungen dagegen sind es fast immer. Und was bei den Mitarbeitern „ankommt" oder auch nicht, weiß ein Betriebsrat häufig besser als ein ganzes Büro akademischer Planer.

Auch bei der *Personalplanung* liegt das Letztentscheidungsrecht beim Unternehmen und seinen zuständigen Organen. Aber auch hier verpflichtet das Gesetz den Unternehmer zu rechtzeitiger und umfassender Unterrichtung und Beratung (§ 92 BetrVG). Und dennoch besteht ein ganz erheblicher Unterschied zu den Investitions- und Organisationsentscheidungen der §§ 90/91 BetrVG. Hier kann der Unternehmer juristisch „nur" den Fehler machen, nicht rechtzeitig oder nicht umfassend zu informieren. Ist beides ordnungsgemäß geschehen, kann er entscheiden und seine Entscheidung umsetzen.

Anders ist dies bei der Personalplanung. Auch hier kann der Unternehmer entscheiden, dass beispielsweise die Zahl der Stellen entgegen allen Forderungen des Betriebsrats nicht erhöht wird. Aber diese Entscheidung steht zunächst einmal auf dem Papier. Sobald sie in einer Engpasssituation durchgehalten werden soll – durch Mehrarbeit, Anforderung von Leiharbeitnehmern, Umsetzung aus einer besser besetzten Schicht, Abruf von Teilzeitkräften –, stets sind weitere Rechte des Betriebsrats zu beachten, bis hin zur echten Mitbestimmung bei der Schichtorganisation und Mehrarbeit. Es liegt auf der Hand: Alles, was bei der Personalplanung nicht ausdiskutiert worden ist, hier wird es wieder aufs Tapet gebracht.

Abbildung 1 soll verdeutlichen: Obwohl *alle* Planungsentscheidungen – trotz bestehender Informations- und Beratungspflichten – am Ende auf einer freien Unternehmerentscheidung beruhen, nimmt die Entscheidung über die Personalplanung doch eine wichtige Sonderstellung ein. Allein hier gibt es weitere und sogar weiter gehende Beteiligungsrechte bei der Umsetzung:

– Anhörung bei Kündigungen (s. u.);
– Zustimmung bei Einstellungen/Versetzungen (s. Kapitel 4.4);
– echte Mitbestimmung bei Kurzarbeit, Mehrarbeit und allen Arbeitszeitregelungen, einschl. Organisation von Schichtsystemen (s. Kapitel 5.2).

4.3 Anhörung vor Kündigungen (§ 102 BetrVG)

Sieht man allein auf die juristischen Durchsetzungsmöglichkeiten, so ist das Anhörungsrecht unter ihnen das schwächste: Selbst der form- und fristgerechte und zutreffende Widerspruch des Betriebsrats gegen eine Kündigung hindert den Arbeitgeber nicht, die Kündigung dennoch auszusprechen. Ob die Kündigung am Ende Bestand

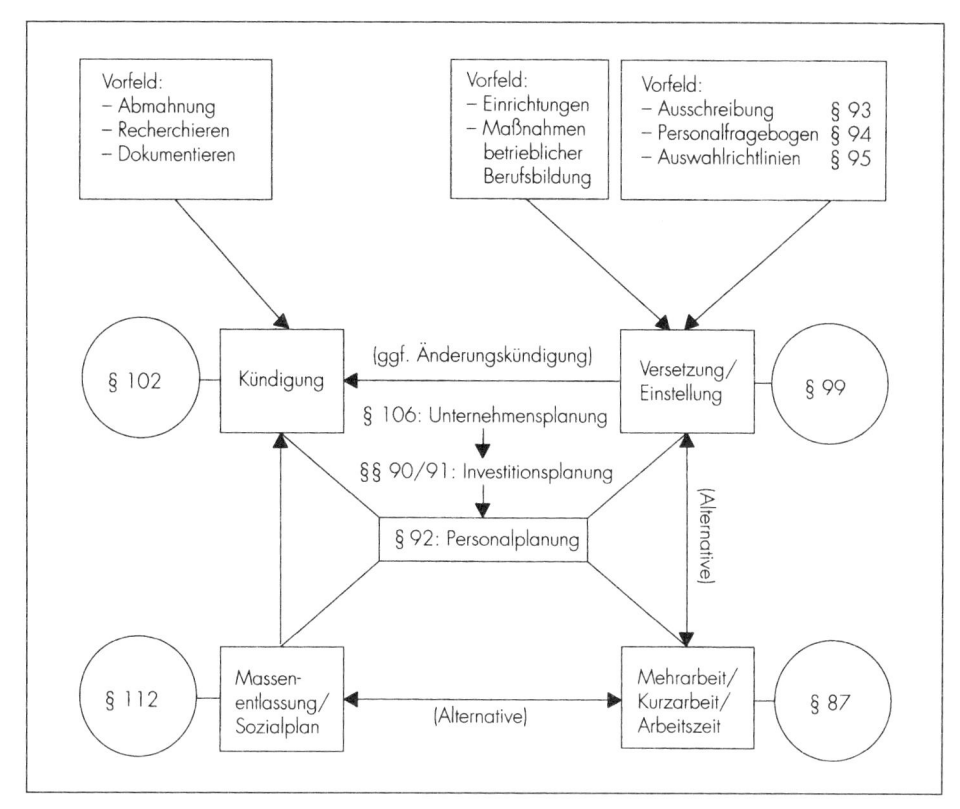

Abb. 1: Von der Personalplanung zur personellen Einzelmaßnahme

hat oder nicht, liegt nun nicht mehr beim Betriebsrat, sondern allein beim Gekündigten. Nimmt er die Kündigung klaglos hin, so werden selbst eine unbegründete fristlose Kündigung sowie eine sozial ungerechtfertigte ordentliche Kündigung rechtswirksam (§§ 4, 7, 13 Abs. 1 KSchG).

Die Sanktion bei Nichtanhörung des Betriebsrats zählt zu den rigidesten im Betriebsverfassungsrecht: Die Kündigung ist nichtig. Selbst eine unwirksame Betriebsvereinbarung kann als Regelungsabrede oder betriebliche Übung durchaus von rechtlichem Belang sein. Auch Fehler des Arbeitgebers bei der Einstellung können durch spätere Zustimmung des Betriebsrats „geheilt" werden. Eine Kündigung ohne *vorherige* Anhörung ist dagegen unheilbar nichtig. Dasselbe gilt für eine nicht ordnungsgemäße Anhörung, weil das BAG eine fehlerhafte einer fehlenden Anhörung gleichstellt (BAG v. 16. 9. 1993, DB 1994 S. 381 = NZA 1994 S. 311). Das Anhörungsverfahren muss wiederholt werden. Deshalb ist es kein Misstrauen gegenüber dem Betriebsrat, wenn das Anhörungsverfahren mit geradezu buchhalterischer Pedanterie durchgeführt und dokumentiert wird. Das Anhörungsverfahren ist beendet, wenn der Betriebsrat

− definitiv zur Kündigungsabsicht Stellung nimmt;
− erklärt, dass er sich nicht äußern wolle (z.B. weil er den Betroffenen für einen leitenden Angestellten hält);
− länger als eine Woche (bei fristloser Kündigung: drei Tage) sich nicht erklärt.

Voraussetzung ist in jedem Fall, dass das Anhörungsverfahren vom Arbeitgeber ordnungsgemäß eingeleitet worden ist. Unverzichtbar hierfür ist, dass der Arbeitgeber Angaben darüber macht, ob ordentlich oder außerordentlich gekündigt werden, ob es sich um eine Entlassungs- oder Änderungskündigung handeln soll usw. Bei ordentlicher Kündigung ist die Mitteilung der Kündigungsfrist unverzichtbar.

> Ein Unternehmen löst seine Niederlassung in Berlin vollständig auf. Man bietet dem dort tätigen Bezirksverkaufsleiter eine entsprechende Stelle in Wuppertal an und setzt ihm am 20. 11. eine Erklärungsfrist bis zum 30. 11. Zugleich wird der Betriebsrat zu einer beabsichtigten Änderungskündigung angehört. Am 27. 11. widerspricht der Betriebsrat der Änderungskündigung, am 30. 11. lehnt der Bezirksverkaufsleiter das Versetzungsangebot ab. Am 7. 12. kündigt der Arbeitgeber das bestehende Arbeitsverhältnis mit der Begründung, dass es in Berlin keine weiteren Beschäftigungsmöglichkeiten mehr gebe und der Arbeitnehmer das einzige Ersatzangebot abgelehnt habe. Obwohl die ausgesprochene Kündigung wegen dringender betrieblicher Erfordernisse i.S. von § 1 KSchG sozial gerechtfertigt ist, gewinnt der Bezirksverkaufsleiter den von ihm angestrengten Kündigungsschutzprozess in allen Instanzen (BAG v. 30. 11. 1989, DB 1990 S. 993 = NZA 1990 S. 529).
>
> Da der Arbeitgeber den Betriebsrat hier allein zu einer Änderungskündigung angehört hatte, fehlte es für die später tatsächlich ausgesprochene Beendigungskündigung an einer ordnungsgemäßen Anhörung i.S. von § 102 BetrVG. Will der Arbeitgeber sich eine erneute Anhörung zur Beendigungskündigung nach Ablehnung des Änderungsangebots durch den Arbeitnehmer ersparen, so muss er gegenüber dem Betriebsrat detailliert darlegen, aus welchen Gründen bei Ablehnung des Änderungsangebots durch den Mitarbeiter eine Beendigungskündigung unvermeidlich ist.

Kasten 1: Anhörung vor Kündigungen

Unverzichtbar für ein ordnungsgemäßes Anhörungsverfahren ist auch die Angabe der Gründe, aus denen gekündigt werden soll. Unter „Gründen" versteht die Rechtsprechung grundsätzlich die Angabe der *Tatsachen,* auf die der Arbeitgeber seine Kündigung stützen will. Tatsachen, die im Anhörungsverfahren nicht mitgeteilt werden, können in einem späteren Kündigungsschutzprozess nicht berücksichtigt werden. Ausnahmsweise lässt das BAG (v. 18. 5. 1994, DB 1994 S. 1984 = NZA 1995 S. 24) als Begründung die Mitteilung von Werturteilen genügen, wenn diese das Kündigungsmotiv des Arbeitgebers sind und das Arbeitsverhältnis noch *nicht* unter Kündigungsschutz fällt (vgl. dazu den Beitrag: Arbeitsrecht für Vorgesetzte, in diesem Band).

4.4 Zustimmungsrecht (§ 99 BetrVG)

Nach Meinung des BAG soll die Konsequenz einer ohne Beteiligung des Betriebsrats durchgeführten personellen Einzelmaßnahme bei einer Versetzung eine andere sein als bei einer Einstellung. Eine ohne Zustimmung des Betriebsrats angeordnete Versetzung ist nichtig (BAG v. 26. 1. 1988, DB 1988 S. 1167 = NZA 1988 S. 476). Dagegen ist ein ohne Zustimmung des Betriebsrats abgeschlossener Arbeitsvertrag voll wirksam (BAG v. 2. 7. 1980, BB 1981 S. 119 = DB 1981 S. 272). Das hört sich für den Arbeitgeber positiver an, als es ist. Denn der Betriebsrat kann im Verfahren nach § 101 BetrVG ein Beschäftigungsverbot erzwingen. Der Arbeitgeber ist nunmehr zur Zahlung der vereinbarten Vergütung verpflichtet und darf auf Grund des gerichtlichen Verbots die Arbeitsleistung nicht annehmen (§ 615 BGB).

Der Betriebsrat hat bei allen personellen Einzelmaßnahmen nach § 99 Abs. 1 BetrVG weit gehende Informationsrechte. Auf Verlangen sind ihm die Bewerbungsunterlagen *aller* Bewerber auszuhändigen, und zwar bis zur Dauer von einer Woche (BAG v. 3. 12. 1985, DB 1986 S. 917 = NZA 1986 S. 335). Er kann auch darüber hinausgehende Auskünfte verlangen. Hingegen hat der Betriebsrat keinen Anspruch auf die Teilnahme am Einstellungsgespräch oder auf ein eigenes Gespräch mit dem Bewerber sowie auf Vorlage des Arbeitsvertrages (BAG v. 18. 10. 1988, DB 1989 S. 530 = NZA 1989 S. 355) und Unterrichtung über die vereinbarte Vergütung (BAG v. 3. 10. 1989, DB 1980 S. 995 = NZA 1990 S. 231).

Während der Betriebsrat seine Zustimmung zu Einstellungen oder Versetzungen ohne irgendwelche Förmlichkeiten, ja sogar durch Schweigen während einer Woche nach entsprechender Information erteilen kann, muss die Verweigerung der Zustimmung

– innerhalb einer Woche,
– schriftlich und
– unter Abgabe von Gründen erfolgen.

In diesem Fall müsste der Arbeitgeber die fehlende Zustimmung durch einen Beschluss des Arbeitsgerichts ersetzen lassen, sofern die vom Betriebsrat genannten „Gründe" nicht lediglich Floskeln oder Argumente sind, die keinerlei Bezug zu den sechs gesetzlich aufgelisteten Weigerungsgründen des § 99 Abs. 2 BetrVG haben.

Nach *Ziffer 1* kann der Betriebsrat seine Zustimmung vor allem verweigern, wenn die personelle Maßnahme gegen ein Gesetz, eine Verordnung, eine Unfallverhütungsvorschrift, gegen einen Tarifvertrag oder eine Betriebsvereinbarung verstoßen würde. Ein wirklicher Konflikt unter seriösen Betriebspartnern ist hier allerdings nur sehr schwer vorstellbar. Denn welcher Arbeitgeber würde schon auf der Durchführung einer rechtswidrigen Maßnahme beharren, nachdem der Betriebsrat ihn ausdrücklich darauf hingewiesen hat.

Wahrscheinlicher ist es da schon, dass der eigentliche Konflikt gar nicht die Einstellung betrifft, sondern die Frage nach Einzelheiten der Vertragsgestaltung.

> In § 3 Abs. 3 Manteltarifvertrag für den Einzelhandel Nordrhein-Westfalen vom 6. 7. 1990 heißt es: „Die Arbeitszeit soll wöchentlich mindestens 20 Stunden und am Tag mindestens 4 Stunden betragen und auf höchstens 5 Tage pro Woche verteilt werden. Hiervon kann abgewichen werden, wenn der Arbeitnehmer dies wünscht oder betriebliche Belange dies erfordern."
>
> Ein Warenhaus will für den Dienstleistungsabend am Donnerstag fünf Hausfrauen mit einer geringeren Arbeitszeit als 20 Stunden in der Woche einstellen. Der Betriebsrat verweigert unter Hinweis auf die Regelung im Tarifvertrag seine Zustimmung. Arbeitsgericht und LAG Düsseldorf halten die Zustimmungsver-

> weigerung für unberechtigt, weil der Betriebsrat sich nicht gegen die Einstellung wende, sondern nur gegen bestimmte Regelungen im Arbeitsvertrag. Das BAG hebt die Entscheidung des LAG mit folgender Begründung auf (BAG v. 28. 1. 1992, DB 1992 S. 1049 = NZA 1992 S. 606):
>
> Sinn und Zweck des hier auszulegenden Tarifvertrages ist es, die Beschäftigung von Arbeitnehmern mit einer Wochenarbeitszeit von weniger als 20 Stunden von vornherein auszuschließen. Deshalb verstößt bereits die Einstellung von Mitarbeitern mit einer geringeren vertraglichen Arbeitszeit gegen den Tarifvertrag. Die Entscheidung darüber, ob die Zustimmungsverweigerung des Betriebsrats berechtigt war, hängt mithin allein davon ab, ob ein tariflicher Ausnahmefall (betriebliche Belange oder Wunsch der Arbeitnehmerinnen) tatsächlich gegeben war. Angesichts der gerichtsbekannten Haltung der zuständigen Gewerkschaft HBV spreche viel dafür, dass Engpässe, die durch die verlängerte Öffnungszeit am Donnerstag entstehen, nicht als „betriebliche Belange" i.S. des genannten Tarifvertrages anerkannt werden könnten.

Kasten 2: Zustimmungsverweigerung wegen Verstoßes gegen einen Tarifvertrag

Gelegentlich benutzt der Betriebsrat sein Zustimmungsverweigerungsrecht zur Einstellung auch als „Hebel", um eine höhere als die vorgesehene Eingruppierung zu erzwingen. Die Eingruppierung ist jedoch juristisch gesehen ein eigenes Thema und nicht Teil des zustimmungspflichtigen Einstellungsvorgangs. Selbst eine fehlende oder zu niedrige und damit tarifwidrige Eingruppierung gibt dem Betriebsrat nicht das Recht, der Einstellung zu widersprechen. Ein so begründeter Widerspruch ist unbeachtlich; nach Ablauf der Wochenfrist gilt die Zustimmung als erteilt (BAG v. 20. 12. 1988, DB 1989 S. 1240 = NZA 1989 S. 518). Auch der – selbst berechtigte – Hinweis des Betriebsrats darauf, dass eine im Vertrag vorgesehene Befristung unwirksam sei, steht der Einstellung nicht entgegen. Fragen der Wirksamkeit einer Befristung sind Fragen nach der denkbaren Beendigung des Arbeitsverhältnisses; sie bereits bei der Einstellung verbindlich entscheiden zu lassen, besteht kein berechtigtes Interesse (BAG v. 16. 7. 1985, DB 1986 S. 124 = NZA 1986 S. 163).

Nach *Ziffer 2* kann der Betriebsrat seine Zustimmung verweigern, wenn die personelle Maßnahme gegen eine Auswahlrichtlinie nach § 95 BetrVG verstoßen würde. Darunter versteht man einen Katalog von Kriterien, nach denen unter mehreren an sich in Betracht kommenden Bewerbern die Entscheidung für einen zu treffen und zu begründen ist. Keine Auswahlrichtlinien sind Stellenbeschreibungen und Anforderungsprofile, Funktionsbeschreibungen und Führungsrichtlinien. Da in Betrieben bis zu 1000 Arbeitnehmern die Aufstellung von Auswahlrichtlinien nicht erzwungen werden kann, hat es der Arbeitgeber im Grunde selbst in der Hand, wie stark Personalentscheidungen durch verbindliche Vorgaben oder Ermessensspielräume für den Einzelfall geprägt sein sollen.

Nach *Ziffer 3 und 4* kann der Betriebsrat die Zustimmung verweigern, wenn die durch Tatsachen begründete Besorgnis besteht, dass entweder der betreffende Arbeitnehmer selbst oder andere Arbeitnehmer dadurch benachteiligt würden, ohne dass dies aus betrieblichen oder persönlichen Gründen gerechtfertigt ist. Unter allen Weigerungsgründen spielt das Benachteiligungsverbot in der betrieblichen und gerichtlichen Praxis bei weitem die größte Rolle. Unter Nachteil versteht das Bundesarbeitsgericht jedoch nur die Verschlechterung des bisherigen rechtlichen oder tatsächlichen Status eines Arbeitnehmers. Dies ist vom Gesetzgeber für befristet Beschäftigte korrigiert worden: Seit der Novelle 2001 gilt bei unbefristeter Einstellung auch die Nichtberücksichtigung eines gleich geeigneten befristet Beschäftigten. Aber selbst wo eine Benachteiligung vorliegt, ist die Maßnahme nicht in jedem Falle zu beanstanden. Vielmehr ist es nunmehr Sache des Arbeitgebers, darzutun und im Streitfalle auch zu beweisen, dass es für diese Maßnahme aus betrieblichen oder persönlichen Gründen ein unabweisbares Bedürfnis gibt.

Ziffer 5 gibt dem Betriebsrat das Recht, seine Zustimmung zu verweigern, wenn eine von ihm verlangte innerbetriebliche Ausschreibung unterblieben ist. Dabei ist die Form der Ausschreibung grundsätzlich Sache des Arbeitgebers. Es muss jedoch zu erkennen sein, um welche Stelle es sich handelt und welche Anforderungen an den Bewerber gestellt werden (BAG v. 23. 2. 1988, DB 1988 S. 1452 = NZA 1988 S. 551).

Die letzte *Ziffer 6* schließlich gibt dem Betriebsrat dann ein Weigerungsrecht, wenn die durch Tatsachen begründete Besorgnis besteht, dass der betreffende Arbeitnehmer den Betriebsfrieden durch gesetzwidriges Verhalten oder durch grobe Verstöße gegen die Regeln des geordneten Zusammenlebens stören würde. Es verblüfft wenig, dass die Standardkommentare Entscheidungen zu dieser Vorschrift nicht nachweisen. Denn wenn eine derartige Besorgnis wirklich durch Tatsachen begründet werden kann, wird der Arbeitgeber im Eigeninteresse von der Durchführung der Maßnahme absehen.

Eine der unerquicklichsten betrieblichen Situationen entsteht, wenn man sich mit dem Betriebsrat nicht – was selbst bei prinzipiell guter Zusammenarbeit schon einmal vorkommen kann – über das Vorliegen eines Weigerungsgrundes streitet, sondern darüber, ob es sich bei der beabsichtigten Maßnahme überhaupt um eine *Versetzung* handelt. Nicht wenige Vorgesetzte unterliegen hier dem Missverständnis, dass bei einer entsprechenden vertraglichen Umsetzungsklausel oder gar einer ausdrücklichen Einverständniserklärung durch den betroffenen Arbeitnehmer die Zustimmung des Betriebsrats nicht mehr erforderlich sei. Dies ist ein – zuweilen folgenschwerer – Irrtum: Die eine Frage, die sich auch im betriebsratslosen Betrieb stellt, ist die, ob der Mitarbeiter sich eine Versetzung überhaupt gefallen lassen muss – oder ob hierfür eine Änderungskündigung notwendig ist. Diese Frage kann allein mit dem Arbeitsvertrag (Umfang der Arbeitspflicht) beantwortet werden. Eine ganz andere Frage ist, ob die Zustimmung des Betriebsrats erforderlich ist. Dabei geht es um die *gesetzlichen* Kompetenzen des Betriebsrats, und die können nur mit Hilfe des Betriebsverfassungs*gesetzes* geklärt werden (§ 95 Abs. 3 BetrVG).

Wie kompliziert, zeitaufwändig, unberechenbar und teuer eine gerichtliche Klärung von Versetzungsproblemen werden kann, mag der folgende Fall illustrieren.

Ein Diplom-Braumeister ist bei einer Brauerei als Betriebskontrolleur im Dreischichtbetrieb tätig. Die Brauerei ist mit seinen Leistungen unzufrieden und will ihn als Probenabholer in den Tagschichtbetrieb des Labors versetzen. Der Betriebsrat wird zu einer entsprechenden Änderungskündigung angehört. Er lehnt seine Zustimmung unter Hinweis darauf ab, dass kein Versetzungsantrag vorliege. Als auch der nachgereichte Versetzungsantrag abgelehnt wird, beantragt der Arbeitgeber beim Arbeitsgericht die Ersetzung der fehlenden Zustimmung zur Versetzung vom Mehrschicht- in den Einschichtbetrieb. Das Arbeitsgericht

> lehnt diesen Antrag mit der Begründung ab, dass die Übernahme vom Mehrschicht- in den Einschichtbetrieb keine Versetzung i.S.v. § 95 Abs. 3 BetrVG sei. Der Braumeister klagt gegen die ihm inzwischen zugegangene Änderungskündigung. Das LAG Hannover hält die Änderungskündigung bereits deswegen für unwirksam, weil die nach § 99 BetrVG erforderliche Zustimmung des Betriebsrats fehle und auch vom Arbeitsgericht nicht ersetzt worden sei; es gehe nicht um Mehrschicht oder Tagschicht, sondern um die Versetzung aus der Produktion ins Labor.
>
> Das BAG (Urteil v. 30. 9. 1993, DB 1994 S. 637 = NZA 1994 S. 615) stellt klar:
>
> Die Frage, ob eine Änderungskündigung zur Erzwingung einer Versetzung sozial gerechtfertigt i.S.v. §§ 1,2 KSchG ist, und die Frage, ob für diese Versetzung die Zustimmung des Betriebsrats gem. § 99 BetrVG erforderlich ist, haben nichts miteinander zu tun:
> - Eine Änderungskündigung nach § 2 KSchG ist nur und auch nur insoweit erforderlich, als die vertraglich vereinbarte Arbeitspflicht eine einseitige Änderung der auszuführenden Arbeit durch Direktionsrecht nicht zulässt – sie dient sozusagen der Erweiterung des *vertragsrechtlichen* Direktionsrechts.
> - Ob der vom Arbeitgeber geplanten Versetzung *betriebsverfassungsrechtliche* Hindernisse entgegenstehen, ist allein nach Betriebsverfassungsrecht zu beurteilen (§ 99 BetrVG i.V.m. § 95 Abs. 3 BetrVG).
>
> Ist die Zustimmung des Betriebsrats nach § 99 BetrVG nicht erteilt oder ersetzt, so führt dies deshalb nicht zur – schwebenden – Unwirksamkeit der Änderungskündigung. Allerdings ist der Arbeitgeber gehindert, die geänderten Vertragsbedingungen tatsächlich durchzusetzen, solange das Verfahren nach § 99 BetrVG nicht ordnungsgemäß durchgeführt worden ist. Deshalb ist der Arbeitnehmer in dem alten Arbeitsbereich so lange weiterzubeschäftigen, bis die Zustimmung des Betriebsrats bzw. Zustimmungsersetzung durch das Arbeitsgericht vorliegt.

Kasten 3: Verhältnis von Änderungskündigung und Versetzung

Auf die Frage, was unter „Versetzung" im betriebsverfassungsrechtlichen Sinne zu verstehen ist, gibt das Gesetz in § 95 Abs. 3 BetrVG eine ausgesprochene Scheinantwort: „Versetzung i.S. des Gesetzes ist die Zuweisung eines anderen Arbeitsbereichs, die voraussichtlich die Dauer von einem Monat überschreitet oder die mit einer erheblichen Änderung der Umstände verbunden ist, unter denen die Arbeit zu leisten ist."

Die zur Erläuterung verwendeten Begriffe „anderer Arbeitsbereich" bzw. „erhebliche Änderung" sind nicht klarer als der zu erläuternde Begriff selbst. So gehen die Entscheidungen der Gerichte z.B. darüber, ob die Versetzung von einer Abteilung eines Warenhauses in eine andere oder von einer Filiale einer Handelskette in eine andere eine Versetzung darstellt, weit auseinander. Das BAG hat die Umsetzung eines Kraftfahrers von einem vierachsigen Sattelschlepper mit 21 t Ladegewicht auf einen dreiachsigen LKW mit 12,5 t Ladegewicht als Versetzung angesehen (BAG v. 26. 5. 1988, DB 1988 S. 2158 = NZA 1989 S. 438), die Umsetzung eines Sparkassenangestellten aus der Kundenberatung in die Kreditabteilung nicht (BAG v. 27. 3. 1980, DB 1980 S. 1603).

Hingegen soll es sich um eine Versetzung i.S.v. § 99 BetrVG handeln, wenn ein Autoverkäufer, der mit ca. 75% seiner Arbeitszeit als sog. Gebietsverkäufer in der Fläche und nur mit 25% seiner Tätigkeit als sog. Ladenverkäufer im Hause tätig ist, künftig nur noch als Gebietsverkäufer eingesetzt werden soll. Solange die Zustimmung des Betriebsrats fehlt und nicht durch eine gerichtliche Entscheidung ersetzt ist, kann der Arbeitgeber die geplante Versetzung nicht durchführen. Dies gilt auch dann, wenn nach dem Arbeitsvertrag die Aufgabenänderung unstreitig im Wege des Direktionsrechts einseitig angeordnet werden kann (BAG v. 2. 4. 1996, DB 1996 S. 1880 = NZA 1997 S. 112).

Praktisch kann man allen Vorgesetzten deshalb nur empfehlen, sich nicht auf Begriffsstreitigkeiten mit dem Betriebsrat darüber einzulassen, ob die geplante Maßnahme rein begrifflich eine Versetzung im Sinne von § 95 Abs. 3 BetrVG darstellt. Denn selbst in jahrelangen gerichtlichen Auseinandersetzungen wird am Ende nur diese Auslegungsfrage geklärt und nicht etwa eine Entscheidung darüber getroffen, ob die vermeintliche Versetzung nun begründet war oder nicht. Praktikern ist dringend zu raten, sozusagen durchzustarten zu den Sachfragen, sich mit dem Betriebsrat also allein darüber zu unterhalten, was rechtlich gegen die geplante Versetzung spricht und was vernünftige, konsensfähige Alternativen dazu wären. Stehen der Maßnahme Gesichtspunkte entgegen, die den Betriebsrat nach den oben dargestellten sechs Ziffern berechtigen würden, seine Zustimmung zu verweigern, so ist es ein Gebot der Vernunft, die beabsichtigte Maßnahme schon aus diesem Grund zu unterlassen.

Nach dem Wortlaut von § 99 BetrVG fallen auch die *Ein- und Umgruppierung* unter die zustimmungspflichtigen Maßnahmen. Beides sind jedoch keine genuin betriebsverfassungsrechtlichen Themen, weil die richtige Ein- bzw. Umgruppierung eine Frage der Anwendung des Tarifvertrages ist und letztlich allein in einem Prozess zwischen Arbeitgeber und Arbeitnehmer verbindlich entschieden werden kann. Selbst die Nichtvornahme der Eingruppierung, z.B. bei der Einstellung, ist für den Betriebsrat kein Grund, seine Zustimmung zur Einstellung zu verweigern. Besteht überhaupt eine Eingruppierungspflicht, die sich *nicht* aus § 99 BetrVG ergibt, so kann der Betriebsrat in entsprechender Anwendung von § 101 BetrVG die Vornahme der Eingruppierung durch Beugestrafen erzwingen (BAG v. 20. 12. 1988, DB 1989 S. 1240 = NZA 1989 S. 518). In der Praxis begegnet man nicht selten der Auffassung, dass bei Netto-Lohn-Abreden mit geringfügig Beschäftigten eine Eingruppierung gar nicht möglich und deshalb auch nicht erforderlich sei. Demgegenüber hat das Bundesarbeitsgericht festgestellt: Beansprucht etwa ein Einzelhandelstarifvertrag Geltung für „alle Angestellten", so werden davon grundsätzlich auch die geringfügig Beschäftigten erfasst. Durch die Vereinbarung einer Nettovergütung kann die unmittelbare und zwingende Wirkung eines Tarifvertrages nicht ausgeschlossen werden. Vielmehr ist die Vereinbarung einer Nettovergütung nach § 4 Abs. 3 TVG nur zulässig, wenn sie für den Arbeitnehmer günstiger ist als der tariflich vorgesehene Bruttolohn abzüglich aller vom Arbeitnehmer zu tragenden Abzüge (BAG vom 18. 6. 1991, DB 1991 S. 2140 = NZA 1991 S. 903).

Gerade bei personellen Einzelmaßnahmen, insbesondere bei Einstellungen und Versetzungen, kommt es in der betrieblichen Praxis immer wieder zu „Pannen". Diese beruhen weitaus häufiger auf Unkenntnis als auf der Absicht, die gesetzlichen Beteiligungsrechte des Betriebsrats zu verkürzen. Die schlechteste Fehlerkorrektur wäre der Versuch, mit Rechts- oder gar Scheinrechtsargumenten die Situation zu rechtfertigen. Viel überzeugender und Erfolg versprechender ist es, die Panne zuzugeben, Besserung zu geloben und den Betriebsrat um nachträgliche Zustimmung zu bitten. Im Gegensatz zu Fehlern bei der Anhörung vor Kündigungen ist dies nämlich bei Einstellungen und Versetzungen durchaus möglich. Da es bei § 99 BetrVG allein um die Rechte des Betriebsrats geht, kann der Betriebsrat durch seine nachträgliche Zustimmung zur Maßnahme alle, selbst die schlimmsten Verfahrensfehler rückwirkend heilen. Ist der Betriebsrat dazu nicht bereit, muss das laufende Verfahren abgebrochen und an der Stelle neu aufgenommen werden, wo der Verfahrensfehler passiert ist.

5. Mitbestimmung

5.1 Kriterien echter Mitbestimmung

Wollte man den amtlichen Überschriften des BetrVG glauben, gäbe es bei den Beteiligungsrechten des Betriebsrats vor Kündigungen, in personellen und in so genannten sozialen Angelegenheiten nach § 87 BetrVG keine qualitativen Unterschiede: Stets ist von „Mitbestimmung" die Rede. Dieser Begriff sollte jedoch für jene Form von Mitbestimmung reserviert bleiben, bei der Arbeitgeber und Betriebsrat effektiv gleiche Handlungs- und Durchsetzungschancen haben. Das impliziert:

- Wirksamkeitsvoraussetzung,
- Initiativrecht des Betriebsrats,
- Regelungsfreiheit.

(1) Wirksamkeitsvoraussetzung
In Feldern echter Mitbestimmung, wie beispielsweise bei allen Fragen der betrieblichen Ordnung und des Verhaltens der Arbeitnehmer im Betrieb (§ 87 Abs. 1 Nr. 1 BetrVG), kann der Arbeitgeber einseitig nicht mehr verbindlich handeln. Insofern ist der Unternehmer – zumindest im Hinblick auf die der Zuständigkeit des Betriebsrats unterfallenden Mitarbeiter – heute nicht mehr „Herr im Hause". So ist z. B. ein einseitig angeordnetes Rauch- oder Alkoholverbot unbeachtlich. Eine bei Verstoß erteilte Abmahnung ist rechtswidrig und muss aus der Personalakte entfernt werden, was durch Klage erzwungen werden kann. Allerdings ist gerade bei Ordnungsvorschriften eine wichtige Einschränkung zu machen. Voraussetzung der *Mit*bestimmung des Betriebsrats ist, dass das Unternehmen selbst bestimmen kann. Soweit der Arbeitgeber an ordnungsrechtliche Vorgaben des Staates und von Behörden gebunden ist, kann es auch keine Mitbestimmung des Betriebsrats geben. Ist beispielsweise ein absolutes Rauchverbot nach dem Lebensmittelgesetz vorgeschrieben oder ein absolutes Alkoholverbot in der Betriebserlaubnis zur Auflage gemacht, weisen entsprechende Verbotsschilder in den Küchen oder im Führerstand lediglich auf ein ohnehin bestehendes Verbot hin und regeln nichts. Schreibt das Gesetz dem Arbeitgeber lediglich das Ziel vor (wie z. B. Sicherung personenbezogener Daten in § 6 BDSG), so ist das eine mitbestimmungsfreie Vorgabe, nicht aber der konkrete Weg dahin und die hiermit im Zusammenhang stehenden Maßnahmen. Weist die für ein Kernkraftwerk zuständige Behörde den Unternehmer an, den Zufallsgenerator für körperliche Untersuchungen

bei Verlassen des Werkes sofort von der mit dem Betriebsrat vereinbarten Quote von 3 auf 5% umzustellen, gibt es unterhalb von 5% keinen Gestaltungsspielraum und damit auch keine Mitbestimmungsrechte des Betriebsrats (BAG v. 26. 5. 1988, DB 1988 S. 2055).

Ein besonderes Problem stellt sich, wenn vollendete Tatsachen geschaffen werden bzw. geschaffen werden sollen: Der Arbeitgeber will z.B. die vom Betriebsrat abgelehnte Samstagsschicht mit „Freiwilligen" fahren. Hier verfängt die sog. Wirksamkeitstheorie nicht, weil formaljuristisch niemand gezwungen wird, an dieser Schicht teilzunehmen, so dass das bestehende Leistungsverweigerungsrecht und damit auch die erzwingbare Mitbestimmung des Betriebsrats leer laufen.

Erstmals mit Beschluss vom 3. 5. 1994 (DB 1994 S. 2450 = NZA 1995 S. 40) hat das BAG dem Betriebsrat bei Verletzung von Mitbestimmungsrechten aus § 87 BetrVG unabhängig von den Voraussetzungen des § 23 Abs. 3 BetrVG einen Anspruch auf Unterlassung mitbestimmungswidriger Maßnahmen zuerkannt. Selbstverständlich dürfen auch nach der neuen Rechtsprechung die Arbeitsgerichte gegenüber einseitigen und mitbestimmungswidrigen Maßnahmen des Arbeitgebers sozusagen lediglich ein Stoppschild aufstellen und keine Regelungen in der Sache selbst treffen, weil sie damit in die Zuständigkeit der Einigungsstelle eingreifen würden. Es geht deshalb ausschließlich um eine gerichtliche „Veränderungssperre" bis zum Inkrafttreten einer mitbestimmungskonformen Regelung – sei es in Form einer Betriebsvereinbarung oder des ersetzenden Spruchs einer Einigungsstelle.

(2) Initiativrecht des Betriebsrats
Zur vollen Mitbestimmung des Betriebsrats gehört auch das Recht des Betriebsrats, von sich aus die Änderung einer bestehenden Regelung oder die Einführung einer neuen Regelung auf die Tagesordnung zu setzen. Durchgesetzt wird dieses Initiativrecht durch Drohung mit der Einigungsstelle. Hat der Betriebsrat das Gefühl, dass „auf Zeit gespielt" werden soll, droht er an, das Einigungsstellenverfahren in Gang zu bringen, falls nicht bis. ... die Verhandlungen aufgenommen sind und nicht bis. ... ein Ergebnis erzielt worden ist. Ein Unternehmen ist jedoch normalerweise schlecht beraten, es auf den unkalkulierbaren Spruch einer Einigungsstelle ankommen zu lassen, bevor nicht alle Möglichkeiten einer internen und einvernehmlichen Regelung wirklich ausgeschöpft sind (vgl. dazu unten 5.2).

(3) Regelungsfreiheit
Unterhalb echter Mitbestimmung hat der Betriebsrat in Wahrheit lediglich ein Kontrollrecht. Er hat darüber zu wachen, dass alle gesetzlichen, tariflichen und betrieblichen Normen eingehalten werden. Das gilt selbst dort, wo formal die Zustimmung des Betriebsrats erforderlich ist, wie beispielsweise bei Einstellungen und Versetzungen. Der Betriebsrat kann die Zustimmung nämlich nicht aus beliebigen, ja noch nicht einmal „guten" Gründen (wie z.B. fehlende Eignung) verweigern, sondern nur aus gesetzlichen Gründen. Allein bei Mitbestimmungstatbeständen im engeren Sinne gibt es keinen „Numerus clausus" anerkannter Argumente. Selbst die Floskel, dass der Betriebsrat die Abendöffnung „aus grundsätzlichen Erwägungen" ablehne, verhindert erst einmal die Durchführung. Ob der Betriebsrat damit freilich irgendeine Einigungsstelle überzeugen könnte, steht auf einem ganz anderen Blatt. Bis zu einer Entscheidung der Einigungsstelle kann es jedoch lange dauern, und bis dahin bleibt der Laden abends geschlossen.

Allein im Mitbestimmungsbereich kann der Betriebsrat wirklich Politik machen – in allen anderen Angelegenheiten geht es letztlich bloß um Normvollzug. Das macht betriebliche Mitbestimmung so schwierig, aber auch so interessant. Da hier gesetzlich und tariflich nur der Rahmen vorgegeben ist (§ 87 Abs. 1 Eingangssatz BetrVG), nicht aber die Sachlösung selbst, sind hier Fantasie und Verhandlungsgeschick auf beiden Seiten gefragt.

5.2 Gegenstände der Mitbestimmung

Durch den Arbeitsvertrag verpflichtet sich der Arbeitnehmer, sich mit seiner Person in eine fremdbestimmte Organisation so einzubringen, dass er sinnvoll seinen Arbeitsbeitrag zum Gelingen des Ganzen leisten kann.

Das macht seine persönliche Abhängigkeit und damit seinen besonderen juristischen Status als Arbeitnehmer aus. Eine arbeitsteilige Wirtschaft und ein arbeitsteilig organisierter Betrieb können hierauf nicht verzichten – so genannte kapitalistische Systeme so wenig wie sozialistische. In der sozialistischen Theorie wird lediglich durch die Fiktion des Volks- oder Staatseigentums die scheinbare Fremdbestimmung als eigentliche Selbstbestimmung ausgewiesen. Nach unserer Arbeitsrechtstheorie wird die persönliche Abhängigkeit des Arbeitnehmers weder geleugnet noch theoretisch „aufgehoben" – sie soll begrenzt und rechtlich erträglich gemacht werden: durch Arbeitsschutzgesetze, durch Tarifverträge und durch *betriebliche Mitbestimmung*.

Deshalb sind Fragen der *Ordnung des Betriebes* und des Verhaltens der Arbeitnehmer im Betrieb hier an erster Stelle genannt (§ 87 Abs. 1 Nr. 1 BetrVG). Gemeint sind damit allerdings nur die formellen kollektiven Rahmenbedingungen, die notwendige Voraussetzung geordneter Zusammenarbeit sind. Nicht gemeint sind Sonderabsprachen im Einzelfall; denn der Betriebsrat ist nicht „Amtsvormund" des einzelnen Arbeitnehmers in seinen Vertragsangelegenheiten. Und ebenso wenig gemeint sind das so genannte Arbeitsverhalten sowie die sich hierauf beziehenden Anweisungen des Arbeitgebers.

An zwei Beispielen sei dies erläutert: Die Anweisung des Kapitäns, beim Wachdienst auf der Brücke keinen Walkman zu benutzen, ist eine mitbestimmungs*freie* Arbeitsanweisung. Das Verbot des Saalchefs in einem Zeichensaal, beim Zeichnen Radio zu hören, ist mitbestimmungs*pflichtig*, weil es das so genannte Ordnungs- oder Sozialverhalten betrifft (BAG v. 14. 1. 1986, DB 1986 S. 1025 = NZA 1986 S. 435). Hier liegt das weite Feld der Arbeits- und Betriebsordnungen mit Alkohol- und Rauchverboten, Torkontrollen, Passierscheinen, Parkplatzberechtigungen usw.

Nach *Nummer 2 und 3* hat der Betriebsrat volle Mitbestimmung bei allen Fragen der betrieblichen Arbeitszeitregelung. Nach Nr. 2 geht es dabei nur um die Lage der Arbeitszeit. Die Dauer der regulären Arbeitszeit ist primär Regelungsgegenstand der Tarifverträge, kann sich aber – wie beispielsweise bei Teilzeitkräften – auch aus dem Arbeitsvertrag ergeben. Soll hingegen die Arbeitszeit hiervon abweichend lediglich vorübergehend verlängert oder verkürzt werden (in der Sprache der Betriebspraktiker: bei Mehrarbeit bzw. Kurzarbeit), greift das Mitbestimmungsrecht des Betriebsrats nach Nr. 3.

Die Lage der Arbeitszeit war für viele Produktionsbetriebe über 30 Jahre lang eine Frage von untergeordneter Bedeutung. Die Wochenschichtzeiten folgten der jeweiligen tariflichen Arbeitszeit. So brachte die Reduktion der 48-Stunden-Woche auf 40 Stunden vielerorts den arbeitsfreien Samstag. Zu regeln war betrieblich meist nur die

Frage, ob mehrschichtig gefahren werden sollte und wie die Schichten liegen sollten. Seit der Tarifbewegung 1984, die ausgehend von der Metallindustrie den Durchbruch durch die 40-Stunden-Woche gebracht hat, bedeutet Verkürzung der Arbeitszeit auch in vielen Produktionsbetrieben nicht mehr automatisch Maschinenstillstand. Man spricht von der „Entkopplung" der persönlichen Arbeitszeit und den Maschinenlaufzeiten.

Während der Sonn- und Feiertagsarbeit enge gesetzliche Grenzen gesetzt sind, ist der Samstag ein regulärer Werktag im Sinne von § 1 ArbZG. Dass der Samstag in der Produktion als zusätzlicher freier Arbeitstag zu einem längeren freien Wochenende führte, war zwar das gewerkschaftliche Ziel („Samstags gehört Papi mir!"), aber in den Tarifverträgen nicht ausdrücklich festgeschrieben. Auch bei den tariflichen Arbeitszeitverkürzungen seit 1984 in Richtung 35-Stunden-Woche ist in den Tarifverträgen durchweg nur das Ziel festgeschrieben, nicht aber die betriebliche Umsetzung. Diese ist nach § 87 Abs. 1 Nr. 2 BetrVG mit dem Betriebsrat zu vereinbaren. Welche Kompetenz den Betriebsräten damit zugewachsen ist, mögen drei Fälle belegen, die in den letzten Jahren höchstrichterlich entschieden worden sind (Kasten 4).

Nach dem so genannten Leber-Kompromiss von 1984 hatte die IG Metall sich insoweit durchgesetzt, als die von den Arbeitgebern lange und zäh verteidigte 40-Stunden-Woche erstmals unterschritten wurde. Die Konzession der Gewerkschaft bestand darin, dass 38,5 Stunden je Woche nicht von jedem Arbeitnehmer in jeder Woche erreicht werden mussten. Vielmehr war dies ein Durchschnittswert, der auf der Basis von zwei Monaten rechnerisch nicht überschritten werden durfte. Genau gesehen war also gar nicht die Wochenarbeitszeit reduziert worden, sondern die Durchschnittsarbeitszeit in zwei Monaten.

> In einem Saisonbetrieb stehen ausgeprägten Produktionsspitzen gleich lange Zeiten schwacher Kapazitätsauslastung gegenüber. Mit dem Betriebsrat wird vereinbart, dass für die Saison eine Urlaubssperre verhängt und 40 Stunden in der Woche gearbeitet wird. Dafür können die Mitarbeiter in der übrigen Zeit ihre Zeitguthaben weitgehend nach eigenen Wünschen „abfeiern". Diese „Selbstbestimmung" über ihre Freizeit wird von allen Arbeitnehmern sehr begrüßt. Selbstverständlich ist auch der Unternehmer hoch zufrieden, weil die tarifliche Arbeitszeitverkürzung ohne Neueinstellungen verkraftet werden kann. Eben das löst eine Intervention der zuständigen Gewerkschaft aus. Nach erfolgloser Abmahnung verklagt die Gewerkschaft den Unternehmer darauf, die Anwendung der eindeutig tarifwidrigen und damit nichtigen Betriebsvereinbarung zu unterlassen. Die Gewerkschaft verliert in allen Instanzen. Nach Meinung des BAG (Beschl. v. 18. 8. 1987, DB 1987 S. 1796 = NZA 1988 S. 27) fehlt es der Gewerkschaft im Hinblick auf den normativen Teil des Tarifvertrages an der Antragsbefugnis. Denn da es bei der Normsetzung des Tarifvertrages um die Rechte und Pflichten der Arbeitsvertragsparteien gehe, seien im Streitfalle auch allein diese befugt, eine gerichtliche Klärung herbeizuführen.
>
> Das Druckhaus Burda in Offenburg ist Mitglied des Bundesverbandes Druck und unterliegt dem Geltungsbereich der einschlägigen Tarifverträge. 1989 wird mit dem Betriebsrat eine Betriebsvereinbarung über die Lage und Verteilung der Arbeitszeit abgeschlossen, die an einigen Stellen von den Rahmenbedingungen des Manteltarifvertrages abweicht und zu günstigeren als den tariflich vorgesehe-

nen Vergütungen führt. Die IG Metall bringt ein Beschlussverfahren in Gang mit dem Antrag, die Betriebsvereinbarung aufzuheben und den Arbeitgeber zu verpflichten, eine neue, tarifkonforme Betriebsvereinbarung abzuschließen.

Das BAG (vom 20. 8. 1991, DB 1992 S. 275 = NZA 1992 S. 317) bestätigt der klagenden Gewerkschaft zwar das Recht, auf Unterlassung der Anwendung von Betriebsvereinbarungen bzw. auf Abschluss von tarifkonformen Betriebsvereinbarungen klagen zu können. Voraussetzung ist jedoch, dass ein Verstoß gegen die betriebsverfassungsrechtliche Ordnung geltend gemacht wird. Das wäre z.B. der Fall, wenn Betriebspartner eine Betriebsvereinbarung über einen Gegenstand abschließen, für den sie überhaupt nicht regelungsbefugt sind, z.B. entgegen § 77 Abs. 3 BetrVG eine Entgeltbetriebsvereinbarung. Verstößt eine Betriebsvereinbarung hingegen lediglich in einzelnen Punkten gegen höherrangiges Tarifrecht, so liegt darin allein noch kein Verstoß gegen die durch § 23 Abs. 3 BetrVG geschützte betriebsverfassungsrechtliche Ordnung. Ein entsprechender Unterlassungsantrag der im Betrieb vertretenen Gewerkschaft ist deshalb unbegründet.

Dadurch wird die Gewerkschaft auch nicht in ihren verfassungsmäßigen Rechten nach Art. 9 Abs. 3 GG verletzt. Danach ist Gewerkschaften garantiert, dass sie Arbeits- und Wirtschaftsbedingungen einerseits „staatsfrei" und andererseits mit Vorrang vor entsprechenden Betriebsvereinbarungen regeln dürfen. Der ordnungspolitische Vorrang von Tarifverträgen gegenüber Betriebsvereinbarungen schließt jedoch nicht notwendig die Befugnis der Gewerkschaft ein, die Nichtanwendung tarifwidriger Regelungen einer Betriebsvereinbarung auch aus eigenem Recht einklagen zu können. Die Klagebefugnis hierfür liegt zunächst einmal bei denen, die durch die tarifwidrige Betriebsvereinbarung in ihren Rechten verletzt werden, also grundsätzlich bei den betroffenen Arbeitnehmern selbst.

IBM schließt für das Werk Sindelfingen mit dem Betriebsrat eine „Betriebsvereinbarung Konti-Schicht" für die Chipproduktion ab. Darin vorgesehen ist ein Drei-Schicht-Betrieb über sieben Tage in der Woche einschließlich drei voller Schichten am Sonntag. Die zuständige Gewerkschaft (IG Metall) ist der Auffassung, dass die Betriebsvereinbarung gegen den einschlägigen Manteltarifvertrag verstoße. Sie verklagt den vertragschließenden Arbeitgeberverband, mit verbandsrechtlichen Mitteln auf das Mitglied IBM einzuwirken, um die Durchführung des Tarifvertrages sicherzustellen (sog. Einwirkungsklage).

Das BAG (vom 29. 4. 1992, DB 1992 S. 1684 = NZA 1992 S. 846) erklärt die erhobene Einwirkungsklage für zulässig, und zwar auch dann, wenn von der klagenden Gewerkschaft kein bestimmtes Einwirkungsmittel benannt wird. Materiellrechtlich besteht eine Einwirkungspflicht einer Tarifvertragspartei auf eines ihrer Mitglieder aber nur dann, wenn sich die Tarifwidrigkeit des beanstandeten Verhaltens eindeutig durch Auslegung des Tarifvertrages ergibt oder rechtskräftig festgestellt ist oder von der beklagten Tarifvertragspartei gar nicht bestritten wird. Ist die richtige Anwendung des Tarifvertrages hingegen auch unter den Tarifvertragsparteien streitig, so steht lediglich die Verbandsklage nach § 9 TVG auf Feststellung der gewünschten Auslegung offen.

Kasten 4: Arbeitszeit zwischen Tarifvertag und betrieblicher Regelung

All diese Fälle zeigen, mit welch weit reichenden Konsequenzen Fragen der Arbeitszeitgestaltung auf die betriebliche Ebene und damit in die nahezu exklusive Zuständigkeit des Betriebsrats verlagert sind. Ob dies die Lösung selbst schwieriger betrieblicher Probleme erschwert oder erleichtert, hängt weniger von der Gesetzeslage als vielmehr von der Kooperationsfähigkeit und -bereitschaft der Betriebspartner ab. Der erste Fall zeigt, dass mit Hilfe einer Betriebsvereinbarung seit Jahrzehnten verkrustete Strukturen bei der betrieblichen Arbeitszeit „aufgebrochen" werden können, die ohne Betriebsrat – wenn überhaupt – nur durch arbeits- und zeitaufwändige Massenänderungskündigungen hätten korrigiert werden können. Ein anderer Fall, der am Ende sogar das Bundesverfassungsgericht beschäftigt hat, belegt hingegen, wie Rechthaberei zu jahrelangen, lähmenden und am Ende völlig fruchtlosen juristischen Auseinandersetzungen führen kann (Kasten 5).

Drei Packer sind seit 1982 von Montag bis Freitag in der Zeit von 7.00–16.00 Uhr tätig. Den Kundenwünschen entsprechend ist eine Verlängerung der Präsenzzeiten erforderlich. Ab 01.01.1991 soll auf Grund einer Betriebsvereinbarung in der Packerei wie folgt gearbeitet werden:

Gruppe 1: 6.00–15.00 Uhr/Gruppe 2: 7.00–16.00 Uhr/Gruppe 3: 13.00–22.00 Uhr. Die Packer sollen abwechselnd zu den verschiedenen Arbeitszeiten eingesetzt werden.

Die drei Packer klagen gegen die Änderung ihrer Arbeitszeiten mit der Begründung, bei ihrer Einstellung sei mit ihnen eine persönliche Arbeitszeit von 7.00–16.00 Uhr vereinbart worden; durch die tatsächliche jahrelange Handhabung sei diese Regelung als betriebliche Übung Bestandteil ihres Arbeitsvertrages geworden. Die neue Arbeitszeitregelung sei für sie auf Grund ihrer familiären Verhältnisse nicht zumutbar.

Das BAG (Urteil v. 23. 6. 1992, DB 1993 S. 788 = NZA 1993 S. 89) weist die Klagen ab:

Beginn und Ende der täglichen Arbeitszeit werden grundsätzlich verbindlich durch Betriebsvereinbarung festgelegt. Die ausdrückliche Vereinbarung der im Betrieb üblichen Arbeitszeit bei der Einstellung stellt keine individuelle Arbeitszeitvereinbarung dar, die gegenüber einer späteren Veränderung der betrieblichen Arbeitszeit durch Betriebsvereinbarung Bestand hat. Ein Arbeitnehmer, der aus persönlichen Gründen auf eine bestimmte, von der betriebsüblichen Arbeitszeit unabhängigen Lage seiner Arbeitszeit Wert legt, muss dies mit dem Arbeitgeber ausdrücklich so vereinbaren. Der Umstand, dass in einem Betrieb über längere Zeit die Lage der Arbeitszeit unverändert geblieben ist, begründet keine betriebliche Übung. Wirtschaftliche und technische Gründe, die Verkürzung der Arbeitszeit, aber auch Initiativen des Betriebsrats können jederzeit eine Änderung der Lage der Arbeitszeit erforderlich machen.

Der Betriebsrat eines Innenstadtwarenhauses überrascht den Geschäftsführer mit der Forderung, das Warenhaus von montags bis freitags um 18.00 Uhr und am verkaufsoffenen Samstag um 14.00 Uhr zu schließen. Der Geschäftsführer erklärt diese Forderung für nicht verhandlungsfähig, und der Betriebsrat ruft die Einigungsstelle an. Diese entscheidet: Arbeitsende für das Verkaufspersonal ist von

> Montag bis Freitag um 18.15 Uhr und am verkaufsoffenen Samstag um 17.05 Uhr. Das Unternehmen meint, dass die Einigungsstelle damit die Grenzen ihres Ermessens überschritten habe, und klagt. Es verliert in allen Instanzen und legt Verfassungsbeschwerde ein, weil nach seiner Meinung die Mitbestimmung dort enden müsse, wo es um die verfassungsrechtliche Garantie der Unternehmerfreiheit gehe. Das Bundesverfassungsgericht nimmt die Beschwerde als offensichtlich unbegründet nicht zur Entscheidung an. Es belehrt den Unternehmer darüber, dass die Mitbestimmung ihre Grenzen nicht an den Entscheidungen des Unternehmers finde, sondern dass es umgekehrt dort keine Alleinentscheidungsbefugnis des Unternehmers gebe, wo das Gesetz Mitbestimmungsrechte des Betriebsrats vorsehe. Art. 14 GG garantiere das Eigentum nicht absolut, sondern nur im Rahmen der allgemein geltenden Gesetze (BVerfG v. 18. 12. 1985, BB 1986 S. 593 = DB 1986 S. 486).
>
> Was tun nach jahrelangem Rechtsstreit über fünf Instanzen? Vermutlich wird man am Ende doch das tun müssen, was man am besten gleich getan hätte: sich mit dem Betriebsrat an einen Tisch setzen und verhandeln. Denn dass ein Innenstadtwarenhaus im Alleingang früher als alle Wettbewerber schließt, ist praktisch kaum vorstellbar. Und wenn es in diesem Punkte deshalb kein Entgegenkommen geben kann, muss eben danach gefragt werden, wie man sonst dem Personal bei der Regelung der Arbeitszeit ein attraktives Angebot machen kann. Dass eine Einigung nach fünf Niederlagen für den Arbeitgeber einfacher oder „billiger" zu erreichen sein könnte, ist allerdings wenig wahrscheinlich.

Kasten 5: Beispiele zur Arbeitszeitregelung

Werden die Rechte des Betriebsrats bei der Lage der Arbeitszeit zum Teil immer noch unterschätzt, so ist den meisten Vorgesetzten seine Rolle bei *Mehrarbeit* und Zusatzschichten sehr wohl bewusst. Dennoch ist die weit verbreitete Meinung, Überstunden müssten dem Betriebsrat rechtzeitig „gemeldet" werden, so nicht richtig. Denn der Betriebsrat hat ein echtes Mitbestimmungsrecht. Allerdings hat dieses Mitbestimmungsrecht nicht den Einzelfall zum Gegenstand. Vielmehr geht es in erster Linie um Regelungen darüber, wie bei aus verschiedenen Anlässen anfallendem Mehrarbeitsbedarf zu verfahren ist (BAG v. 12. 1. 1988, DB 1988 S. 1272 = NZA 1988 S. 517). Dabei hat sich in der Praxis durchweg die Regelung eingebürgert, dass vorhersehbare und eingeplante Mehrarbeit vorher vom Betriebsrat zu genehmigen ist, während über ad hoc anfallende Überstunden umgehend informiert wird.

In echten Not- und Katastrophenfällen entfallen selbstverständlich sämtliche gesetzlichen Beschränkungen für die Anordnung von Mehrarbeit. „Not kennt kein Gebot". Wenn es brennt, muss gelöscht und nicht diskutiert werden. Allerdings: Nicht alles, was ein kostenbewusster Vorgesetzter für eine Katastrophe hält, genügt den gesetzlichen Voraussetzungen. Gemeint sind z.B. nach § 12 ArbZG nur solche Fälle, in denen Mehrarbeit nicht voraussehbar und unabwendbar ist, sofern andernfalls Lebensmittel zu verderben, Arbeitsergebnisse zu misslingen drohen oder Gefahren für die Umwelt entstehen würden.

Ohne große praktische Bedeutung ist heute § 87 Abs. 1 *Nr. 4* BetrVG: Zeit, Ort und Auszahlung der Arbeitsentgelte. Man hat sich durchweg auf Erstattung der Kontoführungsgebühren in Höhe der Steuerfreibeträge geeinigt, und von einem freien

Tag je Monat zum Abholen des Geldes vom kontoführenden Institut ist seit langem nicht mehr die Rede. Dennoch hat das BAG noch im Jahre 1988 (DB 1989 S. 1340 = NZA 1989 S. 564; ähnlich BAG v. 10. 8. 1993, DB 1994 S. 281 = NZA 1994 S. 326) die Einführung einer so genannten Kontostunde durch eine Einigungsstelle gebilligt, wenn das nächste Geldinstitut vom Werk relativ weit entfernt liegt. Der Sache nach ist das eine den Tarifvertragsparteien vorbehaltene Arbeitszeitverkürzung bei vollem Lohnausgleich.

Nr. 5 ist eine zentrale Vorschrift für die Einführung von Werksferien. Denn dabei handelt es sich rechtlich gesehen um eine Zwangsbeurlaubung der Arbeitnehmer ohne Rücksicht auf ihre persönlichen Wünsche, die bei individueller Urlaubsgewährung nach § 7 Abs. 1 BUrlG im Rahmen der betrieblichen Belange zu beachten wären. Deshalb ist die *normative* Wirkung einer Betriebsvereinbarung hier unverzichtbar. Wenn unbezahlter Urlaub im Zusammenhang mit Jahreserholungsurlaub gewährt wird, erstreckt sich das Mitbestimmungsrecht auch auf die damit zusammenhängenden Fragen.

Zuweilen werden nur Grundsätze für die Urlaubsgewährung festgeschrieben, beispielsweise dass Eltern schulpflichtiger Kinder während der Schulferien bevorzugt in Urlaub gehen können, dass es bei unbeliebten Jahreszeiten einen Bonus gibt usw. Im Übrigen, und das gilt insbesondere für die Möglichkeit, im Streitfall die zeitliche Lage des Urlaubs für einzelne Arbeitnehmer festzusetzen, handelt es sich um ein bei Betriebsräten ausgesprochen ungeliebtes Mitbestimmungsrecht. Sie erkennen schnell, dass das Bemühen, es jedem Recht zu machen, auf Dauer mehr Feinde als Freunde schafft.

Nr. 6 sieht die Mitbestimmung des Betriebsrats bei der Einführung und Anwendung von technischen Einrichtungen zur Überwachung von Verhalten oder Leistung der Arbeitnehmer vor. Die Tragweite dieser Regelung ist nach jahrelanger extensiver Interpretation durch das BAG dem Gesetzestext selbst kaum mehr zu entnehmen. Zunächst hatte das BAG klargestellt, dass es nicht darauf ankomme, ob der Unternehmer eine solche Kontrolle überhaupt beabsichtigt: Auch die Anbringung eines Produktographen, die allein zur Begründung einer Reklamation gegenüber dem Anlagenbauer dienen soll, unterliegt der Mitbestimmung des Betriebsrats (BAG v. 9. 9. 1975, BB 1975 S. 1480 = DB 1975 S. 2233). Es genügt, dass die erfassten personenbezogenen Daten eine Überwachung von Verhalten oder Leistung möglich machen. Behauptet der Unternehmer, dass dies gar nicht in seiner Absicht liegt, wäre eben das der Inhalt der abzuschließenden Betriebsvereinbarung.

Mit Beschluss v. 18. 2. 1986 (DB 1986 S. 1178 = NZA 1986 S. 488) hat das BAG entschieden, dass auch Stückezähler „Leistung" erfassen, selbst wenn wegen konkurrierender Ursachen (Mangel an Vormaterial, Stromausfall, Reparatur) eine Leistungsbewertung gar nicht möglich ist. Schließlich sei für den Mitbestimmungsbestand auch unerheblich, dass ein Stückezähler an einer Linie, die von einer 6köpfigen Schicht bedient werde, keinerlei Rückschlüsse auf Einzelleistungen zulasse. Dies alles sei bei der inhaltlichen Gestaltung der Vereinbarung zu berücksichtigen, schließe aber nicht von vornherein die Mitbestimmung aus.

Eine ganz andere Frage ist freilich, inwieweit der Betriebsrat rotierende Kameras, Produktographen, Telefondatenerfassung, usw. verhindern kann. Darüber müssen die Betriebspartner sich einigen – oder es entscheidet die Einigungsstelle.

Jedenfalls ist es un- und sogar kontraproduktiv, das Mitbestimmungsrecht des Betriebsrats zu bestreiten, um eine Blockade zu verhindern. Statt über die zu lösenden Sachfragen zu reden, begibt man sich in das unfruchtbare Feld formaljuristischer Plänkeleien. Die Patt-Situation wird dadurch verlängert, aber nicht beseitigt. Ist eine Einigung in der Sache beim besten Willen nicht möglich, ist es vernünftiger, sofort den Weg zur Einigungsstelle zu beschreiten, statt mit einem langwierigen Verfahren beim Arbeitsgericht zu beginnen. Denn die Einigungsstelle muss die Frage nach dem Bestehen eines Mitbestimmungsrechts und damit nach ihrer Zuständigkeit ohnehin überprüfen.

KLM betreibt in Düsseldorf und München Reservierungszentralen. Deren Aufgabe ist es, telefonisch Flüge zu reservieren und Auskünfte zu erteilen. Mit Hilfe einer automatischen ACD-Telefonanlage werden die Anrufe auf die Bedienplätze verteilt, ggf. in eine „Warteschlange" aufgenommen. Ebenso wird der Abbruch des Anrufs wegen zu langer Wartezeit durch den Kunden erfasst. Überlastete Mitarbeiter können die „Nicht-bereit-Taste" drücken und werden dadurch von der Anrufverteilung ausgenommen. Auch dies wird erfasst. Gesamtbetriebsrat und KLM können sich über die Nutzung der Anlage nicht einigen. Daraufhin entscheidet die Einigungsstelle, dass Bedienplatzgruppenreports, Warteschleifenreports, Leitungsgruppenreports und Bedienplatzreports vom Arbeitgeber abgerufen werden können. Der Spruch enthält Verbote über die Vernetzung dieser Daten mit Daten aus anderen Dateien. Sofern die Auswertung der Reports zu Abmahnungen führen, soll dem Betriebsrat entsprechend § 99 BetrVG ein Mitbestimmungsrecht zustehen. Der Gesamtbetriebsrat hält den gesamten Spruch für rechtsunwirksam. Der Arbeitgeber hält die Einführung einer Mitbestimmung vor Abmahnungen durch Einigungsstellenspruch für unwirksam.

Im Gegensatz zum LAG Hessen gibt das BAG (v. 30. 8. 1995, DB 1996 S. 333 = NZA 1996 S. 218) dem Arbeitgeber Recht:

Zweck des Mitbestimmungsrechts nach § 87 Abs. 1 Nr. 6 BetrVG ist nicht der Schutz der Arbeitnehmer vor jeglicher Überwachung, sondern nur der Schutz vor den besonderen Gefahren derjenigen Überwachungsmethoden, die sich für das Persönlichkeitsrecht der Arbeitnehmer aus dem Einsatz technischer Einrichtungen ergeben, z. B. durch technische Datenerhebung und Verarbeitung. Die Einigungsstelle überschreitet die Grenzen ihres Ermessens nicht, wenn sie dem Arbeitgeber einerseits die erforderlichen Informationen verschafft, um das Funktionieren eines reibungslosen unternehmensweiten Reservierungssystem sicherzustellen, andererseits Verwertungsverbote und Beteiligungsrechte des Betriebsrats festlegt. Die Einigungsstelle ist jedoch nicht befugt, gegen den Willen des Arbeitgebers dem Betriebsrat über das BetrVG hinausgehende Mitbestimmungsrechte bei Abmahnungen einzuräumen.

Kasten 6: Mitbestimmung bei Telefonanlage mit automatischer Datenerfassung

Mit dem Siegeszug der Personalinformationssysteme vor mehr als 30 Jahren begann auch ein langer Streit um die Mitbestimmungsrechte des Betriebsrats. Relativ schnell wurde deutlich, dass bei der Einführung eines umfassenden rechnergestützten Personalabrechnungs-, Informations- und Administrationssystem praktisch kaum in mitbestimmungspflichtige (weil verhaltens- und leistungsbezogen) und mitbestimmungsfreie (weil sonstige personenbezogene Daten betreffende) Elemente unterschieden werden konnte. Lange wurde jedoch darum gestritten, ob und inwieweit so genannte Krankenläufe der Mitbestimmung des Betriebsrats unterliegen. Darunter versteht man die Korrelierung von individuellen und allgemeinen oder belastungsspezifischen Fehlzeiten bis hin zum Ausdruck von Namenslisten über Mitarbeiter mit auffälligen Fehlzeiten nach Dauer oder/und Häufigkeit. Die Arbeitgeber argumentierten, dass Fehlzeitenerfassung und -vergleich nicht der Kontrolle des Verhaltens oder der Leistung von Mitarbeitern diene. Eher durch ein mitbestimmungspolitisches Machtwort als philologisch überzeugend entschied das BAG (v. 11.3.1986, DB 1986 S. 1469 = NZA 1986 S. 526), dass Kranksein als „Verhalten" i.S.v. § 87 Abs. 1 Nr. 6 BetrVG anzusehen sei. Arztbesuche, Fehlzeitenerfassung, -verwertung und -gespräche beschäftigen seither regelmäßig die Rechtsprechung. Dabei hat sich das Schwergewicht jedoch mehr zum Mitbestimmungstatbestand von § 87 Abs. 1 Nr. 1 BetrVG „Ordnung des Betriebes und Verhalten der Arbeitnehmer im Betrieb" verlagert (zur Vorbereitung der Kündigung wegen Krankheit vgl. den Beitrag „Arbeitsrecht für Vorgesetzte" in diesem Band).

> Als in einer Abteilung der Krankenstand überproportional ansteigt, gibt die Geschäftsleitung dem Abteilungsleiter die Anweisung, mit allen Mitarbeitern, die mehr als 25 Tage Ausfallzeit im Jahr haben, Fehlzeitengespräche zu führen. Ziel dieser Gespräche ist es, die Ursachen für die Fehlzeiten herauszufinden. Sofern sich diese im Gespräch nicht klären lassen, sollen die Mitarbeiter aufgefordert werden, „freiwillig" ihren Arzt von der Schweigepflicht zu befreien. Der Betriebsrat verlangt Mitbestimmung. Der Arbeitgeber ist der Auffassung, dass es lediglich darum gehe, in individuellen Gesprächen die Ursachen für die Nichterfüllung der Arbeitspflicht aufzuklären.
>
> Der Betriebsrat hat in allen Instanzen bis hin zum BAG (v. 8. 11. 1994, DB 1995 S. 1132 = NZA 1995 S. 857) Erfolg:
>
> Gegenstand des Mitbestimmungsrechts nach § 87 Abs. 1 Nr. 1 BetrVG ist das betriebliche Zusammenleben und Zusammenwirken der Arbeitnehmer. Von diesem mitbestimmungspflichtigen Ordnungsverhalten ist das reine Arbeitsverhalten zu unterscheiden. Das Arbeitsverhalten wird berührt, wenn der Arbeitgeber kraft seiner Organisations- und Leitungsmacht bestimmt, welche Arbeiten in welcher Weise auszuführen sind. Nicht mitbestimmungspflichtig sind danach Anordnungen, mit denen die Arbeitspflicht unmittelbar konkretisiert wird. Die Führung formalisierter Krankengespräche zur Aufklärung eines überdurchschnittlichen Krankenstandes mit einer nach abstrakten Kriterien ermittelten Mehrzahl von Arbeitnehmern ist mitbestimmungspflichtig. Der Betriebsrat verlangt hier nicht Mitbestimmung in Bezug auf das „Krankheitsverhalten" der Arbeitnehmer, sondern auf das Verhalten der Arbeitnehmer bei der Führung der Gespräche über ihre Krankheit.
>
> Ein Arbeitgeber macht durch Aushang bekannt, dass künftig Entgeltfortzahlung bei Arztbesuchen während der Arbeitszeit nur noch geleistet werde, wenn die Notwendigkeit des Arztbesuches während der Arbeitszeit auf einem hierfür zu verwendenden Formular vom behandelnden Arzt bescheinigt wird. Das an die Mitarbeiter ausgegebene Formular hat folgenden Text:

> Der/die Mitarbeiter/in war heute in der Zeit von ____ Uhr bis ____ Uhr bei uns zur Behandlung.
> Sofern die Behandlungszeit innerhalb der Arbeitszeit lag, musste die Behandlung aus folgendem wichtigen Grund zu dieser Tageszeit ausgeführt werden:
>
> – ambulante Behandlung auf Grund eines während der Arbeitszeit erlittenen Arbeitsunfalls
> – Arztbesuch anlässlich einer während der Arbeitszeit aufgetretenen akuten Erkrankung, wobei hiermit die Notwendigkeit des sofortigen Arztbesuches bescheinigt wird
> – amtsärztlich angeordnete Untersuchung oder Vorsorgeuntersuchung
> – Spezialuntersuchung, deren notwendige Durchführung während der Arbeitszeit hiermit durch den Arzt bescheinigt wird.
>
> _____   _____
> Ort, Datum   Praxisstempel/Unterschrift
>
> Der Betriebsrat hält die Verwendung derartiger Formulare für mitbestimmungspflichtig und ist mit seinem Antrag beim BAG (v. 21.1.1997, NZA 1997 S. 785) erfolgreich.
> Verlangt der Arbeitgeber bei Arztbesuchen während der Arbeitszeit lediglich einen Nachweis darüber, dass dieser erforderlich war, fällt dies nicht unter die Mitbestimmung des Betriebsrats. Denn der Arbeitgeber verlangt damit lediglich vom Anspruchsteller einen Nachweis dafür, dass der geltend gemachte Anspruch tatsächlich besteht. Sollen hingegen generelle Regelungen darüber aufgestellt werden, in welcher Form der zu führende Nachweis zu erbringen ist, insbes. durch Verwendung eines einheitlichen Formulars, handelt es sich um eine mitbestimmungspflichtige Regelung, die die Ordnung des Betriebes und das Verhalten der Arbeitnehmer im Betrieb betreffen.

Kasten 7: Fehlzeitengespräche/Arztbesuche und Mitbestimmung

Nr. 7 (Regelungen *im Rahmen* der gesetzlichen oder Unfallverhütungsvorschriften) war lange Zeit sozusagen „totes" Recht. Seit den generalklauselartigen Regelungen in den Gewerbeordnungen des 19. Jahrhunderts war die Entwicklung des staatlichen Unfall- und Gesundheitsschutzes durch immer umfassendere, detailliertere und unübersichtlichere staatliche Vorgaben bestimmt. Dies ließ für – allein dem Mitbestimmungsrecht unterliegende – *ausfüllende* Regelungen praktisch keinen Raum. Unausgesprochene Leitidee war, dass ein Optimum an Schutz und Sicherheit dadurch zu erlangen sei, dass der Staat Mindestnormen setzt und sie durch staatliche Behörden laufend kontrolliert, um bei Nichteinhaltung mit Polizeistrafen zu sanktionieren. Der europäische Arbeitsschutz nimmt mit einer Generalklausel wiederum primär den Arbeitgeber in die Pflicht und macht den Arbeitsschutz sozusagen zur Chefsache: „Der Arbeitgeber ist verpflichtet, die erforderlichen Maßnahmen des Arbeitsschutzes unter Berücksichtigung der Umstände zu treffen, die Sicherheit und Gesundheit der Beschäftigten bei der Arbeit beeinflussen. Er hat die Maßnahmen auf ihre Wirksamkeit zu überprüfen und erforderlichenfalls sich ändernden Gegebenheiten anzupassen.

Dabei hat er eine Verbesserung von Sicherheit und Gesundheit der Beschäftigten anzustreben" (§ 3 Abs. 1 Arbeitsschutzgesetz – ausführlicher hierzu der Beitrag „Die (Un-) heimliche Überlagerung der Arbeitsbeziehung durch europäisches Recht", in diesem Band). Dadurch ergeben sich vor allem im Hinblick auf Prävention und best-practice-Strategien Regelungs- und Mitbestimmungsmöglichkeiten auf betrieblicher Ebene.

Die europäische Rechtsetzung hat auch zur Überwindung der traditionellen Trennung von Innen (Arbeitsschutz) und Außen (Umweltschutz) einschließlich der darauf basierenden unverbundenen Behördenorganisation geführt: Amt für Arbeitsschutz einerseits und Umweltamt andererseits. Ob allerdings diese in der Tat sachfremde Trennung dadurch überwunden werden kann, dass das Betriebsverfassungsreformgesetz von 2001 dem Betriebsrat in einer neu aufgenommenen Ziffer 9 in § 80 Abs. 1 BetrVG „Maßnahmen des Arbeitsschutzes und des betrieblichen Umweltschutzes zu fördern" zur Pflichtaufgabe macht, muss bezweifelt werden. Denn zum einen ist mit dieser Erweiterung der Aufgaben des Betriebsrats keine entsprechende Erweiterung seiner Mitbestimmungsrechte verbunden. Zum anderen ist angesichts der globalen Dimension des Umweltschutzes kaum auszumachen, was noch als *betrieblicher* Umweltschutz anzusehen ist und was nicht mehr. Hier drängt sich in der Tat der Verdacht auf, dass der Gesetzgeber eigene Versäumnisse durch Begründung von (Schein-)Kompetenzen betrieblicher Interessenvertreter zu kompensieren oder gar zu kaschieren sucht.

Den folgenden Mitbestimmungsbeständen der Nrn. *8 bis 12* ist gemeinsam, dass sie von einer Grundsatzentscheidung des Unternehmers abhängig sind. Ob eine Kantine eingeführt wird, was sie an Zuschüssen kosten darf („Dotation") und ob sie wieder geschlossen wird, ist eine mitbestimmungsfreie Unternehmerentscheidung. Alle anderen (Verwaltungs-)Maßnahmen unterliegen voll der Mitbestimmung des Betriebsrats. Dazu gehört auch eine Einschränkung der Nutzungsmöglichkeit, die nicht etwa als Teilschließung behandelt wird. Dazu eine instruktive BAG-Entscheidung vom 15. 9. 1987 (DB 1988 S. 404 = NZA 1988 S. 104):

In einem Unternehmen hat es sich seit 1973 eingebürgert, dass die Kantine für Jubiläums- und andere private Feiern genutzt wird. Als das Reinigungspersonal sich wegen der häufig starken Verschmutzung beschwert, untersagt der Arbeitgeber die Nutzung der Kantine zu privaten Zwecken. Der Betriebsrat sieht sein Mitbestimmungsrecht verletzt und verlangt die Wiederherstellung des früheren Zustands. Das BAG gibt ihm Recht, weil zur Zweckbestimmung nicht die Konkretisierung der Nutzungsmöglichkeiten, hier die Nutzung einer Kantine für private Feiern, gehört. Dahingehende Regelungen unterliegen voll der Mitbestimmung des Betriebsrats.

Ähnliches gilt nicht nur für Werkswohnungen nach *Nr. 8,* sondern auch für Vergütungsfragen nach *Nr. 10 und 11.* Auch hier kommt eine Mitbestimmung des Betriebsrats nur in Betracht, soweit die Vergütung nicht tarif- oder einzelvertraglich festgeschrieben ist, also nur bei übertariflichen Zulagen oder einzelvertraglichen Vergütungsbestandteilen, die unter Widerrufsvorbehalt stehen, mithin freiwillig gewährt werden. Dass es sich um eine freiwillige Leistung des Arbeitgebers handelt, ist also kein Argument gegen das Mitbestimmungsrecht des Betriebsrats, sondern geradezu eine Voraussetzung dafür, dass es zwischen Vertragsanspruch und Tarifvorrang überhaupt etwas für die Betriebsvereinbarung zu regeln gibt.

Um qualifizierte Forscher zu gewinnen, zahlt ein Forschungsinstitut an alle Forscher eine widerrufliche Forschungszulage. Diese wird refinanziert über den Staatshaushalt. Im Zuge einer Sparmaßnahme wird die Forscherzulage für das nächste Haushaltsjahr global um 50 % gekürzt. Daraufhin teilt das Forschungsinstitut seinen in der Forschung tätigen Angestellten im Dezember mit, dass man gezwungen sei, auf Grund der Haushaltskürzungen vom Widerrufsvorbehalt Gebrauch zu machen, und die Forscherzulage mit Beginn des nächsten Jahres um 50 % gekürzt werde. Die hiervon betroffenen Forscher klagen auf Weiterzahlung der vollen Forscherzulage mit der Begründung, dass die einseitige Reduzierung der Forscherzulage wegen Nichtbeachtung des Mitbestimmungsrechtes gem. § 87 Abs. 1 Nr. 10 BetrVG unwirksam sei. Das Forschungsinstitut ist der Auffassung, dass im vorliegenden Falle für Mitbestimmungsrechte des Betriebsrats überhaupt kein Raum bleibe, weil die Halbierung der Forscherzulage auf einem Gesetz im Sinne von § 87 Abs. 1 Eingangssatz BetrVG beruhe.

Das Bundesarbeitsgericht gibt den Klägern Recht (v. 3. 8. 1982, BB 1983 S. 376 = DB 1983 S. 237): Das Haushaltsgesetz regle nicht die Vergütungsansprüche der Forscher gegenüber dem Forschungsinstitut, sondern lediglich die Zuwendungen des Staates an das Forschungsinstitut. Richtig sei, dass die Halbierung der für die Forscherzulage zur Verfügung stehenden Mittel eine Vorgabe für die Mitbestimmung des Betriebsrats sei und damit nicht zur Diskussion stehe. Daraus folge jedoch nicht zwingend, dass eine Halbierung der Zuwendungen für Forscher nur durch eine Halbierung der Forscherzulage für jeden einzelnen Betroffenen aufzufangen sei. Denkbar seien durchaus auch andere Lösungen, wie z. B. eine Differenzierung nach Betriebszugehörigkeit, sozialen Gesichtspunkten, Funktionen usw. Die einseitig getroffene Entscheidung des Arbeitgebers, die Reduzierung der Sondermittel um 50 % linear an die Begünstigten weiterzugeben, verletze die gesetzlichen Mitbestimmungsrechte des Betriebsrats und sei deshalb nichtig. Die völlige Streichung aller Forschungszulagen wäre hingegen eine mitbestimmungsfreie unternehmerische Entscheidung gewesen.

In einem anderen Fall stellt ein Unternehmen fest, dass durch Streichung der niedrigsten Tarifgruppen und durch zahlreiche Besitzstandsklauseln das Einkommen der Leistungsträger und weniger leistungsstarker Mitarbeiter nahezu vollständig nivelliert worden ist, was nach seiner Meinung zu erheblichen Motivationsproblemen bei den Leistungsträgern führt. Da es als tarifgebundenes Unternehmen an der tariflichen Vergütungsstruktur nichts ändern kann, will es zusätzliche freiwillige Leistungszulagen einführen. Der Betriebsrat ist mit diesem Vorschlag im Prinzip einverstanden, hält jedoch Einzelprämien für entsolidarisierend und verlangt deshalb die Einführung von Gruppenprämien, also die gleichmäßige Berücksichtigung aller Mitarbeiter einer Schicht ohne Rücksicht auf die individuelle Leistung. Der Unternehmer meint, dass damit der Zweck für die Einführung der Leistungsprämie völlig verwässert werde, und hält dies für einen Eingriff in die allein von ihm zu treffende Zweckbestimmung einer freiwillig einzuführenden Prämie. Gleichwohl wird auf Antrag des Betriebsrats eine Einigungsstelle eingesetzt, die durch ihren Spruch die vom Betriebsrat gewünschte Gruppenprämie einführt. Der Unternehmer weigert sich, für diese Art Prämie zusätzliche Mittel zur Verfügung zu stellen, und wird nun vom Betriebsrat verklagt.

> Das Bundesarbeitsgericht (v. 17. 12. 1985, DB 1986 S. 914 = NZA 1986 S. 364) bestätigt zunächst grundsätzlich das Mitbestimmungsrecht des Betriebsrats und damit auch die Zuständigkeit der Einigungsstelle. Allerdings betreffe die Mitbestimmung nach § 87 Abs. 1 Nr. 10 lediglich Gestaltungsfragen wie Vergütungsgrundsätze und -methoden. Dagegen könne die Einführung einer Zusatzvergütung auch mit Hilfe der Einigungsstelle nicht erzwungen werden. Selbst nach einem Spruch der Einigungsstelle habe der Unternehmer deshalb die Wahl, ob er gemäß dem Spruch Prämien zahlen wolle oder ob er überhaupt keine Prämien zahlen wolle. Er habe hingegen nicht die Wahl, nach anderen als den von der Einigungsstelle festgelegten Kriterien freiwillige Prämien zu zahlen.

Kasten 8: Sog. strukturierendes Mitbestimmungsrecht bei Vergütungsregelungen

Die Entscheidung sieht auf den ersten Blick für den Unternehmer erfreulicher aus, als sie tatsächlich ist. Er hat zwar seinen Prozess gewonnen, er muss nicht zahlen, aber er hat seine eigentlichen Ziele nicht erreicht; denn diese waren, durch eine zusätzliche Prämie die Leistungsträger wieder zu motivieren. In Wahrheit gibt es nur Verlierer: den Betriebsrat, der nicht nur nichts erreicht hat, sondern der außerdem einen Teil der Mitarbeiter um mögliches Zusatzeinkommen gebracht hat, und den Unternehmer, der, nachdem er durch das Verfahren bei allen Mitarbeitern Erwartungen geweckt hat, am Ende alle frustriert. Daraus lässt sich nur eine praktisch vernünftige Konsequenz ziehen: Was sich im Bereich freiwilliger Zusatzleistungen nicht auf dem Verhandlungswege durch einen vernünftigen Kompromiss erzielen lässt, das kann erst recht nicht durch eine Auseinandersetzung vor der Einigungsstelle mit autoritativer Entscheidung durch einen betriebsfremden Dritten erreicht werden. In dieser Situation ist es Sache des Betriebsrats, sozusagen die Schmerzgrenze des Unternehmers auszuloten, d. h. welche zielfremden Einschränkungen der Unternehmer noch hinzunehmen bereit ist, ohne deshalb vollends auf die Verfolgung seines Zieles zu verzichten. Und es ist Sache des Unternehmers, bereits im Betrieb und am Verhandlungstisch klar zu machen, wofür er noch bereit ist, zusätzliche Lohnkosten aufzuwenden, und wofür nicht mehr. Jedenfalls kann der Arbeitgeber die Mitbestimmungsrechte des Betriebsrats nicht dadurch „aushebeln", dass er eine bestehende Betriebsvereinbarung über freiwillige Leistungen kündigt, um anschließend eine einseitige Regelung allein nach seinen Vorstellungen in Kraft zu setzen.

Lange umstritten war die Frage, ob dem Betriebsrat bei Anrechnung außertariflicher Zulagen ein Mitbestimmungsrecht zusteht. Die Arbeitgeber hatten argumentiert, dass sich die Anrechnung freiwilliger außertariflicher Zulagen sozusagen automatisch aus den getroffenen Abreden ergebe, sodass für die Mitbestimmung des Betriebsrats überhaupt kein Raum sei. Das BAG hat im Dezember 1991 eine differenzierende Position bezogen, die jedoch im Grunde keine Überraschungen brachte und auf die folgende einfache Formel gebracht werden kann: Rechnet der Unternehmer die Tariferhöhung voll oder überhaupt nicht auf die freiwilligen Zulagen an, so fehlt es am Mitbestimmungsgegenstand – rechnet der Unternehmer die Tariferhöhungen nur teilweise an, so dass sich das Verhältnis der Vergütungen zueinander ändert, steht dem Betriebsrat ein sog. strukturierendes Mitbestimmungsrecht zu. Wegen der grundlegenden Bedeutung sollen die Leitsätze des Beschlusses Großer Senat BAG vom 3. 12. 1991 (DB 1992 S. 1579 = NZA 1992 S. 749) hier im Wortlaut wiedergegeben werden:

1. „Der Tarifvorbehalt des § 77 III BetrVG steht einem Mitbestimmungsrecht nach § 87 1 Nr. 10 BetrVG bei der Festlegung von Kriterien für über-/außertarifliche Zulagen nicht entgegen. Dieses Mitbestimmungsrecht kann sowohl durch formlose Regelungsabrede als auch durch Abschluss einer Betriebsvereinbarung ausgeübt werden.
2. Die Mitbestimmung des Betriebsrats nach § 87 I wird durch den Tarifvorrang des § 87 1 Eingangss. BetrVG nur dann ausgeschlossen, wenn eine inhaltliche und abschließende tarifliche Regelung über den Mitbestimmungsgegenstand besteht. Das ist nicht der Fall, wenn das Mindestentgelt im Tarifvertrag geregelt ist, der Arbeitgeber aber darüber hinaus eine betriebliche über-/außertarifliche Zulage gewährt.
3. Die Anrechnung einer Tariflohnerhöhung auf über-/außertarifliche Zulagen und der Widerruf von über-/außertariflichen Zulagen aus Anlass und bis zur Höhe einer Tariflohnerhöhung unterliegen dann nach § 87 I Nr. 10 BetrVG der Mitbestimmung des Betriebsrats, wenn sich dadurch die Verteilungsgrundsätze ändern und darüber hinaus für eine anderweitige Anrechnung bzw. Kürzung ein Regelungsspielraum verbleibt. Dies gilt unabhängig davon, ob die Anrechnung durch gestaltende Erklärung erfolgt oder sich automatisch vollzieht.
4. Anrechnungen bzw. Widerruf sind mitbestimmungsfrei, wenn dadurch das Zulagenvolumen völlig aufgezehrt wird oder die Tariflohnerhöhung vollständig und gleichmäßig auf die über-/außertariflichen Zulagen angerechnet wird.
5 a) Bei mitbestimmungspflichtigen Anrechnungen kann der Arbeitgeber bis zur Einigung mit dem Betriebsrat das Zulagenvolumen und – unter Beibehaltung der bisherigen Verteilungsgrundsätze – auch entsprechend die einzelnen Zulagen kürzen.
5 b) Verletzt der Arbeitgeber das Mitbestimmungsrecht, sind Anrechnungen bzw. Widerruf gegenüber den einzelnen Arbeitnehmern rechtsunwirksam."

Die letzte Aussage des BAG (5 b) hat zu dem Missverständnis Anlass gegeben, dass die Verletzung von Mitbestimmungsrechten gegenüber dem Betriebsrat zu Zahlungsansprüchen für den einzelnen Mitarbeiter führe. Das ist nicht der Fall.

> Ein Zimmerer ist bei einem Bauunternehmen beschäftigt, das keinem Arbeitgeberverband angehört. Tatsächlich wird durchweg entsprechend den Lohntarifen des Baugewerbes gezahlt. Soweit man mit den Leistungen einzelner Arbeitnehmer nicht zufrieden ist, wurden und werden diese von Lohnerhöhungen ausgenommen. Der Betriebsrat wird hieran nicht beteiligt. Wegen angeblich schlechter Leistungen wird der Zimmerer bei der Tariflohnerhöhung 1988 ausgenommen. Er klagt auf Lohnanpassung und begründet dies damit, dass die Nichtanpassung schon wegen fehlender Beteiligung des Betriebsrats rechtswidrig sei.
> Das BAG (v. 20. 8. 1991, DB 1992 S. 687 = NZA 1992 S. 225) stellt klar:
> Wird die Vergütung einzelvertraglich festgelegt oder in einem Einzelfall erhöht, fehlt es an einem kollektiven Tatbestand, weil es nicht um die Festlegung abstrakt-genereller Grundsätze für die Lohnfindung geht. Differenziert der Arbeitgeber bei den Vergütungen z. B. nach dem Kriterium der Leistung, so unterliegt die dafür erforderliche Festlegung von Kriterien dem Mitbestimmungsrecht des Betriebsrats bei der Ausgestaltung des Engeltsystems nach § 87

> Abs. 1 Nr. 10 BetrVG. Dieses Mitbestimmungsrecht kann auch nicht dadurch ausgeschlossen werden, dass entsprechende einzelvertragliche Vereinbarungen getroffen werden. Unter Verletzung von Mitbestimmungsrechten des Betriebsrats einseitig vom Arbeitgeber getroffene Maßnahmen sind insoweit unwirksam, wie dadurch Ansprüche der Arbeitnehmer vereitelt oder geschmälert würden (Theorie der Wirksamkeitsvoraussetzung). Die Theorie der Wirksamkeitsvoraussetzung ist jedoch keine Rechtsgrundlage dafür, dass durch die Verletzung eines Mitbestimmungsrechts Zahlungsansprüche überhaupt erst entstehen, die bislang nicht bestanden haben.

Kasten 9: Theorie der Wirksamkeitsvoraussetzung

Zwar geht es sowohl in Nr. 10 wie auch in Nr. 11 um Mitbestimmung des Betriebsrats bei der Gestaltung von tariflich bzw. vertraglich nicht geregelten Vergütungsfragen. Dennoch unterscheiden sich die beiden Ziffern nach Voraussetzungen und Reichweite. Bei Ziffer 10 geht es um Entlohnungsgrundsätze und -methoden. Erfasst werden von dieser Vorschrift alle Vergütungsformen, ob es sich nun um Zeit- oder Leistungslohn handelt. Die Mitbestimmung ist hier jedoch beschränkt auf formale und Strukturfragen. Das reicht von so simplen Fragen wie der Bezahlung im Wochen- oder Monatslohn bis hin zu komplizierten Vergütungssystemen mit Fixbestandteilen, leistungsabhängigen variablen Zulagen und Einzelprämien sowie ihrem Verhältnis zueinander.

Nr. 11 betrifft hingegen erstens nur Leistungsvergütungen und zweitens unter diesen nur diejenigen, welche dem Typus Akkord und Prämie entsprechen. Am zunächst äußerst strittigen Thema der Behandlung von Umsatzprovisionen hat das BAG schließlich entschieden, dass von einer Leistungsvergütung nach dem Muster Akkord und Prämie nur dann die Rede sein könne, wenn es für die Ermittlung der Vergütung eine feste Bezugsleistung gebe. Musterbeispiele sind etwa der Stückakkord (je Lötung EUR 1,–) oder die Mengenprämie (je 1000 Anschläge oberhalb der Norm ein prozentualer Zuschlag). Dieser Zusammenhang ist für Abschlussprovisionen vom Bundesarbeitsgericht abgelehnt worden, weil hier auch noch andere, vom Arbeitnehmer nicht zu beeinflussende Faktoren das Ergebnis bestimmen, wie beispielsweise Wirtschaftskraft des Gebietes, Ausfall eines Großkunden, schlechte Werbung oder verfehlte Modellpolitik usw. (BAG v. 13. 3. 1984, DB 1984 S. 2145 = NZA 1984 S. 296).

5.3 Umsetzung der Mitbestimmung

Der Aufzählung der mitbestimmungspflichtigen Angelegenheiten in § 87 Abs. 1 BetrVG folgt in Absatz 2 die lapidare Auskunft: „Kommt eine Einigung über eine Angelegenheit nach Abs. 1 nicht zu Stande, so entscheidet die Einigungsstelle".

Der Gesetzgeber befasst sich also nur mit der negativen Alternative: dem Konfliktfall. Aber wo bleibt das Positive? Was ist zu veranlassen, wenn man sich einig ist? Diesen Fall hält das Gesetz nicht für regelungsbedürftig. Wenn die Betriebspartner sich über die Inhalte einigen können, so sollten sie sich eigentlich auch über die Form ihrer Vereinbarung verständigen können. Zwar enthält § 77 Abs. 2 BetrVG detaillierte Vorschriften über die Förmlichkeiten einer Betriebsvereinbarung: gemeinsamer Beschluss, schriftliche Niederlegung, beidseitige Unterzeichnung, Veröffentlichung im Betrieb. Aber diese Vorschriften sind eben nur dann einzuhalten, wenn Arbeitgeber und Betriebsrat entschieden haben, ihre Vereinbarungen in Form einer Betriebsvereinbarung zu fixieren. Nötig ist das nach dem Gesetz jedoch nicht. Absprachen auch in mitbestimmungspflichtigen Angelegenheiten können in jeder Form erfolgen, sogar mündlich oder telefonisch, und die Mitarbeiter können auch in jeder geeigneten Form darüber informiert werden. Für diese informellen Absprachen hat sich der Begriff „*Regelungsabrede*" eingebürgert. Allerdings ist die Regelungsabrede nicht lediglich eine der gesetzlichen Formen entbehrende Betriebsvereinbarung. Ihren geringen formalen Anforderungen entsprechen auch eingeschränkte rechtliche Wirkungen.

Die *Betriebsvereinbarung* ist durch die folgenden Besonderheiten charakterisiert, die der informellen Regelungsabrede fehlen: Die Betriebsvereinbarung *verbraucht das Mitbestimmungsrecht*. Ist irgendeine Regelung der Angelegenheiten des § 87 Abs. 1 BetrVG zum Gegenstand einer Betriebsvereinbarung gemacht worden, so ist ihre Durchführung nach § 77 Abs. 1 Satz 1 BetrVG grundsätzlich Sache des Arbeitgebers. In der Betriebsvereinbarung selbst kann vorgesehen werden, dass und in welcher Weise der Betriebsrat an der Durchführung von Betriebsvereinbarungen zu beteiligen ist. Aber das ist eine Verfahrensfrage. Der Inhalt selbst ist vorgegeben. Die Betriebspartner können sich auch jederzeit über eine Änderung der Betriebsvereinbarung verständigen. Das Initiativrecht gewinnen Arbeitgeber und Betriebsrat in mitbestimmungspflichtigen Angelegenheiten jedoch erst zurück, wenn die Betriebsvereinbarung ausgelaufen ist. Das kann durch Fristablauf geschehen, sofern die Betriebsvereinbarung von vornherein befristet war, im Übrigen durch Kündigung. Aber selbst wenn die Laufzeit der Betriebsvereinbarung beendet ist, gelten ihre Regelungen weiter, bis sie durch eine andere Abmachung ersetzt werden. Diese in § 77 Abs. 6 BetrVG angeordnete *Nachwirkung* soll verhindern, dass sozusagen „Löcher" in der betrieblichen Ordnung entstehen. Die Befristung oder Kündigung einer Betriebsvereinbarung hat mithin praktisch nur den Zweck, den Weg zu Neuverhandlungen frei zu machen, sofern die Betriebspartner sich nicht einvernehmlich auf eine Änderung verständigen können.

Wie Tarifverträge haben auch Betriebsvereinbarungen unmittelbare und zwingende Wirkung (§ 77 Abs. 4 Satz 1 BetrVG). Diese *normative Wirkung* gibt Schutz vor betrieblichen Außenseitern. Sind in einer Betriebsvereinbarung beispielsweise Werksferien oder Urlaubssperren festgelegt worden, so kommt es – im Gegensatz zu § 7 BUrlG – auf abweichende Wünsche einzelner Mitarbeiter nicht mehr an.

Diese Eigenschaften fehlen der *Regelungsabrede:* Eine Regelungsabrede wahrt die Mitbestimmungsrechte, verbraucht sie aber nicht. Sie ist damit funktional das, was die Angelsachsen ein „agreement" nennen. Ein agreement legitimiert, was man tut, bindet jedoch nicht für die Zukunft. Es funktioniert so lange, wie beide Seiten sich daran halten. Folgerichtig hat die Regelungsabrede auch keine gesetzliche Nachwirkung. Vor allem aber gibt sie keinerlei Schutz vor Außenseitern und Querköpfen. Ist beispielsweise in einer Betriebsvereinbarung die Arbeitszeit festgelegt für Montag bis Freitag in der Zeit von 8.00 bis 16.30 Uhr, so kann eine Regelungsabrede für die Zeit zwischen Weihnachten und Neujahr die Arbeitszeit nicht wirksam verlegen im Sinne von Vor- und Nachholen. Ein Arbeitnehmer, der am 27. Dezember unter Berufung auf die betriebliche Arbeitszeitregelung seine Arbeitskraft anbietet, setzt den Arbeitgeber in Annahmeverzug. Er erhält die vorgesehene Vergütung, selbst wenn man ihn nicht sinnvoll einsetzen kann.

In einer Beziehung hat das BAG die Regelungsabrede der Betriebsvereinbarung völlig gleichgestellt, nämlich bei der Kündigung. Hier wird vom kündigenden Teil Einhaltung der vereinbarten bzw. der für Betriebsvereinbarungen geltenden Kündigungsfristen erwartet, um der anderen Seite genügend Zeit für eine etwa erforderliche Anpassung zu geben.

Im Mai 1990 vereinbaren Arbeitgeber und Betriebsrat, dass im Reparaturbereich die Meister Überstunden anordnen dürfen, wenn der Betriebsrat unverzüglich nachträglich informiert wird. Als es zu Streitigkeiten über die Genehmigungspflicht von Überstunden in anderen Bereichen kommt, stellt der Betriebsrat beim Arbeitsgericht den Antrag, dem Arbeitgeber zu untersagen, für Arbeitnehmer des gesamten Betriebes ohne vorliegende Zustimmung des Betriebsrats Überstunden anzuordnen oder zu dulden.

Das BAG (vom 10. 3. 1992, DB 1992 S. 1734 = NAZ 1992 S. 952) erklärt den Antrag für unbegründet. Mitbestimmungspflichtige Angelegenheiten nach § 87 Abs. 1 BetrVG können von den Betriebspartnern nicht nur in einer Betriebsvereinbarung, sondern auch in einer formlosen Regelungsabrede geregelt werden. In beiden Fällen kann der Betriebsrat sein Mitbestimmungsrecht in der Weise ausüben, dass der Arbeitgeber ermächtigt wird, bei bestimmten Fallgestaltungen Überstunden ohne vorausgegangene Zustimmung des Betriebsrats anzuordnen. Da die Regelungsabrede ein schuldrechtlicher Vertrag zwischen den Betriebsparteien ist, wirkt sie lediglich zwischen Arbeitgeber und Betriebsrat und hat keine normative Wirkung auf den Inhalt der Arbeitsverhältnisse. Die Regelungsabrede ist kündbar. In diesem Falle muss jedoch der kündigende Vertragsteil dem anderen die Möglichkeit geben, sich auf die Änderung der Verhältnisse einzustellen. Sofern keine Kündigungsfrist vereinbart ist, kann auch eine Regelungsabrede analog § 77 Abs. 5 BetrVG nur mit dreimonatiger Frist gekündigt werden.

Kasten 10: Beispiel für eine Regelungsabrede

Betriebsvereinbarung oder Regelungsabrede? Das hängt von den Prioritäten ab. Wo Berechenbarkeit und Sicherheit oberstes Gebot sind, sollte die schwerfällige Betriebsvereinbarung Vorrang haben. Allerdings kann es passieren, dass eine völlig verfehlte und vor Jahren bereits gekündigte Betriebsvereinbarung immer noch angewendet werden muss, weil eine neue Regelung einfach nicht zu Stande kommt oder sogar planmäßig verzögert wird. Wo Flexibilität Trumpf ist, bietet sich die unkomplizierte Regelungsabrede an. Jedoch ist man hier vor Überraschungen nicht sicher. Verlangt der neugewählte Betriebsrat, dass alle Überstunden vorher von ihm genehmigt werden müssen, nutzt der Hinweis auf die bisherige Praxis der Benachrichtigung wenig.

So dokumentiert sich bei der Entscheidung über Betriebsvereinbarung oder Regelungsabrede auch stets ein wichtiges Stück Firmenphilosophie: Große Konzerne sind stolz darauf, alles und jedes klar geregelt zu haben, und legen regelrechte Sammlungen von Konzern-, Gesamtbetriebs- und Betriebsvereinbarungen an. In kleinen und mittleren Unternehmen existieren oft nur eine Arbeitsordnung und eine Regelung der Arbeitszeit; alles andere wird von Fall zu Fall „vor Ort" entschieden. Und beides funktioniert.

Verzeichnis der verwendeten Abkürzungen

AktG	– Aktiengesetz
ArbG	– Arbeitsgericht
ArbZG	– Arbeitszeitgesetz
AuR	– Arbeit und Recht (Arbeitsrechtszeitschrift des DGB)
BAG	– Bundesarbeitsgericht
BB	– Betriebsberater, 10-Tages-Zeitschrift
BDSG	– Bundesdatenschutzgesetz
BetrVG	– Betriebsverfassungsgesetz
BUrlG	– Bundesurlaubsgesetz
BVerfG	– Bundesverfassungsgericht
DB	– Der Betrieb, Wochenzeitschrift
GenG	– Genossenschaftsgesetz
GG	– Grundgesetz
GmbHG	– Gesetz über die Gesellschaft mit beschränkter Haftung
HGB	– Handelsgesetzbuch
KSchG	– Kündigungsschutzgesetz
LAG	– Landesarbeitsgericht
NZA	– Neue Zeitschrift für Arbeitsrecht
TVG	– Tarifvertragsgesetz

Zur Konkretisierung und weiteren Vertiefung wird empfohlen, im Fallstudienband die Fälle zu „Zusammenarbeit mit dem Betriebsrat" zu bearbeiten.

Teil VII
Das gesellschaftliche Umfeld

Einführung

Im einführenden Artikel zu diesem Themenkomplex verdeutlicht GEBERT die Vorteile, aber auch die spezifischen Kosten einer „offenen" bzw. „geschlossenen" Gesellschaft. Zudem weist er darauf hin, dass vergleichbare Bestrebungen in Organisationen beobachtet werden können, und gibt Kriterien zur Einschätzung der betrieblichen Strukturen an die Hand.

Unternehmen können zudem nicht als „Staat im Staate" interpretiert werden, sondern sie sind Teil einer Gesellschaft, auf die sie wiederum rückwirkend Einfluss nehmen. Was sich im Umfeld eines Unternehmens tut, wirkt in dieses hinein und muss bis ins konkrete Führungsverhalten bedacht und in angemessenes Handeln übersetzt werden.

Personalstrategien in und für die neuen Bundesländer bleiben weiterhin ein Thema, da auch mehrere Jahre nach der politischen Wiedervereinigung die Wirtschaftspraxis immer noch vor Integrationsproblemen steht. BECKER und GANSLMEIER erläutern die situativen Rahmenbedingungen sowie ausgewählte Personalstrategievorschläge.

In Zeiten der Rezession ist strategische Personalarbeit besonders gefordert. Ist Personalentwicklung nur ein Incentive für gute Zeiten, sind die Mitarbeiter statt Humankapital lediglich ein Kostenfaktor? WEIDL erläutert zunächst erfolgreiches Krisenmanagement als eine spezielle Form der Führung. Danach schildert er innovative Ansätze zur Personalarbeit gerade in Krisenzeiten und stellt hier insbesondere die ein Leadership Review als Ausgangsbasis für nachfolgendes In- bzw. Out-Placement der Führungsmannschaft heraus.

Ein solches der Umwelt gegenüber verantwortliches Handeln ist bereits Teil einer ethischen Orientierung im Unternehmen und somit auch einer Führungsethik. DIERKES und MÜTZEL setzen sich mit dem Verhältnis von Ethik und ökonomischer Vernunft auseinander. Leitbildorientiertes Management ist dabei der Weg, die Integration einer Unternehmensethik in die Unternehmenskultur das Ziel.

Eine spezifische Tendenz des Wertewandels bezieht sich auf die Hochschätzung der Freizeit und auf den Wunsch nach mehr Selbstständigkeit sowie die Beteiligung von Frauen an qualifizierter Erwerbstätigkeit. Dies stellt eine große Herausforderung an die Fantasie und den Gestaltungswillen von Unternehmen dar, da als eine wesentliche Konsequenz Flexibilisierung der Arbeitszeit gefordert ist, WILKENS, PAWLOWSKY und STRÜMPEL zeigen in einem informationsreichen Beitrag die Wünsche der „Basis" und plädieren vor diesem Hintergrund für flexible Systeme, die in ihrer Summe auch zu Arbeitszeitverkürzungen führen und mit deren Hilfe gleichzeitig jenen geholfen werden könnte, die heute ohne Arbeit sind, die aber gerne arbeiten möchten.

Dieser Aspekt wird von WEIDINGER noch weiter konkretisiert, der anhand von praktischen Beispielen innovative Arbeitszeitmodelle vorstellt. Flexible Jahresarbeitszeitmodelle, zeitautonome Gruppen und „Wahlarbeitszeit"-Regelungen seien hier beispielsweise genannt.

Führungspositionen sind bisher weitgehend von Arbeitszeitflexibilisierungen im Sinne von Arbeitszeitverkürzung oder Teilzeit ausgenommen. LADWIG stellt deshalb in ihrem Beitrag die damit verbundenen Chancen und Risiken für Unternehmen, Führungskräfte und Mitarbeiter heraus und verweist auf Erfolg versprechende Implementierungsstrategien.

Diether Gebert

Die offene Gesellschaft – wie verführerisch ist die geschlossene Gesellschaft?

1. Problemstellung
2. Kennzeichen der offenen und der geschlossenen Gesellschaft
3. Der Preis der offenen bzw. der geschlossenen Gesellschaft
4. Wie kann eine Balance zwischen offener und geschlossener Gesellschaft aussehen?
5. Wie lässt sich durch Führung die offene bzw. geschlossene Gesellschaft innerbetrieblich stützen?
6. Ausblick

1. Problemstellung

Demokratie, Interessenplural, Chancengleichheit und Innovation sind zentrale Merkmale einer offenen Gesellschaft. Diese offene Gesellschaft gilt es zu verteidigen. Der Verteidigungsbedarf rührt daher, dass die offene Gesellschaft nicht nur attraktiv, sondern auch mühselig ist. Mit zunehmender Praktizierung der offenen Gesellschaft zahlen wir einen Preis, nämlich den Verlust der Güter der geschlossenen Gesellschaft. Da auch diese in hohem Maße attraktiv sind, ist die offene Gesellschaft, gerade dann, wenn sie deutlich ausgeprägt praktiziert wird, prinzipiell nicht garantiert, sondern vielmehr – von innen her – gefährdet: Die Hauptgefahr für die offene Gesellschaft liegt in den Verlockungen der geschlossenen Gesellschaft.

Dass auch nach Kant eine Rückkehr zur geschlossenen Gesellschaft möglich ist, wurde in Deutschland gleich zwei Mal eindrucksvoll belegt: Sowohl der Nationalsozialismus als auch der gerade zusammengebrochene „real existierende Sozialismus" erfüllten die Kriterien der geschlossenen Gesellschaft. Und auch heute gibt es Symptome: Zu verweisen wäre etwa auf den Fundamentalismus, aber auch auf die zunehmende Attraktivität von Sekten und Fernseh-Predigern, die „Ausländer raus"-Parolen usw.

Die Unterscheidung einer offenen von einer geschlossenen Gesellschaft geht auf die grundlegende Arbeit von Sir KARL POPPER (1980) „Die offene Gesellschaft und ihre Feinde" zurück. Im folgenden Beitrag sollen die Popperschen Kategorien auf den betrieblichen Kontext übertragen werden. Denn auch Betriebe können als offene bzw. geschlossene Gesellschaften interpretiert werden. Ziel dieses Beitrags ist, zum Nachdenken anzuregen. Ein wesentlicher Zweck wäre erreicht, wenn der Leser sich anschließend fragt, in welchem Sinne das Unternehmen, in dem er tätig ist, eher als offene bzw. geschlossene Gesellschaft betrachtet werden kann.

Unter Kapitel 2 wird beschrieben, welche Geisteshaltungen und Handlungsmuster die offene bzw. die geschlossene Gesellschaft stützen, wobei zugleich ergänzend verdeutlicht wird, welche Kennzeichen für die offene bzw. geschlossene Gesellschaft charakteristisch sind. Im 3. Punkt wird auf die Kosten beider Gesellschaftsstrukturen eingegangen und speziell noch einmal auf die potenzielle Gefährlichkeit geschlossener Gesellschaften verwiesen. Es stellt sich entsprechend die Frage, wie man mit den Mühseligkeiten der offenen Gesellschaft fertig werden kann, ohne den Verlockungen der geschlossenen Gesellschaft zu verfallen. Auf dieses Problem wird mit einigen grundsätzlichen Argumenten im 4. Kapitel eingegangen. Im 5. Abschnitt werden die gesamten Überlegungen auf den Betrieb bezogen. Anhand ausgewählter Beispiele wird hypothesenartig aufgezeigt, durch welche Art der Führung in Betrieben eine eher geschlossene bzw. eine eher offene Gesellschaft gestützt und gefördert wird. Auf dieser Basis kann der Leser dann selbst versuchen, sein eigenes Unternehmen anhand der Kategorien zu beschreiben, zu bewerten und ggf. zu verändern.

2. Kennzeichen der offenen und der geschlossenen Gesellschaft

Die offene (bzw. geschlossene) Gesellschaft spiegelt bestimmte Handlungsmuster wider, die ihrerseits bestimmte Denkmuster bzw. Basisüberzeugungen reflektieren. Um diese Denkmuster geht es im Folgenden, da sie als eine zentrale Teilursache für die Offenheit respektive Geschlossenheit betrachtet werden können. In der Konsequenz heißt dies übrigens, dass sich auch der Einzelne bei seiner eigenen Standortbestimmung fragen muss: Und wie denke ich selbst diesbezüglich?

Die entscheidenden Basisannahmen sind von mir (und nicht von POPPER) zweigeteilt. Unter dem Stichwort der „sozialen" Dimension (vgl. Abbildung 1) finden sich Annahmen, die sich auf den Menschen an sich bzw. auf das Zusammenleben von Menschen beziehen; davon wird eine „geistige" Dimension abgehoben, in der die Frage behandelt wird, wie soziale Realität erklärt und erkannt werden kann. Dies wird nachstehend erläutert.

Hinsichtlich der sozialen Dimension kann man der Meinung sein, Menschen verfolgen letztlich die gleichen Ziele und haben dieselben Interessen; man kann aber auch glauben, dass für unterschiedliche Gruppierungen in der Gesellschaft durchaus unterschiedliche Interessen kennzeichnend sind. Geht man insofern zumindest von einer

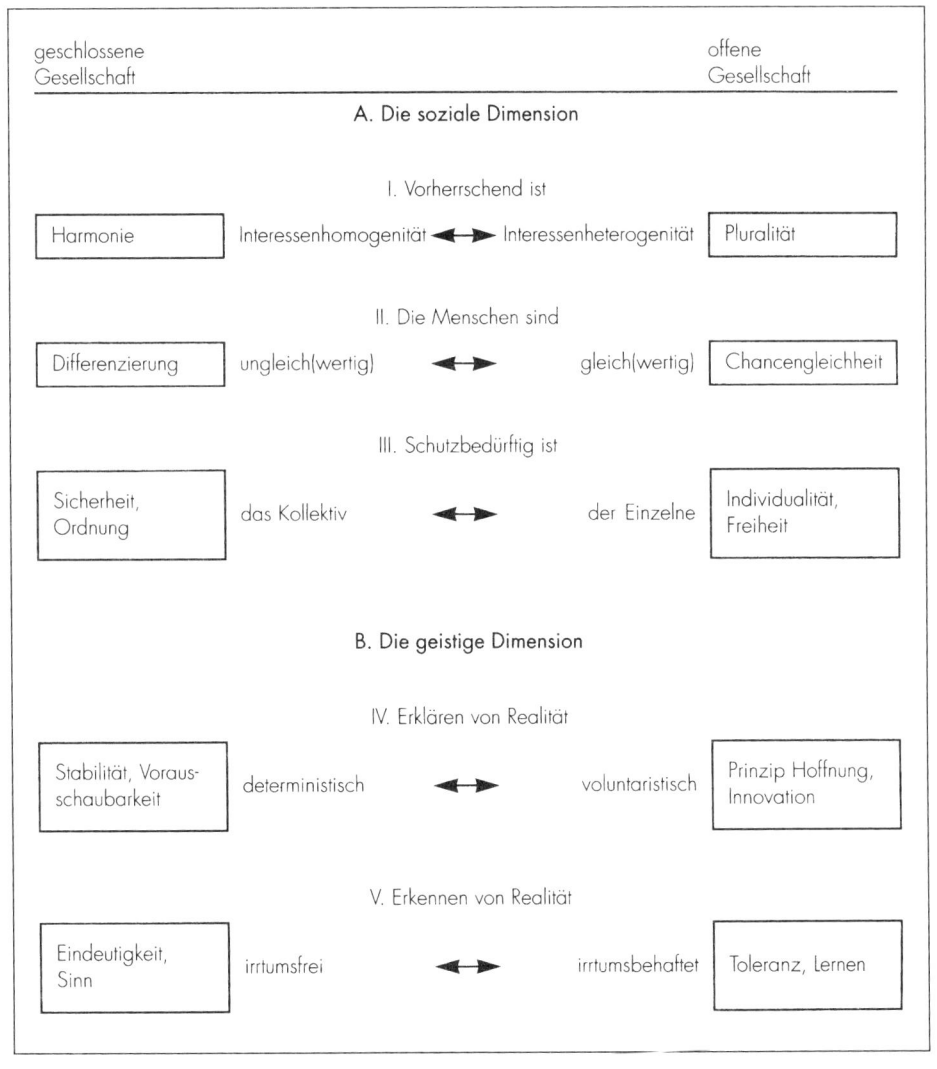

geschlossene Gesellschaft		offene Gesellschaft
	A. Die soziale Dimension	
	I. Vorherrschend ist	
Harmonie	Interessenhomogenität ⟷ Interessenheterogenität	Pluralität
	II. Die Menschen sind	
Differenzierung	ungleich(wertig) ⟷ gleich(wertig)	Chancengleichheit
	III. Schutzbedürftig ist	
Sicherheit, Ordnung	das Kollektiv ⟷ der Einzelne	Individualität, Freiheit
	B. Die geistige Dimension	
	IV. Erklären von Realität	
Stabilität, Vorausschaubarkeit	deterministisch ⟷ voluntaristisch	Prinzip Hoffnung, Innovation
	V. Erkennen von Realität	
Eindeutigkeit, Sinn	irrtumsfrei ⟷ irrtumsbehaftet	Toleranz, Lernen

Abb. 1: Unterschiede zwischen einer geschlossenen und einer offenen Gesellschaft

teilweisen Interessenheterogenität aus, so ergibt sich ein Interessenplural, und man muss sich Verfahrensregeln ausdenken, wie man mit diesem Interessenplural vernünftig umgeht. Unsere demokratische Rechtsordnung stellt den Versuch dar, unterschiedliche Meinungen und Interessen gelten zu lassen und den Interessenplural „vernünftig" abzuarbeiten. Vertritt man umgekehrt die Position weitgehender Interessenhomogenität, so favorisiert man als Gesellschaftsmodell nicht so etwas wie Demokratie, sondern eher eine Art Familienmodell, in dem Harmonie und Vertrauen zentrale Wertmuster darstellen.

Die zweite Teildimension bezieht sich auf die Frage der Gleich- bzw. Ungleichwertigkeit von Menschen. Der offenen Gesellschaft zugeneigt ist der Pol der Gleichwertigkeit der Menschen, was sich u.a. in der Forderung nach Chancengleichheit, der Gleichheit vor dem Gesetz und ähnlichem mehr ausdrückt. Der geschlossenen Gesellschaft ist die Ungleichwertigkeit der Menschen zuzuordnen, hier wird entsprechend auf eine auch nach außen hin erkennbare Differenzierung Wert gelegt. Man denke etwa an die klassische Ständegesellschaft, in der die Ungleichheit bis hin zur Kleiderordnung auf mannigfaltigste Weise zum Ausdruck gebracht wurde.

Die dritte Dimension zentriert sich um die Frage, was primär schutzbedürftig ist: der Einzelne oder das Kollektiv. Wird der Einzelne für das Schutzbedürftige erachtet, so korrespondiert dies mit einer positiven Wertschätzung von Individualität und Autonomie bzw. mit entsprechenden Bemühungen, die Freiheit des Einzelnen im sozialen Verband soweit wie möglich zu Gewähr leisten. Stellt man als primäres Ziel eines gesellschaftlichen Systems dagegen den Schutz des Kollektivs in den Vordergrund, so wird ein Handeln freigesetzt, das der Sicherheit nach außen und der Ordnung nach innen dienlich ist. Eine geschlossene Gesellschaft liegt demnach dann vor, wenn auf der Basis von Interessenhomogenität, der Annahme der Ungleichwertigkeit der Menschen und einer kollektivistischen Zielorientierung ein soziales System etabliert ist, in dem das Erzielen von Harmonie und Konsens, die Ermöglichung von Differenzierungen und die Gewährleistung äußerer Sicherheit und innerer Ordnung dominante Wertmuster darstellen.

Auf der geistigen Ebene (Dimension B. in der Abb. 1) ist von herausragender Bedeutung, wie man sich das Zustandekommen sozialer Realität erklärt. „Deterministisch" erklärt man sich die (soziale) Realität, wenn man von grundlegenden und unveränderlichen Gesetzmäßigkeiten ausgeht, auf Grund derer die Realität *notwendig* so ist, wie sie ist. Bei derartigen Gesetzmäßigkeiten könnte man an moderne Formen der Soziobiologie denken; man kann aber auch metaphysische Kräfte (das Wirken der Götter, des Schicksals) meinen, respektive – wie in der marxistischen Orthodoxie – annehmen, dass bestimmte ökonomische Prozesse die tragende Basis für eine spezifische Weiterentwicklung der Gesellschaft darstellen, so dass sich die Gesellschaft zwangsläufig auf eine kommunistische Struktur hin entwickle usw. Das Entscheidende und Gemeinsame aller deterministischen Erklärungsansätze ist, dass die zu einer bestimmten Zeit in der Gesellschaft vorfindbaren Eigenheiten als Widerspiegelung gleichsam naturwissenschaftlicher Zwangsläufigkeiten interpretiert werden. Diese Denkhaltung bezeichnet Popper (1980) als „Historizismus".

Ihr steht die „voluntaristische" Erklärung gegenüber: Eigentümlichkeiten einer Gesellschaft werden in diesem Muster, das für die offene Gesellschaft typisch ist, *als von Menschen gemacht* interpretiert und somit als das Produkt kulturell vermittelter Konventionen gedeutet. Denkt man so, dann ist es selbstverständlich, dass man auf die Idee kommt, die Realität auch anders zu gestalten. Das für den Menschen so herausragende Prinzip Hoffnung setzt insofern ein voluntaristisches Denkmuster voraus. Auch das im betrieblichen Kontext heute so zentrale Stichwort Innovation ist nur vor diesem Hintergrund sinnvoll zu thematisieren.

Auf dem Pol der geschlossenen Gesellschaft steht als Folge der deterministischen Erklärungsmuster die zeitliche Stabilität eines sozialen Systems im Vordergrund, wobei sich diese mit dem immensen Vorzug der Vorausschaubarkeit von Ereignissen und Abläufen verbindet. Die Welt ist im Wesentlichen bekannt, und man kann sich in ihr einrichten.

Die fünfte Dimension bezieht sich auf die Frage, für wie irrtumsfrei bzw. irrtumsbehaftet wir unsere Erkenntnisprozesse über die Realität erachten. Der offenen Gesellschaft steht die Überzeugung nahe, dass unsere Aussagen über die Realität auf Grund spezifischer Begrenzungen unseres Erkenntnisapparates nur vorläufigen Charakter haben können. Da wir uns irren können, ist insofern prinzipiell Toleranz gegenüber andersartigen Meinungen angebracht und ein Lernen unabdingbar. In der geschlossenen Gesellschaft wird umgekehrt die Position favorisiert, unser Erkenntnisprozess sei weitgehend irrtumsfrei, so dass wir zu eindeutigen und endgültigen, definitiven Aussagen kommen können, die eine verlässliche Orientierungsbasis abgeben.

Abschließend seien zwei Aussagen besonders unterstrichen:
– Die der offenen bzw. geschlossenen Gesellschaft vorgelagerte Geisteshaltung ist nicht ein-, sondern mehrdimensionaler Natur. Erst ein komplexes *Gefüge* (pattern) von Grundannahmen ist konstitutiv für das, was wir dann als offene respektive geschlossene Gesellschaft beschreiben.
– Beide Grundformen sind attraktiv; also: Auch die geschlossene Gesellschaft hat ihre Vorzüge; dieser Gesichtspunkt wird im weiteren Verlauf noch deutlicher.

3. Der Preis der offenen bzw. der geschlossenen Gesellschaft

In der Abbildung 2 ist das zentrale Problem herausgearbeitet. Ich habe wiederum die gleichen fünf Dimensionen unterschieden wie in Abbildung 1. Unter dem Pluszeichen wurden die jeweils schon genannten Vorzüge der offenen respektive geschlossenen Gesellschaft aufgelistet und durch einige weitere ergänzt.

POPPERS zentrale These läuft darauf hinaus, dass wir für die Vorzüge der offenen Gesellschaft Preise zu entrichten haben, so dass es als ein Zeichen von Unreife gelten kann, wenn wir uns davor drücken, diese Kosten zu bezahlen. Ich habe sowohl die Vorzüge als auch die Preise insofern zu systematisieren versucht, als ich sie (s. Abbildung 2) immer als Folgen der in der Abbildung 1 diskutierten Basisannahmen interpretiere.

Etwas genauer formuliert heißt die Hypothese: Je mehr die jeweiligen Vorzüge realisiert werden, desto größer die Wahrscheinlichkeit für die daneben stehenden Nachteile. Je mehr wir also z.B. der Interessenpluralität zur Geltung zu verhelfen versuchen, zumal wir hierin wichtige Enwicklungspotenziale sehen, desto größer ist die Wahrscheinlichkeit für Streit und Konflikte, und eben diese werden von uns in aller Regel als anstrengend und lästig erlebt. In der Ökonomie werden die Regelungen zur Konflikthandhabung (auch innerbetrieblich gemeint) unter dem Gesichtspunkt der sog. Transaktionskosten analysiert. Es gibt sehr viele Manager, denen die Transakti-

	geschlossene Gesellschaft			offene Gesellschaft	
negativ	positiv			positiv	negativ
Stillstand Infantilisierung Manipulierbarkeit Abschottung	Harmonie Bestätigung Vertrauen		I	Pluralität Entwicklungs- potential Schöpferische Spannung	Streit/Konflikt Transaktionskosten Misstrauen
Diskriminierung Herr und Knecht	Differenzierung		II	Chancengleichheit Gleichbehandlung	Nivellierung
Hierarchie/Zwang Terror/Totalitarismus	Äußere Sicherheit Ordnung		III	Individualität Freiheit/Autonomie	Egoismen Einsamkeit Anarchie
Rigidität Erstarrung Gleichschaltung Verlassenheit	a) statisch: Stabilität Vorausschaubar- keit/Orientierung b) dynamisch: Aufgehen in einer Bewegung Geborgenheit		IV	Prinzip Hoffnung Innovation Selbstorganisation Flexibilität Aufklärung/Bildung Anspruchsniveau- steigerung	Instabilität/Chaos Verantwortung Scheitern Opportunismen Machergläubigkeit Unzufriedenheit
Dogmatik Ideologie	Eindeutigkeit/ Gewissheit Sinn		V	kritische Rationalität Toleranz Lernen	Beliebigkeit Orientierungs- losigkeit Vorläufigkeit

Abb. 2: Attraktivität und Mühsal der offenen sowie der geschlossenen Gesellschaft

onskosten in Form von Zeit und Nerven im betrieblichen Alltag als viel zu hoch erscheinen. Unter diesem Blickwinkel ist dann das Familienmodell der geschlossenen Gesellschaft (Annahme der Interessenhomogenität) plötzlich die Oase des Friedens und der Ruhe, und man sehnt sich danach, in diesem Muster der geschlossenen Gesellschaft wieder seiner „eigentlichen" Arbeit nachgehen zu können.

Mit anderen Worten: Je größer auf einer bestimmten Dimension die Vorzüge der offenen Gesellschaft sind, desto größer ist die Wahrscheinlichkeit auch für das Anwachsen paralleler Nachteile, also von Kosten, auf Grund derer entsprechend die Attraktivität des Gegenmodells, nämlich der geschlossenen Gesellschaft, zunimmt. Bzw.: Je mehr wir die offene Gesellschaft praktizieren, desto größer wird unsere Sehnsucht nach der geschlossenen Gesellschaft.

Dabei soll allerdings kein neuer Determinismus aufgebaut werden: Es ist nicht zwangsläufig so, dass mit zunehmender Praktizierung der jeweils aufgeführten Vorzüge die danebenstehenden Nachteile eintreten werden. Es erhöht sich lediglich die Wahrscheinlichkeit für das Eintreten dieser Negativeffekte, und diese Differenzierung hat eine ganz zentrale praktische Konsequenz: Wir bräuchten wesentlich mehr Forschung, die uns darüber aufklärt, *unter welchen konkreten* Randbedingungen die Pluszeichen in die Minuszeichen umkippen. Diese Frage ist nicht nur bezüglich der offenen

Gesellschaft, sondern auch in Bezug auf die geschlossene Gesellschaft von größter Bedeutsamkeit: *Wann* kippen die Vorzüge der geschlossenen Gesellschaft in die Nachteile der geschlossenen Gesellschaft um? Wir werden hierauf zurückkommen.

Die zentrale These, dass mit zunehmender Praktizierung der offenen Gesellschaft die Attraktivität des Gegenmodells steigt, sei knapp an einigen weiteren Beispielen illustriert. Geht man von einer zumindest partiellen Interessenheterogenität aus, so ist als Begleitempfindung und als Nachteil Misstrauen vorprogrammiert. Jeder hat bereits erfahren, dass Mitrauen wiederum Misstrauen gebiert, und jeder weiß, wie belastend dies für zwischenmenschliche Beziehungen sein kann. Also steigt die Attraktivität einer Zone, in der Vertrauen ermöglicht wird, was entlastet und befreit.

Auf der zweiten Dimension kippt Chancengleichheit in Nivellierung um. Frau NOELLE-NEUMANN hat unsere Verproletarisierung („Jeans-Gesellschaft") hinreichend oft beklagt. Wen kann es wundern, dass auch in unserer Gesellschaft das Bedürfnis nach Differenzierung steigt (vgl. hierzu auch SENNETT, 1991)? Auf der dritten Dimension kippt die Forcierung von Individualität, Freiheit und Autonomie in Egoismus, Einsamkeit und evtl. sogar Anarchie um, so dass Rufe nach Sicherheit und Ordnung aktualisiert werden. Auch für diese Zusammenhänge gibt es in unserer Gesellschaft hinreichend Beispiele.

Die voluntaristische Überzeugung, dass die soziale Realität in ihrer konkreten historischen Ausgestaltung nicht notwendig so ist, wie wir sie vorfinden, hat zwar einen unglaublich animierenden Grundcharakter, da hiermit eine Art von Hoffnung begründet wird. All dies kann aber schnell zur Last werden: Die offene Gesellschaft konfrontiert das Individuum mit dem Anspruch, sich gegenüber bestimmten Tatbeständen mitverantwortlich zu fühlen und verbessernd auf die Welt einzuwirken, und induziert damit natürlich auch die Erfahrung des Scheiterns. Wie angenehm sind demgegenüber deterministische Deutungsmuster, die uns das beruhigende Gefühl vermitteln, in einen Strom der Ereignisse fest eingebettet zu sein, an dem man teilhat, ohne ihn verändern zu müssen, da man ihn gar nicht beeinflussen kann. Statt Instabilität und Wandel, statt des Zwangs, sich auch als älterer Mensch ständig neuen Bedingungen gegenüber anpassen zu müssen, dominieren im deterministischen Muster der geschlossenen Gesellschaft Stabilität, Ruhe und Vorausschaubarkeit. Für wen ist dies nicht attraktiv? Da – wie wir aus der Dreigroschenoper von Brecht wissen – die „Verhältnisse" schuld sind, müssen wir im Sinne des voluntaristischen Prinzips diese natürlich ändern. Aber wie mühselig ist dieser Weg! Als Vorbereitung auf die offene Gesellschaft werden im Übrigen in aller Regel Aufklärung und Bildung forciert (dies gerade auch in unserer Gesellschaft); den Preis zahlen wir in Form von aufklärungsbedingter Unruhe und Unzufriedenheit. Warum also nicht das resignative Glück der geschlossenen Gesellschaft so belassen wie es ist?

Von besonderer Bedeutung ist in der Bundesrepublik im Augenblick die fünfte Dimension. Der Preis, den wir für unsere erkenntnistheoretische Selbstkritik zu bezahlen haben, liegt u. a. darin, dass wir eben nur noch Hypothesen formulieren, d. h. nichts Festes, Eindeutiges und Endgültiges haben, auf das wir uns verlassen können. Die Kategorie Gewissheit geht verloren. Und eben deswegen antwortet die Gesellschaft u. a. damit, dass sie in dieser neuen Unübersichtlichkeit (HABERMAS, 1988) den Universitäten verordnet, sog. Orientierungswissen in einer technisierten Welt zu vermitteln, umso auch Sinngebungsfunktionen zu erfüllen. Eindeutigkeit, Gewissheit und vor allem Sinn werden wieder nachgefragt; wir werden noch zu betrachten haben, wie man hierauf innerbetrieblich antwortet.

Etwas verallgemeinert formuliert sei nochmals unterstrichen: Die Qualität der offenen Gesellschaft ist niemals garantiert, sondern prinzipiell in einem gefährdeten Zustand, da mit zunehmender Ausprägung der Eigenheiten der offenen Gesellschaft erhebliche Nachteile (Preise) immer wahrscheinlicher werden, auf Grund derer die Attraktivität der geschlossenen Gesellschaft zunimmt.

Den ganz offenkundigen Verlockungen der geschlossenen Gesellschaft nachzugeben, ist aber ebenfalls nicht ungefährlich, da hier wiederum umgekehrt das Gleiche gilt. Deshalb benötigen wir eine Randbedingungsforschung, die uns darüber aufklärt, *wann* (in ökonomischen Krisen?) die Vorzüge der geschlossenen Gesellschaft in die (möglichen) Nachteile umzukippen drohen; auf dieses Umkippen sei zum Schluss dieses dritten Abschnitts knapp eingegangen. Der Leser möge dabei sein Augenmerk speziell auf die Frage richten, in welchem Sinne sich die fünf unterschiedenen Dimensionen in der Konstituierung spezifischer Negativausprägungen der geschlossenen Gesellschaft ergänzen und insofern in einem komplementären Verhältnis zueinander stehen.

In Bezug auf die erste Dimension gilt noch vergleichsweise harmlos, dass Harmonie in Stillstand, Vertrauen in Infantilisierung, Manipulierbarkeit usw. umschlagen können. Dies speziell wohl dann, wenn die erste Dimension mit der zweiten Dimension gekoppelt ist, nämlich mit der Überzeugung der Ungleichwertigkeit von Menschen. Aus der im Prinzip positiv zu würdigenden Chance zur Differenzierung kann leicht das klassische „Herr und Knecht"-Paradigma erwachsen. Unterschiede dienen dann der Installierung, Legitimierung und Stabilisierung von Herrschaft. In Kombination mit der vierten Dimension, also deterministischen Denkmustern, stehen wir schnell bei der „Vorsehung", die die Geschicke steuert und einen spezifischen Führer einsetzt. Dieser ist insofern ein ausgezeichneter, als er – im Sinne von Hegel argumentiert – gleichsam als Inkarnation der objektiven Vernunft zu interpretieren ist, die in der Geschichte waltet, wobei er selbstverständlich selbst sakrosankt ist.

Die Differenzierungsbetonung (die zweite Dimension) kann dabei nicht nur gefährlichen Herrschaftskonfigurationen Vorschub leisten; historisch sei daran erinnert, dass sie natürlich auch in eine Diskriminierung umkippen kann, wie es das Beispiel des Untermenschen dokumentiert.

Wird die Differenzierung über die Anbindung des Führenden an die Vorsehung begründet, so liegt das deterministische Grundmuster (vierte Dimension) inhaltlich darin, dass damit auf die Existenz einer weltweiten Bewegung verwiesen ist, der geschichtliche Notwendigkeit zukommt. Für derartige Bewegungen (etwa nationalsozialistischer Art) gilt ein kollektivistischer Zug: Die Bewegung (das Kollektiv) ist alles, der Einzelne nichts.

Eine solche Bewegung bietet für den Einzelnen außerordentlich Attraktives: Er hat in ihr eine geistige Heimat, kann sich dort geborgen fühlen und hat teil an dem „großen Atem der Geschichte". Das „Dynamische" an dieser Variante des Determinismus ist, dass das Ziel der Bewegung unklar ist und auch gar nicht im Vordergrund steht; es geht um die Bewegung an sich. Stillstand ist der Tod für die Bewegung.

Eine derartige Bewegung muss nun geschützt werden (vgl. hierzu und zu den folgenden Ausführungen vor allem HANNAH ARENDT, 1955). Dies bedeutet Entindividualisierung von Personen; alles Abweichende (Individuelle) wird tendenziell zur Gefahr. Verlangt ist die Gleichschaltung. Sie wird hergestellt durch eine spezifische Kombination aus Terror (willkürlicher äußerer Zwang; Verhaftung speziell unschuldiger und normaler Bürger im Dritten Reich) und Ideologie, die die Gleichschaltung der Gehirne anstrebt und dazu führt, dass der äußere Zwang als notwendig akzeptiert, also als innerer Zwang internalisiert wird. Im Sinne von HANNAH ARENDT ermöglicht die Kombination aus äußerem und innerem Zwang eine Gleichschaltung selbst von Massen, was in der Politikwissenschaft als Totalitarismus bezeichnet wird. Dem „Totalitarismus" und der „Diktatur" ist gemeinsam, dass sie Formen der geschlossenen Gesellschaft darstellen (in beiden kippt Eindeutigkeit/Gewissheit in Dogmatik und Ideologie um; überwiegt das kollektivistische Moment usw.). Unterschiede bestehen aus der Sicht des Einzelnen darin, dass man in der Diktatur Willkür und damit letztlich Ohnmacht sowie Einsamkeit, im Totalitarismus dagegen die (juristische sowie moralische) Auslöschung der eigenen Person und insofern existenzielle Verlassenheit erfährt.

Nach dieser Darstellung der potenziellen (!) Preise der geschlossenen Gesellschaft sei wieder das Grundproblem herausgearbeitet: Mit zunehmender Verlebendigung der offenen Gesellschaft steigt auf Grund der wahrscheinlich zu entrichtenden Kosten die Sehnsucht nach der geschlossenen Gesellschaft, für die wir aber ebenfalls (u. U. sehr erheblich) zu zahlen haben. Was soll man also tun?

4. Wie kann eine Balance zwischen offener und geschlossener Gesellschaft aussehen?

Auf der Basis der bisherigen Ausführungen kann man das Kernübel auch noch anders formulieren: Wir wollen die offene *und* (zugleich) die geschlossene Gesellschaft. Das heißt: Wir wollen Pluralität *und* Harmonie, Chancengleichheit *und* Differenzierung, wir wollen Freiheit/Autonomie *und* Sicherheit/Ordnung, wir wollen Wandel *und* Stabilität, wir wollen kritisches Hinterfragen *und* Eindeutigkeit/Gewissheit. Die Basisfrage lautet damit: Sind die Vorzüge der offenen Gesellschaft mit den Vorzügen der geschlossenen Gesellschaft kompatibel, oder handelt es sich hier um eine Entweder-oder-Beziehung?

Es sieht so aus, als könne man die offene Gesellschaft nicht „puristisch" forcieren, ohne sie in ihrer Substanz durch die Blockierung der Nachfrage nach den Gütern der geschlossenen Gesellschaft zu gefährden. Es dürfte also so sein, dass man dieser Nachfrage zumindest teilweise entsprechen muss. Die Grundfrage lautet entsprechend: *Wie* können wir dem Wunsch nach den Gütern der geschlossenen Gesellschaft entgegenkommen, ohne die Vorzüge der offenen Gesellschaft im Kern zu verwässern? Wie lässt sich das Spannungspotenzial zwischen „offen" und „geschlossen" entschärfen bzw. flexibilisieren? Etwas formalistisch argumentiert, erkenne ich drei Varianten:

- Man kann die Nachteile der offenen Gesellschaft und damit die Attraktivität der geschlossenen Gesellschaft zu unterlaufen versuchen, indem man die offene Gesellschaft (auf einer gedachten Intensitätsskala) nur in abgeschwächter Form (in „weiser" Zurückhaltung) praktiziert. Allerdings hat man dann die Vorzüge auch nur in abgeschwächter Form, und es fragt sich entsprechend, ob ein solcher Denkansatz trägt.
- Man kann auf der Zeitachse differenzieren: Was nicht simultan geht, wird im zeitlichen Nacheinander zu realisieren versucht. Ein soziales System könnte von einem geschlossenen zu einem offenen und wieder zurück zu einem geschlossenen Zustand oszillieren, so dass es im zeitlichen Längsschnitt beiden Nachfragen dient.
- Man könnte „räumlich" differenzieren: Es scheint der Realität nahe zu kommen, dass Menschen ihren Lebensraum differenzieren und Räume etablieren, in denen

zumindest bestimmte Teilaspekte der geschlossenen Gesellschaft ausgelebt werden können (Familie, Kirche), während die gleiche Person in anderen Welten (als Mitglied des Gemeinderats in der Kommunalverwaltung) die offene Gesellschaft praktiziert.

In der individuellen Biografie dürfte vor allem die räumliche und zeitliche Differenzierung zur Anwendung kommen. Es wäre zu untersuchen, inwieweit diese Entschärfungsstrategien auf den betrieblichen Kontext übertragbar sind.

So wie sich jeder Einzelne die Frage vorlegen kann, wie er zwischen „offen" und „geschlossen" balanciert, so kann man sich natürlich auch fragen, was für den betrieblichen Balanceakt zwischen „offen" und „geschlossen" kennzeichnend ist bzw. welchem Muster der Betrieb tendenziell zuneigt.

5. Wie lässt sich durch Führung die offene bzw. geschlossene Gesellschaft innerbetrieblich stützen?

In Abbildung 3 werden Führungsmuster – getrennt für die verschiedenen Basisüberzeugungen der Abbildung 1 – unter dem Blickwinkel eingestuft, ob sie tendenziell eher der Förderung der offenen oder der geschlossenen Gesellschaft dienlich sind.

Eine offene Führung, die also das Muster der offenen Gesellschaft ausdrückt und verstärkt, betont den Gesichtspunkt der Interessenvielfalt; der Führende wird entsprechend darauf Wert legen, dass Konflikte offen gelegt werden und sich die konfligierenden Parteien (z.B. Arbeitgeber und Betriebsrat) als Repräsentanten spezifischer

Bewusstseins- dimensionen (wie in Abb. 1 definiert):	Interessen- heterogenität/ -homogenität	gleichwertig/ ungleichwertig	einzelner/ Kollektiv	voluntaristisch/ deterministisch	irrtums- behaftet/ irrtumsfrei
	I	II	III	IV	V
Förderliche Handlungs- weisen/ Instrumente für die offene Gesellschaft	Betonung des Betriebsverfas- sungsgesetzes, Konfliktoffen- legung	Ausländer- integration, Frauenför- derung	Einräumen von Wider- spruchsrecht, Gewährung von Frei- räumen, Entstandar- disierung	Verfahrensin- novationen, Organisations- entwicklung, Teamentwick- lung, Rollenverhand- lung	Beurteilung nach oben, Fehlertoleranz
Förderliche Handlungs- weisen/ Instrumente für die geschlossene Gesellschaft	Pflege der Human Relations, Symbolische Führung, Weihnachts- feiern	rangspezi- fische Casinos, koffertragende und folienauf- legende Assistenten	Uniformen, Abzeichen, Corporate Identity, Belohnung von Betriebs- treue	Betonung von Sachzwängen (technischer, ökonomischer biologisch- anthropolo- gischer Art)	Expertokratie, visionäre Führung, transformational leadership, Wertedefinition von „oben"

Abb. 3: Innerbetriebliche Strategien zur Förderung von Bewusstseinsstrukturen, die der offenen oder geschlossenen Gesellschaft nahe stehen

Interessengruppen wechselseitig ernst nehmen. Eine offene Führung unterstreicht des Weiteren die Gleichwertigkeit der Mitarbeiter und versucht z. B. ausländerbezogene Diskriminierungen zu unterbinden. Offene Führung bemüht sich, das Recht des Einzelnen zu schützen und gewährt dem Mitarbeiter durch eine entsprechende Delegation von Aufgaben und Verantwortung den Freiraum, sich in der Arbeit selbst zu entfalten. Der im Sinne der offenen Gesellschaft Führende unterstreicht, dass die Spielregeln innerhalb des Betriebes im Prinzip Konventionen darstellen, die man ebenso anders regeln kann. Er ist Rollenverhandlungen gegenüber offen, unterstützt Bemühungen um Teamentwicklung und hält die betriebliche Realität nicht nur ggf. für veränderungsbedürftig, sondern vor allem auch für veränderungsfähig. Schließlich weiß der offen Führende im Sinne der offenen Gesellschaft, dass sein Denken irrtumsbehaftet ist, und er bemüht sich entsprechend um Fehlertoleranz und lässt auch Beurteilungen von unten nach oben zu, um die Kooperation zu verbessern.

Dem gegenüber unterstreicht eine geschlossene Führung durch vielfältige Veranstaltungen den gemeinsamen Geist, also die Interessenhomogenität, und legt z. B. auf die Pflege der zwischenmenschlichen Beziehungen besonderen Wert, um das Empfinden von Harmonie zu verstärken. Die geschlossene Führung unterstreicht auch eher die Ungleichwertigkeit von Personen, hält also an allem fest, was Statusunterschiede zwischen den Personen markiert und sieht hierin ein wichtiges Ordnungsprinzip. Die geschlossene Führung interessiert sich nicht so sehr für die Interessen des Einzelnen, sondern unterstreicht vor allem das Erfordernis, dass sich alle Personen dem Interesse des Ganzen (des Unternehmens) unterzuordnen haben. Von daher wird nach außen hin z. B. durch Uniformen und Abzeichen kenntlich gemacht, dass man eine gemeinsame Sache vertritt, und eine langjährige Treue zum Unternehmen wird entsprechend belohnt. In der geschlossenen Führung wird deutlicher der Sachzwang betont, also herausgestellt, dass bestimmte Dinge nicht anders geregelt werden können, als sie bisher geregelt wurden. Schließlich wird in der geschlossenen Führung unterstrichen, dass es ein Expertenwissen gibt, das nicht durch Laien zerredet werden darf, und es wird insofern unterstrichen, dass basisdemokratische Beurteilungen betrieblicher Sachverhalte dem Unternehmen eher schaden würden.

Nachstehend wird ergänzend auf einige Führungsqualitäten eingegangen, die noch besonders erklärungsbedürftig sind:

Bei der Frage, wie sich der Eindruck von Interessenhomogenität vermittelt, spielt die so genannte symbolische Führung eine wichtige Rolle. PFEFFER (1981) vertritt die These, dass in einem Unternehmen in der Tat mit der Existenz verschieden gerichteter Interessen zu rechnen sei. Dass selbst in der Unternehmensspitze ein Interessenplural zu verzeichnen sei, sei für ein Unternehmen aber nicht ungefährlich, da das Ruchbarwerden der Interessenheterogenität zu einer allgemeinen Politisierung des Unternehmens führen könne und damit vor allem die so wichtige Akzeptanz von Entscheidungen durch nachgeordnete Mitarbeiter u. U. gefährdet würde; diese Akzeptanz sei nämlich auf nachgeordneter Ebene erleichtert, wenn die Belegschaft den (durchaus politischen) Entscheidungen des Top-Managements Konsens, Vernunft und Rationalität zusprechen würde. Betriebe würden deswegen mit Hilfe von Symbolen (z. B. spezifischen Sprachregelungen und Ritualen) darauf hinzuwirken versuchen, dass Mitarbeiter die auf der Geschäftsleitungsebene getroffenen politischen Entscheidungen als konsensual und rational wahrnehmen, obwohl Dissens und Machteinsatz vielen, gerade strategischen Entscheidungen zu Grunde liegen. (Nachdem zuvor hinter verschlossenen Türen hart gepokert worden ist, tritt die Geschäftsleitung in der anschließenden Pressekonferenz mit betont freundlicher Miene auf; alle Mitglieder

der Geschäftsleitung schütteln sich demonstrativ die Hände; der Sprecher betont immer wieder die Gemeinsamkeit der Interessenlage und der Entscheidungsfindung, womit insgesamt verbal und nonverbal Interessenhomogenität ausgedrückt wird.)

Es macht nicht sehr viel Sinn, derartige Strategien als manipulativen Ausnahmefall hinzustellen. Es ist realistischer, wenn man von der These ausgeht, dass jedes Verhalten, und damit auch das Führungsverhalten, immer zugleich auch noch etwas Zusätzliches verschlüsselt, was den unmittelbaren Aussagegehalt des jeweils Mitgeteilten überschreitet. In allem, was wir tun (z. B. Sitzordnung an einem runden Tisch), drückt sich etwas Zusätzliches aus, was vom anderen entschlüsselt wird. Da es offenbar nicht möglich ist, sich *nicht* symbolisch zu verhalten, ist die konstruktivere Frage für die Praxis vermutlich die folgende: In welcher Weise (d. h. wo, wie?) werden in unserem Betrieb bestimmte Werthaltungen und Grundüberzeugungen verschlüsselt, und werden dabei solche verschlüsselt, die eher der offenen Gesellschaft dienlich sind oder solche, die eher die geschlossene fördern?

Auch das Bemühen um die sog. Corporate Identity kann (!) einen Bezug zur geschlossenen Gesellschaft aufweisen: Es geht ja gerade darum zu betonen, was allen Unternehmensangehörigen in der Vergangenheit wie in der Zukunft gemeinsam war und sein wird, also um das Verbindende. Dabei wird die Corporate Identity so zu formulieren sein, dass man nicht irgendeinem beliebigen und austauschbaren, sondern einem ganz spezifischen Kollektiv angehört, das einem (analog zum Aufgehen in einer sozialen „Bewegung"?) durchaus (über die Ausformulierung spezifischer Ziele hinaus) geistige Heimat und Identifikationschancen bieten soll. Der Leser sieht, dass die Frage nach der Corporate Identity insofern auch die Sinn- und Orientierungsfrage und damit die fünfte Grunddimension in der Abbildung 3 berührt.

Bezugnehmend auf die fünfte Dimension und anknüpfend an die Sinn- und Orientierungsfrage seien zwei Aspekte näher erläutert; zum einen geht es um die sog. Werteproblematik, zum anderen um so genannte „Transformational Leadership". Es ist nicht zufällig, dass der Prozess der Annäherung an eine offene Gesellschaft mit dem Erodieren traditioneller Werte und entsprechend mit dem Entstehen von Wertepluralismus verknüpft ist. Im Sinne einer Rückbesinnung auf gemeinsame Werte, durchaus anknüpfend also auch an die Bemühungen um eine Corporate Identity, häufen sich in der Bundesrepublik Fälle, in denen im Rahmen der Fixierung von Führungsgrundsätzen durch das Top-Management stellvertretend für die Belegschaft auch Wertvorstellungen schriftlich fixiert werden. Derartige Festlegungen können sich zwar an den bekannten Umfragen zum Wertewandel orientieren, haben aber den unangenehmen Beigeschmack, dass die Geschäftsleitung eine Art von Expertenstatus für Werte- und Sinnfragen für sich in Anspruch nimmt, was eher dem Paradigma der geschlossenen Gesellschaft entspricht. Es gibt kein Expertenwissen für Werte. Im Sinne der offenen Gesellschaft argumentiert, erweisen sich Werte vielmehr als historische Gegebenheiten (siehe das Stichwort vom Wertewandel), die eine raum-zeitlich beschränkte Gültigkeit aufweisen und *nicht* mehr auf ein Kriterium wie „wahr" oder „richtig" projiziert werden können. Werden also gleichsam stellvertretend für die Belegschaft Werte durch das Top-Management als für alle gültig festgelegt, kann dies sehr schnell eine Rückkehr in die geschlossene Gesellschaft darstellen.

Der zweite Sachverhalt, der im Rahmen dieser fünften Dimension angesprochen werden soll, ist die „Transformational Leadership". Sie verbindet sich vor allem mit dem Autor BASS (1985) und knüpft an den viel zitierten Satz von W. G. BENNIS, „we are overmanaged, but underlead", an. Unter anderem deswegen haben wir heute eine so gewaltige Nachfrage nach Visionen, und es gibt leider inzwischen eine Vielzahl von

Beratern, aber auch von akademischen Kollegen, die diesen Ruf nach Visionen in klingende Münze umzusetzen bereit sind. Hier wird in der Tat eines der zentralen Probleme unserer heutigen Führungslandschaft angesprochen: Das technokratische Ableiten von „Objectives" kann auf Grund der Inhaltsleere dieser Ziele kaum noch jemanden beeindrucken. Gesucht ist die Vision, die uns endlich wieder inhaltlich zeigt, wofür zu arbeiten es sich eigentlich lohnt.

Das Kernstück der Transformational Leadership im Sinne von BASS (1985) ist etwas, das man auch als charismatisch-visionäre Führung bezeichnen könnte. Konkreter heißt dies, dass der Führende einen Silberstreif am Horizont aufzuzeigen im Stande sein soll, der durchaus farbenreich und plastisch, aber zugleich hinreichend wolkig und nebulös ist, damit er einerseits das Gefühl anreizt, andererseits aber nicht den Verstand zu kritischer Hinterfragung provoziert. Entscheidend sei dabei, dass man sich eine Vision ausdenkt, die an zentrale Wertvorstellungen der Geführten anknüpft. Indem die traditionellen ökonomischen Ziele mit derartigen Visionen gekoppelt werden, werden plötzlich im Mitarbeiter neue, bisher nicht angesprochene Erwartungen und Hoffnungen aktualisiert, auf Grund derer *zusätzlicher* Einsatz freigesetzt wird. Man kämpft nicht mehr (nur) für den schnöden Mammon, sondern für Ziele, die wirklich etwas wert sind. Der Charismatiker muss nur noch eines sicherstellen: Er muss die Überzeugung aufbauen, dass diese Ziele zumindest tendenziell auch erreichbar sind. Hierfür ist es nach Bass (1985) von herausragender Bedeutung, dass der Charismatiker den Geführten Mut macht und ihr Selbstvertrauen stützt.

Es dürfte keine Frage sein, dass es sich hierbei um eine Strategie handelt, die der geschlossenen Gesellschaft nahe steht. Die Klaviatur befriedigt dabei nicht nur die fünfte Dimension im Sinne des Anbietens von Orientierung und Sinn. In einem charismatisch geführten Betrieb wird auf der Basis dieser gemeinsamen Letzten („eigentlichen") Ziele auch eher der Eindruck von Interessenhomogenität entstehen sowie der charismatische Führer selbst als herausgehoben und ausgezeichnet wahrgenommen werden, wobei die „eigentlichen" Ziele so wichtig sind, dass sich der Einzelne im Zweifelsfall unterzuordnen hat.

6. Ausblick

Damit können wir abschließend wieder zum Kernproblem zurückkehren. In der Tat ist durch die weitgehend technokratische Managementausrichtung die Nachfrage nach Sinn und Orientierung in erheblichem Maße unbefriedigt geblieben, und wir ernten durch das Überangebot an visionärer und charismatischer Führung im Augenblick nur den Reflex hierauf. Man kann also nicht einfach so tun, als würde es diese Nachfrage nicht geben. Zentrale Fragen heißen wiederum: Wie kann man beispielsweise dem Bedarf nach Orientierung und Sinn entsprechen, ohne damit zugleich (wahrscheinlich sogar unwissentlich) die Eintrittskarte in die geschlossene Gesellschaft mitzuliefern? Lassen sich also auch in einer offenen Gesellschaft Sinn und Orientierung vermitteln, ohne dass man ihre Strukturmerkmale im Kern verwässert?

Gerade am Beispiel der charismatischen Führung scheint mir verdeutlichungsfähig zu sein, dass eine Synthese aus offener und geschlossener Gesellschaft zumindest schwierig ist. Die charismatische Führung ist im *Kern* anti-rational, anti-aufklärerisch (im Sinne von Kant), in diesem Sinne also „geschlossen", und möglicherweise gerade deswegen motivational besonders effektiv. Es besteht also ein Dilemma. Wie wir es auch machen, ist es falsch: Die Betonung der offenen Gesellschaft wird einige motivationale Ressourcen unausgeschöpft belassen; die Betonung der geschlossenen Gesellschaft hat ihre spezifischen, bereits mehrfach andiskutierten Gefahren.

Das Allerwichtigste scheint mir zu sein, dass man in Betrieben das Dilemma als solches überhaupt erkennt. Nur in Kenntnis der Effekte spezifischer betrieblicher Handlungsmuster kann die Führungskraft bzw. das Unternehmen eine bewusste Entscheidung treffen. Ich kann mir dabei sehr wohl Randbedingungen vorstellen, unter denen ein Unternehmen die Entscheidung zu Gunsten der visionär-charismatischen Führung trifft. Mir kommt es lediglich darauf an, dass man im Unternehmen auf der Basis der hier angestellten Überlegungen weiß, wozu man sich dann entscheidet.

Im Übrigen kann man die angedeuteten Gefahren einer sehr geschlossenen visionär-charismatischen Führung auch dadurch abzupuffern versuchen, dass man das visionäre Moment von dem charismatischen Moment abkoppelt. Der Bedarf nach einer sinnstiftenden Orientierung ist elementar und sollte in der Führung nicht unbeachtet bleiben. Insofern könnte man einen Kompromiss in der Weise anbahnen, dass man eine Vision erarbeitet, ohne dass dies zugleich an einen Visionär gekoppelt wäre. Man kann die zentralen Wertvorstellungen bei den Mitarbeitern im Sinne der offenen Führung zu erfragen versuchen und Projekte ins Leben rufen, die aus der Sicht der Mitarbeiter geeignet zu sein scheinen, diesen/ihren (!) zentralen Wertvorstellungen näher zu kommen. Dies wäre eine durchaus offene Form der Führung, die nicht deduktiv und unter Umständen dogmatisch in geschlossener Weise Werte vorgibt, sondern induktiv und partizipativ Werte empirisch ermittelt und die Wertvorstellungen der Geführten ernst nimmt. Mitarbeiter würden dann durch die Zuarbeit bzw. Mitarbeit an diesen Projekten Sinn erfahren können, was auch die Identifikation mit dem Unternehmen fördert, ohne dass ein charismatisch begabter Visionär zur Verfügung stehen muss. Eine Identifikation mit dem Unternehmen würde damit durch die Identifikation mit der Sache, nicht durch die mit einer Person ermöglicht – eine Perspektive, die umso wichtiger ist, nachdem die Chancen für eine Identifikation mit herausragenden Persönlichkeiten im Vergleich zur Nachkriegszeit gesunken sind, da die prägenden Gründerpersönlichkeiten (Grundig, Nixdorf, Schickedanz usw.) als zentrale Identifikationsfiguren nicht mehr Verfügung stehen.

Anknüpfend an das Basisproblem einer Entschärfung der konfliktären Beziehung zwischen „offen" und „geschlossen" bietet sich möglicherweise auch im betrieblichen Bereich die schon skizzierte zeitliche sowie inhaltlich/räumliche Differenzierung an: Alle kontingenztheoretische Forschung unterstreicht als Fazit, dass nicht die Vereinheitlichung, sondern die Forcierung von Pluralität und Unterschiedlichkeit in ein und demselben Unternehmen (sofern sinnvoll ausgerichtet) von Vorteil ist, und gute Indikatoren liegen dafür vor, dass einer Organisation auch Kultur*pluralität* dienlich sein kann. Man könnte nun auch überlegen, ob es Unternehmensteile oder Funktionsfelder gibt, in denen man das Moment der offenen Gesellschaft stärker forcieren sollte, während es vielleicht andere Teile und Bereiche im Unternehmen gibt, in denen das Modell der geschlossenen Gesellschaft angezeigter ist. Neben dieser „räumlichen" Differenzierung ist schließlich auch an eine zeitliche Differenzierung zu denken. Selbst eine stärker personalisierte Form der visionär-charismatischen Führung kann trotz der oben formulierten Einwände unter bestimmten Randbedingungen für ein Unternehmen hilfreich sein, um etwa im Zuge eines erforderlichen Wandlungsprozesses eine entsprechende Aufbruchstimmung zu unterstützen. Ich sehe hierin aber keine Dauerlösung. Wir brauchen Mechanismen, die eine *Rückkehr* zu kritischer Rationalität, wechselseitiger Kritik usw., also zu Eigenheiten der offenen Gesellschaft, möglich machen. Es wäre schon viel erreicht, wenn diese Problemlage als solche deutlicher erkannt würde.

Bei all diesen Ausführungen soll aber nicht nur auf Schwierigkeiten der Führung verwiesen werden. Das vorgestellte Denkraster verweist auch auf Möglichkeiten einer Balance zwischen der offenen und der geschlossenen Struktur, die bisher unter der Perspektive der Führung nicht so deutlich geworden sind. Bezugnehmend auf die Abbildung 1 besteht ein Balancieren ja nicht notwendig darin, dass man auf der jeweiligen Dimension einen Kompromisspunkt zwischen den Extremen des offenen und des geschlossenen Poles ansteuert. Außer Kompromissbildungen *pro* Dimension kann man natürlich auch in der Weise balancieren, dass man auf einer Dimension ausgeprägt und deutlich öffnet und zugleich auf einer *anderen* Dimension ausgeprägt in geschlossener Weise führt. Die Kernidee dieser Balance lautet dann nicht „Balancierung durch Kompromiss", sondern Balancieren durch *paralleles* Öffnen und Schließen. Genau dies ist der theoretische Hintergrund für das sehr bekannte und verbreitete Prinzip der Führung durch Zielvereinbarung:

Dieses Prinzip stellt insofern eine offene Führung dar, als es (vgl. Abbildung 1) durch das Prinzip der Delegation von Verantwortung dem einzelnen Freiräume einräumt und damit auch die Chance eröffnet, gestaltend tätig zu werden. Der geschlossene Aspekt dieses Führungsprinzips (Management by Objectives) liegt darin, dass gleichzeitig für eindeutige und klare Ziele gesorgt wird, wobei vor allem einer klaren Herausarbeitung der Zielprioritäten Beachtung geschenkt werden muss. Dieses schafft bei dem Einzelnen die notwendige Orientierung, vermittelt also im Sinne der geschlossenen Führung Eindeutigkeit und stellt gleichzeitig ein Koordinationsinstrument dar, um die Ziele im Interesse des Ganzen aufeinander abzustimmen. In diesem Fall wird dann die Balance zwischen der offenen und der geschlossenen Struktur nicht durch einen Kompromiss hergestellt, sondern dadurch, dass man *parallel* einerseits ein hohes Maß an Eindeutigkeit und Orientierung vermittelt, andererseits aber die Wege zum Ziel freigibt und insofern ein hohes Maß an Freiheit ermöglicht. Das Resultat sollte ein hohes Maß an Orientierung *und* Freiheit sein. Vermutlich liegt auch genau hier der Grund dafür, dass dieses Führungsprinzip vergleichsweise verbreitet und wirksam ist, da es zentralen betrieblichen *und* personalen Bedürfnissen nach offener und geschlossener Struktur entspricht.

Dass man als Führungskraft zu balancieren hat, steht insofern außer Frage; es geht im Wesentlichen um die Frage, *wie* man im Rahmen der Führung am geschicktesten balanciert.

Literatur

ARENDT, H. (1955). Elemente und Ursprünge totaler Herrschaft. Frankfurt/M. 1955.
BASS, B. M. (1985). Leadership and performance beyond expectations. New York 1985.
HABERMAS, J. (1988). Nachmetaphysisches Denken. Frankfurt/M. 1988.
PFEFFER, J. (1981). Power in organizations. Pitmann, Mass. 1981.
POPPER, K. R. (1980). Die offene Gesellschaft und ihre Feinde. Band I und II. 6. Aufl., Tübingen 1980.
SENNETT, R. (1991). Verfall und Ende des öffentlichen Lebens. Frankfurt/M. 1991.

Fred G. Becker und Hilke Ganslmeier

Personalstrategien in den neuen Bundesländern

1. Problemstellung
2. Situative Rahmenbedingungen und theoretische Grundlagen
3. Empirische Befunde
4. Fazit

1. Problemstellung

Nach wie vor ist es noch nicht gelungen, gleichwertige Arbeits- und Lebensbedingungen in den neuen und alten Bundesländern zu schaffen. So weisen die neuen Bundesländer eine höhere Arbeitslosenquote, niedrigere Realeinkommen und eine geringere Kapitaldecke der Betriebe auf. Neben diesen ökonomischen „Hardfacts" sind aber auch Mentalitätsunterschiede zwischen Ost und West weiterhin von großer Bedeutung, insbesondere für das Personalmanagement. Vierzig Jahre „realer Sozialismus" haben Denk- und Handlungsweisen tiefer geprägt als vielfach angenommen, und westdeutsche Arroganz und „Glücksrittermentalität" während des Vereinigungsprozesses haben dazu geführt, dass sich ein neues ostdeutsches Selbstbewusstsein herausgebildet hat. Insofern macht es weiterhin Sinn, in dieser Neuauflage einen Beitrag über Personalstrategien in den neuen Bundesländern zu veröffentlichen. Allerdings hat sich die Situation im Vergleich zu den frühen 90er-Jahren verändert.

So ist mittlerweile die Systemtransformation von der Plan- zur Marktwirtschaft für die überwiegende Anzahl der ostdeutschen Betriebe abgeschlossen, Bildungsabschlüsse in den neuen und alten Bundesländern haben sich angeglichen, Qualifikationslücken der ostdeutschen Arbeitnehmerinnen und Arbeitnehmer wurden durch Fort- und Weiterbildungsaktivitäten geschlossen. Insgesamt ist klarer geworden, wie sich die Betriebe im wiedervereinigten Deutschland entwickeln werden. Somit macht es keinen Sinn mehr, wie in der vorangegangenen Auflage Szenarien zu entwickeln, die die verschiedenen Möglichkeiten unternehmerischen Engagements und die daraus abgeleiteten Personalstrategien abbilden. Vielmehr ist es möglich, sich auf empirisch erforschte, tatsächlich verfolgte Personalstrategien in den Betrieben der neuen Bundesländer zu beziehen und diese zu interpretieren. Basis der Überlegungen zu Personalstrategien in den neuen Bundesländern sind dabei die von Denisow, Jacob, Steinhöfel & Stieler-Lorenz durchgeführten Untersuchungen. Bevor diese jedoch im Einzelnen vorgestellt und diskutiert werden, werden zum besseren Verständnis die wichtigsten situativen Rahmenbedingungen der Betriebe in den neuen Bundesländern aufgezeigt sowie einige für diese Abhandlung wichtige theoretische Grundlagen zum Personalmanagement erläutert.

2. Situative Rahmenbedingungen und theoretische Grundlagen

2.1 Eine Situationsdiagnose der Rahmenbedingungen ostdeutschen Personalmanagements

Im Zuge der Wiedervereinigung wurde suggeriert, das gemeinsame kulturelle Erbe aller Deutschen würde durch den Sozialismus verursachte Unterschiede im Denken und Handeln zwischen den beiden Teilen Deutschlands schnell und problemlos glätten. Die anhaltenden Probleme in Wirtschaft und Gesellschaft belehren uns inzwischen eines Besseren: Im Rahmen des Transformationsprozesses ging es nicht nur darum, das sozialistische Wirtschaftsmodell durch das marktwirtschaftliche zu ersetzen und einen Modernisierungsrückstand aufzuholen. Vielmehr vollzog sich eine grundlegende Änderung aller rechtlichen, politischen und sozialen Steuerungsprinzipien der wirtschaftlichen und gesellschaftlichen Institutionen. Auf überbetrieblicher Ebene musste die Transformation vom Plan zum Markt sowie vom Zentralismus zur demokratischen Pluralität bewältigt werden. Auf der betrieblichen Ebene stand die Entwicklung vom Werktätigen zum Arbeitnehmer bzw. vom abhängig Beschäftigten zum Selbstständigen im Mittelpunkt und auf personaler Ebene mussten neue Selbstkonzepte und zu den neuen Rahmenbedingungen kompatible Verhaltensmuster entwickelt werden. Dem Personalmanagement kam und kommt im Rahmen dieses Transformationsprozesses eine Schlüsselrolle bei der Bereitstellung und Steuerung der notwendigen Humanressourcen zu. Betrachtet man die Personalarbeit in der ehemaligen DDR, so wird deutlich, welchen enormen Wandlungsprozess gerade dieser Bereich durchmachen musste.

Die betriebliche Personalarbeit in der ehemaligen DDR wurde vom „Prinzip des demokratischen Zentralismus" dominiert. Dieser politischen Leitidee zufolge sind Staat und Wirtschaft nach denselben zentralistischen Planungs- und Organisationsprinzipien strukturiert, wobei das postulierte demokratische Element zum einen in der Vergesellschaftung der Produktionsmittel und zum anderen in der Betonung des Kollektivs innerhalb der sozialistischen Arbeitswelt und Gesellschaft besteht. Aufgabe der Personalarbeit war demzufolge eine politisch-erzieherische, d.h. die Heranbildung politisch loyaler, kollektivorientierter sozialistischer Persönlichkeiten. Die Mitarbeiterorientierung zur individuellen Beitragssteigerung und/oder der effiziente Einsatz des Personals – Kern heutiger Personalmanagementkonzepte – spielte keine große Rolle.

Innerhalb der Betriebe wurde die Personalarbeit von den Bereichen „Kader und Bildung", „Arbeits- und Sozialökonomie" sowie „Arbeitsorganisation" wahrgenommen. Es gab also keine zentrale Wahrnehmung der Personalarbeit bspw. in einer Personalabteilung und die Umsetzung der dort entwickelten Vorstellungen in der Linie.

Hinter personalpolitischen Maßnahmen wie bspw. Personalplanung, Personalauswahl oder Personalentwicklung standen andere, wesentlich politischere Inhalte und Ziele als in westdeutschen Betrieben, und diese werden deshalb bei ostdeutschen Beschäftigten noch heute vielfach mit negativen Assoziationen belegt. Auch der Begriff des Wettbewerbs hatte in der ehemaligen DDR einen anders gelagerten Inhalt. Ausgelöst durch die zentralstaatliche Fremdbestimmung der Arbeit degenerierte der „Sozialistische Wettbewerb" von seiner ursprünglichen Konzeption einer Leistungssteigerung häufig zu einer schematischen, rein outputorientierten Planübererfüllung, bei der das ökonomische Prinzip völlig vernachlässigt wurde. Materielle wie immaterielle Gratifikationen belohnten eher autoritätsloyales Verhalten als Leistung und hatten dementsprechend eine Signalwirkung, die nicht zur betrieblichen Leistungssteigerung motivierte.

Vor allem die Koppelung des beruflichen Aufstiegs an eine staatspolitisch loyale Einstellung wirkte dem Leistungsprinzip entgegen und löste bei vielen Beschäftigten einen Rückzug ins Privatleben aus. Diese ablehnende Haltung gegenüber dem überwiegend plandeterminierten, fremdbestimmten Arbeitsalltag führte jedoch keinesfalls zu einer Ablehnung der Erwerbsarbeit als solcher, vielmehr wurde und wird diese auch heute noch als Fokalpunkt des Daseins gesehen, in der man sich allerdings soweit als möglich seine „Nische" suchte. Dieser doppeldeutige Stellenwert der Erwerbsarbeit macht es schwierig, den Widerspruch zwischen dem einerseits eingeforderten Recht auf Arbeit und dem andererseits vorherrschenden Gefühl der inneren Kündigung hin zu einer Reaktivierung des Motivationspotenzials der Mitarbeiter aufzulösen. Hinzu kommt, dass in der DDR-Arbeitsorganisation sich vielfach – wie im Übrigen auch in vielen bürokratischen Organisationen – eine Art „Laissez-faire-Arbeitseinstellung" bei vielen Erwerbstätigen herangebildet hat. Eigeninitiative, Verantwortungsgefühl, Einsatzbereitschaft (im westlichen Verständnis) u. a. hatten so wenig Chance, sich zu entwickeln.

Im Zuge der Wirtschafts-, Währungs- und Sozialunion erfuhr die Personalarbeit in den neuen Bundesländern eine abrupte Veränderung. Als zentrale Aufgaben hatte sie plötzlich einen enormen Personalabbau zu bewältigen, qualifizierte Führungskräfte mussten ad hoc gefunden und integriert, die neuen Regelungen des Arbeits- und Betriebsverfassungsrechts mussten implementiert sowie die verbleibenden Arbeitskräfte weitergebildet werden. Diese vielfältigen und neuartigen Aufgaben führten dazu, dass vielfach unkritisch westdeutsche „Erfolgskonzepte" übernommen werden (mussten), die nicht immer die gewünschten Wirkungen zeigten. Die Personalabteilung wurde häufig zur „Entlassungsabteilung" degradiert, was bei den Beschäftigten einen generellen Vertrauensverlust in die Personalarbeit auslöste. Verschärft wurde die Situation, insbesondere kurz nach der Wende, durch den fast ausschließlichen Einsatz westdeutscher Personalverantwortlicher, die zum einen durch ihre andersartige Mentalität, aber auch durch den von ihnen zu bewältigenden Personalabbau auf wenig Akzeptanz und Gegenliebe stießen.

Ausblickend lassen sich für das Personalmanagement in den neuen Bundesländern die folgenden Aufgabenschwerpunkte identifizieren: Ausgelöst durch die schnelle technologische Entwicklung und Globalisierung veränderten sich Arbeitsaufgaben wie Organisationsstrukturen. Diesem Sachverhalt muss durch die Bereitstellung flexibler und breit qualifizierter Mitarbeiterinnen und Mitarbeiter Rechnung getragen werden. Personalabbau, das zentrale Thema der frühen Transformationsphase, wird dementsprechend durch Konzepte der Personalentwicklung abgelöst. Dabei ist insbesondere zu beachten, dass sich im Zuge des Wiedervereinigungsprozesses auch die Wertesysteme und Rollenverständnisse der Mitarbeiterinnen und Mitarbeiter verändern. Personalstrategien für die neuen Bundesländer sollten dementsprechend in der Lage sein, den effizienten und effektiven Einsatz von Humanressourcen unter Berücksichtigung der technologischen aber auch der speziellen gesellschaftlich-wirtschaftlichen Entwicklung der neuen Bundesländer sicherzustellen.

Im Folgenden soll zunächst präzisiert werden, welche Maßnahmen und Aufgaben unter dem Begriff „Personalstrategie" im Einzelnen verstanden werden können, bevor dann im dritten Teil des Beitrages drei in den Betrieben der neuen Bundesländer empirisch vorgefundene Personalstrategien vorgestellt und kritisch diskutiert werden.

2.2 Möglichkeiten und Grenzen der Personalstrategie im Kanon unternehmungspolitischer Instrumente

Um Wirkungsweisen und Gestaltungsmöglichkeiten von Personalstrategien realitätsnah einschätzen zu können, ist es notwendig, vorab zu klären, was sinnvollerweise unter diesem Begriff verstanden werden sollte und welchen Stellenwert eine Personalstrategie innerhalb der unternehmungspolitischen Instrumente einnimmt (vgl. zum folgenden Abschnitt STEINMANN & SCHREYÖGG, 2000, zu Fragen der strategischen Einordnung, bzw. BERTHEL, 2000, zu Aufgaben der Personalstrategie).

Zunächst ist es die Aufgabe der Unternehmungsleitung, meist auf Basis einer Stärken-Schwächen-Analyse bezüglich der eigenen Unternehmung und einer Chancen-Risiken-Analyse bezüglich der Unternehmungsumwelt, verschiedene *strategische Optionen* zur Erarbeitung, Sicherung und Erweiterung der aktuellen und zukünftigen Erfolgspotenziale zu entwickeln und auszuwählen. Die in Abstimmung mit den unternehmungspolitischen Grundsatzzielen ausgewählten Strategien müssen dann in Form von so genannten „Strategischen Programmen" in den einzelnen Organisationseinheiten der Unternehmung operationalisiert werden.

Zu diesen *strategischen Programmen* zählt neben bspw. der Marketing- oder Produktionsstrategie auch die Personalstrategie. Ihre Aufgabe ist es, die Unternehmungstrategie(n) für die jeweiligen betrieblichen Aufgabenfelder zu konkretisieren und die Steuerung der Unternehmungsaktivitäten im Hinblick auf eine strategische Grundorientierung zu ermöglichen. Dabei handelt es sich jedoch nicht um eine rein deduktive Aufgabe, sondern mehrheitlich um eine planerisch-schöpferische; gilt es doch, vor allem Maßnahmen zu entwickeln, die für den Erfolg der geplanten Strategie als kritisch anzusehen sind. Insofern sind auch originäre Aspekte möglich, bspw. die Entwicklung einer Unternehmungsstrategie auf Basis vorgefundener Mitarbeiterqualifikationen. Der Personalstrategie kommt allerdings eine besondere Bedeutung zu; handelt es sich doch um eine Querschnittsfunktion, die alle anderen strategischen Programme durchdringt: Gleichgültig ob eine Marketing- oder Produktionsstrategie im Rahmen einer angestrebten Kostenführerschaft oder Differenzierung verfolgt wird, immer kommt es bei der aktiven Umsetzung der Strategie am Markt auf den Menschen an, der das Geplante intelligent umsetzt. Personal ist also als Schlüsselressource zu begreifen. Dementsprechend wichtig ist es, mittels einer adäquaten Personalstrategie das „richtige" Personal in quantitativer, qualitativer, zeitlicher und räumlicher Hinsicht bereitzustellen und zu fördern.

Das strategische Programm *Personalstrategie* kann also nicht losgelöst von der strategischen Ausrichtung der Gesamtunternehmung konzipiert werden und hat dementsprechend i.d.R. einen durch den Strategierahmen *begrenzten Aktionsradius* und ist in hohem Maße unternehmungsspezifisch. Dabei sind die *strategische Ausrichtung* der Unternehmung, die *konjunkturelle Situation* sowie die besonderen *Stärken- und Schwächen der Arbeitnehmer und Arbeitnehmerinnen* in den neuen Bundesländern entscheidende Rahmenbedingungen.

3. Empirische Befunde

3.1 Personalstrategien im Überblick

DENISOW, JACOB, STEINHÖFEL & STIELER-LORENZ beschäftigen sich seit 1991 in verschiedenen Forschungsprojekten mit der Personalarbeit in den Unternehmungen der neuen Bundesländer während des Transformationsprozesses von der Plan- zur sozialen Marktwirtschaft. Im Rahmen ihrer empirischen Forschungsprojekte gelang es ihnen, drei Typen von Personalstrategien zu identifizieren, die im Folgenden kurz vorgestellt und diskutiert werden sollen. Die drei Strategien spiegeln nicht nur eine unterschiedliche Sichtweise der Humanressourcen durch den jeweiligen Betrieb wider, sie haben sich auch durch den unterschiedlich starken Einfluss der folgenden

Faktoren herausgebildet: Zum einen sind dies eher „objektive" Einflüsse, wie wirtschaftliche Situation, Größe, Struktur und Branche der Unternehmung oder Arbeitsmarktsituation. Zum anderen eher „subjektive" Einflüsse, wie die Sozialisation der Akteure, die betriebliche „Sichtweise" des Personals, Denk- und Verhaltensmuster, Handlungsspielräume oder Qualifikation. Je nach Wirkungsweise dieser Faktoren unterscheiden DENISOW et al. die folgenden Personalstrategien:

– *Qualifikations-, motivations- und kompetenzorientierte Personalstrategie*
Im Zentrum dieser Personalstrategie steht der Mitarbeiter mit seinen Stärken und Schwächen, vor allem aber mit seinen Potenzialen. Die Menschen im Betrieb werden als strategischer Erfolgsfaktor interpretiert und so weit wie möglich in die betrieblichen Gestaltungsprozesse einbezogen. Dabei bilden die Nutzung und Entwicklung ihrer Potenziale eine entscheidende Basis für die erfolgreiche wirtschaftliche Entwicklung der Unternehmung.

– *Technikorientierte Personalstrategie*
Diese Personalstrategie sieht die Mitarbeiter und Mitarbeiterinnen nicht als Quelle der Innovation, sondern als Anpassungsressource. Die betriebliche Entwicklung und der wirtschaftliche Erfolg der Unternehmung sollen allein über den Einsatz moderner Fertigungstechnologien sichergestellt werden. Insofern wird wenig Wert auf eine Beteiligung der Mitarbeiterinnen und Mitarbeiter an betrieblichen Entscheidungsprozessen, einen partizipativen Führungsstil sowie prospektive Personalentwicklung gelegt.

– *Strategie struktureller Personalanpassung*
Diese Personalstrategie versucht, durch eine prospektive Organisationsgestaltung einen rationelleren Personaleinsatz zu erreichen. Im Sinne von „Prozessorientierung" und „Lean Management" werden Hierarchien abgebaut und Abläufe verschlankt. Allerdings werden bei dieser Strategie die neuen Arbeitsaufgaben und -inhalte den Mitarbeiterinnen und Mitarbeitern durch das Management zugewiesen, Partizipation ist nicht vorgesehen.

3.2 Diskussion der vorgestellten Personalstrategien

Die *Strategie der strukturellen Personalanpassung* kann als typisches Beispiel einer unkritischen Übernahme westlicher „Wunderkonzepte" interpretiert werden. Sie ist in sich widersprüchlich und kann infolgedessen keine langfristigen Erfolge in Form von Produktivitätsgewinnen und/oder Kostensenkungen bringen. Die so genannten „modernen" Organsationskonzepte, wie „Lean Management" oder „Prozessorientierung" gehen in ihrem Kern von motivierten und sich selbst steuernden Mitarbeiterinnen und Mitarbeitern aus, die in der Lage und willens sind, Verantwortung zu übernehmen und ihre Ideen einzubringen. Ein Hierarchieabbau hat zwangsläufig eine Umverteilung von Entscheidungsbefugnissen und Verantwortung zur Folge. Insofern kann ein solches Bestreben nur unter der Prämisse des „mündigen Mitarbeiters" sinnvoll umgesetzt und so eine Straffung der betrieblichen Abläufe erreicht werden. Wird per expertokratischer Managemententscheidung eine Umorganisation der Arbeit im oben skizzierten Sinne angeordnet, die Mitarbeiterinnen und Mitarbeiter aber nicht mit den entsprechenden Kompetenzen ausgestattet, können kaum positive Effekte zur Kostensenkung und/oder Effektivitäts- und Effizienzsteigerung erreicht werden.

Betrachtet man die leidvolle Geschichte des Transformationsprozesses mit massivem Arbeitskräfteabbau und einer tief greifenden Verunsicherung der Arbeitskräfte durch die radikale Veränderung der sozialen, politischen und rechtlichen Strukturen, so ist davon abzuraten, die Strategie der strukturellen Personalanpassung zur Stabilisierung und Sicherung des Unternehmungserfolges heranzuziehen. Wird wie zu Zeiten der ehemaligen DDR über den Mitarbeiter verfügt, und er akzeptiert aus Angst vor dem Verlust des Arbeitsplatzes seine neuen Arbeitsinhalte und -strukturen, besteht die Gefahr des geistigen Stillstandes. Mitarbeiterinnen und Mitarbeiter, die nicht gefördert und durch Arbeitsinhalte wie Führungsstile motiviert werden, werden mit aller Wahrscheinlichkeit keine optimalen Leistungen bringen. In einem solchen Klima des Zwanges und der unklaren Verantwortungsabgrenzung finden Innovationen, die heute mehr denn je wichtig für die Fortentwicklung eines Betriebes sind, keinen günstigen Nährboden und werden dementsprechend spärlich entwickelt werden.

Neue Managementkonzepte bieten zwar prinzipiell das Potenzial weitreichender Verbesserungen, sie müssen allerdings sorgfältig und abgestimmt auf die spezifischen personellen, strukturellen und wirtschaftlichen Gegebenheiten des jeweiligen Betriebes implementiert werden. Neben fachlicher Qualifikation, die häufig gerade in den neuen Bundesländern bereits ausreichend vorhanden ist, muss ein besonderes Augenmerk auf Schlüsselqualifikationen, wie Konfliktfähigkeit, Verantwortungsübernahme und Ambiguitätstoleranz gelegt werden. Des Weiteren dürfen neue Managementkonzepte nicht von externen Beratern „übergestülpt" werden, sondern müssen nach einer gründlichen Informations- und Sensibilisierungsphase in Zusammenarbeit mit Betriebsrat und Mitarbeitern entwickelt und implementiert werden. Nur wenn es gelingt, die „natürliche Abwehrhaltung" gegenüber Veränderungen zu durchbrechen und eine breite Akzeptanz der geplanten Veränderungen der Arbeitsstrukturen und -inhalte zu erreichen, können die erwünschten Verbesserungen erzielt werden.

Auch die *technikorientierte Personalstrategie* muss in Hinsicht auf ihr Ziel, langfristig die Wettbewerbsposition einer Unternehmung zu sichern bzw. zu verbessern, kritisch gesehen werden. Technologie ist in vielen Branchen zweifelsohne ein wichtiger strategischer Erfolgsfaktor, aber bei weitem nicht ausreichend, um langfristig am Markt zu bestehen. Die schnelle technologische Entwicklung sowie der globale Informationstransfer führen dazu, dass selbst „modernste" Technologie schnell veraltet und vor allem nicht als exklusives Wissen in der Unternehmung gehalten werden kann, um im Sinne einer Wettbewerbsbarriere Schutz vor Konkurrenten zu bieten. Zu leicht lassen sich Anlagen und Verfahren kopieren, wenn sie nicht mit betriebsspezifischem Know-how so verbunden werden, dass sie als unverwechselbare Unternehmungsressource angesehen weren können. Infolgedessen ist es wichtig, betriebsspezifisches Know-how zu entwickeln, das in einer Kombination von Wissen und Können der Mitarbeiterinnen bei dem Einsatz neuer Technologien besteht. Der Mitarbeiter muss also mehr als eine betriebliche Anpassungsressource sein, um eine Technologieführerschaft am Markt durchzusetzen. Insofern ist es von enormer Wichtigkeit, die Fähigkeiten und Potenziale der Mitarbeiterinnen und Mitarbeiter zu kennen und zu entwickeln. Damit kann die Basis geschaffen werden, mit dem betriebsspezifischen Mitarbeiterstamm Technologie innovativ einzusetzen und auf diese Weise einen Wettbewerbsvorteil exklusiv für die Unternehmung herauszubilden.

Gerade in den neuen Bundesländern bestehen gute Chancen, die Kombination von menschlicher Innovationfähigkeit und moderner Technologie zum strategischen Erfolgsfaktor auszubauen. Infolge der starken Umwälzungen des Transformationsprozesses haben die Menschen in den neuen Bundesländern Bereitschaft zum Lernen entwickeln müssen, um ihren Arbeitsplatz zu sichern. Diese prinzipiell vorhandene geistige Flexibilität und der Wille, sich neuen Anforderungen zu stellen, bieten günstige Voraussetzungen für eine erfolgreiche Personalentwicklung. Hinzu kommt, dass gerade der akademische Nachwuchs infolge der geringen Größe und vergleichsweise guten Ausstattung der Universitäten in den neuen Bundesländern ein zeitgemäßes und solides Wissen mitbringt. Es steht also ein motiviertes und fähiges Arbeitskräftepotenzial zur Verfügung. Auch technologisch bringen viele Betriebe in den neuen Bundesländern gute Voraussetzungen mit, um eine starke Wettbewerbsposition einzunehmen: Die völlige Überalterung der DDR-Produktionsbetriebe machte eine fast vollständige Verschrottung von Anlagen und Gebäuden notwendig. Infolgedessen weisen Betriebe, die den Transformationsprozess überlebt haben, in der Mehrzahl eine moderne technologische Ausstattung auf, die über dem westdeutschen Niveau liegt. Diesen prinzipiellen Vorteil gilt es zu nutzen, allerdings versprechen nur Konzepte langfristigen Erfolg, die auf einer intelligenten Kombination von menschlicher Innovationskraft und Technologie basieren.

Die besten Chancen, langfristig den Unternehmungserfolg zu sichern, bietet somit die *qualifikations-, motivations- und kompetenzorientierte Personalstrategie*. Die Heranbildung eines fachlich wie sozial kompetenten Mitarbeiterstamms schafft die Basis für eine flexible Wahl der Organisationsstruktur. Neuere Arbeitsformen, wie bspw. Fertigungsinseln, Gruppenarbeit und flexible Arbeitszeiten und -strukturen können als Organisationsform in Betracht gezogen werden, da die Mitarbeiterinnen und Mitarbeiter mit den für eine Umorganisation der Arbeit notwendigen Fähigkeiten und Kompetenzen ausgestattet sind. Allerdings darf das Bemühen um die Entwicklung mitarbeiterspezifischer Qualifikationspotenziale nicht zum Selbstzweck mutieren. Wichtig bleibt auch bei einer mitarbeiterorientierten Personalstrategie das wettbewerbswirtschaftliche Ziel der Unternehmung, also die Produktion und/oder Vermarktung von Produkten oder Dienstleistungen. D.h. Personalentwicklung muss zielgerichtet, im Einklang mit der Unternehmungsstrategie erfolgen und letztendlich dazu beitragen, das Erfolgspotenzial der Unternehmung zu steigern, um damit die Wettbewerbsposition auch langfristig abzusichern. Auch muss bei einer solchen Strategie beachtet werden, dass nicht jeder Mitarbeiter gleich entwicklungsfähig und -willig ist. Individuen haben unterschiedliche private wie berufliche Zielvorstellungen, die nicht immer in konfliktfreien Beziehungen zueinander stehen. Hier gilt es, die Interessen sorgfältig zu prüfen und im Einklang mit den Unternehmungszielen individuelle Entwicklungsansätze zu finden.

Gerade für die neuen Bundesländer bietet sich eine stark mitarbeiterorientierte Personalstrategie an. Die Betriebe haben sich im Verlauf des Transformationsprozesses „gesundgeschrumpft" und die verbliebenen bzw. neu eingestellten Arbeitnehmer weisen nicht zuletzt auf Grund der knappen Arbeitsplätze ein hohes Maß an Motivation auf. Darüber hinaus gab und gibt es speziell in den neuen Bundesländern eine Vielzahl staatlich geförderter Qualifikationsmöglichkeiten, die die Betriebe in organisatorischer und/oder finanzieller Hinsicht bei der Fort- und Weiterbildung ihrer Mitarbeiterinnen und Mitarbeiter entlaste(te)n. Hier bieten sich für die Unternehmungen der neuen Bundesländer gute Ausgangsvoraussetzungen, die zur Gewinnung von Wettbewerbsvorteilen genutzt werden sollten.

Betrachtet man die drei empirisch vorgefundenen Personalstrategien in den neuen Bundesländern, so lässt sich festhalten, dass jede für sich genommen nicht zu unterschätzende Defizite aufweist. Weder die brachiale Einführung neuer Organisationskonzepte, noch eine einseitige Technologie- oder Mitarbeiterorientierung scheinen tragfähige Perspektiven für einen langfristigen Unternehmungserfolg zu bieten. Vielmehr ist eine Kombination der vorgefundenen Strategien anzustreben. Einerseits stellt der Mensch in einem rohstoffarmen Land wie der Bundesrepublik die wichtigste Ressource des Unternehmungserfolges dar und sollte dementsprechend durch adäquate Personalentwicklungsmaßnahmen gefördert werden. Andererseits sollte diese Förderung in Einklang mit den wettbewerbsorientierten Unternehmungszielen und unter Einbeziehung möglichst moderner Technologie geschehen. Drittens sollte neben der technologischen auch eine Modernisierung der organisationalen Strukturen und Abläufe angestrebt werden, allerdings mit der Beteiligung und Akzeptanz der betroffenen Mitarbeiterinnen und Mitarbeiter.

4. Fazit

Es bleibt zu hoffen, dass der Transformationsprozess in den neuen Bundesländern zu einem für die Betriebe und Menschen positiven Ende gebracht wird, so dass es nicht mehr notwendig ist, neben regionalen oder branchenbedingten Besonderheiten über Ost-West-Unterschiede zu diskutieren. Dabei ist von besonderer Bedeutung, dass man auch in den alten Bundesländern einen Perspektivenwechsel von „Der Osten muss sich anpassen!" hin zu einem „Wir werden uns durch die Wiedervereinigung ändern!" durchmacht und von den Erfahrungen der neuen Bundesländer profitiert. Um als Unternehmung langfristig am Markt zu überleben, wird es immer notweniger, die „Ost-Westdeutsche Nabelbeschau" zu überwinden und seine Kräfte auf den internationalen Wettbewerb zu konzentrieren. Globalisierung der Beschaffungs- und Absatzmärkte sowie die Entwicklung zur Informationsgesellschaft verschärfen den Wettbewerb, so dass es nicht mehr darum gehen kann, als Betrieb in den neuen Bundesländern den Westen zu „überholen ohne einzuholen", sondern mit der internationalen Konkurrenz Schritt zu halten. Auf diesem Weg stellen die Menschen in den Betrieben zweifelsohne einen Schlüsselfaktor für den Erfolg dar und sollten nach besten Kräften gefördert, aber auch gefordert werden.

Literatur

BECKER, F. G. (1988). Die Rolle des Personalmanagements im Rahmen der strategischen Führung. In: Zeitschrift für Planung, 4, 1988, S. 45–52.

BERTHEL, J. (2000). Personal-Management: Grundzüge für Konzeptionen betrieblicher Personalarbeit, 6. Aufl. Stuttgart 2000.

DENISOW, K. (1996). Personal im Osten: Anpassungsgröße oder Gestaltungspotenzial? Personalstrategien und Überlebenschancen von Unternehmen in den neuen Bundesländern. Berlin 1996.

DENISOW, K., JACOB, K., STEINHÖFEL, M. & STIELER-LORENZ, B. (1996). Der Umgang mit dem Personal – Strategien über den Abbau hinaus. In M. BECKER, R. LANG & D. WAGNER (Hrsg.), Personalarbeit in den neuen Bundesländern. S. 195–227. München, Mering 1996.

HANEL, U. & MAYRHOFER, W. (1997). Rahmenbedingungen der Personalarbeit in den neuen Bundesländern. In U. HANEL & W. MAYRHOFER (Hrsg.), Personalarbeit im Wandel: Entwicklungen in den neuen Bundesländern und Europa. S. 5–26. München, Mering 1997.

MACHARZINA, K., WOLF, J. & DÖBLER, T. (1992). Werthaltungen in den neuen Bundesländern: Strategien für das Personalmanagement. Wiesbaden 1992.

Pieper, R. (Hrsg.). (1990). Personalmanagement: Von der Plan- zur Marktwirtschaft. Wiesbaden 1990.

Rump, J. S. (1997). Motivation und Leistungsverhalten in Thüringer Unternehmen – eine empirische Analyse der Determinanten und Wirkungszusammenhänge. Lohmar, Köln 1997.

Steinle, C. & Bruch, H. (Hrsg.). (1993). Führung und Qualifizierung: Handlungshinweise für die Praxis in den neuen Bundesländern. Frankfurt am Main 1993.

Steinmann, H. & Schreyögg, G. (2000). Management. Grundlagen der Unternehmensführung: Konzepte, Funktionen, Praxisfälle. 5. Aufl. Wiesbaden 2000.

Bruno J. Weidl

Personalpolitische Konzepte in Krisenzeiten

1. Einleitung
2. Krisenmanagement
3. Krise und Personalmanagement
4. Innovative Ansätze: IN-Placement und EX-Placement
5. Fazit

1. Einleitung

Die Führungskräfte in der Bundesrepublik Deutschland sind in den letzten Jahren mit einer Welt konfrontiert worden, die sich radikal geändert hat, und in der unternehmerisches Wirtschaften und Führen von neuen Grundvoraussetzungen ausgehen musste.

Es sind zwei Rahmenbedingungen, die weitgehend über Erfolg und Misserfolg eines Unternehmens entscheiden: die Verknappung der Ressource Zeit und die Verknappung der Ressource Geld. Diese Rahmenbedingungen verknüpft mit einer exponenziell gestiegenen Komplexität und Dynamik sowie geringerer verfügbarer Reaktionszeit führten dazu, dass der Idealzustand eines Gleichgewichtes zwischen Umfeldwandel und Eigenwandel nicht erreicht wurde. Vielmehr resultierten aus der Diskrepanz zwischen Umfeld- und Eigenentwicklung krisenhafte Entwicklungen in der deutschen Wirtschaft und bei den deutschen Unternehmen.

War vielen Unternehmen durchaus das Problemspektrum der Struktur-, Kosten- und Innovationskrise bewusst, so trat das Thema „Standort Deutschland", verbunden mit einer Ökologiekrise und einer Orientierungskrise der Gesellschaft, der Politik und der Menschen hinzu. Sicherlich bestehen ursächliche Wechselbeziehungen zwischen den Krisenarten. Alles ist zunehmend miteinander „vernetzt". Technische, ökonomische, politische, ökologische und gesellschaftliche Prozesse beeinflussen sich gegenseitig und entwickeln eine hohe Eigendynamik. Es kommt zu „Kipp-Effekten" – und innerhalb kürzester Zeit hat sich ein bisher realistisches Szenario in sein Gegenteil verwandelt. Die einzig planbare Konstante ist die geworden, dass es „nie mehr so sein wird, wie es einmal war". Das Management von Organisationen ist insgesamt schwieriger geworden und viele Führungskräfte sind plötzlich vor Situationen und Aufgaben gestellt, die zum Teil völlig neue Kenntnisse und Fähigkeiten erfordern (vgl. den Beitrag von REGNET, „Anforderungen an Führungskräfte" in diesem Band). Die Manager selbst sind in eine Krise geraten.

Viele sehen die Unternehmensführung in der Krise und fordern eine Radikalkur im Sinne eines „Reengineering im Management". Die Krisenhaftigkeit zeigt sich darin, dass

- „was immer die Führungskraft auch tut, es ist nie genug", d.h. tief greifende Veränderungen müssen nicht nur geplant und gesteuert, sondern auch noch schnell ausgelöst werden.
- „Alles wird in Zweifel gezogen", d.h., tradierte Managementkonzepte und -regeln gelten nicht mehr.
- „Alles muss sich ändern", d.h., „nicht nur Handeln", sondern auch die Aufgaben und das Selbstverständnis einer Führungskraft müssen sich ändern.

Nichts ist mehr einfach. Nichts hat mehr Bestand.

Wie reagieren Unternehmen und Manager auf die Krise? In Krisenzeiten gibt es verschiedene Reaktionsweisen, die an den Tag gelegt werden können:

- Die Krise kann beschworen, analysiert und in allen Details belegt werden, wozu in der Regel die Suche nach Ursachen und Schuldigen gehört.
- Die Krise kann als eine temporäre Erscheinung betrachtet werden, die, wenn sie durchstanden ist, wieder auf bessere Zeiten hoffen lässt.
- Die Krise, die den Einzelnen als schuldloses Opfer dazu auffordert, Ballast abwerfen zu müssen, kann dramatisiert werden.

– Die Krise, die aus einer zunehmenden Diskrepanz zwischen der Entwicklung des Umfeldes und der eigenen Entwicklung entstanden ist, kann zu der Erkenntnis führen, dass gelernt werden muss, die Diskrepanz zu überwinden.

Mit anderen Worten, eine Krise ist ein Unterschied, der einen Unterschied macht. In der Krise schlägt die Stunde der Wahrheit für jede Führungskraft. Erst im Sturm muss der Kapitän sein Können beweisen, und dann zeigt sich der Unterschied zwischen einem „Schönwetter-„ und einem „Sturmkapitän".

Hierzu gehört insbesondere die Thematik, wie durch ein innovatives Personalmanagement zur Krisenbewältigung beigetragen wird.

2. Krisenmanagement

Krisenmanagement ist eine spezielle Form der Führung. Im Zentrum steht die Vermeidung oder Bewältigung all jener Prozesse in der Unternehmung, die in der Lage wären, den Fortbestand der Unternehmung substanziell zu gefährden oder sogar unmöglich zu machen. Hierbei ist zwischen aktivem und reaktivem Krisenmanagement zu unterscheiden. Aktives Krisenmanagement bezieht sich dabei auf die Führung und Vermeidung von noch nicht akuten Krisen, während reaktives Krisenmanagement die Bewältigung bereits eingetretener bzw. akuter Unternehmenskrisen zum Gegenstand hat und auch Formen einer nicht mehr unternehmenserhaltenden Auseinandersetzung (z. B. Konkursabwicklung, Liquidation) miteinbezieht.

Die zentralen Komponenten einer Krise lassen sich von vier Grundfragen erfassen:

– Welche Art von Krise liegt vor?
– Wann begann sie?
– Was sind die Ursachen?
– Wer ist betroffen?

Daraus resultiert, dass ein integriertes Krisenmanagement durch vier Variablen bestimmt wird:

– Krisen-Typus,
– Krisen-Phase,
– Krisen-System,
– Krisen-Interessenten.

Die wichtigsten Fragestellungen zu jeder einzelnen Variablen sind in dem nachfolgenden Katalog zusammengefasst:

– *Krisen-Typus*
  – Was wird unter Krise verstanden?
  – Auf welche Art von Krisen sollte eine Organisation sich vorbereiten?
  – Wie umfangreich muss ein Krisenplan sein?
  – Welcher Krisen-Typus kann von der Organisation außer Acht gelassen werden?
– *Krisen-Phasen*
  – Welches sind die grundsätzlichen Phasen, die eine Krise durchläuft?
  – Wie sehen die detaillierten Aktivitäten für jede Phase aus?
  – Welche Ressourcen müssen je nach Phase gemanagt werden?

- *Krisen-System*
  - Welche Variablen verursachen bzw. haben Einfluss auf die Krise?
  - Welche Ressourcen können eingesetzt werden, um Einfluss auf die Variablen auszuüben (z. B. Technologie, Infrastruktur, Personal, Unternehmenskultur)?
- *Krisen-Interessenten*
  - Welche Gruppen sind an der Krise und ihrem Ausgang interessiert?
  - Wer ist von der Krise betroffen?

3. Krise und Personalmanagement

Die Bandbreite und Systematik der klassischen Arbeit des Personalmanagements lassen sich anhand folgender Themenfelder aufzeichnen. Die Personalmanagementfelder machen inhaltlich Aussagen über Aufgaben, die im Rahmen eines betrieblichen Personalmanagements zu erfüllen sind. Sie führen zu konkreten Fragen, auf die das Personalmanagement Antworten bereitzustellen hat:

Personalbestandsanalyse:
Wie viele Mitarbeiter welcher Qualifikation sind zurzeit vorhanden, beziehungsweise werden auf Grund der bereits feststehenden Veränderungen zu welchem Zeitpunkt vorhanden sein?

Personalbedarfsbestimmung:
Wie viele Mitarbeiter welcher Qualifikation werden auf Grund der vorgegebenen Sachaufgaben zu welchem Zeitpunkt benötigt?

Personalbeschaffung:
Wie können und sollen zusätzlich benötigte Mitarbeiter auf dem externen oder internen Arbeitsmarkt gewonnen werden?

Personalentwicklung:
Wie können und sollen die Fähigkeiten der Mitarbeiter im Hinblick auf den bestehenden beziehungsweise den zukünftigen qualitativen Personalbedarf erhöht werden?

Personalfreisetzung:
Wie kann überzähliges Personal aus einem Unternehmensbereich unter Berücksichtigung sozialer Gesichtspunkte abgebaut werden?

Personalveränderung:
Wie soll zwischen den alternativen Möglichkeiten zur Personalveränderung (Beschaffung, Entwicklung, Freisetzung) entschieden werden?

Personaleinsatz:
Wie können und sollen Mitarbeiter entsprechend ihrer Fähigkeiten und entsprechend ihrer Sachaufgaben eingesetzt werden?

Personalführung:
Wie kann und soll das Verhältnis zwischen Vorgesetzten und Untergebenen im Hinblick auf eine weiter gehende Integration von Unternehmens- und Individualzielen ausgestaltet werden?

Personalkostenmanagement:
Welche gegenwärtigen und zukünftigen Kosten verursachen der aktuelle beziehungsweise der zukünftige Personalbestand, die aktuellen beziehungsweise geplanten personellen Einzelmaßnahmen sowie die (vorgesehenen) Planungsmaßnahmen?

In der unternehmerischen Praxis wird Krise als ein Entscheidungsproblem gesehen. Krise wird als eine Situation charakterisiert, die durch einen hohen Grad an Bedeutung, einen hohen Grad der Überraschung bzw. einen geringen Grad der Voraussicht und insbesondere durch Zeitdruck gekennzeichnet ist.

Dementsprechend müssen die verantwortlichen Krisenmanager über die erforderliche technische, persönliche und soziale Kompetenz verfügen, um den primären Erfolgsregeln eines Krisenmanagements gerecht zu werden:

- „Gestalten statt reagieren". Wer nur die bereits sichtbaren Lücken schließt, läuft Gefahr, auch in Zukunft hinterherzuhinken.
- Höchste Priorität hat alles, was rasch umgesetzt werden kann; die schwierigsten Aufgaben später in Angriff nehmen.
- Funktionierende Bereiche laufen lassen und dem Motto folgen: „Lieber Fortschritt als Gleichschritt". Ein gemeinsamer Aufbruch aller Bereiche wäre zwar ideal, oft werden dadurch aber die eigentlichen Leistungsträger im Unternehmen gebremst.
- Verbesserungsvorschläge nie wie Beschwerden behandeln. Die meisten Mitarbeiter sind kreativ, man muss sie nur lassen.
- Zur Vorwärtsstrategie gehört auch der Kulturwandel im Unternehmen. Nur so lassen sich langfristige Pläne und Visionen in die Realität umsetzen.
- Offen und verständlich über Grund, Richtung und Ziel der Veränderung sprechen. Sonst scheitert der Aufbruch bereits an der Basis – den Mitarbeitern im Unternehmen.
- Klare Entscheidungen treffen und durchsetzen – notfalls auch gegen Widerstände aus den eigenen Reihen. Bei aller Bekenntnis zur Teamarbeit heißt Turnaround auch führen.

Die Eckpfeiler eines erfolgreichen Krisenmanagements lassen sich wie folgt aufzeichnen:

Abb. 1: Maßnahmen im Krisenmanagement

Daraus wird ersichtlich, dass das Personalmanagement in Krisenzeiten auf zwei Themenschwerpunkte insbesondere einwirken muss: zum einen auf die Personalanalyse und -entwicklung vor dem Hintergrund der strategischen Veränderungen und zum anderen auf die Personalführung i. S. einer Verbesserung von Motivation und Engagement der Mitarbeiter. Es gilt mit adäquaten personalpolitischen Instrumenten an der Umsetzung des Transformationsprozesses mitzuwirken.

4. Innovative Ansätze: IN-Placement und EX-Placement

4.1 IN-Placement

Krisensituationen in Unternehmen sind dadurch gekennzeichnet, dass ein Misfit zwischen Strategie, Struktur und Systemen besteht. Um wieder erfolgreich zu werden, gilt es, eine Kongruenz zwischen diesen drei Elementen herzustellen, wobei das vorhandene Management-Potenzial hierzu ein zentraler Schlüssel ist. Es ist somit erforderlich, das Management-Potenzial im Hinblick auf die Unternehmensstrategie zu ermitteln. Das Instrument des Strategic Leadership Review (SLR) wird zum Katalysator eines IN-Placements und konzentriert sich auf die Eignung der vorhandenen Führungskräfte für die Strategieumsetzung. Es dient damit der Bewältigung strategischer Veränderungsprozesse.

Die Kernfragen in einem SLR lauten wie folgt:
- Was sind die veränderten strategischen Ziele des Unternehmens?
- Welcher Veränderungsbedarf ergibt sich daraus für Systeme und Strukturen?
- Welche Anforderungen ergeben sich daraus an die Führungskräfte?
- Wie passt dies mit der vorhandenen Führungsmannschaft zusammen (Soll-Ist-Abgleich)?
- Welcher Entwicklungsbedarf im Management folgt daraus?

Das SLR legt besonderen Wert auf die Fähigkeiten, die für den Veränderungsprozess kritisch sind. Für die Führungskräftebeurteilung steht eine sorgfältig aufgebaute Methodik bereit, die auf im Grundsatz bewährten und entscheidend weiterentwickelten analytischen Verfahren beruht. Schlüsselindikatoren für Leistung und Potenzial werden identifiziert und basierend darauf wird eine sorgfältige Analyse der Stärken und Entwicklungs- sowie Einsatzmöglichkeiten jeder Führungskraft angeboten. Mit Hilfe des SLR sind so die Auswirkungen individueller Führungsqualitäten präzise vorhersagbar. Nachdem die Indikatoren definiert und an die Erfordernisse des Unternehmens angepasst wurden, wird jeder einzelne Manager bewertet und eine quantitative Einschätzung seiner Leistung und seines Potenzials daraus abgeleitet. Die so ermittelten Resultate bestimmen das Führungspotenzial eines Managers bezogen auf seine Organisation. Die Übereinstimmung der Fähigkeiten mit der Strategie des Unternehmens zeigt die Chancen, angestrebte strategische Ziele mit dem vorhandenen Management erreichen zu können. Die Beherrschung der zugrunde liegenden Kompetenzen befähigt ihn, die Rolle eines bloßen Managers zu überschreiten und ein Leader in seiner Unternehmung zu werden.

SLR erlaubt darüber hinaus einen übergreifenden Vergleich von Führungskompetenzen. Durch den Vergleich von Führungskräften mit ihren Kollegen in ähnlichen Firmen können quantitative Benchmarks für die Qualität des Managements gegeben werden.

Methodik:
Zentrales Element des SLR bildet ein bis zu dreistündiges, strukturiertes, semi-standardisiertes Interview, das im Sinne des Vier-Augen-Prinzips von zwei externen Beratern mit den ausgewählten Mitarbeitern durchgeführt wird. Verwendung findet ein Interviewinstrument, dessen Prognosequalität durch psychologische Forschung belegt ist. Die Ergänzung durch strukturierte 360°-Referenzen kann die Aussagekraft der Resultate zusätzlich erhärten. Wenn die Berater die sorgfältige Datenerhebung beendet haben, bewerten sie die erfolgsrelevanten Indikatoren.

Qualitative und quantitative Resultate:
Die Ergebnisse werden für jeden interviewten Manager in einem detaillierten Bericht zusammengefasst. Die SLR Berichte geben einen grafischen Überblick über das Kompetenzprofil jedes Managers und liefern detaillierte Kommentare bezüglich jeder einzelnen Fähigkeit. Sie beinhalten externe Benchmarks, Identifikation sowohl von Stärken als auch von Entwicklungsanforderungen und zeigen Perspektiven bezüglich des Potenzials und der weiteren Verwendungsmöglichkeiten auf. SLR schließt einen strategisch orientierten und strukturierten Blick auf das gesamte Management-Team mit ein und ermöglicht so auch wertvolle Einsichten in die Nachfolgeplanung und Weiterentwicklung des Management-Teams insgesamt.

Feedback:
Die SLR-Berater bieten Feedback sowohl für den Klienten als auch für die interviewte Führungskraft an. Feedback kann ein äußerst wertvolles Instrument sein, vorausgesetzt der Berater nutzt es mit persönlicher Sensibilität und professioneller Integrität. Feedback befähigt die Führungskräfte einerseits, sich auf die wesentlichen Dinge zu konzentrieren und ihre persönlichen Stärken effektiver einzusetzen. Andererseits können sie sich umgekehrt in Kenntnis vorhandener Verbesserungspotenziale in kritischen Situationen zukünftig adäquater verhalten. So ergeben sich aus dem Feedback die Grundlagen für persönliche und professionelle Weiterentwicklung.

Der SLR Prozess:
Abhängig vom Umfang des Projektes dauert der Prozess zwischen mehreren Tagen und mehreren Monaten. Er verläuft in der Regel wie folgt:

1. Definition der Aufgabe: Die Berater treffen sich mit dem Klienten, um die Situation des Unternehmens sowie seine strategische Zielstellung zu verstehen und anschließend die Art und Weise festzulegen, wie SLR der Organisation helfen kann, ihre Ziele zu erreichen.
2. Festlegen des Projektrahmens: Die Berater entwickeln den Ablauf des Projektes und entwerfen die gewünschten Berichtsformate. Zusammen mit dem Klienten beginnen sie, den Prozess zu planen. Die Kommunikation des Projektziels an alle Beteiligten spielt dabei eine wesentliche Rolle.
3. Evaluierung der Manager: Am Beginn des Evaluierungsprozesses führen die SLR Berater Interviews durch, sammeln dann Referenzen und wägen die Bewertungen schließlich gegeneinander ab.
4. Diskussion der Resultate: Die Berater erstellen den zusammenfassenden Bericht für die Organisation und die individuellen Berichte für die evaluierten Führungskräfte. Die Berater präsentieren dann dem Klienten alle Ergebnisse.
5. Feedback-Prozess: Die in die Untersuchung einbezogenen Manager erhalten Feedback. Sowohl die Klienten als auch die Führungskräfte selbst können diese Informa-

tionen verwenden, um individuelle Stärken noch besser zu nutzen und Ziele für Verhaltensänderungen zu definieren.
6. Projekt Review: Berater überprüfen die Resultate aller Projekte drei Monate nach Abschluss zusammen mit den Klienten und einzelnen Teilnehmern.

Der organisatorische Ablauf erfolgt in drei Phasen:

I. *Vorbereitung*
   1. Strategische Ziele ausarbeiten
   2. Anforderungsprofil an Führungskräfte erarbeiten
      – Beurteilungskriterien
      – Indikatoren mit Priorität
   3. Teilnehmerkreis festlegen und Gruppen bilden
   4. Lenkungsausschuss konstituieren
   5. Termine planen
   6. Kommunikation organisieren

II. *Durchführung*
   1. Kick-off-meeting mit Teilnehmern
      – Ziel des MPE
      – Ablauf
      – Team vorstellen
   2. Interviews durchführen (jeweils zwei Berater)
      – Kritische Managementfähigkeiten hinterfragen
      – Persönliche Kompetenzindikatoren bewerten
   3. Begleitende Auswertung
   4. Referenzchecks

III. *Auswertung und Bericht*
   1. Einzelfeedback nach jedem Interview an den interviewten Manager
      – Gesamteindruck
      – Spezielle Indikatoren
      – Persönliche Ratschläge
   2. Ergebnispräsentation an Lenkungsausschuss/Geschäftsführung
   3. Maßnahmen vorschlagen und beschließen
   4. Festlegung von Art und Umfang der Feedback-Gespräche sowie des Teilnehmerkreises

Ein SLR treibt Veränderungsprozesse voran und macht sie effektiv und effizienter. Es bildet einen Brückenschlag zwischen Unternehmensstrategie und Human Resources Management durch die Konkretisierung der Veränderungsanforderungen an Führungskräfte und der Veränderungsförderung durch Feedback und Coaching. Das SLR schafft Klarheit über den voraussichtlichen „Zukunftsbeitrag" der Führungskräfte von neutraler und professioneller Seite und legt die Grundlage für zukünftige Führungskräfteauswahl- und -entwicklung durch die Ermittlung des Aufstiegspotenzials der Leistungsträger und des Abstiegspotenzials der Nicht-Leistungsträger.

Somit werden Stars, Leistungsträger und Problemfälle in einer Führungsmannschaft identifiziert und die Ermittlung hilft, Fehlurteile zu revidieren und Talente gezielt zu fördern. Die Praxis-Ergebnisse von HEIDRICK & STRUGGLES, MÜLDER & PARTNER liefern dabei folgendes Bild:

Standardergebnisse		Differenzierte Audit-Ergebnisse	
15 bis 20%	Stars	10%	Bereits entdeckt
		5 bis 10%	Neu entdeckt
65–70%	Mittelfeld	20%	Bisher überschätzt
		30 bis 35%	Potenzial erkannt, solide Personalentwicklung
		15 bis 20%	Potenzial erkannt, bisher keine Personalentwicklung
10 bis 15%	Problemfälle	5%	auf Position belassen
		5%	Rückstufung
		5%	Trennung

Abb. 2: Ergebnisse einer Management-Potenzial-Ermittlung

Hieraus wird ersichtlich, dass 95 % der teilnehmenden Führungskräfte i. S. eines IN-Placements gezielter gemäß ihrer Fähigkeiten und Erfordernissen des Unternehmens eingesetzt werden.

4.2 EX-Placement

Hierbei handelt es sich um ein flexibles Modell zur wirksamen Unterstützung von Unternehmen und betroffenen Mitarbeitern bei Personalreduzierungsmaßnahmen. Kommt es zu einem Wegfall einer Vielzahl von Arbeitsplätzen (über alle Hierarchieebenen hinweg), liegt ein Lösungsansatz darin, über einen Interessenausgleich bzw. Sozialplan Abfindungen an die Mitarbeiter zu zahlen. Dabei muss die jeweilige Unternehmung zum einen eine hohe Liquiditätsbelastung hinnehmen, zum anderen aber auch damit rechnen, dass sich im Rahmen der Produktionsauslaufphase Produktivitäts- und Qualitätseinbußen auf Grund von Demotivation und Widerständen (z. B. Sabotage, Absentismus) innerhalb der Belegschaft ergeben. Den freigesetzten Mitarbeitern droht die Arbeitslosigkeit, die wiederum zu einer persönlichen und beruflichen Krise führen kann.

Angesichts dieser Lage ist es notwendig, andere Wege zu suchen. EX-Placement hilft, die berufliche Neuorientierung betroffener Mitarbeiter noch während der Betriebszugehörigkeit zu fördern und in angemessener und zumutbarer Weise in die Verantwortung für ihre berufliche Zukunft – auch in finanzieller Weise – einbezogen zu werden. Dies wirkt in mehrfacher Weise positiv: Es ist für die Unternehmen liquiditätsschonend durch teilweise Umwandlung von Geld- in Dienstleistungen (Aktivierung von Sozialplan-Mitteln bzw. als „On-Top-Leistung" auf den Sozialplan) und durch das Hinausschieben von Abfindungszahlungen; ferner trägt es zum Imagegewinn nach innen und außen bei. Darüber hinaus hilft dieser Ansatz, Leistungsminderungen und destruktives Verhalten zu vermeiden und die Chancen für eine nahtlose Anschlussbeschäftigung zu erhöhen.

Das Konzept:
Das Unternehmen erwirbt über einen Rahmenvertrag mit einer externen Beratungsgesellschaft für jeden Einzelnen seiner betroffenen Mitarbeiter das Recht auf eine hoch qualifizierte und wirksame Unterstützung bei deren beruflicher Neuorientierung, die die Chancen im Arbeitsmarkt deutlich erhöht.

Der Preis ist ein relativ geringer Beitrag pro betroffenem Mitarbeiter in Abhängigkeit von der Gesamtzahl. Die so berechtigten Mitarbeiter können einen Teil ihrer Abfindung auf freiwilliger Basis in „Vermarktungsstrategien" und in ihre berufliche Zukunft investieren, indem sie zusätzlich zum Training an einer individuellen, hoch qualifizierten Einzelberatung durch den externen Berater teilnehmen und dadurch ihre Chancen am Markt wirksam erhöhen.

Dauer (z. B. ein bis drei Tage) und Inhalt dieser Individualberatungen werden zuvor mit dem Unternehmen abgestimmt. Im Training erfahren die Betroffenen auch etwas darüber, was ihnen eine solche individuelle Beratung bringen kann. Nur im Falle der Bereitschaft der Mitarbeiter, ein eigenes Investment in ihre Zukunft zu tätigen, steuert das Unternehmen pro tatsächlichem Teilnehmer einen weiteren, zu definierenden Beitrag zu den Honorarkosten bei. Das Verhältnis von Eigenbetrag und Unternehmensbeitrag wird dabei vom Unternehmen festgelegt. Den Eigenanteil trägt der Teilnehmer aus seiner Abfindung. Er kann diese Investition steuerlich als Werbungskosten geltend machen.

Die Höhe dieser Investition für den Mitarbeiter und für das Unternehmen kann dadurch reduziert werden, dass die Mitarbeiter sich in Gruppen von zwei bis maximal drei Teilnehmern zusammenschließen, statt eine Einzelberatung in Anspruch zu nehmen.

Der inhaltliche Prozess:

1. Das EX-Placement-Konzept wird in der Gesamtheit hinsichtlich Inhalt und Bedeutung für die Betroffenen nach innen (z. B. über die Unternehmenszeitschrift) angekündigt und vorgestellt. Hierzu gehört auch die Information des Betriebsrates.
2. Bei der Implementierung des Konzeptes ist von den Vorgesetzten eine besondere und erschwerte Führungsleistung zu erbringen, die hierfür speziell unterstützt und sensibilisiert werden müssen.
   Durch einen Workshop „Führen unter erschwerten Bedingungen" wird auf die spezifische Situation und die daraus resultierenden Befürchtungen, Gefahren, Widerstände sowie Lösungsansätze eingegangen.
3. Im Rahmen eines mehrtägigen Trainings lernen die Betroffenen die grundsätzlich veränderten Bedingungen des Arbeitsmarktes und die Entscheidungs- und Verhaltensweisen von Unternehmen kennen. Was passiert auf „der anderen Seite des Schreibtisches" bei Einstellungsvorgängen und wie kann die Bewerbungsstrategie diesbezüglich ausgerichtet werden („Einladung vs. Bewerbung")? Grundlage hierfür ist die Analyse der eigenen Fähigkeiten sowie der Bestimmungsfaktoren, die Grundbedingung der individuellen Arbeitszufriedenheit sind. Die Darstellung der wesentlichen Qualifikationsschwerpunkte bzw. der persönlichen Kernkompetenz runden das Bild ab.

4. Mit Unterstützung des Beraters entwickelt der Teilnehmer eine individuelle Vermarktungsstrategie. Darauf aufbauend führt der Berater erste Kontaktgespräche im relevanten Zielmarkt mit einschlägigen Unternehmen, um die Möglichkeiten einer Personalübernahme zu erörtern und den direkten Kontakt für den betroffenen Mitarbeiter herzustellen.
5. Im Rahmen eines „Ongoing Coachings" wird der Prozess der Neuorientierung durch den Berater kontinuierlich begleitet, um die erlebten Erfahrungen des Betroffenen direkt aufzunehmen, mit ihm zu reflektieren und in die Vermarktungsstrategie einfließen zu lassen.

Zukunftsweisend ist dieser Ansatz aus vier Gründen:
1. Die soziale Verantwortung der Unternehmung für die freizusetzenden Mitarbeiter erhält eine zukunftsweisende Form, indem nicht nur finanzielle Kompensationen gezahlt, sondern auch aktive Hilfen geboten werden, die in eine neue Beschäftigung führen sollen. Damit unterscheidet sich diese Art des Umganges mit Personalfreisetzungen vom herkömmlichen, nur auf Sozialplan-Abfindungen basierenden Personalabbau.
2. Die Aktivitäten erhalten einen präventiven Charakter, weil schon im Vorfeld der Freisetzung, das heißt noch während der Betriebszugehörigkeit der Mitarbeiter, beschäftigungsfördernde Maßnahmen ergriffen werden. Sie sind darauf ausgerichtet, Arbeitslosigkeit erst gar nicht eintreten zu lassen. Hierin besteht ein wesentlicher Unterschied zum Beispiel zur Beschäftigungsgesellschaft.
3. Es wird ein Bündel von Instrumenten eingesetzt, das sowohl der Förderung der externen Beschäftigungschancen dient als auch der Produktionsauslaufoptimierung, das heißt der Erfüllung der Produktivitäts- und Qualitätsziele bis zum Stilllegungstermin. Insofern geht der Ansatz über das traditionelle Outplacement hinaus.
4. Es hilft dem Einzelnen, die eigene persönliche Situation kritisch zu reflektieren und die Krise nicht nur als Bedrohung, sondern auch als Chance zu sehen.

5. Fazit

Die Thematik „Krise" und der Umgang damit sollten als Elemente sowohl in die Kultur eines Unternehmens als auch in das Personalmanagement Eingang finden. Hierbei gilt es, Krise als Chance zu betrachten. Dazu ist erforderlich, eine Problemlösungsstruktur zu schaffen, die vor Problemen nicht resigniert, sondern sie als Herausforderung betrachtet und mit innovativen Mitteln neue Realitäten schafft.

Die Einbindung von externen Beratern, die als Change-Agents fungieren, ist hilfreich, um den Umdenkungsprozess auf der Führungs- und Mitarbeiterebene zu fördern. Externe Berater übernehmen hierbei eine wichtige Analyse-, Steuerungs- und Koordinationsfunktion, die eine Neuorientierung der Unternehmensführung und der Mitarbeiter beschleunigen und ggfs. konfliktträchtige Anpassungsmaßnahmen besser legitimieren.

Die positive Funktion von Krisen, ihre Reinigungskraft, ihre Förderung geistiger und kreativer Bestrebungen findet ihren Ausdruck in den Werten des Schriftstellers Max Frisch:

„Krise ist ein produktiver Zustand, man muss ihm nur den Beigeschmack der Katastrophe nehmen".

Literatur

Berthel, J. & Kneerich, O. (1998). Berufliche Neuorientierung bei Personalabbau. In: Personalwirtschaft, 6, 1997, S. 26–28.

Heidrick & Struggles, Mülder & Partner (1997). Management Potential Ermittlung – Ein Instrument zur Umsetzung von strategischen Veränderungsprozessen. München 1997.

Lentz, B. (1997). Manager auf dem Prüfstand. In: Capital, Das Wirtschaftsmagazin, Heft 1, 98, S. 60–64.

Sarges, W. (1995). Management-Diagnostik, 2. Aufl. Göttingen 1995.

Sattelberger, Th. (1995). Innovative Personalentwicklung. Wiesbaden 1995.

Scholz, Ch. (1994). Personalmanagement: informationsorientierte und verhaltenstheoretische Grundlagen. München 1994.

Weidl, B.J. (1996). Ökonomische Krise und Wege der Krisenbewältigung aus der Sicht von Führungskräften – eine empirische Analyse. Frankfurt 1996.

Wiedemann, P. (1997). Ein innovatives Modell zur wirksamen Unterstützung von Unternehmen und betroffenen Mitarbeitern bei Personalreduzierungsmaßnahmen, Vortrag. München 1997.

Zur Konkretisierung und weiteren Vertiefung wird empfohlen, im Fallstudienband den Fall zu „Personalpolitische Konzepte in schwierigen Zeiten" zu bearbeiten.

Meinolf Dierkes und Sophie Mützel

Unternehmensethik jenseits von Rhetorik

– Zur Verankerung organisatorischer Grundwerte in Unternehmenskultur und Unternehmensleitbildern

1. Unternehmensethik: Strategische Bedeutung in einer sich wandelnden Umwelt
2. Unternehmensethik: Wechselnde Schwerpunkte
3. Ein Spannungsfeld: Ethik von Personen und Organisationen
4. Ein praktischer Ansatz: Unternehmenskultur und Leitbild-Gestaltung
5. Ausblick

1. Unternehmensethik: Strategische Bedeutung in einer sich wandelnden Umwelt

Vieles spricht dafür, dass sich das Umfeld der Unternehmen durch bereits heute erkennbare Entwicklungslinien in den nächsten Jahrzehnten schnell und tief greifend, ja, womöglich dramatisch verändern wird. Einhergehend mit der zunehmenden Nutzung von Informations- und Kommunikationstechniken, Bio- und Raumfahrttechniken, neuen Materialien und neuen Erkenntnissen in den Medizintechniken, um nur einige und klar absehbare Tendenzen zu nennen, vollziehen sich global technologische Veränderungen. Auch durch eine Veränderung in der demographischen Zusammensetzung der Bevölkerung in den Industrie- und Entwicklungsländern bzw. durch den Wandel des Umfangs und der Struktur der Migrationsbewegungen befinden sich weltweit Wertvorstellungen im Umbruch. In Europa sehen sich Unternehmen vor die Aufgabe gestellt, die Herausforderungen des europäischen Binnenmarktes, die Konsequenzen der Öffnung der ehemaligen Ostblockländer und die sich aus neuen Organisationskonzepten (Stichwort „lean management") ergebenden Aufgaben zu bewältigen, und auch national werden Unternehmen mit langfristigen und komplexen Restrukturierungsproblemen konfrontiert.

Sowohl durch das Ausmaß dieser weltmarktlichen, politischen, technologischen und gesellschaftlichen Umbruchprozesse als auch durch die hierdurch bedingten Veränderungszwänge ergeben sich zwei grundlegende Aufgaben für Wissenschaft und Praxis: Erstens ist es wichtig, diesen globalen, kontinentalen und regionalen Wandel der Umwelt und Unternehmen zu analysieren und wichtige Tendenzen frühzeitig zu erkennen. Zweitens müssen Unternehmen darauf vorbereitet werden, große und nicht selten extreme Umfeldveränderungen erfolgreich zu meistern.

Gerade in Zeiten solcher Umbrüche ist es nun offensichtlich wichtig, dass Unternehmen über ein klares und weitgehend geteiltes Verständnis ihrer grundlegenden Werte als Basis strategischer Orientierungen wie auch des alltagspraktischen Handelns der Mitarbeiter verfügen. Es ist also verständlicherweise wieder einmal zeitgemäß, über Unternehmensethik zu sprechen und Notwendigkeiten wie auch Grenzen solcher Anforderungen an das Unternehmenshandeln auszuloten. Die Fülle an Veranstaltungen, Vorträgen und Veröffentlichungen, aber auch Erklärungen aus den Chefetagen der Wirtschaft in den letzten Jahren machen diese augenblickliche Bedeutung des Themas fast überdeutlich: Kaum ein Wirtschaftsteil einer Zeitung mag mehr ohne Ethik-Serie auskommen; Institute entstehen, die sich mit nichts anderem als Ethik und Managementausbildung beschäftigen.

Ein näheres Durchleuchten des Interesses an Unternehmensethik zeigt jedoch ein sehr unterschiedliches Verständnis. Zum einen ist Unternehmensethik ein Thema, über das in Hochglanzbroschüren schöngeistig und aufgeschlossen geschrieben und in Festreden gerne gesprochen wird. Ein anderes Verständnis von Unternehmensethik hingegen beruht auf einer inhaltlich-konzeptionellen Auseinandersetzung, die die praktische Relevanz für den Alltag nicht verkennt und die Veränderungen im Umfeld der Unternehmen berücksichtigt (vgl. DIERKES & ZIMMERMANN, 1991). Besonders bei multinationalen Unternehmen und bei transnationalen Aktivitäten kommen bereits erwähnte Aspekte zum Tragen, stoßen doch hier unterschiedlichste Wertvorstellungen allgemein kultureller, persönlicher, wirtschaftlicher, sozialer und politischer Art aufeinander. Eine intensivere Auseinandersetzung mit dem Thema „Unternehmensethik", die über die Festreden hinaus geht und kritisch Fragen stellt, erweist sich für erfolgreiches Management daher gerade in der heutigen Zeit als durchaus notwendig, um den absehbaren Veränderungen strategisch, effizient und proaktiv entgegenzutreten.

2. Unternehmensethik: Wechselnde Schwerpunkte

Auf dem Hintergrund der früheren Auseinandersetzungen um die gesellschaftliche Rolle und Verantwortung des Unternehmens Anfang des Jahrhunderts und in den Dreißigerjahren – vor allem in den USA – sind seit dem Zweiten Weltkrieg zwei Entwicklungsstufen hervorzuheben, die als Grundlagen und Anstöße für die heutige Auseinandersetzung um Unternehmensethik angesehen werden müssen:

– Mitte der Fünfziger-/Anfang der Sechzigerjahre wurde die eher *personenbezogene Verantwortung des Unternehmers und Managers* diskutiert. Unternehmen galten in der Regel als rein ökonomische Organisationen, die nur im wirtschaftlichen Raum nach dem alleinigen Kriterium der Gewinnmaximierung operierten und deren Verantwortung sich auf eine effiziente Bereitstellung von Geräten und Dienstleistungen, die Schaffung von Arbeitsplätzen bis hin zur Sicherung des Einkommens erstreckte, die gleichzeitig aber auch wirtschaftliches Wachstum sowie technischen Fortschritt garantierten. Moralische Anforderungen und Erwartungen wurden in diesem Verständnis der Rolle und Aufgabe der Unternehmen lediglich an die Führungskraft oder den Unternehmer als Individuum gerichtet. Exemplarisch für diese Epoche personenbezogener Verantwortung steht der Aufruf des wirtschaftsethischen Beirates unter der Leitung des damaligen US-Handelsministers L. Hodges 1962 in der Kennedy-Regierung, der die Unternehmer anhält, in ihren Einzelentscheidungen ethische Grundsätze zu berücksichtigen (vgl. DIERKES, 1977, S. 117).
– Ende der Sechziger-/Anfang der Siebzigerjahre wurde das Unternehmen als Organisation selbst zum Adressaten ethischer Forderungen und Erwartungen. Zu dieser Zeit wurde eine weite *soziale und ökologische Verantwortung des Unternehmens* diskutiert. Diese Diskussion hebt sich damit durch die Orientierung auf die Institution des Unternehmens und deren Verantwortung klar und deutlich von der früheren Personen- und Individualorientierung ab und hat in Form empirischer Forschung und konkreter Konzepte wie Sozial- und Ökobilanzen (vgl. DIERKES, 1974) die Entwicklung breit vorangetrieben. In dieser Zeit war ein generelles Grundverständnis vorhanden, dass die bisher beschränkte Sozial- und Umweltpflichtigkeit von Unternehmen zu indirekten, nicht intendierten und langfristigen Sekundär- und Tertiäreffekten führte, die zunehmend kumulierten und von denen nicht nur immer mehr Menschen, sondern im wachsenden Maße auch die Gesellschaft als Ganzes, einschließlich der Unternehmen selbst betroffen wurden. Durch traditionelle sowie neue soziale Bewegungen wurde diese individuelle und gemeinschaftliche Betroffenheit neu formuliert und durch breite Medienberichterstattung öffentlich diskutiert. In den Unternehmen kam man zu der Einsicht, dass nicht allein mit ökonomischen Strategien auf das Unternehmensumfeld reagiert werden kann, sondern dass dieses eine breit formulierte ethische Grundorientierung wie auch eine umfassende Information aller Bezugsgruppen über die sozialen und ökologischen Leistungen – Erreichtes wie Nicht-Erreichtes – der Unternehmen erforderte (vgl. DIERKES, 1977, S. 103–161).

Heute wird in der Diskussion um Unternehmensethik immer genauer erkannt, dass die Frage nach Unternehmensverantwortung die Gefahr beinhaltet, in Kreisläufen von Über-, Ent- und Umlastungszwängen zu rotieren. Diese Problematik kann, in Anlehnung an U. BECK, so beschrieben werden: Moderne Gesellschaften gleichen einem weit verzweigten Labyrinth-System, „dessen Konstruktionsplan nicht etwa Unzuständigkeit oder Verantwortungslosigkeit ist, sondern die *Gleichzeitigkeit* von Zuständigkeit und Unzurechenbarkeit, genauer: Zuständigkeit als Unzurechenbarkeit oder: *organisierte Unverantwortlichkeit*" (BECK, 1988, S. 100). Wird außerdem H. JONAS' Prinzip der Fernverantwortung (vgl. JONAS, 1979) in die unternehmensethischen Überlegungen einbezogen, dann ist die Frage, wie Unternehmen ihrer Sozial- und Umweltpflichtigkeit oder auch ihrer Verantwortung für technische Entwicklungen entsprechen können, alles andere als schnell und leicht zu beantworten.

Es ist offensichtlich, dass das Problem nicht darin liegt, ob Unternehmen – der Aufsichtsrat, das Management und alle Mitarbeiter – überhaupt willens sind, ihrer Sozial- und Umweltpflichtigkeit zu entsprechen. Die Frage ist vielmehr, *wie* sie diese Verantwortungen angesichts der Tatsache wahrnehmen können, dass ihr Umfeld an Dynamik gewinnt und an Komplexität zunimmt. Die Aufgabe besteht darin, den wachsenden Verantwortungsdruck des Management in Bezug auf Technikentwicklung sowie Sozial- und Umweltpflichtigkeit, in eine verantwortungsbewusste Alltagspraxis umzuorientieren, die ausnahmslos alle Beteiligten erreicht und fordert (vgl. DIERKES & MARZ, 1992, sowie DIERKES & MARZ, 1994). Eine solche Umorientierung sollte auch zu einem gezielten Nachdenken über die unternehmensspezifische Ethik auffordern. Hierbei dürfen Top-Manager oder auch Expertengremien nicht die Einzigen sein, die Antworten beispielsweise auf die „ökologische Frage" (vgl. HAUFF, 1991, S. 73) suchen, sondern dieses bedarf eines gemeinsamen tagtäglichen, von allen Mitarbeitern getragenen Prozesses.

Für eine konkrete Auseinandersetzung mit Unternehmensethik als Instrument zum praktischen Handeln ist es notwendig, insbesondere das Spannungsfeld der Ethik von Personen im Verhältnis zu der organisatorischen Ethik zu betrachten.

3. Ein Spannungsfeld: Ethik von Personen und Organisationen

Zur organisatorischen Ethik gibt es ältere Ansätze, die nutzbringend wieder aufgegriffen werden können. So hat das Committee for Economic Development, New York, bereits 1971 versucht, in drei Kreisen darzustellen, was allgemein als *institutionelle oder auch als sozial-ökologische Verantwortung der Unternehmen* definiert wird:

— Der innerste Verantwortungsbereich umfasst die *Erfüllung der ökonomischen Funktion* des Unternehmens sowie die *Einhaltung der Gesetze.*
— Der zweite Verantwortungsbereich bezieht sich auf die *Berücksichtigung negativer sozialer, ökologischer, kultureller und politischer Folgen der Unternehmenstätigkeit.*
— Der dritte, äußere Kreis der Verantwortung ist der umfassendste. Er fordert die Übernahme von *Mitverantwortung des Unternehmens bei der Lösung von gesellschaftlichen Problemen,* auch wenn sie tendenziell durch das einzelne Unternehmen nicht oder nur wenig verursacht wurden, wie beispielsweise Integration von Minoritäten,

Reduzierung von Jugendarbeitslosigkeit oder Integration von Frauen in das Management.

Bei der Debatte um die organisatorische Ethik wären also die konkreten Verpflichtungen in diesen Feldern, aber auch die *Grenzen der Verantwortung* eines Unternehmens zu diskutieren. Auf welche Forderungen von Seiten der Gesellschaft sollte die Wirtschaft insgesamt wie auch einzelne Unternehmen eingehen und auf welche nicht? Welche Modifikationen und Mutationen ergeben sich auf dem langen Weg vom guten Vorsatz zur täglichen Praxis?

Ebenso falsch wie die frühere einseitige Konzentration auf die individuelle Ethik des Unternehmers oder des Managers ist es jedoch, ausschließlich die organisatorische Ethik zu betonen und dabei die personenzentrierten, individuellen Werte in der Verantwortungsdebatte zu vergessen. Vielmehr muss es zu einer *Verschmelzung der Ethik von Personen und der Organisation* kommen. Wenn die ethischen Normen des Unternehmens bekannt und allgemein anerkannt sind, fördert das Vertrauen, das aus einer gemeinsamen Wertebasis im Unternehmen entsteht, einen harmonischen und konstruktiven Entscheidungsablauf mit geringen Entscheidungsschwierigkeiten. Dadurch sinkt vor allem der Führungs- und Kontrollaufwand, denn Mitarbeiter, die die Werte und Ziele des Unternehmens als ihre eigenen akzeptiert haben, werden mit großer Wahrscheinlichkeit im Interesse und zum Nutzen der Organisation handeln. Gerade in Zeiten hoher Umweltvariabilität ermöglicht das Vertrauen aller Mitarbeiter in das gemeinsame Normengerüst dem Unternehmen eine schnelle Anpassung ohne kostspielige Verhandlungen (vgl. PICOT, 1982; OUCHI, 1980).

So ist also ein *Synchronisationsprozess von individueller und institutioneller Ethik* zu erreichen, der sich nicht darauf beschränken darf, eine allgemeine Übereinstimmung zwischen den Grundwerten der Mitarbeiter und den Erwartungen des Unternehmens herbeizuführen; denn ein lediglich grundsätzlicher Konsens garantiert keineswegs, dass sich die Grundwerte im Verhalten der Mitarbeiter ausprägen. Nicht die individuelle Wertorientierung, sondern die ethischen Optionen, die in einem explizit formulierten oder implizit vorhandenen Unternehmensleitbild verankert sind, dürften den Ausschlag dafür geben, ob und in welchem Maße ein Unternehmen Tag für Tag seiner Umwelt- und Sozialpflichtigkeit tatsächlich gerecht wird.

Viele Gründe sprechen dafür, dass Unternehmen, die sich hinsichtlich der ökologischen und sozialen Dimensionen ihrer wirtschaftlichen Tätigkeit in die Pflicht nehmen, aus dieser Grundüberzeugung unmittelbar, wenn auch nicht sofort Nutzen ziehen: Fortgeschrittener Arbeitsschutz, gute Arbeitsbedingungen und menschenzentrierte Arbeitsplatzgestaltungen können die Fluktuationsrate verringern, die Motivation der Mitarbeiter sowie deren Einsatz- und Leistungsbereitschaft erhöhen und damit die Produktivitätsentwicklung positiv beeinflussen; ökologisch sensiblere Produkte und Fertigungsverfahren dürften in Zeiten eines wachsenden Umweltbewusstseins die Markentreue der Konsumenten stimulieren oder auch Konfliktpotenzial um Kapazitätserweiterungen oder Standortentscheidungen verringern; die Herausforderung, ökologisch und sozialverträgliche technische Lösungen zu kreieren, könnte bei vielen Akteursgruppen innerhalb und außerhalb des Unternehmens nicht nur die oft vorhandenen latenten Vorbehalte oder emotionalen Reservehaltungen gegenüber neuen technischen Entwicklungen abschwächen, sondern darüber hinaus zusätzliche kreative Impulse auslösen und möglicherweise auch überdurchschnittliches Engagement bewirken.

4. Ein praktischer Ansatz: Unternehmenskultur und Leitbild-Gestaltung

Individuelle Ethiken der Führungskräfte wie Mitarbeiter mögen noch so sehr übereinstimmen, wenn die konkreten ethischen Optionen des Unternehmensleitbildes oder – noch viel gravierender – der gelebten Unternehmenskultur ihnen nicht entsprechen oder gar zuwiderlaufen, dann sind Mitarbeiter wie Führungskräfte gleichermaßen überfordert, diese permanente Differenz in der Alltagspraxis zu überwinden. Mit einer *leitbildorientierten Managementstrategie* ließe sich einer solchen Ohnmacht wirkungsvoll vorbeugen, setzt sie doch nicht an den Folgen, sondern an den Quellen jener Über-, Ent- und Umlastungszwänge an, in denen die Unternehmensverantwortung heute noch allzu oft zirkuliert.

Mittlerweile ist ja durch eine Vielzahl von Forschungsanstrengungen (vgl. DIERKES, v. ROSENSTIEL & STEGER, 1993) bekannt, in welch großem Maße die Organisationskultur die Wahrnehmung, das Denken und das Verhalten der Unternehmensmitglieder bestimmt. Die *Unternehmenskultur* kann als ein Fundament verstanden werden, in dem die Unternehmensethik verankert ist. Hierbei wirken *organisationsspezifische Ethiken* als *allgemein akzeptierte Verhaltenskodizes*. Solche Verhaltenskodizes der Organisation sind hilfreich und notwendig, da durch sie Entscheidungslasten abgenommen werden und der Strom der Verantwortung ohne Missverständnisse und Informationsverluste verläuft. So hat sich denn auch eine größere Zahl von Unternehmen selbst, unabhängig von gesetzgeberischen Zwängen, Pflichten in Form von Unternehmensleitsätzen oder Führungsgrundsätzen auferlegt (vgl. DIERKES & HÄHNER, 1993). Durch Integration solcher Verhaltenskodizes in die jeweilige Unternehmenskultur kann richtig angesetzte und verstandene Unternehmensethik als Instrument der Strategiewahl wie auch der Personalführung eingesetzt werden.

Das andere Fundament, in dem die Sollvorstellung von Unternehmensethik verankert werden muss, sind *Leitbilder*. Leitbilder bündeln die Intuitionen und das (Erfahrungs-)Wissen von Menschen, Organisationen und Professionen darüber, was einerseits als machbar und andererseits als wünschbar erscheint (vgl. DIERKES, 1988, S. 54; DIERKES, HOFFMANN & MARZ, 1992, S. 42). Es ist diese Synthese von Machbarkeits- und Wunschprojektion, durch die sich Leitbilder auszeichnen und die sie so attraktiv und stabil machen. Das Machbare gilt als wünschbar und das Wünschbare als machbar. Insofern sind Leitbilder für Gruppen und Individuen sowie für Professionen, Organisationen und hier vor allem Unternehmen wahrnehmungs-, denk-, entscheidungs-, verhaltens-, kooperations-, koordinations- und kommunikationsleitend.

Leitbild und Unternehmenskultur fallen nicht beziehungslos auseinander: Erstens können nämlich Unternehmenskulturen als geronnene und durch die Umfeldreaktionen veränderte Leitbilder aufgefasst werden (vgl. auch den entsprechenden Beitrag von BÖGEL in diesem Band).

Aus einem Unternehmensbild kristallisiert sich eine spezifische Unternehmenskultur beispielsweise aus den folgenden Gründen heraus:

(a) die Art und Weise, wie ein Unternehmensleitbild das Wahrnehmen, Denken, Entscheiden und Verhalten der Mitarbeiter vororientierte und vorkoordinierte, war erfolgreich;
(b) die sich schrittweise herausbildenden Kooperations- und Kommunikationsformen haben sich gefestigt;

(c) die unternehmensspezifischen Handlungsnetze haben sich in der Alltagspraxis bewährt.

Das Unternehmensbild gewinnt somit in der täglichen Arbeit der Mitarbeiter eine selbstständige Existenz.

Zweitens reproduzieren Unternehmenskulturen Leitbilder. Das tagtägliche Tun der in einer Unternehmenskultur handelnden Mitarbeiter beeinflusst seinerseits wieder das Unternehmensbild, indem es dieses Leitbild immer wieder verfestigt oder mögliche Veränderungen – ganz oder teilweise – vorprägt und vorformatiert.

Zugleich fallen jedoch Unternehmensleitbild und Unternehmenskultur nicht umstandslos zusammen. Sie unterscheiden sich beispielsweise dadurch, dass Leitbilder flexibler, dynamischer und plastischer als Unternehmenskulturen sind. Von ihren Leitbildern können sich Menschen schneller lösen als von ihren Kulturen. Sie fallen auch auseinander, weil Leitbilder als „Sollvorstellungen" einer Unternehmenskultur stets noch nicht oder nicht ganz erreichte Ziele in Hinblick auf das Denken und Verhalten der Mitarbeiter enthalten.

Die eingangs genannten absehbaren Veränderungen im Umfeld können Unternehmen als Chance oder Bedrohung empfinden, ausweichen können sie ihnen jedoch nicht. Überleben oder – darüber hinaus denkend- erfolgreich sein heißt, sich proaktiv auf eine Phase des starken Wandels einzustellen. Diese Wandlungsprozesse werden die Unternehmenskulturen, insbesondere die traditionellen Wahrnehmungs-, Denk-, Entscheidungs- und Verhaltensmuster der Mitarbeiter, nicht unberührt lassen. Im Gegenteil: Ob und wie schnell es gelingt, sich auf den Umweltwandel einzustellen, wird in einem nicht geringen Maße davon abhängen, inwieweit die unternehmenskulturelle Sichtweise rechtzeitig und tief greifend auf diese Veränderungsprozesse eingestellt wird. Allen Anzeichen nach ist zu vermuten, dass ein so verstandenes leitbildorientiertes Management zu einer, wenn nicht gar *der zentralen Führungsaufgabe* wird.

Für solch eine Annahme sprechen nicht nur die Diskurse in der Managementtheorie (vgl. MARZ, 1991), sondern auch die Prognosen der Managementpraktiker (vgl. HAMBRICK, 1990). Unternehmen sind keine leitbildlosen Handlungsräume. In jedem Unternehmen gibt es Leitbilder, die die Wahrnehmung, das Denken, Entscheiden und Verhalten der Mitarbeiter beeinflussen. Zu fragen ist allerdings: Wie werden sie wahrgenommen? Welche sind es? Wie viele Verschiedene gibt es? Worin bestehen die Differenzen zwischen vorhandenen und gewollten bzw. verkündeten Leitbildern? Es wäre ein Trugschluss anzunehmen, Leitbilder gäbe es nur dort, wo offiziell über sie gesprochen wird. Auch und gerade wenn sie zunächst verborgen sind, wirken sie – sei es in den Entscheidungsprämissen des Managements oder den Wahrnehmungsmustern der Produktionsarbeiter. Ein ebenso verhängnisvoller Irrtum wäre es zu meinen, alle Mitarbeiter eines Unternehmens würden automatisch dem gleichen Leitbild folgen, und dies wäre noch dazu das vom Management gewünschte oder verkündete.

Leitbilder können gestaltet, nie jedoch „gemacht" werden. Vorhandene Leitbilder können und müssen identifiziert und vor Augen geführt werden, um sie dann in eine bestimmte Richtung zu transformieren. Neue Leitbilder können jedoch nicht wie in einer Retorte synthetisiert werden, um sie dann der Unternehmenskultur und/oder den Mitarbeitern – sei es von „oben" oder von „außen" – schnell, schmerzarm und wirkungsvoll zu injizieren. Die Richtung der Leitbild-Gestaltung ist weder willkürlich noch beliebig. Sie ist doppelt bestimmt: Erstens durch den konkreten Ausgangspunkt, d. h. die spezifischen in einer Unternehmenskultur verankerten Leitbilder. Und zweitens durch den allgemeinen Zielhorizont, jenes Terrain, auf dem sich das Unternehmen künftig bewegen soll und kann.

Stark vereinfacht vollzieht sich eine *Veränderung des Leitbildes in drei Phasen*. In einer ersten Phase geht es darum, die vorhandene Unternehmenskultur und die ihr innewohnenden alten und neuen Leitbildoptionen herauszuarbeiten. Ausgehend davon kommt es in der zweiten Phase darauf an, ein neues Leitbild zu entwickeln. Dies soll schließlich in einer dritten Phase im Betriebsalltag umgesetzt werden. Um diese drei Phasen zu bewältigen, bieten sich die unterschiedlichsten organisatorischen Formen an. Verhängnisvoll wäre es jedoch, diesen Gestaltungsprozess eines neuen Leitbildes versuchsweise an ein Spezialistenteam zu delegieren, das diesen Prozess dann isoliert von den Mitarbeitern in Gang setzt. Mag dies in den ersten beiden Phasen vielleicht noch weitgehend problem- und konfliktfrei ablaufen, wird sich in der dritten Phase mit an Sicherheit grenzender Wahrscheinlichkeit zeigen, dass ein solches Herangehen wenig Sinn macht. Denn die Chancen sind groß, dass dem Spezialistenteam wichtige Leitbildoptionen entgangen sind oder dass das neue Leitbild den Interessen bestimmter Mitarbeitergruppen zuwiderläuft. Soll ein neues Leitbild tatsächlich in einem Unternehmen alltäglich und massenhaft wahrnehmungs-, denk-, entscheidungs- und verhaltensleitend werden, dann reicht es nicht, es in Form von Festreden, Hochglanzbroschüren oder Rundschreiben an die Mitarbeiter heranzutragen – sie müssen es selbst tragen.

Will ein Unternehmen seiner Sozial- und Umweltverpflichtung konkret und ernsthaft wie auch effizient nachkommen, müssen seine Vorstellungen von einem ethischverantwortbaren Unternehmenshandeln in einen solchen Prozess der Leitbildformulierung und -umsetzung eingebaut werden. Nur so ist die Chance gegeben, dass diese ethischen Grundvorstellungen über die sich aus dem Leitbild entwickelnde Unternehmenskultur in das alltagspraktische Handeln von Führungskräften wie Mitarbeitern aufgenommen werden. Unternehmensethik wird nur so von einer leeren Forderung an die Unternehmen zu einer – immer noch mit allen Schwächen und Unzulänglichkeiten verbundenen – gelebten Realität. Leitbildorientiertes Management ist dabei der Weg, die Integration in die Unternehmenskultur das Ziel. Eine über längere Zeiträume anzusetzende Überprüfung der so verinnerlichten ethischen Grundnormen an den Anforderungen und Erwartungen der Unternehmensumwelt bleibt eine Herausforderung an eine solche wertorientierte Führung, der sich das Management im Rahmen einer ebenfalls langfristig orientierten Hinterfragung strategischer Positionen und Konzepte stellen muss. Unternehmensethik und Strategieformulierung werden so integriert und sichern das langfristige Überleben und den langfristigen Erfolg der Unternehmen.

Es liegt also bei allen Ebenen eines Unternehmens, Tendenzen des globalen, kontinentalen und regionalen Wandels der Umwelt frühzeitig zu erkennen und zu analysieren sowie diese dynamischen Umweltveränderungen produktiv und womöglich auch kreativ zu bewältigen. Für eine solche Bewältigung ist, so wurde gezeigt, ein Synchronisationsprozess von individueller und institutioneller Ethik zu erreichen. Dies kann mit Hilfe einer leitbildorientierten Managementstrategie und einem strukturierten Leitbild-Assessment positiv beeinflusst und erfolgreich vorangetrieben werden.

5. Ausblick

Die Integration von Unternehmensethik in alltagspraktisches Unternehmenshandeln wird in der Zukunft noch komplexer und auch konzeptionell schwieriger werden: Mit der Schaffung des gemeinsamen Europäischen Marktes und der Vernetzung der Weltwirtschaft treffen unabdinglich in allen, nicht nur multinationalen Unternehmen, die unterschiedlichsten Wertvorstellungen allgemein kultureller, persönlicher, wirtschaftlicher, sozialer und politischer Art aufeinander. Je mehr Unternehmen „grenzüberschreitend" operieren – nicht nur durch den Verkauf von Produkten und Leistungen, sondern auch bezogen auf die Beschäftigung und die Integration von Menschen aus unterschiedlichen Ländern und Kulturen hier und dort –, umso mehr werden wir mit der Erfahrung konfrontiert, dass die ethischen Normen eines Kulturraumes mit denen eines anderen nicht deckungsgleich sind – was hier richtig ist, mag dort als falsch betrachtet werden. Diesen Unterschieden kann heutzutage nicht mehr mit Ignoranz oder Negation entgegengetreten werden. Vielmehr besteht für international operierende Unternehmen gerade heute die Chance, den schwierigen Anforderungen effizient, strategisch und proaktiv zu begegnen: Alle Beteiligten sollten zur offenen Auseinandersetzung mit dem Thema Unternehmensethik angeregt werden, können doch nur so die gemeinsamen Fundamente – nämlich das Leitbild und die Unternehmskultur – für das Wahrnehmen, Denken, Entscheiden und Verhalten aller Mitarbeiter erkannt werden. Die neuen Informations- und Kommunikationstechniken, sei es E-Mail, Instant Messaging oder auch Internetforen, vereinfachen die grenzüberschreitende Kommunikation, ermöglichen den aktiven und öffentlichen Austausch über Erreichtes, Nichterreichtes, Erreichbares und Wünschbares ohne lange Anlaufzeiten und erlauben somit neue interaktive Wege eines leitbildorientierten Managements, das die ethischen Grundvorstellungen des Unternehmens berücksichtigt (vgl. DIERKES, 2001). Gerade für die in einem multikulturellen Werteraum operierenden Unternehmen muss eine richtig angesetzte und verstandene Unternehmensethik als erfolgreiches Instrument der strategischen Orientierung wie auch der Personalführung angesehen werden.

Literatur

BECK, U. (1988). Gegengifte. Die organisierte Unverantwortlichkeit. Frankfurt a. M., 1988.

DIERKES, M. (1974). Die Sozialbilanz – Ein gesellschaftsbezogenes Informations- und Rechnungssystem. Frankfurt, New York 1974.

DIERKES, M. (1977). Die neue Herausforderung an die Wirtschaft: Ethik als organisatorisches Problem. In E. H. PLESSER (Hrsg.), Leben zwischen Wille und Wirklichkeit. Düsseldorf 1977, S. 105–164.

DIERKES, M. (1988). Organisationskultur und Leitbilder als Einflussfaktoren der Technikgenese. Thesen zur Strukturierung eines Forschungsfeldes. In: Verbund Sozialwissenschaftliche Technikforschung. Mitteilungen, 3, S. 49 ff. München 1988.

DIERKES, M. (2001). „Vision impossible? A Plea for Social Innovations." In: Social & Environmental Accounting, Jg. 21, Nr. 2, S. 1–3.

DIERKES, M. & HÄHNER, K. (1993). Sozio-ökonomischer Wandel und Unternehmensleitbilder. Ein Beitrag zur Untersuchung der Wahrnehmungsprozesse und Reaktionsweisen von Unternehmen auf Umfeldanforderungen. In B. STRÜMPEL & M. DIERKES (Hrsg.), Innovation und Beharrung in der Arbeitspolitik. Stuttgart 1993, S. 277–309.

DIERKES, M., HOFFMANN, U. & MARZ, L. (1992). Leitbild und Technik. Zur Entstehung und Steuerung technischer Innovationen. Berlin 1992.

Dierkes, M. & Marz, L. (1992). Umweltorientierung als Teil der Unternehmenskultur. In U. Steger (Hrsg.), Handbuch des Umweltmanagements: Anforderungs- und Leistungsprofile von Unternehmen und Gesellschaft. München 1992, S. 223–240.

Dierkes, M. & Marz, L. (1994). Unternehmensverantwortung und leitbildorientierte Technikgestaltung. In W. Ch. Zimmerli & V. M. Brennecke (Hrsg.), Technikverantwortung in der Unternehmenskultur. Stuttgart 1994, S. 89–114.

Dierkes, M., Rosenstiel, L. v. & Steger, U. (Hrsg.). (1993). Unternehmenskultur in Theorie und Praxis. Konzepte aus Ökonomie, Psychologie und Ethnologie. Frankfurt a. M. 1993.

Dierkes, M. & Zimmermann, K. (Hrsg.). (1991). Ethik und Geschäft. Frankfurt a. M. 1991.

Hambrick, D. (1990). Executive Leadership for the year 2000. A Joint Research Project by Korn/Ferry International and Columbia University Graduate School of Business. 1990.

Hauff, V. (1991). Soziale und ökologische Verantwortung von Unternehmen. In M. Dierkes & K. Zimmermann (Hrsg.), Ethik und Geschäft. Frankfurt a. M. 1991, S. 73–86.

Jonas, H. (1979). Das Prinzip Verantwortung. Versuch einer Ethik für die technologische Zivilisation. München 1979.

Marz, L. (1991). Multikulturelles als leitbildorientiertes Management. Gedanken zur methodologischen Konturierung und Strukturierung eines Forschungsfeldes. WZB-dp FS II 91–104, Diskussionspapier des Wissenschaftszentrums Berlin. Berlin 1991.

Ouchi, W. G. (1980). Markets, Bureaucracies, and Clans. In: Administrative Science Quarterly, Vol. 25, 1980, S. 129–141.

Picot, A. (1982). Transaktionskostenansatz in der Organisationstheorie: Stand der Diskussion und Aussagewert. In: Die Betriebswirtschaft (DBW), 2, 1982, S. 267–284.

Zur Konkretisierung und weiteren Vertiefung wird empfohlen, im Fallstudienband den Fall zu „Ethik" zu bearbeiten.

Uta Wilkens, Peter Pawlowsky und Burkhard Strümpel

Arbeitszeit, Arbeitszeitpräferenzen und Beschäftigung

1. Einleitung
2. Arbeitszeit und Beschäftigung am deutschen Arbeitsmarkt
3. Zwanzig Jahre Diskussion von Teilzeit und Beschäftigung – ein Positionswechsel
4. Arbeitsmarkt, Arbeitszeit und Arbeitszeitpräferenzen unter Segmentationsgesichtspunkten
5. Ausblick – geregelte Vielfalt

1. Einleitung

Beim Thema Arbeitszeit und Beschäftigung hat es in den vergangenen zwanzig Jahren erhebliche Schwerpunktverlagerungen gegeben. Das ist der Zeitraum, in dem dieser Beitrag durch regelmäßige Neuauflagen versucht, den aktuellen Diskussionsstand widerzuspiegeln und im Kontext individueller, betrieblicher und gesamtwirtschaftlicher Interessen kritisch zu würdigen.

In den 80er Jahren ging es beim Thema Arbeitszeit um einen Konsens zwischen individuellen Arbeitszeitpräferenzen angesichts gewandelter Lebens- und Arbeitseinstellungen und beschäftigungssichernden Maßnahmen der Arbeitszeitverkürzung. Diese Diskussion entsprach im Kern einem *Gleichgewichtsparadigma*, welches Wege einer gemeinsamen Zieloptimierung aufzeigte. In der Folge wurde die Normalarbeitszeit ansatzweise in Frage gestellt.

Dieser Trend setzte sich in den 90er Jahren fort, folgte dabei aber zunehmend einem *Flexibilisierungsparadigma*. Gestiegene Flexibilitätsanforderungen an Unternehmen ließen weitere Arbeitszeitverkürzung nur noch mit entsprechenden Variationen bei der Lage der täglichen und wöchentlichen Arbeitszeit als sinnvolle Maßnahme erscheinen. Gleichwohl deuteten die nicht realisierten Teilzeitinteressen vieler Arbeitnehmer auch unter diesen Bedingungen auf beschäftigungspolitisches Potenzial hin. Mit Einführung des Teilzeit- und Befristungsgesetzes (TzBfG) zum 1. Januar 2001 muss man indes eingestehen, dass der beschäftigungspolitische Beitrag der Arbeitszeitgestaltung überschätzt wurde, möglicherweise auch, weil sich die arbeitszeitpolitische Leitmaxime bereits wieder geändert hatte.

Aktuell steht die Arbeitszeitdebatte unter einem *Segmentationserfordernis*. Derzeitige und zukünftige Herausforderungen scheinen unterschiedliche Arbeitszeitregelungen für unterschiedliche Teilarbeitsmärkte erforderlich zu machen, wobei es sowohl um Arbeitszeitverkürzung als auch um Arbeitszeitverlängerung geht. Auf der einen Seite gibt es vier Millionen Arbeitslose, auf der anderen Seite existiert Arbeitskräftemangel in Teilarbeitsmärkten. Dieses Problem dürfte sich angesichts der demographischen Entwicklung noch verschärfen. Außerdem scheint sich das Maß an Arbeitszeitflexibilisierung insbesondere in neuen Beschäftigungsfeldern, wie der New Economy, weiter zu erhöhen und zur gänzlichen Abkehr vom Normalarbeitsverhältnis beizutragen. Die Herausforderung beim Thema Arbeitszeit besteht also darin, den Anforderungen unterschiedlicher Teilarbeitsmärkte und den heterogenen Interessen unterschiedlicher Arbeitgeber- und Beschäftigtengruppen gerecht zu werden, ohne dabei beschäftigungspolitische Ziele aus den Augen zu verlieren.

Nachfolgend werden wir die Kernüberlegungen der Arbeitszeitdebatte der letzten zwanzig Jahre zusammenfassen und uns dann den derzeitigen und zukünftigen arbeitszeitpolitischen Gestaltungsnotwendigkeiten und Gestaltungsmöglichkeiten zuwenden.

2. Arbeitszeit und Beschäftigung am deutschen Arbeitsmarkt

Werfen wir zunächst einen Blick darauf, wie sich Arbeitszeit und Beschäftigung bis in die jüngste Zeit hinein entwickelt haben. Betrachtet man das Arbeitsvolumen, d. h. die geleistete gesamtwirtschaftliche Arbeitsmenge, die sich aus der Arbeitszeit je Erwerbstätigen und der Anzahl der Erwerbstätigen errechnet, über die Zeit von 1960 bis 1990, so ist ein Rückgang von rund 56 Milliarden auf rund 46 Milliarden Arbeitsstunden pro Jahr zu konstatieren. Den Tiefststand erreichte es in den Jahren 1983/84 mit rund 45 Milliarden Arbeitsstunden. Mit der Wiedervereinigung ist das gesamtwirtschaftliche Arbeitsvolumen entsprechend gestiegen, insbesondere 1992 lag es bei fast 60 Milliarden Arbeitsstunden. Danach fiel es jedoch bis 1997 auf 56 Milliarden ab und lag zum Ausgang des letzten Jahrzehnts mit 57 Milliarden Arbeitsstunden leicht darüber (vgl. Abbildung 1).

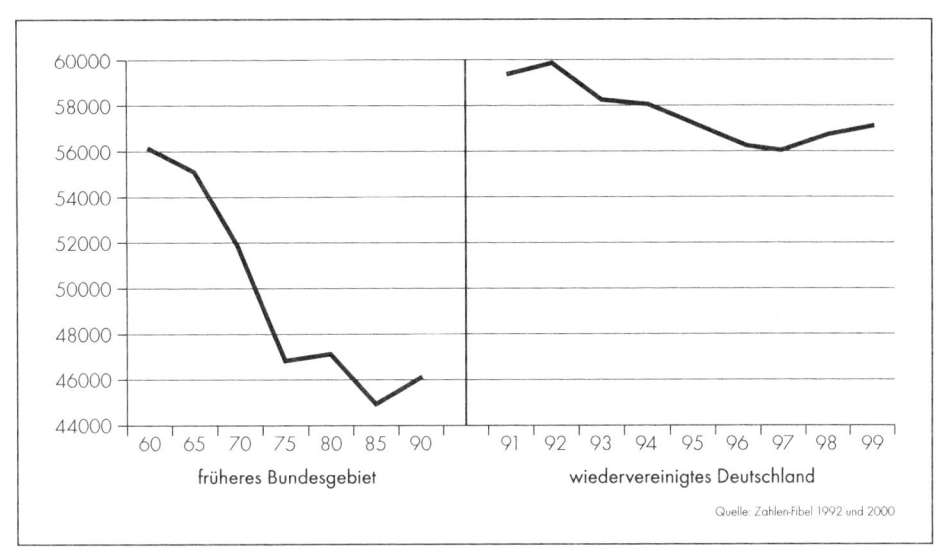

Abb.1: Arbeitsvolumen (der Erwerbstätigen, in Mio. Stunden)

Ein Rückgang des Arbeitsvolumens kann durch Produktionsrückgang verursacht werden, kann aber auch aus einer Arbeitszeitverkürzung resultieren. Während die erste Ursache volkswirtschaftlich problematisch ist, erscheint die zweite unproblematisch, wenn die Produktivität entsprechend steigt. In den 60er Jahren ist der Rückgang um rund fünf Milliarden Arbeitsstunden vor allem auf die deutliche Reduzierung der Arbeitszeit zurückzuführen. So lag die effektiv geleistete Jahresarbeitszeit eines Erwerbstätigen 1960 noch bei rund 2100 Stunden, 1970 jedoch nur noch bei 1900 Stunden (vgl. Abbildung 2). Auf Grund der Arbeitszeitverkürzung und eines generell hohen Wirtschaftswachstums (Abbildung 3) gab es in den 60er Jahren eine spürbare Arbeitskräfteknappheit. Ab Mitte der 60er Jahre wurden deshalb massiv ausländische Arbeitnehmer angeworben, so dass das Erwerbspersonenpotenzial anstieg (vgl. Abbildung 4).

In den 70er Jahren hatte sich die wirtschaftliche Lage gegenüber der vorangegangenen Dekade insgesamt verschlechtert. Negatives Wachstum (vgl. Abbildung 3) und Anstieg der Arbeitslosigkeit (vgl. Abbildung 5) waren die Folge des Ölpreisschocks von 1973. Erstmals wurde Arbeitslosigkeit seit der frühen Nachkriegszeit in der Bundesrepublik wieder zum Thema. Der Rückgang des Arbeitsvolumens um rund vier Milliarden Arbeitsstunden im Laufe der 70er Jahre ist daher in erster Linie rezessionsbedingt, wird aber auch durch eine weitere Verkürzung der Arbeitszeit forciert (vgl. Abbildung 2).

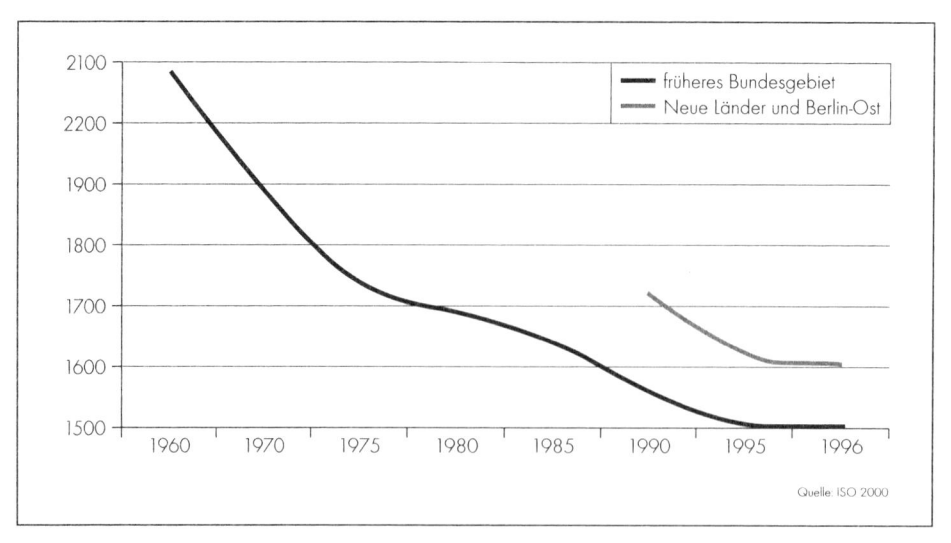

Abb. 2: Effektive Jahresarbeitszeit (in Stunden)

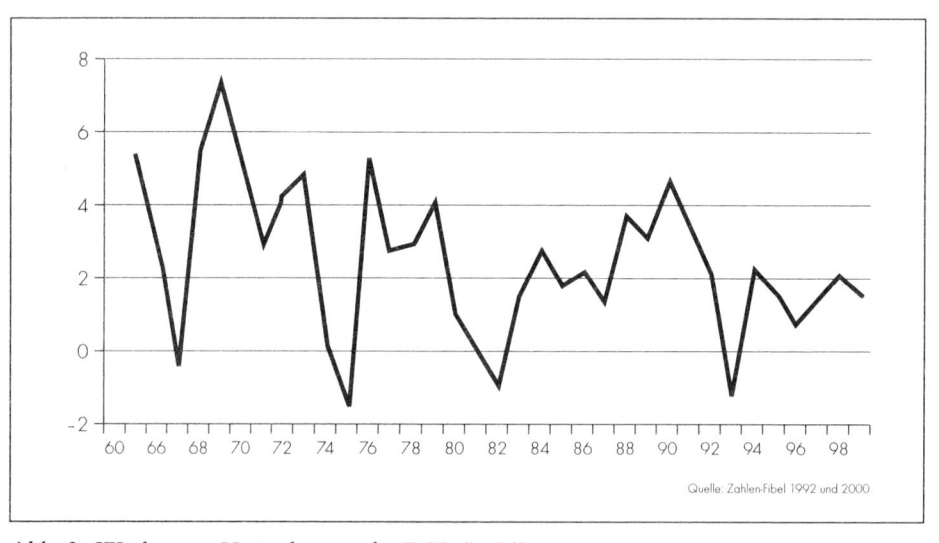

Abb. 3: Wachstum, Veränderung des BSP (in %)

Dieser eher negative Trend setzte sich zu Beginn der 80er Jahre fort. Im Vergleich zu den 60er Jahren drehte sich die Situation sogar komplett um: Während das Erwerbspersonenpotenzial stark anstieg (vgl. Abbildung 4), weil die geburtenstarken Jahrgänge auf den Arbeitsmarkt drängten und es in der zweiten Hälfte der 80er Jahre im Zuge der Ost-West-Entspannung zu einer steigenden Zahl von Aus- und Übersiedlern kam, fielen die Wachstumsraten der deutschen Wirtschaft zumindest in der ersten Hälfte der 80er Jahre im Vergleich zu den 60er Jahre gering aus (vgl. Abbildung 3); entsprechend stieg die Arbeitslosigkeit (vgl. Abbildung 5). Produktivitätszuwächse sorgten zudem dafür, dass es immer schwieriger wurde, positive Beschäftigungseffekte

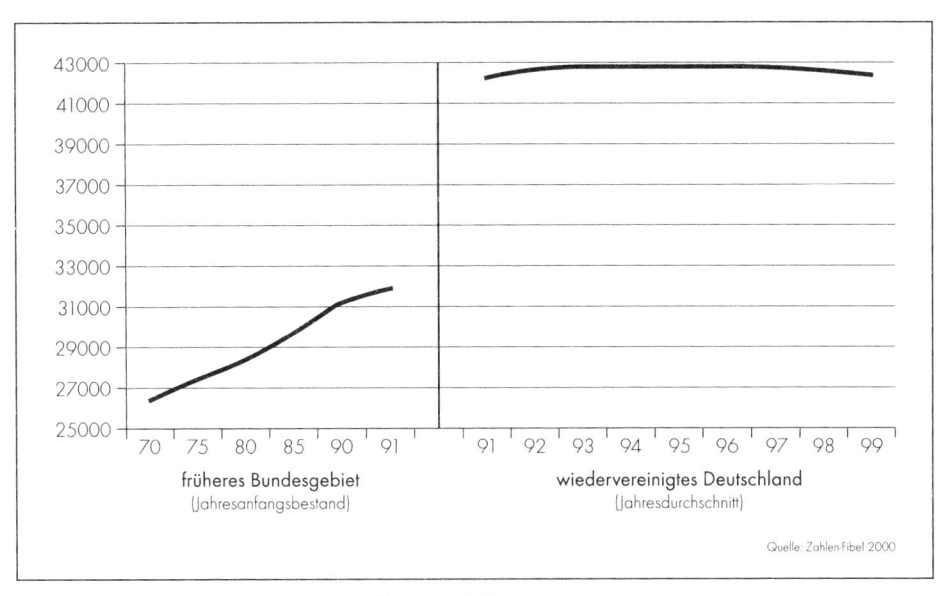

Abb. 4: Erwerbspersonenpotenzial (in 1.000)

über Wirtschaftswachstum zu realisieren. Für Westdeutschland ergab sich von 1970 bis 1989 ein Schwellenwert von 1,7 % Wachstum des Bruttoinlandsproduktes, der überschritten werden musste, damit Wachstum zu positiven Beschäftigungseffekten führen konnte (vgl. SIEBERT, 1994, S. 64). Gleichzeitig verlangsamte sich die Reduktion der Arbeitszeit je Erwerbstätigen gegenüber den 60er Jahren, so dass auch über diesen Parameter kaum mehr beschäftigungspolitische Wirkung erzielt werden konnte (vgl. Abbildung 2). Die beiden Hauptgaranten für hohe Beschäftigung aus den Nachkriegsjahren Wachstum und Arbeitszeitverkürzung konnten ihre einstige Wirkung kaum noch entfalten.

Der Beginn der 90er Jahre wurde noch durch eine kurze Boomphase der westdeutschen Wirtschaft eingeleitet (vgl. Abbildung 3), deren Ursache überwiegend in der starken Nachfrage durch die Bevölkerung der neuen Bundesländer zu sehen ist. Die Kaufkraft aus dem Osten ist größtenteils westdeutschen und ausländischen Anbietern zugute gekommen. Die Märkte der Unternehmen in den neuen Bundesländern sind hingegen bereits mit der Währungsunion zusammengebrochen, weil dadurch die osteuropäischen Nachfrager ausblieben. Mitte 1992 geriet die gesamte deutsche Wirtschaft in eine äußerst angespannte Situation. Trotz eines seit der zweiten Hälfte der 90er Jahre steigenden Wirtschaftswachstums stieg die Arbeitslosigkeit kontinuierlich weiter an und erreichte im Januar 1998 den Nachkriegsrekord von 4,8 Millionen Arbeitslosen. Insbesondere in den neuen Bundesländern ist die Lage auf dem Arbeitsmarkt weiterhin angespannt. Mitte 2002 liegt die ostdeutsche Arbeitslosenquote bei rund 17 %. Dieses volkswirtschaftliche Problem lässt sich auch durch den Umstand, dass die Erwerbsquote, d.h. der Anteil der Erwerbspersonen an der Bevölkerung im erwerbsfähigen Alter, in den neuen Bundesländern mit gut 53 % insgesamt höher ist als in den alten Bundesländern mit rund 48 % (vgl. DATENREPORT, 1999), kaum beschönigen. In Westdeutschland und insbesondere in Süddeutschland macht sich indes die positive Konjunkturentwicklung langsam auf dem Arbeitsmarkt bemerkbar. Im westdeutschen Durchschnitt liegt die Arbeitslosenquote derzeit bei 7,1 %. Die

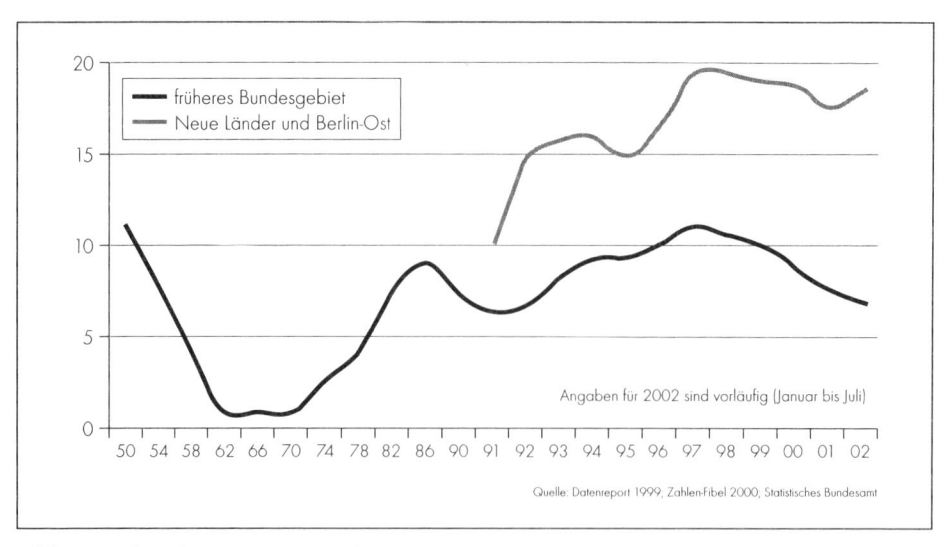

Abb. 5: Arbeitslosenquote (in %)

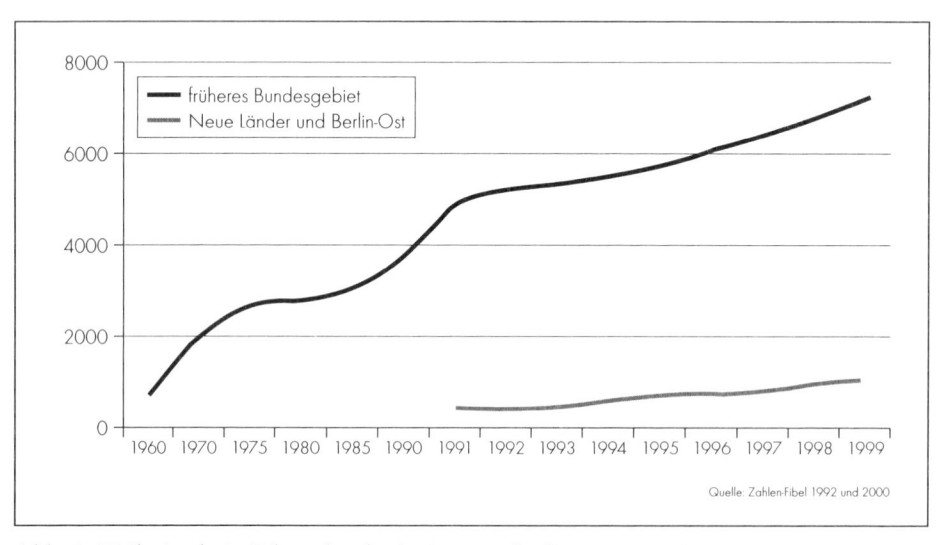

Abb. 6: Teilzeitarbeit (Jahresdurchschnitt, Beschäftigte in 1000)

effektiv geleistete Arbeitszeit hat sich im Laufe der 90er Jahre, insbesondere seit Mitte der letzten Dekade kaum noch verringert.

Vor dem Hintergrund der wirtschaftlichen Probleme der 80er und 90er Jahre wurde Arbeitszeitverkürzung zum politischen Thema. Sie wird immer weniger als sozialpolitische Errungenschaft einer prosperierenden Wirtschaft gesehen – ein Charakter, den sie vor allem in den 60er Jahren hatte –, sondern sie gilt mittlerweile vorrangig als Instrument, um die Lasten der Arbeitslosigkeit zu mindern und Arbeit neu zu verteilen. Denn das Wirtschaftswachstum reicht nicht, um ein wachsendes Erwerbspersonenpotenzial und Produktivitätssteigerungen zur Vermeidung von

Arbeitslosigkeit auszugleichen. Im Gegenteil, die rasanten Produktivitätsfortschritte verhindern wachstumsbedingte Beschäftigungseffekte. KÜHL (1996) spricht gar von einem „Jobless growth". Dass ein unausgeschöpfter Verteilungsspielraum besteht, deuten die Arbeitszeitpräferenzen der Erwerbstätigen an. Die Zahl der Teilzeitbeschäftigten ist von 1960 bis 1990 im alten Bundesgebiet von knapp einer auf gut vier Millionen angestiegen; dieser Anstieg hat sich im wiedervereinigten Deutschland von gut vier auf gut sieben Millionen Teilzeitarbeitsplätze erhöht (vgl. Abbildung 6). 1999 betrug der Anteil der Teilzeitbeschäftigten bemessen an der Gesamtzahl der abhängig Beschäftigten fast 20%; 1991 lag dieser Wert noch bei 14% (vgl. MIKROZENSUS, 1999). Trotz dieses Anstiegs bestand lange Zeit ein unerfülltes Interesse an Teilzeit. So wünschten sich Ende der 80er Jahre 6% der Vollzeiterwerbstätigen eine Teilzeitbeschäftigung, 1993 waren es trotz angespannter wirtschaftlicher Lage 9% (vgl. ISO, 1989 und 1994). Die Bundesregierung berichtet kürzlich gar, dass „38% der Vollzeitbeschäftigten in Deutschland ihre Arbeitszeit unter Inkaufnahme entsprechender Einkommenseinbußen reduzieren" (VIETHEN, 2001, S. 2) würden. Entsprechend bedeutsam ist die beschäftigungspolitische Diskussion der Arbeitszeitverkürzung.

Zunehmend deutet sich in diesem Themenfeld jedoch eine Kontroverse an, denn die ISO-Studie 2000 gelangt unter Verweis auf das Deutsche Institut für Wirtschaftsforschung (DIW) zu der Einschätzung, dass „1999 kein nennenswertes Reduktionspotenzial mehr vorhanden [ist]: die vertragliche Arbeitszeit entspricht in etwas der gewünschten Arbeitszeit" (ISO, 2000, S. 176). Aktuell ist der Verteilungsspielraum nicht mehr so eindeutig, wie er in der Vergangenheit schien. Zudem ist man sich bewusst und hat sich in dieser Hinsicht von ideologisierenden Debatten aus den 80er und von Anfang der 90er Jahre befreit, dass die Situation auf unterschiedlichen Teilarbeitsmärkten äußerst verschieden ist. Ein wesentliches Ergebnis ist damit, dass nicht mehr ausschließlich die Verkürzung der Arbeitszeit zur Diskussion steht, sondern zunehmend auch die Segmentierung: Arbeitszeit entwickelt sich vom kollektiven zum individuellen Regelungstatbestand. Denn in den 90er Jahren hat sich die in den 80er Jahren bereits begonnene Diskussion zur Arbeitskräfteknappheit auf Teilarbeitsmärkten deutlich zugespitzt. Während es in den 80er Jahren vor allem um einen Facharbeitermangel in einzelnen Berufsfeldern ging, zeigte sich Ende der 90er Jahre ein nicht zu deckender Bedarf an Fach- und Führungskräften in wissensintensiver Dienstleistungsbereichen, allen voran in der IT-Branche. Zudem wird verstärkt auf Arbeitskräftemangel in Bereichen der industriellen Facharbeit hingewiesen (vgl. LUTZ, MEIL & WIENER, 2000). Die Green-Card und das Zuwanderungsgesetz stellen Maßnahmen zur Erhöhung des Erwerbspersonenpotenzials dar und können damit dem Problem entgegen wirken. Ebenso lässt sich jedoch die Arbeitszeitdebatte vor dem Hintergrund des Arbeitskräftemangels auf Teilarbeitsmärkten aufgreifen. Um das Wachstumspotenzial in diesen Märkten zu realisieren, bedarf es möglicherweise einer Ausweitung der Arbeitszeit. Welche Chancen haben entsprechende Bestrebungen? Sind sie mit den Arbeits- und Freizeitpräferenzen bzw. dem Arbeits- und Freizeitverhalten der Beschäftigten vereinbar? Diese Fragen stellen sich ebenfalls angesichts der rückläufigen Geburtenraten in Deutschland, die bereits eindeutig erkennen lassen, dass die Arbeitskräfteknappheit sich zukünftig verstärken wird. Sie wird dann vermutlich nicht nur Teilarbeitsmärkte, sondern den gesamten deutschen Arbeitsmarkt erfassen.

3. Zwanzig Jahre Diskussion von Teilzeit und Beschäftigung – ein Positionswechsel

Die ursprüngliche Fassung dieses Beitrags geht auf unseren Lehrer, Prof. Burkhard Strümpel, zurück. Sie entstand in den 80er Jahren ganz im Zeichen der arbeitsmarktpolitisch angespannten Lage. Strümpel ging es um die Kernbotschaft, dass in der Basis der Arbeitnehmerschaft ein Interesse an Arbeitszeitverkürzung bestand, welches durch betriebliche und tarifvertragliche Rahmenbedingungen nicht erfüllt werden konnte, wodurch vorhandenes Potenzial für mehr Beschäftigung ungenutzt blieb. Damit wird das für die 80er Jahre, im Anschluss zu vertiefende Gleichgewichtsparadigma angesprochen. Wir haben es durch weitere, sich später herauskristallisierende Paradigmen ergänzt, das Flexibilitätsparadigma und das Segmentationsparadigma.

Das Gleichgewichtsparadigma – die neue Balance zwischen Arbeits- und Lebenszeit: Es zeigte sich in den 80er Jahren ein Interesse vieler Arbeitnehmer an kürzeren Arbeitszeiten, welches aus einem tiefgreifenden, sich seit den 70er Jahren zunehmend bemerkbar machenden Wertewandel rührte. Für immer mehr Arbeitnehmern war es besonders wichtig, eine interessante, abwechslungsreiche, verantwortungsvolle und schöpferische Tätigkeit zu haben (vgl. Pawlowsky, 1986; Strümpel & Pawlowsky, 1993). Diese Selbstentfaltungswerte trafen jedoch oftmals auf Arbeitsbedingungen, die als monoton und restriktiv erlebt wurden. So sind seit den 80er Jahren die Arbeitszufriedenheit (vgl. Datenreport, 1999) und die wahrgenommene Entscheidungsfreiheit im Beruf zurück gegangen. Die Freizeitorientierung hat indes zumindest im Laufe der 70er und 80er Jahre zugenommen (vgl. Allensbacher Jahrbuch für Demoskopie, 1993 – 1997). Denn das Privatleben eröffnete angesichts kürzerer Arbeitszeiten, steigender Einkommen und erhöhten Bildungsstandes neue Gestaltungsspielräume. Es schien, dass die Erwerbstätigkeit nicht zuletzt angesichts des allgegenwärtigen Vergleichs mit der stärker eigenbestimmten und gestaltbaren „Freizeit" im Urteil der Menschen schlechter abschnitt. Der kulturelle Wandel, der Wohlstand und die gewachsenen Spielräume in Freizeit und Privatleben trugen neuartige und erweiterte Ansprüche in die Erwerbsarbeit hinein; sie forderten der Arbeitswelt Anpassungsleistungen ab, die diese jedoch nicht oder nur unvollkommen erbrachte. Dabei handelte es sich um Ansprüche auf Gleichgewicht und Ausgewogenheit in dreifachem Sinne: Gleichgewicht zwischen Beruf und Privatleben (vgl. den Beitrag von Streich, Rollenprobleme von Führungskräften, in diesem Band), Gleichberechtigung von Frauen im Berufsleben (vgl. die entsprechenden Beiträge von Friedel-Howe und Domsch & Krüger-Basener, in diesem Band) und Gleichgewicht im Umgang mit den funktionalen Autoritäten am Arbeitsplatz, d.h. Verzicht auf die überkommene Attitüde der sozialen Über- und Unterordnung.

In den durch den Wertewandel begründeten veränderten Arbeitszeitpräferenzen ließ sich nun ein Potenzial erkennen, Arbeit anders zu verteilen und damit zur Senkung von Arbeitslosigkeit im Sinne eines volkswirtschaftlichen Gemeinwohls zu nutzen. So gelangen Berechnungen, die auf den Arbeitsmarktverhältnissen und Arbeitszeitpräferenzen von Mitte der 80er Jahre beruhen, zu dem Ergebnis, dass die Überbeschäftigung quantitativ der Unterbeschäftigung entsprach und zudem noch in der Lage gewesen wäre, die stille Reserve mit in den Arbeitsmarkt zu integrieren (vgl. Bielenski & Strümpel, 1988).

Die Realisierung dieses Beschäftigungspotenzials sah Strümpel nun weniger in einer kollektiven Arbeitszeitverkürzung als vielmehr in einer an individuellenAnsprüchen orientierten flexiblen Arbeitszeitgestaltung. Angesichts eher starrer Regelungsinteressen seitens der Tarifvertragsparteien und Unternehmen zeigte Strümpel sich allerdings nur begrenzt optimistisch, was die Ausschöpfung des Beschäftigungspotenzials anbelangte und entwickelte drei Szenarien:

— Das erste Szenario wurde mit „*Business as usual*" überschrieben – hier halten sowohl Arbeitgeber als auch Arbeitnehmer an der Normalarbeitszeit fest. Gesellschaftlich bleiben Arbeitsverhältnisse mit verkürzter Arbeitszeit stigmatisiert, insbesondere wenn sie von unerwarteter Seite, wie beispielsweise teilzeitarbeitenden Männern, ausgeübt werden (vgl. dazu STRÜMPEL et al., 1988).
— Das zweite Szenario beinhaltete die völlige *Flexibilisierung und Individualisierung* der Arbeitszeit und setzt sich über Arbeitnehmerinteressen nach kollektiver Freizeitgestaltung hinweg.
— Nur das dritte Szenario vereinte im positiven Sinne unterschiedliche Interessen und bot *intelligente Arbeitszeitmodelle für Frauen und Männer*, die unterschiedlichen Lebensstilen gerecht werden, mit gleichen Entwicklungsmöglichkeiten für teilzeit- und vollzeitbeschäftigte Arbeitskräfte verbunden sind und betriebliche Auslastungszeiten zu Gunsten von mehr Beschäftigung erhöhen.

Es offenbarte sich in den 80er Jahren ein Gestaltungsspielraum für die gemeinsame Zieloptimierung unterschiedlicher am Wirtschaftsgeschehen beteiligter Akteure, aber ebenso, dass mangelnder politischer Gestaltungswille und konservative Rollenbilder in Teilen der Gesellschaft und bei personalpolitischen Entscheidungsträgern in den Betrieben, die Ausschöpfung des darin liegenden Beschäftigungspotenzials erschwerten.

Das Flexibilitätsparadigma – Teilzeit als Kompromissformel zwischen betrieblichen Notwendigkeiten und persönlichen Präferenzen: Als wir in den 90er Jahren die Fortführung dieser Überlegungen übernommen haben, stellte sich die wirtschaftliche Gesamtsituation angesichts nochmals deutlich gestiegener Arbeitslosigkeit als äußerst angespannt dar. Positive Zusammenhänge zwischen Arbeitszeit und Beschäftigung wurden von volkswirtschaftlicher Seite nicht mehr primär in der Verkürzung der Arbeitszeit gesehen, sondern zunehmend durch ihre Verlängerung begründet (vgl. PÄTZOLD, 1989). Dies ergab sich aus den gestiegenen Flexibilitätsanforderungen der Unternehmen und der damit verbundenen Notwendigkeit, Betriebsnutzungszeiten auszuweiten. Eine Verlängerung der Arbeitszeit stand jedoch im klaren Widerspruch zu den Arbeitszeitpräferenzen der Beschäftigten. Damit deutet sich an, dass eine gemeinsame Zieloptimierung unterschiedlicher Wirtschaftsakteure nur noch bedingt und auf Basis einer Kompromissformel möglich erschien. Diese lautete Teilzeit verbunden mit Variation der Lage der täglichen und wöchentlichen Arbeitszeit, möglicherweise sogar der Jahresarbeitszeit. Gleichwohl zeichnete sich unter diesen Bedingungen beschäftigungspolitischer Gestaltungsspielraum ab.

So ergab die Umfrage des Instituts zur Erforschung sozialer Chancen (ISO) in Köln für das Jahr 1993, dass gut 9 % aller Vollzeitbeschäftigten eine Teilzeitbeschäftigung mit einer um durchschnittlich 11 Stunden reduzierten vertraglichen wöchentlichen Arbeitszeit vorziehen würden und eine Reduktion der tatsächlich geleisteten wöchentlichen Arbeitszeit von 15 Stunden wünschten (vgl. ISO, 1994). Der Wunsch nach mehr Teilzeitbeschäftigung war damit gegenüber 1989 trotz angespannter Arbeitsmarktlage noch gestiegen. Ende der 80er Jahre wünschten 6 % der Vollzeiterwerbstätigen eine Teilzeitbeschäftigung (vgl. ISO, 1989). Besonders ausgeprägt war der Wunsch nach Teilzeit bei den nicht alleinstehenden Frauen. So gaben in der ISO-

Umfrage 15% der in Partnerschaft lebenden Frauen ohne Kind an, eine Teilzeitbeschäftigung der Vollzeitbeschäftigung vorzuziehen; bei Partnerschaften mit mindestens einem Kind lag dieser Anteil unter den Frauen sogar bei 23%. Das Streben nach Ausgewogenheit zwischen Familie und Beruf war insbesondere unter den Frauen sehr hoch. In Teilzeitarbeit wurde eine wichtige Voraussetzung zur Erreichung dieses Ziels gesehen. Der Anteil der Männer, der eine Teilzeitbeschäftigung vorziehen würde, war indes geringer. Er lag in den Fällen der Partnerschaft bzw. der Partnerschaft mit Kind(ern) jeweils bei 6% und blieb damit unter dem Anteil von 9% der allein lebenden Männer mit Teilzeitpräferenzen (vgl. ISO, 1994). Insgesamt ging es den Männern stärker um den Abbau von Überstunden und weniger um eine Verkürzung der regulären Arbeitszeit. Dies ist dennoch ein nicht zu vernachlässigender möglicher Beschäftigungsfaktor.

Die in den 90er Jahren errechneten Beschäftigungseffekte konnten zwar nicht mehr rein zahlenmäßig das Problem der Arbeitslosigkeit beseitigen, waren aber dennoch beachtlich. Wenn nämlich 9% der Erwerbstätigen der alten Bundesländer 1993 mit einer um 11 Stunden verringerten wöchentlichen Arbeitszeit gearbeitet hätten und die von einigen Teilzeitkräften gewünschte höhere Wochenarbeitszeit abgezogen worden wäre, hätten nach Berechnungen des ISO immerhin noch rund 560.000 Vollzeitarbeitsplätze geschaffen werden können (vgl. ISO, 1994). Ihre Realisierung stellte sich jedoch als schwierig heraus.

Anhaltspunkte für Hemmnisse bei der Realisierung von Teilzeitwünschen bekommen wir aus den repräsentativen ISO-Studien von 1989 und 1993. So wurde 1989 von 27 der Befragten als Grund für die Nicht-Realisierung des Teilzeitwunsches angegeben, der Arbeitsplatz sei nicht teilbar; 26% verwiesen darauf, dass der Betrieb keine Teilzeitarbeitsplätze anbiete, 22% befürchteten berufliche Nachteile, und 13% gaben an, der Arbeitgeber lehne Teilzeit ab. In der Untersuchung von 1993 beklagten 51% der Befragten, dass ihr Betrieb keine Teilzeitarbeitsplätze anbiete. 12% befürchteten, dass die Rückkehr von einer Teilzeitbeschäftigung zu einem Vollzeitarbeitsplatz mit großen Schwierigkeiten verbunden sei, und 24% gaben „Sonstiges" als Hinderungsgrund an. Dahinter verbargen sich zu 80% finanzielle Motive, so dass von insgesamt knapp einem Fünftel die mit Teilzeit verbundene Einkommensminimierung als wesentliche Restriktion erachtet wurde (vgl. ISO, 1994, S. 95 f.).

Die Ausschöpfung des Kompromisspotenzials wird also einerseits durch geringen betrieblichen Gestaltungswillen erschwert, kann andererseits aber auch an der fehlenden individuellen Bereitschaft scheitern, mit einem Teil der Arbeitszeit auch auf einen Teil des Arbeitseinkommens zu verzichten. Ist den Arbeitnehmern, wenn es zum Schwur kommen sollte, die Geldbörse nicht doch näher als die Wunschliste von Aktivitäten, die mangels Freizeit nicht ausgeübt werden können?

Eine allgemeine Antwort auf diese Frage konnte nicht gefunden werden. Die Erfahrungen der lehren jedoch, dass beschäftigungssicherndes Solidaritätspotenzial dann vorhanden ist, wenn für Arbeitnehmer die mit Arbeitszeitverzicht verbundenen Beschäftigungseffekte konkret nachvollziehbar und erlebbar sind. So hat sich beispielsweise das VW-Arbeitszeitmodell als außerordentlich erfolgreich erwiesen. Es half mit einer um 20% reduzierten wöchentlichen Arbeitszeit Ende 1993 den Abbau von 30000 Arbeitsplätzen zu verhindern (vgl. HARTZ, 1994). Die Belegschaft hat dieses Modell wohlwollend mitgetragen, sicherlich auch, weil hier persönliche Betroffenheit gegeben und unmittelbar beobachtbare Ergebnisse erkennbar waren. Vergleichbare Effekte ließen sich, vermutlich aufgrund der angesprochenen Barrieren, gesamtgesellschaftlich nicht beobachten.

Angesichts des immer wieder ermittelten Beschäftigungspotenzials sorgte der Gesetzgeber zu Beginn des 21. Jahrhunderts mit Einführung des Teilzeit- und Befristungsgesetzes dafür, dass mögliche betriebliche Hemmnisse bei der Umsetzung von Teilzeit überwunden werden sollten. Gleichzeitig kam es dadurch auf Seiten der Beschäftigten zum Schwur, ob ihnen die Geldbörse nicht doch wichtiger sei als der Freizeitgewinn. Durch diese Gesetzesintervention sollte die Arbeitszeitdebatte eine neue Wendung erhalten bzw. im Kontext der Gesetzesnovelle wurde deutlich, dass die Arbeitszeitdebatte zu Beginn dieses Jahrhunderts bereits unter einem neuen, durch Segmentationserfordernisse gekennzeichneten Paradigma stand.

Das Teilzeit- und Befristungsgesetz – Intervention ohne Folgen: Mit Einführung des Gesetzes über Teilzeitarbeit und befristete Arbeitsverträge – kurz Teilzeit- und Befristungsgesetz (TzBfG) – zum 1. Januar 2001 erhalten Arbeitnehmer einen Rechtsanspruch auf Teilzeit. In § 6 TzBfG heißt es: „Der Arbeitgeber hat den Arbeitnehmern, auch in leitenden Positionen, Teilzeit nach Maßgabe dieses Gesetzes zu ermöglichen." Diese Regelung gilt für alle Betriebe mit über 15 Arbeitnehmern, wird jedoch dadurch begrenzt, dass der Teilzeitwunsch bei zwingenden betrieblichen Gründen abgelehnt werden kann.

Die rot-grüne Bundesregierung hat sich von der Einführung dieses Gesetzes, ganz im Sinne der oben skizzierten jahrelangen Diskussion zum Thema Teilzeit und Beschäftigung, einen entsprechenden Beitrag zum Abbau der Arbeitslosigkeit versprochen. So heißt es im Bundesarbeitsblatt zur Gesetzesnovelle: „Die Neuregelungen schaffen nicht nur Flexibilität für die Unternehmen, sondern auch größere Zeitsouveränität für die Arbeitnehmer und Arbeitnehmerinnen. Auf diese Weise kann das enorme Beschäftigungspotenzial, das in der Ausweitung der Teilzeitarbeit liegt, ausgeschöpft werden. [...] Bei Ausschöpfung dieses Nachfragepotenzials nach Teilzeitarbeit können nach Berechnung des Instituts für Arbeitsmarkt und Berufsforschung (IAB) langfristig rund 1 Million neue Arbeitsverhältnisse geschaffen werden. Das deutsche Institut für Wirtschaftsforschung (DIW) geht davon aus, dass durch die gesetzliche Neuregelungen rechnerisch bis zu 470 000 Vollzeitstellen entstehen können" (VIETHEN, 2001, S. 1 f.). Den Berechnungen liegt die Annahme zugrunde, dass mittlerweile bereits 38% der Vollzeitbeschäftigten in Deutschland ihre Arbeitszeit unter Inkaufnahme entsprechender Einkommenseinbußen reduzieren würden.

Seitens der Unternehmen gab es heftige Proteste gegenüber dem TzBfG. Man befürchte starke Eingriffe in betriebliche Abläufe und eine Klageflut seitens der Arbeitnehmer mit Teilzeitwunsch (vgl. z. B. DIHK, 2001). Diese Befürchtung sollte sich nicht bewahrheiten. Aus einer in 2001 durchgeführten DIHK-Unternehmensbefragung, der knapp 2000 Unternehmensantworten zu Grunde liegen, und die vom Grundtenor äußerst gesetzesfeindlich ist, lässt sich errechnen, dass auf Grundlage des Gesetzes unter ein Prozent der Arbeitnehmer gegenüber ihrem Arbeitgeber einen Wunsch nach Teilzeit geäußert haben (vgl. DIHK, 2001). Die befragten Unternehmen sind in fünf Betriebsgrößenklassen eingeteilt. Rechnet man bezogen auf die Verteilung der Unternehmen auf diese Größenklassen für die vier unteren Gruppen mit der jeweils mittleren Beschäftigtenzahl und für die Klasse der Großunternehmen ab 500 Beschäftigten mit diesem Minimalwert, schätzt also die Gesamtzahl der sich hinter diesen Unternehmen verbergenden Arbeitnehmer eher vorsichtig, so gelangt man angesichts einer in der DIHK-Studie ausgewiesenen Zahl von 2401 Anträgen auf Teilzeit zu dem Ergebnis, dass 0,6% der Beschäftigten einen entsprechenden Antrag gestellt haben. Von den Anträgen wurden knapp zwei Drittel bewilligt. In lediglich acht Prozent der Unternehmen gab es einen Klagefall (vgl. DIHK, 2001). Die Wirkungen des Gesetzes sind folglich als minimal einzustufen.

Damit erweist sich zwar die Aufregung der Unternehmen als stark überzogen, eine Antwort auf die Frage, warum das Gesetz weitestgehend wirkungslos blieb, steht jedoch noch aus. Eine mögliche Interpretation ist, dass man die Interessen der Beschäftigten schlicht falsch eingeschätzt hat, weil man sich an Erhebungen aus der ersten Hälfte der 90er Jahre orientiert hat. Im Gegensatz zu früheren Studien gelangt aber die ISO-Studie von 1999 zu dem Ergebnis, dass kein Verteilungsspielraum in punkto Arbeitszeit mehr vorhanden ist (vgl. ISO, 2000). Das kann auch daran liegen, dass sich die Lebens- und Arbeitsbedingungen vieler Menschen gegenüber den 80er Jahren verändert haben. Die tatsächliche und die subjektiv wahrgenommene Beschäftigungssicherheit sind in den geringer qualifizierten Beschäftigtengruppen zurück gegangen (vgl. DATENREPORT, 1999). Von einem möglichen Verlust des Arbeitsplatzes fühlt sich aktuellen Zeitungsberichten zufolge auch die bürgerliche Mittelschicht bedroht bzw. wird davon betroffen. Das ist gerade die Gruppe, die aufgrund eines gewissen Wohlstandes und entsprechender Entfaltungsmöglichkeiten außerhalb der Arbeitszeit sowohl im Sinne der eigenen Lebensqualität als auch im Sinne eines staatsbürgerlichen Bewusstseins in den 80er Jahren am ehesten auf einen Teil ihrer Arbeitszeit verzichtet hätte. Diese Gruppe sieht sich also zunehmend vor ökonomischen Sachzwängen, die eine Gleichgewichtsethik verdrängen. Vor diesem Hintergrund ist es auch nicht verwunderlich, dass es zu keinen spürbaren Effekten durch das Teilzeit- und Befristungsgesetz kommt.

Eine zweite Interpretation geht dahin, dass man die tatsächliche Bereitschaft der Beschäftigten zum solidarischen Arbeitszeitverzicht überschätzt hat. Auf die Frage nach der Bereitschaft zur beschäftigungssichernden Arbeitszeitverkürzung kommt es 1999 bei 50% der Arbeitnehmer zu einer klaren Ablehnung. Bei Teilzeitbeschäftigten ist diese Ablehnung höher als bei Vollzeitbeschäftigten und in den neuen Bundesländern strikter als in den alten Bundesländern. Von den 36% der Beschäftigten, die einer beschäftigungssichernden Arbeitszeitverkürzung prinzipiell zustimmen, zeigt sich ein Spielraum von maximal 10% Reduktion der Arbeitszeit (vgl. ISO, 2000, S. 172 ff.). Damit wird deutlich, dass im eher abstrakten Fall die Solidaritätsbereitschaft der einzelnen vergleichsweise gering ausfällt, insbesondere dort, wo es an positiven beschäftigungspolitischen Erfahrungen mangelt, wie beispielsweise in den neuen Bundesländern. Das schließt allerdings nicht aus, dass in konkreten Fällen ein enormer Zusammenhalt der Belegschaften zu beobachten ist. Denn gerade in den neuen Bundesländern ist die Verzichtsbereitschaft der Arbeitnehmer zum Teil erheblich. So werden vielfach Lohn- und Gehaltszahlungen monatelang stillschweigend nicht eingefordert, um Unternehmensinsolvenzen zu verhindern. Mit Blick auf das TzBfG zeigen jedoch auch diese Daten, dass keine effektive Wirkung erwartet werden konnte, weil das Gesetz auf einer abstrakten statt einer konkreten beschäftigungspolitischen Solidarität aufbaut.

Schließlich lässt sich die geringe Gesetzeswirkung möglicherweise auch darauf zurückführen, dass Arbeitnehmer mit Teilzeitwunsch sich angesichts der stark ablehnenden Haltung der Unternehmen doch nicht getraut haben, ihren gesetzlichen Anspruch gegenüber dem Arbeitgeber geltend zu machen. Zudem bleibt zu berücksichtigen, dass sich hinter der großen Zahl Anfang der 90er Jahre ermittelter teilzeitwilliger Arbeitnehmer bezogen auf den einzelnen Betrieb immer nur einige wenige verbergen. Ob sich auf dieser Grundlage überhaupt volkswirtschaftlich spürbare Beschäftigungseffekte erzielen lassen, war also von vornherein eher fraglich.

Abschließend bleibt festzuhalten, dass der Gesetzgeber das Maximale geleistet hat, um Teilzeit im Interesse der Beschäftigten, der Betriebe und der Gesamtwirtschaft zu fördern. Wenn es auf dieser Grundlage zu keinen nennenswerten Veränderungen kommt, erscheint die Arbeitszeitdiskussion unter dem bisherigen Vorzeichen ausgereizt. Wie bereits angedeutet, haben sich die ökonomischen und gesellschaftlichen Rahmenbedingungen in eine Richtung entwickelt, die unter Segmentationserfordernissen stehen. Von daher kann man auch zu dem Schluss gelangen, dass ein Gesetz, welches dem Flexibilitätsparadigma Rechnung zu tragen versucht, deutlich zu spät kam, oder nicht zielgruppenspezifisch genug ausgestaltet war, um sich wirkungsvoll zu entfalten. Wenden wir uns nunmehr den derzeitigen und zukünftigen Herausforderungen des Arbeitsmarktes und der damit im Zusammenhang stehenden Arbeitszeitdebatte zu.

4. Arbeitsmarkt, Arbeitszeit und Arbeitszeitpräferenzen unter Segmentationsgesichtspunkten

In diesem Abschnitt wird das Spannungsfeld aufgezeigt, in dem sich die Arbeitszeitdebatte zu Beginn des 21. Jahrhunderts bewegt. Es wird durch die weitere Flexibilisierung der Arbeitszeit, die auf sehr unterschiedliche Weise zugenommen hat, markiert. Dies betrifft erstens das Regelungsmaß und die Regelungsformen. So ist sowohl die geregelte Flexibilisierung der Arbeitszeit über Arbeitszeitkontensysteme gestiegen – dies trifft im Kern auf tariflich gebundene Bereiche zu – als auch die ungeregelte Flexibilisierung mit Verzicht auf jegliche Arbeitszeitvereinbarung. Letztere finden wir vor allem in start-up-Unternehmen der New Economy, z. T. aber auch in Großunternehmen der IT-Branche und damit vorrangig im wissensintensiven Dienstleistungssektor. Zu untersuchen ist, welches Maß an Flexibilität Arbeitnehmer bereit sind mitzutragen bzw. welches Regelungsmaß sie wünschen. Zweitens lässt sich das aktuelle Spannungsfeld durch unterschiedliche Anforderungen in unterschiedlichen Teilarbeitsmärkten charakterisieren. So gibt es Bereiche mit starker Überbeschäftigung, wie beispielsweise das Baugewerbe, und Bereiche mit Fachkräftemangel, wie beispielsweise die IT-Branche. Angesichts der demographischen Entwicklung ist zukünftig mit einem weiter wachsenden Fachkräftemangel zu rechnen, der sich dann sogar über weite Teile der Wirtschaft erstreckt. Dementsprechend steht nicht nur die Verkürzung der Arbeitszeit, sondern auch ihre Verlängerung ernsthaft zur Diskussion. Die Ausweitung des Arbeitsvolumens in Teilarbeitsmärkten kann dabei nicht nur über die Verlängerung der Arbeitszeit, sondern auch über die Ausweitung des Erwerbspersonenpotenzials erfolgen. Diese hängt oftmals indirekt mit der Länge der Arbeitszeit zusammen, weil Berufstätigkeit dann mit anderen, zumeist familiären Verpflichtungen vereinbart werden muss. Somit stellt sich auch bezogen auf die Länge der Arbeitszeit die Frage, welche Regelungen hier auf Akzeptanz seitens der Arbeitnehmer treffen und dementsprechend einen beschäftigungspolitischen Beitrag leisten können.

Wir wollen nachfolgend aktuelle Formen der Arbeitszeitflexibilisierung unter dem Gesichtspunkt des Regelungsmaßes und unter dem Gesichtspunkt der Länge der Arbeitszeit im Lichte individueller Arbeitszeitpräferenzen reflektieren. Dabei ist zu berücksichtigen, dass die Arbeitszeitinteressen unterschiedlicher Beschäftigtengruppen differieren, es sich um heterogene Gruppen und nicht eine homogene Gemeinschaft

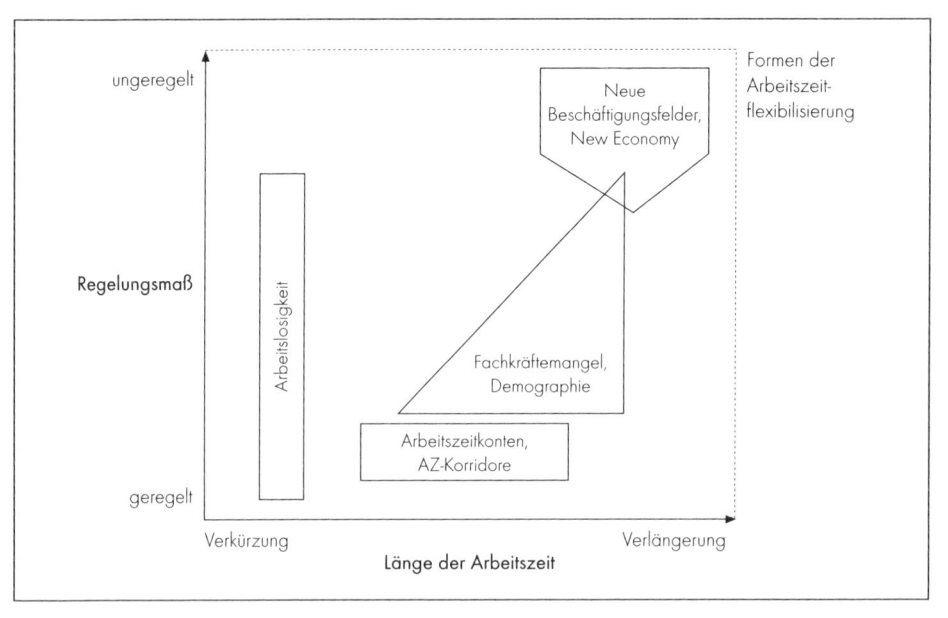

Abb. 7: Segmentationserfordernisse der Arbeitszeitgestaltung

handelt. Die Analyse unter Segmentationsgesichtspunkten resultiert also nicht nur aus den Anforderungen unterschiedlicher Teilarbeitsmärkte, sondern auch aus der Differenzierung zwischen den Beschäftigten.

Zur Verdeutlichung der arbeitszeitpolitischen Herausforderung greifen wir vier Gestaltungsbereiche heraus, die sich an unterschiedlichen Stellen in dem skizzierten Koordinatensystem verorten lassen (vgl. auch Abbildung 7): die geregelte Flexibilisierung durch Arbeitszeitkonten, die ungeregelte Flexibilisierung in neuen Beschäftigungsfeldern, die Verlängerung der Arbeitszeit oder Ausweitung des Erwerbspersonenpotenzials angesichts von Fachkräftemangel und Geburtenrückgang und die Verkürzung von Arbeitszeit angesichts von vier Millionen Arbeitslosen.

Arbeitszeitkontenmodelle mit Anspar- und Ausgleichsregelungen über längere Zeiträume (bis zu mehreren Jahren) haben an Bedeutung gewonnen. Sie gelten für mittlerweile 37% der Beschäftigten (vgl. ISO, 2000, S. 123 ff., und den Beitrag von WEIDINGER, in diesem Band). Als Anspar-, Arbeitszeitkorridor- oder Bandbreitenmodelle bekannte Regelungen erlauben eine an der betrieblichen Auftragslage orientierte Nutzung der Arbeitszeit innerhalb eines vereinbarten Arbeitszeitkorridors. Durch diese Modelle wird der Flexibilitätsspielraum der Unternehmen beachtlich ausgeweitet; Kosten für Überstundenzuschläge werden reduziert. In der Folge ist es zur weiteren Abkehr vom Normalarbeitsverhältnis gekommen; es gehört weitgehend der Vergangenheit an. „Nur noch 15% der Beschäftigten arbeiten unter den Bedingungen des Normalarbeitszeitstandards (d.h. in einer wöchentlichen Arbeitszeit zwischen 35 und 40 Stunden, die sich auf 5 Tage verteilt, in der Lage nicht variiert und montags bis freitags tagsüber ausgeübt wird.)" (ISO, 2000, S. 13).

Befragt man Beschäftigte nach ihrer Akzeptanz dieser Form geregelter Flexibilisierung, ergibt sich folgendes Bild: Zwar sehen Arbeitnehmer den Hauptzweck neuer Arbeitszeitmodelle (41% Zustimmung) in der Anpassung der Arbeitszeit an den Arbeitsanfall. Besonders ausgeprägt ist diese Sicht unter den Arbeitern (54% Zustimmung). Gleichwohl bringen Arbeitnehmer auch persönliche Vorteile mit Arbeitszeitkonten in Verbindung. Die Anpassung der Arbeitszeit an außerberufliche Anforderungen wird von 33% positiv hervorgehoben und die Anpassung an persönliche Bedürfnisse von 32%. Damit haben Kontenmodelle auch gleitzeitähnlichen Charakter für die Beschäftigten, was ihre Akzeptanz neben der damit zu erzielenden beschäftigungssichernden Wirkung fördert. So sehen 42% der Arbeitnehmer überwiegend Vorteile, 13% überwiegend Nachteile und 45%, dass beide sich aufwiegen (vgl. ISO, 2000, S. 166).

Die Akzeptanz von Arbeitszeitkontenmodellen zeigt, dass diese auch zukünftig eine wichtige Rolle spielen dürften. Sie könnten möglicherweise noch vermehrt zur Verlängerung der Lebensarbeitszeit eingesetzt werden. Der dafür vorhandene Gestaltungsspielraum bleibt zu klären (s.u.). Ihre Grenzen haben diese Modelle allerdings dort, wo es um die Ausweitung von Wochenendarbeit geht. Hier sind Arbeitskräfte zu keiner weiteren Flexibilisierung bereit (s.u.).

Eine ungeregelte Flexibilisierung und gänzliche Entfernung vom Normalarbeitsverhältnis zeichnet sich in neuen wissensintensiven Dienstleistungsbranchen ab. Seit Mitte der 90er Jahre sind diese *neuen Beschäftigungsfelder* stark angewachsen (vgl. IAB-PROGNOS-PROJEKTION 2010). Damit einher gehen neue Arbeitsvertragsformen, die aufgrund von Befristung oder (vorübergehender) Selbständigkeit eher der atypischen Beschäftigung zuzurechnen sind, obgleich sich dahinter hoch qualifizierte Arbeitskräfte verbergen. Diese lassen sich oftmals als „Arbeitskraftunternehmer" (Voss & PONGRATZ, 1998) charakterisieren und entsprechen in ihrer Identität eher einem Freiberufler, denn einem (Normal)Arbeitnehmer. Genau diese atypischen Beschäftigungsverhältnisse haben zwischen 1985 und 1998 mit 2,1 Millionen deutlich stärker zugenommen als reguläre Beschäftigungsverhältnisse, die um 1,3 Millionen gewachsen sind (vgl. SCHÄFER, 2000, S. 43). Zwar verbergen sich hinter den 2,1 Millionen zusätzlichen atypisch Beschäftigten nicht nur Arbeitskraftunternehmer, denn allein die Teilzeitarbeit ist im Betrachtungszeitraum um 1,5 Millionen gestiegen (vgl. SCHÄFER, 2000). Doch auch die Zahl der Selbständigen bzw. Einmann-Unternehmen ist in der Bundesrepublik Deutschland zwischen 1985 und 1997 um 400 000 auf 1,5 Mio. angewachsen. Dieses Wachstum entfällt auf den tertiären Sektor (vgl. GERLMAIER, 2002), wohingegen die Zahl der Selbständigen im primären und sekundären Sektor abnimmt. Damit soll unterlegt werden, dass sich insbesondere in wissensintensiven Dienstleistungsbereichen ein Beschäftigungstrend abzeichnet, der auch die Entwicklung flexibler Arbeitszeitsysteme fördert. Dies gilt im übrigen nicht nur für die vielen kleinen Start-up-Unternehmen ohne jegliche Arbeitszeitregelung, sondern auch IT-Branchenführer wie Microsoft überschreiben ihr Arbeitszeitregime mit Vertrauensarbeitszeit, d.h. Microsoft verzichtet auf verbindliche Arbeitszeitregelungen.

Bei der Vertrauensarbeitszeit interessieren Anwesenheit und geleistete Arbeitszeit nicht mehr, sondern nur noch das tatsächlich erbrachte Ergebnis. Es wäre allerdings irrtümlich anzunehmen, dass sich damit die geleistete Arbeitszeit reduziert. Zwar ist ein genauer Ausweis dieser Zeiten schwierig, denn die Vertrauensarbeitszeit wird ja gerade nicht erfasst. Anhaltspunkte liefert aber beispielsweise die Befragung des Instituts für Organisationspsychologie der Universität Dortmund. Im Rahmen der Untersuchung wurden 293 angestellte und 56 selbständige IT-Fachkräfte, sogenannte Free-Lancer, unter anderem nach ihrer Arbeitszeit befragt. Für die überwiegende Zahl der Angestellten (72%) liegt die wöchentliche Arbeitszeit zwischen 40 und 50 Stunden. Bei den Free-Lancern geben 66% an, mehr als 50 Stunden in der Woche zu arbeiten. 78% geben zudem an, oft oder fast immer Arbeitsbelange in der Freizeit zu erledigen (vgl. GERLMAIER, 2002, und Abbildung 8). Damit zeigt sich das, was aktuell als *Entgrenzung zwischen Beruf und Freizeit* (vgl. dazu MINSSEN, 2000) diskutiert wird und auch als statistisch üblicherweise nicht erfasste Ausdehnung von Arbeitszeit gesehen werden kann. Ferner zeigt die Studie, dass in beiden dargestellten Untersuchungsgruppen männliche Arbeitskräfte mit 78 % bei den Angestellten und 80 % bei den Free-Lancern überwiegen. Frauen sind gemessen an ihrem Anteil unter den Vollzeiterwerbstätigen mit 34,6 % (vgl. MIKROZENSUS, 2000) in diesen neuen Beschäftigungsfeldern unterrepräsentiert. Das kann als Indikator gewertet werden, dass nicht gerade integrierte Lebens- und Arbeitsformen hinter diesen Zahlen stecken. Die sich auftuende neue Arbeitswelt erscheint weit entfernt von der in den 80er und 90er Jahren betonten Gleichgewichtslogik zwischen Arbeits- und Freizeit bzw. Beruf und Familie und der gleichberechtigten Teilhabe von Frauen am Erwerbsleben. Welche Verbreitungschance haben die hier charakterisierten unregulierten Arbeitszeitformen? Verkörpern sie die Arbeitszeitlandschaft der Zukunft?

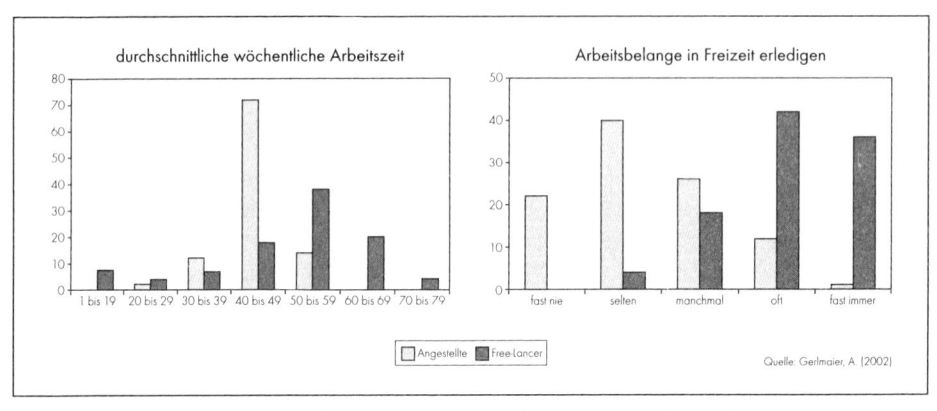

Abb. 8: Entgrenzung von Arbeits- und Freizeit bei neuen Selbständigen

Betrachtet man das Verhältnis von Berufs- und Freizeitorientierung der Arbeitskräfte zunächst ganz allgemein, so ist im Laufe der 90er Jahre, entgegen des Trends in den 70er und 80er Jahren, die Arbeitsorientierung wieder gestiegen. Interessanterweise zeigt sich dabei, dass der Anteil der Freizeitorientierten unter den Erwerbstätigen mit einer Entwicklung von 29 % im Jahre 1988 zu 31 % im Jahre 1998 eher gleich geblieben ist bzw. sich noch leicht erhöht hat. Der Anteil derjenigen, die ein ausgewogenes Verhältnis zwischen Arbeits- und Freizeit anstreben, ist jedoch deutlich rückläufig. 1988 waren noch 44 % dieser Gruppe zuzurechnen, 1998 sind es nur noch 38 %. Im selben Zeitraum ist der Anteil der Arbeitsorientierten von 27 % auf 31 % gestiegen (vgl. DATENREPORT, 1999). Die Gleichgewichtslogik gilt damit zwar immer noch für die anteilsmäßig größte Beschäftigtengruppe, hat aber an Bedeutung verloren. Dieses Ergebnis kann durch Bedingungen des Arbeitsmarktes beeinflusst sein, es kann aber auch aus einem generellen Einstellungswandel gegenüber der Berufstätigkeit resultieren. Es legt zumindest den Schluss nahe, dass es auch eine beachtliche Gruppe gibt, die weniger ausgewogene Arbeitsplätze mit hoher zeitlicher Beanspruchung bereit ist zu akzeptieren.

Zieht man vergleichend die Daten der Shell-Jugendstudie 2000 (vgl. DEUTSCHE SHELL, 2000) heran, so zeigen 45 % der befragten Jugendlichen sowohl eine hohe

Berufs- als auch eine hohe Familienorientierung. Lediglich 16% der Jugendlichen werden als freizeitorientiert eingestuft. Dies spricht indes dafür, dass zukünftig auch neue Beschäftigungsfelder, für die diese Jugendlichen ja die Zielgruppe bilden, eine Ausgewogenheit zwischen unterschiedlichen Lebenssphären ermöglichen müssen.

Weiter geht aus der Shell-Studie hervor, dass 22% der Jugendlichen der Gruppe der Modernisten mit starkem Interesse an Technik und Politik zuzurechnen sind. Auch bei Jugendlichen, bei denen zwar insgesamt andere Werte überwiegen, ist diese hauptsächlich durch Interesse an und Umgang mit IuK-Technologien operationalisierte „Modernität" deutlich ausgeprägt. Unter Vorsicht lässt sich aus diesen Daten interpretieren, dass neben einer gewissen Akzeptanz längerer Arbeitszeiten auch eine gewisse Akzeptanz unregulierter Beschäftigungsverhältnisse zu erwarten ist, sofern diese dem Modernitätsanspruch gerecht werden können. Modernität ist zwar nicht unmittelbar mit Fragen der Regulation oder Deregulation verbunden; das Bedürfnis nach Modernität, das durch Arbeitsplätze in neuen IuK-Beschäftigungsfeldern befriedigt wird, könnte aber eine Bereitschaft zum Regulationsverzicht mit sich bringen.

Orientiert man sich an den Ergebnissen der ISO-Studie 1999 dürfte eine dauerhafte Ausweitung der Arbeitszeit über die durchschnittliche reguläre Wochenarbeitszeit von rund 39 Stunden, wie sie derzeit in der New Economy anzutreffen ist, allerdings schwierig sein. Danach wird eine über 39 Stunden hinausgehende wöchentliche Arbeitszeit weder von Frauen noch von Männern gewünscht. Zwar leisten 1999 56% der Beschäftigten regelmäßig Überstunden, ein Wert, der gegenüber 1995 gestiegen ist, bei den Frauen um zehn und bei den Männern um 13 Prozentpunkte. Aber 63% der regelmäßig Überstunden leistenden Beschäftigten möchten diese reduzieren oder aufgeben. Dieser Anteil liegt in 1999 immerhin neun Prozentpunkte über dem Wert von 1995 (vgl. Tabelle 1 und ISO, 2000, S. 13 f.). Von daher ist damit zu rechnen, dass sich zukünftig auch in der New Economy eine am Normalarbeitsverhältnis orientierte wöchentliche Arbeitszeit etablieren wird, auch wenn diese nicht formal geregelt ist.

Die ungeregelte Flexibilisierung gerät vermutlich auch dort an ihre Grenzen, wo es um die Ausweitung von Wochenendarbeit geht. Von den derzeit Betroffenen wird diese Regelung von zwei Dritteln abgelehnt, indem sie sich eine Reduzierung oder Abschaffung wünschen (vgl. ISO, 2000, S. 79 ff.). Aus diesen Daten lässt sich ableiten, dass nach wie vor ein Interesse an kollektiver Freizeit besteht und Flexibilisierung und Individualisierung bei der Wochenendarbeit ihre Grenzen haben. Damit wird ein Arbeitszeitrahmen abgesteckt, der sowohl für Arbeitszeitkontenmodelle als auch für nicht geregelte Arbeitszeitformen wie die Vertrauensarbeitszeit explizit oder implizit wirksam werden dürfte.

Wir kommen zu dem Ergebnis, dass unregulierte Arbeitszeitformen, wie sie in der New Economy anzutreffen sind, auch zukünftig Verbreitungschancen haben und von den Beschäftigten mitgetragen werden, sich dabei aber implizit stärker am Zeitrahmen geregelter Arbeitsverhältnisse orientieren werden. So gesehen sind „arbeits(zeit)regulationsfreie Zonen" dauerhaft nicht stabil. Ein impliziter Regelungsrahmen dürfte sich an der Länge der Normalarbeitszeit orientieren, in der Lage jedoch stärker variabel sein. Aber auch diese Variabilität könnte vor Samstags- und Sonntagsarbeit Halt machen.

Wenden wir uns der dritten Herausforderung zu, die wir neben Arbeitszeitkontenmodellen und unregulierten Beschäftigungsfeldern sehen, die *demographisch* bedingte Abnahme an dringend benötigten qualifizierten Arbeitskräften, die sich in Teilarbeitsmärkten bereits als Problem des *Fachkräftemangels* bemerkbar macht. Der absehbare Rückgang des Erwerbspersonenpotenzials (vgl. Abbildung 9) mag vordergründig als

Entlastung des Arbeitsmarktes gesehen werden. Es gehen jedoch auch negative volkswirtschaftliche Effekte damit einher. Erstens ergibt sich ein ungünstigeres Verhältnis zwischen Erwerbstätigen und Rentenempfängern; bis 2040 soll sich ohne Migration die Zahl der Rentenempfänger, die auf 100 Erwerbstätige entfällt, gegenüber dem heutigen Wert verdoppelt haben. Zweitens wird das gesamtwirtschaftliche Arbeitsvolumen reduziert. Die produzierten Güter und Dienstleistungen gehen zurück; es kommt zu volkswirtschaftlichen Schrumpfungseffekten. Insgesamt ist dieser Trend bereits nicht mehr aufhaltbar, lässt sich aber durch Gegenmaßnahmen zumindest noch abfedern (vgl. Abbildung 9).

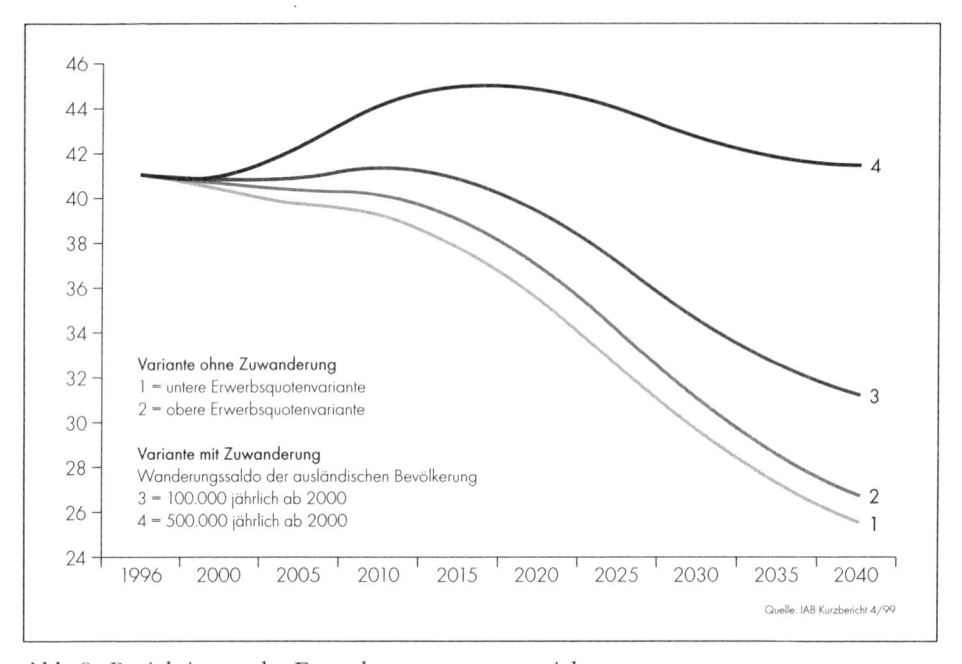

Abb. 9: Projektionen des Erwerbspersonenpotenzials
(Gesamtdeutschland, Wohnortkonzept, Erwerbspersonen in Mio.)

Zu den Gegenmaßnahmen zählen die Verlängerung der Arbeitszeit oder die Ausweitung des Erwerbspersonenpotenzials. Die Verlängerung der Arbeitszeit kann sich auf die Wochen- und Lebensarbeitszeit beziehen, kann aber auch durch die stärkere Überführung von Teilzeit- in Vollzeiterwerbsstellen erfolgen, indem beispielsweise teilzeitbegründende Faktoren, wie Kindererziehung, vermehrt öffentlich organisiert werden. Eine Ausweitung des Erwerbspersonenpotenzials wird durch eine stärkere Integration ausländischer Arbeitskräfte gefördert oder durch die Mobilisierung der stillen Reserve, insbesondere die stärkere Integration von Frauen in den Arbeitsmarkt einschließlich einer Verkürzung von beruflichen Ausfallzeiten, die beispielsweise durch Elternzeit entstehen. Die Ausweitung des Erwerbspersonenpotenzials steht damit in engem Zusammenhang mit der Länge der Arbeitszeit. Möglicherweise sind Teilzeitbeschäftigungsverhältnisse erst der Schlüssel, um das Erwerbspersonenpotenzial zu erhöhen, weil die stille Reserve nur unter diesen Bedingungen dem Arbeitsmarkt zu Verfügung steht. Schauen wir uns also an, welche Realisierungschancen die skizzierten Optionen angesichts der Arbeitszeitpräferenzen der Arbeitnehmer erwarten lassen.

Die bei der Einschätzung neuer Beschäftigungsverhältnisse präsentierten Daten zur Berufs- und Freizeitorientierung (s. o.) lassen auch bezogen auf die Frage nach der Verlängerung der Arbeitszeit Rückschlüsse zu: Auch in Zukunft dürfte die Ausgewogenheit zwischen unterschiedlichen Lebenssphären eine wichtige Rolle spielen, auch wenn die Berufsorientierung insgesamt gestiegen ist. Gleichzeitig zeigt sich jedoch ein gewisser Spielraum für die Ausweitung der Arbeitszeit, insbesondere bei Teilgruppen der Arbeitnehmer. Darauf deuten auch die Ergebnisse der ISO-Studie 2000 hin.

Die ISO-Studie 2000 vergleicht die tatsächliche, die vertragliche und die gewünschte Wochenarbeitszeit der Beschäftigten und differenziert hierbei zwischen Vollzeit- und Teilzeitbeschäftigten, Männern und Frauen sowie alten und neuen Bundesländern. Daraus geht hervor, dass unter den Vollzeitbeschäftigten kaum noch ein Wunsch nach Arbeitszeitreduktion besteht und Teilzeitbeschäftigte im Durchschnitt eine längere Arbeitszeit wünschen als sie tatsächlich leisten bzw. vertraglich vereinbart haben. Dies gilt in besonderem Maße für die Beschäftigten in den neuen Bundesländern. Hier liegt die Wunscharbeitszeit der Teilzeitbeschäftigten ohnehin 7,9 Stunden über der der in Westdeutschland Teilzeitbeschäftigten. Der Vergleich zu früheren Studien zeigt überdies, dass die Wunscharbeitszeit insgesamt gestiegen ist und dass insbesondere das Reduktionspotenzial bei den Frauen aufgrund gestiegener Wunscharbeitszeiten rückläufig ist. Dadurch ergibt sich vor allem für die Frauen in den neuen Bundesländern eine Kluft: ihrer gestiegenen Wunscharbeitszeit steht eine vertraglich gesunkene Arbeitszeit gegenüber (vgl. ISO, 2000, S. 178 f. und Tabelle 1).

Auch das Statistische Bundesamt berichtet von erheblichen Unterschieden zwischen den Teilzeitbeschäftigten in den alten und neuen Bundesländern. In den neuen Bundesländern liegt die Teilzeitquote mit 12 % (bei den Frauen 22 %) zwar deutlich unter der westdeutschen Quote mit 21 % (bei den Frauen 42 %), sie ist dennoch deutlich weniger akzeptiert und wird eher auf externe Rahmenbedingungen, denn persönliche Präferenzen zurück geführt. So sind für 53 % der teilzeitarbeitenden Frauen in den neuen Bundesländern fehlende Vollzeitarbeitsplätze die Ursache für ihr Beschäftigungsverhältnis; bei den westdeutschen Frauen geben nur 8 % diesen Grund an. Für 65 % der in Westdeutschland arbeitenden Frauen sind persönliche und familiäre Verpflichtungen ausschlaggebend für ihr Beschäftigungsverhältnis. In den neuen Bundesländern wird dieser Grund nur von 21 % der Frauen angeführt (vgl. MIKROZENSUS, 1999).

Diese Befunde erlauben die Schlussfolgerung, dass insbesondere unter den Frauen ein Potenzial zur Verlängerung der Arbeitszeit und zur stärkeren Integration in den Arbeitsmarkt besteht. Gerade in den neuen Bundesländern streben die Frauen eine stärkere Beteiligung an der Erwerbstätigkeit an; für sie sind Kinder bzw. Familie kein Grund zum Verzicht auf Vollzeiterwerbstätigkeit. Nun zeigt sich jedoch auch, dass die Integrationsbereitschaft und die Integrationsmöglichkeiten derzeit regional sehr ungünstig verteilt sind. In den neuen Bundesländern, wo am meisten Potenzial für die Ausweitung des Arbeitsvolumens vorhanden ist, ist der Bedarf am geringsten. Auch wenn die Mobilitätsbereitschaft in die alten Bundesländer weiter steigen sollte, lässt sich darüber nur schwerlich eine stärkere Integration berufstätiger Mütter realisieren. Der Umzug in den Westen kommt nämlich dem Verlust öffentlicher Kinderbetreuungsmöglichkeiten, die im Osten existieren, gleich und erschwert eine vollwertige Integration in den Arbeitsmarkt erheblich. Ganz zu schweigen von den Folgen für die ostdeutsche Wirtschaft, die in den nächsten Jahren in Teilarbeitsmärkten einen erheblichen Ersatzbedarf an Fach- und Führungskräften erwarten lässt (vgl. LUTZ, MEIL & WIENER, 2000; PAWLOWSKY & WILKENS, 2001).

Gesamtes Bundesgebiet	Vollzeit			Teilzeit			Alle Beschäftigten		
Wochenarbeitszeit	Männer	Frauen	Insg.	Männer	Frauen	Insg.	Männer	Frauen	Insg.
1. Tatsächliche	42,4	40,4	41,7	23,8	21,4	21,7	41,4	32,9	37,5
2. Vertragliche	39,3	38,8	39,1	22,1	20,5	20,7	38,4	31,6	35,3
3. Gewünschte	38,8	36,4	38,0	27,6	24,2	24,6	38,2	31,5	35,2
Diff. zw. 2. + 1.	-3,1	-1,6	-2,6	-1,7	-0,9	-1,0	-3,0	-1,3	-2,2
Diff. zw. 3. + 1.	-3,6	-4,0	-3,7	+3,8	+2,8	+2,9	-3,2	-1,4	-2,3
Diff. zw. 3. + 2.	-0,5	-2,4	-1,1	+5,5	+3,7	+3,9	-0,2	-0,1	-0,1
Westdeutschland	Vollzeit			Teilzeit			Alle Beschäftigten		
Wochenarbeitszeit	Männer	Frauen	Insg.	Männer	Frauen	Insg.	Männer	Frauen	Insg.
1. Tatsächliche	42,2	40,2	41,5	24,1	20,6	21,1	41,1	31,8	36,9
2. Vertragliche	39,1	38,7	39,0	22,4	19,8	20,2	38,2	30,6	34,8
3. Gewünschte	38,6	35,9	37,7	27,2	23,0	23,6	38,0	30,3	34,5
Diff. zw. 2. + 1.	-3,1	-1,5	-2,5	-1,7	-0,8	-0,9	-2,9	-1,2	-2,1
Diff. zw. 3. + 1.	-3,6	-4,3	-3,8	+3,1	+2,4	+2,5	-3,1	-1,5	-2,4
Diff. zw. 3. + 2.	-0,5	-2,8	-1,3	+4,8	+3,2	+3,4	-0,2	-0,3	-0,3
Ostdeutschland	Vollzeit			Teilzeit			Alle Beschäftigten		
Wochenarbeitszeit	Männer	Frauen	Insg.	Männer	Frauen	Insg.	Männer	Frauen	Insg.
1. Tatsächliche	43,1	40,7	42,1	(21,4)	27,3	26,7	42,4	37,5	40,1
2. Vertragliche	40,1	39,2	39,7	(19,5)	24,1	24,5	39,4	35,6	37,6
3. Gewünschte	39,6	37,7	38,8	(30,8)	31,6	31,5	39,3	36,2	37,8
Diff. zw. 2. + 1.	-3,0	-1,5	-2,4	(-1,9)	-2,2	-2,2	-3,0	-1,9	-2,5
Diff. zw. 3. + 1.	-3,5	-3,0	-3,3	(+9,4)	+4,3	+4,8	-3,1	-1,3	-2,3
Diff. zw. 3. + 2.	-0,5	-1,5	-0,9	(+11,3)	+6,5	+7,0	-0,1	+0,6	-0,1

(Durchschnittsbildungen von einer Basis, deren n kleiner oder gleich 50 ist, stehen in Klammern)
Quelle: ISO, 2000, S. 178)

Tab. 1: Tatsächliche, vertragliche und gewünschte Wochenarbeitszeit nach Arbeitszeitumfang und Geschlecht Angaben in Stunden

Da in den neuen Bundesländern das Potenzial für die Ausweitung der Arbeitszeit höher und eine stärkere Frauenerwerbstätigkeit gegeben ist als in Westdeutschland, liegt ein Blick auf die ostdeutschen, für den zukünftigen Arbeitsmarkt günstigeren Voraussetzungen nahe. Erstens erlauben öffentliche Kinderbetreuungseinrichtungen in den neuen Ländern den Erwerbswilligen die volle Integration in den Arbeitsmarkt, auch wenn Kleinkinder zu versorgen sind. Zweitens bestehen keine Vorbehalte gegenüber der Vollzeiterwerbstätigkeit von Müttern kleiner Kinder, so dass sich die Zahl der Erwerbswilligen erhöht. Die Vereinbarkeit von Kindererziehung mit Berufstätigkeit wird sozialisationsbedingt für unproblematisch gehalten (vgl. MEYER & SCHULZE, 1994). In Westdeutschland fehlt es indessen an öffentlichen Kinderbetreuungseinrichtungen und die Vollzeiterwerbstätigkeit von Müttern kleiner Kinder wird immer noch stigmatisiert. Vor diesem Hintergrund erscheint es mit Blick auf die Sicherung des Erwerbspersonenpotenzials von politischer Seite dringend geboten, neue Wege der Familienförderung zu gehen. Folgt man dem ostdeutschen Vorbild, ist die Erhöhung öffentlicher Kinderbetreuungseinrichtungen ein wichtiger Schritt und zwar im doppelten Sinne: zur Erhöhung des derzeitigen Erwerbspersonenpotenzial bzw. des realisierbaren Arbeitsvolumens und zur Sicherung des zukünftigen Erwerbspersonenpotenzials. Langfristig werden unter diesen Bedingungen – und das zeigt auch der Vergleich mit Frankreich oder Skandinavien – deutlich mehr Kinder geboren als unter traditionellen Formen der Familienförderung, die dem Rollenbild vieler Frauen nicht mehr entsprechen. Mit Blick auf die demographische Komponente und die Arbeitskräfteknappheit in Teilarbeitsmärkten wird mithin dringender Handlungsbedarf in der Schaffung öffentlicher Kinderbetreuungseinrichtungen offensichtlich. Die Bereitschaft für längere Arbeitszeiten und kurze Familienpausen ist vorhanden, die öffentlichen Rahmenbedingungen sind jedoch zum Teil sehr ungünstig.

Darüber hinaus zeigt das familienbedingte Teilzeitverhalten von Frauen in den alten Bundesländern, dass Teilzeitangebote zumindest für diesen Teil Deutschlands die Aufnahme einer Erwerbstätigkeit durch Frauen mit Kindern fördern können und von daher ebenfalls einen Beitrag zur Erhöhung des Erwerbspersonenpotenzials leisten. Die Umsetzung scheint jedoch deutlich schwieriger als diese Feststellung, denn wie im vorangegangenen Kapitel gezeigt wurde, hat auch ein Rechtsanspruch auf Teilzeit kaum Veränderungen bewirkt.

Werfen wir nun einen Blick darauf, welche Chancen zur Ausweitung des Arbeitsvolumens durch eine allgemeine Verlängerung der Arbeitszeit bestehen. Im Zusammenhang mit den unregulierten Beschäftigungsverhältnissen in der New Economy wurde bereits darauf hingewiesen, dass eine Ausweitung der Arbeitszeit über die derzeitige vertragliche Vollzeiterwerbstätigkeit von rund 39 Stunden pro Woche nicht im Interesse der Arbeitnehmer liegt. Sie sind zwar in gewissem Maße zu Überstunden bereit, diese Bereitschaft sinkt jedoch. Beschäftigungsverhältnisse, in denen über die Normalarbeitszeit hinausgehende Arbeitszeiten gefordert werden, dürften damit auch in Zukunft zwar eine gewisse Mitwirkungsbereitschaft finden, aber dauerhaft wenig Akzeptanz haben. Im Hinblick auf die Wochenarbeitszeit hat die Ausweitung des Arbeitsvolumens demzufolge enge Grenzen. Der Spielraum bei der Verlängerung der Arbeitszeit beschränkt sich im Kern auf eine Ausweitung bis zur Länge der derzeitigen Normalarbeitszeit.

Eine Ausweitung der Lebensarbeitszeit könnte ebenfalls zur Erhöhung des Arbeitsvolumens beitragen. Daten, die Auskunft über ihre Akzeptanz liefern, liegen nicht vor. Betrachtet man statt dessen den Anteil der Erwerbstätigen in der Altersgruppe der über 65-Jährigen, so liegt dieser bei 3 bis 4% (vgl. DATENREPORT, 1999). Ein vergleichbarer Anteil kann auch für die Zukunft angenommen werden. Es fehlt jedoch an Anhaltspunkten, dass der zukünftig realisierbare Wert deutlich über dem derzeitigen Niveau liegt. Dafür bedürfte es vermutlich entsprechender Maßnahmen seitens des Gesetzgebers durch Heraufsetzung des Renteneintrittsalters oder Abschaffung der Altersgrenze. Eine entsprechende Mehrheit dafür ist jedoch noch nicht in Sicht.

Versucht man Gestaltungsmöglichkeiten für die Zukunft auszuloten, so könnten Altersteilzeitmodelle, die gegenwärtig zum früheren Ausscheiden aus dem Erwerbsleben eingesetzt werden, auch zur Verlängerung der Lebensarbeitszeit beitragen und Altersarbeit attraktiv machen. Der Blick über die Grenze zu den skandinavischen oder niederländischen Nachbarn zeigt, dass sich entsprechende Varianten der Altersarbeit erfolgreich umsetzen lassen. Steuerliche Anreize könnten ebenfalls förderlich wirken, wobei neben steuerlichen Vergünstigungen für Altersarbeit auch an die Besteuerung von Rentenbezügen zu denken ist. Aber wie gesagt, über die Akzeptanz dieser Maßnahmen liegen keine Daten vor.

Nun bedarf es der geschilderten Maßnahmen zur Erhöhung des Erwerbspersonenpotenzials und/oder der Ausweitung der Arbeitszeit mit Blick auf den zukünftigen Arbeitsmarkt und mit Blick auf die Arbeitskräfteknappheit in einigen Teilarbeitsmärkten vor dem Hintergrund von rund vier Millionen *Arbeitslosen*. Dies beschreibt das Dilemma der politisch Verantwortlichen und die Gratwanderung, auf die sie sich begeben müssen. Im Klartext heißt das, dass man für einzelne Teilarbeitsmärkte mit deutlicher Überbeschäftigung, wie beispielsweise dem Baugewerbe, neben Maßnahmen der Verknappung des Arbeitskräftepotenzials durch Umschulung oder Auslandsentsendung durchaus über beschäftigungssichernde Maßnahmen der Arbeitszeitverkürzung und Arbeitsumverteilung nachdenken muss. Denkbar wären neben einer generellen Arbeitszeitverkürzung unter entsprechendem Lohnverzicht beispielsweise Kontenmodelle mit einer über das derzeitige Maß hinausreichenden Flexibilisierung der Lebensarbeitszeit. Daraus ergibt sich die zentrale Frage: Lässt sich eine Co-Existenz unterschiedlicher Arbeitszeitmodelle auf unterschiedlichen Teilarbeitsmärkten realisieren bzw. lassen sich arbeitszeitverkürzende Modelle in Feldern der Überbeschäftigung und Maßnahmen der Beschäftigungsintensivierung in stark wachsenden Teilarbeitsmärkten parallel forcieren?

Betrachten wir also die andere Seite der Medaille, die Verzichtsbereitschaft der Arbeitnehmer auf eigene Arbeitszeit zu Gunsten der Allgemeinheit. Es wurde bereits gesagt, dass die ISO-Befragung von 1999 zeigt, dass kaum noch Spielraum für eine allgemeine Arbeitszeitverkürzung besteht. Auch die Bereitschaft für eine beschäftigungssichernde Arbeitszeitverkürzung ist rückläufig. Sie wird insbesondere dort abgelehnt, wo sie am dringendsten benötigt wird, in den neuen Bundesländern (vgl. ISO, 2000). Wie im vorausgegangenen Kapitel erläutert, fehlt es vor allem dann an Akzeptanz, wenn die Solidaritätseffekte abstrakt bleiben und nicht direkt beobachtet und erlebt werden können. Im konkreten Einzelfall kann es dennoch zu erheblichen Gemeinschaftseffekten und solidarischem Verzicht kommen. Das heißt, dass es für eine beschäftigungssichernde Arbeitszeitverkürzung spezifischer betrieblicher Regelungen bedarf. Ein klarer Regelungsrahmen ist hier unerlässlich und erscheint eher auf der betrieblichen denn auf der überbetrieblichen Regelungsebene erfolgversprechend. Hierin lag ja auch ein Erfolgsgeheimnis des VW-Arbeitszeitmodells; es bezog sich auf eine klar überschaubare Personengruppe.

5. Ausblick – geregelte Vielfalt

Das aufgezeigte Spektrum an Herausforderungen des Arbeitsmarktes und Arbeitszeitpräferenzen lässt mit Blick auf zukünftige Arbeitszeitregelungen Vielfalt erwarten; Vielfalt jedoch in einem vorwiegend formalen Regelungsrahmen. Das Maß an flexiblen Beschäftigungsverhältnissen mit flexiblen Arbeitszeitregelungen wird zunehmen und von den Arbeitskräften mitgetragen, solange es insgesamt transparent bleibt. Dabei wird es zu unterschiedlichen Regelungen auf unterschiedlichen Teilarbeitsmärkten kommen, so dass die Regelarbeitszeiten zukünftig stärker nach Branchen und Beschäftigtengruppen differieren. Grenzen zeigen sich jedoch, wenn es um die Ausweitung der regulären Wochenarbeitszeit oder die Ausweitung von Wochenendarbeit geht. Vor diesem Hintergrund ist auch zu erwarten, dass es in derzeit unregulierten Beschäftigungsfeldern der New Economy zukünftig zu informellen Regelungen kommen wird. Eine Ausgewogenheit zwischen Beruf und Privatleben wird auch von der zukünftigen Generation der Beschäftigten angestrebt. Das Gleichgewicht wird jedoch eher bei einer der derzeitigen Normalarbeitszeit entsprechenden Wochenarbeitszeit gesehen und nicht mehr, wie in der Vergangenheit, bei verkürzten Arbeitszeiten.

Generell erscheint es leichter, in den Wachstumsfeldern zu Vereinbarungen zu gelangen, zumal die zukünftige Arbeitnehmergeneration aus Unternehmenssicht ein hohes Akzeptanzpotenzial gegenüber praktizierten Arbeitsweisen mitbringt, als in Schrumpfungsfeldern zukunftsgestaltende Arbeitszeitmodelle zu finden. Denn diese kommen letztlich ohne Solidaritätsbereitschaft der Beschäftigten nicht aus. Diese lässt sich nur sehr schwer und im konkreten Einzelfall realisieren. Die Ausführungen stimmen also eher optimistisch, was die Bewältigung der Herausforderungen in neuen Beschäftigungsfeldern anbelangt, auch wenn diese angesichts der demographischen Entwicklung enorm sind, und eher pessimistisch, was die Bewältigung der Probleme der Arbeitslosigkeit anbelangt, für die ja schon in der Vergangenheit die Lösungen gefehlt haben. Vermutlich wird das Thema Arbeitslosigkeit noch lange an Nr. 1 auf der Agenda politischer Handlungsnotwendigkeit stehen.

Literatur

ALLENSBACHER JAHRBUCH DER DEMOSKOPIE (1993–1997). Band 10. Hrsg. v. NOELLE-NEUMANN, E. & KÖCHER, R. München u. a. 1997.

BIELENSKI, H. & STRÜMPEL, B. (1988). Eingeschränkte Erwerbsarbeit bei Frauen und Männern. Berlin 1988.

DATENREPORT (1999). Zahlen und Fakten über die Bundesrepublik Deutschland. Herausgegeben vom Statistischen Bundesamt. Bonn 2000.

DEUTSCHE SHELL (Hrsg.). (2000). Jugend 2000. Opladen 2000.

DIHK (2001). Mehr Konflikte, weniger Flexibilität. Erfahrungen mit dem Teilzeit- und Befristungsgesetz. Ergebnisse einer DIHK-Unternehmensbefragung Herbst 2001. Berlin, Bonn 2001.

GERLMAIER, A. (2002). Anforderungen, Belastungen, Ressourcenpotentiale von Freelancern und Intrapreneuren im IT-Bereich: Ergebnisse einer empirischen Studie, http://www.orgapsy.uni-dortmund.de/~gerlmaier/erg/untersuchung_freelancer.htm.

HARTZ, P. (1994). Jeder Arbeitsplatz hat ein Gesicht. Die Volkswagen-Lösung. Frankfurt, New York 1994.

IAB-KURZBERICHT (4/1999). Nach 2010 sinkt das Angebot an Arbeitskräften. Potentialprojektion bis 2040 (von Fuchs, J. & Thon, M.). IAB Nürnberg, Nr. 4/20.5.1999.

IAB/PROGNOS-PROJEKTION 2010. Expertenskizze einer Zukunftslandschaft. IAB-Materialien Nr. 3/1999, S. 1 f.

ISO (1989). (Institut zur Erforschung sozialer Chancen). Ergebnisse einer aktuellen Repräsentativbefragung zu den Arbeitszeitstrukturen und Arbeitszeitwünschen der abhängig Beschäftigten in der Bundesrepublik Deutschland. Köln 1989.

ISO (1994). (Institut zur Erforschung sozialer Chancen). Arbeitszeit '93. Arbeitszeiten und Arbeitszeitwünsche. Köln 1994.

ISO (2000). (Institut zur Erforschung sozialer Chancen). Arbeitszeit '99. Ergebnisse einer repräsentativen Beschäftigtenbefragung zu traditionellen und neuen Arbeitszeitformen in der Bundesrepublik Deutschland (von Bundesmann-Jansen, J., Groß, H. & Munz, E.). Köln 2000.

KÜHL, J. (1996). Warum schaffen zwei Millionen Betriebe und Verwaltungen nicht genügend Arbeitsplätze? In: Aus Politik und Zeitgeschichte B 3–4/1996, S. 26–39.

LUTZ, B., MEIL, P. & WIENER, B. (Hrsg). (2000). Industrielle Fachkräfte für das 21. Jahrhundert. Aufgaben und Perspektiven für die Produktion von morgen. ISF München, Frankfurt 2000.

MEYER, S. & SCHULZE, E. (1994). Die Auswirkungen der Wende auf Frauen und Familien in den neuen Bundesländern. In: Schriftenreihe des Bundesinstitutes für Bevölkerungsforschung, 22 3–7646–1941–4: 229–248, Bonn 1994.

MIKROZENSUS (1999, 2000). Leben und Arbeiten in Deutschland. Herausgeben vom Statistischen Bundesamt. Bonn 2000, 2001.

MINSSEN, H. (Hrsg.). (2000). Begrenzte Entgrenzung. Berlin 2000.

PÄTZOLD, J. (1989). Tautologien und Theorien in den Wirtschaftswissenschaften. Das Beispiel der Beschäftigungspolitik. In: WiSt 1989, Heft 6, S. 270–275.

Pawlowsky, P. (1986). Arbeitseinstellungen im Wandel. München 1986.
Pawlowsky, P. & Wilkens, U. (Hrsg.). (2001). Zehn Jahre Personalarbeit in den neuen Bundesländern. Transformation und Demographie. Schriftenreihe: Arbeit, Organisation und Personal im Transformationsprozess, Band 16. München, Mering 2001.
Siebert, H. (1994). Geht den Deutschen die Arbeit aus? Wege zu mehr Beschäftigung. München 1994.
Schäfer, H. (2000). Atypische Beschäftigung, Entwicklungstrends und Bedeutung für den Arbeitsmarkt. In: IW-trends 4/2000, S. 41–54.
Strümpel, B. & Pawlowsky, P. (1993). Wandel in der Einstellung zur Arbeit. In L. v. Rosenstiel et al. (Hrsg.), Wertewandel – Herausforderung für die Unternehmenspolitik in den 90er-Jahren. 2. Aufl. Stuttgart 1993.
Strümpel, B. et al. (1988). Teilzeitarbeitende Männer und Hausmänner. Berlin 1988.
Viethen, H.P. (2001). Flexibel Arbeiten. Erläuterungen zum Gesetz, Bundesarbeitsblatt Februar 2001, wysiwyg://content.198/http://www.teilzeit-info.de/gesetz/erlaeuterungen.asp.
Voss, G.G. & Pongratz, H.J. (1998). Der Arbeitskraftunternehmer. Eine neue Grundform der Ware Arbeitskraft? In: Kölner Zeitschrift für Soziologie und Sozialpsychologie, Heft 1, S. 131–158.
Zahlen-Fibel (1992, 2000). Ergebnisse der Arbeitsmarkt- und Berufsforschung in Tabellen. Herausgegeben vom IAB, Nürnberg 1992, 2000.

Zur Konkretisierung und weiteren Vertiefung wird empfohlen, im Fallstudienband die Fälle zu „Arbeitszeitflexibilisierung" zu bearbeiten.

Michael Weidinger

Strategien zur Arbeitszeitflexibilisierung

1. Ziel: Entlastung plus Effizienz
2. Servicezeit statt Kernzeit
3. Anwesenheitszeit ≠ Arbeitszeit
4. Vom flexiblen Zeitkonto zur Vertrauensarbeitszeit
5. Zusammenfassung und Ausblick

1. Ziel: Entlastung plus Effizienz

„Arbeitszeitflexibilisierung" bedeutet, Lage und Verteilung der Arbeitszeit kurzfristigen Schwankungen von Arbeitsanfall und Personalverfügbarkeit sowie – in diesem Rahmen – kurzfristigen individuellen (Frei-)Zeitbedürfnissen bestmöglich anzupassen. Zumindest aus betrieblicher Sicht besteht der Sinn von Arbeitszeitflexibilisierung letzten Endes darin, Arbeitszeit nicht zu verschwenden.

Dieser Grundsatz findet in der betrieblichen Praxis immer mehr Beachtung. Das zeigt sich unter anderem daran, dass – insbesondere in den „direkten" Bereichen, in denen (auch zeitlich) messbare Leistungen erbracht werden (also etwa in der Fertigung, im Call Center oder in der Logistik) – neben den Arbeitszeiten zunehmend auch die *Abwesenheitszeiten* der Mitarbeiterinnen und Mitarbeiter aktiv gesteuert werden.

Der hiermit verbundene Übergang von anwesenheits- zu leistungs- und ergebnisorientierten Formen der Arbeitszeitgestaltung fällt allerdings nicht immer leicht. Ein wesentlicher Grund hierfür dürfte darin bestehen, dass Überbesetzung sich, wenn überhaupt, wesentlich indirekter mitteilt als Unterbesetzung. Wenn wirklich „Not am Mann" ist, bleibt vielleicht sogar einmal eine ganze Produktionslinie stehen, oder die „Lost-Call-Rate" – also die Anzahl der gescheiterten Anrufversuche im Call Center – geht spürbar nach oben. Und selbst wenn nur der Haufen der liegen gebliebenen Vorgänge auf den Schreibtischen größer wird: Ursache und Wirkung sind für jedermann einfach in Zusammenhang zu bringen. Anders bei Überbesetzung: Sie ist auf den ersten Blick oft nicht zu erkennen, denn an Beschäftigung herrscht in den meisten Unternehmen kein Mangel. Und die Kennzahlen, die sinkende bzw. geringe Produktivität anzeigen, sind nicht selten umstritten – wenn es sie denn überhaupt gibt und sie auch den Beteiligten zeitnah übermittelt werden.

Besonders ausgeprägt stellt sich die eben angesprochene Problematik in „indirekten" Bereichen, in denen (auch zeitlich) nicht oder nur schwer messbare Leistungen erbracht werden – also insbesondere in Verwaltungs- und Entwicklungsbereichen, aber auch in internen Servicebereichen wie der Instandhaltung. Hier ist Überbesetzung oftmals überhaupt nicht zu erkennen. Ganz im Gegenteil scheint hier – etwa in Stabsabteilungen – schon der Begriff keinen Sinn zu ergeben: Je mehr Arbeitszeit man investiert, desto mehr kann man schließlich schaffen. Dies gilt in Zeiten der Hochkonjunktur – und eher noch verstärkt in Zeiten der Krise: Gerade dann müssen sich alle doch besonders anstrengen...

Bedingt durch immer schnellere und häufigere Veränderungen betrieblicher Organisationsstrukturen – etwa als Folge von Fusionen, Kostensenkungsprogrammen, zunehmenden Wettbewerbsdrucks und/oder höherer Kundenerwartungen – nimmt außerdem gerade in den indirekten Bereichen vieler Unternehmen die Arbeitsmenge kontinuierlich zu. Der notwendige Ausgleich durch klare Prioritätensetzung und Verzicht auf unnötige Arbeiten aber unterbleibt zumeist – auch weil solche Entscheidungen immer mit einem gewissen Fehlerrisiko verbunden sind, dem sich bei ungewissen Rahmenbedingungen niemand gern aussetzt.

In vielen Unternehmen herrscht zudem nach wie vor eine Zeitverbrauchskultur, in der Anwesenheit mit Leistung gleichgesetzt wird oder zumindest Anwesenheitsdauer als ein wichtiger Leistungsmaßstab gilt. Und auch Mitarbeiter bevorzugen Zeitguthaben gegenüber Zeitschulden – und zwar umso mehr, je weniger messbar bzw. definiert ihre Arbeitsaufgaben und die Kriterien für deren ordentliche Erfüllung sind.

Das im Großen und Ganzen durchaus zutreffende Bild einer erfolgreichen Arbeitszeitflexibilisierungs-Historie der vergangenen 30 Jahre wird also nach wie vor – in den „indirekten" Bereichen meines Erachtens sogar mit wieder leicht zunehmender Tendenz – durch einen zeitverbrauchsorientierten betrieblichen Umgang mit Arbeitszeit getrübt, der sie zum Verschiebebahnhof ungelöster Organisations- und Führungsprobleme macht und zusätzlich zum eigenständigen Belastungsfaktor werden lässt – nach dem Motto „lange Anwesenheit = gute Leistung".

Wie kommt man hier weiter? Aus unserer Sicht reichen die Mittel der Arbeitszeitgestaltung allein nicht aus. Erforderlich ist vielmehr eine engere Verknüpfung von Mittel (flexible Arbeitszeitgestaltung) und Zweck (effiziente Aufgabenerledigung zu für die Mitarbeiter akzeptablen, besser attraktiven Rahmenbedingungen). Abbildung 1 zeigt diesen Zusammenhang als Regelkreis:

– Die zu bewältigenden Arbeitsaufgaben müssen unter Berücksichtigung der verfügbaren Arbeitszeit geplant werden; und
– wenn die Arbeitszeit zur Bewältigung der Arbeitsaufgaben nicht ausreicht, müssen Korrekturen – auch am Aufgabenvolumen – erfolgen, um die Balance wieder herzustellen.

Damit wird Nutzen für Arbeitgeber wie Mitarbeiter geschaffen:

– Die – gegebenenfalls wieder zu entdeckende – Knappheit der Ressource Arbeitszeit wirkt als Druckmittel zur betrieblichen Effizienzerhöhung: Zu erledigende Aufgaben müssen immer wieder auf ihren Sinn und Zweck hin überprüft werden, Prioritätensetzung wird unvermeidlich. Weglassen als Stärke: Das ist ein auch unter dem Aspekt einer einfachen und auf Schnelligkeit ausgerichteten Ablauforganisation schlüssiger Gedanke. Nicht zuletzt profitiert sogar die Kundenorientierung von klar strukturierten Leistungserstellungsprozessen und den hierdurch erzwungenen expliziten Qualitätsstandards.
– Arbeitszeit als Mittel zum – definierten – Zweck dürfte der einzige Weg sein, der aus der erwähnten Anwesenheitskultur herausführt: Schließlich geht es darum, ohne schlechtes Gewissen auch einmal nicht im Betrieb anwesend sein zu können. Und dies setzt das Bewusstsein voraus, seine Arbeit entweder erledigt zu haben oder dies noch zeitnah tun zu können – unter Beachtung der entsprechenden terminlichen und qualitativen Anforderungen.

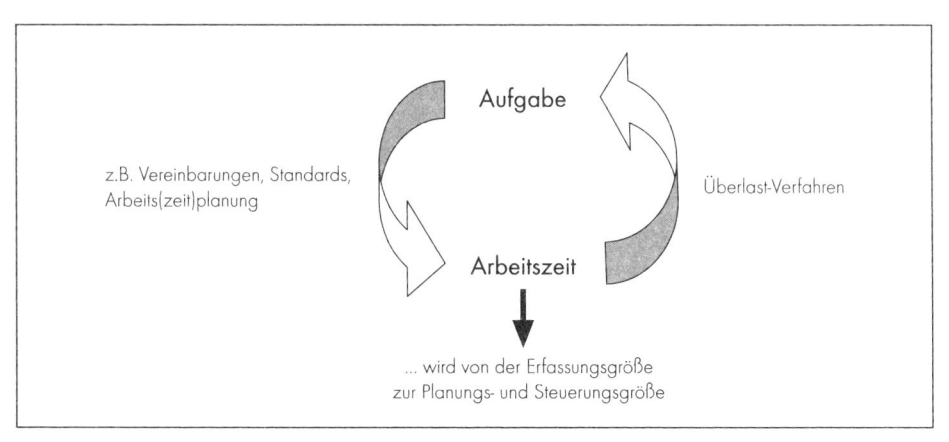

Abb. 1: Die Balance von Aufgabe und Arbeitszeit

Vor diesem Hintergrund sollten die betrieblich in die engere Wahl genommenen Instrumente und Modelle flexibler Arbeitszeitgestaltung danach bewertet werden, inwieweit sie hier einen Beitrag leisten. Und vor allem sollten die bestehenden Regelungen zur Arbeitszeitgestaltung hierauf überprüft werden. Denn wie etwa die ausgesprochen zeitverbrauchsorientierte und damit ebenso wenig effizienz- wie entlastungsfördernde herkömmliche Gleitzeit zeigt, gibt es diesbezüglich beträchtliche Unterschiede.

Um die Entscheidungsfindung zu erleichtern, stellen die folgenden Kapitel drei in diesem Zusammenhang (potenziell) erfolgversprechende Ansätze der betrieblichen Arbeitszeitgestaltung vor, die zugleich Stationen auf dem Weg zu höherer Arbeitszeitflexibilität sind:

– das Ersetzen der persönlichen Anwesenheitspflicht (in Gleitzeitregelungen „Kernzeit" genannt) durch eine teambezogene Besetzungs- bzw. Leistungsvorgabe,
– die systematische Unterscheidung zwischen Anwesenheitszeit und Arbeitszeit und
– eine flexibilitätsfördernde Zeitkontengestaltung in Richtung Vertrauensarbeitszeit.

2. Servicezeit statt Kernzeit

Mittlerweile ist die persönliche Anwesenheitspflicht – etwa die Kernzeit in der klassischen Gleitzeit – in vielen Unternehmen zum Auslaufmodell geworden. Dies gilt besonders in den „indirekten" Bereichen; aber sogar in Schichtbetrieben zeichnen sich entsprechende Entwicklungen ab. An ihre Stelle treten typischerweise teambezogene Besetzungs- und/oder Leistungsvorgaben, also eine Arbeitszeitgestaltung vom Output – der für den externen oder internen Kunden bedarfsgerecht zu erbringenden Leistung – und nicht mehr vom Input – dem Verbrauch von Arbeitszeit – her.

Für den einzelnen Mitarbeiter bedeutet dies, dass er seine Arbeitszeit in dem Maße frei gestalten kann, wie er im Rahmen einer funktionierenden Teamabsprache seinen Teil zur gemeinsamen Aufgabenerledigung beiträgt. Voraussetzung für eine solche Herangehensweise an die betriebliche Arbeitszeitgestaltung ist folglich, dass die Aufgabenerledigung im Team in den Mittelpunkt tritt: Aufgabe und Arbeitszeit lassen sich nicht mehr getrennt betrachten.

Dieser Weg teamorientierter flexibler Arbeitszeitgestaltung soll nun anhand des Konzepts Servicezeit näher erläutert werden. Kern dieses Konzepts ist es, auf der Basis fortlaufender Teamabsprache den Leistungsumfang der jeweiligen Organisationseinheit zu garantieren, auch wenn der einzelne Mitarbeiter gerade nicht anwesend ist. Damit nehmen auch die persönlichen Freiheitsgrade der einzelnen Teammitglieder zu, und gemeinsame Aufgabenerledigung tritt an die Stelle einer personenorientierten – und entsprechend schwerfälligen – Ablauforganisation. „Management by Kasperletheater" („Seid ihr alle da?") hat damit ausgedient, auch wenn die gleichzeitige Bedeutungszunahme von Spezialistentätigkeiten keineswegs dazu führt, dass alle alles können (sollen). Vielmehr werden die von allen Teammitgliedern während der Servicezeit zu erbringenden Standardleistungen klar von – im Regelfall individuell terminierten – Spezialleistungen unterschieden.

Abbildung 2 zeigt die wesentlichen Parameter des Servicezeit-Konzeptes: Ausgangspunkt ist ein *Serviceversprechen*, das – in der Verantwortung der betreffenden Führungskraft – die jeweilige Organisationseinheit externen wie internen Kunden gibt.

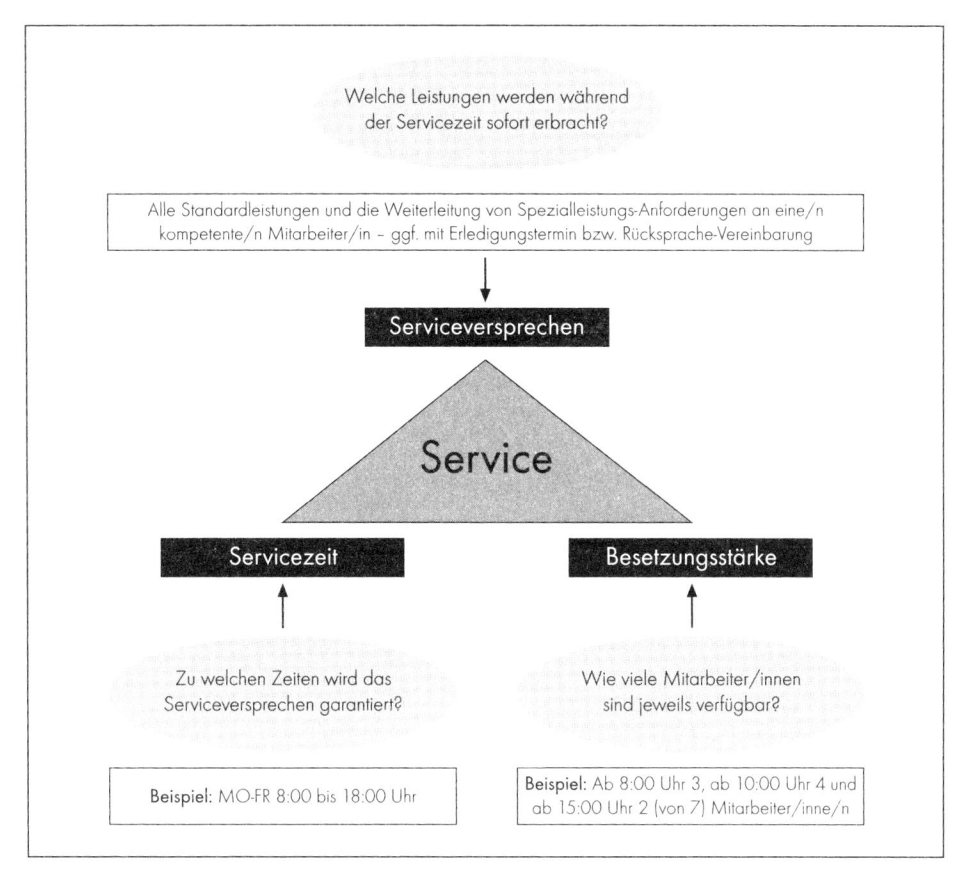

Abb. 2: Der Service-Triangel

Inhalte dieses Serviceversprechens sind zum einen die *Standardleistungen*, die während der gesamten Servicezeit verfügbar sind und grundsätzlich von jedem Mitglied des entsprechenden Teams gleichermaßen erbracht werden. Insbesondere gehören hierzu alle Leistungen, deren unverzügliche Erbringung der Kunde erwarten kann: etwa Auskünfte zu Produkten und Dienstleistungen, die Entgegennahme und sofortige Bearbeitung von Bestellungen und einfachen Aufträgen und die Vereinbarung von (Rückruf-)Terminen für über diese Standardleistungen hinausgehende, besondere Qualifikation, Erfahrung oder Kundenkenntnis erfordernde *Spezialleistungen*. Hierunter versteht man sämtliche Leistungen, die nur von bestimmten Teammitgliedern erbracht werden können und/oder auf Grund ihrer Individualität den Rahmen der Standardleistung sprengen. Beispiele hierfür sind etwa das persönliche Beratungsgespräch eines Anlageberaters mit seinem langjährigen Kunden, die Beantwortung einer detaillierten Produktanfrage durch den hierauf spezialisierten Verkäufer, die Bearbeitung einer Reklamation durch den eigens hierfür geschulten Sachbearbeiter oder die Behebung eines Computerproblems durch den entsprechenden Hard- oder Softwarespezialisten.

Spezialleistungen können infolgedessen häufig nicht unmittelbar erbracht werden. Das heißt jedoch nicht, dass für ihre Erbringung keine zeitlichen Vorgaben definiert werden könnten. Vielmehr entscheidet gerade bei Spezialleistungen die Terminierungs- bzw. Erledigungsfrist wesentlich über den Kundennutzen. Während die Terminierung, wie bereits erwähnt, zu den Standardleistungen gehört, kann die Erledigungsfrist häufig nicht für sämtliche denkbaren Fallkonstellationen im Voraus angegeben werden: Schließlich geht es hier großenteils um „Non-Routine". Deshalb geht man hier zweckmäßigerweise den Weg, Fristen zu definieren oder mit dem Kunden zu vereinbaren, innerhalb derer entweder die Leistung selbst erbracht wird oder aber der Kunde eine Zwischenstandsmeldung nebst begründetem voraussichtlichem weiteren Zeitbedarf für die Bearbeitung seines Anliegens erhält. Oft kann die jeweilige Aufgabe auch in Teilschritte zerlegt werden, von denen dann möglichst viele bereits zu Fristablauf abgearbeitet sind.

Die Unterscheidung zwischen Standard- und Spezialleistungen bringt mehr Transparenz für den Kunden: in zeitlicher Hinsicht und häufig auch hinsichtlich der Aufgabenerledigung selbst. Zugleich kann sie dazu beitragen, besonders beanspruchte Mitarbeiter zu entlasten: So wird auch der Spezialist in aller Regel zu Standardleistungen herangezogen (oder, noch wahrscheinlicher, er erledigt diese von sich aus mit – etwa für „seine" Kunden), von denen er aber teamintern jederzeit problemlos entlastet werden kann, wenn beispielsweise Spezialaufgaben seinen vollen Einsatz fordern. Aber auch umgekehrt kann es sinnvoll sein, beispielsweise die Sekretärin durch einen spezialisierten Sachbearbeiter vertreten zu lassen, wenn sie gerade auf Grund der urlaubsbedingt abwesenden Kollegin alle Hände voll zu tun hat, während zugleich in den Fachabteilungen das Sommerloch gähnt. Und auch der Chef könnte ja einmal auf die – unter Umständen ebenso effizienz- wie motivationsfördernde – Idee verfallen, „seine" Sekretärin an einem ruhigen Freitagnachmittag am Telefon zu vertreten, da diese ihr Zeitkonto an diesem Tag vielleicht besonders gern um ein paar Stunden entlastet.

Nicht zuletzt zwingt die Definition von Serviceversprechen dazu, eingefahrene Abläufe zu überdenken, und bietet so (hoffentlich) willkommene Ansatzpunkte für die Vereinfachung und Straffung von Organisationsabläufen und für das Weglassen nicht zwingend erforderlicher Aufgaben (merke: Wenig „Dringendes" ist wichtig!). Auch wenn die Kundenerwartungen bei der Definition des Serviceversprechens immer im Vordergrund stehen müssen: Meist ist der Effizienzgewinn für die Organisationseinheit selbst weitaus größer als die kundenseitig erlebbaren Verbesserungen. Und nicht zuletzt profitieren auch die Teammitglieder: von der nunmehr klarer formulierten Leistungserwartung des Arbeitgebers wie auch von dem Motivationseffekt, der davon ausgeht, dass man nicht mehr „für den Chef", sondern für den Kunden arbeitet (wie auch der Chef!). Allerdings kann es auch zu gegenteiligen Reaktionen kommen: Dann nämlich, wenn sich in diesem Klärungsprozess herausstellt, dass der Istzustand von – zumindest für einige Mitarbeiter – komfortabler Unverbindlichkeit geprägt war, die nunmehr durch klare Serviceversprechen ersetzt wird.

Die *Servicezeit* selbst ist gemäß den Kundenerwartungen zu definieren, die man erfüllen möchte. Das bedeutet: Kein Kunde wird etwas dagegen haben, wenn die für ihn verfügbare Servicezeit rund um die Uhr geht. Aber selbstverständlich reicht allein diese Tatsache nicht aus, eine durchgehende Servicezeit zu begründen. Vielmehr müssen hier auch Kostengesichtspunkte und vielleicht auch die unterschiedliche Bereitschaft der Mitarbeiter zu Arbeit zu bestimmten Zeiten mit den Kundenerwartungen abgewogen werden. Dabei sollte man nicht übersehen, dass bedarfsgerechte Servicezeiten immer auch ein Teil der Existenzberechtigung der jeweiligen Organisationseinheit sind.

Das Konzept Servicezeit unterscheidet sich vom Konzept persönliche Anwesenheitspflicht ja nicht nur durch seinen Gruppenbezug, sondern vor allem durch seine Kundenorientierung. Diese wird es in der Mehrzahl der Fälle erforderlich machen, auch während der (Mittags-)Pausenzeit eine durchgehende Servicezeit sicherzustellen. Das bedeutet zum einen, dass nun beispielsweise nicht mehr die ganze Abteilung geschlossen zum Mittagessen gehen kann, sondern die erforderliche Besetzungsstärke (hierzu gleich mehr) auch über die Mittagszeit aufrecht erhalten werden muss. Und auch interne Besprechungen erfordern dann gewisse organisatorische Vorkehrungen – etwa in der Weise, dass jeweils andere Mitarbeiter dafür verantwortlich sind, dass Kundenanfragen auch während der Besprechung gemäß den Serviceversprechen bearbeitet werden. Zum anderen fordern Servicezeiten von allen Beteiligten die konsequente Weiterschaltung des eigenen Telefons im Falle der (vorübergehenden) persönlichen Abwesenheit. Wem das zu banal klingt, der möge einmal darauf achten, wie viele seiner Ansprechpartner im eigenen oder in anderen Unternehmen er beispielsweise in der Mittagszeit nicht nur persönlich nicht telefonisch erreicht (was ja im Sinne der Servicezeit keinerlei Problem ist), sondern überhaupt nicht – d. h., auch nicht etwa per Teamkollegen. Gewisse Abhilfe haben hier zweifellos die persönlichen Anrufbeantworter geschaffen – aber nur dann, wenn der Anrufende den Angerufenen kennt *und* ein bestimmtes Anliegen bei ihm platzieren will, das keine unmittelbare Rücksprache erfordert. In allen anderen Fällen bringt diese Technik wenig Nutzen oder wirkt sogar abschreckend.

Und schließlich muss auch die *Besetzungsstärke* „stimmen", damit aus der Besetzungszeit keine Besetzt-Zeit wird. Das bedeutet: Servicezeitregelungen, die beispielsweise schematisch eine Mindestbesetzung von einem Mitarbeiter pro Abteilung vorsehen, reichen nicht aus. Denn Maßstab der Besetzungsstärke ist nicht eine bestimmte pauschal vereinbarte Mitarbeiterzahl, sondern die Einhaltung des Serviceversprechens (siehe oben). Das bedeutet auch, dass die Besetzungsstärke die dynamischste der drei Komponenten des Servicezeit-Konzeptes ist: Saisonale wie kurzfristige Arbeitsanfallschwankungen wollen hier berücksichtigt sein, Schwankungen der Kundennachfrage im Tagesverlauf sind die Regel, permanentes Nachsteuern ist deshalb gerade bei Dienstleistern häufig erforderlich. So gibt es beispielsweise im Einzelhandel bereits ausgefeilte Informationssysteme für den jeweiligen Marktleiter, die ihm auf Grundlage des aktuellen Kundenverhaltens detaillierte Vorschläge zu nach Uhrzeiten differenzierten Besetzungsstärken für die nächsten Tage unterbreiten. Aber auch diese Informationssysteme können beispielsweise nicht vorhersagen, wie das Wetter wird – ein Parameter, der schon für sich allein erhebliche Schwankungen der Kundenfrequenz bewirken kann. Ein gewisser Gestaltungs- und Verantwortungsspielraum besteht also auch für diesen Marktleiter noch – sonst wäre seine Funktion ja möglicherweise auch entbehrlich.

Ein Aspekt wird bei der Besetzungs(stärke)planung häufig übersehen: Je höher der Anteil unmittelbar zu erledigender, also nicht verschiebbarer Arbeiten am gesamten Leistungsspektrum einer Organisationseinheit ist, desto mehr Beachtung verdient neben der erforderlichen Mindestbesetzung auch die unter Effizienzgesichtspunkten zu beachtende Maximalbesetzung. Allein dafür zu sorgen, dass nicht zu wenige Mitarbeiter die Einhaltung der Servicezeit sicherstellen, genügt dann nicht. Ebenso muss darauf geachtet werden, dass es nicht zu viele sind: Die fehlen schließlich in der nächsten Spitzenlastzeit (vorausgesetzt, die Personalbemessung insgesamt ist nicht so großzügig dimensioniert, dass man sich um solche Fragen keine Gedanken machen muss).

3. Anwesenheitszeit ≠ Arbeitszeit

Bei dieser Unterscheidung geht es letztlich um den selben Grundgedanken wie im vorangegangenen Kapitel, nun aber bezogen auf den einzelnen Mitarbeiter. Auch hier besteht der entscheidende Schritt im Perspektivenwechsel vom Input zum Output – was für den einzelnen Mitarbeiter bedeutet, von der Anwesenheits- zur Leistungszeit. Nicht mehr die Verfügbarkeit für den Arbeitgeber während bestimmter Zeiten ist dann das, was Arbeitszeit ausmacht, sondern als Arbeitszeit werden all die Zeiten gewertet, die der Mitarbeiter für die Erledigung seiner Arbeitsaufgaben aufwendet. Oder – in aller Kürze – in den Worten von Charles Handy: „Work is what you do, not where you go." Konkret: Am Arbeitsplatz kann auch Privatzeit verbracht werden, außerhalb des Arbeitsplatzes (etwa beim Kunden oder zuhause) kann auch gearbeitet werden.

Sinnvoll ist diese Unterscheidung zwischen Arbeits- und Anwesenheitszeit natürlich nur dort, wo entsprechende Gestaltungsspielräume des Mitarbeiters bei der Erledigung seiner Arbeitsaufgaben bestehen. Dies ist der Fall, wenn

- nicht nur zeitlich gebundene Sofortarbeit, sondern im Wechsel mit dieser auch Speicherarbeit zu verrichten ist – also Arbeit, die innerhalb bestimmter Bandbreiten früher oder später erledigt werden kann – und
- der Mitarbeiter bei der Entscheidung, wann diese Speicherarbeit erledigt wird, mitzureden hat oder dies gar allein entscheidet.

> Beispiel: In einem Einzelhandelsgeschäft, in dem nur ein Mitarbeiter anwesend ist, ist Anwesenheit gleich Arbeitszeit: Schließlich könnte ja jederzeit ein Kunde hereinkommen, und außerdem muss die Ware vor Diebstahl geschützt werden – auch wenn sich den ganzen Tag lang keine Kundschaft sehen lässt.

Rahmenbedingungen wie in dem eben genannten Beispiel sind mittlerweile allerdings recht selten geworden, auch wenn es sie zweifellos gibt (und sie in zukünftigen Niedriglohnbereichen sogar wieder eine größere Rolle spielen könnten). In den meisten Fällen sind demgegenüber Arbeitszeit und Anwesenheitszeit nicht zwangsläufig deckungsgleich. Dass hieraus nicht nur Gestaltungsmöglichkeiten erwachsen, sondern auch Klärungs- und Definitionsbedarf, zeigt die Fortsetzung des eben begonnenen Beispiels:

> Wenn nun aber zwei oder mehr Mitarbeiter gleichzeitig im Laden sind, von denen auch einer genügen würde, um etwaige hereinkommende Kunden zu bedienen und Diebstahl zu verhindern, dann sind die Anwesenheitszeiten der anderen nicht notwendigerweise Arbeitszeit.
>
> Vielleicht gibt es dann ja eine betriebliche Regel, die besagt, dass die Mitarbeiter im Team selbst darauf achten, Überbesetzungen zu vermeiden, und ihre Arbeits- und Freizeiten entsprechend untereinander abstimmen. In diesem Fall müssten die überzähligen Mitarbeiter entweder Speicherarbeit erledigen, die nicht nebenbei durch den „wachhabenden" Mitarbeiter ausgeführt werden kann,

> oder aber Freizeit nehmen (die sie im Übrigen – wie jeder Kunde auch – selbstverständlich im Laden verbringen können).
>
> Die etwaige Verpflichtung zur Freizeitnahme hat dabei natürlich ihre Grenzen. So kann sicherlich nicht vereinbart werden, dass jede Minute, in der kein Kunde im Laden ist, automatisch für alle Mitarbeiter bis auf einen als Freizeit zählt. Mit anderen Worten: Erforderlich ist ein gemeinsames Verständnis von Arbeitgeber und Mitarbeitern darüber, was als Arbeitszeit zählen soll.

Die systematische Unterscheidung zwischen Anwesenheitszeit und Arbeitszeit zwingt zugleich alle Beteiligten, sich über das Ausmaß des tatsächlich gegebenen gegenseitigen Vertrauens Rechenschaft abzulegen. Denn anders als die Anwesenheit lässt sich die tatsächliche Arbeitszeit nicht objektiv kontrollieren, sondern kann letztlich nur vom Mitarbeiter selbst als solche klassifiziert werden. Komm- und Gehtzeiten können also nicht mehr unbesehen als Grundlage der persönlichen Zeitkontenführung dienen. „Wenn wir schon nicht wissen, was unsere Mitarbeiter tun, möchten wir wenigstens wissen, wie lange" – dieser Spruch bringt die unter solchen Voraussetzungen offen zu Tage liegende Widersinnigkeit eines Festhaltens an (meist maschineller) Anwesenheitszeiterfassung auf den Punkt. Aus einer anderen Perspektive kann man diesem Sachverhalt aber durchaus einiges Positive abgewinnen: Schließlich ist bei näherer Betrachtung schon heute viel mehr gegenseitiges Vertrauen im Spiel, als es die Beteiligten vielleicht wahrhaben möchten. Etwas überspitzt formuliert: Eigentlich muss man, wenn Anwesenheitszeit und Arbeitszeit nicht mehr das selbe sind, Vertrauensarbeitszeit gar nicht mehr einführen – denn man lebt sie bereits (wenn auch gewiss nicht überall in gleicher Qualität).

Die Unterscheidung Anwesenheitszeit – Arbeitszeit erfordert nun durchaus praktische Konsequenzen hinsichtlich der – soweit (noch) gewünscht – Art und Weise, wie Arbeitszeit erfasst wird. Denn hier kommt folgerichtig nur mehr eine eigenverantwortliche Zeiterfassung durch den Mitarbeiter selbst in Frage:

– in Form einer Aufzeichnung nur noch des Volumens der jeweils verbrauchten Tagesarbeitszeit – z.B. in Viertelstundenschritten, weil eine minutengenaue Mengenerfassung bei Arbeitszeiten kaum sinnvoll möglich ist (oder haben Sie schon einmal minutenweise gearbeitet?). Die Viertelstundenschritte sind deshalb auch nicht als Rundungsregel misszuverstehen, sondern stellen einen gewollten Unschärfebereich dar, der mal der einen, mal der anderen Seite zum Vorteil gereichen mag, worum man sich aber nicht mehr kümmert;

– in Form einer unmittelbaren Saldierung der jeweils verbrauchten Tagesarbeitszeit mit der diesbezüglichen rechnerischen Vorgabe (in herkömmlichen Gleitzeitregelungen, begrifflich unglücklich, „Sollarbeitszeit" genannt) – ebenfalls in Viertelstundenschritten als gewolltem Unschärfebereich;

– oder zwar auf Grundlage einer minutengenauen Erfassung von Arbeitsbeginn und -ende (also selbstverständlich – da zeitpunktbezogen – ohne jeglichen Unschärfebereich), wobei der Mitarbeiter dann aber tagesbezogen sämtliche Pausen- und sonstigen Privatzeiten eigenverantwortlich abzieht. Diese Möglichkeit kann „psychologisch" den Übergang von einer gewohnten Anwesenheits- zur Arbeitszeiterfassung erleichtern; andererseits könnte aber gerade ihre relative Nähe zur ersteren ein zu schwaches Veränderungssignal aussenden.

Datum	Wochentag	Abweichung von der anteiligen Vertragsarbeitszeit +/- (in 1/4h-Schritten; dezimal: z.B. -0,5)	arbeitsfreier Arbeitstag - anteilige Vertragsarbeitszeit (dezimal: z.B. 7,8)	Saldo (hh:mm)	Bemerkungen - U = Urlaub - K = Krankheit
01.10.2002	Dienstag			0:00	
02.10.2002	Mittwoch			0:00	
03.10.2002	Donnerstag			0:00	
04.10.2002	Freitag			0:00	
05.10.2002	Samstag			0:00	
06.10.2002	Sonntag			0:00	
07.10.2002	Montag			0:00	
08.10.2002	Dienstag			0:00	
09.10.2002	Mittwoch			0:00	
10.10.2002	Donnerstag			0:00	
11.10.2002	Freitag			0:00	
12.10.2002	Samstag			0:00	
13.10.2002	Sonntag			0:00	
14.10.2002	Montag			0:00	
15.10.2002	Dienstag			0:00	
16.10.2002	Mittwoch			0:00	
17.10.2002	Donnerstag			0:00	
18.10.2002	Freitag			0:00	
19.10.2002	Samstag			0:00	
20.10.2002	Sonntag			0:00	
21.10.2002	Montag			0:00	
22.10.2002	Dienstag			0:00	
23.10.2002	Mittwoch			0:00	
24.10.2002	Donnerstag			0:00	
25.10.2002	Freitag			0:00	
26.10.2002	Samstag			0:00	
27.10.2002	Sonntag			0:00	
28.10.2002	Montag			0:00	
29.10.2002	Dienstag			0:00	
30.10.2002	Mittwoch			0:00	
31.10.2002	Donnerstag			0:00	

Abb. 3: Formular zur Arbeitszeiterfassung

Abbildung 3 zeigt ein einfaches Erfassungstool auf Excel-Basis für die mittlere Variante, die ich – als einfachste und zugleich am meisten zu Überlegungen über die eigene (Arbeits-)Zeitverwendung anregende – für die beste Wahl unter den drei genannten Alternativen halte. Die Saldierung erfolgt dann automatisch per Excel. Für ganze freie Tage braucht man immer dann eine eigene Spalte, wenn die rechnerische Arbeitszeit pro Arbeitstag – bei Arbeitstagen Montag bis Freitag meist jeweils 1/5 der vertraglichen Wochenarbeitszeit – nicht in die Viertelstundensystematik passt. Dieses und weitere Erfassungstools – auch für die anderen eben genannten Varianten und für den Papierausdruck, wenn Mitarbeitern kein PC zur Verfügung steht –, können Sie auf unserer Webseite www.arbeitszeitberatung.de ansehen und ausprobieren sowie zur kostenlosen Nutzung von dort herunterladen.

4. Vom flexiblen Zeitkonto zur Vertrauensarbeitszeit

Unternehmen, die sich sowohl von der persönlichen Anwesenheitspflicht als auch von der Gleichsetzung von Anwesenheitszeit und Arbeitszeit verabschieden, müssen eine weitere Frage schlüssig beantworten: die nach dem persönlichen Zeitausgleich oder, zutreffender formuliert, nach der Ausbalancierung von persönlicher Vertragsarbeitszeit einerseits und dem Umfang der persönlich zu erledigenden Arbeitsaufgaben andererseits. Hierfür stehen im Wesentlichen zwei alternative Wege zur Wahl: das Führen betrieblicher Zeitkonten oder Vertrauensarbeitszeit, also der arbeitgeberseitige Verzicht auf Zeitkontenführung (und damit auch auf Zeiterfassung). Die Diskussion über diese beiden Wege wurde und wird teilweise recht emotional, meines Erachtens aber in den meisten Fällen falsch geführt – nämlich im Sinne eines Entweder-Oder. Denn im Kern geht es um etwas anderes – hier aber tatsächlich um eine grundsätzliche Alternative –, nämlich um die „*Gretchenfrage*" *Eigenverantwortung des Mitarbeiters oder Verantwortung des Arbeitgebers?* Diese Kernfrage stellte und stellt sich im gesamten Prozess der Arbeitszeitflexibilisierung immer wieder von neuem – einen kleinen Vorgeschmack hat das vorige Kapitel bereits gegeben („eigenverantwortliche Zeiterfassung"). Sie hat jedoch in der Vertrauensarbeitszeit einen Kristallisationspunkt gefunden: Schließlich markiert der Verzicht auf betriebliche Zeiterfassung und Zeitkontenführung – Kennzeichen jeder Vertrauensarbeitszeitregelung – einen großen Schritt weg von jeglicher Kontrolle seitens des Arbeitgebers, der insoweit auch nicht mehr direktiv auf die Arbeitszeit einwirken kann. Dieses gewollte Kontroll- und Einflussvakuum füllt der Mitarbeiter durch eigenverantwortliches Handeln.

Auch Zeitkontensysteme können jedoch in ähnlicher Richtung entwickelt werden – mit dem gewünschten Ergebnis, dass individuelle Wahlfreiheit zwischen Zeitkonto plus Zeiterfassung einerseits und Vertrauensarbeitszeit andererseits problemlos möglich wird und die Unterschiede zwischen beiden Wegen des Umgangs mit der Arbeitszeit auch dadurch einen großen Teil ihrer vermeintlichen Dramatik verlieren.

Sowohl auf Grund der unseres Erachtens unumkehrbaren gesellschaftlichen Entwicklung in Richtung größerer persönlicher Eigenverantwortlichkeit – letztlich ein Synonym für Freiheit – als auch wegen der überwiegend eher negativen Erfahrungen mit der (dann doch meist vernachlässigten oder gar unterbliebenen) Zeitkontensteuerung durch Führungskräfte plädieren wir für eine Entwicklung der betrieblichen Arbeitszeitsysteme mit und ohne betriebliche Zeitkontenführung in Richtung größtmöglicher persönlicher Eigenverantwortung. Dies schließt unseres Erachtens aber auch zwingend ein, dass die Mitarbeiter einen Anspruch auf Unterstützung bei der Wahrnehmung eben dieser Eigenverantwortung gegenüber ihrer Führungskraft haben. Und dieser Anspruch wiederum muss glaubwürdig abgesichert werden, sodass seine Realisierung auch tatsächlich möglich ist. In diesem Zusammenhang ist es von Interesse, dass bei der kürzlich erfolgten Novellierung des Betriebsverfassungsgesetzes in § 75 Abs. 2 der Grundsatz neu eingefügt wurde: „Arbeitgeber und Betriebsrat ... haben die Selbstständigkeit und Eigeninitiative der Arbeitnehmer und Arbeitsgruppen zu fördern."

Wie sehen Zeitkonten aus, die diesen Anforderungen entsprechen?

- Sie erlauben eine Steuerung maßgeblich oder gar ausschließlich durch den Mitarbeiter selbst. Zeitkonten, die diese Voraussetzung nicht erfüllen – etwa im Schichtbetrieb bei weitgehend betrieblich vorgegebenen Plus- und Minusstunden –, können auch nicht nach dem Prinzip der Eigenverantwortlichkeit gesteuert werden. Hier sprechen wir stattdessen von „Wertkonten", deren Steuerung der Arbeitgeber verantwortet und die deshalb auch aus Mitarbeitersicht unmittelbar „geld-wert" sind.
- Ihr Volumen ist begrenzt. Denn unbegrenzt ausufernde Konten vermengen zwei ganz verschiedene Zwecke, die sich knapp mit den Begriffen Flexibilität und Kapa-

zität bezeichnen lassen: „Flexibilität" steht dabei für den eigentlichen Zweck eines Zeitkontos, eine kurz- bis mittelfristig ungleichmäßige Verteilung der Vertragsarbeitszeit zu ermöglichen, während „Kapazität" bedeutet, dass das kurz- bis mittelfristig verfügbare Arbeitszeitvolumen angehoben oder abgesenkt wird: angehoben etwa durch entsprechende Zusatzvergütung oder Aufbau eines langfristig angelegten Zeitguthabens (Langzeitkonto, Lebensarbeitszeitkonto), abgesenkt etwa durch Entnahme eines Langzeitkonten-Guthabens. Zum hier nicht weiter erörterten Themenbereich Langzeit- und Lebensarbeitszeitkonten sind eine Reihe von Veröffentlichungen und weitere Hinweise unserer Webseite www.arbeitszeitberatung.de zu entnehmen. Zeitkonten mit dreistelligen Plusstunden-Salden haben jedenfalls den Zweck „Flexibilität" bereits deutlich hinter sich gelassen: Sie stellen faktisch eine Anhebung des Arbeitszeitvolumens dar, die kurz- bis mittelfristig kaum mehr durch Wenigerarbeit ausgeglichen werden kann und deshalb auf Auszahlung oder längerfristigen Zeitausgleich drängt. Damit wird der eigentliche Flexibilitäts-Zweck des Zeitkontos verfehlt, während zugleich das Halbdunkel im Nachhinein nicht mehr nachvollziehbarer Längerarbeit die Kapazitäts-Verantwortlichkeit des Arbeitgebers verdrängt, der ja auch die (finanziellen) Folgen überlaufender Zeitkonten zu tragen hat. Effizienz und Entlastung bleiben bei diesem Geschehen gleichermaßen auf der Strecke.

– Ihre Saldierung erfolgt fortlaufend, eine monatliche oder jährliche Abrechnung gibt es ebenso wenig wie eine Abrechnung zum Ende des Beschäftigungsverhältnisses. Denn nur so ist zum einen sichergestellt, dass keine unsinnigen Verhaltensanreize erzeugt werden – etwa der, zum Monatsende hin mehr Freizeit zu nehmen als zu Monatsbeginn, um der ansonsten drohenden Monatsend-Kappung überschießender Guthaben zu entgehen. Und zum anderen bleiben Zeit und Geld so strikt getrennt – Voraussetzung dafür, dass kein Anreiz zum Stundensammeln entsteht, und angesichts des begrenzten Kontenvolumens auch vertretbar.
Mit etwaigen tarifvertraglich vorgegebenen Ausgleichszeiträumen ist diese Empfehlung nur eingeschränkt kompatibel. In solchen Fällen empfiehlt es sich, die meist gegebene Möglichkeit zur Individualisierung des Ausgleichszeitraums zu nutzen: als längstmögliches Zeitintervall zwischen zwei Berührungen der Nulllinie des Zeitkontos.

– Sie unterstützen ihre zukunftsgerichtete Steuerung durch den Mitarbeiter: durch zeitnahe Information über den jeweiligen Saldo, aber auch durch den unmittelbaren (! also nicht z. B. erst am Monatsende) Verfall aller über das zulässige Kontenvolumen hinausgehender Plussalden. Ob man diesen unmittelbaren Verfall „symmetrisch" auch auf Minussalden über den jeweiligen Kontenrahmen hinaus erstreckt oder solche Salden einfach nicht zulässt – was hier leichter machbar ist als im Plusbereich –, bleibt der jeweiligen betrieblichen Entscheidung überlassen.

– Bevor es zum Verfall von Zeitsalden kommt, hat der Mitarbeiter die Möglichkeit, die Unterstützung seiner Führungskraft bei der Rückführung seines Zeitsaldos zu verlangen: etwa durch Entlastung von Aufgaben und/oder Verbesserung der Leistungsvoraussetzungen (beispielsweise durch technische oder organisatorische Maßnahmen – etwa eine andere Verteilung der anfallenden Arbeit auf die Teammitglieder – oder auch durch Hilfe bei der Optimierung der persönlichen Arbeitstechniken).

– Bei Meinungsunterschieden im Zusammenhang mit dieser Verpflichtung der Führungskraft entscheidet eine paritätisch besetzte „Clearingstelle" o. Ä. nach Anhörung der Beteiligten einvernehmlich, um eine möglichst objektive Berufungsinstanz für überlastete Mitarbeiter zu sein.

Solche Zeitkontensysteme bieten also eine Menge Unterstützung für Mitarbeiter, die mit ihrer Arbeitszeit nicht zu Rande kommen. Zugleich aber erlauben sie jedem Mitarbeiter, selbst zu entscheiden, ob er über den jeweiligen Kontenrahmen hinausgehende Plusstunden verfallen lassen will oder nicht.

Damit liegen entsprechend ausgelegte Zeitkonten schon recht dicht bei der Vertrauensarbeitszeit. Denn hier steht ebenfalls der eigenverantwortliche Umgang mit der persönlichen Vertragsarbeitszeit im Mittelpunkt. Vertrauensarbeitszeit bedeutet also nicht Abschaffung der Arbeitszeit, sondern „nur" Verzicht auf entsprechende arbeitgeberseitige Kontrollen und Kontierungen – mit Ausnahme der auf die Mitarbeiter delegierbaren Aufzeichnungspflicht gemäß § 16 Abs. 2 Arbeitszeitgesetz (SCHLOTTFELDT & HOFF, 2001). Die Parallelen werden deutlich, wenn man die eben aufgelisteten Zeitkonten-Merkmale zum Vergleich auf die gemäß unseren Empfehlungen gestaltete Vertrauensarbeitszeit (vgl. HOFF, 2002) bezieht:

— Vertrauensarbeitszeit setzt ebenso wie die von uns vorgeschlagenen Zeitkonten eine Steuerung des persönlichen Arbeitszeit-Einsatzes maßgeblich oder gar ausschließlich durch den Mitarbeiter selbst voraus.
— Auch hier dürfen die Zwecke „Flexibilität" und „Kapazität" nicht miteinander vermengt werden. Vertrauensarbeitszeit ist kein Mittel zur Anhebung der Arbeitsstundenkapazität. Dass immer wieder berichtet wird, in Vertrauensarbeitszeit-Regelungen arbeiteten die Mitarbeiter durchschnittlich (etwas) länger als bei Zeitkontenführung, lässt sich schwer be- oder widerlegen; auch gegenteilige Erfahrungen sind bekannt. Aber selbst wenn es zu einem gewissen Anstieg der effektiv geleisteten Arbeitszeit käme, dürfte dieser in vielen Fällen durch ein insgesamt freieres und – mangels im Hintergrund tickender Zeitkonten-Uhr – entspannteres Arbeiten aufgewogen werden.
— Ebenso wie bei den von uns empfohlenen Zeitkonten gibt es auch bei Vertrauensarbeitszeit keine Abrechnung von Plus- oder Minussalden – weder monatlich noch jährlich oder zum Ende des Beschäftigungsverhältnisses.
— Eine Verfallsregelung für überschießende Zeitsalden erübrigt sich hier allerdings: Das Zeitkonto steht gewissermaßen immer auf Null.
— Vielleicht der wichtigste Punkt: Auch – gerade! – bei Vertrauensarbeitszeit hat der Mitarbeiter die Möglichkeit, in der bereits weiter oben beschriebenen Weise die Unterstützung seiner Führungskraft bei von ihm selbst wahrgenommener Überauslastung zu verlangen.
— Meinungsunterschiede werden auch hier – wie weiter oben beschrieben – mittels paritätisch besetzter „Clearingstelle" o. Ä. entschieden.

Wenn die Parallelen zwischen einer eigenverantwortlichen Zeitkontenführung und Vertrauensarbeitszeit so weit reichen: Warum dann überhaupt Vertrauensarbeitszeit?

— Zum einen fördert Vertrauensarbeitszeit einen anderen Umgang aller Beteiligten mit der (Arbeits-)Zeit. So kann der Umfang des persönlichen Zeitguthabens – da nicht mehr gemessen – nicht mehr zur (vermeintlichen) Beurteilung der persönlichen Leistung eingesetzt werden. Folge: Die Arbeitszeit als eigenständiger Belastungsfaktor – besonders ausgeprägt in Unternehmen mit starker Zeitverbrauchs-Kultur – fällt tendenziell weg. „Tendenziell" deshalb, weil natürlich auch in der Vertrauensarbeitszeit noch persönliche Arbeitszeit- und Anwesenheitszeit-Aufzeichnungen nach Belieben geführt werden können, selbst wenn sie im Rahmen der betrieblichen Arbeitszeit-Spielregeln keine Bedeutung mehr haben. Aber zumindest vermittelt Vertrauensarbeitszeit die unmissverständliche Botschaft der Geschäftsführung – auch an die Führungskräfte (!) –, dass solche Aufzeichnungen nunmehr nur noch zum jeweiligen Privatvergnügen erstellt werden und aus ihnen beispielsweise keine Leistungsbeurteilungen mehr abgeleitet werden dürfen.

– Zum anderen fördert Vertrauensarbeitszeit einen anderen Umgang aller Beteiligten miteinander. Dieser Punkt ist zweifellos der entscheidende. Anders gesagt: Vertrauensarbeitszeit ist mehr als ein flexibles Arbeitszeitmodell und deshalb auch nicht allein mit Flexibilitätszielen zu begründen. Sie signalisiert und unterstützt den Willen zur gemeinsamen Entwicklung in Richtung Vertrauen statt (Verhaltens-)Kontrolle – auf der Basis eines gemeinsamen Verständnisses von Art und Umfang der persönlich und im Team zu erledigenden Arbeitsaufgaben. Ihr Ziel ist also die Vereinfachung der Systeme zu Gunsten einer stärkeren Aufmerksamkeit für die einzelnen Menschen – ob Mitarbeiter, Führungskraft oder Kunde. Das Unternehmen soll auf diese Weise organischer werden, d.h. wandlungsfähiger, anpassungsfreudiger und reibungsärmer.

Ob dies nun eine besonders perfide Art und Weise ist, das Letzte aus den Mitarbeitern herauszuholen, wie manche Kritiker meinen? Ich erinnere mich an eine nun schon mehrere Jahre zurückliegende Kampagne der seinerzeitigen Gewerkschaft Handel, Banken und Versicherungen (HBV) im Einzelhandel unter dem Motto „Ich bin ein Mensch, kein Kostenfaktor". Wenn man es so sieht (wobei der unterstellte Gegensatz sicherlich kurzschlüssig war und ist), sollte man Vertrauensarbeitszeit begrüßen – als Signal dafür, dass das Unternehmen nunmehr den Kostenfaktor Arbeitskraft auch als das sieht, was er im eigentlichen Sinne ist: eine Vielzahl unterschiedlicher Persönlichkeiten, die nur dann ihr Bestes geben, wenn sie auch die hierfür notwendigen Rahmenbedingungen vorfinden und eine ihren persönlichen Stärken und Schwächen entsprechende Behandlung insbesondere durch ihre Führungskraft erfahren.

Wie auch immer Mitarbeiter persönlich zur Frage „Zeitkonto/Zeiterfassung oder Vertrauensarbeitszeit" stehen mögen: Bei der oben herausgearbeiteten weit gehenden Parallelität zwischen Vertrauensarbeitszeit und eigenverantwortlicher Steuerung des persönlichen Zeitkontos muss niemand zurückstecken. Denn es bietet sich an, diese Alternative zur persönlichen Wahl zu stellen. Mögliche Wege:

– Im Rahmen eines grundsätzlich für alle Mitarbeiter geltenden betrieblichen Zeitkontensystems auf Basis eigenverantwortlicher Steuerung und eigenverantwortlicher Zeiterfassung wird jedem Mitarbeiter die Möglichkeit gegeben, vorübergehend oder dauerhaft auf Zeitkontenführung und Zeiterfassung (letzteres mit Ausnahme der gesetzlichen Aufzeichnungspflicht s.o.) zu verzichten. Der persönliche Zeitsaldo wird beim Übergang auf Vertrauensarbeitszeit „eingefroren", d.h. bei einer etwaigen Rückkehr des betreffenden Mitarbeiters zur Zeitkontenführung lebt er wieder auf.

– Im Rahmen einer grundsätzlich für alle Mitarbeiter geltenden Vertrauensarbeitszeitregelung wird jedem Mitarbeiter die Möglichkeit gegeben, vorübergehend oder dauerhaft auf ein eigenverantwortlich gesteuertes Zeitkonto nebst eigenverantwortlicher Zeiterfassung überzuwechseln. Sollte der Mitarbeiter sich dann wieder für Vertrauensarbeitszeit entscheiden, so wird sein dann bestehender Zeitsaldo ebenfalls „eingefroren" und lebt bei einer etwaigen Rückkehr zu Zeitkonto und Zeiterfassung wieder auf.

Zu entscheiden bleibt, ob der jeweilige persönliche Wechsel zwischen Zeitkonto/Zeiterfassung und Vertrauensarbeitszeit vom Mitarbeiter allein initiiert werden kann oder einer Zustimmung der jeweiligen Führungskraft bedarf. Letzteres dürfte speziell dann in Betracht kommen, wenn aus einem generellen Zeitkonten- und Zeiterfassungssystem individuell auf Vertrauensarbeitszeit übergewechselt wird – als dokumentierter beiderseitiger Vertrauensvorschuss. Zwingend ist dies jedoch nicht: Schließlich möchte man vielleicht gerade Führungskräften, die ansonsten aus Prinzip jeden Wunsch nach Vertrauensarbeitszeit ablehnen würden, eine entsprechende Auseinandersetzung mit selbstbewussten Mitarbeitern nicht ersparen. Im umgekehrten Fall – also bei individuellem Hinaus-Optieren aus der Vertrauensarbeitszeit – dürfte sich ein Genehmigungsvorbehalt der Führungskraft hingegen verbieten: Schließlich wird man jeden entsprechenden Mitarbeiterwunsch als (mögliches) Zeichen von Vertrauensmangel ansehen müssen, sodass entsprechende Wünsche generell zugestanden, zugleich aber auch Personalleitung und Betriebs- bzw. Personalrat hierüber informiert werden sollten.

5. Zusammenfassung und Ausblick

In diesem Beitrag habe ich nachzuzeichnen versucht, über welche Stationen der betriebliche Weg zum Ziel „Entlastung plus Effizienz" führen kann: Teambezogene Besetzungs- und/oder Leistungsvorgabe statt persönlicher Anwesenheitspflicht, Unterscheidung von objektiv messbarer Anwesenheitszeit und nur subjektiv als solcher qualifizierbarer Arbeitszeit und schließlich eigenverantwortliche Ausbalancierung von Arbeitszeit und Aufgabe mit – falls gewünscht – führungsseitiger Unterstützung. Dabei trat das meines Erachtens eigentliche Ziel der flexiblen Arbeitszeitgestaltung von Station zu Station deutlicher zu Tage: das Prinzip der Eigenverantwortlichkeit auch im Arbeitsverhältnis zu verankern und alle Prozesse zu unterstützen, die in diese Richtung gehen. Auf diese Weise kann das Arbeitsverhältnis möglicherweise sogar so weiterentwickelt werden, dass es sowohl den Herausforderungen des zunehmenden globalen Wettbewerbs als auch der umfassenden gesellschaftlichen Entwicklung in Richtung immer größerer Eigenverantwortung Rechnung trägt.

Derzeit scheint allerdings die Kritik am Prinzip Eigenverantwortung zuzunehmen, soweit es um wirtschaftliche Teilhabe geht – man denke nur an die Auseinandersetzungen um Reformen des Arbeitsmarktes oder an die Globalisierungsdebatte. Vielleicht bietet vor diesem Hintergrund die Weiterentwicklung des Arbeitsverhältnisses in Richtung größerer Eigenverantwortlichkeit ja auch eine „sozialverträgliche" Alternative zu seinem meines Erachtens anderenfalls absehbaren rapiden Bedeutungsverlust.

Literatur

Hoff, A. (2002). Vertrauensarbeitszeit: einfach flexibel arbeiten. Wiesbaden 2002.
Schlottfeldt, Ch. & Hoff, A. (2001). „Vertrauensarbeitszeit" und arbeitszeitrechtliche Aufzeichnungspflicht nach § 16 II ArbZG. NZA 10/2001, S. 530–533.

Weitere Informationen unter www.arbeitszeitberatung.de

Zur Konkretisierung und weiteren Vertiefung wird empfohlen, im Fallstudienbuch die Fälle zu „Arbeitszeitflexibilisierung" zu bearbeiten.

Désirée H. Ladwig

Mobiles Arbeiten – Möglichkeiten der Arbeits(zeit)flexibilisierung für Führungskräfte

1. Einleitung
2. Ansätze zur Arbeits(zeit)flexibilisierung von Führungskräften
3. Implementation von Arbeits(zeit)flexibilisierung
4. Ausblick: Strategisches Arbeits(zeit)management

1. Einleitung

Mobilzeit, vor einigen Jahren noch als „Jobgenerator" angepriesen – hat diese Erwartungen (bislang) nicht erfüllen können. Lag es am Konzept oder an der mangelnden Umsetzung des Konzeptes? Denn grundsätzlich ist Mobilzeit hoffähig geworden. Wo vor Jahren bei diesem Thema noch verwundert/skeptisch reagiert wurde – ist es jetzt in aller Munde. Die Vielzahl der aktuellen Veröffentlichungen nur aus den letzten vier Jahren zeigt ein deutliches Bild (vgl. beispielhaft ADAMSKI, 2000; 2001; BIGGS, 1999; BOSSEMEYER, 2000; FIEDRICH, 2001).

Die Teilzeitquote hat sich in Deutschland in den letzten 20 Jahren zwar auf stattliche 21,5% erhöht (allerdings erst in den letzten 10 Jahren maßgeblich (Abbildung 1).

Unsere europäischen Nachbarn, zeigen aber sehr deutlich, was Flexibilität vermag und welchen Spielraum es auszuschöpfen gilt (Abbildung 2).

Die Niederlande erreichen mit einer Teilzeitquote von über 40% eine Spitzenposition, bei einer Arbeitslosenquote von nur 2,2% (im Gegensatz zu derzeit ca. 10,0% in Deutschland, vgl. EUROSTAT, Nov. 2001). 70,6% der Teilzeitbeschäftigten in den Niederlanden sind Frauen, aber immerhin auch 19,4 Männer (gegenüber 37,9% und 5% in Deutschland, vgl. EUROSTAT, Nov. 2001).

Grundsätzlich ist man sich – auch in Deutschland – über die Vorteile von „Mobilzeit" und „Mobilen Arbeiten" einig. In der allgemeinen gesellschaftlichen Diskussion herrscht weitgehender Konsens über die Notwendigkeit der flexiblen Entkoppelung von Betriebs- und Arbeitszeiten und über beschäftigungswirksame Arbeitszeitkonzepte. Nationale wie internationale Forschungsprojekte haben durch ihre Öffentlichkeitswirkung das Thema „Mobilzeit und Arbeitszeitflexibilisierung" auch für den Führungsbereich diskussionswürdig gemacht (vgl. u. a. DOMSCH, KLEIMINGER, LADWIG & STRASSE, 1998, S. 57; KEESE, 1996; STRAUMANN et al., 1996). Teilzeitarbeit wird nicht mehr wie noch vor Jahren in den Köpfen der Manager als „Fünf-Tage-Vormittagsteilzeit" für Mütter mit kleinen Kindern assoziiert. „Mobiles Arbeiten" und „Mobilzeit" als innovative, flexible Arbeitsmodelle, bei der betriebliche und mitarbeiterbezogene Belange ausgewogen Berücksichtigung finden und die Möglichkeiten der neuen Informationstechnologien produktiv ausgeschöpft werden (z.B. Telearbeit), sind jetzt en vogue.

Im Rahmen eines vom BMFSFJ initiierten Modellprojekts „Mobilzeit – Qualifizierte Teilzeitarbeit für Fach- und Führungskräfte" wurden bundesweit 100 Unternehmen aller Größenklassen und Branchen über innovative Mobilzeitmodelle speziell

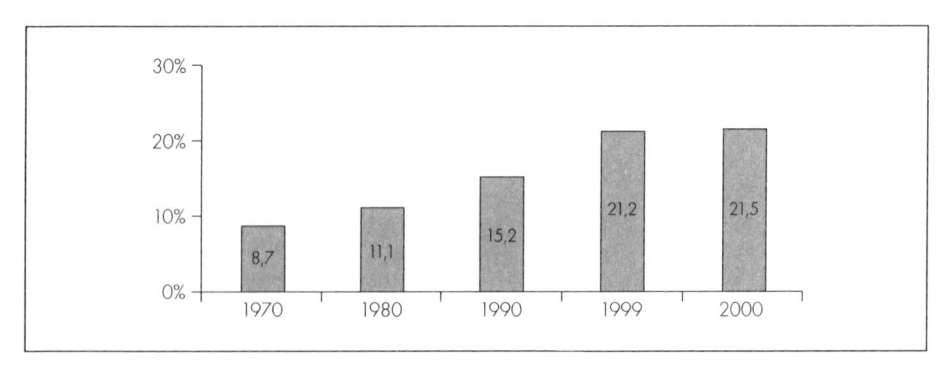

Abb. 1: Entwicklung der Teilzeit in Deutschland, Quelle: idw 2002

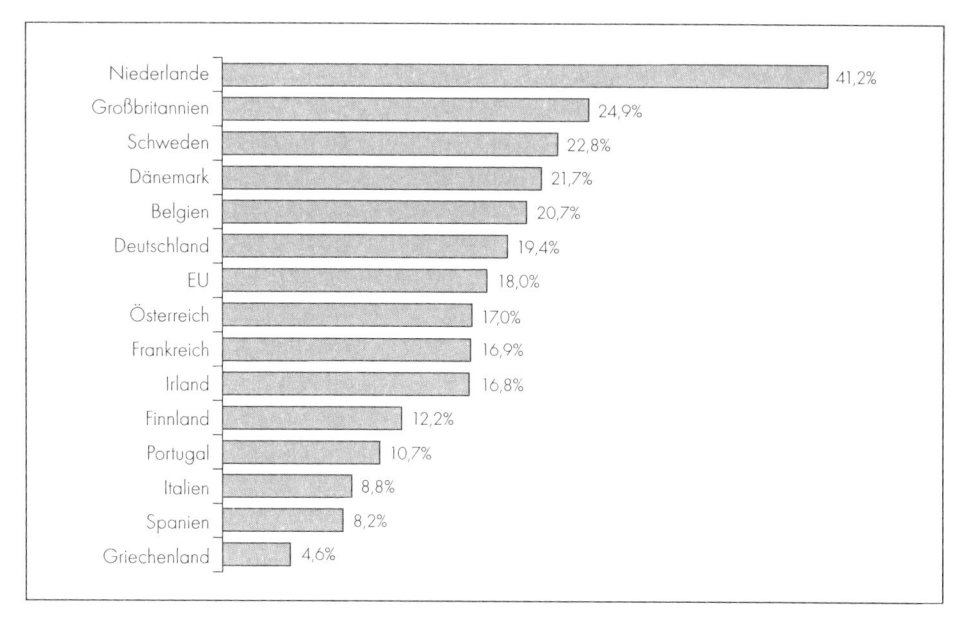

Niederlande	41,2%
Großbritannien	24,9%
Schweden	22,8%
Dänemark	21,7%
Belgien	20,7%
Deutschland	19,4%
EU	18,0%
Österreich	17,0%
Frankreich	16,9%
Irland	16,8%
Finnland	12,2%
Portugal	10,7%
Italien	8,8%
Spanien	8,2%
Griechenland	4,6%

Abb. 2: Teilzeit in Europa 2000, Quelle: EUROSTAT 2002

für Führungskräfte beraten und bei der internen Umsetzung unterstützt (vgl. BMFSFJ, 1997).

Nach den Ergebnissen der diesbezüglichen zahlreichen Mobilzeitberatungen der F.G.H. Forschungsgruppe Hamburg ist nahezu jeder Arbeitsplatz für qualifizierte Fach- und Führungskräfte mobilzeitfähig und zumindest jeder vierte Arbeitsplatz auch teilbar. Unter qualifizierten Fachkräften werden hierbei Akademiker subsumiert, und Führungskräfte sind Manager aller Unternehmensbereiche mit Führungsaufgaben.

Der generelle Konsens bezüglich der Notwendigkeit und Vorteilhaftigkeit von Mobilzeitarbeit erstreckt sich bisher allerdings oft nicht auf den Führungsbereich des Unternehmens.

(Vor-)Urteile wie: „Wir können uns nur Vollblut- und Vollzeit-Manager leisten", „Führung ist nicht teilbar" etc. bestimmen das überwiegend tabuisierte Thema. Mobilzeitarbeit wird in vielen Unternehmen als „Karriere-Sackgasse" angesehen. Auf der anderen Seite werden gerade auch im Führungskreis (meist noch hinter verschlossener Tür) Fragestellungen wie z.B. das Burn-out-Syndrom, der Workaholismus, quantitative und qualitative Veränderung des Führungsbedarfs, Wertewandel auch im Führungsbereich etc. diskutiert. Insofern ist es an der Zeit, dass sich Unternehmensleitungen, Personalabteilungen und alle relevanten Zielgruppen auch strategisch mit dem Konzept der Arbeits(zeit)flexibilisierung generell und speziell auch mit Mobilem Arbeiten und Mobilzeit für die Gruppe der Führungskräfte auseinander setzen (vgl. vertiefend auch DELLEKÖNIG, 1995).

Die Möglichkeiten, Modelle, Probleme und Chancen von Arbeitszeitflexibilisierung für Führungskräfte aus der Sicht der Unternehmen, der beteiligten Führungskräfte und des direkten Arbeitsumfeldes sind Gegenstand der nachfolgenden Ausführungen.

2. Ansätze zur Arbeits(zeit)flexibilisierung von Führungskräften

Eine Flexibilisierung der Führungstätigkeit kann grundsätzlich sowohl nach personellen, räumlichen oder auch nach zeitlichen Dimensionen durchgeführt werden. Die folgenden Ausführungen beschränken sich auf eine Diskussion der zeitlichen (Mobilzeit) und räumlichen (Mobiles Arbeiten) Flexibilisierungsaspekte unter Bezugnahme auf chronometrische (Dauer der Arbeitszeit) und chronologische (Lage der Arbeitszeit) Ansätze. Arbeits(zeit)flexibilisierung bedeutet in diesem Zusammenhang die Verbesserung der kurz- bis mittelfristigen Reaktions- und Anpassungsmöglichkeiten auf betriebliche und persönliche Bedürfnisschwankungen bzw. -änderungen bezüglich Arbeitsort, der Arbeitszeitdauer und -lage.

2.1 Chronologische Arbeitszeitflexibilisierung

Unter Arbeitszeitflexibilisierung bezüglich chronologischer Gesichtspunkte versteht man die Entflechtung von betrieblichen und individuellen (Mitarbeiter-)Arbeitszeiten sowie die Verlagerung der Arbeitszeiten weg vom ursprünglichen „Montagmorgen-bis-Freitagnachmittag-Zeitraum" unter Beibehaltung der normalen Vollarbeitszeitdauer. In vielen Unternehmen wurden im Zuge des technischen Fortschritts immer differenziertere Schichtarbeitsmodelle entworfen, um die teuren Techniken möglichst rund um die Uhr und möglichst sieben Tage in der Woche nutzen zu können. Diese Arbeitszeitflexibilisierungsformen richteten sich jedoch meist ausschließlich an die tariflichen Mitarbeiter und nicht an Führungskräfte (mit Ausnahme von Produktionsmeistern, Überwachungsingenieuren etc.).

Dabei sind die vielfältigen, in der Praxis realisierten Modelle der Arbeitszeitflexibilisierung grundsätzlich gleichfalls auf Führungskräfte übertragbar.

2.2 Chronometrische Arbeitszeitflexibilisierung

Die Problematik einer chronometrischen Arbeitszeitflexibilisierung für Führungskräfte führt in den Bereich der Mobilzeit- bzw. Teilzeitarbeit. In der Literatur existieren hierzu unterschiedliche Definitionen. Mobilzeit für Führungskräfte bedeutet im Folgenden eine ständige, vertraglich vereinbarte Reduzierung und/oder Flexibilisierung (in welchem Umfang auch immer) der regelmäßigen Normalarbeitszeit. Eine Verkürzung der wöchentlichen/monatlichen Arbeitszeit für Führungskräfte war bis vor kurzem nicht diskutabel und wird auch in den nächsten Jahren gerade in konservativen Unternehmen auf Widerstände und Ablehnung stoßen.

Die Erhebungen im Rahmen des Mobilzeitprojektes machen jedoch deutlich, dass sich dieses Bild, zumindest aus der Sicht von männlichen und weiblichen Führungsnachwuchskräften, in Zukunft erheblich ändern sollte. Die Mehrheit wünscht sich mehr Möglichkeiten der Arbeitszeitflexibilisierung und in einigen Bereichen auch der Arbeitszeitreduzierung. Meist aber nicht, wie oft von den älteren männlichen Führungskräften als k.o.-Kriterium angebracht, die Vormittagsteilzeit, sondern andere Modelle wie: Vier-Tage-Woche, Drei-Tage-Firma – zwei-Tage-zu-Hause, Langzeiturlaub und Sabbaticals etc.

Die Gründe für Mobilzeitwünsche sind sehr vielfältig. Sie reichen von Freizeiten für Weiterbildung (neun Monate Job, drei Monate Promotion pro Jahr oder vier Jahre Vollzeit arbeiten, ein Jahr Sabbatical für ein MBA-Studium in den Staaten = fünf Jahre Teilzeitgehalt) über ehrenamtliches Engagement in Vereinen etc. bis zur Pflege von Angehörigen (Eltern, Kinder etc.).

Einige Unternehmen haben die Notwendigkeit zu innovativen Ansätzen auch im Führungskräftebereich eingesehen bzw. sind von den Vorteilen eines solchen Vorgehens überzeugt. So arbeiten mittlerweile auf Grund der Erfolge des Mobilzeitprojektes bei den beratenen Unternehmen männliche und weibliche Führungskräfte in unterschiedlichen Hierarchiestufen, von der Gruppen- bis zur Bereichsleiterposition, in Mobilzeit. Hierzu gehören u.a. Otto Versand, Volksfürsorge, Deutsche Shell, Techniker Krankenkasse, Landesbanken (Hamburgische, Bremer, Schleswig-Holsteinische und NordLB) und Globetrotter. Repräsentativ für die bundesdeutsche Wirtschaft sind diese Unternehmen nicht.

2.3 Mobiles Arbeiten

Bedeutet „Mobiles Arbeiten" gleich Telearbeit neu ausgedrückt? Das stimmt nur halb. Unter „Mobilem Arbeiten" werden sowohl die klassische Telearbeit, neuere Formen der Telearbeit (z.B. Alternierende Telearbeit) als auch neuere Formen eines mobilen Arbeiten zusammengefasst. Allen gemein ist nur, dass es Alternativen eines traditionellen „Mo-Fr-8:00–17:00 Uhr-Firmabürotisch-Jobs" sind. Hierzu zählen z.B.:

- Autobüro für den Außendienst
- Mobile Arbeitszentren in Flugplatz- oder Bahnhofsnähe
- Nachbarschaftsbürozentren
- Interne mobile Schreibtischverteilung (jeder besitzt nur noch einen persönlichen Rollcontainer)
- Home-Office
- Telearbeitsplatz mit Online-Zugang zu Firmendaten
- Metropolitain Arbeitszug
- Telefon, Fax und e-mail im Flugzeug auf Langstrecken

Laptops und Handys neuerer Generation ermöglichen die Datenabfrage und -übertragung in nahezu alle Orte „Mobilen Arbeitens". In einigen Branchen (Unternehmensberatung, IT etc.) sind die Führungskräfte mehr als 80% ihrer Zeit „mobil" unterwegs. Gerade dieses Phänomen der mobilen Führungskraft ist ein sehr starkes Argument für Mobilzeit, denn ob die Führungskräfte nun in einem Meeting ist und deshalb nicht erreichbar – oder Mobilzeit arbeitet, ist de facto gleichzusetzen (wird aber in den Unternehmen immer noch nicht so gesehen).

2.4 Dimensionen der Arbeits(zeit)flexibilisierung für Führungskräfte

Flexibilisierungsformen von Arbeitszeit für Führungskräfte, sowohl chronologisch als auch chronometrisch können im Rahmen bestimmter Bandbreiten grundsätzlich stark variieren. Die nachfolgende Abbildung stellt die für Variationen relevanten Dimensionen dar (vgl. Abbildung 3).

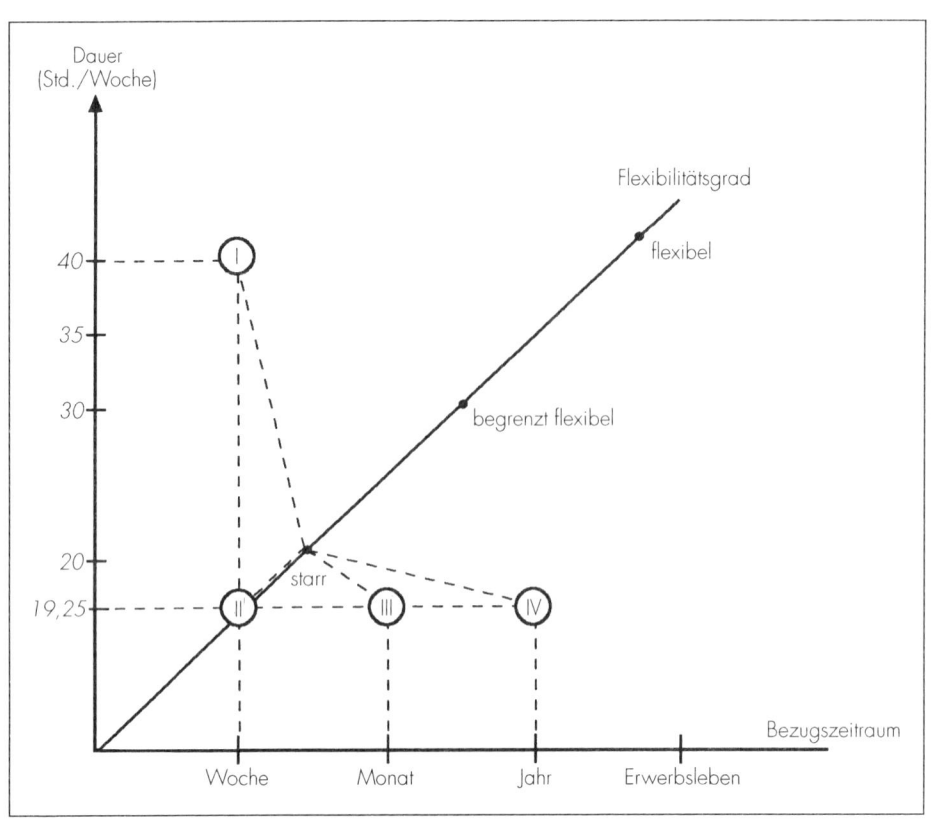

Abb. 3: Dimensionen der Arbeitszeitflexibilisierung

Arbeitszeitflexibilisierung ist von mindestens drei Dimensionen abhängig: Von der Dauer der Arbeitszeit, von der Verteilung der Arbeit auf Bezugszeiträume und dem im Unternehmen realisierten bzw. realisierbaren Flexibilisierungsgrad, zwischen verschiedenen Modellen wechseln zu können. Die Dauer der Arbeitszeit ist auf einer Skala zwischen 19,5 und 40 Stunden eingegrenzt. Grundsätzlich könnten auch weniger bzw. mehr wöchentliche durchschnittliche Arbeitsstunden einbezogen werden. Eine Betrachtung der Möglichkeiten der Arbeitszeitflexibilisierung in diesem dreidimensionalen Raum zeigt auf, welcher fast unbegrenzte Spielraum für Modellentwicklungen vorhanden ist. Ausgehend von dem noch in vielen Unternehmen vorherrschenden Status quo (I) (vgl. Abbildung 3), in dem die Führungskräfte gezwungen werden, im Rahmen einer starren Regelung 40 oder mehr Stunden von Montag bis Freitag durchzuarbeiten, sind Entwicklungen in alle Richtungen des Raumes möglich. Wird nur ein Parameter variiert (ceteris paribus), werden z.B. nur chronometrische oder nur chronologische Flexibilisierungsansätze verwirklicht. Eine gleichzeitige Kombination beider Ansätze führt zu ganz neuen Modellen. Für alle weiteren Diskussionen und für eine Versachlichung des Themas wäre es wünschenswert, in Zukunft diese Dimensionen wertfrei anzunehmen und kreativ unter Berücksichtigung der betrieblichen und persönlichen Bedürfnisse gangbare Arbeitszeitflexibilisierungsansätze auszuarbeiten. Die folgende Darstellung einer Auswahl von Möglichkeiten soll als Anregung für eigene Konzepte dienen:

- Das klassische Beispiel für chronometrische Arbeitszeitflexibilisierung ist die halbierte Blockteilzeitarbeit (II). Die Führungskraft arbeitet die Hälfte der Normalarbeitszeit (z. B. 19,25 Stunden), z. B. nur vormittags oder nur nachmittags an fünf Tagen in jeder Woche oder je 2,5 Tage pro Woche.
- Bezogen auf einen Arbeitsmonat (III) kann die Teilzeitarbeit im Wechsel von wochenweise Ganztagsarbeit mit wochenweise Ganztagsfreizeit realisiert werden.
- Erweitert man den Bezugszeitraum auf eine Jahresbetrachtung (IV), können Vollzeitarbeitsmonate Vollzeitfreizeitmonate ablösen oder ein Jahreshälftenwechsel eingeführt werden.

Ein Beispiel der Teilzeitarbeit bei Bahlsen zeigt auch die Kombinationsmöglichkeiten dieser Ansätze. Mit einer Führungskraft wurde ein Jahresarbeitsvertrag geschlossen mit sowohl chronologischen als auch chronometrischen Regelungen:

- Grundarbeitszeit: Dienstag und Donnerstag Vollzeit (fix)
- Verpflichtung zur Arbeitsleistung an 12 Tagen im Monat im Durchschnitt
- 8–9 Tage pro Monat fixe Arbeitszeit, 3–4 Tage pro Monat können nach Bedarf eingesetzt werden, z. B. auch über mehrere Monate angesammelt werden
- Kontinuierliches Entgelt von 55 % des Vollzeitentgeltes.

Grundsätzlich können alle diese Modelle starr, begrenzt flexibel oder vollständig flexibel gehandhabt werden, d. h. Wechsel zu anderen Arbeitsmodellen sind grundsätzlich nicht, nur periodisch (z. B. alle zwei Jahre) oder prinzipiell jederzeit möglich. Aus Praktikabilitätsgründen (insbesondere abrechnungstechnisch und organisatorisch) ist eine vollständig flexible Handhabung individueller Arbeitszeiten wohl schwerlich möglich. Eine jährliche oder zweijährliche Wechselmöglichkeit gibt der Führungskraft hinreichend persönliche Spielräume und dem Unternehmen den zur Arbeitsplanung notwendigen Zeithorizont. In den Unternehmensleitungen wird man sich auch auf eine bestimmte (begrenzte) Anzahl von Modellen einstellen wollen.

2.5 Mobilzeitmodelle (Beispiele)

Ein Effekt, der mit der Flexibilisierung der Arbeitszeit von Führungskräften einhergehen kann, ist die Aufteilung und/oder Umstrukturierung der ursprünglichen Arbeitsinhalte der Führungskraft. Auch hier ist wieder grundsätzlich eine Vielzahl von Teilungsmodellen möglich (vgl. Abbildung 4).

Eine Führungskraft kann ihre Arbeitszeit z. B. um einen bestimmten Prozentsatz (10 %, 20 %, 30 % oder mehr) verkürzen. Im Umfang dieser Kürzung kann die Arbeit durch Umstrukturierung und Delegation an unter-, gleich- oder übergeordnete Positionen neu verteilt werden. Die Teilung der Führungs- oder Managementtätigkeit kann zeitlich erfolgen, d. h. die Führungskraft behält ihr volles ursprüngliches Arbeitsvolumen, und in den Zeiten der Abwesenheit wird dieses von Stellvertretungen ausgeführt. Eine andere Möglichkeit besteht in der inhaltlichen Strukturierung durch die Aufspaltung in kleinere Funktionsfelder, womit auch dem strategischen Postulat kleinerer Unternehmenseinheiten Rechnung getragen werden würde.

Der klassische Fall der Arbeitsteilung, das sog. Job-Sharing, beinhaltet eine zeitliche Aufteilung aller Aufgaben auf zwei Führungskräfte mit gegenseitiger Vertretungsverpflichtung. Die Arbeitszeit wird ebenfalls hälftig geteilt. Dies bedeutet insbesondere bei Führungskräften, die davon ausgehen, dass ihre Arbeit nicht in einer 40-Stunden-

	Teilungsmodelle

1 Person
1 Position
(100%)
	• Reduzierung der Arbeitszeit (z.B. um 10%, 20%, 30% oder 50%
	• Umstrukturierung der Arbeit
	• Delegation an unter- oder übergeordnete Stellen
	  (Arbeitsfamilie) (z.B. 70% → 30%)
	  - inhaltlich
	  - zeitlich
	•
	•

2 Personen
1 Position
(100%)
	• Job Sharing (50% / 50%)
	• rein zeitliche Teilung (s.o.)
	• rein inhaltliche Teilung (s.o.)
	  - ohne Führungsteilung
	  - mit Führungsteilung
	• Kombination zeitliche/inhaltliche Teilung (s.o)
	• Teilung und Delegation an Arbeitsfamilie (z.B. 40% / 40% → 20%)
	•
	•

3 Personen
2 Positionen
(200%)
	• je 2/3 inhaltlich oder zeitlich (66% / 66% / 66%)
	• rein zeitliche Teilung (s.o.)
	• rein inhaltliche Teilung (s.o.)
	  - ohne Führungsteilung
	  - mit Führungsteilung
	• Kombination zeitliche/inhaltliche Teilung (s.o.)
	• Teilung und Delegation an Arbeitsfamilie (z.B. 60% / 60% / 60% → 20%)
	•
	•

• • •	

Abb. 4: Teilungsmodelle für Führungskräfte (Beispiele)

Woche zu erledigen ist, dass diese Aufteilung z.B. auf zwei Mal 25 oder 30 Stunden hinausläuft. Auch hier ist eine inhaltliche Teilung dergestalt möglich, dass z.B. eine Abteilungsleitung mit einer Kontrollspanne von sechs Gruppenleitungen aufgeteilt wird in zwei Abteilungsleitungen mit jeweils drei Gruppenleitungen. In diesem Falle würde auch die Problematik der gemeinsamen Führung von Mitarbeitern wegfallen, die bei einer inhaltlichen Strukturierung ohne Führungsteilung auftritt. Das Resultat einer Neustrukturierung kann auch sein, dass z.B. aus einem ursprünglichen 50-Stunden-Job zwei Mal 20 Stunden qualifizierte Führungtätigkeit abgegrenzt und 10 Stunden weniger qualifizierte Sachbearbeitungstätigkeit an eine untergeordnete Position delegiert werden. Diese Teilungsbeispiele sind z.B. für zwei Positionen und drei Personen analog durchführbar.

Am folgenden Beispiel einer *Gruppenleitungsposition EDV-Anwendungsentwicklung* wird deutlich, wie gut auch hoch qualifizierte Führungskräfte mit Spezialkenntnissen in Mobilzeit arbeiten können (vgl. Abbildung 5).

Die Gruppenleitung hat in diesem Mobilzeitmodell die volle Projektverantwortung für verschiedene Anwendungsentwicklungen gleichberechtigt mit den übrigen vier Gruppenleitungen in dieser Abteilung. Das Projektteam dieser Gruppenleitung wird

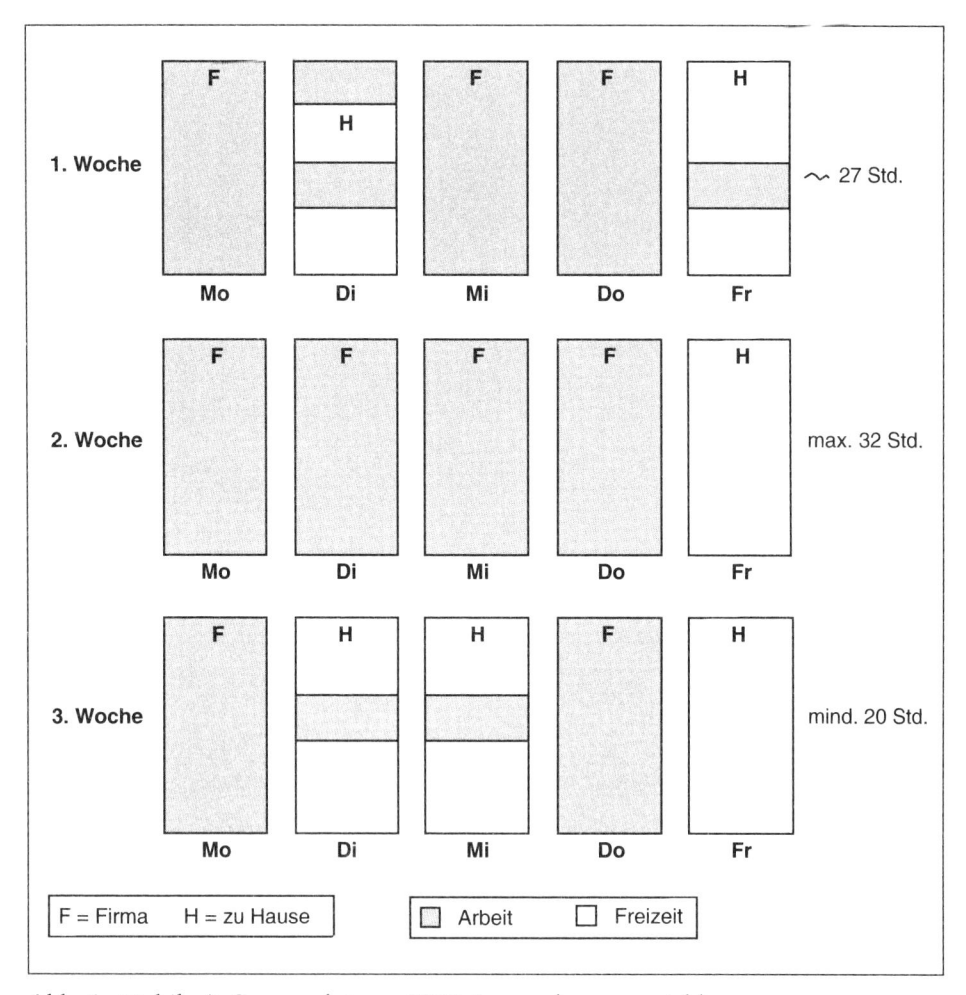

Abb. 5: Mobilzeit Gruppenleitung EDV-Anwendungsentwicklung

je nach Entwicklungsauftrag zusammengestellt (virtuelle Vorgesetztenfunktion) und besteht aus 5 – 15 Mitarbeitern je nach Projektgröße. Die dargestellte Gruppenleitung kehrte aus dem Erziehungsurlaub zurück und arbeitet zunächst für die nächsten drei Jahre auf 72% des Vollzeitjobs (Reduzierung von 37,5 auf 27 Std. pro Woche). In Abstimmung mit dem Vorgesetzten und dem Projektteam wird die Arbeitszeit flexibel gestaltet. Montags ist grundsätzlich fest ganztags als Gesprächstag/Meetingtag eingeplant. Die Arbeit wird mit Telearbeit zu Hause kombiniert. Abbildung 5 zeigt beispielhaft drei mögliche Wochenarbeitszeitausprägungen dieser Position. Die Höhe der Arbeitszeit richtet sich flexibel nach dem Projektbedarf zwischen max. 32 und min. 20 Std. pro Woche. Das Unternehmen hat den Vorteil, diese qualifizierte, erfahrene Mitarbeiterin halten zu können und dank dieses Modells produktiv für das Unternehmen einsetzen zu können. Der Mitarbeiterin wird die Vereinbarkeit von Familie und Beruf ermöglicht.

Abbildung 6 zeigt die Position *Abteilungsleitung Rechtsabteilung*. Der Positionsinhaber leitet drei Gruppen der Rechtsabteilung einer großen Bank mit insgesamt 17 Mitar-

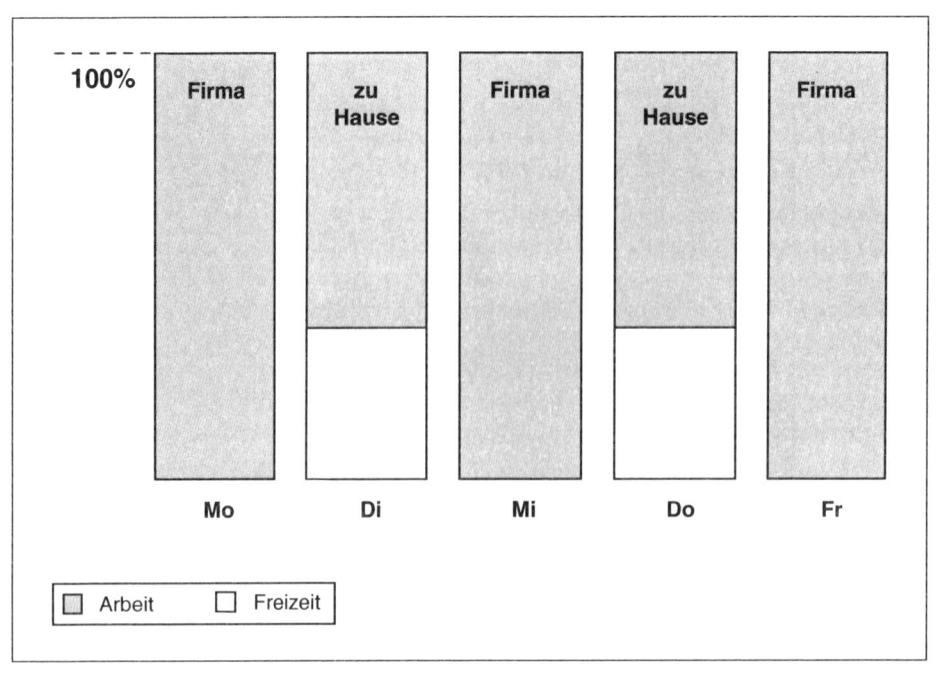

Abb. 6: Mobilzeit Abteilungsleitung Rechtsabteilung

beitern. Das Mobilzeitmodell sieht eine Arbeitszeitreduzierung auf 85 % vor. Mo/Di/Fr wird Vollzeit in der Firma gearbeitet, Di/Do Teilzeit von zu Hause aus.

Der Mitarbeiter spart an den zwei Heimarbeitstagen täglich zwei Stunden Fahrzeit, da die Firma sich in der Innenstadt befindet und er einen langen Anfahrtsweg hat. Die 15 % Zeitreduzierung dieses Modells führen auf Grund der Einkommensprogression zu einer nur 10 %igen Nettoeinkommensreduzierung. Der Mitarbeiter kann juristische Fachausarbeitungen/Konzepte/Strategien/Planungen etc. konzentrierter zu Hause ausarbeiten. Er ist drei Tage in der Woche für seine Mitarbeiter direkt ansprechbar und zwei Tage telefonisch/per Fax/E-Mail zu erreichen. Der positive private Effekt: Er kümmert sich an den zwei Tagen nachmittags um seine schulpflichtigen Kinder und ermöglicht seiner Frau somit die Ausweitung ihrer Teilzeitarbeit auf entsprechend drei halbe und zwei volle Tage, und somit eine weitere Karriereentwicklung, die auf „nur" 50 % nicht möglich gewesen wäre.

Eine *Abteilungsleiterin Personal* einer großen Bank setzte, nachdem ihr Kind in die Schule gekommen war (und sie vorher ein flexibles 70 % Modell realisiert hatte), folgendes 90 % Modell durch:

– sie arbeitet das ganze Jahr über Vollzeit zu Hause und in der Bank
– sie hat während aller Schulferien ihres Kindes frei (immerhin 12 Wochen/Jahr)
– ihr Mann, der keine Führungsposition innehat, arbeitet nur 70 % und versorgt das Kind am Nachmittag bzw. es geht in den Hort.

Die oben genannten Beispiele zeigen, dass der Kreativität wenigstens theoretisch keine Grenzen gesetzt sind und schon kleine Modifikationen erhebliche positive Wirkungen zeigen können.

3. Implementation von Arbeitszeitflexibilisierung

Eine erfolgreiche Implementation hat sich zunächst mit den Chancen und Risiken flexibler Arbeitszeitsysteme auseinander zu setzen. Daran anschließend wird ein Phasenkonzept für einen möglichen Ablauf einer Implementation als Vorschlag erörtert.

3.1 Chancen und Risiken

Die Arbeit einer Führungskraft könne nicht in Teilzeit bewältigt werden, so der erwähnte gängige Tenor in der Wirtschaft. Sowohl bei weiblichen als auch bei männlichen Führungskräften überwiegt zwar die Karrieremotivation gegenüber der Freizeitorientierung. Sie zeigen eine hohe Bereitschaft, sich in der Organisation zu engagieren, sind aber zunehmend weniger bereit, dies auf Kosten der Familie und Freizeit zu leisten. In vielen Unternehmen ist die Unternehmenskultur noch nicht reif genug, sich dieses Themas sachlich und rational anzunehmen. Meinungen wie die folgenden, entnommen aus einer Studie zur Teilzeitarbeit für Führungskräfte des I.P.A. Institut für Personalwesen und Arbeitswissenschaft (vgl. DOMSCH, KLEIMINGER, LADWIG & STRASSE, 1998), bremsen jegliche Innovationen auf diesem Gebiet erheblich:

Eine junge Führungsnachwuchskraft, die regelmäßig um 8:00 Uhr kommt und schon um 17:00 Uhr gehen will, bekommt zu hören: „Haben Sie etwa einen Teilzeitarbeitsvertrag? Wenn Sie bei uns etwas werden wollen, müssen Sie schon mehr Einsatz zeigen!"

Oder:

„Wichtige Unternehmenspolitik wird erst gemacht, wenn die normalen Angestellten nach Hause gegangen sind. Dann wandert der Geschäftsführer durch das Unternehmen, so zwischen 19:00 Uhr und 20:00 Uhr, schaut, wer von den Leitenden noch da ist, und klönt informell mit dem einen oder anderen. In dieser entspannten Atmosphäre wurden schon häufig Neubesetzungen, Beförderungen und wichtige neue Projekte ausgehandelt."

Leider dominieren also immer noch auf allen Ebenen, in Funktionsbereichen massive Widerstände und teilweise irrationale Vorurteile das Diskussionsfeld. Einige Beispiele für irrationale Argumentationen sollen weitere Interviewzitate der oben genannten Studie dokumentieren:

„Wir haben kein richtiges Ablagesystem. Die Kunst ist es, im ganzen Hause Informationen zusammenzutragen, um z.B. ein Konzept erarbeiten zu können. Nur durch meine jahrzehntelange Erfahrung weiß ich, wo was ist. Das kann ich nicht delegieren, deshalb ist meine Position auch nicht teilbar. Sollte ich mal die Position wechseln, was ich nicht beabsichtige, würde der Laden hier zusammenbrechen."

Hier wird deutlich, dass es nicht um eigentliche Teilungs-, sondern vielmehr um Organisationsprobleme des betreffenden Unternehmens geht.

„Ich arbeite gerne und würde niemals mit einer Teilzeitarbeit zufrieden sein. Ich habe zugegebenermaßen eine hohe Arbeitsbelastung, aber von Führungskräften in meiner Position erwartet man, dass sie damit fertig werden und diese Herausforderung annehmen. Konzepte z.B. kann ich nur am Wochenende in Ruhe zu Hause erarbeiten, weil meine Mitarbeiter und Kunden mich in der Woche nicht dazu kommen lassen."

In diesem Fall ist der Interviewpartner schon so stark sozialisiert, dass er seine derzeitige Arbeitsbelastung akzeptiert und organisatorische Veränderungen, die ihm ggf. Erleichterungen verschaffen könnten, gar nicht im Bereich des Möglichen sieht. Damit blockiert er sich eventuell auch für Diskussionen über Teilzeit für Führungskräfte generell oder auch speziell in seinem Verantwortungsbereich.

„Eine Führungskraft in Teilzeit bedeutet automatisch Autoritäts- und Machtverlust. Die Mitarbeiter tanzen einem doch bald auf dem Kopf herum, und von meinen Kollegen werde ich nicht mehr mit den wichtigen Informationen versorgt."

In einer derart autoritätsorientierten Führungskultur bekommt man wirklich Probleme, wenn der Reifegrad der Mitarbeiter nicht hoch genug ist, mit den neuen Gegebenheiten (höhere Eigenverantwortung, Selbstorganisation etc.) umzugehen. In aktuellen Arbeitsformen, z. B. bei teilautonomen Arbeitsgruppen, sind Mitarbeiter mitverantwortlich für ihre Arbeitsergebnisse und deren Überprüfung. Führung bedeutet hier Mentorship und Coaching. Mitarbeiter und Führungskräfte müssen deshalb im Rahmen von speziellen Personalentwicklungsmaßnahmen in die Lage versetzt werden, mit diesen neuen Herausforderungen von Mobilzeit und Mobilen Arbeiten fertig werden zu können und daraus den höchstmöglichen Nutzen für den Betrieb, die Führungskraft und die „Arbeitsfamilie" zu ziehen. Ein großer Schritt in die richtige Richtung wäre schon eine offene Diskussion auf der Grundlage einer Chancen-Risiken-Einschätzung (vgl. Abbildung 7).

Chancen	Risiken
Für das Unternehmen	
• Effizienzsteigerung der gesamten „Teilzeitfamilie" • Erhöhung der Kreativität, Innovativität • Sinken der Ausfallzeiten • Steigende Aktivitäten und Identifikation der FK + TZ-Familie • Bewahrung wertvollen Human Potenzials (Kinderphase, Unternehmenswechsel) • höhere Mobilität • •	• Kontinuität der Arbeitserledigung leidet • Einheitlichkeit der Führung ist reduziert • Höhere Personal-/Sachkosten • Radikale Änderung der Führungskultur, des Führungsverständnisses • •
Für die Führungskraft	
• Effizienzsteigerung der Teilzeit-Führungskraft • Erwerb von Schlüsselqualifikationen • Chance zur ganzheitlichen Lebenskarriere • Reduktion von Dual-Career-Couple-Problemen • höhere Flexibilität • •	• Gefühl der Selbstausbeutung steigt • Geringeres Gehalt • Niedrigere Rentenansprüche • Entmystifizierung der Berufskarriere • •
Für die Arbeitsfamilie	
• Effizienzsteigerung des „Familien"-Outputs • Erwerb von Schlüsselqualifikationen • „Familien"-Betriebsklima wird besser • Erweiterung des Arbeitsspektrums (anspruchsvollere, abwechslungsreichere Tätigkeit) • •	• Mehrbelastung durch Aufgabenumverteilung, Delegation • Weniger Führung, mehr Eigenverantwortung • •

Abb. 7: Chancen und Risiken der Arbeitszeitflexibilisierung für Führungskräfte (Beispiele)

Die Arbeitszeitflexibilisierung für Führungskräfte ist somit ein sehr komplexes, vielschichtiges Problem, dem mit Pauschal- oder Standardlösungen nicht gedient ist. Maßgeschneiderte Implementationsstrategien können helfen, diesem Problembereich erfolgreich zu begegnen.

3.2 Phasenkonzept zur Implementation

Um Arbeitszeitflexibilisierung für Führungskräfte in einem je nach Unternehmensmöglichkeiten gestalteten Umfang erfolgreich zu implementieren, sollte eine Projektgruppe aus Vertretern der Personalabteilung, der Arbeitnehmervertretung, Führungskräften und Mitarbeitern gebildet werden. Diese sollte im Rahmen eines Phasenkonzeptes möglichst alle erfolgsrelevanten Punkte einer Implementation beachten. Das in Abbildung 8 grob dargestellte I.P.A.-Phasenkonzept zur Implementation von Arbeitszeitflexibilisierung stellt ein mögliches Ablaufschema dar, welches jeweils an die unternehmensindividuellen Belange angepasst werden muss (vgl. auch KUTSCHER et al., 1996). Grundsätzlich sollte eine derartige Arbeitszeitflexibilisierungsstrategie in eine übergreifende Unternehmensstrategie eingebunden sein.

Zur Situationsanalyse im Rahmen der zweiten Phase empfiehlt sich ein Kriterienkatalog, der nur in Auszügen in Abbildung 8 dargestellt wird (im Detail vgl. DOMSCH, KLEIMINGER, LADWIG & STRASSE, 1998, S. 97 ff.). Ein anderer Ansatz zur Überprüfung der Teilbarkeit von Führungspositionen nach Maßgabe der vorhandenen Führungssubstitute kann bei ACKERMANN (1997) eingesehen werden.

4. Ausblick: Strategisches Arbeitszeitmanagement

Die Implementation von Arbeits(zeit)flexibilisierung für Führungskräfte in der Form von Mobilzeit und „Mobilem Arbeiten" bietet sowohl Chancen als auch Risiken für alle Beteiligten. Mit Hilfe einer durchdachten Implementationsstrategie kann einerseits ein Großteil der Risiken eliminiert werden, andererseits können die Chancen effektiv genutzt werden. Die gemeinsame Zielsetzung aller Beteiligten sollte darin liegen, zu einem unternehmensweiten strategischen, flexiblen Arbeits(zeit)management zu kommen. Die Maxime sollte lauten: „Zeit managen" und nicht „Zeit verschwenden" (vgl. auch den vorangehenden Beitrag von WEIDINGER, der entsprechende unternehmensweit geltende Arbeitszeitmodelle vorstellt). Die Effizienz der Leistungen sollte im Vordergrund stehen und nicht die Maximierung der Anwesenheitszeiten. Dies muss auch Eingang finden in die Beurteilungs- und Zielvereinbarungsgespräche der Vorgesetzten mit den Mitarbeitern.

Natürlich kann eine gravierende Umstrukturierung der Arbeitszeiten und -orte einen nachhaltigen Einfluss auf die Unternehmenskultur haben. Ziel ist letztendlich ein neues Führungs- und Leistungsverständnis mit ganzheitlicher Orientierung. Zur Erhöhung der Innovationsbereitschaft und -fähigkeit des kostbaren Human Potenzial ist dieser Ansatz der einzig zukunftsweisende.

Als Vision auch für die Führungs(nachwuchs)kräfte der Zukunft sei auf GIARINI (Club of Rome) verwiesen (GIARINI & STAHEL, 1991), der von einer gewandelten Bewertung von Arbeit ausgeht. Demzufolge sollte ein junger Mensch bereits mit 16 bzw. 18 Jahren gleitend in das Arbeitsleben mit anfangs ca. 20 Stunden eintreten und dies mit ca. 78 Jahren ebenfalls gleitend wieder verlassen. Das Erwerbsleben insgesamt

1. Phase	Information und Diskussion
	- Sensibilisierung/Akzeptanzerhöhung - Betriebsinterne Vorträge (nach Zielgruppen, z.B. alle Führungskräfte) - Informationsveranstaltungen, Workshops - Firmenrundschreiben - Integration der Teilzeitproblematik in allgemeine Führungsseminare - Initiierung von Erfahrungsaustauschgruppen von Teilzeitführungskräften
2. Phase	Situationsanalyse
	- Positionsinhaber(in)bezogene Qualifikation (soziale und formale Qualifikation) - Positionsumfeldbezogene Kriterien (soziale und formale Qualifikation) - Aufgabenbezogene Kriterien (Arbeitsinhalte) - Prozessbezogene Kriterien (Arbeitsabläufe) - Strukturbezogene Kriterien (Arbeitsstrukturen)
3. Phase	Konzeption/Design
	- Auswahl des passenden Teilungsmodells - Regelung der Arbeits-/Anwesenheitszeiten - Sicherstellung des Informationstransfers - Arbeitsorganisatorische Maßnahmen - Abstimmung der Stellvertretungsregelungen - Stellenbewertung - Kostenkalkulation - Arbeitsverträge etc.
4. Phase	Umsetzung
	- Vorbereitung (Schulungen, Training, Workshops) - Einführung (Beratung, Coaching) - Steuerung (Beratung bei Konflikten/wöchentliche Gesprächsrunden)
5. Phase	Evaluierung
	- Arbeitsaufteilung - Zeitaufteilung - Qualifikation - Stellvertretungsregelungen - Informationsstrukturen - Output-Vergleich - Arbeitszufriedenheit

Abb. 8: Phasenkonzept zur Implementation von Arbeitszeitflexibilisierung für Führungskräfte

ist in Arbeitsphasen unterschiedlicher Intensität aufgeteilt. Phasen reduzierter Arbeitszeit (z.B. wegen Studium, Kinder- und Altenpflege, Weiterqualifikation etc.) lösen Phasen erhöhter Arbeitszeit ab. Ein ganzheitlicher Ansatz mit integrierter Arbeits(zeit)flexibilisierung ist hier unentbehrlich.

Zielsetzung kann jedenfalls nicht sein, Mobilzeit und Mobiles Arbeiten so zu gestalten, wie es in Großbritannien verstärkt erfolgt, so dass die Mitarbeiter gezwungen sind, sich einen zweiten Teilzeitjob zu suchen, um ein ausreichendes Einkommen zu erzielen (vgl. BARRETT, 2001, S. 1042 ff., oder für Schweden BÅVNER, 2001).

Literatur

Ackermann, K.-F. (1997). Entwicklungsstände der MOBILZEITbeschäftigung in Industrie- und Dienstleistungsbetrieben. Analyse und Bewertung mit Hilfe eines Multikriterienkatalogs. In: Forschungsberichte: Personalmanagement und Unternehmensführung, Nr. 13, Stuttgart 1997.

Adamski, B. (2001). Project-Guide Arbeitszeitwirtschaft und -management: wesentliche Grundlagen und Einführungsstrategien. Frechen 2001.

Adamski, B. (2000). Praktisches Arbeitszeitmanagement: Ressourcenverwaltung und -steuerung durch Arbeitszeitkonten und Personaleinsatzplanung. 2. Aufl., Frechen 2000.

Barrett, G. F. (2001). Working part time: by choice or by constraint. In: The Canadian journal of economics, Bd. 34 (2001) 4, S. 1042–1065.

Båvner, P. (2001). Half full or half empty?: part-time work and well-being among swedish women. Swedish Institute for Social Research, Stockholm 2001.

Biggs, S. (1999). Time on, time out! Flexible work solutions to keep your life in balance. NSW Allen & Unwin, Leonards 1999.

BMFSFJ (1997). Mobilzeit-Mappe: Arbeiten in neuer Form; Entscheidungshilfen für Arbeitgeber. Bonn 1997.

Bossemeyer, A. (2000). Zeit für die Zukunft: Chancen, Ansätze und Lösungshilfen zur Flexibilisierung der Arbeitszeit. Bielefeld 2000.

Dellekönig, Ch. (1995). Der Teilzeitmanager. Frankfurt/M. 1995.

Domsch, M., Kleiminger, K., Ladwig, D. & Strasse, Ch. (1998). Teilzeitarbeit für Führungskräfte. In: ZfO 1998, 2/1998, S. 97–100.

Friedrich, A. (2001). Förderung hochqualifizierter Frauen durch Arbeitszeitflexibilisierung und Personalentwicklung: Beiträge eines regionalen Unternehmensnetzwerkes in Ostwestfalen-Lippe. München, Mering 2001.

Giarini, O. & Stahel, W. R. (1991). The limits to Certainty. Facing Risks in the New Service Economy. Dordrecht 1991.

Keese, G. (1996). Neue Arbeitszeiten für Fach- und Führungskräfte, Hrsg. Ministerium für Wirtschaft und Verkehr, Landwirtschaft und Weinbau Rheinland-Pfalz, Mainz 1996.

Kutscher, J., Weidinger, M. & Hoff, A. (1996). Flexible Arbeitszeitgestaltung. Praxishandbuch zur Einführung innovativer Arbeitszeitmodelle. Wiesbaden 1996.

Straumann, L. & Hirt, M. & Müller, W. (1996). Teilzeitarbeit in der Führung. Zürich 1996.

Zur Konkretisierung und weiteren Vertiefung wird empfohlen, im Fallstudienbuch die Fälle zu „Arbeitszeitflexibilisierung" zu bearbeiten.

Autorenhinweise

CHRISTINE ABEL, Dr. nat., geb. 1965

1984–1991	Studium der Mathematik mit Nebenfach Informatik
1991–1994	Promotions-Stipendium am Graduierten-Kolleg für Informatik
1994–1997	Beraterin und Aktuarin für betriebliche Altersversorgung in einem internationalen, marktführenden Beratungsunternehmen
seit 1997	Projektleiterin bei der HAY Group

CONNY HERBERT ANTONI, Prof. Dr., geb. 1956

1984	Abschluss Diplom-Psychologe an der Universität Mannheim
1984–1994	Wissenschaftlicher Mitarbeiter an der Universität Mannheim
1989/1996	Promotion an der Universität Mannheim/Habilitation
1994–1997	Professur für Arbeits-, Betriebs- und Organisationspsychologie an der Universität Bielefeld
seit 1997	Professur für Arbeits-, Betriebs- und Organisationspsychologie an der Universität Trier

FRED G. BECKER, Prof. Dr. rer. pol., geb. 1955

1976–1981	Studium der Betriebswirtschaftslehre, Universität-Gesamthochschule Wuppertal und Universität zu Köln
1985/1991	Promotion/Habilitation an der Universität-Gesamthochschule Siegen
1991	Professurvertretung „Internationales Management" an der Universität der Bundeswehr München
1992–1996	Universitätsprofessor, Inhaber des Lehrstuhls für Allgemeine Betriebswirtschaftslehre, insbesondere Personal- und Organisationslehre, an der Friedrich-Schiller-Universität Jena
seit 1996	Universitätsprofessor, Inhaber des Lehrstuhls für Betriebswirtschaftslehre, insbesondere Organisation, Personal und Unternehmungsführung, an der Universität Bielefeld

KARL BERKEL, Prof. Dr. phil., geb. 1943

1975/1982	Promotion/Habilitation
1982/1987	Privatdozent an der Universität München
seit 1987	Freiberuflich tätig (Organisationsberatung, Führungstraining), Kranzberg bei München

RUDOLF BÖGEL, Dipl.-Soz., geb. 1937

1974–1980	Leiter einer heilpädagogischen Einrichtung
seit 1978	Lehraufträge an Fachschulen und Akademien
seit 1981	Mitarbeiter in Projekten des Psychologischen Instituts der Universität München
seit 1985	Lehrbeauftragter für Organisationspsychologie der Universität München

WOLFGANG BÖHM, Prof. Dr. jur., geb. 1939

1971	Promotion an der Universität Mannheim (WH)
1970–1974	Dozent für Arbeits- und Sozialrecht an der Verwaltungs- und Wirtschaftsakademie Rhein-Neckar
1974–1998	Professor für Recht (Arbeitsrecht) an der Sozialakademie Dortmund
seit 1998	Universität Dortmund, Zentrum für Weiterbildung, Lehrstuhl für Arbeitsrecht

UWE BÖNING, Dipl.-Psych., geb. 1947

1974	Studium der Psychologie, Soziologie und Philosophie, Mainz
1974–1979	Wissenschaftlicher Mitarbeiter an der Universität Mainz; Selbstständiger klinischer Psychologe (Praxis)
1985	Geschäftsführender Gesellschafter von BÖNING-TEAM, heute BÖNING-CONSULT, Management-Training und Organisationsentwicklung, Frankfurt a. M.
seit 1990	Unternehmensberater und Coach
1992–1995	Direktor Personal Bosch-Siemens Hausgeräte
seit 2002	Mitglied des Vorstandes der BÖNING-CONSULT AG, Frankfurt a. M.

GERHARD COMELLI, Prof., Dipl.-Psych., geb. 1941

1969–1977	Freiberufliche Tätigkeit im Bereich der Organisationspsychologie (Schwerpunkte: Management-Diagnostik, Führung, Kommunikation, Organisationsentwicklung)
seit 1977	Professor für Organisationspsychologie an der Fachhochschule Niederrhein, Abteilung Mönchengladbach
1991–1996	Beurlaubt zur Durchführung einiger größerer Beratungsprojekte, u.a. in den neuen Bundesländern
10/1996	Rückkehr an die Hochschule Niederrhein
seit 7/2001	Emeritus; Managementtraining in den Bereichen Führung/Kommunikation, Teamentwicklung sowie Prozessberatung/Veränderungsmanagement

MEINOLF DIERKES, Dr. rer. pol., geb. 1941

1970	Promotion an der Universität zu Köln
1971–1973	Affiliate Associate Professor, University of Washington, Seattle, und Research Fellow, Battelle Seattle Research Center, Seattle, Wa.
1973–1981	Wissenschaftlicher Direktor der Stiftung „Gesellschaft und Unternehmen", Frankfurt
1980–1987	Präsident des Wissenschaftszentrums Berlin für Sozialforschung
1987–1988	Visiting Professor, School of Business Administration der University of California, Berkeley
seit 1989	Professor für Technik- und Wissenschaftssoziologe an der TU Berlin

MICHEL E. DOMSCH, Prof. Dr. rer. oec., geb. 1941

1968/1974	Promotion/Habilitation an der Universität Bochum
1969–1971	Mitarbeiter am USW Universitätsseminar der Wirtschaft, Erftstadt, Harvard Business School (Cambridge, USA)

1972–1978	Projektleiter/Bereichsleiter im Deutschen BP AG-Konzern
seit 1978	Univ.-Professor für Betriebswirtschaftslehre an der Universität der Bundeswehr Hamburg; Vorsitzender des I.P.A. Instituts für Personalwesen und Arbeitswissenschaft; Leitung der F. G. H. Forschungsgruppe Hamburg

KLAUS ECKRICH, Prof. Dr., geb. 1960

1979–1982	Kaufmännische Ausbildung und Tätigkeit als Bankkaufmann
1983–1988	Studium der Volkswirtschaftslehre
1988–1994	Projektmanager und Projektleiter am USW Universitätsseminar der Wirtschaft, Schloß Gracht; Promotion an der Universität Mainz (1993)
1994–1996	Leitung des Bereichs Wissenstransfer und Weiterbildung am ZEW Zentrum für Europäische Wirtschaftsforschung, Mannheim
seit 1994	Beratungstätigkeit mit Schwerpunkten Projektmanagement und Führungsverhalten
seit 1999	Lehre an der privaten Fachhochschule der Wirtschaft (FHDW)

HEINZ EVERS, Dr. rer. oec., geb. 1941

1962–1968/1974	Studium der Wirtschaftswissenschaften, Promotion an der Universität Bochum
seit 1974	Aufbau und Leitung der Kienbaum Vergütungsberatung, Gummersbach, Herausgeber der jährlichen Kienbaum-Vergütungsstudien
1982	Geschäftsführer der Kienbaum Personalberatung GmbH
1989	Gesellschafter der Kienbaum und Partner GmbH
1998	Geschäftsführer der Kienbaum Management Consultants GmbH

HEIDRUN FRIEDEL-HOWE, Prof. Dr. rer. pol., geb. 1943

1979/1986	Promotion an der Universität Augsburg/Habilitation in Psychologie an der Universität München
1985–1990	Beauftragte für Weiterbildung an der Universität der Bundeswehr, München
1991–1995	Professorin für Organisation an der Universität der Bundeswehr München, Fachbereich Betriebswirtschaft
seit 1995	Professur für Organisationspsychologie unter besonderer Berücksichtigung des Personalmanagements an der Universität der Bundeswehr München, Fachbercich Betriebswirtschaft

HILKE GANSLMEIER, Dr. oec. publ., geb. 1963

1991	Abschluss: Diplom-Kaufmann an der Universität Erlangen-Nürnberg
1992–1997	Wissenschaftliche Mitarbeiterin am Lehrstuhl für Allgemeine Betriebswirtschaftslehre, insbesondere Personal- und Organisationslehre, an der Friedrich-Schiller-Universität Jena
1996	Promotion an der Universität Zürich
seit 1997	Siemens AG, München, zunächst Prozessberaterin, dann Aufbau des „Center of Competence M & A Integration"

DIETHER GEBERT, Prof. Dr., geb. 1940

1972/1976	Promotion in Psychologie/Habilitation
1972–1975	Wissenschaftlicher Assistent am Institut für Psychologie der Universität München
1980–1991	Professor für Betriebswirtschaftslehre, insbes. Betriebliches Personalwesen und Führungslehre, Universität Bayreuth
seit 1991	Professor an der TU Berlin

PETER GLAS, Dipl.-Psych., geb. 1972

1998	Abschluss Diplom-Psychologe an der Katholischen Universität Eichstätt
1997–1999	Projektleiter Training & Sales bei der Microsoft GmbH Deutschland
1999–2001	Produktmanager Management Learning Programm S4 bei Siemens Qualification and Training
seit 2001	Themenowner im Themengebiet Management Excellence bei Siemens Qualification and Training

FRIEDRICH HAEBERLIN, Prof. Dr. disc. pol., geb. 1938

	Studium der Psychologie an den Universitäten Erlangen, Münster und Göttingen
1970	Promotion an der Wirtschafts- und Sozialwissenschaftlichen Fakultät der Universität Göttingen
1970–1973	Wissenschaftlicher Oberrat am Sozialwissenschaftlichen Institut der Bundeswehr in München
seit 1973	Professor für Methoden der empirischen Sozialforschung an der Universität der Bundeswehr Hamburg

VOLKER HEYSE, Prof. Dr. phil., geb. 1944

1969	Abschluss: Diplom-Psychologe
1973	Promotion
1985/1986	Professur an der Bauakademie Berlin/Habilitation
1969/1996	Leitende Tätigkeiten im Bereich OE/PE, Managementtraining, Unternehmensberatung
seit 1996	Geschäftsführender Gesellschafter mehrerer Personalentwicklungs-Beratungsunternehmen, Gründungsrektor der staatlich anerkannten privaten Fachhochschule des Mittelstands Bielefeld

LAILA M. HOFMANN, Prof. Dr. rer. pol., Dipl.-Kfm., geb. 1963

	Studium der Betriebswirtschaftslehre in Nürnberg
1989–1992	Personal- und Entsendungsreferentin bei Messerschmitt-Bölkow-Blohm/DASA in München und Paris
1992–1997	Wissenschaftliche Mitarbeiterin und Dozentin am USW, Universitätsseminar der Wirtschaft, Schloss Gracht, Erftstadt bei Köln
seit 1997	Leiterin des Kompetenzzentrums „Führung und Personalmanagement" am USW, Schloss Gracht
1998–2001	Senior Manager „Executive Programs" in der debis academy, Berlin/New York

seit 2001	Professorin für Betriebswirtschaftslehre mit Schwerpunkt Personalmanagement an der Fachhochschule für Wirtschaft Berlin

HARALD JÄCKEL, Dipl.-Kfm., geb. 1952

1975	Abschluss: Studium der Betriebswirtschaftslehre an der Universität Würzburg als Diplomkaufmann
1977	Eintritt in das elterliche Unternehmen als selbständiger Geschäftsführer eines Textileinzelhandelsbetriebes mit ca. 35 MitarbeiterInnen
1980	Vertriebstätigkeit bei namhaftem Computerhersteller
1984	2-jähriges pädagogisches Aufbaustudium, Mitbegründung einer Freien Waldorfschule, 6 Jahre Lehrer in der Freien Waldorfschule
1992	Selbständige Beratertätigkeit in Organisations-, Personalentwicklung und Konfliktmanagement
1993/1994	Aufnahme in Trigon Entwicklungsberatung/Genossenschafter der Trigon-Entwicklungsberatung
2002	Mitbegründung des Trigon Regionalbüros in München

ALFRED KIESER, Prof. Dr., geb. 1942

1969/1973	Promotion/Habilitation an der Universität zu Köln
1974–1977	Professor für Organisation und Personalwirtschaft an der Freien Universität Berlin
seit 1977	Lehrstuhl für Allgemeine Betriebswirtschaftslehre und Organisation an der Universität Mannheim

MARIA KRÜGER-BASENER, Dipl.-Kfm./Dipl.-Psych., geb. 1952

1980–1984	Wissenschaftliche Mitarbeiterin am Institut für Personalwesen und Arbeitswissenschaft (I.P.A.), Universität der Bundeswehr Hamburg
1984–1988	Mitarbeiterin der Landesgirokasse, Stuttgart – Personalpolitik/Grundsatzfragen und Personalreferentin
1988–1989	Projektleiterin am Institut für Personalwesen und Arbeitswissenschaft (I.P.A.), Universität der Bundeswehr Hamburg
seit 1989	Projektleiterin beim INPUT Institut für Personal- und Unternehmensmanagement, Paderborn

DÉSIRÉE H. LADWIG, Prof. Dr. rcr. pol., geb. 1964

1989/1994	Diplom-Kauffrau/Diplom-Volkswirtin
1990–1995	Wissenschaftliche Mitarbeiterin am I.P.A. Institut für Personalwesen und Arbeitswissenschaft, Universität der Bundeswehr Hamburg, Promotion
seit 1990	Unternehmensberaterin bei der F.G.H. Forschungsgruppe Hamburg (senior manager)
seit 1995	Geschäftsführerin der F.G.H. Forschungsgruppe Hamburg
1995–1998	Projektleitung: „Mobilzeitberatung für qualifizierte Fach- und Führungskräfte" im Auftrag des BMFSFJ
1997–2000	Internationale Koordination des EU-Netzwerkes „Family & Work" der Europäischen Kommision
seit 2002	Professur für Personalwesen und Internationales Management an der OTA University of Applied Sciences, Berlin

BIANKA LICHTENBERGER, Dipl.-Volksw., geb. 1959

1983	Abschluss: Diplom-Volkswirtin an der Universität Freiburg im Breisgau
1983–1988	Ausbildung zur Wirtschaftsjournalistin im Holtzbrinck Verlag/Redakteurin beim Handelsblatt, Wirtschaftswoche und Manager Magazin für Unternehmensberichterstattung und Managementfragen
1988–1991	Wissenschaftliche Mitarbeiterin am Institut für Personalwesen und Arbeitswissenschaft der Universität der Bundeswehr Hamburg
1991–1992	Sachverständige für Unternehmens- und Managemententwicklung bei der Internationalen Arbeitsorganisation (ILO), Genf
seit 1993	Leiterin Human Resources Development, Alusuisse-Lonza Hold., Zürich

KLAUS LINNEWEH, Prof. Dr. disc. pol., geb. 1942

1968/1970	Abschluss zum Diplom-Sozialwirt/Promotion
1970–1973	Wissenschaftlicher Mitarbeiter am Battelle-Lehrstuhl für wissenschaftliche Führungsmethoden am USW
1974	Gründung des Instituts für systematische Innovation, Hannover, und Professor an der Fachhochschule Hannover
1979	Ernennung zum Professor für angewandte Sozialpsychologie

KATHRIN MÖSLEIN, Dr. oec., geb. 1966

1993	Abschluss: Diplom-Informatikerin an der Technischen Universität München
1999	Promotion in Betriebswirtschaftslehre an der Technischen Universität München
seit 1999	Wissenschaftliche Assistentin und Habilitandin am Lehrstuhl für Allgemeine und Industrielle Betriebswirtschaftslehre der Technischen Universität München

SOPHIE MÜTZEL, B.A., geb. 1971

1990–1993	Studium der Politikwissenschaften, University of California, Santa Cruz und Berkeley; Abschluss: Bachelor of Arts
seit 1993	Research Assistant am Wissenschaftszentrum Berlin

FRIEDEMANN W. NERDINGER, Prof. Dr. phil. habil., geb. 1950

1982	Abschluss: Diplom-Psychologe an der Universität München
1989/1993	Promotion/Habilitation an der Universität München
1982–1993	Wissenschaftlicher Mitarbeiter am Lehrstuhl für Organisations- und Wirtschaftspsychologie der Universität München
seit 1993	Professor für Wirtschafts- und Organisationspsychologie an der Universität Rostock

OSWALD NEUBERGER, Prof. Dr., geb. 1941

1967–1977	Mitarbeiter am Institut für Psychologie der Universität München
1970/1975	Promotion/Habilitation

1977–1980	Professor für Organisationspsychologie an der Hochschule der Bundeswehr München
seit 1980	Lehrstuhl für Psychologie an der Wirtschaftswissenschaftlichen Fakultät der Universität Augsburg

PETER NEUMANN, Dr., geb. 1945

1976	Promotion an der Universität München
1977	Wissenschaftlicher Assistent und Akademischer Rat am Psychologischen Institut der Universität München
seit 1982	Geschäftsführer der Arbeitsgruppe Wirtschaftspsychologie, Forschungs- und Wissenstransfer, München
seit 2000	Akademischer Direktor am Department Psychologie der Universität München

PETER PAWLOWSKY, Prof. Dr. rer. pol., geb. 1954

1979	Diplom-Sozialwirt an der Georg-August Universität Göttingen
1980–1986	Forschungsstelle Sozialökonomik der Arbeit, Freie Universität Berlin, Promotion
1986–1989	Referent für gesellschaftspolitische Fragen; Carl-Bertelsmann-Preis in der Bertelsmann-Stiftung, Gütersloh
1989–1994	Forschungsstelle Sozialökonomik der Arbeit, FU Berlin – Arbeitsbereich Prof. Strümpel; Leiter der Forschungsstelle
1994	Habilitation an der Universität Paderborn
seit 1994	Professur an der Technischen Universität Chemnitz, Fakultät für Wirtschaftswissenschaften, Lehrstuhl Personal und Führung und Direktor der Forschungsstelle Sozialökonomik der Arbeit
1998	Visiting Professor, Japan Advanced Institute of Science and Technology, School of Knowledge Science, Japan

ERIKA REGNET, Prof. Dr. rer. pol., geb. 1962

1987	Abschluss: Diplom-Psychologin an der Universität München
1987–1992	Dozentin und Projektleiterin am USW Universitätsseminar der Wirtschaft, Erftstadt
1991	Promotion an der Universität Bayreuth, Fachbereich Betriebswirtschaftslehre
1992–1995	Leiterin Personalentwicklung bei der Kreditanstalt für Wiederaufbau, Frankfurt
1995–1996	Geschäftsführerin der VÖB-Berufsbildungs-Serviceeinheit GmbH, Bonn
seit 1997	Professorin für Personalwirtschaft und Allgemeine BWL, Fachhochschule Würzburg-Schweinfurt

RALF REICHWALD, Prof. Dr. rer. pol. Dr. h.c., geb. 1943

1965–1970	Studium der Betriebswirtschaftslehre an den Universitäten Marburg, Bonn und München
seit 1975	Professur für Produktionswirtschaft und Arbeitswissenschaft an der Universität der Bundeswehr München

seit 1987	Inhaber des Lehrstuhls für Allgemeine Betriebswirtschaftslehre an der Universität der Bundeswehr München
seit 1990	Inhaber des Lehrstuhls für Allgemeine und Industrielle Betriebswirtschaftslehre der Technischen Universität München und Mitglied des Vorstands des Instituts für Wirtschafts- und Rechtswissenschaften
1994	Verleihung der Ehrendoktorwürde durch die TU Bergakademie Freiberg/Sachsen
seit 2002	Dekan der neugegründeten Fakultät für Wirtschaftswissenschaften der Technischen Universität München

AXEL RIEGERT, Dipl.-Psych., geb. 1972

2001	Abschluss Diplom-Psychologe an der Universität München
seit 2001	Promotion an der Universität München, Lehrstuhl für Organisations- und Wirtschaftspsychologie; Doktorand bei Siemens Qualification and Training, Bereich Leadership Development
2002	Wissenschaftlicher Mitarbeiter am Lehrstuhl für Organisations- und Wirtschaftspsychologie, Universität München

LUTZ VON ROSENSTIEL, Prof. Dr. phil., geb. 1938

1968/1974	Promotion/Habilitation (Venia für Psychologie)
1970–1977	Wissenschaftlicher Rat und Professor für Wirtschaftspsychologie an der Wirtschafts- und Sozialwissenschaftlichen Fakultät der Universität Augsburg
seit 1977	Professor für Wirtschafts- und Organisationspsychologie an der Universität München
seit 1978	Geschäftsführender Vorstand des Psychologischen Instituts der Universität München im Wechsel mit anderen Vorstandskollegen
1992–2000	Prorektor der Universität München

HERMANN RÜHLE, Dr., geb. 1944

1975–1977	Wissenschaftlicher Mitarbeiter an der Universität Mannheim
1977–1982	Wissenschaftlicher Mitarbeiter und Assistent am Lehrstuhl Ökonomische Psychologie der Universität Augsburg
1982	Promotion in Psychologie
seit 1982	Freiberufliche Praxis für Management-Psychologie in Augsburg; Lehrbeauftragter am Kontaktstudium Management der Universität Augsburg

HEINZ SCHULER, Prof. Dr. rer. pol., geb. 1945

1973–1978	Promotion/Habilitation (Venia für Psychologie)
1979	Professor für Psychologie an der Universität Erlangen-Nürnberg
seit 1982	Professor für Psychologie an der Universität Hohenheim, Stuttgart

RICHARD K. STREICH, Prof. Dr. rer. pol., geb. 1950

1982	Promotion
1983–1987	Dozent und Projektleiter am USW Universitätsseminar der Wirtschaft, Erftstadt
1987–1989	Leiter Personalentwicklung, Nixdorf Computer AG, Paderborn

seit 1989 Geschäftsführer des INPUT-Instituts für Personal- und Unternehmensmanagement, Paderborn
seit 1995 Professor für Wirtschafts- und Verhaltenswissenschaften an der FHDW Paderborn – University of Applied Sciences

BURKHARD STRÜMPEL, Prof. Dr. rer. pol., geb. 1935, †1990

1960/1968 Promotion/Habilitation an der Universität zu Köln
1968 Associate Professor of Economics, University of Michigan
1971–1977 Program Director, University of Michigan
1977–1990 Professor im Fachbereich Wirtschaftswissenschaften und Direktor der Forschungsstelle Sozialökonomik der Arbeit der Freien Universität Berlin

ALEXANDER F. THOMAS, Prof. Dr. phil., geb. 1939

1970 Promotion zum Dr. phil. an der Universität Münster
1970–1974 Assistent am Institut für Psychologie der Universität Münster
1974–1979 Professor im Fachbereich Erziehungswissenschaften der FU Berlin
seit 1979 Professor für Psychologie an der Universität Regensburg

ANNETTE VOSS, Dipl. Kfm., geb. 1965

1984–1989 Studium der Betriebswirtschaftslehre an der Universität Bayreuth
1989–1992 Traineeprogramm/Referentin Personalmarketing, Dresdner Bank AG, Frankfurt a.M.
Dozentin an der Bankakademie, Frankfurt a.M.
1992–2000 Dozentin und wissenschaftliche Mitarbeiterin am USW Schloss Gracht, Erftstadt
seit 2000 Freiberuflich tätige Trainerin und Moderatorin; freie Mitarbeit und Projektleitung am USW Schloss Gracht in Erftstadt; Lehrbeauftragte der privaten Fachhochschule der Wirtschaft (FHDW)

ULRICH GRAF von Wedel, M.Sc., geb. 1966

1989–1994 Studium der Politik- und Wirtschaftswissenschaften in Deutschland, Irland und Großbritannien
1994 Abschluss: Master of Science an der London School of Economics
1995–1997 Berater bei Bernd Heuer & Dr. Seebauer – Personal- u. Unternehmensberatung, Berlin
1998–2001 Personalreferent & Projektleiter bei der Deutschen Telekom Computer Service Management, Darmstadt
seit 2001 Berater bei der HAY Group

JÜRGEN WEIBLER, Prof. Dr. rer. pol., geb. 1959

1985/1986 Dipl.-Volkswirt/Dipl.-Psychologe Universität zu Köln
1988 Promotion an der Universität zu Köln
1989–1991 Unternehmensberater bei der EC Consulting Group AG, Düsseldorf
seit 1991 Wissenschaftlicher Mitarbeiter am Institut für Führung und Personalmanagement der Hochschule St. Gallen
1994 Habilitation an der Hochschule St. Gallen
1994–1996 Privatdozent für Betriebswirtschaftslehre an der Hochschule St. Gallen

1996–1998	Professur an der Universität Konstanz für Betriebswirtschaftslehre der öffentlichen Verwaltung/Managementlehre
seit 1998	Professur an der FernUniversität in Hagen für Betriebswirtschaftslehre insbesondere Personalführung und Organisation

MICHAEL WEIDINGER, Dipl.-Pol., geb. 1957

1983	Abschluss: Dipl.-Politologe an der FU Berlin
1984–1986	Mitarbeiter der Arbeitszeitberatung Dr. Hoff und Partner
seit 1987	Partner der Arbeitszeitberatung Dr. Hoff, Weidinger und Partner

BRUNO J. WEIDL, Dr. oec. publ., geb. 1957

1978–1984	Studium der Betriebswirtschaftslehre an den Universitäten Münster und München
1984–1987	Digital Equipment GmbH, München, Vertriebs- und Produktmanagement
1990/1996	MBA University San Francisco/Promotion Universität München
1988–1992	Marketing- und Vertriebsleiter sowie Direktor bei Behn Meyer Group of Companies, Malaysia/Singapur
1992–1996	Egon Zehnder International, München
seit 1996	Partner und Gesellschafter bei Heidrick & Struggles, Mülder & Partner, München

UTA WILKENS, Dr. rer pol., geb. 1967

1987–1992	Studium der Betriebswirtschaftslehre und Wirtschaftspädagogik in Göttingen und Berlin, Abschluss Diplom-Kauffrau; Diplom-Handelslehrerin (1994)
1993–1994	Wissenschaftliche Mitarbeiterin an der Forschungsstelle Sozialökonomie der Arbeit, FU Berlin, EU-Projekt „Future Working Structures"
1994–1998	Wissenschaftliche Mitarbeiterin, Lehrstuhl Personal und Führung, TU Chemnitz, Promotion
seit 1998	Wissenschaftliche Assistentin, Lehrstuhl Personal und Führung, TU Chemnitz
2000	Kurzzeitdozentur am Japan Advanced Institute of Science and Technology, School of Knowledge Science, Japan

ROLF WUNDERER, Prof. Dr., geb. 1937

seit 1974	o. Professor für Betriebswirtschaftslehre, insbesondere Personalwesen und Unternehmensführung an der Universität Essen
seit 1983	o. Professor für Betriebswirtschaftslehre, insbesondere Führung und Personalmanagement an der Universität St. Gallen, Gründer und Direktor des Instituts für Führung und Personalmanagement der Universität St. Gallen
1995–1997	Gastprofessur für Personalwesen im Teilzeitverhältnis an der Universität München

Stichwortverzeichnis

360°-Beurteilung 231, 238 ff., 502, 654

Abhängigkeit, im Managementbereich 341
Abmahnung 348 ff.
Abwehrmechanismen 37
Action Learning 91 f.
Akkommodation 536
Akzeptanz 697
Alkoholabhängigkeit 330, 332 f.
Alkoholiker 330
Alkoholmissbrauch 331
Altersstereotypen 602
Altersversorgung
– betriebliche 497
Anerkennung 213, 269 ff., 273 ff.
Anforderung 51 ff., 58, 64
Anforderungen 153 f.
Anforderungsprofil 58
Angestellter
– außertariflicher 725
– leitender 725
Appellfunktion 245
Arbeitnehmer-Entsendegesetz 611
Arbeits- und Anforderungsanalyse 153
Arbeits- und Gesundheitsschutz 604
Arbeitsanfallschwankungen 839
Arbeitsform
– neue 784
Arbeitsgruppe 367 f., 379 f., 382
Arbeitsgruppen 388 f., 539
– multikulturelle 522
– selbstregulierende 390
– teilautonome 389 f., 392, 860
Arbeitsinhalt 214
Arbeitslosigkeit 55, 222, 811 f.
Arbeitsmarkt 54, 810, 812 f., 821, 826, 830
Arbeitsmotivation 202, 323
Arbeitsproben 169 f.
Arbeitsrecht
– für Vorgesetzte 343
Arbeitsschutz 619
Arbeitsstil 135
Arbeitstechniken 421 f., 436

Arbeitsunfähigkeitsbescheinigung 610
Arbeitsunzufriedenheit 220
Arbeitszeit 55, 124, 742, 746, 756, 810 f., 813 ff., 820 ff., 834
Arbeitszeitflexibilisierung 571, 809, 821, 852
– für Führungskräfte 853
Arbeitszeitgestaltung 835
Arbeitszeitmanagement 861
Arbeitszeitverkürzung 743, 747, 811, 813 ff., 820, 830
Arbeitszufriedenheit 6, 14, 126, 217 ff., 702, 710
Assessment Center 6, 8, 165, 170 ff., 176, 485, 519
Audit 670
Aufgabenorientierung 13 ff., 17
Aufstieg 213 f.
Ausland 514 ff.
Auswahl 151 f., 154 ff., 158 f., 164 f., 179 f., 518
Auswahlentscheidungen 152, 155, 158
Auswahlkriterium 517
Auswahlverfahren 160, 164, 519

Balanced Scorecard 495
Beförderung 322
Befriedungspotenzial 153
Belastung 124
Beratung 283
Beruflicher Erfolg 152
Berufs- und Privatsphäre 111
Berufseignungsdiagnostik 166
Berufsrolle 113
Betriebsklima 225
Betriebsklimaanalyse 652
Betriebsrat 180, 663, 721 ff., 726 f., 739
Betriebsrente 613 f.
Betriebsübergang 618
Betriebsvereinbarung 723, 756 f.
Betriebsverfassungsgesetz 626, 722 f., 725
Betriebsverfassungsrecht 722, 724
Beurteilung 686
Beurteilung von Vorgesetzten 231, 237

Beurteilungsgespräch 38
Beurteilungssystem 364
Beweissicherung 346
Bewerbungsunterlagen 160
Beziehung, soziale 533
Beziehungsaspekt 692 f.
Biographische Fragebogen 168 f.
biographischen Fragebogen 165
Blockteilzeitarbeit, halbierte 855
Bonussysteme 494, 496
Burn-out 851

Cafeteriasysteme 497
Change Prozesse 645
Change Prozesses 648
Change-Agent 797
Changemanagement 669
Coaching 107 f., 144, 148, 241, 282, 310 f., 393, 521
Computer Based Training 86, 88
Computergestützte Diagnostik 168
computergestützte Lernformen 87
computergestützte Testdurchführung 174
computervermittelte Kommunikation 94
Corporate Identity 712, 772

Datensammlung 419, 424, 427 f., 435
Deferred Compensation 498
Delegation 135
Denken
– ganzheitliches 63
Desk Work 705
Diagnose-Instrumente 428
Diagnoseprozesse 643 f., 647
Diversity 61 f., 448 f., 539
Doppelbelastung Haushalt/Beruf 114
Dual Career Couple 473, 553, 561
Due-Diligence 668

EG-Entsenderichtlinie 611
Eigenschaftstheorie 7
Eigenverantwortung 847
Eignungsdiagnostik 166, 169, 175
Einarbeitung 157, 183 f.
Einarbeitungsprogramm 186, 189
Einflussstrategien 325
Einigungsstelle 730

Einstellungsgespräch 158 ff., 163 f.
Einstellungsinterview 164
e-Kommunikation 681
E-Learning 85 f., 94
Employability 60
Entgeltfortzahlung im Krankheitsfall 609 f.
Entscheidungspartizipation 320
Entscheidungsverhalten 18 f.
Entwicklungspotenzial 479
Entzug 339
Erfolgsprognose 158
Ermahnung 352
Erschöpfungsstadium 122
Erwerbspersonenpotenzial 812, 814, 826, 828 f.
Erwerbspersonenpotenzials 825
Eskalation 408
Europäischer Betriebsrat 622
EX-Placement 796

Face-to-face-Kommunikation 89, 94, 681, 690 f., 700, 703 ff.
face-to-face-Kontakt 679
Fachkraft 479
Fachlaufbahn 481 f.
Feedback 77, 89, 95, 157, 172, 207, 244, 249 ff., 418, 422, 437, 494, 504, 531, 684, 793
Feedbackfähigkeit 418, 421, 437
Fehlzeit 360
Fehlzeiten 358
Fehlzeitenrate 223, 226
Fertigungsteam 389, 392
Fertigungsteams 392
Fluktuation 551 ff.
Förderung 154, 232, 239
– off-the-job 232
– on-the-job 232
Frauen 547 ff., 554
Freizeitumfang von Führungskräften 115
Freizügigkeit der Arbeitnehmer 608, 610
Fremdgruppendiskriminierung 538
Führung 4, 68
– Art der 319
– charismatische 294
– der eigenen Person 97, 118, 132, 144

- des Chefs 293
- durch Delegation 12
- durch Kommunikation 7
- durch Menschen 5
- durch Strukturen 4 f.
- ein Gruppenphänomen 7
- funktionale 20
- in Gruppen 365
- intentionale soziale Einflussnahme 7
- interaktionelle 319
- Mitarbeiter 115
- nach oben 308
- optimale 42
- partizipative 303, 652
- rationale 42
- situative 48
- strukturelle 319
- symbolische 20
- von oben 296, 306
- von unten 296 f., 303, 306 f., 310 ff.

Führung der eigenen Person 99 f., 107 f.
Führungsebenen, Verflachung der 327
Führungseigenschaft 7 f., 15, 52
Führungserfolg 9, 14
- Kriterien des 6
- Ursache des 10

Führungskommunikation 690, 702
Führungskompetenz 284
Führungskraft 478 f.
- Aufgaben der 254
- Auswahl der 516

Führungskräftebeurteilung 792
Führungskräfteentwicklung 68, 86
Führungskultur 321
Führungsleitbild 321
Führungsprozess 315
Führungssituation 8 ff., 15 ff.
Führungsstil 10 f., 16, 297, 325
Führungstriade 322
Führungsverhalten 9, 12 f., 139
- arbeitsbezogenes 320
- unterstützendes 319

Führungs-Verhaltens-Analyse 657
Führungsverhaltensdimension 13
Fusion 666
FVVB 63

Ganzheitliches Denken 467
Geburtenraten 815

Gerechtigkeitsansatz 206
Gesamtbetriebsrat 727
Gesamtbewertung des Einsatzes eignungsdiagnostischer Instrumente 180
Geschlechtsdiskriminierung 612, 614
Gesellschaft
- geschlossene 761 f., 764
- offene 761 f., 764

Gespräch
- autoritäres 255
- direktives 255
- nondirektives 255 ff., 263 ff.
- patriarchalisch-autoritäres 255, 257

Gesprächsführung
- nondirektive 250

Gesprächsstil 254, 256
- nondirektiver 258

Gesundheit 105
Gesundheitsmanagement 124, 128
Gesundheitsvorsorge 108
global player 526
Globalisierung 54, 458
Gruppe 368, 376 f.
- formelle 368
- geschlossene 380
- informelle 368 f.

Gruppenarbeit 372 ff., 388 ff.
Gruppenbildung 369 ff.
Gruppendruck 382
Gruppendynamik 421, 423, 435 f., 443
Gruppengröße
- optimale 377

Gruppenharmonie 533
Gruppenkohäsion 382 f.
Gruppennorm 382

Handeln
- interkulturelles 532
- motiviertes 199
- politisches 43

Handlungskompetenz
- interkulturelle 533

Hierarchie 244, 294, 311
Hierarchieebenen 316, 324
Hierarchieorientierung 534
Hilflosigkeit, erlernte 125
HR-Due-Diligence 668

Hybrid Learning 93
hybrid learning 88
Hygiene-Faktor 201

Identifizierung 337
Individualismus vs. Kollektivismus 542
Inhaltstheorie 204
inkrementelle Validität 178
Innovation 325
Innovationfähigkeit 783
Instrumentalitäts-Ansatz 206
Interaktion
– themenzentrierte 248
Interaktionsproblem
– kulturbedingtes 531
Internetgestützte Eignungsdiagnostik 174
internetgestützter Diagnostik 175
ISO 9000 620

Jahresarbeitsvertrag 855
Job Rotation 68, 479
Jobbörsen 175
Jobsharing 855

Kaizen 388
Kalender 141
Karriereorientierung 549 ff.
Karriereplanung 323
Karrierestrategie 567 f.
Karriereweg 115
Kohäsion 702 f.
Kollegenbeurteilung 230, 232 ff.
Kommunikation 243 ff., 421 f., 437, 690 ff., 695 ff.
– aufgabenorientierte 699
– geschäftliche 697
– nonverbale 379
– offene 442 f.
Kommunikationsstörung 246, 248
Kommunikationsstruktur 247, 378
Kommunikationstechnologien 522
Kompetenz 64
– kognitive 70
– kommunikative 63
– soziale 284, 380
Konditionierung 271
– operante 272

Konflikt 398 ff., 416, 421 f., 430, 438 ff., 643 f., 648
– Auswirkungen von 401
– direkter 400
– in Gruppen 397 f.
– latenter 399
– offener 400
– strategischer 400
Konfliktabbau 410
Konfliktbewältigung 397 f., 410 ff.
Konfliktdynamik 397, 403, 406
Konflikthandhabung 323
Konfliktmanagement 63, 398
Konfliktpotenzial 397, 403 f., 410
– kulturbedingtes 529
Konfliktprophylaxe 410
Konfliktsymptom 406
Kontingenzmodell 15, 17
Kontrakt 419, 423 f.
Konzernbetriebsrat 727
Kooperation 702
kooperatives Lernen 90
Koordinierung der Arbeitsrechtssysteme 610
Koordinierung der Sozialversicherungssysteme 622
Körperhaltung 261
Krankheit 333, 357 f.
Kreativität 32, 631, 634
Krise 788
Krisenmanagement 789
Kritik 269 ff., 276 ff.
Kulturelle Assimilation 536
Kulturelle Identität 536
Kulturelle Synergie 537
Kulturstandard 532
Kündigung 728, 732 f.
– betriebsbedingte 347
– ordentliche 346
– personenbedingte 347
– verhaltensbedingte 347 f.
– wegen Krankheit 358
– Zustellung einer 355
Kündigungsgrund 346 f.
Kündigungsschutz 346 f.
Kündigungsschutzrecht 346
Kurzarbeit 742
KVP-Team 388, 391
Laufbahnform 481

Laufbahnplanung 322
Laufbahnstruktur 481
lean production 632
Lebensarbeitszeit 823, 826, 829
Lebensphasen 641
Leistung 213, 667
Leistungs- und Intelligenztest 167
Leistungsbereitschaft 218
Leistungsfähigkeit 218
Leistungskurve 135, 143
Leistungsorientierung 13, 702
Leistungsprinzip 779
Leitbild-Gestaltung 804 f.
Leitungsspanne 377
Leitungssystem 629
Lernen 28, 30, 271, 393, 602, 645
– kooperatives 91
– problemorientiert 91
Lerntheorie, soziale 321
Lerntransfer 78 f.
Lerntransfers 89
Life-Styling 145
Lokomotion 702 f.

Maastricht 608
Machiavellismus 295
Macht 43, 48
Machtdistanz 542
Management
– leitbildorientiertes 805 f.
– mittleres 287
Management by objectives 213
Management Development 92
Management of change 62
Management-Audit 671
Managementkompetenz 465 f.
Managementkompetenzen 92
Maskulinität vs. Femininität 542
Media-Choice-Forschung 696
Media-Impact-Forschung 702 f.
Media-Richness 703
Media-Richness-Theorie 697, 700
Medienakzeptanz 697
Medienkommunikation 691, 696, 702
Mediensensitivität 701
Medienwahl
– aufgabenorientiert 698
Merger Management 669
Merger-Prozess 674

Metakommunikation 248, 431, 692
Metaplanmethode 311
Mikropolitik 21, 41 f., 44 ff., 48, 248, 295
Mitarbeiterbefragung 220, 225, 507 f., 651 ff., 674
Mitarbeitergespräch 230 ff., 254, 504
– nondirektives 258
Mitarbeiterleistung 320
Mitarbeiterorientierung 13 ff., 17, 702
Mitbestimmung 502, 721, 727 ff., 732, 740, 742, 746, 755
MIT-Studie 632
MMPI 519
Mobilzeit 850
Motiv 197, 200, 204, 209 f.
– bewusstes 198
– extrinsisches 201
– intrinsisches 201
– latentes 198
Motivation 58, 135, 195 f., 219, 231, 307
– Inhaltstheorien der 200
Motivationsfunktion 273
Motivationsmodell
– hierarchisches 202
Motivziel 199
Multimodale Interview 166
Multimodalen Interview 165

Nachfolgeplan 479
Nutzen der Personalauswahl 179

offene Kommunikation 416
off-the-job 232
Online-Bewerbung 156, 174 f.
on-the-job 232
Organisation 640 ff., 649
– bürokratische 5
– verteilte 691
Organisationsentwicklung 227, 391 f., 395, 625, 637, 640, 643
Organisationsentwicklungsmaßnahme 310
Organisationsklima 707
Organisationskultur 296, 703
Organisationsplan 478
Organisationsstruktur 325, 625
Organisationsverständnis 306
Outdoor-Training 418 f.

Outsourcing 617 ff.
Overcomplication 700
Oversimplification 700

Partizipation 14, 56, 297, 391
Partizipationsorientierung 14 f.
Personalabbau 669
Personalakte 344 ff.
Personalanpassung
– strukturelle 782
Personalauswahl 155, 164, 393, 779
Personaleinsatz
– internationaler 513, 515 f.
Personalentwicklung 1, 65, 473, 475, 561 f., 565 ff., 569, 779
– Ziele der 476
Personalinformationssystem 481
Personalkostensenkung 496
Personalmanagement, strategisches 321
Personalmarketing 155, 164, 177
Personalmarketing via Internet 156
Personalplanung 475, 561 f., 565, 567 f., 730, 779
– Ablauf der 476
– Instrumente der 478
– Organisation der 479
– Ziele der 476
Personalpolitik 473
Personalreduzierungsmaßnahmen 795
Personalstrategie 780, 782 f.
Personalsuche 65
persönlichen Kompetenzen 107 f.
Persönlichkeit 99, 101, 103, 105
Persönlichkeitsentwicklung 65, 144
Persönlichkeitstest 167
Potenzialanalyse 170 ff., 478
Potenzialentwicklung 487
Prinzip der Multimodalität 174
Projektgruppen 388, 391, 394
Projektlaufbahn 484
Projektmanagement 463 f., 466 ff., 669
Projektmanagements 462
Projektorganisation 463 f.
Prozessanalyse 430 f., 438, 443
Prozesstheorie 200, 205 ff.

Qualifikation 602
Qualifizierung 600
Qualitätszirkel 388, 391

rechtliche Fragen der Berufseignungsdiagnostik 179
Reengineering 788
Rollencharakteristika 115
Rollendifferenzierung 381
Rollenerfahrung 112
Rollenerwartung 112
– führungsbezogene 321
Rollenkonflikt 108, 112, 116 f., 185
Rollenspiel 80, 82

Sabbaticals 68, 108, 852
Schul- und Examensnoten 163
Selbst- und Fremdbild 117
Selbstbeurteilung 230, 237, 241
Selbstbeurteilungen 236 f.
Selbstbild 273
Selbstkontroll-Kompetenz 437
Selbstmanagement 140, 144
Selbstregulation 390, 394
selbstregulierende Arbeitsgruppen 390, 394
Selektionsquote 160, 176
Selektionsquoten 177
Sensibilisierungs- und Orientierungstraining 541
Servicezeit 836, 838
Situationsmanagement 17
Situationstheorie 15
Situative Führung 48
Soziale Fähigkeiten 436, 438
soziale Validität 156, 179
Sozialen Fähigkeiten 421, 437
Sozialer Fähigkeiten 422
Sozialkompetenz 465 f.
Sozialraum Europa 608
Sprecherausschuss 726
Stab-Linie-Kooperation 303
Stellenbeschreibung 478, 629
Stellenbewertung 493
Stilllegung von Betrieben 730
Störfaktor 132
Störungsmanagement 138, 140, 144
Strategic Leadership Review 792
Stress 106, 119 ff., 124, 129, 145, 212, 320, 392
– Auswirkungen von 120 f.
Stressbewältigung 106, 108, 127

Stressfaktor 122 f.
Stressgespräch 254 ff.
Stresshandhabung 119, 124 f.
Stresskompetenz 127
Stressmodell 125
Survey-Feedback 428
Survey-Feedback-Methode 420
Symbole der Unternehmenskultur 21
Synergie 628, 632

Tätigkeitsanalyse 154
Tätigkeitsanforderungen 154
Team 388
Teamarbeit 61, 388, 391, 393 ff., 416 f., 421 f., 430, 438, 442, 466
Teamentwicklung 235, 285, 416 f.
– als Prozess 419 f.
Teamentwicklungsseminar 685
Teamentwicklungstraining 415 ff.
Teamfähigkeit 416, 443
Teilautonome 390
teilautonome Arbeitsgruppen 392
teilautonomer Arbeitsgruppen 390
Teilzeit 816 ff., 826 ff., 850
Teilzeit- und Befristungsgesetz 819 f.
Teilzeitarbeit 814, 850, 852, 855
Teilzeitkräfte 615
Telearbeit 678 ff., 850
Telekooperation 691
Teletutoren 88
Termin 140 ff.
Terminkalender 140
Test 165 ff., 169 f., 176, 519
Themenzentrierte Interaktion 438
– TZI-Regeln 422
Themen-zentrierten Interaktion 438
Theorie der sozialen Identität 537
Top-Management 287
Total Compensation 498
Training 67, 75, 77
Training on the Job 70
Trainingsbedarf 72, 74
Trainingsinhalt 71, 79
Trainingskonzept 80 f.
Trainingsmaßnahme 70, 72, 75 f.
Trainingsziel 78
Transformationsprozess 781

Überbeschäftigung 816, 830
Überstunde 746
Unsicherheitsmeidung 542
Unternehmensentwicklung 653
Unternehmenskultur 22, 184, 190 ff., 295, 476, 672, 707, 713 f., 804 ff., 859
– Definition von 713
– Management der 715
Unternehmensleitbild 803
Unternehmenspolitik 321
Urlaub 747
Urteilsfehler 236

Validität 159 f., 164, 167, 172, 176 ff.
Variable Bezüge 490
Veränderungsmanagements 102
Veränderungsprozess 640, 645 ff., 691
Veränderungsprozesse 643, 645
Verantwortung 214
– sozialökologische 802
Vergütung 667
Versetzung 739
Verstärkung 272
Vertrauensarbeitszeit 842 f.
virtuelle Organisation 679
virtuelle Teams 88, 93
virtuelle Unternehmen 23
Vorgesetztenbeurteilung 311, 501 ff.
Vorgesetztenrolle 113
Vorgesetzter
– Autonomie des direkten 318
– nächsthöherer 315 ff.
– Zufriedenheit mit dem 320

Wandel, organisatorischer 325
Web Based Training 88
Weiterbildung 86, 95
Weiterbildungskonzepte 89
Werte 451, 800, 803
Wertesystem 780
Wertewandel 56, 116, 306, 398, 476, 502, 759
Wirtschaftsausschuss 727 f., 730
Wirtschaftsmodell
– sozialistisches 778
Wochenarbeitszeit 115, 818, 827, 829 f.
Work-Life-Balance 56, 108, 111 ff., 117

Zeit 131 f.
Zeitdruck 115, 124, 128, 144
Zeitmanagement 131, 138
Zeitmanagement-Seminar 132 f., 144
Ziele 207

Zielvereinbarung 207, 231 f., 236, 680, 682 f., 686
Zufriedenheit 152, 201, 383
– der Geführten 13

Verzeichnis der zitierten Literatur

Ackermann, K.-F. 863
Adams, J. S. 215
Adler, N. 522
Adler, N. J. 458, 544
Akademie für Führungskräfte der Wirtschaft 118
Alioth, A. 591
Allen, R. W. 313
Allerbeck, M. 227
Allport, G. W. 109
Anderson, N. 386
Angle, H. L. 313
Antoni, C. A. 66
Antoni, C. H. 386
Antons, K. 342, 445
Ardelt, E. 386
Arendt, H. 775
Argyle, M. 268
Arrow, H. 459
Asgodom, S. 109
Asplund, G. 558
Atkin, S. 591
Avolio, B. 24
Avolio, B. J. 313
Axelrod, R. 313

Balswick, J. 571
Baltes, B. 96
Bandura, A. 279
Barkholdt, C. 606
Barnett, R. C. 571
Baron, A. S. 558
Barrett, G. F. 863
Barry, B. 458
Bass, B. M. 24, 313, 386, 775
Bateman, T. S. 458
Bäumer, J. 83
Baumgartner I. 649
Båvner, P. 863
Beale, R. L. 458
Beavin, J. H. 252, 706
Beck, U. 807
Becker, B. 687
Becker, F. G. 785
Becker, M. 488

Beckmann, P. 571
Beckurts, K.-H. 706
Berdahl, J. L. 459
Berg, H. G. 649
Bergemann, N. 544
Berkel, K. 66, 414
Berndsen, D. 637
Berthel, J. 785, 798
Berthold, H.-J. 83
Biehal F. 649
Biel, G. 720
Bielenski, H. 831
Bies, R. J. 559
Biggs, S. 863
Bischof, N. 40, 215
Bischoff, S. 66
Bittner, A. 544
Black J. S 522
Blanchard, K. H. 24, 313
Blau, G. 558
Bleicher, K. 313
Blickle, G. 49
Boesch, E. E. 544
Bögel, R. 228, 718
Boos, M. 96
Borg, I. 252
Borg, J. 664
Bormann, E. G. 268
Bosetzky, H. 313
Bossemeyer, A. 863
Brandenburg, U. 130
Brandstätter, H. 386
Brannick, M. T. 488
Brett, J. M. 193
Brettschneider, D. 193
Brewer, M. B. 458
Briefs, G. 718
Brislin, R. W. 544
Brodbeck, F. 386
Bruch, H. 786
Bruggemann, A. 130, 227
Bruhn, J. 96
Bruhn, M. 664
Bungard, W. 445, 512, 664
Burchard, U. 49

Caldwell, D. F. 719
Calory, R. 458
Carlson, S. 146
Carol, M. 193
Carter, J. 571
Carter, J. D. 571
Case, T. 313
Catalanello, R. F. 83
Chatman, J. 719
Child, J. D. 544
Clermont, A. 522
Cohn, R. 445
Comelli, G. 24, 386, 445
Conger, J. A. 313
Conrad, P. 719
Cooper, C. 146, 558
Cooper, G. 571
Corpina, P. 571
Covey, S. R. 146
Cowan, P. 193
Cox, T. H. 458
Crozier, M. 637

Daft, R. L. 687, 706
Dahrendorf, R. 719
Davidson, M. 558
Davis, F. 706
Davison, G. C. 130
Deal, T. E. 719
Dellekönig, Ch. 863
Deluga, R. J. 313
Denisow, K. 785
DeSimone, R. L. 488
Deutsch, M. 414
Devane, T. 649
Dick, P. 66, 314
Dickmann, M. 675
Dickson, W. J. 386
Dierkes, M. 807f.
Dittler, U. 96
Döbler, T. 785
Domsch, M. 252, 512, 572, 664, 863
Domsch, M. E. 459, 488, 512, 572
Donau-Kurier 313
Donnenberg, O. 96
Döring, N. 96
Dörner, D. 66
Dosier, L. 313
Duell, W. 591

Dulabaum, N. 130
Dyer, W. G 445

Eibl-Eibesfeldt, I. 40
Einsiedler, H. E. 118
Elhardt, S. 40
Elsik, W. 49
Engelbrech, G. 558, 571
Engelhard, J. 459
Englberger, H. 706
Erpenbeck, J. 83, 591
Evers, H. 499

Falbe, C. 49
Falbe, C. M. 314
Falk, S. 118
Falkenberg, T. 719
Farr, K. A. 558
Farrell, D. 558
Farren, C. 193
Fay, H. 675
Feldman, D. C. 193
Felsch, A. 49
Fengler, J. 445
Fernandez, J. P. 558
Feuerlein, W. 342
Fiala, S. 83
Fiedler, F. E. 24, 313
Fink, S. 118
Fisch, R. 83
Fischer, F. 96
Fisher, R. 313
Fittkau-Garthe, H. 24
Flanagan, J. G. 83
Flannery, T. P. 675
Fleishman, E. A. 24
Frei, F. 591
Frerichs, F. 606
Frese, M. 386
Freud, A. 40
Freud, S. 40, 215
Freudenberg, H. 49
Friedeburg, L. v. 719
Friedel-Howe, H. 558
Friedrich, A. 863

Gabarro, J. J. 313
Gabrielli, W. F. 342
Gebert, D. 24, 49, 83, 252, 386

884

Gehardus, J. 252
Gehm, T. 252
Gelfand, M. J. 459
Gerlmaier, A. 831
Gerpott, T. J. 252
Gerstenmaier, J. 96
Geyer, A. 24
Giarini, O. 863
Giles, H. 544
Glasl, F. 414, 649
Glatz, H. 649
Gloger, A. 109
Goebel, P. 591
Goecke, R. 687, 706
Goleman, D. 675
Gordon, T. 313
Graen, G. 193
Graen, G. B. 313
Graf-Götz, F. 649
Gräsel, C. 96
Graumann, C. F. 215
Gray, J. D. 193
Greenwood, W. 675
Grochla, E. 83
Gröhs, B. 675
Groskurth, P. 130, 227
Grote, G. 706
Gudykunst, W. B. 544

Haberkorn, K. 193
Habermas, J. 775
Hackett, G. 559
Haeberlin, F. 606
Häfele, W. 649
Hagemann, K. 544
Hähner, K. 807
Hambrick, D. 808
Handy, Ch. B. 719
Hanel, U. 785
Hansen, M. C. 687
Harris, P. R. 544
Hartle, F. 675
Hartz, P. 831
Hauff, V. 808
Hautzinger, M. 130
Heckhausen, H. 215
Hefel, M. 342
Hehn, W. 719
Heidrick & Struggles 798

Heilman, M. E. 558
Hein, S. 523
Heinen, E. 719
Heiß, R. 40
Helling, H. 83
Helmers, S. 719
Henschel, E. 719
Hermann, D. 687
Hersey, P. 24, 313
Hertel, G. 687
Herzberg, F. 215
Heyse, V. 591
Hickson, D. J. 637
Hippler, G. 193
Hirt, M. 863
Hirth, R. 146
Hodgetts, R. M. 24
Höfert, W. 130
Hoff, A. 848, 863
Hoffmann, U. 807
Hofmann, K. 512, 664
Hofmann, L. 118
Hofmann, L. M. 66, 109, 687
Hofmans, G. C. 386
Hofstätter, P. R. 386
Hofstede, G. 544, 719
Holmann, P. 649
Homburg, Chr. 664
House, R. J. 24
Howell, W. S. 268
Huber, A. 109
Hugentobler, M. 591
Hunt, D. M. 193

Irle, M. 386
ISO 831

Jablin, F. M. 193
Jäckel, H. 649
Jackson, D. D. 252, 706
Jackson, S. E. 459
Jackson, T. 523
Jacob, K. 785
Jacobsen, L. 279
Jäger, M. 675
James, L. R. 719
Jamieson, D. 459
Jaritz, A. 488
Jellinek, E. M. 342

Jonas, H. 808
Jonas, K. J. 96
Jones, A. P. 719
Jones, D. T. 637
Jöns, I. 445, 664
Jöns, J. 512, 664

Kammhuber, S. 544
Kanungo, R. N. 313
Kaplan, R. S. 499
Karner, G. 649
Kaschube, J. 719
Katcher, A. 591
Katz, R. 193
Kauffeld, S. 386
Kaye, B. 193
Keese, G. 863
Keita, G. P. 459
Kennedy, A. A. 719
Kerr, S. 313
Keys, B. 313
Kiechl, R. 559
Kienbaum Vergütungsberatung 499
Kieser, A. 193
Kim, Y. Y 544
Kipnis, D. 49, 313
Kirkpatrick, D. L. 83
Klages, H. 313
Kleiminger, K. 863
Kleinbeck, U. 228
Kleinmann, M. 488
Klipstein, M. v. 719
Kluckhohn, C. 719
Kneerich, O. 798
Knight, D. 675
Knop, M. D. 342
Kobi, J.-M. 719
Köhler, F. 512, 664
Kolb, D. 591
Kompa, A. 24, 40, 719
Konegen-Grenier, C. 66
Konradt, U. 687
Kotter, J. P. 146, 313
Kram, K. E. 558
Krell, G. 719
Kriegesmann, B. 83
Krüger, K.-H. 193
Krüger-Basener, M. 572
Krystek, U. 687

Küchler, J. 445
Küfner, H. 342
Kühl, J. 831
Kuhn, T. 687
Küpper, W. 49
Kurowski, L. 459
Kurz, M. 687
Kutscher, J. 863

Ladwig, A. 572
Ladwig, D. 664, 863
Ladwig, D. H. 459, 488, 512
Lambert, J. 459
Landis, D. 544
Lauterburg, C. 252
Lawler, E. E. 445
Laws, J. 109
Layes, G. 544
Lazarus, R. S. 130
Lenfers, H. 342
Lengel, R. H. 687, 706
Lent, R. W. 559
Lentz, B. 798
Lersch, Ph. 215
Leupold, M. 83
Levine, E. 488
Lewin, K. 24
Lewis, S. 571
Leymann, H. 130
Lichtenberger, B. 523, 544
Liebrecht, C. H. 559
Liepmann, D. 83
Lievegoed, B. 649
Likert, R. 24
Linneweh, K. 66, 109, 118, 130
Lippitt, R. 24
Litwak, B. A. 572
Lizotte, K. 572
Lochner, D. 66
Locke, E. A. 314
Lombriser, R. 66
Lorenz, K. 40
Ludwig, H. 512
Luijk, H. 146
Luthans, F. 24, 414
Lutz, B. 831

Maanen, J. van 193
Macharzina, K. 523, 785

Mackroth, P. 606
Madison, D. L. 313
Mandl, H. 96
Marais, J. 40
Martin, A. 512
Martin, C. 523
Martin, J. 559
Marz, L. 807 f.
Maslow, A. H. 215
Mausner, B. 215
Mayerhofer, H. 675
Mayes, B. T. 313
Mayrhofer, W. 785
McGrath, J. E. 459
Mead, R. 544
Meier, A. J. 591
Meier, C. 687
Meil, P. 831
Meissner, M. 386
Mertens, W. 40
Meyer, S. 831
Michel, L. P. 591
Mikrozensus 831
Minssen, H. 831
Mintzberg, H. 637, 706
Mitrani, A. 675
Molt, W. 24, 83
Moran, R. T. 544
Morris, C. B. 146
Moser, H. 445
Möslein, K. 691, 706
Mowday, R. T. 313
Mülder & Partner 798
Müller, W. 863
Müller-Stewens, G. 687
Murkison, G. 313
Murray, A. I. 459
Murray, D. 675
Myers, S. 459

Naegele, G. 606
Nagel, R. 193
Neale, J. M. 130
Neubauer, R. 559
Neuberger, O. 24, 40, 83, 146, 227, 252, 268, 279, 386, 414, 637, 719
Nichols, R. G. 268
Norton, D. P. 499

O'Mara, J. 459
O'Reilly, Ch. A. 719
Oesterle, M.-J. 523
Oldham, J. M. 146
Opaschowski, H. W. 66
Ortmann, G. 49
Osterhold, G. 649
Ostermann, A. 572
Ouchi, W. G. 808

Paschen, M. 488
Pätzold, J. 831
Pawlow, I. P. 279
Pawlowsky, P. 83, 832
Payne, R. L. 719
Pazy, A. 559
Perlitz, M. 523
Pettigrew, A. M. 719
Pettinger, R. 488
Peuckert, R. 572
Pfeffer, J. 24, 649, 775
Picot, A. 706, 808
Pieper, R. 786
Pinchot, G. 66, 313
Pleck, J. H. 559
Pollock, V. E. 342
Pongratz, H. J. 832
Popper, K. R. 775
Porter, L. W. 313, 445
Posth, N. 66
Powers, M. E. 559
Pribilla, P. 687, 706
Price, R. L. 559
Probst, G. J. B. 591
Pugh, D. S. 637, 719
Pümpin, C. 719

Rank, B. 96
Rapoport, R. 572
Rapoport, R. N. 572
Redel, W. 687
Regnet, E. 66, 130
Rehmann, B. 83
Reichers, A. E. 719
Reichwald, R. 687, 706
Reimann, B. C. 637
Reinecke, P. 512
Reinmann-Rothmeier, G. 96
Reiss, M. 637

Renwick, P. A. 313
Reppegather, S. 687
Revenstorf, D. 130
Rice, R. E. 706
Richter, P. 606
Rieckhof, H.-C. 96
Riekhof, H.-Chr. 488
Riley, J. W. 606
Riley, M. W. 606
Ringer, Ch. 342
Ristau, M. 606
Rivers, C. 571
Roethlisberger, F. J. 386
Rohracher, H. 40
Ronen, S. 544
Roos, D. 637
Rosenkrantz, S. A. 24
Rosenstiel, L. v. 24, 83, 118, 215, 227f., 252, 279, 314, 386, 488, 512, 718f., 808
Rosenthal, R. 279
Rosner, L. 719
Ruch, L. 591
Ruderman, M. N. 458f.
Rühle, H. 146
Rump, J. S. 786
Rüttinger, B. 24, 83, 414

Sachenbacher, H. 706
Sader, M. 386
Sandner, K. 49
Sarges, B. 66
Sarges, W. 66, 488, 798
Sassenberg, K. 96
Sattelberger, T. 146
Sattelberger, Th. 798
Sauer, J. 83
Saul, S. 252
Scandura, T. A. 313
Schachter, S. 386
Schäfer, H. 832
Schein, E. H. 193, 719
Scherm, E. 523
Scherm, M. 488
Schilit, W. K. 314
Schlaffke, W. 66
Schlottfeldt, Ch. 848
Schmeisser, W. 522
Schmidt, E. R. 649

Schmidt, S. 49
Schmidt, S. M. 313
Schmidt, W. H. 314
Schmitz, J. 706
Schneider, B. 719
Scholz, C. 24, 719
Scholz, Ch. 459, 798
Schreyögg, G. 786
Schroll-Machl, S. 544
Schüle, H. 96
Schuler, H. 25, 488
Schulz von Thun, F. 252
Schulz, P. 130
Schulze, E. 831
Schweres, M. 606
Seidel, E. 25
Selye, H. 130
Senge, P. M. 649
Senger, H. v. 49
Sennett, R. 775
Sessa, V. I. 687
Shapiro, G. L. 268
Sheridan, J. E. 720
Siebert, H. 832
Siegert, W. 314
Siemers, S. 488, 572, 664
Silberstein, L. R. 572
Simons, R. 637
Six, B. 228
Skinner, B. F. 40, 279
Smircich, C. 720
Smith, M. 559
Snyderman, B. 215
Sourisseaux, A. L. J. 544
Spector, P. E. 720
Spencer, L. M. 675
Spencer, S. M. 675
Staehle, W. H. 314, 637, 720
Stahel, W. R. 863
Stamm, C. L. 558
Stangel-Meseke, M. 83
Starbuck, W. H. 637
Staudt, E. 83, 591
Steger, U. 808
Stehle, W. 488
Stein, F. 445
Steinhöfel, M. 785
Steinhoff, V. 664
Steinle, C. 786

Steinmann, H. 786
Stenihoft, V. 512
Steyerer, J. 24
Stiefel, R. T. 146
Stieler-Lorenz, B. 785
Still, L. V. 559
Stirn, H. 386
Stock, R. 664
Stocker-Kreichgauer, G. 83
Stogdill, R. M. 25
Stoltz-Loike, M. 572
Strasse, Ch. 863
Straumann, L. 863
Strauß, B. 488
Streich, R. K. 109, 118, 252
Strombach, M. 675
Strümpel, B. 719, 831 f.
Stumpf, S. 544
Sutton, R. I. 649
Swaffin-Smith, C. 313
Sydow, J. 719

Tagiuri, R. 720
Tajfel, H. 544
Tannenbaum, R. 314
Teasdale, T. W. 342
Tews, H. P. 606
The Catalyst and the Conference Board 118
Thiedeke, U. 687
Thierau-Brunner, H. 83
Thomae, H. 109, 215
Thomas, A. 544
Thomas, R. R. 66
Thompson, E. H. 559
Thornton, G. 83
Tinbergen, N. 40
Titze, M. 109
Treixler, M. 109
Trevino, L. K. 706
Triandis, H. C. 459
Trost, A. 664
Tuckmann, B. W. 445
Türk, K. 637
Turner, J. C. 544

Uepping, H. 66
Uexküll, J. v. 40
Ulich, E. 130, 227, 637

Ulrich, P. 414
Ury, W. 313

van de Vliert, E. 414
Varney, G. H. 445
Viethen, H. P. 832
Volpert, W. 228
Voß, G. G. 832
Vroom, V. H. 25

Wagner, D. 499
Wakenhut, R. 96
Walther, J. B. 96
Wanous, J. P. 194
Warns, I. 719
Watson, Th. jun. 314
Watzlawick, P. 252, 706
Weber, M. 25, 314
Weber, W. 523
Wegge, J. 386
Weibler, J. 49, 314, 637
Weidemann, A. 488
Weidinger, M. 863
Weidl, B. J. 798
Weinert, A. 83
Weinert, A. B. 25
Weinert, F. E. 606
Weiss, R. 591
Weiss, T. 675
Wentner, G. 675
West, M. 386
West, M. A. 386
White, R. K. 24
Wiedemann, P. 798
Wiendieck, G. 720
Wiener, B. 831
Wigand, R. 706
Wilkens, U. 832
Wilkinson, I. 49, 313
Winkler, St. 445
Wins, Th. L. v. 488
Winter, S. 499
Witte, E. H. 386
Wolf, J. 523, 785
Wollert, A. 720
Womack, J. P. 637
Woot, P. de 458
Wottawa, H. 83
Wunderer, R. 49, 66, 314, 488

Wüthrich, H. A. 719

Yetton, P. W. 25
Yukl, G. 49
Yukl, G. A. 314

Zahlen-Fibel 832

Zeutschel, U. 544f.
Zey, M. G. 194
Zeyer, U. 637
Ziegler, H. 342
Zimmermann, K. 808
Zink, K. J. 637